Jürgens
Betreuungsrecht

Betreuungsrecht

Kommentar
zum materiellen Betreuungsrecht,
zum Verfahrensrecht und zum
Vormünder- und Betreuervergütungsrecht

Herausgegeben von

Dr. Andreas Jürgens

Bearbeitet von

Guido Freiherr von Crailsheim
Rechtsanwalt in München

Dr. Andreas Jürgens
Weit. aufsichtf. Richter
am Amtsgericht a. D.
Mitglied des hessischen Landtags

Jutta Kretz
Direktorin des
Amtsgerichts Heidelberg

Dr. Rolf Marschner
Rechtsanwalt, Fachanwalt
für Sozialrecht in München

Peter Winterstein
Vizepräsident des Oberlandesgerichts Rostock

4., völlig überarbeitete Auflage

Verlag C. H. Beck München 2010

Verlag C. H. Beck im Internet:
beck.de

ISBN 978 3 406 59709 1

© 2010 Verlag C. H. Beck oHG
Wilhelmstraße 9, 80801 München
Druck und Bindung: Druckerei C. H. Beck, Nördlingen
(Adresse wie Verlag)

Satz: Meta Systems, Wustermark

Gedruckt auf säurefreiem, alterungsbeständigem Papier
(hergestellt aus chlorfrei gebleichtem Zellstoff)

Vorwort zur 4. Auflage

Fünf Jahre nach Erscheinen der letzten Auflage nehmen Verlag und Autoren das 3. Gesetz zur Änderung des Betreuungsrechts vom 29. 7. 2009 (BGBl. I S. 2268) und das neue FamFG zum Anlass, eine vollständige Neukommentierung des geänderten Betreuungsrechts vorzulegen. Die umfassende Neuregelung des Verfahrensrechts im FamFG, die Einführung der Regelungen zur Patientenverfügung, eine Reihe weiterer gesetzlicher Änderungen und die Fülle zwischenzeitlich ergangener Rechtsprechung und Literatur machen eine Neuauflage erforderlich. Rechtsprechung und Literatur konnten bis Dezember 2009 berücksichtigt werden. Wir wollen den Lesern damit auch weiterhin eine aktuelle, umfassende und dennoch kompakte Kommentierung des gesamten Betreuungsrechts zur Verfügung stellen.

Mit dieser Auflage scheiden Prof. Bernd Klüsener und Richter am Amtsgericht Ulrich Mertens aus dem Kreis der Autoren aus. Sie haben an den ersten drei Auflagen des Werkes engagiert mitgewirkt, haben dessen Gestaltung wesentlich mitgeprägt und damit zu seinem Erfolg bei den Lesern einen erheblichen Beitrag geleistet. Hierfür danken Ihnen Verlag, Herausgeber und die übrigen Autoren ganz herzlich. Zugleich begrüßen wir Direktorin des Amtsgerichts Jutta Kretz und Rechtsanwalt Guido Freiherr v. Crailsheim im Kreis der Autoren. Sie haben sich mit großem Engagement der Neuauflage gewidmet und hierbei wichtige eigene Akzente gesetzt. Wir freuen uns auf eine weitere fruchtbare Zusammenarbeit.

Wir hoffen, mit der Neuauflage wiederum den Praktikern des Betreuungsrechtes eine gute Arbeitshilfe, zugleich aber auch den wissenschaftlich interessierten Lesern eine gewinnbringende Lektüre zu bieten, die auch in Aus-, Fort- und Weiterbildung gut eingesetzt werden kann. Verlag, Herausgeber und Autoren sind weiterhin jederzeit an Kritik und Anregungen der Leser interessiert und bedanken sich auf diesem Wege auch bei denjenigen, die in der Vergangenheit durch ihre Hinweise die Weiterentwicklung des Werkes befruchtet haben.

Kassel, im Mai 2010   Der Herausgeber

Inhaltsübersicht

Inhaltsverzeichnis	IX
Verzeichnis der in Anmerkungen oder Anhängen abgedruckten oder kommentierten Vorschriften	XVII
Abkürzungsverzeichnis	XIX
Literaturverzeichnis	XXV
Bürgerliches Gesetzbuch (BGB)	1
Einführungsgesetz zum Bürgerlichen Gesetzbuche (EGBGB)	347
Gesetz über die Vergütung von Vormündern und Betreuern (VBVG)	351
Gesetz über die Wahrnehmung behördlicher Aufgaben bei der Betreuung Volljähriger (BtBG)	383
Gesetz über das Verfahren in Familiensachen und in den Angelegenheiten der freiwilligen Gerichtsbarkeit (FamFG)	407
Rechtspflegergesetz (RPflG)	677
Kostenordnung (KostO)	701
Sachverzeichnis	721

Inhaltsverzeichnis

Abkürzungsverzeichnis XIX
Literaturverzeichnis XXV

Bürgerliches Gesetzbuch
Buch 1. Allgemeiner Teil
Abschnitt 1. Personen

§ 1 Beginn der Rechtsfähigkeit 1
§ 2 Eintritt der Volljährigkeit 2
§ 7 Wohnsitz; Begründung und Aufhebung 2
§ 8 Wohnsitz nicht voll Geschäftsfähiger 2

Abschnitt 3. Rechtsgeschäfte
Titel 1. Geschäftsfähigkeit

§ 104 Geschäftsunfähigkeit 3
§ 105 Nichtigkeit der Willenserklärung 5
§ 105a Geschäfte des täglichen Lebens 6
§ 106 Beschränkte Geschäftsfähigkeit Minderjähriger 7
§ 107 Einwilligung des gesetzlichen Vertreters 7
§ 108 Vertragsschluss ohne Einwilligung 7
§ 109 Widerrufsrecht des anderen Teils 9
§ 110 Bewirken der Leistung mit eigenen Mitteln 9
§ 111 Einseitige Rechtsgeschäfte 10
§ 112 Selbständiger Betrieb eines Erwerbsgeschäfts 11
§ 113 Dienst- oder Arbeitsverhältnis 11

Titel 2. Willenserklärung

§ 131 Wirksamwerden gegenüber nicht voll Geschäftsfähigen 12

Titel 5. Vertretung und Vollmacht

§ 164 Wirkung der Erklärung des Vertreters 13
§ 165 Beschränkt geschäftsfähiger Vertreter 14
§ 166 Willensmängel; Wissenszurechnung 15
§ 167 Erteilung der Vollmacht 15
§ 168 Erlöschen der Vollmacht 17
§ 169 Vollmacht des Beauftragten und des geschäftsführenden Gesellschafters 17
§ 170 Wirkungsdauer der Vollmacht 18
§ 171 Wirkungsdauer bei Kundgebung 18
§ 172 Vollmachtsurkunde 18
§ 173 Wirkungsdauer bei Kenntnis und fahrlässiger Unkenntnis 18
§ 174 Einseitiges Rechtsgeschäft eines Bevollmächtigten 19
§ 175 Rückgabe der Vollmachtsurkunde 19
§ 176 Kraftloserklärung der Vollmachtsurkunde 19
§ 177 Vertragsschluss durch Vertreter ohne Vertretungsmacht 20
§ 178 Widerrufsrecht des anderen Teils 21
§ 179 Haftung des Vertreters ohne Vertretungsmacht 21
§ 180 Einseitiges Rechtsgeschäft 22
§ 181 Insichgeschäft 23

Titel 6. Einwilligung und Genehmigung

§ 182 Zustimmung 24

Inhaltsverzeichnis

§ 183 Widerruflichkeit der Einwilligung 25
§ 184 Rückwirkung der Genehmigung 25
§ 187 Fristbeginn 26
§ 188 Fristende 26

Buch 2. Recht der Schuldverhältnisse

Titel 27. Unerlaubte Handlungen
§ 823 Schadensersatzpflicht 27
§ 824 Kreditgefährdung 27
§ 825 Bestimmung zu sexuellen Handlungen 27
§ 826 Sittenwidrige vorsätzliche Schädigung 27
§ 827 Ausschluss und Minderung der Verantwortlichkeit 27
§ 828 Minderjährige 28
§ 829 Ersatzpflicht aus Billigkeitsgründen 28
§ 832 Haftung des Aufsichtspflichtigen 29

Buch 4. Familienrecht
Abschnitt 2. Verwandtschaft

Titel 5. Elterliche Sorge
§ 1632 Herausgabe des Kindes; Bestimmung des Umgangs; Verbleibensanordnung bei Familienpflege 33

Abschnitt 3. Vormundschaft, Rechtliche Betreuung, Pflegschaft
Titel 1. Vormundschaft
§ 1784 Beamter oder Religionsdiener als Vormund 36
§ 1787 Folgen der unbegründeten Ablehnung 38
§ 1791a Vereinsvormundschaft 38
§ 1792 Gegenvormund 39
§ 1795 Ausschluss der Vertretungsmacht 42
§ 1796 Entziehung der Vertretungsmacht 48
§ 1797 Mehrere Vormünder 50
§ 1798 Meinungsverschiedenheiten 51
§ 1799 Pflichten und Rechte des Gegenvormunds 52
§ 1802 Vermögensverzeichnis 57
§ 1803 Vermögensverwaltung bei Erbschaft oder Schenkung 60
§ 1804 Schenkungen des Vormunds 61
§ 1805 Verwendung für den Vormund 65
§ 1806 Anlegung von Mündelgeld 67
§ 1807 Art der Anlegung 67
§ 1809 Anlegung mit Sperrvermerk 71
§ 1810 Mitwirkung von Gegenvormund oder Familiengericht 72
§ 1811 Andere Anlegung 73
§ 1812 Verfügungen über Forderungen und Wertpapiere 77
§ 1813 Genehmigungsfreie Geschäfte 80
§ 1814 Hinterlegung von Inhaberpapieren 83
§ 1815 Umschreibung und Umwandlung von Inhaberpapieren 83
§ 1816 Sperrung von Buchforderungen 83
§ 1817 Befreiung 86
§ 1818 Anordnung der Hinterlegung 89
§ 1819 Genehmigung bei Hinterlegung 90
§ 1820 Genehmigung nach Umschreibung und Umwandlung 91
§ 1821 Genehmigung für Geschäfte über Grundstücke, Schiffe oder Schiffsbauwerke 91
§ 1822 Genehmigung für sonstige Geschäfte 97

Inhaltsverzeichnis

§ 1823 Genehmigung bei einem Erwerbsgeschäft des Mündels 106
§ 1824 Genehmigung für die Überlassung von Gegenständen an den Mündel 106
§ 1825 Allgemeine Ermächtigung 107
§ 1826 Anhörung des Gegenvormunds vor Erteilung der Genehmigung 107
§ 1828 Erklärung der Genehmigung 108
§ 1829 Nachträgliche Genehmigung 115
§ 1830 Widerrufsrecht des Geschäftspartners 117
§ 1831 Einseitiges Rechtsgeschäft ohne Genehmigung 117
§ 1832 Genehmigung des Gegenvormunds 119
§ 1833 Haftung des Vormunds 119
§ 1834 Verzinsungspflicht 127
§ 1835 Aufwendungsersatz 127
§ 1835a Aufwandsentschädigung 137
§ 1836 Vergütung des Vormunds 139
§ 1836c Einzusetzende Mittel des Mündels 143
§ 1836d Mittellosigkeit des Mündels 158
§ 1836e Gesetzlicher Forderungsübergang 160
§ 1837 Beratung und Aufsicht 163
§ 1839 Auskunftspflicht des Vormunds 169
§ 1840 Bericht und Rechnungslegung 171
§ 1841 Inhalt der Rechnungslegung 173
§ 1842 Mitwirkung des Gegenvormunds 174
§ 1843 Prüfung durch das Familiengericht 174
§ 1846 Einstweilige Maßregeln des Familiengerichts 176
§ 1852 Befreiung durch den Vater 179
§ 1853 Befreiung von Hinterlegung und Sperrung 180
§ 1854 Befreiung von der Rechnungslegungspflicht 180
§ 1857a Befreiung des Jugendamts und des Vereins 180
§ 1888 Entlassung von Beamten und Religionsdienern 184
§ 1890 Vermögensherausgabe und Rechnungslegung 184
§ 1891 Mitwirkung des Gegenvormunds 188
§ 1892 Rechnungsprüfung und -anerkennung 188
§ 1893 Fortführung der Geschäfte nach Beendigung der Vormundschaft, Rückgabe von Urkunden 190
§ 1894 Anzeige bei Tod des Vormunds 193
§ 1895 Amtsende des Gegenvormunds 194

Titel 2. Rechtliche Betreuung
§ 1896 Voraussetzungen 194
§ 1897 Bestellung einer natürlichen Person 212
§ 1898 Übernahmepflicht 221
§ 1899 Mehrere Betreuer 223
§ 1900 Betreuung durch Verein oder Behörde 226
§ 1901 Umfang der Betreuung, Pflichten des Betreuers 229
§ 1901a Patientenverfügung 239
§ 1901b Gespräch zur Feststellung des Patientenwillens 254
§ 1901c Schriftliche Betreuungswünsche, Vorsorgevollmacht 255
§ 1902 Vertretung des Betreuten 267
§ 1903 Einwilligungsvorbehalt 273
§ 1904 Genehmigung des Betreuungsgerichts bei ärztlichen Maßnahmen 282
§ 1905 Sterilisation 293
§ 1906 Genehmigung des Betreuungsgerichts bei der Unterbringung 301
§ 1907 Genehmigung des Betreuungsgerichts bei der Aufgabe der Mietwohnung ... 319
§ 1908 Genehmigung des Betreuungsgerichts bei der Ausstattung 322
§ 1908a Vorsorgliche Betreuerbestellung und Anordnung des Einwilligungsvorbehalts für Minderjährige 322

Inhaltsverzeichnis

§ 1908b Entlassung des Betreuers 324
§ 1908c Bestellung eines neuen Betreuers 330
§ 1908d Aufhebung oder Änderung von Betreuung und Einwilligungsvorbehalt 331
§ 1908f Anerkennung als Betreuungsverein 333
§ 1908g Behördenbetreuer 340
§ 1908h (aufgehoben) 341
§ 1908i Entsprechend anwendbare Vorschriften 341

Einführungsgesetz zum Bürgerlichen Gesetzbuche

Artikel 24 Vormundschaft, Betreuung und Pflegschaft 347

Gesetz über die Vergütung von Vormündern und Betreuern (Vormünder- und Betreuervergütungsgesetz – VBVG)

Abschnitt 1. Allgemeines

§ 1 Feststellung der Berufsmäßigkeit und Vergütungsbewilligung 351
§ 2 Erlöschen der Ansprüche 355

Abschnitt 2. Vergütung des Vormunds

§ 3 Stundensatz des Vormunds 356

Abschnitt 3. Sondervorschriften für Betreuer

§ 4 Stundensatz und Aufwendungsersatz des Betreuers 362
§ 5 Stundenansatz des Betreuers 363
§ 6 Sonderfälle der Betreuung 371
§ 7 Vergütung und Aufwendungsersatz für Betreuungsvereine 371
§ 8 Vergütung und Aufwendungsersatz für Behördenbetreuer 374
§ 9 Abrechnungszeitraum für die Betreuungsvergütung 376
§ 10 Mitteilung an die Betreuungsbehörde 377

Abschnitt 4. Schlussvorschriften

§ 11 Umschulung und Fortbildung von Berufsvormündern 380

Gesetz über die Wahrnehmung behördlicher Aufgaben bei der Betreuung Volljähriger (Betreuungsbehördengesetz – BtBG)

I. Behörden

§ 1 [Betreuungsbehörde] 385
§ 2 [Weitere Behörden] 386

II. Örtliche Zuständigkeit

§ 3 [Zuständige Behörde] 388

III. Aufgaben der örtlichen Behörde

§ 4 [Beratung und Unterstützung] 390
§ 5 [Einführung und Fortbildung] 393
§ 6 [Förderung] 394
§ 7 [Mitteilungen] 398
§ 8 [Vormundschaftsgerichtshilfe] 401
§ 9 [Sonstige Aufgaben der Behörde] 404

Inhaltsverzeichnis

Gesetz über das Verfahren in Familiensachen und in den Angelegenheiten der freiwilligen Gerichtsbarkeit (FamFG)
Artikel 111 Übergangsvorschrift des Gesetzes zur Reform des Verfahrens in Familiensachen und in den Angelegenheiten der freiwilligen Gerichtsbarkeit (FGG-Reformgesetz) 407

Buch 1 Allgemeiner Teil
Abschnitt 1. Allgemeine Vorschriften

§ 4 Abgabe an ein anderes Gericht 410
§ 5 Gerichtliche Bestimmung der Zuständigkeit 410
§ 7 Beteiligte 410
§ 9 Verfahrensfähigkeit 411
§ 13 Akteneinsicht 411
§ 22a Mitteilungen an die Familien- und Betreuungsgerichte 418

Abschnitt 2. Verfahren im ersten Rechtszug

§ 26 Ermittlung von Amts wegen 419

Abschnitt 3. Beschluss

§ 38 Entscheidung durch Beschluss 423
§ 39 Rechtsbehelfsbelehrung 423
§ 41 Bekanntgabe des Beschlusses 424
§ 44 Abhilfe bei Verletzung des Anspruchs auf rechtliches Gehör 424

Abschnitt 5. Rechtsmittel
Unterabschnitt 1. Beschwerde
§ 58 Statthaftigkeit der Beschwerde 428
§ 59 Beschwerdeberechtigte 439
§ 61 Beschwerdewert; Zulassungsbeschwerde 447
§ 62 Statthaftigkeit der Beschwerde nach Erledigung der Hauptsache 449
§ 63 Beschwerdefrist 452
§ 64 Einlegung der Beschwerde 455
§ 68 Gang des Beschwerdeverfahrens 458
§ 69 Beschwerdeentscheidung 462

Unterabschnitt 2. Rechtsbeschwerde
§ 70 Statthaftigkeit der Rechtsbeschwerde 468
§ 71 Frist und Form der Rechtsbeschwerde 469
§ 72 Gründe der Rechtsbeschwerde 469

Abschnitt 7. Kosten

§ 81 Grundsatz der Kostenpflicht 473

Abschnitt 9. Verfahren mit Auslandsbezug
Unterabschnitt 2. Internationale Zuständigkeit
§ 104 Betreuungs- und Unterbringungssachen; Pflegschaft für Erwachsene 477

Buch 2 Verfahren in Familiensachen
Abschnitt 3. Verfahren in Kindschaftssachen

§ 168 Beschluss über Zahlungen des Mündels 480

Buch 3 Verfahren in Betreuungs- und Unterbringungssachen
Abschnitt 1. Verfahren in Betreuungssachen

§ 271 Betreuungssachen 494

Inhaltsverzeichnis

§ 272 Örtliche Zuständigkeit 495
§ 273 Abgabe bei Änderung des gewöhnlichen Aufenthalts 500
§ 274 Beteiligte 505
§ 275 Verfahrensfähigkeit 512
§ 276 Verfahrenspfleger 519
§ 277 Vergütung und Aufwendungsersatz des Verfahrenspflegers 527
§ 278 Anhörung des Betroffenen 531
§ 279 Anhörung der sonstigen Beteiligten, der Betreuungsbehörde und des gesetzlichen Vertreters 540
§ 280 Einholung eines Gutachtens 543
§ 281 Ärztliches Zeugnis; Entbehrlichkeit eines Gutachtens 550
§ 282 Vorhandene Gutachten des Medizinischen Dienstes der Krankenversicherung 552
§ 283 Vorführung zur Untersuchung 555
§ 284 Unterbringung zur Begutachtung 558
§ 285 Herausgabe einer Betreuungsverfügung oder der Abschrift einer Vorsorgevollmacht 562
§ 286 Inhalt der Beschlussformel 564
§ 287 Wirksamwerden von Beschlüssen 567
§ 288 Bekanntgabe 571
§ 289 Verpflichtung des Betreuers 575
§ 290 Bestellungsurkunde 577
§ 291 Überprüfung der Betreuerauswahl 578
§ 292 Zahlungen an den Betreuer 579
§ 293 Erweiterung der Betreuung oder des Einwilligungsvorbehalts 579
§ 294 Aufhebung und Einschränkung der Betreuung oder des Einwilligungsvorbehalts 584
§ 295 Verlängerung der Betreuung oder des Einwilligungsvorbehalts 587
§ 296 Entlassung des Betreuers und Bestellung eines neuen Betreuers 589
§ 297 Sterilisation 592
§ 298 Verfahren in Fällen des § 1904 des Bürgerlichen Gesetzbuchs 597
§ 299 Verfahren in anderen Entscheidungen 601
§ 300 Einstweilige Anordnung 603
§ 301 Einstweilige Anordnung bei gesteigerter Dringlichkeit 610
§ 302 Dauer der einstweiligen Anordnung 612
§ 303 Ergänzende Vorschriften über die Beschwerde 614
§ 304 Beschwerde der Staatskasse 620
§ 305 Beschwerde des Untergebrachten 621
§ 306 Aufhebung des Einwilligungsvorbehalts 622
§ 307 Kosten in Betreuungssachen 623
§ 308 Mitteilung von Entscheidungen 625
§ 309 Besondere Mitteilungen 629
§ 310 Mitteilungen während einer Unterbringung 631
§ 311 Mitteilungen zur Strafverfolgung 631

Abschnitt 2. Verfahren in Unterbringungssachen

§ 312 Unterbringungssachen 634
§ 313 Örtliche Zuständigkeit 636
§ 314 Abgabe der Unterbringungssache 638
§ 315 Beteiligte 640
§ 316 Verfahrensfähigkeit 641
§ 317 Verfahrenspfleger 642
§ 318 Vergütung und Aufwendungsersatz des Verfahrenspflegers 644
§ 319 Anhörung des Betroffenen 645
§ 320 Anhörung der sonstigen Beteiligten und der zuständigen Behörde 647
§ 321 Einholung eines Gutachtens 648

Inhaltsverzeichnis

§ 322 Vorführung zur Untersuchung; Unterbringung zur Begutachtung 651
§ 323 Inhalt der Beschlussformel 651
§ 324 Wirksamwerden von Beschlüssen 653
§ 325 Bekanntgabe 654
§ 326 Zuführung zur Unterbringung 655
§ 327 Vollzugsangelegenheiten 657
§ 328 Aussetzung des Vollzugs 660
§ 329 Dauer und Verlängerung der Unterbringung 661
§ 330 Aufhebung der Unterbringung 662
§ 331 Einstweilige Anordnung 663
§ 332 Einstweilige Anordnung bei gesteigerter Dringlichkeit 666
§ 333 Dauer der einstweiligen Anordnung 666
§ 334 Einstweilige Maßregeln 667
§ 335 Ergänzende Vorschriften über die Beschwerde 669
§ 336 Einlegung der Beschwerde durch den Betroffenen 672
§ 337 Kosten in Unterbringungssachen 672
§ 338 Mitteilung von Entscheidungen 673
§ 339 Benachrichtigung von Angehörigen 673

Abschnitt 3. Verfahren in betreuungsgerichtlichen Zuweisungssachen

§ 340 Betreuungsgerichtliche Zuweisungssachen 674
§ 341 Örtliche Zuständigkeit 676

Rechtspflegergesetz
Erster Abschnitt. Aufgaben und Stellung des Rechtspflegers

§ 1 Allgemeine Stellung des Rechtspflegers 677
§ 2 Voraussetzungen für die Tätigkeit als Rechtspfleger 677
§ 3 Übertragene Geschäfte 677
§ 4 Umfang der Übertragung 678
§ 5 Vorlage an den Richter 678
§ 6 Bearbeitung übertragener Sachen durch den Richter 678
§ 7 Bestimmung des zuständigen Organs der Rechtspflege 678
§ 8 Gültigkeit von Geschäften 678
§ 9 Weisungsfreiheit des Rechtspflegers 679
§ 10 Ausschließung und Ablehnung des Rechtspflegers 679
§ 11 Rechtsbehelfe 679
§ 12–13 680

Zweiter Abschnitt. Dem Richter vorbehaltene Geschäfte ...

§ 14 680
§ 15 Betreuungssachen und betreuungsrechtliche Zuweisungssachen 680
§ 19 Aufhebung von Richtervorbehalten 697

Kostenordnung
Erster Teil. Gerichtskosten
Erster Abschnitt. Allgemeine Vorschriften

1. Geltungsbereich
§ 1 Geltungsbereich 701

2. Kostenschuldner
§ 2 Allgemeiner Grundsatz 702
§ 3 Weitere Kostenschuldner 703
§ 5 Mehrere Kostenschuldner 703

Inhaltsverzeichnis

6. Der Kostenanspruch
§ 14 Kostenansatz, Erinnerung, Beschwerde 704
§ 15 Nachforderung 705
§ 16 Nichterhebung von Kosten wegen unrichtiger Sachbehandlung 706

7. Geschäftswert
§ 18 Grundsatz 706
§ 30 Angelegenheiten ohne bestimmten Geschäftswert, nichtvermögensrechtliche Angelegenheiten 707
§ 31 Festsetzung des Geschäftswerts 707

Zweiter Abschnitt. Gebühren in Angelegenheiten der freiwilligen Gerichtsbarkeit

4. Betreuungssachen und betreuungsgerichtliche Zuweisungssachen
§ 91 Gebührenfreie Tätigkeiten 709
§ 92 Dauerbetreuung und Dauerpflegschaft 710
§ 93 Betreuung und Pflegschaft für einzelne Rechtshandlungen 713
§ 93a Verfahrenspflegschaft 714
§ 96 Nichterhebung von Auslagen in besonderen Fällen 715

6. Sonstige Angelegenheiten
§ 128b Unterbringungssachen 716

7. Ergänzende Gebührenvorschriften für Anträge, Beschwerden usw.
§ 131 Beschwerden, Anrufung des Gerichts gegen Entscheidungen anderer Behörden oder Dienststellen 716

Dritter Abschnitt. Auslagen

§ 136 Dokumentenpauschale 718
§ 137 Sonstige Auslagen 718
§ 139 Rechnungsgebühren 719

Sachverzeichnis 721

Verzeichnis der in Anmerkungen oder Anhängen abgedruckten oder kommentierten Vorschriften

Gesetz	Vorschrift	Fundstelle
AO	§ 79 II	§ 275 FamFG Rn 15
AsylVfG	§ 12	§ 275 FamFGRn 19
BNotO	§ 54	§ 308 FamFG Rn 12
	§ 78 a–c	Anhang § 1901 c
FGO	§ 58 Abs. 2	§ 275 FamFG Rn 15
RVG	§ 1 Abs. 2	§ 1835 BGB Rn 15
SGB IX	§ 60	§ 1901 BGB Rn 16
SGB X	§ 11 Abs. 2	§ 275 FamFG Rn 15
	§ 71 Abs. 3	§ 7 BtBG Rn 14
SGB XII	§§ 82–90 sowie VO zu §§ 82, 90 Abs. 2 Nr. 9	Anhang § 1836 c BGB
SGG	§ 72	§ 275 FGG Rz 18
VRegV	§ 78 a–c	Anhang § 1901 c
VVG	§§ 150, 179	§ 1902 BGB Rn 18
VwGO	§ 62 Abs. 2	§ 275 FamFG Rn 15
VwVfG	§ 12 Abs. 2	§ 275 FamFG Rn 15
ZPO	§§ 51–53	§ 275 FamFG Rn 7
	§ 120 Abs. 2-4	§ 168 FamFG Rn 24
	§ 455	§ 275 FamFG Rn 11

Abkürzungsverzeichnis

a. A.	anderer Ansicht
a.a.O.	am angegebenen Ort
a. F.	alte Fassung
Abs.	Absatz
AG	Amtsgericht/Arbeitsgruppe/Aktiengesellschaft
AktG	Aktiengesetz
AMG	Arzneimittelgesetz
AO	Abgabenordnung
ArbG	Arbeitsgericht
ArchsozArb	Archiv sozialer Arbeit
A-Reha	Anordnung des Verwaltungsrates der Bundesanstalt für Arbeit über die Arbeits- und Berufsförderung Behinderter
Art.	Artikel
AsylVfG	Asylverfahrensgesetz
Aufl.	Auflage
ausf.	ausführlich
BAG	Bundesarbeitsgericht
BayEGGVG	Bayerisches Einführungsgesetz zum GVG
BayObLG	Bayerisches Oberstes Landesgericht
BayObLGZ	Entscheidungssammlung des Bayerischen Obersten Landesgerichts in Zivilsachen
BaWüLFGG	Landesgesetz über die Freiwillige Gerichtsbarkeit Baden-Württemberg
BayVGH	Bayerischer Verwaltungsgerichtshof
BaWüLBG	Landesbeamtengesetz Baden-Württemberg
BBG	Bundesbeamtengesetz
BeckRS	Elektronische Entscheidungsdatenbank in beck-online
BDO	Bundesdisziplinarordnung
BBiG	Berufsbildungsgesetz
BeurkG	Beurkundungsgesetz
BezG	Bezirksgericht
BFH	Bundesfinanzhof
BGB	Bürgerliches Gesetzbuch
BGBl.	Bundesgesetzblatt
BGH	Bundesgerichtshof
BGHSt	Entscheidungen des Bundesgerichtshofs in Strafsachen, zitiert nach Band und Seite
BGHZ	Entscheidungen des Bundesgerichtshofs in Zivilsachen, zitiert nach Band und Seite
BNotO	Bundesnotarordnung
BRRG	Beamtenrechtsrahmengesetz
BSG	Bundessozialgericht
BSHG	Bundessozialhilfegesetz
BtÄndG	Betreuungsrechtsänderungsgesetz
BT-Drucks.	Bundestagsdrucksache

Abkürzungsverzeichnis

BtBG	Betreuungsbehördengesetz
BtE	Betreuungsrechtliche Entscheidungen
BtG	Betreuungsgesetz
BtPrax	Betreuungsrechtliche Praxis
BVerfG	Bundesverfassungsgericht
BVerfGE	Entscheidungen des Bundesverfassungsgerichts, zitiert nach Band und Seite
BVG	Bundesversorgungsgesetz
BVormVG	Gesetz über die Vergütung von Berufsvormündern
BWahlG	Bundeswahlgesetz
BWNotZ	Zeitschrift für das Notariat in Baden-Württemberg
BwpVerwG	Bundeswertpapierverwaltungsgesetz
bzw.	beziehungsweise
DAVorm	Der Amtsvormund (Zeitschrift)
DB	Der Betrieb
ders.	derselbe
d. h.	das heißt
DIV	Deutsches Institut für Vormundschaftswesen
DNotZ	Deutsche Notar-Zeitung
DRiG	Deutsches Richtergesetz
DuR	Demokratie und Recht
EGGVG	Einführungsgesetz zum Gerichtsverfassungsgesetz
EGMR	Europäischer Gerichtshof für Menschenrechte
EGStGB	Einführungsgesetz zum Strafgesetzbuch
EheG	Ehegesetz
EHVO	Eingliederungshilfeverordnung
EMRK	Europäische Menschenrechtskonvention
ESAEG	Einlagensicherungs- und Anlegerschutzgesetz
EStG	Einkommensteuergesetz
etc.	etcetera
e. V.	eingetragener Verein
evtl.	eventuell
FA-FamR	Handbuch des Fachanwalts Familienrecht
FamFG	Gesetz über das Verfahren in Familiensachen und in den Angelegenheiten der freiwilligen Gerichtsbarkeit
FamRZ	Zeitschrift für das gesamte Familienrecht
FEVG	Gesetz über das gerichtliche Verfahren bei Freiheitsentziehungen
FG	Finanzgericht
FGG	Gesetz über die Angelegenheiten der freiwilligen Gerichtsbarkeit
FPR	Zeitschrift Familie, Partnerschaft, Recht
FuR	Familie und Recht
GBO	Grundbuchordnung
GG	Grundgesetz
ggf.	gegebenenfalls
ggü.	gegenüber
GKG	Gerichtskostengesetz
GK-SchwbG	Gemeinschaftskommentar Schwerbehindertengesetz

Abkürzungsverzeichnis

GmbH	Gesellschaft mit beschränkter Haftung
GmbHG	Gesetz über Gesellschaften mit beschränkter Haftung
GOÄ	Gebührenordnung für Ärzte
GVG	Gerichtsverfassungsgesetz
HGB	Handelsgesetzbuch
HK-BUR	Heidelberger Kommentar zum Betreuungs- und Unterbringungsrecht
HK-BVR	Hamburger Kommentar zum Betriebsverfassungsrecht
h. M.	herrschende Meinung
Hrsg.	Herausgeber
HypBankG	Hypothekenbankgesetz
i. a.	im allgemeinen
i. d. R.	in der Regel
IQ	Intelligenzquotient
i. S. d.	im Sinne des/der
i. V. m.	in Verbindung mit
JA	Das Jugendamt (Zeitschrift)
JMBlNW	Justizministerialblatt Nordrhein-Westfalen
JR	Juristische Rundschau
JVEG	Justizvergütungs- und -entschädigungsgesetz
JZ	Juristenzeitung
KastG	Kastrationsgesetz
KfZ	Kraftfahrzeug
KG	Kommanditgesellschaft, Kammergericht
KJHG	Kinder- und Jugendhilfegesetz
KostO	Kostenordnung
LG	Landgericht
LK	Leipziger Kommentar
LM	Lindenmaier/Möhring, Die Rechtsprechung des Bundesgerichtshofs
LPartG	Lebenspartnerschaftsgesetz
LRiGNW	Landesrichtergesetz Nordrhein-Westfalen
LS	Leitsatz
LSG	Landessozialgericht
MedR	Medizinrecht
MittBayNot	Mitteilungen des Bayerischen Notarvereins, der Notarkasse Bayern und der Landesnotarkammer Bayern
MittRhNotK	Mitteilungen der Rheinischen Notarkammer
MK	Münchener Kommentar zum BGB/Autor
MRK	Menschenrechtskonvention
MRRG	Melderechtsrahmengesetz
m. w. N.	mit weiteren Nachweisen
NdsRPfl	Niedersächsische Rechtspflege
NDV	Nachrichtendienst des Deutschen Vereins für öffentliche und private Fürsorge

Abkürzungsverzeichnis

NJ	Neue Justiz
NJOZ	Neue Juristische Online-Zeitschrift
NJW	Neue Juristische Wochenschrift
NJW-RR	Neue Juristische Wochenschrift – Rechtsprechungs-Report Zivilrecht
NJW Spezial	Beilage zur NJW
Nr.	Nummer
NRW	Nordrhein-Westfalen
NStZ	Neue Zeitschrift für Strafrecht
NZM	Neue Zeitschrift für Mietrecht
o. ä.	oder ähnliches
OHG	Offene Handelsgesellschaft
OLG	Oberlandesgericht
OLGRep	OLG-Report (Rechtsprechungs-Zeitschrift)
OLGZ	Entscheidungen des Oberlandesgerichts in Zivilsachen zitiert nach Band und Seite
OVG	Oberverwaltungsgericht
PfandbrG	Pfandbriefgesetz
PrAGBGB	Preußisches Ausführungsgesetz zum Bürgerlichen Gesetzbuch
PKH	Prozesskostenhilfe
PKW	Personenkraftwagen
RdA	Recht der Arbeit
RGRK	Kommentar zum BGB mit bes. Berücksichtigung der Rechtsprechung des Reichsgerichts
RGZ	Entscheidungen des Reichsgerichts in Zivilsachen
Rn.	Randnummer
Rpfleger	Der Deutsche Rechtspfleger (Zeitschrift)
RPflG	Rechtspflegergesetz
R & P	Recht und Psychiatrie
RsDE	Recht der sozialen Dienste (Zeitschrift)
RVG	Rechtsanwaltsvergütungsgesetz
RV	Rentenversicherung
S.	Seite/Satz
s.	siehe
SchlHA	Schleswig-Holsteinische Anzeigen (Zeitschrift)
SchwbG	Schwerbehindertengesetz
SchwbG-WV	Werkstättenverordnung zum Schwerbehindertengesetz
SG	Soldatengesetz
SGB	Sozialgesetzbuch
sog.	sogenannt/er
StAZ	Das Standesamt (Zeitschrift)
StGB	Strafgesetzbuch
StPO	Strafprozessordnung
str.	streitig
StV	Strafverteidiger (Zeitschrift)
StVG	Straßenverkehrsgesetz
StVollzG	Strafvollzugsgesetz

Abkürzungsverzeichnis

u. a.	unter anderem
u. ä.	und ähnliches
UN-BRK	Behindertenrechtskonvention der Vereinten Nationen (UN)
UStG	Umsatzsteuergesetz
usw.	und so weiter
u. U.	unter Umständen
v. a.	vor allem
VBVG	Vormünder- und Betreuervergütungsgesetz
VersR	Versicherungsrecht (Zeitschrift)
VGH	Verwaltungsgerichtshof
vgl.	vergleiche
VGT	Vormundschaftsgerichtstag
VKH	Verfahrenskostenhilfe
VO	Verordnung
VRegV	Vorsorgeregisterverordnung
VVG	Versicherungsvertragsgesetz
VwGO	Verwaltungsgerichtsordnung
VwVfG	Verwaltungsverfahrensgesetz
WoBauG	Wohnungsbaugesetz
WRV	Weimarer Reichsverfassung
WuM	Wohnungswirtschaft und Mietrecht (Zeitschrift)
z. B.	zum Beispiel
ZEV	Zeitschrift für Erbrecht und Vermögensnachfolge
ZfJ	Zeitschrift für Jugendrecht
ZfSH/SGB	Zeitschrift für Sozialhilfe/Sozialgesetzbuch
Ziff.	Ziffer
ZPO	Zivilprozessordnung
ZPO-RG	Zivilprozess-Reformgesetz
ZRP	Zeitschrift für Rechtspolitik
ZSEG	Gesetz über die Entschädigung von Zeugen und Sachverständigen
ZStW	Zeitschrift für die gesamte Strafrechtswissenschaft
z. T.	zum Teil
ZVG	Zwangsversteigerungsgesetz
z. Zt.	zur Zeit

Literaturverzeichnis

Abram, Nils Zwangsweise Durchsetzung von Entscheidungen, in: BtPrax 2003, 243
Abram, Nils Zwangsweiser Zutritt des Betreuers zur Wohnung des Betroffenen und Befugnis zur Entrümpelung, in: FamRZ 2004, 11
Alberts, Hermann Sterben mit Genehmigungsvorbehalt?, in: BtPrax 2003, 139
Albrecht, Elisabeth; Albrecht, Andreas Die Patientenverfügung – jetzt gesetzlich geregelt, in: Mitt-BayNot 2009, 426
Alperstedt, Ralf Dauerergänzungsbetreuung bei tatsächlicher Verhinderung?, in: BtPrax 2001, 106
Alperstedt, Ralf Gefahrbegriff und Gefährlichkeitsfeststellung im Unterbringungsrecht, in: FamRZ 2001, 465
Amelung, Knut Die Freiwilligkeit des Unfreien, in: ZStW 1983 (Bd. 95), 1
Amelung, Knut Über die Einwilligungsfähigkeit, in: ZStW 1992 (Bd. 104), 525 und 821
Amelung, Knut Probleme der Einwilligungsfähigkeit, in: R&P 1995, 20
Arnold, Reiner; Kloß, Wolfgang Offene Psychiatrie, ambulante Behandlung und Betreuungsgesetz, in: FuR 1996, 263
Arnold, Egon; Meyer-Stolte, Klaus; Herrmann, Karl-Otto; Rellermeyer, Klaus; Hintzen, Udo Rechtspflegergesetz Kommentar, 7. Aufl. Bielefeld 2009 (zitiert als Arnold/Meyer-Stolte)

Bach, Wolfgang Die Entschädigung von Vormündern, Pflegern und Betreuern, in: Rpfleger 1992, 89
Bach, Wolfgang Probleme bei der Entschädigung und Vergütung von Betreuungspersonen, Teil I, in: BtPrax 1993, 182
Bach, Wolfgang Probleme bei der Entschädigung und Vergütung von Betreuungspersonen Teil II, in: BtPrax 1994, 5
Bach, Wolfgang Zur Entschädigung und Vergütung von Betreuungspersonen unter Berücksichtigung des KostRÄndG 1994, in: BtPrax 1995, 8
Bach, Wolfgang Kostenregelungen für Betreuungspersonen, 2. Aufl. Köln, Berlin, Bonn, München 1999
Barth, Thomas; Wagenitz, Thomas Die Taler gehn der Tugend vor, Oder: Über Unentgeltlichkeit und Vergütung im Betreuungsrecht, in: FamRZ 1994, 71
Bassenge, Peter; Roth, Herbert FamFG/RPflG: Gesetz über das Verfahren in Familiensachen und in den Angelegenheiten der freiwilligen Gerichtsbarkeit, Rechtspflegergesetz, Kommentar, 12. Aufl. Heidelberg 2009 (zitiert als Bassenge/Roth-*Bearbeiter*)
Bauer, Axel; Klie, Thomas; Rink, Jürgen (Hrsg.) Heidelberger Kommentar zum Betreuungs- und Unterbringungsrecht, Heidelberg 1994, Loseblattsammlung, (zitiert als *Bearbeiter* in HK-BUR)
Bauer, Axel; Hasselbeck, Wolfgang Fürsorglicher Zwang zum Wohle der Betreuten, in: FuR 1994, 293
Baumbach, Adolf; Hefermehl, Wolfgang; Casper, Matthias Wechselgesetz. Scheckgesetz. Recht der kartengestützten Zahlungen, 23. Aufl. München 2007
Baumbach, Adolf; Lauterbach, Wolfgang; Albers, Jan; Hartmann, Peter Zivilprozessordnung, 68. Aufl. München 2010
Bergmann, Ernst Elmar Das Unterbringungsrecht in den neuen Bundesländern, in: NJW 1991, 211
Beck, Michael Schafft die Betreuungsbehörden ab!, in: BtPrax 2003, 98
Bernardi, Othmar Freiheitsentziehende Unterbringung – auf einer offenen Station?, in: R&P 1994, 11
Bienwald, Werner Zum „Diskussions-Teilentwurf eines Gesetzes über die Betreuung Volljähriger (Betreuungsgesetz-BtG)", in: FamRZ 1988, 902 und 1012
Bienwald, Werner Zur Stellung des Betreuers nach dem Betreuungsgesetz, in: RsDE Heft 7 (1989), 1
Bienwald, Werner Betreuungsrecht, Kommentar zum BtG/BtBG, 4. Aufl. Bielefeld 2005 (zitiert als Bienwald, Rn …)

Literaturverzeichnis

Bienwald, Werner Zur Umsetzung des Betreuungsgesetzes in der Praxis, in: FamRZ 1992, 1125
Bienwald, Werner Die Einschränkung der Betreuung nach § 1908 d BGB und deren Folgen für die elterliche Sorge und/oder das Umgangsrecht der Mutter eines nichtehelichen Kindes, in: FamRZ 1994, 484
Bienwald, Werner Der Betreuer mit dem Aufgabenkreis nach § 1896 Abs. 3 BGB, in: Rpfleger 1998, 231
Bienwald, Werner Zu welcher Weihnachtsfeier darf oder muss (!) der Betreuer gehen?, in: BtPrax 1999, 19
Bienwald, Werner Zur (landesrechtlich geregelten) Bestattungspflicht des Betreuers, in: BtPrax 2000, 107
Bienwald, Werner Notwendige Kenntnisse zur Führung rechtlicher Betreuungen, in: BtPrax 2000, 155
Bienwald, Werner Zur vormundschaftsgerichtlichen Genehmigung eines Grundstückserwerbs für den Betreuten, in: Rpfleger 2000, 235
Bienwald, Werner Zur Vertretung der Betreuten vor Gericht, in: BtPrax 2001, 150
Bienwald, Werner Die betreute Republik, in: BtPrax 2002, 3
Bienwald, Werner Vorsorgeverfügungen und ihre Bedeutung für das Vormundschaftsgericht, in: BtPrax 2002, 227
Bienwald, Werner Delegation von Betreueraufgaben und Einsatz von Hilfskräften, in: BtPrax 2003, 158
Bienwald, Werner Landesbedienstete als Behördenbetreuer, in: FamRZ 2007, 1860
Birkenfeld, Wolfram Rechnungslegung und Rechnungsprüfung in Vormundschafts- und Nachlasssachen, in: FamRZ 1976, 197
Bobenhausen, Dieter Entschädigung für Vormund und Pfleger, in: Rpfleger 1985, 426
Bobenhausen, Dieter Entschädigung des Berufsvormundes, in: Rpfleger 1988, 175
Böhmer, Christof Das Betreuungsgesetz und seine Bedeutung für die Tätigkeit des Standesbeamten, in: StAZ 1992, 65
Bork, Reinhard Die Prozessfähigkeit nach neuem Recht, in: MDR 1991, 97
Bork, Reinhard; Jacoby, Florian; Schwab, Dieter FamFG Kommentar, Bielefeld 2009
Böttcher, Roland Vormundschaftsgerichtliche Genehmigungen im Grundstücksrecht, in: Rpfleger 1987, 485
Brill, Karl-Ernst (Hrsg.) „Zum Wohle der Betreuten", Beiträge zur Reform des Vormundschafts- und Pflegschaftsrechts, Bonn 1990
Brosey, Dagmar Zur Zulässigkeit einer stationären Zwangsbehandlung des Betreuten, in: BtPrax 2008,108
Brosey, Dagmar Der Wille des Patienten entscheidet, in: BtPrax 2009, 175
Brosey, Dagmar Wunsch und Wille des Betreuten bei Einwilligungsvorbehalt und Aufenthaltsbestimmungsrecht, Hamburg 2009
Brüggemann, Dieter Der sperrige Katalog. §§ 1821, 71822 BGB: Anwendungskriterien – Grenzfälle, in: FamRZ 1990, 5 und 124
Brüggemann, Dieter Ausschaltung des Vormundschaftsrichters durch den Prozessrichter, in: FamRZ 1989, 1137
Buch, Michael Das Grundrecht der Behinderten, Osnabrück 2001
Buchholz, Stephan Insichgeschäft und Erbausschlagung – Überlegungen zu einem Problem des § 1643 II, in: NJW 1993, 1161
Bühler, Martin Vorsorgevollmacht zur Vermeidung einer Gebrechlichkeitspflegschaft oder Betreuung, in: BWNotZ 1990, 1
Bühler, Martin Einführung in das Betreuungsgesetz für das Amtsnotariat im württ. Rechtsgebiet, in: BWNotZ 1991, 153
Bühler, Ernst; Stolz, Konrad Das neue Gesetz zu Patientenverfügungen in der Praxis, in: BtPrax 2009, 171
Bund-Länder-Arbeitsgruppe „Betreuungsrecht", Abschlussbericht, in: Vormundschaftsgerichtstag (Hrsg.), Betrifft Betreuung Nr. 6, Recklinghausen 2003
Bürgle, Helmut Auf dem Weg zu einem neuen Betreuungsrecht, in: NJW 1988, 1881
Bumiller, Ursula; Harders, Dirk FamFG Freiwillige Gerichtsbarkeit, 9. Aufl. München 2009
Bundesvereinigung Lebenshilfe für geistig Behinderte e. V. (Hrsg.) Menschenwürde, Grundgesetz, Geistige Behinderung, Eine Bilanz nach 40 Jahren Verfassungswirklichkeit, Marburg 1989

Literaturverzeichnis

Canaris, Claus-Wilhelm Verstöße gegen das verfassungsrechtliche Übermaßverbot im Recht der Geschäftsfähigkeit und im Schadensersatzrecht, in: JZ 1987, 993

Czeghuhn, Ignacio; Dickmann, Roman Der Minderjährige in der BGB-Gesellschaft, in: FamRZ 2004, 1534

Coen, Christoph Die Aufsicht des Betreuungsvereins über den Vereinsbetreuer nach § 1908 f I Nr. 1 BGB, in: NJW 1999, 535

Coeppicus, Rolf Die Betreuung mit dem Aufgabenkreis der Aufenthaltsbestimmung, das Selbstbestimmungsrecht der Betroffenen und ihr Wohl, in: FamRZ 1992, 741

Coester, Michael Neues Familiennamensrechtsgesetz, in: FuR 1994, 1

Coester, Michael Die Bedeutung des Kinder- und Jugendhilfegesetzes für das Familienrecht, in: FamRZ 1991, 253

Crefeld, Wolf Der Sachverständige im Betreuungsverfahren, in: FuR 1990, 272

Cypionka, Bertram Fortfall der Entmündigung Volljähriger – Auswirkungen auf den Rechtsverkehr, in: NJW 1992, 207

Dahle, Heiko Der Kreisverband als Betreuungsverein? in: BtPrax 1993, 12

Dahle, Heiko Zivilrechtliche Unterbringung in der Forensik?, in: BtPrax 1994, 199

Dallmeyer, Peter; Eickmann, Dieter Rechtspflegergesetz, Kommentar, München 1999

Damrau, Jürgen Das Ärgernis um §§ 1812, 1813, in: FamRZ 1984, 842

Damrau, Jürgen; Zimmermann, Walter Betreuungsgesetz – Betreuungsrecht – Kommentar, Stuttgart, 3. Aufl. 2001

Damrau, Jürgen Kein Erfordernis der gerichtlichen Genehmigung bei Schenkungen von Gesellschaftsbeteiligungen an Minderjährige, in: ZEV 2000, 209

Deinert, Horst Die Entschädigung von Vormündern, Pflegern und Betreuern, in: Rpfleger 1992, 92

Deinert, Horst; Schreibauer, Marcus Haftung und Haftungsübernahme im Betreuungsverhältnis, in: BtPrax 1993, 185 und 1994, 9

Deinert, Horst; Lütgens, Kay Die Vergütung des Betreuers, 5. Aufl. Köln 2008

Deinert, Horst Die gerichtliche Vertretung von Betreuten, in: BtPrax 2001, 66

Deinert, Horst Eintritt des Betreuers in Gerichtsverfahren nötig?, in: BtPrax 2001, 146

Deinert, Horst Betreuungszahlen 2001, in: BtPrax 2002, 204

Deinert, Horst Betreuungszahlen 2002, in: BtPrax 2003, 257

Deinert, Horst; Lütgens, Kay; Meier, Sybille M. Die Haftung des Betreuers, 2. Aufl., Köln 2007

Deinert, Horst Kirchenaustritt und Betreuung, in: FamRZ 2006, 246

Deinert, Horst Betreuungszahlen 2006/2007, in: BtPrax 2008, 251

Deinert, Horst; Walter, Guy Handbuch der Betreuungsbehörde, 3. Aufl., Köln 2006

Deutscher Juristentag (Hrsg.), Empfiehlt es sich, das Entmündigungsrecht, das Recht der Vormundschaft und der Pflegschaft über Erwachsene sowie das Unterbringungsrecht neu zu ordnen? Berichte zum 57. Deutschen Juristentag 1988, Sitzungsbericht K, München 1988

Diekmann, Andrea Die Unterbringung, in: BtPrax 2009, 49

Dieckmann, Albrecht Empfiehlt es sich, das Entmündigungsrecht, das Recht der Vormundschaft und der Pflegschaft über Erwachsene neu zu ordnen?, in: JZ 1988, 789

Diehn, Thomas Das Ausdrücklichkeitsgebot des neuen § 1904 Abs. 5 Satz 2 BGB, in: FamRZ 2009, 1958

Dodegge, Georg Erste Entwicklungen des Betreuungsrechts, in: NJW 1993, 2353

Dodegge, Georg Die Elektrokrampftherapie, in: FamRZ 1996, 74

Dodegge, Georg Die Entwicklung des Betreuungsrechts bis Anfang Juni 1997, in: NJW 1997, 2425

Dodegge, Georg Familienrecht, Handbuch der Rechtspraxis Band 5 b, 2. Halbband: Vormundschafts- und Betreuungsrecht sowie andere Gesetze der freiwilligen Gerichtsbarkeit, 6. Aufl. München 1999

Dodegge, Georg Die Entwicklung des Betreuungsrechts bis Anfang Juni 2000, in: NJW 2000, 2704

Dodegge, Georg; Roth, Andreas Betreuungsrecht, 2. Aufl. Köln 2005 (zit. als Dodegge/Roth Teil ... Rn ...)

Dodegge, Georg Die Auswahl und Kontrolle der Betreuer, in: FPR 2004, 665

Dokumentation Neue Betreuerbestellungen im Jahr 2000, in: BtPrax 2002, 25

Literaturverzeichnis

Dörner, Klaus Hält der BGH die „Freigabe der Vernichtung lebensunwerten Lebens" wieder für diskutabel? in: ZRP 1996, 13

Dose, Matthias Medikamentöse Versorgung als Heilbehandlung gemäß § 1904 BGB, in: FamRZ 1993, 1032

Dose, Matthias Genehmigungspflicht einer Behandlung mit Clozapin nach § 1904 des Betreuungsrechts, in: Nervenarzt 1994, 787

Dümig, Michael Die Beteiligung Minderjähriger an einer rechtsfähigen Gesellschaft bürgerlichen Rechts aus familien- bzw. vormundschaftsgerichtlicher Sicht, in: FamRZ 2003, 1

Ehl, Gisela; Wessels, Wolfgang Reformiertes Betreuungsrecht und mögliche Zusammenarbeit am Beispiel des Bochumer Modells, in: BtPrax 1994, 79

Eickmann, Dieter Vormundschaftsgerichtliche Genehmigungen im Zwangsversteigerungsverfahren, in: Rpfleger 1983, 199

Elzer, Oliver Die Grundrechte Einwilligungsunfähiger in klinischen Prüfungen – ein Beitrag zum EMRÜ-Biomedizin, in: MedR 1998, 122

Epple, Dieter Einfluss der Betreuungsverfügung auf das Verfahren, die Führung und Überwachung der Betreuung, in: BtPrax 1993, 156

Ernst, Ellen Betreuung in der anwaltlichen Praxis, in: FuR 1990, 292

Erman Handkommentar zum Bürgerlichen Gesetzbuch, 11. Aufl. Münster 2004 (zit. Erman-Bearbeiter)

Evangelische Fachhochschule Freiburg Das Freiburger Modell, Weiterbildung/Berufsbetreuung, in: BtPrax 1999, 66

Fesel, Verena Weiterbildung als Qualitätssicherung der Betreuertätigkeit, in: BtPrax 1999, 186

Feuerabend, Ulrich Zur Freiheitsentziehung durch sogenannte Personenortungsanlagen, in: BtPrax 1999, 93

Fiala, Johannes; Behrendsen, Ursula Gefahren bei der Anlage und Verwaltung von Fremdgeldern, in: Rpfleger 1997, 281

Fiala, Johannes; Müller, K. Andreas; Braun, Christoph Genehmigungen bei Vormundschaft über Minderjährige, Betreuung und Nachlasspflegschaft, in: Rpfleger 2002, 389

Fiala Johannes; Nerb, Philip (Hrsg) Geldanlagen für Mündel und Betreute, Köln 2003 (zit. Fiala/Nerb)

Finger, Peter Die Sterilisation geistig Behinderter und § 1905 BGB idF des BtG, in: DAVorm 1989, 11

Finger, Peter Zulässigkeit einer Sterilisation geistig Behinderter aus eugenischer oder sozialer Indikation, in: R&P 2/1988, 14

Finzen, Asmus Medikamentenbehandlung bei psychischen Störungen, 14. Aufl. 2007

Finzen, Asmus; Haug, Hans-Joachim; Beck, Adrienne; Lüthy, Daniela Hilfe wider Willen – Zwangsmedikation im psychiatrischen Alltag, 1993

Formella, Herbert Entlassung des Betreuungsvereins unter gleichzeitiger Bestellung eines Vereinsbetreuers, in: BtPrax 1995, 21

Formella, Herbert Überwachung der persönlichen Situation des Betreuten im Rahmen der Kontrolle des Einzelbetreuers, in: BtPrax 1994, 52

Fortun, Steffen Erforderlichkeit vormundschaftsgerichtlicher Genehmigungen bei Unternehmensakquisitionen, in: NJW 1999, 754

Freund, Georg; Heubel, Friedrich Forschung mit einwilligungsunfähigen und beschränkt einwilligungsfähigen Personen, in: MedR 1997, 347

Fröschle, Tobias Beteiligte und Beteiligung am Betreuungs- und Unterbringungsverfahren nach dem FamFG, in: BtPrax 2009, 155

Geister, Ulrich Wieviele Betreuungen kann ein Vereinsbetreuer führen? in: BtPrax 1994, 2

Gerhardt, Peter; von Heintschel-Heinegg, Bernd; Klein, Michael Handbuch des Fachanwalts Familienrecht, 7. Auflage, München 2009, (zit, FA-FamR/Bearbeiter)

Gerken, Ulrich Zur vormundschaftsgerichtlichen Genehmigung bei Abtretung von GmbH-Anteilen, in: RPfleger 1989, 270

Gleißner, Helga Vorgefundene Bankguthaben des Mündels, in: Rpfleger 1985, 482

Gleißner, Helga Entlastungserteilung für Vormund und Pfleger, in: Rpfleger 1986, 462

Literaturverzeichnis

Göpel, Rolf; Neumann, Alexandra; Nigbur, Anke Erste Erfahrungen zur pauschalierten Vergütung, in: BtPrax 1999, 187
Goerke, Paula Die Rechtsprechung des BayObLG, in: Rpfleger 1981, 280
Gregersen, Anke Ausgewählte Fragen zum Betreuungsrechtsänderungsgesetz, in: BtPrax 1999, 16
Gregersen, Anke Rechtliche Betreuung – was ist das?, in: BtPrax 1999, 211
Grube, Lars Anmerkung zu BayObLG Rpfleger 1989, 455, in: Rpfleger 1990, 67
Gusy, Christopph Freiheitsentziehung und Grundgesetz, in: NJW 1992, 457

Hartmann, Peter Kostengesetze, Kommentar, 39. Aufl., München 2009
Henkemeier, Sandra Anmerkung zum Urteil des OLG Nürnberg vom 5. 4. 2001, in: BtPrax 2004, 59
Heß, Rainer, Burmann, Michael Der Abfindungsvergleich, in NJW-Spezial 2004, 207
Hezel, Eugen Notarrecht in Baden-Württemberg, in Rpfleger 2001, 13
Hiersche, Hans-Dieter; Hirsch, Günter; Graf-Baumann, Toni (Hrsg.) Die Sterilisation geistig Behinderter, II. Einbecker Workshop der Deutschen Gesellschaft für Medizinrecht, Berlin, Heidelberg 1988
Hille, Bianca Auslegung zur Neufassung des § 92 KostO, in: Rpfleger 2008, 114
Hinz, Manfred Zu den Voraussetzungen der Trennung eines gesunden Kindes von seinen behinderten Eltern, Familienrechtliche Anmerkungen zu BVerfG NJW 1982, 1379, in: NJW 1983, 377
Höcker, Hans-Klaus Stellungnahme zur Mittellosigkeit der betreuten Person, in: BtPrax 1993, 166
Hoetzel, Oliver; von Oertzen, Christian Substanzerhaltende Geldanlage und Mündelsicherheit, in: DB 1994, 2303
Hoffmann, Birgit Das Leben ist voller Risiken – Lebensrisiken und Betreuung, in: BtPrax 2001, 63
Hoffmann, Birgit Hilfen zur Erziehung und Betreuung, in: BtPrax 2002, 246
Hoffmann, Birgit Forschung mit und an betreuten Menschen, in: BtPrax 2004 216
Hoffmann, Birgit; Klie, Thomas Freiheitsentziehende Maßnahmen, Heidelberg 2004
Hoffmann, Birgit Pflicht von Arzt und Betreuer, in: BtPrax 2007, 143
Hoffmann, Birgit Auslegung von Patientenverfügungen, in: BtPrax 2009, 7
Höfling, Wolfram Das neue Patientenverfügungsgesetz, in: NJW 2009, 2849 ff.
Holzhauer, Heinz Zur klinischen Prüfung von Medikamenten an Betreuten, in: NJW 1992, 2325
Holzhauer, Heinz Für ein enges Verständnis des § 1906 Abs. 4 BGB, in: BtPrax 1992, 54
Holzhauer, Heinz Der Umfang gerichtlicher Kontrolle privatrechtlicher Unterbringung, in: FuR 1992, 249
Holzhauer, Heinz Abhebungen des Betreuers vom Konto des Betreuten unter 5000,– DM immer genehmigungsfrei? Zur Auslegung von § 1813 Abs. 1 Nr. 2, in: BtPrax 1994, 42
Holzhauer, Heinz; Reinicke, Michael Kommentar zum Betreuungsrecht, Münster 1993 (zitiert als Holzhauer-Reinicke)
Holzhauer, Heinz Justizverwaltung in Schicksalsdingen, in: FamRZ 2003, 991
Holzhauer, Heinz Patientenautonomie, Patientenverfügung und Sterbehilfe, in: FamRZ 2006, 518
Horn, Eckhard Die Sterilisation geistig Behinderter – strafbar? in: DuR 1988, 62

Ivo, Malte Die Erbschaftsausschlagung für das minderjährige Kind, in: ZEV 2002, 309

Jaspersen, Kai Die vormundschaftsgerichtliche Genehmigung in Fällen mit Auslandsbezug, in: FamRZ 1996, 397
Jensen, Rita; Röhlig, Hans Werner Anmerkung zu LG Stuttgart Rpfleger 1994, 209, in: Rpfleger 1994, 463
Jensen, Rita; Röhlig, Hans-Werner Subsidiarität der Betreuung, in: BtPrax 2001, 197
Jochum, Günter; Pohl, Kay-Thomas Pflegschaft, Vormundschaft und Nachlass, Heidelberg 1989
Jochum, Günter Die Vergütung des § 1836 Abs. 2 BGB beinhaltet den zusätzlichen Ersatz der Mehrwertsteuer für den Berufsbetreuer, in: BtPrax 1993, 54
Jochum, Günter Keine Verfügung über Nachlasskonten nach dem Tod des Bereuten, in: BtPrax 1996, 88
Juchart, Klaus UBG – Unterbringungsgesetz Baden Württemberg 1983
Jünger, Heiko Geldanlage für Mündel und Betreute, in: FamRZ 1993, 147

Literaturverzeichnis

Jurgeleit, Andreas Rechtsprechungsübersicht zum Betreuungs- und Unterbringungsrecht (Teil I), in: FGPrax 2005, 1
Jurgeleit, Andreas (Hrsg.), Betreuungsrecht Handkommentar, Baden-Baden 2006 (zitiert als Jurgeleit-*Bearbeiter*)
Jürgens, Andreas Das Rechtsverhältnis zwischen Behinderten und Werkstätten für Behinderte, in: RdA 1986, 349
Jürgens, Andreas Pflegeleistungen für Behinderte, Köln u. a. 1986
Jürgens, Andreas Betreuung wider Willen, in: BtPrax 1992, 47
Jürgens, Andreas Vertretung des Betreuers? in: BtPrax 1994, 10
Jürgens, Andreas; Kröger, Detlef; Marschner, Rolf; Winterstein, Peter Betreuungsrecht kompakt, 6. Aufl. München 2007 (zitiert als Jürgens/Kröger/Marschner/Winterstein, Rn …)
Jürgens, Andreas Der Betreuer zwischen rechtlicher Vertretung und persönlicher Betreuung, in: BtPrax 1998, 129
Jürgens, Andreas Ist der Tod genehmigungsfähig? in: BtPrax 1998, 159
Jürgens, Andreas Weitere Einzelfragen zur Tätigkeit des Betreuers, in: BtPrax 1998, 212
Jürgens, Andreas Leistungen der Pflegeversicherung sind kein Einkommen!, in: BtPrax 2000, 71
Jürgens, Andreas Änderungen bei den Einkommensgrenzen in der Sozialhilfe, in: NDV 2005, 9
Jürgens, Hans-Erich Erforderlichkeitsgrundsatz im Betreuungsverfahren, in: BtPrax 2002, 18

Karmasin, Ernst Überblick über die Neuregelung der Betreuervergütung durch das Betreuungsrechtsänderungsgesetz, in: FamRZ 1999, 348
Keidel, Th. FamFG – Kommentar 16. Aufl. München 2009 (zitiert als Keidel-*Bearbeiter*)
Keilbach, Heinz Vorsorgeregelungen zur Wahrung der Selbstbestimmung bei Krankheit, im Alter und am Lebensende, in: FamRZ 2003, 969
Keim, Christopher Erbauseinandersetzung und Erbanteilsübertragung, in: DNotZ 2003, 375
Keim, Christopher Entgeltlicher Vertrag oder belohnende Schenkung?, in: FamRZ 2004, 1081
Kern, Bernd-Rüdiger Die Bedeutung des Betreuungsgesetzes für das Arztrecht, in: MedR 1991, 61
Kern, Bernd-Rüdiger Fremdbestimmung bei der Einwilligung in ärztliche Eingriffe, in: NJW 1994, 753
Kersten, Holger Sachverhaltsermittlung bei Anregung einer Betreuerbestellung, in: BtPrax 1994, 53
Kierig, Franz Otto; Kretz, Jutta Formularbuch Betreuungsrecht, 2. Aufl. München 2004
Kirsch, Matthias Das Ruhen der elterlichen Sorge, in: RPfleger 1988, 235
Kirsch, Matthias Vergütung in Betreuungsverfahren, in: RPfleger 1994, 240
Kleinz, Petra Probleme und Chancen der Umsetzung des Betreuungsgesetzes in der verbandlichen Praxis, in: FuR 1990, 287
Kleinz, Petra Organisierte Einzelbetreuung – ein Modell mit Zukunft? in: BtPrax 1993, 113
Klie, Thomas „Plötzlich ist die Wohnung weg" – Zur Aufrechterhaltung der Wohnung bei Einzug in ein Heim nach Krankenhausaufenthalt, in: R&P 1990, 170
Klie, Thomas Recht auf Verwirrtheit?, Hannover 1993
Klie, Thomas Selbstbestimmung und Würde im Alter, in: BtPrax 2001, 10
Klie, Thomas; Bauer, Axel Wie ist eine Betreuung vermeidbar? In: FPR 2004 S. 671
Klug, Ulrich Psychiatrische Eingriffe und strafrechtliche Prinzipien, Vorgänge 1980, 81
Klüsener, Bernd Vormundschaftsgerichtliche Genehmigungen im Liegenschaftsrecht, in: RPfleger 1981, 461
Klüsener, Bernd Der Minderjährige im Unternehmensrecht, in: Rpfleger 1990, 321
Klüsener, Bernd Der Rechtspfleger im Betreuungsrecht, in: Rpfleger 1991, 225
Klüsener, Bernd Vormundschaftsgerichtliche Genehmigungen nach § 1822 BGB, in: RPfleger 1993, 133
Klüsener, Bernd; Rausch, Hans Praktische Probleme bei der Umsetzung des neuen Betreuungsrechts, in: NJW 1993, 617
Klüsener, Bernd Das neue Minderjährigenhaftungsbeschränkungsgesetz, in: Rpfleger 1999, 55
Klüsener, Bernd, Entscheidungskriterien des Vormundschaftsgerichts bei genehmigungspflichtigen Geschäften, in: *Heinz-Grimm, Renate; Kramps, Christoph; Pieroth, Bodo (Hrsg)* Testamente zugunsten von Menschen mit geistiger Behinderung, Marburg, 1994 (zit. als: Klüsener, Entscheidungskriterien)

Literaturverzeichnis

Knieper, Judith Vormundschaftsgerichtliche Genehmigung des Abbruchs lebenserhaltender Maßnahmen, in: NJW 1998, 2720

Knittel, Bernhard Betreuungsgesetz (BtG), Kommentar, Loseblattsammlung, Starnberg Stand 1. 10. 2009 (zit. Knittel § ... Anm. ...)

Kollmer, Norbert Die Durchführung der Betreuung, § 1901 BGB, in: FuR 1993, 325

Korintenberg, Werner; Lappe, Friedrich; Bengel, Manfred; Reimann, Wolfgang Kostenordnung, Kommentar, 18. Aufl. München 2009 (zitiert als Korintenberg-*Bearbeiter*)

Kort, Simone Die Prüfung des Erforderlichkeitsgrundsatzes durch einen justiznahen sozialen Dienst in Schwerin, in: Betrifft: Betreuung 8, 165

König, Ruth Vereinbarkeit der Zwangsunterbringung nach § 1906 BGB mit der UN-Behindertenrechtskonvention? in: BtPrax 2009, 105

Krauß, Dieter Befreiung der Betreuer von der Aufsicht des Vormundschaftsgerichts unter Berücksichtigung des Baden-Württembergischen Landesrechts, in: BWNotZ 1995, 20

Kunkel, Volker Das junge Konto, in: Rpfleger 1999, 1

Kutzer, Klaus Die Auseinandersetzung mit der aktiven Sterbehilfe, in: ZRP 2003, 209

Kutzer, Klaus Probleme der Sterbehilfe, in: FPR 2004, 683

Kutzer, Klaus Patientenautonomie am Lebensende, in: BtPrax 2005, 50

Labuhn, Günther; Veldtrup Dirk; Labuhn, Achim Familiengericht und Vormundschaftsgericht, Köln 1999

Lachwitz, Klaus 40 Jahre Grundgesetz: Die Reform des Vormundschaftsrechts und die Grundrechte geistig behinderter Menschen, in: DAVorm 1989, 343 und 453

Lachwitz, Klaus Übereinkommen der Vereinten Nationen über die Rechte von Menschen mit Behinderungen, in: BtPrax 2008, 143

Lachwitz, Klaus; Schellhorn, Walter; Welti, Felix Handkommentar zum Sozialgesetzbuch IX, Neuwied, Kriftel 2002 (zitiert als *Bearbeiter* in HK-SGB IX)

Lange, Wolfgang Das Patientenverfügungsgesetz – Überblick und kritische Würdigung, in: ZEV 2009, 537

Leipziger Kommentar zum Strafgesetzbuch, 11. Aufl., München 1992 (zitiert als LK-*Bearbeiter*)

Lammersmann, Birgit Medizinische Eingriffe an einwilligungsunfähigen Personen: Die Position der Biomedizin-Konvention des Europarates im Spannungsfeld zwischen Forschungsbedarf der Medizin und Selbstbestimmungsrecht des Patienten, in: R&P 1999, 157

Lempp, Dietrich Diskussionsentwurf eines Gesetzes über die Betreuung Volljähriger, in: DAVorm 1988, 573

Liermann, Stephan Der „Namensrichter" des Familiennamensrechtsgesetzes vom 16. 12. 1993, in: FamRZ 1995, 199

Lipp, Volker „Sterbehilfe" und Patientenverfügung, in: FamRZ 2004, 317

Lipp, Volker Die Entscheidung des BGH zur Sterbehilfe, in: BtPrax 2004, 18

Lipp, Volker (Hrsg.) Handbuch der Vorsorgeverfügungen, München 2009

Lipp, Volker Die Zwangsbehandlung eines Betreuten nach der aktuellen Rechtsprechung, in: BtPrax 2009, 53

Lohse, Martin; Triebel, Sabine Vermögensverwaltende Gesellschaften bürgerlichen Rechts mit minderjährigen Gesellschaftern und gerichtliche Genehmigungspraxis, in: ZEV 2000, 337

v. Mangoldt, Hermann; Klein, Friedrich; Starck, Christian Kommentar zum Grundgesetz, 5. Aufl. München 2005 (zitiert als *Bearbeiter* in v.Mangoldt/Klein/Starck GG)

Marschner, Rolf Stufen der Zwangsbehandlung, in: R&P 1988, 19

Marschner, Rolf Das Verhältnis von Vormundschaftsrecht und Unterbringungsrecht bei der Zwangsbehandlung, in: R&P 1990, 66

Marschner, Rolf Zum Problem der Vollmachtserteilung bei ärztlicher Behandlung und freiheitsentziehenden Maßnahmen, in: R&P 1995, 138

Marschner, Rolf Rechtliche Aspekte der Behandlungsvereinbarung, in: R&P 1997, 171

Marschner, Rolf; Volckart, Bernd; Lesting, Wolfgang Freiheitsentziehung und Unterbringung, 5. Aufl. München 2010

Marschner, Rolf Gewalt und Betreuungsrecht, in: R&P 2001, 132

Marschner, Rolf Zwangsbehandlung in der ambulanten und stationären Psychiatrie, in: R&P 2005, 47 ff.

Literaturverzeichnis

Marschner, Rolf Zivilrechtliche und öffentlich-rechtliche Unterbringung, in: BtPrax 2006, 125
Marschner, Rolf UN-Konvention über die Rechte von Menschen mit Behinderungen – Auswirkungen auf das Betreuungs- und Unterbringungsrecht, in: R&P 2009, 135
May, Arnd T. Patientenverfügungen, in: BtPrax 2007, 149
Mees-Jacobi, Jutta; Stolz, Konrad Rechtliche und psychologische Aspekte einer Betreuung entsprechend den Wünschen und Vorstellungen des Betreuten, in: BtPrax 1994, 83
Meier, Sybille M. Zur Haftung des Berufsbetreuers, in: BtPrax 1999, 57
Meier, Sybille M. Anmerkung zum Urteil des OLG Nürnberg vom 5. 4. 2001, in: BtPrax 2004, 60
Meier, Sybille M. Anmerkung zur Entscheidung des BayVGH vom 26. 5. 2003, in: BtPax 2004, 205
Melchinger, Heiner Zivilrechtliche Unterbringungen, in: BtPrax 2009,59
Meyer-Götz, Heinrich „Patientenverfügung" – Was nun?, in: JR 2009, 363
Meyer-Goßner, Lutz Strafprozessordnung, 52. Auflage 2009
Meyer-Ladewig, Jens; Keller, Wolfgang; Leitherer, Stephan Sozialgerichtsgesetz, Kommentar, 9. Aufl., München 2008
Milzer, Lutz Die adressatengerechte Vorsorgevollmacht, in: NJW 2003, 1836
Münder, Johannes Probleme des Sorgerechts bei psychisch kranken oder geistig behinderten Eltern – exemplarisch für den Kindesschutz bei Kindeswohlgefährdung, in: FuR 1995, 84
Münchener Kommentar zum Bürgerlichen Gesetzbuch (zitiert als MK-*Bearbeiter*)
Band 1, Allgemeiner Teil (§§ 1–240), 5. Aufl. München 2006
Band 5, Schuldrecht Besonderer Teil III (§§ 705–853), 5. Aufl. München 2009
Band 8, Familienrecht II (§§ 1589–1921), 5. Aufl. München 2008
Musielak, Hans-Joachim Kommentar zur Zivilprozessordnung, 9. Aufl. München 2009

Nedopil, Norbert Die medikamentöse Versorgung als Heilbehandlung gemäß § 1904 BGB – Erwiderung auf den Beitrag von Schreiber, in: FamRZ 1993, 24
Nedopil, Norbert Forensische Psychiatrie, 3. Aufl. Stuttgart 2007
Neuer-Miebach, Therese; Krebs, Heinz (Hrsg.) Schwangerschaftsverhütung bei Menschen mit geistiger Behinderung – notwendig, möglich, erlaubt?, Große Schriftenreihe der Bundesvereinigung Lebenshilfe, Band 18, Marburg 1988

Oberloskamp, Helga Mehr Einzelvormünder/Einzelpfleger statt Amtsvormünder/Amtspfleger? in: FamRZ 1988, 7
Oberloskamp, Helga (Hrsg.) Vormundschaft, Pflegschaft und Vermögenssorge bei Minderjährigen, 2. Aufl. München 1998 (die 3. Aufl. 2010 konnte nicht mehr berücksichtigt werden)
Olzen, Dirk Die gesetzliche Neuregelung der Patientenverfügung, in: JR 2009, 354

Paehler, Hans H. Recht und Gefühl, in: BtPrax 2004, 141
Palandt Bürgerliches Gesetzbuch, 69. Aufl. München 2010
Pardey, Karl-Dieter Vermögensherausgabe und Rechenschaftslegung, in: DAVorm 1987, 415
Pardey, Karl-Dieter Vormundschaftsgerichtliche Genehmigungen bei der Regelung des Unterhalts für nichteheliche Kinder, in: FamRZ 1987, 873
Pardey, Karl-Dieter Betreuung für Volljährige, in: ZRP 1988, 330
Pardey, Karl-Dieter Betreuung Volljähriger: Hilfe oder Eingriff, Sarstedt 1989
Pardey, Karl-Dieter Staatshaftung für Vormünder, Pfleger und Betreuer?, in: FamRZ 1989, 1030
Pardey, Karl-Dieter Zur Zulässigkeit drittschützender freiheitsentziehender Maßnahmen nach § 1906 BGB, in; FamRZ 1995, 713
Pardey, Karl-Dieter Alltagsprobleme im Betreuungsrecht – insbesondere zu §§ 1904 und 1906 IV BGB, in: BtPrax 1995, 81
Pardey, Karl-Dieter Rechtsgrundlagen bei der Unterbringung Erwachsener, in: BtPrax 1999, 83
Pardey, Karl-Dieter Ein neues Kleid für die rechtliche Betreuung, in: Rpfleger 2003, 257
Passmann, Thomas Die Betreuung endet mit dem Tod, in: BtPrax 1994, 202
Pawlowski, Hans Martin Rechtsfähigkeit im Alter? in: JZ 2004, 13
Pestalozza, Christian Risiken und Nebenwirkungen: Die klinische Prüfung von Arzneimitteln am Menschen nach der 12. AMG-Novelle, in: NJW 2004, 3374
Pieroth, Bodo Die Verfassungsmäßigkeit der Sterilisation Einwilligungsunfähiger gemäß dem Entwurf für ein Betreuungsgesetz, in: FamRZ 1990, 117

Literaturverzeichnis

Pitschas, Rainer Die Infrastruktur sozialer Dienste als Wirkungsbedingung der Sozialrechtsentwicklung. Eine Darstellung am Beispiel des Betreuungsbehördengesetzes, in: ArchsozArb 1990, 186

Pitschas, Rainer Funktionen und Folgen formaler Organisation der Betreuung, in: BtPrax 1994, 74

Platz, Siegfried Bankgeschäfte mit Betreuten, Stuttgart 2003

Prütting, Hans; Helms, Tobias FamFG: Gesetz über das Verfahren in Familiensachen und die Angelegenheiten der freiwilligen Gerichtsbarkeit mit Gesetz über Gerichtskosten, Kommentar, Köln 2009 (zitiert als Prütting/Helms-*Bearbeiter*)

Quambusch, Erwin Die Bedeutung des Verfassungsbegriffs der Würde für Menschen mit geistiger Behinderung, in: ZfSH/SGB 1989, 10

Quambusch, Erwin Das Recht der geistig Behinderten, 4. Aufl. Stuttgart u. a. 2001

Renesse, Margot v. Die Patientenverfügung in der Diskussion, in: BtPrax 2005, 47

Renner, Günter Ausländerrecht Kommentar, 8. Aufl. München 2008

Renner, Thomas Der Widerruf von Vorsorgevollmachten: in: ZNotP 2004, 388

Reichel, Herbert Zum Unterbringungsrecht in den neuen Bundesländern, in: FamRZ 1990, 1318

Reis, Hans Sterilisation bei mangelnder Einwilligungsfähigkeit, in: ZRP 1988, 318

Rellermeyer, Klaus Die Maßgaben des Einigungsvertrages zum Rechtspflegergesetz, in: RPfleger 1993, 45

Rellermeyer, Klaus Stellung des Bereichsrechtspflegers – Zur Änderung des Rechtspflegergesetzes, in: Rpfleger 1994, 447

Rellermeyer, Klaus Rechtspflegerrecht im 1. Justizmodernisierungsgesetz, in: Rpfleger 2004, 593

Rellermeyer, Klaus Entwicklung des Rechtspflegerrechts in den Jahren 2002–2004, in: Rpfleger 2005, 125

Renner, Markus Die Wohnungsauflösung im Betreuungsverfahren, in: BtPrax 1999, 96

Renner, Thomas; Spanl, Reinhold Von der Betreuungsbehörde beglaubigte Vollmachten – grundbuch- und registertauglich?, in: Rpfleger 2007, 367

RGRK, Das Bürgerliche Gesetzbuch mit besonderer Berücksichtigung der Rechtsprechung des Reichsgerichts und des Bundesgerichtshofs, Kommentar, 12. Aufl. 1974 (zitiert als RGRK-*Bearbeiter*)

Riedel, Annette; Stolz, Konrad Altenwohlgefährdung, in: BtPrax 2008, 233

Riedel, Ulrike Der Zwischenbericht der Enquetekommission Ethik und Recht der modernen Medizin des Deutschen Bundestages zu Patientenverfügungen, in: BtPrax 2005, 45

Rink, Jürgen Kritische Anmerkungen zum Verfahren in Betreuungs- und Unterbringungssachen, in: R&P 1991, 148

Rink, Jürgen Die Wirksamkeit von Entscheidungen in Betreuungs- und Unterbringungssachen, in: FamRZ 1992, 1011

Rink, Jürgen Die Unterbringung Erwachsener durch Maßregel nach § 1846 BGB, in: FamRZ 1993, 512

Rohs, Günther; Wedewer, Paul Kostenordnung, Kommentar, 3. Aufl., 68. Aktualisierung 2009 (zitiert als Rohs/Wedewer-*Bearbeiter*)

Schaffer, Wolfgang Patientenautonomie am Ende des Lebens, in: BtPrax 2003, 143

Schaffer, Wolfgang Selbstbestimmung des Menschen am Lebensende, in: BtPrax 2007, 157

Schlöpke, Stephan Vergütung von Verfahrenspflegern in Unterbringungssachen, in: Rpfleger 1993, 435

Schlüter, Wilfried; Rießelmann, Beate Weisungsfreiheit im Jugendamt? – Zur Rechtsstellung der Mitarbeiter bei der Ausübung von Amtspflegschaft und Amtsvormundschaft, in: FuR 1991, 150

Schmidt, Gerd; Böcker, Felix; Bayerlein, Rainer; Mattern, Christoph Schüler, Michael Betreuungsrecht in der Praxis, 3. Aufl., Bonn 1999 (zit. Schmidt/Böcker/Bayerlein/Mattern/Schüler, Seite …)

Schmidt, Karldieter Anmerkung zur Entscheidung des Saarländischen OLG Saarbrücken BtPrax 1998, 153 in: FGPrax 1999, 178

Schmidt, Karldieter Besprechung der 8. Auflage des Kommentars von Bassenge/Herbst zum FGG/RPflG, in: FGPrax 1999, 205

Literaturverzeichnis

Schönke/Schröder, Strafgesetzbuch, 26. Aufl. München 2006 (zitiert als Schönke/Schröder-*Bearbeiter*)
Schreiber, Lothar Hans Die medikamentöse Behandlung als Heilbehandlung gemäß § 1904 BGB n. F. im zukünftigen Betreuungsgesetz, in: FamRZ 1991, 1014 und 1993, 26
Schreiber, Hans-Ludwig Das ungelöste Problem der Sterbehilfe, in: NStZ 2006, 473
Schulte-Bunert, Kai; Weinreich, Gerd FamFG Kommentar, Köln 2009 (zitiert als Schulte-Bunert/Weinreich-*Bearbeiter*)
Schulz, Michael Haftung der Anstellungskörperschaften für Behördenbetreuer, in: BtPrax 1995, 56
Schumacher, Ulrich; Jürgens, Andreas Anmerkungen zum Betreuungsgesetzentwurf, in: R&P, Heft 2/1988, 2
Schumacher, Ulrich; Jürgens, Hans-Erich; Mahnkopf, Ulrike 1. Vormundschaftsgerichtstag vom 26. bis 29. Oktober 1988, Materialien und Ergebnisse, München 1989
Schumacher, Ulrich Rechtsstaatliche Defizite im neuen Unterbringungsrecht, in: FamRZ 1991, 280
Schwab, Dieter Das neue Betreuungsrecht, Bericht über die verabschiedete Fassung des Betreuungsgesetzes (BtG), in: FamRZ 1990, 681
Schwab, Dieter Probleme des materiellen Betreuungsrechts, in: FamRZ 1992, 493
Schweitzer, Karl-Heinz Heilbehandlung und Selbstbestimmung – Zur Frage der Zulässigkeit ambulanter Zwangsbehandlung psychisch Kranker, in: FamRZ 1996, 1317
Seitz, Walter Ansprüche von Berufsbetreuern auf Vergütung und Aufwendungsersatz, in: BtPrax 1992, 82
Seitz, Walter Erforderlichkeitsgrundsatz und Zivilprozess, in: BtPrax 1996, 96
Seitz, Walter Anmerkung zur Entscheidung des OLG Frankfurt BtPrax 1997, 76, in: BtE 1997, 72
Seitz, Walter Das OLG Frankfurt a. M. und die Sterbehilfe, in: ZRP 1998, 417
Seitz, Walter (Hrsg) Betreuungsrechtliche Entscheidungen, Köln 2004 (zit. als BtE, Jahrgang, Seite)
Seitz, Walter Wohl und Wille als Handlungsnormen im Betreuungsrecht, in: BtPrax 2005, 170
Sonnenfeld, Susanne Vergütung und Auslagenersatz der unterschiedlichen Betreuertypen, in: Rpfleger 1993, 97
Sonnenfeld, Susanne Tatsächliche Verhinderung und Ruhen der elterlichen Sorge, in: Rpfleger 1995, 441
Sonnenfeld, Susanne; Zorn, Dagmar Wirksamwerden gerichtlich genehmigter Rechtsgeschäfte, in: Rpfleger 2004, 533
Sonnenfeld, Susanne Bericht über die Rechtsprechung zum Betreuungsrecht, in: FamRZ 2004, 1685
Sonnenfeld, Susanne Rechtsmittel in Betreuungs- und Unterbringungsverfahren, in: BtPrax 2009, 167
Spanl, Reinhold Das Girokonto in der Vormundschaft, in: Rpfleger 1989, 392
Spanl, Reinhold Ergänzungsbetreuung und Gegenbetreuung, in: Rpfleger 1992, 142
Spickhoff, Andreas Rechtssicherheit kraft Gesetzes durch sog. Patientenverfügungen?, in: FamRZ 2009, 1949
Spiegelberger, Sebastian Die Familien-GmbH & Co KG, in: ZEV 2003, 391
Spranger, Tade Matthias Zur Haftung des Betreuers nach dem Todes des Betreuten, in: BtPrax 1999, 175
Stackmann, Nikolaus Keine richterliche Anordnung von Sterbehilfe, in: NJW 2003, 1568
Staudinger, Kommentar zum BGB, 13. Bearbeitung Berlin 1999 ff. bzw. 14. Bearbeitung Berlin 2006 (zitiert als Staudinger-*Bearbeiter*)
Steen-Helms, Helga; Kania, Margit Neue Gesprächsstrukturen zur gesetzlichen Betreuung zwischen den Sozialressorts der Länder und dem BMFSFJ, in: BtPrax 2009, 68
Sternberg-Lieben, Detlev Strafbarkeit des Arztes bei Verstoß gegen ein Patienten-Testament, in: NJW 1985, 2734
Stockert, Gerhard Die Bestattung durch den Betreuer, in: BtPrax 1996, 203
Stolz, Konrad Einführung in das Betreuungsgesetz für Amtsrichter im württembergischen Landesteil, in: BWNotZ 1991, 164

Tänzer, Jörg Einheitlichkeit der Aufgaben- und Finanzverantwortung als Grundlage von Strukturreformen im Betreuungswesen, in: BtPrax 2009, 275

Literaturverzeichnis

Taupitz, Jochen; Fröhlich, Uwe Medizinische Forschung mit nicht einwilligungsfähigen Personen, in: VersR 1997, 911
Thar, Jürgen Zur Geltendmachung von Sozialleistungen, in: BtPrax 2003, 161
Thar, Jürgen Wohnformen und Pflege im Alter, in: BtPrax 2007, 67
Treber, Jürgen Neuerungen durch das Anhörungsrügengesetz, in: NJW 2005, 97
Venzlaff, Ulrich; Foerster, Klaus Psychiatrische Begutachtung 5. Aufl. Stuttgart, Jena, New York 2009
Verrel, Torsten Mehr Fragen als Antworten, in: NStZ 2003, 449
Vogt, Michael Mündelgeldsicherheit der Anlage in Investmentanteilscheinen, in: Rpfleger 1996, 389
Volckart, Bernd; Grünebaum, Rolf Maßregelvollzug, 7. Aufl. Köln 2009
von Eicken, Barbara; Ernst, Ellen; Zenz Gisela Fürsorglicher Zwang – Freiheitsbeschränkung und Heilbehandlung in Einrichtungen für psychisch Kranke, für geistig Behinderte und alte Menschen, Köln 1990
Vormundschaftsgerichtstag (Hrsg.) Materialien und Ergebnisse des 2. Vormundschaftsgerichtstages vom 31. Oktober bis 3. November 1990 in Bad Bevensen, München 1991

Wagenitz, Thomas Finale Selbstbestimmung? Zu den Möglichkeiten und Grenzen der Patientenverfügung im geltenden und künftigen Recht, in: FamRZ 2005, 669
Walker, Wolf-Dieter; Gruß, Miriam Räumungsschutz bei Suizidgefahr und altersbedingter Gebrechlichkeit, in: NJW 1996, 352
Walther, Guy Das Beschwerderecht der örtlichen Betreuungsbehörde, in: BtPrax 2002, 207
Walther, Guy Vor- und Zuführungen im Betreuungs- und Unterbringungsrecht, in: R&P 2007,167
Walther, Guy Freiheitsentziehende Maßnahmen nach § 1906 Abs. 4 BGB, in: BtPrax 2005, 214 und 2006, 8
Walter, Ute Betreuung und elterliche Sorge, in: FamRZ 1991, 765
Walter, Ute Das Betreuungsrechtsänderungsgesetz und das Rechtsinstitut der Vorsorgevollmacht, in: FamRZ 1999, 685
Wannemann-Laufer, Ulrich Anmerkung zur Entscheidung des OLG Frankfurt DB 1999, 739, in: DB 1999, 740
Wenker, Alfons Die Aufnahme des „Antrages" auf Bestellung eines Betreuers, in: BtPrax 1993, 161
Wenz, Gerrit Die Gesellschaft bürgerlichen Rechts im Grundstücksverkehr, in: MittRhNotK 1996, 377
Werkmüller, Maximilian A.; Oyen, Daniel Die Verwaltung des Vermögens unter Betreuung stehender Personen, in: Rpfleger 2003, 66
Wertenbruch, Johannes Familiengerichtliche Genehmigungserfordernisse bei der GbR mit minderjährigen Gesellschaftern, in: FamRZ 2003, 1714
Wesche, Otto Rechenschaftspflicht am Ende der befreiten Vormundschaft, in: Rpfleger 1986, 44
Wesche, Otto Vergütungsbetreuer oder Verfahrenspfleger?, in: Rpfleger 1992, 377
Wesche, Otto Das Betreuungsrechtsänderungsgesetz, in: Rpfleger 1998, 93
Wesche, Otto Die Krux des § 1683 BGB, in: Rpfleger 2000, 376
Wesche, Otto Die Geldverwaltung durch Betreuer, in: BtPrax 2003, 56
Wiebach, Konrad; Kreyßig, Michael; Peters, Heidi; Wächter, Claus; Winterstein, Peter Was ist gefährlich? – Ärztliche und juristische Aspekte bei der Anwendung des § 1904 BGB, in: BtPrax 1997, 48
Wiegand, Ernst § 1846 BGB als allgemeine Ermächtigungsgrundlage des Vormundschaftsrichters für eine zivilrechtliche geschlossene Unterbringung hilfloser Erwachsener?, in: FamRZ 1991, 1022
Wienberg, Günther Bevor es zu spät ist – Außerstationäre Krisenintervention und Notfallpsychiatrie – Standards und Modelle, 1993
Wilhelm, Jan Aufforderung zur Erklärung über die Genehmigung eines schwebend unwirksamen Geschäfts und Widerruf des Geschäfts, in: NJW 1992, 1666
Windel, Peter A. Darf der Betreuer sein Aufenthaltsbestimmungsrecht gegenüber dem Betreuten zwangsweise durchsetzen?, in: BtPrax 1999, 46
Winkler-Wilfurth, Andrea Betreuung und Heilbehandlung, 1992

Literaturverzeichnis

Winterstein, Peter Papierene Hilfe – oder ist der Bankrott der Reform noch abzuwenden?, in: BtPrax 1993, 44

Winterstein, Peter Die Landesausführungsgesetze und die Förderung von Betreuungsvereinen – ein Länderüberblick, in: BtPrax 1995, 194

Wojnar, Jan Freiheitsentziehende Maßnahmen und Demenz, in: BtPrax 1995, 12

Wolf, Alfred Personenbezogene Entscheidungen im Diskussionsentwurf eines Betreuungsgesetzes, in: ZRP 1988, 313

Wolf, Hans-Joachim Die Entwicklung im Vormundschafts-, Betreuungs- und Pflegschaftsrecht seit 2001, in: Rpfleger 2003, 398, 557

Wolfslast, Gabriele Psychotherapie in den Grenzen des Rechts, 1985

Wolter-Henseler, Dirk K. Betreuungsrecht und Arzneimittel – wann ist eine medikamentöse Behandlung genehmigungspflichtig i. S. des § 1904 BGB? in: BtPrax 1994, 183

Wurzel, Bettina Erfahrungen bei der Beratung zur Vorsorgevollmacht bei älteren Menschen – ein Praxisbericht, in: BtPrax 2002, 230

Wüstenberg, Dirk Das Ausscheiden des Betreuten aus einer BGB-Erwerbsgesellschaft oder einer Partnerschaftsgesellschaft, in: Rpfleger 2002, 295

von Oertzen, Christian; Hermann, Helga-Maria Vermögensverwaltende GbR vs. vermögensverwaltende KG: Überblick über die zivil- und steuerrechtlichen Gemeinsamkeiten bzw. Unterschiede, in: ZEV 2003, 400

Zimmermann, Walter Ist die Bestellung eines Verfahrenspflegers anfechtbar?, in: FamRZ 1994, 286

Zimmermann, Walter Die steuerliche Behandlung der Betreuervergütung, in: BtPrax 1999, 133

Zimmermann, Walter Probleme des neuen Betreuervergütungsrechts, in: FamRZ 1999, 630

Zimmermann, Walter Aktuelle Fragen des Betreuungsrechts – Betreuungsrechtsänderungsgesetzes – in: Vormundschaftsgerichtstag e. V., Betrifft: Betreuung Nr. 2 Mai 2000

Zimmermann, Walter Betreuungsrecht von A-Z, München 2000 (zitiert Zimmermann, Betreuungsrecht 2000, ...)

Zimmermann, Walter Der Tod des Betreuten, in: ZEV 2004, 453

Zimmermann, Walter Das neue FamFG, München 2009

Zinkler, Martin; Schneeweiß, Bertram Zur vormundschaftsgerichtlichen Genehmigungspflicht der Elektrokrampftherapie nach § 1904 BGB, in: R&P 2000, 12

Zorn, Dagmar Vorbescheid im FGG?, in Rpfleger 2002, 241

Bürgerliches Gesetzbuch

Buch 1. Allgemeiner Teil

Abschnitt 1. Personen

§ 1 Beginn der Rechtsfähigkeit

Die Rechtsfähigkeit des Menschen beginnt mit der Vollendung der Geburt

Rechtsfähigkeit wird nach der h. M. verstanden als die Fähigkeit, **Träger von Rechten und Pflichten** zu sein (Palandt-Ellenberger, Überbl v § 1, Rn 1; anders: MK-J.Schmitt Rn 6, wonach Rechtsfähigkeit die Fähigkeit ist, sich rechtserheblich zu verhalten). Die Rechtsfähigkeit kommt jeder natürlichen Person zu, unabhängig von Geschlecht, Alter, Nationalität etc. Sie beginnt mit Vollendung der Geburt, also mit dem vollständigen Austritt aus dem Mutterleib, auf die Lösung der Nabelschnur kommt es nicht an (Palandt-Ellenberger Rn 2; MK-J.Schmitt Rn 15). Es muss sich jedoch um eine **Lebendgeburt** handeln, auf weitere Lebensfähigkeit kommt es hingegen nicht an (LSG Niedersachsen NJW 1987, 2328). Behinderungen irgendwelcher Art oder Behandlungsbedürftigkeit etwa einer Frühgeburt im Brutkasten stehen der Rechtsfähigkeit nicht entgegen. 1

Die Rechtsfähigkeit steht jeder natürlichen Person unbeschränkt zu und kann nicht durch irgendwelche hoheitlichen Maßnahmen eingeschränkt werden. Sie endet mit dem Tod. Dies ist zwar nicht ausdrücklich geregelt, ergibt sich aber aus der Tatsache, dass die Rechtsfähigkeit an das Leben und damit auch an die Lebensdauer des Menschen gebunden ist. Der Rechtsfähigkeit entspricht die Parteifähigkeit im Prozess (§ 50 Abs. 1 ZPO), also die Fähigkeit, Partei eines Rechtsstreits zu sein. 2

Von der Rechtsfähigkeit zu unterscheiden ist die **Handlungsfähigkeit,** also die Fähigkeit, durch eigenes Handeln oder Verhalten rechtliche Wirkungen herbeizuführen. Die wichtigsten Unterfälle hiervon sind: 3
a) Geschäftsfähigkeit (§§ 104 ff) als die Fähigkeit, durch Rechtsgeschäfte Rechte zu begründen, zu übertragen, zu belasten, zu ändern oder erlöschen zu lassen. Ihr folgt auch die Prozessfähigkeit (§ 51 Abs. 1 ZPO), also die Fähigkeit, rechtlich wirksam Prozesserklärungen abzugeben.
b) Einwilligungsfähigkeit (hierzu § 1904 Rn 4) als die Fähigkeit, eine rechtlich wirksame Einwilligung in die Verletzung höchstpersönlicher Rechtsgüter zu erteilen, insbesondere in eine Körperverletzung bei ärztlicher Behandlung oder Sterilisation (§ 1905).
c) Deliktsfähigkeit (§§ 827 f) als Voraussetzung, für einen eingetretenen Schaden persönlich verantwortlich und damit haftbar zu sein.
d) Handlungsfähigkeit im Verwaltungsverfahren (§ 12 VwVfG, § 79 AO, § 11 SGB X) als die Fähigkeit, wirksam Verfahrenshandlungen vorzunehmen.

§ 2 Eintritt der Volljährigkeit

Die Volljährigkeit tritt mit der Vollendung des 18. Lebensjahres ein.

1 An den Eintritt der **Volljährigkeit** knüpft das Gesetz verschiedene Folgen, vor allem den Eintritt der unbeschränkten Geschäftsfähigkeit (§§ 104 ff), das Ende der elterlichen Sorge (§ 1626 Abs. 1), die unbeschränkte Testierfähigkeit (§ 2247 Abs. 4 i. V. m. § 2229 Abs. 1, wonach ein Minderjähriger bereits ab 16 unter bestimmten Voraussetzungen ein Testament errichten kann), die volle Ehemündigkeit (§ 1304), der Geschäftsfähigkeit folgend die Prozessfähigkeit (§ 51 ZPO) und schließlich die unbeschränkte Verantwortlichkeit für unerlaubte Handlungen (§ 828 Abs. 2). Die Volljährigkeit tritt ein am 18. Geburtstag um 0 Uhr.

2 Nur für einen Volljährigen kann ein **Betreuer** bestellt werden (§ 1896 Abs. 1), lediglich unter bestimmten Voraussetzungen besteht die Möglichkeit einer vorgezogenen Betreuerbestellung mit Wirkung für den Eintritt der Volljährigkeit (§ 1908 a). Für einen Minderjährigen, der nicht unter elterlicher Sorge (§ 1626) steht oder wenn die Eltern nicht zur Vertretung des Minderjährigen berechtigt sind, wird ein Vormund bestellt (§ 1773). Unter den Voraussetzungen des § 1909 kann ein Ergänzungspfleger bestellt werden.

§ 7 Wohnsitz; Begründung und Aufhebung

(1) Wer sich an einem Orte ständig niederläßt, begründet an diesem Orte seinen Wohnsitz.

(2) Der Wohnsitz kann gleichzeitig an mehreren Orten bestehen.

(3) Der Wohnsitz wird aufgehoben, wenn die Niederlassung mit dem Willen aufgehoben wird, sie aufzugeben.

§ 8 Wohnsitz nicht voll Geschäftsfähiger

(1) Wer geschäftsunfähig oder in der Geschäftsfähigkeit beschränkt ist, kann ohne den Willen seines gesetzlichen Vertreters einen Wohnsitz weder begründen noch aufheben.

(2) Ein Minderjähriger, der verheiratet ist oder war, kann selbständig einen Wohnsitz begründen und aufheben.

1 Die Wohnsitzbegründung erfolgt durch tatsächliche Niederlassung an einem Ort, verbunden mit dem Willen, diesen zum ständigen **Mittelpunkt der Lebensverhältnisse** zu machen (BGH NJW 1984, 971). Dies erfordert eine Unterkunft (BVerwG NJW 1986, 674), ein Obdachloser kann daher einen Wohnsitz nicht begründen. Nicht erforderlich ist allerdings eine eigene Wohnung, es genügt auch ein möbliertes Zimmer, ein Hotelzimmer oder eine behelfsmäßige Unterkunft bei Verwandten oder Bekannten (BGH a.a.O.). Ein Aufenthalt zu einem nur vorübergehenden Zweck begründet keinen Wohnsitz, so dass z. B. Studenten i. d. R. am Studienort nach h. M. nicht ihren Wohnsitz haben (BVerfG NJW 1968, 1059 und 1990, 2194).

2 Die selbstständige Begründung (§ 7 Abs. 1) oder Aufhebung (§ 7 Abs. 3) eines Wohnsitzes setzt einen Begründungs- bzw. Aufhebungswillen voraus, zu dessen Wirksamkeit wiederum **Geschäftsfähigkeit** notwendig ist (§ 8 Abs. 1). Da ein Betreuer nur bestellt wird, soweit dies erforderlich ist (§ 1896 Abs. 2) und im

Verfahren die Geschäftsfähigkeit des Betroffenen auch nicht geprüft wird (§ 1896 Rn 13), dürfte es durchaus Geschäftsunfähige ohne gesetzlichen Vertreter geben. Diese können dann weder auf Grund eigenen Willens noch durch einen – nicht vorhandenen – gesetzlichen Vertreter einen Wohnsitz begründen oder aufheben. Zudem ist die Wahrnehmung höchstpersönlicher Rechte als Bestandteil der Personensorge i. d. R. nicht an die Geschäftsfähigkeit gebunden, entscheidend ist vielmehr der natürliche Wille (etwa § 1901 Abs. 2, 1904, 1905, 1906).

Ein **Betreuer** als gesetzlicher Vertreter des Betreuten (§ 1902) kann nur dann 3 Entscheidungen über den Wohnsitz des Betreuten treffen, wenn dies zu seinem Aufgabenkreis gehört. Das Betreuungsgericht kann ausdrücklich die Begründung oder Aufhebung eines Wohnsitzes als Bestandteil der Betreueraufgaben festlegen. Es genügt aber auch, wenn dem Betreuer das Aufenthaltsbestimmungsrecht übertragen wird (BayObLG Rpfleger 1992, 435; hierzu ausf. Coeppicus FamRZ 1992, 741; vgl. auch Bienwald, § 1896 Rn 215, Stichwort „Wohnsitz".) oder auch die gesamte Personensorge. Ist der Betreute geschäftsfähig, benötigt er für die Begründung eines Wohnsitzes nur dann der Zustimmung durch den Betreuer, wenn ein Einwilligungsvorbehalt (§ 1903) angeordnet ist.

Vom Wohnsitz zu unterscheiden ist der gewöhnliche oder ständige **Aufenthalt**. 4 Hierbei handelt es sich um ein rein tatsächliches längeres Verweilen (BGH NJW 1983, 2771) oder die Begründung eines tatsächlichen Mittelpunkts der Lebensführung (OLG Karlsruhe BtPrax 1995, 184), ohne dass es eines rechtsgeschäftlichen Willens bedarf (BGH NJW 1975, 1068). Ob die zwangsweise Unterbringung (z. B. § 1906) oder Strafhaft einen gewöhnlichen Aufenthalt begründen kann, ist strittig, jedenfalls aber nach den Besonderheiten des Einzelfalls zu beurteilen (Palandt-Ellenberger § 7 Rn 3; vgl. hierzu auch § 5 VBVG Anm. 13). Auch ein langjähriger Aufenthalt in einer Klinik (OLG Karlsruhe BtPrax 1996, 72) oder einer Rehabilitationseinrichtung (OLG Stuttgart BtPrax 1997, 161) begründet nicht automatisch einen gewöhnlichen Aufenthalt. Nach den Besonderheiten des Einzelfalls kann allerdings ein Aufenthalt in einer psychiatrischen Anstalt von sechs (LG Koblenz FamRZ 2006, 501) oder zwölf Monaten (LG Koblenz BtPrax 2007, 268) einen gewöhnlichen Aufenthalt begründen. Dies kommt auch dann in Betracht, wenn feststeht, dass der Betroffene nicht mehr in seine Wohnung nicht mehr zurückkehren wird (OLG Stuttgart FamRZ 1997, 438) oder jedenfalls aktuell nicht über eine Rückkehrmöglichkeit verfügt (OLG München BtPrax 2006, 183 für eine JVA). Entscheidend ist, ob dort der Daseinsmittelpunkt des Betroffenen liegt (OLG München BtPrax 2006, 182). Viele Vorschriften über die örtliche Zuständigkeit von Verwaltungsbehörden oder Gerichten knüpfen an den gewöhnlichen oder ständigen Aufenthalt des Betroffenen an (z. B. § 272 Abs. 1 Nr. 2 FamFG, § 3 Abs. 1 BtBG, s. jeweils dort).

Abschnitt 3. Rechtsgeschäfte

Titel 1. Geschäftsfähigkeit

§ 104 Geschäftsunfähigkeit

Geschäftsunfähig ist:
1. wer nicht das siebente Lebensjahr vollendet hat

BGB § 104 Titel 1. Geschäftsfähigkeit

2. wer sich in einem die freie **Willensbestimmung** ausschließenden Zustand krankhafter Störung der Geistestätigkeit befindet, sofern nicht der Zustand seiner Natur nach ein vorübergehender ist.

1 Das Gesetz geht mit Vollendung der **Volljährigkeit** (§ 2) davon aus, dass jeder Mensch in der Regel voll geschäftsfähig ist. Dies ist nirgends ausdrücklich geregelt, ergibt sich aber daraus, dass Minderjährige geschäftsunfähig (Nr. 1) oder beschränkt geschäftsfähig (§ 106) sind und auch Nr. 2 lediglich festlegt, unter welchen Voraussetzungen ausnahmsweise von Geschäftsunfähigkeit ausgegangen werden kann.

2 Die **natürliche Geschäftsunfähigkeit** knüpft an eine medizinische Ursache an, die krankhafte Störung der Geistestätigkeit. Unter welchen medizinischen Begriff diese Störung subsumiert wird, ist allerdings unerheblich (MK-J.Schmitt Rn 10), in Betracht kommen alle Krankheiten, durch die die Geistestätigkeit beeinträchtigt werden kann. Zu den in § 1896 Abs. 1 verwendeten Begriffen psychische Krankheit, geistige oder seelische Behinderung vgl. dort Rn 3 ff.

3 Auch die Intensität der Krankheit ist nicht von entscheidender Bedeutung, sondern die durch sie verursachte Störung der freien **Willensbestimmung**. Dabei ist neben den Fähigkeiten des Verstandes vor allem auch die Freiheit des Willensentschlusses von Bedeutung. Ein Ausschluss der freien Willensbestimmung liegt vor, wenn jemand nicht imstande ist, seinen Willen frei und unbeeinflusst von der vorliegenden Geistesstörung zu bilden und nach zutreffend gewonnenen Einsichten zu handeln. Es kommt darauf an, ob eine freie Entscheidung auf Grund einer Abwägung es Für und Wider bei sachlicher Prüfung der in Betracht kommenden Gesichtspunkte möglich ist, oder ob umgekehrt von einer freien Willensbildung nicht mehr gesprochen werden kann, etwa weil der Betroffene fremden Willenseinflüssen unterliegt (BGH NJW 1996, 918) oder seine Willensbildung durch unkontrollierte Triebe und Vorstellungen ähnlich mechanischen Verknüpfungen von Ursache und Wirkung bestimmt wird (BayObLG NJW 1990, 774; 1992, 2100). Die freie Willensbestimmung muss ausgeschlossen sein, eine Einschränkung der Willensbildung reicht nicht aus.

4 Darüber hinaus muss es sich um einen Zustand von gewisser **Dauer** handeln, was nicht gleichbedeutend mit unheilbar ist. Auch psychische Krankheiten, deren Behandlung einige Zeit in Anspruch nimmt, können als nicht nur vorübergehend i. S. d. Nr. 2 gelten (MK-J.Schmitt Rn 12). Zur vorübergehenden Störung der Geistestätigkeit § 105 Abs. 2. Ein Rauschzustand nach Genuss von Alkohol oder Rauschgift begründet keine dauerhafte Störung, ebenso nicht psychische Erkrankungen, die regelmäßig wiederkehren, aber stets nach wenigen Tagen nachlassen (MK-J.Schmitt a.a.O.).

5 Häufig wird sich die Geschäftsunfähigkeit auf alle Rechtsgeschäfte erstrecken, es kommt aber auch eine **partielle** Geschäftsunfähigkeit in Betracht, die sich nur auf einen gegenständlich beschränkten Bereich erstreckt, wenn also Willensbestimmung und Einsichtsfähigkeit nur auf einem bestimmten Gebiet ausgeschlossen ist (BGH NJW 1955, 1714; BayObLG NJW 1992, 2100), z. B. in Bezug auf Auseinandersetzungen mit dem Arbeitgeber infolge einer paranoiden Wahnerkrankung (ArbG Stade, BtPrax 1999, 39). Dagegen wird eine auf besonders schwierige Rechtsgeschäfte beschränkte **relative** Geschäftsunfähigkeit wegen der damit verbundenen Abgrenzungsprobleme von der Rechtsprechung abgelehnt (BGH NJW 1970, 1680; BayObLG NJW 1989, 1678).

Da die **Prozessfähigkeit** der Geschäftsfähigkeit folgt, ist ein Geschäftsunfähiger nicht prozessfähig (§ 51 Abs. 1 ZPO). Er ist nach § 2229 Abs. 4 auch nicht testierfähig, jedenfalls soweit er die Bedeutung einer von ihm abgegebenen Willenserklärung nicht einzusehen in der Lage ist. Nach § 1304 kann eine Ehe nicht eingehen, wer geschäftsunfähig ist. Unter Berücksichtigung der in Art. 6 Abs. 1 GG verfassungsrechtlich garantierten Ehefreiheit ist dies so auszulegen, dass die spezielle „Ehegeschäftsfähigkeit" fehlen muss, also die Einsicht in das Wesen der Ehe und die Freiheit des Willensentschlusses zur Eingehung einer Ehe (BayObLG BtPrax 1997, 111). Die weiteren Fähigkeiten des Verstandes sind hierbei nicht ausschlaggebend.

Geschäftsunfähigkeit ist weder Voraussetzung noch Folge einer **Betreuerbestellung** (Klüsener/Rausch NJW 1993, 617; Knittel, § 1896 Rn 96; Jürgens/Kröger/Marschner/Winterstein Rn 63 a). Ein Betreuer kann sowohl für Geschäftsunfähige als auch für Geschäftsfähige bestellt werden, wenn die Voraussetzungen des § 1896 vorliegen (vgl. dort Rn 13). Vor allem wenn zwar eine psychische Krankheit zu einer Beschränkung der Willensbildung, aber noch nicht zu einem völligen Ausschluss geführt hat, wenn lediglich eine relative Geschäftsunfähigkeit vorliegt oder wenn der Betroffene aus tatsächlichen Gründen seine Angelegenheiten nicht zu erfüllen vermag, kann auch für einen Geschäftsfähigen ein Betreuer bestellt werden (§ 1896 Rn 13 ff). 6

Für eine behauptete Geschäftsunfähigkeit trägt derjenige die **Beweislast,** der sich hierauf beruft, weil er eine für sich günstige Rechtsfolge hieraus ableiten will. Im Prozess wird regelmäßig die Einholung eines Sachverständigengutachtens notwendig sein (zu den Anforderungen an ein solches Gutachten BayObLG NJW 1992, 2100). 7

§ 105 Nichtigkeit der Willenserklärung

(1) **Die Willenserklärung eines Geschäftsunfähigen ist nichtig.**

(2) **Nichtig ist auch eine Willenserklärung, die im Zustand der Bewusstlosigkeit oder vorübergehender Störung der Geistestätigkeit abgegeben wird.**

Abs. 1 normiert die unheilbare Nichtigkeit aller Willenserklärungen eines nach § 104 **Geschäftsunfähigen.** Dies betrifft alle rechtsgeschäftlichen und geschäftsähnlichen Erklärungen, nicht jedoch ohne weiteres die Einwilligungen in Rechtsgutsverletzungen, für die es auf die Frage der Einwilligungsfähigkeit ankommt (§ 1 Rn 3, § 1904 Rn 4). Auch lediglich rechtlich vorteilhafte Willenserklärungen sind nichtig (MK-J.Schmitt Rn 8 ff). Die Ansicht, aus diesem Grunde verstoße § 105 gegen den Verfassungsgrundsatz des Übermaßverbots (Canaris JZ 1987, 996; Lachwitz DAVorm 1989, 343, 348) konnte sich nicht durchsetzen (Ramm JZ 1988, 489; Wieser JZ 1988, 493). Allerdings können nunmehr Geschäfte des täglichen Lebens nach § 105 a wirksam sein. Zur Wirksamkeit der gegenüber einem Geschäftsunfähigen abgegebenen Willenserklärungen vgl. § 131. 1

Ein Geschäftsunfähiger kann rechtlich wirksam nur durch seinen **gesetzlichen Vertreter** handeln, bei Volljährigen kommt hierfür nur ein Betreuer in Betracht. Zu den Einzelheiten des Vertreterhandelns s. § 1902. Die Bestellung eines Betreuers hat keine Auswirkungen auf die Geschäfts(un)fähigkeit des Betreuten und ist bei rechtsgeschäftlichen Erklärungen des Betreuten selbstständig zu prüfen. Ist ein Einwilligungsvorbehalt angeordnet, wird auch durch eine Einwilligung des Betreuers 2 die Erklärung eines Geschäftsunfähigen nicht wirksam (Einzelheiten s. § 1903 Rn 15 ff).

3 Die **Prozessfähigkeit** folgt der Geschäftsfähigkeit (§ 51 ZPO), ein Geschäftsunfähiger ist daher prozessunfähig. Im Verfahren zur Bestellung eines Betreuers gilt allerdings § 275 FamFG.
Ein Geschäftsunfähiger kann nach § 1304 eine **Ehe** nicht eingehen (zur Ehegeschäftsfähigkeit s. § 104 Rn 5), eine gleichwohl erfolgte Eheschließung kann nach § 1314 Abs. 1 aufgehoben werden, es sei denn, der ursprünglich Geschäftsunfähige gibt nach Wegfall der Geschäftsunfähigkeit zu erkennen, dass er die Ehe fortsetzen wolle (§ 1315 Abs. 1 Nr. 2, sog. Bestätigung).

4 Auch im Rahmen des Abs. 2 muss die freie Willensbestimmung durch **Bewusstlosigkeit** oder vorübergehende **Störung der Geistestätigkeit** ausgeschlossen sein (MK-J.Schmitt Rn 37). Bewusstlosigkeit setzt nicht völlige Ohnmacht voraus, weil dann bereits keine Willenserklärung abgegeben werden kann, es genügen Bewusstseinsstörungen, die die Erkenntnis von Inhalt und Wesen der abgegebene Erklärung ausschließen (MK-J.Schmitt Rn 39), wie etwa hochgradige Trunkenheit, Hypnose, epileptische Anfälle etc. Die Störung der Geistestätigkeit unterscheidet sich von der des § 104 Nr. 2 nur dadurch, dass es sich in diesem Falle um Dauerzustände und im Falle des § 105 Abs. 2 nur um vorübergehende Störungen handelt (zu den Einzelheiten § 104 Rn 2 f). Der gesetzliche Schutz für Geschäftsunfähige (Abs. 1) und diejenigen, die sich in einem vorübergehenden Zustand nach Abs. 2 befinden, ist grundsätzlich gleich (BGH NJW 1992, 1504).

§ 105a Geschäfte des täglichen Lebens

Tätigt ein volljähriger Geschäftsunfähiger ein Geschäft des täglichen Lebens, das mit geringwertigen Mitteln bewirkt werden kann, so gilt der von ihm geschlossene Vertrag in Ansehung von Leistung und, soweit vereinbart, Gegenleistung als wirksam, sobald Leistung und Gegenleistung bewirkt sind. Satz 1 gilt nicht bei einer erheblichen Gefahr für die Person oder das Vermögen des Geschäftsunfähigen.

1 Die Vorschrift regelt eine Ausnahme von der absoluten Nichtigkeit der Willenserklärungen Geschäftsunfähiger (§ 105). Sie knüpft an die Regelung in § 1903 Abs. 2 Satz 2 bei angeordnetem Einwilligungsvorbehalt an, wo von „geringfügigen Angelegenheiten des täglichen Lebens" die Rede ist (vgl. § 1903 Rn 24). Sinn der Regelung ist eine Stärkung des Selbstbestimmungsrechts vor allem geistig behinderter Menschen, die in gewissem Umfange auch bei vorliegender Geschäftsunfähigkeit rechtlich wirksam handeln können.

2 Geschäfte des täglichen Lebens sind vor allem solche, mit denen Gegenstände des täglichen Bedarfs erworben werden (z. B. Nahrungs- und Genussmittel, einfache Textilien, kosmetische Artikel, Presseerzeugnisse, vgl. Palandt-Ellenberger Rn 3). Auch die Inanspruchnahme von einfachen Dienstleistungen kann hierunter fallen (Postdienste, Nutzung öffentlicher Verkehrsmittel, Kino, Museum, Friseur etc.). Auch der Beitritt zu einem Verein kann unter § 105 a fallen.

3 Voraussetzung ist in jedem Falle, dass das Geschäft mit geringwertigen Mitteln bewirkt werden kann. Das sind in der Regel solche, die dem Betroffenen zur alleinigen Verwendung zur Verfügung stehen. Zu berücksichtigen ist auch das allgemeine Preisniveau: teure Waren oder Dienstleistungen fallen in keinem Falle darunter.

Das Rechtsgeschäft wird wirksam, wenn Leistung und Gegenleistung bewirkt **4** sind. Wirksamkeit liegt also nicht von Anfang an vor, sondern erst ex nunc mit Bewirkung der jeweiligen Leistungen. Hat ein Vertrag ein geringfügiges Geschäft zum Gegenstand und sind die jeweiligen Leistungen ausgetauscht, kann es also nicht mit der Begründung rückabgewickelt werden, einer der Geschäftspartner sei geschäftsunfähig gewesen und der Vertrag daher nach § 105 nichtig. Solange allerdings die Leistungen (noch) nicht bewirkt sind, könnte sich jede Partei auf die Nichtigkeit nach § 105 berufen und die eigene Leistung verweigern bzw. die Gegenleistung ablehnen. Da es sich bei den Geschäften des täglichen Lebens in der Regel um solche handelt, bei denen zeitnah Leistung und Gegenleistung ausgetauscht werden (Kauf von Waren, die sofort bezahlt werden; Lösung eines Fahrscheins, der sofort genutzt wird etc.), wird der Schwebezustand zwischen Geschäftsschluss und Bewirkung der Leistungen in der Regel nur relativ kurze Zeit dauern.

Die Regel des Satzes 1 ist nicht anzuwenden bei einer erheblichen Gefahr für **5** die Person oder das Vermögen des Geschäftsunfähigen (Satz 2). Hiermit soll vor allem vermieden werden, dass durch die Summe einer Vielzahl geringfügiger Geschäfte doch ein erheblicher Vermögensschaden eintreten kann (Kauf von fünf Mänteln, wo nur einer benötigt wird). Gedacht ist auch z.b. an den Kauf alkoholischer Getränke durch einen Alkoholabhängigen (Palandt-Ellenberger Rn 5).

§ 106 Beschränkte Geschäftsfähigkeit Minderjähriger

Ein Minderjähriger, der das siebente Lebensjahr vollendet hat, ist nach Maßgabe der §§ 107 bis 113 in der Geschäftsfähigkeit beschränkt.

§ 107 Einwilligung des gesetzlichen Vertreters

Der Minderjährige bedarf zu einer Willenserklärung, durch die er nicht lediglich einen rechtlichen Vorteil erlangt, der Einwilligung seines gesetzlichen Vertreters.

§ 108 Vertragsschluss ohne Einwilligung

(1) Schließt der Minderjährige einen Vertrag ohne die erforderliche Einwilligung des gesetzlichen Vertreters, so hängt die Wirksamkeit des Vertrags von der Genehmigung des Vertreters ab.

(2) Fordert der andere Teil den Vertreter zur Erklärung über die Genehmigung auf, so kann die Erklärung nur ihm gegenüber erfolgen; eine vor der Aufforderung dem Minderjährigen gegenüber erklärte Genehmigung oder Verweigerung der Genehmigung wird unwirksam. Die Genehmigung kann nur bis zum Ablauf von zwei Wochen nach dem Empfang der Aufforderung erklärt werden; wird sie nicht erklärt, so gilt sie als verweigert.

(3) Ist der Minderjährige unbeschränkt geschäftsfähig geworden, so tritt seine Genehmigung an die Stelle der Genehmigung des Vertreters.

Die Vorschrift gilt nach § 1903 Abs. 1 S. 2 bei einem angeordneten **Einwil-** **1** **gungsvorbehalt** für den Betreuer entsprechend. Ein ohne die nach § 1903 Abs. 1

BGB § 108 Titel 1. Geschäftsfähigkeit

erforderliche Einwilligung durch den Betreuten abgeschlossener Vertrag ist daher nach Abs. 1 schwebend unwirksam, bis zur Erklärung des Betreuers, ob er den Vertrag genehmigt oder nicht, oder der Vertragspartner nach § 109 Abs. 1 seinerseits den Vertrag widerruft. Dies gilt dann nicht, wenn der Betreute nach § 104 Nr. 2 geschäftsunfähig ist, weil seine Erklärungen dann nach § 105 bereits nichtig sind. Voraussetzung ist, dass der Gegenstand des Vertrages zum **Aufgabenkreis** des Betreuers (§ 1896 Rn 23 ff) gehört und auch von dem angeordneten Einwilligungsvorbehalt umfasst wird. Soweit eine Einwilligung des Betreuers nach § 1903 Abs. 2 (hierzu § 1903 Rn 11 f) oder Abs. 3 (hierzu § 1903 Rn 23 f) nicht erforderlich ist, bedarf der Betreute auch keiner Genehmigung für abgeschlossene Verträge.

2   Erst durch die Genehmigung, also die nachträgliche **Zustimmung** (§ 183 S. 1), des Betreuers erlangt der Vertrag Wirksamkeit und zwar mit dem Inhalt, wie er von dem Betreuten mit dem Vertragspartner vereinbart wurde. Ausnahmen regeln §§ 110, 112, 113. Für einseitige Rechtsgeschäfte gilt § 111. Die Genehmigung ist einseitige empfangsbedürftige Willenserklärung, die auch konkludent erklärt werden kann (BGH NJW 1967, 1711; 1970, 752), etwa durch Erfüllung der vertraglichen Verpflichtung. Bloßes Schweigen kann jedoch nicht als Genehmigung gewertet werden.

3   Nach allgemeiner Meinung gibt es für den Minderjährigen keinen **Anspruch** gegenüber seinem gesetzlichen Vertreter auf Genehmigung (MK-J.Schmitt Rn 14). Im Betreuungsrecht kann sich aber aus der Bindung des Betreuers an das **Wohl** des Betreuten und an dessen **Wünsche** (§ 1901) eine Verpflichtung des Betreuers auf Genehmigung eines schwebend unwirksamen Vertrages ergeben. Dies hat jedoch keine Auswirkungen im Verhältnis zum Vertragspartner, sondern nur im Innenverhältnis zwischen Betreuer und Betreutem.

4   Unterliegt der Vertragsgegenstand einem **betreuungsgerichtlichen Genehmigungsvorbehalt** für den Fall, dass der Betreuer diesen selbst in Vertretung des Betreuten abschließen würde, muss der Betreuer auch für die Genehmigung des Vertrages seinerseits zuvor die Genehmigung des Betreuungsgerichts einholen (Jürgens/Kröger/Marschner/Winterstein Rn 188).

5   Die Erteilung oder Verweigerung der Genehmigung kann gegenüber dem Vertragspartner oder gegenüber dem Betreuten erklärt werden (§ 182 Abs. 1). Dies gilt jedoch nicht mehr, wenn der Vertragspartner den Betreuer nach Abs. 2 zur Erklärung über die Genehmigung **aufgefordert** hat. In diesem Fall wird auch eine zuvor dem Betreuten gegenüber abgegebene Erklärung unwirksam und der Betreuer kann nur noch innerhalb einer Frist von zwei Wochen die Genehmigung erklären. Danach ist der Schwebezustand in jedem Falle beendet, entweder durch zwischenzeitlich erfolgte Genehmigung oder durch endgültige Unwirksamkeit des Vertrages wegen gesetzlich fingierter Verweigerung der Genehmigung (Abs. 2 S. 3).

6   Obwohl Abs. 3 von der Verweisung in § 1903 Abs. 1 S. 2 nicht ausgenommen ist, kann dieser bei einer Betreuung nur eingeschränkt Anwendung finden. Ein Einwilligungsvorbehalt kann angeordnet werden unabhängig von der Geschäfts(un)fähigkeit des Betreuten, in vielen Fällen wird dieser von vornherein geschäftsfähig sein und könnte daher nach dem Wortlaut des Abs. 3 seine eigenen Erklärungen immer selbst genehmigen. Dies wäre sinnwidrig. Eine dem Abs. 3 vergleichbare Situation kann daher allenfalls eintreten, wenn ein zunächst angeordneter Einwilligungsvorbehalt später **aufgehoben** wird (§ 1908 d Abs. 4 i. V. m. Abs. 1). In diesem Fall kann der Betreute allerdings nur selbst genehmigen, wenn er geschäftsfähig ist, weil ansonsten auch seine Genehmigung nach § 105 unwirk-

sam wäre. Für den Fall, dass im Beschwerdeverfahren ein zunächst angeordneter Einwilligungsvorbehalt aufgehoben wird, gilt § 306 FamFG als Sonderregel.

§ 109 Widerrufsrecht des anderen Teils

(1) Bis zur Genehmigung des Vertrags ist der andere Teil zum Widerruf berechtigt. Der Widerruf kann auch dem Minderjährigen gegenüber erklärt werden.

(2) Hat der andere Teil die Minderjährigkeit gekannt, so kann er nur widerrufen, wenn der Minderjährige der Wahrheit zuwider die Einwilligung des Vertreters behauptet hat; er kann auch in diesem Falle nicht widerrufen, wenn ihm das Fehlen der Einwilligung bei dem Abschluss des Vertrags bekannt war.

Die Vorschrift gilt nach § 1903 Abs. 1 S. 2 bei einem angeordneten Einwilligungsvorbehalt für den Betreuer entsprechend. Während der schwebenden Unwirksamkeit (§ 108 Abs. 1) eines durch den Betreuten ohne die erforderliche Einwilligung seines Betreuers geschlossenen Vertrages kann der Vertragspartner seinerseits den **Schwebezustand** durch Widerruf beenden, der Vertrag wird damit endgültig unwirksam. Evtl. bereits erfolgte Leistungen sind nach Bereicherungsrecht (§§ 812 ff) zurückzugewähren. 1

Der Widerruf ist einseitige empfangsbedürftige **Willenserklärung**. Sie kann gegenüber dem Betreuer und nach Abs. 1 S. 2 auch gegenüber dem Betreuten erklärt werden. Auch wenn der Betreuer bereits gegenüber dem Betreuten seine Genehmigung erklärt hatte, kann der Vertragspartner durch die Aufforderung nach § 108 Abs. 2 den Schwebezustand wieder herstellen und in diesem Falle grundsätzlich auch nach Abs. 1 den Widerruf erklären (MK-J.Schmitt Rn 9). 2

Das Widerrufsrecht setzt nach Abs. 2 voraus, dass der Vertragspartner des Betreuten das Einwilligungserfordernis nicht kannte. Dies ist der Fall, wenn er von der Betreuerbestellung oder der Anordnung eines Einwilligungsvorbehalts nach § 1903 nichts weiß oder dessen Umfang nicht kennt. Erforderlich ist **positive Kenntnis** des Vertragspartners von der Tatsache, dass gerade der abgeschlossene Vertrag dem Einwilligungsvorbehalt unterliegt, ein Irrtum über dessen Umfang oder Reichweite schließt die Anwendung des Abs. 2 aus. 3

Auch bei Kenntnis des Einwilligungserfordernisses ist der Widerruf dann nicht ausgeschlossen, wenn der Betreute **wahrheitswidrig** eine Einwilligung des Betreuers behauptet, es sei denn, der Vertragspartner kennt das Fehlen der Einwilligung. Auch hierfür ist wiederum positive Kenntnis erforderlich. 4

§ 110 Bewirken der Leistung mit eigenen Mitteln

Ein von dem Minderjährigen ohne Zustimmung des gesetzlichen Vertreters geschlossener Vertrag gilt als von Anfang an wirksam, wenn der Minderjährige die vertragsmäßige Leistung mit Mitteln bewirkt, die ihm zu diesem Zwecke oder zu freier Verfügung von dem Vertreter oder mit dessen Zustimmung von einem Dritten überlassen worden sind.

Die Vorschrift gilt nach § 1903 Abs. 1 S. 2 bei einem angeordneten Einwilligungsvorbehalt für den Betreuer entsprechend. Auch hier ist ein abgeschlossener 1

Vertrag zunächst nach § 108 schwebend unwirksam bis zur Bewirkung der Leistung aus den zur Verfügung gestellten Mitteln. Die Vorschrift entspricht v. a. dem **Erziehungsgedanken,** der gesetzliche Vertreter soll die Möglichkeit haben, dem Minderjährigen einen gewissen wirtschaftlichen Freiraum einzuräumen (MK-J.Schmitt Rn 1), der mit fortschreitendem Alter auch üblicherweise immer größer wird. Der Erziehungsgedanke ist allerdings im Betreuungsrecht nicht anwendbar (Jürgens/Kröger/Marschner/Winterstein Rn 191). Immerhin ist denkbar, dass der Betreuer – zu dessen Aufgabenbereich dies dann allerdings auch gehören muss – dem Betreuten aus dessen Einkommen oder Vermögen gewisse Beträge zur freien Verfügung stellt. Wird hiermit ein abgeschlossener Vertrag erfüllt, tritt die Wirksamkeit mit Erfüllung ein.

2   Soweit hiermit allerdings lediglich **geringfügige Angelegenheiten des täglichen Lebens** besorgt werden – bei Minderjährigen der Hauptanwendungsbereich des § 110 –, wäre eine entsprechende Willenserklärung des Betreuten bereits nach § 1903 Abs. 3 S. 2 auch ohne Einwilligung des Betreuers wirksam (hierzu § 1903 Rn 24). In diesen Fällen gibt es keine schwebende Unwirksamkeit, das Geschäft ist vielmehr von vornherein wirksam. Bei geschäftsunfähigen Betreuten kann das Geschäft auch nach § 105 a wirksam sein.

§ 111 Einseitige Rechtsgeschäfte

Ein einseitiges Rechtsgeschäft, das der Minderjährige ohne die erforderliche Einwilligung des gesetzlichen Vertreters vornimmt, ist unwirksam. Nimmt der Minderjährige mit dieser Einwilligung ein solches Rechtsgeschäft einem anderen gegenüber vor, so ist das Rechtsgeschäft unwirksam, wenn der Minderjährige die Einwilligung nicht in schriftlicher Form vorlegt und der andere das Rechtsgeschäft aus diesem Grunde unverzüglich zurückweist. Die Zurückweisung ist ausgeschlossen, wenn der Vertreter den anderen von der Einwilligung in Kenntnis gesetzt hatte.

1   Die Vorschrift gilt nach § 1903 Abs. 1 S. 2 bei einem angeordneten Einwilligungsvorbehalt für den Betreuer entsprechend. Ihre Anwendung setzt voraus, dass ein einseitiges Rechtsgeschäft des Betreuten vom Einwilligungsvorbehalt des Betreuers nach § 1903 umfasst wird und nicht zu den nach § 1903 Abs. 2 und 3 einwilligungsfreien Geschäften gehört (hierzu § 1903 Rn 11 f, 23 f). In diesem Fall ist das Rechtsgeschäft nur wirksam mit Einwilligung, also vorheriger **Zustimmung** (§ 183 S. 1) des Betreuers. Diese kann nach § 182 Abs. 1 sowohl gegenüber dem Betreuten als auch – bei empfangsbedürftigen Willenserklärungen (Kündigung, Widerruf, Rücktritt, Anfechtung, Vollmachterteilung etc.) – dem Erklärungsempfänger gegenüber erklärt werden.

2   Um Unklarheiten über eine dem Betreuten gegenüber erklärte Einwilligung auszuschließen, hat der Erklärungsempfänger nach S. 2 die Möglichkeit, die Vorlage in **schriftlicher Form** zu verlangen. Kann der Betreute eine solche nicht vorlegen und weist der Erklärungsempfänger aus diesem Grunde das Rechtsgeschäft zurück, wird es ebenfalls unwirksam. Eine Ausnahme gilt nur, wenn dem Erklärungsempfänger die Einwilligung bekannt war (S. 3). Auch hier ist positive Kenntnis der Einwilligung notwendig.

§ 112 Selbständiger Betrieb eines Erwerbsgeschäfts

(1) Ermächtigt der gesetzliche Vertreter mit Genehmigung des Familiengerichts den Minderjährigen zum selbständigen Betrieb eines Erwerbsgeschäfts, so ist der Minderjährige für solche Rechtsgeschäfte unbeschränkt geschäftsfähig, welche der Geschäftsbetrieb mit sich bringt. Ausgenommen sind Rechtsgeschäfte, zu denen der Vertreter der Genehmigung des Familiengerichts bedarf.

(2) Die Ermächtigung kann von dem Vertreter nur mit Genehmigung des Familiengerichts zurückgenommen werden.

Die Vorschrift gilt nach § 1903 Abs. 1 S. 2 bei einem angeordneten Einwilligungsvorbehalt für den Betreuer entsprechend. Sie dürfte allerdings nur selten zur Anwendung kommen. Erfasst wird hiervon der Betrieb eines Handelsgeschäfts, einer Fabrik, eines landwirtschaftlichen- oder Handwerksbetriebs oder die Ausübung eines künstlerischen oder wissenschaftlichen Berufs (MK-J.Schmitt Rn 6). Wenn der Betreute hierzu in der Lage ist, ist hierfür auch die Bestellung eines Betreuers nicht erforderlich (zum Erforderlichkeitsgrundsatz s. § 1896 Rn 15 ff). Sollte daher der Betreuer zum Ergebnis kommen, der Betreute könne ein selbstständiges Erwerbsgeschäft führen, sollte eher die Betreuung aufgehoben oder der Aufgabenkreis bzw. der Umfang des Einwilligungsvorbehalts des Betreuers entsprechend beschränkt werden (§ 1908 d). Es dürfte kaum vorkommen, dass das Betreuungsgericht zwar die Anordnung eines Einwilligungsvorbehalts nach § 1903 für notwendig hält, diesen aber durch die Genehmigung eines selbstständigen Erwerbsgeschäfts sozusagen wieder einschränkt (Jürgens/Kröger/Marschner/Winterstein Rn 195).

§ 113 Dienst- oder Arbeitsverhältnis

(1) Ermächtigt der gesetzliche Vertreter den Minderjährigen, in Dienst oder in Arbeit zu treten, so ist der Minderjährige für solche Rechtsgeschäfte unbeschränkt geschäftsfähig, welche die Eingehung oder Aufhebung eines Dienst- oder Arbeitsverhältnisses der gestatteten Art oder die Erfüllung der sich aus einem solchen Verhältnis ergebenden Verpflichtungen betreffen. Ausgenommen sind Verträge, zu denen der Vertreter der Genehmigung des Familiengerichts bedarf.

(2) Die Ermächtigung kann von dem Vertreter zurückgenommen oder eingeschränkt werden.

(3) Ist der gesetzliche Vertreter ein Vormund, so kann die Ermächtigung, wenn sie von ihm verweigert wird, auf Antrag des Minderjährigen durch das Familiengericht ersetzt werden. Das Familiengericht hat die Ermächtigung zu ersetzen, wenn sie im Interesse des Mündels liegt.

(4) Die für einen einzelnen Fall erteilte Ermächtigung gilt im Zweifel als allgemeine Ermächtigung zur Eingehung von Verhältnissen derselben Art.

Die Vorschrift gilt nach § 1903 Abs. 1 S. 2 bei einem angeordneten Einwilligungsvorbehalt für den Betreuer entsprechend. Ihr dürfte in der Praxis größere Bedeutung zukommen, als § 112. Voraussetzung ist, dass die Eingehung eines Dienst- oder Arbeitsverhältnisses zum Aufgabenkreis des Betreuers gehört und

BGB § 131 Titel 2. Willenserklärung

vom Einwilligungsvorbehalt umfasst wird. Anders als die nach § 1903 Abs. 1 S. 1 erforderliche Einwilligung erfolgt die **Ermächtigung** nach Abs. 1 nicht in Bezug auf ein konkretes Rechtsgeschäft. Sie hat vielmehr die Wirkung, dass der Betreute für Rechtsgeschäfte der in Abs. 1 genannten Art unbeschränkt geschäftsfähig wird, die entsprechenden Willenserklärungen also unabhängig von einer Einwilligung des Betreuers wirksam sind. Die Ermächtigung ist daher als einseitige empfangsbedürftige Willenserklärung gegenüber dem Betreuten abzugeben.

2   Der Betreuer kann ermächtigen zum Abschluss eines Dienst-, Arbeits- oder Werkvertrages. Auch der nach § 138 Abs. 3 SGB IX vorgesehene Vertrag mit einer **Werkstatt für behinderte Menschen** („**Werkstattvertrag**"), in dem der Inhalt des arbeitnehmerähnlichen Rechtsverhältnisses zwischen den Behinderten und der Werkstatt näher geregelt werden muss, wird hiervon erfasst. Nicht unter § 113 fällt jedoch ein Berufsausbildungsvertrag nach § 10 BBiG. Der Abschluss des Vertrages, der § 113 unterliegt, durch den Betreuten ist bereits ohne Einwilligung des Betreuers wirksam. Das Gleiche gilt für Leistungen in Erfüllung dieses Vertrages, also sämtliche Rechtsgeschäfte mit dem Vertragspartner, soweit diese mit dem Dienst- oder Arbeitsverhältnis zusammenhängen.

3   Auch Rechtsgeschäfte mit **Dritten,** die in engem Zusammenhang mit der ermächtigten Tätigkeit stehen, sind einwilligungsfrei. Dies gilt z. B. für die Eröffnung eines Lohn- oder Gehaltskontos, den Abschluss von Beförderungsverträgen zum Erreichen der Arbeitsstelle, den Kauf von Berufskleidung, Arbeitsmaterial etc.

4   Eine Ermächtigung kann nicht erteilt werden, soweit der Betreuer für einen entsprechenden Vertrag der Genehmigung des **Betreuungsgerichts** bedarf (Abs. 1 Satz 2). Dies gilt nach § 1822 Nr. 7 insbesondere für Verträge, nach denen der Betreute zu persönlichen Leistungen für länger als ein Jahr verpflichtet werden soll. In diesem Fall bleibt es beim Einwilligungserfordernis des Betreuers nach § 1903 Abs. 1 S. 1, der seinerseits nur mit vormundschaftsgerichtlicher Genehmigung die Einwilligung erteilen darf.

5   Der Betreuer kann die Ermächtigung jederzeit zurücknehmen oder einschränken. Er ist aber auch hierbei im Innenverhältnis an das Wohl des Betreuten und an dessen Wünsche gebunden (§ 1901). Nach Abs. 3 kann der Betreuer zudem eine Ersetzung der Ermächtigung durch das Vormundschaftsgericht verlangen, wenn diese vom Betreuer verweigert wird.

Titel 2. Willenserklärung

§ 131 Wirksamwerden gegenüber nicht voll Geschäftsfähigen

(1) **Wird die Willenserklärung einem Geschäftsunfähigen gegenüber abgegeben, so wird sie nicht wirksam, bevor sie dem gesetzlichen Vertreter zugeht.**

(2) **Das Gleiche gilt, wenn die Willenserklärung einer in der Geschäftsfähigkeit beschränkten Person gegenüber abgegeben wird. Bringt die Erklärung jedoch der in der Geschäftsfähigkeit beschränkten Person lediglich einen rechtlichen Vorteil oder hat der gesetzliche Vertreter seine Einwilligung erteilt, so wird die Erklärung in dem Zeitpunkt wirksam, in welchem sie ihr zugeht.**

Abs. 2 gilt nach § 1903 Abs. 1 S. 2 bei einem angeordneten **Einwilligungsvorbehalt** für den Betreuer entsprechend. Voraussetzung ist, dass die Willenserklärung eine Angelegenheit betrifft, die zum Aufgabenkreis des Betreuers (§ 1896 Rn 23 ff) gehört und vom Einwilligungsvorbehalt auch umfasst wird. In diesem Fall wird die Willenserklärung erst wirksam mit Zugang an den Betreuer als gesetzlichen Vertreter (§ 1902). Dies gilt z. B. für die Kündigung eines Arbeitsverhältnisses gegenüber einem geschäftsunfähigen Arbeitnehmer (ArbG Stade BtPrax 1999, 39). Eine Ausnahme regelt S. 2 für Willenserklärungen, die lediglich einen **rechtlichen Vorteil** bringen. Dies sind Willenserklärungen, die dem Betreuten eine rechtlich vorteilhafte Position einräumen, ohne ihn zugleich mit einer Verpflichtung zu belasten. Ein Vertragsangebot bringt z. B. einen rechtlichen Vorteil, weil sie die Möglichkeit eines Vertragsabschlusses bringt. Die gegenüber dem Betreuten erklärte Vertragsannahme bringt dann lediglich einen rechtlichen Vorteil, wenn der Vertrag dem Betreuten vorteilhaft ist. Zum rechtlichen Vorteil s auch § 1903 Rn 23. 1

Die Willenserklärung wird mit Zugang an den Betreuten auch bei **Einwilligung** des Betreuers wirksam. Einwilligung ist die vorherige Zustimmung (§ 183) des Betreuers, die nachträgliche Zustimmung (Genehmigung, § 184 Abs. 1) reicht nicht aus. Für die Vertragsannahme gilt allerdings § 108. Soweit der Betreute trotz angeordneten Einwilligungsvorbehalts selbstständig handeln kann (§ 1903 Rn 7 ff), können auch wirksam ihm gegenüber Willenserklärungen abgegeben werden, ohne dass es der Einwilligung des Betreuers bedarf, dies gilt auch für die Fälle der §§ 112, 113. 2

Titel 5. Vertretung und Vollmacht

§ 164 Wirkung der Erklärung des Vertreters

(1) **Eine Willenserklärung, die jemand innerhalb der ihm zustehenden Vertretungsmacht im Namen des Vertretenen abgibt, wirkt unmittelbar für und gegen den Vertretenen. Es macht keinen Unterschied, ob die Erklärung ausdrücklich im Namen des Vertretenen erfolgt oder ob die Umstände ergeben, dass sie in dessen Namen erfolgen soll.**

(2) **Tritt der Wille, in fremdem Namen zu handeln, nicht erkennbar hervor, so kommt der Mangel des Willens, im eigenen Namen zu handeln, nicht in Betracht.**

(3) **Die Vorschriften des Absatzes 1 finden entsprechende Anwendung, wenn eine gegenüber einem anderen abzugebende Willenserklärung dessen Vertreter gegenüber erfolgt.**

Die Regelungen der §§ 164 ff. sind sowohl für die Vorsorgevollmacht (§ 1901 c Rn 9 ff) als auch – in Teilen – für die Tätigkeit des Betreuers anwendbar. § 164 legt fest, unter welchen Voraussetzungen Willenserklärungen des Vertreters in ihrer Wirkung dem Vertretenen zugerechnet werden. Sie gilt auch für Erklärungen des Betreuers als gesetzlicher Vertreter des Betreuten (§ 1902). Gegenstand des Vertreterhandelns können lediglich Willenserklärungen oder geschäftsähnliche Handlungen sein, die er im Namen des Betreuten abgibt (Abs. 1) oder entgegennimmt (Abs. 3). Bei Realakten, z. B. Erwerb des unmittelbaren Besitzes, ist ein Vertreterhandeln ausgeschlossen, bei unerlaubten Handlungen gibt es ebenfalls 1 keine Stellvertretung, eine Zurechnung fremden Handelns im Rahmen der Haftung richtet sich v. a. nach §§ 830, 831. Eine Einwilligung in die Verletzung höchstpersönlicher Rechtsgüter wie die körperliche Unversehrtheit (Behandlungsmaßnahme, § 1904, oder Sterilisation, § 1905) oder die persönliche Freiheit (§ 1906) ist kein Rechtsgeschäft, § 164 ist daher nicht unmittelbar, sondern allenfalls in seinen Grundgedanken anwendbar.

2   Der Bevollmächtigte/Betreuer muss im Namen des Vertretenen handeln, d. h. für den Erklärungsempfänger muss erkennbar sein (Abs. 2), dass der Bevollmächtigte/Betreuer nicht für sich, sondern für den Vollmachtgeber/Betreuten handeln will (Offenheitsprinzip). Dies kann entweder ausdrücklich erklärt werden, oder kann sich aus den Umständen ergeben (Abs. 1 S. 2), etwa wenn der Vertretene anwesend ist und es deutlich um seine Angelegenheiten geht. Bei unternehmensbezogenen Geschäften werden diese immer ohne weiteres dem Inhaber zugeordnet (MK-Schramm Rn 23), dies gilt auch, wenn der Bevollmächtigte/Betreuer Vermögensgüter des Vollmachtgebers/Betreuten verwaltet (einen Betrieb fortführt, ein Mietshaus verwaltet o. ä.) und in Bezug hierauf Willenserklärungen abgibt.

3   Eine Ausnahme vom Offenheitsprinzip macht die Rechtsprechung bei Geschäften „für den, den es angeht". Dies sind Geschäfte, bei denen es dem Geschäftspartner typischerweise gleichgültig ist, wer sein Geschäftspartner ist (MK-Schramm Rn 47 ff) und daher kein Interesse an der Beachtung des Offenheitsprinzips hat. Dies gilt v. a. für Bargeschäfte des täglichen Lebens, also z. B. Käufe für den täglichen Bedarf. In diesen Fällen können Willenserklärungen auch ohne ausdrückliches Handeln im fremden Namen für den Vertretenen wirksam werden.

4   Für und gegen den Vertretenen wirkt eine Vertretererklärung nur, wenn sie innerhalb der dem Bevollmächtigten/Betreuer zustehenden Vertretungsmacht abgegeben wird. Diese richtet sich beim Bevollmächtigten nach der Vollmacht (§ 167 Abs. 1), beim Betreuer nach § 1902 und damit nach dem vom Vormundschaftsgericht festgelegten Aufgabenkreis (§ 1896 Rn 23 ff). Wird eine Erklärung im Namen des Vertretenen abgegeben, ohne dass dies zum Aufgabenkreis des Bevollmächtigten/Betreuers gehört, gelten §§ 177 ff (Haftung des Vertreters ohne Vertretungsmacht). Ist strittig, ob jemand als Vertreter oder im eigenen Namen aufgetreten ist, ist derjenige beweispflichtig, der behauptet, es habe eine Vertretung vorgelegen. Der Bevollmächtigte/Betreuer hat also stets bei Vertragsverhandlungen deutlich zu machen, dass er keinesfalls selbst verpflichtet werden will, sondern den Vollmachtgeber/Betreuten verpflichten will (Palandt-Heinrichs § 164 Rn 18).

5   Die wachsende Bedeutung der Vorsorgevollmachten im Bereich des Betreuungsrecht ist schon an der Zahl der im Zentralen Vorsorgeregister der Bundesnotarkammer registrierten Vorsorgevollmachten zu erkennen: Am 30. September 2009 waren es 960.000, allein 2009 waren 125.000 hinzugekommen. In der gerichtlichen Praxis spielt mithin die Anwendung des Rechts der Vollmacht eine zunehmende Rolle (vgl. näher § 1901c).

§ 165 Beschränkt geschäftsfähiger Vertreter

Die Wirksamkeit einer von oder gegenüber einem Vertreter abgegebenen Willenserklärung wird nicht dadurch beeinträchtigt, dass der Vertreter in der Geschäftsfähigkeit beschränkt ist.

Erteilung der Vollmacht §167 BGB

Die Vorschrift gestattet, dass nicht nur Volljährige, sondern auch Minderjährige zwischen 7 und 18 als Vertreter wirksam auftreten können. Betreute sind entweder geschäftsfähig oder nach § 104 Nr. 2 geschäftsunfähig, beschränkt geschäftsfähig sind nach § 106 nur Minderjährige nach Vollendung des siebten Lebensjahres. Für die Bestellung eines Betreuten zum Vertreter eines Dritten ist die Vorschrift daher in keinem Fall anwendbar. Da Minderjährige als Betreuer kaum geeignet sein dürften (§ 1897 Rn 9), hat die Vorschrift für das Betreuerhandeln allenfalls geringe praktische Bedeutung.

§ 166 Willensmängel; Wissenszurechnung

(1) Soweit die rechtlichen Folgen einer Willenserklärung durch Willensmängel oder durch die Kenntnis oder das Kennenmüssen gewisser Umstände beeinflusst werden, kommt nicht die Person des Vertretenen, sondern die des Vertreters in Betracht.

(2) Hat im Falle einer durch Rechtsgeschäft erteilten Vertretungsmacht (Vollmacht) der Vertreter nach bestimmten Weisungen des Vollmachtgebers gehandelt, so kann sich dieser in Ansehung solcher Umstände, die er selbst kannte, nicht auf die Unkenntnis des Vertreters berufen. Dasselbe gilt von Umständen, die der Vollmachtgeber kennen musste, sofern das Kennenmüssen der Kenntnis gleichsteht.

Abs. 1 gilt nicht nur für Bevollmächtigte, sondern auch für das Handeln des Betreuers als Vertreter des Betreuten. Grundsätzlich kommt es bei Willensmängeln auf das Wissen des Vertreters an. Willensmängel sind etwa ein geheimer Vorbehalt (§ 116), Scheingeschäfte (§ 117), nicht ernst gemeinte Willenserklärungen (§ 118), bei denen es jeweils auf den entsprechenden Willen des Vertreters ankommt. Zur Anfechtung berechtigt ein Irrtum (§ 119) des Bevollmächtigten/Betreuers oder eine arglistige Täuschung oder Drohung gegenüber ihm (§ 123).

Durch Kenntnis oder Kennenmüssen gewisser Umstände wird die Wirksamkeit von Willenserklärungen beeinflusst bei der Kenntnis eines geheimen Vorbehalts (§ 116 S. 2), Einverständnis zum Scheingeschäft (§ 117 Abs. 1), Kenntnis der Sachlage nach § 119 Abs. 1 oder der Anfechtbarkeit nach § 122 Abs. 2, Kenntnis von der Täuschung eines Dritten (§ 123 Abs. 2 S. 1), der Anfechtbarkeit (§ 142 Abs. 2), vom Erlöschen der Vertretungsmacht eines Vertreters des Geschäftsgegners (§ 173), Kenntnis i. S. d. §§ 405 bis 408 (bei der Abtretung von Forderungen). Auch in Fällen des gutgläubigen Erwerb (§§ 892, 932 ff, 1138, 1155, 1157, 1207, 1208 BGB und § 366 HGB) kommt es auf die Kenntnis des Bevollmächtigten/Betreuers an, soweit dieser beim Erwerb in Vertretung des Vollmachtgebers/Betreuten gehandelt hat. Dies gilt auch für die Frage der Kenntnis des Mangels einer gekauften Sache nach § 442.

Abs. 2 ist mangels rechtsgeschäftlicher Vollmacht auf das Betreuerhandeln nicht anwendbar. Durch Abs. 2 soll sichergestellt werden, dass ein Vollmachtgeber die negativen Rechtsfolgen von besonderem Wissen nicht durch Zwischenschalten eines ahnungslosen Vertreters umgeht.

§ 167 Erteilung der Vollmacht

(1) Die Erteilung der Vollmacht erfolgt durch Erklärung gegenüber dem zu Bevollmächtigenden oder dem Dritten, dem gegenüber die Vertretung stattfinden soll.

Winterstein

BGB § 167   Titel 5. Vertretung und Vollmacht

(2) **Die Erklärung bedarf nicht der Form, welche für das Rechtsgeschäft bestimmt ist, auf das sich die Vollmacht bezieht.**

1   Die Vorschriften über die Vollmacht (§§ 167 bis 176), also einer durch Rechtsgeschäft erteilten Vertretungsmacht (§ 166 Abs. 2 S. 1) sind auf das Betreuerhandeln nicht anwendbar, da die Vertretungsmacht des Betreuers auf dem Gesetz beruht. Die Urkunde über die Betreuerbestellung (§ 290 FamFG) gilt nicht als Vollmachtsurkunde i. S. d. §§ 172 Abs. 1, 175, 176. Allerdings gilt die Vorschrift für Vorsorgevollmachten (§ 1901 c Rn 9 ff). Von der schriftlichen Vorsorgevollmacht ist dem Betreuungsgericht eine Abschrift vorzulegen, wenn der Besitzer der Urkunde von der Einleitung eines Verfahrens auf Betreuerbestellung erfährt und das Betreuungsgericht es verlangt – was es eigentlich zur Erfüllung seiner Amtsermittlungspflicht immer muss (§ 1901c).

2   Die Vollmacht ist als **Innenvollmacht** gegenüber dem Bevollmächtigten oder als **Außenvollmacht** gegenüber dem künftigen Vertragspartner zu erteilen (Abs. 1). Sie ist eine Willenserklärung und unterliegt daher auch den Anforderungen an eine solche. Ein Geschäftsunfähiger kann daher keine Vollmacht erteilen. Ein an Demenz Erkrankter kann daher u. U. im Anfangsstadium der Erkrankung noch wirksam eine Vollmacht erteilen, im fortgeschrittenen Stadium jedoch nicht mehr.

3   Eine Bevollmächtigung kann durch **schlüssiges Verhalten** erfolgen, z. B. durch die Übertragung von Aufgaben, die nur bei gleichzeitiger Erteilung einer Vollmacht durchführbar sind (Palandt-Heinrichs § 167 Rn 1). So kann z.B. eine Bevollmächtigung mit Gesundheitsangelegenheiten eines nahen Angehörigen vorliegen, wenn ein alter Mensch in Begleitung seines Kindes beim Arzt erscheint und so veranlasst, dass der Sohn oder die Tochter mitinformiert wird und am Arzt-Patientengespräch und der Behandlungsentscheidung teilhat. Hier ist die Grenze zur **Duldungsvollmacht** fließend, die dann angenommen wird, wenn jemand es wissentlich duldet, dass ein anderer wie sein Vertreter auftritt. Auch dies ist eine Situation, die zwischen Ehegatten oder sehr alten Eltern und ihren auch schon alten Kindern **im Bereich der Gesundheitssorge** immer wieder auftaucht. Dann ist zu prüfen, ob eine Vollmacht erteilt worden ist im Bereich der Gesundheitssorge entweder durch schlüssiges Verhalten oder durch Duldung, und deshalb eine Betreuerbestellung in diesem Bereich überflüssig ist.

4   Nach Abs. 2 bedarf die Vollmacht grundsätzlich keiner Form. Allerdings gibt es besondere Formvorschriften für Vollmachten, so z.B. beim Verbraucherdarlehen, § 492 Abs. 4. Besonders hervorzuheben sind die **Formvorschriften für Vorsorgevollmachten** (hierzu § 1901 c Rn 9 ff), die besonders risikoreiche Heilbehandlungen (§ 1904 Abs. 5) und freiheitsentziehende Maßnahmen (§ 1906 Abs. 5) umfassen sollen: hier ist mindestens Schriftform unter ausdrücklicher Erwähnung der Aufgaben erforderlich. Bei Vorsorgevollmachten dürfte es sich häufig empfehlen, die notarielle Beurkundung zu wählen, um eine rechtliche Beratung und eine Prüfung der Geschäftsfähigkeit des Vollmachtgebers sicherzustellen. Zumindest sollte die Beglaubigung der Unterschrift durch eine Betreuungsbehörde nach § 6 Abs. 2 BtBG oder durch einen Notar vorgesehen werden, um späteren Einwänden von Dritten begegnen zu können.

5   Im Umfang der Vollmacht wird differenziert zwischen der **Spezialvollmacht** für ein einziges Rechtsgeschäft, der **Gattungsvollmacht** für eine bestimmte Art von Rechtsgeschäften (z.B. Gesundheitssorge oder Vermögensangelegenheiten)

und der **Generalvollmacht**, die für alle Angelegenheiten, in denen eine Vertretung zulässig ist, Vertretungsmacht gibt.

§ 168 Erlöschen der Vollmacht

Das Erlöschen der Vollmacht bestimmt sich nach dem ihrer Erteilung zugrunde liegenden Rechtsverhältnis. Die Vollmacht ist auch bei dem Fortbestehen des Rechtsverhältnisses widerruflich, sofern sich nicht aus diesem ein anderes ergibt. Auf die Erklärung des Widerrufs findet die Vorschrift des § 167 Abs. 1 entsprechende Anwendung.

Nach Satz 1 erlischt die Vollmacht mit dem zugrunde liegenden Rechtsverhältnis. So wird der Auftrag bzw. der Geschäftsbesorgungsvertrag durch den Tod des Beauftragten bzw. des Geschäftsbesorgenden beendet (§§ 673, 675). In diesem Fall erlischt auch die Vorsorgevollmacht. Der Tod des Auftraggebers oder der Eintritt von dessen Geschäftsunfähigkeit beendet im Zweifel nicht das Auftragsverhältnis (§ 672) und daher auch nicht die Vollmacht. Ergibt sich aus der Formulierung einer (Alters-) Vorsorgevollmacht, dass sie nur zur Sicherstellung von Versorgung und medizinischer Behandlung des Vollmachtgebers gedacht ist, erlischt sie im Zweifel mit dem Wegfall der Aufgabe, also dem Tod des Vollmachtgebers (vgl. OLG Hamm FamRZ 2003, 324). 1

Auch Vorsorgevollmachten können über den Tod hinaus erteilt werden, sollten jedoch, wenn dies gewollt ist, eine ausdrückliche diesbezügliche Bestimmung enthalten. Nach Satz 2 sind Vorsorgevollmachten (§ 1901 c Rn 9 ff) grundsätzlich widerruflich, selbst, wenn sie unwiderruflich ausgestellt wurden (Renner ZNotP 2004, 388 ff.). Ist der Vollmachtgeber zu einem Widerruf nicht mehr in der Lage, ist bei Missbrauch der Vollmacht nach § 1896 Abs. 3 ein Kontrollbetreuer zu bestellen, der auch die Befugnis zum Widerruf der Vollmacht hat. Wegen des erheblichen Eingriffs in das Selbstbestimmungsrecht des Betroffenen bei Widerruf der Vollmacht durch einen (Kontroll-)Betreuer, muss dem Betroffenen gegen den Widerruf eine effektive Anfechtungsmöglichkeit gewährt werden (BVerfG BtPrax 2009, 27 ff.). 2

Nicht zulässig ist eine „vorläufige Aussetzung der Wirksamkeit der Vorsorgevollmacht" etwa durch gerichtliche Erklärung gemäß § 1846 (LG München Rpfleger 2007, 661). Das Gericht kann nach entsprechenden Feststellungen einen Kontrollbetreuer mit einem Aufgabenkreis bestellen, zu dem auch der Widerruf der Vollmacht gehört, aber nach § 168 ist eine vorübergehende Suspendierung einer Vollmacht nicht möglich. 3

§ 169 Vollmacht des Beauftragten und des geschäftsführenden Gesellschafters

Soweit nach den §§ 674, 729 die erloschene Vollmacht eines Beauftragten oder eines geschäftsführenden Gesellschafters als fortbestehend gilt, wirkt sie nicht zugunsten eines Dritten, der bei der Vornahme eines Rechtsgeschäfts das Erlöschen kennt oder kennen muss.

Erfährt der Beauftragte nicht vom Erlöschen der Vollmacht und muss er auch nicht vom Erlöschen wissen und handelt weiter, wird er geschützt, indem fingiert wird, dass die Vollmacht weiter fortbesteht, § 674. Ein Geschäftsgegner, der das 1

Winterstein

BGB § 173   Titel 5. Vertretung und Vollmacht

Erlöschen kennt oder kennen muss, wird nicht geschützt: er darf die Arglosigkeit des Bevollmächtigten nicht ausnutzen.

§ 170 Wirkungsdauer der Vollmacht

Wird die Vollmacht durch Erklärung gegenüber einem Dritten erteilt, so bleibt sie diesem gegenüber in Kraft, bis ihm das Erlöschen von dem Vollmachtgeber angezeigt wird.

§ 171 Wirkungsdauer bei Kundgebung

(1) Hat jemand durch besondere Mitteilung an einen Dritten oder durch öffentliche Bekanntmachung kundgegeben, dass er einen anderen bevollmächtigt habe, so ist dieser auf Grund der Kundgebung im ersteren Falle dem Dritten gegenüber, im letzteren Falle jedem Dritten gegenüber zur Vertretung befugt.

(2) Die Vertretungsmacht bleibt bestehen, bis die Kundgebung in derselben Weise, wie sie erfolgt ist, widerrufen wird.

§ 172 Vollmachtsurkunde

(1) Der besonderen Mitteilung einer Bevollmächtigung durch den Vollmachtgeber steht es gleich, wenn dieser dem Vertreter eine Vollmachtsurkunde ausgehändigt hat und der Vertreter sie dem Dritten vorlegt.

(2) Die Vertretungsmacht bleibt bestehen, bis die Vollmachtsurkunde dem Vollmachtgeber zurückgegeben oder für kraftlos erklärt wird.

§ 173 Wirkungsdauer bei Kenntnis und fahrlässiger Unkenntnis

Die Vorschriften des § 170, des § 171 Abs. 2 und des § 172 Abs. 2 finden keine Anwendung, wenn der Dritte das Erlöschen der Vertretungsmacht bei der Vornahme des Rechtsgeschäfts kennt oder kennen muss.

1   §§ 170 bis 173 schützen den Dritten, der auf den weiteren Bestand einer Vollmacht vertraut hat, obwohl diese in Wirklichkeit bereits erloschen war:
2   Bei einer Außenvollmacht nach §167 Abs. 1 2. Halbsatz fingiert § 170 das Weiterbestehen der Vollmacht bis zur Anzeige des Erlöschens ihm gegenüber.
3   § 171 sichert den Weiterbestand einer Vollmacht, bis sie in der Form widerrufen wurde, in der sie bekannt gegeben wurde.
4   Hat der Bevollmächtigte eine schriftliche Vollmachtsurkunde in Händen, darf ein Dritter auf diese Urkunde vertrauen, bis sie für kraftlos erklärt worden ist, § 172. Ein Grundbuchamt muss allerdings dann, wenn es aus Betreuungsakten sichere Kenntnis vom Erlöschen der Bevollmächtigung zum Zeitpunkt der Eintragungsbewilligung hat, einen neuen Vertretungsnachweis verlangen, auch wenn materiell-rechtlich wegen § 172 der Vertretene gebunden ist (OLG Hamm JMBl NW 2004, 244 f.)
5   Die Rechtsscheinshaftung des Vertretenen findet ihre Grenze, wenn der Geschäftsgegner das fehlen der Vollmacht kennt oder fahrlässig nicht kennt, § 173.

§ 174 Einseitiges Rechtsgeschäft eines Bevollmächtigten

Ein einseitiges Rechtsgeschäft, das ein Bevollmächtigter einem anderen gegenüber vornimmt, ist unwirksam, wenn der Bevollmächtigte eine Vollmachtsurkunde nicht vorlegt und der andere das Rechtsgeschäft aus diesem Grunde unverzüglich zurückweist. Die Zurückweisung ist ausgeschlossen, wenn der Vollmachtgeber den anderen von der Bevollmächtigung in Kenntnis gesetzt hatte.

Bei einseitigen Rechtsgeschäften, z.b. einer Kündigung eines Vertrages, soll der Geschäftsgegner sofort Klarheit haben. Legt der Bevollmächtigte eine schriftliche Originalvollmacht nicht vor und weist der andere die Erklärung deshalb zurück, ist die Kündigung unwirksam, Satz 1. Sie muss dann unter Vorlage der Vollmachtsurkunde wiederholt werden. Hat aber der Vorsorgevollmachtgeber den Geschäftgegner von der Bevollmächtigung vorher unterrichtet, ist die Zurückweisung nicht möglich. Die Vorschrift gilt nicht für gesetzliche Vertreter, also Betreuer (Palandt-Heinrichs Rn 1 b). Fügt ein Betreuer einer Kündigungserklärung beispielsweise keine Kopie seiner Bestallungsurkunde bei, ist die Kündigung gleichwohl wirksam. 1

§ 175 Rückgabe der Vollmachtsurkunde

Nach dem Erlöschen der Vollmacht hat der Bevollmächtigte die Vollmachtsurkunde dem Vollmachtgeber zurückzugeben; ein Zurückbehaltungsrecht steht ihm nicht zu.

Widerruft der Vollmachtgeber eine Vorsorgevollmacht (§ 1901 c Rn 9 ff), ist der Bevollmächtigte verpflichtet, eine erhaltene Vollmachtsurkunde zurückzugeben. Hat er z.b. noch Aufwendungsersatzansprüche nach § 670, steht ihm wegen des letzten Halbsatzes trotzdem kein Zurückbehaltungsrecht zu. Der Gesetzgeber räumt wegen der Gefahr weiterer Verpflichtungen dem Interesse des Vollmachtgebers hier einen unumschränkten Vorrang ein. Nach dem Tod des Vollmachtgebers ist der Vorsorgebevollmächtigte daher verpflichtet, auf ein Herausgabeverlangen des Erben die Vollmachtsurkunde sofort abzuliefern, ohne etwaige Zurückbehaltungsrechte wegen etwaiger Ersatzansprüche geltend machen zu können. Gleiches gilt bei Widerruf der Vollmacht durch den Betreuer, der z. B. zur Kontrolle des Bevollmächtigten bestellt worden ist. 1

Widerruft der auch zu diesem Zweck bestellte Kontrollbetreuer eine Vollmacht in Vermögensangelegenheiten, so ist nicht die Vollmachtsurkunde insgesamt herauszugeben, wenn in der Urkunde Vollmachten in weiteren Bereichen erteilt wurden und bestehen bleiben. Dann kann nach § 175 nur die Vorlage der Urkunde verlangt werden, um das teilweise Erlöschen der Vollmacht (in Vermögensangelegenheiten) zu vermerken (OLG München FamRZ 2009, 1437). 2

§ 176 Kraftloserklärung der Vollmachtsurkunde

(1) Der Vollmachtgeber kann die Vollmachtsurkunde durch eine öffentliche Bekanntmachung für kraftlos erklären; die Kraftloserklärung muß nach den für die öffentliche Zustellung einer Ladung geltenden Vorschriften der Zivilprozessordnung veröffentlicht werden. Mit dem Ablauf eines

BGB § 177   Titel 5. Vertretung und Vollmacht

Monats nach der letzten Einrückung in die öffentlichen Blätter wird die Kraftloserklärung wirksam.

(2) Zuständig für die Bewilligung der Veröffentlichung ist sowohl das Amtsgericht, in dessen Bezirk der Vollmachtgeber seinen allgemeinen Gerichtsstand hat, als das Amtsgericht, welches für die Klage auf Rückgabe der Urkunde, abgesehen von dem Wert des Streitgegenstands, zuständig sein würde.

(3) Die Kraftloserklärung ist unwirksam, wenn der Vollmachtgeber die Vollmacht nicht widerrufen kann.

1   Um die Wirkung einer Vollmachtsurkunde, die nicht zurückgegeben wird, zu beseitigen, ist es erforderlich, in einem Verfahren mit Publizität sie für kraftlos zu erklären. Das Amtsgericht bewilligt die Veröffentlichung, die nach §§ 186 ff. ZPO durch Anheftung an der Gerichtstafel und Veröffentlichung in Zeitungen und im Bundesanzeiger erfolgt.

§ 177 Vertragsschluss durch Vertreter ohne Vertretungsmacht

(1) Schließt jemand ohne Vertretungsmacht im Namen eines anderen einen Vertrag, so hängt die Wirksamkeit des Vertrags für und gegen den Vertretenen von dessen Genehmigung ab.

(2) Fordert der andere Teil den Vertretenen zur Erklärung über die Genehmigung auf, so kann die Erklärung nur ihm gegenüber erfolgen; eine vor der Aufforderung dem Vertreter gegenüber erklärte Genehmigung oder Verweigerung der Genehmigung wird unwirksam. Die Genehmigung kann nur bis zum Ablauf von zwei Wochen nach dem Empfang der Aufforderung erklärt werden; wird sie nicht erklärt, so gilt sie als verweigert.

1   Die Vorschrift gilt für alle Fälle des Vertreterhandelns und damit auch für Betreuer als gesetzliche Vertreter (§ 1902) der Betreuten. Voraussetzung ist die Abgabe einer Willenserklärung im Namen des Vertretenen (§ 164 Abs. 1), ohne dass diese von der Vertretungsmacht umfasst ist. Dies ist etwa der Fall, wenn die abgegebene Willenserklärung nicht zum Aufgabenkreis des Vorsorgebevollmächtigten oder des Betreuers gehört, der Betreuer nach § 1908 i i. V. m. § 1795 von der Vertretung im Einzelfall ausgeschlossen ist oder die Willenserklärung eine Angelegenheit betrifft, für die ihm nach § 1908 i i. V. m. § 1796 das Betreuungsgericht die Vertretung entzogen hat. Auch in den Fällen des § 181 fehlt dem Vertreter die notwendige Vertretungsmacht.

2   Ein von dem Betreuer außerhalb seiner Vertretungsmacht abgeschlossener Vertrag ist nach Abs. 1 schwebend unwirksam, d. h. in seinem Bestand abhängig von der Genehmigung durch den Vollmachtgeber/Betreuten. Die rechtlichen Folgen sind vergleichbar mit dem Handeln einer beschränkt geschäftsfähigen Person oder eines Betreuten bei angeordnetem Einwilligungsvorbehalt ohne notwendige Einwilligung (§§ 108 ff). Zum einseitigen Rechtsgeschäft s. § 180. Die Genehmigung (nachträgliche Zustimmung, § 184 Abs. 1) ist an keine Frist gebunden (außer im Falle des Abs. 2), der Schwebezustand wird beendet durch Erteilung der Genehmigung, endgültige Verweigerung der Genehmigung oder Widerruf des Vertragspartners nach § 178.

Wird die Genehmigung erteilt, ist der Vertrag zwischen dem Betreuten und dem Vertragspartner wirksam und zwar von Anfang an (§ 184 Abs. 1). Die Genehmigung ist eine empfangsbedürftige Willenserklärung, der Vollmachtgeber/Betreute kann daher nur wirksam einwilligen, wenn er nicht inzwischen nach § 104 Nr. 2 geschäftsunfähig ist. Sie kann gegenüber dem Bevollmächtigten/Betreuer oder gegenüber dem Vertragspartner erklärt werden (§ 182 Abs. 1). Allerdings hat der Vertragspartner die Möglichkeit, den Vollmachtgeber/Betreuten ausdrücklich zu einer Erklärung über die Genehmigung aufzufordern (Abs. 2). Dann wird eine zuvor gegenüber dem Vorsorgebevollmächtigten/Betreuer abgegebene Erklärung unwirksam, der Schwebezustand wird also wieder hergestellt. In diesem Falle kann die Genehmigung nur noch innerhalb von zwei Wochen nach Aufforderung erteilt werden und zudem nur noch gegenüber dem Vertragspartner. Erfolgt keine Genehmigung, gilt dies als Verweigerung. 3

Die Genehmigung ersetzt allein den Mangel der Vertretungsmacht, der Vertrag kann aus anderen Gründen unwirksam sein. Grundsätzlich kann das Geschäft nur wie vom Vertreter abgeschlossen genehmigt werden, Teilgenehmigungen oder modifizierende Genehmigungen sind ausgeschlossen (MK-Schramm Rn 40). Wird die Genehmigung verweigert oder gilt sie nach Abs. 2 als verweigert wegen Fristablaufs, stehen dem Vertragspartner die Rechte nach § 179 zu. 4

§ 178 Widerrufsrecht des anderen Teils

Bis zur Genehmigung des Vertrags ist der andere Teil zum Widerruf berechtigt, es sei denn, dass er den Mangel der Vertretungsmacht bei dem Abschluss des Vertrags gekannt hat. Der Widerruf kann auch dem Vertreter gegenüber erklärt werden.

Der Vertragspartner eines von dem Vertreter ohne Vertretungsmacht abgeschlossenen Vertrages kann während der schwebenden Unwirksamkeit jederzeit widerrufen und damit seinerseits den Schwebezustand beenden. Voraussetzung ist, dass die nach § 177 Abs. 1 erforderliche Genehmigung noch nicht erteilt und auch noch nicht verweigert ist. 1

Der Widerruf ist ausgeschlossen, wenn dem Vertragspartner der Mangel der Vertretungsmacht bekannt war. Notwendig ist positive Kenntnis, ein Kennenmüssen ist hier nicht ausreichend, auch grob fahrlässige Unkenntnis schadet daher nicht. Der Vertragspartner muss wissen, dass der Bevollmächtigte/Betreuer mit dem Vertragsabschluss seinen Aufgabenkreis überschreitet oder aus sonstigen Gründen in der Vertretungsmacht beschränkt ist. Die Kenntnis des Aufgabenkreises ist etwa anzunehmen, wenn der Vertragspartner die Vollmachtsurkunde oder Bestellungsurkunde (§ 290 FamFG) eingesehen hat. Die Kenntnis muss vorliegen bei Vertragsabschluss, also bei Abgabe der einseitigen Erklärung des Vertragspartners. 2

Der Widerruf ist einseitige empfangsbedürftige Willenserklärung, sie kann entweder gegenüber dem Bevollmächtigten/Betreuer oder dem Vollmachtgeber/Betreuten erklärt werden. Gegenüber dem Vollmachtgeber/Betreuten kann sie allerdings nur wirksam werden, wenn er geschäftsfähig ist (§ 131 Abs. 1). 3

§ 179 Haftung des Vertreters ohne Vertretungsmacht

(1) Wer als Vertreter einen Vertrag geschlossen hat, ist, sofern er nicht seine Vertretungsmacht nachweist, dem anderen Teil nach dessen Wahl

BGB § 180   Titel 5. Vertretung und Vollmacht

zur Erfüllung oder zum Schadensersatze verpflichtet, wenn der Vertretene die Genehmigung des Vertrags verweigert.

(2) Hat der Vertreter den Mangel der Vertretungsmacht nicht gekannt, so ist er nur zum Ersatz desjenigen Schadens verpflichtet, welchen der andere Teil dadurch erleidet, dass er auf die Vertretungsmacht vertraut, jedoch nicht über den Betrag des Interesses hinaus, welches der andere Teil an der Wirksamkeit des Vertrags hat.

(3) Der Vertreter haftet nicht, wenn der andere Teil den Mangel der Vertretungsmacht kannte oder kennen musste. Der Vertreter haftet auch dann nicht, wenn er in der Geschäftsfähigkeit beschränkt war, es sei denn, dass er mit Zustimmung seines gesetzlichen Vertreters gehandelt hat.

1   Die Vorschrift begründet eine eigene verschuldensunabhängige gesetzliche Garantiehaftung des Vertreters ohne Vertretungsmacht und ist auch auf alle Fälle gesetzlicher Vertretung anzuwenden. Auch der Betreuer kann daher bei Handeln im Namen des Betreuten unter Überschreitung seiner Vertretungsmacht dem Vertragspartner nach Abs. 1 haften (Jürgens/Kröger/Marschner/Winterstein Rn 260). Voraussetzung ist, dass der Betreute die nach § 177 Abs. 1 erforderliche Genehmigung verweigert, oder diese nach § 177 Abs. 2 als verweigert gilt. Das Gleiche gilt, wenn der Betreute mangels Geschäftsfähigkeit eine wirksame Genehmigung gar nicht erteilen kann.

2   Ausgeschlossen ist eine Haftung, wenn der Vertragspartner den Mangel der Vertretungsmacht kannte (hierzu § 178 Rn 2) oder kennen musste, also infolge Fahrlässigkeit nicht kannte (§ 122 Abs. 2). Dies kann bereits der Fall sein, wenn der Vertragspartner weiß, dass der Erklärende als Bevollmächtigter/Betreuer für einen anderen handelt, ohne sich durch Vorlage der Vollmachts- bzw. Bestellungsurkunde (§ 290 FamFG) vom Umfang des Aufgabenkreises und damit vom Umfang der Vertretungsmacht zu überzeugen. Da die Bestellung eines Minderjährigen zum Betreuer kaum in Betracht kommen dürfte (§ 1897 Rn 9), wird Abs. 3 S. 2 auf einen Betreuer nur selten Anwendung finden.

3   Der Vertreter ohne Vertretungsmacht ist wahlweise zur Erfüllung oder zum Schadensersatz verpflichtet, die Wahl steht dem Dritten zu. Wählt er Erfüllung, wird der Betreuer zwar nicht Vertragspartner, erhält aber dessen Stellung. Er erhält alle Rechte aus dem Vertrag und muss seinerseits alle Pflichten erfüllen. Der Schadensersatzanspruch umfasst grundsätzlich das Erfüllungsinteresse, d. h. der Dritte ist durch Geldersatz so zu stellen, wie er bei gehöriger Erfüllung des Vertrages stehen würde. Dies umfasst auch z. B. die Kosten eines erfolglosen Prozesses gegen den Vertretenen, also den Betreuten. Nach Abs. 2 beschränkt sich der Schadensersatzanspruch allerdings auf das negative Interesse, d. h. der Dritte ist so zu stellen, wie er ohne den Vertragsabschluss stehen würde, wenn der Bevollmächtigte/Betreuer den Mangel der Vertretungsmacht kannte. Dies ist z. B. der Fall, wenn er irrtümlich den Aufgabenkreis überschreitet, weil er den Vertragsabschluss als noch hiervon umfasst ansieht und sich erst im Prozess herausstellt, dass der Aufgabenkreis überschritten wurde (Jürgens/Kröger/Marschner/Winterstein Rn 260).

§ 180 Einseitiges Rechtsgeschäft

Bei einem einseitigen Rechtsgeschäft ist Vertretung ohne Vertretungsmacht unzulässig. Hat jedoch derjenige, welchem gegenüber ein solches

Rechtsgeschäft vorzunehmen war, die von dem Vertreter behauptete Vertretungsmacht bei der Vornahme des Rechtsgeschäfts nicht beanstandet oder ist er damit einverstanden gewesen, dass der Vertreter ohne Vertretungsmacht handele, so finden die Vorschriften über Verträge entsprechende Anwendung. Das gleiche gilt, wenn ein einseitiges Rechtsgeschäft gegenüber einem Vertreter ohne Vertretungsmacht mit dessen Einverständnis vorgenommen wird.

Nicht empfangsbedürftige einseitige Willenserklärungen (Auslobung, Aneignung etc.), die von einem Bevollmächtigten/Betreuer im Namen des Vertretenen, aber außerhalb seiner Vertretungsmacht, vorgenommen werden, sind nichtig (S. 1). Bei empfangsbedürftigen Willenserklärungen und geschäftsähnlichen Handlungen (Mahnung, Kündigung etc.) gelten allerdings dann die Vorschriften über Verträge (§§ 177–179) entsprechend, wenn der Erklärungsempfänger den Fehler der Vertretungsmacht nicht beanstandet oder mit einer Erklärung des nicht vertretungsberechtigten Betreuers einverstanden ist. Voraussetzung ist, dass der Erklärungsempfänger den Fehler der Vertretungsmacht kennt oder jedenfalls für möglich hält, also z. B. nach Einsicht in die Bestellungsurkunde des Betreuers jedenfalls Zweifel hat, ob die Willenserklärung von dessen Aufgabenkreis umfasst ist. Die gleichen Regeln gelten nach S. 3 auch bei mit Einverständnis des Betreuers ihm gegenüber vorgenommenen Erklärungen. 1

§ 181 Insichgeschäft

Ein Vertreter kann, soweit nicht ein anderes ihm gestattet ist, im Namen des Vertretenen mit sich im eigenen Namen oder als Vertreter eines Dritten ein Rechtsgeschäft nicht vornehmen, es sei denn, dass das Rechtsgeschäft ausschließlich in der Erfüllung einer Verbindlichkeit besteht.

Die Vorschrift ist auch auf das Handeln des Betreuers als gesetzlicher Vertreter des Betreuten (§ 1902) anwendbar. Dies ergibt sich unmittelbar aus § 1908 i i. V. m. § 1795 Abs. 4. § 1795 Abs. 1 bis 3 erweitert für den Vormund und nach der Verweisung in § 1908 i auch für den Betreuer den Ausschluss von der Vertretungsmacht auf weitere Fälle möglicher Interessenkollisionen. 1

Ein Vertreterhandeln ist nach § 181 ausgeschlossen, wenn der Bevollmächtigte/Betreuer zugleich auf Seiten des Vertragspartners auftritt, entweder im eigenen Namen oder als Vertreter eines Dritten (hierzu auch § 1795 Rn 4 ff). Bei einseitigen Rechtsgeschäften setzt § 181 voraus, dass Erklärender und Erklärungsempfänger identisch sind. Der Betreuer darf auch nicht etwa durch Bestellung von Unterbevollmächtigten (hierzu § 1902 Rn 22) sozusagen formal die Ausgangssituation des § 181 umgehen, entscheidend ist vielmehr die tatsächliche Interessenkollision. Diese ist auch dann zu beachten, wenn das beabsichtigte Rechtsgeschäft im Ergebnis durchaus zum Vorteil des Betreuten ausfallen würde (OLG Düsseldorf BtPrax 1993, 142 für die Aufhebung eines dem Betreuer zustehenden Erbbaurechts, das mit Rechten des Betreuten belastet war, in der Absicht, die Rechte nunmehr am Eigentum des Grundstücks zu begründen), es geht allein um das formale Auftreten einer Person auf zwei Seiten eines Rechtsgeschäfts. Nur wenn das vorgenommene Rechtsgeschäft dem Vertretenen lediglich einen rechtlichen Vorteil bringt (hierzu § 1903 Rn 23), wird von der Rechtsprechung in einschränkender Auslegung die 2

BGB § 182 Titel 6. Einwilligung und Genehmigung

Wirksamkeit auch eines Insichgeschäfts angenommen, weil hier aus rechtlichen Gründen die vorausgesetzte Interessenkollission nicht auftreten kann (BGH NJW 1985, 2407).

3 Insichgeschäfte sind zulässig, soweit sie dem Vertreter gestattet sind. Der Vollmachtgeber kann also dem Bevollmächtigten eine Vorsorgevollmacht (§ 1901 c Rn 9 ff) unter Befreiung der Beschränkungen von § 181 erteilen. Allerdings kann das Betreuungsgericht den Betreuer **nicht von dem Verbot des § 181 befreien** oder eine entsprechende Erklärung nachträglich betreuungsgerichtlich genehmigen (OLG Düsseldorf BtPrax 1993, 142). Dagegen kann der Betreute seinerseits dem Betreuer die Vornahme von Insichgeschäften gestatten. Da die Gestattung einseitige empfangsbedürftige Willenserklärung ist, setzt sie allerdings Geschäftsfähigkeit des Betreuten voraus. Eine Gestattung kommt auch nicht in Betracht, wenn diese einem angeordneten Einwilligungsvorbehalt (§ 1903) unterliegt, da in diesem Falle wiederum die Mitwirkung des Betreuers notwendig wäre und dieser bereits hierdurch gegen § 181 verstoßen würde.

4 Die Erfüllung einer vollwirksamen, fälligen und nicht mit einer Einrede behafteten Verbindlichkeit des Betreuers gegen den Betreuten, des Betreuten gegen den Betreuer oder im Falle der Doppelvertretung gegenüber dem Dritten ist auch als Insichgeschäft wirksam. Voraussetzung ist aber auch hier – wie in allen Fällen des Insichgeschäfts – dass dieses nach außen erkennbar ist, also nicht nur von dem Betreuer „im Geheimen" vorgenommen wird. Gleiches gilt für den Bevollmächtigten.

5 Der Bevollmächtigte/Betreuer überschreitet durch die Vornahme eines verbotenen Insichgeschäfts seine Vertretungsmacht und handelt als Vertreter ohne Vertretungsmacht. Die Wirksamkeit des abgeschlossenen Geschäfts richtet sich daher nach §§ 177 ff. Ist der Bevollmächtigte/Betreuer nach § 181 am wirksamen Handeln zugunsten des Vollmachtgebers/Betreuten gehindert, liegt die Wahrnehmung der jeweiligen Aufgabe aber in dessen Interesse, kann ein Ergänzungsbetreuer bestellt werden (§ 1899 Rn 5).

Titel 6. Einwilligung und Genehmigung

§ 182 Zustimmung

(1) Hängt die Wirksamkeit eines Vertrags oder eines einseitigen Rechtsgeschäfts, das einem anderen gegenüber vorzunehmen ist, von der Zustimmung eines Dritten ab, so kann die Erteilung sowie die Verweigerung der Zustimmung sowohl dem einen als dem anderen Teil gegenüber erklärt werden.

(2) Die Zustimmung bedarf nicht der für das Rechtsgeschäft bestimmten Form.

(3) Wird ein einseitiges Rechtsgeschäft, dessen Wirksamkeit von der Zustimmung eines Dritten abhängt, mit Einwilligung des Dritten vorgenommen, so finden die Vorschriften des § 111 Satz 2, 3 entsprechende Anwendung.

1 Zustimmung ist der Oberbegriff für die Einwilligung (vorherige Zustimmung, § 183) und die Genehmigung (nachträgliche Zustimmung, § 184). Die Vorschrift ist daher sowohl auf die vom Betreuer nach § 1903 Abs. 1 bei einem angeordneten

Einwilligungsvorbehalt grundsätzlich vor einer Willenserklärung des Betreuten abzugebenden Einwilligung, als auch auf die nach §§ 1903 Abs. 1 S. 2, 108 ff. erforderliche Genehmigung bei fehlender Einwilligung und auf die Genehmigung durch den Betreuten bei einem Betreuerhandeln unter Überschreitung der Vertretungsmacht nach §§ 177 ff. anwendbar. Die Genehmigung bedarf daher nicht einer evtl. für das Rechtsgeschäft bestimmten Form (Abs. 2). Wohl aber bedarf der Betreuer für eine wirksame Zustimmung uU der vormundschaftsgerichtlichen Genehmigung (§ 1903 Rn 18).

Ausnahmen von dem in S. 1 normierten Grundsatz, dass die Zustimmung 2 gegenüber beiden Teilen erklärt werden kann, enthalten § 108 Abs. 2 und § 177 Abs. 2 jeweils für den Fall, dass der Genehmigungsberechtigte zu einer ausdrücklichen Erklärung gegenüber dem Vertragspartner aufgefordert wurde. Abs. 3 ist für das Betreuerhandeln ohne Bedeutung, da hier § 111 nach § 1903 Abs. 1 S. 2 bereits unmittelbar gilt.

§ 183 Widerruflichkeit der Einwilligung

Die vorherige Zustimmung (Einwilligung) ist bis zur Vornahme des Rechtsgeschäfts widerruflich, soweit nicht aus dem ihrer Erteilung zugrunde liegenden Rechtsverhältnis sich ein anderes ergibt. Der Widerruf kann sowohl dem einen als dem anderen Teile gegenüber erklärt werden.

Soweit der Betreute wegen eines angeordneten Einwilligungsvorbehalts nach 1 § 1903 Abs. 1 S. 1 für die Wirksamkeit einer Willenserklärung der Einwilligung des Betreuers bedarf, gilt § 183. Bis zur Vornahme des Rechtsgeschäfts durch den Betreuten kann der Betreuer daher die Einwilligung widerrufen, der Betreute würde dann ohne Einwilligung handeln und die Wirksamkeit eines gleichwohl vorgenommenen Rechtsgeschäfts richtet sich in diesem Fall nach §§ 108 ff. Der Widerruf ist einseitige empfangsbedürftige Willenserklärung, die sowohl gegenüber dem Betreuten als auch gegenüber dem anderen Teil erklärt werden kann (S. 2).

§ 184 Rückwirkung der Genehmigung

(1) Die nachträgliche Zustimmung (Genehmigung) wirkt auf den Zeitpunkt der Vornahme des Rechtsgeschäfts zurück, soweit nicht ein anderes bestimmt ist.

(2) Durch die Rückwirkung werden Verfügungen nicht unwirksam, die vor der Genehmigung über den Gegenstand des Rechtsgeschäfts von dem Genehmigenden getroffen worden oder im Wege der Zwangsvollstreckung oder der Arrestvollziehung oder durch den Insolvenzverwalter erfolgt sind.

Handelt der Betreute bei angeordnetem Einwilligungsvorbehalt (§ 1903) ohne 1 Einwilligung des Betreuers oder der Betreuer unter Überschreitung seiner Vertretungsmacht, so hängt die Wirksamkeit eines abgeschlossenen Vertrages jeweils von der Genehmigung des anderen ab (§ 1903 Abs. 1 S. 2 i. V. m. § 108, § 177). Die Erklärung über die Genehmigung ist nicht an eine Frist gebunden, es sei denn,

BGB § 188 Titel 6. Einwilligung und Genehmigung

der Geschäftspartner fordert ausdrücklich hierzu auf, dann gilt eine Frist von zwei Wochen (§ 108 Abs. 2, § 177 Abs. 2). Die Genehmigung wirkt nach der Regel des Abs. 1 zurück, dh der abgeschlossene Vertrag gilt als von Anfang an wirksam abgeschlossen. Abs. 2 schützt die Rechte Dritter im Falle zwischenzeitlich ergangener Verfügungen.

§ 187 Fristbeginn

(1) Ist für den Anfang einer Frist ein Ereignis oder ein in den Lauf eines Tages fallender Zeitpunkt maßgebend, so wird bei der Berechnung der Frist der Tag nicht mitgerechnet, in welchen das Ereignis oder der Zeitpunkt fällt.

(2) Ist der Beginn eines Tages der für den Anfang einer Frist maßgebende Zeitpunkt, so wird dieser Tag bei der Berechnung der Frist mitgerechnet. Das Gleiche gilt von dem Tage der Geburt bei der Berechnung des Lebensalters.

§ 188 Fristende

(1) Eine nach Tagen bestimmte Frist endigt mit dem Ablauf des letzten Tages der Frist.

(2) Eine Frist, die nach Wochen, nach Monaten oder nach einem mehrere Monate umfassenden Zeitraum – Jahr, halbes Jahr, Vierteljahr – bestimmt ist, endigt im Falle des § 187 Abs. 1 mit dem Ablauf desjenigen Tages der letzten Woche oder des letzten Monats, welcher durch seine Benennung oder seine Zahl dem Tage entspricht, in den das Ereignis oder der Zeitpunkt fällt, im Falle des § 187 Abs. 2 mit dem Ablauf desjenigen Tages der letzten Woche oder des letzten Monats, welcher dem Tage vorhergeht, der durch seine Benennung oder seine Zahl dem Anfangstag der Frist entspricht.

(3) Fehlt bei einer nach Monaten bestimmten Frist in dem letzten Monat der für ihren Ablauf maßgebende Tag, so endigt die Frist mit dem Ablauf des letzten Tages dieses Monats.

1 §§ 187, 188 sind für die Berechnung der taggenauen Vergütungsansprüche der berufsmäßigen Betreuer von Bedeutung. Nach § 187 Abs. 1 zählt der Tag der Bestellung des Betreuers nicht mit (vgl. § 5 VBVG Rn 7), nach § 187 Abs. 2 bei der Bestimmung des Vergütungszeitraums für die Betreuertätigkeit ab Volljährigkeit des Betreuten wohl aber der Tag des Eintritts der Volljährigkeit, also der Geburtstag des Betreuten (LG Erfurt, Beschluss vom 29. 4. 2009, Az. 2 T 154/09).

Buch 2. Recht der Schuldverhältnisse

Titel 27. Unerlaubte Handlungen

§ 823 Schadensersatzpflicht

(1) Wer vorsätzlich oder fahrlässig das Leben, den Körper, die Gesundheit, die Freiheit, das Eigentum oder ein sonstiges Recht eines anderen widerrechtlich verletzt, ist dem anderen zum Ersatz des daraus entstehenden Schadens verpflichtet.

(2) Die gleiche Verpflichtung trifft denjenigen, welcher gegen ein den Schutz eines anderen bezweckendes Gesetz verstößt. Ist nach dem Inhalt des Gesetzes ein Verstoß gegen dieses auch ohne Verschulden möglich, so tritt die Ersatzpflicht nur im Falle des Verschuldens ein.

§ 824 Kreditgefährdung

(1) Wer der Wahrheit zuwider eine Tatsache behauptet oder verbreitet, die geeignet ist, den Kredit eines anderen zu gefährden oder sonstige Nachteile für dessen Erwerb oder Fortkommen herbeizuführen, hat dem anderen den daraus entstehenden Schaden auch dann zu ersetzen, wenn er die Unwahrheit zwar nicht kennt, aber kennen muss.

(2) Durch eine Mitteilung, deren Unwahrheit dem Mitteilenden unbekannt ist, wird dieser nicht zum Schadensersatz verpflichtet, wenn er oder der Empfänger der Mitteilung an ihr ein berechtigtes Interesse hat.

§ 825 Bestimmung zu sexuellen Handlungen

Wer einen anderen durch Hinterlist, Drohung oder Missbrauch eines Abhängigkeitsverhältnisses zur Vornahme oder Duldung sexueller Handlungen bestimmt, ist ihm zum Ersatz des daraus entstehenden Schadens verpflichtet.

§ 826 Sittenwidrige vorsätzliche Schädigung

Wer in einer gegen die guten Sitten verstoßenden Weise einem anderen vorsätzlich Schaden zufügt, ist dem anderen zum Ersatz des Schadens verpflichtet.

§ 827 Ausschluss und Minderung der Verantwortlichkeit

Wer im Zustand der Bewusstlosigkeit oder in einem die freie Willensbestimmung ausschließenden Zustand krankhafter Störung der Geistestätigkeit einem anderen Schaden zufügt, ist für den Schaden nicht verantwortlich. Hat er sich durch geistige Getränke oder ähnliche Mittel in einen vorübergehenden Zustand dieser Art versetzt, so ist er für einen Schaden, den er in diesem Zustand widerrechtlich verursacht, in gleicher

BGB § 829 Titel 27. Unerlaubte Handlungen

Weise verantwortlich, wie wenn ihm Fahrlässigkeit zur Last fiele; die Verantwortlichkeit tritt nicht ein, wenn er ohne Verschulden in den Zustand geraten ist.

1 Der Ausschluss der zivilrechtlichen Verantwortlichkeit für einen verursachten Schaden findet über den Wortlaut des § 827 hinaus auf alle Fälle der Verschuldenshaftung auch außerhalb der unerlaubten Handlungen Anwendung, insbesondere bei der vertraglichen Haftung (§ 276 Abs. 1 S. 2) und bei der Berücksichtigung von Mitverschulden im Rahmen des § 254. Nicht anwendbar ist die Vorschrift allerdings auf Haftungstatbestände, bei denen ohne Verschulden eine Zurechnung des eingetretenen Schadens normiert wird, insbesondere bei der Gefährdungshaftung (etwa § 7 Abs. 1 StVG). Bei festgestellter Unzurechnungsfähigkeit nach S. 1 ist eine Haftung somit ausgeschlossen, allenfalls eine Billigkeitshaftung nach § 829 kommt in Betracht. Voraussetzung ist ein Handeln im Zustand der Bewusstlosigkeit oder einem haftungsrechtlich vergleichbaren Zustand des Ausschlusses freier Willensbestimmung. Ist die Willensbildung zwar reduziert, aber nicht ausgeschlossen, greift § 827 nicht. Insbesondere begründet die Bestellung eines Betreuers, die anderen Voraussetzungen folgt, unabhängig vom Aufgabenkreis für sich allein nicht die Annahme fehlender Deliktsfähigkeit. Diese muss vielmehr in jedem Einzelfall festgestellt werden. Zur krankhaften Störung der Geistestätigkeit vgl. § 104 Rn 2 f. Bei schweren geistigen Behinderungen dürfte i. d. R. Deliktsfähigkeit ausgeschlossen sein, bei leichteren geistigen Behinderungen kommt es auf den Einzelfall an.

2 Die Beweislast für fehlende Deliktsfähigkeit trifft im Prozess den Schädiger, das Gesetz geht von der Regel der Zurechnungsfähigkeit aus. Ist ein Betreuer bestellt, können ggf. die Feststellungen des Betreuungsgerichts im Verfahren über die Betreuerbestellung, insbesondere das eingeholte Sachverständigengutachten, herangezogen werden.

§ 828 Minderjährige

(1) Wer nicht das siebente Lebensjahr vollendet hat, ist für einen Schaden, den er einem anderen zufügt, nicht verantwortlich.

(2) Wer das siebente, aber nicht das zehnte Lebensjahr vollendet hat, ist für den Schaden, den er bei einem Unfall mit einem Kraftfahrzeug, einer Schienenbahn oder einer Schwebebahn einem anderen zufügt, nicht verantwortlich. Dies gilt nicht, wenn er die Verletzung vorsätzlich herbeigeführt hat.

(3) Wer das 18. Lebensjahr noch nicht vollendet hat, ist, sofern seine Verantwortlichkeit nicht nach Absatz 1 oder 2 ausgeschlossen ist, für den Schaden, den er einem anderen zufügt, nicht verantwortlich, wenn er bei der Begehung der schädigenden Handlung nicht die zur Erkenntnis der Verantwortlichkeit erforderliche Einsicht hat.

§ 829 Ersatzpflicht aus Billigkeitsgründen

Wer in einem der in den §§ 823 bis 826 bezeichneten Fälle für einen von ihm verursachten Schaden auf Grund der §§ 827, 828 nicht verantwortlich ist, hat gleichwohl, sofern der Ersatz des Schadens nicht von einem aufsichtspflichtigen Dritten erlangt werden kann, den Schaden insoweit zu ersetzen, als die Billigkeit nach den Umständen, insbesondere nach den Verhältnissen der Beteiligten, eine Schadloshaltung erfordert und ihm nicht die Mittel entzogen werden, deren er zum angemessenen Unterhalt sowie zur Erfüllung seiner gesetzlichen Unterhaltspflichten bedarf.

Die Vorschrift normiert die Möglichkeit einer zumindest teilweisen Korrektur des nach §§ 827, 828 vorgesehenen Ergebnisses, dass der Geschädigte für seinen Schaden keinen Ersatz erlangen kann, unter dem Gesichtspunkt der Billigkeit. Voraussetzung ist, dass der Schädiger mangels Deliktsfähigkeit für den eingetretenen Schaden nicht haftet und auch Ersatz von einem Aufsichtspflichtigen nach § 832 nicht erlangt werden kann. Dies ist der Fall, wenn entweder die tatbestandlichen Voraussetzungen des § 832 nicht gegeben sind oder der an sich haftende Aufsichtspflichtige aus wirtschaftlichen Gründen zum (vollen) Schadensersatz außerstande ist. Eine entsprechende Anwendung etwa auf Fälle vertraglicher Haftung scheidet aus, in § 276 wird zwar auf § 827, nicht jedoch auf § 829 verwiesen. 1

In der vorzunehmenden Abwägung der Verhältnisse der Beteiligten sind auf Seiten des Schädigers vor allem seine wirtschaftliche Leistungsfähigkeit und die näheren Umstände der Verletzungshandlung zu berücksichtigen, auf Seiten des Geschädigten u. a. die Art und Intensität der Verletzung, der Umfang des eingetretenen Schadens und die wirtschaftliche Situation. Nur wenn ein Vergleich der Verhältnisse einen deutliches „Gefälle" zugunsten des Geschädigten zeigt – einem wirtschaftlich gut gestellten Schädiger steht ein dauerhaft bedürftiger Geschädigter gegenüber – kann davon ausgegangen werden, dass dies eine Schadloshaltung „erfordert". Die Grenze der Leistungsfähigkeit des Schädigers ist in jedem Falle der eigene Unterhalt und derjenige seiner Unterhaltsberechtigten. In Betracht kommt als Ergebnis dieser Abwägungen auch ein nur teilweiser Ersatz des eingetretenen Schadens („insoweit"). 2

§ 832 Haftung des Aufsichtspflichtigen

(1) Wer kraft Gesetzes zur Führung der Aufsicht über eine Person verpflichtet ist, die wegen Minderjährigkeit oder wegen ihres geistigen oder körperlichen Zustands der Beaufsichtigung bedarf, ist zum Ersatz des Schadens verpflichtet, den diese Person einem Dritten widerrechtlich zufügt. Die Ersatzpflicht tritt nicht ein, wenn er seiner Aufsichtspflicht genügt oder wenn der Schaden auch bei gehöriger Aufsichtsführung entstanden sein würde.

(2) Die gleiche Verantwortlichkeit trifft denjenigen, welcher die Führung der Aufsicht durch Vertrag übernimmt.

Die Anwendung dieser Vorschrift auf die von einem Betreuten verursachten Schäden kommt nur in Betracht, wenn dieser wegen seines geistigen oder körperlichen Zustandes der Beaufsichtigung bedarf. Dies hängt von den krankheits-/behinderungsbedingten Eigenarten und vor allem seinem bisherigen Verhalten ab, insbesondere häufigere schadensgeneigte Handlungen, die der Betreute selbst nicht kontrollieren kann. Auch die äußeren Umstände können einen Beaufsichtigungsbedarf begründen, etwa wenn ein zunächst untergebrachter Betreuter in eine offene Wohnform wechselt. 1

Jürgens

BGB § 832 Titel 27. Unerlaubte Handlungen

2   Der Betreuer kann für eine Verletzung der Aufsichtspflicht nur haften, wenn die Beaufsichtigung Bestandteil seines Aufgabenkreises ist. Dies ist allenfalls dann der Fall, wenn sie dem Betreuer ausdrücklich übertragen wurde oder wenn die gesamte Personensorge zu seinem Aufgabenkreis gehört (LG Bielefeld BtPrax 1999, 111; AG Düsseldorf BtPrax 2008, 89; OLG Celle BtPrax 2008, 86; Jürgens/Kröger/Marschner/Winterstein Rn 257; Deinert/Schreibauer BtPrax 1993, 185, 187) und soweit es der Zweck der Betreuung erfordert. Aus der Übertragung des Aufenthaltsbestimmungsrechts oder einzelner Aufgaben der Personensorge folgt keine Aufsichtspflicht des Betreuers (LG Bielefeld, a.a.O.). Die Übertragung der Aufsichtspflicht auf den Betreuer ist in der vormundschaftsgerichtlichen Praxis unüblich, weil sie mit wesentlichen Grundgedanken des Betreuungsrechts – vor allem einem fehlenden Erziehungsrecht des Betreuers – schwer vereinbar ist. Aus diesem Grund wird auch die Auffassung vertreten, eine Haftung des Betreuers nach § 832 scheide gänzlich aus, in wenigen Ausnahmefällen komme nur eine Haftung des Betreuers nach § 823 in Betracht, etwa wenn er als sog. Haushaltsvorstand ein drittschädigendes Verhalten des mit ihm zusammen lebenden Betreuten nicht verhindert oder wenn er gegen gesetzlich normierte Mitteilungs- und Unterstützungspflichten als Schutzgesetze i. S. d. § 823 Abs. 2 verstoße (Bauer/Knieper, BtPrax 1998, 123 und 168).

3   Eine Aufsichtspflicht trifft auch denjenigen, der sie durch Vertrag übernimmt (Abs. 2). In Betracht kommen hier vor allem juristische oder natürliche Personen als Träger von Einrichtungen, in denen der aufsichtsbedürftige Betreute wohnt, untergebracht ist (hierzu BGH NJW 1985, 677) oder sich aus sonstigen Gründen berechtigt aufhält (Wohn- oder Pflegeheim, Krankenhaus, Werkstatt für behinderte Menschen, Rehabilitationseinrichtung etc.) oder die auf andere Weise dem Betreuten konkrete Unterstützung leisten sollen (etwa ambulante Dienste). Eine zunächst gegebene Aufsichtspflicht durch den Betreuer kann sich in diesen Fällen auf eine Restverantwortung reduzieren, soweit er Einwirkungs- und Überwachungsmöglichkeiten behält, etwa wenn er Kenntnis von Neigungen des Betreuten zum schädigenden Handeln hat und diese nicht an den Einrichtungsträger weitergibt (OLG Frankfurt DAVorm 1987, 28) oder ihn ein Verschulden bei der Auswahl der Aufsichtspersonen trifft (Deinert/Schreibauer a.a.O.). Der Einrichtungsträger seinerseits kommt seiner Aufsichtspflicht durch die Mitarbeiter nach, die insoweit Erfüllungsgehilfen (§ 278) des Trägers sind bei Erfüllung seiner vertraglichen Verpflichtung gegenüber dem Betreuten. Zur strafrechtlichen Verantwortung des Leiters eines Altenpflegeheims für den tödlichen Unfall eines Heimbewohners s. OLG Stuttgart BtPrax 1998, 113.

4   Eine Haftung der Aufsichtsperson setzt voraus, dass der objektive Tatbestand einer unerlaubten Handlung nach §§ 823 ff. gegenüber einem Dritten erfüllt wird und der Betreute rechtswidrig gehandelt hat. Verschulden ist nicht erforderlich, auf einen Ausschluss der Verantwortlichkeit nach § 827 kommt es daher nicht an. Besondere subjektive Tatbestandsmerkmale wie etwa die Schädigungsabsicht bei § 826 müssen jedoch beim Aufsichtsbedürftigen vorliegen. War der Betreute schuldfähig und hat er auch schuldhaft gehandelt, haftet er als Gesamtschuldner (§ 840 Abs. 1) neben der Aufsichtsperson, ansonsten haftet diese allein.

5   Die Aufsichtsperson kann eine Haftung auf zweierlei Weise abwenden (Abs. 1 S. 2): durch den Nachweis ordnungsgemäßer Beaufsichtigung oder wenn der Schaden auch bei gehöriger Aufsichtsführung eingetreten wäre. In beiden Fällen stellt sich die Frage nach dem Inhalt der konkreten Aufsichtspflicht. Diese richtet sich nach allen Umständen des Einzelfalles. Entscheidend ist, ob der Aufsichts-

pflichtige zur Verhinderung der Schäden Dritter das getan hat, was von einem verständigen Aufsichtspflichtigen in seiner Lage und nach den Umständen des Einzelfalles vernünftigerweise und billigerweise verlangt werden kann (BGH VersR 1965, 137). Die Eigenarten des Aufsichtsbedürftigen, die Vorhersehbarkeit schädigenden Verhaltens auf Grund vorangegangener vergleichbarer Erfahrungen, die Zumutbarkeit einzelner Aufsichtsmaßnahmen für den Aufsichtspflichtigen, die Erhöhung von Gefahren auf Grund besonderer Umstände (etwa im Straßenverkehr) und sonstige Besonderheiten sind jeweils zu berücksichtigen. Hierbei kann auch die Einräumung einer therapeutisch gebotenen Bewegungsfreiheit berücksichtigt werden und eine Aufsichtspflicht einschränken oder gänzlich entfallen lassen (BGH NJW 1985, 677). Eine allumfassende Überwachungspflicht obliegt dem Betreuer in keinem Falle (Dodegge/Roth, Teil D Rn 136) und dem Einrichtungsträger nur in besonderen Fällen, etwa wenn eine freiheitsentziehende Unterbringung des Betreuten gerade erfolgte, um ihn vor schädigendem Verhalten zu bewahren.

Der Aufsichtspflichtige hat umfassend und konkret darzulegen und zu beweisen, 6 was er zur Erfüllung der Aufsichtspflicht unternommen hat (BGH NJW-RR 1987, 13). Die Verletzung der Aufsichtspflicht wird also vermutet, kann vom Aufsichtspflichtigen jedoch widerlegt werden.

Buch 4. Familienrecht

Abschnitt 2. Verwandtschaft

Titel 5. Elterliche Sorge

§ 1632 Herausgabe des Kindes; Bestimmung des Umgangs; Verbleibensanordnung bei Familienpflege

(1) **Die Personensorge umfasst das Recht, die Herausgabe des Kindes von jedem zu verlangen, der es den Eltern oder einem Elternteil widerrechtlich vorenthält.**
(2) **Die Personensorge umfasst ferner das Recht, den Umgang des Kindes auch mit Wirkung für und gegen Dritte zu bestimmen.**
(3) **Über Streitigkeiten, die eine Angelegenheit nach Absatz 1 oder 2 betreffen, entscheidet das Familiengericht auf Antrag eines Elternteils.**
(4) ...

Abs. 1–Abs. 3 sind sinngemäß auf die Betreuung anzuwenden (§ 1908 i Abs. 1 S. 1), an die Stelle des **Familiengerichts** tritt das **Betreuungsgericht** (Abs. 3).

1. Aufenthaltsbestimmung/Herausgabeverlangen

Der Betreuer kann die **Herausgabe** des Betreuten verlangen, wenn ihm die 1 **Personensorge** zugewiesen ist oder das **Aufenthaltsbestimmungsrecht**, ggf. beschränkt auf die besondere Aufgabe, den Betreuten aus einer nachteiligen Umgebung herauszulösen. Zur Herausgabe verpflichtet ist jeder, dem das Aufenthaltsbestimmungsrecht nicht zusteht und der den Betreuten dem Betreuer widerrechtlich vorenthält, z. B. ein Angehöriger, der den Betreuten eigenmächtig aus dem Heim nimmt, etwa um Heimkosten zu sparen (Abs. 1) oder ihn abredewidrig nach einem Sonntagsausflug nicht wieder zurückbringt (OLG Frankfurt FamRZ 2003, 964).

Widersetzt sich der Dritte dem Herausgabeverlangen, muss der Betreuer eine 2 **Entscheidung** des **Betreuungsgerichts** herbeiführen (Abs. 3). Es entscheidet auf **Antrag** des Betreuers der Richter des für die Betreuungssache zuständigen Gerichts (§ 272 Abs. 1 Nr. 1 FamFG; § 15 Abs. 1 Nr. 7 RPflG). Das Betreuungsgericht hat ggf. **von Amts wegen** Aufsichtsmaßnahmen zu ergreifen (§ 1837 Abs. 2), wenn die Aufenthaltsbestimmung des Betreuers sich als Pflichtverstoß darstellt; vgl. hierzu Rn 10.

Das Verfahren dient nicht dazu, lediglich eine Aufenthaltsbestimmung des 3 Betreuers durchzusetzen, sondern das Gericht hat die Gründe und das Entstehen des Herausgabestreits zu ermitteln und an § 1901 orientiert zu prüfen, ob die Aufenthaltsbestimmung dem **Wohl** und den **Wünschen** des Betreuten entspricht (OLG Frankfurt FamRZ 2003, 964). Der Herausgabestreit gibt Anlass von Amts wegen die Betreuerbestellung und die Führung der Betreuung zu überprüfen (Bienwald § 1908 i Rn 19). **Gegen** den **Willen** des Betreuten darf eine Aufent-

BGB § 1632 Titel 5. Elterliche Sorge

haltsbestimmung nur vorgenommen werden, wenn der Betreute seinen Aufenthalt krankheits- oder behinderungsbedingt nicht mehr eigenverantwortlich zu bestimmen vermag und eine erhebliche Selbstschädigung droht (MK-Schwab § 1896 Rn 84; im Ergebnis ebenso Coeppicus FamRZ 1992, 741, 750). Vgl. zur freien Willensbestimmung auch § 1896 Rn 13.

4 Der Betreute ist in allen seine Betreuung betreffenden Verfahren Beteiligter und **verfahrensfähig** (§ 275 FamFG). Ihm ist rechtliches Gehör zu gewähren (Art. 103 Abs. 1 GG); die persönliche Anhörung wird schon aus Gründen der Sachaufklärung (§ 26 FamFG) geboten sein. Zur Bestellung eines Verfahrenspflegers s. § 276 FamFG. In dringenden Fällen kommen seit dem 1. 9. 2009 die allgemeinen Vorschriften in den § 49 ff. FamFG **(einstweilige Anordnung)** zur Anwendung; sie ersetzen das bisherige Richterrecht. § 300 f. FamFG betrifft nur bestimmte Verfahrensgegenstände. Unter den Voraussetzungen der §§ 1908 i Abs. 1 S. 1, 1846 hat das Betreuungsgericht ggf. unmittelbar selbst einzugreifen. Entscheidungen nach § 49 ff. FamFG unterliegen der Beschwerde des § 58 FamFG (Keidel-Giers § 57 FamFG Rn 2).

5 Die Endentscheidung ist gegen **Dritte** nach §§ 86 ff. FamFG zu **vollstrecken**. Sie richtet sich nicht gegen den Betreuten, Gewalt gegen ihn ist demnach auf Grund der Entscheidung aus Abs. 3 unzulässig (Bienwald § 1908 i Rn 27). Soll zugleich eine Unterbringung vollzogen werden, ist Ausübung von Gewalt gegen den Betreuten auf Grund der Vollzugsregelung des § 326 FamFG möglich. Ob im Übrigen der Betreuer das Aufenthaltsbestimmungsrecht gegen den Betreuten zwangsweise durchsetzen kann, ist ungeklärt (vgl. vor § 1802 Rn 5).

6 Die Herausgabe der zum **persönlichen Gebrauch** des Betreuten bestimmten Sachen kann allenfalls in extensiver Auslegung des § 1632 Abs. 1 verfügt werden; die Vollstreckung erfolgt gem. § 95 Abs. 1 Nr. 2 FamFG, wobei bei gleichzeitiger Herausgabe des Betreuten wohl von einer Annexkompetenz und damit ebenfalls einer Vollstreckung nach § 88 ff. FamFG auszugehen ist (Keidel-Giers § 95 FamFG, Rn 8). Im Übrigen ist über streitige Eigentumsansprüche im Verfahren vor dem Prozessgericht zu entscheiden.

2. Umgangsbestimmungsrecht

7 Das **Umgangsbestimmungsrecht** ist mit der Personensorge zugewiesen oder als besondere Aufgabe **(Abs. 2)** (BayObLG FamRZ 2004, 1670). Das Aufenthaltsbestimmungsrecht umfasst nicht die Befugnis, den Umgang des Betreuten zu bestimmen (BayObLG FamRZ 1991, 1481 (LS)); das Unterbringungsrecht nur, soweit dies der Zweck der Unterbringung erfordert (weitergehend Erman-Saar § 1908 i Rn 5).

8 Das Umgangsbestimmungsrecht kommt als Aufgabe des Betreuers nur in Betracht, wenn der Betreute krankheits- oder behinderungsbedingt seinen Umgang nicht mehr **eigenverantwortlich** bestimmen kann und er davor geschützt werden muss, sich selbst zu schädigen. Die Fremdbestimmung ist daher restriktiv zu handhaben (Damrau/Zimmermann § 1908 i Rn 3). Sie hat sich am Wohl und den Wünschen des Betreuten zu orientieren (§ 1901). Jeder Eingriff muss **strikt erforderlich** sein (Bienwald § 1908 i Rn 35), z. B. im Hinblick auf die Gefährdung eines Suchtkranken oder die gesundheitliche Beeinträchtigung eines Anfallskranken (BayObLG FamRZ 1988, 320; FamRZ 2003, 962, 963). Der Kontakt des Betreuten mit einem Rechtsanwalt seiner Wahl darf nicht behindert

Herausgabe des Kindes; Bestimmung des Umgangs § 1632 BGB

werden (BayObLG Rpfleger 1990, 361). Ein allgemeines **Kontaktaufnahmerecht** Dritter besteht nicht (OLG Saarbrücken BtPrax 1999, 153, 154). Ein spezielles Kontaktaufnahmerecht **naher Angehöriger** sieht das Betreuungsrecht nicht vor, auf die §§ 1684 Abs. 1, 1685 Abs. 1 BGB (Eltern, Kinder, Großeltern, Geschwister) wird nicht verwiesen. Soll jedoch der Umgang des Betreuten mit seinen **Eltern** oder **volljährigen Kindern** reglementiert werden, ist der verfassungsrechtliche **Schutz** der **Familie** aus Art. 6 Abs. 1 GG zu beachten (BayObLG FamRZ 2003, 962; 2004, 1670); vgl. auch KG FamRZ 1988, 1044 zum Schutz gegen Dritte. Die Zuweisung des Umgangsbestimmungsrechts kann einen Eingriff in die grundrechtlich geschützten familiären Beziehungen darstellen. Der Umgang darf daher nur eingeschränkt werden, um z. B. einen **erheblichen Gesundheitsschaden** beim Betreuten abzuwehren. Diese verfassungsrechtlichen Vorgaben sind nicht nur bei der gerichtlichen Aufgabenweisung zu gewichten sondern auch bei der Ausübung der Befugnis durch den Betreuer (BayObLG FamRZ 2003, 962, 963). Regelmäßig wird ein vollumfänglicher Umgangsausschluss unverhältnismäßig sein; zu erwägen ist erforderlichenfalls Kontakt in Anwesenheit Dritter (Bienwald § 1908 i Rn 35).

Auch wenn das Umgangsbestimmungsrecht inhaltlich neben der Regelung persönlicher Kontakte die brieflische und telefonische Kontaktaufnahme sowie den E-Mailverkehr erfasst, bedarf der Betreuer zur **Kontrolle des Telefon- und Postverkehrs** des Betreuten nach § 1896 Abs. 4 einer besonderen gerichtlichen Ermächtigung (a. A. BayObLG FamRZ 2003, 962, 963 a. E. unter Bezugnahme auf die Entscheidung BayObLG FamRZ 1995, 497, die aber einen Minderjährigen betrifft). Die Wegnahme oder das Außerbetriebsetzen eines Handys, um Anrufe zu unterbinden, wäre ohne die Anordnung nach § 1896 Abs. 4 unzulässig, wohl auch unverhältnismäßig (BayObLG FamRZ 2003, 962, 963). 9

Für die **gerichtliche Durchsetzung** der **Umgangsregelung** gegen **Dritte** gilt das oben zum Herausgabeverlangen Ausgeführte (Rn 3 ff.) entsprechend. Das Verfahren nach Abs. 3 dient also nicht der bloßen Vollstreckung einer Umgangsregelung des Betreuers, vielmehr ist zu prüfen, ob diese zum Wohle des Betreuten geboten ist; im Streitfall trifft das Betreuungsgericht die konkrete Regelung (BayObLG 2003, 962, 963). Es entscheidet der Richter (§ 15 Abs. 1 Nr. 7 RPflG). 10

Es ist Sache des Betreuungsgerichts, sachlich **unangemessene Verbote** der Kontaktaufnahme zu Betreuten zu korrigieren (OLG Saarbrücken BtPrax 1999, 153, 154). Durch eine **Umgangsregelung** des **Betreuers** betroffene Dritte sind zwar nicht berechtigt, den Antrag auf gerichtliche Entscheidung nach Abs. 3 zu stellen, können sich aber an das Betreuungsgericht wenden, mit der Anregung im Wege der **Aufsicht** von **Amts wegen** zu prüfen, ob die Umgangsregelung einer pflichtgemäßen Betreuung entspricht (§ 1908 i Abs. 1 S. 1 i. V. m. § 1837 Abs. 2). Zuständig ist der Rechtspfleger (§ 3 Nr. 2 b RPflG), der den Betreuer auch nach § 1837 Abs. 2 anweisen kann, einen Antrag nach Abs. 3 zu stellen (Dodegge/Roth Teil D Rn 107). Das Gericht kann zur Streitbeilegung einen **neutralen** Betreuer für die Umgangsregelung bestellen (BayObLG BtPrax 2004, 197, 198).

Werden **Aufsichtsmaßnahmen** gegen ein **Umgangsverbot** des Betreuers abgelehnt, steht neben dem Betreuten auch nahen Angehörigen ein Beschwerderecht aus § 59 Abs. 1 FamFG zu, da ihnen aus Art. 6 Abs. 1 GG ein Recht auf Umgang mit dem Betreuten zusteht (BayObLG FamRZ 2003, 962); ebenso gegen ein nach Abs. 2 ausgesprochenes Verbot gegenüber einem Abkömmling (OLG Hamm FGPrax 2009, 68).

von Crailsheim

Abschnitt 3. Vormundschaft, Rechtliche Betreuung, Pflegschaft

Titel 1. Vormundschaft

§ 1784 Beamter oder Religionsdiener als Vormund

(1) Ein Beamter oder Religionsdiener, der nach den Landesgesetzen einer besonderen Erlaubnis zur Übernahme einer Vormundschaft bedarf, soll nicht ohne die vorgeschriebene Erlaubnis zum Vormund bestellt werden.

(2) Diese Erlaubnis darf nur versagt werden, wenn ein wichtiger dienstlicher Grund vorliegt.

1. Erlaubnisvorbehalt

1 Die Vorschrift ist sinngemäß auf die Betreuung anzuwenden (§ 1908 i Abs. 1 S. 1).

2 Ein Beamter soll im **öffentlichen Interesse** nicht ohne die erforderliche Erlaubnis seines Dienstherrn bestellt werden (**Abs. 1**). Die Vorschrift ist auf Beamte nach Bundes- und Landesrecht anwendbar, auf Richter (Rn 6), Soldaten (Rn 7) (allg. Ans.), nicht aber allgemein auf den öffentlichen Dienst (Staudinger-Engler Rn 3 m. w. N.; a. A. MK-Wagenitz Rn 2, je m. w. N.). Angesichts der strukturellen Entwicklung des öffentlichen Dienstes (Ausgliederungen, Privatisierung) lassen sich bei einer weiten Auslegung keine sicheren Abgrenzungsmerkmale finden.

3 Die Übernahme einer Betreuung ist in den **Nebentätigkeitsbestimmungen** der Beamtengesetze geregelt. Der persönliche Einsatz im Rahmen der **Fürsorge für die Familie** ist aus dem Nebentätigkeitsrecht herausgenommen worden (BT-Drucks. 11/4528 S. 221); **keine Nebentätigkeit,** sondern nur **anzeigepflichtig** ist demnach die Wahrnehmung der unentgeltlichen Betreuung eines **Angehörigen** (§ 42 Abs. 1 S. 1 BRRG; § 65 Abs. 1 S. 2 BBG). Als Entgelt zählt nicht die Aufwandsentschädigung nach § 1835 a; zum Angehörigenbegriff vgl. z. B. § 11 Abs. 1 Nr. 1 StGB. Der Beamte kann damit ohne dienstliche Reglementierung als Betreuer seines kranken oder behinderten Angehörigen ausgewählt werden (§ 1897 Abs. 5).

4 Für eine **sonstige Betreuung,** also auch die unentgeltliche Betreuung eines Nichtangehörigen, z. B. eines Nachbarn, besteht **Erlaubnisvorbehalt** (§ 42 Ab. 1 S. 3 Nr. 1 a BRRG; § 66 Abs. 1 Nr. 1 a BBG). Zur Anerkennung eines Beamten als (nebenberuflicher) Berufsbetreuer s. BVerfG FamRZ 1999, 568; BayObLG BtPrax 1996, 27; LG Göttingen Rpfleger 1997, 308.

5 Die **Landesbeamtengesetze** enthalten entsprechende Regelungen, soweit die Anpassung des Landesrechts bereits erfolgt ist (s. Nachweise bei Deinert in HK-BUR Rn 2). Das LBG Nordrhein-Westfalen sieht in jeder Betreuung eine genehmigungspflichtige Nebentätigkeit (§ 68 Abs. 1 S. 1 Nr. 1 LBG), hier wird § 42 Abs. 1 S. 2 BRRG unmittelbar anzuwenden sein (Deinert in HK-BUR Rn 21).

Für **Richter** im Bundesdienst gelten die Vorschriften des BBG entsprechend **6**
(§ 46 DRiG); die Landesrichtergesetze (§ 71 DRiG) enthalten Verweisungen auf
das Landesbeamtenrecht, z. B. § 4 LRiG NW.
Für **Soldaten** gilt die Regelung der §§ 20 Abs. 1 S. 2, 21 S. 1 SG: Der persönli- **7**
che Einsatz des Soldaten für **Angehörige** soll in gleicher Weise wie beim Beamten
von der Genehmigungspflicht ausgenommen werden (§ 20 Abs. 1 S. 2 SG; BT-
Drucks. 11/4528 S. 235). Im Übrigen besteht Erlaubnisvorbehalt (§ 21 S. 1 SG).
Abweichend von der grundsätzlichen Verpflichtung, eine Betreuung zu übernehmen
(§ 1898) hat der Soldat ein **Ablehnungsrecht** (§ 21 S. 3 SG). Das Ablehnungsrecht
gründet auf den Besonderheiten des soldatischen Dienstes und erfasst
daher auch die in § 20 Abs. 1 S. 2 SG geregelte Betreuung eines Angehörigen
(wie hier: Deinert in HK-BUR Rn 5).

Für **Religionsdiener** der christlichen Kirchen und anderer Religionsgemein- **8**
schaften (Art. 140 GG i. V. m. Art. 137 WRV) gilt deren Recht (s. Nachweise bei
Erman-Saar Rn 3). Religionsdiener sind die Geistlichen (z. B. Priester, Diakone,
Ordensleute), nicht die Hilfskräfte (MK-Wagenitz Rn 4).

2. Versagung der Erlaubnis

Die erforderliche Erlaubnis darf nur versagt werden, wenn ein **wichtiger** **9**
dienstlicher Grund vorliegt **(Abs. 2)**. Die Nebentätigkeitsbestimmungen sind
hier teils enger (§ 21 S. 2 SG: zwingende dienstliche Gründe), teils weiter gefasst
(§§ 42 Abs. 2 BRRG, 65 Abs. 2 BBG: Beeinträchtigung dienstlicher Interessen).
Da die weitere Fassung alle Nebentätigkeiten betrifft, wird die Übernahme einer
Betreuung grundsätzlich zu genehmigen sein, wenn wichtige dienstliche Gründe
nicht entgegenstehen (Erman-Saar Rn 5; ggü. abweichendem Landesrecht ist
Abs. 2 vorrangig Art. 31 GG). Diese Gründe sind anhand des **beamtenrechtlichen
Nebentätigkeitsrechts** zu bestimmen (BVerwG NJW 1996, 139, 140).
An die Entscheidung des Dienstherrn ist das **Betreuungsgericht gebunden**; der
Beamte kann gegen die Verweigerung der Genehmigung verwaltungsgerichtlich
vorgehen, nicht aber gegen deren Erteilung (BVerwG a.a.O.).

3. Pflichten des zum Betreuer Ausgewählten

Der vom Betreuungsgericht zum Betreuer ausgewählte Beamte oder Richter **10**
hat sich im Hinblick auf die allgemeine Übernahmepflicht aus § 1898 um die
erforderliche Erlaubnis des Dienstherrn zu **bemühen** (MK-Wagenitz Rn 8;
a. A. Staudinger-Bienwald § 1908 i Rn 9: keine Pflicht, um Genehmigung
nachzusuchen, wenn von vornherein Bereitschaft zu Übernahme fehlt, aber
Haftungsrisiko). Ohne die Erlaubnis darf er die Betreuung – auch vorläufig –
nicht übernehmen (BVerwG NJW 1996, 139). Wird er dennoch ohne die
Erlaubnis bestellt oder entfällt diese später, ist er zu entlassen (§ 1908 i Abs. 1
S. 1 i. V. m. § 1888).

§ 1784 ist auch auf die **Vollmachtsbetreuung** (§ 1896 Abs. 3) und die **11**
Gegenbetreuung (§§ 1908 i Abs. 1 S. 1, 1792) anzuwenden, desgleichen entsprechend
auf die Verfahrenspflegschaft (§ 276 FamFG). Für den **Behördenbetreuer**
gilt die spezielle Regelung des § 1897 Abs. 2, er darf nur mit Einwilligung
der Behörde bestellt werden und ist auf deren Verlangen ohne weiteres
zu entlassen (§ 1908 b Abs. 4 S. 1, 3); will er die Betreuung als Privatbetreuer

fortführen (§ 1908 b Abs. 4 S. 2, 3), ist die erforderliche Erlaubnis des Dienstherrn zu beachten (§ 1784).

§ 1787 Folgen der unbegründeten Ablehnung

(1) Wer die Übernahme der Vormundschaft ohne Grund ablehnt, ist, wenn ihm ein Verschulden zur Last fällt, für den Schaden verantwortlich, der dem Mündel dadurch entsteht, dass sich die Bestellung des Vormunds verzögert.

(2) ...

1   Abs. 1 ist sinngemäß auf die Betreuung anzuwenden (§ 1908 i Abs. 1 S. 1). Zur **allgemeinen** Pflicht, eine Betreuung zu übernehmen und zum Verfahren bei Weigerung des Ausgewählten, die Bereiterklärung nach § 1898 Abs. 2 abzugeben s. Erläuterungen zu § 1898. Nach Damrau/Zimmermann Rn 1 ist die Verweisung auf § 1787 in § 1908 i ein Redaktionsversehen, da die Pflicht, eine Betreuung zu übernehmen nicht erzwingbar ist; dem widerspricht aber die Schadensersatzpflicht desjenigen nicht, der sich grundlos seinen staatsbürgerlichen Pflichten entzieht (Dodegge/Roth Teil D Rn 140).

2   Wer sich ohne Grund **schuldhaft** weigert, nach Auswahl durch das Betreuungsgericht diesem gegenüber die Bereitschaft zur Übernahme der Betreuung zu erklären, haftet für den **Schaden,** den der Betroffene durch die **verzögerte Bestellung** eines Betreuers erleidet (Abs. 1). Schuldhaft handelt, wer sich vorsätzlich oder fahrlässig weigert (§ 276), also grundlos ablehnt oder gewollt bzw. sorgfaltswidrig nicht oder verzögert auf die gerichtliche Aufforderung reagiert. Zu ersetzen ist nur der Verzögerungsschaden, z. B. der Zinsverlust durch verzögerte Wiederanlage freier Gelder (s. § 1898 Rn 6).

3   Die Schadensersatzpflicht kann auch einen **Vereins-** und **Behördenbetreuer** treffen, wenn er nach Einwilligung des Vereins oder der Behörde (§ 1897 Abs. 2, 4) die erforderliche Bereiterklärung verweigert oder verzögert.

4   **Beamte** und Religionsdiener sind verpflichtet, sich unverzüglich um eine erforderliche Erlaubnis zu kümmern, andernfalls haften sie dem Betroffenen für die Verzögerung analog § 1787 Abs. 1 (vgl. § 1784 Rn 10).

5   Der Anspruch unterliegt der regelmäßigen **Verjährungsfrist** von 3 Jahren (§ 195); er ist vor dem **Prozessgericht** geltend zu machen, das auch die Verpflichtung zur Übernahme prüft (Palandt-Diederichsen Rn 1).

§ 1791a Vereinsvormundschaft

(1)–(2) ...

(3) **Der Verein bedient sich bei der Führung der Vormundschaft einzelner seiner Mitglieder oder Mitarbeiter; eine Person, die den Mündel in einem Heim des Vereins als Erzieher betreut, darf die Aufgaben des Vormunds nicht ausüben. Für ein Verschulden des Mitglieds oder des Mitarbeiters ist der Verein dem Mündel in gleicher Weise verantwortlich wie für ein Verschulden eines verfassungsmäßig berufenen Vertreters.**

(4) ...

1   **Abs. 3 S. 1 Halbsatz 2** und **S. 2** sind sinngemäß auf die Betreuung anzuwenden (§ 1908 i Abs. 1 S. 1).

Wird ein Verein als juristische Person zum Betreuer bestellt (Vereinsbetreuung § 1900 Abs. 1 S. 1) hat der Verein die **Wahrnehmung** der Betreuung **einzelnen Personen** zu übertragen (§ 1900 Abs. 2 S. 1). Dies entspricht der Regelung des Abs. 3 S. 1 Halbsatz 1, auf die deshalb nicht verwiesen wird. **2**

Zwar führt der Verein als juristische Person die Betreuung, die vorgeschriebene Übertragung der Aufgaben umfasst aber die persönliche Betreuung, die Vertretung und die Interessenwahrnehmung des Betreuten. Dem Schutzgedanken des § 1897 Abs. 3 folgend soll die sinngemäße Anwendung von **Abs. 3 S. 1 Halbsatz 2** Interessenkonflikte vermeiden. Erfasst sind daher die Betreuungspersonen, die zum Heim oder zur Einrichtung, in der der Betreute sich aufhält, in einem **Abhängigkeitsverhältnis** oder in einer sonstigen engen Beziehung stehen (Staudinger-Bienwald § 1908 i Rn 16); ausgeschlossen sind also sowohl der Altenpfleger als auch die in der Einrichtung tätige Bürogehilfin. Für den Vereinsbetreuer als Einzelbetreuer gilt unmittelbar § 1897 Abs. 3. **3**

Erhält das Betreuungsgericht durch Mitteilung des Vereins (§ 1900 Abs. 2 S. 3) oder sonstwie Kenntnis von einer **gesetzeswidrigen** Übertragung, hat es von **Amts wegen** Maßnahmen nach § 1908 i Abs. 1 S. 1 i. V. m. § 1837 Abs. 2 zu ergreifen. Die vom Verein ausgewählte Betreuungsperson kann das Betreuungsgericht nicht entlassen (BayObLG Rpfleger 1993, 203), ggf. aber den Verein (§ 1908 b Abs. 1). **4**

Der **Betreute** kann stets gegen die vom Verein vorgenommene Auswahl der Betreuungsperson die **Entscheidung** des Betreuungsgerichts beantragen (§ 291 FamFG). **5**

Abs. 3 S. 2 regelt die **Haftung** des Vereins für die **Betreuungspersonen.** Als Betreuer haftet der Verein nach § 1908 i Abs. 1 S. 1 i. V. m. § 1833. Für die Personen, denen er die Wahrnehmung der Betreuung übertragen hat, ist der Verein nach § 31 verantwortlich. **6**

§ 1792 Gegenvormund

(1) **Neben dem Vormund kann ein Gegenvormund bestellt werden. Ist das Jugendamt Vormund, so kann kein Gegenvormund bestellt werden; das Jugendamt kann Gegenvormund sein.**

(2) **Ein Gegenvormund soll bestellt werden, wenn mit der Vormundschaft eine Vermögensverwaltung verbunden ist, es sei denn, dass die Verwaltung nicht erheblich oder dass die Vormundschaft von mehreren Vormündern gemeinschaftlich zu führen ist.**

(3) **Ist die Vormundschaft von mehreren Vormündern nicht gemeinschaftlich zu führen, so kann der eine Vormund zum Gegenvormund des anderen bestellt werden.**

(4) **Auf die Berufung und Bestellung des Gegenvormunds sind die für die Begründung der Vormundschaft geltenden Vorschriften anzuwenden.**

1. Überblick über die Gegenbetreuung

Die Vorschrift ist sinngemäß auf die Betreuung anzuwenden (§ 1908 i Abs. 1 S. 1). Auch die **übrigen** auf den **Gegenvormund** bezogenen Vorschriften werden im – insoweit durch das 2. BtÄndG ergänzten – **Verweisungskatalog** des § 1908 i erfasst. Auf die **Gegenbetreuung** finden somit alle Vorschriften sinnge- **1**

von Crailsheim

BGB § 1792 Titel 1. Vormundschaft

mäß Anwendung, die für den **Gegenvormund** gelten. Auch soweit das Betreuungsrecht eigenständige Regelungen für den Betreuer vorsieht, insbesondere für die Bestellung, Auswahl und Beendigung des Amtes, sind diese Vorschriften auf den Gegenbetreuer entsprechend anzuwenden (s. auch Abs. 4).

2 Der Gegenbetreuer (ausf. hierzu Spanl Rpfleger 1992, 142) hat die Aufgabe, den Betreuer zu **überwachen** und bei Pflichtwidrigkeiten das Eingreifen des **Betreuungsgerichts** zu veranlassen, ein eigenes **Vertretungs-** und Verwaltungsrecht hat er **nicht** (§ 1908 i Abs. 1 S. 1 i. V. m. § 1799 Abs. 1). Der Betreuer hat dem Gegenbetreuer **Auskunft** zu erteilen und **Einsicht** in die Papiere zu gewähren, die sich auf die Betreuung beziehen (§ 1799 Abs. 2; vgl. Erläuterungen dort).

3 Die Gegenbetreuung dient also der **Entlastung** des **Betreuungsgerichts** insbesondere bei der Beaufsichtigung der Verwaltung größerer Vermögen (Begründung BtG BT-Drucks. 11/4528 S. 129, 130). Der Gegenbetreuer ist **Kontrollorgan** ohne eigene Vertretungs- und Eingriffsbefugnisse, er ist kein Mitbetreuer i. S. d. § 1899 (BayObLG FamRZ 1997, 438; BtPrax 2004, 199). Nachdem der Gesetzgeber durch die vollständige Verweisung in § 1908 i Abs. 1 S. 1 klargestellt hat, dass der Gegenbetreuer unter „**Aufsichtsaspekten**" beibehalten werden soll (Begründung 2. BtÄndG BT-Drucks. 15/2494 S. 31) sind die Betreuungsgerichte gehalten zu ihrer Entlastung häufiger von der Einrichtung Gebrauch zu machen.

4 Neben der allgemeinen Aufsichtspflicht (**§ 1799**) treten konkrete **Kontroll- und Mitwirkungsrechte**, die dem Gegenbetreuer die Erfüllung seiner Überwachungspflichten erleichtern und das Betreuungsgericht entlasten. Der Betreuer hat den Gegenbetreuer zur Aufnahme des **Vermögensverzeichnisses** heranzuziehen (§ 1802 Abs. 1 S. 2), ihm die laufende **Rechnung** und die Schlussrechnung vorzulegen (§§ 1842, 1891 Abs. 1) oder bei Befreiung von der Rechnungslegungspflicht die periodische Vermögensübersicht (§ 1854 Abs. 3). Zu bestimmten Rechtsgeschäften hat er die **Genehmigung** des Gegenbetreuers einzuholen (§ 1812 Abs. 1), insbesondere also zur Verfügung über Forderungen des Betreuten, etwa durch Abhebung angelegter Gelder (§§ 1813, 1809). Desgleichen soll er Geldanlagen nicht ohne Genehmigung des Gegenbetreuers bewirken (§ 1810 S. 1). Die Genehmigung des Gegenbetreuers kann **ersetzt** werden durch die **Genehmigung** des **Betreuungsgerichts** (§§ 1812 Abs. 2, 1810 S. 1), das dem Betreuer auch eine allgemeine Ermächtigung erteilen kann (§ 1825 Abs. 1 Halbs. 1).

2. Bestellung eines Gegenbetreuers

a) Voraussetzungen

5 Die Bestellung eines Gegenbetreuers ist an keine besonderen Voraussetzungen geknüpft und kann **jeden Aufgabenkreis** des Betreuers erfassen (z. B. zur Überwachung eines Betreuers mit problematischer Persönlichkeit: OLG Braunschweig DAV 1993, 991, 993). Die Bestellung liegt im pflichtgemäßen Ermessen des Gerichts (Abs. 1 S. 1). Jedoch soll ein Gegenbetreuer bestellt werden, wenn mit der Betreuung eine **Vermögensverwaltung** verbunden ist, es sei denn, die Verwaltung ist nicht erheblich **(Abs. 2)**. Für die **Erheblichkeit** ist die Höhe des Vermögens nicht von unmittelbarer Bedeutung, entscheidend ist der **Umfang** der vom Betreuer zu erbringenden **Tätigkeit** (BayObLG FamRZ 1994, 325; BtPrax 2004, 199). Ausschlaggebend ist also vor allem die **Zusammensetzung** des **Vermögens**, z. B. umfangreicher Immobilienbesitz, Wertpapieranlagen, Unternehmensbeteiligungen. Auch die Überprüfung erheblicher Zahlungen an

Gegenvormund **§ 1792 BGB**

Angehörige des Betreuten oder mehrjähriger Rückstand in der Rechnungslegung können bei der Entscheidung berücksichtigt werden (BayObLG BtPrax 2004, 199). Unterbleibt die gebotene Bestellung des Gegenbetreuers, kann dies zu Amtshaftungsansprüchen des Betreuten führen (Art. 34 GG, § 839 BGB).

Nehmen **mehrere** Betreuer (hierzu § 1899 Rn 2 ff) die Vermögensverwaltung 6 als Mitbetreuer gemeinschaftlich wahr (§ 1899 Abs. 1, 3), ist die gegenseitige Kontrolle gewährleistet und eine Gegenbetreuung nicht erforderlich (Abs. 2 letzter Halbsatz). Führen sie hingegen die Betreuung mit gesonderten Aufgabenkreisen nebeneinander (§ 1899 Rn 2), können sie gegenseitig zu Gegenbetreuern bestellt werden (Abs. 3). Auch die Behörde kann Gegenbetreuer sein (Abs. 1 S. 2 Halbsatz 2).

Der **Betreuungsbehörde** kann kein Gegenbetreuer bestellt werden (Abs. 1 7 S. 2 Halbsatz 1), wohl aber dem Verein und ebenso dem Vereins- und Behördenbetreuer. Befugnisse aus §§ 1809, 1810, 1812, 1842 stehen dem Gegenbetreuer hier aber nicht zu, desgleichen nicht bei nahen Angehörigen als Betreuer (§ 1908 i Abs. 2 S. 2 i. V. m. § 1857 a); hier kann die Befreiung aber aufgehoben oder eingeschränkt werden.

b) Anwendbare Vorschriften

Nach **Abs. 4** sind auf die **Bestellung** des Gegenbetreuers die Vorschriften über 8 die Betreuerbestellung sinngemäß anzuwenden (offen gelassen bei BayObLG FamRZ 1994, 325). Wird erstmalig ein Betreuer bestellt, schließen Ermittlungen und Anhörungen die Frage der Gegenbetreuung und der Person des Gegenbetreuers ein, der Wille des Betroffenen ist entsprechend § 1897 Abs. 4 zu berücksichtigen (BayObLG FamRZ 2001, 1555). Wird **nachträglich** ein Gegenbetreuer bestellt, ist zu verfahren wie bei der Bestellung eines **weiteren Betreuers** ohne Erweiterung des Aufgabenkreises (vgl. § 293 Abs. 3 FamFG; BayObLG FamRZ 1994, 325), so dass es bei den allgemeinen Verfahrensregeln bleibt (im Ergebnis auch Keidel-Budde § 293 FamFG Rn 6, der § 271 Nr. 3 FamFG direkt anwendet). Bei der Bestellung des Gegenbetreuers ist der Aufgabenkreis zu bezeichnen (§ 286 Abs. 1 Nr. 1 FamFG). Die Gegenbetreuung kann auf einzelne Aufgaben des Betreuers beschränkt werden. **Funktionell** zuständig ist der Rechtspfleger, es sei denn die Bestellung erfolgt gleichzeitig mit der Betreuerbestellung, so dass § 6 RPflG zur Anwendung kommt (s. Erläuterung zu §§ 15 RPflG Rn 16). Der Betreuer kann in eigenem Namen und im Namen des Betreuten (§ 59 Abs. 1 FamFG, § 1902 BGB) Beschwerde gegen die Bestellung eines Gegenbetreuers einlegen. Die Beschwerdebefugnis der in § 303 Abs. 2 FamFG genannten Angehörigen umfasst Anordnung und Ablehnung der Gegenbetreuung (BayObLG FamRZ 1994, 325), wenn sie beteiligt worden sind.

3. Führung des Amtes

a) Rechte und Pflichten

Die Tätigkeit des Gegenbetreuers wird vom Betreuungsgericht überwacht, ihn 9 treffen **Berichts-** und **Auskunftspflichten** (§§ 1908 i Abs. 1 S. 1, 1837 Abs. 2, 1839); zur **Überwachungs-** und **Anzeigepflicht** des Gegenbetreuers s. § 1799 Abs. 1; zu den Mitwirkungspflichten s. o. Rn 4; vgl. im Übrigen die Erläuterung der in Bezug genommenen Vorschriften. Soweit seine Kontroll- und Mitwir-

von Crailsheim 41

kungspflichten dies erfordern, hat auch der Gegenbetreuer den Betreuten **persönlich** zu betreuen (§ 1897 Abs. 1), also ggf. in persönlichem Kontakt mit ihm abzuklären, ob eine erforderliche Genehmigung seinem Wohl und seinen Wünschen entspricht (§ 1901 Abs. 3 S. 1). Der Gegenbetreuer hat dem Betreuten nach Beendigung seines Amtes über die Führung der Gegenbetreuung und, soweit ihm das möglich ist, über das vom Betreuer verwaltete Vermögen Auskunft zu erteilen (§ 1891 Abs. 2). Er haftet dem Betreuten gegenüber für Pflichtverletzungen (§ 1833 Abs. 1 S. 1, 2); zur ggf. nachrangigen Haftung im Innenverhältnis zum Betreuer s. § 1833 Abs. 2 S. 2. Das Betreuungsgericht soll den Gegenbetreuer vor Entscheidungen, die den Aufgabenkreis des Betreuers berühren, anhören (§ 1826); keine Anhörungspflicht besteht im Rahmen eines Abgabeverfahrens (BayObLG FamRZ 1997, 438).

b) Vergütung

10   Dem Gegenbetreuer steht ein Anspruch auf Aufwendungsersatz oder Aufwandsentschädigung nach §§ **1835, 1835 a** zu (Staudinger-Bienwald § 1908 i Rn 46) und bei berufsmäßiger Amtsführung auf Vergütung nach § **1836 i. V. m.** § **1 VBVG**. Neben einem Berufsbetreuer kann ein weiterer Berufsbetreuer als Gegenbetreuer bestellt werden (§ 1899 Abs. 1 S. 2). Grundsätzlich zur **Vergütung** des Gegenbetreuers: BayObLG FGPrax 2004, 236).

4. Beendigung der Gegenbetreuung

11   Das Amtsende des Betreuers ist im **Betreuungsrecht eigenständig** geregelt, die betreffenden Vorschriften gelten entsprechend auch für den Gegenbetreuer (Rn 1). So richtet sich die Entlassung nach § 1908 b; ferner endet das Amt, wenn die Betreuung, auf die sich die Gegenbetreuung bezieht, aufgehoben oder eingeschränkt wird (§ 1908 d) oder die Gegenbetreuung aufgehoben wird, weil ihre Voraussetzungen (§ 1792 Abs. 2) entfallen sind. Zur Auskunftspflicht des Gegenbetreuers nach Amtsende s. § 1891 Abs. 2 u. o. Rn 9 und zu weiteren Befugnissen und Pflichten § 1895 jeweils i. V. m. § 1908 i Abs. 1 S. 1.

§ 1795 Ausschluss der Vertretungsmacht

(1) **Der Vormund kann den Mündel nicht vertreten:**
1. **bei einem Rechtsgeschäft zwischen seinem Ehegatten, seinem Lebenspartner oder einem seiner Verwandten in gerader Linie einerseits und dem Mündel andererseits, es sei denn, dass das Rechtsgeschäft ausschließlich in der Erfüllung einer Verbindlichkeit besteht,**
2. **bei einem Rechtsgeschäft, das die Übertragung oder Belastung einer durch Pfandrecht, Hypothek, Schiffshypothek oder Bürgschaft gesicherten Forderung des Mündels gegen den Vormund oder die Aufhebung oder Minderung dieser Sicherheit zum Gegenstand hat oder die Verpflichtung des Mündels zu einer solchen Übertragung, Belastung, Aufhebung oder Minderung begründet,**
3. **bei einem Rechtsstreit zwischen den in Nummer 1 bezeichneten Personen sowie bei einem Rechtsstreit über eine Angelegenheit der in Nummer 2 bezeichneten Art.**

(2) **Die Vorschrift des § 181 bleibt unberührt.**

Übersicht

	Rn.
1. Überblick	1
2. Insichgeschäfte (Abs. 2)	4
3. Sonstige Interessenkollisionen	22

1. Überblick

Die Vorschrift ist auf die Betreuung sinngemäß anzuwenden (§ 1908 i Abs. 1 S. 1). 1
Zur Vermeidung von **Interessenkonflikten** sind dem Betreuer **Insichge-** 2
schäfte verboten (Abs. 2 i. V. m. § 181), Rechtsgeschäfte mit bestimmten **Angehörigen (Abs. 1 Nr. 1)** und Rechtsgeschäfte, die gesicherte **Forderungen** des Betreuten **gegen** den **Betreuer** betreffen (Abs. 1 Nr. 2). Ob im Einzelfall tatsächlich ein Interessenkonflikt besteht, ist unerheblich. Das Vertretungsverbot umfasst auch die **Prozessführung** (§ 181 entsprechend; Abs. 1 Nr. 3). Sind die Voraussetzungen des § 1795 erfüllt, ist der Betreuer ohne weiteres **kraft Gesetzes** von der Vertretung ausgeschlossen (hierzu auch § 181 Rn 2 ff.); das Betreuungsgericht hat von Amts wegen die Bestellung eines Ergänzungsbetreuers zu prüfen (§ 1899 Abs. 4).

Sind in einer Angelegenheit **konkrete Interessenkollisionen** zu befürchten, 3
ohne dass die Voraussetzungen des § 1795 vorliegen, hat das Betreuungsgericht die Entziehung der Vertretung nach § 1796 zu prüfen. An der Entscheidung, ob ein Rechtsgeschäft vorgenommen oder eine Klage erhoben wird, ist der Betreuer auch dann nicht gehindert, wenn er den Betreuten bei Vornahme des Rechtsgeschäfts oder im Prozess nicht vertreten könnte. Die Vertretung des Betreuten in diesem „**Entschließungsstadium**" kann ihm aber ggf. nach § 1796 entzogen werden.

2. Insichgeschäfte (Abs. 2)

Der Betreuer darf nicht auf **beiden Seiten** eines Rechtsgeschäfts auftreten 4
(**§ 181,** s. auch Erläuterungen dort) d. h. auf der einen Seite als Vertreter des Betreuten (§ 1902) und auf der anderen Seite in eigenem Namen (**Selbstkontrahieren**) oder als Vertreter eines Dritten (**Mehrvertretung**). Handelt der Betreuer hingegen nur auf der Seite des Betreuten, kann er zugleich in eigenem Namen auftreten oder als Vertreter eines Dritten, z. B. wenn Betreuer und Betreuter als Miterben ein Nachlassgrundstück veräußern (Rn 9).

Das Verbot gilt auch für **einseitige** Rechtsgeschäfte. Hier steht der Betreuer 5
auf beiden Seiten, wenn er zugleich als Erklärender und Empfänger auftritt, z. B. bei Kündigung eines Mietvertrages als Vermieter gegenüber dem Betreuten oder umgekehrt im Namen des Betreuten als Mieter ggü. sich als Vermieter (BayObLG BtPrax 2004, 69). Vgl. aber Rn 23 zu einseitigen Rechtsgeschäften nach Abs. 1.

Auch im **Grundbuchverfahren** ist § 181 zu beachten. Die Eigentumsum- 6
schreibung darf nur erfolgen, wenn die Auflassung wirksam erfolgt ist (§ 20 GBO). Die Eintragung oder Löschung eines sonstigen Rechtes, z. B. einer Grundschuld, kann der Betreuer nur bewilligen (§ 19 GBO), wenn er zur Bestellung oder

BGB § 1795   Titel 1. Vormundschaft

Aufhebung nach materiellem Recht befugt ist (BGH NJW 1980, 1577). Auch wenn die materiellrechtliche Erklärung gegenüber dem Grundbuchamt abgegeben werden kann, ist der Betreuer von der Vertretung ausgeschlossen, wenn er sachlich der eigentliche Erklärungsempfänger ist. So kann er als Grundstückseigentümer nicht in Vertretung des Betreuten als Grundschuldgläubiger die Aufhebung des Rechts nach § 875 Abs. 1 S. 2 gegenüber dem Grundbuchamt erklären (BGH NJW 1980, 1577) oder als Erbbauberechtigter in Vertretung des Betreuten, der Inhaber eines Wohnungsrechts am Erbbaurecht ist, der Aufhebung des Erbbaurechts nach § 876 zustimmen (OLG Düsseldorf Rpfleger 1993, 337).

7   Bei der **Erbausschlagung** gegenüber dem Nachlassgericht (§ 1945 Abs. 1) soll § 181 auch dann nicht anzuwenden sein, wenn der gesetzliche Vertreter infolge der Ausschlagung selbst zum Erben berufen ist (BayObLG Rpfleger 1983, 482; str. s. Buchholz NJW 1993, 1161).

8   Beim Abschluss eines **Erbauseinandersetzungsvertrages** ist der Betreuer als Vertreter des Betreuten ausgeschlossen, wenn er Miterbe ist oder einen anderen Miterben vertritt. Denn die Erben tätigen hier untereinander (gegenläufige) Willenserklärungen. Für jeden gesetzlich vertretenen Miterben ist, wenn der Vertreter nach § 1795 Abs. 2, § 181 oder § 1795 Abs. 1 Nr. 1 ausgeschlossen ist, ein Ergänzungsbetreuer (§ 1899 Abs. 4) bzw. ein Ergänzungspfleger zu bestellen (§ 1909), z. B., wenn an der Erbengemeinschaft neben dem betreuten Kind Minderjährige beteiligt sind (OLG Hamm FamRZ 1993, 1122).

9   Wird ein **Nachlassgrundstück** zum Zwecke der Erlösverteilung an einen **Dritten veräußert,** so ist diese Veräußerung nicht Teilakt einer (Teil-)Erbauseinandersetzung, sondern dient nur deren Vorbereitung; der beteiligte Betreuer ist an der Vertretung des betreuten Miterben nicht gehindert, da auf Seiten der Erben nur parallele und keine gegenläufigen Willenserklärungen abgegeben werden (OLG Stuttgart Rpfleger 2003, 501; OLG Jena FamRZ 1996, 185 = Rpfleger 1996, 26 mit kritischer Anmerkung Wesche Rpfleger 1996, 198). Anderes gilt dann, wenn in der Kaufvertragsurkunde zugleich die Aufteilung des Erlöses unter den Miterben geregelt wird (s. dazu auch Labuhn/Veldtrup/Labuhn S. 167 u. Klüsener Rpfleger 1993, 133, 134).

10   Soll der Betreute durch Vereinbarung mit den Miterben gegen Abfindung aus der fortbestehenden Erbengemeinschaft ausscheiden (**Abschichtung;** BGH Rpfleger 1998, 287), so ist der beteiligte Betreuer von der Vertretung ausgeschlossen.

11   Ist der Betreuer zugleich **Testamentsvollstrecker,** kann er den Betreuten nicht bei der Feststellung des Auseinandersetzungsplans (§ 2204) vertreten (OLG Hamm Rpfleger 1993, 340; Palandt-Edenhofer § 2204 Rn 4). Zur Frage, ob generell bei dieser Konstellation ein Ergänzungsbetreuer zu bestellen ist vgl. § 1796 Rn 6.

12   Der Betreuer als **Mitgesellschafter** ist von der Vertretung des Betreuten bei der Gesellschaftsgründung ausgeschlossen, desgleichen bei einer späteren Änderung des Gesellschaftsvertrages. Auf gewöhnliche Gesellschafterbeschlüsse hingegen in Angelegenheiten der Geschäftsführung und laufenden Angelegenheiten der Gesellschaft ist § 181 nicht anwendbar. Der Betreuer ist als Mitgesellschafter also nicht von der Ausübung des Stimmrechts im Namen des Betreuten ausgeschlossen (BGH NJW 1976, 49; allg. Ans. vgl. MK-Wagenitz Rn 7).

13   Durch **Bevollmächtigung** eines Dritten, der für den Betreuer oder den Betreuten auftritt, kann der Betreuer § 181 nicht umgehen (BayObLG Rpfleger 1993, 441; KG FGPrax 1998, 81).

Der Betreuer kann auch nicht als Vertreter des Betreuten mit sich als **Vertreter** 14
eines **Dritten ohne Vertretungsmacht** ein Rechtsgeschäft wirksam vornehmen,
z. B. im Namen des Betreuten mit sich als Vertreter ohne Vertretungsmacht des
Sozialhilfeträgers eine Vereinbarung treffen über die Sicherung der als Darlehen
gewährten Sozialhilfe. Es bedarf dann der Genehmigung beider Vertretenen (§ 177
Abs. 1), die alleinige Genehmigung des vollmachtlos vertretenen Dritten führt
nicht zur Wirksamkeit des Rechtsgeschäfts (OLG Düsseldorf FGPrax 1999, 80
mit Anm. Lichtenberg MittBayNot 1999, 471). Der Betreuer kann nicht in Vertretung des Betreuten das Insichgeschäft gestatten oder genehmigen.

Ist ein **Einwilligungsvorbehalt** angeordnet (§ 1903), umfasst das Vertretungs- 15
verbot auch die Zustimmung zum Geschäftsabschluss durch den Betreuten.

Bedarf ein Rechtsgeschäft, das der **Betreuer** in **eigenem** Namen abschließt, 16
der Zustimmung des Betreuten, so ist er ebenfalls von der Vertretung ausgeschlossen. Ist z. B. der Vorerbe zugleich **Betreuer des Nacherben** und veräußert er ein
Nachlassgrundstück, so ist er nicht befugt, im Namen des Betreuten zuzustimmen
(§§ 2113 Abs. 1, 185 Abs. 1), auch dann nicht, wenn er die Zustimmung nach
§ 182 gegenüber dem Geschäftsgegner abgibt (Erman-Saar Rn 3 m. w. N.); nach
a. A. ist § 181 in diesem Fall nicht anzuwenden (KG FGPrax 2004, 69; OLG
Hamm DNotZ 2003, 635; OLG Düsseldorf Rpfleger 1985, 61; Palandt-Heinrichs
§ 181 Rn 8).

Ausnahmsweise zulässig ist das Insichgeschäft, wenn der Vertretene lediglich 17
einen **rechtlichen Vorteil** i. S. d. § 107 erlangt (BGH NJW 1972, 2262), z. B.
bei **Schenkungen**. Bei Schenkungen des **gesetzlichen Vertreters** ist jedoch
zum Schutze des Vertretenen in einer **Gesamtbetrachtung** des schuldrechtlichen
und des dinglichen Rechtsgeschäfts zu prüfen, ob der Erwerb rechtlich nachteilig
ist (BGH NJW 1981, 109; BayObLG Rpfleger 1998, 425; 2003, 579; FGPrax
2004, 123; OLG Köln Rpfleger 2003, 570). Damit wird verhindert, dass der
gesetzliche Vertreter das dingliche Rechtsgeschäft als Erfüllung einer für sich gesehen nach § 107 vorteilhaften Verbindlichkeit (§ 181 a. E.; vgl. Rn 18) vollzieht,
unbeschadet etwaiger mit dem dinglichen Erwerb verbundenen rechtlichen Nachteile. Diese zum Schutz des Minderjährigen vor **belastenden Schenkungen**
entwickelten Grundsätze sind auch auf die gesetzliche Vertretung des **Betreuten**
anzuwenden. Lediglich rechtlich vorteilhaft sind z. B. Schenkung und Abtretung
einer Forderung (OLG Stuttgart FamRZ 1992, 1423), nicht hingegen im Hinblick
auf den mit dem dinglichen Erwerb verbundenen Eintritt in die Mietverträge
(§§ 566, 1056) der schenkweise Erwerb eines **vermieteten** Grundstücks, auch
wenn das Grundstück mit einem Nießbrauch belastet ist und der Nießbraucher
das Grundstück vermietet hat (BayObLG Rpfleger 2003, 579; NJW 2003, 1129;
OLG Oldenburg NJW-RR 1988, 839). Diese sehr formalistischen Betrachtungsweisen (s. auch unten) spielen jedoch bei der Genehmigungsfähigkeit gem. § 1821
keine Rolle mehr, s. Erläuterungen zu § 1828 Rn 9. Ist hingegen in **isolierter
Betrachtung** der dinglichen Übertragung der Erwerb eines Grundstücks lediglich
rechtlich vorteilhaft, ist § 181 nicht anzuwenden, eine **Gesamtbetrachtung** ist
in diesem Fall nicht veranlasst; die Übereignung ist wirksam, auch wenn die
zugrunde liegende schuldrechtliche Vereinbarung rechtlich nachteilig ist (BGH
NJW 2005, 415 in **Abgrenzung** zu BGHZ 78, 28 = NJW 1981, 109). Kein
rechtlicher Nachteil des Eigentumserwerbs ist die Belastung mit einer **Grundschuld** oder einer **Auflassungsvormerkung**, desgleichen der **Nießbrauch,**
jedenfalls dann, wenn der Nießbraucher auch die Kosten außergewöhnlicher Ausbesserungen und Erneuerungen sowie die außergewöhnlichen Grundstückslasten

BGB § 1795 Titel 1. Vormundschaft

zu tragen hat und ebenso wenig die Haftung des Erwerbers für die gewöhnlichen **öffentlichen Lasten** des Grundstücks (BGH NJW 2005, 415, 418). Mit rechtlichen Nachteilen ist aber regelmäßig der Erwerb von **Wohnungseigentum** verknüpft, schon wegen des Eintritts in den Verwaltervertrag als Folge der dinglichen Übertragung (OLG Hamm FGPrax 2000, 176). Wird bei einer Grundstücksschenkung eine Rückforderung vorbehalten, die über die bereicherungsrechtliche Rückabwicklung hinausgeht, liegt ein rechtlicher Nachteil vor (BayObLG FGPrax 2004, 123; OLG Köln Rpfleger 2003, 570, 572; Klüsener Rpfleger 1981, 258, 264 und § 1821 Rn 25), der aber nur das schuldrechtliche Geschäft betrifft. Die Aufnahme in eine **Gesellschaft** wird als unmittelbare Zuwendung eines „Bündels von Rechten und Pflichten" stets mit rechtlichen Nachteilen verbunden sein (BGH NJW 1977; 1339, 1341; OLG Zweibrücken FamRZ 2000, 117; LG Aachen Rpfleger 1994, 104; zur Problematik vgl. auch Klüsener, Rpfleger 1990, 321, 325).

18   **Erfüllungsgeschäfte** werden vom Vertretungsverbot nicht erfasst (§ 181 letzter Halbsatz), wenn eine **wirksame** Verbindlichkeit besteht, sei es entweder des Betreuten gegenüber dem Betreuer oder dem von diesem vertretenen Dritten oder umgekehrt. Der Betreuer darf also z. B. Ersatz für seine Aufwendungen dem Vermögen des Betreuten entnehmen (BayObLG Rpfleger 1981, 302). Der Betreuer als Alleinerbe darf durch Insichgeschäft ein Betreuten vermachtes Grundstück an diesen auflassen, auf die Frage, ob das Geschäft rechtlich vorteilhaft ist oder nicht, kommt es nicht an, denn es dient ausschließlich der Erfüllung einer wirksamen Verbindlichkeit (§ 2174) (BayObLG RNotZ 2004, 329). Hingegen ist § 181 letzter Halbsatz nicht anzuwenden, wenn eine rechtlich nachteilige Schenkung des **gesetzlichen** Vertreters vollzogen werden soll (s. oben Rn 17). Der Betreuer ist also z. B. gehindert, durch Insichgeschäft ein vermietetes Grundstück in Vollzug der Schenkung an den Betreuten aufzulassen.

19   Der **geschäftsfähige Betreute** kann die **Vertretungsmacht** des Betreuers durch Bevollmächtigung **erweitern** und das Insichgeschäft gestatten oder genehmigen (str.; s. vor § 1802 Rn 7 f). Eine **Gestattung** durch das **Betreuungsgericht** ist ausgeschlossen (h. M. BGH FamRZ 1961, 473; RGRK-Dickescheid Rn 2 m. w. N.; Palandt-Diederichsen Rn 11; a. A. Erman-Saar Rn 8), anderenfalls würde die vom Gesetz vorgegebene Trennung zwischen gesetzlicher Vertretung und betreuungsgerichtlicher Aufsicht aufgehoben (Buchholz NJW 1993, 1163, 1165). So liegt auch in der betreuungsgerichtlichen Genehmigung der Aufgabe einer Mietwohnung nach § 1907 keine Gestattung eines diesbezüglichen Insichgeschäfts des Betreuers i. S. v. § 181 (BayObLG BtPrax 2004, 69). Auch **Dritte** können nicht von den Vertretungsverboten befreien. So ist der vom Erblasser befreite Testamentsvollstrecker, der zugleich Betreuer des Erben ist, nicht zu Insichgeschäften mit dem Betreuten befugt (OLG Hamm Rpfleger 1993, 340).

20   Ist ein Rechtsgeschäft genehmigungspflichtig, z. B. ein Grundstückserwerb (§ 1821 Abs. 1 Nr. 5), so darf ein gegen § 181 verstoßendes Geschäft nicht genehmigt werden (OLG Düsseldorf Rpfleger 1993, 337). Eine dennoch erteilte **Genehmigung heilt** den Vertretungsmangel **nicht**.

21   **Verbotswidrig** vorgenommene Insichgeschäfte sind als **Verträge schwebend unwirksam** (§ 177) als **einseitige Rechtsgeschäfte** grds. **nichtig** (§ 180 S. 1). Über Genehmigung oder Neuvornahme entscheidet ein vom Betreuungsgericht für diese Angelegenheit zu bestellender Ergänzungsbetreuer (§ 1899 Abs. 4).

3. Sonstige Interessenkollisionen

Der Betreuer darf den Betreuten nicht vertreten bei einem Rechtsgeschäft 22
zwischen dem Betreuten und dem **Ehegatten** des Betreuers, seinem Lebenspartner (§ 1 Abs. 1 S. 1 LPartG) oder einem **Verwandten in gerader Linie des Betreuers (Abs. 1 Nr. 1**; zur Verwandtschaft s. § 1589). Erfasst sind somit Kinder, Enkel, Eltern, Großeltern des Betreuers, nicht hingegen Geschäfte mit früheren Ehegatten oder Lebenspartnern sowie Seitenverwandten (Geschwister, Geschwisterkinder) oder Verschwägerten; eine analoge Anwendung ist unzulässig (BayObLG Rpfleger 1996, 111), hier ist aber ggf. § 1796 zu prüfen (Palandt-Diederichsen Rn 4).

Auch **einseitige** Rechtsgeschäfte fallen unter das Verbot des Abs. 1 Nr. 1, z. B. 23
die Kündigung eines Mietverhältnisses durch den Betreuer namens des Betreuten als Mieter ggü. dem Ehegatten des Betreuers als Vermieter. Umgekehrt ist der Betreuer **nicht gehindert,** eine entsprechende Kündigungserklärung seines Ehegatten als **Passivvertreter** des Betreuten entgegenzunehmen (BayObLG FamRZ 1977, 141, 143; Erman-Saar Rn 3). Diese von § 181 (vgl. o. Rn 5) abweichende Auslegung überzeugt nicht; hier wie dort besteht die Gefahr, dass der Betreuer nicht unbefangen die interessewahrenden Handlungen vornimmt, die ggf. aus Anlass der Erklärung erforderlich sind (vgl. auch § 1907 Abs. 2).

Im Übrigen gilt für den **Anwendungsbereich des Abs. 1 Nr. 1** und die 24
Ausnahmen vom Vertretungsverbot das oben zu § 181 Gesagte entsprechend. So greift das Vertretungsverbot nicht, wenn eine wirksame Verbindlichkeit erfüllt wird (**Abs. 1 Nr. 1 a. E.**) oder das Rechtsgeschäft dem vertretenen Betreuten lediglich einen rechtlichen Vorteil bringt (BayObLG FGPrax 2004, 123 m. w. N.; vgl. Rn 17).

Der Betreuer ist ferner ausgeschlossen von Rechtsgeschäften, die sich auf eine 25
Forderung des Betreuten gegen ihn beziehen, wenn die Forderung durch Pfandrecht, Hypothek oder Bürgschaft **gesichert** ist (**Abs. 1 Nr. 2**); entsprechend anwendbar bei Sicherung durch Sicherungsgrundschuld oder Sicherungseigentum (str. MK-Wagenitz Rn 32; Dodegge/Roth Teil D Rn 87 je m. w. N.). Der Betreuer darf weder über die Forderung, noch über das Sicherungsrecht verfügen, z. B. durch Abtretung der Forderung oder Auswechslung der Sicherheit.

Nach allgemeinen Grundsätzen kann im **Prozess** niemand auf **beiden Seiten** 26
Partei oder Vertreter einer Partei sein (Palandt-Heinrichs § 181 Rn 5), **Abs. 1 Nr. 3** schließt den Betreuer darüber hinaus von der Vertretung in Rechtsstreitigkeiten des Betreuten mit dem Ehegatten, Lebenspartner oder einem Verwandten in gerader Linie des Betreuers aus. Das Vertretungsverbot gilt im **Zivilprozess** und ebenso in den **echten Streitsachen** der **freiwilligen Gerichtsbarkeit,** z. B. Wohnungseigentumssachen, nicht hingegen in Fürsorgesachen, wie dem Erbscheinsverfahren (allg. Ans., Palandt-Diederichsen Rn 6). Hier ist aber ggf. § 1796 zu erwägen. Das Verbot betrifft nur die **Prozessführung.** Ob ein Prozess überhaupt geführt werden soll, **entscheidet** der Betreuer, auch wenn er betroffen ist, z. B. bei einem Schadensersatzanspruch des Betreuten gegen den Betreuer. Diese Entscheidung ist weder Rechtsgeschäft noch Verfahrenshandlung und wird von § 1795 nicht erfasst (BGH NJW 1975, 345; BayObLG Rpfleger 1982, 379; FGPrax 2003, 268, 269; OLG Hamm FamRZ 1993, 1122, 1123); ggf. hat das Betreuungsgericht nach § 1796 einzuschreiten.

BGB § 1796

§ 1796 Entziehung der Vertretungsmacht

(1) Das Familiengericht kann dem Vormund die Vertretung für einzelne Angelegenheiten oder für einen bestimmten Kreis von Angelegenheiten entziehen.

(2) Die Entziehung soll nur erfolgen, wenn das Interesse des Mündels zu dem Interesse des Vormunds oder eines von diesem vertretenen Dritten oder einer der in § 1795 Nr. 1 bezeichneten Personen in erheblichem Gegensatz steht.

1. Schutz vor Interessenkonflikten

1 Die Vorschrift ist auf die Betreuung sinngemäß anzuwenden (§ 1908 i Abs. 1 S. 1).

2 Der Betreute soll vor **Interessenkonflikten** geschützt werden, die nicht von § 1795 erfasst sind, insbesondere vor der Befangenheit des Betreuers bei der Entscheidung über die Vornahme eines Rechtsgeschäfts oder die gerichtliche Geltendmachung eines Anspruchs des Betreuten, z. B. die Entscheidung über die Annahme einer dem geistig behinderten betreuten Miterben angefallenen Vorerbschaft oder über die gerichtliche Geltendmachung eines Schadensersatzanspruchs des Betreuten gegen den Betreuer (s. auch § 1795 Rn 3, 26). Der Begriff der Vertretung ist also **weiter** zu verstehen als in § 1795 und umfasst auch die Entscheidungsgewalt im Vorfeld rechtsgeschäftlichen Handelns.

3 Es muss ein **Gegensatz** bestehen zwischen den Interessen des **Betreuten** einerseits und denen des **Betreuers,** seines **Ehegatten,** Lebenspartners oder eines mit dem Betreuer in **gerader Linie Verwandten** oder eines vom Betreuer **vertretenen Dritten** andererseits. Sind die Interessen anderer Personen berührt, z. B. eines **Seitenverwandten** des Betreuers, oder sonst wie nahe stehender Personen, findet § 1796 nur dann Anwendung, wenn zugleich ein eigenes Interesse des Betreuers an der betreffenden Angelegenheit besteht (MK-Wagenitz Rn 7), wobei genügt, dass sich der Betreuer die Interessen der nahe stehenden Person zu eigen machen könnte (OLG Zweibrücken BtPrax 2003, 75; Palandt-Diederichsen Rn 2); eine analoge Anwendung ist unzulässig. Besteht die Besorgnis, dass durch Geschäfte des Betreuers mit Angehörigen die Interessen des Betreuten nicht gewahrt werden, hat das Betreuungsgericht, wenn die Voraussetzungen des § 1796 nicht erfüllt sind, ggf. im Aufsichtswege einzuschreiten (§ 1837 Abs. 2).

4 § 1796 ist auf Vorschlag des Bundesrates in den Verweisungskatalog des § 1908 i Abs. 1 aufgenommen worden (BT-Drucks. 11/4528 S. 210, 211). Die Übernahme war nicht erforderlich. Das Betreuungsrecht verfügt über eine eigenständige Regelung in § 1908 b Abs. 1 (wie hier: Damrau/Zimmermann Rn 1). Der ungeeignete Betreuer kann hiernach auch **teilweise** entlassen werden durch Entzug eines bestimmten Aufgabenkreises (BT-Drucks. 11/4528 S. 153; BayObLG BtPrax 1995, 65). Auch Interessenkonflikte können zur mangelnden Eignung des Betreuers führen (BayObLG FamRZ 1993, 1225). Der Eingriff nach § 1796 stellt sich also dar als teilweise **Entlassung,** ggf. verbunden mit der Neubestellung eines weiteren Betreuers (**Ergänzungsbetreuer**) nach **§ 1899 Abs. 4** und nicht als Einschränkung des Aufgabenkreises nach § 1908 d Abs. 1 (so aber Erman-Saar § 1908 i Rn 15, ihm folgend RGRK-Dickescheid § 1908 i Rn 15).

2. Entscheidung des Betreuungsgerichts

a) Erheblicher Interessengegensatz

Abs. 1 und 2 sind zusammen zu lesen: das **Betreuungsgericht darf** die Vertre- 5
tung nur bei erheblichem Interessengegensatz entziehen, **muss** aber handeln,
wenn die Voraussetzungen erfüllt sind (Palandt-Diederichsen Rn 1). Ein **erheblicher Interessengegensatz** ist gegeben, wenn die Förderung des einen Interesses
nur auf Kosten des anderen möglich ist (BGH NJW 1992, 1884, 1886; OLG
Hamm Rpfleger 1986, 13, 14; Palandt-Diederichsen Rn 2). Der Betreuer wird
aber schon dann **ungeeignet** sein, den Betreuten in einer Angelegenheit zu
vertreten, wenn die Gefahr besteht, dass er dessen Interessen nicht in der gebotenen Weise verfolgt (MK-Wagenitz Rn 5). Der Betreuer befindet sich in einem
erheblichen Interessenkonflikt, wenn der konkrete Sachverhalt eine genügende
Berücksichtigung der Interessen des Betreuten nicht erwarten lässt und nicht
anzunehmen ist, dass der Betreuer bestehende Interessen des Betreuten objektiv
und unvoreingenommen wahrnimmt (BayObLG FGPrax 2003, 268, 269).

Ein erheblicher Interessenwiderstreit **kann** vorliegen, wenn die **Angehörige**, die 6
zum Betreuer eines behinderten Kindes bestellt sind, über die **Annahme** oder
Ausschlagung einer Vorerbschaft des Kindes zu befinden haben (§ 2306; zur
Problematik s. BGH NJW 1994, 248 und Palandt-Heinrichs § 138 Rn 50 a;
Klüsener, Entscheidungskriterien S. 163); desgleichen, wenn **Pflichtteilsansprüche** des Betreuten gegen den Betreuer bestehen und der Betreute ein Interesse
daran hat, dass der Anspruch gesichert oder durchgesetzt wird (LG Bochum Rpfleger 1994, 418; Damrau/Zimmermann Rn 7). Ein Interessenwiderstreit ist bejaht
worden, wenn der zum Alleinerben eingesetzte Vater zugleich Betreuer der behinderten pflichtteilsberechtigten Tochter ist und das Testament eine Pflichtteilsklausel enthält (BayObLG FGPrax 2003, 268) oder der behinderte Betreute Alleinerbe
seiner Mutter ist, die auf ihren anderen Sohn, der zum Betreuer seines Bruders
bestellt ist, Immobilien übertragen hat (BayObLG FamRZ 2002, 61). Strittig ist,
ob es eines Ergänzungsbetreuers in diesen Fällen auch dann bedarf, wenn der
Sozialhilfeträger den Pflichtteilsanspruch des Betreuten nach § 90 BSHG (jetzt
§ 93 Abs. 1 S. 4 SGB XII) auf sich übergeleitet hat, so BayObLG (FGPrax 2003,
268), da dessen Geltendmachung auch dann von der Entscheidung des Betreuten
abhänge (ebenso BayObLG FamRZ 2002, 61; anders die h. M., BGH FamRZ
2005, 448; OLG Karlsruhe FamRZ 2004, 410). Entsprechendes gilt, wenn Interessen der in § 1795 Abs. 1 Nr. 1 genannten **Angehörigen** des Betreuers berührt
werden, z. B. der Betreute zum Vorerben eingesetzt ist und die Mutter des Betreuers zum Nacherben und **Testamentsvollstrecker** (OLG Zweibrücken BtPrax
2004, 75). Ist der zum Erben eingesetzte Betreute durch Testamentsvollstreckung
beschränkt und der Betreuer zum Testamentsvollstrecker ernannt, so besteht bzgl.
der Wahrnehmung der Rechte des Betreuten gegenüber dem Testamentsvollstrecker jedoch kein genereller Ausschluss der Vertretungsmacht (BGH NJW Spezial
2008, 423; Schlüter ZEV 2003; Damrau ZEV 1994, 1; a.A. OLG Hamm Rpfleger
1993, 340; OLG Nürnberg FamRZ 2002, 272). Ein erheblicher Interessenkonflikt
kann ferner begründet sein, wenn über die gerichtliche **Geltendmachung einer
Forderung** des Betreuten gegenüber dem Betreuer zu entscheiden ist, z. B. Entnahmen beanstandet werden (BayObLG Rpfleger 1981, 302, 303); die Mutter
des Betreuers eine Wohnung im Hause des Betreuten **gemietet** hat und über

von Crailsheim 49

BGB § 1797   Titel 1. Vormundschaft

Mieterhöhungen zu befinden ist (BGH NJW 1975, 1518, 1519); der Betreuer den Betreuten im **Erbscheinsverfahren** vertritt (vgl. § 1795 Rn 26), obwohl er selbst beteiligt und zu ermitteln ist, ob der Erblasser ihn zum Vollerben oder bloßen Vorerben eingesetzt hat.

7   Die Feststellung eines erheblichen Interessengegensatzes setzt eine Interessenabwägung im **Einzelfall** voraus, **gleichlaufende** Interessen können bestehende Gegensätze relativieren. Der Eingriff nach § 1796 ist **nicht erforderlich,** wenn der gesetzliche Vertreter in der Lage ist, trotz des Interessenkonfliktes eine Entscheidung zu treffen, die das Wohl des Vertretenen wahrt (BGH NJW Spezial 2008, 423; BGH NJW 1992, 1884, 1887; BayObLG Rpfleger 1981, 302; MK-Wagenitz Rn 5).

b) Wirksamwerden

8   Trotz eines Interessenkonfliktes entfällt die **Vertretungsmacht** i. d. R. erst mit **Bekanntmachung** der gerichtlichen **Entscheidung** an den Betreuer (§ 287 FamFG). Der Entzug der Vertretungsmacht nimmt dem Betreuer nicht nur die Befugnis zu rechtsgeschäftlichen Erklärungen, sondern schließt ihn insgesamt von der Besorgung der betreffenden Angelegenheit aus (vgl. Rn 2). Die Vertretungsmacht lebt erst wieder auf nach einer entsprechenden gerichtlichen Entscheidung. Das Gericht hat den Betreuer und den Betreuten zu hören (Art. 103 Abs. 1 GG; § 26 FamFG). Der Betreuer ist zu fragen, ob er einen Rechtsstreit führen will, erst wenn er erklärt, untätig bleiben zu wollen kann nach § 1796 vorgegangen werden (BayObLG Rpfleger 1981, 302). Es entscheidet der **Richter,** auch über die Bestellung des **Ergänzungsbetreuers** (vgl. Erläuterungen zu § 15 RPflG Rn 16 u. § 19 RPflG Rn 5 zu den **Ausnahmen**). Der Ergänzungsbetreuer entscheidet eigenständig über die zu treffenden Maßnahmen. Das Gericht darf ihm auch nicht durch die Formulierung des Aufgabenkreises die Entscheidung vorgeben. Die Entziehung der Vertretungsmacht nach § 1796 kann auch **konkludent** durch die Bestellung eines Ergänzungsbetreuers nach § 1899 Abs. 4 für den betreffenden Aufgabenkreis erfolgen (BayObLG FGPrax 2003, 268; m. Anm. Bienwald FamRZ 2004, 1750). Das setzt aber voraus, dass die nach § 1796 zu treffenden Ermittlungen und Erwägungen getroffen wurden und dies die Begründung der Entscheidung erkennen lässt; die Zuständigkeit des Richters bleibt unberührt.

c) Ergänzungsbetreuung

9   Eine Ergänzungsbetreuung ist aber **nicht stets erforderlich**; soll lediglich eine Handlung des Betreuers unterbunden werden, z. B. die Ausschlagung einer Erbschaft, so genügt die Entziehung der Vertretungsmacht.

§ 1797 Mehrere Vormünder

(1) **Mehrere Vormünder führen die Vormundschaft gemeinschaftlich. Bei einer Meinungsverschiedenheit entscheidet das Familiengericht, sofern nicht bei der Bestellung ein anderes bestimmt wird.**
(2)–(3) ...

Meinungsverschiedenheiten § 1798 BGB

1. Meinungsverschiedenheit

Abs. 1 S. 2 ist auf die Betreuung sinngemäß anzuwenden (§ 1908 i Abs. 1 S. 1). **1**
Das Betreuungsgericht kann **mehrere** Betreuer mit **demselben** Aufgabenkreis **2**
bestellen oder **bestimmte** Aufgaben mehreren Betreuern zuweisen (§ 1899
Rn 1 ff.), z. B. bei der Betreuung eines behinderten Kindes durch die Eltern oder
hilfsbedürftiger alter Angehöriger durch Geschwister. Diese Mitbetreuer besorgen
die Angelegenheiten des Betreuten grundsätzlich **gemeinsam** (§ 1899 Abs. 1,
3); Meinungsverschiedenheiten entscheidet das Betreuungsgericht entsprechend
Abs. 1 S. 2. Sind den Mitbetreuern verschiedene Aufgabenkreise zugewiesen
(§ 1899 Rn 2), findet bei Meinungsverschiedenheiten § 1798 entsprechende
Anwendung (§ 1908 i Abs. 1 S. 1).

Meinungsverschiedenheiten können die Erledigung wichtiger Angelegen- **3**
heiten zu Lasten des Betreuten verzögern, z. B. bei der Entscheidung über einen
Heimaufenthalt. Das Gericht kann bei der Bestellung der Mitbetreuer **Regelungen**
für diesen Fall treffen (Abs. 1 S. 2 Halbsatz 2). Bei zwei Betreuern, z. B. den
Eltern eines behinderten Kindes, einem der beiden den Stichentscheid zuzuweisen,
wird aber mit einer selbstständigen Amtsführung nicht zu vereinbaren sein
(Erman-Saar Rn 6, anders § 1899 Rn 14). Auch die Entscheidung eines Dritten
erscheint unzulässig, da jede Entscheidung sich am Wohl und den Wünschen des
Betreuten auszurichten hat (§ 1901) und der Dritte dem Betreuten nicht verpflichtet
ist (Erman-Saar a.a.O.; a. A. MK-Wagenitz Rn 7).

2. Entscheidung des Betreuungsgerichts

Meinungsverschiedenheiten sind vom Betreuungsgericht zu entscheiden **4**
(Abs. 1 S. 2 Halbsatz 1). Das Gericht hat **einer Meinung beizutreten** (siehe
aber Rn 5); die Entscheidung ist dann von den Mitbetreuern gemeinschaftlich
umzusetzen, also ist z. B. nach der Entscheidung des Gerichts über den Heimaufenthalt
die Auswahl des Heimes nun von beiden Betreuern in Gesamtvertretung
zu treffen (Staudinger-Engler Rn 38 m. w. N.). Nach anderer Auffassung ist der
„obsiegende" Betreuer zu alleinigem Handeln berechtigt (Damrau/Zimmermann
Rn 3).

Stellt sich die vorgesehene Erledigung der Angelegenheit nach **jeder Meinung** **5**
als **pflichtwidrig** dar, hat das Betreuungsgericht die erforderlichen Maßnahmen
zu treffen (§ 1908 i Abs. 1 S. 1 i. V. m. §§ 1837, 1796; § 1908 b Abs. 1).

Das Betreuungsgericht entscheidet von **Amts wegen** durch den **Richter** (§ 15 **6**
Abs. 1 Nr. 7 RPflG). Betreuer und Betreuter sind anzuhören (Art. 103 Abs. 1 GG;
§ 26 FamFG). Nach strittiger Ansicht soll die Entscheidung erst mit Rechtskraft
wirksam werden (MK-Wagenitz Rn 10; a. A. Staudinger-Engler Rn 37 m. w. N.);
einer entsprechenden Anwendung des § 40 Abs. 3 FamFG ist für den Fall zuzustimmen,
dass die Entscheidung des Familiengerichts im Ergebnis ein rechtsgeschäftlicher
Vorgang ist (Keidel-Meyer-Holz § 40 FamFG Rn 40).

§ 1798 Meinungsverschiedenheiten

**Steht die Sorge für die Person und die Sorge für das Vermögen des
Mündels verschiedenen Vormündern zu, so entscheidet bei einer Mei-**

von Crailsheim

BGB § 1799 Titel 1. Vormundschaft

nungsverschiedenheit über die Vornahme einer sowohl die Person als das Vermögen des Mündels betreffenden Handlung das Familiengericht.

1   Die Vorschrift ist auf die Betreuung sinngemäß anzuwenden (§ 1908 i Abs. 1 S. 1).

2   Auch wenn mehreren Betreuern **verschiedene Aufgabenkreise** zugewiesen sind, können sich bei Erledigung einzelner Angelegenheiten **Überschneidungen** ergeben, so z. B. wenn der für die Gesundheitsfürsorge des Anfallkranken zuständige Betreuer eine Nachtwache einstellen will, zu deren Vergütung der Vermögensbetreuer Mittel bereitstellen müsste. § 1798 ist aber auch entsprechend anwendbar, wenn sich **Teilaufgaben** mehrerer Betreuer innerhalb der Bereiche Vermögenssorge oder Personensorge berühren (Erman-Saar § 1899 Rn 14), z. B. einem Betreuer die Verwaltung des Immobiliarbesitzes obliegt, dem anderen die sonstige Vermögensverwaltung. Desgleichen wird nach § 1798 zu entscheiden sein, wenn streitig ist, ob eine Angelegenheit zum einen oder anderen **Aufgabenkreis** zählt. Hier ist aber angezeigt, die Aufgabenkreise ggf. neu zu formulieren oder neu zuzuschneiden, was im vereinfachten Verfahren nach § 293 Abs. 2 FamFG erfolgen kann. Zum Inhalt der Entscheidung und zum Verfahren s. § 1797 Rn 4 ff.

§ 1799 Pflichten und Rechte des Gegenvormunds

(1) **Der Gegenvormund hat darauf zu achten, dass der Vormund die Vormundschaft pflichtmäßig führt. Er hat dem Familiengericht Pflichtwidrigkeiten des Vormunds sowie jeden Fall unverzüglich anzuzeigen, in welchem das Familiengericht zum Einschreiten berufen ist, insbesondere den Tod des Vormunds oder den Eintritt eines anderen Umstands, infolgedessen das Amt des Vormunds endigt oder die Entlassung des Vormunds erforderlich wird.**

(2) **Der Vormund hat dem Gegenvormund auf Verlangen über die Führung der Vormundschaft Auskunft zu erteilen und die Einsicht der sich auf die Vormundschaft beziehenden Papiere zu gestatten.**

1   Die Vorschrift ist auf die Betreuung sinngemäß anzuwenden (§ 1908 i Abs. 1 S. 1); vgl. auch § 1792 Rn 1.

2   Der Gegenbetreuer hat den Betreuer zu überwachen **(Abs. 1 S. 1)**, hat aber **keine** eigene **Vertretungs-** und **Verwaltungsbefugnis**. Zu seinen Kontroll- und Mitwirkungsbefugnissen s. auch § 1792 Rn 4.

3   Er hat sich nach seiner Bestellung seinem Aufgabenkreis entsprechend über die persönlichen Verhältnisse und das Vermögen des Betreuten zu **informieren** (RGZ 79, 9, 11). **Pflichtwidrigkeiten** hat er unverzüglich (§ 121 Abs. 1 S. 1) dem Betreuungsgericht **anzuzeigen;** desgleichen sonstige Fälle in denen das Betreuungsgericht zum Einschreiten berufen ist **(Abs. 1 S. 2)**, so wenn eine Entlassung in Betracht kommt (§ 1908 b), ein Ergänzungsbetreuer wegen eines Vertretungsausschlusses zu bestellen (§§ 1908 i Abs. 1 S. 1, 1795) oder ein Vertretungsentzug zu prüfen ist (§ 1908 i Abs. 1 S. 1 i. V. m. § 1796).

4   Der Gegenbetreuer hat ein **Auskunfts-** und **Einsichtsrecht (Abs. 2).** Weigert sich der Betreuer, handelt er pflichtwidrig und kann durch Aufsichtsmaßnahmen zur Befolgung angehalten werden (§ 1837); ein einklagbarer Auskunftsanspruch besteht nach allgemeiner Ansicht nicht. Das Betreuungsgericht hat von Amts

Vermögensverwaltung **Vor §§ 1802–1832 BGB**

wegen gegen den pflichtwidrig handelnden oder ungeeigneten Betreuer vorzugehen. Folgt es einem dahingehenden Antrag (im Sinn einer Anregung) des Gegenbetreuers nicht, steht diesem in Anwendung des § 59 FamFG ein **Beschwerderecht** zu; dies ist angesichts der (nach wie vor) lückenhaften Regelung der Gegenbetreuung geboten (MK-Schwab § 1908 i Rn 12; Damrau/Zimmermann § 1908 i Rn 2).

Vorbemerkungen §§ 1802–1832

1. Mitwirkung des Betreuten bei der Vermögensverwaltung

Die §§ 1802–1832 sind durch Einzelverweisungen in § 1908 i Abs. 1 S. 1 und Abs. 2 S. 1 auf die Betreuung sinngemäß anzuwenden. Sie befassen sich mit den Rechten und Pflichten des Betreuers bei der Ausübung der Vermögenssorge. Zur Bestimmung des Aufgabenkreises und den Abgrenzungsfragen vgl. § 1896 Rn 26, 30 ff. 1

Innerhalb des ihm zugewiesenen Aufgabenkreises vertritt der Betreuer den Betreuten gerichtlich und außergerichtlich (§ 1902). Die gesetzliche Vertretungsmacht lässt die Handlungsfähigkeit des Betreuten unberührt; soweit er geschäftsfähig ist, kann er eigenständig handeln und der Vermögensverwaltung des Betreuers zuwiderlaufende Rechtsgeschäfte abschließen (vgl. § 1902 Rn 4). Auch im Bereich der **tatsächlichen Vermögenssorge** kann es zu Konflikten kommen. Als **gesetzlicher Vertreter** des Betreuten ist er grundsätzlich befugt, dessen Sachen, soweit dies zur Wahrnehmung seiner Aufgaben erforderlich ist, in **Besitz** zu nehmen (BayObLG NJW 1999, 3205). **Verweigert** der Betreute die **Mitwirkung** bei der Vermögensverwaltung (Zutritt zu den Räumen des Betreuten; erforderliche Herausgabe von Geldern, Wertpapieren und Kostbarkeiten; Herausgabe oder Einsicht von Unterlagen über Immobiliarbesitz, Belegen, Bankauszügen, Behördenschreiben, Rechnungen usw.), oder schließt er eigenständig störende Rechtsgeschäfte ab, so kann dies zur Folge haben, dass der Betreuer außerstande ist, seine Aufgaben wahrzunehmen (vgl. aber Rn 3). Das Betreuungsgericht hat alsdann die Betreuung aufzuheben, oder einzuschränken, falls nicht der Durchsetzung der Betreueraufgaben unabweisbar erforderlich ist (s. u. Rn 5). Im Einzelfall ist auch zu erwägen, den Betreuer auszuwechseln, wenn er sich als ungeeignet erweist, mit dem persönlich schwierigen Betreuten umzugehen. Die **Verweigerung** des Betreuten kann ferner Anlass sein, die Betreuung zu **erweitern,** etwa die **Postkontrolle** einzubeziehen (§ 1896 Abs. 4) und einen **Einwilligungsvorbehalt** anzuordnen (§ 1903). 2

Im Übrigen sollten sich Betreuer und Gericht hier **flexibel** verhalten; können z. B. Hausrat und Bargeld nicht verzeichnet werden, ist dies im Vermögensverzeichnis festzuhalten, weitere Maßnahmen sind nicht zu prüfen, wenn sich die Vermögensbetreuung unabhängig hiervon durchführen lässt. Über Bankkonten und Wertpapierdepots kann sich der Betreuer bei den Banken kundig machen und ggf. bei berechtigten Zweifeln an der Geschäftsfähigkeit des Betreuten diesen vor selbstschädigenden Verfügungen schützen. Schriftverkehr mit Banken, Behörden usw. wird der Betreuer unmittelbar führen können (siehe auch die praktischen Hinweise bei Bienwald Anhang zu § 1908 i Rn 34; Jochum/Pohl Rn 145 ff.; Jürgens/Kröger/Marschner/Winterstein Rn 241 f). 3

von Crailsheim

2. Zwangsbefugnisse des Vermögensbetreuers

4 Leistet der Betreute **Widerstand** gegen die **Vermögensverwaltung** und weigert er sich z. B., ein Dokument herauszugeben, das der Betreuer anderweitig nicht beschaffen kann, stellt sich die Frage, ob der Betreuer befugt ist, die **Wohnung** des Betreuten gegen dessen Willen zu betreten und das Dokument ggf. mit **Gewalt** wegzunehmen. Auch wenn er auf Grund der Aufgabenzuweisung grundsätzlich zur **Inbesitznahme** befugt ist (Rn 2), berechtigt ihn das nicht ohne weiteres zu deren zwangsweisen Durchsetzung. Nach heutigem Verständnis wird überwiegend angenommen, dass sich allein aus der Aufgabenzuweisung keine **Zwangsbefugnisse** ableiten lassen, auch nicht gegenüber dem Geschäftsunfähigen, der seinen **„natürlichen Willen"** entgegensetzt (BGH NJW 2001, 888 = BtPrax 2001, 32 = JZ 2001, 821 m. Anm. V. Lipp a.a.O. S. 825; OLG Hamm BtPrax 2003, 45; Jürgens/Kröger/Marschner/Winterstein Rn 240; Marschner/Volckart BGB § 1896 Rn 27; je m. w. N.; vgl. zur Problematik und zum Meinungsstand Abram BtPrax 2003, 243). Die Bestellung eines Betreuers ist staatlicher Hoheitsakt und der Betreute kann sich auch gegenüber Handlungen des Betreuers auf seine Grundrechte berufen (BGH a.a.O. S. 891). Es bedarf im Hinblick auf die **Grundrechtseingriffe** einer speziellen Ermächtigung zur Gewaltanwendung (Gesetzesvorbehalt in Art. 2 Abs. 2, 104 Abs. 1 GG), die das Gesetz aber ausdrücklich nur für die zwangsweise Durchführung der Unterbringung in § 1906 BGB und § 326 FamFG vorsehe (BGH a.a.O.). Die Zwangseinweisung in ein offenes Altenheim wird mangels Ermächtigung als unzulässig angesehen (OLG Hamm BtPrax 2003, 42 vgl. § 1906 Rn 4), desgleichen die ambulante Zwangsbehandlung (BGH a.a.O.; vgl. § 1904 Rn 12). Ebenso fehlt eine Rechtsgrundlage für das **Betreten** und **Durchsuchen** der Wohnung des Betreuten gegen dessen Willen. Der Betreute kann sich auf den Schutz des Art. 13 Abs. 2 GG berufen (OLG Frankfurt BtPrax 1996, 71; BayObLG FamRZ 2002, 348; zur kontroversen Diskussion s. Abram FamRZ 2004, 11). Daraus ist zu schließen, dass der Betreuer auch in sonstigen Fällen, also auch im Bereich der Vermögenssorge, keinen Zwang zur Überwindung körperlichen Widerstands des Betreuten anwenden darf (BGH a.a.O. S. 891).

5 Folgt man dem BGH (a.a.O.; kritisch MK-Schwab § 1896 Rn 67; V. Lipp a.a.O., die sich gegen die rein öffentlich-rechtliche Sicht des Betreuungsverhältnisses wenden), ist auch die Anordnung der Gewaltanwendung durch das **Betreuungsgericht** nach § 35 bzw. §§ 86 ff. FamFG ausgeschlossen. Das Betreuungsgericht hat zwar den Betreuer bei der Wahrnehmung seiner Aufgaben zu **unterstützen;** dies ist der umfassenden **Aufsichts-** und **Fürsorgepflicht** immanent, die dem Gericht nach §§ 1908 i Abs. 1, 1837 zugewiesen ist. Aber § 35 bzw. §§ 86 ff. FamFG regeln nur die Vollziehung einer gerichtlichen Verfügung, für deren Erlass es jedoch an einer Rechtsgrundlage fehlt. (BGH a.a.O. S. 890). **Zwang** kann allerdings **unabweisbar notwendig** sein, wenn der Betreute krankheits- oder behinderungsbedingt zu eigenverantwortlichem Handeln nicht mehr in der Lage ist und eine **erhebliche Selbstschädigung** droht. Schickt sich z. B. der Betreute an, Bargeld und Kostbarkeiten an seine Mitbürger zu „verteilen", darf ihm der notwendige **Schutz** nicht versagt werden. Der Betreuer hat den Anspruch auf Inbesitznahme des Vermögens gegen den Betreuten ggf. im Wege der Selbsthilfe (§ 229 BGB) durchzusetzen (Erman-Saar § 1901 Rn 13); im Übrigen gelten die Regeln über den gerechtfertigten Notstand (§ 34 StGB), worauf Schwab hinweist (MK-Schwab § 1896 Rn 68), auch ordnungsbehördliche Maßnahmen können geboten sein. Der **Gesetzgeber** kennt die Problematik, weigert sich aber bewusst, die Zwangsbefugnisse des Betreuers einer Regelung zuzuführen (BT-Drucks. 15/2494 S. 47; 15/4874 S. 58).

3. Eigenverwaltung/Eigennutzung des Betreuten

Der Betreuer ist nicht gehindert, dem Betreuten **Gelder zur eigenen Verwaltung** zu überlassen, wenn dieser das wünscht und dies seine eigenständige Lebensgestaltung fördert (§ 1901 Abs. 2, 3) (zu Einzelheiten s. Bienwald Anhang zu § 1908 i Rn 90 ff.; zur Kontensperrung unten § 1809 Rn 3 u. zur Rechnungslegung § 1840 Rn 7). Eine **Pflicht** zum **Sparen** lässt sich aus der Zuweisung der **Vermögenssorge nicht ableiten** (OLG Düsseldorf Rpfleger 1980, 471); dem Betreuten ist der **Genuss** des **eigenen Vermögens** und der eigenen **Einkünfte** zu ermöglichen (BayObLG NJW 1991, 432; s. auch § 1901 Rn 5). Es ist nicht Sinn und Zweck der Betreuung, Vermögen des Betreuten zugunsten eines Erben zu erhalten (BayObLG a.a.O.; OLG Köln FamRZ 2004, 1124). Erhaltung und Mehrung des Vermögens sind insbesondere bei betagten Betreuten nicht in jedem Fall mit deren Wohl gleichzusetzen (OLG Schleswig FGPrax 2001, 194). Dem Betreuten ist ungeachtet der Betreuung weiterhin eine **angemessene Lebensgestaltung** zu ermöglichen; bis zu dieser Grenze ist er durch die Betreuerbestellung bedingte Einschränkungen in der bisherigen Lebensführung jedoch hinzunehmen (BayObLG FamRZ 1998, 507). Der Wille des Betreuten hat nach § 1901 Abs. 3 S. 1 auch **Vorrang,** wenn es um die Alternative **Sparen** oder **Ausgeben** geht (Erman-Saar § 1901 Rn 10; OLG Düsseldorf BtPrax 1999, 74). Es ist nicht Aufgabe des Betreuers, Ausgaben des Betreuten zu verhindern, die sich in einem **angemessenen** Rahmen halten; das Gesetz gibt dem Betreuer keine Handhabe, **Rücklagen** zur Sicherung seiner künftigen Vergütungsansprüche zu bilden (OLG Düsseldorf a.a.O. zum Verbrauch einer Erbschaft über ca. 23 000 DM binnen vierzehn Monaten durch Ausgaben des Betreuten für Reisen, Kleidung, Einrichtungsgegenstände u. Videokamera, so dass die Vergütung des Betreuers aus der Staatskasse zu leisten war; s. zu dieser Entscheidung auch § 1833 Rn 7, 19); kritisch zur Funktion einer Vermögensbetreuung in derartigen **Fällen:** Zimmermann, Betrifft: Betreuung Nr. 2/2000 S. 11, 16; zur Bildung von Rücklagen ebenso BayObLG FamRZ 1998, 507, 508 und OLG Frankfurt FGPrax 2001, 115; a. A. AG Betzdorf FamRZ 2004, 904 mit zutreff. abl. Anmerkung Bienwald.

4. Bevollmächtigung durch den Betreuten

Der **geschäftsfähige** Betreute kann sich, soweit kein Einwilligungsvorbehalt angeordnet ist, weiterhin selbstständig verpflichten und über sein Vermögen verfügen. Die Sperrung von Bankguthaben berührt seine Verfügungsbefugnis nicht (s. § 1809 Rn 3). Er vermag entsprechend vor und nach der Bestellung eines Betreuers auch **Dritte** zu bevollmächtigen. Für das **Handeln** des **Bevollmächtigten** gelten die Beschränkungen der gesetzlichen Vertretungsmacht nicht, insbesondere **nicht** die betreuungsgerichtlichen **Genehmigungsvorbehalte,** desgleichen nicht das **Schenkungsverbot** aus § 1804 (BayObLG BtPrax 2004, 149), soweit nichts anderes geregelt ist, vgl. §§ 1904 Abs. 2 u. 1906 Abs. 5 (ganz h. M.

MK-Schwab § 1896 Rn 53 m. w. N.). Eine abweichende Ansicht vertritt das OLG Köln FamRZ 2000, 1525: „Wird der Vollmachtgeber nach Erteilung der Vollmacht geschäftsunfähig und wird der Bevollmächtigte zum Betreuer des Vollmachtgebers bestellt, so gelten ab Eintritt der **Geschäftsunfähigkeit** die für einen Betreuer bestehenden Handlungsbeschränkungen auch für die rechtsgeschäftliche Bevollmächtigung. Anders ist dies im Fall der Vorsorgevollmacht zu beurteilen". Der Leitsatz zeigt, dass diese Entscheidung **nicht** verallgemeinernd dahingehend verstanden werden darf, dass mit Eintritt der Geschäftsunfähigkeit für den Bevollmächtigten die gleichen Beschränkungen wie für einen gesetzlichen Vertreter gelten (insofern missverständlich Palandt-Heinrichs § 168 Rn 4). Ist noch kein Betreuer bestellt oder bezieht sich der Aufgabenkreis nicht auf den Gegenstand der Vollmacht oder ist der Bevollmächtigte ein Dritter, verbleibt es auch nach dieser Entscheidung bei der **Freistellung** des **Bevollmächtigten.** Im Übrigen hätte es im entschiedenen Fall zu einem Nebeneinander bereits erteilter Vollmacht und einer personenidentischen Betreuung mit demselben Aufgabenkreis nicht kommen dürfen (vgl. § 1896 Rn 19).

8   Ob der geschäftsfähige Betreute innerhalb des diesem zugewiesenen Aufgabenkreises den **Betreuer bevollmächtigen** kann, ist strittig. Die Gesetzesbegründung verneint dies mit dem Hinweis auf die gesetzlich umrisste Vertretungsmacht des Betreuers, deren Schranken nicht unterlaufen werden dürften (BT-Drucks. 11/4528 S. 135, 136). Indes lässt sich dies dem Gesetz nicht entnehmen. Der **Geschäftsfähige** muss unberührt von der Betreuung **befugt** sein, jedes ihn betreffende **Rechtsgeschäft an sich zu ziehen** durch Bevollmächtigung oder Genehmigung und damit auch die betreuungsgerichtliche Kontrolle auszuschließen (wie hier: MK-Schwab § 1902 Rn 8; Damrau/Zimmermann § 1902 Rn 2; RGRK-Dickescheid § 1902 Rn 4; Jürgens/Kröger/Marschner/Winterstein Rn 132; a. A. OLG Köln a.a.O.; im Ergebnis auch Seitz Anm. zu OLG Frankfurt BtPrax 1997, 76 in BtE 1997, 72; offen gelassen Palandt-Diederichsen § 1902 Rn 2).

9   Das OLG Frankfurt (a.a.O.) lässt offen, ob eine Freistellung des Betreuers durch rechtsgeschäftliche Bevollmächtigung seitens des Betreuten zulässig ist, **lehnt** aber jedenfalls eine **Freistellung** von den **Genehmigungspflichten** durch den Betreuten ab, wenn der Betreuer das **Rechtsgeschäft** (hier Grundstücksveräußerung) **bereits** in seiner Eigenschaft als **gesetzlicher** Vertreter **vorgenommen** hat (zust. MK-Schwab § 1902 Rn 10). Eine Genehmigung durch den Betreuten sei dann gegenstandslos, weil der Betreuer mit Vertretungsmacht gehandelt habe, was die Anwendung des § 177 ausschließe. Dieses Ergebnis kann aber nicht überzeugen; der tatsächlich Geschäftsfähige muss ein in seinem Namen getätigtes noch nicht wirksames Rechtsgeschäft an sich ziehen können. Es ist nicht einsichtig, wieso für die nachträgliche Genehmigung etwas anderes gelten soll als für die Bevollmächtigung. Nach Erman-Saar § 1902 Rn 16 ist die Betreuung in solchen Fällen aufzuheben, was jedoch dem Ziel der Unterstützung unabhängig von der Geschäftsfähigkeit widersprechen kann. Liegen die Voraussetzungen hingegen zweifelsfrei vor, kommt die über § 1908 i Abs. 1 S. 1 entsprechend anzuwendende Regelung des § 1829 Abs. 3. zum Zuge, d.h. die Betreuung ist aufzuheben (§ 1908 d) und die Genehmigung des Betreuten tritt an die Stelle der des Betreuungsgerichts.

10 Bevollmächtigt der Betreute den Betreuer oder einen Dritten zu Rechtsgeschäften, die von der Betreuung erfasst sind, hat der Betreuer das Betreuungsgericht zu informieren (§ 1901 Abs. 5). Das **Betreuungsgericht** hat hieraus die erforder-

lichen **Konsequenzen** zu ziehen und die Betreuung aufzuheben, einzuschränken oder zu erweitern und einen Einwilligungsvorbehalt anzuordnen; ggf. wird es auch gegen den Betreuer einschreiten (§§ 1908 i Abs. 1 S. 1, 1837 Abs. 2; 1908 b Abs. 1). Etwas anderes muss im Hinblick auf § 1896 Abs. 2 gelten, wenn Vollmachten über die Betreuung hinaus erteilt werden.

Der Betreute kann den Betreuer nicht **allgemein** von der **Aufsicht** des **11** **Betreuungsgerichts** freistellen oder bestimmte Befreiungen erteilen, etwa von den Anlagepflichten (s. dazu auch BayObLG FamRZ 2005, 389) oder der Rechnungslegungspflicht, auch nicht durch eine Betreuungsverfügung (Epple BtPrax 1993, 156, 157). Betreuer und Betreuungsgericht sind jedoch bei ihren **Einzelentscheidungen** gehalten, die Wünsche des Betreuten zu berücksichtigen, sofern sie dessen Wohl nicht zuwiderlaufen (§ 1901), was aber z. B. der Fall ist, wenn der Betreute einen hohen Geldbetrag zu Hause verwahren will (BayObLG a.a.O. für einen Betrag über 13 400 Euro).

§ 1802 Vermögensverzeichnis

(1) **Der Vormund hat das Vermögen, das bei der Anordnung der Vormundschaft vorhanden ist oder später dem Mündel zufällt, zu verzeichnen und das Verzeichnis, nachdem er es mit der Versicherung der Richtigkeit und Vollständigkeit versehen hat, dem Familiengericht einzureichen. Ist ein Gegenvormund vorhanden, so hat ihn der Vormund bei der Aufnahme des Verzeichnisses zuzuziehen; das Verzeichnis ist auch von dem Gegenvormund mit der Versicherung der Richtigkeit und Vollständigkeit zu versehen.**

(2) **Der Vormund kann sich bei der Aufnahme des Verzeichnisses der Hilfe eines Beamten, eines Notars oder eines anderen Sachverständigen bedienen.**

(3) **Ist das eingereichte Verzeichnis ungenügend, so kann das Familiengericht anordnen, dass das Verzeichnis durch eine zuständige Behörde oder durch einen zuständigen Beamten oder Notar aufgenommen wird.**

1. Vermögensverzeichnis

Die Vorschrift ist auf die Betreuung sinngemäß anzuwenden (§ 1908 i Abs. 1 **1** S. 1).

Betroffen ist nur der Betreuer, dem die **Vermögenssorge** ganz oder teilweise **2** zugewiesen ist. Das Vermögensverzeichnis ist Grundlage einer ordnungsgemäßen Verwaltertätigkeit und deren Kontrolle durch das Betreuungsgericht, und ermöglicht es dem Gericht, die wirtschaftliche Lage des Betreuten zu beurteilen. Daher sieht das Gesetz auch **keine Befreiung** von dieser Verpflichtung vor. (Zur Befreiung der Behörde nach Landesrecht s. §§ 1852 ff. Rn 13 ff.). Beim Betreuerwechsel braucht kein neues Verzeichnis errichtet zu werden; der neue Betreuer hat jedoch das vorliegende Verzeichnis zu prüfen. Zur Mitwirkung des Betreuten vgl. vor § 1802 Rn 2 ff.

Stichtag ist in entsprechender Anwendung des **Abs. 1 S. 1** die Bestellung des **3** Betreuers, die zugleich die Anordnung der Betreuung beinhaltet (OLG Schleswig FGPrax 2004, 238, 239 = BtPrax 2004, 201); die Bestellung wird mit der **Bekanntmachung** der **gerichtlichen Entscheidung** an den Betreuer wirksam

BGB § 1802 Titel 1. Vormundschaft

(§ 287 Abs. 1 FamFG). Zu **erfassen** sind auch **Vorgänge aus der Zeit vor der Bestellung** des Betreuers. Vielfach war der Betreute schon geraume Zeit nicht in der Lage, seine Vermögensangelegenheiten zu besorgen. Der Betreuer hat daher zweifelhaften Abgängen von Sachwerten und Kontoabhebungen nachzugehen und evtl. daraus resultierende mögliche **Herausgabe-** und **Bereicherungsansprüche** in das Vermögensverzeichnis einzustellen, bzw. dieses später entsprechend zu ergänzen. Hierauf hat das Betreuungsgericht ausdrücklich hinzuweisen.

4 Das Vermögen muss **vollständig** verzeichnet werden; ist jedoch nur eine Teilaufgabe wahrzunehmen, z. B. die Verwaltung des Immobilienbesitzes, bezieht sich die Verpflichtung auch nur auf diesen **Vermögensbestandteil**. Die Verzeichnispflicht umfasst auch die Gegenstände, die zwar zum Vermögen des Betreuten zählen, aber der Verwaltung eines Dritten unterliegen, z. B. eines **Testamentsvollstreckers** (s. auch Rn 6). Dem Zweck des Vermögensverzeichnisses entsprechend ist eine lückenlose Bestandsaufnahme erforderlich. Die **Einzelgegenstände** sind ggf. genau zu beschreiben (OLG Schleswig a.a.O.). Die für den Wert maßgeblichen Kriterien sind aufzunehmen, so z. B. bei Grundstücken auch Lage und Nutzung. Das Inventar ist mit **Wertangaben** zu versehen (OLG Schleswig a.a.O.; Erman-Saar Rn 2; Palandt-Diederichsen Rn 2), nach anderer Ansicht ist dies nicht erforderlich, aber zweckmäßig (Damrau/Zimmermann Rn 8). **Schätzungen** genügen, ggf. ist aber ein Sachverständiger heranzuziehen, z. B. bei Kunstgegenständen. Auch die nicht geringwertigen **Haushaltsgegenstände** sind grundsätzlich einzeln zu verzeichnen (Erman-Saar Rn 5; a. A. MK-Wagenitz Rn 3, der die Grenze der Geringwertigkeit wohl niedriger angesetzt wissen will). Hausrat, Wäsche und Bücher können aber zusammenfassend angegeben werden, wenn der Wert verhältnismäßig gering ist (OLG Schleswig a.a.O.; Staudinger-Engler Rn 14 m. w. N.). **Grundstücke** sind grundbuchmäßig zu bezeichnen. Regelmäßig ist vorherige Grundbucheinsicht erforderlich, um Eigentumsverhältnisse und Belastungen zu ermitteln, der **Verkehrswert** ist zu schätzen (OLG Schleswig a.a.O.; Anhaltspunkte: Gebäudeversicherung; Bodenrichtwerte der Kommunen, vgl. Damrau/Zimmermann Rn 8). Bestehen **Kapitallebensversicherungen**, sind die Rückkaufwerte (Rückvergütung und Gewinnbeteiligung) über die Versicherungsgesellschaften abzufragen und zu verzeichnen. Bei **Wertpapieren** sind die Wertpapierkennnummern anzugeben und die Kurswerte zum Stichtag. **Forderungen** sind nach Betrag, Person des Schuldners, Schuldgrund und Zinshöhe aufzuführen.

5 Auch der **Schuldenstand** ist darzulegen. Ebenso sind regelmäßige **Einkommen** des Betreuten (Renten und Pensionen) zu verzeichnen, nach a. A.: nur zweckmäßig (Damrau/Zimmermann Rn 3), jedenfalls kann das Betreuungsgericht dies verlangen (§ 1839).

6 Bei Beteiligung des Betreuten an einer **Erbengemeinschaft** ist der Nachlass zu verzeichnen; dies gilt auch, wenn der Nachlass unter Verwaltung eines **Testamentsvollstreckers** steht (vgl. § 2215). Ist der Betreute **Nacherbe** ist ebenfalls im Hinblick auf seine Anwartschaft auf den Erwerb der Nachlassgegenstände (§ 2139) ein Nachlassverzeichnis vorzulegen (vgl. auch §§ 2121, 2139); evtl. ist ein alternativer Pflichtteilsanspruch (§ 2303) aufzunehmen (Staudinger-Engler Rn 20).

7 Der **Pflichtteilsanspruch** als Geldforderung ist zu verzeichnen durch Angabe des Reinbestandes des Nachlasses und die Quote des Betreuten; ein Nachlassverzeichnis kann das Betreuungsgericht nach § 1802 nicht verlangen (RGZ 80, 65, 67 zu § 1640); das ändert aber nichts daran, dass der Betreuer die Auskunftsrechte

Vermögensverzeichnis **§ 1802 BGB**

des betreuten Pflichtteilsberechtigten nach § 2314 wahrnehmen muss, wozu ihn ggf. das Betreuungsgericht anzuhalten hat (§§ 1839, 1837 Abs. 2).

Ist der Betreute Gesellschafter einer **Personengesellschaft** genügt Inventar und Bilanz der Gesellschaft (Staudinger-Engler Rn 16; Palandt-Diederichsen Rn 2). Nach a.A. ist das Gesellschaftsvermögen zu verzeichnen und zu bewerten, um den Wert des Anteils beurteilen zu können (MK-Wagenitz Rn 4; vgl. § 716; zu Einzelheiten s. Oberloskamp-Band § 9 Rn 54 ff). Ein dem Betreuten nach Ausscheiden aus der Gesellschaft zustehendes Auseinandersetzungsguthaben ist als Geldforderung in das Verzeichnis einzustellen und zu erläutern (Staudinger-Engler Rn 17). 8

Ist ein **Gegenbetreuer** bestellt, ist dieser bei der Aufzeichnung des Vermögens hinzuzuziehen **(Abs. 1 S 2). Mehrere** Betreuer mit Aufgaben nach dem Bereich der Vermögenssorge haben je nach Zuschnitt der Aufgabenkreise (§ 1899 Rn 2 f.) das Vermögen gemeinschaftlich oder getrennt für ihren Bereich aufzunehmen (MK-Wagenitz Rn 8; Damrau/Zimmermann Rn 11; a. A. Staudinger-Engler Rn 10 m. w. N.: bei getrennten Aufgabenkreisen hat jeder Mitbetreuer das gesamte Vermögen zu verzeichnen). 9

Fällt dem Betreuten später **neues Vermögen** zu (Abs. 1 S. 1), z. B. eine Schenkung oder eine Erbschaft, so ist das Vermögensverzeichnis unverzüglich und nicht erst mit der nächsten Rechnungslegung zu ergänzen **(Nachtragsverzeichnis). Umschichtungen** und sonstige **Bestandsänderungen** werden in der **Jahresrechnung** erfasst (§ 1841 Abs. 1; Erman-Saar Rn 2; Damrau/Zimmermann Rn 7). 10

Der Betreuer darf sich bei Aufnahme des Verzeichnisses **sachverständiger** Hilfe bedienen (Abs. 2), wenn dies nach Art und Umfang des Vermögens angezeigt ist, z. B. bei einer zu verzeichnenden Kunstsammlung. Er darf auch einen Notar hinzuziehen (§ 20 Abs. 1 BNotO) oder einen nach Landesrecht für die Aufnahme von Vermögensverzeichnissen zuständigen Beamten (§ 61 Abs. 1 Nr. 2 BeurkG), regelmäßig ist dies der Gerichtsvollzieher. Die erforderlichen **Kosten** trägt der Betreute (§§ 1835, 670). 11

2. Verfahren

Der Betreuer hat das Vermögensverzeichnis, seinem Zweck entsprechend, unverzüglich nach der Bestellung anzufertigen (OLG Schleswig a.a.O.), mit der Versicherung der Vollständigkeit und Richtigkeit zu versehen und beim **Betreuungsgericht** einzureichen (Abs. 1 S. 1); ist ein Gegenbetreuer hinzugezogen worden, hat dieser ebenfalls Richtigkeit und Vollständigkeit zu versichern (Abs. 1 S. 2). Belege und Urkunden, wie Sparbücher, müssen nicht beigefügt werden, dies ist aber zweckmäßig und kann vom Betreuungsgericht jederzeit verlangt werden (§ 1839). Das Gericht prüft, ob das Vermögensverzeichnis formell ordnungsgemäß errichtet ist. Im Rahmen seiner **Aufsicht** nach § 1837 hat es sodann ggf. auf die Sicherung von Geldanlagen hinzuwirken oder die Hinterlegung von Kostbarkeiten anzuordnen (§ 1818); auch die Bestellung eines Gegenbetreuers ist zu erwägen. 12

Kommt der Betreuer seinen Pflichten nach § 1802 Abs. 1 nicht oder nur unvollständig nach, hat das Betreuungsgericht Maßnahmen nach § 1837 Abs. 2, 3 zu treffen und ggf. nach Abs. 3 zu verfahren. 13

BGB § 1803

§ 1803 Vermögensverwaltung bei Erbschaft oder Schenkung

(1) Was der Mündel von Todes wegen erwirbt oder was ihm unter Lebenden von einem Dritten unentgeltlich zugewendet wird, hat der Vormund nach den Anordnungen des Erblassers oder des Dritten zu verwalten, wenn die Anordnungen von dem Erblasser durch letztwillige Verfügung, von dem Dritten bei der Zuwendung getroffen worden sind.

(2) Der Vormund darf mit Genehmigung des Familiengerichts von den Anordnungen abweichen, wenn ihre Befolgung das Interesse des Mündels gefährden würde.

(3) Zu einer Abweichung von den Anordnungen, die ein Dritter bei einer Zuwendung unter Lebenden getroffen hat, ist, solange er lebt, seine Zustimmung erforderlich und genügend. Die Zustimmung des Dritten kann durch das Familiengericht ersetzt werden, wenn der Dritte zur Abgabe einer Erklärung dauernd außerstande oder sein Aufenthalt dauernd unbekannt ist.

1 Die Vorschrift ist auf die Betreuung sinngemäß anzuwenden (§ 1908 i Abs. 1 S. 1).

2 Der Zuwendende kann Eltern und Vormund völlig von der **Verwaltung ausschließen** (§§ 1638, 1909 Abs. 1 S. 2). Für den Betreuer, dem die Vermögenssorge zugewiesen ist, muss dies entsprechend gelten (Erman-Saar § 1908 i Rn 19, § 1899 Rn 6). Die Anordnung des Verwaltungsausschlusses ist für den Erwerb von Todes wegen (Erbschaft, Vermächtnis, Pflichtteil) durch Testament bzw. Erbvertrag (§§ 1937, 2299) zu treffen oder zusammen mit der unentgeltlichen Zuwendung (Schenkung, Ausstattung). Die Verwaltungs- und Verfügungsbefugnis des Betreuers erlischt aber erst mit der Einschränkung seines Aufgabenkreises durch die Bestellung eines Ergänzungsbetreuers (§ 1899 Abs. 4).

3 Statt des Ausschlusses kann sich der Zuwendende mit bestimmten **Anordnungen** begnügen, die der Betreuer zu beachten hat (Abs. 1). Diese Anordnungen binden den Betreuer nur im Innenverhältnis, seine **Vertretungsmacht** wird nicht beschränkt. Verstößt er gegen die Anordnungen, hat das Betreuungsgericht nach § 1837 einzuschreiten. Die Anordnungen können den Betreuer über das gesetzlich Vorgesehene hinaus beschränken, z. B die Hinterlegungspflichten erweitern, oder ihn von bestimmten Pflichten aus §§ 1806 ff. befreien, z. B. dem Erlaubnisvorbehalt nach § 1811. Eine **Freistellung** von den Genehmigungspflichten nach §§ 1821 ff. oder von der Aufsicht des Betreuungsgericht ist ausgeschlossen (MK-Wagenitz Rn 4). Die Anordnungen müssen sich an den Betreuer richten (Auslegungsfrage); die Aufforderung an die Erben, den Grundbesitz zu erhalten ist nicht an den Fremdverwalter gerichtet und stellt keine Anordnung nach Abs. 1 dar (BayObLG Rpfleger 2003, 82, 84). Der Erwerb ist zwingend als **neues Vermögen** nach § 1802 S. 1 zu verzeichnen.

4 Will der Betreuer von den Anordnungen **abweichen,** so bedarf er bei der Schenkung, solange der Zuwendende lebt, dessen Zustimmung **(Abs. 3).** Nach dem Tode des Zuwendenden und beim Erwerb von Todes wegen darf er gem. **Abs. 2** mit Genehmigung des Betreuungsgerichts abweichen, wenn anderenfalls das Interesse des Betreuten gefährdet würde, z. B. eine sichere zinsgünstigere Geldanlage blockiert wäre (str. Damrau/Zimmermann Rn 8 m. w. N.).

§ 1804 Schenkungen des Vormunds

Der Vormund kann nicht in Vertretung des Mündels Schenkungen machen. Ausgenommen sind Schenkungen, durch die einer sittlichen Pflicht oder einer auf den Anstand zu nehmenden Rücksicht entsprochen wird.

1. Überblick

§ 1804 ist sinngemäß auf die Betreuung anzuwenden, jedoch kann der Betreuer in Vertretung des Betreuten **Gelegenheitsgeschenke** auch dann machen, wenn dies dem Wunsch des Betreuten entspricht und nach seinen Lebensverhältnissen üblich ist (§ 1908 i Abs. 2 S. 1). 1

Wie den Eltern (§ 1641) und dem Vormund sind auch dem Betreuer Schenkungen aus dem verwalteten Vermögen verboten (S. 1). Ausgenommen sind Pflicht- und Anstandsschenkung (S. 2) sowie Gelegenheitsgeschenke (§ 1908 i Abs. 2 S. 1). Die **verbotene Schenkung** ist **nichtig**, und zwar sowohl die schuldrechtliche Abrede (§§ 516, 518) als auch das dingliche Vollzugsgeschäft; hieran ändert auch eine (unzulässige) betreuungsgerichtliche Genehmigung nichts (BayObLG Rpfleger 1988, 22); s. auch Rn 13. Der Betreuer kann auch nicht wirksam Schenkungen des unter **Einwilligungsvorbehalt** (§ 1903) stehenden Betreuten zustimmen, soweit sie ihm selbst verboten sind (OLG Stuttgart FamRZ 1969, 39). 2

Der **geschäftsfähige** Betreute ist nicht gehindert, beliebig Schenkungen zu machen (LG Ansbach NJW 1988, 2387). Er kann den Betreuer zu Schenkungen an Dritte bevollmächtigen und auch den Betreuer selbst beschenken (Schwab FamRZ 1990, 681, 688). Das Betreuungsgericht wird u. U. zu erwägen haben, ob die Betreuung aufzuheben, der Betreuer auszuwechseln oder ein Einwilligungsvorbehalt anzuordnen ist. Das Schenkungsverbot betrifft nur den Betreuer, der die Vermögenssorge innehat, hindert also den Betreuer mit anderem Aufgabenkreis nicht daran, auf Grund einer **Vollmacht** des Betreuten unentgeltlich über dessen Vermögen zu verfügen (BayObLG BtPrax 2004, 149). Der Betreute, soweit testierfähig, kann den Betreuer auch **letztwillig** bedenken. § 14 HeimG findet keine (analoge) Anwendung (BayObLG FamRZ 1998, 702; Palandt-Edenhofer § 1937 Rn 13), auch nicht auf das Verhältnis zwischen Betreuten und Vorsorgebevollmächtigten (BayObLG FamRZ 2003, 713). Das Testament zugunsten des Betreuers kann aber wegen der Umstände, unter denen es errichtet worden ist, nach § 138 BGB sittenwidrig sein (vgl. dazu OLG Braunschweig, FamRZ 2000, 1189 u. BayObLG FamRZ 2003, 713; Palandt a.a.O. Rn 16). 3

2. Schenkungen

Schenkung setzt Bereicherung des Empfängers durch Zuwendung aus dem Vermögen des Schenkers voraus und **Einigung** über die **Unentgeltlichkeit** der Zuwendung (§ 516 Abs. 1). Fallen Zuwendung und Einigung zeitlich zusammen, wie regelmäßig bei Gelegenheitsschenken, z. B. einem Geldgeschenk, spricht man von einer (formlos gültigen) **Handschenkung**. Das **Schenkungsversprechen** hingegen bedarf der notariellen Beurkundung (§ 518 Abs. 1). Schenkung ist nicht nur die unentgeltliche Übertragung von Sachen, auch die Aufgabe oder 4

von Crailsheim

BGB § 1804

Minderung eines Rechts kann Schenkung sein, z. B. der unentgeltliche Erlass einer Schadensersatzforderung (OLG Stuttgart FamRZ 1969, 39).

5 Schenkung ist grundsätzlich auch die unentgeltliche Übertragung von Grundbesitz an die künftigen Erben (**„vorweggenommene Erbfolge"**, BayObLG BtPrax 1996, 183); der Verzicht auf den Pflichtteil ist keine **Gegenleistung** für eine Grundstücksübertragung (BGH NJW 1991, 1610); desgleichen nicht die Übernahme dinglicher Lasten, die Einräumung eines Wohnrechts (BGH NJW 1989, 2122) oder eines Nießbrauchs (BayObLG BtPrax 1998, 72), diese Lasten mindern lediglich den Wert der Schenkung.

6 Als **Gegenleistung** kann aber die Zusage von Pflege und Betreuung mit der Grundstücksüberlassung verknüpft sein (Übertragungs- und Versorgungsverträge; Altenteils- oder Leibgedingvertrag). Bei der Bewertung der Gegenleistung sind hier auch in **Geldwert nicht messbare Belastungen** zu berücksichtigen, die der Erwerber im Interesse des Veräußerers übernimmt, insbesondere Einschränkungen in der Lebensführung, wie Verzicht auf Urlaubsreisen und der Zwang, auf dem übernommenen Grundstück zu wohnen (OLG Hamm NJW-RR 1992, 1170). Zur möglichen hinzutretenden finanziellen **Belastung** des Übernehmers durch Beteiligung an den **Heimkosten** bei notwendiger Heimunterbringung des Betreuten: BGH NJW 2003, 1126. Beim **Altenteil** i. S. von Art. 15 PrAGBGB, Art. 96 EGBGB (zum Begriff BGH a.a.O.) Anspruch auf Zahlung einer Geldrente; bei sonstigen Verträgen bei fehlender Regelung ergänzende Vertragsauslegung: Ausgleich ersparter Aufwendungen (BGH a.a.O.); OLG Koblenz NJW-RR 2004, 1375: Vermietung der Wohnräume an Dritte. **Keine Schenkung** ist der Baukostenzuschuss an Angehörige, wenn damit eine Betreuungsabsicht verbunden ist, die **Wohnung** des Betreuten **gesichert** wird und der Umzug ins Altenheim verhindert wird (OLG Hamm FamRZ 1993, 1434). Eine Geldzuwendung ist nicht unentgeltlich, wenn damit die **Besuche von Verwandten** des Betreuten finanziert werden (BayObLG Rpfleger 1988, 22), ggf. ist bei diesem Sachverhalt das Vorliegen einer Anstandsschenkung zu prüfen (Rn 10), hierzu kritisch Staudinger-Engler Rn 16.

7 Überwiegt der **unentgeltliche Charakter** der Zuwendung, handelt es sich um eine **gemischte Schenkung** (zum Begriff und zur Abgrenzung s. BGH NJW 1999, 1626; OLG Frankfurt BtPrax 2008, 84; Palandt-Weidenkaff § 516 Rn 13), die grundsätzlich dem Schenkungsverbot unterliegt (Staudinger-Engler Rn 8). Soweit trotz der o. g. in Geldwert nicht messbaren Belastungen des Erwerbers die entsprechende Vereinbarung als gemischte Schenkung eingeordnet werden muss, ist zu prüfen, ob es sich um eine vom Schenkungsverbot ausgenommene Pflicht- oder Anstandsschenkung handelt (OLG Hamm Rpfleger 1987, 200; Erman-Saar Rn 3; s. u. Rn 9 u. § 1828 Rn 10).

8 **Keine Schenkungen** sind nach § 517 kraft **gesetzlicher** Bestimmung **Ausschlagung** einer **Erbschaft** oder eines **Vermächtnisses** (§ 2180), **Erb- und Pflichtteilsverzicht** (nicht der Verzicht auf den angefallenen Pflichtteilsanspruch, Palandt-Weidenkaff § 517 Rn 4) sowie **unterlassener Vermögenserwerb** z. B. die unterlassene Mieterhöhung. Genehmigungspflichten lassen das Schenkungsverbot unberührt, so ist z. B. der schenkweise Erlass eines angefallenen Pflichtteilsanspruches (§ 397 Abs. 1) nichtig und nicht nach § 1822 Nr. 2 genehmigungsfähig (MK-Wagenitz Rn 9). Eine **Ausstattung** ist **keine Schenkung**, insoweit sie das den Umständen, insbesondere den Vermögensverhältnissen der betreuten Mutter oder des betreuten Vaters entsprechende Maß nicht übersteigt (§ 1624 Abs. 1; vgl. zur Genehmigungspflicht § 1908). Auch eine unentgeltliche **Grundstücksüber-**

Schenkungen des Vormunds **§ 1804 BGB**

tragung kann eine Ausstattung sein, z. B. im Rahmen einer Hof- oder Geschäftsübergabe (OLG Stuttgart BWNotZ 2001, 64; Rpfleger 2004, 695; vgl. Erläuterung zu § 1908). Legt der Betreuer Geld im Namen des Betreuten in der Weise an, dass der Rückzahlungsbetrag im Falle des Todes des Betreuten an einen Drittbegünstigten fallen soll (**Vertrag zugunsten Dritter** § 331 BGB), unterliegt diese Vereinbarung mit dem Kreditinstitut selbst nicht dem Schenkungsverbot aus § 1804 (BayObLG FGPrax 2002, 221). Anderes gilt für die Absprachen im Rechtsverhältnis zwischen dem Betreuten und dem Drittbegünstigten. Die Vereinbarung mit dem Kreditinstitut ist nach §§ 1809, 1812 genehmigungspflichtig, im Rahmen des Genehmigungsverfahrens sind dann etwaige Absprachen zwischen Betreuer und Drittbegünstigtem zu bewerten (BayObLG a.a.O.). Keine Schenkung, sondern **Leihe** (§ 598) ist die unentgeltliche Überlassung einer Sache zum Gebrauch (vgl. auch § 1805). Keine Schenkung sind Zuwendungen zur Abgeltung zweifelhafter Ansprüche, hier handelt es sich um einen **Vergleich** (§ 779; Damrau/Zimmermann Rn 6), der der Genehmigung nach § 1822 Nr. 12 bedarf; zur Prüfungspflicht s. § 1822 Rn 31.

3. Pflicht- und Anstandsschenkungen

Pflicht- und Anstandsschenkungen sind vom Vertretungsverbot ausgenommen 9
(§ 1804 S. 2) und unterliegen auch nicht der Rückforderung und dem Widerruf
(§ 534). Allgemeine sittliche Pflicht zur Nächstenliebe genügt nicht; die Schenkung muss **sittlich geboten** sein, wobei Vermögen, Lebensstellung der Beteiligten sowie deren persönliche Beziehungen untereinander zu berücksichtigen sind, z. B. Unterstützung notleidender Geschwister oder anderer nicht unterhaltsberechtigter Verwandter (BGH NJW 1986, 1926). Abzustellen ist darauf, ob das Unterlassen der Schenkung dem Betreuten als Verletzung einer für ihn bestehenden sittlichen Pflicht zur Last zu legen wäre (BayObLG BtPrax 1998, 72). Dass Kinder ihre Eltern pflegen, begründet für sich allein nicht die sittliche Pflicht der Eltern zu **belohnenden** Schenkungen an die Kinder (BayObLG a.a.O. mit Hinweis auf § 1618 a). Anderes kann gelten, wenn der Pflegende schwerwiegende persönliche Opfer erbracht hat und deswegen in ein Notlage gerät (BGH a.a.O.); kritisch hierzu Keim FamRZ 2004, 1081, 1085: bei **Pflegeleistungen** in erheblichem Umfang sei auch angesichts der damit verbundenen Entlastungen der Sozialsysteme regelmäßig von einer sittlichen Pflicht zur Entlohnung auszugehen. Eine sittliche Pflicht, künftigen **Erben** zu Lebzeiten unentgeltlich Vermögen zu übertragen besteht auch dann nicht, wenn mit dieser Übertragung für die künftigen Erben eine Steuerersparnis erreicht werden kann (BayObLG BtPrax 1996, 183). Weitergehend OLG Hamm (Rpfleger 1987, 200) wonach die Übertragung von Grundbesitz im Wege vorweggenommener Erbfolge zugleich einer sittlichen Pflicht entspricht, wenn das Rechtsgeschäft unter Berücksichtigung aller materiellen und immateriellen Interessen des Betreuten für diesen vorteilhaft ist (vgl. § 1828 Rn 10; kritisch dazu BayObLG Rpfleger 2003, 649, aber offengelassen, da Unterhalt des Betreuten nicht gesichert; vgl. auch Staudinger-Engler § 1804 Rn 17). Bei der Prüfung, ob eine Schenkung **sittlicher Pflicht** entspricht, ist auch auf den (mutmaßlichen) **Willen** des **Betreuten** Rücksicht zu nehmen z. B. bei Finanzierung eines Prozesses des Betreuers in eigener Sache aus dem Vermögen des Betreuten (OLG Karlsruhe FGPrax 2000, 145; OLG Stuttgart Rpfleger 2004, 695; a. A. MK-Schwab § 1908 i Rn 38).

BGB § 1804   Titel 1. Vormundschaft

10   Aus „**Anstand**" ist eine Schenkung erfolgt, wenn anderenfalls der Schenker an Achtung und Ansehen verlieren würde. Hierzu gehören Geschenke zu Geburts- und Festtagen, im Übrigen ist eine einzelfallbezogene Prüfung erforderlich. Bei einer belohnenden Schenkung darf das Maß der Freigiebigkeit nicht über das hinweggehen, was der Beschenkte anständigerweise als Ausgleich für seine eigenen Leistungen erwarten durfte (BGH NJW 1981, 111). Auch die Schenkung einer hohen Geldsumme kann für einen vermögenden Betreuten eine Anstandsschenkung sein, wenn damit der regelmäßige Besuch der einzigen Verwandten ermöglicht wird (BayObLG Rpfleger 1988, 22).

4. Gelegenheitsgeschenke

11   Die Möglichkeit, in Vertretung des Betreuten Geschenke zu machen, soll durch die Regelung des § 1908 i Abs. 2 S. 1 vorsichtig erweitert werden (BT-Drucks. 11/4528 S. 160). Gelegenheitsgeschenke zu Geburts- und Festtagen werden meist schon Pflicht- und Anstandsgeschenke sein (S. 2), gehen aber darüber hinaus und erfassen auch Geschenke aus allgemeiner Nächstenliebe oder Zuwendungen im Freundeskreis. Das Geschenk **muss** dem **Wunsch** des Betreuten entsprechen und nach seinen **Lebensverhältnissen üblich** sein, also mit Einkommen, Vermögen, Lebenszuschnitt und **bisherigen** Gepflogenheiten vereinbar sein (kritisch zur Kopplung an eine „Schenkungsbiographie": Holzhauer FamRZ 2000, 1063, 1064). Für die Wünsche gilt § 1901 Abs. 3, auf die Geschäftsfähigkeit des Betreuten kommt es nicht an. Die Grenze ist jedoch enger als in § 1901 Abs. 3 gezogen (Erman-Saar § 1908 i Rn 37). Auch wenn es dem Wunsch des Betreuten entspricht, fehlt dem Betreuer die Vertretungsmacht zu Schenkungen, die das nach dessen Lebensverhältnissen Übliche überschreiten.

12   Im Übrigen sollte eine **großzügige Auslegung** erfolgen, die sich auch an den allgemeinen, vom Vermögen und Einkommen geprägten Lebensumständen orientiert. Die Ausnahmen vom Schenkungsverbot dienen letztlich der Verwirklichung des Selbstbestimmungsrechts des Betreuten (Dodegge/Roth Teil D Rn 41). **Spenden,** z. B. an eine karitative Organisation, die als juristische Person satzungsgemäß wohltätige Zwecke verfolgt, sind Schenkungen (Palandt-Weidenkaff § 516 Rn 6) und dem Betreuer als Anstands- oder Gelegenheitsschenkung unter den o. g. Voraussetzungen gestattet, z. B. anlässlich von Haussammlungen oder gelegentlich bestimmter Jahrestage, etwa als Weihnachtsspende (wie hier: Dodegge/ Roth Teil D Rn 40; Erman-Roth § 1908i Rn 38).

5. Vertretungsmacht

13   Verstößt die Zuwendung gegen das **Schenkungsverbot,** kann der Betreuer nicht für den Betreuten handeln, die Schenkung ist nichtig und kann weder vom Betreuungsgericht noch von einem Ergänzungsbetreuer noch vom Betreuten genehmigt werden. Handelt es sich um eine **zulässige** Anstands-, Pflicht- oder Gelegenheitsschenkung, steht dem Betreuer im Rahmen seines Aufgabenkreises die gesetzliche **Vertretungsmacht** zu. Es gelten die allgemeinen Vorschriften, er ist also z. B. bei Schenkungen an sich selbst, seinen Ehegatten oder Verwandten in gerader Linie von der Vertretung ausgeschlossen (§§ 1795, 181). Das Betreuungsgericht hat von Amts wegen einen **Ergänzungsbetreuer** zu bestellen (§ 1899 Abs. 4). Dabei ist als Vorfrage zu prüfen und zu entscheiden, ob eine zulässige

Schenkung vorliegt, nur dann besteht ein Bedürfnis für die Bestellung eines Ergänzungsbetreuers (OLG Karlsruhe FGPrax 2000, 145; BayObLG Rpfleger 1984, 414). Der Ergänzungsbetreuer entscheidet dann – auch bei Bejahung einer sittlichen Pflicht – nach § 1901, ob sich die Schenkung mit dem Wohl des Betreuten vereinbaren lässt (OLG Karlsruhe a.a.O.). Ist der Betreute geschäftsfähig, so wird man den Wunsch, entsprechend bisheriger Gepflogenheiten, z. B. an Festtagen Geldgeschenke im Familienkreis zu verteilen, ggf. so interpretieren können, dass der Betreuer als **Bote** des Betreuten handeln soll. Es lässt sich dann die Bestellung eines Ergänzungsbetreuers vermeiden, wenn der Betreuer selbst zu den Angehörigen zählt (vgl. hierzu auch MK-Schwab § 1908 i Rn 42). Auffallenden **Freigiebigkeiten** zu Gunsten der **Angehörigen** hat das Betreuungsgericht nachzugehen und ggf. deren Rückabwicklung zu überwachen (§ 1837 Abs. 2 Rn 5.).

Das Risiko der **Fehlbeurteilung einer Zuwendung** als Schenkung, Pflicht-, 14
Anstands- oder Gelegenheitsschenkung trägt der Betreuer. Das Betreuungsgericht darf hierüber nicht entscheiden (Rn 2); es hat die Zulässigkeit der Schenkung aber als **Vorfrage** zu prüfen, wenn die Zuwendung zugleich **genehmigungsbedürftig** ist, wie bei einer Grundstücksübertragung (BayObLG Rpfleger 2003, 649; Rpfleger 1988, 22). Kommt im Ansatz eine Genehmigung des Übergabevertrages in Betracht, darf die erforderliche Bestellung eines Ergänzungsbetreuers (vgl. Rn 13) nicht abgelehnt werden (OLG Stuttgart FamRZ 2005, 62).

§ 1805 Verwendung für den Vormund

Der Vormund darf Vermögen des Mündels weder für sich noch für den Gegenvormund verwenden. Ist das Jugendamt Vormund oder Gegenvormund, so ist die Anlegung von Mündelgeld gemäß § 1807 auch bei der Körperschaft zulässig, bei der das Jugendamt errichtet ist.

1. Trennungsgebot

Die Vorschrift ist auf die Betreuung sinngemäß anzuwenden (§ 1908 i Abs. 1 1
S. 1).

Die Betreuung ist **fremdnützig,** das Verbot der eigennützigen Verwendung 2
(S. 1) besagt also etwas Selbstverständliches. Das Vermögen des Betreuten ist strikt von dem des Betreuers und Gegenbetreuers zu trennen; unzulässig ist jedwede eigennützige Verwendung, so die Inanspruchnahme von Geldern ebenso wie der Gebrauch von Sachen des Betreuten (z. B. überwiegend eigennütziger Gebrauch des PKW des Betreuten; Wohnen im Hause des Betreuten ohne jede Beteiligung an den lfd. Kosten).

Nicht ausgeschlossen ist damit aber die entgeltliche Nutzung auf Grund korrekt 3
getroffener **vertraglicher Vereinbarungen** (RGRK-Dickesscheid Rn 2: auch für eine Darlehensgewährung an den Betreuer; Staudinger-Engler Rn 7: nur für Gebrauch von Sachen); nach a. A. soll es hingegen für § 1805 auf eine Gegenleistung nicht ankommen (MK-Wagenitz Rn 3). Bei sinngemäßer Anwendung des § 1805 auf die Betreuung sind derartige Verträge jedenfalls zuzulassen, wenn sie dem Wünschen und dem Wohl des Betreuten entsprechen (§ 1901 Abs. 2, 3), z. B. dem Betreuer eine Wohnung im Hause des Betreuten vermietet werden soll (Palandt-Diederichsen Rn 1; Damrau/Zimmermann Rn 3). Zum Vertragsschluss bedarf es der Ergänzungsbetreuung (§§ 1908 i Abs. 1 S. 1, 1795 Abs. 2, 181, 1899

BGB § 1805 Titel 1. Vormundschaft

Abs. 4) und ggf. der betreuungsgerichtlichen Gestattung, z. B. nach § 1811 bei einer Darlehensgewährung.

4   Der Betreuer ist durch § 1805 nicht gehindert, Aufwendungsersatz, Aufwandsentschädigung und bewilligte Vergütung (§§ 1835 ff.) dem freien Vermögen des Betreuten zu entnehmen.

5   Das Trennungsgebot ist auch für die **Anlage** und **Bereithaltung** von **Geldern** des Betreuten zu beachten. Geld ist, gleich in welcher Art, stets auf den **Namen des Betreuten** anzulegen; auch die laufenden Konten sind auf dessen Namen einzurichten, dies gilt auch, wenn der Sohn zum Betreuer seiner Mutter bestellt wird (LG Krefeld Rpfleger 2001, 302). Das Vermögen des Betreuten ist vor dem Zugriff durch Gläubiger des Betreuers, zu denen auch die Kreditinstitute gehören können, zu schützen (OLG Oldenburg Rpfleger 1979, 101). Der Betreute, bzw. ein neuer Betreuer muss jederzeit über die Gelder verfügen können. Ausnahmsweise können kleinere Verfügungsbeträge auch auf treuhänderisch geführten Konten **(Anderkonten)** bereit gehalten werden, wenn dies aus Gründen der Effizienz sinnvoll ist (MK–Wagenitz § 1806 Rn 16; Erman-Saar Rn 3; Staudinger-Engler Rn 8; a. A. Damrau/Zimmermann Rn 2; RGRK–Dickescheid Rn 2). Nach Palandt-Diederichsen (Rn 1), Ermann-Saar a.a.O. u. Staudinger-Engler a.a.O. ist auch ein für mehrere Betreute geführtes Anderkonto durch einen Rechtsanwaltsbetreuer zur Abwicklung laufender Ausgaben zulässig. Dem ist insbesondere im Zusammenhang mit der persönlichen Auszahlung von Barunterhalt zuzustimmen.

6   Bestrebungen der Vereine und anderer Berufsbetreuer, **Sammelgiro-** oder **Sammelanlagekonten** für eine Vielzahl von Betreuten zu führen, sind mit § 1805 nicht zu vereinbaren, und zwar auch dann nicht, wenn aus der internen Buchführung des Betreuers oder des Betreuungsvereins jederzeit zweifelsfrei ermittelt werden kann, welcher Betrag welchem Betreuten zuzuordnen ist (OLG Köln FamRZ 1997, 899 (LS) = OLG Report Köln 1997, 51; Dodegge/Roth Teil D Rn 44). Dies gilt auch für die Betreuungsbehörde. Die abweichende Regelung des § 56 Abs. 3 S. 1 SGB VIII (s. §§ 1852–1857 a Rn 21), die es gestattet, Mündelgelder auf Sammelkonten des Jugendamtes (auch bei der Stadt- oder Kreissparkasse) bereitzuhalten oder anzulegen, berechtigt die Betreuungsbehörde nicht, in gleicher Weise zu verfahren (Staudinger-Bienwald § 1908 i Rn 129; a. A. Holzhauer/Reinicke § 1908 g Rn 3). Die entsprechende Anwendung ist auch nicht geboten, da sie regelmäßig mit den Zielen der Betreuung nicht zu vereinbaren ist (§ 1901); die **Auflösung der Einzelkonten** nimmt dem Betreuten die eigene Verfügungsgewalt und vermittelt ihm das Gefühl der anonymen Verwaltung. Anderslautende Anweisungen der kommunalen Aufsichtsbehörde wären unzulässig (vgl. § 1837 Rn 5).

2. Sonstiges

7   Ausnahmsweise ist es der Betreuungsbehörde als Betreuer gestattet, Gelder auf den Namen des Betreuten bei **Kreditinstituten** der **kommunalen Körperschaften** anzulegen, bei denen die Betreuungsbehörde errichtet ist (S. 2), also Stadt- bzw. Kreissparkassen (§ 1807 Abs. 1 Nr. 5). Dasselbe gilt für den Behördenbetreuer (§ 1908 g Abs. 2). Ob hiervon Gebrauch gemacht wird, liegt im Ermessen des Betreuers; zur Durchführung bedarf es keiner Ergänzungsbetreuung (vgl. OVG Berlin NJW 1988, 1931).

Art der Anlegung §1807 BGB

Der Betreuer darf die **Arbeitskraft** des Betreuten nicht unentgeltlich ausnutzen. Lebt das behinderte Kind oder der ältere Betreute in Hausgemeinschaft mit dem Betreuer, wird eine Mithilfe im Haushalt seinen Interessen förderlich sein; auch hierfür ist auf die Selbstbestimmung des Betreuten abzustellen. Arbeits- und Dienstverträge sind zulässig. **8**

Die **Vertretungsmacht** des Betreuers (§ 1902) wird durch § 1805 nicht berührt; bei Pflichtwidrigkeiten hat das Betreuungsgericht einzuschreiten (§§ 1908 i Abs. 1 S. 1, 1837 Abs. 2). **9**

§ 1806 Anlegung von Mündelgeld

Der Vormund hat das zum Vermögen des Mündels gehörende Geld verzinslich anzulegen, soweit es nicht zur Bestreitung von Ausgaben bereitzuhalten ist.

Die Vorschrift ist auf die Betreuung sinngemäß anzuwenden (§ 1908 i Abs. 1 S. 1). **1**

Bargeld und Gelder auf **Girokonten** sind verzinslich anzulegen, soweit sie nicht zur Bestreitung von Ausgaben bereit zu halten sind. Das Verzinsungsgebot ist zwingend. Will der Betreuer Kapital des Betreuten anders anlegen, z. B. in Aktien, Immobilien, Unternehmensbeteiligungen, Edelmetallen usw. bedarf er der Gestattung des Betreuungsgerichts nach § 1811 (strittig s. § 1811 Rn 8). **2**

Ausgaben- bzw. **Verfügungsgelder** sind die Mittel, die bereit zu halten sind zum Unterhalt des Betreuten, zur Erfüllung von Verpflichtungen und sonstigen absehbaren Ausgaben, wie z. B. für Reparaturen zur Erhaltung von Sachwerten. Diese Gelder kann der Betreuer auf einem Girokonto, aber auch auf einem Sparkonto zu seiner Verfügung halten (vgl. hierzu § 1805 Rn 5); eine betreuungsgerichtliche Genehmigung zur Abhebung ist nicht erforderlich (§ 1813 Abs. 1 Nr. 2 bzw. 3). Diese Konten unterliegen auch nicht der Sperrverpflichtung nach § 1809, so dass § 1813 Abs. 2 nicht eingreift. Größere Beträge sind ggf. vorübergehend auf verzinslichen **Tages-** bzw. **Termingeldkonten** einzuzahlen. Nicht zu den Ausgaben i. S. d. Vorschrift zählen geplante Vermögensumschichtungen, z. B. die Anschaffung von Immobilien; hierfür bereit gehaltene Gelder unterliegen dem Verzinsungsgebot (Dodegge/Roth Teil E Rn 43 m. w. N.); s. auch Rn 2. **3**

Der Betreuer ist durch § 1806 nicht gehindert, dem Betreuten Gelder zur eigenen Verfügung und Verwaltung zu überlassen, ihm ist der Genuss des eigenen Vermögens und der eigenen Einkünfte zu ermöglichen (vgl. vor § 1802 Rn 6). **4**

§ 1807 Art der Anlegung

(1) **Die im § 1806 vorgeschriebene Anlegung von Mündelgeld soll nur erfolgen:**
1. **in Forderungen, für die eine sichere Hypothek an einem inländischen Grundstück besteht, oder in sicheren Grundschulden oder Rentenschulden an inländischen Grundstücken;**
2. **in verbrieften Forderungen gegen den Bund oder ein Land sowie in Forderungen, die in das Bundesschuldbuch oder in das Landesschuldbuch eines Landes eingetragen sind;**
3. **in verbrieften Forderungen, deren Verzinsung vom Bund oder einem Land gewährleistet ist;**

von Crailsheim

BGB § 1807 Titel 1. Vormundschaft

4. in Wertpapieren, insbesondere Pfandbriefen, sowie in verbrieften Forderungen jeder Art gegen eine inländische kommunale Körperschaft oder die Kreditanstalt einer solchen Körperschaft, sofern die Wertpapiere oder die Forderungen von der Bundesregierung mit Zustimmung des Bundesrates zur Anlegung von Mündelgeld für geeignet erklärt sind;
5. bei einer inländischen öffentlichen Sparkasse, wenn sie von der zuständigen Behörde des Landes in welchem sie ihren Sitz hat, zur Anlegung von Mündelgeld für geeignet erklärt ist, oder bei einem anderen Kreditinstitut, das einer für die Anlage ausreichenden Sicherungseinrichtung angehört.

(2) Die Landesgesetze können für die innerhalb ihres Geltungsbereichs belegenen Grundstücke die Grundsätze bestimmen, nach denen die Sicherheit einer Hypothek, einer Grundschuld oder einer Rentenschuld festzustellen ist.

Übersicht

	Rn.
1. Grundsatz	1
2. Anlagen nach Abs. 1 Nr. 1–4	4
3. Anlagen nach Abs. 1 Nr. 5	9

1. Grundsatz

1 Die Vorschrift ist auf die Betreuung sinngemäß anzuwenden (§ 1908 i Abs. 1 S. 1).

2 Entscheidet sich der Betreuer für eine Anlage in **Forderungen** oder **Wertpapieren** und macht er nicht von der Möglichkeit des § 1811 Gebrauch, ist er an den Katalog des § 1807 Abs. 1 gebunden. Zusätzlich ist die Genehmigung des Gegenbetreuers bzw. des Betreuungsgerichts einzuholen (§ 1810), soweit hiervon nicht Befreiung erteilt ist (§ 1908 i i. V. m. §§ 1857 a, 1852 Abs. 2). Zur mündelsicheren Anlage allgemein s. Fritsche RPfleger 2007, 53. Der Katalog entbindet nicht von der Pflicht zur **wirtschaftlichen Vermögensverwaltung** (s. § 1810 Rn 3). Zur Befreiung von den Pflichten nach §§ 1806, 1807 s. § 1811 Rn 14 und § 1817 Rn 5.

3 **Vorgefundene** Geldanlagen, die von § 1807 abweichen, müssen nicht umgeschichtet werden. Dies verbieten im Regelfall nicht nur wirtschaftliche Gründe, sondern auch der Respekt vor dem Betreuten, der diese Anlagen gewählt hat. Jedoch ist der Betreuer verpflichtet, im Einvernehmen mit dem Betreuten (§ 1901 Abs. 2, 3) die Rückführung risikoreicher Anlagen zu prüfen.

2. Anlagen nach Abs. 1 Nr. 1–4

4 Die Anlage nach Abs. 1 Nr. 1, Abs. 2 hat keine praktische Bedeutung. Zu Einzelheiten siehe MK-Wagenitz Rn 9 ff.

5 Zu Nr. 2 zählen die Anleihen des Bundes, z. B. Bundesschatzbriefe und Bundesobligationen (**Bundeswertpapiere;** s. auch §§ 1814–1816 Rn 13), sowie der Länder. Diese unverbrieften Forderungen werden in das Bundes-/Landesschuldbuch eingetragen, sind den verbrieften Forderungen (Wertpapiere) rechtlich gleichgestellt (vgl. §§ 1814–1816 Rn 13) und werden auch als „**Wertrechtsanleihen**" bezeichnet.

Unter Nr. 3 fallen z. B. **Unternehmens- und Bankanleihen**, deren Rückzah- 6 lung und/oder Verzinsung der Staat im öffentlichen Interesse **garantiert** (zu Einzelheiten s. RGRK-Dickescheid Rn 12). Bemerkenswert ist, dass nur die Garantie der Verzinsung verlangt wird, was den Betreuer aber nicht davon entbindet, auch auf die Rückzahlungsgarantie zu achten.

Die in Nr. 4 genannten Anlagen müssen ausdrücklich für mündelsicher erklärt 7 sein. Zu erwähnen sind hier die **Pfandbriefe;** dies sind Schuldverschreibungen der privaten öffentlich-rechtlichen Bodenkreditbanken zur Finanzierung von Immobiliardarlehen („Hypothekenpfandbriefe") oder von Darlehen an die öffentliche Hand („Öffentliche Pfandbriefe" oder „Kommunalobligationen"). Diese Pfandbriefe sind generell für mündelsicher erklärt worden (zu Einzelheiten s. Damrau/Zimmermann Rn 9 ff. u. unten Rn 14).

Die in Nr. 3 und 4 verzeichneten Anleihen werden überwiegend stückelos 8 ausgegeben. Der Erwerber erhält keine effektiven Stücke (Einzelurkunden) über sein Recht, sondern ist über ein Depot seines Kreditinstitutes an einem **Sammelbestand** beteiligt, der durch eine oder mehrere **Sammel-** oder **Globalurkunden** verbrieft ist; vgl. §§ 1814–1816 Rn 12.

3. Anlagen nach Abs. 1 Nr. 5

Mündelsicher sind ferner Anlagen bei einer inländischen öffentlichen **Spar-** 9 **kasse** (Stadt-, Kreissparkasse), die nach Landesrecht für mündelsicher erklärt ist; hierzu zählen auch die privatrechtlich organisierten Sparkassen („freie Sparkassen") (s. Nachweise bei RGRK-Dickescheid Rn 20 ff.). Für die Verbindlichkeiten der kommunalen Sparkassen haften die Gebietskörperschaften („Gewährträger"); jedoch wurden mit Wirkung vom 19. Juli 2005 Anstaltslast und Gewährträgerhaftung aus wettbewerbsrechtlichen Gründen abgeschafft (Vereinbarung zwischen der EU-Kommission und der Bundesregierung, umgesetzt durch Änderung der Landessparkassengesetze); siehe im Übrigen zu der **Einlagensicherung** der Sparkassenorganisationen Rn 11. **Anlagen** bei derartigen Kreditinstituten sind Sicht-, Termin-, Spareinlagen und Sparbriefe (Namensschuldverschreibungen), sowie sonstige Bankschuldverschreibungen. z. B. vom Kreditinstitut begebene Inhaberschuldverschreibungen. Für die Anlage auf einem **Postsparbuch** bei der Postbank gelten die allgemeinen Vorschriften (Rn 10).

Gleichgestellt sind Anlagen bei **anderen Kreditinstituten** (Genossenschafts- 10 banken, Regionalbanken, Privatbanken, Öffentliche Banken, Großbanken), sofern diese einer für die konkrete Kapitalanlage ausreichenden Einlagensicherung angehören. Hierbei ist zu unterscheiden zwischen der **gesetzlichen** Pflichtsicherung und der ergänzenden **freiwilligen** Einlagensicherung, bei letzterer wiederum zwischen Einrichtungen, die bei Insolvenz des Kreditinstituts das Guthaben des einzelnen Anlegers schützen und solchen, die die Liquidität und Solvenz des Instituts selbst garantieren (institutssichernde Einrichtungen). Jedes Kreditinstitut muss mit Ausnahme der Genossenschaftsbanken und der Sparkassen, die einer freiwilligen institutssichernden Einrichtung angehören, einer gesetzlichen Entschädigungseinrichtung zugeordnet sein. Diese Pflichtsicherung umfasst in Umsetzung einer geänderten EU-Richtlinie (2009/14/EG) nunmehr 100% des Guthabens des einzelnen Anlegers bis zur Höhe von maximal 50 000 Euro bzw.

BGB § 1807 Titel 1. Vormundschaft

ab 1. 1. 2011 geplant 100000 Euro (geregelt im Einlagensicherungs- und Anlegerschutzgesetz – EAEG – vom 16. 7. 1998, zuletzt geändert am 23. 6. 2009, BGBl. I S. 1528, s. dort auch zu den Voraussetzungen im Einzelnen). Auch die Niederlassungen ausländischer Banken gehören einer gesetzlichen Entschädigungseinrichtung an und können sich einem freiwilligen Einlagensicherungsfonds anschließen. Niederlassungen deutscher Banken im Ausland sind in das Sicherungssystem der Bank einbezogen, hingegen unterliegen ausländische Tochtergesellschaften als eigenständige Banken dem jeweiligen nationalen Recht. Zu den **Informationspflichten** der Kreditinstitute s. Rn 13.

11 Da der gesetzliche Schutz unzureichend ist, gehören nahezu alle Institute einer ergänzenden **freiwilligen** Einlagensicherung an, deren Träger die Verbände der jeweiligen **Institutsgruppen** sind (zu Auskünften s. Rn 15). Der Einlagensicherungsfonds der **Privatbanken** schützt im Insolvenzfall die Einlagen des jeweiligen Bankkunden bis zur Höhe von 30% des haftenden Eigenkapitals (§ 10 KWG) des betroffenen Instituts. Damit sind auch bei kleineren Banken Einlagen in Millionenhöhe abgesichert. Entsprechenden Schutz, jedoch ohne betragsmäßige Begrenzung der Haftungssumme, bietet der Einlagensicherungsfonds der **Öffentlichen Banken**, dem z. B. die **Postbank** angehört. Die Sicherungseinrichtung der **Genossenschaftsbanken** schützt das angeschlossene Institut selbst und damit umfassend die Einlagen des einzelnen Gläubigers. Entsprechendes gilt für die Sicherungseinrichtungen der **Sparkassenorganisation,** denen auch die freien Sparkassen angehören.

12 Die Anlage bei einer öffentlichen, genossenschaftlichen oder privaten **Bausparkasse** fällt wegen ihrer Besonderheit nicht unter § 1807 Abs. 1 Nr. 5. Sie kann aber nach § 1811 gestattet werden. Die Bausparkassen gehören verschiedenen Einlagensicherungsfonds an (zu Auskünften s. Rn 15).

13 Die Sicherungseinrichtungen der Sparkassen und der Genossenschaftsbanken garantieren den Bestand des angeschlossenen **Instituts** (ggf. durch Fusion), erfassen daher **alle** Einlagen (Kontenguthaben und Schuldverschreibungen.) Bei anderen Instituten kann der Schutz des Gläubigers **gegenständlich beschränkt** sein, so sind bei den Sicherungseinrichtungen der Bankenverbände die Verbindlichkeiten ausgeschlossen, über die die betroffene Bank Inhaberpapiere ausgestellt hat (Inhaberschuldverschreibungen). Der Betreuer muss sich also vergewissern, dass das von ihm für die Anlage ausgewählte Institut einer Einlagensicherungseinrichtung angehört und der hierdurch gewährte **Schutz** die **Anlage** ihrer **Art** und **Höhe** nach umfasst (die Kreditinstitute müssen den Kunden über die Sicherungseinrichtungen informieren, denen sie angeschlossen sind § 23 a KWG). Entsprechendes gilt für das Betreuungsgericht im Rahmen der Verrichtungen nach §§ 1810, 1811, 1837 Abs. 2. Im Sicherungsfall hat der Gläubiger nur gegen die gesetzlichen Entschädigungseinrichtungen (Rn 10) einen eigenen Anspruch; im Übrigen gewähren die freiwilligen Sicherungseinrichtungen weder den angeschlossenen Instituten noch deren Gläubigern unmittelbare Ansprüche.

14 **Wertpapiere**, die das Institut begeben hat, Namenspapiere (Sparbriefe) und Inhaberschuldverschreibungen sind **Einlagen** i. S. d. Abs. 1 Nr. 5, die aber nicht bei allen Instituten von der Sicherungseinrichtung erfasst sind (Rn 13). **Pfandbriefe** (Rn 7) sind zwar Bankanleihen, werden aber von der Insolvenz des ausgebenden Instituts nicht berührt (§ 35 Abs. 1 HypBankG; § 6 Abs. 1 PfandbrG); sie sind mittelbar besichert durch die für die mit der Anleihe finanzierten Darlehen bestellten Grundpfandrechte oder im Falle der Kommunalschuldverschreibungen die Haftung der Kommunen für die aufgenommenen Darlehen. **Keine Anlagen**

Anlegung mit Sperrvermerk　　　　　　　　　　　　　　　　**§ 1809 BGB**

bei den Kreditinstituten sind die in ein **Wertpapierdepot** eingelieferten Wertpapiere, sie bleiben in jeder Verwahrart Eigentum des Gläubigers (§§ 1814–1816 Rn 9 ff.) und fallen nicht in die Insolvenzmasse. Jedoch werden Forderungen gegen das Institut aus **Wertpapiergeschäften** geschützt, insbesondere gehören hierzu Herausgabeansprüche aus der Verwahrung und Verwaltung der Wertpapiere (§ 1 Abs. 4 EAEG; s. Rn 10). Einen allgemeinen Anlegerschutz gegen die Risiken einer Kapitalanlage gibt es nicht,

Auskünfte: Bundesverband deutscher Banken (BdB), Burgstr. 28, 10178 Berlin 15
(www.bdb.de); Bundesverband Öffentlicher Banken Deutschlands e. V. (VÖB), Lennéstr. 17, 10785 Berlin (www.voeb.de); Bundesverband der Deutschen Volksbanken und Raiffeisenbanken e. V. (BVR) Heussallee 5, 53113 Bonn, *(www.vrnet.de)*; Deutscher Sparkassen- und Giroverband e. V., Simrockstr. 4, 53113 Bonn (www.dsgv.de); ferner die Bundesanstalt für Finanzdienstleistungsaufsicht (Bankenaufsicht): Graurheindorfer Str. 108, 53117 Bonn und (Wertpapieraufsicht): Lurgiallee 12, 60439 Frankfurt *(www.bafin.de)*.

§ 1809 Anlegung mit Sperrvermerk

Der Vormund soll Mündelgeld nach § 1807 Abs. 1 Nr. 5 nur mit der Bestimmung anlegen, dass zur Erhebung des Geldes die Genehmigung des Gegenvormunds oder des Familiengerichts erforderlich ist.

1. Sperrung

Die Vorschrift ist auf die Betreuung sinngemäß anzuwenden (§ 1908 i Abs. 1 1
S. 1).
Der Betreuer hat Gelder bei Kreditinstituten (§ 1807 Abs. 1 Nr. 5) versperrt 2
anzulegen, d. h. er hat **rechtsgeschäftlich** mit dem Kreditinstitut zu vereinbaren, dass zur Erhebung des Geldes die Genehmigung des Gegenbetreuers oder des Betreuungsgerichts erforderlich ist. Diese Verpflichtung trifft auch die Mitbetreuer bei gemeinschaftlicher Führung der Betreuung, da sich § 1809 nicht auf die Ausnahme des § 1812 Abs. 3 a. E. bezieht (MK-Wagenitz Rn 9). Mit dieser **Sperre** werden die **Befreiungen** des § 1813 Abs. 1 Nr. 2, 3 **außer Kraft** gesetzt (§ 1813 Abs. 2 S. 1), so dass der Betreuer zur Erhebung der Gelder unabhängig von der Höhe des Guthabens und der Art des Kontos der Genehmigung des Gegenbetreuers oder des Betreuungsgerichts bedarf (§ 1812 Abs. 1, 3 Fall 1); s. hierzu auch § 1828 Rn 12 ff. Die Vorschrift dient dem Schutz des Betreuten vor Veruntreuung. Zahlt das Kreditinstitut ohne Genehmigung aus, tritt keine Befreiung ein, es muss erneut geleistet werden (LG Berlin Rpfleger 1988, 186).
Die Sperre **bindet** nur den Betreuer und **nicht den Betreuten.** Der geschäfts- 3
fähige Betreute vermag jederzeit über seine Gelder zu verfügen und er bedarf dazu auch nicht der betreuungsgerichtlichen Genehmigung (Erman-Saar § 1908 i Rn 24). An der Handlungskompetenz des geschäftsfähigen Betreuten neben dem Betreuer ist auch für diesen Bereich festzuhalten (s. auch vor § 1802 Rn 7). Unzulässig wäre daher der Sperrvermerk: „Verfügung nur durch Betreuer" (Platz, Bankgeschäfte S. 281). Aber auch, wenn die Sperrung eines Guthabens durch den Betreuer zum faktischen Ausschluss des Betreuten führt, weil die Kreditinstitute aus Rechtsunkenntnis oder zur Vermeidung eines Haftungsrisikos dessen Anweisungen nicht beachten, darf die Sperre nicht unterbleiben (a. A. LG Mönchenglad-

von Crailsheim

BGB § 1810

bach BtPrax 1997, 203 mit abl. Anmerkung Bienwald BtPrax 1998, 15 und Blank BtPrax 1998, 21). Die Vorschrift gilt auch dann, wenn der Betreute ihren Sinn nicht einzusehen vermag und hohe Bargeldbeträge zu Hause verwahren will (BayObLG FamRZ 2005, 398).

4   Wird durch konkurrierendes Handeln des Betreuten die Vermögensverwaltung erschwert oder vereitelt, hat das Betreuungsgericht zu erwägen, ob die Betreuung (teilweise) aufzuheben ist, ein anderer Betreuer besser mit dem Betreuten zusammenarbeiten kann oder ggf. ein Einwilligungsvorbehalt (§ 1903) anzuordnen ist. Im Einzelfall wird es u. U. helfen, dem Betreuten ein Sparbuch zur eigenen Verwaltung zu überlassen (s. hierzu vor § 1802 Rn 2 ff. und Bienwald Anhang zu § 1908 i Rn 90).

5   Die Sperre ist **rechtsgeschäftlich** zu vereinbaren zwischen Betreuer und Kreditinstitut. Das Betreuungsgericht selbst ist hierzu nicht berufen, muss aber die Sperrung kontrollieren und ggf. unverzüglich Maßnahmen ergreifen, z. B. das Kreditinstitut unmittelbar unterrichten (OLG Oldenburg Rpfleger 1979, 101). Zur Kontensperrung als vorläufige Maßregel des Gerichts s. § 1846 Rn 5, 6.

2. Anwendungsbereich

6   Zu sperren sind auch Sparguthaben, Termingelder, Sparbriefe, die 3000 Euro nicht übersteigen (vgl. § 1813 Abs. 1 Nr. 2), soweit es sich nicht um Verfügungsgelder handelt, anderenfalls stünde es dem Betreuer frei, die Anlagen ungebunden auf mehrere Konten zu verteilen (MK-Wagenitz Rn 2). Aus Gründen der Rechtssicherheit und des Schutzes des Betreuten – auch im Hinblick auf § 808 (vgl. Palandt-Sprau § 808 Rn 6 ff.) – sind auch die zu Beginn der Betreuung bereits **vorgefundenen** Anlagen entsprechend § 1809 zu sperren (h. M. Palandt-Diederichsen, Rn 1). Zu sperren sind entsprechend § 1809 ferner Anlagen bei Kreditinstituten, die nach **§ 1811** gestattet worden sind, z. B. verbriefte Forderungen, die nicht (ausreichend) durch die Einlagensicherung geschützt sind (Damrau/Zimmermann Rn 3; Oberloskamp-Band § 9 Rn 90).

7   **Ausgabe-** oder **Verfügungsgelder** (vgl. § 1806 Rn 3), die der Betreuer auf Spar-, Termin- oder insbes. Girokonten bereithält, unterliegen nicht der Sperrverpflichtung. Ihre Sperrung darf weder verlangt werden, noch braucht das Betreuungsgericht eine entsprechende Befreiung zu erteilen.

8   Von § 1809 erfasst wird die **Kündigung** der Einlage, nicht hingegen die Einziehung der Zinsen (§ 1813 Rn 13). § 1809 betrifft nicht den befreiten Betreuer (§§ 1908 i, 1817 Abs. 1, 1857 a, 1852 Abs. 2 S. 1).

§ 1810 Mitwirkung von Gegenvormund oder Familiengericht

Der Vormund soll die in den §§ 1806, 1807 vorgeschriebene Anlegung nur mit Genehmigung des Gegenvormunds bewirken; die Genehmigung des Gegenvormunds wird durch die Genehmigung des Familiengerichts ersetzt. Ist ein Gegenvormund nicht vorhanden, so soll die Anlegung nur mit Genehmigung des Familiengerichts erfolgen, sofern nicht die Vormundschaft von mehreren Vormündern gemeinschaftlich geführt wird.

Andere Anlegung **§ 1811 BGB**

Die Vorschrift ist auf die Betreuung sinngemäß anzuwenden (§ 1908 i Abs. 1 **1**
S. 1).
Auch wenn sich der Betreuer für eine mündelsichere Anlage aus dem Katalog **2**
des § 1807 entscheidet, hat er hierzu die Genehmigung des **Gegenbetreuers**
oder des **Betreuungsgerichts** einzuholen, es sei denn, die Vermögenssorge ist
mehreren Betreuern **gemeinschaftlich** übertragen (§ 1899 Abs. 3). Ist ein
Gegenbetreuer vorhanden, kann sich der Betreuer auch unmittelbar an das Betreuungsgericht wenden (zur Anhörung des Gegenbetreuers s. § 1826). Können sich
Mitbetreuer nicht über eine Anlage einigen, entscheidet das Betreuungsgericht
durch den Richter (s. hierzu § 1797 Abs. 1 S. 2).
Betreuungsgericht und Gegenbetreuer haben zu prüfen, ob die Anlage einer **3**
wirtschaftlichen Vermögensverwaltung entspricht und einzuschreiten, wenn
der Betreuer z. B. pflichtwidrig größere Beträge auf einem niedrig verzinslichen
Sparkonto belässt (LG Kassel FamRZ 2002, 626; LG Bremen Rpfleger 1993,
338). Soll die Anlage nicht bei einer mündelsicheren Sparkasse erfolgen, ist die
Sicherheit der Anlage zu ermitteln (s. hierzu § 1807 Rn 9 ff.), ggf. ist eine Gestattung nach § 1811 zu prüfen, die aber nur das Betreuungsgericht, nicht der Gegenbetreuer erteilen kann.
Die fehlende Genehmigung berührt die Rechtswirksamkeit der Anlage nicht **4**
(Innengenehmigung). Zweckmäßig ist i.d.R. eine vorherige Genehmigung.
Die Anlage kann aber auch nachträglich genehmigt werden, auch schlüssig, z. B.
im Zusammenhang mit der Rechnungslegung.
Kein Genehmigungsvorbehalt besteht bei befreiter Betreuung (§§ 1908 i, 1817 **5**
Abs. 1, 1857 a, 1852 Abs. 2 S. 1).
Es entscheidet der Rechtspfleger (§ 3 Nr. 2 b RPflG).

§ 1811 Andere Anlegung

**Das Familiengericht kann dem Vormund eine andere Anlegung als die
in § 1807 vorgeschriebene gestatten. Die Erlaubnis soll nur verweigert
werden, wenn die beabsichtigte Art der Anlegung nach Lage des Falles
den Grundsätzen einer wirtschaftlichen Vermögensverwaltung zuwiderlaufen würde.**

1. Abweichende Anlegung

Die Vorschrift ist sinngemäß auf die Betreuung anzuwenden (§ 1908 i Abs. 1 **1**
S. 1).
Dem Betreuer soll ermöglicht werden, Gelder auch in **nicht mündelsicheren** **2**
Formen anzulegen, soweit dies nicht den Grundsätzen einer wirtschaftlichen Vermögensverwaltung zuwiderläuft, z. B. in Schuldverschreibungen, die nicht unter
§ 1807 fallen, in Aktien oder in Investmentpapieren. Damit ist der Weg offen zur
Anlage in Wertpapieren, die neben Erträgen auch die Chance bieten, die Substanz
des Vermögens zu mehren (vgl. den Überblick über die Anlageformen bei Fiala/
Nerb S. 57 ff.). Im Bereich der verzinslichen Anlagen hat § 1811 Bedeutung für
Inhaberschuldverschreibungen der Banken, Kommunalanleihen, Industrieanleihen, ausländische Staatsanleihen und ausländische Pfandbriefe, Anlage bei Kreditinstituten, die keiner ausreichenden Sicherungseinrichtung angehören, also nicht

BGB § 1811   Titel 1. Vormundschaft

unter § 1807 Abs. 1 Nr. 5 fallen, s. hierzu § 1809 Rn 6. Zur Anlage in Sachwerten s. Rn 8.

3   Nicht erforderlich ist, dass die geplante Anlage gegenüber einer solchen nach § 1807 bei gleicher **Sicherheit** besondere wirtschaftliche **Vorteile** bietet (Palandt-Diederichsen Rn 1; Staudinger-Engler Rn 10 m. w. N.; a. A. OLG Frankfurt Rpfleger 1984, 147 m. w. N.: offengelassen OLG Köln FamRZ 2003, 708; ebenso von OLG Frankfurt BtPrax 2002, 266) Angesichts der Bandbreite und differenzierten Ausgestaltung der mündelsicheren Anlagen in Bundeswertpapieren und Pfandbriefen, sowie bei Sparkassen und privaten Kreditinstituten wird sich – jedenfalls im Bereich der verzinslichen Anlagen – ein besonderer wirtschaftlicher Vorteil bei gleichwertiger Sicherheit heute nur schwer darstellen lassen. Damit wäre der Betreuer wiederum ausschließlich auf § 1807 verwiesen.

4   Entscheidend ist, ob die geplante Anlage mit den Grundsätzen einer **wirtschaftlichen Vermögensverwaltung** vereinbar ist (OLG München RPfleger 2009, 617; OLG Schleswig Rpfleger 2000, 112; BGH NJW 1987, 1070 zu den Grenzen einer Vermögensverwaltung nach § 1811). Dies ist für jede einzelne Anlage konkret zu prüfen unter Einbeziehung der **individuellen Verhältnisse** (voraussichtliche Dauer der Betreuung; ist der Betreute auf die Erträge angewiesen; welche Gelder müssen im Hinblick auf die Verpflichtungen des Betreuten kurzfristig verfügbar sein usw.); Art und Umfang des Vermögens; bisherige eigenverantwortliche Anlageentscheidungen des Betreuten; steuerliche Vor- und Nachteile; Fachkenntnisse des gesetzlichen Vertreters (OLG Frankfurt DB 1999, 739 = NJW-RR 1999, 1236 mit Anm. Wanner/Laufer; OLG Frankfurt BtPrax 2002, 266, 267). **Wirtschaftliche Gesichtspunkte** sind vor allem die Sicherheit, die Rentabilität und die Verfügbarkeit der Anlage. Bei größeren Vermögen ist eine **Streuung** auf verschiedene Anlagearten vorzunehmen. So läuft es den Grundsätzen einer wirtschaftlichen Vermögensverwaltung zuwider 75% des Vermögens (150 000 Euro von 200 000 Euro) in einen einzelnen Immobilienfonds zu investieren (OLG Frankfurt BtPrax 2002, 266). Der nicht sachkundige Betreuer darf im Vorfeld seiner Anlageentscheidungen **sachverständige Hilfe** heranziehen, wenn Art und Umfang des (wieder)anzulegenden Vermögens die Kosten des Gutachtens eines unabhängigen Sachverständigen für Finanzplanung rechtfertigen (vgl. Fiala/Nerb S. 44 ff. u. unten Rn 12). Planung und Anlage haben die individuellen Umstände des **Betreuten** zu berücksichtigen (s. o.). Auch hier ist seinen **Wünschen** in den vom Gesetz vorgegebenen Grenzen zu entsprechen (§ 1901), z. B. dem Wunsch weiterhin mit seinem Kreditinstitut zusammenzuarbeiten, auch wenn höhere Gebühren dagegen sprechen und bestimmte Anlagen nicht angeboten werden. Er kann jedoch nicht verlangen, dass z. B. erhebliche Beträge auf einem Sparbuch verbleiben oder zu Hause verwahrt werden (s. vor § 1802 Rn 9). Dass der Betreuer bei seiner Anlageentscheidung dem Wohl des Betreuten verpflichtet ist und nicht den Interessen potentieller Erben, versteht sich von selbst.

5   Die Anlage muss hinreichend **sicher** sein. Dies ist bei der Anlage in **Aktien** problematisch; andererseits entspricht es wirtschaftlichen Grundsätzen, jedenfalls bei **mittleren** und **größeren** Vermögen einen Teil des Vermögens langfristig in Aktien zu investieren, um den Geldwertschwund verzinslicher Anlagen auszugleichen (Hötzel/von Oerst DB 1994, 2303). Außerdem handelt es sich um einen „**Sachwert**", der auch im Falle einer (allerdings eher unwahrscheinlichen) Währungsreform mehr Sicherheit böte, als eine mündelsichere Anlage i.S.d. § 1807. Die Grenzen der ordnungsgemäßen Verwaltung sind nicht bereits da zu ziehen, wo der „sicherste Weg" verlassen wird (BGH a.a.O. Rn 4). Der Erwerb von

Andere Anlegung § 1811 BGB

Aktien ist im Rahmen des § 1811 auch deshalb nicht generell ausgeschlossen, weil die bloße Streuung bei der Kapitalanlage schon eine sinnvolle Vorsichtsmaßnahme sein kann (BGH a.a.O. Rn 4). Die mit der Anlage in Aktien verbundenen Risiken lassen sich im Hinblick auf die für Investmentfonds gesetzlich vorgeschriebene Risikomischung auch streuen durch die Beteiligung an **Aktieninvestmentfonds** (OLG Schleswig a.a.O. Rn 4; OLG Köln a.a.O. Rn 3). Zur Vielschichtigkeit des Risikobegriffs im Vergleich **verzinslicher Anlagen** zum Aktieninvestment (Kaufkraftschwund vs. Wertsteigerung) vgl. Werkmüller/Oyen Rpfleger 2003, 66, 68.

Auflage und Vertrieb von – auch ausländischen – **Investmentanteilen** erfolgen 6 durch Kapitalanlagegesellschaften und müssen den strengen Anforderungen des Investmentgesetzes genügen. Zur Mündelgeldanlage in Investmentanteilen s. Vogt Rpfleger 1996, 389 und Fiala/Behrendsen Rpfleger 1997, 281; Werkmüller/Oyen Rpfleger 2003, 66. Der Erwerb von Anteilen an einem **offenen Immobilienfonds** (Eigentümerin der Immobilien ist die Kapitalanlagegesellschaft) bedarf nur der Gestattung nach § 1811, dasselbe gilt für Anteile an einem **Beteiligungsfonds** (stille **Unternehmensbeteiligungen** i. S. d. § 230 HGB; stiller Gesellschafter ist die Kapitalanlagegesellschaft); anders für die Beteiligung an einem **geschlossenen Immobilienfonds** in Form einer GmbH und Co KG, hier ist eine Genehmigung nach § 1822 Nr. 3 erforderlich (OLG Frankfurt DB 1999, 739 = NJW-RR 1999, 1236 mit Anm. Wanner/Laufer).

Zur Anlage bei **Kreditinstituten** s. zunächst § 1807 Rn 9 ff., dort auch zu 7 ausländischen Banken. Eine höhere Rendite ist regelmäßig mit höherem Risiko verbunden. Auch das Risiko bei Anlage in Anleihen lässt sich streuen durch Erwerb von **Renteninvestmentanteilen** (s. o.). Als hinreichend sicher wird man die Bankschuldverschreibungen einer Großbank oder einer großen Privatbank ansehen müssen, desgleichen die meisten ausländischen Staatsanleihen im Bereich der EU, sowie die **Standardinvestmentfonds** der Sparkassen, Genossenschaftsbanken und Großbanken (so für die Standardfonds der Genossenschaftsbanken das OLG Schleswig a.a.O. Rn 4). Gleichwohl ist der Renditeunterschied zu Pfandbriefen etc. dann nur noch so gering, dass die ungesicherte Schuldverschreibung (s. § 1807 Rn 13) als Alternative i.d.R. ausscheidet.

Nach wohl überwiegender Meinung ist auch die **Anlage** in **Sachwerten**, 8 z. B. Immobilien und Edelmetallen sowie in Unternehmensbeteiligungen dem **Erlaubnisvorbehalt** des § 1811 unterworfen (Palandt-Diederichsen Rn 1; Staudinger-Engler Rn 9 m. w. N.; Dodegge/Roth Teil E Rn 51; a. A. RGRK-Dickescheid § 1806 Rn 2, der aber auf die Anlage in Edelmetallen § 1811 analog anwenden will). Der Erwerb von Immobilien und Unternehmensbeteiligungen ist daneben nach §§ 1821, 1822 genehmigungspflichtig (zur Beteiligung an entsprechenden Investmentfonds s. Rn 6).

Aus **besonderen Gründen** kann auch eine Anlage gestattet werden, die an 9 sich nicht mit den Grundsätzen einer wirtschaftlichen Vermögensverwaltung vereinbar ist, z. B. die Gewährung eines Darlehens an Angehörige oder Investitionen in Familienunternehmen (str., wie hier: Damrau/Zimmermann Rn 8 m. w. N.; Erman-Saar Rn 4) In sinngemäßer Anwendung des § 1811 auf die Betreuung werden hier Wohl und Wünsche des Betreuten (§ 1901 Abs. 2, 3) und seine Stellung in der Familie abzuwägen sein. Die Auszahlung eines solchen Darlehens wird regelmäßig mit einer Verfügung über eine Bankforderung des Betreuten verbunden und damit nach § 1812 genehmigungspflichtig sein (OLG Köln FGPrax 1999, 26).

von Crailsheim

BGB § 1811 Titel 1. Vormundschaft

2. Entscheidung des Betreuungsgerichts

10   Über die Erlaubnis entscheidet der Rechtspfleger des **Betreuungsgerichts** (§ 3 Nr. 2 b RPflG), **auch** wenn ein Gegenbetreuer bestellt ist. Bei Neuanlagen und Umstrukturierung des Vermögens sind die Vorstellungen des Betreuten zu berücksichtigen (§ 1901 Abs. 2, 3). Dies gilt auch für das Betreuungsgericht (s. Rn 4). **Sicherheit** und **Rentabilität** der Anlage muss der Rechtspfleger nach § 26 FamFG von **Amts wegen ermitteln** (vgl. z. B. BayObLG bei Goerke, Rpfleger 1985, 182 für kanadische Staatspapiere in Höhe von 5% eines Millionenvermögens; OLG Frankfurt a.a.O. Rn 6 für Auslandsimmobilien; OLG Schleswig a.a.O. Rn 4 für Renten- und Aktienfonds; ebenso OLG Köln a.a.O. Rn 3 für einen Aktienfonds; s. auch Vogt und Fiala/Behrendsen je a.a.O.; zum Amtsermittlungsgrundsatz s. insbes. OLG München a.a.O. Rn 4)

11   Allgemeine **Auskünfte** über die Anlage in **Investmentfonds** erteilt der Bundesverband Deutscher Investmentgesellschaften (BVI), Eschenheimer Anlage 28, 60318 Frankfurt. Eine laufend aktualisierte Aufstellung der Investmentfonds, bei denen die Mündelgeldanlage betreuungsgerichtlich gestattet worden ist, kann im Internet abgerufen werden *(www.bvi.de)*. Aktuelle Informationen über Wertentwicklung und Ertrag einzelner Fonds sind bei der Stiftung Warentest abrufbar (Postfach 30 41 41, 10724 Berlin; *www.stiftung-warentest.de*). Auskünfte können auch eingeholt werden bei den Banken- und Sparkassenverbänden (Anschriften § 1807 Rn 15), dort auch die Anschrift der Bundesanstalt für Finanzdienstleistungsaufsicht, die aber keine amtlichen Auskünfte erteilt zu Wirtschaftlichkeit und Sicherheit der im Einzelfall in Frage stehenden Anlage.

12   Bei der Prüfung der komplexen Frage, was zu den Grundzügen einer wirtschaftlichen Vermögensverwaltung zählt, wird sich der Rechtspfleger des Betreuungsgerichts im Einzelfall **externen Sachverstands** bedienen müssen, was im Rahmen der Ermittlungen nach § 26 FamFG ohne weiteres zulässig ist (OLG Schleswig a.a.O. Rn 4; ebenso OLG Köln a.a.O. Rn 3; OLG Frankfurt BtPrax 2002, 266, 267), z. B. Gutachten eines öffentlich bestellten **Finanzsachverständigen** für Kapitalanlagen und private Finanzplanung (IHK). Die Entscheidung des Gerichts ergeht nach pflichtgemäßem Ermessen (OLG München a.a.O. Rn 4; OLG Köln a.a.O. Rn 3; a. A. Damrau/Zimmermann Rn 7 je m. w. N.) unter Abwägung aller für die konkrete Anlage ermittelten Umstände, wobei auch die Fachkenntnisse des gesetzlichen Vertreters einbezogen werden können (OLG Frankfurt a.a.O. Rn 6). Es handelt sich um eine **Einzelfallprüfung**, allgemeine Erwägungen wie „Schwankungen des Rentenmarkts" „Risiko des Kursverfalls" „generell nicht das erforderliche Maß an Sicherheit" genügen nicht (OLG München a.a.O. Rn 4; OLG Schleswig a.a.O. Rn 4; OLG Köln a.a.O. Rn 3; OLG Frankfurt BtPrax 2002, 266). Das Verfahren nach § 1811 wird nach Lage des Einzelfalls auch Anlass sein, die Bestellung eines Gegenbetreuers zu prüfen (§§ 1792, 1799).

13   § 1811 ist **Ordnungsvorschrift** (Innengenehmigung); die Vertretungsmacht des Betreuers ist nicht eingeschränkt, eine ohne die erforderliche Erlaubnis vorgenommene Anlage ist wirksam. Zur Haftung des Betreuers vgl. § 1833. Das Betreuungsgericht wird ggf. spekulativen oder sonstigen unwirtschaftlichen Anlagen entgegentreten müssen durch Gebote und Verbote (§ 1837 Abs. 2). Es kann nur eine **konkrete** Anlage genehmigt werden, nicht abstrakt eine künftige Anlage oder Anlageart (MK-Wagenitz Rn 18). In der Praxis empfehlenswert ist aber eine

Verfügungen über Forderungen und Wertpapiere § 1812 BGB

grundsätzliche „Inaussichtstellung" der Genehmigung bestimmter Anlageformen (z.B. Aktien von DAX-Unternehmen) im Rahmen einer konkreten Betreuung. **Umschichtungen** des Bestandes sind gesondert zu gestatten. Auch größere Vermögen können daher nicht der Verwaltung durch externe Dritte **(Vermögensverwalter)** in dem Sinne frei überlassen werden, dass dessen Anlageentscheidungen keiner Einzelgenehmigung mehr bedürfen; zur sachverständigen Hilfe s. Rn 4, 12. Der Betreuer wird also insbesondere bei großen Vermögen eine Vermögensverwaltung beauftragen und bevollmächtigen dürfen (s. auch Bundesratsentwurf BtÄndG BT-Drucks. 15/2494 S. 29 zu § 1899 Abs. 1 S. 3), kann ihr aber nicht mehr Rechte übertragen als er selbst hat. Die Verwaltung des Betreutengelddepots steht also unter dem grundsätzlich keiner Befreiung zugänglichen Gestattungsvorbehalt nach § 1811. Die Befreiung nach § 1817 Abs. 1 setzt ja voraus, dass praktisch kein Kapitalanlagevermögen vorhanden ist. Vgl. zur Behörde Rn 14 u. zur Bestimmung Dritter § 1803 Rn 3. In gewisser Weise umgangen wird die Einzelgenehmigungspflicht durch den Kauf von Anteilen an einem oder mehreren **Fonds bzw. Dachfonds**. Zwar ist der Erwerb genehmigungspflichtig, die Transaktionen innerhalb des einzelnen Fonds entziehen sich aber der Mitwirkungsmöglichkeit des Betreuungsgerichts. Dabei besteht in der Sache kein Unterschied, ob der vom Betreuer beauftragte Vermögensverwalter handelt oder der durch Erwerb des Fonds beauftragte Fondsmanager.

Zur Befreiung des Betreuers nach §§ 1908 i Abs. 1 S. 1, 1817 Abs. 1 vgl. dort. **14** Die **Betreuungsbehörde** als Betreuer – nicht der Behördenbetreuer – kann nach **Landesrecht** vom Vorbehalt des § 1811 **befreit** sein (§§ 1852–1857 a Rn 13). Diese Befreiung ist so zu verstehen, dass die Behörde unter den Voraussetzungen des § 1811 ohne Gestattung vom Katalog des § 1807 abweichen darf (im Ergebnis ebenso Staudinger-Engler Rn 25; kritisch MK-Wagenitz Rn 20).

§ 1812 Verfügungen über Forderungen und Wertpapiere

(1) **Der Vormund kann über eine Forderung oder über ein anderes Recht, kraft dessen der Mündel eine Leistung verlangen kann, sowie über ein Wertpapier des Mündels nur mit Genehmigung des Gegenvormunds verfügen, sofern nicht den §§ 1819 bis 1822 die Genehmigung des Familiengerichts erforderlich ist. Das Gleiche gilt von der Eingehung der Verpflichtung zu einer solchen Verfügung.**

(2) **Die Genehmigung des Gegenvormunds wird durch die Genehmigung des Familiengerichts ersetzt.**

(3) **Ist ein Gegenvormund nicht vorhanden, so tritt an die Stelle der Genehmigung des Gegenvormunds die Genehmigung des Familiengerichts, sofern nicht die Vormundschaft von mehreren Vormündern gemeinschaftlich geführt wird.**

1. Anwendungsbereich – Überblick

Die Vorschrift ist auf die Betreuung sinngemäß anzuwenden (§ 1908 i Abs. 1 **1** S. 1).

Verfügungen über Forderungen oder andere Leistungsrechte, sowie Wertpa- **2** piere, sind zum Schutz des Betreuten an die Zustimmung des **Gegenbetreuers oder** des **Betreuungsgerichts** gebunden, soweit nicht ein spezieller Genehmi-

BGB § 1812   Titel 1. Vormundschaft

gungsvorbehalt nach §§ 1819 bis 1822 besteht. Ohne die erforderliche Genehmigung vorgenommene Rechtsgeschäfte sind unwirksam (sog. **Außengenehmigung**), im Gegensatz zur bloßen Innengenehmigung nach §§ 1810, 1811; 1823, welche die Wirksamkeit des Rechtsgeschäfts unberührt lässt. **Verträge** können auch **nachträglich** genehmigt werden (§ 1829 Abs. 1). Vom Genehmigungsvorbehalt erfasst sind **Forderungen** (schuldrechtliche Ansprüche aller Art) oder **andere Rechte,** kraft derer eine **Leistung** verlangt werden kann, z. B. **Grundschulden** und Hypotheken. Zu den **Wertpapieren** zählen Inhaber-, Order- und Namens(Rekta)papiere (Palandt-Sprau vor § 793 Rn 1 ff.); bei den Namenspapieren (Sparbrief, Sparbuch) wird jedoch nicht über das Wertpapier, sondern unmittelbar über die verbriefte Forderung verfügt. Die Pflichten aus §§ 1812, 1813 betreffen grds. nicht die beteiligten Kreditinstitute, sie tragen aber das Ausfallrisiko, da sie bei einer Verfügung ohne Genehmigung nicht von der Leistungspflicht frei werden (BGH BtPrax 2007, 170), s. auch § 1813 Rn 2.

3   **Verfügung** ist jedes Rechtsgeschäft, durch das ein Recht aufgehoben, übertragen, belastet oder inhaltlich geändert wird (BGHZ 1, 294, 304), z. B. die Abtretung einer Forderung (§ 398) oder die Aufhebung einer Grundschuld (§ 875). Die Vorschrift schränkt umfassend die gesetzliche Vertretungsmacht des Betreuers ein. Damrau (FamRZ 1984, 842) schlägt vor, § 1812 entsprechend dem ursprünglichen **Schutzzweck** nur anzuwenden, wenn Geldleistungen betroffen sind und die Gefahr der Veruntreuung durch den gesetzlichen Vertreter besteht (so auch Palandt-Diederichsen Rn 4; Staudinger-Engler Rn 39). Dies wird aber trotz allgemeiner Tendenz, § 1812 restriktiv auszulegen, zutreffend als zu weitgehend abgelehnt (OLG Hamm Rpfleger 1991, 56, 57; MK-Wagenitz, Rn 12; Erman-Saar Rn 6; RGRK-Dickescheid Rn 6). Rechtsgeschäfte, die den persönlichen Bedarf und die **persönliche Lebensführung** des Betreuten betreffen, wird man jedoch ausklammern können (MK–Wagenitz Rn 13; Erman-Saar Rn 6), z. B. die Kündigung eines Zeitschriftenabonnements. Diese eingeschränkte Anwendung entspricht auch der Handhabung in der Praxis. Zur Auseinandersetzung über die Auslegung des § 1812 s. auch Staudinger-Engler Rn 33 ff. Im Übrigen besteht gerade bei der Betreuung großer Vermögen, wo der Vollzug der Vorschrift in jedem Einzelfall nicht mehr praktikabel ist, die Möglichkeit der Erteilung einer allgemeinen Ermächtigung nach § 1825 für bestimmte Bereiche.

4   Genehmigungspflichtig ist die **Verfügung,** wenn sie der **Mitwirkung des Betreuers** bedarf, gleich, wie sie zustande kommt: ob der Betreuer selbst handelt, einen Bevollmächtigten einschaltet oder der Verfügung des unter Einwilligungsvorbehalt stehenden Betreuten zustimmt; vgl. hierzu und zu Verfügungen des Testamentsvollstreckers, des postmortal Bevollmächtigten, des vom Betreuer Bevollmächtigten, des Vorerben, der Gesamthandsgemeinschaft die Erläuterungen zu § 1821 Rn 6 ff. Keine Verfügungen sind Prozesshandlungen s. § 1821 Rn 10.

2. Einzelfälle

5   **Bewegliche Sachen** kann der Betreuer frei veräußern, folglich auch nach §§ 929, 931 zum Zwecke der Übereignung einen Herausgabeanspruch nach § 931 abtreten (str., MK–Wagenitz Rn 17); hingegen ist die **Einziehung** des **Kaufpreises** aus der Veräußerung genehmigungspflichtig, ebenso die Verfügung über einen Anspruch auf Verschaffung beweglicher Sachen.

Bei **grundstücksbezogenen Verfügungen** ist der **spezielle** Genehmigungs- 6
vorbehalt des § 1821 Abs. 1 zu beachten. Ausgenommen sind die Verfügungen
über **Hypotheken** und **Grundschulden** (§ 1821 Abs. 2), sie unterliegen der allgemeinen Regelung des § 1812. Genehmigungsgegenstand ist nicht die Eintragungs-(Löschungs-)bewilligung nach § 19 GBO, sondern die Verfügung, die
grundbuchmäßig vollzogen werden soll, z. B. Abtretung oder Aufhebung einer
Grundschuld. Der Fremdgrundschuld steht die **Eigentümergrundschuld** gleich
(str.). Genehmigungspflichtig ist auch die Aufhebung einer letztrangigen Eigentümergrundschuld (BayObLG Rpfleger 1985, 24 m. abl. Anm. Damrau Rpfleger
1985, 26), desgleichen die Zustimmung zur Löschung einer Fremdgrundschuld
(§ 27 GBO), da hierin die Verfügung über die Anwartschaft auf den Erwerb einer
Eigentümergrundschuld liegt (§§ 1192, 1183).

Mit einer **Berichtigungsbewilligung** wird **keine Verfügung** vollzogen, aber 7
es bleibt zu prüfen, ob tatsächlich nur eine **Buchposition** betroffen ist; die Grundbuchberichtigung ist daher entsprechend § 1812 genehmigungspflichtig (Damrau/
Zimmermann Rn 21); anders, wenn die Unrichtigkeit nachgewiesen wird (§ 22
GBO). Das Grundbuchamt hat bei einer **abstrakten Löschungsbewilligung**
oder Löschungszustimmung des Betreuers, die den Grund der Löschung nicht
erkennen lassen, grundsätzlich die betreuungsgerichtliche Genehmigung zu verlangen (MK-Wagenitz Rn 34). Erteilt der Betreuer eine **löschungsfähige Quittung** (§ 1144), muss die Entgegennahme der Leistung genehmigt sein (vgl. Klüsener Rpfleger 1981, 461, 468). Vgl. zur Berichtigungsbewilligung auch § 1821
Rn 9.

Die **Kündigung** eines Mietvertrages für den Betreuten als **Vermieter** (bspw. 8
von Wohnraum) ist genehmigungspflichtig, da sie zum Verlust der Ansprüche auf
Mietzinszahlung führt (OLG Hamm Rpfleger 1991, 56; LG Münster Rpfleger
1994, 251), allgemeine Ermächtigung möglich (§ 1825); zum Betreuten als Mieter
vgl. § 1907 Abs. 1 und zur Vermietung von Wohnraum des Betreuten s. § 1907
Abs. 3 letzter Halbs.

Die **Annahme** einer dem Betreuten **geschuldeten Leistung** ist, wie der 9
Zusammenhang mit § 1813 verdeutlicht, grundsätzlich **genehmigungspflichtig**.
Dies trifft auch auf die **Kündigung** einer Darlehensforderung oder eines Sparguthabens zu, die zur Einziehung erforderlich ist, oder eine Aufrechnung, die zum
Erlöschen der Forderung führt, es sei denn, die Einziehung der betroffenen Forderung wäre nach § 1813 Abs. 1 genehmigungsfrei (MK-Wagenitz/Schwab § 1813
Rn 2).

Damit der Genehmigungsvorbehalt für die Verfügungen nicht umgangen wer- 10
den kann, ist auch das **Verpflichtungsgeschäft** genehmigungsbedürftig **(Abs. 1
S. 2)**. Auch wenn bereits eine Verpflichtung wirksam besteht, bleibt das Genehmigungserfordernis für die Verfügung unberührt.

3. Genehmigungsverfahren

Die Genehmigung erfolgt durch den **Gegenbetreuer** (Abs. 1); ist ein solcher 11
nicht vorhanden, durch das **Betreuungsgericht** (Abs. 3), das auch eine verweigerte Genehmigung des Gegenbetreuers ersetzen kann (Abs. 2). Es entscheidet
der Rechtspfleger (§ 3 Nr. 2 b RPflG). Die für die betreuungsgerichtliche Genehmigung geltenden Vorschriften der §§ 1828–1831 sind auf die Genehmigung des

BGB § 1813 Titel 1. Vormundschaft

Gegenbetreuers entsprechend anzuwenden (§ 1832). Zu den Verfahrensgrundsätzen vgl. die Erläuterungen zu § 1828 Rn 12 ff.

12 Keiner Genehmigung bedarf es, wenn die betreffende Aufgabe mehreren Betreuern **gemeinschaftlich** zugewiesen ist (Abs. 3); jedoch gilt auch hier die Sperrpflicht für Anlagen nach § 1807 Abs. 1 Nr. 5 (§ 1809 Rn 2).

13 Von den Pflichten nach § 1812 ist der sog. **befreite** Betreuer entbunden (§ 1908 i Abs. 1 S. 1 und Abs. 2 S. 2 i. V. m. §§ 1817 Abs. 1, 1857 a, 1852 Abs. 2). Das Betreuungsgericht kann auch eine **allgemeine Ermächtigung** erteilen zu Rechtsgeschäften, die der Genehmigungspflicht nach § 1812 unterfallen (§ 1825). S. hierzu auch den Überblick § 1817 Rn 1 ff., §§ 1852–1857 a Rn 1 ff.

§ 1813 Genehmigungsfreie Geschäfte

(1) **Der Vormund bedarf nicht der Genehmigung des Gegenvormundes zur Annahme einer geschuldeten Leistung:**
1. **wenn der Gegenstand der Leistung nicht in Geld oder Wertpapieren besteht,**
2. **wenn der Anspruch nicht mehr als 3000 Euro beträgt,**
3. **wenn der Anspruch das Guthaben auf einem Giro- oder Kontokorrentkonto zum Gegenstand hat oder Geld zurückgezahlt wird, das der Vormund angelegt hat,**
4. **wenn der Anspruch zu den Nutzungen des Mündelvermögens gehört,**
5. **wenn der Anspruch auf Erstattung von Kosten der Kündigung oder der Rechtsverfolgung oder auf sonstige Nebenleistungen gerichtet ist.**

(2) **Die Befreiung nach Absatz 1 Nr. 2, 3 erstreckt sich nicht auf die Erhebung von Geld, bei dessen Anlegung ein anderes bestimmt worden ist. Die Befreiung nach Absatz 1 Nr. 3 gilt auch nicht für die Erhebung von Geld, das nach § 1807 Abs. 1 Nr. 1 bis 4 angelegt ist.**

Übersicht

	Rn.
1. Grundsatz	1
2. Ausnahmen	3
3. Gegenausnahmen	16

1. Grundsatz

1 Die Vorschrift ist auf die Betreuung sinngemäß anzuwenden (§ 1908 i Abs. 1 S. 1).

2 Die **Annahme** einer **geschuldeten Leistung** ist **Verfügung** i. S. d. § 1812 Abs. 1 S. 1. Der Betreuer darf also grundsätzlich die Leistung nur mit Genehmigung des Gegenbetreuers bzw. des Betreuungsgerichts einziehen. **Zahlt der Schuldner, ohne** die erforderliche **Genehmigung** an den Betreuer so tritt keine Erfüllung nach § 362 ein (OLG Karlsruhe NJW-RR 1999, 230 für die Auszahlung einer Versicherungsleistung). Der Schuldner muss **erneut leisten**. Ein Gegenanspruch aus ungerechtfertigter Bereicherung (§ 812) steht ihm nur dann zu, wenn die ungenehmigte Leistung in das Vermögen des Betreuten gelangt ist; eine Aufrechnung mit diesem Anspruch ist aber ausgeschlossen, da ansonsten die Schutzvorschrift des § 1812 umgangen wird (str. Damrau/Zimmermann § 1812 Rn 8

80 *von Crailsheim*

m. w. N.). Die Genehmigung ist **Außen**genehmigung (§ 1812 Rn 2), die auch nachträglich erteilt werden kann (§ 1831 Rn 4). § 1813 Abs. 1 ordnet für **bestimmte** Leistungen eine **Ausnahme** an.

2. Ausnahmen

Abs. 1 Nr. 1 stellt Leistungen frei, deren Gegenstand nicht in **Geld** oder **Wertpapieren** besteht, also insbesondere **Sachleistungen**. 3

Die **Annahme** geschuldeter **Wertpapiere** ist stets nach § 1812 genehmigungspflichtig. Hierunter fällt die Verschaffung von **Eigentum** an Wertpapieren (Depotgutschrift), aber auch die **Herausgabe** von Wertpapieren aus der Verwahrung einer Hinterlegungsstelle. Die Bank kann auch bei nicht nach § 1814 versperrt hinterlegten Papieren nicht befreiend an den Betreuer leisten, soweit dieser nach § 1812 gebunden ist. Sonstige Verfügungen, wie **Übertragung** und **Verpfändung** unterliegen § 1812, soweit nicht §§ 1819–1822 anzuwenden sind. Die Annahme der **Rückzahlung** des angelegten Geldes ist als Verfügung über einen Zahlungsanspruch nach § 1812 genehmigungspflichtig. Ausnahmen nach **Abs. 1 Nr. 2 und 3** werden im Hinblick auf die Gegenausnahme nach **Abs. 2** selten sein. 4

Die **grundsätzliche Genehmigungspflicht** für die Annahme geschuldeter **Geldleistungen** dient der Kontrolle des Betreuers; Gegenbetreuer bzw. Betreuungsgericht können so ihrer Aufsichtspflicht genügen und ggf. der ordnungsgemäßen Verwendung der Gelder nachgehenden (§ 1799 Rn 3; § 1837 Rn 14). Andererseits muss die Verwaltung der ein- und ausgehenden Gelder praktikabel sein. Der **Ausnahmekatalog** des **Abs. 1 Nr. 2–5** soll auch die Arbeit des Betreuers erleichtern. Geldleistungen sind unter den in Abs. 1 Nr. 2–5 genannten Voraussetzungen ausgenommen, soweit keine **Gegenausnahme** (Abs. 2) vorliegt (s. hierzu auch § 1809 Rn 2). Probleme bereitete bis zur Einfügung des Halbsatzes 1 der Nr. 3 zum 1. 9. 2009 die **Zahlungsabwicklung** über **Bankkonten.** Die Vorschrift war dem modernen Zahlungsverkehr nicht angepasst. Im Vordergrund steht nämlich nicht die Barzahlung an den Betreuer, sondern die Verfügung des Betreuers über Bankkonten, insbesondere Girokonten, auf die Dritte Geldleistungen an den Betreuten erbracht haben. Grundsätzlich ist aber weiterhin zu unterscheiden zwischen der Frage, ob der Schuldner des Betreuten durch Zahlung auf dessen Bankkonto befreiend geleistet hat und derjenigen, ob die Bank befreiend an den Betreuer leistet, wenn der Betreuer durch Abhebung oder Überweisung etc. über das Kontoguthaben verfügt. 5

Abs. 1 Nr. 2 betrifft **Geldzahlungsansprüche**. Maßgeblich ist die Höhe des **Gesamtanspruchs,** nicht die einer Teilleistung. Dies gilt auch für Ansprüche aus **Bankeinlagen**. Entscheidend ist also der aktuelle Kontostand. Der Betreuer wäre ansonsten befugt, ein Guthaben in beliebiger Höhe durch beliebige Teilabhebungen aufzulösen (h. M. OLG Karlsruhe FamRZ 2001, 786; OLG Köln Rpfleger 1994, 503; Palandt-Diederichsen Rn 3; Dodegge/Roth Teil E Rn 63). Nach a. A. soll es hier aber genügen, dass die **einzelne Abhebung** 3000 Euro nicht übersteigt, auch wenn das Konto ein höheres Guthaben aufweist (LG Saarbrücken Rpfleger 1993, 109 m. kritischer Anm. Wesche; Anm. Wagner/Müsch BtE 1992/ 1993 S. 25; MK-Wagenitz Rn 8 und Staudinger-Engler Rn 11 je für das Girokonto, anders für das Sparkonto). Diesem Streit ist durch die o.g. Neuregelung 6

BGB § 1813 Titel 1. Vormundschaft

insoweit die praktische Relevanz genommen und im Übrigen können die Beteiligten ggf. von der Möglichkeit des § 1825 Gebrauch machen.

7 Bei zu Beginn der Betreuung **vorgefundenen** Bankguthaben hat sich der Betreuer zu entscheiden: will er über die Gelder verfügen, bedarf es, soweit es sich nicht um ein Girokonto handelt und das Guthaben 3000 Euro übersteigt, einer Genehmigung des „ersten Zugriffs"; will er Geldanlagen, z. B. ein Sparbuch, beibehalten, hat er sie sperren zu lassen (vgl. § 1809 Rn 6).

8 Gelder, die der **Betreuer selbst** auf Bankkonten einzahlt, sind nach § 1809 zu versperren, wenn es sich um **Anlagegelder** handelt (§ 1807 Abs. 1 Nr. 5), so dass jede Abhebung unabhängig von der Höhe des Kontostandes und der Teilabhebung genehmigungspflichtig ist (Abs. 2 S. 1). **Ausgabe-** oder **Verfügungsgelder** (vgl. § 1806 Rn 4) stehen nach Abs. 1 Nr. 3 zur **genehmigungsfreien** Disposition des Betreuers, ohne dass es auf den Kontostand ankommt (Rn 10).

9 **Abs. 1 Nr. 3** betrifft die Neuregelung bei Girokonten (s.o) und die **Rückzahlung** von Geldern, die der Betreuer **selbst** angelegt hat, soweit nicht die Gegenausnahme nach Abs. 2 eingreift. Genehmigungsfrei ist hiernach die Abhebung oder Überweisung etc. vom Girokonto und von pflichtwidrig nicht nach § 1809 versperrten Anlagegeldern auf anderen Konten oder die Einziehung einer unversperrten unter § 1811 fallenden Geldanlage, z. B. die Rückzahlung einer Bankinhaberschuldverschreibung (§ 1811 Rn 2). Praktisch ist die Ausnahme für **Ausgabe-** oder **Verfügungsgelder**, die der Betreuer vorübergehend auf **Spar-** oder **Termingeldkonten** angelegt hat oder auf einem **Girokonto** bereithält (RGRK-Dickescheid Rn 5; Palandt-Diederichsen § 1806 Rn 5; MK-Wagenitz § 1806 Rn 15).

10 Das **Girokonto** dient aber auch der **Einziehung** von Geldern. Zieht der Betreuer Forderungen des Betreuten über das Girokonto ein, so liegt darin die Verfügung über die geschuldete Leistung, dem Betreuten wird stattdessen eine Forderung gegen die Bank verschafft. Die Abhebung des Geldes ist eine Verfügung über die **Forderung gegen die Bank** und nicht über die **ursprüngliche** Forderung gegen den **Schuldner** (anders Spanl Rpfleger 1989, 392, 395). Ob der **Schuldner** durch seine **Banküberweisung frei** geworden ist, richtet sich wie bei einer **Barleistung** nach Abs. 1 Nr. 2, 4 und 5. Die Bank ist nur Zahlstelle des Betreuers (Palandt–Heinrichs § 362 Rn 10).

11 Über die auf das Girokonto eingezahlten oder überwiesenen Gelder kann der Betreuer frei verfügen durch **Abhebung, Überweisung** oder im **Lastschriftverfahren**, ohne dass es auf die Guthabenhöhe und die Höhe des Betrages, über den verfügt wird, ankommt; zur bestehen bleibenden Leistungspflicht des Schuldners bei nicht genehmigter Leistungsannahme s. o. Rn 2, 10.

12 Genehmigungspflichtig ist – auch bei der befreiten Betreuung – die Inanspruchnahme eines **Überziehungskredits** (§§ 1908 i Abs. 1 S. 1, 1822 Nr. 8; s. auch § 1822 Rn 26). Das Betreuungsgericht kann aber insoweit eine allgemeine Ermächtigung erteilen (§ 1825).

13 Unter **Abs. 1 Nr. 4** fallen **Rentenzahlungen** (BSG MDR 1982, 698), **Mietzinsen,** Kapitalerträge, ohne dass es auf deren Höhe ankommt. **Sparguthabenzinsen** werden zwar am Jahresschluss dem Kapital zugeschlagen, können aber binnen angemessener Frist (AGB der Sparkassen und Banken: 2 Monate) genehmigungsfrei getrennt eingezogen werden.

14 Ohne Rücksicht auf die Höhe können z. B. Verzugszinsen und die Kosten eines Rechtsstreits (§ 91 ZPO) eingezogen werden (**Abs. 1 Nr. 5**).

Sperrung von Buchforderungen § 1816 BGB

Ist die Einziehung einer Forderung genehmigungsfrei so bleibt auch die evtl. 15
erforderliche vorbereitende **Kündigung** ungebunden. Der **Sparverkehr** ist nicht
mehr gesetzlich geregelt, die Kreditinstitute sehen nun einheitlich in ihren
Geschäftsbedingungen vor, dass bei Sparbüchern mit einer Kündigungsfrist von
drei Monaten ohne Kündigung bis zu 2000 Euro innerhalb eines Kalendermonats
zurückgezahlt werden können.

3. Gegenausnahmen

Der Katalog der genehmigungsfreien Leistungen wird durch die Gegenausnah- 16
men des **Abs.** 2 wieder eingeschränkt. Die **Befreiung** nach **Abs. 1 Nr. 2 und
3** erstreckt sich nicht auf Geld, bei dessen Anlegung etwas anderes vereinbart
worden ist; dies betrifft vor allem die Anlagen nach § 1807 Abs. 1 Nr. 5, z. B. ein
Sparbuchguthaben, wenn eine Sperrvereinbarung nach § 1809 getroffen worden
ist.

Ausgenommen von der **Befreiung** nach **Abs. 1 Nr. 3** ist ferner die Erhebung 17
von Geld, das nach § 1807 Abs. 1 Nr. 1–4 angelegt ist; z. B. die Abhebung nach
(automatischer) Einlösung eines fälligen Pfandbriefes.

§ 1814 Hinterlegung von Inhaberpapieren

**Der Vormund hat die zu dem Vermögen des Mündels gehörenden
Inhaberpapiere nebst den Erneuerungsscheinen bei einer Hinterlegungsstelle oder bei einem der in § 1807 Abs. 1 Nr. 5 genannten Kreditinstitute
mit der Bestimmung zu hinterlegen, dass die Herausgabe der Papiere
nur mit Genehmigung des Familiengerichts verlangt werden kann. Die
Hinterlegung von Inhaberpapieren, die nach § 92 zu den verbrauchbaren
Sachen gehören, sowie von Zins-, Renten- oder Gewinnanteilscheinen
ist nicht erforderlich. Den Inhaberpapieren stehen Orderpapiere gleich,
die mit Blankoindossament versehen sind.**

§ 1815 Umschreibung und Umwandlung von Inhaberpapieren

**(1) Der Vormund kann die Inhaberpapiere, statt sie nach § 1814 zu hinterlegen, auf den Namen des Mündels mit der Bestimmung umschreiben
lassen, dass er über sie nur mit Genehmigung des Familiengerichts verfügen kann. Sind die Papiere vom Bund oder einem Land ausgestellt, so
kann er sie mit der gleichen Bestimmung in Schuldbuchforderungen
gegen den Bund oder das Land umwandeln lassen.
(2) Sind Inhaberpapiere zu hinterlegen, die in Schuldbuchforderungen
gegen den Bund oder ein Land umgewandelt werden können, so kann
das Familiengericht anordnen, dass sie nach Absatz 1 in Schuldbuchforderungen umgewandelt werden.**

§ 1816 Sperrung von Buchforderungen

**Gehören Schuldbuchforderungen gegen den Bund oder ein Land bei
der Anordnung der Vormundschaft zu dem Vermögen des Mündels oder
erwirbt der Mündel später solche Forderungen, so hat der Vormund in**

BGB § 1816 Titel 1. Vormundschaft

das Schuldbuch den Vermerk eintragen zu lassen, dass er über die Forderungen nur mit Genehmigung des Familiengerichts verfügen kann.

Übersicht

	Rn.
1. Überblick	1
2. Hinterlegungsstelle	8
3. Globalurkunde/Wertrechte	12

1. Überblick

1 Die Vorschriften sind auf die Betreuung sinngemäß anzuwenden (§ 1908 i Abs. 1 S. 1).

2 Die **Verfügung** über Wertpapiere, einschließlich der Einziehung verbriefter Forderungen, bedarf grundsätzlich nach § 1812 Abs. 1 S. 1 der Genehmigung des **Gegenbetreuers oder** des Betreuungsgerichts, soweit nicht nach den **§§ 1819, 1820** die Genehmigung **ausschließlich** des **Betreuungsgerichts** erforderlich ist.

3 §§ 1814 ff. regeln die **Verwahrung** und **Sicherung** der Wertpapiere. Zur Inbesitznahme durch den Betreuer s. vor § 1802 Rn 2. Bestimmte Wertpapiere soll der Betreuer nicht verwahren, da bei Verlust und Veruntreuung der gutgläubige Erwerb Dritter möglich ist (s. zu den Inhaberpapieren §§ 932, 935). § 1814 ordnet daher zwingend die **Hinterlegung** von **Inhaberpapieren** und blankoindossierten Orderpapieren, z. B. Orderschuldverschreibungen (§§ 363, 364 HGB) an. Nach § 1818 kann auch die Hinterlegung sonstiger Wertpapiere, z. B. Sparbriefe, angeordnet werden. Die Hinterlegung hat mit der Maßgabe zu erfolgen, dass die **Herausgabe** der Papiere nur mit Genehmigung des **Betreuungsgerichts** zulässig ist.

4 **Solange** die Papiere **hinterlegt** sind, sind auch Verfügungen und die entsprechenden Verpflichtungsgeschäfte an die **Genehmigung** des Betreuungsgerichts gebunden (§ 1819).

5 Die **Umschreibung** von Inhaberpapieren auf den Namen des Betreuten (§ 1815 Abs. 1 S. 1) ist ohne praktische Bedeutung. Der Aussteller ist zur Umschreibung nicht verpflichtet (§ 806). Dasselbe gilt für die Umwandlung verbriefter Staatsanleihen in Schuldbuchforderungen (§ 1815 Abs. 1 S 2), da solche Anleihen seit Jahrzehnten nur unverbrieft aufgelegt werden; vgl. Rn 14.

6 **Schuldbuchforderungen** sind zu sperren (§ 1816); die Sperre erfasst auch die entsprechenden Verpflichtungsgeschäfte (§ 1820).

7 Die Genehmigungen nach §§ 1814 ff. sind vom Betreuungsgericht zu erteilen, die eines **Gegenbetreuers genügt nicht.** Das Betreuungsgericht kann Befreiung erteilen (§ 1817). Es entscheidet der Rechtspfleger (§ 3 Nr. 2 b RPflG). Für die kraft Gesetzes befreiten Betreuer besteht keine Hinterlegungs- und Sperrpflicht (§§ 1908 i, 1857 a, 1853). S. auch § 1828 Rn 12 ff.

2. Hinterlegungsstelle

8 Auf den **Inhaber lautende** Aktien, Schuldverschreibungen, Investmentanteilscheine hat der Betreuer zu hinterlegen **nebst** den dazugehörenden **Erneuerungsscheinen** (Urkunden, die zum Empfang neuer Zins- oder Gewinnanteilscheine ermächtigen, § 805). Zins-, Renten- oder Gewinnanteilscheine brauchen

Sperrung von Buchforderungen **§ 1816 BGB**

nicht hinterlegt zu werden (s. aber § 1818). Erfasst sind auch blankoindossierte Orderpapiere vgl. Rn 3.

Hinterlegungsstelle ist jedes Amtsgericht (§ 1 Abs. 2 HinterlO). Die Hinterle- 9
gung kann auch bei den in § 1807 Abs. 1 Nr. 5 genannten **Kreditinstituten,** also praktisch allen Sparkassen und Geschäftsbanken erfolgen (§ 1814 S. 1). Die **Sicherungseinrichtung** (§ 1807 Abs. 1 Nr. 5) muss das Risiko abdecken, dass das Kreditinstitut außerstande ist, die eingelieferten Wertpapiere zurückzugeben; derartige Wertpapierverbindlichkeiten werden von den gesetzlichen wie den freiwilligen Sicherungseinrichtungen der verschiedenen Kreditinstitute in dem für Einlagen geltenden Umfang erfasst (Einzelheiten s. § 1807 Rn 10 ff.).

Die **Hinterlegung** bei den **Kreditinstituten** erfolgt nach den Vorschriften 10
des Gesetzes über die Verwahrung und Anschaffung von Wertpapieren (**Depotgesetz** – DepotG); die Hinterlegungsordnung ist nicht anzuwenden (§ 27 Abs. 2 HinterlO). Die Kreditinstitute dürfen die Papiere – wenn nicht ausdrücklich gesonderte Verwahrung verlangt wird – einer **Wertpapiersammelbank** zur **Sammelverwahrung** anvertrauen (§ 5 Abs. 1 S. 1 DepotG). Mit der Einlieferung in die Sammelverwahrung entsteht für den Betreuten Miteigentum zu Bruchteilen an dem **Sammelbestand** von Wertpapieren derselben Art (§ 6 Abs. 1 DepotG). Die **Einlieferung** in die **Sammelverwahrung** bedarf nicht der betreuungsgerichtlichen Genehmigung (VO v. 29. 9. 1939 RGBl. I S. 1985 = BGBl. III 4130-2 zu § 5 DepotG a. F.). Der Hinterleger kann jederzeit verlangen, dass ihm das Kreditinstitut (Verwahrer) aus dem Sammelbestand **entsprechende Papiere ausliefert** (§ 7 Abs. 1 DepotG). Dementsprechend hat der Betreuer mit dem Kreditinstitut zu vereinbaren, dass er eine **Auslieferung** nur mit **Genehmigung** des **Betreuungsgerichts** verlangen kann. Damit entspricht die heute übliche Sammelverwahrung über ein **Wertpapierdepot** bei einem Kreditinstitut den Anforderungen des § 1814. Zur Sperrvereinbarung nach § 1814 S. 1 s. auch unten Rn 15.

Auch auf ein **vorgefundenes Wertpapierdepot** ist § 1814 anzuwenden, also 11
eine Sperrvereinbarung mit dem Kreditinstitut zu treffen (Damrau/Zimmermann § 1814 Rn 1; RGRK-Dickescheid § 1814 Rn 5; str.).

3. Globalurkunde/Wertrechte

Bei **Anleihen** nach § 1807 Abs. 1 Nr. 4, z. B. **Pfandbriefen,** wird regelmäßig 12
auf die Ausgabe von **Einzelurkunden** (effektive Stücke) verzichtet. Die Anleihen sind ausschließlich in einer (oder mehreren) **Global-** oder **Sammelurkunde(n)** verbrieft (§ 9 a DepotG). Herstellung und Auslieferung von Einzelurkunden ist regelmäßig ausgeschlossen. Der Erwerber der Anleihe ist Miteigentümer zu Bruchteilen des in der Sammelurkunde verbrieften **Sammelbestandes** (§§ 9 a Abs. 2, 6 Abs. 1 DepotG). Erwerb und Veräußerung der in der Sammelurkunde verbrieften Einzelrechte erfolgt nach sachenrechtlichen Grundsätzen buchmäßig über ein Wertpapierdepot bei einem Kreditinstitut (BGH NJW 2004, 3340). Da Einzelurkunden nicht existieren, muss mit dem Kreditinstitut eine Sperrvereinbarung entsprechend §§ 1814, 1819 dahingehend getroffen werden, dass der Betreuer zu einer Verfügung über das Wertpapier, z. B. einen Pfandbrief, der Genehmigung des Betreuungsgerichts bedarf; vgl. Rn 15.

Der Bund vergibt seine Anleihen (**Bundeswertpapiere**), z. B. **Bundes-** 13
schatzbriefe und (börsenfähige) Bundesobligationen, **ohne** jede **Verbriefung**

von Crailsheim

durch Eintragung in das **Bundesschuldbuch,** wobei als Gläubiger treuhänderisch eine Wertpapiersammelbank eingetragen wird. Diese **Sammelschuldbuchforderung** ist einem Wertpapiersammelbestand (Rn 10, 12) gleichgestellt und wird als **Wertrecht** bezeichnet. Die Gläubiger sind Miteigentümer nach Bruchteilen. Anteile an einer solchen Sammelschuldbuchforderung können als Bundeswertpapiere, z. B. Bundesobligationen, über ein Wertpapierdepot bei einem Kreditinstitut erworben werden. Verfügungen erfolgen buchmäßig nach sachenrechtlichen Grundsätzen. (zu Einzelheiten s. das Bundeswertpapierverwaltungsgesetz (BWpVerwG) und Baumbach/Hefermehl, Wechselgesetz und Scheckgesetz WPR Rn 93). Mit dem depotführenden Kreditinstitut ist eine Sperrvereinbarung entsprechend § 1816 zu treffen, vgl. Rn 14, 15.

14 Der Betreuer kann aber statt des Erwerbs über ein Wertpapierdepot des Betreuten beim Erwerb der Bundeswertpapiere oder später über ein Kreditinstitut oder direkt bei der Finanzagentur GmbH der BR Deutschland, Lurgiallee 5, 60295 Frankfurt *(www.deutsche-finanzagentur.de)* beantragen, dass für den Betreuten auf dessen Namen ein **eigenes Konto** im Bundesschuldbuch eingerichtet wird **(Einzelschuldbuchforderung).** Übertragung bereits erworbener Papiere vom Wertpapierdepot bei einem Kreditinstitut auf ein Schuldbuchkonto ist möglich. Börsennotierte Bundeswertpapiere, z. B. Bundesobligationen, können – im Unterschied zum Erwerb über die Bank – über ein Schuldbuchkonto allerdings nur als Neuemission erworben werden. Das **Schuldbuchkonto** wird kostenlos geführt. Der Betreuer hat mit der Bundeswertpapierverwaltung zu vereinbaren, dass der in § 1816 vorgesehene **Sperrvermerk** in das Schuldbuch eingetragen wird. Verfügungen, wie Abtretung oder Verpfändung der Forderung (Bundeswertpapier), sind dann an die Genehmigung des Betreuungsgerichts gebunden. Gleiches gilt nach § 1820 Abs. 2 für die Verpflichtung zu einer Verfügung, z. B. den Verkauf der Schuldbuchforderung. Es besteht kein Bedürfnis dafür, den Betreuer in entsprechender Anwendung des § 1815 Abs. 2 zu zwingen, den Sammelbestandsanteil in eine Einzelschuldbuchforderung umzuwandeln (Rn 14). Zwar wird das Schuldbuchkonto **kostenlos** geführt, es muss aber in das Ermessen des Betreuers gestellt werden, ob er die Abwicklung der Wertpapiergeschäfte des Betreuten über ein Kreditinstitut vorzieht.

15 Das (vorgefundene) **Wertpapierdepot** des Betreuten kann also **Sammelbestandanteile** enthalten an Rechten, die in Einzelurkunden verbrieft sind, an solchen, für die lediglich Globalurkunden bestehen, und an unverbrieften Wertrechten. Die **Sperrvereinbarung** mit dem Kreditinstitut ist dementsprechend so zu fassen, dass sowohl die **Herausgabe** effektiver Stücke als auch die **buchmäßige Verfügung** über die Rechte der **betreuungsgerichtlichen Genehmigung** bedürfen (§ 1814, § 1816 entspr.). Unterbleibt diese Sperrung, findet hilfsweise § 1812 Anwendung (vgl. auch § 1813 Rn 4).

§ 1817 Befreiung

(1) Das Familiengericht kann den Vormund auf dessen Antrag von den ihm nach den §§ 1806 bis 1816 obliegenden Verpflichtungen entbinden, soweit
1. der Umfang der Vermögensverwaltung dies rechtfertigt und
2. eine Gefährdung des Vermögens nicht zu besorgen ist.

Befreiung § 1817 BGB

Die Voraussetzungen der Nummer 1 liegen im Regelfall vor, wenn der Wert des Vermögens ohne Berücksichtigung von Grundbesitz 6000 Euro nicht übersteigt.

(2) Das Familiengericht kann aus besonderen Gründen den Vormund von den ihm nach den §§ 1814, 1816 obliegenden Verpflichtungen auch dann entbinden, wenn die Voraussetzungen des Absatzes 1 Nr. 1 nicht vorliegen.

1. Überblick

Die Vorschrift ist auf die Betreuung sinngemäß anzuwenden (§ 1908 i Abs. 1 S 1). Abs. 1 ist durch das 1. Betreuungsrechtsänderungsgesetz vom 25. 6. 1998 eingefügt worden; der bisherige Text ist als Abs. 2 beibehalten. 1

Die Regelung ermöglicht dem Betreuungsgericht den Betreuer unter **bestimmten Voraussetzungen** (Abs. 1) oder aus **besonderen Gründen** (Abs. 2) von einzelnen bei der Vermögenssorge zu beachtenden Verpflichtungen freizustellen. 2

Bereits **kraft Gesetzes** sind die Betreuungsbehörde, der Betreuungsverein, der Behördenbetreuer, der Vereinsbetreuer und nahe Angehörige des Betreuten (Eltern, Ehegatte, Abkömmlinge) von bestimmten Pflichten befreit (§ 1908 i Abs. 1 S. 1 und Abs. 2 S. 2 i. V. m. §§ 1857 a, 1852–1854). Die gesetzliche Freistellung umfasst die Verpflichtungen nach §§ 1809, 1810, 1812, 1814, 1816 und § 1840 Abs. 2, 3 (zu Einzelheiten s. Erläuterungen zu §§ 1852–1857a Rn 5 ff.). 3

Das **Betreuungsgericht** kann für Rechtsgeschäfte die den Genehmigungserfordernissen nach § 1812 und § 1822 Nr. 8–10 unterliegen eine allgemeine **Ermächtigung** erteilen (§ 1825). 4

2. Befreiung nach Abs. 1

Auf Antrag des Betreuers kann das Betreuungsgericht den Betreuer von einzelnen oder allen Verpflichtungen nach §§ 1806–1816 entbinden. Die **Befreiung** umfasst das **Gebot** der verzinslichen **mündelsicheren** Anlage (§§ 1806, 1807) nebst den **Folgepflichten** (§ 1809: Sperrung von Anlagen nach § 1807 Abs. 1 Nr. 5; § 1810: Genehmigung von Anlagen nach § 1807; § 1811: Erlaubnisvorbehalt für abweichende Anlagen) ferner den Genehmigungsvorbehalt für **Verfügungen** über Forderungen und Wertpapiere (§ 1812) und schließlich die Verpflichtung zur versperrten Hinterlegung von Inhaberpapieren (§ 1814) sowie zur Sperrung von Schuldbuchforderungen (§ 1816). Mit diesen **Befreiungsmöglichkeiten** soll die **Führung** von Betreuungen **erleichtert** und die Bereitschaft zur Übernahme des Amtes gefördert werden (Gesetzesbegründung BT-Drucks. 13/7158 S. 21, 22). **Nicht** befreit werden, kann von der Verpflichtung zur laufenden **Rechnungslegung** (§ 1840 Abs. 2) obwohl gerade dies den o. g. Zielen dienlich wäre (Wesche Rpfleger 1998, 93, 94). Dass die Befreiung von den Anlagebeschränkungen die Verpflichtung unberührt lässt, das anvertraute Mündelgeld nach den **Grundsätzen** einer **wirtschaftlichen Vermögensverwaltung** anzulegen, versteht sich von selbst (s. auch § 1642 für die ebenso freigestellten Eltern). 5

Die Befreiung kann erteilt werden, wenn der **Umfang der Vermögensverwaltung** dies rechtfertigt (Abs. 1 S. 1 Nr. 1). Dies soll nach Abs. 1 S. 2 der Regelfall sein, wenn das Vermögen des Betreuten – unter Außerachtlassung des Grund- 6

von Crailsheim 87

BGB § 1817   Titel 1. Vormundschaft

besitzes – **6000 Euro** nicht übersteigt. Maßgebend ist also der Aktivwert (ohne Verbindlichkeiten) des **beweglichen** Vermögens (Hoffmann in HK-BUR Rn 26). Da hierzu auch Hausrat, Möbel, Schmuck, Kunstgegenstände usw. zählen, wird der Richtwert schnell überschritten (kritisch hierzu Erman-Saar Rn 2). Nach dem Zweck der Norm soll der Betreuer von den Anlagebeschränkungen der §§ 1806 ff. befreit werden, so dass der Wert des **Kapitalvermögens** entscheidend sein muss; hierfür spricht auch die Gesetzesbegründung (a.a.O.). Das Betreuungsgericht hat jedenfalls, auch wenn der Wert des beweglichen Vermögens (einschließlich des Hausrats usw.) 6000 Euro überschreitet, zu prüfen, ob der Umfang der Vermögensverwaltung (vgl. zur Auslegung auch § 1792 Rn 5) eine Befreiung von allen oder einzelnen Pflichten aus dem Katalog der §§ 1806–1816 rechtfertigt (im Ergebnis wie hier: Staudinger-Engler Rn 18).

7   Die Befreiung ist nicht zu erteilen, wenn eine **Gefährdung** des Vermögens zu besorgen ist (Abs. 1 S. 1 Nr. 2). Dies kann sich nicht auf die Person des Betreuers beziehen – der unter diesen Voraussetzungen zu entlassen wäre – somit verbleiben nur Umstände die in der **Art** des Vermögens gründen und eine Überwachung der Vermögensverwaltung angezeigt erscheinen lassen, z. B. (vorgefundene) hochspekulative Anlagen (wie hier: Palandt-Diederichsen Rn 2).

3. Befreiung nach Abs. 2

8   Nach Abs. 2 kann das Betreuungsgericht aus **besonderen Gründen** Befreiung von der Verpflichtung erteilen, Inhaberpapiere mit der Maßgabe zu **hinterlegen,** dass die Herausgabe der Papiere nur mit Genehmigung des Betreuungsgerichts verlangt werden kann (§ 1814) sowie bei Schuldbuchforderungen den Vermerk in das **Schuldbuch** eintragen zu lassen, dass über die Forderung nur mit Genehmigung des Betreuungsgerichts verfügt werden darf (§ 1816).

9   Da Wertpapiere überwiegend über ein Wertpapierdepot bei einem Kreditinstitut zu verwahren und verwalten sind und die Hinterlegung wiederum praktisch bei allen Sparkassen und Banken erfolgen kann (§§ 1814–1816 Rn 8 f.), ist nicht zu erkennen, welche **Erleichterung** die Entbindung von der Pflicht zur versperrten Hinterlegung dem Betreuer bietet. Auch bei nicht hinterlegten oder nicht versperrt hinterlegten Papieren ist der Betreuer bei Verfügungen über das verbriefte Recht und den betreffenden Verpflichtungsgeschäften an die Genehmigung des Betreuungsgerichts nach § 1812 gebunden, wenn nicht ausnahmsweise ein Gegenbetreuer bestellt ist. Entsprechendes gilt für die Verfügung über eine Schuldbuchforderung des Betreuten.

10   Von praktischer Bedeutung kann die Befreiung allerdings sein, wenn sie **kombiniert** wird mit einer **allgemeinen Ermächtigung** für Rechtsgeschäfte, die dem Genehmigungserfordernis des § 1812 unterliegen (§ 1825). Dies kann z. B. die Führung der Betreuung durch einen fachkundigen zuverlässigen **privaten Berufsbetreuer** erleichtern, wenn ein umfangreiches Wertpapierdepot mit unterschiedlichen Anlagen zu verwalten ist.

11   Ein besonderer Grund für die Befreiung kann in der Person des Betreuers liegen, der sich durch **besondere Vertrauenswürdigkeit** auszeichnet (Staudinger-Engler Rn 26). Nach anderer Ansicht müssen objektive Gründe hinzutreten, z. B. die Vermeidung unverhältnismäßiger Hinterlegungskosten (MK-Wagenitz Rn 12).

4. Verfahren

Die Befreiung nach § 1817 Abs. 1 kann nur auf **Antrag** des Betreuers erteilt werden, die nach Abs. 2 auch von **Amts wegen**, das Betreuungsgericht wird aber auch insoweit nur auf Anregung des Betreuers hin tätig werden (MK-Wagenitz Rn 9). Die Entscheidung trifft der Rechtspfleger (§ 3 Nr. 2 b RPflG) nach pflichtgemäßem Ermessen. Er kann die Befreiung auf einzelne Verpflichtungen **beschränken,** befristen oder mit Auflagen versehen (wie hier: Hoffman in HK-BUR Rn 27). 12

Die Befreiung ist von Amts wegen **aufzuheben** oder **einzuschränken,** wenn ihre Voraussetzungen nicht mehr vorliegen. Nach dem Wegfall des § 18 FGG, der die jederzeitige Änderung gerichtlicher Verfügungen ermöglichte, fehlt es hierfür allerdings an einer direkt anwendbaren Rechtsgrundlage. Denn es bestehen keine materiell- oder verfahrensrechtlichen Spezialvorschriften (vgl. dazu Keidel-Engelhardt § 48 FamFG Rn 6 u. 7) und § 48 FamFG beinhaltet nicht unerhebliche Einschränkungen, so die Voraussetzung eines Antrags auf Änderung bei Antragsverfahren, wie hier im Falle des Abs. 1 (Keidel-Sternal § 23 Rn 9). Andererseits muss dem Gericht allein schon im Hinblick auf seine Aufsichtspflicht gem. § 1837 Abs. 2 i.V.m. § 26 FamFG (Amtsermittlung) die Möglichkeit der jederzeitigen Aufhebung der Befreiung bleiben. Denkbar wäre deshalb, § 1837 Abs. 4 analog (vgl. § 1908 i Rn 4) i.V.m. § 1696 als Rechtsgrundlage heranzuziehen oder eine teleologische Reduktion des § 48 FamFG dahingehend vorzunehmen, dass S. 2 bei Änderungen zugunsten des Betreuten keine Anwendung findet. 13

§ 1818 Anordnung der Hinterlegung

Das Familiengericht kann aus besonderen Gründen anordnen, dass der Vormund auch solche zu dem Vermögen des Mündels gehörende Wertpapiere, zu deren Hinterlegung er nach § 1814 nicht verpflichtet ist, sowie Kostbarkeiten des Mündels in der in § 1814 bezeichneten Weise zu hinterlegen hat; auf Antrag des Vormunds kann die Hinterlegung von Zins-, Renten- und Gewinnanteilscheinen angeordnet werden, auch wenn ein besonderer Grund nicht vorliegt.

Die Vorschrift ist auf die Betreuung sinngemäß anzuwenden (§ 1908 i Abs. 1 S. 1). 1

Das Betreuungsgericht kann die **Hinterlegungspflicht** auf Wertpapiere **ausdehnen,** die von der gesetzlichen Verpflichtung nach § 1814 nicht erfasst sind, also nicht blankoindossierte Orderpapiere, z. B. Namensaktien und Rektapapiere, z. B. Namensschuldverschreibungen (Sparbriefe), Hypothekenbriefe, sowie Zins-, Renten- oder Gewinnanteilscheine. 2

Die Hinterlegung hat in der in § 1814 bezeichneten Weise zu erfolgen, also mit der Bestimmung, dass die Herausgabe der Papiere nur mit **Genehmigung** des Betreuungsgerichts verlangt werden kann. 3

Auch die Hinterlegung von **Kostbarkeiten,** wie Schmuck oder Edelmetalle kann angeordnet werden (§ 5 HinterlO). 4

Die Anordnung setzt **besondere Gründe** voraus, z. B. wenn eine sichere Verwahrung geboten ist und der Betreuer diese nicht gewährleisten kann. 5

von Crailsheim

BGB § 1819   Titel 1. Vormundschaft

6   Auf **Antrag** des Betreuers kann die Hinterlegung von Nebenscheinen (Zins-, Renten- oder Gewinnanteilscheinen) auch angeordnet werden, ohne dass besondere Gründe vorliegen (damit wird die Hinterlegungsbefugnis nach § 6 S. 2 Nr. 1 a. E. HinterlO begründet).

7   Die Entscheidung ergeht nach pflichtgemäßem **Ermessen**; funktionell zuständig ist der Rechtspfleger (§ 3 Nr. 2 b RPflG).

8   Auch der von den gesetzlichen Hinterlegungspflichten **befreite Betreuer** (§§ 1908 i, 1817, 1857 a, 1853) unterliegt den **Beschränkungen** nach § 1818 (Staudinger-Engler Rn 15 f; nach a. A. muss erst die Befreiung aufgehoben werden: Damrau/Zimmermann Rn 2; je m. w. N.). Zur möglichen weitergehenden Befreiung der Betreuungsbehörde nach Landesrecht s. §§ 1852–1857 a Rn 13 ff.

§ 1819 Genehmigung bei Hinterlegung

Solange die nach § 1814 oder nach § 1818 hinterlegten Wertpapiere oder Kostbarkeiten nicht zurückgenommen sind, bedarf der Vormund zu einer Verfügung über sie und, wenn Hypotheken-, Grundschuld- oder Rentenschuldbriefe hinterlegt sind, zu einer Verfügung über die Hypothekenforderung, die Grundschuld oder die Rentenschuld der Genehmigung des Familiengerichts. Das Gleiche gilt von der Eingehung der Verpflichtung zu einer solchen Verfügung.

1   Die Vorschrift ist sinngemäß auf die Betreuung anwendbar (§ 1908 i Abs. 1 S. 1).

2   Sind Wertpapiere oder Kostbarkeiten nach Maßgabe des § 1814 versperrt hinterlegt auf Grund gesetzlicher Verpflichtung oder auf Anordnung des Betreuungsgerichts nach § 1818, könnte der **Schutzzweck** der Hinterlegung unterlaufen werden, wenn der Betreuer **während der Hinterlegung** ohne Genehmigung des Betreuungsgerichts über die Wertpapiere, die verbrieften Forderungen oder Sachen **verfügen** oder den Betreuten hierzu **verpflichten** könnte. Z. B. durch Übereignung nach §§ 929, 931 mittels Abtretung des Herausgabeanspruchs gegen die Hinterlegungsstelle bei Inhaberpapieren und Kostbarkeiten oder nach § 929 S. 1 durch Übertragung des mittelbaren Besitzes an den verwahrten Papieren mittels Umbuchung auf eine anderes Depot (BGH NJW 1999, 1393). Verfügung ist auch die Einlösung des Wertpapiers (Staudinger-Engler Rn 4; vgl. auch § 1813 Rn 4).

3   Verfügungen und Verpflichtungsgeschäfte hierzu sind daher während der Hinterlegung an die **Genehmigung** des **Betreuungsgerichts** gebunden, ohne Genehmigung sind die Rechtsgeschäfte **unwirksam** (vgl. §§ 1828, 1829). Wird pflichtwidrig nicht oder nicht versperrt hinterlegt, verbleibt es bei der Genehmigungspflicht nach § 1812, wobei dann aber ggf. die Genehmigung eines Gegenbetreuers genügt.

4   Werden **Rektapapiere** hinterlegt, betrifft das Genehmigungserfordernis aus § 1819 nur das **Stammrecht**, z. B.: die Hypothekenforderung nicht hingegen die Hypothekenzinsen (h. M. Staudinger-Engler Rn 5).

5   Gebunden ist auch der **befreite** Betreuer, soweit er zur Hinterlegung auf Grund betreuungsgerichtlicher Anordnung nach § 1818 verpflichtet werden kann (s. § 1818 Rn 8).

6   Zuständig für die Entscheidung über eine Genehmigung nach § 1819 ist der Rechtspfleger (§ 3 Nr. 2 b RPflG). S. auch § 1828 Rn 12 ff.

§ 1820 Genehmigung nach Umschreibung und Umwandlung

(1) Sind Inhaberpapiere nach § 1815 auf den Namen des Mündels umgeschrieben oder in Schuldbuchforderungen umgewandelt, so bedarf der Vormund auch zur Eingehung der Verpflichtung zu einer Verfügung über die sich aus der Umschreibung oder der Umwandlung ergebenden Stammforderungen der Genehmigung des Familiengerichts.

(2) Das Gleiche gilt, wenn bei einer Schuldbuchforderung des Mündels der im § 1816 bezeichnete Vermerk eingetragen ist.

Die Vorschrift ist auf die Betreuung sinngemäß anwendbar (§ 1908 i Abs. 1 S. 1). **1**

Die Vorschrift **ergänzt** die **Regelung** der §§ 1815, 1816. Die Umschreibung eines Inhaberpapiers auf den Namen des Betreuten (s. dazu §§ 1814–1816 Rn 5) hat mit der Maßgabe zu erfolgen, dass der Betreuer nur mit Genehmigung des Betreuungsgerichts über das verbriefte Recht verfügen darf (§ 1815 Abs. 1 S. 1). Entsprechendes gilt für die Verfügung über eine Buchforderung nach Eintragung des Sperrvermerks (§ 1816). Unterbleibt die Sperrvereinbarung, gelten §§ 1812, 1813 (vgl. auch § 1819 Rn 8). **2**

Um die **Vereitelung** der **Verfügungssperre** zu verhindern, erstreckt § 1820 das Genehmigungserfordernis auf die entsprechenden Verpflichtungsgeschäfte. Der Genehmigungsvorbehalt betrifft nur die Stammforderung nicht die Zinsen. **3**

Als Folgevorschrift betrifft § 1820 nicht den von den Pflichten nach §§ 1814–1816 entbundenen Betreuer (§§ 1908 i; 1817, 1857 a, 1853). **4**

§ 1821 Genehmigung für Geschäfte über Grundstücke, Schiffe oder Schiffsbauwerke

(1) Der Vormund bedarf der Genehmigung des Familiengerichts:
1. zur Verfügung über ein Grundstück oder über ein Recht an einem Grundstück;
2. zur Verfügung über eine Forderung, die auf Übertragung des Eigentums an einem Grundstück oder auf Begründung oder Übertragung eines Rechts an einem Grundstück oder auf Befreiung eines Grundstücks von einem solchen Recht gerichtet ist;
3. zur Verfügung über ein eingetragenes Schiff oder Schiffsbauwerk oder über eine Forderung, die auf Übertragung des Eigentums an einem eingetragenen Schiff oder Schiffsbauwerk gerichtet ist;
4. zur Eingehung einer Verpflichtung zu einer der in den Nummern 1 bis 3 bezeichneten Verfügungen;
5. zu einem Vertrag, der auf den entgeltlichen Erwerb eines Grundstücks, eines eingetragenen Schiffes oder Schiffsbauwerks oder eines Rechts an einem Grundstück gerichtet ist.

(2) Zu den Rechten an einem Grundstück im Sinne dieser Vorschriften gehören nicht Hypotheken, Grundschulden und Rentenschulden.

Übersicht

	Rn.
1. Allgemeines zu §§ 1821, 1822	1
2. Verfügungen	16

BGB § 1821   Titel 1. Vormundschaft

3. Verpflichtungsgeschäfte 23
4. Auf Erwerb gerichtete Verträge 26
5. Verfahren 29

1. Allgemeines zu §§ 1821, 1822

1 Die Vorschriften sind auf die Betreuung sinngemäß anzuwenden (§ 1908 i Abs. 1 S. 1); ausgenommen ist **§ 1822 Nr. 5,** an dessen Stelle die spezielle Regelung des **§ 1907 Abs. 3** tritt.

2 Zum Schutz des Betreuten wird durch die §§ 1821, 1822 ein Katalog **bedeutsamer** oder **riskanter** Rechtsgeschäfte an die Genehmigung des Betreuungsgerichts gebunden; die Genehmigung des Gegenbetreuers genügt nicht (anders § 1812). Ohne die erforderliche Genehmigung ist das Rechtsgeschäft unwirksam **(Außengenehmigung).** Das Betreuungsgericht kann die Genehmigung nur gegenüber dem Betreuer erklären (§ 1828); wird ein **Vertrag** ohne die erforderliche Genehmigung abgeschlossen, so hängt die Wirksamkeit des Vertrages davon ab, dass der Betreuer von einer ihm nachträglich erteilten Genehmigung gegenüber dem Vertragsgegner Gebrauch macht (§ 1829 Abs. 1). **Einseitige Rechtsgeschäfte**, die der Betreuer ohne die erforderliche Genehmigung vornimmt, sind nichtig (§ 1831). Zu Einzelheiten siehe Erläuterungen zu §§ 1828–1832.

3 §§ 1821, 1822 stellen die **speziellere** Regelung zu § 1812 dar, der hilfsweise anwendbar bleibt. Fällt ein Rechtsgeschäft **nicht** unter §§ 1821, 1822 kann daraus nicht der Schluss gezogen werden, dass **auch** § 1812 unanwendbar ist (OLG Hamm Rpfleger 1991, 56, 58).

4 Der Kreis der genehmigungspflichtigen Rechtsgeschäfte ist um der **Rechtssicherheit** willen **formal** und nicht nach den Umständen des Einzelfalls zu bestimmen (BGH Rpfleger 1989, 281, 282; ZEV 2003, 375, 376). Dies steht der Berücksichtigung wirtschaftlicher Zusammenhänge nicht entgegen, wenn es um typische Sachverhalte geht (BGH ZEV 2003, 375, 376 mit insoweit kritischer Anm. Damrau, S. 377) und schließt damit eine am **Schutzzweck** der Norm orientierte **Auslegung** nicht aus, wenn sie vom Wortlaut und Sinn des Gesetzes her begründet ist und über den Einzelfall hinausgeht (MK-Wagenitz Rn 5; OLG Köln Rpfleger 1995, 353, 354). „Der gesetzgeberische Zweck, der mit der Einschaltung des Vormundschaftsgerichts [*jetzt: Betreuungsgericht*] verfolgt wird ... muss auch hier (bei dem nicht ausdrücklich erfassten Rechtsgeschäft) zum Tragen kommen" (BGH NJW 1982, 1100, 1102). Die Auslegung kann auch ergeben, dass eine ausdrücklich vorgesehene Genehmigung nach dem Schutzzweck der Vorschrift über den Einzelfall hinausgehend nicht erforderlich ist (LG Mönchengladbach Rpfleger 2003, 651, s. dazu § 1822 Rn 32).

5 Das Rechtsgeschäft ist genehmigungspflichtig, wenn es der **Mitwirkung** des **Betreuers** bedarf. Es ist also gleich, ob der Betreuer selbst handelt, einen Dritten bevollmächtigt oder dem Geschäftsabschluss des unter **Einwilligungsvorbehalt** (§ 1903) stehenden Betreuten zustimmt. Genehmigungspflichtig ist nicht die **Erteilung der Vollmacht** sondern das in Verwendung der Vollmacht getätigte Rechtsgeschäft (KG Rpfleger 1993, 284; LG Berlin Rpfleger 1994, 355). Entsprechendes gilt für die Erklärung auf Grund einer Verfügungsermächtigung (§ 185 Abs. 1), die regelmäßig in der Finanzierungsvollmacht enthalten sein wird (OLG Naumburg DNotZ 1999, 1013). Dies hat das Betreuungsgericht zweckmäßigerweise klarzustellen, wenn es einen Grundstückskaufvertrag genehmigt, der eine

Genehmigung für Geschäfte über Grundstücke **§ 1821 BGB**

Belastungsvollmacht des betreuten Veräußerers zugunsten des Erwerbers enthält. Auch wenn die im Kaufvertrag enthaltene Belastungsvollmacht bereits betreuungsgerichtlich genehmigt ist, bedarf die Belastung des Grundstücks mit einer Grundschuld zur Kaufpreisfinanzierung der Genehmigung (OLG Zweibrücken Rpfleger 2005, 193 = FGPrax 2005, 59).

Keiner Genehmigungspflicht unterliegt das Handeln des **Testamentsvollstreckers** bzw. eines vom **Erblasser** über den Tod hinaus bestellten **(postmortal) Bevollmächtigten** auch, wenn ein Erbe unter Betreuung steht (OLG Zweibrücken DNotZ 1983, 104), oder eines **vom Betreuten** vor Anordnung der Betreuung wirksam **bestellten Bevollmächtigten.** Der Betreuer hat ggf. diese Vollmachten zu widerrufen. Der geschäftsfähige Betreute kann auch nach Bestellung des Betreuers wirksam einen Dritten bevollmächtigen. Ob er auch den Betreuer zu bevollmächtigen und dadurch von den Beschränkungen der §§ 1821, 1822 zu befreien vermag, ist strittig (s. vor § 1802 Rn 7 f). 6

Ist der Betreute **Nacherbe** und stimmt der Betreuer einer Verfügung des Vorerben zu (§ 2113), z. B. der Veräußerung eines Nachlassgrundstücks, ist die Zustimmung als Verfügung über ein Anwartschaftsrecht entsprechend §§ 1821, 1822 genehmigungspflichtig. 7

Verfügungen einer **juristischen Person,** z. b. einer GmbH, an welcher der Betreute beteiligt ist, sind Rechtsgeschäfte einer eigenständigen Rechtspersönlichkeit, so dass kein Raum für ein Genehmigungserfordernis verbleibt. Genehmigungspflichtig sind hingegen die gemeinschaftlichen Verfügungen einer **Bruchteilsgemeinschaft** (§§ 741, 747 S. 2), falls für einen Miteigentümer ein Betreuer bestellt ist. Bei den **Gesamthandsgemeinschaften** ist zu differenzieren. Die **Erbengemeinschaft** ist nicht rechtsfähig (BGH NJW 2002, 3389), so dass z. B. die gemeinschaftliche Verfügung über ein Nachlassgrundstück (§ 2040 Abs. 1) der Genehmigung nach § 1821 bedarf, sofern ein Miterbe betreut wird. Anders bei der **OHG** und **KG**: sie sind zwar keine juristischen Personen, handeln aber unter eigenem Namen, können Träger von Rechten und Pflichten sein (§§ 124, 161 Abs. 2 HGB) und sind insoweit **rechtsfähig.** Verfügungen über ein Gesellschaftsgrundstück bedürfen keiner betreuungsgerichtlichen Genehmigung (BGH NJW 1971, 375, 376; allg. M.). Der OHG gleichgestellt ist die **BGB-Erwerbsgesellschaft.** Als BGB-(Außen-) Gesellschaft ist sie rechtsfähig, insoweit sie am Rechtsverkehr teilnimmt und eigene Rechte und Pflichten begründet (Grundsatzentscheidung BGH NJW 2001, 1056). Die Grundstücksgeschäfte der Gesellschaft sind nicht genehmigungspflichtig (OLG Schleswig FamRZ 2002, 55). Gebunden sind aber die laufenden Geschäfte einer BGB-Gesellschaft, die kein Erwerbsgeschäft betreibt, sondern deren alleiniger Zweck die **Verwaltung** des **(Familien)Vermögens** ist, denn bei solchen Gesellschaften unterliegt die Beteiligung des Betreuten nicht der Gründungs- bzw. Eintrittskontrolle nach § 1822 Nr. 3 (OLG Koblenz NJW 2003, 1401 m. abl. Anm. Wertenbruch FamRZ 2003, 1714; s. zur Problematik § 1822 Rn 18). Nach OLG Hamm NJW-RR 2001, 1084 soll es auch für Rechtsgeschäfte einer unter § 1822 Nr. 3 fallenden genehmigten Gesellschaft darauf ankommen, ob das Geschäft vom Gesellschaftszweck erfasst wird und Beschränkungen der Vertretungsmacht beachtet sind. Neben praktischen Erwägungen steht dem die Rechtsfähigkeit der BGB-Gesellschaft entgegen. 8

Im **Grundbuchverfahren** ist nicht die verfahrensrechtliche Bewilligung nach § 19 GBO **Genehmigungsgegenstand,** sondern das Rechtsgeschäft, das grundbuchmäßig vollzogen werden soll; anders bei einer **Berichtigungsbewilligung,** hier hat das Betreuungsgericht zu prüfen, ob tatsächlich nur eine Buchposition 9

BGB § 1821

des Betreuten betroffen ist. Soll z. B. ein Grundstück des Betreuten mit einem Grundpfandrecht im Wege der Berichtigung belastet werden so bedarf die Berichtigungsbewilligung einer Genehmigung des Betreuungsgerichts entsprechend Abs. 1 Nr. 1. Wird der **Unrichtigkeitsnachweis** nach § 22 GBO geführt, ist eine Genehmigung nicht erforderlich. Liegt der Berichtigungsbewilligung ein Vorgang nach Abs. 2 zugrunde, soll z. B. eine Grundschuld gelöscht werden, ist eine Genehmigung entsprechend § 1812 Abs. 1 zu prüfen, s. dort Rn. 7).

10 **Prozesshandlungen** sind nicht genehmigungsbedürftig, auch dann nicht, wenn sie sich auf das materielle Recht auswirken, z. B. bei einem Klageverzicht (§ 306 ZPO). Der Betreuer muss sich aber der Zustimmung des Betreuungsgerichts versichern (Innengenehmigung), will er eine evtl. Haftung vermeiden (Damrau/Zimmermann vor § 1821 Rn 5 m. w. N.). Anders der Prozessvergleich, er ist wegen seiner Doppelnatur (Prozesshandlung und Rechtsgeschäft) genehmigungspflichtig (Außengenehmigung); vgl. auch § 1822 Nr. 12.

11 Die Durchführung der **Zwangsvollstreckung** zu Gunsten oder zu Lasten des Betreuten ist grundsätzlich genehmigungsfrei (zur betreuungsgerichtlichen Genehmigung im Zusammenhang mit der Zwangsversteigerung s. Eickmann Rpfleger 1983, 199).

12 Wird der Betreute zur **Abgabe** einer **Willenserklärung verurteilt** (§ 894 ZPO), z. B. einer Auflassungserklärung, so bedarf es zur Wirksamkeit dieser Erklärung keiner betreuungsgerichtlichen Genehmigung (h. M.; MK-Wagenitz Rn 14). Die Verurteilung setzt aber eine voll wirksame Verpflichtung voraus; fehlt es an der erforderlichen Genehmigung des Verpflichtungsgeschäfts, ist die Klage abzuweisen (OLG Köln Rpfleger 1995, 353, 354).

13 Die Genehmigung des **Verpflichtungsgeschäftes** macht die der Verfügung nicht entbehrlich. Allerdings wird z. B. in der Genehmigung eines Grundstücksverkaufs regelmäßig auch die Genehmigung der Auflassung liegen (BayObLG Rpfleger 1985, 235). Das Genehmigungserfordernis für die Verfügung entfällt auch dann nicht, wenn bereits eine **rechtlich erzwingbare Verpflichtung** des Betreuten besteht, z. B. eine Nachlassverbindlichkeit des betreuten Erben. Aufgabe des Betreuungsgericht ist es dann, die Wirksamkeit der Verpflichtung zu prüfen.

14 Eine **Befreiung** von den Genehmigungspflichten nach §§ 1821, 1822 sieht das Bundesrecht nicht vor. Die Betreuungsbehörde kann aber nach Landesrecht von einzelnen Pflichten entbunden sein (§ 1908 i Abs. 1 S. 2; s. §§ 1852–1857 a Rn 13 ff.). Zur Möglichkeit einer allgemeinen **Ermächtigung** für Rechtsgeschäfte, die der Genehmigung nach § 1822 Nr. 8–10 bedürfen s. § 1825.

15 Zur betreuungsgerichtlichen Genehmigung in Fällen mit Auslandsbezug s. OLG Frankfurt Rpfleger 1981, 19; Jaspersen FamRZ 1996, 397; Rausch BtPrax 2004, 137, 140.

2. Verfügungen

16 Zum Verfügungsbegriff s. § 1812 Rn 3. Zu den Verfügungen über das Grundstückseigentum (Abs. 1 Nr. 1) zählen z. B. die **Auflassung** (§§ 873, 925); Begründung von Wohnungseigentum (§ 3 WEG); Belastung mit **Grundpfandrechten** (§ 873), auch mit einer Eigentümergrundschuld, ebenso die Übernahme einer Baulast (wegen ihrer dinglichen Wirkung: OVG Münster NJW 1996, 275). Der Antrag auf Teilungsversteigerung des Grundstücks ist zwar keine Verfügung, kann

Genehmigung für Geschäfte über Grundstücke § 1821 BGB

aber nur mit Genehmigung des Betreuungsgerichts gestellt werden (§ 181 Abs. 2 S. 2 ZVG).

Die **Auflassungsvormerkung** steht in ihren Auswirkungen einer dinglichen 17 Belastung gleich; die Bewilligung (§ 885) ist in entsprechender Anwendung nach Abs. 1 Nr. 1 genehmigungspflichtig (h. M. OLG Frankfurt FamRZ 1997, 1342 m. w. N.; BayObLG Rpfleger 2003, 573; allg. Ans.). Besteht noch kein wirksamer Auflassungsanspruch gegen den Betreuten, darf das Betreuungsgericht die Vormerkung nur gleichzeitig mit dem Verpflichtungsgeschäft (Abs. 1 Nr. 4) genehmigen (Klüsener Rpfleger 1981, 461, 468) und das Grundbuchamt erst dann eintragen, wenn der Betreuer von der Genehmigung nach § 1829 Abs. 1 S. 2 Gebrauch gemacht hat (LG Lübeck Rpfleger 1991, 363).

Durch den Genehmigungsvorbehalt nach Abs. 1 Nr. 1 soll das vorhandene 18 Vermögen des Betreuten geschützt werden (BGH Rpfleger 1998, 210). Dementsprechend ist eine Genehmigung zu einer **Belastungsverfügung** nicht erforderlich, wenn ein Grundstück, das vom Betreuten erworben werden soll, im **Zusammenhang** mit dem **Erwerb** belastet wird, z. B. durch Nießbrauch oder eine Restkaufpreishypothek zu Gunsten des Veräußerers oder eine Grundschuld zur Sicherung eines Bankdarlehens (sog. bloße **Erwerbsmodalität,** BayObLG Rpfleger 1992, 62); auch dann, wenn durch die Bestellung der Grundschuld Mittel für andere Zwecke als der Kaufpreisfinanzierung beschafft werden sollen (BGH a.a.O.). Zur Genehmigungspflicht des Erwerbs s. Abs. 1 Nr. 5; zur Genehmigung der Darlehensaufnahme § 1822 Nr. 8.

Wird die vorbehaltene Belastung (Rn 18) nicht gleichzeitig mit dem Erwerb 19 vollzogen (vgl. § 16 GBO), ist das spätere Vollzugsgeschäft als Verfügung über bestehendes Eigentum des Betreuten genehmigungspflichtig (wie hier: Staudinger-Engler Rn 47; MK-Wagenitz Rn 24; Dodegge/Roth Teil E Rn 91; a. A. OLG Frankfurt Rpfleger 1981, 19; s. hierzu auch Klüsener Rpfleger 1981, 259, 263).

Genehmigungspflichtig nach **Abs. 1 Nr. 1** sind ferner Verfügungen über **ding-** 20 **liche Rechte** am Grundstückseigentum mit Ausnahme von Hypothek, Grundschuld und Rentenschuld **(Abs. 2).** Betroffen von der Genehmigungspflicht nach **Abs. 1** sind also Verfügungen über Dienstbarkeiten, z. B. der Verzicht auf ein im Rahmen eines Leibgedingevertrags bestellten Wohnungsrechts (BayObLG Rpfleger 2003, 27), Nießbrauch, Vorkaufsrecht und Reallast. Einzelleistungen aus einer Reallast stehen Hypothekenzinsen gleich (§ 1107) und unterliegen **§ 1812.** Ebenfalls nach § 1812 zu beurteilen sind **Verfügungen** über **Grundpfandrechte** z. B. Aufhebung einer Grundschuld, soweit nicht § 1822 Nr. 13 eingreift, z. B. bei Rangrücktritt. Die Bestellung einer **Eigentümergrundschuld** ist nach Abs. 1 Nr. 1 genehmigungspflichtig, deren Abtretung nach § 1812 Abs. 1.

Über ein **Grundstück des Betreuten** wird auch verfügt, wenn ihm das Eigen- 21 tum als Teilhaber einer **Bruchteilsgemeinschaft** zusteht oder in **Gesamthandsgemeinschaft** als Mitglied einer Erbengemeinschaft; dies gilt nicht nur, wenn unmittelbar über das Grundstück verfügt wird, sondern **auch** dann, wenn der Betreute über seinen **Anteil** an der Bruchteilsgemeinschaft oder Erbengemeinschaft verfügt (§§ 747, 2033 Abs. 1 S. 1; s. auch § 1822 Nr. 2). Anders, wenn **Personengesellschaften** einschl. der BGB-Erwerbsgesellschaft, an denen der Betreute beteiligt ist, handeln (s. o. Rn 8); Genehmigungspflicht nach Abs. 1 Nr. 1 ist jedoch die Verfügung über den **Anteil** an der Personengesellschaft, die Eigentümerin von Grundbesitz ist (Staudinger-Engler Rn 31; a. A. Wenz MittRhNotk 1996, 377, 385, der hierin eine unzulässige Analogie sieht).

von Crailsheim

BGB § 1821 Titel 1. Vormundschaft

22 Gebunden sind nach **Abs. 1 Nr. 2** Verfügungen über **grundstücksbezogene Forderungen,** soweit nicht Abs. 2 zutrifft; z. B. Verfügung über einen Anspruch nach § 3 VermG; Abtretung eines Auflassungsanspruchs, auch Löschung einer Auflassungsvormerkung (LG Mainz Rpfleger 1993, 149). Da mit keinem Rechtsverlust verbunden, ist die **Entgegennahme** der **Auflassung (§§ 873, 925)** genehmigungsfrei (RGZ 108, 358; BayObLG Rpfleger 1992, 62) und ebenso die Löschung der Vormerkung nach zwischenrechtsfreier Umschreibung (LG Oldenburg Rpfleger 1972, 401). Die zum Eigentumserwerb führende Auflassungsannahme kann aber nach **anderen** Vorschriften **genehmigungspflichtig** sein (Rn 28).

3. Verpflichtungsgeschäfte

23 Mit dem durch Abs. 1 Nr. 1 bis 3 bezweckten Schutz wäre es unvereinbar, wenn der Betreuer befugt wäre, den Betreuten zu diesen Verfügungen unkontrolliert zu **verpflichten. Abs. 1 Nr. 4** erweitert daher den Vorbehalt auf die entsprechenden Verpflichtungsgeschäfte, z. B. den Verkauf eines Grundstücks. Zur Bestellung einer Auflassungsvormerkung für den Erwerber s. Rn 17. Gebunden ist auch ein Vorvertrag über die Veräußerung eines Grundstücks, das noch nicht im Eigentum des Betreuten steht (OLG Köln Rpfleger 1995, 353).

24 Ist eine Belastung des Grundstücks als **Erwerbsmodalität** genehmigungsfrei, gilt das auch für die entsprechenden Verpflichtungsgeschäfte (s. o. Rn 18).

25 Der im Zusammenhang mit einem schenkweisen Erwerb vereinbarte **Rückforderungsvorbehalt** ist genehmigungsfrei, wenn gesichert ist, dass die Haftung des beschenkten Betreuten auf das unentgeltlich Zugewandte beschränkt bleibt, ansonsten ist diese Vereinbarung als Verpflichtung zur Verfügung über das erworbene Grundstück nach **Abs. 1 Nr. 4** genehmigungspflichtig (OLG Köln FGPrax 1998, 23 = Rpfleger 1998, 118; Klüsener Rpfleger 1981, 461, 467; s. auch § 1795 Rn 17; nicht so eindeutig OLG München Rpfleger 2007, 603).

4. Auf Erwerb gerichtete Verträge

26 Wegen ihrer wirtschaftlichen Bedeutung sind **grundstücksbezogene** Erwerbsgeschäfte genehmigungsbedürftig, soweit der Erwerb entgeltlich ist, z. B. Kauf, Tausch **(Abs. 1 Nr. 5).** Erfasst wird lediglich das **schuldrechtliche** Rechtsgeschäft, nicht die dingliche Rechtsänderung. Zur Auflassungsannahme s. o. Rn 22 und zur Belastung eines Grundstücks im Zusammenhang mit dem Erwerb Rn 18, 24. Das **Grundbuchamt** ist nicht berechtigt, das Vorliegen einer Genehmigung des schuldrechtlichen Erwerbsgeschäfts nach Abs. 1 Nr. 5 zu prüfen (BayObLG Rpfleger 1990, 54); die Eintragung einer **Auflassungsvormerkung** zu Gunsten des Betreuten hängt nicht von der Genehmigung des Kaufvertrags ab (BayObLG DNotZ 1994, 182). Genehmigungspflichtig ist auch das Bieten in der Zwangsversteigerung (Brüggemann FamRZ 1990, 5, 10). Zur Genehmigungsfähigkeit eines Grundstückserwerbs für den Betreuten s. Bienwald Rpfleger 2000, 435.

27 Der **entgeltliche Erwerb** eines **Anteils** an einer **Gesamthandsgemeinschaft,** die mit Grundbesitz ausgestattet ist, bedarf der Genehmigung nach Abs. 1 Nr. 5 (OLG Köln Rpfleger 1996, 446 zum Erwerb eines Erbteils; das Gericht hat den Erwerb als entgeltlich angesehen, weil die gesamtschuldnerische Haftung für Nachlassverbindlichkeiten übernommen wurde). Nach a. A. ist § 1821 Abs. 1

Genehmigung für sonstige Geschäfte § 1822 BGB

Nr. 5 nicht anzuwenden, da Erwerbsgegenstand nicht das Grundstück sondern der Erbanteil sei (Staudinger-Engler Rn 85 m. w. N. zum Streitstand).

Genehmigungsfrei ist der **unentgeltliche** Erwerb, auch wenn das Grundstück **belastet** ist oder die Belastung, z. B. mit einem Nießbrauch, **vorbehalten** ist (Palandt-Diederichsen Rn 15; s. o. Rn 18, 24 zur Erwerbsmodalität). Ist das Grundstück jedoch mit einer **Reallast** belastet, haftet der Erwerber für die Einzelleistungen auch **persönlich** (§§ 1105, 1108 Abs. 1); hieran ändert eine mit dem Veräußerer vereinbarte Haftungsfreistellung nichts. Eine andere Bestimmung (§ 1108 Abs. 1 a. E.) kann nur durch Vereinbarung mit dem Reallastberechtigten getroffen werden; das **dingliche Erwerbsgeschäft** (Entgegennahme der **Auflassung**) ist in diesem Fall nach § **1822 Nr. 10** genehmigungspflichtig. Der mit dem dinglichen Erwerb verbundene Eintritt in **Mietverhältnisse** (§ 566) ist weder nach § 1907 Abs. 3 (§ 1822 Nr 5) genehmigungspflichtig, da hierfür die gesetzliche Haftungsfolge nicht genügt, noch nach § 1822 Nr. 10 da kein Regress im Innenverhältnis (BGH NJW 1983, 1780). Zum **Rückforderungsvorbehalt** beim schenkweisen Erwerb s. o. Rn 25. Strittig ist die **Abgrenzung** zwischen entgeltlichem und unentgeltlichem Erwerb, wenn **persönliche Verbindlichkeiten** übernommen werden sollen (MK-Wagenitz Rn 46 f; Staudinger-Engler Rn 88 je m. w. N. zum Streitstand; Klüsener Rpfleger 1981, 461, 466 f). 28

5. Verfahren

Es entscheidet der Rechtspfleger (§ 3 Nr. 2 b RPflG); der Betreute soll persönlich gehört werden (§ 299 FamFG); zur **Genehmigungsfähigkeit** und zum **Verfahren** im Einzelnen s. Erläuterungen zu § 1828 Rn 9 f. bzw. 14 ff. 29

§ 1822 Genehmigung für sonstige Geschäfte

Der Vormund bedarf der Genehmigung des Familiengerichts:
1. **zu einem Rechtsgeschäft, durch das der Mündel zu einer Verfügung über sein Vermögen im Ganzen oder über eine ihm angefallene Erbschaft oder über seinen künftigen gesetzlichen Erbteil oder seinen künftigen Pflichtteil verpflichtet wird, sowie zu einer Verfügung über den Anteil des Mündels an einer Erbschaft,**
2. **zur Ausschlagung einer Erbschaft oder eines Vermächtnisses, zum Verzicht auf einen Pflichtteil sowie zu einem Erbteilungsvertrag,**
3. **zu einem Vertrag, der auf den entgeltlichen Erwerb oder die Veräußerung eines Erwerbsgeschäfts gerichtet ist, sowie zu einem Gesellschaftsvertrag, der zum Betrieb eines Erwerbsgeschäfts eingegangen wird,**
4. **zu einem Pachtvertrag über ein Landgut oder einen gewerblichen Betrieb,**
5. ...
6. **zu einem Lehrvertrag, der für längere Zeit als ein Jahr geschlossen wird,**
7. **zu einem auf die Eingehung eines Dienst- oder Arbeitsverhältnisses gerichteten Vertrag, wenn der Mündel zu persönlichen Leistungen für längere Zeit als ein Jahr verpflichtet werden soll,**

von Crailsheim

BGB § 1822 Titel 1. Vormundschaft

8. zur Aufnahme von Geld auf den Kredit des Mündels,
9. zur Ausstellung einer Schuldverschreibung auf den Inhaber oder zur Eingehung einer Verbindlichkeit aus einem Wechsel oder einem anderen Papier, das durch Indossament übertragen werden kann,
10. zur Übernahme einer fremden Verbindlichkeit, insbesondere zur Eingehung einer Bürgschaft,
11. zur Erteilung einer Prokura,
12. zu einem Vergleich oder einem Schiedsvertrag, es sei denn, dass der Gegenstand des Streites oder der Ungewissheit in Geld schätzbar ist und den Wert von 3000 Euro nicht übersteigt oder der Vergleich einem schriftlichen oder protokollierten gerichtlichen Vergleichsvorschlag entspricht,
13. zu einem Rechtsgeschäft, durch das die für eine Forderung des Mündels bestehende Sicherheit aufgehoben oder gemindert oder die Verpflichtung dazu begründet wird.

Übersicht

	Rn.
1. Allgemeines	1
2. zu Nr. 1	2
3. zu Nr. 2	7
4. zu Nr. 3	11
5. zu Nr. 4, 6 bis 13	24
6. Befreiung	33
7. Verfahren	34

1. Allgemeines

1 Die Vorschriften sind auf die Betreuung sinngemäß anzuwenden (§ 1908 i Abs. 1 S. 1); an die Stelle der Nr. 5 tritt die spezielle Regelung des § 1907; siehe im Übrigen zu den **allgemeinen Grundsätzen** die Erläuterungen zu § 1821 Rn 1 bis 15. Zu § 1822 Nr. 1–13 im Überblick s. Klüsener, Rpfleger 1993, 133 und zu Nr. 3 Rpfleger 1990, 321.

2. zu Nr. 1

2 Verpflichtung zur Verfügung über **Vermögen im Ganzen** ist im Sinne des § 311 b Abs. 3 zu verstehen; der Wille der Vertragspartner muss sich auf die Übertragung des Vermögens beziehen (h. M. Palandt-Diederichsen Rn 2; Dodegge/Roth Teil E Rn 97 m. w. N.). Nicht erfasst ist demnach ein Rechtsgeschäft über einen Einzelgegenstand, mag damit auch tatsächlich wirtschaftlich das gesamte Vermögen erschöpft sein, z. B. die Verpflichtung zur Abtretung einer Forderung an den Sozialhilfeträger.

3 Als Verpflichtung zur Verfügung über eine angefallene **Erbschaft** kommen in Betracht der Erbschaftsverkauf (§§ 2371 ff.) und die Verpflichtung zur Nießbrauchbestellung (§ 1089). Einbezogen sind auch Verpflichtungen zur Verfügung über den Erbteil (§ 1922 Abs. 2), die auch in Erbauseinandersetzungsverträgen oder **Auslegungsverträgen** (BGH Rpfleger 1986, 181) enthalten sein können.

Genehmigung für sonstige Geschäfte § 1822 BGB

Verpflichtungsverträge zur Verfügung über den **künftigen** gesetzlichen **Erbteil** 4
oder Pflichtteil (vorgezogene Auseinandersetzung; sog. **Erbschaftsverträge**) sind
nur zwischen künftigen gesetzlichen Erben zulässig (§ 311 b Abs. 5) oder wenn
eine der gesetzlichen Erbfolge entsprechende testamentarische Anordnung vorliegt
(BGH NJW 1988, 2726).

Erb- oder **Pflichtteilsverzicht** durch **Vertrag** mit dem **Erblasser** (§§ 2346, 5
2352) stehen unter dem Genehmigungsvorbehalt des § 2347; analog § 2347 auch
die Verpflichtung zu einem Erbverzicht (Palandt-Edenhofer § 2347 Rn 1; str.).

Verfügungen über den **Erbanteil** (§ 2033 Abs. 1) sind z. B. Verpfändung an 6
den Sozialhilfeträger, Übertragung an Miterben im Rahmen der Erbauseinandersetzung (s. auch Nr. 2). Als Verfügung über den Erbteil ist auch das (formfreie)
Ausscheiden aus der Erbengemeinschaft gegen Abfindung anzusehen (**Abschichtung;** s. dazu BGH Rpfleger 1988, 287; 2005, 140), jedenfalls ist nach dem
Schutzzweck der Vorschrift, die analoge Anwendung geboten (wie hier: Keim
DNotZ 2003, 375, 387; FA-FamR/Rausch 5. Kap. Rn 15). Die Verfügung über
eine angefallene (Allein)Erbschaft kann nur durch Verfügung über die einzelnen
Nachlassgegenstände erfolgen; ggf. genehmigungspflichtig nach §§ 1821, 1812.

3. zu Nr. 2

Ausschlagung der Erbschaft (§§ 1942 ff.) und die als Ausschlagung geltende 7
Anfechtung der Annahme (§ 1957 Abs. 1), nicht hingegen die Annahme (BayObLG Rpfleger 1996, 455) sind genehmigungspflichtig (zur Bedeutung der Ausschlagungsfrist für die betreuungsgerichtliche Genehmigung s. § 1831 Rn 5); ferner Ausschlagung eines Vermächtnisses (§ 2180). Die Ausschlagung eines Erbteils,
der einem Betreuten angefallen ist, wird bei nicht überschuldetem Nachlass in
der Regel nicht genehmigungsfähig sein. Dies gilt auch, wenn durch die Ausschlagung der Zugriff des Sozialhilfeträgers verhindert werden soll (OLG Hamm
RPfleger 2009, 679; OLG Stuttgart NJW 2001, 3484 = ZEV 2002, 367 m. abl.
Anm. Mayer), es sei denn, der damit einhergehende Verstoß gegen die guten Sitten
(str.) ist ausnahmsweise durch ein überwiegendes Interesse der Erben motiviert. Ist
ein behindertes Kind zum Vorerben eingesetzt oder durch Testamentsvollstreckung beschränkt (s. zur Problematik Palandt-Heinrichs § 138 Rn 50 a; u. oben
§ 1796 Rn 6), kann es die Erbschaft ausschlagen und den Pflichtteil verlangen
(§ 2306), der damit dem Sozialhilfeträger zur Verfügung stünde. Die Ausschlagungsbefugnis ist aber nicht auf den Sozialhilfeträger überleitbar (Palandt-Edenhofer § 2306 Rn 7 m. w. N.). Die Ausschlagung wird nur im Ausnahmefall genehmigungsfähig sein (vgl. hierzu und zu den Vertretungsfragen, Klüsener
Entscheidungskriterien des Betreuungsgerichts S. 159 ff.).

Als **Verzicht** auf den Pflichtteil verbleibt nur der Erlassvertrag (§ 397 Abs. 1) 8
mit dem Erben über den **entstandenen Pflichtteilsanspruch** (§ 2317); zum
unentgeltlichen Verzicht s. § 1804 Rn 8.

Erbteilung ist jeder Vertrag, der die Erbengemeinschaft zur Aufhebung bringt, 9
sei es insgesamt oder nur bezüglich eines einzelnen Gegenstandes. Erfasst sind
sowohl die schuldrechtlichen Vereinbarungen als auch die dinglichen Vollzugsgeschäfte (MK-Wagenitz Rn 10); auch der von den Beschränkungen des § 1812
BGB befreite **Betreuer** (vgl. § 1857 a Rn 1 ff.) kann also ohne Genehmigung
des Betreuungsgerichts nicht an einer Erbteilung mitwirken, selbst, wenn nur ein
Bankguthaben oder ein Wertpapierdepot aufzuteilen ist. Die Veräußerung eines

BGB § 1822

Nachlassgrundstückes unter Aufteilung des Erlöses ist einheitlich als Erbteilung anzusehen (Klüsener Rpfleger 1993, 133, 134); nach anderer Ansicht dient die Veräußerung auch in diesem Falle nur der Vorbereitung der Erbauseinandersetzung am Erlös (OLG Jena Rpfleger 1996, 26; s. auch § 1795 Rn 9 zur Parallelproblematik im Vertretungsrecht). Die Erbteilung ist auch dann genehmigungspflichtig, wenn der Nachlass nach den **gesetzlichen Regeln** (§§ 2042 Abs. 2, 749 ff.) verteilt wird, z. B. quotenmäßige Erlösverteilung, denn das Betreuungsgericht hat zu prüfen, ob die Interessen des betreuten Miterben gewahrt sind (str. s. Staudinger-Engler Rn 24 m. w. N.). Haben die Erben anwaltliche Hilfe zum Entwurf eines Erbauseinandersetzungsvertrages in Anspruch genommen und die Kostentragung im Vertrag geregelt, so hindert eine derartige Kostenklausel die Genehmigung nach Nr. 2 nicht, wenn der Vertrag den Interessen des Betreuten entspricht (LG Wuppertal Rpfleger 2001, 235). Zur persönlichen **Teilerbauseinandersetzung** durch **Abschichtung** s. Rn 6.

10 Der Betreuer bedarf zur Erhebung einer **Teilungsklage** keiner Genehmigung; wohl aber für den mit der Klageschrift vorzulegenden **Teilungsplan,** falls dieser genehmigungspflichtige Rechtsgeschäfte enthält (Palandt-Edenhofer § 2042 Rn 21). Genehmigungsfrei ist der Antrag auf **Vermittlung** der **Erbauseinandersetzung** durch das Nachlassgericht (§§ 86 ff. FGG; OLG Frankfurt Rpfleger 1993, 505). Hingegen kann der Betreuer den Antrag auf **Teilungsversteigerung** eines Nachlassgrundstücks nur mit Zustimmung des Betreuungsgerichts stellen (§ 181 Abs. 2 S. 2 ZVG). Der Testamentsvollstrecker bedarf zur Aufstellung eines Teilungsplanes grundsätzlich keiner betreuungsgerichtlichen Genehmigung (zu Ausnahmen und Einzelheiten s. Palandt-Edenhofer § 2204 Rn 4).

4. zu Nr. 3

11 Erwerbsgeschäft ist jede berufsmäßig ausgeübte auf selbstständigen Erwerb ausgerichtete Tätigkeit, gleich welcher Art (Palandt-Diederichsen Rn, 5). Die Einbindung des Betreuten in ein **Erwerbsgeschäft**, sei es ein Einzelunternehmen, ein von einer Erbengemeinschaft fortgeführtes Einzelunternehmen oder eine Personengesellschaft, kann zur unbeschränkten **persönlichen Haftung** führen (s. auch Klüsener Rpfleger 1990, 321). Die Vorschriften des **Minderjährigenhaftungsbeschränkungsgesetzes** (s. Grundnorm § 1629 a) finden auf die Betreuung keine Anwendung (s. Klüsener Rpfleger 1999, 55, 58). Der Betreute haftet also auch nach Aufhebung der Betreuung unbegrenzt für Verbindlichkeiten, die mit Wirkung gegen ihn während der Betreuung begründet wurden. Aber auch hier darf die gesetzliche Vertretung nicht dazu führen, dass dem Betreuten durch den Verlust des gesamten Vermögens und hohe Verschuldung jeglicher **Handlungsspielraum** für ein selbstbestimmtes Leben (§ 1901 Abs. 2 S. 2) genommen wird (s. dazu die Ausführungen des BVerfG NJW 1986, 1859 zur unbeschränkten Haftung des volljährig Gewordenen). Diese der Fremdbestimmung gesetzten Grenzen gelten grundsätzlich auch für den Betreuer als gesetzlichem Vertreter (§ 1902): bedenklich ist im Hinblick hierauf, wenn nach Nr. 3 dem Betreuer die Entscheidung überlassen bleibt, ob ein von Todes wegen erworbenes unternehmerisches Risiko (Einzelunternehmen, Gesellschafterstellung) fortgeführt werden soll (vgl. Rn 15, 20).

12 Die Einbindung des Betreuten in **neue** unternehmerische **Risiken** dürfte nur in Ausnahmefällen zulässig sein. Bei vorgefundenen oder später von Todes wegen

Genehmigung für sonstige Geschäfte § 1822 BGB

erworbenen Einzelunternehmen oder unternehmerischen Beteiligungen wird der Betreuer versuchen müssen, eine Haftungsbeschränkung herbeizuführen und anderenfalls die Verwertung erwägen. Maßgeblich sind die konkreten Umstände und wie stets die Selbstbestimmung des Betreuten (§ 1901 Abs. 2, 3).

Nach **Nr. 3 Fall 1** ist der **entgeltliche Erwerb** eines Erwerbsgeschäfts (Rn 11) 13 an die Genehmigung des Betreuungsgerichts gebunden, erfasst sind Verpflichtungs- und Erfüllungsgeschäft (Damrau/Zimmermann Rn 11; Dodegge/Roth Teil E Rn 100).

Hierzu zählt auch der **entgeltliche** Erwerb der **Beteiligung** an einer **Perso-** 14 **nengesellschaft** (OHG, KG, BGB-Erwerbsgesellschaft); an **Kapitalgesellschaften** nur dann, wenn die Beteiligung über eine bloße Kapitalbeteiligung hinausgeht und wirtschaftlich als Beteiligung am von der GmbH betriebenen Erwerbsgeschäft anzusehen ist, was bei einer 50% übersteigende Beteiligung anzunehmen ist (BGH ZEV 2003, 375, 376 m. Anm. Damrau a.a.O. 377); keine Genehmigungspflicht falls Betreuer lediglich $^1/_8$ der Anteile hält: OLG München FamRZ 2003, 392 (vgl. zur Problematik bei der GmbH auch Gerken Rpfleger 1989, 270). Zur Genehmigung von Unternehmensakquisitionen s. auch Fortun NJW 1999, 152.

Genehmigungsfrei ist der **schenkweise Erwerb** eines Erwerbsgeschäfts, ferner 15 der **Erwerb von Todes wegen**; auch die Fortführung eines ererbten Einzelunternehmens in Erbengemeinschaft bedarf keiner Genehmigung (BGH NJW 1985, 136; s. aber Rn 11). Zum unentgeltlichen Erwerb der Beteiligung an einer Personengesellschaft durch **Anteilsübertragung** s. Rn 20, zur GmbH Rn 22.

Zu genehmigen ist nach **Nr. 3 Fall 1** die **Veräußerung** eines Erwerbsgeschäfts, 16 die ja den Verlust der Existenzgrundlage bedeuten kann, erfasst sind sowohl das Verpflichtungsgeschäft wie die dinglichen Erfüllungsgeschäfte (vgl. o. Rn 13) auch einer freiberuflichen Praxis (MK-Wagenitz Rn 11; str.); ferner die Veräußerung eines **Gesellschaftsanteils** und das **Ausscheiden** gegen **Abfindung** aus einer Personengesellschaft (OLG Karlsruhe NJW 1973, 1977). Zur **Genehmigungsfähigkeit** s. Wüstenberg Rpfleger 2002, 295. Keine Veräußerung nach Nr. 3 Fall 1 sind Auflösung einer Erwerbsgesellschaft und Kündigung eines Gesellschaftsvertrages s. § 1823 Rn 4. Für die Veräußerung von **GmbH-Anteilen** gilt das zum Erwerb Gesagte entsprechend (Rn 14).

Gesellschaftsverträge zum Betrieb eines Erwerbsgeschäfts **(Nr. 3 Fall 2)** sind 17 die **Gründungsverträge** der Personen- und Kapitalgesellschaften; ferner der **Beitritt** zu einer Personengesellschaft durch **Anteilsübertragung** oder **Aufnahmevertrag** (BayObLG Rpfleger 1989, 455 mit Anm. Grube Rpfleger 1990, 67; a. A. Damrau ZEV 2000, 209, 210, nur Gründungsverträge); genehmigungspflichtig ist auch der **unentgeltliche Anteilserwerb**, der ja von Nr. 3 Fall 1 nicht erfasst wird (Rn 20).

Der Genehmigungspflicht nach Nr. 3 Fall 2 unterliegt auch die Beteiligung des 18 Betreuten an einer **BGB-Gesellschaft**, sofern deren Zweck auf den Betrieb eines Erwerbsgeschäfts gerichtet ist **(BGB-Erwerbsgesellschaft)**. Abgrenzungsprobleme ergeben sich, wenn alleiniger Zweck der Gesellschaft die **Verwaltung** des Familienvermögens ist **(Familiengesellschaft, Familiengrundstücksgesellschaft)**. Für eine erwerbsgeschäftlich ausgerichtete Tätigkeit (Rn 11) spricht hier eine auf Dauer angelegte Gesellschaft, der Erwerb neuen Vermögens und das unternehmerische Risiko bei der Gesellschafter (BayObLG FamRZ 1996, 119, 121; OLG Schleswig FamRZ 2003, 55; OLG Koblenz FamRZ 2003, 249). Die Abgrenzung ist unsicher: Erwerbsgesellschaft wird bejaht bei Verwaltung, Vermietung und Verwertung gewerblich nutzbarer Immobilien von erheblichem Wert

von Crailsheim 101

BGB § 1822 Titel 1. Vormundschaft

(BayObLG FamRZ 1997, 842; OLG Zweibrücken FamRZ 2000, 117), aber auch bei vier Mietwohnungen (LG Aachen Rpfleger 1994, 104), Verwaltung eines unbebauten Grundstücks (OLG Hamm FamRZ 2001, 54), verneint bei Verwaltung des von den Gesellschaftern selbst genutzten Wohnhauses (OLG München Rpfleger 2009, 84) aber auch bei 16 Mietobjekten (LG Münster FamRZ 1997, 842; s. auch LG Koblenz Rpfleger 2000, 15). Die **Haftungsstruktur** der BGB-Außengesellschaft ist derjenigen der oHG angeglichen. Für Verbindlichkeiten der Gesellschaft haftet der Gesellschafter analog § 128 HGB persönlich mit seinem ganzen Vermögen (BGH NJW 2001, 1056), der Eintretende analog § 130 HGB auch für die bestehenden Verbindlichkeiten (BGH NJW 2003, 1803). Da bei jeder BGB-Außengesellschaft somit, das Risiko der persönlichen Haftung gegeben ist, welcher der Betreute nicht ohne vorherige Kontrolle ausgesetzt werden soll, reicht nach dem **Schutzzweck** der Nr. 3 für die Genehmigungspflicht aus, wenn die Gesellschaft nach außen in Erscheinung tritt und Verträge mit Dritten schließt, auch wenn sie nur ihr eigenes Vermögen verwaltet (Wertenbruch FamRZ 2003, 1714, 1715; a. A. Czeghuhn/Dickmann FamRZ 2004, 1534, 1535), vgl. auch § 105 Abs. 2 HGB. Regelmäßig wird sich auch ein Genehmigungsbedürfnis aus **Nr. 10** herleiten (Rn 29); bei entgeltlichem Erwerb eines Gesellschaftsanteils bleibt § 1821 Abs. 1 Nr. 5 zu prüfen (OLG Köln Rpfleger 1996, 446; s. § 1821 Rn 27). Vgl. zur Genehmigungsbedürftigkeit der laufenden Geschäfte der BGB-Erwerbsgesellschaft § 1821 Rn 8.

Genehmigungsfähigkeit: zu den allgemeinen Zweifeln an der Genehmigungsfähigkeit der mit dem Risiko der unbeschränkten persönlichen Haftung verbundenen Beteiligung s. o. Rn 11, 12. Das Betreuungsgericht hat umfassend zu ermitteln und alle erheblichen Umstände heranzuziehen von der vertraglichen Stellung des Betreuten bis hin zur charakterlichen Eignung des geschäftsführenden Mitgesellschafter (BayObLG FamRZ 1990, 208, 209; OLG Hamm FamRZ 2001, 53) und in einer Gesamtschau Vor- und Nachteile abzuwägen (OLG Braunschweig ZEV 2001, 75), wobei Wille und Wohl des Betreuten zu beachten sind (§ 1901), vgl. auch Lohse/Triebel ZEV 2000, 337. Aber auch bei einer lukrativen Beteiligung bleibt das Risiko des völligen Vermögensverlustes und unbeschränkter Verschuldung. Dem steht gegenüber, dass für eine BGB-Gesellschaft jedweden Zwecks – auch bei reiner Vermögensverwaltung – das Handelsregister offen ist und dem Betreuten die haftungsbegrenzte Stellung eines Kommanditisten eingeräumt werden kann (§§ 105 Abs. 2, 161 Abs. 2 HGB; s. hierzu auch Spiegelberger ZEV 2003, 391; von Oertzen/Hermann ZEV 2003, 400). Im Hinblick hierauf wird die Beteiligung an der BGB-Außen-Gesellschaft nur im Ausnahmefall genehmigungsfähig sein.

19 Gründung und späterer Eintritt in eine **Kommanditgesellschaft** als Kommanditist sind nach Nr. 3 **genehmigungspflichtig** (BGHZ 17, 160; OLG Bremen NJW-RR 1999, 870; OLG Zweibrücken NJW-RR 2001, 145), und jedenfalls dann **genehmigungsfähig**, wenn dem Risiko eines Verlustes der nicht aus eigenen Mitteln aufgebrachten Kommanditeinlage erhebliche Gewinnchancen gegenüberstehen (OLG Zweibrücken a.a.O.). Beteiligung sollte wegen der Haftungsrisiken in der Gründungs- und Beitrittsphase (§ 176 HGB) nur unter der aufschiebenden Bedingung der Handelsregistereintragung erfolgen (BGH NJW 1983, 2258; s. auch § 1828 Rn 21). Zur Erhöhung einer Kommanditeinlage s. Rn 21. Genehmigungspflichtig nach Nr. 3 ist auch der Erwerb eines Anteils an einem **geschlossenen Immobilienfonds** in der Form der GmbH und Co KG (OLG Frankfurt NJW-RR 1999, 1236 m. Anm. Wanner/Laufer; s. auch § 1811

Genehmigung für sonstige Geschäfte **§ 1822 BGB**

Rn 6), desgleichen die Beteiligung als **stiller Gesellschafter** nach § 230 HGB, ohne dass es auf deren konkrete Ausgestaltung ankommt und die **Unterbeteiligung** an einem Gesellschaftsanteil (LG München NJW-RR 1999, 1018; sehr streitig: a. A. Staudinger-Engler Rn 64 m. w. N.; s. auch Klüsener Rpfleger 1990, 321, 324 und 1993, 133, 136). Zum Erwerb von Anteilen an einem **Beteiligungsinvestmentfonds** s. § 1811 Rn 6.

Ob Gründung der Erwerbsgesellschaft oder die Beteiligung **entgeltlich** oder 20 **unentgeltlich** ausgestaltet sind, ist für Nr. 3 Fall 2 unerheblich (OLG Braunschweig ZEV 2001, 75; OLG Zweibrücken FamRZ 2000, 117; BayObLG FGPrax 1997, 105; LG Aachen Rpfleger 1994, 104; MK-Wagenitz Rn 23). Geht der Anteil eines persönlich haftenden Gesellschafters von Todes wegen kraft Gesetzes auf den Betreuten über (**Nachfolgeklausel**, vgl. hierzu Palandt-Edenhofer § 1922 Rn 16 ff.), wird der Verbleib als persönlich haftender Gesellschafter (§ 139 HGB) entsprechend **Nr. 3 Fall 2** genehmigungspflichtig sein (wie hier: Dodegge/ Roth Teil E Rn 103; a. A. die h. M.: Palandt-Diederichsen Rn 10; Damrau/ Zimmermann Rn 21; MK-Wagenitz Rn 23; Erman-Saar Rn 13 unter Berufung auf die Haftungsbeschränkung aus § 1629 a, die aber auf den **Betreuten** nicht anzuwenden ist, hierzu o. Rn 11).

Die **Änderung** eines Gesellschaftsvertrages ist nach Nr. 3 Fall 2 genehmigungs- 21 bedürftig (h.M. in der Lit., so MK-Wagenitz Rn 28; Palandt-Diederichsen Rn 9 bei fundamentalen Änderungen). Der BGH hingegen hält an seiner gegenteiligen Rechtsprechung fest und misst insoweit der Entscheidung des BVerfG (o. Rn 11) keine Bedeutung bei (NJW 1992, 300, 301). Die Erhöhung einer Kommanditeinlage ist als Vertragsänderung analog Nr. 3 Fall 2 genehmigungspflichtig (a. A. BGH a.a.O.; LG Stuttgart BWNotZ 2001, 91); zum Genehmigungserfordernis aus Nr. 10 s. Rn 29.

Der **Gründungsvertrag** einer **GmbH**, die ein Erwerbsgeschäft betreibt, 22 unterliegt Nr. 3 Fall 2 (MK-Wagenitz Rn 25, str.); anders als bei der Personengesellschaft hingegen **nicht** der **Anteilserwerb** (BGH NJW 1989, 1926 = Rpfleger 1989, 281 m. Anm. Gerken Rpfleger 1989, 270), so dass der **schenkweise** Anteilserwerb frei ist, falls nicht Genehmigungspflicht nach Nr. 10 besteht (Rn 28).

Die **fehlende Genehmigung** zum Erwerb eines Erwerbsgeschäfts lässt die 23 Wirksamkeit der späteren Einzelgeschäfte unberührt, die fehlende Genehmigung der Beteiligung an einer Erwerbsgesellschaft führt zur faktischen Gesellschaft ohne Haftung des Betreuten (Palandt-Diederichsen Rn 11). Ein betreuungsgerichtliches Negativattest ersetzt nicht die fehlende erforderliche Genehmigung (§ 1828 Rn 22; vgl. auch Damrau ZEV 2000, 210, 213).

5. zu Nr. 4, 6 bis 13

Nr. 4 bindet die **Pacht** oder Verpachtung eines land- oder forstwirtschaftlichen 24 Betriebes (Landgut) oder eines Gewerbebetriebes z. B. Handelsgeschäft, Handwerksbetrieb. Neben Nr. 4 kann auch Genehmigungspflicht nach **§ 1907 Abs. 3** bestehen.

Nach **Nr. 6 und 7** bedürfen Lehr(**Ausbildungs**)-, Dienst-, Arbeitsverträge 25 der Genehmigung, wenn sie den Betreuten über längere Zeit als ein Jahr binden oder bei unbestimmter Dauer nicht vor Ablauf eines Jahres aufgelöst werden können. Wird der unter Einwilligungsvorbehalt stehende Betreute ermächtigt,

von Crailsheim

BGB § 1822 Titel 1. Vormundschaft

ein Dienst- oder Arbeitsverhältnis selbst einzugehen (§§ 1903 Abs. 1 S. 2, 113 Abs. 1 S. 1), verbleibt es bei der Genehmigungspflicht nach Nr. 6, 7 (§ 113 Abs. 1 S. 2). Aufhebung und Kündigung sind nicht genehmigungspflichtig. Soll für den Betreuten als Dienstherrn ein Dienstvertrag geschlossen werden, ist § 1907 Abs. 3 zu beachten.

26 Genehmigungspflichtig nach **Nr. 8** ist die **Aufnahme von Geld** auf den Kredit des Betreuten, also hauptsächlich die **Darlehensaufnahme** (§ 607). Dazu zählt auch die Inanspruchnahme eines bei Führung des Girokontos des Betreuten eingeräumten **Dispositionskredits**. Zweckmäßig ist, wenn dem Betreuer eine derartige Kreditaufnahme bis zu einer bestimmten Höhe grundsätzlich genehmigt wird (Außengenehmigung; bei nachträglicher Genehmigung ist § 1829 Abs. 1 zu beachten). Bei ungenehmigter Überziehung schuldet der Betreute keine Überziehungszinsen (MK-Wagenitz Rn 57). Die Umwandlung einer bestehenden Zahlungsverpflichtung in ein Darlehen fällt nicht unter Nr. 8 (OLG Hamm FamRZ 2004, 23 m. w. N.; a. A. MK-Wagenitz Rn 52). Zu den **Ermittlungs-** und **Anhörungspflichten** im Rahmen der Genehmigung eines Ratenkreditvertrages vgl. OLG Hamm a.a.O. Zur Möglichkeit einer allgemeinen Ermächtigung s. § 1825.

27 **Nr. 9** erfasst nicht die Begebung eines **Inhaberschecks** (MK-Wagenitz Rn 60; str.; s. auch Kunkel Rpfleger 1999, 1, 3). Im Regelfall wird die Verwendung von Schecks zur Verwaltung des Vermögens des Betreuten nicht erforderlich sein (allgemeine Ermächtigung nach § 1825 möglich).

28 **Nr. 10** soll verhindern, dass eine **fremde Schuld** leichtfertig übernommen wird im **Vertrauen** auf eine **Rückgriffsmöglichkeit** gegen den Erstschuldner. Dieses Risiko besteht nicht, wenn eine Schuld als wirtschaftlich eigene und damit auch von vorneherein ohne Möglichkeit des Regresses übernommen wird (BGH NJW 1989, 1946). Unter Nr. 10 fällt somit jedwede Übernahme fremder Schuld, soweit ein Regressanspruch gegen den Erstschuldner besteht. Genehmigungsfrei ist dementsprechend z. B. die Übernahme von Grundpfandrechten beim Erwerb eines Grundstückes in Anrechnung auf den Kaufpreis (s. auch § 1821 Rn 28).

29 Übernahme einer fremden Schuld ist auch die **Bestellung** von **Sicherheiten** an Vermögensstücken des Betreuten zur Sicherung fremder Schulden, z. B. durch Verpfändung, Sicherungsabtretung, Grundschuldbestellung. Soll eine Fremdgrundschuld am Grundstück des Betreuten durch nachträgliche **Zweckerklärung** oder deren Änderung nun die Schuld eines Dritten sichern, ist die Sicherungsabrede nach Nr. 10 genehmigungspflichtig (wie hier: Böttcher Rpfleger 1987, 485, 491; a. A. BayObLG Rpfleger 1986, 223). Das Genehmigungserfordernis erfasst auch den Eintritt in fremde Schuld als **gesetzliche Folge** eines bestimmten Rechtsgeschäfts, so beim Erwerb von **GmbH**-Anteilen, falls eine Ausfallhaftung nach §§ 24, 31 GmbHG in Betracht kommt und der Erwerber **Regress** nehmen kann (BGH NJW 1989, 1946). Gleiches gilt für die gesamtschuldnerische Haftung als gesetzliche Folge der Beteiligung an einer **BGB-Außengesellschaft**, bei Inanspruchnahme bestehen Ausgleichsansprüche im Innenverhältnis. Auf den Zweck der Gesellschaft kommt es nicht an. **Nr. 10** soll vor den Gefahren des Abschlusses solcher Verträge schützen (BGH NJW 1973, 1276). Betroffen sind daher der Gründungsvertrag wie auch der spätere Eintritt in die Gesellschaft (BayObLG FamRZ 1997, 843; OLG Hamm FamRZ 2001, 53; Dümig FamRZ 2003, 1, 3; Czeghuhn/Dickmann FamRZ 2004, 1534, 1536; a. A. Wertenbruch FamRZ 2003, 1714, 1716: Nr. 10 erfasse nur den nachträglichen Eintritt). Die Erhöhung der **Kommanditeinlage** kann unter Nr. 10 fallen (BGH NJW 1992, 300, 301),

wird aber regelmäßig eine eigene Verbindlichkeit darstellen (LG Stuttgart BWNotZ 2001, 91); zu Nr. 3 s. o. Rn 22. Zur Übernahme einer Reallast und zum Eintritt in ein Mietverhältnis beim Erwerb eines Grundstücks s. § 1821 Rn. 28. Zur möglichen allgemeinen Ermächtigung s. § 1825.

Die Erteilung einer **Prokura** ist nach **Nr. 11** genehmigungspflichtig (Vorgenehmigung erforderlich § 1831 Rn 2). Der wirksam bestellte Prokurist bedarf dann für die Rechtsgeschäfte im Rahmen der Prokura (§ 49 HGB) keiner betreuungsgerichtlichen Genehmigung. Genehmigungsfrei ist die Prokuraerteilung durch OHG/KG/GmbH an der ein Betreuer beteiligt ist, zur Rechtsstellung eines Bevollmächtigten s. § 1821 Rn 6 und vor § 1802 Rn 8. 30

Genehmigungspflichtig nach **Nr. 12** ist der **Vergleich** (§ 779), auch der Anwaltsvergleich (§ 796 a ZPO) und der **Prozessvergleich** (§ 794 Abs. 1 Nr. 1 ZPO; s. auch § 1821 Rn 10) sowie der **Schiedsvertrag** (§ 1029 ZPO: Schiedsvereinbarung). Keiner Genehmigung nach Nr. 12 bedarf es, wenn der gerichtliche oder außergerichtliche Vergleich einem schriftlichen oder protokollierten gerichtlichen Vergleichsvorschlag entspricht; ferner wenn das, was streitig oder ungewiss ist, den Wert von 3000 Euro nicht übersteigt, auf die Höhe des Gesamtanspruchs kommt es nicht an. Die Genehmigungspflicht nach **anderen Vorschriften,** z. B. § 1821, bleibt unberührt. Große Verantwortung treffen Betreuer und Betreuungsgericht bei Prüfung eines **Abfindungsvergleichs** mit der Haftpflichtversicherung zugunsten des schwer verletzten Betreuten (s. Überblick bei Heß/Burmann NJW Spezial 2004, 207). Die Genehmigung eines im Vergleichswege abgegebenen **Schuldanerkenntnisses** setzt voraus, dass das Betreuungsgericht die gegenüber dem Betreuten behaupteten Forderungen daraufhin geprüft hat, ob ihre Höhe, Plausibilität, mögliche Durchsetzbarkeit und rechtliche Grundlage schlüssig dargelegt sind, auch im Hinblick auf das Schenkungsverbot des § 1804 (BayObLG NJW-RR 2003, 1587, 1589). Enthält ein im Übrigen genehmigungsfreies Rechtsgeschäft eine **Schiedsvereinbarung**, so hat das Betreuungsgericht das Rechtsgeschäft insgesamt auf seine Vereinbarkeit mit Wohl und Interessen des Betreuten zu überprüfen (OLG Hamm FamRZ 2001, 373 für einen Prozessfinanzierungsvertrag, gegen dessen Genehmigung unter anderem die Befugnis des Prozessfinanzierers sprach, die Vereinbarung im Laufe des Verfahrens zu kündigen). 31

Nr. 13 soll Rechtsgeschäfte kontrollieren, mit denen die für eine Forderung bestellte **Sicherheit aufgehoben** oder **vermindert** wird. Voraussetzung ist, dass die **Forderung** selbst **bestehen** bleibt. Erfasst sind z. B. Aufhebung (§ 875) oder Rangrücktritt (§ 880) eines Grundpfandrechts. Die Vorschrift dient der Realisierung der gesicherten Forderung. Ist die Forderung unzweifelhaft wertlos, bedarf die Aufhebung einer zu ihrer Sicherung bestellten Hypothek nicht der Genehmigung nach Nr. 13 (LG Mönchengladbach Rpfleger 2003, 651). Nur §§ 1812, 1821 sind einschlägig, wenn nicht nur das Sicherungsrecht sondern auch die gesicherte Forderung betroffen ist, so bei Erfüllungsannahme vgl. § 1812 Rn 7. 32

6. Befreiung

Eine Befreiung von den Pflichten nach § 1822 sieht das Bundesrecht nicht vor; s. aber zur evtl. Befreiung der Betreuungsbehörde nach Landesrecht §§ 1852–1857 a Rn 13 ff. Zu Rechtsgeschäften, die nach § 1822 Nr. 8–10 einer Genehmigung bedürfen, kann das Betreuungsgericht eine allgemeine **Ermächtigung** erteilen (§ 1825). 33

BGB § 1824   Titel 1. Vormundschaft

7. Verfahren

34   Es entscheidet der Rechtspfleger (§ 3 Nr. 2 b RPflG); der Betreute soll persönlich gehört werden (§ 299 FamFG); zu Einzelheiten s. § 1828 Rn 12 ff.

§ 1823 Genehmigung bei einem Erwerbsgeschäft des Mündels

Der Vormund soll nicht ohne Genehmigung des Familiengerichts ein neues Erwerbsgeschäft im Namen des Mündels beginnen oder ein bestehendes Erwerbsgeschäft des Mündels auflösen.

1   Die Vorschrift ist auf die Betreuung sinngemäß anzuwenden (§ 1908 i Abs. 1 S. 1).
2   Gebunden sind Beginn und Auflösung eines Erwerbsgeschäfts (s. hierzu § 1822 Rn 11 ff.) des Betreuten. Der Vorbehalt ist ausgestaltet als **Innennehmigung** (Ordnungsvorschrift); die im Zuge des Geschäftsbetriebes oder der Auflösung getätigten Rechtsgeschäfte werden von der fehlenden Genehmigung nicht berührt.
3   Genehmigt werden muss der **Neubeginn** eines Erwerbsgeschäfts im Namen des Betreuten, nicht hingegen die Fortführung eines bestehenden, ererbten, geschenkten oder entgeltlich erworbenen Erwerbsgeschäfts (dann aber ggf. § 1822 Nr. 3).
4   **Auflösung** eines Erwerbsgeschäfts ist die Aufgabe des Einzelunternehmens, die Mitwirkung beim Auflösungsbeschluss einer Gesellschaft, desgleichen die Kündigung einer Erwerbsgesellschaft durch den Betreuer (hier ggf. auch § 1812, MK-Wagenitz § 1812 Rn 19; str.). Die Veräußerung steht der Auflösung nicht gleich (BGH NJW 1970, 33); hier wird aber Genehmigungspflicht nach § 1822 Nr. 3 bestehen, auch für die Veräußerung des Anteils an einer Personengesellschaft (OLG Karlsruhe NJW 1973, 1977).
5   Zuständig ist der Rechtspfleger (§ 3 Nr. 2 a); der Betreute soll persönlich gehört werden (§ 299 FamFG); vgl. im Übrigen § 1828 Rn 10, 11.

§ 1824 Genehmigung für die Überlassung von Gegenständen an den Mündel

Der Vormund kann Gegenstände, zu deren Veräußerung die Genehmigung des Gegenvormunds oder des Familiengerichts erforderlich ist, dem Mündel nicht ohne diese Genehmigung zur Erfüllung eines von diesem geschlossenen Vertrags oder zu freier Verfügung überlassen.

1   Die Vorschrift ist sinngemäß auf die Betreuung anzuwenden (§ 1908 i Abs. 1 S. 1).
2   § 1824 dient nur der Klarstellung; die Art des Zustandekommens eines Rechtsgeschäfts ist ohne Einfluss auf dessen Genehmigungspflichtigkeit. Dies gilt auch für Rechtsgeschäfte, die ein unter **Einwilligungsvorbehalt** stehender Betreuter selbst schließt und mit Mitteln erfüllt, die ihm der Betreuer überlassen hat (§§ 1903 Abs. 1 S. 2, 110). Händigt z. B. der Betreuer dem Betreuten ein Wertpapier zur freien Verfügung aus, besteht Genehmigungspflicht nach § 1812 Abs. 1; anderenfalls bleibt das vom Betreuten geschlossene Verpflichtungs- und Erfüllungsgeschäft

unwirksam. Die Vorschrift setzt voraus, dass der Betreute zum Abschluss des Rechtsgeschäfts der Zustimmung des Betreuers bedarf, betrifft also nicht den geschäftsfähigen Betreuten, der nicht unter Einwilligungsvorbehalt steht.
Es entscheidet der Rechtspfleger (§ 3 Nr. 2 b RPflG). S. auch § 1828 Rn 12 ff. 3

§ 1825 Allgemeine Ermächtigung

(1) **Das Familiengericht kann dem Vormund zu Rechtsgeschäften, zu denen nach § 1812 die Genehmigung des Gegenvormunds erforderlich ist, sowie zu den in § 1822 Nr.** 8 bis 10 bezeichneten Rechtsgeschäften eine allgemeine Ermächtigung erteilen.

(2) **Die Ermächtigung soll nur erteilt werden, wenn sie zum Zwecke der Vermögensverwaltung, insbesondere zum Betrieb eines Erwerbsgeschäfts, erforderlich ist.**

Die Vorschrift ist auf die Betreuung sinngemäß anzuwenden (§ 1908 i Abs. 1 1
S. 1).

Das Betreuungsgericht kann zu Rechtsgeschäften, die der Genehmigung nach 2
§ 1812 und § 1822 Nr. 8 bis 10 bedürfen, eine **allgemeine Ermächtigung** erteilen (Abs. 1), also z. B. Forderungseinziehung (§ 1812), Kreditaufnahme (§ 1822 Nr. 8), Wechselbegebung (§ 1822 Nr. 9), Bürgschaft (§ 1822 Nr. 10). Dies wird zweckmäßig sein, wenn ansonsten eine Fülle von Einzelfallgenehmigungen die Führung der Betreuung erschweren, wie bei umfangreicher Vermögensverwaltung und dem Betrieb eines Erwerbsgeschäfts (Abs. 2). Die Ermächtigung ist **beschränkbar** auf bestimmte Rechtsgeschäfte, Zeiträume und Geldbeträge (s. zur Führung eines **Girokontos** OLG Köln Rpfleger 1994, 503; ihm folgend OLG Karlsruhe FamRZ 2001, 786 und § 1813 Rn 10 f.), jedoch nicht über den Gesetzeswortlaut hinaus erweiterbar. Bei Kapitalvermögen empfiehlt es sich daher, ggf. die Ermächtigungen zu verbinden mit einer Befreiung nach § 1817 Abs. 2 von der Hinterlegungs- und Sperrpflicht für Wertpapiere (§§ 1814 ff.), s. auch § 1817 Rn 9 ff.

§ 1825 ist eine **Ausnahmeregelung.** Das Betreuungsgericht darf nicht der 3
Gefahr erliegen, Ermächtigungen zur eigenen Arbeitserleichterung zu erteilen; eine grundlose Ermächtigung kann zur Amtshaftung führen (§ 839). Von der Möglichkeit, die Ermächtigung zu **beschränken** (Rn 2), sollte daher nach entsprechender **Sachverhaltsaufklärung** Gebrauch gemacht werden (OLG Karlsruhe a.a.O. Rn 2). Die Ermächtigung ist auf Antrag gegenüber dem Betreuer zu erteilen und kann unter den Voraussetzungen des § 48 FamFG zurückgenommen werden, wobei es sich im Unterschied zu § 1817 (s. Rn 13) hier nicht um ein Antragsverfahren handelt. Es entscheidet der Rechtspfleger (§ 3 Nr. 2 b RPflG). Der Betreute soll persönlich gehört werden (§ 299 FamFG). Der Beschluss wird gem. § 40 Abs. 2 FamFG erst mit **Rechtskraft** wirksam (Keidel-Meyer-Holz § 40 FamFG Rn 30).

§ 1826 Anhörung des Gegenvormunds vor Erteilung der Genehmigung

Das Familiengericht soll vor der Entscheidung über die zu einer Handlung des Vormunds erforderliche Genehmigung den Gegenvormund hören, sofern ein solcher vorhanden und die Anhörung tunlich ist.

BGB § 1828 Titel 1. Vormundschaft

1 Die Vorschrift ist auf die Betreuung sinngemäß anzuwenden (§ 1908 i Abs. 1 S. 1); vgl. auch § 1792 Rn 1.

2 Die Anhörung des Gegenbetreuers vor Entscheidungen, die seinen Aufgabenkreis betreffen, wird regelmäßig schon auf Grund der Amtsermittlungspflicht (§ 26 FamFG) geboten sein. § 1826 normiert eine grundsätzliche **Anhörungspflicht** für **alle** Genehmigungen, also auch Innengenehmigungen. Unterlässt das Gericht die Anhörung, steht dem Gegenbetreuer ein **Beschwerderecht** aus § 59 Abs. 1 FamFG zu (Palandt-Diederichsen Rn 1; str.). Im Übrigen steht ihm eine Beschwerde nicht zu, auch dann nicht, wenn das Gericht eine Genehmigung des Gegenbetreuers ersetzt (§§ 1812 Abs. 2; 1810 S. 1; vgl. auch Damrau/Zimmermann Rn 2 m. w. N.).

§ 1828 Erklärung der Genehmigung

Das Familiengericht kann die Genehmigung zu einem Rechtsgeschäft nur dem Vormund gegenüber erklären.

Übersicht

	Rn.
1. Überblick	1
2. Genehmigungsvoraussetzungen	6
3. Verfahren	12
4. Entscheidung	21

1. Überblick

1 Die Vorschrift ist auf die Betreuung sinngemäß anzuwenden (§ 1908 i Abs. 1 S. 1).

2 § 1828 betrifft nur die Genehmigungen, von denen die Wirksamkeit eines Rechtsgeschäfts abhängt (**Außengenehmigungen** nach §§ 1812, 1819, 1820, 1821, 1822) nicht die bloßen Innengenehmigungen (§§ 1810, 1811, 1823). **Ausschließlicher Adressat** der gerichtlichen Außengenehmigung ist der Betreuer, der selbst zu entscheiden hat, ob er von ihr Gebrauch macht. Die Genehmigung ist ihrer **Rechtsnatur** nach ein Akt der freiwilligen Gerichtsbarkeit, durch den eine gesetzlich angeordnete Beschränkung der **Vertretungsmacht** des Betreuers beseitigt wird (BayObLG Rpfleger 2003, 82; Palandt-Diederichsen Rn 3). Nach a. A. ist sie Bestandteil des genehmigungspflichtigen Rechtsgeschäfts, das sich aus den Willenserklärungen und dem gerichtlichen Akt zusammensetzt (MK-Wagenitz Rn 5 m. w. N.). §§ 116 ff. BGB finden auf die gerichtliche Genehmigung keine Anwendung; Korrekturen erfolgen nach den Vorschriften des FamFG.

3 Die Genehmigung zu einem **Vertrag** kann vor Abschluss als **Vorgenehmigung** erteilt werden oder nachträglich als **Nachgenehmigung** (§ 1829 Abs. 1 S. 1). **Einseitige Rechtsgeschäfte** müssen vorweg genehmigt sein (§ 1831). Ist zu einem Vertrag die Vorgenehmigung rechtskräftig erteilt, wird er mit Abschluss sofort wirksam; bei einer Nachgenehmigung muss der Betreuer durch Erklärung gegenüber dem Vertragsgegner von der Genehmigung Gebrauch machen (§ 1829 Abs. 1 S. 2), der Vertrag wird dann entsprechend § 184 Abs. 1 rückwirkend wirksam.

von Crailsheim

Erklärung der Genehmigung   **§ 1828 BGB**

Für das Genehmigungserfordernis ist es gleich, ob der Betreuer das Rechtsge- 4
schäft im Namen des Betreuten selbst abschließt, ob ein **Dritter** mit Vollmacht
des Betreuers handelt oder ob der Betreuer dem Abschluss des unter **Einwilligungsvorbehalt**
(§ 1903) stehenden Betreuten zustimmt. **Genehmigungsgegenstand** ist stets das Rechtsgeschäft und nicht die Zustimmungserklärung, so
dass § 1831 bei Verträgen keine Anwendung findet. Ist nur eine **Teilbestimmung**
eines einheitlichen Vertrages genehmigungspflichtig, so ist er seinem ganzen Inhalt
nach der betreuungsgerichtlichen Genehmigung unterworfen und auf die Vereinbarkeit mit Wohl und Interessen des Betreuten zu überprüfen (BayObLG FGPrax
1997, 105; OLG Hamm FGPrax 2000, 228, FamRZ 2001, 373; 2004, 23).
Grundsätzlich ist das **gesamte Rechtsgeschäft** mit all seinen Bestimmungen dem
Gericht zur Genehmigung zu unterbreiten. Vereinbarungen, die dem Gericht
unbekannt geblieben sind, werden von der Genehmigung nicht erfasst und bleiben
unwirksam. Ob dies zur Nichtigkeit des ganzen Rechtsgeschäfts führt beurteilt
sich nach **§ 139** (BGH ZEV 2003. 275, 276; mit Anm. Damrau; a. A. MK-
Wagenitz Rn 9 je m. w. N.). **Zusammenhängende** Rechtsgeschäfte sind einzeln
zu genehmigen, was nicht ausschließt, dass z. B. mit dem Verkauf eines Grundstücks auch schlüssig dessen Auflassung genehmigt ist.

Schließt der **geschäftsfähige,** nicht unter Einwilligungsvorbehalt stehende, 5
Betreute das Rechtsgeschäft selbst ab, besteht keine Genehmigungspflicht. Gibt
der Betreuer neben dem Betreuten vorsorglich aber eigene Erklärungen ab, z. B.
bei der notariellen Beurkundung eines Grundstücksvertrags, so wird das Betreuungsgericht bei Zweifeln an der Geschäftsfähigkeit des Betreuten die Genehmigung des (auch) vom Betreuer vorgenommenen Rechtsgeschäfts prüfen müssen.

2. Genehmigungsvoraussetzungen

Das Gericht hat die **Wirksamkeit** des Rechtsgeschäfts zu prüfen. Bloße Zwei- 6
fel genügen zur Versagung der Genehmigung nicht (Palandt-Diederichsen Rn 7).
Eine sachliche Entscheidung ist aber abzulehnen, wenn das Rechtsgeschäft offensichtlich nichtig ist, z. B. als Schenkung (§ 1804) oder nach § 138 sittenwidrig
(OLG Frankfurt BtPrax 2004, 200: Vermögensverschiebung zu Lasten der Sozialhilfe) oder unwirksam, weil der Betreuer von der Vertretung ausgeschlossen ist
(BayOLG FamRZ 1983, 92). Bei Vertretungsausschluss hat das Betreuungsgericht
von Amts wegen einen Ergänzungsbetreuer zu bestellen (§ 1899 Abs. 4). Materiell-rechtliche Mängel werden durch die betreuungsgerichtliche Genehmigung
nicht geheilt, hierauf ist insbesondere bei Verstoß gegen ein Vertretungsverbot
nach §§ 1795, 1796 zu achten (BayObLG FamRZ 2001, 51, 52).

Die **Genehmigungspflicht** entfällt auch nicht, wenn bereits eine **Verpflich-** 7
tung zur Vornahme des Rechtsgeschäfts besteht. Das Gericht prüft dann die
Begründetheit des angeblichen Anspruchs; desgleichen den Grundbuchberichtigungsanspruch, wenn eine Berichtigungsbewilligung genehmigt werden soll (vgl.
§ 1812 Rn 7). Ist der Betreute zur Leistung wirksam verpflichtet, so steht die
Erfüllung der Verpflichtung nicht in seinem Belieben, die Genehmigung liegt
auch in seinem Interesse (BayObLG MittBayNot 1999, 387; FamRZ 2001, 151).
Das Erfordernis der betreuungsgerichtlichen Genehmigung des Erfüllungsgeschäfts hindert weder den Eintritt der Fälligkeit noch des Verzugs (BGH Rpfleger
1997, 221 zur Rückabwicklung einer Grundstücksveräußerung).

BGB § 1828   Titel 1. Vormundschaft

8   Der **Willensvorrang** des Betreuten (§ 1901 Abs. 3 S. 1) ist auch im Genehmigungsverfahren zu beachten. Entspricht z. B. die Veräußerung eines Grundstücks nicht den Wünschen des Betreuten, der auf die Veräußerung finanziell nicht angewiesen ist, so hat der Betreuer grundsätzlich die Veräußerung zu unterlassen, auch wenn ein sehr günstiger Preis zu erzielen wäre. Wird dennoch veräußert, so handelt der Betreuer **pflichtwidrig** und das Betreuungsgericht muss die Genehmigung versagen (BayObLG FGPrax 1997, 221 = Rpfleger 1998, 22; DNotZ 2002, 494 m. Anm. Bienwald). Entsprechendes gilt für die nicht gewünschte Vermietung des Einfamilienhauses des im Heim lebenden dementen Betreuten (OLG Schleswig BtPrax 2001, 211). Der Betreutenwunsch ist lediglich dann **unbeachtlich**, wenn der Betreute infolge seiner Erkrankung entweder nicht mehr in der Lage ist, eigene Wünsche und Vorstellungen zu bilden und zur Grundlage und Orientierung seiner Lebensgestaltung zu machen oder wenn er die der Willensbildung zugrunde liegenden Tatsachen infolge seiner Erkrankung verkennt (BGH FamRZ 2009, 1656). Soweit umgekehrt der Betreuer einem Wunsch des Betreuten folgt und dies dem Wohl des Betreuten nicht zuwiderläuft, darf sich auch das Betreuungsgericht dem nicht mit Nützlichkeits- und Zweckmäßigkeitserwägungen verschließen. Ein **beachtlicher Gegensatz** zwischen **Wohl** und **Wille** des Betreuten entsteht erst dann, wenn die Erfüllung der Wünsche höherrangige Rechtsgüter des Betreuten gefährden oder seine gesamte Lebens- und Vermögenssituation erheblich verschlechtern würde (BGH a.a.O.).

9   Im Übrigen gelten die allgemeinen Grundsätze. Das zu genehmigende Rechtsgeschäft muss dem **Wohl** des Betreuten entsprechen (§ 1901 Abs. 2 S. 1). Ausschlaggebend für die gerichtliche Entscheidung sind somit Wohl und Interesse des Betreuten; hierzu hat das Gericht sich auf den Standpunkt eines verständigen, die Tragweite des Geschäfts überblickenden Rechtsgenossen zu stellen und – anders als bei der allgemeinen Aufsicht (§ 1837 Abs. 2) – auch Erwägungen zur **Nützlichkeit** und **Zweckmäßigkeit** des Rechtsgeschäfts anzustellen (OLG Hamm Rpfleger 2004, 214, 216; BayObLG FamRZ 1990, 208; Palandt-Diederichsen Rn 9; Dodegge/Roth Teil E Rn 125). Das Rechtsgeschäft darf nicht in seine Bestandteile zerlegt werden; es ist vielmehr eine Gesamtabwägung vorzunehmen, in die alle für das Gesamtinteresse maßgebenden Umstände einzustellen sind (OLG München RPfleger 2007, 603). Zu berücksichtigen sind vor allem finanzielle, materielle Aspekte; das Geschäft hat den Grundsätzen einer **wirtschaftlichen Vermögensverwaltung** zu folgen, was nicht ausschließt, dass z. B. bei einer geplanten **Grundstücksveräußerung,** das Interesse des Betreuten an der Wertbeständigkeit des Vermögens durchschlägt gegenüber einer wirtschaftlich vorteilhaften Kapitalisierung (BayObLG DNotZ 2002, 547). Es muss nicht jedes Risiko ausgeschlossen sein (BayObLG Rpfleger 1979, 455, 457). Mit persönlicher Haftung verbundene unternehmerische Betätigung des Betreuten wird aber nur in Ausnahmefällen genehmigungsfähig sein (vgl. § 1822 Rn 12).

10   Beachtlich sind aber auch **persönliche** immaterielle Interessen des Betreuten (BGH NJW 1986, 2829, 2830; OLG Hamm Rpfleger 1987, 200; BayObLG FamRZ 1990, 208; Erman-Saar Rn 7), wobei es sorgfältiger Abwägung bedarf, ob ideelle Interessen es rechtfertigen, einen wirtschaftlich nicht vorteilhaften Vertrag zu genehmigen (BGH a. a. O). Hierbei kommt dem Gesichtspunkt des Friedens und Zusammenhalts in der Familie besondere Bedeutung zu (OLG Hamm a.a.O.); kritisch hierzu Wagenitz (MK-Wagenitz Rn 19), weil sich hinter dem „**Familienfrieden**" die egoistischen Interessen Angehöriger verbergen können. Die Interessen der Familie müssen stets zugleich Interessen des Betreuten

sein, wobei die immateriellen Interessen des Betreuten im Einzelfall gegen den wirtschaftlichen Vorteil durchschlagen können (OLG Hamm a.a.O.). Dies kann eine Rolle spielen bei Grundstücksübertragung an Angehörige, wenn keine wirtschaftlich gleichwertige Gegenleistung vereinbart wird, sondern nur Pflege und Betreuung (OLG Hamm a.a.O.) verbunden mit nicht messbaren Belastungen des Erwerbers, z. B. Verzicht auf Reisen (OLG Hamm NJW-RR 1992, 1170); s. hierzu auch § 1804 Rn 6, 10. Umgekehrt sind Interessen der Angehörigen ohne Belang, die nicht zugleich Interessen des Betreuten sind; es geht bei der Betreuung nicht darum, das Vermögen des Betreuten ungeschmälert für die Erben zu erhalten (OLG Düsseldorf BtPrax 1993, 103), vielmehr ist ihm, seinen Wünschen folgend, der **Genuss des eigenen Vermögens** zu ermöglichen (BayObLG NJW 1991, 432).

Die Genehmigungsvoraussetzungen gelten entsprechend bei einer Innengenehmigung, z. B. nach § 1823. **11**

3. Verfahren

Es entscheidet der Rechtspfleger (§ 3 Nr. 2 b RPflG) des Gerichts, bei dem **12** die Betreuungssache anhängig ist (§ 272 Abs. 1 Nr. 1 FamFG). Ein **Antrag** ist nicht vorgeschrieben. Dennoch wird das Gericht das Verfahren erst einleiten, wenn ein Antrag des Betreuers im Sinne einer Anregung vorliegt, da der Betreuer über den Gebrauch der Genehmigung entscheidet. Will der Betreuer keine Genehmigung beantragen, weil er das Rechtsgeschäft für genehmigungsfrei hält, kann das Gericht auch ohne Antrag die Genehmigung verweigern (KG NJW 1976, 1946). Ob **Vor- oder Nachgenehmigung** beantragt wird, liegt im Ermessen des Betreuers; auch die Genehmigung eines Grundstücksgeschäftes kann schon vor Vertragsschluss erteilt werden, wenn der Vertragsinhalt im Wesentlichen feststeht (BayObLG Rpfleger 2003, 361). Das Gericht kann sich im Vorfeld eines vorgesehenen Vertragsabschlusses schon zu den Erfolgsaussichten eines Genehmigungsantrags äußern, ist dazu aber nicht verpflichtet (KG OLGZ 1966, 78).

Am betreuungsgerichtlichen Genehmigungsverfahren sind der Betreute und **13** der Betreuer **beteiligt.** Der **Vertragsgegner** ist nicht zu beteiligen. Er wird durch die gerichtliche Entscheidung nicht in seinen Rechten berührt, denn der Betreuer ist nicht verpflichtet, eine betreuungsgerichtliche Genehmigung zu beantragen oder von einer erteilten Genehmigung Gebrauch zu machen, anders nur, wenn das Betreuungsgericht unzutreffend von einer Genehmigungspflicht ausgeht (BayObLG Rpfleger 2003, 82). Die **Angehörigen** des Betreuten dürfen an dem Verfahren nicht schon deshalb beteiligt werden, weil sie dessen **Erben** werden könnten; durch die unzulässige formelle Beteiligung wird das Recht des Betreuten auf **informationelle Selbstbestimmung** verletzt (OLG Saarbrücken FGPrax 2001, 70: Grundstücksverkauf). Ihnen steht ein Beschwerderecht im Genehmigungsverfahren nicht zu (BayObLG FamRZ 1995, 302). Gleiches gilt für **Stiefkinder,** denen der Anspruch auf Übertragung des väterlichen Miteigentumsanteils an einem Grundstücks **vermächtnisweise** zugewandt ist, aufschiebend bedingt durch den Tod der betreuten Stiefmutter, wenn diese berechtigt ist, das Grundstück zu veräußern. Sie werden durch eine Genehmigung nicht beeinträchtigt und sind nicht zu beteiligen (BayObLG BtPrax 2003, 220). Das ändert nichts daran, dass Angehörige ggf. im Rahmen der **Amtsermittlung** (§ 26 FamFG) im Genehmigungsverfahren als **Auskunftspersonen** anzuhören sind. Sie werden

BGB § 1828

dadurch aber nicht zu Beteiligten (§ 7 Abs. 6 FamFG). Zum informationellen Selbstbestimmungsrecht des Betreuten vgl. auch OLG Köln FamRZ 2004, 1124.

14 Die Entscheidungsgrundlagen hat das Gericht von **Amts wegen zu ermitteln** (§ 26 FamFG); ggf. ist sachverständige Hilfe in Anspruch zu nehmen, wenn die eigene Sachkunde nicht ausreicht, die Tragweite des Rechtsgeschäfts zu überblicken (BGH NJW 1986, 2829, 2831). Der entscheidungserhebliche Sachverhalt ist sorgfältig aufzuklären, um das Gericht in die Lage zu versetzen, eine Gesamtwürdigung der Interessen des Betreuten vorzunehmen, hieran ändert auch ein Drängen der Vertragsschließenden auf alsbaldige Genehmigung nichts (BGH Rpfleger 1995, 156; s. dort auch zu Inhalt und Umfang der Ermittlungspflichten). Art und Umfang der erforderlichen Ermittlungen bestimmt das Gericht nach pflichtgemäßem Ermessen; so kann im Einzelfall davon abgesehen werden, zum Wert eines Grundstücks ein Sachverständigengutachten einzuholen, wenn konkrete Erkenntnisse zum Wert vorliegen (BayObLG Rpfleger 2003, 361).

15 Der **Betreute** wird vor der Entscheidung regelmäßig zum Zwecke der **Sachaufklärung** zu hören sein (§ 26 FamFG). Er ist aber auch anzuhören, wenn sich das Gericht hiervon keine weitere Sachaufklärung verspricht. Denn die Anhörung dient nicht nur der Sachaufklärung sondern auch der Gewährung des **rechtlichen Gehörs** (Art. 103 Abs. 1 GG). Dieses **Verfahrensgrundrecht** ist im Verfahren vor dem Rechtpfleger Ausfluss des rechtsstaatlichen Grundsatzes des fairen Verfahrens (BVerfG NJW 2000, 1709 = FGPrax 2000, 103 = FamRZ 2000, 731 = Rpfleger 2000, 205). Dies bedeutet, der Betreute darf nicht zum bloßen Objekt staatlicher Entscheidung werden; ihm muss insbesondere die Möglichkeit gegeben werden, vor der Entscheidung, die seine Rechte betrifft, zu Worte zu kommen, um Einfluss auf das Verfahren und dessen Ergebnis nehmen zu können (BVerfG a.a.O.). Es gelten also die zum rechtlichen Gehör entwickelten Grundsätze (so zutreffend Eickmann Rpfleger 2000, 245).

16 Die Anhörung kann je nach Art der Angelegenheit **schriftlich** oder mündlich (**persönlich**) erfolgen, soweit die **Anhörungspflichten** nicht **gesetzlich konkretisiert** sind. So soll nach § 299 FamFG das Gericht vor einer Entscheidung nach §§ 1821–1825 den Betreuten persönlich hören, denn regelmäßig wird sich nur im **persönlichen Gespräch** ermitteln lassen, ob das Rechtsgeschäft den zu respektierenden Wünschen des Betreuten entspricht (OLG Hamm Rpfleger 2004, 214, 216; Jürgens/Kröger/Marschner/Winterstein Rn 422). Die persönliche Anhörung ist aus diesen Gründen grundsätzlich sehr sachdienlich (BayObLG BtPrax 2003, 220, 221) aber nicht zwingend (BayObLG FamRZ 1998, 1185); in weniger gewichtigen Fällen und wenn es weder der Sachaufklärung noch ein faires Verfahren anders gebieten, wird auch eine schriftliche Anhörung genügen. Andererseits ist der Katalog des § 299 FamFG **nicht abschließend,** auch vor anderen Entscheidungen kann eine **persönliche Anhörung** geboten sein, so nach § 1812 (Jürgens/Kröger/Marschner/Winterstein Rn 422), denn es macht z. B. keinen Unterschied, ob über die Bestellung einer Fremdgrundschuld (§ 1821 Abs. 1 Nr. 1) oder die Abtretung einer Eigentümergrundschuld (§§ 1821 Abs. 2, 1812 Abs. 1 S. 1) zu befinden ist. Zwingend ist gem. § 299 S. 2 FamFG die persönliche Anhörung vor Entscheidungen nach § 1907 Abs. 1 und 3, z. B. über eine Wohnungskündigung, soweit nicht nach § 34 Abs. 2 FamFG hiervon abgesehen werden darf. Absehen von der persönlichen Anhörung heißt aber nicht, dass dann jede Anhörung unterbleiben kann; das rechtliche Gehör bleibt auch im **Genehmigungsverfahren** unberührt.

Erklärung der Genehmigung § 1828 BGB

Die unter dem Gesichtspunkt des rechtlichen Gehörs bzw. des fairen Verfahrens 17 gebotene Anhörung des Betreuten ist auch nicht deshalb entbehrlich weil der Betreuer als **gesetzlicher Vertreter** des Betreuten am Genehmigungsverfahren beteiligt ist. „Im **Regelfall** kann das rechtliche **Gehör nicht** durch **denjenigen** vermittelt werden dessen **Handeln,** wie hier, im Genehmigungsverfahren **überprüft** werden soll" (BVerfG a.a.O., NJW 2000, 1710). Der Betreute ist auch im Genehmigungsverfahren **verfahrensfähig** (§ 275 FamFG). Er kann für das Genehmigungsverfahren ohne Rücksicht auf seine Geschäftsfähigkeit einen Bevollmächtigten, auch einen Rechtsanwalt, beauftragen und bestellen (BayObLG FamRZ 1999, 1612; a. A. OLG Saarbrücken BtPrax 1999, 153 mit abl. Anm. Schmidt FGPrax 1999, 178). Seine Rechte werden **nicht** durch den **Betreuer** wahrgenommen, insbesondere erfolgt das **rechtliche Gehör** nicht „über" den Betreuer (vgl. oben), sondern wird dem Betreuten abhängig vom „Grad" seiner Behinderung und der Bedeutung sowie der Schwierigkeit der konkreten Angelegenheit unmittelbar selbst gewährt.

Ergibt die **Anhörung,** dass der Betreute nicht in der Lage ist, seine **Interessen** 18 **sachgerecht** wahrzunehmen (OLG Frankfurt FGPrax 1997, 109) oder ist der Betreute **nicht in der Lage, seinen Willen kund zu tun** (vgl. auch § 34 Abs. 2 FamFG), hat ihm das Gericht (Richter oder Rechtspfleger) auch im **Genehmigungsverfahren** zur Wahrung des Verfahrensgrundrechts auf rechtliches Gehör bzw. ein faires Verfahren (Rn 14) einen **Verfahrenspfleger** zu bestellen (§ 276 FamFG; BayObLG Rpfleger 1991, 457 = FamRZ 1991, 1076; Keidel-Budde FamFG § 276 Rn 3). So ist auch zu verfahren, wenn von der **persönlichen Anhörung abgesehen** wird, weil sich aus den Akten anhand etwa der Ergebnisse einer im Unterbringungsverfahren durchgeführten persönlichen Anhörung und der Berichte des Betreuers ergibt, dass der Betreute nicht mehr in der Lage ist, seinen Willen kundzutun (BayObLG BtPrax 2003, 220, 221); seine Bestellung verhindert, dass der **nicht anhörungsfähige** Betreute zum bloßen Objekt des Verfahrens wird (s. auch Rn 15). Zur verfassungsrechtlich fragwürdigen Regelung des § 276 Abs. 2 FamFG s. Keidel-Budde FamFG § 276 Rn 5. In Verfahren, in denen bereits ein Betreuer bestellt ist, dessen Aufgabenkreis den jeweiligen Verfahrensgegenstand umfasst, ist der Verfahrenspfleger jedoch nicht verpflichtet, das zu genehmigende Rechtsgeschäft nach objektiven Kriterien zu überprüfen (BGH BtPrax 2009, 290).

Die Anhörung im Genehmigungsverfahren nach § 299 FamFG kann auch im 19 Wege der Rechtshilfe erfolgen (OLG Karlsruhe Rpfleger 1994, 203). Zur Durchführung der Anhörungen im Genehmigungsverfahren vgl. Klüsener Rpfleger 1991, 225, 231.

Zwar ist § 1828 nur auf Außengenehmigungen anzuwenden (vgl. Rn 2), das 20 zur Ermittlungs- und Anhörungspflicht Gesagte gilt aber entsprechend auch für die **Innengenehmigung** (§§ 1810, 1811, 1823); zur persönlichen Anhörung im Fall des § 1823 vgl. § 299 FamFG. Zur Anhörung des Gegenbetreuers s. § 1826.

4. Entscheidung

Die Entscheidung, ob das Rechtsgeschäft dem Wohl des Betreuten dient, ist 21 **Ermessensentscheidung** (BGH NJW 1998, 2829; BayObLG DNotZ 2002, 547 m. abl. Anm. Bienwald; a. A. MK-Wagenitz Rn 15 m. w. N.: Wohl des Betreuten ist „unbestimmter Rechtsbegriff"). Die Genehmigung wird dem

von Crailsheim 113

BGB § 1828

Titel 1. Vormundschaft

Betreuer erteilt (§ 1828), jedoch als Beschluss des Betreuungsgerichts erst **mit Rechtskraft wirksam** (§ 40 Abs. 2 FamFG); sie ist auch dem Betreuten selbst bekannt zu machen (§ 41 FamFG), nicht hingegen dem Geschäftsgegner oder Angehörigen. Die Form der Bekanntmachung richtet sich nach § 15 FamFG. Vorab genehmigte Rechtsgeschäfte werden mit Vornahme wirksam, zur nachträglichen Genehmigung von Verträgen vgl. o. Rn 3.

22 Die Genehmigung kann zum Schutz des Betreuten auch unter einer **aufschiebenden Bedingung** erteilt werden, z. B. der Eintragung in das Handelsregister bei Erwerb eines Kommanditanteils (Haftung aus § 176 Abs. 2 HGB, s. dazu BGH NJW 1983, 2258, 2259) oder der Bestellung eines Ersatzpfandrechts bei Aufhebung einer Sicherheit (§ 1822 Nr. 13) (wie hier: Damrau/Zimmermann Rn 16; a. A. MK-Wagenitz Rn 13; Staudinger-Engler Rn 40). Unzulässig ist hingegen eine **auflösende** Bedingung. **Auflagen**, z. B. die bestimmte Anlage des Verkaufserlöses, lassen die Wirkungen der Genehmigungen unberührt, sind aber nur zulässig, soweit sie als Aufsichtsmaßnahme nach § 1837 Abs. 2 geboten sind.

23 Ist das Gericht der Auffassung, das Rechtsgeschäft sei nicht genehmigungsbedürftig, erteilt es ein **„Negativattest"**. War die Genehmigung dennoch erforderlich, so wird sie durch das Negativattest nicht ersetzt, das **Rechtsgeschäft** bleibt **unwirksam** (BGH NJW 1966, 952). Das Grundbuchamt ist an ein Negativattest des Betreuungsgerichts nicht gebunden, sondern prüft die Genehmigungsbedürftigkeit in eigener Verantwortung (OLG Köln Rpfleger 2003, 560, 572; OLG Zweibrücken FamRZ 2000, 117). Wegen der mit dem Negativattest verbundenen tatsächlichen Vermutung für die Genehmigungsfreiheit (OLG Hamm Rpfleger 1991, 56) kann bei unklarer Rechtslage ein Vertrag unter der Bedingung geschlossen werden, dass ein Negativattest eingeholt wird (BGH FamRZ 1989, 605, 608). Angesichts der in diesem Bereich herrschenden **Unsicherheit** muss es dem Betreuungsgericht aber auch gestattet sein, bei zweifelhafter Genehmigungsbedürftigkeit **vorsorglich** eine **Genehmigung** zu erteilen (Staudinger-Engler Rn 47; Damrau/Zimmermann Rn 19; a. A. MK-Wagenitz Rn 24).

24 **Beschwerdeberechtigt** ist gegen **Erteilung** und **Versagung** der Genehmigung der **Betreute** (§ 59 Abs. 1 FamFG) und in seinem Namen der Betreuer (§ 1902); gegen die Versagung auch der Betreuer in eigenem Namen (MK-Wagenitz Rn 39 ff.; a. A. OLG Stuttgart FGPrax 2001, 199 je m. w. N.). Auch der Verfahrenspfleger kann Rechtsmittel einlegen (vgl. unten § 276 FamFG Rn 12). Der Geschäftsgegner ist nicht Beteiligter des Genehmigungsverfahrens und nicht beschwerdeberechtigt (OLG München Rpfleger 2009, 679), es sei denn, er bestreitet die Genehmigungspflicht (OLG Hamm, FamRZ 1984, 1036). Angehörige des Betreuten haben kein Beschwerderecht (BayObLG FamRZ 1995, 302).

25 Ist die Genehmigung oder deren Verweigerung gegenüber dem **Geschäftsgegner wirksam** geworden (im Falle der Nachgenehmigung durch Mitteilung nach § 1829 Abs. 1 S. 2), besteht im Interesse der Rechtssicherheit ein **Abänderungsverbot**; weder das Betreuungsgericht (§ 48 Abs. 3 FamFG) noch das Beschwerdegericht (§ 68 Abs. 3 S. 1 FamFG) dürfen die Entscheidung ändern.

26 Da die Entscheidung über die Genehmigung von Rechtsgeschäften des Betreuers ausnahmslos in die Zuständigkeit des Rechtspflegers fällt, führte das vorschnelle Wirksamwerden der gerichtlichen Entscheidung gegenüber dem Geschäftsgegner nach dem alten Gesetzeswortlaut dazu, dass dem Betreuten faktisch jede Möglichkeit einer **richterlichen** Überprüfung der Rechtspflegerentscheidung verwehrt war. Insoweit war die bisherige Regelung der §§ 55, 62 FGG mit **Art. 19 Abs. 4 GG** unvereinbar. Bis zur gesetzlichen Neuregelung war der Rechtspfleger daher

von Verfassungs wegen gehalten, Entscheidungen über betreuungsgerichtliche Außengenehmigungen durch einen **beschwerdefähigen Vorbescheid** anzukündigen. Durch das zum 1. 9. 2009 in Kraft getretene FamFG wurde diese Problematik behoben, indem derartige Beschlüsse erst mit Rechtskraft wirksam werden (§ 40 Abs. 2 FamFG). Rechtskraft wiederum tritt ein, wenn innerhalb der Frist von 2 Wochen (§ 63 Abs. 2 Nr. 2 FamFG) keine Beschwerde eingelegt wird. Dem Rechtsschutzbedürfnis des Betreuten ist damit ausreichend Rechnung getragen.

§ 1829 Nachträgliche Genehmigung

(1) Schließt der Vormund einen Vertrag ohne die erforderliche Genehmigung des Familiengerichts, so hängt die Wirksamkeit des Vertrags von der nachträglichen Genehmigung des Familiengerichts ab. Die Genehmigung sowie deren Verweigerung wird dem anderen Teil gegenüber erst wirksam, wenn sie ihm durch den Vormund mitgeteilt wird.

(2) Fordert der andere Teil den Vormund zur Mitteilung darüber auf, ob die Genehmigung erteilt sei, so kann die Mitteilung der Genehmigung nur bis zum Ablauf von vier Wochen nach dem Empfang der Aufforderung erfolgen; erfolgt sie nicht, so gilt die Genehmigung als verweigert.

(3) Ist der Mündel volljährig geworden, so tritt seine Genehmigung an die Stelle der Genehmigung des Familiengerichts.

Die Vorschrift ist auf die Betreuung sinngemäß anzuwenden (§ 1908 i Abs. 1 S. 1). **1**

1. zu Abs. 1

Wird ein Vertrag mit der erforderlichen Genehmigung abgeschlossen, ist er sofort **2** wirksam, eine Mitteilung der Genehmigung an den Geschäftsgegner ist nicht erforderlich. Schließt der Betreuer ohne vorherige Genehmigung den Vertrag, ist dieser **schwebend unwirksam** (Abs. 1 S. 1). Die nachträgliche Genehmigung, die dem Betreuer erteilt wird (§ 1828), beendet diesen Schwebezustand nicht. Erst wenn der Betreuer dem Geschäftsgegner die Genehmigung mitteilt, wird der Vertrag entsprechend § 184 von Anfang an wirksam (Abs. 1 S. 2). Diese **Mitteilung** ist keine bloße Tatsacheninformation sondern empfangsbedürftige Willenserklärung; der Betreuer muss zum Ausdruck bringen, dass er die gerichtliche Entscheidung als endgültig und den Vertrag als zustandegekommen ansieht (BayObLG FamRZ 1989, 540; Palandt-Diederichsen Rn 4). Entsprechendes gilt, wenn das Betreuungsgericht die Genehmigung des Rechtsgeschäfts verweigert; die dem Vertragsgegner durch das Betreuungsgericht unmittelbar mitgeteilte Versagung einer Genehmigung ist rechtlich wirkungslos (BayObLG FamRZ 1996, 242).

Schließt der Betreuer einen Vertrag ohne vorherige Genehmigung ab, ist er **3** dem Geschäftsgegner gegenüber weder verpflichtet, eine Genehmigung einzuholen, noch von einer erteilten Genehmigung Gebrauch zu machen. Er hat vielmehr **erneut zu prüfen**, ob der Vertrag den Interessen des Betreuten dient (Damrau/Zimmermann Rn 3). Betreuungsgericht und Betreuer haben also eine **selbständige Prüfungspflicht** (BGH BtPrax 2004, 30, 31). Auf die Mitteilung nach § 1829 Abs. 1 S. 2 darf daher nicht verzichtet werden; jede darauf hinauslaufende Vereinbarung wäre nichtig (BayObLG FamRZ 1989, 1113, 1115).

von Crailsheim

BGB § 1829 Titel 1. Vormundschaft

4   Eine besondere Form ist für die Mitteilung nach Abs. 1 S. 2 nicht vorgeschrieben. Im **Grundbuchverfahren** muss der Gebrauch der Genehmigung nach § 1829 Abs. 1 S. 2 im Falle der Auflassung eines Grundstücks des Betreuten (§ 20 GBO) in der Form des § 29 GBO nachgewiesen werden, was z. B. dadurch geschehen kann, dass der Erwerber den ihm vom Betreuer überlassenen Genehmigungsbeschluss beim Grundbuchamt einreicht. Im Verfahren nach § 19 GBO, z. B. bei Bestellung eines Grundpfandrechts durch den Betreuer, wird die materiellrechtliche Einigung nicht geprüft, so dass dem Grundbuchamt nur die Erteilung der Genehmigung nach § 1828, nicht aber deren Gebrauch nachzuweisen ist.

5   Bei **grundstücksbezogenen** Rechtsgeschäften wird regelmäßig dem **Notar** vom Betreuer die **Vollmacht** erteilt, die Genehmigung des Betreuungsgerichts zu beantragen und entgegenzunehmen (§ 1828) sowie dem Vertragspartner mitzuteilen (Abs. 1 S. 2). Dieser bevollmächtigt den Notar, für ihn die Mitteilung entgegenzunehmen. Der Notar hat den Gebrauch der Vollmacht durch Vornahme des gestatteten Insichgeschäfts nach außen erkennbar zu machen, hierzu genügt die Einreichung der Eintragungsunterlagen beim Grundbuchamt (BayObLG FamRZ 1989, 1113) oder z. B. ein entsprechender Vermerk auf der Ausfertigung des Genehmigungsbeschlusses (BayObLG BtPrax 1997, 199, 200).

6   Diese sog. **„Doppelvollmacht"** wird allgemein für zulässig erachtet (BayObLG FamRZ 1998, 1325 m. w. N.; MK-Wagenitz Rn. 14), obwohl der Betreuer als gesetzlicher Vertreter ein Insichgeschäft (§ 181) nicht gestatten kann. Trotz Doppelvollmacht kann der Betreuer durch Weisung an den bevollmächtigten Notar sicherstellen, dass der weitere Ablauf sich nicht verselbständigt, sondern die Mitteilung gem. Abs. 1 S. 2 seiner gesonderten Zustimmung bedarf.

2. zu Abs. 2

7   Der **Vertragspartner** ist an den schwebend unwirksamen Vertrag gebunden. Er kann den Schwebezustand beenden, indem er den Betreuer auffordert, ihm mitzuteilen, ob die Genehmigung erteilt sei **(Abs. 2).** Die Mitteilung der Genehmigung muss dann binnen 4 Wochen erfolgen, anderenfalls gilt die Genehmigung als verweigert. Ob bereits eine betreuungsgerichtliche Genehmigung vorliegt oder beantragt wurde, ist unerheblich (RGZ 130, 148, 152). Die Aufforderung ist Willenserklärung (strittig MK-Wagenitz Rn 28 m. w. N.). Die Anfrage des Vertragsgegners muss aber so beschaffen sein, dass der Betreuer erkennen kann, dass es sich nicht um eine bloße Sachstandsanfrage handelt (OLG Düsseldorf FGPrax 2003, 266).

3. zu Abs. 3

8   Wird die Betreuung **aufgehoben** oder der Aufgabenkreis, zu dem das betreffende Rechtsgeschäft gehört, eingeschränkt (§ 1908 d), muss der **geschäftsfähige** Betroffene entsprechend **Abs. 3** selbst über die Genehmigung entscheiden, falls der Vertrag noch in der Schwebe ist. Unabhängig hiervon ist er befugt, das Rechtsgeschäft jederzeit an sich zu ziehen und die betreuungsgerichtliche Genehmigung entbehrlich zu machen (strittig s. vor § 1802 Rn 7; wie hier: Damrau/Zimmermann Rn 23). Beim Tode des Betreuten geht die Entscheidungsbefugnis auf dessen Erben über.

§ 1830 Widerrufsrecht des Geschäftspartners

Hat der Vormund dem anderen Teil gegenüber der Wahrheit zuwider die Genehmigung des Familiengerichts behauptet, so ist der andere Teil bis zur Mitteilung der nachträglichen Genehmigung des Familiengerichts zum Widerruf berechtigt, es sei denn, dass ihm das Fehlen der Genehmigung bei dem Abschluss des Vertrags bekannt war.

Die Vorschrift ist auf die Betreuung sinngemäß anzuwenden (§ 1908 i Abs. 1 S. 1). 1

Wird ein Vertrag ohne die erforderliche Genehmigung geschlossen, ist der Vertragspartner gebunden und kann den Schwebezustand nach § 1829 Abs. 2 beenden. Ein **Widerrufsrecht** steht ihm jedoch dann zu, wenn der Betreuer vor oder bei Vertragsschluss wahrheitswidrig das Vorhandensein einer betreuungsgerichtlichen Genehmigung behauptet hat. 2

Hat der unter **Einwilligungsvorbehalt** (§ 1903) stehende Betreute selbst den Vertrag geschlossen, gilt § 1830 entsprechend (wie hier: Damrau/Zimmermann Rn 7; Dodegge/Roth Teil E Rn 131). Fehlt schon die Zustimmung des Betreuers, ist zunächst ein Widerrufsrecht des Vertragspartners nach §§ 1903 Abs. 1 S. 2, 109 Abs. 1 gegeben (s. dazu Wilhelm NJW 1992, 1666). 3

§ 1831 Einseitiges Rechtsgeschäft ohne Genehmigung

Ein einseitiges Rechtsgeschäft, das der Vormund ohne die erforderliche Genehmigung des Familiengerichts vornimmt, ist unwirksam. Nimmt der Vormund mit dieser Genehmigung ein solches Rechtsgeschäft einem anderen gegenüber vor, so ist das Rechtsgeschäft unwirksam, wenn der Vormund die Genehmigung nicht vorlegt und der andere das Rechtsgeschäft aus diesem Grunde unverzüglich zurückweist.

Die Vorschrift ist auf die Betreuung sinngemäß anzuwenden (§ 1908 i Abs. 1 S. 1). 1

Einseitigen Rechtsgeschäften des Betreuers ist der Erklärungsgegner passiv ausgesetzt. Sie vertragen daher keinen Schwebezustand (vgl. auch § 111) und sind unheilbar nichtig, wenn sie ohne die erforderliche Genehmigung vorgenommen werden. Solche einseitigen Rechtsgeschäfte sind z. B. die Erteilung einer Prokura (§ 1822 Nr. 11) und die Kündigung eines Mietverhältnisses (§ 1907 Abs. 1 S. 1). Die nichtigen einseitigen Rechtsgeschäfte sind ggf. mit Genehmigung des Betreuungsgerichts neu vorzunehmen. 2

Kein selbstständiges einseitiges Rechtsgeschäft im Sinne des § 1831 ist die **Zustimmung** des Betreuers zu einem Rechtsgeschäft des unter Einwilligungsvorbehalt stehenden Betreuten (§ 1903). Stimmt er z. B. der genehmigungspflichtigen Kündigung durch den Betreuten zu, genügt es, wenn die betreuungsgerichtliche Genehmigung beim Zugang der Kündigung vorliegt; stimmt er einem Vertragsabschluss zu, ist nachträgliche Genehmigung möglich (§ 1829 Abs. 1). Zur **Vollmachtserteilung** s. § 1821 Rn 5. Selbstständiges einseitiges Rechtsgeschäft ist die Zustimmung zur Verfügung eines Dritten, so des betreuten Eigentümers zur Aufhebung einer Fremdgrundschuld nach § 1183 (§ 1812 Rn 6) oder des betreuten Nacherben zur Verfügung des Vorerben §§ 2113, 185 (§ 1821 Rn 7). 3

BGB § 1831 Titel 1. Vormundschaft

4   Die Genehmigung zur **Annahme einer Leistung** (§§ 1812, 1813) soll die Empfangszuständigkeit des gesetzlichen Vertreters begründen (Palandt-Heinrichs § 362 Rn 4); dies kann auch nachträglich geschehen (Erman-Saar Rn 2; Damrau/Zimmermann Rn 4 str.), z. B. schlüssig im Zusammenhang mit der Prüfung der **Jahresrechnung** durch das Betreuungsgericht.

5   Die **Ausschlagung** einer **Erbschaft** ist fristgebunden (§ 1944). Die Genehmigung nach § 1822 Nr. 2 kann daher auch nachträglich erfolgen bis zum Fristablauf. Dem Betreuer muss aber Zeit für seine Entscheidung bleiben, es genügt, wenn er binnen der Frist den Antrag auf Genehmigung stellt. Bis zur Erteilung der Genehmigung ist der Lauf der Ausschlagungsfrist **gehemmt** (§§ 1944 Abs. 2 S. 3, 206; h. M. im Anschluss an OLG Frankfurt FamRZ 1966, 259). Von der nachträglichen Genehmigung muss er dann aber innerhalb der nun wieder laufenden Frist gegenüber dem Nachlassgericht **Gebrauch** machen; hierauf hat das Betreuungsgericht hinzuweisen (Einzelheiten s. Klüsener Rpfleger 1993, 133). Nach a. A. muss die Mitteilung an das Nachlassgericht nicht durch den Betreuer erfolgen, auch das Betreuungsgericht könne das Nachlassgericht von der erteilten Genehmigung unterrichten (Sonnenfeld/Zorn Rpfleger 2004, 533, 536). Dem kann nicht gefolgt werden; nach dem Rechtsgedanken der §§ 1828, 1829 soll der Betreuer stets selbst entscheiden ob er bei Vor- wie Nachgenehmigung von der nun unbeschränkten Vertretungsmacht Gebrauch macht oder von dem genehmigten Rechtsgeschäft Abstand nimmt. Dies muss auch für die nachträgliche Genehmigung einseitiger Rechtsgeschäfte gelten, die nicht unter § 1831 fallen (wie hier MK-Wagenitz Rn 12; Damrau/Zimmermann Rn 5 a. E.; Ivo, ZEV 2002, 309, 314).

6   Einseitige **grundstücksbezogene** Rechtsgeschäfte, z. B. die Aufhebung einer Grundschuld (§ 875), gleich ob sie gegenüber dem **Begünstigten** oder gegenüber dem **Grundbuchamt** vorgenommen werden, sind erst mit der Eintragung vollzogen. Die Genehmigung kann daher auch nachträglich bis zur **Grundbucheintragung** erfolgen. Den Schwebezustand begrenzt das Grundbuchamt durch Fristsetzung mittels **Zwischenverfügung** nach § 18 GBO. Seinem Zweck nach findet § 1831 S. 1 daher keine Anwendung auf Erklärungen gegenüber dem Grundbuchamt (allg. Ans. MK-Wagenitz Rn 8 m. w. N.). Die **Eintragungsbewilligung** nach § 19 GBO selbst ist nicht Genehmigungsgegenstand mit Ausnahme der Berichtigungsbewilligung (s. § 1812 Rn 7).

7   Auch auf sonstige genehmigungspflichtige **amtsempfangsbedürftige** Erklärungen ist § 1831 nicht anzuwenden, so z. B. für den Antrag auf Teilungsversteigerung (§ 181 Abs. 2 S. 2 ZVG; hierzu Damrau/Zimmermann Rn 7; Staudinger-Engler Rn 19 m. w. N.).

8   Ist die erforderliche Vorgenehmigung zu einem einseitigen Rechtsgeschäft erteilt, kann der Erklärungsgegner zu seinem Schutz verlangen, dass ihm der **Genehmigungsbeschluss** vorgelegt wird. Anderenfalls ist er berechtigt, das Rechtsgeschäft zurückzuweisen **(S. 2).** Kündigt beispielsweise der Betreuer die Mietwohnung des Betreuten ohne den Genehmigungsbeschluss (§ 1907 Abs. 1 S. 1) vorzulegen (Ausfertigung, beglaubigte Abschrift – nicht bloße Fotokopie: Damrau/Zimmermann Rn 11) und weist der Vermieter deswegen unverzüglich (§ 121) die Kündigung zurück, ist diese trotz Genehmigung nichtig und muss neu vorgenommen werden. S. 2 gilt nur für **Privatpersonen** als Empfänger (MK-Wagenitz Rn 11), nach a. A. auch für Behörden (Aufgabeerklärung ggü. Grundbuchamt: BayObLG Rpfleger 1991, 457, 458; Ausschlagungserklärung ggü. Nachlassgericht: Erman-Saar Rn 3).

§ 1832 Genehmigung des Gegenvormunds

Soweit der Vormund zu einem Rechtsgeschäft der Genehmigung des Gegenvormunds bedarf, finden die Vorschriften der §§ 1828 bis 1831 entsprechende Anwendung; abweichend von § 1829 Abs. 2 beträgt die Frist für die Mitteilung der Genehmigung des Gegenvormunds zwei Wochen.

Die Vorschrift ist sinngemäß auf die Betreuung anzuwenden (§ 1908 i Abs. 1 S. 1); vgl. § 1792 Rn 1.

Die nach § 1812 erforderliche Genehmigung des Gegenbetreuers zu bestimmten Rechtsgeschäften (Außengenehmigung) ist rechtsgeschäftlicher Natur (h. M. Palandt-Diederichsen Rn 1). §§ 1828 bis 1831 finden entsprechende Anwendung, also ist die Genehmigung stets **gegenüber** dem **Betreuer** zu erklären (§ 1828); die zulässige nachträgliche Erklärung wird gegenüber dem Vertragsgegner erst wirksam, wenn sie ihm der Betreuer mitteilt (§ 1829 Abs. 1 S. 2). Im Unterschied zur verlängerten Frist in § 1829 Abs. 2, gelten hier zwei Wochen. § 40 Abs. 2 FamFG findet keine Anwendung.

1

2

§ 1833 Haftung des Vormunds

(1) **Der Vormund ist dem Mündel für den aus einer Pflichtverletzung entstehenden Schaden verantwortlich, wenn ihm ein Verschulden zur Last fällt. Das Gleiche gilt von dem Gegenvormund.**

(2) **Sind für den Schaden mehrere nebeneinander verantwortlich, so haften sie als Gesamtschuldner. Ist neben dem Vormund für den von diesem verursachten Schaden der Gegenvormund oder ein Mitvormund nur wegen Verletzung seiner Aufsichtspflicht verantwortlich, so ist in ihrem Verhältnis zueinander der Vormund allein verpflichtet.**

Übersicht

	Rn.
1. Überblick	1
2. Voraussetzungen der Haftung	4
a) Pflichtwidrigkeit	4
b) Berücksichtigung des Betreutenwunsches	7
c) Schuldhaftes Handeln	8
d) Mitwirkung des Betreuungsgerichts	9
e) Delegation	10
3. Haftung des Vereins	11
4. Haftung der Behörde	13
5. Haftung mehrerer Betreuer	15
6. Haftung gegenüber Dritten	16
7. Haftpflichtversicherung	20
8. Umfang und Geltendmachung von Ansprüchen	21

1. Überblick

Die Vorschrift ist auf die Betreuung sinngemäß anzuwenden (§ 1908 i Abs. 1 S. 1).

1

§ 1833 regelt die Haftung für **Schäden,** die der Betreuer **dem Betreuten** zufügt (Abs. 1 S. 1). Erfasst sind alle Betreuer, auch der Verein und die Behörde

2

von Crailsheim

BGB § 1833

als Betreuer, desgleichen ausdrücklich der Gegenbetreuer (Abs. 1 S. 2). Rechtsgrund für die Haftung ist das besondere gesetzliche Schuldverhältnis familienrechtlicher Art zwischen Betreuer und Betreutem (BGHZ 17, 108, 116, MK-Wagenitz Rn 1).

3 Der in einer Betreuungsverfügung vorweggenommene Verzicht auf den haftungsrechtlichen Schutz aus § 1833 durch **Haftungsausschluss** oder **Haftungserleichterung** zugunsten eines bestimmten Betreuers sollte jedenfalls insoweit zulässig sein, als eine solche Vereinbarung zwischen dem Verfügenden und dem künftigen Betreuer auch sonst gesetzlich zulässig und rechtsgeschäftlich üblich ist, so bspw. in Form der betragsmäßigen Begrenzung auf eine adäquate Höchstsumme der abzuschließenden Haftpflichtversicherung. Alles andere wäre ein nicht zu rechtfertigender Eingriff in die Privatautonomie. Unter dieser Prämisse darf es keinen Unterschied machen, ob die Vorsorgeverfügung zugunsten eines bestimmten Bevollmächtigten/Betreuers in einer Vertretung durch Vollmacht oder in einer gesetzlichen Vertretung mündet (a.A. Epple BtPrax 1993, 156, 158, bezogen allerdings auf eine generelle Befreiung bei Fahrlässigkeit). Die mangels einer gesetzlichen Regelung unbeschränkte Haftung des ohne Betreuungsverfügung bestellten Betreuers steht dem nicht entgegen, da der Wille des Betroffenen zu berücksichtigen ist (§ 1901 Abs. 3 S. 2) und keine Schlechterstellung im Vergleich zur grds. vorrangigen (§ 1896 Abs. 2 S. 2) Bevollmächtigung vorliegt.

2. Voraussetzungen der Haftung

a) Pflichtwidrigkeit

4 Der Betreuer muss **pflichtwidrig** gehandelt haben. Seine Pflichten leiten sich aus dem allgemeinen Grundsatz der treuen und gewissenhaften **Amtsführung** ab, die sich am Wohl des Betreuten auszurichten hat (§ 1901); zudem aus einzelnen **gesetzlichen** Vorgaben, z. B. §§ 1806 ff., Weisungen des Betreuungsgerichts (§ 1837 Abs. 2), ggf. Anweisungen Dritter (§ 1803); zum Pflichtenkatalog s. auch § 1837 Rn 11 ff.

5 So verstößt der Betreuer gegen seine **Pflichten**, wenn er einen aussichtslosen **Prozess** führt (OLG Hamburg NJW 1960, 1207); Ansprüche **verjähren** lässt (BGH VersR 1968, 1115); Wertgutachten ohne **Prüfung** hinnimmt (BGH FamRZ 1983, 1220); größere Geldbeträge zum **Spareckzins** anlegt (LG Bremen Rpfleger 1993, 338; LG Kassel FamRZ 2003, 626; zu den Haftungsrisiken bei der Fremdverwaltung von Geldern s. auch Fiala/Behrendsen Rpfleger 1997, 281); Anlage von Geldern bei einem Kreditinstitut, dass keiner für die Anlage ausreichenden Sicherungseinrichtung angehörte, einschließlich Zurechnung der Beratungspflichtverletzung des Anlageberaters (LG Waldshut BtPrax 2008, 87); die **Genehmigung** zur **Kündigung** einer Wohnung (§ 1907) verspätet einholt; einen Vertrag schließt, ohne gegen auf der Hand liegende **Risiken Vorkehrungen** zu treffen (BGH FamRZ 2003, 1924); sich nicht über die Voraussetzungen einer Erwerbsunfähigkeitsrente informiert, mit der Folge des verzögerten **Rentenbeginns** (LG Berlin BtPrax 2001, 215); als Inhaber der Vermögenssorge die Anzeige einer Gefahrerhöhung an die **Brandversicherung** des dementen Betreuten unterlässt mit der Folge der Leistungsverweigerung des Versicherers (OLG Nürnberg BtPrax 2004, 38 m. Anm. Henkemeier BtPrax 2004, 59; Meier BtPrax 2004, 60). Zur Pflicht, in besonderen Fällen eine Haftpflichtversicherung für den Betreuten abzuschließen vgl. BGH FamRZ 1980, 874 u. Bauer/Knieper BtPrax

Haftung des Vormunds **§ 1833 BGB**

1998, 168, 171). Zur Haftung in Krankenversicherungsangelegenheiten s. Meier BtPrax 2008, 153. Zu fraglichen **Pflichtverletzungen** im Zusammenhang mit der unterlassenen Geltendmachung von **Sozialhilfeansprüchen** des Betreuten vgl. OLG Schleswig FamRZ 1997, 1427: kein Verschulden wegen unzureichender Beratung und Unterstützung durch das Betreuungsgericht; LG Offenburg FamRZ 1996, 1356: kein Schaden eingetreten; LG Köln FamRZ 1998, 919: keine Angelegenheit der Vermögenssorge (m. abl. Anm. Bienwald FamRZ 1998, 1567); vgl. auch Rn 8. Pflichtwidrig kann auch sein, die **Geltendmachung** einer Beteiligung an den **Heimkosten** zu unterlassen, wenn der Betreute infolge der notwendigen Heimunterbringung ein ihm eingeräumtes **Wohnrecht** nicht mehr nutzen kann (vgl. dazu OLG Celle NJW-RR 1999, 10; OLG Koblenz NJW-RR 2004, 1375) oder die bei Übergabe von Grundbesitz vereinbarte **Pflege** nicht mehr erbracht werden kann (vgl. dazu BGH NJW 2003, 1126: ersparte Aufwendungen). Der Vermögensbetreuer muss **Erwerbsmöglichkeiten** des bedürftigen Betreuten ausnutzen, z. B. Umwandlung eines Wohnrechts in die Befugnis, die Wohnräume an Dritte zu vermieten (OLG Koblenz a.a.O.: ergänzende Vertragsauslegung). Er hat der Wirksamkeit von **Schenkungen** nachzugehen (z. B. Geschäftsfähigkeit, Insichgeschäft) und evtl. Rückforderungen geltend zu machen (OLG Zweibrücken BtPrax 2004, 246). Zu seinen Pflichten zählt es ferner, bestehende wichtige **Verträge**, z. B. eine Grundstücksüberlassung mit Pflegezusage zu prüfen, deren Abwicklung zu überwachen und **Missständen** entgegenzutreten (vgl. OLG Zweibrücken a.a.O.); vgl. hierzu auch BayObLG BtPrax 2004, 35; FamRZ 2005, 389 und OLG Zweibrücken BtPrax 2004, 246. Gleiches gilt für andere Durchstechereien, wie 500 Euro monatliches Taschengeld für eine demente Betreute (vgl. BayObLG FamRZ 2005, 389) oder monatliche Entnahmen in Höhe von 1000 Euro für Pflegekosten, trotz vertraglicher Pflegeverpflichtung (OLG Zweibrücken a.a.O.).

Pflichtwidrig handelt der Betreuer, wenn er seine **Kompetenzen überschreitet,** z. B. mit dem Aufgabenkreis „Gesundheitsfürsorge" die geschlossene Unterbringung des Betreuten veranlasst (OLG Hamm FamRZ 2001, 861 mit Anm. Bienwald a.a.O. S. 863 und Beck BtPrax 2001, 195; vgl. auch OLG Stuttgart FPR 2004, 711: Aufenthaltsbestimmung erforderlich und ausreichend). Schadensersatz: Schmerzensgeld (§§ 823, 847), Anwaltskosten. Entsprechendes gilt, wenn er seine Kompetenzen **nicht ausschöpft,** z. B. trotz Anweisung der Vermögenssorge die Geltendmachung von Rentenansprüchen unterlässt (LG Berlin BtPrax 2001, 215). Zum Verschulden in diesen Fällen vgl. Rn 8. 6

b) Berücksichtigung des Betreutenwunsches

Haftungsrechtlich problematisch ist der beschränkte **Willensvorrang** des Betreuten aus § 1901 Abs. 3 S. 1. Den Wünschen des Betreuten ist zu entsprechen, soweit dies dessen Wohl nicht zuwiderläuft und dem Betreuer zuzumuten ist. Zu den schwierigen Abgrenzungsfragen s. die Erläuterungen zu § 1901 Rn 8 ff und § 1828 Rn 8. Ob die **Erfüllung** des **Wunsches** dem **Wohl** des Betreuten **zuwiderläuft,** hat der Betreuer selbstständig und eigenverantwortlich nach pflichtgemäßem Ermessen zu entscheiden (BayObLG FamRZ 2000, 565; s. auch § 1837 Rn 13). Die Entscheidung muss evtl. später nachvollzogen werden, etwa auf Verlangen der Erben des Betreuten und sollte daher hinreichend dokumentiert sein (Deinert/Lütgens/Meier, Die Haftung des Betreuers S. 62); auch sollte das Betreuungsgericht einbezogen werden, das sich auch zur Pflichtgemäßheit beab- 7

BGB § 1833   Titel 1. Vormundschaft

sichtigter Maßnahmen zu erklären hat (BayObLG Rpfleger 1999, 445), was aber grundsätzlich die Verantwortung des Betreuers unberührt lässt (Rn 9). Ist eine Maßnahme des Betreuers nach § 1901 **pflichtgemäß,** was im Haftungsprozess das Prozessgericht aus dessen Sicht ex ante zu beurteilen hat (RGRK-Dickescheid § 1901 Rn 6), kann sie nicht zur Haftung führen, auch wenn sie **wirtschaftlich nachteilig** ist. So, wenn er z. B. dem Wunsch des Betreuten folgend, eine rechtlich mögliche **Mieterhöhung** unterlässt, auf die der Betreute zu seinem Unterhalt oder zum Erhalt des Vermögens nicht angewiesen ist, oder eine **Wohnung beibehält,** obwohl nicht davon auszugehen ist, dass der Betreute jemals wieder in diese zurückkehren wird (BayObLG BtPrax 2004, 69). Pflichtverstoß, wenn Einfamilienhaus gegen den Willen des im Heim lebenden dementen Betreuten vermietet werden soll (OLG Schleswig FGPrax 2001, 194 = BtPrax 2001, 211). Umgekehrt soll der Betreuer verpflichtet sein, auch **gegen** den **Willen** des **mittellosen** unter Einwilligungsvorbehalt stehenden **Betreuten** die Kündigung eines im Erbgang erworbenen Mietverhältnisses durchzusetzen (LG Berlin FamRZ 2000, 1526). **Kein Pflichtverstoß,** wenn dem Wunsch der wirtschaftlich abgesicherten Betreuten folgend, vor Stellung des Antrags auf Erwerbsunfähigkeitsrente zunächst Rehabilitationsmaßnahmen eingeleitet werden (LG Berlin BtPrax 2001, 83). Vgl. hierzu auch § 1837 Rn 13; § 1828 Rn 8. Zum **Spannungsfeld** der hier nach § 1901 Abs. 2, 3 abzuwägenden Umstände vgl. Hoffmann BtPrax 2001, 60. Der Betreuer ist **nicht** verpflichtet, **Ausgaben** des Betreuten zu **verhindern,** um zur Entlastung der Staatskasse seine Vergütung aus dem Vermögen des Betreuten zu sichern (OLG Düsseldorf BtPrax 1999, 74: dem Betreuten ist auch kein Schaden entstanden, da er für seine Ausgaben einen Gegenwert bezogen hat; der Staatskasse steht kein Schadensersatzanspruch gegen den Betreuer zu, s. u. Rn 19; vgl. zu dieser Entscheidung auch vor § 1802 Rn 6).

c) Schuldhaftes Handeln

8   Die Pflichtwidrigkeit muss **schuldhaft** geschehen sein. Der Betreuer hat dabei Vorsatz und jede Fahrlässigkeit zu vertreten. **Fahrlässig** handelt, wer die im Verkehr erforderliche Sorgfalt außer Acht lässt (§ 276). Der **Maßstab** der von einem Betreuer zu verlangenden **Sorgfalt** bestimmt sich nach dem Lebenskreis sowie nach der Rechts- und Geschäftserfahrung des Betreuers (BGH FamRZ 2003, 1924; Palandt-Diederichsen Rn 9). Vgl. zum verneinten Verschulden wegen unterlassenen Widerspruchs gegen ablehnenden Sozialhilfebescheid bei der Betreuung durch einen Angehörigen, wenn Betreuer zum „Lebenskreis allenfalls durchschnittlich kundiger und verständiger Menschen" zählt: OLG Schleswig FamRZ 1997, 1427; andererseits zur Sorgfalt, die von einem **anwaltlichen** Betreuer geschuldet wird: BGH FamRZ 2003, 1924; OLG Hamm FamRZ 2001, 861. So wird von diesem erwartet, dass er – erforderlichenfalls mit Hilfe der Fachliteratur – die rechtlichen Risiken eines abzuschließenden Vertrages prüft und ggf. die entsprechenden Vorkehrungen trifft, diese auszuschließen oder zu vermindern (BGH a.a.O. S. 1925); desgleichen, dass er seine Zuständigkeit sorgfältig prüft und sich bei einer klaren **Abgrenzung** der **Befugnisse** nicht auf abweichende örtliche Praxis verlässt (OLG Hamm a.a.O.). Hingegen ist fraglich, ob der juristisch nicht vorgebildete Betreuer die Abwägungen zur Reichweite des Aufgabenkreises Vermögenssorge in eigener Verantwortung zu treffen hat (LG Berlin FamRZ 2002, 347 vgl. Rn 6). Aber unabhängig davon, ob die Geltendmachung **sozialrechtlicher** Ansprüche (vgl. die zu Rn 6 genannten Entscheidun-

gen) oder von **Unterhaltansprüchen** zur **Vermögenssorge** zählt (OLG Zweibrücken NJW-RR 2001, 151: auch bei Volljährigen nicht von Vermögenssorge erfasst), ergibt sich aus dem Gesetz die Pflicht „über den Tellerrand" des Aufgabenkreises zu sehen und anzuzeigen, wenn **anderweitiger Betreuungsbedarf** besteht (§ 1901 Abs. 5). Gleiches gilt für die Frage, ob der Aufgabenkreis „**Sorge für die Gesundheit**" auch die **Weiterversicherung** des Betreuten in einer gesetzlichen Krankenversicherung nach Erlöschen der Familienversicherung umfasst (so BSG BtPrax 2003, 172 mit Anm. Meier).

d) Mitwirkung des Betreuungsgerichts

Der Betreuer führt die Betreuung **selbstständig,** daher entbindet ihn auch 9 eine erteilte **betreuungsgerichtliche Genehmigung** nicht von der Pflicht, vor deren Gebrauch erneut zu prüfen, ob das Rechtsgeschäft dem Wohl des Betreuten dient. Betreuungsgericht und Betreuer haben jeweils eine selbstständige Prüfungspflicht (BGH FamRZ 1983, 1220; FamRZ 2003, 1924). Dies gilt auch bei nachträglicher Genehmigung (§ 1829 Abs. 1 S. 2). Rat und Auskunft des Betreuungsgerichts (§ 1837 Abs. 1 S. 1) darf der Betreuer zwar nicht ungeprüft umsetzen. Geht es aber bei einer **Genehmigung** im Wesentlichen um **Rechtsfragen,** ist er regelmäßig entlastet, wenn dem Betreuungsgericht alle Tatsachen bekannt sind und er, zumal wenn er juristisch nicht vorgebildet ist, deshalb davon ausgehen darf, beim Abschluss des genehmigten Rechtsgeschäfts pflichtgemäß zu handeln (BGH FamRZ 2003, 1924; Damrau/Zimmermann Rn 9). Desgleichen, wenn er in einer Angelegenheit **rechtlichen Rat** und Auskunft des Betreuungsgerichts einholt, das ihm „wie ein Rechtsanwalt zur weiteren Hilfe an die Seite gegeben ist" (OLG Schleswig FamRZ 1997, 1427); er braucht sich dann nicht noch **anderweitig** zu informieren (BGH FamRZ 1983, 1220, 1221; Staudinger-Engler Rn 15). Das Betreuungsgericht (Rechtspfleger) muss sich in diesen Fällen vergewissern, dass zweckmäßige Schritte in der betreffenden Angelegenheit unternommen werden (z. B. Rechtsmitteleinlegung, Einschaltung eines Rechtsanwalts).

e) Delegation

Aufgaben, die der Betreuer **persönlich** wahrzunehmen hat, wie z. B. die 10 Besprechung einer wichtigen Angelegenheit mit dem Betreuten (§ 1901 Abs. 2 S. 2), kann er nicht auf Dritte übertragen; Entscheidungskompetenz und Verantwortung müssen beim Betreuer verbleiben. Eine dem Leitbild der persönlichen Betreuung widersprechende **Delegation** ist **unzulässig** (OLG Frankfurt FGPrax 2004, 29, 30 m. w. N.; vgl. auch § 1902 Rn 22). **Zulässig** muss aber eine Beauftragung Dritter in den Fällen sein, in denen ein durchschnittlich verständiger Bürger ohne Fachwissen bzw. Infrastruktur häufig ebenfalls Dritte mit Teilen seiner Vermögensverwaltung oder mit sonstigen Angelegenheiten betraut (so auch Ermann/Saar Rn 6), oder bei sehr umfangreichen Vermögensverwaltungen (OLG München, BtPrax 2008, 129); s. zur Abgrenzung auch Deinert/Lütgens/Meier, Die Haftung des Betreuers, S. 82. Bei unzulässiger Delegation (§ 1902 Rn 22), handelt der Betreuer hingegen **pflichtwidrig** und haftet für Schäden aus eigenem Verschulden, das in der unzulässigen Heranziehung der Hilfsperson zu sehen ist (Dodegge/Roth Teil D Rn 123 m. w. N.). Zieht er **erlaubtermaßen Hilfspersonen** hinzu, ist strittig, ob er stets nur für ein **Verschulden** bei der **Auswahl** und Beaufsichtigung dieser Personen haftet (so Staudinger-Engler Rn 40; Damrau/Zimmermann Rn 10; Erman-Saar Rn 6; Palandt-Diederichsen Rn 7). Nach

von Crailsheim

BGB § 1833 Titel 1. Vormundschaft

anderer Ansicht haftet er bei Aufgaben, die er selbst erledigen könnte, entsprechend § 278 für ein Verschulden des Dritten (MK-Wagenitz Rn 9; RGRK-Dickescheid Rn 13; Bauer/Deinert in HK-BUR Rn 108). Diese Auffassung führt aber zu **problematischen Abgrenzungsfragen.** Gehören z. B. umfassender Immobilienbesitz oder umfangreiche Wertpapierdepots zum Vermögen, wird der Betreuer die Verwaltung einer geeigneten Hausverwaltung oder der Vermögensverwaltung einer Bank etc. übertragen dürfen. Versäumen diese etwas, müsste der Betreuer haften, wenn er die konkrete Angelegenheit (z.b. die Prüfung einer Handwerkerrechnung, den Kauf eines Wertpapiers) auch hätte selbst erledigen können. Dies würde zu einer ungerechtfertigten **verschuldensunabhängigen Haftung** des Betreuers führen (Erman-Saar Rn 6; s. auch Damrau/Zimmermann Rn 11). Die Gegenansicht ist im Falle der Berufsbetreuungen auch vor dem Hintergrund der Pauschalvergütung abzulehnen, die u. a. damit gerechtfertigt wird, dass der Betreuer zumindest bei sehr umfangreichen Vermögensverwaltungen zur entgeltlichen Übertragung von Teilbereichen auf Dritte berechtigt ist (OLG München BtPrax 2008, 129). Auch dem würde eine über das Auswahlverschulden und damit über die allgemeinen Grundsätze hinausgehende Haftung widersprechen. Etwas anders gilt für die (bei vorhandenen Sachkenntnissen) zu bevorzugende Alternativlösung des Abschlusses einer **Vergütungsvereinbarung** mit dem Betreuer selbst durch Bestellung eines Ergänzungsbetreuers (s. OLG München a.a.O.), weil der Betreuer dann der Handelnde und damit allein Verantwortliche bleibt.

3. Haftung des Vereins

11   Der **Verein als Betreuer** (§ 1900 Abs. 1) haftet gleichfalls nach § 1833. Für das Verschulden seiner Vertreter, wie seiner Mitarbeiter und Mitglieder, hat er nach § 31 einzustehen (§ 1908 i Abs. 1 S. 1. i. V. m. § 1791 a Abs. 3 S. 2).

12   Der persönlich zum **Vereinsbetreuer** bestellte Mitarbeiter (§ 1897 Abs. 2) ist Einzelbetreuer und haftet nach § 1833 Abs. 1 S. 1, hiergegen hat ihn der Verein zu versichern (§ 1908 f. Abs. 1 Nr. 1). Strittig ist, ob daneben auch der Verein haftet. Die Gesetzesbegründung verneint dies, da auch bei der Vormundschaft der Verein nicht für den zum Einzelvormund bestellten Mitarbeiter haftet (BT-Drucks. 11/4528 S. 158; dem folgend Erman-Saar Rn 9; Damrau/Zimmermann § 1908 f Rn 8; Bauer/Deinert in HK-BUR Rn 12; Dodegge/Roth Teil D Rn 130). Nach a. A. ist **§ 1791 a Abs. 3 S. 2 analog** heranzuziehen (MK-Schwab § 1908 i Rn 24; Schwab FamRZ 1992, 493, 498; Palandt-Diederichsen vor § 1896 Rn 18). Dieser Auffassung ist zu folgen. Beide Formen der Betreuung sind vergleichbar und ohne wesentliche Unterschiede. In beiden Fällen nehmen Mitarbeiter des Vereins, die in dessen Diensten stehen, die Betreuung persönlich wahr; in beiden Fällen sind sie dienstlichen Anweisungen unterworfen, soweit das Dienstverhältnis betroffen ist; die Führung der Betreuung selbst ist eigenverantwortlich ausgestaltet unter Aufsicht des Betreuungsgerichts; die dem Verein zustehenden Befreiungen gelten auch für den Vereinsbetreuer. Zur Aufsicht des Vereins s. auch Coen NJW 1999, 535.

4. Haftung der Behörde

13   Die **Behörde als Betreuer** (§ 1900 Abs. 4) haftet unmittelbar nach § 1833 für Pflichtverletzungen der von ihr beauftragten Mitarbeiter. Daneben besteht die

Amtshaftung nach § 839 i. V. m. Art. 34 GG (BGH NJW 1980, 2249, 2251), aus der auch Haftung gegenüber Dritten abgeleitet werden kann (BGH NJW 1987, 2664).

Strittig ist, ob die Behörde auch für den persönlich zum **Behördenbetreuer** 14 (§ 1897 Abs. 2) bestellten Mitarbeiter haftet. Zwar ist dies verneint worden für den hauptamtlich als Einzelvormund tätigen Beamten des Jugendamtes (OLG Köln FamRZ 1988, 1097); dessen Stellung war aber die eines nichtbefreiten Privatvormunds. Die Betreuung durch den Behördenbetreuer ist hingegen als eigene Konstruktion der Betreuung durch die Behörde angeglichen. Der Behördenbetreuer übt die Betreuung in Wahrnehmung öffentlicher Aufgaben aus (BT-Drucks. 11/4528 S. 159). Im Übrigen wird auf das zum Vereinsbetreuer Gesagte verwiesen. Die Behörde haftet somit für Pflichtverletzungen des Behördenbetreuers aus § 1833 und zusätzlich aus § 839 i. V. m. mit Art. 34 GG unter dem Gesichtspunkt der Amtspflichtverletzung (MK-Schwab § 1897 Rn 17, § 1908 i Rn 26; Bauer/Deinert in HK-BUR Rn 37; a. A. Damrau/Zimmermann § 1897 Rn 20; Erman-Saar Rn 11). Zur Haftung der Anstellungskörperschaft s. auch Schulz BtPrax 1995, 56.

5. Haftung mehrerer Betreuer

Ist eine Angelegenheit mehreren Betreuern zugewiesen und sind sie für den 15 Schaden nebeneinander verantwortlich (Abs. 1), so haften sie im Außenverhältnis als **Gesamtschuldner (Abs. 2 S. 1)** und im Innenverhältnis nach Kopfteilen (§ 426 Abs. 1). Haften von mehreren Betreuern der **Gegenbetreuer** oder ein Mitbetreuer nur wegen Verletzung seiner **Aufsichtspflicht** im Außenverhältnis, sind sie im Innenverhältnis befreit **(Abs. 2 S. 2),** so z. B., wenn der Gegenbetreuer eine vom Betreuer beabsichtigte spekulative Anlage nicht durch Anzeige gegenüber dem Betreuungsgericht verhindert (§§ 1799, 1837), im Innenverhältnis haftet nur der Betreuer. Sind mehrere Betreuer mit verschiedenen Wirkungskreisen bestellt (§ 1899 Abs. 1 S. 2), so haften sie nur für die Erledigung der ihnen zugewiesenen Angelegenheiten.

6. Haftung gegenüber Dritten

Für die Haftung des Betreuers gegenüber **Dritten** im Zusammenhang mit der 16 Führung in der Betreuung verbleibt es bei den **allgemeinen Vorschriften.**

Handelt der Betreuer **rechtsgeschäftlich,** trifft die Verantwortung den vertre- 17 tenen Betreuten (§ 278), der dann im Innenverhältnis beim Betreuer nach § 1833 **Regress** nehmen kann. Eine **Eigenhaftung** des Betreuers kommt hier nur in Betracht, wenn dieser als Vertreter ein eigenes wirtschaftliches Interesse am Vertragsschluss hat, also gleichsam in eigener Sache tätig wird, oder wenn er das besondere Vertrauen des Vertragspartners in Anspruch genommen und dadurch die Verhandlungen beeinflusst hat (BGH FamRZ 1995, 282; Damrau/Zimmermann Rn 20). Überschreitet der Betreuer seine gesetzliche Vertretungsmacht (§ 1902), haftet er dem Dritten nach § 179 Abs. 1, wenn der Vertrag nicht durch Genehmigung des Betreuten oder eines Ergänzungsbetreuers zustande kommt.

Eine Haftung gegenüber Dritten kann sich auch aus § 832 ergeben, wenn dem 18 Betreuer die Aufsicht über einen geistig oder körperlich behinderten Betreuten obliegt (§ 832 Rn 1 ff.).

BGB § 1833   Titel 1. Vormundschaft

19   § 1833 hat keine drittschützende Funktion, daher lassen sich hieraus auch keine Ansprüche der **Staatskasse** gegen den Betreuer herleiten wegen unterlassener Bildung von Rücklagen zur Sicherung des Vergütungsanspruchs (OLG Düsseldorf BtPrax 1999, 74; s. auch o. Rn 7), desgleichen nicht Ansprüche des aus einer **Lebensversicherung** des betreuten Begünstigten, wenn sich die Versicherungsleistung verringert, weil der Betreuer auf Beitragsfreiheit umgestellt hat (AG Hamburg-Harburg NJW-RR 2002, 511). Siehe hierzu auch OLG Zweibrücken Rpfleger 2003, 426: Rechte Dritter sind auch bei unwiderruflicher Bezugsberechtigung nicht betroffen, wenn Betreuer Versicherungsvertrag beendet. Keine Haftung wegen Verschweigens der Verwahrlosungstendenzen des Betreuten beim Abschluss eines **Mietvertrages** (LG Flensburg BtPrax 2008, 228). Haftung wegen **Aufsichtspflichtverletzung** (allenfalls über § 832, nicht über § 1833) nur bei Übertragung der gesamten Personensorge oder gesondertem Aufgabenkreis (AG Düsseldorf BtPrax 2008, 89); dann auch **Garantenstellung** des Betreuers i.S.d. § 13 StGB zur Verhinderung von Straftaten (OLG Celle BtPrax 2008, 86).

Bezieht der Betreute zu Unrecht **Sozialhilfeleistungen,** ist auch der Betreuer zum **Kostenersatz** verpflichtet, wenn er die Rechtswidrigkeit der der Leistung zu Grunde liegenden Verwaltungsaktes kannte oder infolge grober Fahrlässigkeit nicht kannte (§ 103 Abs. 1 S. 2 SGB XII). Z. B. die Übernahme von Krankenkassenbeiträgen, obwohl Betreuter beitragsfrei versichert ist (BayVGH BtPrax 2004, 203 mit Anm. Meier). Vgl. zu den sozialhilferechtlichen Mitwirkungspflichten Meier a.a.O.).

7. Haftpflichtversicherung

20   Die Haftungsregelung wird erträglich durch die Möglichkeit des Betreuers, sich auf **Kosten des Betreuten** gegen die Risiken zu versichern. **Aufwendungen** für eine angemessene **Versicherung** gegen Schäden, die dem Betreuten (§§ 1833, 823) und Dritten (z. B. § 832) bei Erfüllung der Betreuungsaufgaben zugefügt werden, sind nach § 1835 Abs. 2, 4 ersatzfähig (§ 1835 Rn 8). Dies gilt **nicht** für Verein, Behörde, Vereinsbetreuer und Behördenbetreuer sowie freiberufliche Berufsbetreuer (§ 1835 Abs. 2 S. 2; Abs. 5 S. 2). Der Verein ist jedoch verpflichtet, auf seine Kosten seine Mitarbeiter zu versichern (§ 1908 f Abs. 1 Nr. 1; s. auch o. Rn 12). In nahezu allen Bundesländern sind für **ehrenamtliche** Betreuer **Sammelhaftpflichtversicherungen** eingeführt, die auch Vermögensschäden abdecken, wenn auch nur zu geringen Summen (26 000–100000 Euro) (s. dazu Deinert/Lütgens/Meier, Die Haftung des Betreuers S. 299 ff; Bauer/Deinert in HK-BUR Rn 296 ff.). Soweit **Schäden** des **Betreuten** betroffen sind, kann dem Betreuer **aufgegeben** werden, eine **Versicherung** abzuschließen (§ 1837 Abs. S. 2; s. dort Rn 19). Freiberuflich tätige Betreuer müssen individuell mit einer Berufshaftpflichtversicherung vorsorgen, deren Kosten mit der Vergütung abgedeckt sind, § 1835 Abs. 2 S. 2. Bei hohen Haftungsrisiken kann jedoch bereits die Versicherungsprämie die Pauschalvergütung übersteigen; zur Problematik s. auch Rn 10.

8. Umfang und Geltendmachung von Ansprüchen

21   Der Betreuer haftet für jeden Vermögensschaden; zu Art und Umfang des Schadensersatzes vgl. §§ 249 ff. Eine weitergehende Haftung aus unerlaubter

Handlung (§§ 823, 826, 847) ist nicht ausgeschlossen. Die Ansprüche aus § 1833 beruhen auf einem besonderen gesetzlichen Schuldverhältnis (s. o. Rn 2). Sie unterliegen zwar der regelmäßigen, also **dreijährigen Verjährungsfrist.** Während der Dauer der Betreuung ist die Verjährung jedoch gehemmt (§ 207 Abs. 1 Nr. 4). Schadensersatzansprüche können aber schon **vor Beendigung der Betreuung** gerichtlich geltend gemacht werden (§ 1843 Abs. 2); zuständig ist das Prozessgericht, das Betreuungsgericht darf die Regulierung solcher Ansprüche nicht erzwingen.

§ 1834 Verzinsungspflicht

Verwendet der Vormund Geld des Mündels für sich, so hat er es von der Zeit der Verwendung an zu verzinsen.

Die Vorschrift ist sinngemäß auf die Betreuung anzuwenden (§ 1908 i Abs. 1 S. 1). **1**

Der Betreuer soll das Vermögen des Betreuers von seinem eigenen strikt getrennt halten (§ 1805). Handelt er dem zuwider, indem er z. B. Gelder des Betreuten auf eigene Konten einzahlt (MK-Wagenitz Rn 3), hat er die Gelder zum gesetzlichen Zinssatz von 4% zu verzinsen (§ 246; s. auch Palandt-Diederichsen § 1834 Rn 1). Für die Verzinsungspflicht aus § 1834 kommt es nicht darauf an, ob dem Betreuten durch den Verstoß gegen § 1805 ein Schaden entstanden ist; zur Haftung s. § 1833. **2**

§ 1835 Aufwendungsersatz

**(1) Macht der Vormund zum Zwecke der Führung der Vormundschaft Aufwendungen, so kann er nach den für den Auftrag geltenden Vorschriften der §§ 669, 670 von dem Mündel Vorschuss oder Ersatz verlangen; für den Ersatz von Fahrtkosten gilt die in § 5 des Justizvergütungs- und -entschädigungsgesetzes für Sachverständige getroffene Regelung entsprechend. Das gleiche Recht steht dem Gegenvormund zu. Ersatzansprüche erlöschen, wenn sie nicht binnen 15 Monaten nach ihrer Entstehung gerichtlich geltend gemacht werden; die Geltendmachung des Anspruchs beim Familiengericht gilt dabei auch als Geltendmachung gegenüber dem Mündel.
(1a) Das Familiengericht kann eine von Absatz 1 Satz 3 abweichende Frist von mindestens zwei Monaten bestimmen. In der Fristbestimmung ist über die Folgen der Versäumung der Frist zu belehren. Die Frist kann auf Antrag vom Familiengericht verlängert werden. Der Anspruch erlischt, soweit er nicht innerhalb der Frist beziffert wird.
(2) Aufwendungen sind auch die Kosten einer angemessenen Versicherung gegen Schäden, die dem Mündel durch den Vormund oder Gegenvormund zugefügt werden können oder die dem Vormund oder Gegenvormund dadurch entstehen können, dass er einem Dritten zum Ersatz eines durch die Führung der Vormundschaft verursachten Schadens verpflichtet ist; dies gilt nicht für die Kosten der Haftpflichtversicherung des Halters eines Kraftfahrzeugs. Satz 1 ist nicht anzuwenden, wenn der Vormund oder Gegenvormund eine Vergütung nach § 1836 Abs. 1 Satz 2**

BGB § 1835 Titel 1. Vormundschaft

in Verbindung mit dem Vormünder- und Betreuervergütungsgesetz erhält.

(3) Als Aufwendungen gelten auch solche Dienste des Vormunds oder des Gegenvormunds, die zu seinem Gewerbe oder seinem Beruf gehören.

(4) Ist der Mündel mittellos, so kann der Vormund Vorschuss und Ersatz aus der Staatskasse verlangen. Absatz 1 Satz 3 und Absatz 1 a gelten entsprechend.

(5) Das Jugendamt oder ein Verein kann als Vormund oder Gegenvormund für Aufwendungen keinen Vorschuss und Ersatz nur insoweit verlangen, als das einzusetzende Einkommen und Vermögen des Mündels ausreicht. Allgemeine Verwaltungskosten einschließlich der Kosten nach Absatz 2 werden nicht ersetzt.

Übersicht

	Rn.
1. Überblick	1
2. Aufwendungen	2
3. Zum Zwecke der Vormundschaft/Betreuung	4
4. Erforderliche Aufwendungen	5
5. Ersatzfähige Aufwendungen	6
a) Fahrtkosten	6
b) Porto, Telefon, Telefax	7
c) Versicherungskosten	8
d) Schreib- und Kopierkosten	9
e) Verdienstausfall	10
f) Personalkosten für Hilfskräfte	11
g) Rechtsverfolgungskosten	12
h) Beratungs- und Fortbildungskosten	13
6. Ersatz der Mehrwertsteuer	14
7. Berufsdienste als Aufwendungen	15
8. Ersatz und Vorschuss, Geltendmachung, Ausschlussfrist	17
9. Anspruch gegen die Staatskasse bei Mittellosigkeit	19
10. Besonderheiten für Vereine und Behörden	20

1. Überblick

1 Die Vorschrift ist sinngemäß auf die Betreuung anzuwenden (§ 1908 i Abs. 1). Der ehrenamtliche Betreuer kann Aufwendungsersatz unter den Voraussetzungen der § 1835 in jedem Falle geltend machen, einen Anspruch auf Vergütung nach § 1836 Abs. 2 jedoch nur in einem dort genannten Ausnahmefall. Steht dem Betreuer ein Vergütungsanspruch nicht zu, kann er statt des Aufwendungsersatzes die pauschale Aufwandsentschädigung nach § 1835 a beanspruchen. Der Anspruch auf Ersatz von Aufwendungen ist nach § 256 Satz 1 von der Zeit der Aufwendung an zu verzinsen, der Zinssatz beträgt nach § 246 4% pro Jahr (BayObLG BtPrax 2001, 39). Verzugszinsen nach § 288 BGB (5 Prozentpunkte über dem Basiszinssatz) setzen allerdings eine verzugsbegründende Mahnung voraus (LG Karlsruhe FamRZ 2004, 1816). Ein Berufsbetreuer erhält eine Vergütung nach §§ 4 und 5 VBVG, damit sind auch Ansprüche auf Ersatz von Aufwendungen abgegolten (§ 4 Abs. 2 VBVG), so dass ein Anspruch nach § 1835 nicht in Betracht kommt. Etwas anderes gilt nur für Sonderfälle der Betreuung nach § 6 VBVG.

2. Aufwendungen

Aufwendungen sind **freiwillige Vermögensopfer**, die der Betreuer für die 2
Wahrnehmung seiner Aufgaben aufwenden muss. Dies sind v. a. bare Auslagen
des Betreuers. wie z. B. Portokosten, Telefongebühren einschließlich Telefax,
Fotokopien, Reisekosten für Fahrten zum Betreuten, zum Gericht oder zur
Betreuungsbehörde (zu den Einzelheiten s. Rn 6 ff.). Die Regelungen des JVEG
sind nur für die Höhe der Fahrtkosten (s. Rn 6) entsprechend anzuwenden.

Vermögensschäden des Betreuers, also unfreiwillige Vermögensopfer, sind 3
allenfalls ausnahmsweise ersatzfähig, wenn der Betreuer freiwillig ein im Interesse
des Betreuten unbedingt erforderliches Schadensrisiko eingegangen ist (MK-
Wagenitz Rn 22). Nicht ersatzfähig sind allerdings Schäden, die dem Betreuer
durch den Betreuten zugefügt werden (LG Hamburg BtPrax 2002, 270 – beschädigte Bürotür). Der Betreute haftet dann nach den allgemeinen Grundsätzen.

Nicht ersatzfähig sind die durch den Betreuer eingesetzte **Arbeitszeit** und der
Zeitaufwand für die Betreuung, diese können lediglich im Rahmen einer evtl.
Vergütung nach § 1836 oder als Berufsdienste nach Abs. 2 (Rn 10 ff.) berücksichtigt werden. Hiervon zu unterscheiden ist allerdings die umstrittene Frage, ob
auch **Verdienstausfälle** des Betreuers ersatzfähige Aufwendungen sind (hierzu
Rn 10).

3. Zum Zwecke der Vormundschaft/Betreuung

Ersatzfähig sind nur die Aufwendungen, die dem Vormund „zum Zwecke der 4
Führung der Vormundschaft" entstehen, dem Betreuer also zum Zwecke der
Führung der Betreuung. Für Tätigkeiten vor der Betreuerbestellung kann keine
Aufwandsentschädigung verlangt werden (OLG Stuttgart FamRZ 2005, 655) und
auch nicht für die Zeit nach Ablauf einer vorläufigen Betreuerbestellung bis zum
Wirksamwerden der endgültigen Bestellung (OLG Hamm GPrax 2006, 161). Die
Aufwendungen müssen im Rahmen des übertragenen Aufgabenkreises (hierzu
§ 1896 Rn 23 ff.) erfolgen. Nur bei der Wahrnehmung von Tätigkeiten, die
hiervon gedeckt sind, können ersatzfähige Aufwendungen entstehen. Es handelt
sich hierbei um Tätigkeiten, die bei einem Berufsbetreuer auch vergütungsfähig
wären, auf die Darstellung der vergütungsfähigen Tätigkeiten wird daher verwiesen (§ 1836 Rn 3 ff.). Daher kann auch ein Verfahrenspfleger keine Vergütung
verlangen für Aktivitäten, die den ihm zugewiesenen Aufgabenbereich überschreiten (OLG Oldenburg FamRZ 2005, 391; OLG Köln FamRZ 2009, 728 LS).
Zum anderen kommen aber auch nur Aufwendungen in Betracht, die dem
Betreuer selbst für seine Aufgaben entstehen. Dagegen werden Ausgaben für den
Betreuten vom Aufwendungsersatz grundsätzlich nicht erfasst (Karmasin, BtPrax
1998, 133; Knittel, § 1835 Anm. 2). Wenn der Betreuer für den Betreuten notwendige Anschaffungen tätigt (Kleidung, Möbel o. ä.), eine Wohnungsrenovierung veranlasst, für ihn eine Haushaltshilfe oder eine ärztliche Behandlung bezahlt
(weitere Beispiele bei Karmasin, a.a.O.), so handelt es sich nicht um Aufwendungen zum Zwecke der Führung der Betreuung. Hier ist der Betreuer vielmehr
darauf verwiesen, die Aufwendungen zu Lasten des Vermögens des Betreuten
zu veranlassen oder für deren Finanzierung hierfür vorgesehene Sozialleistungen
geltend zu machen (Dodegge/Roth Teil F Rn 8). Dies gilt auch für Aufwendun-

BGB § 1835   Titel 1. Vormundschaft

gen, die zu Lasten anderer erfolgen. So sind die Kosten eines Schlüsseldienstes zum Öffnen der Wohnung zum Zwecke der zwangsweisen Vorführung des Betroffenen zu einer Untersuchung von der Betreuungsbehörde zu tragen und daher nicht Bestandteil des Aufwendungsersatzes des Betreuers (LG Limburg BtPrax 1998, 116). Das Gleiche gilt für die Kosten der Beschaffung eines Passes (Lichtbild, Verwaltungsgebühr etc.) für den Betreuten (BayObLG FamRZ 2003, 405).

4. Erforderliche Aufwendungen

5   Aus der Verweisung auf § 670 ergibt sich, dass der Betreuer nur Ersatz für Aufwendungen verlangen kann, die er den Umständen nach für erforderlich halten durfte. Die Erforderlichkeit ist daher zu beurteilen aus Sicht des Betreuers (BayObLG 1998, 146; Knittel, § 1835 Anm. 1; Jurgeleit-Maier § 1835 Rn 16; Dodegge/Roth Teil F Rn 9). Der Ersatzanspruch besteht für Aufwendungen, die der Betreuer unter Beachtung der ihm nach § 1833 BGB obliegenden Sorgfalt den Umständen nach für erforderlich halten durfte (LG Hamburg BtPrax 2003, 43 für Anfertigung von Fotokopien), auch wenn sich dies nachträglich als Fehlbeurteilung herausstellen sollte. Entscheidend ist die Sicht des sorgfältig abwägenden Betreuers. Was über das hinaus geht, was ein vernünftiger Mensch für angemessen hält, ist nicht erstattungsfähig (BayObLG BtPrax 2005, 34). Der Betreuer hat daher grundsätzlich auch zu beurteilen, wie häufig er den Betroffenen besucht und hierfür Fahrtkosten geltend macht. Eine Regel, wonach eine Besuch eines im Altenheim lebenden Betreuten nur ein oder maximal zweimal im Monat erfolgen darf (so LG Mainz, BtPrax 1997, 245; 2002, 174) ist daher nicht anzunehmen. Vielmehr kommt es jeweils auf die Besonderheiten des Einzelfalles an. Die persönliche Kontaktaufnahme mit dem Betreuten gehört immer zu den Aufgaben eines Betreuers. Es können daher auch wöchentliche Besuche erforderlich sein, wenn dies zur seelischen Stabilisierung notwendig ist und nicht von anderen Diensten geleistet werden kann (BayObLG BtPrax 2003, 130).

5. Ersatzfähige Aufwendungen

a) Fahrtkosten

6   Ersatzfähig sind die erforderlichen Fahrtkosten des Betreuers zum Gericht, zu Behörden, zu Besuchen des Betroffenen etc (Deinert/Lütgens, Rn 229 ff. Knittel, a.a.O. Anm. 4f). Für den Ersatz von Fahrtkosten gelten die in § 5 JVEG für Sachverständige getroffenen Regelung entsprechend (Abs. 1 Satz 1). Ersetzt werden danach die tatsächlich entstandenen Kosten für die Benutzung des preiswertesten öffentlichen Beförderungsmittels. Bei Fahrten mit dem eigenen PKW wird die in § 5 Abs. 2 JVEG vorgesehene Pauschale von 0,30 Euro für jeden gefahrenen Kilometer berücksichtigt. Hinzu kommen bare Auslagen wie z. B. Parkentgelte. Mit der Pauschale sind alle Aufwendungen im Zusammenhang mit dem PKW abgegolten, so dass z. B. Ersatz von zusätzlich angeschafften Winterreifen nicht in Betracht kommt (LG Koblenz BtPrax 1997, 247).

b) Porto, Telefon, Telefax

7   Ersatzfähig sind auch die notwendigen Kosten für Porto, Telefon und Telefax, die durch Gespräche, Briefsendungen und Telefaxkontakte mit den am Betreu-

Aufwendungsersatz § 1835 BGB

ungsverfahren beteiligten Personen und Stellen entstehen. Auch hierbei ist grundsätzlich die preiswerteste Möglichkeit des Telefonierens zu wählen. Dies ist gegenwärtig in der Regel noch das Festnetz, in Ausnahmefällen aber bereits auch ein Mobiltelefon (Handy). Nur in Ausnahmefällen wird man allerdings vom Betreuer verlangen können, unterwegs eine Telefonzelle aufzusuchen, statt ein vorhandenes Mobiltelefon zu benutzen (so jedoch LG Frankenthal JurBüro 1988, 39). Jedenfalls bei besonderer Dringlichkeit (Knittel, § 1835 Anm. 3) oder wenn der Betreuer unterwegs telefonisch erreicht werden muss (von einem Mitarbeiter, der Betreuungsbehörde, dem Gericht o. ä.), sind auch die Kosten des Funknetzes ersatzfähig. Bei den inzwischen weitgehend üblichen Flatrate-Tarifen ist allerdings ein Nachweis des Aufwands für das einzelne Gespräch nur schwer zu führen. Nicht zu erstatten sind jedenfalls die anteiligen Anschaffungskosten für Telekommunikationsgeräte (Bach BtPrax 1995, 8).

c) Versicherungskosten

Durch die ausdrücklich in Abs. 2 geregelte Erstattungsfähigkeit der Kosten einer 8
Haftpflichtversicherung soll der Betreuer von den Kosten einer entsprechenden Schädigung freigestellt werden. Erstattungsfähig sind dabei die Versicherungsprämien für eine Versicherung gegen jede Haftung des Betreuers für Schäden des Betreuten oder Dritter, für eine deliktische Haftung ebenso wie für eine vertragliche (vgl. Deinert/Lütgens, Rn 268 ff.. Eine Versicherung für Eigenschäden des Betreuers liegt dagegen allein in seinem eigenen Interesse, die Kosten hierfür sind daher nicht erstattungsfähig (Jurgeleit-Maier § 1835 Rn 46; a. A. Seitz BtPrax 1992, 82, 85). Dies gilt insbesondere für eine Kasko- oder Unfallversicherung. Allerdings sind Betreuer u. U. nach § 2 Abs. 1 Nr. 9 oder 10 SGB VII in der gesetzlichen Unfallversicherung gegen Unfälle versichert (Deinert BtPrax 1996, 42; vgl. auch BSG BtPrax 2000, 30), insoweit käme eine private Versicherung mangels Erforderlichkeit ohnehin nicht in Betracht. Das Betreuungsgericht kann nach § 1837 Abs. 2 S. 2 dem Betreuer den Abschluss einer Haftpflichtversicherung aufgeben (s. dort Rn 19).

Erstattungsfähig sind die **angemessenen** Versicherungskosten, der Betreuer ist daher gehalten, eine möglichst preiswerte Versicherung abzuschließen. Zu raten ist der Anschluss an die preisgünstigen Sammelversicherungen (hierzu Deinert/Lütgens, Rn 276), deren Kosten sind jedenfalls erstattungsfähig. Unnötig hohe Versicherungssummen, die zu erwartende Schäden mit hoher Wahrscheinlichkeit übersteigen, wären unangemessen und daher nicht erstattungsfähig.

In den meisten Bundesländern sind inzwischen alle ehrenamtlichen Betreuer durch **Sammelversicherungen** der zuständigen Justizministerien bzw. -senatoren bei verschiedenen Versicherungsträgern haftpflichtversichert (zu den Einzelheiten Deinert/Lütgens, a.a.O.). Die Versicherungssummen betragen bei Vermögensschäden i. d. R. bis zu 25 000,00 Euro, teilweise bis zu 50 000,00 Euro. Die Versicherungsprämien werden überwiegend direkt aus den jeweiligen Justizhaushalten getragen, Höhenversicherungen sind z. T. gegen entsprechende Prämienzahlungen durch die einzelnen Betreuer möglich (Deinert a.a.O.).

Die Kosten einer **Kfz-Haftpflichtversicherung** sind ausdrücklich ausgenommen, um u. U. schwierige Abgrenzungen bei teilweise privat und teilweise für die Betreuung genutzten PKW zu vermeiden. Die Nutzung eines Kfz allein für die Betreuung dürfte allenfalls bei Vereins- oder Amtsbetreuungen oder bei

Jürgens 131

Berufsbetreuern vorkommen, in diesen Fällen ist die Erstattung von Versicherungsprämien aber ohnehin ausgeschlossen (Abs. 5 und 2 S. 2).

d) Schreib- und Kopierkosten

9 Auslagen für Schreibpapier, Umschläge, Quittungsblocks, Aktendeckel und sonstige Materialien sind ersatzfähig, wobei die Zuordnung zu einer konkreten Betreuung erforderlich ist (LG Koblenz BtPrax 1997, 247). Bei kleineren Aufwendungen dieser Art kann aber auch eine pauschalierte Abrechnung erfolgen (AG Mühldorf Rpfleger 1993, 154). Für Schreiben können grundsätzlich nur die reinen Materialkosten ersetzt werden, die Inanspruchnahme von Schreibdiensten Dritter dürfte nur in seltenen Ausnahmefällen in Betracht kommen (LG Paderborn, JurBüro 1992, 693; s. aber Rn 11). Für Fotokopien können nach inzwischen h. M. in entsprechender Anwendung des § 11 Abs. 2 ZSEG i. V. m. Nr. 9000 des Kostenverzeichnisses zum GKG für die Ersten 50 Seiten je 0,50 Euro und für jede weitere Seite 0,15 Euro verlangt werden (LG Koblenz BtPrax 2000, 180; Knittel, § 1835 Anm. 6; Deinert/Lütgens, Rn 220; Bach, BtPrax 1995, 8). Von der Rechtsprechung werden allerdings teilweise nur 0,20 bis 0,30 DM (0,10 bis 0,15 Euro) anerkannt (LG Berlin FamRZ 1995, 496; OLG Zweibrücken BtPrax 2001, 169; BayObLG FamRZ 2002, 495).

e) Verdienstausfall

10 Abgesehen vom Ersatz für Berufsdienste (Rn 15) kann der Betreuer Ersatz für aufgewandte Zeit und Arbeitskraft nicht verlangen (Rn 3). Umstritten ist allerdings die Frage, ob auch ein Verdienstausfall wegen Wahrnehmung von Betreueraufgaben während der Arbeitszeit erstattungsfähig ist (dagegen: Knittel, § 1835 Anm. 7; dafür: Seitz, BtPrax 1992, 85; Jürgens/Kröger/Marschner/Winterstein, Rn 265). Hierbei handelt es sich nicht um eine Vergütung für die Tätigkeit des Betreuers, die nur unter den Voraussetzungen des § 1835 in Betracht kommt, sondern um den Ausfall von Einnahmen, die ansonsten hätten erzielt werden können. Jedenfalls dann, wenn eine wichtige Angelegenheit des (ehrenamtlichen) Betreuers nicht außerhalb der Arbeitszeit erledigt werden kann (Deinert/Lütgens, Rn 236; a. A. Knittel, § 1835 Anm. 7) ist ein Verdienstausfall ersatzfähig.

f) Personalkosten für Hilfskräfte

11 Soweit der Betreuer Hilfstätigkeiten zulässigerweise an Dritte delegiert (hierzu § 1902 Rn 22), können die Kosten hierfür – soweit sie notwendig und angemessen sind – nach einer in der Rechtsprechung vertretenen Auffassung als Aufwendungen ersatzt verlangt werden (OLG Bremen BtPrax 2000, 88; OLG Celle FamRZ 2002, 1221). Dies dürfte allerdings nur bei Berufsvormündern und Berufsbetreuern in Betracht kommen. Für letztere scheidet ein Anspruch auf Aufwendungsersatz wegen § 4 Abs. 2 VBVG aber ohnehin aus, falls nicht ein Fall des § 6 VBVG vorliegt. Bei unzulässiger Delegation von Aufgaben kommt eine Vergütung des Betreuers nicht in Betracht (LG Frankenthal BtPrax 1996,231; LG Frankfurt/ Oder BtPrax 1997, 78). Auch dann, wenn ein zweiter Betreuer nur für den Fall der Verhinderung des ersten bestellt ist (LG Stuttgart BtPrax 1999, 200) kann jeder Betreuer einen eigenen Aufwendungsersatzanspruch oder Vergütungsanspruch geltend machen (vgl. aber § 6 VBVG), in diesem Falle handelt es sich nicht um ersatzfähige Kosten einer Hilfskraft. Wenn allerdings eine Hilfsperson bei

Abwesenheit des Betreuers den Kontakt zum Betreuten aufrechterhält, kann der Betreuer die ihm hierfür entstehenden Kosten ersetzt verlangen (BayObLG FamRZ 2004, 565).

g) Rechtsverfolgungskosten

Ersatzfähig sind die Kosten einer notwendigen Rechtsverfolgung (Deinert/ Lütgens, Rn 240), nicht jedoch für einen Rechtsstreit gegen den Betreuten (AG Völklingen FamRZ 1996, 229) oder bei der Geltendmachung eigener Vergütungsansprüche des Betreuers (Deinert/Lütgens a.a.O.). Da bei Rechtsstreitigkeiten, die der Betreuer als Vertreter des Betreuten führt, in der Regel dieser Kostenschuldner ist, dürften ersatzfähige Aufwendungen des Betreuers in der Praxis kaum vorkommen. 12

h) Beratungs- und Fortbildungskosten

Nach überwiegender Auffassung sind die Kosten der Einführung des Betreuers in seine Aufgaben sowie die Fortbildungs- und Beratungskosten durch einen Betreuungsverein nicht ersatzfähig (AG Betzdorf BtPrax 1998, 243; Knittel, § 1835 Anm. 8; Seitz BtPrax 1992, 82). Geschlossen wird dies in der Regel daraus, dass die ursprünglich im Gesetzentwurf vorgesehene Ersatzfähigkeit derartiger Kosten im Laufe des Gesetzgebungsverfahrens auf Anregung des Bundesrates wieder gestrichen wurde (BT-Drucks. 11/4528 S. 110 und BT-Drucks. 11/6949 S. 8, 69 f.). Ein solcher Rückschluss dürfte indes unzulässig sein. Dennoch scheitert die Ersatzfähigkeit von Fortbildungskosten (z. B. Teilnahme an Seminaren, Kursen, Vorträgen) i. d. R. daran, dass diese nicht einer einzelnen Betreuung zugeordnet werden können. Beratungskosten (z. B. Schuldnerberatungsstelle, Mieterberatung, Rechtsanwalt) und hiermit im Zusammenhang stehende Aufwendungen (Fahrtkosten, Telefonkosten) können dagegen einer einzelnen Betreuung durchaus zugeordnet werden und dürften dann – soweit sie erforderlich waren – auch ersatzfähig sein (so auch Deinert/Lütgens, Rn 254). 13

6. Ersatz der Mehrwertsteuer

In der Rechtsprechung ist inzwischen unbestritten, dass einem umsatzsteuerpflichtigen Betreuer auch die auf die Auslagen entfallende Umsatzsteuer/Mehrwertsteuer zu erstatten ist (OLG Hamm BtPrax 2000, 37; OLG Frankfurt/Main BtPrax 2000, 131, OLG Dresden BtrPrax 2000, 217; OLG Düsseldorf FamRZ 2002, 638). Für Berufsbetreuer, die Vergütung nach §§ 4, 5 VBVG erhalten, kommt ein Aufwendungsersatz nicht in Betracht. Nur unter den Ausnahmefällen des § 6 VBVG könnte daher ein Berufsbetreuer auch die anfallende Mehrwertsteuer ersetzt verlangen. Ehrenamtliche Betreuer werden in der Regel nicht umsatzsteuerpflichtig sein. Man wird differenzieren müssen: soweit dem umsatzsteuerpflichtigen Betreuer Aufwendungen entstehen, die ihrerseits Umsatzsteuer enthalten (z. B. auf die Büromaterialien entfallende Umsatzsteuer des Verkäufers), dürfte diese dem Vorsteuerabzug unterliegen (§ 15 UStG), so dass der Betreuer sie von der eigenen Umsatzsteuer abziehen kann. Diese Umsatzsteuer ist daher nicht ersatzfähig. Soweit der Betreuer aber selbst der Umsatzsteuer unterliegt, weil der Ersatz von umsatzsteuerfreien Aufwendungen (z. B. Portokosten) und von Pauschalen (für Fahrten mit dem PKW, Kopiekosten etc.) als steuerbares Entgelt 14

BGB § 1835 Titel 1. Vormundschaft

nach § 10 Abs. 1 und 2 UStG gilt (Knittel, § 1835 Anm. 10), ist dieser Umsatzsteueranteil auch erstattungsfähig (z. B. für Portokosten, so OLG Düsseldorf FamRZ 2002, 638).

7. Berufsdienste als Aufwendungen

15 Abs. 3 enthält eine Ausnahme von dem Grundsatz, dass Arbeitszeit des Betreuers grundsätzlich nicht erstattungsfähig ist (Rn 3). Diejenigen beruflichen Dienste sind als Aufwendungen erstattungsfähig, für die ein anderer Betreuer einen entsprechenden **Fachmann** hinzuziehen würde (MK-Wagenitz Rn 40; vgl. auch BGH BtPrax 2010, 30), also etwa Dienste als Rechtsanwalt, Steuerberater, Wirtschaftsprüfer etc. Aufwendungen für Berufsdienste können nur die diejenigen Tätigkeiten geltend gemacht werden, die auch zum Beruf des Betreuers gehören (OLG München BtPrax 2008, 219; BGH a.a.O.). In diesem Falle richtet sich die Höhe des Anspruchs nach den üblichen oder festgelegten Entgelten, bei Rechtsanwälten nach RVG. Allerdings ist § 1 RVG zu beachten.

§ 1 RVG
(1) ...
(2) Dieses Gesetz gilt nicht für eine Tätigkeit als Vormund, Betreuer, Pfleger, Verfahrenspfleger, Testamentsvollstrecker, ... oder für eine ähnliche Tätigkeit. § 1835 Abs. 3 des Bürgerlichen Gesetzbuchs bleibt unberührt.

Hierdurch wird klargestellt, dass sich Ansprüche des als Betreuer bestellten Rechtsanwalts allein nach §§ 1835 ff. richten und das Rechtsanwaltsvergütungsgesetz nicht anwendbar ist. Allerdings bleibt nach der ausdrücklichen Regelung in § 1 Abs. 2 S. 2 RVG § 1835 Abs. 3 unberührt. Dies bedeutet, dass bei der Entschädigung von Berufsdiensten nach Abs. 3 eine Anwendung des RVG nicht entgegensteht, weil es nicht um eine Entschädigung für die Tätigkeit als Betreuer an sich, sondern um berufsspezifische Dienste geht.

Ist ein Rechtsanwalt als Berufsbetreuer tätig, hat er grundsätzlich die Wahl, ob er seine Tätigkeit nach § 1836 vergüten lassen will, oder ob er mit berufsspezifischen Tätigkeiten auf den Aufwendungsersatz nach § 1835 Abs. 3 zurückgreift (BayObLG BtPrax 1999, 29; s. auch schon Winterstein, BtPrax 1993, 44). Diese Wahl kann er noch bis zum Abschluss des Festsetzungsverfahrens treffen (OLG Hamm FamRZ 2007, 1186) Der Anspruch nach Abs. 3 bleibt auch vom Ausschluss des Aufwendungsersatzanspruchs nach § 4 Abs. 2 VBVG für Berufsbetreuer ausgenommen. So kann ein Rechtsanwalt als Betreuer seine Dienste nach dem RVG abrechnen, wenn eine originär anwaltliche Dienstleistung erbracht wird, bei denen ein Laie als Betreuer Rechtsrat eingeholt hätte (BayObLG FamRZ 2002, 574; OLG Zweibrücken BtPrax 2002, 41). Dies ist z.B. der Fall bei der Prüfung einer schwierigen Rechtsfrage (OLG München BtPrax 2009, 34: Genehmigungsfähigkeit eines Vergleichs nach Schweizer Recht), nicht aber bei der Prüfung der Ernsthaftigkeit einer Freiwilligkeitserklärung des Betroffenen im Unterbringungsverfahren (OLG München BtPrax 2008, 219) oder die Vertretung des Betreuten bei einem notariell beurkundeten Verkauf eines Grundstücks (OLG München BtPrax 2009, 190). Der Rechtsanwalt kann auf eine Vergütung nach dem RVG vertrauen, wenn das Gericht ihm bei der Bestellung Einzelheiten mitteilt, die die erforderliche Heranziehung eines Rechtsanwalts begründen (BayObLG BtPrax 2002, 121).

Bei Führung eines Rechtsstreits für einen mittellosen Betreuten kann der **16** Rechtsanwalt allerdings nur dasjenige verlangen, was ein nach Gewährung von Prozesskostenhilfe bestellter Anwalt abrechnen könnte (BayObLG BtPrax 2003, 273; 2004, 70; LG Zweibrücken FamRZ 2003, 477). Insgesamt gilt der Grundsatz, der Betreute und bei mittellosen Betreuten die Staatskasse soll keinen Vorteil daraus ziehen, dass die kostenrelevante Heranziehung eines Dritten wegen einer besonderen Qualifikation seines Betreuers unterbleiben konnte (OLG Oldenburg FamRZ 1996, 1346; BayObLG a.a.O.). Der anwaltliche Betreuer ist daher in jedem Falle unter dem Gesichtspunkt einer kostensparenden Amtsführung gehalten, für den Betreuten Prozesskostenhilfe zu beantragen (BGH BtPrax 2007, 126; OLG Köln BtPrax 2009, 248; LSG Berlin-Brandenburg BtPrax 2009, 193; OVG Hamburg BtPrax 2009, 132). Nur wenn die Prozesskostenhilfe offensichtlich fehlerhaft endgültig verweigert wird, kann der anwaltliche Berufsbetreuer stattdessen Vergütung nach § 1836 verlangen (BGH a.a.O.). In gleicher Weise muss ein anwaltlicher Berufsbetreuer, der im Rahmen einer Betreuung, die auch die Vertretung des Betreuten im Strafverfahren umfasst, den Betreuten als Verteidiger vertritt, seine Beiordnung als Pflichtverteidiger beantragen (OLG Köln BtPrax 2009, 250). Gehört die Vertretung im Strafverfahren nicht zum Aufgabenkreis des Betreuers, kann dieser hierfür keine Vergütung verlangen (LG Mainz FamRZ 2009, 251). Zu seinen Aufgaben gehört dies nicht schon deshalb, weil die Verurteilung zu einer Geld- oder Freiheitsstrafe Auswirkungen auf das Vermögen oder die Aufenthaltsbestimmung haben kann (OLG Frankfurt BtPrax 2005, 197).

Der Betreuer soll die gleiche Vergütung enthalten, die ein herangezogener Dritter für seine Dienste erhalten würde. Dies gilt auch für eine psycho-soziale Therapie, die eine Betreuerin wegen ihrer besonderen Qualifikation der Betreuten erbringen konnte (BayObLG BtPrax 1998, 146), aber nicht, wenn ein Rechtsanwalt als Betreuer einen Grabpflegevertrag schließt (LG Karlsruhe FamRZ 2004, 403).

8. Ersatz und Vorschuss, Geltendmachung, Ausschlussfrist

Der Betreuer und in gleicher Weise auch der Gegenbetreuer (§ 1899 Rn 7) **17** können Ersatz der Aufwendungen oder Vorschuss verlangen, letzteres bei vorhersehbar in der Zukunft entstehenden Aufwendungen. Der Anspruch richtet sich gegen den Betreuten, unter den Voraussetzungen des Abs. 4 gegen die Staatskasse (Rn 19). Der Betreuer kann ohne Einschaltung des Vormundschaftsgerichts Vorschuss oder Ersatz dem Vermögen des Betreuten selbst entnehmen, soweit er hierzu im Rahmen seines Aufgabenkreises befugt ist (Jurgeleit-Maier Rn 59). Dies ist dann der Fall, wenn die **Vermögenssorge** vom Betreuer wahrzunehmen ist. In diesem Falle braucht der Betreuer die entsprechenden Beträge nur in die jährliche Abrechnung (§ 1840 Abs. 2 und 3) einzustellen und kann sie selbst einbehalten. Ansonsten müsste der Anspruch gegenüber dem Betreuten geltend gemacht und von diesem erstattet werden.

Nach §§ 292 i.V.m. 168 FamFG (s. Erläuterungen dort) steht ein besonderes gerichtliches Verfahren zur Geltendmachung des Aufwendungsersatzes zur Verfügung. Dieses gilt bei Ansprüchen gegenüber der Staatskasse bei Mittellosigkeit (Rn 19) oder für den Fall, dass dem Betreuer nicht die Vermögenssorge übertragen wurde.

BGB § 1835

18 Der Anspruch auf Aufwendungsersatz erlischt, wenn er nicht binnen 15 Monaten nach der Entstehung gerichtlich geltend gemacht wird (Abs. 1 Satz 3), wobei die Geltendmachung des Anspruchs beim Betreuungsgericht auch als Geltendmachung gegenüber dem Mündel gilt. Die Ausschlussfrist gilt auch für die Berufsdienste nach Abs. 3, so dass ein Rechtsanwalt, der ausnahmsweise seine Gebühren nach dem RVG berechnen kann, hieran gebunden ist (BayObLG FamRZ 2003, 1413; OLG Frankfurt NJW 2003, 3642). Die Ansprüche entstehen in dem Zeitpunkt, in dem die Aufwendungen tatsächlich anfallen: Fahrtkosten z. B. an dem Tag, an dem die ersatzfähige Fahrt durchgeführt wird, Portokosten an dem Tag, an dem das fragliche Schreiben abgeschickt wird. Der Betreuer wird aus praktischen Gründen bei laufenden Betreuungen eine periodische Abrechnung vornehmen, wobei er innerhalb der 15-Monats-Frist in der Wahl des Abrechnungszeitraums frei ist. Sinn der Erlöschensregelung ist es, den Betreuer zu einer zeitnahen Abrechnung anzuhalten und den Betreuten nicht dem Risiko auszusetzen, noch Jahre später mit hohen aufgelaufenen Ansprüchen des Betreuers belastet zu werden (BT-Drucks. 13/7158, S. 22 und 24). Das Betreuungsgericht muss den Betreuer grundsätzlich nicht auf einen drohenden Anspruchsverfall hinweisen (OLG Dresden FamRZ 2004, 137). Der Ablauf der Ausschlussfrist ist allerdings unschädlich, wenn das Gericht den Betreuer durch Falschinformationen von der Einhaltung der Frist abgehalten hat (OLG Frankfurt/Main BtPrax 2001, 257).

Soweit dem Betreuer die Vermögenssorge zusteht und er deshalb auf eine gerichtliche Geltendmachung nicht angewiesen ist, wird die 15-Monats-Frist so zu verstehen sein, dass der Betreuer innerhalb dieser Frist die Aufwendungen dem Vermögen des Betreuten entnehmen muss und dass eine spätere Entnahme wegen Erlöschens des Anspruchs nicht mehr zulässig wäre. Im übrigen ist die Frist nur gewahrt, wenn vor Ablauf ein vom Gericht inhaltlich überprüfbarer Antrag eingereicht wurde (OLG München Rpfleger 2006, 73).

Das Betreuungsgericht kann eine **abweichende Frist** von mindestens zwei Monaten als Ausschlussfrist bestimmen (Abs. 1 a). Dem Wortlaut nach kommt daher auch eine Verkürzung der Regelfrist von 15 Monaten in Betracht, praktisch wird allerdings eher die Verlängerung der Frist auf Antrag des Betreuers in Betracht kommen (Knittel § 1835 Anm. 15 a). Eine Fristverlängerung kann allerdings nicht bereits in einer Erinnerung und Nachreichung der Abrechnung gesehen werden, sondern setzt die Bestimmung eines konkreten Schlusspunktes voraus, zu dem die Abrechnung erfolgen muss (OLG Schleswig FGPrax 2006, 119). Die dann bestimmte Frist kann auch wiederum verlängert werden (Abs. 1 a Satz 3). Setzt das Betreuungsgericht eine von der Regel abweichende Frist, muss auf die Folgen der Versäumung (Erlöschen des Anspruchs) ausdrücklich belehrt werden (Abs. 1 a Satz 2).

9. Anspruch gegen die Staatskasse bei Mittellosigkeit

19 Nach Abs. 4 richtet sich der Anspruch des Betreuers oder Gegenbetreuers gegen die Staatskasse, wenn der Betroffene mittellos ist. Die Mittellosigkeit ist in § 1836 d geregelt. Danach ist der Mündel (der Betreute) mittellos, wenn er den Aufwendungsersatz aus seinem einzusetzenden Einkommen oder Vermögen nicht oder nur zum Teil oder nur in Raten aufbringen kann (§ 1836 d Nr. 1). Welches Einkommen und Vermögen einzusetzen ist, bestimmt sich wiederum nach § 1836 c. Auf die Kommentierungen dort wird verwiesen. Als Einkommen gelten nach § 1836 c Nr. 1 Satz 2 auch Unterhaltsansprüche. Hier ist die Regelung des § 1836 d Nr. 2 zu beachten: Mittellosigkeit liegt auch dann vor, wenn Unterhaltsansprüche nur im Wege gerichtlicher Geltendmachung realisiert werden könnten. Soweit sich der Anspruch gegen die Staatskasse richtet, kann ihn der Betreuer im Besonderen gerichtlichen Verfahren nach §§ 292 i.V.m. 168 FamFG festsetzen lassen (s. Kommentierung dort).

10. Besonderheiten für Vereine und Behörden

Der Anspruch auf Aufwendungsersatz steht jedem ehrenamtlichen Betreuer (zu den unterschiedlichen Betreuertypen § 1897 Rn 2 ff.) zu. Nur bei der Bestellung eines Vereins oder der Behörde zum Betreuer (§ 1900) gelten die Einschränkungen des Abs. 5: Vorschuss kann nicht verlangt werden, ein Ersatzanspruch gegen die Staatskasse nach Abs. 4 scheidet ebenso aus wie Ersatz **allgemeiner Verwaltungskosten** einschließlich der Versicherungskosten nach Abs. 2. Hierbei handelt es sich jeweils um Eigenkosten von Verein und Behörde, die nicht auf den Betreuten umgelegt werden können. 20

Ist der **Mitarbeiter** eines Vereins oder einer Behörde zum Betreuer bestellt (§ 1897 Abs. 2), so kann er selbst keine Ansprüche nach § 1835 geltend machen (§§ 7 Abs. 3 und 8 Abs. 3 VBVG). Allerdings kann der Verein seinerseits Vergütungsansprüche geltend machen (§ 7 Abs. 1 und 2 VBVG), die auch einen Anspruch auf Aufwendungsersatz abgelten. Ausgeschlossen ist lediglich ein Ersatz von Berufsdiensten (Abs. 3, hierzu Rn 15f). Der Behörde steht dagegen lediglich der Anspruch nach Abs. 1 Satz 1 und 2 unter Berücksichtigung der Beschränkungen nach Abs. 5 zu (§ 8 Abs. 1 und 2 VBVG). 21

§ 1835a Aufwandsentschädigung

(1) **Zur Abgeltung seines Anspruchs auf Aufwendungsersatz kann der Vormund als Aufwandsentschädigung für jede Vormundschaft, für die ihm keine Vergütung zusteht, einen Geldbetrag verlangen, der für ein Jahr dem Neunzehnfachen dessen entspricht, was einem Zeugen als Höchstbetrag der Entschädigung für eine Stunde versäumter Arbeitszeit (§ 22 des Justizvergütungs- und -entschädigungsgesetzes) gewährt werden kann (Aufwandsentschädigung).** Hat der Vormund für solche Aufwendungen bereits Vorschuss oder Ersatz erhalten, so verringert sich die Aufwandsentschädigung entsprechend.

(2) **Die Aufwandsentschädigung ist jährlich zu zahlen, erstmals ein Jahr nach Bestellung des Vormunds.**

(3) **Ist der Mündel mittellos, so kann der Vormund die Aufwandsentschädigung aus der Staatskasse verlangen; Unterhaltsansprüche des Mündels gegen den Vormund sind insoweit bei der Bestimmung des Einkommens nach § 1836 c Nr. 1 nicht zu berücksichtigen.**

(4) **Der Anspruch auf Aufwandsentschädigung erlischt, wenn er nicht binnen drei Monaten nach Ablauf des Jahres, in dem der Anspruch entsteht, geltend gemacht wird; die Geltendmachung des Anspruchs beim Familiengericht gilt auch als Geltendmachung gegenüber dem Mündel.**

(5) **Dem Jugendamt oder einem Verein kann keine Aufwandsentschädigung gewährt werden.**

BGB § 1835a Titel 1. Vormundschaft

1 Die Vorschrift ist sinngemäß auf die Betreuung anzuwenden (§ 1908 i Abs. 1). Die pauschale Aufwandsentschädigung beträgt das 19fache des Höchstbetrages der Zeugenentschädigung nach § 22 JVEG, also (19 × 17,00 Euro =) 323,00 Euro pro Jahr. Ein Nachweis konkret entstandener Kosten ist für die Aufwandsentschädigung nicht erforderlich, sie kann jedoch nur für Betreuungen verlangt werden, für die ein **Vergütungsanspruch** nach § 1836 nicht besteht. Sollte im Einzelfall eine Vergütung von weniger als 323,00 Euro für einen Jahreszeitraum gewährt werden, bleibt ein Anspruch auf ergänzende Aufwandsentschädigung bis zum Betrag von insgesamt 323,00 Euro bestehen (Jürgens/Kröger/Marschner/Winterstein Rn 271; Deinert/Lütgens, Rn 63). Dies dürfte allerdings nur selten der Fall sein, da bereits bei einem geringen vergütungsfähigen Zeitaufwand der jährliche Betrag von 323,00 Euro schnell überschritten wird. Die Aufwandsentschädigung ist vom Betreuer als Einkommen zu versteuern, da das EStG eine Steuerfreiheit nicht vorsieht (FG Schl.-Holst. BtPrax 2004, 206).

2 Aus der Formulierung „zur Abgeltung seines Anspruchs auf Aufwendungsersatz" muss geschlossen werden, dass die Pauschale sämtliche Ansprüche auf Ersatz von Aufwendungen nach § 1835 abgelten soll. Sie tritt also an Stelle des Anspruchs nach § 1835, der Betreuer kann daher nur wahlweise konkret berechneten Ersatz nach § 1835 oder die Pauschale nach § 1835 a verlangen (LG München I BtPrax 1999, 205). Nur wenn bereits für Aufwendungen im gleichen Zeitraum bereits ein Ersatz nach § 1835 gewährt wurde, ist dieser nach Abs. 1 Satz 2 auf die Pauschale anzurechnen. Die Wahlmöglichkeit besteht allerdings nicht für Berufsvormünder und Berufsbetreuer, die eine Vergütung nach § 1836 erhalten, weil dann die Voraussetzungen der Aufwandsentschädigung nicht vorliegen. Berufsvormünder sind daher allein auf den Aufwendungsersatz nach § 1835 verwiesen, für Berufsbetreuer ist auch dieser mit der Vergütung nach §§ 4 und 5 VBVG abgegolten (§ 4 Abs. 2 VBVG).

3 Auch die Aufwandsentschädigung ist zunächst aus dem Einkommen und Vermögen des Betreuten zu begleichen, bei **Mittellosigkeit** (hierzu §§ 1836 c, 1836 d) kommt aber auch hier ein Anspruch gegen die Staatskasse in Betracht (Abs. 3). Hierbei gilt die Besonderheit, dass Unterhaltsansprüche des Mündels (Betreuten) gegen den Vormund (Betreuer) für die Bestimmung des Einkommens nach § 1836 c Nr. 1 nicht zu berücksichtigen sind (Abs. 3 Halbs. 2). Dies ist vor allem von Bedeutung für Eltern, die zu Betreuern ihrer Kinder, oder für Kinder, die zu Betreuern ihrer Eltern bestellt wurden. Es wäre auch wenig konsequent, diesen verwandten Betreuern zwar grundsätzlich einen Anspruch auf Aufwandsentschädigung zuzubilligen (BGH BtPrax 1997, 29, vgl. auch Rn 4), diesen aber faktisch zu entwerten, weil der Verwandte hierfür im Rahmen seines Unterhaltsanspruchs möglicherweise selbst einstehen müsste. Die Privilegierung dieser Unterhaltsansprüche ist daher nur konsequent. Für Unterhaltsansprüche gegenüber anderen als den Betreuer verbleibt es bei der Berücksichtigung im Rahmen der Einkommensberechnung nach § 1836 c (s. Kommentierung dort).

4 Die Aufwandsentschädigung steht nur einem **ehrenamtlichen Einzelbetreuer** (§ 1897 Rn 2) zu. Dies gilt auch für Eltern oder sonstige Familienangehörige als Betreuer, auch wenn ihnen die gleichen Verpflichtungen obliegen, wie einem anderen Betreuer (BGH BtPrax 1997, 29). Sind mehrere Betreuer bestellt (§ 1899), steht jedem die volle Aufwandsentschädigung zu (BayObLG BtPrax 2002, 36), auch dann, wenn Eltern als gemeinsame Betreuer für einen identischen Aufgabenkreis eingesetzt sind (LG Mönchengladbach BtPrax 2002, 269; OLG Thüringen FamRZ 2005, 478 LS). Ein Ergänzungsbetreuer (§ 1899 Rn 5) kann nur für die

Zeit Aufwandsentschädigung verlangen, wenn er tatsächlich tätig werden musste (OLG Köln BtPrax 2004, 77). Sehr fraglich ist allerdings die Auffassung, die Aufwandsentschädigung des ehrenamtlichen Betreuers sei zeitanteilig für die Zeit zu kürzen, in denen ein berufsmäßig bestellter Verhinderungsbetreuer tätig werden musste (so OLG Nürnberg-Fürth FamRZ 2008, 719). Schließlich erhält der ehrenamtliche Betreuer die Aufwandsentschädigung für seine gesamte Tätigkeit, unabhängig von Zeitaufwand und Aufgaben. Mit dieser pauschalen Abgeltung des Aufwands ist eine anteilige Kürzung nicht zu vereinbaren. Ein Verein oder die Behörde als Betreuer (§ 1900) können keinen Anspruch geltend machen (Abs. 5), ein Vereinsbetreuer oder Behördenbetreuer (§ 1897 Abs. 2) hat ebenfalls keinen Anspruch (§§ 7 Abs. 3, 8 Abs. 3 VBVG), ohne dass diese hier ersatzweise dem Verein oder der Behörde zusteht.

Die Aufwandsentschädigung ist jährlich zu zahlen, erstmals ein Jahr nach Bestellung des Vormunds (Betreuers) (Abs. 2). Berechnungszeitraum ist also nicht das Kalenderjahr oder das Rechnungsjahr (§ 1840), dieser bestimmt sich vielmehr nach dem Zeitpunkt der Betreuerbestellung. Damit sollte verhindert werden, dass auf die Vormundschaftsgerichte zum Jahreswechsel eine Flut von Festsetzungsanträgen zukommt. Der Anspruch entsteht nach dem Tag der Bestellung des Betreuers am gleichen Tag ein Jahr darauf und dann jeweils an den hierauf folgenden Jahrestagen (OLG Celle FamRZ 2002, 1591; LG Koblenz BtPrax 2002, 88).

Der Anspruch erlischt nach Abs. 4, wenn er nicht innerhalb von drei Monaten nach Ablauf des Jahres, in dem er entsteht, geltend gemacht wird. Hierbei ist das jeweilige Kalenderjahr gemeint (OLG Celle FamRZ 2002, 1591). Er muss also bis zum 31. 3. des jeweiligen Folgejahres geltend gemacht werden (OLG Frankfurt FamRZ 2005, 393). Dabei gilt das Gleiche, wie bei dem Anspruch nach § 1835: der Betreuer, dem die Vermögenssorge zusteht, kann die Aufwandsentschädigung selbst dem Vermögen des Betreuten entnehmen und dies bei der Rechnungslegung nach § 1840 einstellen. Steht dem Betreuer die Vermögenssorge nicht zu oder begehrt er wegen Mittellosigkeit des Betreuten Ersatz aus der Staatskasse, kann er eine Festsetzung durch das Gericht nach §§ 292 i.V.m. 168 FamFG (Einzelheiten s. dort) beantragen. Ist der Mündel (Betreute) vermögend, kann der Betreuer auch von diesem direkt Ersatz verlangen. Die Geltendmachung gegenüber dem Betreuungsgericht gilt zugleich als Geltendmachung gegenüber dem Mündel (Betreuten). Die Versäumung der Ausschlussfrist ist unschädlich, wenn der Betreuer an der rechtzeitigen Geltendmachung durch fehlerhafte Auskünfte des Gerichts gehindert wurde (OLG Frankfurt/Main BtPrax 2001, 257).

§ 1836 Vergütung des Vormunds

(1) **Die Vormundschaft wird unentgeltlich geführt. Sie wird ausnahmsweise entgeltlich geführt, wenn das Gericht bei der Bestellung des Vormunds feststellt, dass der Vormund die Vormundschaft berufsmäßig führt. Das Nähere regelt das Vormünder- und Betreuervergütungsgesetz.**

(2) **Trifft das Gericht keine Feststellungen nach Absatz 1 Satz 2, so kann es dem Vormund und aus besonderen Gründen auch dem Gegenvormund gleichwohl eine angemessene Vergütung bewilligen, soweit der Umfang oder die Schwierigkeit der vormundschaftlichen Geschäfte dies rechtfertigen; dies gilt nicht, wenn der Mündel mittellos ist.**

BGB § 1836 Titel 1. Vormundschaft

(3) **Dem Jugendamt oder einem Verein kann keine Vergütung bewilligt werden.**

1. Vergütung für Berufsbetreuer

1   Die Vorschrift ist sinngemäß auf die Betreuung anzuwenden (§ 1908 i Abs. 1). Im Gegensatz zum Aufwendungsersatzanspruch nach § 1835, der grundsätzlich jedem Betreuer zusteht, gilt der Grundsatz, dass die Betreuung unentgeltlich zu führen ist (Abs. 1 S. 1), eine **Vergütung** also nur ausnahmsweise für Berufsvormünder bzw. Berufsbetreuer oder unter den Voraussetzungen des Abs. 2 gewährt werden kann. Nur Berufsvormünder und Berufsbetreuer haben nach Maßgabe des VBVG einen Anspruch auf eine Vergütung, unabhängig davon, ob der Betreute mittellos ist oder nicht. Dies ergibt sich aus § 1 Abs. 1 Satz 2 VBVG, wonach der Vormund die zu bewilligende Vergütung bei Mittellosigkeit des Betroffenen aus der Staatskasse verlangen kann. Eine Vergütung nach Abs. 2 kommt nur bei **Einzelbetreuern** in Betracht, die eine Betreuung nicht berufsmäßig führen. Sie darf nur bei nicht-mittellosen Mündeln (Betreuten) gewährt werden.

2   Eine Vergütung für Berufsbetreuer setzt die Feststellung durch das Betreuungsgericht voraus, dass die Betreuung vom Betreuer **berufsmäßig** geführt wird. Diese Feststellung gehört nach § 286 Abs. 1 FamFG zum notwendigen Inhalt der Beschlussformel bei Bestellung eines Betreuers. Alle Regelungen sowohl über die Voraussetzungen dieser „Berufsmäßigkeit" als auch über die Höhe der Vergütung sind im VBVG geregelt. Auf die Kommentierung dort wird verwiesen. Für Berufsbetreuer wird eine pauschale Vergütung gezahlt, die sich errechnet aus den durch das Gesetz festgelegten Stundenkontingenten (§ 5 VBVG) multipliziert mit einem ebenfalls im Gesetz festgelegten Stundensatz (§ 4 VBVG). Der vor der Geltung des VBVG häufig geführte Streit, ob eine Tätigkeit vergütungsfähig ist, oder nicht, wird damit für Berufsvormünder weitgehend bedeutungslos.

2. Vergütungsfähige Tätigkeiten

3   Von Bedeutung ist die Frage der vergütungsfähigen Tätigkeiten allerdings noch für **Berufsvormünder,** die nach § 3 VBVG eine Vergütung „für jede Stunde der für die Führung der Vormundschaft aufgewandten und erforderlichen Zeit" verlangen können. Außerdem kann auch für eine Vergütung nach Ermessen entsprechend Abs. 2 je nach Berechnung der Vergütung (hierzu Rn 9) von Bedeutung sein, welche Tätigkeiten des Betreuers zu den vergütungsfähigen gehören. Die dem Betreuer nach § 1901 obliegenden Tätigkeiten (hierzu § 1901 Rn 2 ff.) sind in diesem Sinne auch „vergütungsfähig".

4   Die notwendigen **Bürotätigkeiten** (BayObLG BtPrax 1997, 112) und die Aktenbearbeitung (LG Hamburg BtPrax 1997, 207) gehören jedenfalls dann zu den vergütungsfähigen Tätigkeiten, wenn diese notwendig sind zur Führung der Betreuung. Dies gilt auch für Informationsgespräche mit einer Hilfsperson, die in der Betreuung unterstützend tätig wird (BayObLG BtPrax 2000, 214). Der Betreuer kann verpflichtet sein, Kontoauszüge des Betreuten durch die Post übersenden zu lassen, wenn dies gegenüber dem Zeitaufwand für das persönliche Abholen durch den Betreuer wesentlich preiswerter ist. Dagegen sind die Tätigkeiten eines Dritten, an den der Betreuer die Aufgaben unzulässig delegiert, nicht vergütungsfähig (LG Frankenthal BtPrax 1996, 231; LG Frankfurt/Oder BtPrax

1997, 78). Allenfalls bei zulässiger Vertretung (hierzu Jürgens, BtPrax 94, 10) kommt eine Vergütung in Betracht (vgl. aber LG Memmingen, FamRZ 99, 459). Allerdings kommt auch ein Aufwendungsersatzanspruch für die Inanspruchnahme von Hilfskräften in Betracht (§ 1835 Rn 11). Nicht vergütungsfähig ist die Zeit für die Bearbeitung des Antrags auf eine Betreuervergütung (OLG Schleswig BtPrax 1998, 238; hierzu auch Bienwald, BtPrax 1999, 222).

Für Tätigkeiten in der Zeit **vor seiner Bestellung** kann der Betreuer keine 5 Vergütung verlangen (OLG Schleswig FamRZ 1998, 1536; LG Saarbrücken FamRZ 1998, 1533; OLG Stuttgart FamRZ 2005, 655). Die Zeit für das Abholen des Betreuerausweises wird allerdings für ersatzfähig gehalten (LG Leipzig FamRZ 1999, 1607).

Mit Aufhebung der Betreuung (OLG Dresden BtPrax 2006, 117), der Entlas- 6 sung des Betreuers oder dem **Tod des Betreuten** enden grundsätzlich die Aufgaben des Betreuers, so dass Tätigkeiten nach diesem Zeitpunkt grundsätzlich nicht mehr vergütungsfähig sind (LG Koblenz BtPrax 1995, 184; LG Duisburg BtPrax 2006, 117). Soweit der Betreuer jedoch nach § 1908 i i. V. m. §§ 1893, 1698 a, 1698 b BGB noch berechtigt die Angelegenheiten des Betreuten weiter erledigt, steht ihm hierfür ggf. auch eine Vergütung zu (BayObLG BtPrax 1996, 69; LG Duisburg, JurBüro 1995, 380). Dies ist dann der Fall, wenn Tätigkeiten nach dem Tod des Betreuten nicht aufgeschoben werden können oder zur Erfüllung von Verpflichtungen notwendig sind (BayObLG BtPrax 1998, 234). In jedem Falle beinhaltet dies jedoch nicht die Pflicht des Betreuers, für die Beerdigung des verstorbenen Betreuten zu sorgen (LG Frankenthal, JurBüro 1995, 602).

3. Vergütung nach Ermessen

Wenn das Gericht im Einzelfall nicht bestimmt hat, dass die Betreuung berufs- 7 mäßig und daher entgeltlich zu führen ist, kann dem Betreuer und aus besonderen Gründen auch dem Gegenbetreuer im Einzelfall gleichwohl eine Vergütung bewilligt werden, soweit der **Umfang** oder die **Schwierigkeit** der vormundschaftlichen Geschäfte dies rechtfertigt (Abs. 2). Eine solche Vergütung kann nicht verlangt werden, wenn der Betreute mittellos ist (hierzu §§ 1836 c, 1836 d). Da die Einkommensgrenzen der Mittellosigkeit relativ niedrig sind, fallen hierunter nicht nur die vermögenden, sondern auch diejenigen Betroffenen, die über ein durchschnittliches bis leicht überdurchschnittliches Einkommen oder Vermögen verfügen. Relativiert wird dies allerdings dadurch, dass Mittellosigkeit bereits vorliegt, wenn der Betroffene die Vergütung aus seinem Einkommen nur zum Teil nicht aufbringen kann (§ 1836 d). Eine Vergütung nach § 1836 Abs. 3 BGB kann nur festgesetzt werden, wenn sie vollständig vom Betreuten aus seinem Einkommen und Vermögen bestritten werden kann.

Eine Vergütung nach Abs. 2 kommt nur für **Einzelbetreuer** in Betracht, die 8 die fragliche Betreuung nicht berufsmäßig führen. Ansonsten greifen die Vorschriften des VBVG. Voraussetzung für eine Vergütung nach Abs. 2 ist, dass der **Umfang** oder die **Schwierigkeit** der vormundschaftlichen Geschäfte eine solche rechtfertigen. Beurteilungsgrundlage sind die vergütungsfähigen Tätigkeiten des Betreuers (Rn 3 ff.). Der Umfang oder die Schwierigkeit dieser Tätigkeiten müssen ein Maß erreichen, bei dem vom Betreuer billigerweise nicht (mehr) verlangt werden kann, die Betreuung unentgeltlich zu leisten. Umfang und/oder Schwierigkeit müssen daher über das hinausgehen, was üblicherweise von einem

BGB § 1836 Titel 1. Vormundschaft

Einzelbetreuer ohne Vergütung verlangt werden kann. Kein entscheidendes Kriterium für eine Vergütung nach Abs. 2 ist das Vermögen des Betreuten. Allerdings kann ein hohes Vermögen Indiz für eine schwierige Vermögensverwaltung sein (OLG Düsseldorf BtPrax 2000, 219) und daher für eine Vergütung nach Abs. 2 sprechen.

9 Über die **Höhe** und die **Bemessung** der Vergütung macht das Gesetz keinerlei Vorgaben, dies unterliegt vielmehr dem freien Ermessen des Vormundschaftsgerichts. Dem Betreuer kann eine Zeitvergütung für den notwendigen Zeitaufwand gewährt werden oder auch ein **Pauschalbetrag** aus dem Vermögen des Betreuten. Da nach dem VBVG nunmehr die Gewährung eines Pauschalbetrages für einen Berufsbetreuer vorgeschrieben ist, wäre auch für eine Vergütung nach Abs. 2 die Festsetzung einer Pauschale angezeigt (vgl. OLG Köln BtPrax 2008, 271, wo im konkreten Fall 14.000,00 Euro netto festgesetzt wurden auf Grundlage eines angegebenen Zeitaufwandes von 321,85 Stunden und einem Stundensatz leicht unterhalb des Höchstsatzes nach § 5 VBVG). Im Falle einer Zeitvergütung müsste das Betreuungsgericht zumindest den Stundensatz festlegen, wobei es sich an den Sätzen des VBVG orientieren kann, hieran aber nicht gebunden ist. Wie bisher ist für die Bemessung der Vergütung vor allem die Leistung des Betreuers von Bedeutung, nicht so sehr der Umfang des Vermögens des Betreuten (KG FamRZ 1996, 1362; OLG Hamm, FamRZ 1997, 767; OLG Düsseldorf FamRZ 1999, 1223). Die Vergütung der Berufsbetreuer, die nach §§ 4 und 5 VBVG als Pauschalbetrag festgesetzt wird, kann weder als Kontroll- noch als Höchstwert der Vergütung ehrenamtlicher Betreuer herangezogen werden (OLG Karlsruhe BtPrax 2007, 184; OLG Köln BtPrax 2008, 271; LG Düsseldorf BtPrax 2008, 275 LS). Sie ist vielmehr vom Gericht unter Berücksichtigung aller Umstände nach billigem Ermessen festzusetzen (LG München II FamRZ 2008, 1118 LS).

4. Besonderheiten bei Vereins- und Behördenbetreuer

10 Ist ein Vereinsbetreuer (§ 1897 Abs. 2) bestellt, so kann dieser keinen Anspruch auf Vergütung geltend machen (§ 7 Abs. 3 VBVG), an seiner Stelle steht aber dem Verein eine Vergütung zu (§ 7 Abs. 1 und 2 VBVG). Auch der Behördenbetreuer (§ 1897 Abs. 2) kann keine Vergütung erhalten (§ 8 Abs. 3 VBVG). Aber der Behörde kann eine Vergütung nach Abs. 2 bewilligt werden (§ 8 Abs. 1 VBVG). Dies gilt nur, soweit eine Inanspruchnahme des Betreuten nach § 1836 c zulässig ist, also soweit sein Einkommen oder Vermögen die entsprechenden Grenzen übersteigt (§ 8 Abs. 1 Satz 2 VBVG). Ist die Behörde selbst oder ein Verein als Betreuer bestellt, so können sie jeweils keine Vergütung verlangen (Abs. 3).

5. Geltendmachung der Vergütung

11 Der Betreuer kann nach §§ 292 i.V.m. 168 FamFG beim **Betreuungsgericht** die Festsetzung einer Vergütung durch gerichtlichen Beschluss beantragen (zu den Einzelheiten s. Kommentierung dort). Dies gilt für eine Vergütung für Berufsvormünder und Berufsbetreuer nach dem VBVG ebenso wie für eine Vergütung nach Ermessen entsprechend Abs. 2. Der Vergütungsantrag muss ausreichend detailliert sein, damit er überprüft werden kann (OLG München BtPrax 2006, 80 LS). Dies gilt auch bei einem mit EDV erstellten Nachweis (LG Traunstein

BtPrax 1998, 193). Vergütet wird in jedem Falle nur der für die Erfüllung der Aufgaben notwendige Zeitaufwand des Betreuers (z.b. für das Aktenstudium nach OLG Brandenburg FamRZ 2008, 641 etwa eine Minute pro Seite). Die diesbezüglichen Angaben des Betreuers sind im gerichtlichen Verfahren zumindest einer Plausibilitätsprüfung zu unterziehen (OLG Zweibrücken BtPrax 2000, 220). Mit Rechtskraft des Festsetzungsbeschlusses können **Zinsen** entsprechend § 291 BGB verlangt werden (OLG Hamm BtPrax 2003, 81).

§ 1836c Einzusetzende Mittel des Mündels

Der Mündel hat einzusetzen:
1. **nach Maßgabe des § 87 des Zwölften Buches Sozialgesetzbuch sein Einkommen, soweit es zusammen mit dem Einkommen seines nicht getrennt lebenden Ehegatten oder Lebenspartners die nach den §§ 82, 85 Abs. 1 und § 86 des Zwölften Buches Sozialgesetzbuch maßgebende Einkommensgrenze für die Hilfe nach dem Fünften bis Neunten Kapitel des Zwölften Buches Sozialgesetzbuch übersteigt. Wird im Einzelfall der Einsatz eines Teils des Einkommens zur Deckung eines bestimmten Bedarfs im Rahmen der Hilfe nach dem Fünften bis Neunten Kapitel des Zwölften Buches Sozialgesetzbuch zugemutet oder verlangt, darf dieser Teil des Einkommens bei der Prüfung, inwieweit der Einsatz des Einkommens zur Deckung der Kosten der Vormundschaft einzusetzen ist, nicht mehr berücksichtigt werden. Als Einkommen gelten auch Unterhaltsansprüche sowie die wegen Entziehung einer solchen Forderung zu entrichtenden Renten;**
2. **sein Vermögen nach Maßgabe des § 90 des Zwölften Buches Sozialgesetzbuch.**

Übersicht

	Rn.
1. Überblick	1
2. Einkommen	2
3. Unterhaltsansprüche	5
4. Einkommensgrenze	8
5. Vermögen	12

1. Überblick

Die Vorschrift ist sinngemäß auf die Betreuung anzuwenden (§ 1908 i Abs. 1). **1** Sie wurde eingefügt durch das BtÄndG mit Wirkung zum 1. 1. 1999 und geändert durch das Gesetz zur Einordnung des Sozialhilferechts in das Sozialgesetzbuch vom 27. 12. 2003 mit Wirkung vom 1. 1. 2005. Sie regelt, welche Teile seines Einkommens und Vermögens der Betreute für die Ansprüche des Betreuers nach §§ 1835 bis 1836 a einzusetzen hat. Aus dem Vergleich der Betreuungskosten mit dem einzusetzenden Einkommen und Vermögen ergibt sich, ob der Betreute mittellos ist (hierzu § 1836 d). Für die Feststellung des Einkommens und Vermögens wird auf die Vorschriften des SGB XII – Sozialhilfe – verwiesen, wobei die Verweisung nur unvollkommen gelungen ist. Dem Wortlaut nach wird in Nr. 1 nur für die Einkommensgrenze (hierzu Rn 8 ff.) auf die Vorschriften des SGB XII

BGB § 1836c

verwiesen. Allerdings ist auch § 82 SGB XII in Bezug genommen. Hierin ist geregelt, welche dem Betroffenen zufließenden Geldbeträge als Einkommen gelten. Man wird daher auch für die Ermittlung des Einkommens auf die Regelungen im SGB XII zurückgreifen müssen (hierzu Rn 2 ff.). Eigene Regelungen enthält die Vorschrift über die Berücksichtigung von Unterhaltsansprüchen im Rahmen der Einkommensberechnung (hierzu Rn 5 ff.), die von der Praxis im Sozialhilferecht abweichen. Die Berücksichtigung von Vermögen (Nr. 2) richtet sich wiederum nach den Regeln des Sozialhilferechts.

2. Einkommen

2 Zunächst muss ermittelt werden, welches verwertbare Einkommen dem Betroffenen und seinem nicht getrennt lebenden Ehegatten zur Verfügung steht. Als Einkommen gelten nach § 82 Abs. 1 SGB XII (s. Anhang zu § 1836 c) alle **Einkünfte in Geld oder Geldeswert** mit Ausnahme der Leistungen nach dem SGB XII, der Grundrente nach dem Bundesversorgungsgesetz und der Renten oder Beihilfen nach dem Bundesentschädigungsgesetz. Arbeitseinkommen, Renten, Mieteinnahmen, Zinseinkünfte und andere dem Betroffenen zufließende Beträge kommen daher als Einkommen in Betracht. Nähere Einzelheiten über die Berücksichtigung der einzelnen Einkommensarten enthält die Verordnung zur Durchführung des § 82 SGB XII (s. Anhang zu § 1836 c). Hiervon sind abzusetzen (§ 82 Abs. 2 SGB XII) die auf das Einkommen entrichteten Steuern, Pflichtbeiträge zur Sozialversicherung einschließlich der Beiträge zur Arbeitsförderung, Beiträge zu öffentlichen oder privaten Versicherungen, soweit diese Beiträge gesetzlich vorgeschrieben oder nach Grund und Höhe angemessen sind, geförderte Altersvorsorgebeiträge nach § 82 EStG, weitere mit der Erzielung des Einkommens verbundene notwendige Ausgaben und das Arbeitsförderungsgeld und Erhöhungsbeträge des Arbeitsentgelts nach § 43 Abs. 4 SGB IX. Welche Ausgaben bei einer nichtselbstständigen Arbeit berücksichtigt werden und in welcher Höhe, ergibt sich aus § 3 Abs. 4 VO zu § 82 SGB XII (s. Anhang zu § 1836 c). Angemessene Versicherungen sind z. B. eine Haftpflicht- und eine Hausratversicherung. Notwendige Ausgaben zur Erzielung des Einkommens können auch z. B. Aufwendungen für ein Miethaus zur Erzielung von Mieteinnahmen sein. Eine Kindergeldnachzahlung ist als Einkommen anzusehen und auf einen angemessenen Zeitraum aufzuteilen (LG Gießen FamRZ 2009, 457).

3 Weiterhin schreibt § 82 Abs. 3 SGB XII vor, dass bei der Hilfe zum Lebensunterhalt in der Regel ein Betrag von 30 v. H. des Einkommens aus selbstständiger und nichtselbstständiger Tätigkeit des Leistungsberechtigten abzusetzen ist, bei Beschäftigung in einer Werkstatt für behinderte Menschen ein Achtel des Eckregelsatzes zuzüglich 25 v. H. des diesen Betrag übersteigenden Entgelts. Zwar ist dieser Abzug in § 82 Abs. 3 SGB XII nur für die Hilfe zum Lebensunterhalt vorgeschrieben, nicht für die Hilfe nach dem 5. bis 9. Kapitel des SGB XII, für die wiederum die Einkommensgrenzen gelten, die auch beim Einsatz des Einkommens nach § 1836 c gelten. Dieser verweist allerdings auf die gesamte Vorschrift des § 82 SGB XII, so dass wohl auch alle seine Absätze berücksichtigt werden müssen. Sehr häufig dürften betreute Personen über kein Erwerbseinkommen (mehr) verfügen, so dass der Abzug beim Einkommen nicht zum Tragen kommt. Allerdings gilt diese Berechnung auch für die Ermittlung des Einkommens des Ehegatten und kann hier durchaus häufiger Bedeutung haben.

Nicht in Bezug genommen sind allerdings die §§ 83 und 84 SGB XII (s. Anlage 4 zu § 1836 c). Diese schreiben vor, dass bestimmte zweckgebundene oder freiwillige Leistungen nicht oder nur zum Teil als Einkommen berücksichtigt werden sollen. Praktisch bedeutsam ist hier v. a. § 83 Abs. 2 SGB XII. Danach ist ein Schmerzensgeld nach § 253 Abs. 2 nicht als Einkommen zu berücksichtigen. Dies gilt zwar im Betreuungsrecht mangels ausdrücklicher Verweisung auf § 83 SGB XII in § 1836 c nicht unmittelbar. Allerdings ist im Rahmen der Ermessensentscheidung nach § 87 SGB XII (hierzu Rn 11) auch diese Wertung des Gesetzgebers zu berücksichtigen. Dies gilt umso mehr, als Schmerzensgeldzahlungen auch bei der Vermögensberechnung als Schonvermögen gelten und nicht berücksichtigt werden (hierzu Rn 13). Auch Leistungen der **Pflegeversicherung** sind nach ausdrücklicher gesetzlicher Regelung nicht als Einkommen zu berücksichtigen (Jürgens, BtPrax 2000, 71; LG Koblenz FamRZ 2001, 308). In § 13 Abs. 5 Satz 1 SGB XI heißt es: „Die Leistungen der Pflegeversicherung bleiben als Einkommen bei Sozialleistungen, deren Gewährung von anderen Einkommen abhängig ist, unberücksichtigt". Alle Leistungen – einschließlich des Pflegegeldes, das an einen Pflegebedürftigen gezahlt wird – gelten danach im Sozialhilferecht und auch im Betreuungsrecht nicht als Einkommen (anders noch BayObLG BtPrax 2000, 83; offen gelassen in FamRZ 2002, 418). Dies gilt auch dann, wenn das Pflegegeld an eine Pflegeperson weitergegeben wird. Auch bei dieser Person gilt das Pflegegeld nicht als Einkommen.

3. Unterhaltsansprüche

Besonderheiten gelten für die Berücksichtigung von Unterhaltsansprüchen. 5 Nach der Regelung in Nr. 1 gelten als Einkommen auch Unterhaltsansprüche sowie die wegen Entziehung einer solchen Forderung zu entrichtenden Renten. Dies gilt allerdings nur zum Teil für die Aufwandsentschädigung (§ 1835 a Rn 3): hier bleiben Unterhaltsansprüche des Betreuten gegen den Betreuer bei der Bestimmung des Einkommens unberücksichtigt (§ 1835 a Abs. 3 BGB). Im Übrigen aber wird ein familienrechtlicher Unterhalts*anspruch* bereits so behandelt, als stünden Unterhalts*leistungen* dem Betroffenen tatsächlich zur Verfügung. Dies ist für die Betroffenen ungünstiger als im Sozialhilferecht. Hier werden nämlich nach ständiger Rechtsprechung Unterhaltsansprüche nur dann als Einkommen berücksichtigt, wenn sie entweder tatsächlich geleistet werden oder der Sozialhilfebezieher einfach hierauf zurückgreifen kann. Nicht alsbald realisierbare Unterhaltsansprüche sind dagegen kein Einkommen. Etwas abgemildert wird dies zwar durch § 1836 d. Danach liegt Mittellosigkeit auch vor, wenn der Betreute der Aufwendungen oder der Vergütung aus seinem Einkommen oder Vermögen nur im Wege **gerichtlicher Geltendmachung** von Unterhaltsansprüchen aufbringen kann (hierzu § 1836 d Rn 2). Dies bedeutet aber zugleich, dass die *außergerichtliche* Geltendmachung zwar verlangt werden kann und für den Fall, dass der Betreute hiervor zurückscheut, der *Anspruch* weiterhin als *Einkommen* gewertet wird. Eine bestimmte Form für die außergerichtliche Geltendmachung von Unterhaltsansprüchen sieht das Gesetz aber nicht vor (BayObLG FamRZ 2002, 417).

Grund und Höhe eines evtl. Unterhaltsanspruchs richtet sich allein nach den 6 Vorschriften des **Bürgerlichen Gesetzbuchs.** Untereinander unterhaltsverpflichtet sind Ehegatten (§§ 1360 ff.) und Verwandte in gerader Linie (§ 1601 ff.).

BGB § 1836c   Titel 1. Vormundschaft

Im Sozialhilferecht wird nur zurückgegriffen auf Verwandte ersten Grades, ein Übergang von Unterhaltsansprüchen gegen weitere Verwandte ist dagegen ausgeschlossen (§ 94 Abs. 1 SGB XII). Diese Beschränkung findet sich jedoch in § 1836 c nicht. Zur Berechnung des Anspruchs hat sich in der Rechtsprechung die Anwendung von Unterhaltstabellen durchgesetzt. Verbreitet angewandt wird die vom OLG Düsseldorf entwickelte **Düsseldorfer Tabelle,** die auch im Betreuungsrecht herangezogen werden kann. Ergibt sich danach nur ein Unterhaltsanspruch, der unter der Einkommensgrenze nach § 85 SGB XII liegt, so ist von Mittellosigkeit auszugehen (siehe BayObLG BtPrax 1997, 115). Allerdings ist Gegenstand des Unterhaltsanspruchs nur der sogenannte angemessene Unterhalt. Nach § 1610 Abs. 2 BGB umfasst der Unterhalt den gesamten Lebensbedarf. Ob hierin auch ein besonderer Bedarf in Form der Betreuungskosten enthalten ist, dürfte fraglich sein. Jedenfalls beinhaltet ein Unterhaltsanspruch nicht die Kosten für die Vergütung eines Verfahrenspflegers (LG Braunschweig BtPrax 1999, 34). Andererseits kann die Betreuervergütung auch als unterhaltsrechtlicher Sonderbedarf angesehen werden (OLG Nürnberg BtPrax 1999, 236), so dass auch eine rückwirkende Geltendmachung gegenüber dem Unterhaltsverpflichteten in Betracht kommt (§ 1613 Abs. 2).

7   Das Betreuungsgericht ist, um Mittellosigkeit des Betroffenen zu verneinen, grundsätzlich nicht zu der Prüfung verpflichtet, ob derartige Ansprüche tatsächlich bestehen. Das Betreuungsgericht hat zwar die Verpflichtung des Betreuten auszusprechen, an die Staatskasse im Rahmen des Rückgriffs entsprechende Zahlungen zu leisten. Gleichzeitig hat es aber kenntlich zu machen, dass dieser Titel nur die Grundlage für die Einziehung der (möglicherweise bestehenden) Unterhaltsansprüche sein kann (BayObLG FamRZ 2002, 417). Steht fest, dass der Unterhaltsverpflichtete seiner Unterhaltspflicht nicht nachkommt, kann dies beim Einkommen auch nicht berücksichtigt werden (LG Osnabrück FamRZ 1996, 1349). In diesem Falle wäre nämlich die gerichtliche Geltendmachung erforderlich, die vom Betroffenen nicht verlangt werden kann (§ 1836 c Nr. 2). Verlangt der Betreuer Vergütung aus der Staatskasse, muss er bei der Darlegung der Mittellosigkeit auch mögliche Unterhaltsansprüche angeben. Allerdings ist ihm entgegen einer in der Rechtsprechung vertretenen Auffassung (LG Kleve BtPrax 1999, 201) nicht zuzumuten, erst noch umfangreiche Ermittlungen anzustellen. Nur ihm bekannte Umstände, aus denen eine Unterhaltspflicht geschlossen werden kann, muss er mitteilen.

4. Einkommensgrenze

8   Steht das verwertbare Einkommen fest, muss dem die Einkommensgrenze nach § 85 SGB XII gegenübergestellt werden. Diese wiederum setzt sich zusammen aus einem **Grundbetrag,** den Kosten der **Unterkunft** und einem **Familienzuschlag.** Der Grundbetrag nach § 85 Abs. 1 und 3 SGB XII beläuft sich auf den zweifachen Eckregelsatz der Sozialhilfe und beträgt ab 1. 7. 2009 718,00 Euro. Teilweise werden von Sozialhilfeträgern abweichende regionale Regelsätze festgelegt.

9   Kosten der Unterkunft sind zu berücksichtigen, soweit die Aufwendungen hierfür den der Besonderheit des Einzelfalls **angemessenen Umfang** nicht übersteigen. Eine der bisherigen Lebensführung entsprechende Unterkunft dürfte in aller Regel angemessen sein, da dem Betreuten grundsätzlich keine wesentliche

Beschränkung seiner Lebensführung zugemutet werden kann (LG Oldenburg, BtPrax 1994, 139). Kosten der Unterkunft können Mietzinszahlungen einschließlich der notwendigen Betriebskosten sein oder auch Kosten für die Erhaltung eines Eigenheims/einer Eigentumswohnung. Der Familienzuschlag beträgt 70% des Eckregelsatzes für den nicht getrennt lebenden Ehegatten oder Lebenspartner und für jede Person, die vom Betreuten, seinem Ehegatten oder Lebenspartner überwiegend unterhalten wird. Der maßgebliche Eckregelsatz bestimmt sich nach dem Ort, an dem der Leistungsberechtigte seine Leistung erhält (§ 85 Abs. 3 SGB XII).

Ergibt sich aus dem Vergleich des verwertbaren Einkommens mit der Einkommensgrenze ein für die Betreuungskosten einsetzbarer Anteil, so muss weiter geprüft werden, ob dieser Anteil nicht schon bei der Gewährung von **Sozialhilfe** berücksichtigt wird. Wird nämlich im Einzelfall der Einsatz eines Teils des Einkommens zur Deckung eines bestimmten Bedarfs im Rahmen der Hilfe nach dem 5. bis 9. Kapitel des SGB XII zugemutet oder verlangt, darf dieser Teil des Einkommens bei der Prüfung, inwieweit der Einsatz des Einkommens zur Deckung der Kosten der Betreuung einzusetzen ist, nicht mehr berücksichtigt werden. Bezieht der Betreute Sozialhilfeleistungen (vor allem **Hilfe zur Pflege** – §§ 61 ff. SGB XII – oder **Eingliederungshilfe für behinderte Menschen** – §§ 53 ff. SGB XII – wird hier in Betracht kommen), ergibt sich in der Regel aus dem Sozialhilfebescheid, mit welchem Anteil seines Einkommens der Betreute selbst herangezogen wird. Dieser Teil darf dann bei der Beurteilung der Mittellosigkeit nicht mehr berücksichtigt werden. In Betracht kommt aber auch, dass der Betreute zwar dem Grunde nach Anspruch auf Hilfe nach dem 5. bis 9. Kapitel des SGB XII hätte, wegen seines Einkommens über der jeweiligen Einkommensgrenze aber gerade keine Leistungen erhält. Auch dann wäre dieser Teil des Einkommens bereits sozialhilferechtlich berücksichtigt und damit für die Mittellosigkeit nicht mehr verwendbar. Deshalb sollte der Betreuer in jedem Falle einen Antrag auf **Sozialhilfeleistungen** stellen. Wird dieser nur wegen Überschreitens der Einkommensgrenze abgelehnt, steht damit aber jedenfalls fest, in welchem Umfange eine sozialhilferechtliche Berücksichtigung vorliegt. Dies kommt z. B. immer dann in Betracht, wenn der Betreute Leistungen aus der Pflegeversicherung bezieht. In diesem Falle sollte ein Antrag auf ergänzende Hilfe zur Pflege beim zuständigen Sozialamt gestellt werden, weil dem Grunde nach immer ein über die Leistungen der Pflegeversicherung hinausgehender Bedarf besteht.

Schließlich ist auch zu berücksichtigen, dass der Einsatz des Einkommens nur „nach Maßgabe des § 87 SGB XII" erfolgt. Nach dieser Vorschrift (s. Anlage zu § 1836 c) ist der die Einkommensgrenze übersteigende Anteil des Einkommens für die Aufbringung der Mittel eines sozialhilferechtlich relevanten Bedarfs „in **angemessenem Umfang** zuzumuten". Es handelt sich nach ganz überwiegender sozialhilferechtlicher Auffassung um einen unbestimmten Rechtsbegriff (so auch LG Koblenz FamRZ 2001, 308). Bei schwerstpflegebedürftigen Menschen nach § 64 Abs. 3 SGB XII und blinden Menschen nach § 72 SGB XII ist ein Einsatz des Einkommens über der Einkommensgrenze in Höhe von mindestens 60 v. H. nicht zuzumuten (§ 87 Abs. 1 Satz 3 SGB XII). Dies heißt, dass nicht das gesamte Einkommen über der Einkommensgrenze herangezogen wird, sondern nur ein vom Sozialhilfeträger festzusetzender Anteil, der im Einzelfall allerdings auch bis zum vollen Betrag gehen kann (hierzu Jürgens NDV 2005, 9). Dies gilt auch bei der Beurteilung der Mittellosigkeit. Auch hier muss daher eine Entscheidung getroffen werden, in welchem Umfange dem Betreuten der Einsatz seines über der Einkommensgrenze liegenden Einkommens zuzumuten ist. Besondere Belastungen sind in Abzug zu bringen (BayObLG FamRZ 2002, 418). Dem Betreuten kann nicht zugemutet werden, mit der Betreuung zugleich eine Einschränkung seiner Lebensverhältnisse hinzunehmen (so bereits OLG Schleswig, BtPrax 1994, 139; LG Oldenburg, BtPrax 1994, 215; LG Koblenz, BtPrax 1998, 82). Dabei muss der Sinn und Zweck der Regelung berücksichtigt werden: während die Sozialhilfe grundsätzlich der Vermeidung von Armut dient und auch bei der Erbringung von Hilfe zur Pflege und Eingliederungshilfe dem Hilfebezieher grundsätzlich eine Einschränkung seiner Lebensführung zugemutet werden kann, ist dies bei der Betreuung nicht im gleichen Maß der Fall.

5. Vermögen

12 Sein Vermögen muss der Betreute nach Maßgabe des § 90 SGB XII einsetzen (Nr. 2). Hierzu gehört das gesamte verwertbare Vermögen, soweit es nicht zum sogenannten **Schonvermögen** nach § 90 Abs. 2 SGB XII (s. Anhang zu § 1836 c) gehört. Zu berücksichtigen ist das verfügbare Aktivvermögen; Verbindlichkeiten bleiben außer Betracht, selbst wenn sie tituliert oder durch öffentlich-rechtlichen Leistungsbescheid festgesetzt sind (BayObLG FamRZ 2004, 308; BtPrax 2005, 108; LG Koblenz FamRZ 2005, 306). Der Einsatz oder die Verwertung folgender Vermögensgegenstände darf danach nicht verlangt werden:
- ein Vermögen, das aus öffentlichen Mitteln zum Aufbau oder zur Sicherung einer Lebensgrundlage oder zur Gründung eines Hausstandes gewährt wird,
- das staatlich geförderte Kapital einschließlich seiner Erträge, das der zusätzlichen Altersvorsorge im Sinn des Einkommensteuergesetzes dient,
- ein sonstiges Vermögen, das nachweislich zur baldigen Beschaffung oder Erhaltung eines Hausgrundstücks für behinderte oder pflegebedürftige Menschen bestimmt ist,
- der angemessene Hausrat,
- Gegenstände, die zur Aufnahme oder Fortsetzung der Berufsausbildung oder der Erwerbstätigkeit unentbehrlich sind,
- Familien- und Erbstücke, deren Veräußerung für die Hilfesuchenden oder seiner Familie eine besondere Härte bedeuten würde,
- Gegenstände, die zur Befriedigung geistiger, besonders wissenschaftlicher oder künstlerischer Bedürfnisse dienen und deren Besitz nicht Luxus ist,
- ein angemessenes Hausgrundstück, das vom Betreuten oder nahen Angehörigen bewohnt wird,
- ein kleiner Bar- oder sonstiger Geldbetrag.

Der anrechnungsfreie **Geldbetrag** wird durch die nach § 90 Abs. 2 SGB XII ergangene Rechtsverordnung (s. Anhang zu § 1836 c) konkretisiert. Bei der Hilfe nach dem 5. bis 9. Kapitel des SGB XII beträgt er 2600,00 Euro zuzüglich 614,00 Euro für den nicht getrennt lebenden Ehegatten oder Lebenspartner und 256,00 Euro für jede Person, die vom Hilfesuchenden überwiegend unterhalten wird. Der erhöhte Freibetrag für Werkstattbeschäftigte entfällt ab 1. 1. 2005 (OLG München BtPrax 2006, 79). Nur wenn beide Ehegatten schwerstpflegebedürftig oder blind sind, erhöht sich der Betrag von 614,00 Euro auf 1534,00 Euro. Ebensowenig sind die erhöhten Freigrenzen des BVG anzuwenden (OLG Frankfurt/Main BtPrax 2004, 117; OLG Hamm FamRZ 2004, 1324; OLG Köln FamRZ 2007, 143).

Einzusetzende Mittel des Mündels **§ 1836c BGB**

Verwertbar ist jedenfalls **Grundvermögen,** das nicht als „angemessenes Hausgrundstück" zum Schonvermögen gehört, etwa weil es wegen seiner Größe oder seines Werts die Grenze der Angemessenheit übersteigt, oder nicht vom Betroffenen und/oder nahen Angehörigen bewohnt wird. Hierbei muss allerdings berücksichtigt werden, ob überhaupt im Falle der Verwertung ein die auf dem Grundstück liegenden Belastungen übersteigender Erlös erzielt werden kann (BayObLG BtPrax 1998, 31). Nicht verwertbar ist Vermögen, wenn der Verwertung ein rechtliches oder tatsächliches Hindernis entgegensteht, wenn die Verwertung wirtschaftlich unvertretbar ist oder nicht in angemessener Zeit durchgeführt werden kann (BayObLG FamRZ 2002, 416; OLG Frankfurt/Main BtPrax 2008, 269). Unverwertbarkeit liegt vor, wenn bei geerbtem Vermögen Dauertestamentsvollstreckung angeordnet ist und nur der Reinertrag des Vermögens monatlich ausbezahlt werden darf (OLG Köln FamRZ 2009, 1091). Im Fall des § 90 Abs. 2 Nr. 3 SGB XII muss der Bau oder Erwerb eines Eigenheims konkret in Aussicht stehen (OLG Hamm FamRZ 2006, 506 LS). Sozialhilferechtlich zulässig ist es, verwertbares Vermögen in nicht verwertbares oder geschütztes Vermögen zu überführen. Dies muss auch für das Betreuungsrecht gelten (aA LG Köln FamRZ 2009, 1092). Anrechnungsfrei bleiben wie im Sozialhilferecht Schmerzensgeldzahlungen Dritter einschließlich der daraus resultierenden Zinszahlungen (LG Köln BtPrax 1998, 196; OLG Hamm FGPrax 2007, 171; OLG Frankfurt/Main BtPrax 2009, 305). Diese gelten als Schonvermögen. Bedürftigkeit kann auch vorliegen, wenn Vermögen mit entsprechender Zweckbindung für die Bestattungsvorsorge angespart wird (OLG Schleswig FamRZ 2007, 1188; OLG München FamRZ 2007, 1189). **13**

Nach § 90 Abs. 3 SGB XII darf Sozialhilfe nicht vom Einsatz oder von der Verwertung eines Vermögens abhängig gemacht werden, soweit dies für den Betroffenen und seine unterhaltsberechtigten Angehörigen eine **Härte** bedeuten würde. Dies ist vor allem der Fall, soweit eine angemessene Lebensführung oder die Aufrechterhaltung einer angemessenen Alterssicherung wesentlich erschwert würde. Diese Grundsätze sind auch bei der Beurteilung der Mittellosigkeit anzuwenden (BayObLG BtPrax 1995, 217 = FamRZ 1996, 245; FamRZ 2004, 566) und können u. U. dazu führen, dass auch ein Barvermögen nach Auszahlung einer Kapitallebensversicherung von ca. 16000 Euro nicht anrechnungsfrei bleiben kann, um eine Rente von 733 Euro monatlich aufstocken zu können (OLG München BtPrax 2009, 72; dgl. OLG Köln BtPrax 2005, 237 für aus einem NS-Härtefonds angespartes Vermögen). Ein Vermögen von 37000 Euro bei einer Rentenerwartung von mehr als 1000 Euro monatlich ist dagegen nicht mehr geschützt (LG Koblenz FamRZ 2006, 647 L). Anders verhält es sich auch, wenn durch den schrittweisen Verbrauch des Vermögens lediglich der Sozialhilfebezug herausgezögert werden soll (OLG München BtPrax 2005, 191) Die Verwertung eines Hausgrundstücks ist aber dann keine Härte, wenn sichergestellt ist, dass der Betreute weiterhin dort wohnen kann (BayObLG BtPrax 1995, 217 = FamRZ 1996, 245). **14**

Das verwertbare Vermögen muss so berücksichtigt werden, wie es dem Betreuten zum Zeitpunkt der letzten tatrichterlichen Entscheidung zur Verfügung steht (OLG Frankfurt/Main BtPrax 2008, 269). Ein später eintretender **Vermögenserwerb** beseitigt die Mittellosigkeit nicht etwa rückwirkend. Allerdings kann die Staatskasse in diesem Falle den auf sie übergegangenen Rückgriffsanspruch (§ 1836 e) innerhalb von drei Jahren realisieren (siehe BayObLG FamRZ 2004, 305, 306). Umstritten ist die Frage, ob ein zum Zeitpunkt der Entscheidung bereits absehbarer Vermögenszuwachs – etwa wegen Realisierung einer bestehen- **15**

BGB Anhang § 1836c

den Forderung – berücksichtigt werden muss (LG Arnsberg FamRZ 1998, 119 m. Anm. Bienwald). Es besteht jedenfalls kein Anspruch der Staatskasse auf dingliche Sicherung eines möglicherweise später entstehenden Rückgriffsanspruchs, da § 1836c nicht auf § 91 SGB XII verweist (OLG Frankfurt/Main BtPrax 2008, 269). Keine Mittellosigkeit liegt vor, wenn vorsätzlich eine Vermögenslosigkeit herbeigeführt wurde (LG Kleve BtPrax 1999, 202). Andererseits ist aber auch der Betreuer, zu dessen Aufgabenkreis die Vermögenssorge gehört, nicht verpflichtet, aus dem Einkommen des Betreuten Rücklagen zu bilden, damit hieraus die Betreuervergütung gezahlt werden kann (BayObLG FamRZ 1998, 507).

Anhang zu § 1836c

§§ 82–90 SGB XII – Sozialhilfe

§ 82 Begriff des Einkommens

(1) Zum Einkommen gehören alle Einkünfte in Geld oder Geldeswert mit Ausnahme der Leistungen nach diesem Buch, des befristeten Zuschlags nach § 24 des Zweiten Buches, der Grundrente nach dem Bundesversorgungsgesetz und nach den Gesetzen, die eine entsprechende Anwendung des Bundesversorgungsgesetzes vorsehen oder der Renten oder Beihilfen nach dem Bundesentschädigungsgesetz für Schaden an Leben sowie an Körper oder Gesundheit, bis zur Höhe der vergleichbaren Grundrente nach dem Bundesversorgungsgesetz. Bei Minderjährigen ist das Kindergeld dem jeweiligen Kind als Einkommen zuzurechnen, soweit es bei dieser zur Deckung des notwendigen Lebensunterhaltes benötigt wird.

(2) Von dem Einkommen sind abzusetzen
1. auf das Einkommen entrichtete Steuern,
2. Pflichtbeiträge zur Sozialversicherung einschließlich der Beiträge zur Arbeitsförderung,
3. Beiträge zu öffentlichen oder privaten Versicherungen oder ähnlichen Einrichtungen, soweit diese Beiträge gesetzlich vorgeschrieben oder nach Grund und Höhe angemessen sind, sowie geförderte Altersvorsorgebeiträge nach § 82 des Einkommensteuergesetzes, soweit sie den Mindesteigenbeitrag nach § 86 des Einkommensteuergesetzes nicht überschreiten,
4. die mit der Erzielung des Einkommens verbundenen notwendigen Ausgaben,
5. das Arbeitsförderungsgeld und Erhöhungsbeträge des Arbeitsentgelts im Sinne von § 43 Satz 4 des Neunten Buches.

(3) Bei der Hilfe zum Lebensunterhalt und Grundsicherung im Alter und bei Erwerbsminderung ist ferner ein Betrag in Höhe von 30 vom Hundert des Einkommens aus selbständiger und nichtselbständiger Tätigkeit der Leistungsberechtigten abzusetzen, höchstens jedoch 50 vom Hundert des Eckregelsatzes. Abweichend von Satz 1 ist bei einer Beschäftigung in einer Werkstatt für behinderte Menschen von dem Entgelt ein Achtel des Eckregelsatzes zuzüglich 25 vom Hundert des diesen Betrag übersteigenden Entgelts abzusetzen. Im Übrigen kann in begründeten Fällen ein anderer als in Satz 1 festgelegter Betrag vom Einkommen abgesetzt werden.

§ 83 Nach Zweck und Inhalt bestimmte Leistungen

(1) Leistungen, die auf Grund öffentlich-rechtlicher Vorschriften zu einem ausdrücklich genannten Zweck erbracht werden, sind nur so weit als Einkommen zu berücksichtigen, als die Sozialhilfe im Einzelfall demselben Zweck dient.

(2) Eine Entschädigung, die wegen eines Schadens, der nicht Vermögensschaden ist, nach § 253 Abs. 2 des Bürgerlichen Gesetzbuches geleistet wird, ist nicht als Einkommen zu berücksichtigen.

Anhang § 1836c BGB

§ 84 Zuwendungen

(1) Zuwendungen der freien Wohlfahrtspflege bleiben als Einkommen außer Betracht. Dies gilt nicht, soweit die Zuwendung die Lage der Leistungsberechtigten so günstig beeinflusst, dass daneben Sozialhilfe ungerechtfertigt wäre.

(2) Zuwendungen, die ein anderer erbringt, ohne hierzu eine rechtliche oder sittliche Pflicht zu haben, sollen als Einkommen außer Betracht bleiben, soweit ihre Berücksichtigung für die Leistungsberechtigten eine besondere Härte bedeuten würde.

§ 85 Einkommensgrenze

(1) Bei der Hilfe nach dem Fünften bis Neunten Kapitel ist der nachfragenden Person und ihrem nicht getrennt lebenden Ehegatten oder Lebenspartner die Aufbringung der Mittel nicht zuzumuten, wenn während der Dauer des Bedarfs ihr monatliches Einkommen zusammen eine Einkommensgrenze nicht übersteigt, die sich ergibt aus
1. einem Grundbetrag in Höhe des zweifachen Eckregelsatzes,
2. den Kosten der Unterkunft, soweit die Aufwendungen hierfür den der Besonderheit des Einzelfalles angemessenen Umfang nicht übersteigen und
3. einem Familienzuschlag in Höhe des auf volle Euro aufgerundeten Betrages von 70 vom Hundert des Eckregelsatzes für den nicht getrennt lebenden Ehegatten oder Lebenspartner und für jede Person, die von der nachfragenden Person, ihrem nicht getrennt lebenden Ehegatten oder Lebenspartner überwiegend unterhalten worden ist oder für die sie nach der Entscheidung über die Erbringung der Sozialhilfe unterhaltspflichtig werden.

(2) Ist die nachfragende Person minderjährig und unverheiratet, so ist ihr und ihren Eltern die Aufbringung der Mittel nicht zuzumuten, wenn während der Dauer des Bedarfs das monatliche Einkommen der nachfragenden Person und ihrer Eltern zusammen eine Einkommensgrenze nicht übersteigt, die sich ergibt aus
1. einem Grundbetrag in Höhe des zweifachen Eckregelsatzes,
2. den Kosten der Unterkunft, soweit die Aufwendungen hierfür den der Besonderheit des Einzelfalles angemessenen Umfang nicht übersteigen und
3. einem Familienzuschlag in Höhe des auf volle Euro aufgerundeten Betrages von 70 vom Hundert des Eckregelsatzes für den nicht getrennt lebenden Elternteil, wenn die Eltern zusammenleben, sowie für die nachfragende Person und für jede Person, die von den Eltern oder der nachfragenden Person überwiegend unterhalten worden ist oder für die sie nach der Entscheidung über die Erbringung der Sozialhilfe unterhaltspflichtig werden.

Leben die Eltern nicht zusammen, richtet sich die Einkommensgrenze nach dem Elternteil, bei dem die nachfragende Person lebt. Lebt sie bei keinem Elternteil, bestimmt sich die Einkommensgrenze nach Absatz 1.

(3) Der maßgebende Eckregelsatz bestimmt sich nach dem Ort, an dem der Leistungsberechtigte die Leistung erhält. Bei der Leistung in einer Einrichtung sowie bei Unterbringung in einer anderen Familie oder bei den in § 107 genannten anderen Personen bestimmt er sich nach dem gewöhnlichen Aufenthalt des Leistungsberechtigten oder, wenn im Falle des Absatzes 2 auch das Einkommen seiner Eltern oder eines Elternteils maßgebend ist, nach deren gewöhnlichem Aufenthalt. Ist ein gewöhnlicher Aufenthalt im Inland nicht vorhanden oder nicht zu ermitteln, ist Satz 1 anzuwenden.

§ 86 Abweichender Grundbetrag

Die Länder und, soweit landesrechtliche Vorschriften nicht entgegenstehen, auch die Träger der Sozialhilfe können für bestimmte Arten der Hilfe nach dem Fünften bis Neunten Kapitel der Einkommensgrenze einen höheren Grundbetrag zu Grunde legen.

§ 87 Einsatz des Einkommens über der Einkommensgrenze

(1) Soweit das zu berücksichtigende Einkommen die Einkommensgrenze übersteigt, ist die Aufbringung der Mittel in angemessenem Umfang zuzumuten. Bei der Prüfung, welcher Umfang angemessen ist, sind insbesondere die Art des Bedarfs, die Art oder Schwere der Behinderung oder der Pflegebedürftigkeit, die Dauer und Höhe der erforderlichen Aufwendungen sowie besondere Belastungen der nachfragenden Person und ihrer unterhaltsberechtig-

BGB Anhang § 1836c

ten Angehörigen zu berücksichtigen. Bei schwerstpflegebedürftigen Menschen nach § 64 Abs. 3 und blinden Menschen nach § 72 ist ein Einsatz des Einkommens über der Einkommensgrenze in Höhe von mindestens 60 vom Hundert nicht zuzumuten.

(2) Verliert die nachfragende Person durch den Eintritt eines Bedarfsfalles ihr Einkommen ganz oder teilweise und ist ihr Bedarf nur von kurzer Dauer, so kann die Aufbringung der Mittel auch aus dem Einkommen verlangt werden, das sie innerhalb eines angemessenen Zeitraumes nach dem Wegfall des Bedarfs erwirbt und das die Einkommensgrenze übersteigt, jedoch nur insoweit, als ihr ohne den Verlust des Einkommens die Aufbringung der Mittel zuzumuten gewesen wäre.

(3) Bei einmaligen Leistungen zur Beschaffung von Bedarfsgegenständen, deren Gebrauch für mindestens ein Jahr bestimmt ist, kann die Aufbringung nach Maßgabe des Absatzes 1 auch aus dem Einkommen verlangt werden, das die in § 19 Abs. 3 genannten Personen innerhalb eines Zeitraumes von bis zu drei Monaten nach Ablauf des Monats, in dem über die Leistung entschieden worden ist, erwerben.

§ 88 Einsatz des Einkommens unter der Einkommensgrenze

(1) Die Aufbringung der Mittel kann, auch soweit das Einkommen unter der Einkommensgrenze liegt, verlangt werden,
1. soweit von einem anderen Leistungen für einen besonderen Zweck erbracht werden, für den sonst Sozialhilfe zu leisten wäre,
2. wenn zur Deckung des Bedarfs nur geringfügige Mittel erforderlich sind.

Darüber hinaus soll in angemessenem Umfang die Aufbringung der Mittel verlangt werden, wenn eine Person für voraussichtlich längere Zeit Leistungen in einer stationären Einrichtung bedarf.

(2) Bei einer stationären Leistung in einer stationären Einrichtung wird von dem Einkommen, das der Leistungsberechtigte aus einer entgeltlichen Beschäftigung erzielt, die Aufbringung der Mittel in Höhe von einem Achtel des Eckregelsatzes zuzüglich 25 vom Hundert des diesen Betrag übersteigenden Einkommens aus der Beschäftigung nicht verlangt. § 82 Abs. 3 ist nicht anzuwenden.

§ 89 Einsatz des Einkommens bei mehrfachem Bedarf

(1) Wird im Einzelfall der Einsatz eines Teils des Einkommens zur Deckung eines bestimmten Bedarfs zugemutet oder verlangt, darf dieser Teil des Einkommens bei der Prüfung, inwieweit der Einsatz des Einkommens für einen anderen gleichzeitig bestehenden Bedarf zuzumuten ist oder verlangt werden kann, nicht berücksichtigt werden.

(2) Sind im Fall des Absatzes 1 für die Bedarfsfälle verschiedene Träger der Sozialhilfe zuständig, hat die Entscheidung über die Leistung für den zuerst eingetretenen Bedarf den Vorrang. Treten die Bedarfsfälle gleichzeitig ein, ist das über die Einkommensgrenze liegende Einkommen zu gleichen Teilen bei den Bedarfsfällen zu berücksichtigen.

§ 90 Einzusetzendes Vermögen

(1) Einzusetzen ist das gesamte verwertbare Vermögen.

(2) Die Sozialhilfe darf nicht abhängig gemacht werden vom Einsatz oder von der Verwertung
1. eines Vermögens, das aus öffentlichen Mitteln zum Aufbau oder zur Sicherung einer Lebensgrundlage oder zur Gründung eines Hausstandes erbracht wird,
2. eines Kapitals einschließlich seiner Erträge, das der zusätzlichen Altersvorsorge im Sinne des § 10a oder des Abschnitts XI des Einkommensteuergesetzes dient und dessen Ansammlung staatlich gefördert wurde,
3. eines sonstigen Vermögens, solange es nachweislich zur baldigen Beschaffung oder Erhaltung eines Hausgrundstücks im Sinne der Nummer 8 bestimmt ist, soweit dieses Wohnzwecken behinderter (§ 53 Abs. 1 Satz 1 und § 72) oder pflegebedürftiger Menschen (§ 61) dient oder dienen soll und dieser Zweck durch den Einsatz oder die Verwertung des Vermögens gefährdet würde,
4. eines angemessenen Hausrats; dabei sind die bisherigen Lebensverhältnisse der nachfragenden Person zu berücksichtigen,

Anhang § 1836c BGB

5. von Gegenständen, die zur Aufnahme oder Fortsetzung der Berufsausbildung oder der Erwerbstätigkeit unentbehrlich sind,
6. von Familien- und Erbstücken, deren Veräußerung für die nachfragende Person oder ihre Familie eine besondere Härte bedeuten würde,
7. von Gegenständen, die zur Befriedigung geistiger, insbesondere wissenschaftlicher oder künstlerischer Bedürfnisse dienen und deren Besitz nicht Luxus ist,
8. eines angemessenen Hausgrundstücks, das von der nachfragenden Person oder einer anderen in den § 19 Abs. 1 bis 3 genannten Person allein oder zusammen mit Angehörigen ganz oder teilweise bewohnt wird und nach ihrem Tod von ihren Angehörigen bewohnt werden soll. Die Angemessenheit bestimmt sich nach der Zahl der Bewohner, dem Wohnbedarf (zum Beispiel behinderter, blinder oder pflegebedürftiger Menschen), der Grundstücksgröße, der Hausgröße, dem Zuschnitt und der Ausstattung des Wohngebäudes sowie dem Wert des Grundstücks einschließlich des Wohngebäudes,
9. kleinerer Barbeträge oder sonstiger Geldwerte; dabei ist eine besondere Notlage der nachfragenden Person zu berücksichtigen.

(3) Die Sozialhilfe darf ferner nicht vom Einsatz oder von der Verwertung eines Vermögens abhängig gemacht werden, soweit dies für den, der das Vermögen einzusetzen hat, und für seine unterhaltsberechtigten Angehörigen eine Härte bedeuten würde. Dies ist bei der Leistung nach dem Fünften bis Neunten Kapitel insbesondere der Fall, soweit eine angemessene Lebensführung oder die Aufrechterhaltung einer angemessenen Alterssicherung wesentlich erschwert würde.

Verordnung zur Durchführung des § 82 des Zwölften Buches Sozialgesetzbuch

Vom 28. November 1962
(BGBl. I S. 692)
zuletzt geänd. durch Art. 11 VerwaltungsvereinfachungsG v. 21. 3. 2005
(BGBl. I S. 818)

§ 1 Einkommen

Bei der Berechnung der Einkünfte in Geld oder Geldeswert, die nach § 82 Abs. 1 des Zwölften Buches Sozialgesetzbuch zum Einkommen gehören, sind alle Einnahmen ohne Rücksicht auf ihre Herkunft und Rechtsnatur sowie ohne Rücksicht darauf, ob sie zu den Einkunftsarten im Sinne des Einkommensteuergesetzes gehören und ob sie der Steuerpflicht unterliegen, zugrunde zu legen.

§ 2 Bewertung von Sachbezügen

(1) Für die Bewertung von Einnahmen, die nicht in Geld bestehen (Kost, Wohnung und sonstige Sachbezüge), sind die auf Grund des § 17 Abs. 2 des Vierten Buches Sozialgesetzbuch für die Sozialversicherung zuletzt festgesetzten Werte der Sachbezüge maßgebend; soweit der Wert der Sachbezüge nicht festgesetzt ist, sind der Bewertung die üblichen Mittelpreise des Verbrauchsortes zu Grunde zu legen. Die Verpflichtung, den notwendigen Lebensunterhalt im Einzelfall nach dem Dritten Kapitel des Zwölften Buches Sozialgesetzbuch sicherzustellen, bleibt unberührt.

(2) Absatz 1 gilt auch dann, wenn in einem Tarifvertrag, einer Tarifordnung, einer Betriebs- oder Dienstordnung, einer Betriebsvereinbarung, einem Arbeitsvertrag oder einem sonstigen Vertrag andere Werte festgesetzt worden sind.

§ 3 Einkünfte aus nichtselbständiger Arbeit

(1) Welche Einkünfte zu den Einkünften aus nichtselbständiger Arbeit gehören, bestimmt sich nach § 19 Abs. 1 Ziff. 1 des Einkommensteuergesetzes.

BGB Anhang § 1836c

(2) Als nichtselbständige Arbeit gilt auch die Arbeit, die in einer Familiengemeinschaft von einem Familienangehörigen des Betriebsinhabers gegen eine Vergütung geleistet wird. Wird die Arbeit nicht nur vorübergehend geleistet, so ist in Zweifelsfällen anzunehmen, daß der Familienangehörige eine Vergütung erhält, wie sie einem Gleichaltrigen für eine gleichartige Arbeit gleichen Umfangs in einem fremden Betrieb ortsüblich gewährt wird.

(3) Bei der Berechnung der Einkünfte ist von den monatlichen Bruttoeinnahmen auszugehen. Einmalige Einnahmen sind von dem Monat an zu berücksichtigen, in dem sie anfallen; sie sind, soweit nicht im Einzelfall eine andere Regelung angezeigt ist, auf einen angemessenen Zeitraum aufzuteilen und monatlich mit einem entsprechenden Teilbetrag anzusetzen. Satz 2 gilt auch für Sonderzuwendungen, Gratifikationen und gleichartige Bezüge und Vorteile, die in größeren als monatlichen Zeitabständen gewährt werden.

(4) Zu den mit der Erzielung der Einkünfte aus nichtselbständiger Arbeit verbundenen Ausgaben im Sinne des § 82 Abs. 2 Nr. 4 des Zwölften Buches Sozialgesetzbuch gehören vor allem

1. notwendige Aufwendungen für Arbeitsmittel,
2. notwendige Aufwendungen für Fahrten zwischen Wohnung und Arbeitsstätte,
3. notwendige Beiträge für Berufsverbände,
4. notwendige Mehraufwendungen infolge Führung eines doppelten Haushalts nach näherer Bestimmung des Absatzes 7.

Ausgaben im Sinne des Satzes 1 sind nur insoweit zu berücksichtigen, als sie von dem Bezieher des Einkommens selbst getragen werden.

(5) Als Aufwendungen für Arbeitsmittel (Absatz 4 Nr. 1) kann ein monatlicher Pauschbetrag von 5,20 Euro berücksichtigt werden, wenn nicht im Einzelfall höhere Aufwendungen nachgewiesen werden.

(6) Wird für die Fahrt zwischen Wohnung und Arbeitsstätte (Absatz 4 Nr. 2) ein eigenes Kraftfahrzeug benutzt, gilt folgendes:

1. Wäre bei Nichtvorhandensein eines Kraftfahrzeuges die Benutzung eines öffentlichen Verkehrsmittels notwendig, so ist ein Betrag in Höhe der Kosten der tariflich günstigsten Zeitkarte abzusetzen.
2. Ist ein öffentliches Verkehrsmittel nicht vorhanden oder dessen Benutzung im Einzelfall nicht zumutbar und deshalb die Benutzung eines Kraftfahrzeuges notwendig, so sind folgende monatliche Pauschbeträge abzusetzen:
   a) bei Benutzung eines Kraftwagens 5,20 Euro,
   b) bei Benutzung eines Kleinstkraftwagens (drei- oder vierrädiges Kraftfahrzeug, dessen Motor einen Hubraum von nicht mehr als 500 ccm hat) 3,70 Euro,
   c) bei Benutzung eines Motorrades oder eines Motorrollers 2,30 Euro,
   d) bei Benutzung eines Fahrrades mit Motor 1,30 Euro,

für jeden vollen Kilometer, den die Wohnung von der Arbeitsstätte entfernt liegt, jedoch für nicht mehr als 40 Kilometer. Bei einer Beschäftigungsdauer von weniger als einem Monat sind die Beträge anteilmäßig zu kürzen.

(7) Ist der Bezieher des Einkommens außerhalb des Ortes beschäftigt, an dem er einen eigenen Hausstand unterhält, und kann ihm weder der Umzug noch die tägliche Rückkehr an den Ort des eigenen Hausstandes zugemutet werden, so sind die durch Führung des doppelten Haushalts ihm nachweislich entstandenen Mehraufwendungen, höchstens ein Betrag von 130 Euro monatlich, sowie die unter Ausnutzung bestehender Tarifvergünstigungen entstehenden Aufwendungen für Fahrtkosten der zweiten Wagenklasse für eine Familienheimfahrt im Kalendermonat abzusetzen. Ein eigener Hausstand ist dann anzunehmen, wenn der Bezieher des Einkommens eine Wohnung mit eigener oder selbstbeschaffter Möbelausstattung besitzt. Eine doppelte Haushaltsführung kann auch dann anerkannt werden, wenn der Bezieher des Einkommens nachweislich ganz oder überwiegend die Kosten für einen Haushalt trägt, den er gemeinsam mit nächsten Angehörigen führt.

§ 4 Einkünfte aus Land- und Forstwirtschaft, Gewerbebetrieb und selbständiger Arbeit

(1) Welche Einkünfte zu den Einkünften aus Land- und Forstwirtschaft, Gewerbebetrieb und selbständiger Arbeit gehören, bestimmt sich nach § 13 Abs. 1 und 2, § 15 Abs. 1 und

Anhang § 1836c BGB

§ 18 Abs. 1 des Einkommensteuergesetzes; der Nutzungswert der Wohnung im eigenen Haus bleibt unberücksichtigt.

(2) Die Einkünfte sind für das Jahr zu berechnen, in dem der Bedarfszeitraum liegt (Berechnungsjahr).

(3) Als Einkünfte ist bei den einzelnen Einkunftsarten ein Betrag anzusetzen, der auf der Grundlage früherer Betriebsergebnisse aus der Gegenüberstellung der im Rahmen des Betriebes im Berechnungsjahr bereits erzielten Einnahmen und geleisteten notwendigen Ausgaben sowie der im Rahmen des Betriebes im Berechnungsjahr noch zu erwartenden Einnahmen und notwendigen Ausgaben zu errechnen ist. Bei der Ermittlung früherer Betriebsergebnisse (Satz 1) kann ein durch das Finanzamt festgestellter Gewinn berücksichtigt werden.

(4) Soweit im Einzelfall geboten, kann abweichend von der Regelung des Absatzes 3 als Einkünfte ein Betrag angesetzt werden, der nach Ablauf des Berechnungsjahres aus der Gegenüberstellung der im Rahmen des Betriebes im Berechnungsjahr erzielten Einnahmen und geleisteten notwendigen Ausgaben zu errechnen ist. Als Einkünfte im Sinne des Satzes 1 kann auch der vom Finanzamt für das Berechnungsjahr festgestellte Gewinn angesetzt werden.

(5) Wird der vom Finanzamt festgestellte Gewinn nach Absatz 3 Satz 2 berücksichtigt oder nach Absatz 4 Satz 2 als Einkünfte angesetzt, so sind Absetzungen, die bei Gebäuden und sonstigen Wirtschaftsgütern durch das Finanzamt nach
1. den §§ 7, 7 b und 7 e des Einkommensteuergesetzes,
2. den Vorschriften des Berlinförderungsgesetzes,
3. den §§ 76, 77 und 78 Abs. 1 der Einkommensteuer-Durchführungsverordnung,
4. der Verordnung über Steuervergünstigungen zur Förderung des Baues von Landarbeiterwohnungen in der Fassung der Bekanntmachung vom 6. August 1974 (Bundesgesetzbl. I S. 1869)

vorgenommen worden sind, dem durch das Finanzamt festgestellten Gewinn wieder hinzuzurechnen. Soweit jedoch in diesen Fällen notwendige Ausgaben für die Anschaffung oder Herstellung der in Satz 1 genannten Wirtschaftsgüter im Feststellungszeitraum geleistet worden sind, sind sie vom Gewinn abzusetzen.

§ 5 Sondervorschrift für die Einkünfte aus Land- und Forstwirtschaft

(1) Die Träger der Sozialhilfe können mit Zustimmung der zuständigen Landesbehörde die Einkünfte aus Land- und Forstwirtschaft abweichend von § 4 nach § 7 der Dritten Verordnung über Ausgleichsleistungen nach dem Lastenausgleichsgesetz (3. LeistungsDV-LA) berechnen; der Nutzungswert der Wohnung im eigenen Haus bleibt jedoch unberücksichtigt.

(2) Von der Berechnung der Einkünfte nach Absatz 1 ist abzusehen,
1. wenn sie im Einzelfall offenbar nicht den besonderen persönlichen oder wirtschaftlichen Verhältnissen entspricht oder
2. wenn der Bezieher der Einkünfte zur Einkommensteuer veranlagt wird, es sei denn, daß der Gewinn auf Grund von Durchschnittssätzen ermittelt wird.

§ 6 Einkünfte aus Kapitalvermögen

(1) Welche Einkünfte zu den Einkünften aus Kapitalvermögen gehören, bestimmt sich nach § 20 Abs. 1 bis 3 des Einkommensteuergesetzes.

(2) Als Einkünfte aus Kapitalvermögen sind die Jahresroheinnahmen anzusetzen, vermindert um die Kapitalertragsteuer sowie um die für die Erzielung der Einkünfte verbundenen notwendigen Ausgaben (§ 82 Abs. 2 Nr. 4 des Zwölften Buches Sozialgesetzbuch).

(3) Die Einkünfte sind auf der Grundlage der vor dem Berechnungsjahr erzielten Einkünfte unter Berücksichtigung der im Berechnungsjahr bereits eingetretenen und noch zu erwartenden Veränderungen zu errechnen. Soweit im Einzelfall geboten, können hiervon abweichend die Einkünfte für das Berechnungsjahr auch nachträglich errechnet werden.

§ 7 Einkünfte aus Vermietung und Verpachtung

(1) Welche Einkünfte zu den Einkünften aus Vermietung und Verpachtung gehören, bestimmt sich nach § 21 Abs. 1 und 3 des Einkommensteuergesetzes.

BGB Anhang § 1836c

(2) Als Einkünfte aus Vermietung und Verpachtung ist der Überschuß der Einnahmen über die mit ihrer Erzielung verbundenen notwendigen Ausgaben (§ 82 Abs. 2 Nr. 4 des Zwölften Buches Sozialgesetzbuch) anzusetzen; zu den Ausgaben gehören
1. Schuldzinsen und dauernde Lasten,
2. Steuern von Grundbesitz, sonstige öffentliche Abgaben und Versicherungsbeiträge,
3. Leistungen auf die Hypothekengewinnabgabe und die Kreditgewinnabgabe, soweit es sich um Zinsen nach § 211 Abs. 1 Nr. 2 des Lastenausgleichsgesetzes handelt,
4. der Erhaltungsaufwand,
5. sonstige Aufwendungen zur Bewirtschaftung des Haus- und Grundbesitzes, ohne besonderen Nachweis Aufwendungen in Höhe von 1 vom Hundert der Jahresroheinnahmen.

Zum Erhaltungsaufwand im Sinne des Satzes 1 Nr. 4 gehören die Ausgaben für Instandsetzung und Instandhaltung, nicht jedoch die Ausgaben für Verbesserungen; ohne Nachweis können bei Wohngrundstücken, die vor dem 1. Januar 1925 bezugsfähig geworden sind, 15 vom Hundert, bei Wohngrundstücken, die nach dem 31. Dezember 1924 bezugsfähig geworden sind, 10 vom Hundert der Jahresroheinnahmen als Erhaltungsaufwand berücksichtigt werden.

(3) Die in Absatz 2 genannten Ausgaben sind von den Einnahmen insoweit nicht abzusetzen, als sie auf den vom Vermieter oder Verpächter selbst genutzten Teil des vermieteten oder verpachteten Gegenstandes entfallen.

(4) Als Einkünfte aus der Vermietung von möblierten Wohnungen und von Zimmern sind anzusetzen

bei möblierten Wohnungen	80 vom Hundert,
bei möblierten Zimmern	70 vom Hundert,
bei Leerzimmern	90 vom Hundert

der Roheinnahmen. Dies gilt nicht, wenn geringere Einkünfte nachgewiesen werden.

(5) Die Einkünfte sind als Jahreseinkünfte, bei der Vermietung von möblierten Wohnungen und von Zimmern jedoch als Monatseinkünfte zu berechnen. Sind sie als Jahreseinkünfte zu berechnen, gilt § 6 Abs. 3 entsprechend.

§ 8 Andere Einkünfte

(1) Andere als die in den §§ 3, 4, 6 und 7 genannten Einkünfte sind, wenn sie nicht monatlich oder wenn sie monatlich in unterschiedlicher Höhe erzielt werden, als Jahreseinkünfte zu berechnen. Zu den anderen Einkünften im Sinne des Satzes 1 gehören auch die in § 19 Abs. 1 Ziff. 2 des Einkommensteuergesetzes genannten Bezüge sowie Renten und sonstige wiederkehrende Bezüge. § 3 Abs. 3 Satz 2 und 3 gilt entsprechend.

(2) Sind die Einkünfte als Jahreseinkünfte zu berechnen, gilt § 6 Abs. 3 entsprechend.

§ 9 Einkommensberechnung in besonderen Fällen

Ist der Bedarf an Sozialhilfe einmalig oder nur von kurzer Dauer und duldet die Entscheidung über die Hilfe keinen Aufschub, so kann der Träger der Sozialhilfe nach Anhörung des Beziehers des Einkommens die Einkünfte schätzen.

§ 10 Verlustausgleich

Ein Verlustausgleich zwischen einzelnen Einkunftsarten ist nicht vorzunehmen. In Härtefällen kann jedoch die gesamtwirtschaftliche Lage des Beziehers des Einkommens berücksichtigt werden.

§ 11 Maßgebender Zeitraum

(1) Soweit die Einkünfte als Jahreseinkünfte berechnet werden, gilt der zwölfte Teil dieser Einkünfte zusammen mit den monatlich berechneten Einkünften als monatliches Einkommen im Sinne des Zwölften Buches Sozialgesetzbuch. § 8 Abs. 1 Satz 3 geht der Regelung des Satzes 1 vor.

(2) Ist der Betrieb oder die sonstige Grundlage der als Jahreseinkünfte zu berechnenden Einkünfte nur während eines Teils des Jahres vorhanden oder zur Einkommenserzielung genutzt, so sind die Einkünfte aus der betreffenden Einkunftsart nur für diesen Zeitraum zu berechnen; für ihn gilt als monatliches Einkommen im Sinne des Zwölften Buches Sozialge-

Anhang § 1836c BGB

setzbuch derjenige Teil der Einkünfte, der der Anzahl der in den genannten Zeitraum fallenden Monate entspricht. Satz 1 gilt nicht für Einkünfte aus Saisonbetrieben und andere ihrer Natur nach auf einen Teil des Jahres beschränkte Einkünfte, wenn die Einkünfte den Hauptbestandteil des Einkommens bilden.

§ 12 Ausgaben nach § 82 Abs. 2 Nr. 1 bis 3 des Zwölften Buches Sozialgesetzbuch

Die in § 82 Abs. 2 Nr. 1 bis 3 des Zwölften Buches Sozialgesetzbuch bezeichneten Ausgaben sind von der Summe der Einkünfte abzuziehen, soweit sie nicht bereits nach den Bestimmungen dieser Verordnung bei den einzelnen Einkunftsarten abzuziehen sind.

§ 13 – aufgehoben bzw. gegenstandslos –

Verordnung zur Durchführung des § 90 Abs. 2 Nr. 9 des Zwölften Buches Sozialgesetzbuch

Vom 11. Februar 1988
Zuletzt geändert durch Art. 15 G zur Einordnung des Sozialhilferechts in das SGB vom 27. 12. 2003 (BGBl. I S. 3022)
(BGBl. I S. 150)

§ 1 [Begriffsbestimmung]

(1) Kleinere Barbeträge oder sonstige Geldwerte im Sinne des § 90 Abs. 2 Nr. 9 des Zwölften Buches Sozialgesetzbuch sind,
1. wenn die Sozialhilfe vom Vermögen der nachfragenden Person abhängig ist,
   a) bei der Hilfe zum Lebensunterhalt nach dem Dritten Kapitel des Zwölften Buches Sozialgesetzbuch 1600 Euro, jedoch 2600 Euro bei nachfragenden Personen, die das 60. Lebensjahr vollendet haben, sowie bei voll Erwerbsgeminderten im Sinne der gesetzlichen Rentenversicherung und den diesem Personenkreis vergleichbaren Invalidenrentnern,
   b) bei den Leistungen nach dem Fünften bis Neunten Kapitel des Zwölften Buches Sozialgesetzbuch 2600 Euro, zuzüglich eines Betrages von 256 Euro für jede Person, die von der nachfragenden Person überwiegend unterhalten wird,
2. wenn die Sozialhilfe vom Vermögen der nachfragenden Person und ihres nicht getrennt lebenden Ehegatten oder Lebenspartners abhängig ist, der nach Nummer 1 Buchstabe a oder b maßgebende Betrag zuzüglich eines Betrages von 614 Euro für den Ehegatten oder Lebenspartner und eines Betrages von 256 Euro für jede Person, die von der nachfragenden Person, ihrem Ehegatten oder Lebenspartner überwiegend unterhalten wird,
3. wenn die Sozialhilfe vom Vermögen einer minderjährigen unverheirateten nachfragenden Person und ihrer Eltern abhängig ist, der nach Nummer 1 Buchstabe a oder b maßgebende Betrag zuzüglich eines Betrages von 614 Euro für einen Elternteil und eines Betrages von 256 Euro für die nachfragende Person und für jede Person, die von den Eltern oder von der nachfragenden Person überwiegend unterhalten wird.

Im Falle des § 64 Abs. 3 und des § 72 des Zwölften Buches Sozialgesetzbuch tritt an die Stelle des in Satz 1 genannten Betrages von 614 Euro ein Betrag von 1534 Euro, wenn beide Eheleute oder beide Lebenspartner (Nummer 2) oder beide Elternteile (Nummer 3) die Voraussetzungen des § 72 Abs. 5 des Zwölften Buches Sozialgesetzbuch erfüllen oder so schwer behindert sind, dass sie als Beschädigte die Pflegezulage nach den Stufen III bis VI nach § 35 Abs. 1 Satz 2 des Bundesversorgungsgesetzes erhielten.

(2) Ist im Falle des Absatzes 1 Satz 1 Nr. 3 das Vermögen nur eines Elternteils zu berücksichtigen, so ist der Betrag von 614 Euro, im Falle des § 64 Abs. 3 und des § 72 des Zwölften Buches Sozialgesetzbuch von 1534 Euro, nicht anzusetzen. Leben im Falle von Leistungen nach dem Fünften bis Neunten Kapitel des Zwölften Buches Sozialgesetzbuch die Eltern

BGB § 1836d Titel 1. Vormundschaft

nicht zusammen, so ist das Vermögen des Elternteils zu berücksichtigen, bei dem die nachfragende Person lebt; lebt sie bei keinem Elternteil, so ist Absatz 1 Satz 1 Nr. 1 anzuwenden

§ 2 [Erhöhung und Herabsetzung des Barbetrags]

(1) Der nach § 1 Abs. 1 Satz 1 Nr. 1 Buchstabe a oder b maßgebende Betrag ist angemessen zu erhöhen, wenn im Einzelfall eine besondere Notlage der nachfragenden Person besteht. Bei der Prüfung, ob eine besondere Notlage besteht, sowie bei der Entscheidung über den Umfang der Erhöhung sind vor allem Art und Dauer des Bedarfs sowie besondere Belastungen zu berücksichtigen.

(2) Der nach § 1 Abs. 1 Satz 1 Nr. 1 Buchstabe a oder b maßgebende Betrag kann angemessen herabgesetzt werden, wenn die Voraussetzungen der §§ 103 oder 94 des Gesetzes vorliegen.

§ 3 [gegenstandslos]

§ 4 [Inkrafttreten, Außerkrafttreten]

Diese Verordnung tritt am 1. April 1988 in Kraft. Gleichzeitig tritt die Verordnung zur Durchführung des § 88 Abs. 2 Nr. 8 des Bundessozialhilfegesetzes vom 9. November 1970 (BGBl. I S. 1529), zuletzt geändert durch die Verordnung vom 6. Dezember 1979 (BGBl. I S. 2004), außer Kraft.

§ 1836d Mittellosigkeit des Mündels

Der Mündel gilt als mittellos, wenn er den Aufwendungsersatz oder die Vergütung aus seinem einzusetzenden Einkommen oder Vermögen
1. nicht oder nur zum Teil oder nur in Raten oder
2. nur im Wege gerichtlicher Geltendmachung von Unterhaltsansprüchen aufbringen kann.

1. Überblick

1   Die Vorschrift ist sinngemäß auf die Betreuung anzuwenden (§ 1908 i Abs. 1). Sie wurde eingefügt durch das BtÄndG mit Wirkung zum 1. 1. 1999. Sie bestimmt, wann der Betreute mittellos ist. Dies ist Voraussetzung dafür, dass der Betreuer Aufwendungsersatz oder Aufwandsentschädigung, der Berufsbetreuer bei Vorliegen der sonstigen Voraussetzungen die zu bewilligende Vergütung aus der Staatskasse verlangen (§§ 1835 Abs. 4, 1835 a Abs. 3 BGB, § 1 Abs. 2 Satz 2 VBVG) kann, wobei sich die Höhe der Vergütung nach §§ 4 und 5 VBVG richtet.

2. Vergleichsrechnung

2   Die Frage der Mittellosigkeit wird anhand eines Vergleichs zwischen den Kosten der Betreuung und dem einzusetzenden Einkommen bzw. Vermögen des Betreuten entschieden. Es muss zunächst ermittelt werden, welche **Beträge** dem Betreuer als Aufwendungsersatz und/oder Vergütung zustehen. Dann muss festgestellt werden, ob und ggf. in welchem Umfange Einkommen oder Vermögen des Betreuten für diese Kosten einzusetzen sind. Dies bestimmt sich nach § 1836 c. Liegt dieser Anteil über den Betreuungskosten, so ist der Betroffene nicht mittellos. Sind die Kosten höher, als die einzusetzenden Anteile des Einkommens und/oder Vermögens, so gilt der Betroffene als mittellos. Denn dann kann der Betreuer sie nur zum Teil oder nur in Raten aufbringen. Die Betreuungskosten werden

dann vollständig aus der Staatskasse gezahlt – nicht etwa nur anteilig, soweit sie den Eigenanteil des Betreuten übersteigen – und der Anspruch des Betreuers gegen den Betreuten geht auf die Staatskasse über (§ 1836 e BGB). Unterhaltsansprüche, die nach § 1836 c grundsätzlich als Einkommen des Betroffenen gelten (§ 1836 c Rn 5 ff.), bleiben in der Vergleichsrechnung unberücksichtigt, wenn sie nur durch gerichtliche Geltendmachung durch den Betroffenen vor den Familiengerichten realisiert werden könnten (Nr. 2).

Bei der Vergleichsrechnung sind grundsätzlich die Betreuungskosten einzustellen, die in dem vom Betreuer geltend gemachten Zeitraum angefallen sind (OLG Schleswig BtPrax 2000, 128; vgl. auch LG Koblenz BtPrax 1998, 153). Dieser Zeitraum kann nicht länger als 15 Monate betragen , weil Ansprüche auf Aufwendungsersatz (§ 1835 Rn 18) und Vergütung erlöschen, wenn sie nicht binnen 15 Monaten geltend gemacht werden (§§ 1835 Abs. 1 Satz 3 BGB, § 2 VBVG). Eine Vergütung kann zudem nur nach Ablauf von jeweils drei Monaten für diesen Zeitraum geltend gemacht werden (§ 9 VBVG). Innerhalb dieses Rahmens kann der Betreuer aber entscheiden, wann er seine Ansprüche geltend macht und für welche Zeiträume. Er kann damit auch bestimmen, welche Betreuungskosten in dieser Zeit angefallen sind und einzusetzenden Einkommen/Vermögen gegenüberzustellen sind. Die Frage der Mittellosigkeit ist für den gesamten Abrechnungszeitraum einheitlich zu beurteilen (OLG Frankfurt/Main FamRZ 2001, 1098; BayObLG FamRZ 2002, 1289). 3

Ist die Frage der Mittellosigkeit im Verfahren nach § 168 FamFG (siehe Kommentierung dort) nach gebotener Aufklärung (OLG Schleswig FamRZ 2004, 979; OLG Köln FGPrax 2009, 268) nicht positiv feststellbar, müssen die Betreuungskosten gegen die Staatskasse festgesetzt werden (OLG Frankfurt/Main FamRZ 1996, 819; LG Duisburg BtPrax 2000, 42). Dies folgt nunmehr bereits daraus, dass auch bei nur teilweise aus dem Einkommen und Vermögen nicht gedeckten Betreuungskosten Mittellosigkeit angenommen wird. Nur wenn die gesamten Betreuungskosten durch einzusetzendes Einkommen und Vermögen gedeckt sind, kann der Betreuer diese vom Betreuten verlangen. Zweifelsfragen müssen anschließend im Rahmen des Forderungsübergangs nach § 1836 e geklärt werden. Besteht Mittellosigkeit, scheidet die Festsetzung einer Regressforderung auch zum Zweck der dinglichen Absicherung des bei später eintretender Leistungsfähigkeit des Betreuten festsetzbaren Rückgriffsanspruchs aus (OLG Düsseldorf FGPrax 2001, 110; OLG Frankfurt/Main BtPrax 2003, 85). Der Betreuer ist verpflichtet, im Rahmen des Vergütungsantrags zum Zweck der Prüfung der Mittellosigkeit Angaben über möglicherweise unterhaltspflichtige Angehörige und deren Vermögen zu machen (OLG Köln FGPrax 2009, 268). 4

3. Zeitpunkt der Mittellosigkeit

Für die Frage, auf welchen **Zeitpunkt** es bei der Feststellung der Mittellosigkeit ankommt, muss auch nach Inkrafttreten des VBVG nach der ganz überwiegenden Auffassung in der Rechtsprechung auf den Zeitpunkt der **letzten Tatsacheninstanz** abgestellt werden (OLG München FamRZ 2007, 188; 2009, 453; OLG Hamm FamRZ 2009, 1007 LS; so zuvor u.a. BayObLG FamRZ 2002, 1289; OLG Zweibrücken BtPrax 1999, 32; OLG Frankfurt/Main FamRZ 2001, 1098; BtPrax 2003, 85; aA LG Berlin BtPrax 1997, 204), so dass eine zwischenzeitlich eingetretene Vermögensminderung zu Mittellosigkeit auch dann führen kann, 5

BGB § 1836e Titel 1. Vormundschaft

wenn ursprünglich noch ausreichend Vermögen vorhanden war. Auf die Gründe der Mittellosigkeit kommt es nicht an (OLG Brandenburg FamRZ 2007, 2109). Dies gilt auch bei einem Verzicht auf das Pflichtteilsrecht (LG Hannover FamRZ 2008, 817 LS). Ausnahmsweise ist auf den Zeitpunkt der Entnahme von Aufwendungsersatz oder Vergütung abzustellen, wenn der Betreuer diese bereits aus dem Vermögen des Betroffenen entnommen hat (BayObLG BtPrax 1998, 233). Der Betreuer ist nicht verpflichtet, den Vergütungsantrag so frühzeitig zu stellen, dass die Vergütung noch aus dem Vermögen des Betroffenen bezahlt werden kann (aA OLG München BtPrax 2009, 191).

6 Ist der Betreute zwischenzeitlich verstorben, ist der Zeitpunkt des **Todes** entscheidend (BayObLG BtPrax 1998, 79). Die Erben müssen für die Betreuungskosten grundsätzlich das Erbe nach Maßgabe des § 1836 e Abs. 1 Satz 3 einsetzen (OLG Frankfurt/Main NJW 2004, 373 = BtPrax 2004, 37), ohne dass zu ihren Gunsten die Vorschriften über die Mittellosigkeit des Betreuten angewandt werden können (siehe § 1836 e Rn. 5 ff.).

§ 1836e Gesetzlicher Forderungsübergang

(1) **Soweit die Staatskasse den Vormund oder Gegenvormund befriedigt, gehen Ansprüche des Vormundes oder Gegenvormundes gegen den Mündel auf die Staatskasse über. Nach dem Tode des Mündels haftet sein Erbe nur mit dem Wert des im Zeitpunkt des Erbfalles vorhandenen Nachlasses; § 102 Abs. 3 und 4 des Zwölften Buches Sozialgesetzbuch gilt entsprechend, § 1836 c findet auf den Erben keine Anwendung.**

(2) **Soweit Ansprüche gemäß § 1836 c Nr. 1 Satz 3 einzusetzen sind, findet zugunsten der Staatskasse § 850 b der Zivilprozessordnung keine Anwendung.**

1. Überblick

1 Die Vorschrift ist sinngemäß auf die Betreuung anzuwenden (§ 1908 i Abs. 1). Sie wurde eingefügt durch das BtÄndG mit Wirkung zum 1. 1. 1999. Sie regelt neu einen Forderungsübergang zugunsten der Staatskasse, wenn diese wegen Mittellosigkeit des Betreuten (§§ 1836 c, 1836 d) Aufwendungsersatz oder Vergütung nach §§ 1835 bis 1836 bzw. §§ 4 und 5 VBVG an den Betreuer gezahlt hat.

2. Forderungsübergang

2 Soweit die Staatskasse den Betreuer befriedigt, gehen Ansprüche des Betreuers gegen den Betreuten auf die Staatskasse über (Abs. 1 Satz 1 BGB). Staatskasse ist die jeweilige Landeskasse für das örtlich zuständige Betreuungsgericht; dies gilt auch bei einem Umzug des Betroffenen in ein anderes Bundesland (OLG Köln BtPrax 2009, 81 = FamRZ 2009, 1248). Durch diesen Forderungsübergang auf die Staatskasse bleibt dagegen der mittellose Betreute weiterhin Schuldner, nur der **Gläubiger** des Anspruchs wechselt. Statt des Betreuers ist nunmehr die Staatskasse Forderungsinhaber. Danach muss selbst ein mittelloser Betreuter weiterhin für die Kosten der Betreuung aufkommen und zwar für die Dauer von drei Jahren. Der übergegangene Anspruch unterliegt nunmehr nach der Neuregelung des Verjährungsrechts zum 1. 1. 2010 der dreijährigen Regelverjährung des § 195 BGB. Der

Eintritt der Staatskasse ist daher praktisch nur ein (zinsloses) Darlehen. Diese generelle Rückzahlungspflicht erhaltener Leistungen ist einmalig im geltenden Recht. Selbst Sozialhilfeleistungen müssen nur in Ausnahmefällen zurückgezahlt werden, nämlich wenn sie als Darlehen gewährt wurden (§§ 37, 38, 91 SGB XII) oder bei schuldhafter Herbeiführung der Sozialhilfebedürftigkeit (§ 103 SGB XII).

Voraussetzung ist, dass die Staatskasse den Betreuer „befriedigt", also tatsächlich 3 **Zahlung** geleistet hat. Es reicht nicht aus, dass der Betreuer einen Anspruch gegen die Staatskasse geltend gemacht hat oder auch ein solcher nach § 168 FamFG bereits festgesetzt wurde. Der Zeitpunkt des Forderungsübergangs kann vor allem von Bedeutung sein, wenn der Betroffene zwischenzeitlich stirbt. Weil die Erben den Einwand der Mittellosigkeit nicht geltend machen können (§ 1836 d Rn 6), kann der Anspruch des Betreuers nunmehr gegenüber den Erben bestehen. Ist der Betreuer aber bereits befriedigt, kann die Staatskasse nunmehr den übergegangenen Anspruch gegen die Erben geltend machen (Rn 5).

Die Forderung geht in vollem Umfang auf die Staatskasse über. Diese kann 4 vom Betreuten Zahlung insoweit verlangen, als dieser über Einkommen oder Vermögen verfügt, das er nach § 1836 c für die Betreuungskosten einzusetzen hat. Sehr häufig wird die Staatskasse daher nur einen Teil ihrer Kosten wiederbekommen. Mittellosigkeit liegt bereits vor, wenn der Betreute die Kosten nur teilweise oder nur in Raten tragen kann (§ 1836 d). Die Staatskasse muss die Ansprüche des Betreuers dann aber in vollem Umfange befriedigen und kann ihrerseits den Betreuten insoweit in Anspruch nehmen, als er sich an den Kosten beteiligen muss. Ist der Vergütungsanspruch wegen Untreue des Betreuers zum Nachteil des Betreuten verwirkt, gilt dies auch für den auf die Staatskasse übergegangenen Anspruch gegen den vermögend gewordenen Betreuten (OLG Hamm FGPrax 2007, 1081).

3. Erbenhaftung

Soweit eine Forderung auf die Staatskasse übergegangen ist, haften nach dem 5 Tod des Betreuten die **Erben** für den Rückgriffsanspruch der Staatskasse, allerdings beschränkt auf den Wert des Nachlasses zum Zeitpunkt des Todes (Satz 3). Die Beschränkung der Erbenhaftung gilt auch im Fall der unmittelbaren Inanspruchnahme der Erben nach dem Tod des Betreuten (OLG Farnkfurt/Main NJW 2004, 373 = BtPrax 2004, 37). Der Anspruch kann auch gegen die unbekannten Erben festgesetzt werden (OLG Thüringen FamRZ 2006, 645). Nachlassverbindlichkeiten wie die Kosten einer angemessenen Bestattung sowie Rückforderungsansprüche des Sozialhilfeträgers sind in Abzug zu bringen (OLG Frankfurt/Main NJW 2004, 373 = BtPrax 2004, 37; ebenso für die Rückzahlung eines Sozialhilfedarlehens LG Saarbrücken BtPrax 2009, 88; aA OLG Stuttgart FGPrax 2007, 71; BayObLG BtPrax 2005, 151 = FamRZ 2005, 1590). In diesem Falle findet § 1836 c BGB keine Anwendung, die Erben können sich also nicht auf die Mittellosigkeit berufen.

Satz 3 verweist auf § 102 Abs. 3 und 4 SGB XII. Diese lauten: 6

(3) Der Anspruch auf Kostenersatz ist nicht geltend zu machen,
1. soweit der Wert des Nachlasses unter dem Dreifachen des Grundbetrages nach § 85 Abs. 1 liegt,
2. soweit der Wert des Nachlasses unter dem Betrage von 15 340 Euro liegt, wenn der Erbe der Ehegatte oder Lebenspartner der leistungsberechtigten Person oder

BGB § 1836e   Titel 1. Vormundschaft

mit dieser verwandt ist und nicht nur vorübergehend bis zum Tod der leistungsberechtigten Person mit dieser in häuslicher Gemeinschaft gelebt und sie gepflegt hat,

3. soweit die Inanspruchnahme des Erben nach der Besonderheit des Einzelfalles eine besondere Härte bedeuten würde.

(4) Der Anspruch auf Kostenersatz erlischt in 3 Jahren nach dem Tod der leistungsberechtigten Person, ihres Ehegatten oder ihres Lebenspartners. § 103 Abs. 3 Satz 2 und 3 gilt entsprechend.

§ 103 Abs. 3 Satz 2 SGB XII lautet:
Für die Hemmung, die Ablaufhemmung, den Neubeginn und die Wirkung der Verjährung gelten die Vorschriften des Bürgerlichen Gesetzbuchs sinngemäß.

Den Erben verbleibt also nach Abs. 3 Nr. 1 in jedem Falle ein **Freibetrag** in Höhe des dreifachen Grundbetrages nach § 85 Abs. 1 SGB XII (s. Anhang zu § 1836 c), also seit dem 1. 7.2009 ein Betrag von 2154,00 Euro. Weitergehend freigestellt von der Haftung sind nach Abs. 3 Nr. 2 der Ehegatte des Verstorbenen oder verwandte Haushaltsangehörige, die den Betroffenen bis zu seinem Tode gepflegt haben. Ihnen verbleibt ein Wert bis zu 15 340,00 Euro aus dem Nachlass. Weiterhin ist der Rückgriff nicht geltend zu machen, wenn dies eine besondere Härte bedeuten würde (Abs. 3 Nr. 3). Der Rückgriffsanspruch gegen die Erben erlischt innerhalb von drei Jahren (Abs. 4), wobei nach der Verweisung über § 103 Abs. 3 Satz 2 SGB XII die Bestimmungen des BGB über die Verjährung (§§ 194 ff.) entsprechend gelten.

4. Unterhaltsansprüche

Einen Übergang von Unterhaltsansprüchen des Betroffenen sieht § 1836 e nicht vor. Die Ansprüche gelten nach § 1836 c als **Einkommen**. Sie sind aber nach § 1836 d bei der Beurteilung der Mittellosigkeit nicht zu beachten, wenn sie erst gerichtlich geltend gemacht werden müssten. Es wäre daher nahe liegend gewesen, bestehende aber nicht realisierte Unterhaltsansprüche des Betroffenen auf die Staatskasse übergehen zu lassen, damit sie von dieser dann im Klageweg geltend gemacht werden könnten. Zur Realisierung von Unterhaltsansprüchen bestehen zwei Möglichkeiten:

Erstens könnte das Betreuungsgericht den Betreuer nach § 1837 Abs. 1 anweisen, Unterhaltsansprüche des Betroffenen **in seinem Namen** gerichtlich geltend zu machen. Dies setzt voraus, dass der Aufgabenkreis des Betreuers dies auch umfasst. Allerdings dient es häufig nicht dem Wohl des Betroffenen (§ 1901), wenn – möglicherweise gegen seinen Willen – ein Rechtsstreit mit Verwandten oder Ehegatten vor dem Familiengericht geführt wird (aA Dodegge/Roth F 198). Außerdem erhöht sich durch die Geltendmachung der Forderung auch der Aufwand des Betreuers. Die hierdurch entstehenden weiteren Kosten können den Ertrag einer Unterhaltsklage übersteigen.

Wegen dieser Schwierigkeiten wird eine zweite Möglichkeit favorisiert: danach sind die auf Grund des nach § 1836 e übergegangenen Anspruchs vom Betroffenen zu leistenden Zahlungen nach § 168 Abs. 1 Satz 2 FamFG unter Einbeziehung der ausstehenden Unterhaltszahlungen festzusetzen. Dieser Beschluss ist ein vollstreckbarer Titel nach § 1 Abs. 1 Nr. 4 b Justizbeitreibungsordnung, auf Grund dessen die Staatskasse eine **Pfändung und Überweisung** des Unterhaltsanspruchs

Beratung und Aufsicht **§ 1837 BGB**

nach den Regeln der ZPO (§§ 828 ff.) erwirken und diesen dann gerichtlich geltend machen kann (BayObLG BtPrax 2002, 40 = FamRZ 2002, 417; ebenso für einen Anspruch nach § 528 OLG Hamm BtPrax 2003, 225). Die Beschränkungen der Pfändung nach § 850 b ZPO finden dabei ausdrücklich keine Anwendung (Abs. 2). Das Bestehen des Unterhaltsanspruchs hat das Betreuungsgericht demnach grundsätzlich nicht zu prüfen.

§ 1837 Beratung und Aufsicht

(1) **Das Familiengericht berät die Vormünder. Es wirkt dabei mit, sie in ihre Aufgaben einzuführen.**

(2) **Das Familiengericht hat über die gesamte Tätigkeit des Vormunds und des Gegenvormunds die Aufsicht zu führen und gegen Pflichtwidrigkeiten durch geeignete Gebote und Verbote einzuschreiten. Es kann dem Vormund und dem Gegenvormund aufgeben, eine Versicherung gegen Schäden, die sie dem Mündel zufügen können, einzugehen.**

(3) **Das Familiengericht kann den Vormund und den Gegenvormund zur Befolgung seiner Anordnungen durch Festsetzung von Zwangsgeld anhalten. Gegen das Jugendamt oder einen Verein wird kein Zwangsgeld festgesetzt.**

(4) **§§ 1666, 1666 a und 1696 gelten entsprechend.**

Übersicht

	Rn.
1. Überblick	1
2. Beratung, Einführung	8
3. Pflichtwidrigkeiten	11
4. Maßnahmen	15
5. Versicherung	19
6. Zwangsgeld	20
7. Verfahren	21

1. Überblick

Abs. 1 bis 3 sind auf die Betreuung sinngemäß anzuwenden (§ 1908 i Abs. 1 S. 1). **1**

Der Betreuer führt die Betreuung grundsätzlich **selbstständig** und in eigener **2** Verantwortung (BayObLG BtPrax 2004, 69; FGPrax 1999, 147 = Rpfleger 1999, 445 m. w. N.). In diese Amtsführung darf das Betreuungsgericht nicht mit bindenden Anweisungen eingreifen (s. § 1901 Rn 6). Andererseits gebietet der Schutz des Betreuten die **Aufsicht** über die **Rechtmäßigkeit** der Amtsführung. Diese Aufgabe weist § 1837 dem Betreuungsgericht zu. Es hat umfassend die gesamte Tätigkeit des Betreuers zu überwachen, auch soweit die **Personensorge** betroffen ist. Damit obliegt dem Gericht eine besondere Verantwortung bei der Kontrolle der Pflichten des Betreuers aus **§ 1901** (s. dort Rn 3 ff.). Die am Wohl des Betreuten ausgerichteten Ziele der Betreuung werden nur zu erreichen sein, wenn die Tätigkeit des Betreuers behutsam aber beharrlich an den in § 1901 normierten Maßstäben gemessen wird.

BGB § 1837

3 Die Aufsicht umfasst die **Beratung** und **Unterstützung** des Betreuers, die **Einführung** in seine Aufgaben, die **Überwachung** der gesamten Tätigkeit und das **Einschreiten** bei Pflichtwidrigkeiten, wobei das Gericht auch befugt und verpflichtet ist, die Pflichtwidrigkeit beabsichtigter Maßnahmen aufzuzeigen (Rn 14). Der Kontrolle dienen die Berichte des Betreuers (§§ 1839, 1840 Abs. 1), das Vermögensverzeichnis (§ 1802), die Rechnungslegung (§§ 1840 ff.) und schließlich die vielfältigen Genehmigungserfordernisse (z. B. § 1812). Zur Frage, ob das Betreuungsgericht den Betreuer auch bei der **(zwangsweisen) Durchsetzung** seiner Aufgaben gegenüber dem Betreuten zu unterstützen hat, s. vor § 1802 Rn 5.

4 Da eine besondere Norm hierfür nicht vorgesehen ist, hat das Betreuungsgericht im Rahmen der Aufsicht auch bei **Konflikten** zwischen Betreutem und Betreuer zu vermitteln (BT-Drucks. 11/4528 S. 113).

5 **Behörden-** und **Vereinsbetreuer** unterliegen der betreuungsgerichtlichen Aufsicht wie private Einzelbetreuer; daneben besteht die allgemeine Dienstaufsicht der Behörde und die entsprechende vereinsinterne Aufsicht (§ 1908 g Rn 2; § 1908 f. Rn 9). Die betreuungsgerichtliche Aufsicht wird in Abgrenzung hierzu als Fachaufsicht charakterisiert (§ 1908 g Rn 2); zu Abgrenzungsfragen bei der Aufsicht des Vereins über die Vereinsbetreuer s. Coen NJW 1999, 535. Unterlassen pflichtwidrigen Verhaltens, z. B. der Führung von Sammelverwahrkonten (vgl. § 1805 Rn 6) kann nur von dem Vereins- bzw. Behördenbetreuer verlangt werden, nicht vom Verein oder der Behörde (LG Chemnitz FamRZ 2000, 1311). Ist die **Behörde selbst** zum **Betreuer** bestellt (§ 1900 Abs. 4) überträgt sie die Wahrnehmung der Betreuung einzelnen Mitarbeitern (§ 1900 Abs. 4, 2 S. 1). Die **Beauftragten** erledigen die Angelegenheiten eigenverantwortlich und sind in Zweckmäßigkeitsentscheidungen nicht weisungsgebunden (Schlüter/Rießelmann FuR 1991, 150 für die Amtsvormundschaft; s. auch § 1900 Rn 8). **Adressat** betreuungsgerichtlicher Aufsicht ist aber stets nur die **Betreuungsbehörde** selbst (BayObLG Rpfleger 1976, 429). Die Betreuungsbehörde unterliegt bei Führung der Betreuung den Vorschriften des BGB und der **ausschließlichen** Aufsicht des Betreuungsgerichts. Weisungen der Kommunalaufsicht, etwa das Girokonto des Betreuten aufzulösen und Gelder über Sammelkonten der Behörde zu führen, sind mit dem BtG und der Eigenständigkeit des Betreuten nicht vereinbar und unzulässig (so auch DIV-Gutachten DAVorm 1992, 841; s. auch § 1805 Rn 7). Für den **Verein** als **Betreuer** gilt dies entsprechend, Aufsichtsmaßnahmen sind an den Verein zurichten (BayObLG Rpfleger 1993, 403).

6 **Auch der Kontroll- oder Vollmachtsbetreuer** (§ 1896 Abs. 3, s. dort Rn 36 ff.) unterliegt der Aufsicht des Betreuungsgerichts. Hierzu wird zweckmäßigerweise eine periodische Berichtspflicht verfügt (vgl. § 1839 Rn 2). Der Bericht muss Aufschluss über die Aktivitäten des Bevollmächtigten und dessen Kontrolle durch den Betreuer geben; er hat die persönlichen Verhältnisse des Betreuten zu erfassen (§§ 1908 i Abs. 1 S. 1, 1840 Abs. 1). Das Gericht prüft, ob der Bevollmächtigte pflichtgemäß überwacht worden ist (hierzu § 1896 Rn 36) und er weiterhin die Angelegenheiten des Betroffenen ebenso gut wie ein Betreuer mit diesem Aufgabenkreis zu besorgen vermag (§ 1896 Abs. 2 S. 2). Der **Bevollmächtigte** hat dem Betreuer **Rechenschaft** abzulegen (§§ 666, 259); deren ordnungsgemäße Prüfung durch den Betreuer ist stichprobenweise vom Gericht zu kontrollieren (Bauer BWNotZ 1990, 1, 2), wozu der Betreuer Einsicht in Abrechnungen und Belege des Bevollmächtigten zu verschaffen hat (Dodegge/Roth Teil A Rn 29; Bauer in HK-BUR § 1896 Rn 265; vgl. auch § 1839 Rn 4). Ergibt sich, dass

Beratung und Aufsicht **§ 1837 BGB**

der Betreuer die Ansprüche des Betreuten ggü. dem Bevollmächtigten aus § 666 nicht durchsetzt, hat das Betreuungsgericht Maßnahmen nach § 1837 Abs. 2 zu prüfen (BayObLG FamRZ 1994, 1550). Zur Rechnungslegung ggü. dem Gericht sind weder Bevollmächtigter noch Betreuer gehalten; Rechtsgeschäfte des Bevollmächtigten sind nicht genehmigungspflichtig (BT-Drucks. 11/4528 S. 123; h. M. MK-Schwab § 1896 Rn 252; s. auch vor § 1802 Rn 7).

Die Aufsichtspflicht des Betreuungsgerichts erstreckt sich auf den **Gegenbetreuer**; zu dessen Überwachungs- und Mitwirkungspflichten vgl. Erläuterungen zu §§ 1792, 1799. Auch der Gegenbetreuer sollte zu regelmäßigen Berichten verpflichtet werden. 7

2. Beratung, Einführung

Der Betreuer hat einen Anspruch auf **Beratung** (Abs. 1 S. 1). Das Gericht hat ihn ggf auch zu **unterstützen,** etwa durch vermittelnde Gespräche mit Angehörigen, Behörden oder der Heimleitung. Der Betreuer, zumal, wenn er juristisch nicht vorgebildet ist, hat darüber hinaus ein verständliches Interesse daran, sich durch rechtliche Auskunft und Rat des Betreuungsgerichts zu entlasten, (vgl. dazu § 1833 Rn 9). Dies darf nicht zur Verlagerung von Verantwortlichkeiten führen; das Betreuungsgericht hat darauf zu achten, dass der Betreuer sein Amt eigenständig führt, und wird sich beschränken auf Rat in Grundfragen der Amtsführung und bei wichtigen Entscheidungen (MK-Wagenitz Rn 8), zu denken ist insbesondere an komplexe Abwägungen zur Beachtlichkeit der Wünsche des Betreuten. Zur Unterstützung des Betreuers s. auch Rn 3. 8

Die Einführung in das Amt (Abs. 1 S. 2) erfolgt bei der **Verpflichtung** (§ 289 Abs. 1 FamFG) und im **Einführungsgespräch** (§ 289 Abs. 2 FamFG). Richter und Rechtspfleger wirken auch mit bei Veranstaltungen der Vereine und der Behörde, auf denen die Betreuer in ihr Amt eingeführt werden (§ 1908 f Abs. 1 Nr. 2; § 5 BtBG). Der Betreuer kann nach Art des Betreuungsfalles gehalten sein, derartige Angebote wahrzunehmen (OLG Braunschweig DAVorm 1993, 992). 9

Auf Wunsch berät und unterstützt die Behörde den Betreuer, insbesondere bei der Erstellung des nach § 1901 Abs. 4 S. 2 angeordneten Betreuungsplans (§ 4 BtBG Rn 4 ff.).

Der **Betreute** hat keinen Beratungsanspruch; das Betreuungsgericht führt jedoch das Einführungsgespräch mit Betreuer und Betreutem (§ 289 Abs. 2 FamFG) und vermittelt in Konflikten zwischen Betreuer und Betreutem (s. o. Rn 4). 10

3. Pflichtwidrigkeiten

Das Betreuungsgericht hat gegen **Pflichtwidrigkeiten** einzuschreiten (Abs. 2 S. 1). Pflichtwidrigkeiten sind Verstöße gegen konkrete, sich aus dem Gesetz oder einer Anordnung des Gerichts ergebende Handlungspflichten bzw. allgemein gegen die Pflicht zur gewissenhaften Führung der Betreuung (OLG München BtPrax 2008, 74). Die **Pflichten** des Betreuers ergeben sich vornehmlich aus § 1901. Die zugewiesenen Aufgaben sind so zu erledigen, dass es dem **Wohl** des Betreuten entspricht; dessen **Wünsche** sind grundsätzlich zu beachten (§ 1901 Rn 11). Hinzu treten eine Reihe von gesetzlichen Einzelbestimmungen, z. B. zur Mündelgeldverwaltung (§§ 1805 ff.); gerichtliche Anordnungen (z. B. § 1818) und 11

von Crailsheim

ggf. Anweisungen Dritter (§ 1803). Unabhängig vom Aufgabenkreis sind die Mitwirkungs- und Mitteilungspflichten nach § 1901 Abs. 4 und 5 zu beachten (s. § 1901 Rn 18). Innerhalb dieser vorgegebenen Grenzen führt der Betreuer sein Amt selbstständig und eigenverantwortlich (BayObLG FamRZ 2000, 565). Sind in einer Angelegenheit verschiedene Maßnahmen mit dem Wohl des Betreuten zu vereinbaren, verbleibt ihm ein **Entscheidungsspielraum,** mag dem Gericht auch die eine Maßnahme zweckmäßiger und nützlicher als die andere erscheinen. Eine Pflichtwidrigkeit begeht er, wenn er den ihm gegebenen Ermessensspielraum überschreitet, missbraucht oder nicht ausübt (BayObLG BtPrax 2004, 69; FamRZ 1992, 108, 109; Damrau/Zimmermann Rn 7). Die gängige Abgrenzung, dass das Betreuungsgericht sich in **Zweckmäßigkeitsfragen** nicht in die Amtsführung des Betreuers einmischen dürfe (vgl. OLG München BtPrax 2009, 237; OLG Schleswig FamRZ 1996) ist problematisch (vgl. Damrau/Zimmermann Rn 8 ff.). Zum einen ist der Betreuer bei allen Entscheidungen bis zur Grenze der Pflichtwidrigkeit eigenständig, zum anderen wird sie dem **Willensvorrang** des Betreuten nicht gerecht, der auch in den sog. Zweckmäßigkeitsfragen zu beachten, dem aber nicht mit Zweckmäßigkeitserwägungen zu begegnen ist (so aber in der Tendenz: BayObLG FamRZ 2000, 565; LG Chemnitz FamRZ 2000, 1312: vgl. zu diesen Entscheidungen Rn 13). S. zu Beispielen für Pflichtverstöße auch § 1833 Rn 5 ff.

12 Ob eine **Pflichtwidrigkeit** vorliegt, muss für den Einzelfall unter Abwägung der festgestellten Umstände beurteilt werden, so z. B. für die Frage, ob die **Entscheidung** für den **Aufenthalt in einem Altenheim** pflichtgemäß ist, wenn der Betreute dort fixiert werden muss und sich dies bei der Unterbringung auf einer geschlossenen geronto-psychiatrischen Station vermeiden ließe (LG Köln FamRZ 1993, 110 m. Anm. Ewers FamRZ 1993, 853) oder für die Entscheidung des Betreuers über den Aufenthalt einer betreuten Ehefrau gegen den Willen des Ehemannes (OLG Schleswig Rpfleger 1996, 445 = FamRZ 1996, 1368); für die Entscheidung, die Wohnung des Betreuten beizubehalten, obwohl feststeht, dass er nicht wieder dorthin zurückkehren kann (BayObLG BtPrax 2004, 69). Ob die hier getroffenen Entscheidungen des Betreuers „**Zweckmäßigkeitsentscheidungen**" sind (so die zitierten Entscheidungen je a.a.O.; vgl. Rn 11), mag dahinstehen, **Maßstab** ist stets das **Wohl des Betreuten.** Lässt sich die Entscheidung des Betreuers hiermit (noch) vereinbaren, hat das Gericht sie hinzunehmen und darf nicht seine Entscheidung an die des Betreuers stellen, anderenfalls hat es gegen die als pflichtwidrig erachtete Entscheidung einzuschreiten. Auch eine zweckmäßige Entscheidung ist nicht hinzunehmen, wenn sie Wünsche des Betreuten missachtet (Rn 13).

13 Der Betreuer hat den **Wünschen** des Betreuten zu entsprechen, wenn dies dessen Wohl nicht zuwiderläuft und dem Betreuer zumutbar ist (§ 1901 Abs. 3 S. 1), anderenfalls handelt er pflichtwidrig (s. auch § 1828 Rn 8 und zur Haftung § 1833 Rn 7). Ob die Erfüllung des Wunsches dem **Wohl** des Betreuten **zuwiderläuft,** muss der Betreuer selbstständig und eigenverantwortlich nach **pflichtgemäßem Ermessen** entscheiden (OLG München BtPrax 2009, 237). Die Ablehnung der Erfüllung setzt nicht voraus, dass die Gefahr einer schweren **Selbstschädigung** droht (BayObLG a.a.O., das keinen Pflichtverstoß in der Weigerung des Betreuers sieht, dem Betreuten aus diesem Mitteln nicht einmal einen geringfügigen Kostenvorschuss für die anwaltliche Prüfung eines vom Betreuer als aussichtslos eingeschätzten Klageerzwingungsverfahrens zur Verfügung zu stellen). Pflichtgemäß soll auch die Ablehnung des Wunsches nach einem Heimwechsel sein, u. auch

weil der Betreute sich in das jetzige Wohnheim eingewöhnt habe (LG Chemnitz FamRZ 2000, 1312). Hingegen soll es **pflichtwidrig** sein, den Wunsch eines im Heim lebenden dementen Betreuten abzulehnen, das leer stehende Familieneigenheim nicht zu vermieten, wenn keine **vorrangige Rechtsgüter**, wie Leben und Gesundheit gefährdet werden und der Betreute auf die Mieteinkünfte nicht angewiesen ist (OLG Schleswig FGPrax 2001, 194 = BtPrax 2001, 211). Auf Geschäftsfähigkeit des Betreuten und Vernünftigkeit des Wunsches kommt es nicht an. Erhaltung und Mehrung des Vermögens sind insbesondere bei betagten Betreuten nicht in jedem Fall mit deren Wohl gleichzusetzen (so zutreffend OLG Schleswig a.a.O.). Wenn der Vermögensbetreuer der bemittelten Betreuten den Wunsch nach einem neuen Wintermantel mit der lapidaren Begründung ablehnt, der alte Mantel sei noch nicht verschlissen, mag das eine Zweckmäßigkeitsentscheidung sein, sie verstößt aber gegen die Betreuerpflichten aus § 1901 Abs. 2, 3. Pflichtwidrig handelt daher z. B., wer dem Betreuten entgegen dessen Wünschen und Möglichkeiten einen **sparsamen Lebenszuschnitt** aufnötigt (BayObLG FamRZ 1991, 481; vgl. vor § 1802 Rn 6). Pflichtwidrig ist auch der Verstoß gegen das Gebot der **persönlichen Betreuung** (§ 1897 Rn 11), die regelmäßige Kontakte und Besuche sowie die Besprechung wichtiger Angelegenheiten einschließt (§§ 1897 Abs. 1, 1901 Abs. 3). Pflichtwidrig handelt der Betreuer auch, wenn er ohne sachlichen Grund den **Umgang** des Betreuten gegen dessen Wunsch mit **Angehörigen** oder nichtverwandten Bezugspersonen verbietet (§ 1632 Rn 8, 10) oder die Voraussetzungen zwar vorliegen, der Aufgabenkreis aber noch nicht entsprechend erweitert worden ist (OLG München BtPrax 2008, 74). Zu den **Wünschen** in einer **Betreuungsverfügung** vgl. vor § 1802 Rn 9 und Epple BtPrax 1993, 156, 157.

Das Gericht ist nicht darauf beschränkt, bereits vollzogenes Handeln oder Unterlassen nachträglich zu beurteilen; es ist vielmehr befugt und ggf. verpflichtet, aufzuzeigen, ob **beabsichtigte Maßnahmen** des Betreuers als pflichtwidrig zu beurteilen sind; vgl. BayObLG FamRZ 1999, 147 = Rpfleger 1999, 445 zur Anfrage des Betreuers, ob Wohnraum des Betreuten gegen dessen Willen betreten werden darf; BayObLG BtPrax 2004, 35 zur Ankündigung des Betreuers, dass künftig weitere Schenkungen aus dem Vermögen des Betreuten beabsichtigt seien; OLG Schleswig BtPrax 2001, 211 zur Absicht des Betreuers, nach der verweigerten Genehmigung eines Mietvertrages pflichtwidrig die Wohnung dem Dritten zur tatsächlichen Nutzung zu überlassen. 14

4. Maßnahmen

Stellt das Betreuungsgericht Pflichtwidrigkeiten fest, hat es **geeignete Maßnahmen** zu ergreifen (zum Verfahren s. u. Rn 22). Ob eine Pflichtwidrigkeit vorliegt oder nicht, ist keine Ermessensfrage, sondern eine in allen Instanzen nachprüfbare Rechtsfrage (BayObLG BtPrax 2004, 69; Damrau/Zimmermann Rn 6). Ein **Verschulden** des Betreuers ist **nicht erforderlich** (Palandt-Diederichsen Rn 8; MK-Wagenitz Rn 14), desgleichen muss noch kein Schaden entstanden sein, auch eine konkrete Gefährdung ist nicht erforderlich (Damrau/Zimmermann Rn 12). Bei der Auswahl der Maßnahmen, die wiederum nach pflichtgemäßem Ermessen getroffen wird ist der Grundsatz der Verhältnismäßigkeit zu beachten (BayObLG BtPrax 1997, 239). Vielfach reicht es aus, auf den 15

BGB § 1837 Titel 1. Vormundschaft

Betreuer beratend einzuwirken (Abs. 1 S. 1), anderenfalls sind **Gebote** und **Verbote** auszusprechen (Abs. 2 S. 1).

16 Dem Betreuungsgericht steht unter den Voraussetzungen des Abs. 2 ein **Weisungsrecht** zu, so kann das Gericht z. B. den Betreuer anweisen, den Betreuten aus der Heimpflege in die häusliche Pflege durch Angehörige zu geben, wenn dies dem Wohl des Betreuten entspricht (BGH BtPrax 1997, 28).

17 Das Gericht kann den Betreuer zur Befolgung seiner Anordnungen durch Festsetzung von **Zwangsgeld** anhalten (Abs. 3 S. 1); s. Rn 20.

18 Führen Gebote und Verbote evtl. verbunden mit der Festsetzung von Zwangsgeld nicht zum Erfolg, sind andere Maßnahmen zu prüfen, wie der **Entzug** der **Vertretungsmacht** (§ 1796) und die (Teil-)**Entlassung** (§ 1908 b Abs. 1), vgl. BayObLG FamRZ 1999, 1168. Es kann auch sofort die Entlassung geboten sein, die aber stets nur das äußerste Mittel darstellt (BayObLG FamRZ 1996, 509, 511; vgl. Rn 15). Das Betreuungsgericht darf aber **nicht unmittelbar** an Stelle des Betreuers für den **Betreuten handeln.** Es ist auch nicht befugt, Erklärungen des Betreuers zu ersetzen; § 1837 Abs. 4, der auf § 1666 Abs. 3 verweist, ist gem. § 1908 i Abs. 1 S. 1 nicht auf die Betreuung anwendbar (anders wohl Dodegge/Roth Teil D Rn 108). Eine Kontensperrung durch das Gericht als Aufsichtsmaßnahme ist unzulässig (a. A. LG Meiningen Rpfleger 1998, 285 m. Anm. Bienwald S. 286); vgl. § 1809 Rn 5. Ist im Zusammenhang mit einer Pflichtwidrigkeit des Betreuers sofortiges Handeln geboten und verweigert sich der Betreuer, kann das Gericht ggf. im Wege der **einstweiligen Anordnung** den Betreuer (teilweise) entlassen und selbst handeln (vgl. § 1846 Rn 5).

5. Versicherung

19 Das Betreuungsgericht ist befugt, dem Betreuer oder Gegenbetreuer den Abschluss einer **Versicherung** gegen Schäden aufzuerlegen, die sie dem Betreuten zufügen können (Abs. 2 S. 2). Zur Haftung des Betreuers s. die Erläuterungen zu § 1833. Nicht erfasst ist die Haftung gegenüber Dritten, z. B. aus § 832. Das Gericht wird die Anordnung treffen, wenn ein **Versicherungsschutz** im **Interesse** des **Betreuten** geboten ist (BT-Drucks. 11/4528 S. 114), was von den Umständen des Einzelfalles abhängt, etwa von der Zusammensetzung des Vermögens. Die Anordnung setzt nicht voraus, dass Maßnahmen nach Abs. 2 S. 1 geboten sind, der Betreuer also pflichtwidrig gehandelt hat oder ein solches Handeln zu befürchten wäre. Privatbetreuer erhalten die Aufwendungen für den Versicherungsschutz ersetzt (§ 1835 Abs. 2); für ehrenamtliche Betreuer sind in fast allen Bundesländern Sammelhaftpflichtversicherungen eingerichtet (vgl. § 1833 Rn 20). Bei Berufsbetreuern sind die Kosten einer Berufshaftpflichtversicherung mit der Vergütung abgegolten (§ 1835 Abs. 2 S. 2).

6. Zwangsgeld

20 Das Betreuungsgericht kann seinen Anordnungen durch Festsetzung von **Zwangsgeld** Nachdruck verleihen (Abs. 3 S. 1), ausgenommen sind Behörde und Verein als Betreuer sowie der Behördenbetreuer, nicht hingegen der Vereinsbetreuer (Abs. 3 S. 2 i. V. m. § 1908 i Abs. 1 S. 1; § 1908 g Abs. 1). Zu Möglichkeiten, auf den Behördenbetreuer einzuwirken s. § 1908 g Rn 4. Das Zwangsgeld ist Beugemittel, nicht Sühne (Keidel-Zimmermann § 35 FamFG Rn 2); die Fest-

setzung unterbleibt, wenn die Anordnung befolgt ist (Brandenburg. OLG FamRZ 2001, 38). Es kann wiederholt festgesetzt werden. Der Hinweis auf die Folgen der Zuwiderhandlung muss in die gerichtliche Verfügung aufgenommen werden, mit der das Gebot oder Verbot ausgesprochen wird (§ 35 Abs. 2 FamFG). Es ist nicht erforderlich, dass bereits eine konkrete Zuwiderhandlung stattgefunden hat oder zu erwarten ist (Brandenburg. OLG a.a.O.). Die Höhe des einzelnen Zwangsgeldes darf 25 000 Euro nicht übersteigen (§ 35 Abs. 3 S. 1 FamFG). Es ist ein bestimmter Geldbetrag anzudrohen, die Angabe des in Aussicht genommen Höchstbetrags genügt: „bis zu 1000 Euro" (BGH NJW 1973, 2228).

7. Verfahren

Das Betreuungsgericht wird von **Amts** wegen **tätig.** Von Amts **wegen** sind 21 auch Vorgänge nachzuhalten und zu kontrollieren, die Anlass zu (weiteren) Aufsichtsmaßnahmen geben können, z. B. bei Anlage von Geld des Betreuten auf den Namen des Betreuers (OLG Oldenburg Rpfleger 1979, 101); der Eingang von Geldern auf Konten des Betreuten (OLG Düsseldorf JMBlNW 1994, 20); vgl. die Auskunfts- und Vorlagepflicht des Betreuers nach § 1839. Die Anregung zu Aufsichtsmaßnahmen kann auch von der **Betreuungsbehörde** ausgehen (§ 7 Abs. 1 BtBG; Rn 2). **Dritten,** z. B. Angehörigen, bleibt es unbenommen, Aufsichtsmaßnahmen gegen Pflichtwidrigkeiten des Betreuers **anzuregen;** sie haben aber **kein Beschwerderecht,** wenn das Gericht es ablehnt, tätig zu werden (OLG Zweibrücken Rpfleger 2003, 426); auch nicht die Eltern unter Berufung auf Art. 6 Abs. 1 GG (OLG München BtPrax 2009, 237), vgl. aber zur pflichtwidrigen Beeinträchtigung des Kontakts des Betreuten mit seinen Angehörigen § 1632 Rn 10. **Zuständig** für Verrichtungen nach § 1837 ist der Rechtspfleger (§ 3 Nr. 2 b RPflG), auch soweit die Aufsicht über die Ausübung der Personensorge betroffen ist; desgleichen für die Festsetzung von Zwangsgeld zur Durchsetzung seiner Anordnungen (§ 4 Abs. 1 RPflG). Kommt eine Zuständigkeit des Richters in Betracht, z. B. die (Teil-)Entlassung des Betreuers (§ 1908 b Abs. 1), hat er die Sache dem Richter vorzulegen (§ 15 Abs. 1 RPflG); zu **Abgrenzungsfragen** im Zusammenhang mit der Aufsichtsführung vgl. Erläuterungen zu §§ 3, 15 RPflG Rn 5.

Werden Aufsichtsmaßnahmen erwogen, ist der **Betreute zu beteiligen** (§§ 26, 22 275 FamFG; Art. 103 Abs. 1 GG). **Beschwerdeberechtigt** sind Betreuer und Betreuter (§ 59 Abs. 1 FamFG); der Gegenbetreuer entsprechend § 59 FamFG (str.; s. § 1799 Rn 4). Während gegen die gerichtliche Anordnung der Handlung die Beschwerde nach § 58 ff. FamFG eröffnet ist, findet im **Zwangsgeldverfahren** die Beschwerde analog der §§ 567 bis 572 ZPO statt (§§ 1837 Abs. 3 BGB, 35 Abs. 5 FamFG). Die Beschwerdefrist beträgt hier nur 2 Wochen; die Beschwerde hat aufschiebende Wirkung (§ 570 ZPO).

§ 1839 Auskunftspflicht des Vormunds

Der Vormund sowie der Gegenvormund hat dem Familiengericht auf Verlangen jederzeit über die Führung der Vormundschaft und über die persönlichen Verhältnisse des Mündels Auskunft zu erteilen.

von Crailsheim

BGB § 1839   Titel 1. Vormundschaft

1. Anwendungsbereich

1   Die Vorschrift ist auf die Betreuung sinngemäß anzuwenden (§ 1908 i Abs. 1 S. 1).

2   Das Betreuungsgericht kann seiner **Aufsichtspflicht** (§ 1837 Abs. 2) nur genügen, wenn es über entsprechende **Informationen** verfügt. Betreuer und Gegenbetreuer sind daher gehalten, auf Verlangen **jederzeit Auskunft** zu erteilen über die **Führung** der Betreuung und die **persönlichen Verhältnisse** des Betreuten. Das Auskunftsverlangen des Gerichts setzt nicht voraus, dass konkrete Anhaltspunkte für eine Pflichtwidrigkeit vorliegen (LG Saarbrücken DAV 1994, 646). Das Gericht kann **periodische** Berichte anfordern (Palandt-Diederichsen Rn 1; Damrau/Zimmermann Rn 1). Auch ohne Aufforderung hat der Betreuer mindestens einmal jährlich über die persönlichen Verhältnisse zu berichten (§ 1840 Abs. 1).

2. Umfang der Auskunftspflicht

3   Die Auskunftspflicht über die **persönlichen Verhältnisse** ist nicht an die **Personensorge** gebunden. Auch der Betreuer, dem nur die **Vermögenssorge** zugewiesen ist, hat über die persönlichen Verhältnisse zu berichten. Art und Weise der Betreuung sind an den in § 1901 beschriebenen Maßstäben zu messen. Die **Auskunft** über die **Führung** des Amtes umfasst regelmäßig die Schilderung der persönlichen Verhältnisse. Das Gericht muss überprüfen können, ob der Betreuer in erforderlichem Maße die Betreuung persönlich führt und seine Pflichten nach § 1901 beachtet. So vermag das Gericht z. B. nur bei Kenntnis der aktuellen persönlichen Umstände des Betreuten zu beurteilen, ob z. B. die Höhe der dem Betreuten zur Verfügung gestellten Mittel pflichtgemäß ist. Zudem lassen sich die **Aufgabenkreise** nicht stets sicher der Personen- bzw. Vermögenssorge zuordnen (wie hier: Jürgens/Kröger/Marschner/Winterstein Rn 292; Dodegge/Roth Teil D Rn 49; Erman-Saar § 1840 Rn 1 anders § 1908 i Rn 30; Damrau/Zimmermann § 1840 Rn 1: nur falls Personensorge zugewiesen). Die Anforderungen an den Bericht richten sich nach Art und Umfang des Aufgabenkreises aus.

4   Dem Betreuungsgericht ist entsprechend § 1799 Abs. 2 auch die **Einsicht in Papiere** zu gestatten, die sich auf die Betreuung beziehen (Verträge, Sparbücher usw.), sofern der Betreute nicht widerspricht (vgl. vor § 1802 Rn 2). Auf Verlangen des Gerichts ist der Betreuer verpflichtet, persönlich zu erscheinen und den Bericht **mündlich** zu erstatten (Damrau/Zimmermann Rn 1; Erman-Saar Rn 2).

5   Auch der **befreite** Betreuer (s. §§ 1852–1857 a Rn 1) ist ohne Ausnahme, die Behörde eingeschlossen, zur jederzeitigen **Auskunft** über die **Führung** des Amtes und die persönlichen Verhältnisse des Betreuten verpflichtet.

6   Hier gewinnt die Vorschrift **besondere Bedeutung** durch die Befreiung der Eltern, des Ehegatten, des Lebenspartners und der Abkömmlinge von der jährlichen Rechnungslegungspflicht (§§ 1908 i Abs. 2 S. 2, 1857 a, 1854 Abs. 1). Durch den Wegfall der Rechnungsprüfung entfällt für das Betreuungsgericht der periodische Anlass und die Gelegenheit, sich mit der Führung der Betreuung zu befassen. Daher es geboten sein, dem befreiten Betreuer eine **periodische Berichtspflicht** aufzuerlegen über die Führung des Amtes; dieser Bericht wird zweckmäßigerweise mit dem Pflichtbericht nach § 1840 Abs. 1 zu verbinden sein; nach

Bericht und Rechnungslegung § 1840 BGB

a. A. unterläuft das Betreuungsgericht mit der Verfügung einer periodischen Berichtspflicht in unzulässiger Weise die Befreiung des Betreuers (Staudinger-Bienwald § 1908 i Rn 87). Zuständig ist der **Rechtspfleger** (§ 3 Nr. 2 b RPflG). Kommt der Betreuer der Berichtsaufforderung nicht nach, ist ggf. **Zwangsgeld** festzusetzen (§ 1837 Rn 17, 21). **Verstößt** der Betreuer wiederholt und über einen längeren Zeitraum gegen die Berichtspflicht kann er **entlassen** werden (BayObLG BtPrax 2003, 218, Rpfleger 1996, 244). Nach **Beendigung** des Amtes können Auskünfte über die Führung des Amtes nicht mehr im Aufsichtswege erzwungen werden (Staudinger-Engler Rn 8). 7

§ 1840 Bericht und Rechnungslegung

(1) **Der Vormund hat über die persönlichen Verhältnisse des Mündels dem Familiengericht mindestens einmal jährlich zu berichten.**

(2) **Der Vormund hat über seine Vermögensverwaltung dem Familiengericht Rechnung zu legen.**

(3) **Die Rechnung ist jährlich zu legen. Das Rechnungsjahr wird von dem Familiengericht bestimmt.**

(4) **Ist die Verwaltung von geringem Umfang, so kann das Familiengericht, nachdem die Rechnung für das erste Jahr gelegt worden ist, anordnen, dass die Rechnung für längere, höchstens dreijährige Zeitabschnitte zu legen ist.**

Die Vorschrift ist auf die Betreuung sinngemäß anzuwenden (§ 1908 i Abs. 1 S. 1). 1

1. Berichtspflicht

Ohne Aufforderung hat der Betreuer mindestens einmal jährlich über die **persönlichen Verhältnisse** des Betreuten zu berichten (Abs. 1). Ein **Anfangsbericht** ist nicht vorgesehen, aber geboten, wenn sich die Lebensumstände des Betreuten nach der Bestellung des Betreuers geändert haben, z. B. der Wechsel in ein Altenheim beabsichtigt ist; Entsprechendes gilt für spätere Zwischenberichte. Im Übrigen ist der Betreuer dem Gericht jederzeit auf Verlangen zur Auskunft über die Amtsführung und die persönlichen Verhältnisse verpflichtet (§ 1839). 2

Die Berichtspflicht trifft nicht nur den Betreuer, dem persönliche Angelegenheiten zugewiesen sind. Auch die **Vermögenssorge** ist persönlich zu führen und hat Bezug zu den persönlichen Verhältnissen (§ 1839 Rn 3). 3

Der Bericht wird zweckmäßigerweise mit der jährlichen Rechnungslegung verbunden oder falls keine laufende Rechnungslegungspflicht besteht (Rn 10) ggf. mit einem Bericht über die Führung des Amtes (§ 1839 Rn 6) (wie hier: Dodegge/Roth Teil D Rn 26). 4

Auch die **Behörde** hat nach § 1840 Abs. 1 zu berichten, die Befreiung nach §§ 1908 i Abs. 1 S. 2, 1857 a, 1854 Abs. 1 betrifft nur die Rechnungslegung (LG Heilbronn DAVorm 1993, 954). 5

Zur Erzwingung der Berichtspflicht vgl. § 1839 Rn 7. 6

von Crailsheim

BGB § 1840 Titel 1. Vormundschaft

2. Rechnungslegung

7 Der Betreuer hat dem Betreuungsgericht über seine **Vermögensverwaltung** Rechnung zu legen (Abs. 2). Diese **laufende** Rechnungslegung ist zu unterscheiden von der Rechenschaftspflicht nach Beendigung des Amtes (Schlussrechnung § 1890). Erfasst ist das Vermögen, das seiner **Verwaltung** oder **Mitverwaltung** (z. B. Erbengemeinschaft) unterliegt, nicht hingegen das Vermögen, das kraft Gesetzes von Dritten verwaltet wird, z. B. bei Testamentsvollstreckung. Hier hat der Betreuer aber nachzuweisen, dass er die Rechte des Betreuten wahrgenommen hat (z. B. Rechnungslegung des Testamentsvollstreckers, § 2218 Abs. 2). Ist die Vermögensverwaltung mehreren Betreuern zugewiesen, legen sie bei gemeinschaftlicher Verwaltung gemeinschaftlich Rechnung, anderenfalls getrennt nach Aufgabenkreisen (Palandt-Diederichsen Rn 1). Zum Gegenbetreuer vgl. § 1842. Über die Verwendung von Mitteln, die dem Betreuten überlassen worden sind oder über Vermögen, das der Betreute ausschließlich selbst verwaltet (z. B. ein Sparguthaben), braucht der Betreuer keine Rechnung zu legen (Bienwald Anhang zu § 1908 i Rn 90–93; vgl. auch oben von § 1802 Rn 6 und § 1809 Rn 4).

8 Die Rechnung ist jährlich zu legen (Abs. 3 S. 1). Das **Rechnungsjahr** wird vom Betreuungsgericht bestimmt (Abs. 3 S. 2); ob das **Kalenderjahr** als **Abrechnungszeitraum** gewählt wird, hängt von Zweckmäßigkeitsüberlegungen ab. Ein einmal festgelegter Rechnungslegungszeitraum darf deshalb verkürzt werden, um die Umstellung auf das Kalenderjahr zu erreichen (a. A. LG Frankfurt Rpfleger 1993, 336; Damrau/Zimmermann Rn 5). Nach der ersten Rechnungslegung können für die weiteren Rechnungen bei geringem Verwaltungsumfang längere Zeitabschnitte festgelegt werden (Abs. 4).

9 Die Rechnungslegungspflicht dient dem Schutz des Betreuten vor Nachlässigkeiten, Fehlern und Missbräuchen bei der Vermögensverwaltung, gegen die der in diesem Bereich Betreuungsbedürftige regelmäßig selbst nicht wirksam einzuschreiten vermag. Daher kann auch der geschäftsfähige Betreute den Betreuer nicht von der Rechnungslegungspflicht entbinden (OLG München FamRZ 2006, 80; OLG Hamm Rpfleger 1989, 20).

10 Hingegen ist die Vorschrift nicht anzuwenden auf den **befreiten** Betreuer (§§ 1908 i, 1857 a, 1854 Abs. 1); vgl. § 1857 a Rn 1 ff. Von der Verpflichtung, während der **Dauer des Amtes Rechnung** zu legen, sind also entbunden: Behörde und Verein als Betreuer (§§ 1908 i Abs. 1 S. 1, 1857 a, 1854); ferner der Behördenbetreuer und der Vereinsbetreuer sowie der Ehegatte, Lebenspartner, Vater und Mutter und Abkömmlinge als Betreuer (§§ 1908 i Abs. 2 S. 2, 1857 a, 1854 Abs. 1); stattdessen ist in mehrjährigen Abständen eine Vermögensübersicht einzureichen (§ 1854 Abs. 2; s. §§ 1852–1857 a Rn 8). Die Befreiung erstreckt sich nicht auf die nach Beendigung des Betreueramtes abzulegende **Schlussrechnung** (§ 1890). **Andere** als die in § 1908 i Abs. 2 S. 2 genannten **Angehörigen**, z. B: Geschwister des Betreuten, sind kraft Gesetzes rechnungslegungspflichtig, ohne dass es einer besonderen Anordnung bedarf (BayObLG Rpfleger 2003, 188). Die Befreiung des Behörden- und des Vereinsbetreuers sowie der oben genannten nahen Angehörigen kann das Betreuungsgericht einschränken oder aufheben (§ 1908 i Abs. 2 S. 2; s. §§ 1852–1857 a Rn 10).

von Crailsheim

3. Verfahren

Zuständig für die Anordnungen im Zusammenhang mit der Rechnungslegung 11
ist der Rechtspfleger (§ 3 Nr. 2 b RPflG). Die Rechnungslegung kann durch
Festsetzung von **Zwangsgeld** durchgesetzt werden (§ 1837 Rn 17, 21); bei hartnäckiger Weigerung ist ein Zwangsgeld von 500 Euro nicht zu beanstanden (BayObLG Rpfleger 2003, 188). Ggf. ist der Betreuer ganz oder teilweise zu **entlassen**
(§ 1908 b Abs. 1; BayObLG Rpfleger 1994, 252; FamRZ 1996, 1105); zuständig
ist der Richter (§ 15 Abs. 1 RPflG).

§ 1841 Inhalt der Rechnungslegung

(1) Die Rechnung soll eine geordnete Zusammenstellung der Einnahmen und Ausgaben enthalten, über den Ab- und Zugang des Vermögens Auskunft geben und, soweit Belege erteilt zu werden pflegen, mit Belegen versehen sein.

(2) Wird ein Erwerbsgeschäft mit kaufmännischer Buchführung betrieben, so genügt als Rechnung ein aus den Büchern gezogener Jahresabschluss. Das Familiengericht kann jedoch die Vorlegung der Bücher und sonstigen Belege verlangen.

Die Vorschrift ist sinngemäß auf die Betreuung anzuwenden (§ 1908 i Abs. 1 1
S. 1).

Die **erste** Rechnung knüpft an das Vermögensverzeichnis an (§ 1802), die 2
weiteren Rechnungen an die jeweils vorhergehenden. Die Rechnung enthält
eine geordnete Zusammenstellung der Einnahmen und Ausgaben des Abrechnungszeitraums (Abs. 1). Die bloße Vorlage von Belegen genügt nicht. Die Einnahmen und Ausgaben sind schriftlich so klar und übersichtlich darzulegen, dass
das Betreuungsgericht einen Überblick über alle Vorgänge erhält und seiner Aufsichtspflicht nachkommen kann (BayObLG FamRZ 1993, 237; BtPrax 2001, 39).
Darüber hinaus gibt es keine verbindlichen Vorschriften für die Ordnung der
Jahresrechnung. Ob der Betreuer chronologisch Einnahmen und Ausgaben gegenübergestellt (so Birkenfeld FamRZ 1976, 197 ff.) oder getrennt nach Einzelkonten
abrechnet, bleibt ihm überlassen; aber auch bei der Einzelauflistung bedarf es
zusätzlich einer zusammenfassenden Aufstellung aller Vermögensbewegungen, die
einen Überblick über die Vermögenslage am Ende des Abrechnungszeitraumes
vermittelt (BayObLG BtPrax 2001, 39). Amtliche Vordrucke braucht der Betreuer
nicht zu benutzen (BayObLG a.a.O.). Für den Abrechungszeitraum muss die
Rechnung lückenlos sein (BayObLG FamRZ 2004, 220).

Die einzelnen Einnahmen und Ausgaben sind nachprüfbar zu beschreiben; für 3
alltägliche Geschäfte genügen Pauschalangaben. Ist über angelegtes Vermögen
Rechnung zu legen, bedarf es einer Aufstellung jedenfalls dann, wenn seit der
zuletzt vorgelegten Abrechnung Veränderungen zu verzeichnen sind, z. B. durch
Zinserträge (BayObLG FamRZ 2004, 220).

Die Rechnung soll ferner ausgehend vom Vermögensverzeichnis (§ 1802) Auskünfte geben über **Ab-** und **Zugänge** des Vermögens z. B. Umschichtung des 4
Kapitalanlagen. Nicht vorgeschrieben, aber zweckmäßig ist ein Verzeichnis des
Vermögens zum Ende des Abrechnungszeitraums; vgl. aber zur Nachweispflicht
gegenüber dem Gegenbetreuer § 1842 Rn 2.

von Crailsheim

BGB § 1843

5   Soweit üblicherweise **Belege** erteilt werden, sind diese vorzulegen. Zu den Belegen zählen auch Kontoauszüge, Depotauszüge, Ablichtungen der Sparkontenblätter usw. Sparbücher selbst sind keine Belege in diesem Sinne, können aber als Nachweis dienen, wenn alle Buchungen erfasst sind; ihre Vorlage kann auch vom Gericht verlangt werden (s. § 1839 Rn 4). Kontoauszüge sind lückenlos bis zum Ende des Abrechnungszeitraums vorzulegen (BayObLG FamRZ 2004, 220).

6   Wird ein Erwerbsgeschäft mit **kaufmännischer Buchführung** betrieben, so genügt für diesen Vermögensteil die Vorlage des Jahresabschlusses (Abs. 2 S. 1); ggf. hat sich das Betreuungsgericht die Bücher und sonstigen Belege vorlegen zu lassen (Abs. 2 S. 2); zum Jahresabschluss vgl. §§ 242 ff. HGB; zu Einzelheiten vgl. Oberloskamp-Band § 9 Rn 217 a ff.

7   Eine Versicherung der Vollständigkeit und Richtigkeit der Rechnung ist nicht vorgeschrieben. **Kosten** für erforderliche sachverständige Hilfe bei der Rechnungslegung sind dem Betreuer als Aufwendung zu erstatten (§§ 1835 Abs. 1, 670).

§ 1842 Mitwirkung des Gegenvormunds

Ist ein Gegenvormund vorhanden oder zu bestellen, so hat ihm der Vormund die Rechnung unter Nachweisung des Vermögensbestands vorzulegen. Der Gegenvormund hat die Rechnung mit den Bemerkungen zu versehen, zu denen die Prüfung ihm Anlass gibt.

1   Die Vorschrift ist auf die Betreuung sinngemäß anzuwenden (§ 1908 i Abs. 1 S. 1). S. auch § 1792 Rn 1.

2   Der Gegenbetreuer unterstützt das Betreuungsgericht bei der Aufsicht über die Tätigkeit des Betreuers (§ 1799). Er ist folglich in die **Rechnungsprüfung** einzubinden. Ggf. ist zunächst ein Gegenbetreuer zu bestellen, falls die Voraussetzungen hierfür erfüllt sind (§ 1792 Abs. 2). Über § 1841 hinaus ist die Rechnung dem Gegenbetreuer mit einem Vermögensverzeichnis vorzulegen und der Vermögensbestand nachzuweisen (S. 1).

3   Der Gegenbetreuer hat die Rechnung rechnerisch und sachlich zu prüfen und hierüber einen **Prüfungsvermerk** zu fertigen (S. 2); zum Auskunfts- und Einsichtsrecht des Gegenbetreuers s. § 1799 Abs. 2. Der Betreuer hat alsdann die Rechnung dem Betreuungsgericht einzureichen.

§ 1843 Prüfung durch das Familiengericht

(1) Das Familiengericht hat die Rechnung rechnungsmäßig und sachlich zu prüfen und, soweit erforderlich, ihre Berichtigung und Ergänzung herbeizuführen.

(2) Ansprüche, die zwischen dem Vormund und dem Mündel streitig bleiben, können schon vor der Beendigung des Vormundschaftsverhältnisses im Rechtsweg geltend gemacht werden.

1   Die Vorschrift ist auf die Betreuung sinngemäß anzuwenden (§ 1908 i Abs. 1 S. 1).

2   Das Betreuungsgericht prüft im Rahmen seiner Aufsichtspflicht (§§ 1837, 1908 i Abs. 1 S. 1) die Rechnung rechnungsmäßig und sachlich (Abs. 1 1. Halbsatz). Die

§ 1843 BGB

sachliche Prüfung umfasst zum einen die **Vollständigkeit** der Rechnung, also die Frage, ob z. B. die Zinseinnahmen verbucht sind, zum anderen die Recht- und **Pflichtgemäßheit** der Verwaltung: sind die erforderlichen Genehmigungen eingeholt, die Kapitalanlagen versperrt, Gelder unwirtschaftlich auf Giro- oder Sparkonten verwahrt, Ausgaben angemessen, dem Betreuten ausreichende Mittel zur freien Verfügung überlassen worden, Auslagen gerechtfertigt, die sich der Betreuer entnommen hat (§ 670)? In der Rechnung muss er darlegen und belegen, dass ihm entsprechende Aufwendungen entstanden sind; anderenfalls hat er die entnommenen Gelder nach § 667 an den Betreuten herauszugeben (OLG Karlsruhe FamRZ 2004, 1601 m. Anm. Bienwald a.a.O. S. 1602).

Soweit erforderlich, hat das Gericht **Ergänzungen** und **Berichtigungen** herbeizuführen (Abs. 1 2. Halbsatz); es darf solche Korrekturen nicht selbst vornehmen. Sind z. B. tatsächlich eingenommene Zinsen nicht verbucht, ist der Betreuer zur Ergänzung aufzufordern und ggf. zu zwingen (§ 1837 Abs. 2, 3). Anders, wenn das Gericht der Auffassung ist, bestimmte **Einnahmen** stünden dem Betreuten zu und einzelne Ausgaben seien nicht erforderlich gewesen. Das Gericht darf dem Betreuer nicht aufgeben, etwa einen **Ausgabeposten** zu streichen und **Auslagen** an den Betreuten zurückzuzahlen (OLG Zweibrücken Rpfleger 1980, 103; LG Bonn Rpfleger 1985, 297). Streitige Ansprüche zwischen Betreutem und Betreuer sind im Prozesswege zu klären (Abs. 2). Jedoch kann das Gericht nach § 1837 Abs. 2 dem Betreuer verbieten, **künftig** derartige **Auslagen** dem Vermögen zu entnehmen (BayObLG Rpfleger 1981, 302, 303). 3

Ansprüche zwischen **Betreutem** und **Betreuer** können schon vor Beendigung der Betreuung vor dem **Prozessgericht** geltend gemacht werden (Abs. 2). Das Betreuungsgericht ist nicht befugt, zu entscheiden, ob ein solcher Prozess geführt wird. Soweit der geschäftsfähige Betreute nicht selbst aktiv wird, hat der Betreuer hierüber zu befinden (§ 1795 Rn 3, 26). Ggf. wird ihm das Betreuungsgericht die **Entscheidungsbefugnis** entziehen (§ 1796 Rn 2) und auf einen **Ergänzungsbetreuer** (§ 1899 Abs. 4) übertragen (BayObLG Rpfleger 1981, 302, 303). Während der Dauer des Betreuungsverhältnisses ist die Verjährung der Ansprüche gehemmt (§ 207 Abs. 1 S. 2 Nr. 4). 4

Die **Rechnungsprüfung** obliegt dem Rechtspfleger (§ 3 Nr. 2 b RPflG). Er kann Sachverständige zur Vorbereitung seiner Entscheidung heranziehen (die Kosten trägt der Betreute, unzulässig daher die Beauftragung eines Sachverständigen zur Entlastung des Gerichts wegen personeller Unterbesetzung: AG Bad Oeynhausen BtPrax 2003, 235). Die Erklärung des Gerichts, die Rechnung werde nicht beanstandet, hat materiell zum Inhalt, dass Maßnahmen nach § 1837 nicht geboten sind, der Betreuer wird hierdurch aber nicht entlastet (BayObLG Rpfleger 1997, 476). Rechte des Betreuten werden durch den **Prüfbescheid** nicht beeinträchtigt, nicht gehindert, Ansprüche gegen den Betreuer geltend zu machen, das Prozessgericht ist an die Auffassung des Betreuungsgerichts nicht gebunden (BayObLG Rpfleger 1996, 246; OLG Karlsruhe a. a. O Rn 2; Damrau/Zimmermann Rn 3, 4). Werden Ausgaben des Betreuers beanstandet und beschränkt sich das Gericht auf die Mitteilung seiner **Rechtsansicht,** ist der Betreuer nicht beschwert; anders verhält es sich, wenn mit dem **Prüfbescheid Gebote** und **Verbote** verbunden werden (OLG Jena Rpfleger 2001, 75; LG Berlin Rpfleger 1969, 350; MK-Wagenitz Rn 13). Vor der Entscheidung über Aufsichtsmaßnahmen ist der Betreute anzuhören (vgl. § 1837 Rn 23). 5

BGB § 1846

§ 1846 Einstweilige Maßregeln des Familiengerichts

Ist ein Vormund noch nicht bestellt oder ist der Vormund an der Erfüllung seiner Pflichten verhindert, so hat das Familiengericht die im Interesse des Betroffenen erforderlichen Maßregeln zu treffen.

1. Überblick

1 Die Vorschrift ist auf die Betreuung sinngemäß anzuwenden (§ 1908 i Abs. 1 S. 1).

2 Krankheit oder Behinderung des Betroffenen können **sofortiges Handeln** erforderlich machen. Ist noch **kein Betreuer** bestellt oder der bestellte Betreuer **weggefallen** oder **verhindert,** muss in **dringenden** Fällen das Betreuungsgericht selbst unmittelbar für den Betroffenen tätig werden, ggf. also auch in dessen Namen rechtsgeschäftliche Erklärungen abgeben, in eine ärztliche Maßnahme einwilligen oder seinen Aufenthalt bestimmen. Voraussetzung ist stets, dass nicht mehr genügend Zeit verbleibt, einen geeigneten (vorläufigen) Betreuer zu bestellen und mit einem **Aufschub Gefahr** verbunden wäre.

2. Voraussetzungen der einstweiligen Maßregeln

3 Einstweilige Maßregeln sind auch zulässig, wenn für den Betroffenen **bislang** noch **kein Betreuer** bestellt war (Staudinger-Engler Rn 3). Nach anderer Ansicht sind hingegen einstweilige Maßregeln nach § 1846 **nur zulässig,** wenn zumindestens **gleichzeitig** ein (vorläufiger) **Betreuer** bestellt wird und dieser verhindert ist (OLG Frankfurt FamRZ 1993, 357; Wiegand FamRZ 1991, 1022; im Ergebnis zust. Rink FamRZ 1993, 512). Denn im Gegensatz zur Vormundschaft falle bei der Betreuung die Anordnung der Betreuung und die Bestellung des Betreuers zusammen und eine isolierte einstweilige Maßregel außerhalb eines Betreuungsverfahrens könne nicht getroffen werden. Diese Auffassung schränkt den Anwendungsbereich der Vorschrift allgemein ein. Sie verkennt, dass das Gericht die einstweilige Maßregel nach § 1846 nicht **außerhalb** des Betreuungsverfahrens trifft, sondern im **Hinblick** hierauf (Staudinger-Engler Rn 4) und nach Prüfung der Voraussetzungen einer Betreuung nach § 1896. Spätestens mit Erlass der Anordnung ist das Verfahren **eingeleitet** und alsdann unverzüglich über die Bestellung eines (vorläufigen) Betreuers zu entscheiden. Auch vom Ergebnis her ist der gegenteiligen Ansicht nicht zu folgen; das Gericht muss handeln können, wenn genügend Zeit bleibt, einen geeigneten (vorläufigen) Betreuer zu bestellen (Bürgle NJW 1988, 1881, 1886). Der **BGH** (FamRZ 2002, 744 = NJW 2002, 1801 = BtPrax 2002, 162) hat die **Streitfrage** mit der h. M. (vgl. Erman-Saar Rn 3 m. w. N.) dahingehend entschieden, dass das Betreuungsgericht in Eilfällen einstweilige Maßregeln treffen kann, ohne dass zugleich damit schon ein **Betreuer** bestellt werden muss. Allerdings hat das Gericht, jedenfalls bei der Unterbringung, durch geeignete Maßnahmen sicherzustellen, dass dem Betroffenen **unverzüglich** – binnen weniger Tage – ein Betreuer oder jedenfalls ein vorläufiger Betreuer zur Seite gestellt wird (ebenso BayObLG FamRZ 2003, 1322).

4 Der BGH (a.a.O. Rn 3 S. 746) betont den **Ausnahmecharakter** der Vorschrift, Eingriffe des Betreuungsgerichts sollen in der Regel auf Kontrollfunktionen beschränkt sein. Von der **eigenständigen** Anordnungsbefugnis des § 1846

kann nur in **dringenden** Fällen, in denen ein Aufschub einen **Nachteil** für den Betreuten zur Folge haben würde, Gebrauch gemacht werden. Die Bestellung eines vorläufigen Betreuers ist **vorrangig** (MK-Schwab § 1908 i Rn 33; ders. FamRZ 1990, 681, 688). Dies kann aber nur dann gelten, wenn ein geeigneter (vorläufiger) Betreuer zur Verfügung steht, die Bestellung einer beliebigen, mit den persönlichen Verhältnissen des Betreuers nicht vertrauten Person zum (vorläufigen) Betreuer würde sich in einem formalen Akt erschöpfen, der dem Betroffenen keine Vorteile brächte (BGH a.a.O. Rn 3 S. 746). Maßregeln nach § 1846 sind also nur zulässig, wenn **dringende Gründe** für die Annahme bestehen, dass die **Voraussetzungen** für die Bestellung eines **Betreuers** gegeben sind, nicht mehr genügend **Zeit** verbleibt, einen **geeigneten** (vorläufigen) Betreuer zu bestellen und mit einem **Aufschub Gefahr** verbunden wäre; vgl. zur Unterbringung § 334 FamFG Rn 5. Entsprechendes gilt, wenn der bestellte Betreuer durch Tod oder Entlassung weggefallen ist oder der ihm zugewiesene Aufgabenkreis die betreffende Angelegenheit nicht erfasst. Im Letzteren Fall ist die Erweiterung der Betreuung durch einstweilige Anordnung gem. §§ 1908 d Abs. 3 BGB, 300 FamFG zu prüfen oder bei unwesentlichen Erweiterungen das Verfahren nach § 293 Abs. 2 FamFG (Dodegge/Roth Teil A Rn 99).

Ist der Betreuer **verhindert**, sei es tatsächlich, z. B. durch Krankheit, oder 5 rechtlich, z. B. infolge eines Vertretungsausschlusses, hat das Betreuungsgericht im Eilfall zunächst die Bestellung eines (vorläufigen) **weiteren** Betreuers **(Ergänzungsbetreuers)** nach § 1899 Abs. 4 zu prüfen. Auf keinen Fall darf das Gericht in die **Führung** der Betreuung über § 1846 **eingreifen** (OLG Schleswig BtPrax 2001, 211; OLG Düsseldorf FamRZ 1995, 637; LG Frankfurt BtPrax 2001, 174). Auf **Pflichtwidrigkeiten** ist mit **Aufsichtsmaßnahmen** zu reagieren. Ist Gefahr im Verzug mag das Gericht ggf. dem Betreuer die **Vertretungsmacht** für einzelne Angelegenheiten entziehen (§ 1796) oder ihn durch einstweilige Anordnung **entlassen** (§ 1908 b Abs. 1 BGB i. V. m. § 300 Abs. 2 FamFG) und sodann selbst handeln, wenn die Zeit nicht mehr ausreicht, einen geeigneten (vorläufigen) Betreuer zu bestellen. Auch wenn das Betreuungsgericht vom Betreuer beabsichtigte Maßnahmen für rechtswidrig erachtet, befugt dies nicht zu eigenständigen **gegenläufigen Anordnungen**, solange der Betreuer nicht an einer Entscheidung verhindert ist, so OLG Zweibrücken für den Abbruch einer Sondenernährung (FamRZ 2003, 1127). Problematisch daher auch die Annahme, der (angeblich) zum Betreuer seines volljährigen geistig behinderten Kindes bestellte Zeuge Jehovas sei aus „religiösen Gründen" an der Entscheidung über die Einwilligung in eine Bluttransfusion verhindert (AG Nettetal FamRZ 1996, 1104; abl. Damrau/Zimmermann Rn 3). Das Gericht hätte hier den Vater schon an Ort und Stelle verkündeten Beschluss die Entscheidungsbefugnis nach §§ 1796, 1908 b Abs. 1 S 1 im Wege der einstweiligen Anordnung (§ 300 Abs. 2 FamFG) entziehen müssen, um ggf. nach § 1846 für den Betreuten handeln zu können. Bei diesen Fallgestaltungen wird in der Anordnung der gerichtlichen Maßregel auch die konkludente (Teil-) Entlassung des Betreuers bzw. Entziehung der Vertretungsmacht liegen. Gegen diese Verfahrensweise bestehen Bedenken, vgl. dazu die Parallelproblematik bei der Bestellung eines Ergänzungsbetreuers (§ 1796 Rn 8).

3. Maßregeln

Vorrangig ist die Bestellung eines vorläufigen Betreuers (Rn 4, 5). Ist **unmittel-** 6 **bares** Handeln erforderlich, trifft das Gericht **alle** Maßnahmen, die auch ein

von Crailsheim

Betreuer mit dem entsprechenden Aufgabenkreis treffen könnte; z. B. Kündigung eines Darlehens, Erklärung gegenüber Behörden, Sicherung von Vermögensgegenständen, Kontensperrung, Maßnahmen bei Wohnraumkündigung und Räumungsverlangen. Auch die Einwilligung in **ärztliche Maßnahmen** zählt hierzu, wenn der Betroffene einwilligungsunfähig ist und mit dem Aufschub Gefahr verbunden wäre (AG Nettetal a.a.O. Rn 5 a. E.: Einwilligung in eine Bluttransfusion). Bei **dringlichen** Maßnahmen ist das ärztliche Handeln aber durch mutmaßliche Einwilligung oder berechtigte Geschäftsführung ohne Auftrag gerechtfertigt, so dass es der Einschaltung des Betreuungsgerichts nach § 1846 nicht bedarf, abgesehen von der Praktikabilität (Kern NJW 1994, 753, 756). Es sind die im **Interesse** des Betroffenen erforderlichen Maßregeln zu treffen. Dies können vorläufige Regelungen sein, z. B. die Aufenthaltsbestimmung, oder endgültige, z. B. eine Wohnraumkündigung, wobei konkludent eine erforderliche Genehmigung z. B. nach § 1907 erfasst ist. Es braucht sich also **nicht** generell um „**einstweilige Maßregeln**" zu handeln (Damrau/Zimmermann Rn 6; kritisch hierzu Dodegge/ Roth Teil A Rn 102: endgültige Maßregeln sind zu vermeiden).

7   Auch die **vorläufige Unterbringung** des Betroffenen **durch** das **Betreuungsgericht** ist als Maßregel nach § 1846 zulässig (BGH a.a.O. Rn 3), ohne dass bereits ein Betreuer bestellt sein muss (s. o. Rn 3). Entsprechendes gilt für die Anordnung unterbringungsähnlicher Maßnahmen (§ 1906 Abs. 1, 4). Bei der unmittelbaren Unterbringung durch das Gericht nach § 1846 sind dieselben **Verfahrensgarantien** zu beachten wie bei der vorläufigen Genehmigung einer Unterbringung durch den Betreuer (§ 331 FamFG; zu Einzelheiten s. dort Rn 2 ff.).

8   Ist eine gerichtliche Maßregel nach § 1846 ihrer Natur nach noch abänderbar (z. B. der Aufenthaltsbestimmung), entscheidet über den **Fortbestand** der Maßregel der Betreuer. Über diese Entscheidungsbefugnis hat das Betreuungsgericht den Betreuer in Kenntnis zu setzen (BayObLG FamRZ 2003, 78). Trifft er in angemessener Zeit keine Entscheidung, wird die gerichtliche Maßregel unzulässig (BayObLG FamRZ 1990, 1154, 1156). Unterbringungsmaßnahmen haben längstens Bestand bis zu der im Beschluss genannten Frist (§ 334 i. V. m. § 333 S. 1 FamFG). Sind sie ohne Bestellung eines Betreuers ergangen und hat das Gericht nicht unverzüglich die zur Bestellung eines Betreuers erforderlichen Maßnahmen getroffen, ist die Anordnung von vornherein unzulässig (BGH a.a.O. Rn 3; BayObLG FamRZ 2003, 1322); offengelassen hat der BGH, ob die Anordnung ex nunc unzulässig wird, wenn das Gericht die Betreuerbestellung nicht mit der notwendigen Beschleunigung betreibt.

4. Verfahren

9   Örtlich **zuständig** ist das Betreuungsgericht, bei dem die Betreuung anhängig ist (§ 272 Abs. 1 Nr. 1 FamFG), sonst das allgemein örtlich zuständige Gericht (§ 272 Abs. 1 Nr. 2 ff. FamFG); daneben für vorläufige Maßregeln nach § 1846 das Gericht, in dessen Bezirk das Bedürfnis der **Fürsorge** hervortritt (§ 272 Abs. 2 FamFG). Für Unterbringungsmaßregeln nach § 1846 i. V. m. § 334 FamFG gelten diese Zuständigkeiten entsprechend (§ 313 Abs. 1, 2 FamFG).

10 Ist eine Betreuung **noch nicht angeordnet,** entscheidet über die vorläufige Maßnahme nach § 1846 der **Richter,** da vor der Entscheidung die Voraussetzungen der Betreuung zu prüfen sind (§ 15 Abs. 1 RPflG); dem Rechtspfleger ver-

Befreiung durch den Vater § 1852 BGB

bleibt die Zuständigkeit für Entscheidungen im Vorfeld einer Vollmachts- oder Kontrollbetreuung nach § 1896 Abs. 3 (§§ 3 Nr. 2 b, § 15 Abs. 1 S. 2 RPflG). War **bereits** eine Betreuung **angeordnet** und ist der Betreuer weggefallen oder verhindert, besteht für Verrichtungen nach § 1846 grundsätzlich kein Richtervorbehalt.

Die **Unterbringung** ist jedoch stets **Richtersache;** zwar wird die Maßregel nach § 1846 nicht im Katalog des § 312 FamFG aufgeführt, aber in § 334 FamFG folgerichtig als Unterbringungsmaßnahme eingeordnet (Keidel/Budde FamFG § 312 Rn 2). **11**

Ferner ist über eine **Einwilligung** in gefährliche **ärztliche Maßnahmen** im Hinblick auf das Genehmigungserfordernis nach § 1904 notwendig vom Richter zu entscheiden. Ihm sollte darüber hinaus aber jedwede Entscheidung in diesem Bereich zugewiesen werden, denn es ist – unabhängig von systematischen und rechtspolitischen Gesichtspunkten – von der Sache her geboten, dass für die Abgrenzung derjenige die Verantwortung übernimmt, der die umfassendere Entscheidungskompetenz hat (vgl. auch § 15 RPflG Rn 58). Generell ist zu beachten, dass auch nach Anordnung der Betreuung vor Erlass einer Maßregel nach § 1846 vorrangig die Bestellung eines (neuen bzw. weiteren) **vorläufigen Betreuers** zu prüfen ist. Ist hierfür der Richter zuständig, wird er ggf. auch die Eilmaßnahme erledigen, da eine getrennte Bearbeitung angesichts der Dringlichkeit regelmäßig nicht sachdienlich wäre (§ 6 RPflG). **12**

Das Verfahren nach § 1846 ist nur für die Unterbringung näher geregelt (vgl. Erläuterungen zu § 1906 und zu § 334 FamFG). Im Übrigen gelten die **allgemeinen Verfahrensgrundsätze** (Art. 103 Abs. 1 GG; §§ 26, 275 FamFG; siehe auch Jürgens/Kröger/Marschner/Winterstein Rn 436). Soweit dies nicht wegen der Dringlichkeit oder des Zustandes des Betroffenen ausgeschlossen ist, muss der Betroffene vor der Entscheidung gehört werden; ggf. ist Verfahrenspflegschaft anzuordnen (§ 276 FamFG). Ist noch keine Betreuung angeordnet, hängt es von den Umständen des Einzelfalls ab, welche Anforderungen das Gericht an die Prüfung der Voraussetzungen der Betreuung stellt, glaubhaft gemachte Tatsachen können auch dann verwertet werden, wenn der Betroffene sie bestreitet (BayObLG FamRZ 2004, 1899 LS); im Ausnahmefall kann ohne ärztliches Zeugnis entschieden werden. Die Einwilligung in eine **ärztliche** Maßnahme setzt hingegen stets voraus, dass ein ärztliches Zeugnis vorliegt, das Auskunft gibt über den Zustand des Betroffenen, dessen Einwilligungsfähigkeit, sowie die Erforderlichkeit und Dringlichkeit der vorgesehenen Maßnahme. Zu beachten ist, dass mit dem Verfahren nach § 1846 zugleich das Verfahren zur Bestellung eines (vorläufigen) Betreuers eingeleitet wird, und somit – jedenfalls nach Erlass der Maßregel – unverzüglich die **Verfahrensgarantien** des § 300 ff. **FamFG** umzusetzen sind (vgl. Erläuterungen zu § 300 ff. FamFG). **13**

Gegen Maßregeln nach § 1846 findet die Beschwerde statt; bei einstweiligen Anordnungen verkürzt sich die Beschwerdefrist auf 2 Wochen (63 Abs. 2 FamFG); beschwerdeberechtigt sind Betroffener und Betreuer (§ 59 Abs. 1 FamFG; 1902); zur Beschwerde bei Unterbringung und zum Kreis der Beschwerdeberechtigten s. Erläuterungen zu § 335 FamFG. **14**

§ 1852 Befreiung durch den Vater

(1) **Der Vater kann, wenn er einen Vormund benennt, die Bestellung eines Gegenvormunds ausschließen.**

von Crailsheim

(2) Der Vater kann anordnen, dass der von ihm benannte Vormund bei der Anlegung von Geld den in den §§ 1809, 1810 bestimmten Beschränkungen nicht unterliegen und zu den in § 1812 bezeichneten Rechtsgeschäften der Genehmigung des Gegenvormunds oder des Familiengerichts nicht bedürfen soll. Diese Anordnungen sind als getroffen anzusehen, wenn der Vater die Bestellung eines Gegenvormunds ausgeschlossen hat.

§ 1853 Befreiung von Hinterlegung und Sperrung

Der Vater kann den von ihm benannten Vormund von der Verpflichtung entbinden, Inhaber- und Orderpapiere zu hinterlegen und den in § 1816 bezeichneten Vermerk in das Bundesschuldbuch oder das Schuldbuch eines Landes eintragen zu lassen.

§ 1854 Befreiung von der Rechnungslegungspflicht

(1) Der Vater kann den von ihm benannten Vormund von der Verpflichtung entbinden, während der Dauer seines Amtes Rechnung zu legen.

(2) Der Vormund hat in einem solchen Falle nach dem Ablauf von je zwei Jahren eine Übersicht über den Bestand des seiner Verwaltung unterliegenden Vermögens dem Familiengericht einzureichen. Das Familiengericht kann anordnen, dass die Übersicht in längeren, höchstens fünfjährigen Zwischenräumen einzureichen ist.

(3) Ist ein Gegenvormund vorhanden oder zu bestellen, so hat ihm der Vormund die Übersicht unter Nachweisung des Vermögensbestands vorzulegen. Der Gegenvormund hat die Übersicht mit den Bemerkungen zu versehen, zu denen die Prüfung ihm Anlass gibt.

§ 1857a Befreiung des Jugendamts und des Vereins

Dem Jugendamt und einem Verein als Vormund stehen die nach § 1852 Abs. 2, §§ 1853, 1854 zulässigen Befreiungen zu.

Übersicht

	Rn.
1. Überblick über die „Befreite Betreuung"	1
2. Einzelne Befreiungen nach § 1908 i i. V. m. § 1857 a	5
a) § 1852 Abs. 2 S. 1:	5
b) § 1853:	6
c) § 1854 Abs. 1:	7
3. Periodische Vermögensübersicht/Berichtspflichten	8
4. Aufhebung und Beschränkung der Befreiung	10
5. Landesrechtliche Befreiungen	13
6. Bundesrecht	14

1. Überblick über die „Befreite Betreuung"

1 Unter „Befreiter Betreuung" versteht man eine Sonderform der Betreuung, die den Betreuer im Rahmen der Vermögenssorge von bestimmten gesetzlichen

Befreiung des Jugendamts und des Vereins **§ 1857a BGB**

Pflichten, die mit der Vermögensverwaltung verbunden sind, freistellt. **Begünstigte** Betreuer sind zunächst die **Betreuungsbehörde** und der **Verein**, soweit sie unmittelbar zum Betreuer bestellt sind, dies ergibt sich nach § 1908 i Abs. 1 S. 1 aus der sinngemäßen Anwendung des § 1857 a auf die Betreuung. In gleicher Weise begünstigt sind nach der ausdrücklichen Anordnung des § 1908 i Abs. 2 S. 2 der zum Betreuer bestellte **Vater** des Betreuten, die **Mutter**, der **Ehegatte**, der **Lebenspartner** (§ 1 LPartG), die **Abkömmlinge** als Betreuer sowie der **Vereinsbetreuer** und der **Behördenbetreuer**, soweit das Betreuungsgericht nichts anderes anordnet. **Inhalt** und **Umfang** der Befreiung ergeben sich ebenfalls gem. § 1908 i Abs. 1 S 1, Abs. 2 S. 2 aus der sinngemäßen Anwendung des § 1857 a, der wiederum auf die Regelung der §§ 1852 Abs. 2, 1853, 1854 Bezug nimmt.

Kraft Gesetzes stehen damit diesen Betreuern für den **Aufgabenkreis Vermögenssorge** die nach §§ 1852 Abs. 2, 1853, 1854 zulässigen Befreiungen zu, insbesondere von der laufenden Rechnungslegung (§ 1854); zu den einzelnen Befreiungen s. Rn 5 ff. Für die Eltern als Vormund galt das schon nach altem Recht über § 1903 a. F. Die Einbeziehung des Ehegatten und der Abkömmlinge soll die Übernahme der Betreuung erleichtern und ein Stück **„Entbürokratisierung"** bringen (BT-Drucks. 11/4528 S. 160). Die **Befreiung** der Angehörigen und des Vereins- bzw. Behördenbetreuers kann das Betreuungsgericht **einschränken** oder **aufheben** (§ 1908 i Abs. 2 S. 2; s. unten Rn 10). Für die **Behörde** als Betreuer kann das **Landesrecht** weitere Befreiungen vorsehen (§ 1908 i Abs. 1 S. 2; s. unten Rn 13 ff.). 2

Neben die gesetzliche Befreiung tritt die **Befreiung durch gerichtliche Verfügung**. Das Betreuungsgericht kann den Betreuer unter bestimmten Voraussetzungen von den **Verpflichtungen** nach §§ 1806–1816 entbinden (§ 1817 Abs. 1) und aus besonderen Gründen von den Hinterlegungs- und Sperrpflichten nach §§ 1814, 1816 (§ 1817 Abs. 2). Ferner kann das Gericht zu Rechtsgeschäften, die der Genehmigung nach § 1812 oder § 1822 Nr. 8–10 bedürfen, eine allgemeine **Ermächtigung** erteilen (§ 1825), die wie eine Befreiung vom Genehmigungserfordernis wirkt (Dodegge/Roth Teil E Rn 117). Das Gericht darf **nicht** von der **Rechnungslegungspflicht** entbinden oder diese einschränken. 3

Der **Betreute selbst** ist nicht befugt, Befreiung zu erteilen, da er regelmäßig nicht in der Lage sein wird, Nachlässigkeiten, Fehlern und Missbräuchen bei der Vermögensverwaltung wirksam entgegenzutreten (OLG Hamm Rpfleger 1989, 20). Allerdings kann der geschäftsfähige Betreute den Betreuer bevollmächtigen und so ein Rechtsgeschäft der betreuungsgerichtlichen Kontrolle entziehen (s. vor § 1802 Rn 7 f.). Befreiung von bestimmten gesetzlichen Pflichten kann auch durch **Dritte** erteilt werden, die dem Betreuten eine **Zuwendung** machen (§ 1803 Rn 3). 4

2. Einzelne Befreiungen nach § 1908 i i. V. m. § 1857 a

a) § 1852 Abs. 2 S. 1:

Der befreite Betreuer unterliegt nicht den Beschränkungen der §§ 1809, 1810, das heißt, Anlagen nach § 1807 Abs. 1 Nr. 5, z. B. ein Sparkassenbuch, braucht er nicht versperren zu lassen (§ 1809); und er bedarf zur mündelsicheren Anlage nicht der zusätzlichen Genehmigung nach § 1810. An den Katalog der **mündelsicheren Anlagen** (§ 1807) und das Gestattungserfordernis des § 1811 ist der 5

von Crailsheim

befreite Betreuer gleichwohl **gebunden,** (allg. Ansicht; kritisch Wesche BtPrax 2003, 56, 59), anders bei Befreiung nach §§ 1908 i Abs. 1 S. 1; 1817 Abs. 1. Über Forderungen und Wertpapiere kann er frei verfügen, § 1812 ist nicht anzuwenden. Die Befreiung hindert nicht die Überwachung durch einen **Gegenbetreuer,** vgl. hierzu § 1792 Rn 8 (anders wohl Damrau/Zimmermann § 1857 a Rn 2, der aber übersieht, dass § 1857 a nicht auf § 1852 Abs. 1 verweist).

b) § 1853:

6   Wertpapiere brauchen nicht **hinterlegt** (§ 1814) und Schuldbuchforderungen nicht gesperrt zu werden (§ 1816). Wertpapiere und Wertrechte dürfen also auch in einem **ungesperrten Wertpapierdepot** bei einem Kreditinstitut verwahrt werden (§§ 1814–1816 Rn 10 ff.). Das Betreuungsgericht ist befugt, aus besonderen Gründen auch gegenüber dem befreiten Betreuer die Hinterlegung von Wertpapieren und Kostbarkeiten anzuordnen **(§ 1818);** für die Behörde als Betreuer gilt dies hingegen nicht (MK-Wagenitz § 1818 Rn 8; str. vgl. auch § 1818 Rn 8.).

c) § 1854 Abs. 1:

7   Der befreite Betreuer ist von der **laufenden Rechnungslegungspflicht** nach § 1840 Abs. 2 bis 4 für die Dauer seines Amtes entbunden (§ 1854 Abs. 1), nicht jedoch von der **Rechenschaftspflicht** nach Beendigung des Amtes in Form der **Schlussrechnung** (§ 1890).

3. Periodische Vermögensübersicht/Berichtspflichten

8   Anknüpfend an das obligatorische Vermögensverzeichnis (§ 1802) hat der befreite Betreuer alle zwei Jahre eine **Übersicht** über den **Bestand** des von ihm verwalteten Vermögens einzureichen **(§ 1854 Abs. 2 S. 1).** Dieser Zeitraum kann auf bis zu fünf Jahre verlängert werden (§ 1854 Abs. 2 S. 2). Wie beim Vermögensverzeichnis ist auch bei der Bestandsübersicht der Schuldenstand anzuführen (allg. Ans. Staudinger-Engler Rn 24). Der Bestand ist nicht nachzuweisen, auf Verlangen sind aber dem Betreuungsgericht Belege und Urkunden einzureichen (vgl. § 1839 Rn 4). Ist ein **Gegenbetreuer** vorhanden, so ist zunächst ihm die Übersicht vorzulegen und der Bestand nachzuweisen (§ 1854 Abs. 3 S. 1). Dieser hat die Übersicht mit einem Prüfvermerk zu versehen (§ 1854 Abs. 3 S. 2). Unter den Voraussetzungen des § 1792 Abs. 2 kann die Bestellung eines Gegenbetreuers nachgeholt werden; der Behörde kann kein Gegenbetreuer bestellt werden (§ 1792 Abs. 1 S. 2).

9   Das **Betreuungsgericht prüft** die Vermögensübersicht und geht auffälligen Bestandsveränderungen und sonstigen Anhaltspunkten nach, die das in den befreiten Betreuer gesetzte Vertrauen in Frage stellen (§ 1837 Abs. 2). Besonders sorgfältig ist auch die jährliche obligatorische **Berichtspflicht** nach § 1840 Abs. 1 zu überwachen, die mit der Verpflichtung zur periodischen Auskunft verbunden werden kann (vgl. § 1839 Rn 6). Ggf. sind **Einzelauskünfte** einzuholen (§ 1839) und der Betreuer zum **persönlichen** Bericht über die Führung seines Amtes aufzufordern (§ 1839 Rn 4). Wichtig ist, dass das Gericht auch bei befreiter Betreuung durch Angehörige kontrolliert, ob dem Betreuten genügend eigene Mittel überlassen werden für seine persönlichen Bedürfnisse und ob allgemein seinen Wünschen entsprochen wird (§ 1901 Abs. 3 S. 1).

4. Aufhebung und Beschränkung der Befreiung

Wenn es die **Interessen** des Betreuten gebieten, kann das Betreuungsgericht   10
die gesetzlich angeordneten Befreiungen ganz oder teilweise **aufheben** (§ 1908 i
Abs. 2 S. 2). Dies ist der Fall, wenn durch die Befreiung das Wohl des Betreuten
gefährdet ist und dem nur durch Beschränkung der Befreiung begegnet werden
kann (Damrau/Zimmermann § 1908 i Rn 20). Wird der Betreuer uneingeschränkt bestellt, erfordert die nachträgliche Aufhebung der Befreiung die Feststellung einer konkreten Gefährdung des Wohls des Betreuten (Staudinger-Bienwald
§ 1908 i Rn 245). Die Änderungsermächtigung betrifft **nicht** die Betreuung durch
Verein und Behörde. Hier verbleibt dem Betreuungsgericht neben Geboten und
Verboten (§ 1837 Abs. 2) unter Umständen nur die Entlassung des Betreuers
(§ 1908 b Abs. 1).

Insbesondere hat das Gericht die Befreiung von der **Rechnungslegungs-**   11
pflicht (§§ 1908 i Abs. 2 S. 2, 1857 a, 1854 Abs. 1) aufzuheben oder **einzuschränken,** wenn dies zur Abwendung der Gefährdung des Wohls des Betreuten
erforderlich ist, falls z. B. erhebliches Barvermögen zu verwalten ist und der
Betreuer keine Sachkompetenz belegen kann und sich als beratungsresistent
erweist (LG München I BtPrax 1998, 83); die Aufhebung der Befreiung kann
schon mit der **Bestellung** erfolgen, wenn anderenfalls von der Bestellung eines
Angehörigen abgesehen werden müsste, dem Betreuungsgericht obliegt eine entsprechende Prüfungspflicht (BayObLG FamRZ 1999, 51). Fraglich ist aber ob in
diesen Fällen der Betreuer geeignet ist; kritisch auch MK-Schwab § 1908 i Rn
34. Die Kontrolle kann auch **zeitlich** beschränkt sein. Mangelt es beispielsweise
an Erfahrung und Sachkompetenz kann bei erstmaliger Bestellung eines Betreuers
die Rechnungslegung angeordnet werden, um zu prüfen, ob er sein Amt ordnungsgemäß führt (BayObLG FamRZ 2003, 475). Ist die Mitarbeiterin eines
anerkannten Betreuungsvereins zur Betreuerin bestellt, ist hingegen grundsätzlich
gewährleistet, dass die Vermögenssorge das Wohl des Betreuten nicht gefährdet
(LG München I FamRZ 1999, 468 LS.).

Funktionell **zuständig** für die Aufsicht über die Führung der Betreuung, die   12
Prüfung der Vermögensübersichten und die evtl. Aufhebung einer Befreiung ist
der Rechtspfleger (§ 3 Nr. 2 b RPflG). Wird die Aufhebung der Befreiung mit der
Bestellung verbunden, fällt dies in die Zuständigkeit desjenigen, der den Betreuer
bestellt.

5. Landesrechtliche Befreiungen

Der **Betreuungsbehörde** als Betreuer, **nicht** dem Behördenbetreuer, können   13
nach **Landesrecht weitere Befreiungen** erteilt werden, soweit diese die Aufsicht
des Betreuungsgerichts in vermögensrechtlicher Hinsicht betreffen (zur Befreiung
vom Vorbehalt des § 1811 s. dort Rn 14) und den Abschluss von Lehr- und
Arbeitsverträgen (**§ 1908 i Abs. 1 S. 2).** Von diesen Möglichkeiten haben einzelne Länder durch entsprechende Ausführungsgesetze (AGBtG) in unterschiedlichem Umfang Gebrauch gemacht. Die Entbindung von den Pflichten aus **§ 1907**
dürfte aber wegen des **persönlichen** Charakters der **Wohnungsangelegenheiten** nicht vom Befreiungsvorbehalt des § 1908 i Abs. 1 S. 2 gedeckt sein, so zutref-

BGB § 1890

6. Bundesrecht

14   Die dem Jugendamt **bundesrechtlich** nach § 56 Abs. 2 S. 1, 2 und Abs. 3 SGB VIII zustehenden **Befreiungen** gelten **nicht** für die **Betreuungsbehörde**, desgleichen nicht die darüber hinaus gehenden landesrechtlichen Ausnahmen (§ 56 Abs. 2 S. 3 SGB VIII) (Staudinger-Bienwald § 1908 i Rn 247; MK-Wagenitz § 1857 a Rn 5).

15   Insbesondere ist die nach § 56 Abs. 3 S. 1 SGB VIII eröffnete Möglichkeit der Anlage von Mündelgeldern auf **Sammelkonten** des Jugendamtes auf die **Betreuung nicht übertragbar;** auch nicht in Baden-Württemberg, § 16 Abs. 2 AGKJHG bezieht sich nicht auf § 56 Abs. 3 SGB VIII (Krauß BWNotZ 1995, 20, 21). Es wäre mit der Zielsetzung einer persönlichen Betreuung und der Würde des Betreuten nicht vereinbar, wenn oft jahrelang bestehende Bankverbindungen abgebrochen werden mit dem Ziel einer anonymen Verwaltung der Gelder auf Konten des Trägers der Betreuungsbehörde. Entsprechende Weisungen der kommunalen Aufsicht an die Betreuungsbehörde wären unzulässig (vgl. auch § 1837 Rn 5 und § 1805 Rn 6).

§ 1888 Entlassung von Beamten und Religionsdienern

Ist ein Beamter oder ein Religionsdiener zum Vormund bestellt, so hat ihn das Familiengericht zu entlassen, wenn die Erlaubnis, die nach den Landesgesetzen zur Übernahme der Vormundschaft oder zur Fortführung der vor dem Eintritt in das Amts- oder Dienstverhältnis übernommenen Vormundschaft erforderlich ist, versagt oder zurückgenommen wird oder wenn die nach den Landesgesetzen zulässige Untersagung der Fortführung der Vormundschaft erfolgt.

1   Die Vorschrift ist auf die Betreuung sinngemäß anzuwenden (§ 1908 i Abs. 1 S. 1) und über die Verweisung in §§ 1908 i Abs. 1 S 1, 1895 auch auf die Gegenbetreuung.

2   Ein **Beamter** oder Religionsdiener soll nicht ohne die erforderliche **Erlaubnis** des Dienstherrn zum Betreuer oder Gegenbetreuer bestellt werden (§§ 1784, 1792 Abs. 4). § 1888 ergänzt diese Regelung. Entsprechendes gilt für die Erlaubnis zur **Fortführung** des Amtes, wenn der Betreuer erst nach der Bestellung Beamter wird. Zu entlassen ist der Betreuer auch, wenn eine Erlaubnis zur Bestellung nicht erforderlich war, der Dienstherr aber befugt ist, die Fortführung des Amtes zu untersagen.

3   Zuständig ist der Rechtspfleger (§ 3 Nr. 2 b RPflG; s. auch §§ 3, 15 RPflG Rn 34).

§ 1890 Vermögensherausgabe und Rechnungslegung

Der Vormund hat nach der Beendigung seines Amts dem Mündel das verwaltete Vermögen herauszugeben und über die Verwaltung Rechen-

Vermögensherausgabe und Rechnungslegung **§ 1890 BGB**

schaft abzulegen. Soweit er dem Familiengericht Rechnung gelegt hat, genügt die Bezugnahme auf diese Rechnung.

1. Überblick zu §§ 1890 bis 1892

Die Vorschriften sind auf die Betreuung sinngemäß anzuwenden (§ 1908 i Abs. 1 S. 1). 1

Endet das Amt des Betreuers, dem die Vermögenssorge ganz oder zum Teil 2 zugewiesen war, hat er das verwaltete Vermögen herauszugeben und **Rechenschaft** über die Verwaltung abzulegen (§ 1890 S. 1). **Anspruchsberechtigt** ist der Betreute, ggf. vertreten durch einen neuen Betreuer, oder der Erbe des Betreuten. Zur Rechenschaft gehört die **Schlussrechnung;** zum Inhalt vgl. § 1841. Adressat der Schlussrechnung ist der Betreute, nicht das Betreuungsgericht. Das **Betreuungsgericht kontrolliert** aber die Erfüllung der Pflicht zur Schlussrechnungslegung. Daher hat der Betreuer die Rechnung, nachdem er sie dem Gegenbetreuer – soweit vorhanden – vorgelegt hat (§ 1891), dem Betreuungsgericht einzureichen (§ 1892 Abs. 1). Das Gericht prüft die Rechnung, vermittelt deren Abnahme und beurkundet ein evtl. Anerkenntnis (§ 1892 Abs. 2). Das Betreuungsgericht kann nur die Vorlage einer **formell** ordnungsgemäßen Rechnung erzwingen; nicht aber deren **sachliche** Berichtigung oder Ergänzung, über streitig bleibende Ansprüche entscheidet das Prozessgericht (OLG Stuttgart Rpfleger 2001, 130 (LS); OLG Jena Rpfleger 2001, 75; BayObLG Rpfleger 1997, 476; BtPrax 2001, 39). Eine Ablehnung des Betreuungsgerichts, die Schlussrechnung zu beanstanden, ist daher keine anfechtbare Verfügung (OLG Stuttgart a.a.O.). vgl. § 1843 Rn 5. Auskünfte über die Führung des Amtes (§ 1839) können nach dessen Beendigung nicht mehr durch das Betreuungsgericht erzwungen werden (BayObLG Rpfleger 1996, 246; Staudinger-Engler § 1892 Rn. 8).

§ 1890 findet auch Anwendung, wenn sich der **Aufgabenkreis** des Betreuers 3 **ändert** und die Vermögenssorge ganz oder teilweise auf einen weiteren Betreuer übertragen wird (Palandt-Diederichsen Rn 1). Wird der **bisherige Vormund** oder Pfleger zum Betreuer mit dem Aufgabenkreis der Vermögenssorge bestellt, ist für die abgelaufene Vormundschaft oder Pflegschaft Schlussrechnung zu legen und eine Vermögensübersicht zu fertigen; der Bestellung eines Ergänzungsbetreuers zu deren Abnahme bedarf es aber nicht (MK-Wagenitz Rn 12; Damrau/Zimmermann Rn 8; Staudinger-Engler Rn 8). Werden die **Eltern** Betreuer ihres volljährig gewordenen behinderten Kindes, schulden sie Rechenschaft nur auf Verlangen des Kindes (§ 1698), dem ggf. hierfür ein weiterer Betreuer (§ 1899 Abs. 4) zu bestellen ist (Bienwald Anhang zu § 1908 i Rn 124). Schlussrechnung ist auch zu legen, wenn anstelle des **Betreuungsvereins** ein Vereinsmitarbeiter zum **Vereinsbetreuer** bestellt wird oder ein Vereinsbetreuer das Amt als **Privatbetreuer** weiterführt (§ 1908 b Abs. 4 S. 2). Entsprechendes gilt für die Betreuungsbehörde und den Behördenbetreuer. Zu den mit der **Personenidentität** bei Betreuerwechsel verbundenen Fragen s. Bienwald Anhang zu § 1908 i Rn 152 ff.

2. Herausgabe des Vermögens

Das verwaltete Vermögen ist dem Betreuten oder dessen Erben herauszugeben. 4 Hierzu hat der Betreuer nach den allgemeinen Vorschriften ein **Bestandsverzeichnis** vorzulegen (§ 260 Abs. 1), dessen Vollständigkeit ggf. an Eides Statt zu

von Crailsheim

versichern ist (§ 260 Abs. 2). Stehen dem Betreuer Ansprüche gegen den Betreuten auf Grund der Vermögensverwaltung zu, z. B. Aufwendungsersatz (§ 1835) oder Aufwandsentschädigung (§ 1835 a), kann er ein Zurückbehaltungsrecht geltend machen (§§ 273, 274); Vergütungsansprüche setzen aber gem. § 1836 eine vorherige Bewilligung voraus (Damrau/Zimmermann Rn 4). Der Herausgabeanspruch ist **privatrechtlicher** Natur; das Betreuungsgericht darf die Herausgabe nicht mit Aufsichtsmitteln erzwingen (KG Rpfleger 1969, 207; MK-Wagenitz Rn 1).

3. Rechenschaftspflicht

5   Die Rechenschaftspflicht aus § 1890 erfasst den **gesamten** Zeitraum der Verwaltungstätigkeit. Der Betreuer hat Auskunft über die **Führung** des **Amtes** zu erteilen, die **Entwicklung** des **Vermögens** darzulegen und eine geordnete Zusammenstellung der Einnahmen und Ausgaben zu fertigen (OLG Düsseldorf DAVorm 1982, 209); ggf. ist die Vollständigkeit der verzeichneten Einnahmen an Eides Statt zu versichern (§ 259 Abs. 2). Die Rechenschaftspflicht nach § 1890 gegenüber dem Betreuten ist also zu unterscheiden von der laufenden Rechnungslegung gegenüber dem Betreuungsgericht nach §§ 1840 ff. Soweit jedoch dem Gericht Rechnung gelegt worden ist, genügt für die Schlussrechnung die **Bezugnahme** hierauf (§ 1890 S. 2). Der Betreuer hat also die förmliche Abrechnung für den letzten Abrechnungszeitraum vorzulegen und sich im Übrigen für die gesamte Amtsdauer zu verantworten. Die Prüfvermerke des Betreuungsgerichts zu den periodisch gelegten Rechnungen binden den Betreuten nicht; er kann unabhängig hiervon Rechnungsposten beanstanden.

6   Aufgrund der Auskunft und der Rechnung soll der Betreute entscheiden können, ob er den Betreuer **entlastet** oder ob **Ansprüche** wegen **pflichtwidriger** Verwaltung geltend zu machen sind. Schlussrechnung ist daher auch zu legen, wenn nur laufende Einkünfte aus Renten oder Unterhaltsleistungen zu verwalten waren (OLG Stuttgart Rpfleger 1979, 61; LG Tübingen DAVorm 1989, 714). Ob der Betreuer seinen Rechenschaftspflichten materiell genügt hat, und über streitig bleibende Ansprüche entscheidet nicht das Betreuungsgericht, sondern das **Prozessgericht** (LG Hannover Rpfleger 1987, 274; vgl. auch § 1843 Rn 5).

4. Befreite Betreuung

7   Auch der **befreite** Betreuer hat über seine Vermögensverwaltung Rechenschaft abzulegen. Die Befreiung von der laufenden Rechnungslegung nach §§ 1840 ff. (§§ 1857 a, 1854 Abs. 1) entbindet nicht von der Pflicht nach § 1890 (OLG Frankfurt Rpfleger 1980, 18; OLG Düsseldorf FamRZ 1996, 374; OLG Jena Rpfleger 2001, 75; MK-Wagenitz Rn 13; Palandt-Diederichsen Rn 1). Strittig ist, ob der befreite Betreuer dem Betreuten auch **förmlich (Schluss)Rechnung** legen muss. Z. T. wird dies verneint, da infolge der Befreiung die **Bezugnahme** auf die **laufende** Rechnung gegenüber dem Betreuungsgericht nach § 1892 S. 2 **ausgeschlossen** ist und anderenfalls die Schlussrechnung die gesamte Amtsdauer umfassen müsste (Bienwald Anh. zu § 1908 i Rn 149 unter Bezug auf Wesche Rpfleger 1986, 44, der aber diese Auffassung aufgegeben hat BtPrax 2003, 56, 60). Dem ist nicht zu folgen. Der Betreute muss einen nachvollziehbaren und nachprüfbaren Überblick über die Verwaltung erhalten, um deren Pflichtgemäßheit beurteilen zu können. Hierzu genügen die vom befreiten Betreuer in mehrjährigen Abständen

eingereichten Übersichten über den Bestand des verwalteten Vermögens (§§ 1908 i, 1857 a, 1854 Abs. 2) nicht (BayObLG BtPrax 2003, 39; Rpfleger 1997, 476; OLG Jena Rpfleger 2001, 75; Erman-Saar Rn 6; MK-Wagenitz Rn 13; Damrau/Zimmermann § 1892 Rn 10; RGRK-Dickescheid Rn 13).

Die Befreiung von der Rechnungslegung gegenüber dem Gericht bedeutet 8 zwar nicht Befreiung von der im Rahmen einer ordnungsgemäßen Verwaltung bestehenden Pflicht, die Verwaltungsvorgänge aufzuzeichnen, worauf Pardey zutreffend hinweist (DAVorm 1987, 415; krit. hierzu Bienwald Anh. zu § 1908 i Rn 149), jedenfalls soweit wesentliche Vorgänge betroffen sind. Die **Besonderheiten** der **befreiten** Betreuung können aber nicht ohne Auswirkung auf die Art und Weise der **Rechenschaftspflicht** bleiben. Niemandem ist zuzumuten, etwa über 10 Jahre hinweg im Hinblick auf die Schlussrechnung alle Einnahmen und Ausgaben einzeln zu verzeichnen, zu belegen und zu erläutern. Damit würde die Führung des Amtes für den befreiten Betreuer nicht erleichtert, sondern gegenüber dem nicht befreiten Betreuer erschwert, der sich durch die Betreuungsgerichtliche Abnahme der laufenden Rechnung faktisch jährlich „entlasten" kann (kritisch hierzu auch Damrau/Zimmermann Rn 10). Zwar ist auch für den befreiten Betreuer von § 259 Abs. 1 BGB auszugehen; hiernach **bedarf** es aber **nicht** notwendig einer alle Vorgänge zeitlich geordnet **in einer Urkunde zusammenfassenden Rechnung** (OLG Düsseldorf FamRZ 1996, 374). Wenn z. B. die Aufgaben des befreiten Betreuers im Wesentlichen in der Verwaltung von Geldvermögen und nicht bebauten Grundbesitzes sowie in der Verwahrung sonstiger Vermögenswerte bestanden und die zu berichtenden Vorgänge über Bankkonten abgewickelt wurden, so genügt es, wenn der Betreuer zum Abschluss der Amtsführung einen **Überblick** über die **Entwicklung des Vermögens** während seiner Amtszeit vorlegt, zusammen mit den zeitlich geordneten Belegen und Kontoauszügen (OLG Düsseldorf a.a.O.). Den Interessen des Berechtigten wird dadurch ausreichend genügt, dass anhand der Übersicht über die Entwicklung des Vermögens die Möglichkeit eröffnet wird, die beendete Verwaltung unter Auswertung der mitgeteilten Übersichten und Belege nachzuprüfen (OLG Düsseldorf a.a.O.; zust.: Bienwald a.a.O. Rn 149; Damrau/Zimmermann Rn 10; i. Erg. wie hier: Dodegge/Roth Teil H Rn 18). Je nach Art und Umfang des verwalteten Vermögens müsste eine eingehendere, differenziertere Schlussrechnung gelegt werden (Bienwald a.a.O. Rn 151).

Abzulehnen ist es, **unterschiedliche** Anforderungen an die Schlussrechnung 9 gegenüber dem Betreuten und an die nach § 1892 dem Gericht einzureichende Rechnung zu stellen. Auch für § 1892 genügt nicht die Bezugnahme auf die Vermögensübersichten nach § 1854 Abs. 2 (so aber Erman-Saar Rn 6 unter Bezug auf das DIV-Gutachten DAVorm 1982, 151). Die Pflichten aus §§ 1890 und 1892 stehen im Zusammenhang. Adressat der Schlussrechnung ist der Betreute, das Gericht hat die nach § 1890 vorgeschriebene Rechenschaft zu kontrollieren (Staudinger-Engler § 1892 Rn 3). Auch die Vermittlungspflichten des Gerichts nach § 1892 Abs. 2 zeigen, dass nach § 1892 Abs. 1 nichts anderes verlangt werden kann als nach § 1890 (zu evtl. landesrechtlichen Erleichterungen für die Behörde s. § 1892 Rn 2).

5. Verzicht auf die Schlussrechnung

Der Berechtigte oder dessen Erben können auf die Schlussrechnung **verzich-** 10 **ten.** Der Verzicht erfolgt durch **Erlassvertrag** (§ 397 Abs. 1), auf den bei einfa-

BGB § 1892 Titel 1. Vormundschaft

cher Verwaltung auch das Betreuungsgericht hinwirken darf (RGZ 115, 368, 370). Mit dem Verzicht entfällt auch die Pflicht zur Rechnungslegung gegenüber dem Betreuungsgericht nach § 1892 (Staudinger-Engler § 1892 Rn 24).

11 Bleibt die Betreuung bestehen, wird aber der **Betreute** selbst den bisherigen Betreuer von der Schlussrechnung ebenso wenig entbinden können, wie von der laufenden Rechnungslegung (OLG Hamm Rpfleger 1989, 20).

12 Wechselt der Betreuer wird der **neue Betreuer** regelmäßig keinen Anlass haben, auf die Schlussrechnung zugunsten des bisherigen Betreuers zu verzichten. Eine Entlastungserteilung bedarf der Genehmigung des Betreuungsgerichts (BayObLG BtPrax 2001, 39; Palandt-Diederichsen Rn 5; Erman-Saar Rn 3; Damrau/Zimmermann Rn 9 je zu § 1892; differenzierend Staudinger/Engler § 1892 Rn 26); vgl. auch unten § 1892 Rn 8, 9 zur Entlastung.

§ 1891 Mitwirkung des Gegenvormunds

(1) **Ist ein Gegenvormund vorhanden, so hat ihm der Vormund die Rechnung vorzulegen. Der Gegenvormund hat die Rechnung mit den Bemerkungen zu versehen, zu denen die Prüfung ihm Anlass gibt.**

(2) **Der Gegenvormund hat über die Führung der Gegenvormundschaft und, soweit er dazu imstande ist, über das von dem Vormund verwaltete Vermögen auf Verlangen Auskunft zu erteilen.**

1 Die Vorschrift ist auf die Betreuung sinngemäß anzuwenden (§ 1908 i Abs. 1 S. 1), vgl. auch § 1792 Rn 1.

2 Abs. 1 entspricht § 1842. Die Bestellung eines Gegenbetreuers aus **Anlass** der **Rechnungsprüfung** kommt jedoch nicht mehr in Betracht (MK-Wagenitz Rn 2; Damrau/Zimmermann Rn 1). Der Vermögensbestand ist dem Gegenbetreuer nicht nachzuweisen. Wie der Betreuer, so hat auch der Gegenbetreuer dem Betreuten gegenüber **Rechenschaft** abzulegen über die Führung seines Amtes **(Abs. 2)**. Zu den Pflichten des Gegenbetreuers vgl. § 1799. Die Erfüllung der Pflichten aus Abs. 1 ist gem. § 1837 erzwingbar, nicht hingegen die Auskunftspflicht aus Abs. 2 (Damrau/Zimmermann Rn 1, 2; vgl. auch o. Rn 2).

§ 1892 Rechnungsprüfung und -anerkennung

(1) **Der Vormund hat die Rechnung, nachdem er sie dem Gegenvormund vorgelegt hat, dem Familiengericht einzureichen.**

(2) **Das Familiengericht hat die Rechnung rechnungsmäßig und sachlich zu prüfen und deren Abnahme durch Verhandlung mit den Beteiligten unter Zuziehung des Gegenvormunds zu vermitteln. Soweit die Rechnung als richtig anerkannt wird, hat das Familiengericht das Anerkenntnis zu beurkunden.**

1. Einreichung beim Betreuungsgericht

1 Die Vorschrift ist auf die Betreuung sinngemäß anzuwenden (§ 1908 i Abs. 1 S. 1).

2 Vgl. zunächst zur Rechenschaftspflicht bei Beendigung des Betreueramtes die Erläuterungen zu **§ 1890**. Die Rechenschaftspflicht nach § 1890 besteht gegen-

Rechnungsprüfung und -anerkennung § 1892 BGB

über dem Betreuten. Er ist somit auch Adressat der Schlussrechnung. Das Betreuungsgericht **überwacht** jedoch aus **Fürsorgegründen** die Einhaltung dieser Pflicht. Der Betreuer hat daher die Rechnung dem Betreuungsgericht einzureichen (Abs. 1), soweit der Betreute auf die Schlussrechnung nicht wirksam verzichtet hat (vgl. § 1890 Rn 10). Diese Pflicht trifft auch den **befreiten** Betreuer; die bloße Bezugnahme auf die Vermögensübersichten (§ 1854 Abs. 2) genügt nicht; vgl. hierzu § 1890 Rn 7–9. Zu den vereinzelt der Betreuungsbehörde gewährten Erleichterungen s. §§ 1852–1857 a Rn 14, 18. Das **Betreuungsgericht** kann auch **nach Beendigung des Amtes** den Betreuer durch Festsetzung von **Zwangsgeld** anhalten, die Schlussrechnung vorzulegen (allg. Ans.; BayObLG BtPrax 2001, 39; OLG Jena FamRZ 2001, 579; Palandt-Diederichsen Rn 2).

Das Gericht prüft die Rechnung rechnungsmäßig und sachlich (Abs. 2 S. 1 **3** Halbsatz 1). Entspricht die Rechnung nicht den **formalen Anforderungen** (§ 1841), kann das Gericht die Vervollständigung erzwingen. Hingegen ist es **nicht befugt, sachliche Berichtigungen** durchzusetzen (LG Hannover Rpfleger 1987, 247; MK-Wagenitz Rn 2). Der Betreute muss entscheiden, ob ihm die Beanstandungen des Betreuungsgerichts Anlass geben, gegen den Betreuer im **Prozesswege** vorzugehen.

Ein Schlussbericht ist nicht vorgesehen; **Auskünfte** über die **Führung** des **4** **Amtes** können nach dessen Beendigung nicht mehr erzwungen werden (§ 1839 Rn 7); der Betreute ist auch insoweit ggf. auf den Prozessweg angewiesen.

2. Abnahme der Rechnung

Das Betreuungsgericht **vermittelt** die **Abnahme** der Rechnung durch Ver- **5** handlung mit dem Beteiligten und dem Gegenbetreuer (Abs. 2 S. 1 Halbsatz 2). Das Erscheinen des bisherigen Betreuers und des Betreuten kann aber nicht erzwungen werden (MK-Wagenitz Rn 5; Palandt-Diederichsen Rn 4). Soweit im Abnahmetermin die Rechnung als richtig anerkannt wird, hat das Betreuungsgericht das **Anerkenntnis** oder Teilanerkenntnis zu beurkunden (Abs. 2 S. 2). Streitig bleibende Ansprüche sind im Prozesswege zu klären.

Strittig ist die Bedeutung des **Anerkenntnisses**. Nach überwiegender Ansicht **6** erklärt der Betreute damit, keine Ansprüche mehr gegen den Betreuer zu haben. Dies wäre eine Entlastung im Sinne eines vertraglichen **negativen Schuldanerkenntnisses** (Damrau/Zimmermann Rn 7; Erman-Saar Rn 3; MK-Wagenitz Rn 6). Nach anderer Ansicht ist der damit verbundene Verzicht auf unbekannte Ansprüche regelmäßig nicht gewollt; das Anerkenntnis erfasse nur den Bestand der aus der Abrechnung ersichtlichen Forderungen (Staudinger-Engler Rn 21). Die in einer Verhandlung dem Betreuer ausdrücklich vorbehaltslos erteilte Entlastung ist als Anerkenntnisvertrag nach § 397 Abs. 2 einzuordnen (RGZ 115, 368, 371; OLG Köln FamRZ 1996, 249; Dodegge/Roth Teil H Rn 17). Bestehen dennoch Ansprüche, ist das Anerkenntnis ggf. nach § 812 Abs. 2 zurückzufordern (OLG Köln a.a.O. m. w. N.; Erman-Saar Rn 3; Palandt-Diederichsen Rn 5).

Anspruch auf **Entlastung** hat der Betreuer nicht (allg. Ans. LG Stuttgart **7** DAVorm 1974, 670; Damrau/Zimmermann Rn 8). Bestreiten der Betreute oder dessen Erben die Richtigkeit der Rechnung, verbleibt dem Betreuer die **Feststellungsklage** nach § 256 ZPO; zu den Anforderungen an die Bestimmtheit einer solchen Klage s. LG Rottweil FamRZ 2000, 33. Dies hat das Betreuungsgericht bei Vermittlung der Abnahme zu bedenken.

von Crailsheim

3. Entlastung bei Betreuerwechsel

8 Der Betreute oder dessen Erben können auf die **Schlussrechnung verzichten**; mit dem Verzicht entfällt auch die Pflicht gegenüber dem Betreuungsgericht zur Rechnungslegung nach § 1892 (s. o. § 1890 Rn 10). Bleibt die Betreuung bestehen, wird der neue Betreuer regelmäßig nicht wirksam auf die Vorlage der Schlussrechnung verzichten können (s. § 1890 Rn 12). Fraglich ist ob er eine wirksame Entlastungserklärung erteilen kann.

9 Beim **Wechsel** des Betreuers besteht für den neuen Betreuer regelmäßig kein Grund, durch **Entlastung** des **bisherigen** Betreuers eine für den Betreuten günstige Rechtsposition aufzugeben. Eine dennoch getroffene Vereinbarung nach § 397 Abs. 2 wäre wegen des damit verbundenen Forderungserlasses nach § 1804 nichtig (so zutr. Gleißner Rpfleger 1986, 462, 464; Gernhuber-Coester-Waltjen § 73 III 3). Nach a. A. besteht Genehmigungspflicht nach § 1812 (BayObLG BtPrax 2001, 39; MK-Wagenitz Rn 5; Palandt-Diederichsen Rn 5; Damrau/Zimmermann Rn 6); Staudinger-Engler Rn 26 stellt auf den Einzelfall ab: Verzicht auf Schlussrechnung und die Entlastungserklärung sind wirksam, wenn der Betreute mittellos ist und keine Anhaltspunkte für eine Haftung (§ 1833) des bisherigen Amtsinhabers bestehen.

4. Zuständigkeit

10 Zuständig für die Prüfung der Rechnung und die Vermittlung der Abnahme ist der Rechtspfleger nach § 3 Nr. 2 b RPflG. Auch die Beurkundung eines Anerkenntnisses erfolgt durch den Rechtspfleger.

§ 1893 Fortführung der Geschäfte nach Beendigung der Vormundschaft, Rückgabe von Urkunden

(1) Im Falle der Beendigung der Vormundschaft oder des vormundschaftlichen Amts finden die Vorschriften der §§ 1698 a, 1698 b entsprechende Anwendung.

(2) Der Vormund hat nach Beendigung seines Amts die Bestallung dem Familiengericht zurückzugeben. In den Fällen der §§ 1791 a, 1791 b ist der Beschluss des Familiengerichts, im Falle des § 1791 c die Bescheinigung über den Eintritt der Vormundschaft zurückzugeben.

1 Die Vorschrift ist auf die Betreuung sinngemäß anzuwenden (§ 1908 i Abs. 1 S. 1) und über die Verweisung in § 1895 i. V. m. § 1908 i Abs. 1 S. 1 auch auf den Gegenbetreuer.

§ 1698 a Fortführung der Geschäfte in Unkenntnis der Beendigung der elterlichen Sorge
(1) Die Eltern dürfen die mit der Personensorge und mit der Vermögenssorge für das Kind verbundenen Geschäfte fortführen, bis sie von der Beendigung der elterlichen Sorge Kenntnis erlangen oder sie kennen müssen. Ein Dritter kann sich auf diese Befugnis nicht berufen, wenn er bei der Vornahme eines Rechtsgeschäfts die Beendigung kennt oder kennen muss.

(2) Diese Vorschriften sind entsprechend anzuwenden, wenn die elterliche Sorge ruht.

§ 1698 b Fortführung dringender Geschäfte nach Tod des Kindes
Endet die elterliche Sorge durch den Tod des Kindes, so haben die Eltern die Geschäfte, die nicht ohne Gefahr aufgeschoben werden können, zu besorgen, bis der Erbe anderweit Fürsorge treffen kann.

1. zu § 1698 a

Die Betreuung oder das Amt des Betreuers können ganz oder teilweise **ohne** 2 **Wissen** des Betreuers enden. Zum Schutz des Betreuers vor Ersatzpflichten aus § 179 (Handeln ohne Vertretungsmacht s. auch § 179 Rn 1) verweist Abs. 1 weiter auf die Regelung des § 1698 a (Normtext s. o.).

Solange der Betreuer die Beendigung der Betreuung oder seines Amtes nicht 3 kennt und auch nicht kennen muss (fahrlässige Unkenntnis, § 122 Abs. 2), wird das **Fortbestehen** seiner Befugnisse fingiert (§ 1698 a Abs. 1 S. 1). Von praktischer Bedeutung wird aber nur der **Tod des Betreuten** sein (s. u. Rn 5), da Aufhebung der Betreuung, Einschränkung des Aufgabenkreises, **Entlassung** und Entzug der **Vertretungsmacht** (§ 1796) erst mit Bekanntmachung der gerichtlichen Entscheidung an den Betreuer wirksam werden (§ 287 Abs. 1 FamFG), soweit nicht ausnahmsweise sofortige Wirksamkeit eintritt (§§ 287 Abs. 2 FamFG).

Treffen die Voraussetzungen des § 1698 a Abs. 1 S. 1 zu, wird auch der gutgläu- 4 bige **Dritte** geschützt (§ 1698 a Abs. 1 S. 2). Im Übrigen können sich Dritte nicht auf das Fortbestehen der Vertretungsmacht verlassen. Betreuungsgerichtliche Genehmigungen, die in Unkenntnis der Beendigung der Betreuung erteilt (§ 1828) und mitgeteilt (§ 1829 Abs. 1 S. 2) werden, sind wirksam (Palandt-Diederichsen Rn 2; str.).

2. zu § 1698 b

Hat der Betreuer **Kenntnis vom Tod des Betreuten,** richten sich seine Pflich- 5 ten und Rechte nach Abs. 1 i. V. m. § 1698 b (Normtext s. o.).

Mit dem Tode des Betreuten endet die Betreuung von selbst, ohne dass es einer 6 gerichtlichen Entscheidung bedarf (s. § 1908 d Rn 1). Das Vermögen des Betreuten geht als Ganzes auf den oder die Erben über (§ 1922 Abs. 1), auch wenn die Erben unbekannt sind. Im Interesse der Erben ordnet Abs. 1 durch Verweisung auf § 1698 b an, dass der Betreuer gegenüber dem **Erben des Betreuten** berechtigt und verpflichtet ist, im Rahmen seines **Aufgabenkreises** Geschäfte zu erledigen, die keinen Aufschub dulden, z. B. Entgegennahme von Geldern und deren (kurzfristige) Anlage, Begleichung von Sachversicherungsprämien. Dies gilt nur, bis der Erbe anderweitig Fürsorge treffen kann. Verbleibt Zeit, ist vorrangig das Nachlassgericht einzuschalten (Rn 7). Aufwendungsersatz und Vergütung richten sich nach §§ 1835–1836 (BayObLG BtPrax 1998, 234; Palandt-Diederichsen Rn 4). Verletzt der Betreuer die Notgeschäftsführungspflicht, haftet er dem Erben aus § 1833 (Palandt-Diederichsen a.a.O.; s. auch Spranger BtPrax 1999, 175).

Nachlasssicherung und **Nachlassabwicklung** sind im Übrigen nicht Aufgabe 7 des Betreuers, hier mag das Nachlassgericht nach § 1960 die erforderlichen Maßnahmen treffen, zu denen bei unbekannten Erben regelmäßig die Bestellung eines Nachlasspflegers gehören wird, wofür auch der gewesene Betreuer in Betracht

BGB § 1893 Titel 1. Vormundschaft

kommt. Zur Nachlasssicherung kann das Gericht auch **einstweilige Regelungen** treffen und **rechtsgeschäftlich** für den Erben tätig werden (§§ 1960, 1962, 1915, 1846). Ggf. **hinterlegt** der Betreuer auf Anordnung des Gerichts oder aus eigener Befugnis (§ 372) Geld, Wertpapiere (auch Sparbücher) oder Kostbarkeiten (§ 5 HinterlO); Hinterlegungsstelle ist jedes Amtsgericht (§ 1 HinterlO). **Nachlassgericht** ist das Amtsgericht des letzten Wohnsitzes des Erblassers (§ 343 FamFG), dies muss nicht stets das Gericht seines letzten Aufenthaltsortes sein, wenn eine wirksame Änderung der Wohnsitzbestimmung nicht vorgenommen wurde (§§ 7, 8 Rn 1 ff.). Für die **Sicherung** des Nachlasses ist aber jedes **Amtsgericht** zuständig, in dessen Bezirk das Fürsorgebedürfnis besteht (§ 344 Abs. 4 FamFG). Schriftstücke des Betreuten, die der Betreuer im Besitz hat und die nach Form oder Inhalt **letztwillige Verfügungen** des Betreuten enthalten könnten, sind zwingend beim Nachlassgericht, ggf. beim nächsten Amtsgericht abzuliefern (§ 2259), auch dann, wenn der Betreuer die Schriftstücke für unerheblich oder nichtig hält.

3. Bestattung des Betreuten

8 Das Recht der **Totenfürsorge** (insbesondere Art und Ort der Bestattung) obliegt gewohnheitsrechtlich den **nächsten Angehörigen,** soweit der Verstorbene nichts anderes bestimmt hat, das müssen nicht zugleich die Erben sein (BGH FamRZ 1992, 657; LG Bonn Rpfleger 1993, 448). Zur Bestattungspflicht s. auch die landesrechtlichen Bestimmungen, z. B. die Rangfolge der verpflichteten „Hinterbliebenen" in § 1 Abs. 1 BestattungsGNW. Die Kosten der Bestattung trägt der Erbe (§§ 1967, 1968).

9 Zu den Aufgaben des **Betreuers** zählt die Totenfürsorge **nicht,** auch nicht als Notgeschäftsführungsmaßnahme für die Erben nach § 1698 b, denn die Bestattung ist weder eine ihm übertragene Angelegenheit noch eine solche der Erben (h. A. BayObLG FamRZ 1999, 465; LG Leipzig FamRZ 1996, 1361; Bienwald § 1908 d Rn 38 ff.; Stockert BtPrax 1996, 203 jeweils m. w. N.; a. A. Spranger BtPrax 1999, 174). Sind die Angehörigen unbekannt oder nicht erreichbar oder nicht willens, ihren Pflichten nachzukommen, ist die Bestattung Aufgabe der **zuständigen Behörde** (vgl. z. B. für Nordrhein-Westfalen § 1 Abs. 1 Bestattungsgesetz); zu Nachweisen für sonstiges Landesrecht s. Deinert, Todesfall- und Bestattungsrecht; Bienwald § 1908 d Rn 45 ff.). Vereinzelt sieht Landesrecht (Bayern; Rheinland-Pfalz; Sachsen) eine Bestattungspflicht des gewesenen Betreuers vor; zu Nachweisen und zur Bedeutung dieser unklaren Regelungen s. Bauer/Deinert in HK-BUR § 1698 b Rn 81 ff.; Bienwald BtPrax 2000, 107. Will der **Betreuer** aus menschlich verständlichen Gründen die Durchführung der Beerdigung nicht der Ordnungsbehörde überlassen, wird man ihm nicht verwehren können, selbst die **entsprechenden Anordnungen** zu treffen. Das Kostenrisiko trifft aber dann den Betreuer, er ist auf die Durchsetzung eines Anspruchs aus Geschäftsführung ohne Auftrag gegen den Erben angewiesen (§§ 677, 683; MK-Wagenitz § 1835 Rn 23; anders Bienwald § 1908 d Rn 40: Aufwendungsersatz § 1835 analog). Ein unmittelbarer Anspruch aus § 1968 steht nur dem Bestattungsberechtigten zu. Auf die Nachlasskonten darf er nicht zugreifen, auch nicht mit Einwilligung der Banken (OLG Saarbrücken FamRZ 2001, 1487 m. Anm. Widmann; LG Itzehoe FamRZ 2001, 1486; Jochum BtPrax 1996, 88; a.A. Bienwald a.a.O.: Entnahme zu Lasten des Nachlasses). Zumindest bei ausreichend vorhandenem Nachlass ist der Lösung von Bienwald der Vorzug zu geben, da der Betreuer in solchen Fällen meist der

einzige ist, der eine Beisetzung nach den Wünschen des Betreuten veranlassen kann und eine Zahlung zulasten des Nachlasskontos wg. § 1968 der **Bankenpraxis** entspricht. Zu den mit der Bestattung und der Kostenregelung zusammenhängenden Fragen s. ausführlich Bienwald, Stockert und Jochum je a.a.O. Die Bestattung bzw. Grabpflege kann vorsorglich geregelt werden in einem **Bestattungsvorsorgevertrag** mit einem Bestattungsunternehmen oder durch Abschluss einer Sterbegeldversicherung, die nicht zu beanstanden sind, auch wenn die Aufwendungen hierfür zur Mittellosigkeit des Betreuten führen, denn der Betreute ist nicht gehalten, sein Vermögen bspw. für die Bestreitung zukünftiger Betreuerkosten aufzusparen (OLG Frankfurt FGPrax 2001, 115; LG München FamRZ 2007, 1189); Ersparnisse für eine angemessene Bestattung zählen sozialhilferechtlich zum **Schonvermögen** (OLG Schleswig FamRZ 2007, 1188; LG Stade BtPrax 2003, 233). Schließt der Betreuer einen solchen Vertrag, muss ihm die Vermögenssorge zugewiesen sein (wie hier: Bienwald § 1908 d Rn 41; Bauer/Deinert in HK-BUR § 1698 b Rn 61 ff.). Abstimmung mit dem Betreuungsgericht ist anzuraten, ggf. Erweiterung des Aufgabenkreises. M. E. reicht Zuweisung der Vermögenssorge, der Vertrag ist nicht genehmigungspflichtig, ggf. aber die Verfügung über die erforderlichen Mittel, z. B. durch Anlage eines separaten Sparbuchs mit Sperrvermerk über die Zweckbindung (LG Stade a.a.O.). Die **Kündigung** eines zu seinen Gunsten abgeschlossenen **Dauergrabpflegevertrages** zum Zwecke der Begleichung von Heimkosten entspricht regelmäßig nicht dem Willen des zu einer eigenen Meinungsäußerung nicht mehr fähigen Betreuten (OLG Köln NJOZ 2002, 2685); s. auch BVerwG NJW 2004, 2914.

4. zu Abs. 2

Die dem Betreuer ausgehändigte **Urkunde** über seine **Bestellung** (§ 290 FamFG) ist nach Beendigung des Amtes zurückzugeben **(Abs. 2 S. 1).** Zur Rückgabe kann der Betreuer (ausgenommen Verein, Behörde und Behördenbetreuer) auch nach Beendigung des Amtes durch Zwangsgeld angehalten werden (h. M. Palandt-Diederichsen Rn 5). Die Verweisung in Abs. 2 S. 2 ist **gegenstandslos,** da alle Betreuer eine Urkunde über ihre Bestellung erhalten. 10

§ 1894 Anzeige bei Tod des Vormunds

(1) **Den Tod des Vormunds hat dessen Erbe dem Familiengericht unverzüglich anzuzeigen.**

(2) **Den Tod des Gegenvormunds oder eines Mitvormunds hat der Vormund unverzüglich anzuzeigen.**

Die Vorschrift ist auf die Betreuung sinngemäß anzuwenden (§ 1908 i Abs. 1 S. 1). 1

Damit das Betreuungsgericht beim **Tod des Betreuers** die zum **Schutze des Betreuten** erforderlichen Maßnahmen ergreifen kann (vgl. auch § 1846), hat der **Erbe** des Betreuers dessen Tod dem Betreuungsgericht unverzüglich, also ohne schuldhaftes Zögern (§ 121 Abs. 1 S. 1) mitzuteilen **(Abs. 1).** Verstößt er gegen diese gesetzliche Pflicht gegenüber dem Betreuten, haftet er nach allgemeinen Grundsätzen (§ 276). 2

BGB § 1896 Titel 2. Rechtliche Betreuung

3   Den Tod eines Mitbetreuers und des Gegenbetreuers hat jeder Betreuer anzuzeigen (**Abs. 2**). Auf den Aufgabenkreis kommt es hierbei nicht an; Haftung nach § 1833.
4   Der Gegenbetreuer hat nach **§ 1799 Abs. 1 S. 2** den Tod des Betreuers anzuzeigen; die Erben des Gegenbetreuers dessen Tod nach § 1895 i. V. m. § 1894 Abs. 1, jeweils i. V. m. § 1908 i Abs. 1 S. 1.

§ 1895 Amtsende des Gegenvormunds

Die Vorschriften der §§ 1886 bis 1889, 1893, 1894 finden auf den Gegenvormund entsprechende Anwendung.

1   Die Vorschrift ist auf die Betreuung sinngemäß anzuwenden ((§ 1908 i Abs. 1 S. 1), die Verweisung ist jedoch teilweise gegenstandslos (Rn 2).
2   Von den in Bezug genommenen Vorschriften sind auf den Gegenbetreuer die §§ 1888, 1893, 1894 sinngemäß anzuwenden. Die **Amtsbeendigung** des Betreuers ist im Betreuungsrecht eigenständig geregelt, die betreffenden Vorschriften gelten entsprechend auch für den **Gegenbetreuer** (§ 1792 Rn 1). So richtet sich die Entlassung nach § 1908 b; ferner endet das Amt, wenn die Betreuung, auf die sich die Gegenbetreuung bezieht, aufgehoben oder eingeschränkt wird (§ 1908 d) oder die Gegenbetreuung aufgehoben wird, weil ihre Voraussetzungen (§ 1792 Abs. 2) entfallen sind (Damrau/Zimmermann. Rn 1).

Titel 2. Rechtliche Betreuung

§ 1896 Voraussetzungen

(1) Kann ein Volljähriger auf Grund einer psychischen Krankheit oder einer körperlichen, geistigen oder seelischen Behinderung seine Angelegenheiten ganz oder teilweise nicht besorgen, so bestellt das Betreuungsgericht auf seinen Antrag oder von Amts wegen für ihn einen Betreuer. Den Antrag kann auch ein Geschäftsunfähiger stellen. Soweit der Volljährige auf Grund einer körperlichen Behinderung seine Angelegenheiten nicht besorgen kann, darf der Betreuer nur auf Antrag des Volljährigen bestellt werden, es sei denn, dass dieser seinen Willen nicht kundtun kann.

(1a) Gegen den freien Willen des Volljährigen darf ein Betreuer nicht bestellt werden.

(2) Ein Betreuer darf nur für Aufgabenkreise bestellt werden, in denen die Betreuung erforderlich ist. Die Betreuung ist nicht erforderlich, soweit die Angelegenheiten des Volljährigen durch einen Bevollmächtigten, der nicht zu den in § 1897 Abs. 3 bezeichneten Personen gehört, oder durch andere Hilfen, bei denen kein gesetzlicher Vertreter bestellt wird, ebenso gut wie durch einen Betreuer besorgt werden können.

(3) Als Aufgabenkreis kann auch die Geltendmachung von Rechten des Betreuten gegenüber seinem Bevollmächtigten bestimmt werden.

(4) Die Entscheidung über den Fernmeldeverkehr des Betreuten und über die Entgegennahme, das Öffnen und das Anhalten seiner Post werden vom Aufgabenkreis des Betreuers nur dann erfasst, wenn das Gericht dies ausdrücklich angeordnet hat.

Übersicht

Rn.

1. Überblick 1
2. Voraussetzungen der Betreuerbestellung 2
   a) Volljährigkeit 2
   b) Psychische Krankheit, Behinderung 3
   c) Unfähigkeit zur Besorgung seiner Angelegenheiten 9
   d) Ursächlichkeit 11
3. Anlass der Betreuerbestellung, Geschäftsfähigkeit 12
   a) Antrag oder von Amts wegen 12
   b) Geschäftsfähigkeit, freier Wille 13
4. Erforderlichkeit der Betreuung 15
   a) Interessen des Betroffenen 15
   b) Betreuerbestellung im Drittinteresse 17
   c) Keine vorrangigen Hilfen 18
5. Beispiele aus der Rechtsprechung zur Erforderlichkeit 22
6. Aufgabenkreis 23
   a) Allgemeines 23
   b) Aufgaben der Personensorge 24
   c) Aufgaben der Vermögenssorge 26
   d) Ausgeschlossene Aufgaben 27
   e) Aufgaben im Familien- und Erbrecht 28
   f) Alle Angelegenheiten 29
7. Beispiele zur Festlegung von Aufgabenkreisen 30
8. Post- und Fernmeldeverkehr 35
9. Spezielle Betreuer 36
   a) Vollmachtsbetreuer 36
   b) Besonderer Betreuer 39
   c) Gegenbetreuer 40
   d) Verhinderungsbetreuer 41
10. Folgen der Betreuerbestellung 42

1. Überblick

Die Vorschrift regelt in Abs. 1 die Voraussetzungen, unter denen einem Volljährigen ein Betreuer bestellt werden kann (Rn 2 ff.), soweit dies erforderlich ist im Sinne des Abs. 2 (Rn 15 ff.). Gleichzeitig bildet sie die materiell-rechtliche Grundlage für die Festlegung des Aufgabenkreises des Betreuers (Rn 23 ff.). Abs. 3 regelt die Bestellung eines speziellen Betreuers, nämlich des Vollmachtsbetreuers (Rn 36 ff.) und Abs. 4 stellt eine Sonderregel für Aufgaben des Betreuers im Post- und Fernmeldeverkehr des Betreuten auf (Rn 35). Die Folgen der Betreuerbestellung ergeben sich nicht aus der Regelung des § 1896, sondern vor allem aus dem Gesamtzusammenhang verschiedener Normen (hierzu Rn 42 f.). Daneben gibt es noch andere Regelungen zur Bestellung eines Betreuers in gesetzlich geregelten Einzelfällen (Rn 44 ff.). Die Voraussetzungen des § 1896 für die Bestellung eines Betreuers müssen auch vorliegen, um eine Betreuung zu verlängern (BayObLGBtPrax 2002, 165; OLG Zweibrücken BtPrax 2002, 87) oder den Aufgabenkreis eines Betreuers nach § 1908 d Abs. 3 zu erweitern (BayObLG FamRZ 1998, 922; BtPrax 2003, 38). Sie sind auch zu beachten bei der Bestellung eines vorläufigen Betreuers nach § 300 FamFG (BayObLG FamRZ 1999, 1611).

2. Voraussetzungen der Betreuerbestellung
a) Volljährigkeit

2   Ein Betreuer kann nur für **Volljährige,** also nach Vollendung des 18. Lebensjahres (§ 2), bestellt werden. Nur unter den Voraussetzungen des § 1908 a kommt die Bestellung bereits vor Volljährigkeit mit Wirkung zum Zeitpunkt des Eintritts der Volljährigkeit in Betracht. Für Minderjährige kann ein Vormund (§§ 1773 ff.), das Jugendamt als Beistand (§§ 1712 ff.), oder ein Pfleger (§§ 1909 ff.) bestellt werden.

b) Psychische Krankheit, Behinderung

3   Die vom Gesetz verwendeten Begriffe **„psychische Krankheit"** und „körperliche, geistige oder seelische **Behinderung"** sind im BGB nicht definiert. Soweit in anderen Vorschriften Definitionen von „Behinderung" oder „Behinderte" normiert sind (z. B. § 19 SGB III, § 2 SGB IX, § 14 Abs. 2 SGB XI), gelten diese nur für den jeweiligen Regelungsbereich und sind daher allenfalls ergänzend heranzuziehen. Eine allgemein anerkannte Definition dieser Begriffe gibt es weder in der Medizin, noch in den Sozialwissenschaften oder der Rechtswissenschaft, allerdings stehen zumindest im Kernbereich der jeweiligen Begriffe die hiervon umfassten Krankheitsbilder und Beeinträchtigungen außer Streit. Durch die Verwendung offener Begriffe wird sichergestellt, dass keine betreuungsbedürftige Person aus dem Kreis der potentiellen Betreuten „herausdefiniert" wird (vgl. auch Staudinger-Bienwald Rn 30 ff). Durch sorgfältige Berücksichtigung der weiteren Voraussetzungen einer Betreuerbestellung muss eine ausufernde Anwendung des § 1896 verhindert werden.

Zu den „medizinischen Voraussetzungen" der Betreuerbestellung im Einzelnen:

4   **aa) Psychische Krankheit.** Eine **psychische Krankheit** liegt jedenfalls vor bei den anerkannten Krankheitsbildern der Psychiatrie (ausführlich hierzu Knittel § 1896 Rn 45 ff). Hierunter fallen etwa
- körperlich nicht begründbare (endogene) Psychosen wie z. B. die verschiedenen Formen der Schizophrenie (schizophrenia simplex, Hebephrenie, Katatonie, paranoide und coenästhetische Form), zyklothyme Psychosen (Depressionen, Schuldwahn, hypochondrischer Wahn), schizoaffektive Psychosen,
- körperlich begründbare (exogene) Psychosen, also seelische Störungen als Folge von Krankheiten oder Verletzungen des Gehirns, von Anfalls- oder anderen Krankheiten. Von besonderer Bedeutung ist hier die senile Demenz, die ihre Ursachen in der Alzheimerschen Krankheit, in Hirngefäßerkrankungen oder anderen degenerativen Hirnprozessen haben kann,
- Abhängigkeitskrankheiten (Alkohol-, Medikamenten- und Drogenabhängigkeiten), wenn diese bereits zu einer psychischen Erkrankung geführt haben (AG Bad Iburg BtPrax 2004, 206), etwa organische Persönlichkeitsveränderungen infolge einer Schädigung des Nervensystems,
- Konfliktreaktionen, Neurosen und Persönlichkeitsstörungen. Hierbei handelt es sich nur um eine Krankheit, wenn schwerste Auffälligkeiten und Störungen vorliegen, sehr häufig aber nur um eine geringe Abweichung von „normalem" menschlichen Verhalten, das keine Betreuung rechtfertigen kann.

5   Wichtig für die Frage einer Betreuerbestellung und den Umfang des Aufgabenkreises ist im jeweiligen Einzelfall der **Grad der Störung** in der Wahrnehmung,

der Auffassung, der Orientierung, des Gedächtnisses, des Denkens, der Affektivität im Gefühls- und Gemütsleben, Stimmungen und Triebhaftigkeit sowie des Antriebes und die jeweiligen sozialen Auswirkungen. Bekannte oder erkennbare Schwankungen im Krankheitsbild sind dabei zu berücksichtigen. Im Einzelfall muss das Vorliegen einer psychischen Krankheit fachpsychiatrisch konkretisiert sein. Die Feststellung von „Altersstarrsinn" reicht hierfür nicht aus (BayObLG FamRZ 2001, 1558). Das gleiche gilt für lediglich sozial unangepasstes Verhalten (Arbeitsverweigerung, AG Neuruppin FamRZ 2006, 1529). Auch eine Alkoholabhängigkeit allein stellt noch keine psychische Krankheit dar, die eine Betreuerbestellung rechtfertigen würde (AG Neuruppin FamRZ 2005, 2097; AG Garmisch-Partenkirchen FamRZ 2009, 149).

bb) Seelische Behinderung. Der Begriff der **seelischen Behinderung** wird in der Psychiatrie zwar kaum verwendet, ist jedoch üblicherweise Bestandteil der vor allem im Sozialrecht häufig vom Gesetzgeber verwendeten Trias „körperlich, geistig und/oder seelisch behindert" (z. B. § 10 SGB I, § 2 SGB IX, § 14 Abs. 1 SGB XI, § 19 SGB III) und soll Regelungslücken vermeiden (Jürgens/Kröger/Marschner/Winterstein Rn 49). Während Krankheit i. d. R. einen behandlungsbedürftigen aber vorübergehenden Zustand beschreibt, versteht man unter Behinderung eher hierauf beruhende Beeinträchtigungen von einer gewissen Dauer oder etwa nach § 2 SGB IX die Auswirkungen einer nicht nur vorübergehenden Funktionsstörung, die ihrerseits auf einem regelwidrigen körperlichen, geistigen oder seelischen Zustand beruht. Seelische Behinderung beschreibt daher bleibende – oder jedenfalls lang anhaltende – psychische Beeinträchtigungen als Folge einer psychischen Krankheit. 6

cc) Geistige Behinderung. Geistige Behinderungen sind angeborene oder erworbene Intelligenzdefizite verschiedener Schweregrade (BayObLG BtPrax 1994, 29; Knittel § 1896 Rn 76 ff.). Nach der seit 1979 üblichen internationalen Klassifizierung wird unterschieden zwischen leichter (IQ 50 bis 69), mittelgradiger (IQ 35 bis 49) und hochgradiger (IQ 20 bis 34) Oligophrenie. Diese kann jeweils angeboren (wie z. B. Down Syndrom) oder Folge körperlicher Krankheiten sein. Der Übergang zur Lernbehinderung (IQ über 65) ist fließend. 7

dd) Körperliche Behinderung. Als **körperliche Behinderungen** gelten z. B. dauerhafte Funktionsstörungen am Stütz- und Bewegungsapparat (Verluste von Gliedmaßen, Lähmungen etc.), Funktionsstörungen der inneren Organe (Herz- oder Lungenkrankheiten, Stoffwechselstörungen, Kreislauferkrankungen) oder der Sinnesorgane (Sehbehinderung, Blindheit, Gehörlosigkeit, Schwerhörigkeit, Sprachstörungen etc.). Eine Betreuung für körperlich Behinderte darf niemals Fremdbestimmung bedeuten, Aufgaben nach §§ 1904 bis 1906 scheiden i. d. R. aus. Die Möglichkeit einer Bevollmächtigung (Rn 19) ist hier besonders zu prüfen. 8

c) Unfähigkeit zur Besorgung seiner Angelegenheiten

Die Bestellung eines Betreuers erfolgt nur soweit, als der Betroffene seine Angelegenheiten nicht zu besorgen vermag. Hierbei ist die **konkrete Lebenssituation** zu beachten. Zu „seinen" Angelegenheiten gehören nur diejenigen, die nach der sozialen Stellung, dem biographischen Hintergrund und seiner bisherigen Lebensgestaltung im Interesse des Betroffenen zu seinem Wohl (§ 1902 Abs. 1 BGB) wahrgenommen werden müssen (BayObLG BtPrax 1997, 72). Dabei kommen nur solche Angelegenheiten in Betracht, die **üblicherweise** ohne Krankheit/ 9

BGB § 1896

Behinderung der **Betroffene selbst wahrnehmen würde** und nicht solche, für die üblicherweise fachliche Hilfe (Anwalt, Steuerberater, Arzt, Handwerker) in Anspruch genommen wird (BayObLG BtPrax 2001, 79). Die Unfähigkeit, irgendwelche lediglich abstrakte oder in der Zukunft möglicherweise notwendig werdende Angelegenheiten zu erledigen, genügt daher nicht (LG Frankfurt FamRZ 1993, 478; Jürgens BtPrax 1992, 47; s. auch OLG Köln NJW 1993, 206), vielmehr kommt es auf die gegenwärtige Lebenssituation des Betroffenen an. Kann ein geistig behinderter Mensch seine Angelegenheiten selbst wahrnehmen, darf ein Betreuer nicht bestellt bzw. sein Aufgabenkreis nicht hierauf erweitert werden (KG BtPrax 2005, 153 für Arztbesuche, ambulante Heilbehandlung). Ein Betreuer darf nur für die Aufgaben bestellt werden, in denen ein Betreuungsbedarf zurzeit der Betreuerbestellung aktuell besteht oder konkret bereits für einen künftigen Zeitraum absehbar ist (OLG Hamm BtPrax 1997, 70, 73), eine „prophylaktische" Betreuerbestellung, gar eine Totalbetreuung „auf Vorrat", wäre unzulässig (OLG Zweibrücken FamRZ 2005, 748). Allerdings kann auch bei einer zwar nicht dauernden, aber voraussehbar immer wieder in Abständen auftretenden Unfähigkeit, einzelne Aufgaben wahrzunehmen, ein Betreuer bestellt werden (etwa wenn ein erneutes Auftreten von Verwirrtheitszuständen mit halluzinatorischen Symptomen konkret zu erwarten ist und dann jeweils sofort gehandelt werden muss, BayObLG BtPrax 2003, 177, oder wenn bei einer Vermögensbetreuung ein Bedürfnis für regelndes Eingreifen eines Betreuers jederzeit auftreten kann, BayObLG FamRZ 1995, 117; auch kann einem Betreuer bereits die Aufenthaltsbestimmung übertragen werden, wenn noch nicht feststeht, ob eine Unterbringung des Betroffenen erfolgen soll, der Betreuer dies vielmehr erst zu prüfen hat, BayObLG FamRZ 2001, 1247).

10   In Betracht kommen alle denkbaren Angelegenheiten, **Rechtsgeschäfte** ebenso wie **geschäftsähnliche Handlungen** (praktisch bedeutsam v. a. Einwilligung in ärztliche Behandlung, s. § 1904) oder **Realakte** (Nahrungsaufnahme, Versorgung der Wohnung etc.), Angelegenheiten der Vermögenssorge ebenso wie der Personensorge. Es ist auch unerheblich, ob der Volljährige zur Besorgung seiner Angelegenheiten aus rechtlichen (etwa wegen Geschäftsunfähigkeit, § 104 Nr. 2 BGB) oder tatsächlichen Gründen (Handlungsunfähigkeit bei schwerwiegenden Körperbehinderungen, Antriebsarmut, Verhinderung durch freiheitsentziehende Unterbringung) nicht in der Lage ist. Aufgaben, die zwar wahrgenommen werden können, die der Betroffene aber nicht wahrnehmen will, scheiden als Grundlage für eine Betreuerbestellung aus. Niemand darf durch einen staatlich bestellten Betreuer zu einem bestimmten Handeln veranlasst oder an einem Tun gehindert werden, wenn dies auf eigener frei verantwortlicher Entscheidung beruht. Schon von Verfassungs wegen (Art. 2 GG) ist der Staat daran gehindert, seine zu freier Willensbestimmung fähigen Bürger zu „bessern" oder an gesundheitsschädlichem Handel zu hindern (BayObLG FamRZ 1993, 600; 1994, 209; 1995, 26).

d) Ursächlichkeit

11   Zwischen der Krankheit/Behinderung und der Unfähigkeit zur Besorgung eigener Angelegenheiten muss ein **ursächlicher Zusammenhang** bestehen („auf Grund"). Allgemeine soziale Probleme, schwierige familiäre oder wirtschaftliche Verhältnisse, Sprachprobleme bei Ausländern, unangepasstes (AG Neuruppin FamRZ 2006, 1629) oder auffälliges Verhalten, jugendliche Unerfahrenheit oder

andere Ursachen der Unfähigkeit zur Besorgung eigener Angelegenheiten scheiden daher für eine Betreuerbestellung aus. Die Feststellung einer Krankheit/Behinderung für sich allein reicht für eine Betreuung ebenso wenig aus wie andererseits aus der Unfähigkeit zur Besorgung eigener Angelegenheiten auf das Vorliegen einer Krankheit/Behinderung geschlossen werden kann (OLG Zweibrücken FamRZ 2005, 748). Beides muss gesondert festgestellt werden und hinzutreten muss die richterliche Wertung, dass die Unfähigkeit gerade auf der Krankheit/Behinderung beruht.

3. Anlass der Betreuerbestellung, Geschäftsfähigkeit

a) Antrag oder von Amts wegen

Ein Betreuer wird auf Antrag oder von Amts wegen bestellt. Den Antrag kann 12 nur der Betreuungsbedürftige stellen, „Anträge" anderer sind lediglich Anregungen an das Betreuungsgericht, von Amts wegen tätig zu werden. In wenigen speziell geregelten Ausnahmefällen ist auch eine Behörde antragsberechtigt (§ 16 Abs. 1 Nr. 4 VwVfG, § 81 Abs. 1 Nr. 4 AO, § 15 Abs. 1 Nr. 4 SGB X). Einem Körperbehinderten kann nur auf eigenen Antrag ein Betreuer bestellt werden, es sei denn, er kann seinen Willen nicht kundtun (Abs. 1 Satz 3). Dies dürfte nur in seltenen Ausnahmefällen in Betracht kommen, z. B. bei einer sehr hohen Querschnittlähmung, durch die eine verbale oder nonverbale Äußerung nicht mehr möglich ist.

b) Geschäftsfähigkeit, freier Wille

Von dem Antrag zu unterscheiden ist der Wille des Betroffenen. Der Antrag 13 ist zwar eine reine **Verfahrenshandlung** und keine materielle Voraussetzung der Betreuerbestellung (Schwab FamRZ 1992, 493), die Regelung ist aber auch für die materielle Anwendung von Bedeutung. Nach Abs. 1 Satz 2 kann den Antrag auch ein Geschäftsunfähiger stellen, d. h. der sog. „natürliche Willen" reicht aus und jedes auf die Bestellung eines Betreuers gerichtete Begehren oder irgendwie geäußerte Einverständnis des Betroffenen kann als Antrag in diesem Sinne verstanden werden (Jürgens/Kröger/Marschner/Winterstein Rn 339). Hier ist also schon nach dem ausdrücklichen Gesetzeswortlaut die **Geschäftsfähigkeit** unbeachtlich. Geschäftsunfähigkeit liegt nach § 104 Nr. 2 BGB nur vor, wenn die freie Willensbestimmung „ausgeschlossen" ist (§ 104 Rn 3), Betreuungsbedarf kann aber auch bereits vorliegen, wenn nur bei besonders schwierigen Geschäften Hilfebedarf besteht oder die Willensbestimmung lediglich gemindert ist. Abs. 1 a bestimmt ausdrücklich, dass gegen den **freien Willen** des Volljährigen ein Betreuer nicht bestellt werden darf. Wer also seinen Willen im Hinblick auf die betreuungsrelevanten Umstände frei zu bestimmen vermag, entscheidet auch selbst über die mögliche Bestellung eines Betreuers. Dabei geht es um den auf die jeweilige Aufgabe bezogenen Willen, wobei an die Auffassungsgabe keine überspannten Anforderungen gestellt werden dürfen. Ist der Betroffene im wesentlichen in der Lage, sich ein eigenständiges Urteil zu bilden, nach diesem Urteil zu handeln und insbesondere sich von Einflüssen Dritter abzugrenzen, kommt eine Betreuerbestellung gegen den Willen nicht in Betracht (OLG Brandenburg BtPrax 2008, 265). Auch bei Problemen in der Kommunikation mit dem Betroffenen (z.B. wegen Autismus) muss feststehen, dass er nicht in der Lage ist, seinen Willen frei

BGB § 1896 Titel 2. Rechtliche Betreuung

zu bestimmen (OLG Köln FGPrax 2006, 117). Diese Frage kann nicht offen bleiben. Der Ausschluss der freien Willensbestimmung muss durch ein Sachverständigengutachten belegt sein (BayObLG BtPrax 2004, 68).

14 Liegt ein Antrag des Betroffenen vor, darf hieraus nicht die Schlussfolgerung gezogen werden, dass eine Betreuerbestellung unter leichteren Voraussetzungen erfolgen kann (Schwab FamRZ 1992, 493; wohl auch Schmidt/Böcker/Bayerlein/Mattern/Schüler, Rn 13), vielmehr sind die Voraussetzungen auch dann von Amts wegen zu prüfen. Es ergeben sich allerdings **verfahrensrechtliche Auswirkungen**: anstelle eines Sachverständigengutachtens genügt ein ärztliches Zeugnis, wenn der Betroffene auf die Begutachtung verzichtet hat (§ 281 FamFG) und die auf Antrag des Betreuten erfolgte Betreuerbestellung ist auf seinen Antrag aufzuheben, wenn nicht eine Betreuung von Amts wegen erforderlich ist (§ 1908 d Abs. 2).

4. Erforderlichkeit der Betreuung

a) Interessen des Betroffenen

15 Ein Betreuer darf nach Abs. 2 nur bestellt werden für Aufgabenkreise, in denen eine Betreuung **erforderlich** ist. Dieser Grundsatz hat Verfassungsrang (BayObLG BtPrax 1995, 64; FamRZ 1996, 897; Jürgens BtPrax 2002, 18) und ist für jeden einzelnen Aufgabenkreis, der dem Betreuer übertragen werden soll, zu prüfen (KG FamRZ 2008, 919). Nicht erforderlich ist eine Betreuung jedenfalls für Aufgaben, die ohne Schaden für den Betreuten auch unerledigt bleiben können oder wenn ein Betreuer die Aufgaben nicht wirksam wahrnehmen kann (BayObLG BtPrax 1994, 209), z. B. weil der Betreute jeden Kontakt mit einem Betreuer verweigert (LG Rostock BtPrax 2003, 234). In diesem Zusammenhang ist auch der während des Betreuungsverfahrens oder vorher (etwa in einer Betreuungsverfügung, § 1901 c) geäußerte Wille des Betroffenen von besonderer Bedeutung. Lehnt er eine Betreuung ab, kann damit zum Ausdruck gebracht werden (und zwar ohne Rücksicht auf seine Geschäftsfähigkeit, Rn 13), dass die von ihm nicht mehr wahrgenommenen Aufgaben nach seiner Ansicht unerledigt bleiben sollen. Wenn der Betroffene sein Geld nicht anlegt, sondern zu Hause als Bargeld aufbewahrt, eine Rente oder einen sonstigen Sozialleistungsanspruch nicht geltend macht, sich gegen eine Inanspruchnahme auf Schadensersatz durch einen Dritten nicht ausreichend zur Wehr setzt, trotz Erkrankung einen Arzt nicht konsultiert, mögliche Rehabilitationsmaßnahmen ungenutzt lässt oder sonstige denkbare Angelegenheiten des täglichen Lebens zwar nicht wahrnehmen kann, aber hierfür auch keinen Betreuer bestellt bekommen möchte, kommt eine Betreuung gegen seinen Willen (Zwangsbetreuung) nur in Betracht, wenn sein Wohl es erfordert. Der Betreuer kann nach § 1901 Abs. 2 nur unter diesen Voraussetzungen überhaupt tätig werden. Allein die mangelnde Fähigkeit eines alten Menschen, aus bescheidenen Mitteln seine geringen Schulden abzubauen und das Auflaufen weiterer geringer Schulden zu verhindern, rechtfertigt noch nicht die Bestellung eines Betreuers (OLG Köln FamRZ 2006, 288 LS). Ohnehin ist eine Betreuerbestellung nur erforderlich, wenn der Betreuer in seinem Aufgabenkreis auch tatsächlich tätig werden kann (OLG Schleswig BtPrax 2009, 299). Wenn der Zweck einer dem Betreuer zu übertragenden Aufgabe „Gesundheitssorge" nur durch eine freiwillige Mitwirkung des Betroffenen (OLG Schleswig a.a.O.) oder eine Unterbringung zu erreichen wäre, muss auch klar sein, ob eine solche Maßnahme auch

zum Wohl des Betroffenen geboten wäre (BayObLG FamRZ 2001, 1244) bzw. überhaupt in Betracht käme (OLG Schleswig BtPrax 2005, 196; 2008, 131; 2009, 299). Sonst muss bereits die Betreuerbestellung unterbleiben.

Dabei kann die Abwägung, wann die Wahrnehmung einer bestimmten 16 Aufgabe auch gegen den Willen des Betroffenen seinem Wohl entspricht, nicht statisch beurteilt werden sondern nur in **Abwägung der jeweiligen Rechtsgüter** des Betroffenen, der Vor- und Nachteile einer jeden Entscheidung und unter Berücksichtigung der nach der Wertung des Betreuungsrechts grundsätzlich Vorrang genießenden (§§ 1897 Abs. 4 und 5, 1901 Abs. 2) Wünsche des Betroffenen. So kann z. B. eine drohende Verarmung Veranlassung sein, einen Rentenanspruch auch gegen den Willen des Betroffenen geltend zu machen, diesen aber möglicherweise auch ungenutzt zu lassen, wenn es sich lediglich um einen im Verhältnis zu sonstigen Einkünften geringen Anspruch handelt (so wohl auch BayObLG BtPrax 1994, 209 für den Fall, dass der Betroffene durch einen Rentenbezug nicht besser stünde als bei Empfang der bisherigen Sozialhilfe). Je schwerwiegender eine Erkrankung und die Folgen einer Behandlungsverweigerung sind, umso eher kommt eine Betreuerbestellung für die Zustimmung zur Heilbehandlung in Betracht. Hat die Betroffene allerdings in einer sogenannten „Patientenverfügung" hinreichend Vorsorge getroffen und bestimmte Behandlungen abgelehnt, kommt eine Betreuerbestellung nicht in Betracht (AG Frankfurt/Main BtPrax 2002, 223). In jedem Falle sind die Freiheitsrechte des einzelnen zu berücksichtigen, eine Betreuung hat nicht eine Erziehung oder Besserung zum Ziel, soll nicht bürgerliches Wohlverhalten sichern oder unangepasste Lebensweisen verhindern. So darf auch bei drohender oder eingetretener **Verwahrlosung** eine Zwangsbetreuung nur erfolgen, wenn erhebliche Gesundheitsgefahren drohen oder aus sonstigen Gründen zum Wohl des Betroffenen das Handeln eines Betreuers notwendig ist. Wenn ein Handeln zugunsten des Betroffenen auch ohne eine Betreuerbestellung möglich ist, so ist diese nicht erforderlich. So wird nach § 18 SGB XII Sozialhilfe geleistet, sobald dem zuständigen Träger der Sozialhilfe der Bedarf bekannt ist. Da es somit eines „Antrags" für die Sozialhilfe nicht bedarf, braucht hierfür auch kein Betreuer bestellt zu werden (LG Duisburg BtPrax 2004, 156; AG Duisburg-Hamborn BtPrax 2004, 79; krit. Thar BtPrax 2003, 161).

b) Betreuerbestellung im Drittinteresse

Ein Betreuer darf grundsätzlich nur im Interesse des Betroffenen bestellt 17 werden und dient nicht dem Schutz Dritter vor Störungen (OLG München BtPrax 2008, 125). Allerdings kann ein Betreuer für die Überwachung des Fernmeldeverkehrs bestellt werden, um den Betroffenen bei einer Vielzahl von Anrufen bei Privat- und Firmenanschlüssen mit wirrem Inhalt und Missbruch des polizeilichen Notrufs vor Reaktionen der Angerufenen zu schützen (OLG München a.a.O). Nur ausnahmsweise kommt auch eine Betreuung im **Drittinteresse** in Betracht, etwa wenn wegen (u. U. partieller) Geschäftsunfähigkeit Ansprüche gegen den Betroffenen nicht verfolgt werden könnten (Schwab FamRZ 1992, 493, 494) oder einseitige rechtsgestaltende Willenserklärungen (Anfechtung, Kündigung etc.) ansonsten wegen § 131 Abs. 1 nicht wirksam werden könnten (Jürgens/Kröger/Marschner/Winterstein Rn 64). Dies ist z. B. der Fall, wenn eine Wohnungskündigung gegenüber dem Betreuten

BGB § 1896 Titel 2. Rechtliche Betreuung

erklärt werden soll (BayObLG BtPrax 1996, 106) oder bei einer Klage auf Anwaltshonorar, wenn der Betreute Geschäftsunfähigkeit einwendet (BayObLG FamRZ 1998, 922). In diesen Fällen würde die Bestellung eines Prozesspflegers nach § 57 ZPO kaum weiterhelfen, weil außerprozessuale Gestaltung von Rechtsverhältnissen nicht zu seinen Aufgaben gehört und zudem der Gegner mit dem Kostenrisiko eines Prozesses belastet wäre. Auch die Übertragung des Aufgabenkreises Schuldenregulierung bzw. Schuldenvermeidung (BayObLG FamRZ 2001, 1245) dient teilweise den Interessen Dritter (s. auch Bienwald BtPrax 2000, 187).

c) Keine vorrangigen Hilfen

18 Eine Betreuung ist insbesondere nicht erforderlich (Abs. 2 S. 2), wenn die Angelegenheiten durch einen Bevollmächtigten (aa) besorgt werden können oder durch andere Hilfen, bei denen kein gesetzlicher Vertreter bestellt wird (bb).

19 **aa) Bevollmächtigter.** Wenn die Angelegenheiten des Volljährigen ebenso gut durch einen Bevollmächtigten besorgt werden können, darf hierfür kein Betreuer bestellt werden. Voraussetzung für eine Bevollmächtigung ist, dass der Volljährige wirksam einen Bevollmächtigten bestellen kann, also geschäftsfähig ist. Kann trotz einer psychischen Erkrankung eine Bevollmächtiugng wirksam erfolgen (hier: zur Abwicklung einer Rechtsanwaltskanzlei) kann auch auf Antrag des Betroffenen kein Betreuer bestellt werden (OLG München BtPrax 2005, 156). Die Verweisung auf einen möglichen Bevollmächtigten setzt allerdings voraus, dass der Betroffene in der Lage ist, diesen ausreichend zu überwachen (LG Berlin FamRZ 2007, 931), ggf. unterstützt durch einen Vollmachtsbetreuer (Rn 36). Die Bestellung eines Bevollmächtigten kann auch im Rahmen einer Vorsorgevollmacht (Abgrenzung zur Betreuungsverfügung nach § 1901 a vgl. OLG Frankfurt/ Main FamRZ 2004, 1322) in der Weise erfolgen, dass sie erst für den Fall eines eintretenden Betreuungsbedarfs wirksam wird (§ 1901 a Rn 1, hierzu LG Stuttgart BtPrax 1994, 64; Bienwald BtPrax 2002, 227; Wurzel BtPrax 2002, 230). Eine wirksam erteilte **Generalvollmacht** schließt die Bestellung eines Betreuers für rechtsgeschäftliches Handeln aus (LG Frankfurt/Main, FamRZ 1994, 125; LG Wiesbaden FamRZ 1994, 788; LG Augsburg BtPrax 1994, 176). Da die Vollmacht durch einen geschäftsunfähigen Betroffenen nicht widerrufen werden kann, ist sie in diesem Falle auch weiterhin zu beachten (BayObLG BtPrax 2002, 214). Ist die Vollmacht wegen Verstoßes gegen ein gesetzliches Verbot unwirksam, kann sie eine Betreuerbestellung nicht ausschließen (KG BtPrax 2007, 85). Eine Vollmacht ist weniger geeignet als die Betreuerbestellung, wenn erhebliche Zweifel an ihrer Wirksamkeit bestehen (OLG München BtPrax 2010, 36), sie möglicherweise widerrufen wurde oder Anhaltspunkte dafür bestehen, dass der Bevollmächtigte missbräuchlich handeln könnte (OLG Schleswig BtPrax 2006, 191; LG Neuruppin FamRZ 2007, 932; OLG München BtPrax 2009, 240) oder nicht willens oder in der Lage ist, die Vollmacht zum Wohl des Betroffenen einzusetzen (OLG Schleswig BtPrax 2008, 132; OLG Köln BtPrax 2009, 306). Das Gericht muss mögliche **Zweifel an der Geschäftsfähigkeit** zum Zeitpunkt der Vollmachterteilung aufklären (OLG Brandenburg FamRZ 2008, 265). Das Gericht darf aber einen Betreuer nicht deshalb bestellen, weil es ein Betreuerhandeln für besser geeignet hält (OLG Brandenburg BtPrax 2005, 157). Hier geht der Wille des Betroffenen vor. Könnte der Betroffene zwar eine andere Person wirksam bevollmächtigen, tut er dieses jedoch entweder mangels Einsicht in die Notwendigkeit

nicht oder weil er einen vom Gericht bestellten Betreuer vorzieht, kann nicht etwa mit Hinweis auf den Vorrang einer Bevollmächtigung die Betreuung verweigert werden (Schwab FamRZ 1992, 492, 495). Dies gilt zumal dann, wenn der Betroffene einen nachvollziehbaren Grund hat, von einer Bevollmächtigung abzusehen (OLG Hamm BtPrax 2001, 168; krit. hierzu Jensen/Röhlig BtPrax 2001, 197). Nur der Betreuer hat bei Mittellosigkeit des Betreuten Anspruch auf Vergütung und Aufwendungsersatz aus der Staatskasse (§§ 1835 ff.) und nur der Betreuer unterliegt der dauernden Überwachung durch das Betreuungsgericht etwa im Rahmen der Genehmigungsvorbehalte (§§ 1821 ff.). Der Betroffene muss daher diese Form der Hilfe wählen können. Sind wirksame Vollmachten erteilt und reichen diese für die Wahrnehmung der Aufgaben aus, so kann allenfalls ein Vollmachtsbetreuer nach Abs. 3 bestellt werden (Rn 36 f.). Wenn allerdings auch ein Vollmachtsbetreuer nicht ausreichend ist, um Gefahren für das Vermögen des Betroffenen entgegenzuwirken (BayObLG BtPrax 2001, 163) oder wenn der Bevollmächtigte sich wegen innerfamiliärer Streitigkeiten weigert, von der Vollmacht Gebrauch zu machen (BayObLG FamRZ 2004, 1403), kann trotz Bevollmächtigung eine Betreuerbestellung erforderlich sein. Außerdem kommt eine auch vorläufige Betreuung in Betracht, wenn Zweifel an der Wirksamkeit der Vollmacht bestehen (BayObLG FamRZ 2004, 1814).

Nach § 1901a Abs. 5 gelten die **Regeln über die Patientenverfügung** für 20 Bevollmächtigte entsprechend. Nach § 1904 Abs. 5 BGB gilt das Erfordernis der betreuungsgerichtlichen Genehmigung bei gefährlichen ärztlichen Eingriffen auch für einen Bevollmächtigten. Danach kann ein Bevollmächtigter seine Einwilligung auch nur dann wirksam erteilen, wenn die Vollmacht schriftlich erteilt ist und die in § 1904 Abs. 1 BGB genannten risikoreichen Untersuchungs- und Behandlungsmethoden ausdrücklich umfasst. Das Gleiche gilt bei der Einwilligung eines Bevollmächtigten in eine Unterbringung (§ 1906 Abs. 5 BGB). Die Bestellung eines Betreuers kann daher auch dann erforderlich sein, wenn eine erteilte Vollmacht die in §§ 1904, 1905 BGB genannten Maßnahmen nicht ausdrücklich umfasst oder nicht hinreichend bestimmt ist (OLG Zweibrücken FamRZ 2006, 1710). Dies gilt auch dann, wenn die Vollmacht vor Aufnahme dieser Vorschriften in das Gesetz erteilt wurde (OLG Zweibrücken BtPrax 2002, 171). Soll eine Vorsorgevollmacht notwendige psychiatrische Behandlungen verhindern (werden etwa Psychopharmaka, Behandlung durch Psychiater und auf psychiatrischen Stationen ausgeschlossen) und gibt der Bevollmächtigte zu erkennen, dass er diesen Wunsch in jedem Falle über das Wohl des Betroffenen stellen wird, kann gleichwohl ein Betreuer für die Gesundheitssorge bestellt werden (KG FamRZ 2007, 580; OLG Schleswig BtPrax 2008, 44). Auch wenn die Vollmacht aus anderen Gründen unvollständig ist, kommt eine (zusätzliche) Betreuerbestellung in Betracht, z. B. wenn nur für einen Teil vorhandener Konten eine Vollmacht vorliegt (OLG Köln FamRZ 2000, 188). Zudem ist ein Betreuer stets erforderlich, wenn z. B. für die Führung von Prozessen ein gesetzlicher Vertreter benötigt wird, weil der Bevollmächtigte eben kein gesetzlicher, sondern (nur) ein rechtsgeschäftlicher Vertreter ist (BayObLG FamRZ 1998, 920).

bb) Andere Hilfen. Auch andere Hilfen, bei denen kein gesetzlicher Vertreter 21 bestellt wird, machen die Betreuung nicht erforderlich. Gemeint sind damit **soziale Hilfen** jeder denkbaren Art, also vor allem durch Familienangehörige (z. B. Unterstützung durch die Mutter bei Tagesstrukturierung und sonstige Hilfen, vgl. BayObLG FamRZ 1999, 891, oder Verwaltung geringer Einkünfte auf

BGB § 1896 Titel 2. Rechtliche Betreuung

dem Girokonto der Mutter, OLG Rostock FamRZ 2005, 1588), Bekannte oder Nachbarn, durch soziale Dienste oder Einrichtungen insbesondere der Wohlfahrtsverbände (OLG Köln BtPrax 1993, 102; Jürgens/Kröger/Marschner/Winterstein Rn 62 f.) oder kommunaler Sozialarbeit (OLG Oldenburg FamRZ 2004, 1320). Verschiedene Ämter müssen ggf. zusammenwirken, um notwendige Sozialleistungen des Betroffenen sicherzustellen, ohne auf eine Betreuerbestellung zurückzugreifen (AG Neuruppin FamRZ 2007, 1842). In Betracht kommen hier jedoch lediglich **Hilfen tatsächlicher Art,** eine Vertretung bei rechtsgeschäftlichem Handeln ist nicht möglich. Dies bedeutet, dass vielfach für die Stellung von Anträgen bei Sozialleistungsträgern oder für den Abschluss von Verträgen gerade mit den sozialen Diensten dennoch ein Betreuer bestellt werden muss, falls dies nicht wirksam vom Betroffenen selbst erledigt oder durch Bevollmächtigte (Rn 19 f.) sichergestellt werden kann. Weder Angehörige noch Mitarbeiter sozialer Dienste können hierbei wirksam rechtsgeschäftlich vertreten. Der Betreuer wird jedoch in vielen Fällen nicht selbst als Vertreter handeln, sondern lediglich eigenes Handeln des Betreuten unterstützen und hier gibt es vielfältige Überschneidungen mit anderen Hilfen, etwa bei der Einteilung von Taschengeld oder Einkommen und allgemein bei der Bewältigung des täglichen Lebens. So bedarf es keiner Betreuung, wenn die Aufnahme des Betroffenen in eine Reha-Einrichtung und die damit verbundenen finanziellen Verpflichtungen durch Einsatz eines Sozialdienstes geregelt werden kann (LG Hamburg BtPrax 1993, 209). Zur Klärung von Vermögensfragen reicht häufig die Inanspruchnahme von Schuldnerberatungsstellen (Jürgens/Kröger/Marschner/Winterstein Rn 68). Auch die Geltendmachung von sozialrechtlichen Ansprüchen ist nicht immer von einem formellen Antrag abhängig. So wird z. B. Sozialhilfe – Hilfe zum Lebensunterhalt ebenso wie die Hilfen in besonderen Lebenslagen – geleistet, wenn dem Sozialhilfeträger die Voraussetzungen für die Gewährung von Sozialhilfe bekannt werden (§ 18 Abs, 1 SGB XII). Dies bedeutet, dass auch jeder Dritte die notwendigen Informationen an den zuständigen Sozialhilfeträger weitergeben und so für die Gewährung von Leistungen sorgen kann, ohne dass er hierzu eines gesetzlichen Vertreters bedarf.

5. Beispiele aus der Rechtsprechung zur Erforderlichkeit

22   Die Bestellung eines Betreuers kommt nicht in Betracht für Rechtsangelegenheiten, die bereits erledigt sind (LG Regensburg FamRZ 1993, 476); für die Vermögenssorge, wenn allein ein Taschengeld zur Verfügung steht und der Betroffene zu dessen Verwendung selbst in der Lage ist (LG Regensburg FamRZ 1993, 477); für die Gesundheitsfürsorge, wenn eine Behandlung nur mit Zustimmung des Betroffenen möglich ist, diese aber gerade abgelehnt wird (LG Frankfurt FamRZ 1993, 478; BayObLG BtPrax 1994, 209; OLG Schleswig BtPrax 2005, 196; BtPrax 2008, 131); für die Entscheidung Organspender zu werden (AG Mölln, FamRZ 1995, 118; LG Lübeck FamRZ 1995, 1232; hierzu auch Deinert, BtPrax 1998, 60); dagegen kann ein Betreuer bestellt werden für die Gesundheitsfürsorge bei fehlender Krankheitseinsicht (LG Regensburg FamRZ 1993, 477) oder bei Gefahr künftiger erneuter Schübe einer Psychose mit Notwendigkeit nervenärztlicher Behandlung (BayObLG BtPrax 1993, 171; 2003, 177); in diesem Fall reicht in der Regel aber auch ein Betreuer für die nervenärztliche Behandlung aus, nicht die Sorge für die Gesundheit insgesamt (BayObLG BtPrax 1995, 64;

1995, 218); für eine krankheitsbedingt einwilligungsunfähige schwangere Frau kann ein Betreuer für die Entscheidung über einen Schwangerschaftsabbruch bestellt werden (OLG Frankfurt FamRZ 2009, 368); für das Vermögen, wenn ein Bedarf für das Betreuerhandeln jederzeit auftreten kann (BayObLG FamRZ 1995, 117); für die Verwaltung oder Geltendmachung von Einkommen aus Rente oder Sozialhilfe (LG Regensburg a.a.O.; BayObLG BtPrax 1994, 209), außer wenn bereits eine abschließende negative Entscheidung des Sozialamts vorliegt (LG Frankfurt a.a.O.) oder wenn die Voraussetzungen für das Vorliegen von Sozialhilfebedürftigkeit auch ohne Betreuerbestellung dem zuständigen Sozialamt mitgeteilt werden können (LG Duisburg BtPrax 2004, 156); die Bestellung eines Betreuers ist nicht erforderlich, wenn von vornherein kein Vertrauensverhältnis entstehen kann, weil der Betroffene die Bestellung des Betreuers als erniedrigend empfindet und dieser dadurch an einer wirksamen Hilfe gehindert ist (BayObLG BtPrax 1994, 209) oder jeder Kontakt mit dem Betreuer abgelehnt wird (LG Rostock BtPrax 2003, 234); die Bestellung eines Betreuers mit dem Aufgabenkreis Vermögenssorge kann auch erforderlich sein, um eine weitere Verschuldung eines an sich bereits vermögenslosen Betreuten zu verhindern (BayObLG BtPrax 1997, 160; FamRZ 2001, 1245), wobei allein die mangelnde Fähigkeit eines alten Menschen, aus bescheidenen Mitteln seine (geringen) Schulden abzutragen und das Auflaufen neuer (geringer) Schulden zu verhindern, kein Grund für eine Betreuerbestellung sein kann (OLG Köln FamRZ 2006, 1629); sie ist auch nicht schon deshalb erforderlich, weil eine Verwandte der Betroffenen monatlich 150,00 Euro vom Konto der Betroffenen für sich selbst abhebt, wenn dies einer früheren Vereinbarung entspricht und der Betrag nicht für die Betroffene gebraucht wird (BayObLG BtPrax 2004, 149); zur Entgegennahme, Anhalten und Öffnen der Post vgl. Rn 35. Zur Bestimmung des Aufgabenkreises s. Rn 23 ff.

6. Aufgabenkreis

a) Allgemeines

Der **Aufgabenkreis** des Betreuers ist vom Betreuungsgericht im Beschluss zur 23 Betreuerbestellung **ausdrücklich festzulegen** (§ 286 Abs. 1 Nr. 1 FamFG). Da dies wesentlicher Maßstab des Betreuerhandelns ist und z. B. den Rahmen seiner Vertretungsmacht (§ 1902 BGB) festlegt, ist hierbei besondere Sorgfalt geboten. Dabei kann das Gericht – trotz der Formulierung „Aufgabenkreis" (BayObLG BtPrax 2001, 79) – lediglich einzelne Aufgaben beschreiben (Geltendmachung eines Rentenanspruchs, Verteidigung gegen eine Gläubigerforderung, Auflösen eines Mietverhältnisses), umfassendere Bereiche festlegen, die verschiedene Tätigkeiten des Betreuers umfassen (Wohnungsangelegenheiten, Aufenthaltsbestimmungen, Zustimmung zur Heilbehandlung, Verwaltung größerer Vermögenswerte wie z. B. ein Geschäft oder ein größeres Mietshaus, Vertretung in Erbauseinandersetzungen etc.) bis hin zu allen Aufgaben der Personensorge oder der Vermögenssorge. Auch die Übertragung aller Angelegenheiten ist denkbar (ausdrücklich erwähnt in § 276 Abs. 1 S. 1 Nr. 2 FamFG, § 13 Nr. 2 BWahlG; hierzu Rn 29). Dabei darf das Betreuungsgericht bei der Bestimmung des Aufgabenkreises über das erforderliche Maß nicht hinausgehen. Für jeden einzelnen Aufgabenkreis, der dem Betreuer zugewiesen werden soll, muss eine Betreuung erforderlich sein (BayObLG FamRZ 1999, 1612; BtPrax 2002, 216). Andererseits sollte aber der Aufgabenkreis schon aus praktischen Gründen auch nicht zu eng gefasst sein, weil ansonsten häufig eine Erweiterung des Aufgabenkreises notwendig wird und damit das gleiche Verfahren wie bei der Bestellung des Betreuers durchgeführt werden müsste (§ 293 Abs. 1 FamFG). Die Festlegung des Aufgabenkreises muss auch in einer nach außen verständlichen und klaren Weise formuliert sein (Schwab FamRZ 1992, 493, 496).

b) Aufgaben der Personensorge

24 Insbesondere bei der **Verwendung allgemeiner Beschreibungen** von Aufgabenkreisen ist **Vorsicht geboten**. Die meisten Aufgaben können Bestandteil allgemeinerer Formulierungen sein (Ausnahmen Rn 35). Insbesondere die Übertragung von Aufgaben der Personensorge beinhaltet dabei immer auch die Ermächtigung zum Abschluss hierfür notwendiger Rechtsgeschäfte (Arzt- und Krankenhausvertrag bei Zustimmung zur Heilbehandlung, Miet- oder Heimvertrag bei Aufenthaltsbestimmung etc.). Für eine freiheitsentziehende Unterbringung nach § 1906 ist neben der denkbaren ausdrücklichen Übertragung dieser Aufgabe auch die Zuweisung der Aufenthaltsbestimmung (ausführlich hierzu Coeppicus FamRZ 1992, 741) an den Betreuer ausreichend (Jürgens/Kröger/Marschner/Winterstein Rn 497). Die Übertragung des pauschalen Aufgabenkreises „Personensorge" oder „persönliche Angelegenheiten" genügt hierfür ebenso wenig (Schwab FamRZ 1992, 493, 497), wie die Übertragung der Gesundheitssorge bereits die Befugnis zur Unterbringung beinhaltet (OLG Hamm FamRZ 2001, 861). Ohnehin kann die gesamte Gesundheitssorge nur dann einem Betreuer übertragen werden, wenn der Betroffene im gesamten Bereich der Gesundheitssorge auf Grund der Krankheit seinen Willen nicht frei zu bestimmen vermag und auch anfallende Angelegenheiten nicht selbst regeln kann (BayObLG BtPrax 2002, 38). Bestandteil der Gesundheitssorge ist auch die Weiterversicherung des Betroffenen in der gesetzlichen Krankenversicherung (BSG BtPrax 2003, 172; SG Hamburg FamRZ 2004, 136). Zum Aufgabenkreis des Betreuers kann auch die Regelung des Umgangs des Betreuten gehören (BayObLG FamRZ 2000, 1524), auch mit den Eltern (BayObLG BtPrax 2003, 178). Für den „Umgang mit der Presse" kann ein besonderer Betreuer erforderlich werden, wenn es gerade um betreuungsrelevante Umstände in der Berichterstattung geht (OLG Köln FamRZ 2001, 872). Auch die Wohnungsentrümpelung kann dem Betreuer als Aufgabe übertragen werden (BayObLG BtPrax 2001, 251).

25 Da der Betreuer im Rahmen seines Aufgabenkreises den Betreuten vertritt (§ 1902) kann er jedenfalls bei rechtsgeschäftlichem Handeln mit Wirkung für und gegen den Betreuten **Willenserklärungen abgeben.** Soweit der Betreute geschäftsfähig ist und kein Einwilligungsvorbehalt angeordnet wurde (§ 1903), kann dieser jedoch auch soweit ein Betreuer bestellt wurde selbstständig rechtsgeschäftlich wirksam handeln. Die Betreuerbestellung wirkt daher ergänzend. Bei vielen Aufgaben der Personensorge ist die Betreuerbestellung jedoch verdrängend in dem Sinne, dass der Betreute nicht mehr selbstständig handeln kann. Die Übertragung der Zustimmung zur Heilbehandlung oder der Einwilligung zur Sterilisation setzt immer voraus, dass der Betreute selbst nicht wirksam handeln kann, weil er einwilligungsunfähig ist (hierzu § 1904 Rn 4, § 1905 Rn 4; so auch BayObLG FamRZ 1994, 1060; BayObLG BtPrax 2002, 38). Die Bestellung eines Betreuers bedeutet daher zugleich, dass der Betroffene nicht selbst wirksam in die jeweilige Maßnahme einwilligen kann. Auch das Aufenthaltsbestimmungsrecht ist v. a. ein tatsächliches Bestimmungsrecht, das eine konkurrierende Selbstbestim-

Voraussetzungen **§ 1896 BGB**

mung des Betroffenen ausschließt (Klüsener/Rausch NJW 1993, 617, 619). Die Übertragung des Aufenthaltsbestimmungsrechts auf den Betreuer ist daher nur zulässig, wenn der Betreute dies krankheits- bzw. behinderungsbedingt nicht mehr eigenverantwortlich ausüben kann – hierbei kommt es auf den „natürlichen Willen" an – und eine erhebliche Selbstschädigung droht (Jürgens/Kröger/Marschner/Winterstein Rn 499). Sie umfasst dann nicht die Befugnis für den Betreuer, bei der Beantragung eines neuen Passes oder Personalausweises den Betreuten zu vertreten (BayObLG FamRZ 1999, 1300). Die Geltendmachung von Sozialhilfe gehört dagegen zu den Aufgaben des Betreuers, dem die Personensorge übertragen ist und ist nicht Bestandteil der Vermögenssorge (LG Köln FamRZ 1998, 919).

c) Aufgaben der Vermögenssorge

Zur Vermögenssorge gehört vor allem die Aufgabe, das Vermögen des Betreu- 26 ten zu verwalten, wobei es sich anbietet, bei der Bestellung des Betreuers das zu verwaltende Vermögen näher zu konkretisieren (Verwaltung eines Hausgrundstücks, der Wertpapiere, Regelung von Steuerangelegenheiten etc.). Auch hier ist allerdings zu beachten, dass der Aufgabenkreis nicht zu eng gefasst wird. Viel häufiger noch als bei der Personensorge wird sich ein Betreuungsbedarf für sämtliche Aufgaben der Vermögenssorge ergeben. Ein Betreuer für das Vermögen kann auch bestellt werden, wenn praktisch kein zu verwaltendes Vermögen vorhanden ist, aber eine weitere Verschuldung des Betreuten vermieden werden soll (BayObLG BtPrax 1997, 160; 2001, 37). Bei der Übertragung von Schuldenregulierung bzw. Schuldenvermeidung (BayObLG FamRZ 2001, 1245) sollte der Aufgabenkreis sorgfältig formuliert sein (Bienwald BtPrax 2000, 189). Der Aufgabenkreis „Vertretung vor Behörden und Gerichten" muss einen Bezug zu konkret bezeichneten Verwaltungs- oder Gerichtsverfahren haben (KG FamRZ 2008, 919). Ansonsten kommt dies nur in Betracht, wenn der Betreute krankheitsbedingt dazu neigt, eine Vielzahl von Verfahren zu führen und sich selbst zu schädigen. Dies ist bei der Führung von kostenfreien Verfahren vor den Sozialgerichten ausgeschlossen (KG FamRZ 2008, 1114).

d) Ausgeschlossene Aufgaben

Der Aufgabenkreis des Betreuers umfasst in keinem Falle die **Eheschließung,** 27 **die Begründung einer Lebenspartnerschaft** oder **Verfügungen von Todes wegen**. Im Gesetz ist zwar nur festgelegt, dass sich ein Einwilligungsvorbehalt nicht auf solche Willenserklärungen erstrecken kann (§ 1903 Abs. 2). Eine gesetzliche Vertretung und damit auch eine Betreuung ist in diesem höchstpersönlichen Bereich aber generell ausgeschlossen. Der Betreute ist entweder ehefähig oder eheunfähig (§ 1304), testierfähig oder testierunfähig (§ 2229 Abs. 4), kann also entweder selbst handeln oder eine Eheschließung, Begründung einer Lebenspartnerschaft oder letztwillige Verfügung scheidet insgesamt aus. Auch die Wahrnehmung der elterlichen Sorge gegenüber Kindern des Betreuten (BayObLG BtPrax 2004, 239; hierzu auch Hoffmann, BtPrax 2002, 246) kann nicht zum Aufgabenkreis eines Betreuers gehören (§ 1678) wie auch der Umgang der Kinder der Betreuten mit dem Vater und die Teilnahme an einer Erziehungskonferenz (LG Rostock BtPrax 2003, 233). Insgesamt gilt der Grundsatz, dass ein Betreuer für Entscheidungen höchstpersönlicher Natur nicht bestellt werden kann (AG Mölln, FamRZ 95, 188, für die Entscheidung, nach dem Tode Organe zu spenden; hierzu auch ausführlich unter Berücksichtigung des Transplantationsgesetzes Staudinger-

BGB § 1896 Titel 2. Rechtliche Betreuung

Bienwald, § 1904 Rn 37; a.A. OLG Frankfurt FamRZ 2009, 368 für Entscheidung über den Schwangerschaftsabbruch).

e) Aufgaben im Familien- und Erbrecht

28 Das Gesetz erwähnt an einigen Stellen vor allem im Familienrecht Aufgaben, für die ein Betreuer bestellt sein kann, wobei nicht danach differenziert ist, ob die jeweilige Aufgabe ausdrücklich oder als Bestandteil allgemeiner Aufgabenkreise – etwa der gesamten Personensorge – dem Betreuer übertragen wurde. Im Einzelnen sind dies: Abschluss eines Ehevertrages (§ 1411 Abs. 2), Verwaltung des Gesamtguts bei Gütergemeinschaft (§ 1436), Wahrnehmung eines Rechts aus der Gütergemeinschaft (§ 1469 Nr. 5), Ablehnung der fortgesetzten Gütergemeinschaft durch den überlebenden Ehegatten (§ 1484 Abs. 2), Aufhebung der fortgesetzten Gütergemeinschaft durch den überlebenden Ehegatten (§ 1492 Abs. 3), Anerkennung einer Vaterschaft als gesetzlicher Vertreter (§ 1902), soweit der Betreute geschäftsunfähig ist (§ 1596 Abs. 1), unter den gleichen Voraussetzungen auch die Anfechtung einer Vaterschaft (§ 1600 a Abs. 2) oder bei der Adoption eines Volljährigen den Antrag für den geschäftsunfähigen Anzunehmenden (§ 1768 Abs. 2).

Im **Erbrecht** kommt vor allem die Anfechtung eines Erbvertrages (§ 2282 Abs. 2) oder dessen Aufhebung durch Vertrag (§ 2290 Abs. 3) bei einem geschäftsunfähigen Vertragsteil, sowie Erbverzicht (§ 2347 Abs. 1) und Aufhebung eines solchen Verzichts (§ 2351) in Betracht.

f) Alle Angelegenheiten

29 Die Bestellung eines Betreuers für alle Angelegenheiten eines Betreuten wird vom Gesetz ausdrücklich zugelassen (§ 276 Abs. 1 S. 1 Nr. 2 FamFG, § 13 Nr. 2 BWahlG). Allerdings soll dies die **Ausnahme bleiben** (MK-Schwab Rn 109). Nur wenn der Betreute nicht (mehr) imstande ist, den seiner konkreten Lebensgestaltung entsprechenden Alltag wenigstens teilweise zu beherrschen und zu gestalten und auch in allen Bereichen konkreter Handlungsbedarf besteht, kommt die Bestellung eines Betreuers für alle Angelegenheiten in Betracht (BayObLG BtPrax 2002, 216). Abzustellen ist dabei auf die Situation des Betroffenen und die Frage, ob alle für ihn zu besorgenden Angelegenheiten eines Betreuers bedürfen (LG Zweibrücken BtPrax 1999, 244; s. auch BayObLG a.a.O.). Die rein deklaratorische Feststellung, damit sei der Betreuer für alle Angelegenheiten bestellt, ist dagegen unzulässig (BayObLG a.a.O.). Ist ein Betreuer für alle Angelegenheiten bestellt, ist der Betreute vom Wahlrecht ausgeschlossen (§ 13 Nr. 2 BWahlG, hierzu auch LG Zweibrücken a.a.O., mit Anm. Hellmann, BtPrax 1999, 229).

7. Beispiele zur Festlegung von Aufgabenkreisen

30 Einzelne Beispiele für Aufgabenkreise (nach Jürgens/Kröger/Marschner/Winterstein Rn 88 ff.):

Im Bereich der **Vermögenssorge** ist die konkrete Lebenssituation des Betreuten besonders zu beachten, häufig hat der Betreute kein eigenes Vermögen, sondern lediglich ein geringes Einkommen. Als mögliche Aufgabenkreise kommen hier in Betracht:
- Beantragung/Entgegennahme/Einteilung von Rente/Sozialhilfe/Arbeitslosengeld/Krankengeld/Versicherungsleistungen

Voraussetzungen § 1896 BGB

- Geltendmachung/Entgegennahme/Einteilung von Arbeitslohn
- Geltendmachung von Forderungen gegen/Prüfung von Rechnungen/Abwehr von Ansprüchen von oder gegenüber Behörden/Banken/Krankenkassen/Versicherungsunternehmen/Versorgungseinrichtungen
- Antragstellung auf Pflegeleistungen bei der zuständigen Pflegekasse
- Vertretung gegenüber Gläubigern/Schuldentilgung/Schuldenregulierung
- Prüfung und Regelung von Unterhaltspflichten
- Verwaltung/Verwertung von Grundvermögen und beweglichen Sachwerten,
- Vermögenssorge mit Ausnahme von ... (z. B. Verwaltung des Taschengeldes)

Auch bei **Wohnungsangelegenheiten** (s. dazu § 1907) gibt es verschiedene speziell zu prüfende Aufgabenkreise: 31
- Abwehr einer Wohnungskündigung,
- Vertretung bei Kündigungs- und Räumungsverfahren,
- Regelung von Miet- und Wohnungsangelegenheiten
- Auflösung des Mietverhältnisses
- Aufgabe der Wohnung und Auflösung des Haushalts,
- Wohnungsentrümpelung,
- Beschaffung einer Wohnung und Regelung der Kosten/Mietvertragsabschluss.

Im Zusammenhang mit **Erbfällen** sind ebenfalls einzelne Aufgaben denkbar: 32
- Vertretung bei der Erbauseinandersetzung,
- Regelung der Nachlassangelegenheiten nach dem ...
- Geltendmachung der Rechte am Nachlass des ...
- Klärung der Nachlassmasse/Ausschlagung der Erbschaft.

Auch bei der häufig notwendigen Übersiedlung in ein **Alten- oder Pflegeheim** kommen verschiedene Aufgaben in Betracht: 33
- Abschluss des Heimvertrages,
- Regelung der Heimkosten (aus dem eigenen Vermögen oder durch Inanspruchnahme Unterhaltspflichtiger, der Pflegekasse oder Sozialhilfeträger)
- Vertretung gegenüber der Heimleitung,
- Überwachung der Taschengeldverwendung,
- Unterbringung mit Freiheitsentziehung.

Im Bereich der **Heilbehandlung** darf ein Betreuer nur bestellt werden, soweit der Betroffene selbst einwilligungsunfähig ist, also Art, Bedeutung und Tragweite der jeweiligen Maßnahme auch nach entsprechender ärztlicher Aufklärung und Beratung nicht zu erfassen und seinen Willen hiernach zu bestimmen vermag (§ 1904 Rn 1 ff.; BayObLG FamRZ 1994, 1060). Die Einwilligungsfähigkeit in diesem Sinne kann für einfache Behandlungen einer konkret nachvollziehbaren Krankheit (Erkältung, Knochenbruch, Zahnbehandlung) noch vorliegen, wo sie für kompliziertere Eingriffe bei komplexeren Krankheitsbildern (schwierige Operationen, Chemo- oder Strahlentherapie) fehlt. So kann auch etwa der Aufgabenkreis des Betreuers im Bereich der Gesundheitsfürsorge auf die nervenärztliche Behandlung beschränkt werden (BayObLG FamRZ 1994, 1059 und 1060). In Betracht kommen etwa: 34
- Entscheidung über Einwilligung zur Amputation des ...,
- Zustimmung zu riskanten Untersuchungen, wie ...,
- Zustimmung zur Heilbehandlung wegen der ... Erkrankung,
- Sicherstellung der ärztlichen Heilbehandlung/stationär/ambulant/Nachsorge nach Operation,
- Geltendmachung von Rechten gegenüber Ärzten/Klinikleitung,
- Zustimmung zur Heilbehandlung, außer ...,

BGB § 1896 Titel 2. Rechtliche Betreuung

- Entscheidung über (Zwangs-) Medikation,
- Organisation und Regelung der Kosten von Rehabilitationsmaßnahmen.

8. Post- und Fernmeldeverkehr

35 Die Entscheidung über den Fernmeldeverkehr des Betreuten und über die Entgegennahme, das Öffnen und das Anhalten seiner Post setzen eine ausdrückliche Bestimmung durch das Betreuungsgericht voraus (Abs. 4). Selbst die Übertragung aller Angelegenheiten auf den Betreuer (Rn 29) reicht hierfür nicht aus. Ein derartiger Eingriff in das Post- und Fernmeldegeheimnis (Art. 10 GG) und das Persönlichkeitsrecht des Betreuten (Art. 2 Abs. 1 GG) erfordert eine **ausdrückliche richterliche Anordnung** (Staudinger-Bienwald, Rn 102). Sie kommt nur in Betracht, wenn ohne eine entsprechende Bestimmung der Betreuer an der praktischen Wahrnehmung seiner Aufgaben gehindert wäre und hierdurch wesentliche Rechtsgüter des Betreuten erheblich gefährdet oder beeinträchtigt würden (BayObLG 2001, 871), etwa weil zu befürchten ist, dass ohne Überwachung wichtige Briefe Dritter (Kündigungen, Rechnungen, Mahnungen etc.) dem Betreuer unbekannt blieben (OLG München FamRZ 2008, 89). Ein Betreuer für die Überwachung des Fernmeldeverkehrs kann auch bestellt werden, um den Betroffenen bei einer Vielzahl von Anrufen bei Privat- und Firmenanschlüssen mit wirrem Inhalt und Missbruch des polizeilichen Notrufs vor Reaktionen der Angerufenen zu schützen (OLG München BtPrax 2008 125).Da die Vorschrift selbst die Voraussetzungen für die Zuweisung der Überwachung des Post- und Fernmeldeverkehrs nicht nennt, sind besonders streng die verfassungsrechtlichen Grundsätze (Erforderlichkeitsprinzip, Verhältnismäßigkeit) zu beachten (BayObLG a.a.O.). Außerdem muss der Betreuer immer prüfen, ob es erforderlich ist, von der Befugnis auch Gebrauch zu machen (BayObLG FamRZ 2001, 1558; OLG München BtPrax 2008, 89).

9. Spezielle Betreuer

a) Vollmachtsbetreuer

36 Als Aufgabenkreis – allein oder neben anderen Aufgaben – kann auch die Geltendmachung von Rechten des Betreuten gegenüber seinem Bevollmächtigten bestimmt werden **(Überwachungs-, Kontroll- oder Vollmachtbetreuung).** Hierdurch soll bei wirksamen Vollmachten (Rn 19) vermieden werden, dass allein wegen krankheits- oder behinderungsbedingt fehlender Überwachungsmöglichkeit dennoch ein Betreuer bestellt werden muss. Der Bevollmächtigte als solcher unterliegt nicht der Aufsicht des Betreuungsgerichts, seine Rechte und Pflichten richten sich allein nach dem der Vollmachterteilung zugrundeliegenden Rechtsgeschäft (Auftrag, Geschäftsbesorgung o. ä.) und den allgemeinen Vorschriften für das Vertreterhandeln (§§ 164 ff.). Genehmigungsvorbehalte des Betreuungsgerichts für Vormund und/oder Betreuer gelten für den Bevollmächtigten nicht (außer in den Fällen der §§ 1904 und 1906). Die Bestellung eines Vollmachtsbetreuers setzt voraus, dass der Betroffene seine Rechte gegenüber dem Bevollmächtigten nicht (mehr) selbst wirksam wahrnehmen kann und eine solche Überwachung erforderlich ist (LG München I FamRZ 1998, 923; BayObLG BtPrax 1999, 151). Eine zwischenzeitlich eingetretene Geschäftsunfähigkeit des Betroffenen reicht allerdings

Voraussetzungen **§ 1896 BGB**

nicht aus (BayObLG FamRZ BtPrax 2005, 149). Vielmehr muss ein besonderes Bedürfnis hinzukommen, z.B. drohende Ineressenkonflikte (LG Kleve FamRZ 2008, 303) oder Bedenken an der ordnungsgemäßen Umsetzung der Vollmacht durch den Bevollmächtigten (BayObLG a.a.O.; OLG Köln a.a.O.). Ein entsprechender Betreuungsbedarf dürfte bei umfassenden Vollmachten für komplexe Geschäfte eher gegeben sein als bei kleineren Alltagsgeschäften (Dodegge/Roth Teil A Rn 27). Eine Vollmachtbetreuung kann auch auf die Vermögenssorge beschränkt werden (OLG München BtPrax 2009, 189). Auch mehrere Bevollmächtigte, die sich gegenseitig überwachen, können eine Betreuung hierfür überflüssig machen. Die Umstände der Bevollmächtigung oder die Person können Anhaltspunkte für die Erforderlichkeit einer Überwachungsbetreuung liefern, etwa bei Zweifeln an der Redlichkeit des Vollmachtnehmers, Erschleichen der Vollmacht oder wenn der Umfang der Vollmacht erheblich über den erforderlichen Handlungsbedarf hinausgeht. Auch wenn das Gericht den Bevollmächtigten für ungeeignet hält, sollte ein Vollmachtsbetreuer bestellt werden (AG Nidda BtPrax 2004, 118). In jedem Falle dürfte bei Generalvollmachten eine Überwachung angezeigt sein (anders LG Augsburg, BtPrax 1994, 176: nur bei Anhaltspunkten für Handeln gegen Interessen des Betreuten).

Der Vollmachtsbetreuer kann die Rechte des Betreuten aus dem zugrundeliegenden Rechtsverhältnis wahrnehmen (MK-Schwab Rn 240), also etwa **Auskunft** und **Rechenschaft** verlangen (§ 666, hierzu OLG Köln BtPrax 2005, 236) oder **Herausgabe** des durch die Ausführung erlangten (§ 667), über Abweichungen des Beauftragten von Weisungen entscheiden (§ 665), **Schadensersatz** wegen Pflichtverletzungen geltendmachen oder den Auftrag bzw. die Geschäftsbesorgung oder die Vollmacht widerrufen (§§ 168, 671; hierzu LG Wiesbaden FamRZ 1994, 778). Ohne eine entsprechende Erweiterung seines Aufgabenkreises ist der Vollmachtsbetreuer jedoch nicht zur Erfüllung der Pflichten des Betreuten gegenüber seinem Bevollmächtigten (insbesondere Ersatz von Aufwendungen, § 670) berechtigt oder verpflichtet. 37

Für die Bestellung eines Vollmachtsbetreuers ist nach § 15 S. 2 RPflG der Rechtspfleger zuständig. Es bedarf im **Verfahren** keines Sachverständigengutachtens, vielmehr genügt ein ärztliches Zeugnis (§ 281 Nr. 2 FamFG). Beides gilt nur, wenn dem Betreuer lediglich Überwachungsaufgaben übertragen werden. Ist nur für einen Teil der betreuungsbedürftigen Angelegenheiten ein Bevollmächtigter beauftragt und soll der Betreuer neben den übrigen Angelegenheiten auch dessen Überwachung übernehmen, gelten auch hier Richtervorbehalt und obligatorische Begutachtung. 38

b) Besonderer Betreuer

Für die Einwilligung in eine **Sterilisation** (§ 1905) ist stets ein besonderer Betreuer zu bestellen (§ 1899 Abs. 2), die Einwilligung in die Sterilisation kann daher niemals zum Aufgabenkreis eines anderen Betreuers zählen (zu den Einzelheiten s. § 1899 Rn 5 und § 1905 Rn 3). 39

c) Gegenbetreuer

Aus der Verweisung in § 1908 i auf §§ 1792, 1799 (Gegenvormund) ergibt sich, dass auch ein **Gegenbetreuer** unter den gleichen Voraussetzungen bestellt werden kann (s. hierzu Kommentierung §§ 1792 ff. und § 1899 Rn 7). 40

d) Verhinderungsbetreuer

41 Nach § 1899 Abs. 4 können mehrere Betreuer auch in der Weise bestellt werden, dass der eine die Angelegenheiten des Betreuten nur zu besorgen hat, wenn der andere verhindert ist(§ 1899 Rn 6).

10. Folgen der Betreuerbestellung

42 Im Gegensatz zur Entmündigung alten Rechts hat die Bestellung eines Betreuers keinen Einfluss auf die **Geschäftsfähigkeit** des Betreuten, dieser kann jedoch nach § 104 Nr. 2 geschäftsunfähig sein. Nur im Prozess steht ein durch den Betreuer vertretener Betreuter einer nicht prozessfähigen Person gleich (§ 53 ZPO). In jedem Falle ist der Betreuer im Rahmen seines Aufgabenkreises gesetzlicher Vertreter des Betreuten (§ 1902). Ein Betreuer, für den zur Besorgung aller Angelegenheiten nicht nur durch einstweilige Anordnung ein Betreuer bestellt ist, ist nach § 13 Nr. 2 BWahlG vom Wahlrecht zum Deutschen Bundestag ausgeschlossen. Dies gilt auch, wenn der Aufgabenkreis des Betreuers die in § 1896 Abs. 4 (Überwachung Post- und Fernmeldeverkehr) und § 1905 (Sterilisation) bezeichneten Angelegenheiten nicht erfasst. Die Bundesländer haben entsprechende Formulierungen in ihre Landeswahlgesetze und in die Vorschriften zum Wahlrecht in den Gemeindeordnungen bzw. Kommunalwahlgesetzen übernommen, wobei teilweise ein Ausschluss und teilweise ein Ruhen des Wahlrechts normiert ist.

43 Beschränkungen der rechtlichen Handlungsfähigkeit ergeben sich im **Familienrecht** aus einer Reihe von Vorschriften (s. o. Rn 28), wobei teilweise nur für geschäftsunfähige Betreute ein Betreuerhandeln vorgesehen oder für geschäftsfähige Betreute ein eigenes Handeln nur bei Anordnung eines Einwilligungsvorbehalts (§ 1903) ausgeschlossen ist (§§ 1596 Abs. 2 und 3, 1600 a Abs. 2, 1768 Abs. 2).

§ 1897 Bestellung einer natürlichen Person

(1) **Zum Betreuer bestellt das Betreuungsgericht eine natürliche Person, die geeignet ist, in dem gerichtlich bestimmten Aufgabenkreis die Angelegenheiten des Betreuten rechtlich zu besorgen und ihn in dem hierfür erforderlichen Umfang persönlich zu betreuen.**

(2) **Der Mitarbeiter eines nach § 1908 f anerkannten Betreuungsvereins, der dort ausschließlich oder teilweise als Betreuer tätig ist (Vereinsbetreuer), darf nur mit Einwilligung des Vereins bestellt werden. Entsprechendes gilt für den Mitarbeiter einer in Betreuungsangelegenheiten zuständigen Behörde, der dort ausschließlich oder teilweise als Betreuer tätig ist (Behördenbetreuer).**

(3) **Wer zu einer Anstalt, einem Heim oder einer sonstigen Einrichtung, in welcher der Volljährige untergebracht ist oder wohnt, in einem Abhängigkeitsverhältnis oder in einer anderen engen Beziehung steht, darf nicht zum Betreuer bestellt werden.**

(4) **Schlägt der Volljährige eine Person vor, die zum Betreuer bestellt werden kann, so ist diesem Vorschlag zu entsprechen, wenn es dem Wohl des Volljährigen nicht zuwiderläuft. Schlägt er vor, eine bestimmte Person nicht zu bestellen, so soll hierauf Rücksicht genommen werden. Die**

Bestellung einer natürlichen Person   § 1897 BGB

Sätze 1 und 2 gelten auch für Vorschläge, die der Volljährige vor dem Betreuungsverfahren gemacht hat, es sei denn, dass er an diesen Vorschlägen erkennbar nicht festhalten will.

(5) Schlägt der Volljährige niemanden vor, der zum Betreuer bestellt werden kann, so ist bei der Auswahl des Betreuers auf die verwandtschaftlichen und sonstigen persönlichen Bindungen des Volljährigen, insbesondere auf die Bindungen zu Eltern, zu Kindern, zum Ehegatten und zum Lebenspartner, sowie auf die Gefahr von Interessenkonflikten Rücksicht zu nehmen.

(6) Wer Betreuungen im Rahmen seiner Berufsausübung führt, soll nur dann zum Betreuer bestellt werden, wenn keine andere geeignete Person zur Verfügung steht, die zur ehrenamtlichen Führung der Betreuung bereit ist. Werden dem Betreuer Umstände bekannt, aus denen sich ergibt, dass der Volljährige durch eine oder mehrere andere geeignete Personen außerhalb einer Berufsausübung betreut werden kann, so hat er dies dem Gericht mitzuteilen.

(7) Wird eine Person unter den Voraussetzungen des Absatzes 6 Satz 1 erstmals in dem Bezirk des Betreuungsgerichts zum Betreuer bestellt, soll das Gericht zuvor die zuständige Behörde zur Eignung des ausgewählten Betreuers und zu den nach § 1 Absatz 1 Satz 1 zweite Alternative des Vormünder- und Betreuervergütungsgesetzes zu treffenden Feststellungen anhören. Die zuständige Behörde soll die Person auffordern, ein Führungszeugnis und eine Auskunft aus dem Schuldnerverzeichnis vorzulegen.

(8) Wird eine Person unter den Voraussetzungen des Absatzes 6 Satz 1 bestellt, hat sie sich über Zahl und Umfang der von ihr berufsmäßig geführten Betreuungen zu erklären.

Übersicht

	Rn.
1. Natürliche Person als Betreuer	1
a) Ehrenamtliche Einzelbetreuer	2
b) Berufsbetreuer	3
c) Vereinsbetreuer	4
d) Behördenbetreuer	5
2. Eignung des Betreuers	6
a) Erfüllung der Aufgaben	6
b) Ungeeignete Betreuer	7
c) Persönliche Eignung	11
3. Auswahlentscheidung	14
a) Vorschlag des Betroffenen	14
b) Ausschluss einer Person	16
c) Betreuungsverfügung	17
d) Auswahlermessen	18
e) Betreuerwechsel	21
4. Berufsbetreuer	21

1. Natürliche Person als Betreuer

Die Vorschrift ist auch anwendbar bei der Entscheidung über die Bestellung 1 eines Gegenbetreuers (§ 1899 Rn 7, hierzu BayObLG FamRZ 2001, 1555) und

BGB § 1897   Titel 2. Rechtliche Betreuung

bei der Verlängerung einer Betreuung (OLG Zweibrücken BtPrax 2002, 87; BayObLG BtPrax 2002, 165). Das Betreuungsrecht sieht die Bestellung einer natürlichen Person als **Regelfall** vor. Soweit eine solche zur Verfügung steht, kommt ihr absoluter Vorrang zu (BayObLG BtPrax 1994, 171). Nur ausnahmsweise kommt eine Vereins- oder Behördenbetreuung (§ 1900, s. Erläuterungen dort) in Betracht.

a) Ehrenamtliche Einzelbetreuer

2   Einzelbetreuer führen für einen oder höchstens eine ganz geringe weitere Anzahl Betreuter Betreuungen, oft für einen Familienangehörigen. Sie führen die Betreuung unentgeltlich (§ 1908 i i. V. m. § 1836 Abs. 1 S. 1), sind also **ehrenamtlich** tätig, können aber Ersatz ihrer Aufwendungen nach § 1835 oder Aufwandsentschädigung nach § 1835 a erhalten. Das Gesetz sieht den ehrenamtlichen Einzelbetreuer als „Prototyp" vor. Dies wird durch Abs. 6 ausdrücklich klargestellt. Alle Vorschriften des Betreuungs- und Vormundschaftsrechts gelten für ehrenamtliche Einzelbetreuer unmittelbar, während für andere Betreuertypen etwa hinsichtlich der Vergütung oder der Haftung Ausnahmeregelungen gelten. Lediglich für nahe Angehörige des Betreuten (Vater, Mutter, Ehegatte, Lebenspartner und Abkömmlinge) gelten nach § 1908 i Abs. 2 S. 2 i. V. m. §§ 1857 a, 1852 ff. Erleichterungen bei der Geldanlage, bei betreuungsgerichtlichen Genehmigungen und bei der Rechnungslegung.

Auch wenn der ehrenamtliche Einzelbetreuer Mitglied eines anerkannten **Betreuungsvereins** (§ 1908 f.) ist und von diesem unterstützt wird, wird er hierdurch nicht etwa zum Vereinsbetreuer nach Abs. 2 und es bedarf daher auch keiner Zustimmung des Vereins für seine Bestellung.

b) Berufsbetreuer

3   Berufsbetreuer sind nach Abs. 6 natürliche Personen, die Betreuungen im Rahmen ihrer Berufsausübung führen (zu den Voraussetzungen s. § 1836 Rn 2, § 1 VBVG). Ein Berufsbetreuer darf nach Abs. 6 nur dann bestellt werden, wenn keine andere geeignete Person zur Verfügung steht. Auch im Laufe der Betreuung muss der Betreuer dem Gericht Umstände mitteilen, aus denen sich ergibt, dass der Betreute nunmehr durch eine oder mehrere geeignete Personen außerhalb einer Berufsausübung betreut werden kann. Ein Berufsbetreuer ist danach immer ungeeignet, als Betreuer bestellt zu werden, wenn ein geeigneter ehrenamtlicher Betreuer zur Verfügung steht (zur Bestellung eines Berufsbetreuers Rn 21). Mehrere Berufsbetreuer können für einen Betreuten nur ausnahmsweise bestellt werden (hierzu § 1899 Rn 4).

c) Vereinsbetreuer

4   Vereinsbetreuer sind nach Abs. 2 S. 1 Mitarbeiter eines anerkannten Betreuungsvereins (§ 1908 f.), die ausschließlich oder teilweise als Betreuer tätig sind. Auch der Vereinsbetreuer ist Einzelbetreuer i. S. d. Abs. 1 und ist nicht wie die Bestellung des Vereins als Betreuer (§ 1900) der Bestellung einer anderen natürlichen Person nachrangig. Mitarbeiter des Vereins sind nur hauptamtlich Beschäftigte auf Grund eines Dienst- oder Arbeitsverhältnisses, nicht die Vereinsmitglieder oder ehrenamtliche Helfer (LG München I BtPrax 1999, 117; OLG Hamm BtPrax 2000, 218). Da die Mitarbeiter auf Grund ihres Beschäftigungsverhältnisses

Bestellung einer natürlichen Person **§ 1897 BGB**

der Personalhoheit des Vereins unterliegen, diesem also insbesondere die Aufgabenverteilung unter seinen Mitarbeitern zusteht, dürfen sie nach Abs. 2 S. 2 nur mit Einwilligung des Vereins bestellt werden und sind nach § 1908 b Abs. 4 S. 1 auf Antrag des Vereins wieder zu entlassen. Allerdings steht dem Verein auch in diesem Falle für die Führung der Betreuung kein Weisungsrecht zu, die Verantwortung hierfür liegt vielmehr beim Vereinsbetreuer (Staudinger-Bienwald Rn 37; Klüsener Rpfleger 1991, 225; MK-Schwab Rn 13). Die Bestellung eines Vereinsbetreuers ist auch dann wirksam, wenn dem Verein die Anerkennung als Betreuungsverein fehlt (KG BtPrax 2006, 118 LS).

d) Behördenbetreuer

Behördenbetreuer sind Mitarbeiter einer in Betreuungsangelegenheiten zuständigen Behörde, die dort ausschließlich oder teilweise als Betreuer tätig sind. Die Vorschriften für Vereinsbetreuer sind für sie weitgehend entsprechend anwendbar, insbesondere die Bestellung nur mit Einwilligung der Behörde (Abs. 2 S. 2), die Entlassung auf deren Antrag (§ 1908 b Abs. 4 S. 3) und die Befreiungen nach §§ 1852 ff. (§ 1908 i Abs. 2 S. 2). Der Behördenbetreuer ist bei der Führung der Betreuung an Weisungen der Behörde nicht gebunden. 5

2. Eignung des Betreuers

a) Erfüllung der Aufgaben

Der nach § 1896 festzulegende **Aufgabenkreis,** für den der Betroffene einen Betreuer benötigt, ist zunächst ausschlaggebend für die Eignung der vom Betreuungsgericht zu bestellenden Person. Der zu bestellende Betreuer muss für alle Angelegenheiten geeignet sein oder es müssen mehrere Betreuer (§ 1899) bestellt werden (KG BtPrax 2009, 128). Für komplizierte Vermögensangelegenheiten kann ein Kaufmann, für die Führung von Prozessen ein Rechtsanwalt die geeignete Person sein, wohingegen bei der Organisation ambulanter Dienste eher sozialarbeiterische Fähigkeiten gefordert sein können. Häufig dürfte es sich aber vorwiegend um Angelegenheiten des täglichen Lebens handeln, für die grundsätzlich jede/r geeignet ist (Dodegge/Roth Teil B Rn 36). Der Betreuer muss zur „rechtlichen" Besorgung der Angelegenheiten des Betreuten geeignet sein. Er ist also verpflichtet, die Angelegenheiten des Betroffenen nicht selbst auszuführen, sondern vor allem zu organisieren und rechtlich zu regeln (hierzu auch Jürgens, BtPrax 1998, 129). 6

b) Ungeeignete Betreuer

Die Vorschriften über die **Unfähigkeit** (§ 1780) und **Untauglichkeit** (§ 1781) zur Vormundschaft sind zwar in § 1908 i nicht in Bezug genommen und daher nicht unmittelbar anwendbar. Gleichwohl dürfte auch für die Führung einer Betreuung ein Geschäftsunfähiger, ein Minderjähriger oder ein Betreuter kaum in Betracht kommen und jedenfalls für Vermögensangelegenheiten auch keine insolvente Person. Ein Beamter oder Religionsdiener ist nicht geeignet, wenn die nach §§ 1908 i i. V. m. 1784 erforderliche Erlaubnis vorliegt. Insgesamt muss der Betreuer zur Führung der Betreuung physisch und psychisch in der Lage sein. Ist dies – aus welchem Grund auch immer – nicht gegeben, ist die Person als Betreuer ungeeignet (BayObLG BtPrax 2001, 37). 7

8 Ungeeignet ist nach Abs. 3 auch jede Person, die zu einer Anstalt, einem Heim oder einer sonstigen **Einrichtung,** in der der Betreute untergebracht ist oder wohnt, in einem **Abhängigkeitsverhältnis** oder in einer anderen engen Beziehung steht. Diese Personen sind nach der Wertung des Gesetzes von einer Betreuung ausgeschlossen, um Interessenkollisionen von vornherein zu vermeiden, weil in vielen Fällen eine Aufgabe des Betreuers in der Wahrnehmung der Rechte des Betroffenen gerade gegenüber diesen Einrichtungen bestehen wird. Der Begriff der Einrichtung ist weit auszulegen und meint einen von dem einzelnen Betreuten unabhängigen Bestand von Sach- und Personalmitteln, so dass z. B. die eigene Wohnung des Betreuten oder ein Zimmer bei Verwandten nicht dazu gehört, wohl aber Altenheime, Altenpflegeheime, Kliniken, Psychiatrische Anstalten, Wohnheime etc., nicht jedoch eine Wohngruppe, in der der Betroffene von einem Dienst, der mit Fragen des Wohnens nichts zu tun hat, lediglich ambulante Pflege erhält (LG Neuruppin FamRZ 2009, 727). Nur wenn der Betreute in einer Einrichtung wohnt oder untergebracht ist (nach § 1906 oder den Landesunterbringungsgesetzen), gilt Abs. 3, so dass z. B. der Mitarbeiter einer Werkstatt für behinderte Menschen, in der der Betroffene beschäftigt ist, nicht generell ausgeschlossen ist. Zu beachten wäre aber ggf. auch hier die Gefahr von Interessenkonflikten (Abs. 5).

9 In einem Abhängigkeitsverhältnis stehen insbesondere die auf Grund eines Arbeits- oder Dienstverhältnisses **Beschäftigten,** i. d. R. aber nicht Lieferanten oder sonstige Auftragnehmer der Einrichtung. Auch eine Beschäftigung in einem Heim in der gleichen Trägerschaft wie dasjenige, in dem der Betroffene wohnt, schließt eine Bestellung zum Betreuer aus (BayObLG BtPrax 1997, 36). Nach Eintritt in den Ruhestand kann allerdings auch der ehemalige Heimleiter zum Betreuer eines Heimbewohners bestellt werden (OLG Schleswig FamRZ 2002, 984). In einer anderen engen Beziehung stehen z. B. der Inhaber einer Einrichtung oder Vorstandsmitglieder eines Trägervereins, der Ehegatte jedenfalls der Heimleiterin (OLG Düsseldorf FamRZ 1994, 1416), möglicherweise auch das einzelne Vereinsmitglied, nicht jedoch automatisch jeder kommunale Bedienstete bei einer Einrichtung in kommunaler Trägerschaft oder ein die Einrichtung medizinisch betreuender niedergelassener Arzt. Auch in diesen Fällen gilt lediglich Abs. 5.

10 Abgrenzungsprobleme ergeben sich, wenn das Abhängigkeitsverhältnis nicht unmittelbar zu der Einrichtung besteht, wohl aber zu deren Träger. So ist der Mitarbeiter eines Vereins, der wiederum Hauptgesellschafter der Träger-GmbH der Einrichtung ist, als Betreuer für deren Bewohner jedenfalls ausgeschlossen, wenn er als Mitarbeiter dem Geschäftsführer der GmbH zugleich disziplinarisch unterstellt ist (BayObLG BtPrax 1998, 76). Auch der Mitarbeiter eines DRK-Kreisverbands wurde als ungeeignet angesehen im Hinblick auf ein Heim in Trägerschaft des gleichen Vereins (LG Stuttgart BtPrax 1996, 75), während die Tätigkeit für den Betreuungsverein einer örtlichen Lebenshilfe e. V. die Betreuerbestellung auch dann nicht hindern soll, wenn dieser Verein gleichzeitig an der Träger-GmbH eines Heimes beteiligt ist (LG Berlin BtPrax 1997, 39). Entscheidend ist immer die Frage, ob Interessenkollisionen zwischen der Stellung als Betreuer und der Abhängigkeit zur Einrichtung drohen. Dies ist in der Regel nicht anzunehmen, wenn Heimleitung und Betreuung organisatorisch getrennt sind und die Weisungsunabhängigkeit des Betreuers rechtlich sichergestellt ist (OLG Stuttgart BtPrax 1999, 110). Bei einer nur vorübergehenden Aufnahme

Bestellung einer natürlichen Person § 1897 BGB

des Betreuten für einen Zeitraum bis zu sechs Monaten in ein Heim, bei dem
der Betreuer angestellt ist, ist nicht immer die Entlassung des Betreuers erforderlich
(AG Kleve BtPrax 1999, 39).

c) Persönliche Eignung

Der Grundsatz der persönlichen Betreuung bedeutet nicht, dass der Betreute **11**
die **persönliche Hilfe im Alltag** oder gar die Pflege des Betreuten übernehmen
soll. Dies ergibt sich bereits aus dem in § 1896 Abs. 2 BGB festgelegten Vorrang
„anderer Hilfen", womit vor allem solche der Wohlfahrtsverbände, ambulanten
Dienste, sozialen Einrichtungen oder von Familie, Freunden und Bekannten
gemeint sind (s. § 1896 Rn 21). Die Aufgabe des Betreuers besteht vielmehr darin,
mit dem Betreuten zusammen oder für diesen die notwendige persönliche Hilfe
etwa durch Inanspruchnahme sozialer Dienste zu organisieren (s. auch § 1901
Rn 7).

Der Kernbereich der persönlichen Betreuung ist der **Kontakt** zum Betroffenen **12**
(Jürgens/Kröger/Marschner/Winterstein Rn 110) im Gegensatz zur aktenmäßigen Verwaltung vom Schreibtisch aus, konkret ausgestaltet in der Pflicht zu Befolgung von Wünschen des Betreuten und der Pflicht zur Besprechung wichtiger
Angelegenheiten (§ 1901 Abs. 2). Dies betrifft nicht nur Angelegenheiten der
Personen- sondern auch der Vermögenssorge. Danach ist insbesondere zur persönlichen Betreuung nicht in der Lage, wer bereits so viele Betreuungen (oder auch
Vormundschaften) führt, dass er bereits aus Zeitgründen keinen ausreichenden
persönlichen Kontakt zum Betreuten halten kann (Staudinger-Bienwald Rn 15;
Jürgens/Kröger/Marschner/Winterstein Rn 110 ff.) oder wer wegen seiner beruflichen Belastung die Zeit für die Betreuung nicht aufbringen kann (BayObLG
BtPrax 2003, 270). Zur Eignung eines Berufsbetreuers s. Rn 21.

Eine große Entfernung zwischen Wohnort des Betreuers und des Betreuten **13**
kann dazu führen, dass der Betreuer als ungeeignet angesehen werden muss (OLG
Hamburg BtPrax 1994, 138), auch wenn dies nicht generell gilt (OLG Köln
FamRZ 1996, 506). Es wird auch davon abhängen, in welchem Umfang das
Betreuungsgericht Besuche des Betreuers beim Betreuten für angemessen hält.
Eine längere Krankheit oder Abwesenheit des Betreuers (BayObLG BtPrax 1996,
67) kann ebenso dessen mangelnde Eignung begründen wie eine einseitige oder
gegenseitige Abneigung zwischen Betreuer und Betreutem (BayObLG FamRZ
1995, 1235), weil dann jede persönliche Betreuung unmöglich wäre. Persönliche
Beziehungen zwischen dem Betreuer und dem Betreuten können eine persönliche
Betreuung erleichtern, andererseits aber auch eine „objektive" Amtsführung des
Betreuers möglicherweise erschweren. Die Tochter der Betreuten (beide aus der
Ukraine) kann trotz bestehender Sprachprobleme als Betreuerin geeignet sein,
wenn sie die mangelnden Sprachkenntnisse durch die Hilfe Dritter kompensieren
kann (KG BtPrax 2009, 187). Auch eine Verurteilung wegen eines Aussagedeliktes, das keinen Bezug zur Betroffenen hat, schließt eine Tochter nicht als Betreuerin aus (KG FamRZ 2006, 889). Nahe Verwandte sind auch als potentielle Erben
nicht generell als Betreuer ungeeignet, im Einzelfall kann sich aber ergeben, dass
zum Wohl des Betroffenen die Bestellung eines „neutralen" Betreuers sinnvoller
ist (OLG Düsseldorf BtPrax 1993, 103; FamRZ 1996, 1373). Allerdings ist bei
erheblichen **Interessenkonflikten** von fehlender Eignung einer Person auszugehen. Dies gilt z. B. für die Nacherbin als Betreuerin des als Vorerben eingesetzten
Betreuten (OLG Zweibrücken BtPrax 2004, 75), für den Vertragspartner eines

Übernahmevertrages im Hinblick auf die Rechte der Betroffenen aus diesem Vertrag (BayObLG BtPrax 2002, 261) oder für die Tochter, die größere Geldbeträge aus dem Vermögen der Betreuten entnommen hat (OLG Zweibrücken BtPrax 2004, 246). Die Ehefrau ist wegen eines erheblichen Interessenkonflikts nicht geeignet, wenn der Betreuer gerade das Scheidungsverfahren gegen sie (weiter)führen muss (OLG München BtPrax 2006, 229).Im übrigen muss ein zu befürchtender Interessenkonflikt an Hand konkreter Tatsachen festgestellt werden und das Wohl der Betreuten ernsthaft gefährden. Bloße Spannungen zwischen Geschwistern reichen hierfür nicht aus (OLG Schleswig BtPrax 2005, 194). Bei späterem Wegfall der Eignung ist der Betreuer nach § 1908 b Abs. 1 zu entlassen (s. Erläuterungen dort). Dies gilt z. B., wenn aus dem Vermögen des Betroffenen erhebliche Beträge an den Betreuer und andere Verwandte als Geldgeschenke zugewandt wurden (BayObLG BtPrax 2004, 35) oder ein Sparbuch aufgelöst wurde, der Verbleib des Geldes aber unklar ist (BayObLG BtPrax 2001, 163). Die Aufnahme einer pflegebedürftigen Betreuten in den Haushalt der verwandten Betreuerin (Schwester) stellt deren Eignung noch nicht in Frage (OLG München BtPrax 2008, 76).

3. Auswahlentscheidung

a) Vorschlag des Betroffenen

14   Schlägt der Betreute eine bestimmte Person – gleichviel ob Einzelbetreuer, Vereins- oder Behördenbetreuer – vor, so ist diese zum Betreuer zu bestellen, wenn es nicht seinem Wohl zuwiderläuft (Abs. 4 S. 1). Der **Vorschlag** kann während des Verfahrens (z. B. in der Anhörung nach § 278 FamFG) oder bereits vorher (Rn 17) geäußert werden. Voraussetzung ist weder Geschäftsfähigkeit noch ein besonderer Grad an Einsichtsfähigkeit (OLG Hamm BtPrax 1996, 189; OLG Schleswig FGPrax 2005, 214), allerdings muss das Gericht davon überzeugt sein, dass der Wunsch auf einer eigenständigen und dauerhaften Willensbildung des Betroffenen beruht (BayObLG BtPrax 2003, 270). Eine Freude signalisierende nonverbale Reaktion eines zu gesicherter Kommunikation nicht mehr fähigen Betroffenen auf die Frage, ob der bisherige Betreuer im Amt bleiben solle, kann nicht als sein solcher Wunsch gewertet werden (OLG Köln BeckRS 2005, 03693) Bei Zweifeln am wirklichen Willen ist eine persönliche Anhörung des Betroffenen erforderlich (BayObLG FamRZ 2001, 1555; vgl. auch BayObLG BtPrax 2004, 197). Das Gericht ist an den Wunsch des Betroffenen gebunden (BayObLG BtPrax 2002, 165) falls nicht ausnahmsweise das Wohl des Betreuten entgegensteht. Der Vorschlag, einen bestimmten Berufsbetreuer (Rn 21) zu bestellen, enthebt das Gericht aber nicht von der Prüfung, ob ein geeigneter ehrenamtlicher Betreuer zur Verfügung steht (KG FGPrax 2006, 258). Wird eine Gruppe von Personen vorgeschlagen (z. B. Mitarbeiter des Vereins X), so kann das Gericht zwischen diesen wählen. Eine nach Abs. 1 und 3 ungeeignete Person kann in keinem Falle bestellt werden, dies würde dem Wohl des Betroffenen jedenfalls widersprechen. Dagegen reicht es nicht aus, dass möglicherweise noch eine geeignetere Person zur Verfügung stünde (BayObLG FamRZ 1999, 53; OLG Köln FamRZ 1999, 811) oder der Ausgesuchte die Betreuung nicht übernehmen will (hier ist allerdings § 1898 Abs. 2 zu beachten).

15   Lediglich **geringe mögliche Interessenkonflikte** zwischen Betreuer und Betreutem rechtfertigen es in der Regel nicht, den Vorschlag des Betreuten zu

Bestellung einer natürlichen Person § 1897 BGB

übergehen (KG BtPrax 1995, 106). Der Interessenkonflikt muss vielmehr so schwerwiegend sein, dass das Wohl des Betroffenen erheblich gefährdet ist (OLG Zweibrücken BtPrax 1997, 164; BayObLG BtPrax 2002, 165; 2004, 35). Hierfür bedarf es konkreter anhand von Tatsachen nachgewiesener Verdachtsmomente möglicher Interessenkollisionen. Bloße Vermutungen etwa auf Grund von Anschuldigungen durch Mitarbeiter eines Heims, in dem der Betroffene lebt, reichen hierfür nicht aus (OLG Düsseldorf BtPrax 1995, 110). Wenn allerdings die konkrete Gefahr nachgewiesen ist, z. B. bei Streit über eine Erbauseinandersetzung, muss der Wunsch des Betroffenen übergangen werden und eine andere geeignete Person zum Betreuer bestellt werden (BayObLG BtPrax 1998, 74). Dies gilt auch für die Bestellung eines volljährigen Kindes des Betroffenen bei Spannungen mit einem anderen Kind, bei dem der Betroffene sich gewöhnlich aufhält (BayObLG BtPrax 2004, 112). Auch ein Rechtsanwalt, der eine Partei vertreten hat, die mit dem Betreuten einen Rechtsstreit geführt hat, sollte selbst dann nicht zum Betreuer bestellt werden, wenn er vom Betreuten vorgeschlagen wird und das andere Mandat inzwischen niedergelegt hat (OLG Köln FamRZ 1999, 54). Jedenfalls muss die Abwägung deutlich gegen die Bestellung der vorgeschlagenen Person sprechen, um dem Vorschlag des Betroffenen zuwider eine andere Person zu bestellen (BayObLG BtPrax 2002, 165). Berücksichtigt werden kann dabei auch, auf welche Weise der Vorschlag des Betroffenen zustande kam, insbesondere ob er durch Dritte – vor allem den Vorgeschlagenen selbst – beeinflusst war und welche (wirtschaftlichen) Interessen sich möglicherweise hinter dieser Einflussnahme verbergen (OLG Düsseldorf BtPrax 1995, 108). Es muss aber auch geprüft werden, ob den Gefahren für das Wohl des Betroffenen durch einen vorgeschlagenen Betreuer durch Mittel der Aufsicht oder Ausübung des Weisungsrechts begegnet werden kann, insbesondere durch Aufhebung der Befreiung von der Rechnungslegungspflicht (BayObLG FamRZ 1999, 51). Auch ein gewisses Misstrauen gegenüber einer Bereitschaftserklärung, Wünschen des Betroffenen nachzukommen, und mangelnde Kooperation mit einer anderen Betreuerin reicht nicht aus (BayObLG BtPrax 2003, 269).

b) Ausschluss einer Person

Wünscht der Betreute eine bestimmte Person **nicht** zu bestellen, so ist das Gericht hieran nicht in gleicher Weise gebunden, sondern hat dies lediglich bei seiner Entscheidung zu berücksichtigen (Abs. 4 S. 2). Der grundsätzliche Willensvorrang des Betroffenen und die Notwendigkeit des persönlichen Kontakts (Rn 12) wird in diesen Fällen häufig dazu führen, dass von einer Bestellung der unerwünschten Person abgesehen wird. Dies gilt auch dann, wenn der Betroffene wünscht, den vorläufig bestellten Betreuer nicht als endgültigen Betreuer zu bestellen, obwohl dieser sein Amt gewissenhaft und im Interesse des Betroffenen geführt hat (OLG Köln BeckRS 2004, 08346).

16

c) Betreuungsverfügung

Wünsche des Betroffenen können auch bereits vor dem Betreuungsverfahren geäußert werden (BayObLG FamRZ 2004, 1750), insbesondere in einer Betreuungsverfügung (§ 1901 a), aber auch z. B. mündlich gegenüber Dritten. Diese hat das Gericht – wenn sie ihm im Verfahren etwa durch die Anhörung der Behörde oder Angehöriger nach § 279 FamFG bekannt werden – in gleicher Weise zu beachten, wie während des Verfahrens geäußerte Wünsche, es sei denn, der

17

Betroffene will hieran erkennbar nicht festhalten (Abs. 4 S. 3, vgl. auch § 1901 Abs. 2 S. 2). Auch hierfür genügt der natürliche Wille.

d) Auswahlermessen

18 Im Übrigen steht dem Betreuungsgericht ein weites Auswahlermessen zu (OLG Karlsruhe, BtPrax 1994, 214) als Gesamtabwägung aller für und gegen die Bestellung sprechenden Gesichtspunkte (KG FamRZ 2006, 889). Dabei kommt einem Vorschlag des Betroffenen und seinem Wohl große Bedeutung zu, wohingegen ein negativer Wunsch oder eine verwandschaftliche Beziehung weniger gewichtig sind (BayObLG FamRZ 2004, 1600). Persönliche Beziehungen können eine persönliche Betreuung erleichtern, andererseits ist aber auch bei älteren Betreuten die Bestellung eines nahen Verwandten wegen seiner Stellung als potentieller Erbe problematisch (OLG Düsseldorf BtPrax 1993, 103). Auf die **Gefahr von Interessenkonflikten** ist ebenfalls Rücksicht zu nehmen. Auch hier kommt es auf den jeweiligen Aufgabenkreis an. So ist es durchaus nicht unproblematisch, für den Bereich der Gesundheitsfürsorge und/oder Aufenthaltsbestimmung gerade den Hausarzt (BayObLG BtPrax 1993, 171) oder den behandelnden Nervenarzt (BayObLG BtPrax 2003, 117) zu bestellen, weil zu den Aufgaben des Betreuers gerade auch die Überwachung der in Anspruch genommenen medizinischen Fachleute gehört. Das Gleiche gilt für Mitarbeiter oder Mitglieder von Einrichtungen oder Diensten, die vom Betreuten in Anspruch genommen werden, ohne dass sie zu den in Abs. 3 genannten gehören (Ambulante Dienste, Sozialstationen, Werkstätten für Behinderte, Tagesstätten, Ambulatorien, Beratungsstellen etc.).

19 **Verwandten und Verschwägerten** oder dem Lebenspartner des Betreuten wird kein besonderer Vorrang bei der Bestellung zum Betreuer eingeräumt. Ihre Eignung richtet sich daher nach den allgemeinen Vorschriften und kommt nur in Betracht, wenn sie nicht dem Wohl des Betroffenen zuwiderläuft (BayObLG BtPrax 2004, 197). Nach Abs. 5 ist auf die verwandtschaftlichen und persönlichen Bindungen lediglich Rücksicht zu nehmen. Ganz besonders sind hier die Möglichkeiten von Interessenkollisionen zu beachten (vgl. Rn 13). Trotz Abs. 6 kann auch ein Berufsbetreuer bestellt werden, wenn dieser wesentlich besser geeignet ist als eine andere zur Übernahme der Betreuung bereite Person (BayObLG FamRZ 2002, 768).

e) Betreuerwechsel

Die Abs. 4 und 5 gelten auch für einen Betreuerwechsel (§ 1908 c insbesondere i. V. m. § 1908 d Abs. 3; hierzu BayObLG BtPrax 1993, 171), nicht jedoch für die Bestellung eines vorläufigen Betreuers bei Gefahr im Verzug (§ 69 f. Abs. 1 S. 5 FGG). In diesem Falle muss die Bestellung des vorläufigen Betreuers auch nicht nach dem Wegfall der Gefahr im Verzug nachgeholt werden (BayObLG BtPrax 2004, 111).

4. Berufsbetreuer

21 Ein Berufsbetreuer (§ 1836 Rn 2) soll nur dann bestellt werden, wenn kein ehrenamtlicher Betreuer zur Verfügung steht (Abs. 6 Satz 1). Die Bestellung eines Berufsbetreuers kommt also nur ausnahmsweise in Betracht. Der Grund für diese Regelung ist vor allem, dass ein Berufsbetreuer für seine Tätigkeit eine Vergütung

nach dem VBVG verlangen kann, während ein ehrenamtlicher Betreuer die Betreuung unentgeltlich führt. Ist ein Berufsbetreuer bestellt, soll dieser auch möglichst darauf hinwirken, dass statt seiner ein ehrenamtlicher Betreuer bestellt werden kann und dies dem Gericht mitzuteilen (Abs. 6 Satz 2). Um diese Hinwirkungspflicht zu unterstützen, erhält der Berufsbetreuer nach § 5 Abs. 5 VBVG für den Monat, in den der Wechsel zu einem ehrenamtlichen Betreuer liegt, und für den Folgemonat noch eine Vergütung (zu den Einzelheiten s. § 5 VBVG Rn 10).

Vor der **erstmaligen Bestellung** einer Person als Berufsbetreuer soll das Betreuungsgericht die zuständige Betreuungsbehörde zur Eignung des Betreuers und zu den Voraussetzungen der Berufsmäßigkeit nach § 1 Abs. 1 Satz 1 zweite Alternative VBVG anhören. Die Behörde muss also dazu Stellung nehmen, ob der betreffenden Person voraussichtlich demnächst Betreuungen in einem Umfang übertragen werden, die die Annahme der Berufsmäßigkeit rechtfertigen. Damit soll die Behörde in die Lage versetzt werden, die Bestellung geeigneter Berufsbetreuer in gewissem Maße zu steuern. Damit wird der Behörde allerdings nicht die Möglichkeit eingeräumt, ein Zulassungsverfahen für Berufsbetreuer („Bochumer Modell") einzuführen (OLG Hamm BtPrax 2006, 187). Die Behörde wiederum soll die Person auffordern, ein Führungszeugnis und eine Auskunft aus dem Schuldnerverzeichnis vorzulegen. Dies dient dazu, die Eignung des (künftigen) Berufsbetreuers festzustellen im Hinblick auf mögliche Vorstrafen und/oder eine mögliche Insolvenz, die auf eine mangelnde Eignung vor allem für die Vermögenssorge hinweisen könnte. 22

Schließlich muss ein Berufsbetreuer sich über Zahl und Umfang der von ihm geführten Betreuungen erklären (Abs. 8). Die Erklärung muss gegenüber dem Betreuungsgericht abgegeben werden, das über die Bestellung zu entscheiden hat. Auch diese Auskunft dient der Prüfung der Geeignetheit des Betreuers. Aus der Anzahl der geführten Betreuungen und vor allem aus dem Umfang der Betreuertätigkeit und der damit einhergehenden zeitlichen Belastung des Betreuers kann sich ergeben, dass er zur Übernahme einer weiteren Betreuung ungeeignet ist.

§ 1898 Übernahmepflicht

(1) **Der vom Betreuungsgericht Ausgewählte ist verpflichtet, die Betreuung zu übernehmen, wenn er zur Betreuung geeignet ist und ihm die Übernahme unter Berücksichtigung seiner familiären, beruflichen und sonstigen Verhältnisse zugemutet werden kann.**

(2) **Der Ausgewählte darf erst dann zum Betreuer bestellt werden, wenn er sich zur Übernahme der Betreuung bereit erklärt hat.**

1. Übernahmepflicht und Ablehnungsgründe

Abs. 1 normiert die grundsätzliche **Pflicht** des vom Betreuungsgericht Ausgewählten, die Aufgabe des Betreuers auch zu übernehmen. Diese Pflicht trifft jeden einzelnen Betreuer, bei Auswahl mehrer (§ 1899) jeden von ihnen, auch einen Vereins- oder Behördenbetreuer (§ 1897 Abs. 2, hierzu BayObLG BtPrax 1994, 135) oder den Verein bzw. die Behörde selbst (§ 1900). Im Gegensatz zum Vormundschaftsrecht (§ 1785) gilt die Übernahmepflicht nicht nur für Deutsche, sondern für alle, also auch Ausländer oder Staatenlose, sofern sie zum Betreuer bestellt werden sollen. 1

BGB § 1898 Titel 2. Rechtliche Betreuung

2 Ablehnen darf nur, wer zur Betreuung **nicht geeignet** ist (zur Eignung einer natürlichen Person § 1897 Rn 6 ff., zur Vereins- und Behördenbetreuung § 1900) oder wem diese **nicht zuzumuten** ist. § 1786 ist nicht in die Verweisung des § 1908 i Abs. 1 einbezogen und gilt daher nicht unmittelbar. Die hierin normierten Ablehnungsgründe für die Vormundschaft können jedoch zur Auslegung des Abs. 1 herangezogen werden (so auch Dodegge/Roth Teil B Rn 68).

Eine Unzumutbarkeit der Betreuerbestellung kann sich ergeben aus

3 (1) familiären Verhältnissen, etwa Kindererziehung (§ 1786 Abs. 1 Nr. 1 und 3), die Pflege pflegebedürftiger Familienangehöriger, Streit mit anderen Angehörigen über die Betreuung eines Verwandten (vgl. OLG Düsseldorf BtPrax 1993, 103).

(2) beruflichen Verhältnissen wie z. B. häufige berufsbedingte Ortsabwesenheit, starke zeitliche Beanspruchung etc., bei Beamten und Religionsdienern ist die Erlaubnispflicht nach § 1908 i Abs. 1 i. V. m. § 1784 zu beachten.

(3) sonstigen Verhältnissen, etwa hohes Alter (§ 1786 Abs. 1 Nr. 2), Krankheiten oder Behinderungen des potentiellen Betreuers (§ 1786 Abs. 1 Nr. 4), große Entfernung zwischen Wohnort und Ort der Betreuung (§ 1786 Abs. 1 Nr. 5), Führung anderer Betreuungen, Vormundschaften oder Pflegschaften (§ 1786 Abs. 1 Nr. 8, in diesem Fall kann es bereits an der Geeignetheit fehlen, s. § 1897 Rn 12), zeitliche Belastung durch andere ehrenamtliche Tätigkeiten, ungewöhnliche psychische Belastungen durch die vorgesehene Betreuung etc.

4 Unzumutbar kann die Übernahme der Betreuung jedenfalls nur sein, wenn die mit der Wahrnehmung der Aufgaben verbundene persönliche **Belastung** aus besonderen Umständen des Einzelfalles das gewöhnliche Maß erheblich übersteigt.

2. Folgen der Weigerung

5 Im Gegensatz zur Vormundschaft (§ 1788) kann die Übernahme der Betreuung nicht durch die Festsetzung von **Zwangsgeldern** erzwungen werden. Im Gegenteil darf der Ausgewählte erst zum Betreuer bestellt werden, wenn er sich zur Übernahme bereit erklärt hat (Abs. 2). Dies gilt auch für den Vereinsbetreuer, dessen persönliche Zustimmung neben der des Vereins nach § 1897 Abs. 2 vorliegen muss (BayObLG BtPrax 1994, 135). Die Bereiterklärung ist dem Betreuungsgericht gegenüber abzugeben. Sie ist allerdings nicht Voraussetzung für die Wirksamkeit der Betreuerbestellung, so dass auch eine ohne wirksame Bereiterklärung erfolgte Bestellung zunächst nach § 287 Abs. 1 FamFG mit Bekanntmachung an den Betreuer wirksam wird. Allerdings dürfte in diesem Fall ein wichtiger Grund für die Entlassung des Betreuers von Amts wegen nach § 1908 b Abs. 1 vorliegen, wenn der Betreuer die Bereiterklärung endgültig **verweigert**. Das Gleiche soll gelten, wenn der Betreuer die zunächst erteilte Bereiterklärung zur wirksamen Bestellung **widerruft** (LG Duisburg FamRZ 1993, 851). Dies ist im Hinblick auf § 1908 b Abs. 2 problematisch, weil hier nur eine Entlassung auf Grund nachträglich eingetretener Gründe vorgesehen ist. Es trägt aber dem in Abs. 2 zum Ausdruck kommenden Freiwilligkeitsprinzip Rechnung.

6 Wird die Übernahme der Betreuung ohne Grund verweigert und handelt der Ausgewählte hierbei schuldhaft, haftet er nach § 1908 i i. V. m. § 1787 (s. auch Erläuterungen dort) dem Betreuten für den **Schaden**, der durch die verzögerte Bestellung eines anderen Betreuers entsteht (hierzu Jürgens/Kröger/Marschner/ Winterstein Rn 248 ff.). Es reicht aus, wenn die Bereiterklärung nach Abs. 2

entgegen der Verpflichtung nach Abs. 1 nicht abgegeben wird. Als **Verschulden** kommt Vorsatz oder Fahrlässigkeit in Betracht, insbesondere das fahrlässige Nichterkennen der Übernahmepflicht oder die vorsätzliche Verweigerung der Übernahme (MK-Wagenitz § 1787 Rn 6). Verzögerungsschäden können etwa entstehen in Form von Zinsverlusten durch verspätet angelegtes Vermögen, Rechtsverluste durch eingetretene Verjährung oder Ablauf von Rechtsmittelfristen oder auch erhöhte Behandlungskosten durch verspätet eingesetzte Heilbehandlung. Die drohende Schadensersatzpflicht ist das einzige Druckmittel zur Einhaltung der Pflicht nach Abs. 1 und das Betreuungsgericht sollte hierauf hinweisen, wenn der Ausgesuchte zur Übernahme aufgefordert wird (Jürgens/Kröger/Marschner/Winterstein Rn 248).

§ 1899 Mehrere Betreuer

(1) Das Betreuungsgericht kann mehrere Betreuer bestellen, wenn die Angelegenheiten des Betreuten hierdurch besser besorgt werden können. In diesem Falle bestimmt es, welcher Betreuer mit welchem Aufgabenkreis betraut wird. Mehrere Betreuer, die eine Vergütung erhalten, werden außer in den in den Absätzen 2 und 4 sowie § 1908 i Abs. 1 Satz 1 in Verbindung mit § 1792 geregelten Fällen nicht bestellt.

(2) Für die Entscheidung über die Einwilligung in eine Sterilisation des Betreuten ist stets ein besonderer Betreuer zu bestellen.

(3) Soweit mehrere Betreuer mit demselben Aufgabenkreis betraut werden, können sie die Angelegenheiten des Betreuten nur gemeinsam besorgen, es sei denn, dass das Gericht etwas anderes bestimmt hat oder mit dem Aufschub Gefahr verbunden ist.

(4) Das Gericht kann mehrere Betreuer auch in der Weise bestellen, dass der eine die Angelegenheiten des Betreuten nur zu besorgen hat, soweit der andere verhindert ist.

1. Mehrfachbetreuung

Es gibt verschiedene Möglichkeiten, mehrere Personen als Betreuer für einen Betreuten zu bestellen, wobei jeweils auch die Kombinationen der unterschiedlichen **Betreuertypen** (hierzu § 1896 Rn 36 ff.; § 1897 Rn 2 ff.) in Betracht kommen und häufig sogar die Kombination von einem ehrenamtlichen und einem Berufsbetreuer der Grund für die Bestellung mehrerer Betreuer sein wird. Für jeden einzelnen Betreuer müssen die Voraussetzungen des § 1897 vorliegen, insbesondere die Frage der Geeignetheit, die Wünsche des Betreuten und ein eventueller Ausschluss nach § 1897 Abs. 3 müssen für jeden Betreuer geprüft werden. Bei der Kombination einer natürlichen Person mit einem Verein oder einer Behörde als Betreuer müssen für diese zusätzlich die Voraussetzungen des § 1900 gegeben sein. Jeder einzelne Betreuer unterliegt den Bindungen des § 1901 und ist im Rahmen seines übertragenen Aufgabenkreises gesetzlicher Vertreter (§ 1902).

Voraussetzung ist in jedem Fall, dass die Angelegenheiten des Betroffenen durch mehrere Betreuer besser besorgt werden können. Die Bestellung mehrerer Betreuer liegt nicht im freien Ermesen des Gerichts, sondern erfordert die auf konkrete Tatsachen gegründete Prognose, dass diese Voraussetzungen vorliegen (OLG Frankfurt BtPrax 2008, 268). Dies lässt sich nur im Einzelfall beurteilen.

BGB § 1899 Titel 2. Rechtliche Betreuung

Insbesondere aus der Art der Angelegenheit, der Person des Betreuten oder der Betreuer können sich Gründe für die Bestellung mehrerer Betreuer geben. Das Gesetz sieht hierfür folgende Varianten vor:

2. Mitbetreuer

a) Verschiedene Aufgabenkreise

2 Mehrere Personen können in der Weise zu Betreuern bestellt werden, dass jeweils **unterschiedliche Aufgabenkreise** wahrgenommen werden, etwa einer für die Personensorge – oder Teile davon – und ein anderer für die Vermögenssorge, bei umfangreichen Vermögensverwaltungen u. U. sogar mehrere für die Verwaltung unterschiedlicher Vermögensgüter. Insbesondere dann, wenn für einen Teilbereich Spezialkenntnisse erforderlich oder jedenfalls von Vorteil sind, kann dies eine sinnvolle Lösung sein. Dies gilt vor allem auch dann, wenn der Betreute die Bestellung einer bestimmten Person wünscht (§ 1897 Abs. 4), diese aber Teilbereiche des notwendigen Betreuungsbedarfs nicht wahrnehmen kann. Die Bestellung eines weiteren Betreuers kann dann der Erfüllung der Wünsche des Betreuten und zugleich seinem Wohl dienen. Soweit ein weiterer Betreuer nur mit der Abwehr einer Klage gegen den Betroffenen beauftragt werden sollte, ist seine Bestellung nicht erforderlich, soweit die ohnehin bestellten Betreuer (Eltern) einen Rechtsanwalt hiermit beauftragen könnten (BayObLG BtPrax 1997, 114). Es kann sinnvoll sein, den Aufgabenbereich „Umgang mit der Presse" auf einen anderen Betreuer zu übertragen, wenn gerade die Betreuung Gegenstand von Presseberichten war (OLG Köln FamRZ 2001, 872). Ein weiterer Betreuer ist aber grundsätzlich nicht notwendig, wenn der ohnehin bereits bestellte Betreuer die in Aussicht genommene Aufgabe problemlos mitbesorgen kann (OLG Brandenburg BtPrax 2009, 79).

Es empfiehlt sich, die Aufgabenkreise exakt voneinander abzugrenzen, um Überschneidungen zu vermeiden. Jeder Betreuer kann in diesem Falle im Rahmen seines Aufgabenkreises selbstständig handeln, eine Abstimmung mit dem jeweils anderen im Einzelfall dürfte aber häufig zur wirksamen Wahrnehmung der Aufgaben erforderlich sein.

Unterfälle dieser Art der Mitbetreuung sind der besondere Betreuer (Rn 5) und der Verhinderungsbetreuer (Rn 6).

b) Gemeinsame Aufgabenkreise

3 Mehrere Betreuer können auch in der Weise bestellt werden, dass die übertragenen Aufgabenkreise ganz oder teilweise zusammenfallen. Dies kommt u. a. dann in Betracht, wenn die **Eltern** eines Betroffenen – insbesondere eines geistig behinderten Minderjährigen, der volljährig wird und dem ggf. nach § 1908 a ein Betreuer schon vor Volljährigkeit bestellt wird – in gleicher Weise geeignet erscheinen und gemeinsam die Betreuung führen sollen (Dodegge/Roth Teil B Rn 73). In diesem Fall können die Betreuer, wenn eine Angelegenheit zum Aufgabenkreis beider gehört, nur gemeinsam handeln (Abs. 3), soweit das Betreuungsgericht nichts andres bestimmt oder mit dem Aufschub **Gefahr** verbunden ist. Letzteres ist dann der Fall, wenn unverzügliches Handeln ohne vorherige Abstimmung mit dem anderen Mitbetreuer notwendig ist. Jedenfalls in den Fällen, in denen bei Gefahr im Verzug auch ohne betreuungsgerichtliche Genehmigung

gehandelt werden kann (§ 1904 Rn 12; § 1906 Rn 27), ist das Einzelhandeln eines Mitbetreuers im übertragenen Sinne erlaubt, wenn der andere Betreuer nicht rechtzeitig beteiligt werden kann. Es bedarf in diesen Fällen auch keiner nachträglichen Zustimmung des Weiteren Betreuers. Die Bestellung von vier Betreuerinnen, die auch jeweils Einzelvertretungsmacht haben, ist so außergewöhnlich, dass sie durch besondere Umstände gerechtfertigt sein muss (BayObLG FamRZ 2003, 1967).

Bei **Meinungsverschiedenheiten** der Mitbetreuer entscheidet das Betreuungsgericht (§ 1908 i. V. m. § 1798). Wird einer von mehreren Betreuern entlassen (§ 1908b), kann dies einen wichtigen Grund auch für die Entlassung des anderen Mitbetreuers bedeuten, wenn insgesamt ein neuer Betreuer bestellt werden soll (OLG München BtPrax 2006, 34).

c) Berufsbetreuer

Mehrere Betreuer, die eine Vergütung erhalten, können nur ausnahmsweise bestellt werden (Abs. 1 Satz 3). Neben einem regulär bestellten Berufsbetreuer können auch der besondere Betreuer (Rn 5), der Verhinderungsbetreuer (Rn 6) oder der Gegenbetreuer (Rn 7) Berufsbetreuer sein. Dies ergibt sich aus den Verweisungen in Abs. 1 Satz 3. Hieraus ergibt sich auch, dass mehrere Berufsbetreuer nicht als Mitbetreuer bestellt werden können.

3. Besonderer Betreuer

Für die Entscheidung über die Einwilligung in eine **Sterilisation** (§ 1905) ist stets ein besonderer Betreuer zu bestellen (Abs. 2). Diese Aufgabe kann niemals zum Aufgabenkreis eines anderen Betreuers gehören und die Entscheidung über die Einwilligung in eine Sterilisation ist die einzige Aufgabe, die dem besonderen Betreuer übertragen werden darf. Eine Überschneidung dieses Aufgabenkreises mit dem anderer Betreuer ist ausgeschlossen. Im Gegensatz zur Bestellung eines weiteren Betreuers nach Abs. 1, die der Entscheidung des Betreuungsgerichts unterliegt, ist das Gericht hier in seiner Entscheidung gesetzlich gebunden. Einem Verein oder der Behörde darf diese Aufgabe nicht übertragen werden (§ 1900 Abs. 5).

4. Verhinderungsbetreuer/Ergänzungsbetreuer

Der weitere Betreuer kann auch für den Fall bestellt werden, dass der andere Betreuer verhindert ist (Verhinderungs- oder Ergänzungsbetreuer). Die **Verhinderung** kann sich aus Rechtsgründen ergeben, z. B. soweit der Betreuer nach § 1908 i. V. m. § 1795 oder nach § 181 den Betreuten nicht vertreten kann (BayObLG BtPrax 1998, 32; FamRZ 2002, 61), etwa wenn der zum Betreuer bestellte Neffe für den Betreuten Ansprüche aus einem Vertrag geltend machen soll, an dem er selbst als Verpflichteter beteiligt ist (BayObLG BtPrax 1998, 32), zur Geltendmachung von Ansprüchen gegen den Betreuer im Zusammenhang mit einem Erbfall (BayObLG BtPrax 2001, 252; 2004, 32) oder zum Abschluss eines Hofübergabevertrages, bei dem die Ehefrau als Betreuerin nicht vertreten kann (OLG Stuttgart FamRZ 2005, 62). Das Gleiche gilt, wenn dem Betreuer nach § 1908 i. V. m. § 1796 für einzelne Angelegenheiten die Vertretungsmacht durch Entscheidung

BGB § 1900   Titel 2. Rechtliche Betreuung

des Betreuungsgerichts entzogen wurde. In solchen Fällen können entsprechende Rechtsgeschäfte nur vorgenommen werden durch einen Ergänzungsbetreuer mit dem entsprechenden Aufgabenkreis.

Der Betreuer kann auch aus tatsächlichen Gründen (urlaubsbedingte Ortsabwesenheit, Krankheit, weite Entfernung zwischen Wohnorten des Betreuers und des Betreuten) an der Wahrnehmung der Angelegenheiten gehindert sein. Schon im Interesse der Rechtssicherheit sollten in diesen Fällen im Beschluss zur Bestellung des weiteren Betreuers die Verhinderungsgründe im Einzelnen festgelegt werden (z.B. der konkrete Zeitraum der Verhinderung, wie bei LG Nürnberg-Fürth FamRZ 2008, 719). Im praktisch bedeutsamsten Fall der Urlaubsabwesenheit wird sich vielfach eine rechtlich zulässige Unterbevollmächtigung durch den Betreuer als einfachere Lösung anbieten (im Einzelnen hierzu § 1902 Rn 19). Für den Fall der Verhinderung durch Krankheit, Urlaub oder sonstigen dringenden Gründen kann ein Bürokollege des Betreuers ergänzend als „Subsidiarbetreuer" bestellt werden (LG Stuttgart BtPrax 1999, 200; hierzu Alperstedt BtPrax 2001, 106).

5. Gegenbetreuer

7   Nicht in § 1899 erwähnt ist die Möglichkeit des Gegenbetreuers, diese ergibt sich allerdings aus der Verweisung in § 1908 i auf §§ 1792, 1799 (s. auch Erläuterungen dort). Der Gegenbetreuer nimmt selbst nicht Angelegenheiten des Betroffenen wahr (BayObLG BtPrax 2004, 197), sondern er **überwacht** die Amtsführung des Betreuers (§ 1799) und entlastet daher das Betreuungsgericht bei seiner Aufsichtspflicht (§§ 1837 ff.). Die Bestellung eines Gegenbetreuers liegt im pflichtgemäßen Ermessen des Betreuungsgerichts (BayObLG a.a.O.). Aus § 1792 Abs. 1 muss wohl geschlossen werden, dass ein Gegenbetreuer bei der Bestellung der Betreuungsbehörde als Betreuer (§ 1900 Abs. 4) nicht bestellt werden darf (§ 1792 Rn 8). Bei Vermögensbetreuung soll ein Gegenbetreuer bestellt werden, wenn die Verwaltung nicht nur unerheblich ist oder die Betreuung von mehreren gemeinschaftlich geführt wird (§ 1792 Abs. 2). Zu den Aufgaben des Gegenbetreuers vgl. auch §§ 1810, 1812, 1832.

§ 1900 Betreuung durch Verein oder Behörde

(1) **Kann der Volljährige durch eine oder mehrere natürliche Personen nicht hinreichend betreut werden, so bestellt das Betreuungsgericht einen anerkannten Betreuungsverein zum Betreuer. Die Bestellung bedarf der Einwilligung des Vereins.**

(2) **Der Verein überträgt die Wahrnehmung der Betreuung einzelnen Personen. Vorschlägen des Volljährigen hat er hierbei zu entsprechen, soweit nicht wichtige Gründe entgegenstehen. Der Verein teilt dem Gericht alsbald mit, wem er die Wahrnehmung der Betreuung übertragen hat.**

(3) **Werden dem Verein Umstände bekannt, aus denen sich ergibt, dass der Volljährige durch eine oder mehrere natürliche Personen hinreichend betreut werden kann, so hat er dies dem Gericht mitzuteilen.**

(4) **Kann der Volljährige durch eine oder mehrere natürliche Personen oder durch einen Verein nicht hinreichend betreut werden, so bestellt das**

Betreuung durch Verein oder Behörde § 1900 BGB

Gericht die zuständige Behörde zum Betreuer. Die Absätze 2 und 3 gelten entsprechend.

(5) Vereinen oder Behörden darf die Entscheidung über die Einwilligung in eine Sterilisation des Betreuten nicht übertragen werden.

Nur **ausnahmsweise** kann statt einer oder mehreren natürlichen Personen ein 1
anerkannter Betreuungsverein oder die Behörde als Betreuer bestellt werden. Als besonderer Betreuer (§ 1896 Rn 39, § 1899 Rn 5) zur Entscheidung über die Einwilligung in eine Sterilisation (§ 1905) können weder ein Verein noch die Behörde bestellt werden (Abs. 5).

1. Vereinsbetreuung

Ein Verein darf nur als Betreuer bestellt werden, wenn die Betreuung durch 2
natürliche Personen nicht hinreichend wahrgenommen werden kann (Abs. 1). Dies ist dann der Fall, wenn z. B. zunächst in einer Erprobungsphase herausgefunden den wird, welcher **Vereinsmitarbeiter** die Betreuung übernehmen soll oder wenn z. B. bei Aggressionen gegenüber Betreuern durch einen Wechsel der Betreuungsperson flexibel reagiert werden soll (BT-Drucks. 11/4528 S. 131 f.). Da die Vereinsmitarbeiter auch als Einzelpersonen bestellt werden können (§ 1897 Abs. 2, vgl. dort Rn 4), kommt ein Mangel an geeigneten natürlichen Personen zur Übernahme der Betreuung als Grund für die Bestellung eines Vereins nicht in Betracht. Ansonsten könnte der Verein durch die Verweigerung der Zustimmung nach § 1897 Abs. 2 das Regel-/Ausnahme-Prinzip in sein Gegenteil verkehren (MK-Schwab Rn 3). Der im Gesetz festgelegte Vorrang der Betreuung durch eine natürliche Person wird nicht dadurch beseitigt, dass der Betreute die Bestellung des Vereins als Betreuer vorschlägt (BayObLG FamRZ 1999, 52).

Nur ein nach § 1908 f **anerkannter Betreuungsverein** kann zum Betreuer bestellt werden (zu den Voraussetzungen der Anerkennung s. § 1908 f Rn 6 ff.). Die Bestellung setzt zudem die Einwilligung des Vereins voraus (Abs. 1 Satz 2). Dies gilt auch dann, wenn der Verein nur als Verhinderungsbetreuer nach § 1899 Abs. 4 bestellt wird (LG Cottbus BtPrax 2001, 172).

Dem Grundsatz der **persönlichen Betreuung** folgend überträgt der Verein 3
die Wahrnehmung der Aufgaben einer einzelnen Person (Abs. 2 S. 1), also einem Vereinsmitglied oder einem Mitarbeiter. Hierbei hat er Vorschlägen des Betreuten zu entsprechen, wenn nicht wichtige Gründe entgegenstehen (Abs. 2 S. 2). Als wichtige Gründe kommen insbesondere interne Organisationsfragen in Betracht, wie z. B. die Überlastung des ausgewählten Mitarbeiters mit anderen Betreuungen oder das Bestreben des Vereins nach gleichmäßiger Auslastung seiner Mitarbeiter. Nach § 1908 i i. V. m. § 1791 a Abs. 3 S. 1 2. Halbsatz darf einer Person, die den Betroffenen in einem Heim des Vereins als Erzieher betreut, nicht die Wahrnehmung der Betreuungsaufgaben übertragen werden. Dies entspricht auch der Regelung in § 1897 Abs. 3. Wegen der Gefahr von Interessenkollisionen und des Verbots der Insichgeschäfte (§ 181) ist auch generell Vorsicht geboten bei der Bestellung von Vereinen, die als Zweigvereine von Wohlfahrtsverbänden organisiert sind, soweit sie ihrerseits Wohlfahrtsaufgaben (Träger von Heimen, ambulanten sozialen Diensten etc.) wahrnehmen, die der Betroffene möglicherweise in Anspruch nehmen muss (Dahle BtPrax 1993, 12).

BGB § 1900 Titel 2. Rechtliche Betreuung

4   Der Verein hat dem Betreuungsgericht **Mitteilung** zu machen, wenn Umstände bekannt werden, aus denen sich die Möglichkeit der Bestellung einer oder mehrerer natürlicher Personen ergibt (Abs. 3). Auch hieraus wird deutlich, dass die Bestellung eines Vereins nur ausnahmsweise und auch dann nur vorübergehend erfolgen soll.

5   Der Verein haftet dem Betreuten für das **Verschulden** eines Mitglieds oder Mitarbeiters wie für das Verschulden eines verfassungsmäßig bestellten Organs (§ 1908 i i. V. m. § 1791 a Abs. 3 S. 2, § 31). Ob der Verein seinerseits Rückgriff nehmen kann, richtet sich nach dem Rechtsverhältnis zwischen ihm und seinem Mitglied/Mitarbeiter (Jürgens/Kröger/Marschner/Winterstein Rn 255).

6   **Aufwendungsersatz** kann der Verein nur verlangen, wenn das Vermögen des Betreuten hierzu ausreicht, ein Anspruch gegen die Staatskasse kommt daher nicht in Betracht. Allgemeine Verwaltungskosten einschließlich der Kosten für die Versicherung von Mitgliedern/Mitarbeitern werden nicht ersetzt (§ 1835 Abs. 5). Eine **Vergütung** oder eine pauschale Aufwandsentschädigung kann dem Verein in keinem Falle gewährt werden (§§ 1836 Abs. 3, 1835 a Abs. 5). Dem Verein stehen die Befreiungen nach §§ 1852 Abs. 2, 1853 und 1854 zu (§ 1908 i i. V. m. § 1857 a).

2. Behördenbetreuung

7   Nur ausnahmsweise, wenn weder durch eine natürliche Person noch durch einen anerkannten Betreuungsverein die Betreuung ausreichend geführt werden kann, ist vom Gericht die **zuständige Behörde** zum Betreuer zu bestellen (Abs. 4). Da es sich hierbei um eine Auffangvorschrift handelt, die sicherstellen soll, dass in jedem Falle eine qualifizierte Betreuung gewährleistet ist, kommt hier jeder Grund für die Unmöglichkeit der Bestellung natürlicher Personen oder Vereine, insbesondere auch ein zahlenmäßiger Mangel an geeigneten Betreuern (BayObLG BtPrax 1993, 140), in Betracht (hierzu auch BayObLG 1994, 171). Auch als vorläufiger Betreuer nach § 300 FamFG darf nur ausnahmsweise die Betreuungsbehörde bestellt werden, wobei der Umfang entsprechender Ermittlungen sich nach der jeweiligen Eilbedürftigkeit bemisst (BayObLG FamRZ 2001, 316). Zuständige Behörde ist die örtliche Betreuungsbehörde (§ 9 S. 2 BtBG). Welche dies ist, bestimmt sich nach dem jeweiligen Landesrecht (§ 1 S. 1 BtBG, siehe Kommentierung dort).

8   Auch die Behörde **überträgt** die Wahrnehmung der Betreuung einer bestimmten Person, die dem Gericht mitzuteilen ist (Abs. 4 S. 2 i. V. m. Abs. 2). Es gelten hier die gleichen Grundsätze, wie bei der Vereinsbetreuung (Rn 3). Der Behördenmitarbeiter unterliegt eventuellen Weisungen seines Dienstherrn nur insoweit, als dadurch die Wahrnehmung seiner Aufgaben gegenüber dem Betroffenen nicht beeinträchtigt wird (BAG R&P 1992, 63). Es verstößt auch nicht gegen das Verbot des Insichprozesses, wenn die Behörde als Vertreter des Betroffenen (§ 1901) etwa Sozialhilfeleistungen auf dem Klagewege geltend macht, auch wenn nach Landesrecht die gleiche Körperschaft (Gemeinde, Landkreis, kreisfreie Stadt) sowohl Betreuungsbehörde als auch örtlicher Sozialhilfeträger ist (OVG Berlin NJW 1988, 1931).

9   Für ein Verschulden der Behördenmitarbeiter bei der Führung der Betreuung haftet die Anstellungskörperschaft nach den Grundsätzen der **Amtshaftung**

(Art. 34 GG, § 839), ein Rückgriff auf den einzelnen Mitarbeiter ist nach Art. 34 GG beschränkt auf Vorsatz und grobe Fahrlässigkeit.
Für **Aufwendungsersatz, Vergütung** und **Aufwandsentschädigung** gilt das Gleiche wie für die Vereinsbetreuung (Rn 6). Auch der Behörde stehen die Befreiungen nach §§ 1852 Abs. 2, 1853 und 1854 zu (§ 1908 i i. V. m. § 1857 a). Darüberhinaus kann das Landesrecht weitere Befreiungen für die Behörde vorsehen (§ 1908 i Abs. 1 S. 2). Von dieser Möglichkeit haben die Länder in unterschiedlichem Umfange Gebrauch gemacht (§§ 1852 ff. Rn 13 ff.).

§ 1901 Umfang der Betreuung, Pflichten des Betreuers

(1) **Die Betreuung umfasst alle Tätigkeiten, die erforderlich sind, um die Angelegenheiten des Betreuten nach Maßgabe der folgenden Vorschriften rechtlich zu besorgen.**

(2) **Der Betreuer hat die Angelegenheiten des Betreuten so zu besorgen, wie es dessen Wohl entspricht. Zum Wohl des Betreuten gehört auch die Möglichkeit, im Rahmen seiner Fähigkeiten sein Leben nach seinen eigenen Wünschen und Vorstellungen zu gestalten.**

(3) **Der Betreuer hat Wünschen des Betreuten zu entsprechen, soweit dies dessen Wohl nicht zuwiderläuft und dem Betreuer zuzumuten ist. Dies gilt auch für Wünsche, die der Betreute vor der Bestellung des Betreuers geäußert hat, es sei denn, dass er an diesen Wünschen erkennbar nicht festhalten will. Ehe der Betreuer wichtige Angelegenheiten erledigt, bespricht er sie mit dem Betreuten, sofern dies dessen Wohl nicht zuwiderläuft.**

(4) **Innerhalb seines Aufgabenkreises hat der Betreuer dazu beizutragen, dass Möglichkeiten genutzt werden, die Krankheit oder Behinderung des Betreuten zu beseitigen, zu bessern, ihre Verschlimmerung zu verhüten oder ihre Folgen zu mildern. Wird die Betreuung berufsmäßig geführt, hat der Betreuer in geeigneten Fällen auf Anordnung des Gerichts zu Beginn der Betreuung einen Betreuungsplan zu erstellen. In dem Betreuungsplan sind die Ziele der Betreuung und die zu ihrer Erreichung zu ergreifenden Maßnahmen darzustellen.**

(5) **Werden dem Betreuer Umstände bekannt, die eine Aufhebung der Betreuung ermöglichen, so hat er dies dem Betreuungsgericht mitzuteilen. Gleiches gilt für Umstände, die eine Einschränkung des Aufgabenkreises ermöglichen oder dessen Erweiterung, die Bestellung eines weiteren Betreuers oder die Anordnung eines Einwilligungsvorbehalts (§ 1903) erfordern.**

Übersicht

	Rn.
1. Grundsatz	1
2. Tätigkeiten des Betreuers	2
3. Eigenständigkeit des Betreuerhandelns	6
4. Handeln zum Wohl des Betreuten	8
a) Handlungsanweisung für Betreuer	8
b) Einzelfallentscheidung	9
c) Eigenständige Lebensführung	10
5. Beachtung der Wünsche des Betreuten	11

BGB § 1901 Titel 2. Rechtliche Betreuung

    a) Grundsatz 11
    b) Wünsche vor Betreuerbestellung 12
    c) Besprechung 13
    d) Wirkung im Innenverhältnis 14
  6. Mitwirkung bei Rehabilitation 15
  7. Betreuungsplan 17
  8. Mitteilungspflichten 18
  9. Besondere gesetzliche Pflichten 19
    a) Infektionsschutzgesetz 19
    b) Waffengesetz 21
    c) Strafverfahren 22

1. Grundsatz

1   Der Betreuer ist gerichtlich bestellt zur Wahrnehmung einzelner oder aller Angelegenheiten des Betreuten, die er in dessen Interesse und nicht etwa im Eigeninteresse wahrzunehmen hat. Da er fremde Interessen wahrzunehmen hat, ist er **hoheitlich bestellter Treuhänder** (Jürgens/Kröger/Marschner/Winterstein Rn 153 ff.). Im Anschluss an die Rechtsprechung des Bundesverfassungsgerichts (BVerfGE 19, 302; 19, 93) ist allgemein anerkannt, dass Behinderten die Grundrechte uneingeschränkt zustehen (Lachwitz DAVorm 1989, 43; Pieroth FamRZ 1990, 117, 120; Buch, Das Grundrecht der Behinderten, S. 2 ff; Starck in v. Mangoldt/Klein/Starck, GG, Art. 3 Rn 416 ff). Durch eine Reihe von Gesetzen wird die Verwirklichung der Grundrechte gefördert (Welti in HK-SGB IX, § 1 Rn 12). Die mit der Anordnung der Betreuung ebenso wie mit der Tätigkeit des Betreuers verbundene Einschränkung der Freiheitsrechte des Betreuten rechtfertigt sich nur, wenn hierdurch andererseits sein Recht auf Selbstbestimmung, auf freie Entfaltung der Persönlichkeit, ein menschenwürdiges Leben ermöglicht oder zumindest gefördert wird. Auch dort, wo der Betreuer berechtigt gegen den Willen des Betreuten handeln oder gar Zwang (vor §§ 1802–1832, Rn 4) ausüben muss, ist er an die Individualität des Betreuten gebunden, ist dessen Anspruch auf ein Leben in Würde (hierzu Klie BtPrax 2001, 10), Freiheit und Selbstbestimmung Maßstab seines Handelns. Einzelne Verpflichtungen des Betreuers ergeben sich auch auf Grund besonderer gesetzlicher Vorschriften (Rn 18 ff.).

2. Tätigkeiten des Betreuers

2   Die vom Betreuer wahrzunehmenden Tätigkeiten zur Besorgung der **Angelegenheiten** des Betreuten richten sich danach, für welche Aufgaben der Betreuer bestellt wurde (hierzu § 1896 Rn 23 ff.). Die ausdrücklich normierte Verpflichtung, die Angelegenheiten des Betreuten *rechtlich* zu besorgen, stellt keine Abkehr vom Grundsatz der persönlichen Betreuung (Rn 7) dar, sondern soll nur klarstellen, dass die Vertretung des Betroffenen (§ 1902) das Leitbild des Betreuerhandelns darstellt (Jürgens BtPrax 1998, 143). Ergänzend gilt für das Rechtsverhältnis zwischen Betreuer und Betreutem Auftragsrecht (§§ 662 ff.) entsprechend (OLG Karlsruhe FamRZ 2004, 1601).

3   Der Betreuer muss diejenigen Tätigkeiten wahrnehmen, die für die Erfüllung seiner Aufgaben erforderlich sind unter Berücksichtigung des Grundsatzes der persönlichen Betreuung (Rn 7). Die persönliche **Pflege** des Betreuten gehört dabei nicht zu den Aufgaben des Betreuers (LG Limburg, BtPrax 1997, 119).

Auch handwerkliche Arbeiten wie die Durchführung einer Zaunreparatur gehören grundsätzlich nicht zu den Aufgaben des Betreuers (OLG Zweibrücken, BtPrax 1997, 116). In Ausnahmefällen kann sich allerdings ergeben, dass die Inanspruchnahme etwa eines ambulanten Hilfsdienstes jedenfalls für kleinere Hilfestellungen bereits daran scheitert, dass diese Hilfsdienste entweder gar nicht angeboten werden oder der Zeitaufwand für die Organisation durch den Betreuer viel aufwändiger wäre, als wenn dieser sie gleich selbst erledigt. Unter diesem Gesichtspunkt können auch Einkauf und Arztbesuch (BayObLG BtPrax 1998, 237), Aufsuchen eines Optikers zur Beschaffung einer neuen Brille für den Betreuten (LG Aachen BtPrax 1999, 37) oder auch beim Umzug des Betreuten (OLG Zweibrücken BtPrax 2000, 86) zu den Tätigkeiten eines Betreuers gehören. Dagegen gehört es zu den Tätigkeiten des Betreuers, Bereicherungsansprüche gegenüber Dritten geltend zu machen (BeckRS 2005, 10401) oder auch die Herausgabe der im Eigentum des Betreuten stehenden Wohnung von dessen Lebenspartner zu verlangen, wenn dem Betreuer die Vermögenssorge und Wohnungsangelegenheiten übertragen wurden (BGH BtPrax 2008, 209).

Eine Begleitung des Betreuten zu einer Hauptverhandlung in **Strafsachen** ist 4 jedenfalls dann Betreueraufgabe, wenn diese vom Strafgericht angeordnet war (LG Memmingen, BtPrax 1998, 133; anders LG Frankenthal, BtPrax 1998, 164 bei einer Begleitung der Betreuten als Zeugen, kritisch hierzu Jürgens, BtPrax 1998, 143). Ob die Teilnahme an einer Strafverhandlung gegen den Betreuten im Übrigen hierzu gehört, ist umstritten (dagegen BayOBLG BtPrax 1999, 73). Dies wird teilweise mit dem Argument bejaht, jedenfalls bei einer Anklage wegen Vermögensdelikten müsste sich der Betreuer, zu dessen Aufgabenkreis die Vermögenssorge gehört, einen Überblick über dessen Verhältnisse verschaffen (LG Koblenz BtPrax 1999, 38). In diesem Falle kann eine direkte Information des Betreuers durch Teilnahme an der Strafverhandlung sinnvoll sein. Zur Vergütung eines anwaltlichen Betreuers bei der Vertretung des Betroffenen im Strafverfahren s. § 1835 Rn 16.

Der Betreuer ist verpflichtet, **persönlichen Kontakt** zum Betreuten zu halten 5 und ein entsprechendes Vertrauensverhältnis aufzubauen. Dies ist Voraussetzung für die Berücksichtigung des Wohles und der Wünsche des Betreuten (Rn 8 ff.). So kann die Teilnahme an einer Weihnachtsfeier in der Einrichtung, in der der Betreute lebt, oder an Familienfeiern und Geburtstagen durchaus zu den Betreueraufgaben gehören, wenn dadurch der persönliche Kontakt zum Betreuten gefördert wird (LG Koblenz, BtPrax 1997, 242). Das Gleiche gilt bei sonstigen Festveranstaltungen und Kursen (LG Koblenz BtPrax 1998, 195 mit kritischer Anm. Bienwald, BtPrax 1999, 19). Wenn der Aufgabenkreis weder die Personensorge noch speziell die Regelung des Umgang umfasst, ist der Betreuer allerdings nicht befugt, ein Kontaktverbot (hier: zu den Eltern) anzuordnen (OLG München BtPrax 2008, 74). Telefonische und schriftliche Kontakte mit den Angehörigen, mit Polizei, Staatsanwaltschaft und Gericht gehören zu den Tätigkeiten des Betreuers (BayObLG BtPrax 1999, 73). Nicht zu billigen ist die Auffassung, die Zeit für den Besuch eines Heimes zur Feststellung, ob der Betreute künftig dort leben kann, gehöre nicht zu den Tätigkeiten des Betreuers (LG Potsdam BtPrax 1998, 242; zu verschiedenen Wohnformen und Pflege im Alter Thar, BtPrax 2007, 67). Die Abklärung des künftigen Lebensmittelpunkts des Betreuten gehört vielmehr zu den notwendigen Aufgaben des Betreuers (Jürgens, BtPrax 1998, 212; Bienwald, BtPrax 1999, 18). Umfasst der Aufgabenkreis des Betreuers die Vermögenssorge und die Aufenthaltsbestimmung, gehört hierzu die Überprüfung der Wohnverhältnisse des Betreuten jedenfalls dann, wenn der Betreute zur Verwahrlosung neigt (BayObLG BeckRS 2003, 30330707).

3. Eigenständigkeit des Betreuerhandelns

6   Im Rahmen des übertragenen Aufgabenkreises und den Vorgaben des Gesetzes handelt der Betreuer in weitem Umfange selbstständig. Er entscheidet in eigener Verantwortung, wie er die ihm übertragenen Aufgaben im Einzelnen wahrnimmt. In **Zweckmäßigkeitsfragen** hat seine Entscheidung Vorrang und darf auch vom Betreuungsgericht nicht durch Weisungen beeinflusst werden, wenn die Entscheidung des Betreuers nicht rechtswidrig ist (BayObLG FamRZ 2000, 565). Das Betreuungsgericht kann nicht etwa abweichende Vorstellungen über die Wahrnehmung seiner Aufgaben mit Weisungen gegenüber dem Betreuer durchsetzen (OLG Düsseldorf FamRZ 1995, 97), etwa das Verbot, den Betroffenen in ein anderes Heim zu verlegen (OLG München BtPrax 2000, 35). Auch die Entscheidung des Betreuers über den Aufenthalt einer betreuten Ehefrau gegen den Willen des Ehemannes ist vom Betreuungsgericht nur auf Pflichtwidrigkeit oder Missbrauch zu überprüfen (OLG Schleswig FamRZ 1995, 1368). Ist rechtsgeschäftliches Handeln notwendig und der Betroffene nicht geschäftsunfähig, entscheidet der Betreuer, ob er von seiner umfassenden Vertretungsmacht (§ 1902) Gebrauch machen und an Stelle des Betreuten handeln, oder dessen eigenes Handeln durch Anleitung, Begleitung und Beratung unterstützen will. Er muss entscheiden, wie im Einzelfall die „Entscheidungsfindung" im Kontakt mit dem Betroffenen vonstatten geht und welche Entscheidung der Wahrnehmung seiner Aufgaben am besten dient (Jürgens/Kröger/Marschner/Winterstein Rn 162). Für beides gibt § 1901 einen allgemeinen Rahmen der Pflichten des Betreuers. Diese werden in vielfältiger Weise ergänzt durch betreuungsgerichtliche Genehmigungsvorbehalte (z. B. §§ 1904 ff., § 1908 i. V. m. §§ 1810, 1812, 1821, 1822 etc.), Vorschriften über die Wahrnehmung von Vermögensangelegenheiten (§ 1908 i. V. m. §§ 1795 ff.) und die Aufsicht des Betreuungsgerichts (§ 1908 i i. V. m. §§ 1837 ff).

7   Trotz der missverständlichen Formulierung des § 1897 Abs. 1 („persönlich zu betreuen") bedeutet der Grundsatz der persönlichen Betreuung nicht, dass der Betreuer sämtliche **Hilfe im Alltag** oder sogar die **Pflege** des Betreuten übernehmen soll. Dies ergibt sich bereits aus dem in § 1896 Abs. 2 BGB festgelegten Wort „anderer Hilfen" (§ 1896 Rn 21), womit vor allem solche der Wohlfahrtsverbände, ambulanten Dienste, sozialen Einrichtungen oder von Familie, Freunden und Bekannten gemeint sind (Jürgens BtPrax 1998, 143). Das Betreuungsrecht will das System der sozialen Hilfen nicht aushebeln durch den zur persönlichen Betreuung verpflichteten Betreuer, sondern dem Betreuten einen Beistand zur Seite stellen, um sich in diesem System zurecht zu finden und die für ihn beste Hilfe auszuwählen (Staudinger-Bienwald Rn 13 ff). Der Betreuer kocht also nicht für den Betreuten, er hilft ihm aber gegebenenfalls bei der Bestellung von „Essen auf Rädern"; er putzt nicht, aber organisiert vielleicht eine Putzhilfe; er übernimmt nicht die tägliche Pflege, aber sucht mit dem Betreuten zusammen nach einem geeigneten ambulanten Dienst, einer Sozialstation oder einem Heim und hilft beim Abschluss der notwendigen Rechtsgeschäfte, stellt Anträge bei den Sozialleistungsträgern etc. (Jürgens/Kröger/Marschner/Winterstein Rn 157; zur Geltendmachung von Sozialleistungen: Thar BtPrax 2003, 161). Der Betreuer ist gegenüber den sozialen Diensten „Mittler, Transporteur und Interpret" (Bienwald RsDE 7, 7) des Betreuten.

4. Handeln zum Wohl des Betreuten

a) Handlungsanweisung für Betreuer

Oberster Maßstab für das Handeln des Betreuers(Knittel § 1901 Rn 33) ist nach Abs. 2 das **Wohl** des Betroffenen. Dies ist subjektiv aus Sicht des Betreuten zu verstehen (BGH BtPrax 2009, 290) unter Berücksichtigung seiner konkreten Lebenssituation, seiner Fähigkeiten und Einschränkungen, seiner finanziellen Lage („subjektives Wohl", hierzu Seitz BtPrax 2005, 170). Der Betreuer darf nicht seine eigenen Wertungen und Vorstellungen von einem angemessenen Leben zum Maßstab seines Handelns machen, sondern muss sich um eine Beurteilung aus Sicht des Betroffenen bemühen, um eine Wahrung der Identität des Betreuten (Jürgens/Kröger/Marschner/Winterstein Rn 160). Eine Bewertung des Wohls des Betroffenen nach allgemein gültigen Standards oder einem irgendwie gearteten Verständnis von „Normalität" kommt daher nicht in Betracht, vielmehr ist dem Lebensentwurf des Betroffenen Geltung zu verschaffen (MK-Schwab Rn 10; Bienwald FamRZ 1992, 1125, 1128). Im Rahmen der Vermögenssorge ist Ausgangspunkt eine objektive Beurteilung. Was dem Vermögen des Betreuten betragsmäßig dient, entspricht in der Regel auch seinem Wohl: bestehende Unterhaltsansprüche, Sozialleistungen, Bereicherungsansprüche (OLG München BeckRS 2005, 10401), Schadensersatzansprüche etc. müssen daher in der Regel geltend gemacht werden (Knittel § 1901 Rn 34).

b) Einzelfallentscheidung

Hierbei ist immer auf die Besonderheiten des Einzelfalles abzustellen und alle relevanten Gesichtspunkte sind zu beachten. Dies kann z. B. dazu führen, dass etwa auf die Geltendmachung eines Anspruchs gegenüber einem Dritten, obwohl eigentlich im Interesse des Betreuten, verzichtet wird, weil die damit verbundenen Belastungen – etwa durch ein Gerichtsverfahren – außer Verhältnis zum möglichen Erfolg stünden. Einem rein abstrakt verstandenen „Wohl" würde es auch entsprechen, dem Betreuten z. B. das Rauchen zu verbieten (Beispiel bei Bienwald FamRZ 92, 1125), es widerspricht aber den Grundsätzen des Betreuungsrechts, einem Betreuten zu versagen, was für einen Nicht-Betreuten selbstverständlich ist. Eine „Besserung" oder wie immer geartete Änderung der bisherigen Lebensweise des Betroffenen ist grundsätzlich nicht Aufgabe des Betreuers (BayObLG FamRZ 1993, 600; 1994, 209; 1995, 26). Bei notwendigen Eingriffen in die Rechte des Betreuten dürfte seinem Wohl in der Regel die Maßnahme entsprechen, die am wenigsten belastet oder durch die höherrangige Rechtsgüter geschützt werden. Vor einer Entscheidung für eine Unterbringung in einem Heim z. B. sollten zunächst andere Maßnahmen geprüft werden, die einen Verbleib in der eigenen Wohnung ermöglichen (Putzhilfe, ambulante Pflege, Essen auf Rädern etc.). Die Ausschlagung einer Erbschaft widerspricht aber in der Regel dem Wohl des Betreuten (OLG Stuttgart BtPrax 2001, 255).

c) Eigenständige Lebensführung

Nach Abs. 2 S. 2 gehört ausdrücklich zum Wohl des Betreuten auch die Möglichkeit, im Rahmen seiner Fähigkeiten sein Leben nach **eigenen Wünschen und Vorstellungen** zu gestalten. Das Wohl des Betreuten wird also von seinen

BGB § 1901 Titel 2. Rechtliche Betreuung

subjektiven Vorstellungen und Wünschen geprägt (BGH BtPrax 2009, 290). Die Lebensplanung des Betroffenen ist also zu respektieren und zu fördern. Dies bedeutet z. B. bei einem vermögenden Betreuten, dass sein Wunsch nach einem gewissen Luxus oder der Beibehaltung des bisherigen Lebensstils nicht schon deshalb gegen sein Wohl verstößt, weil hierdurch das Vermögen u. U. nicht unerheblich geschmälert wird. Zudem ist auch ein „Recht auf Verwirrtheit" und in gewissem Grade auch ein Recht auf Verwahrlosung anerkannt. Art. 2 Abs. 1 GG schützt insbesondere auch die Freiheit der nicht-angepassten, der seelisch Kranken und Behinderten in ihrer spezifischen Lebensform (BVerfGE 10, 302, 309; OLG Frankfurt, NJW 1988, 1527). Auch in Fällen drohender Verwahrlosung hat daher der Betreuer den Lebensentwurf des Betroffenen grundsätzlich zu beachten und darf daher erst eingreifen, wenn höherrangige Rechte (Leben oder Gesundheit) konkret bedroht sind (hierzu auch Mees/Jacobi/Stolz, BtPrax 1994, 83).

5. Beachtung der Wünsche des Betreuten

a) **Grundsatz**

11   Abs. 3 bindet den Betreuer an die **Wünsche** des Betroffenen, die grundsätzlich Vorrang gegenüber seinen objektiven Interessen haben (BGH BtPrax 2009, 290). Dabei ist ohne Bedeutung, ob diese Wünsche auf rationaler Grundlage zustande gekommen sind, ob der Betreute geschäftsfähig oder geschäftsunfähig ist und ob der Betreuer den Wunsch für vernünftig hält oder nicht (Staudinger-Bienwald Rn 25). Unerheblich ist auch, ob ein Wunsch ausdrücklich geäußert wird, oder ob dieser sich aus anderen Umständen (Gesten, Mimik etc.) ergibt. Die Wünsche können sich auf alle denkbaren Lebensbereiche und auf alle Angelegenheiten beziehen (Knittel § 1901 Rn 45). Ein Wunsch ist dann unbeachtlich, wenn er gerade Ausdruck der Erkrankung des Betreuten ist, wenn er also entweder nicht mehr in der Lage ist, eigene Wünsche und Vorstellungen zu bilden und zur Grundlage und Orientierung seiner Lebensgestaltung zu machen, oder wenn er die der Willensbildung zugrunde liegenden Tatsachen infolge seiner Erkrankung verkennt (BGH a.a.O.) Die Wünsche können gegenüber dem Betreuer unmittelbar oder gegenüber anderen – z. B. den Mitarbeitern eines Pflegedienstes – geäußert werden (Knittel § 1901 Rn 43). Erfährt der Betreuer von solchen gegenüber Dritten geäußerten Wünschen, gilt die Bindung nach Abs. 3 ebenfalls. Der Betreuer braucht nur solche Wünsche nicht zu befolgen, die dem Wohl des Betroffenen zuwiderlaufen, er ist also nicht verpflichtet, sich an einer Selbstschädigung des Betreuten zu beteiligen (Jürgens/Kröger/Marschner/Winterstein Rn 167). Dies ist allerdings nur dann anzunehmen, wenn höherrangige Rechtsgüter gefährdet sind oder sich die gesamte Lebens- und Versorgungssituation verschlechtern würde (BGH BtPrax 2009, 290). Der Erhalt des Vermögens für die Erben ist dagegen nicht Aufgabe des Betreuers (BGH a.a.O.). Der Wunsch einer Betreuten, das bisher von ihr bewohnte Haus nicht zu vermieten, muss respektiert werden, wenn nicht die Mieteinnahmen gerade für ihren täglichen Lebensbedarf benötigt werden (OLG Schleswig BtPrax 2001, 211). Auch die Weigerung des Betroffenen, eine Bluttransfusion durchführen zu lassen, muss vom Betreuer grundsätzlich respektiert werden (LG Frankfurt/Main BtPrax 2003, 86). Die Einräumung eines Dispositionskredits

im Umfang von 500,00 Euro widerspricht jedenfalls dann nicht dem Wohl des Betreuten, wenn er über diesen Betrag deutlich übersteigende regelmäßige Einnahmen verfügt (KG BtPrax 2009, 297). Der Betreuer muss den Betroffenen durch entsprechende Informationen ggf. in die Lage setzen, seine Wünsche zu bestimmen, also ihn z.b. über die Folgen vorgesehener Vermögensverwertungen aufklären (BGH a.a.O.). Der Betreuer braucht Wünsche nicht zu befolgen, wenn ihm dies nicht zuzumuten ist. Dies kann aber nur von Bedeutung sein, wenn ausnahmsweise eigene Rechte des Betreuers betroffen sind, wenn also z. B. der Betreute ihn zeitlich über Gebühr in Anspruch nehmen will (Jürgens/Kröger/Marschner/Winterstein Rn 168; MK-Schwab Rn 18) oder von vornherein aussichtslose Verhandlungen mit Dritten verlangt (Knittel § 1901 Rn 52). Dagegen ist die Erfüllung seiner Aufgaben dem Betreuer stets zuzumuten, ansonsten wäre er ggf. nicht geeignet i. S. d. § 1897 Abs. 1.

b) Wünsche vor Betreuerbestellung

Die Bindung des Betreuers gilt auch für Wünsche, die vor seiner Bestellung 12 geäußert wurden (Abs. 3 S. 2), insbesondere in einer **Betreuungsverfügung** (§ 1901 a). Durch seine Tätigkeit kann der Betreuer aber auch in anderer Weise von zuvor geäußerten Wünschen des Betroffenen erfahren. Allerdings ist der Betreuer hieran nicht mehr gebunden, wenn der Betreute selbst an den Wünschen erkennbar nicht mehr festhalten will. Zur Beachtung von Patientenverfügungen s. § 1901a. Wünsche des Betreuten sind auch in anderem Zusammenhang beachtlich, etwa bei der Bestellung eines Betreuers (§ 1896 Rn 15 f.) oder bei der Auswahl des Betreuers (§ 1897 Abs. 4).

c) Besprechung

Abs. 3 Satz 3 normiert eine ausdrückliche **Besprechungspflicht** vor der Erle- 13 digung wichtiger Angelegenheiten. Hierunter fallen jedenfalls die vom Gesetz selbst besonders hervorgehobenen und damit als wichtig eingestuften Angelegenheiten, also z. B. die Telefon- und Postkontrolle (§ 1896 Abs. 4), die Untersuchung des Gesundheitszustandes, Heilbehandlung etc. (§ 1904), die Sterilisation (§ 1905), die Unterbringung (§ 1906), die Wohnungsauflösung und der Abschluss eines Miet- oder Pachtvertrages (§ 1907). Wichtige Angelegenheiten sind danach jedenfalls solche, durch die persönliche Lebensverhältnisse des Betreuten tiefgreifend oder für längere Zeit geändert oder vorbestimmt werden. In diesem Sinne kann z. B. auch die Beschaffung neuer Einrichtungsgegenstände, die Regelung persönlicher Kontakte oder die Freizeitgestaltung zu den wichtigen Angelegenheiten gehören. Die Frage, in welchem Heim der Betroffene künftig leben soll, ist immer eine wichtige Entscheidung in diesem Sinne und daher mit dem Betroffenen zu besprechen (Jürgens BtPrax 1998, 212; Knittel § 1901 Rn 61). Auch bei anderen Angelegenheiten kann sich die Notwendigkeit der Besprechung ergeben, etwa um überhaupt die Wünsche des Betroffenen zu erfahren oder sein Wohl richtig einschätzen zu können (Jürgens/Kröger/Marschner/Winterstein Rn 172). Der Betreuer ist verpflichtet, den Betroffenen über die möglichen Folgen z.B. einer Vermögensverwertung und über mögliche Alternativen aufzuklären. Der Grad der erforderlichen Aufklärung richtet sich zum einen nach der Wichtigkeit des Geschäfts und zum anderen danach, was in den Lebenskreisen des Betreuers billigerweise erwartet werden kann (BGH BtPrax 2009, 290). Dies kann auch dazu führen, dass ein

BGB § 1901 Titel 2. Rechtliche Betreuung

unerfahrener Betreuer zunächst fachlichen Rat einholt (BGH a.a.O.). Eine Pflicht zur Besprechung besteht nur dann nicht, wenn dies dem Wohl des Betroffenen zuwiderläuft, also etwa eine hiermit verbundene psychische Belastung die Vorteile einer Besprechung überwiegt. Um seiner Besprechungspflicht nachkommen zu können, muss der Betreuer persönlichen Kontakt mit dem Betreuten haben. Er kann auch von Verwandten nicht hiervon ausgeschlossen werden. Diese haben keine höherrangiges Umgangsrecht mit dem Betreuten, als der Betreuer (BayObLG FamRZ 2002, 907).

d) Wirkung im Innenverhältnis

14   In jedem Falle können weder das Wohl noch beachtliche Wünsche des Betreuten die im Rahmen seines Aufgabenkreises umfassende Vertretungsmacht des Betreuers (§ 1902) beschränken, sie gelten vielmehr nur im Innenverhältnis zwischen Betreuer und Betreutem. Bei Verstößen kann das Betreuungsgericht nach § 1908 i i. V. m. § 1837 Abs. 2 den Betreuer zur Befolgung seiner Pflichten durch geeignete Gebote und Verbote anhalten und bei Zuwiderhandlungen ein Zwangsgeld festsetzen (§ 1837 Abs. 3). Zudem haftet der Betreuer für durch die Pflichtverletzung eingetretene Schäden des Betreuten nach § 1908 i i. V. m. § 1833. Ergänzend hat er analog die Pflichten eines Beauftragten (z. B. Nachweis der ordnungsgemäßen Verwendung von Mitteln des Betreuten) wahrzunehmen (OLG Karlsruhe FamRZ 2004, 1601).

6. Mitwirkung bei Rehabilitation

15   Der in Abs. 4 festgehaltene Rehabilitations-Aspekt der Betreuung gilt für den Betreuer im Rahmen seines **Aufgabenkreises,** also für alle dem Betreuer übertragenen Angelegenheiten. Bei der Wahrnehmung seiner Aufgaben hat er daher stets solchen Maßnahmen den Vorrang zu geben, durch die der Betreuung zugrundeliegende Krankheit oder Behinderung beseitigt, gebessert, ihre Verschlimmerung verhütet oder ihre Folgen gemildert werden. Dies gilt nicht nur für den Bereich der Gesundheitsfürsorge, für den dies selbstverständlich ist. Insbesondere durch die Förderung eigenverantwortlicher Wahrnehmung seiner Geschäfte durch den Betroffenen selbst kann dieser angemessen gefördert werden (Knittel § 1901 Rn 63).

16   Zur Sicherung und Koordinierung der Teilhabe behinderter Menschen normiert § 60 SGB IX besondere **Pflichten** auch für Betreuer:

> **§ 60. Pflichten Personensorgeberechtigter**
> Eltern, Vormünder, Pfleger und Betreuer, die bei ihrer Personensorge anvertrauten Menschen Behinderungen (§ 2 Abs. 1) wahrnehmen oder durch die in § 61 genannten Personen hierauf hingewiesen werden, sollen im Rahmen ihres Erziehungs- oder Betreuungsauftrags die behinderten Menschen einer gemeinsamen Servicestelle oder einer sonstigen Beratungsstelle für Rehabilitation oder einem Arzt zur Beratung über die geeigneten Leistungen zur Teilhabe vorstellen.

Die in § 60 SGB IX normierte Hinweispflicht gilt gegenüber allen Betreuern, unabhängig vom jeweiligen Aufgabenkreis. Ob der Betreuer – gemeinsam mit dem Betreuten oder in dessen Vertretung – die Beratungsangebote wahrnimmt, ist seine **freie Entscheidung.** Dies wird im Einzelfall auch davon abhängen, ob der Betreuer nach dem übertragenen Aufgabenkreis überhaupt die Möglichkeit sieht, für den Betreuten angebotene Eingliederungsmaßnahmen zu veranlassen oder wahrzunehmen. Gemeinsame Servicestellen sind Einrichtungen der Rehabilitationsträger, die in jedem Kreis und jeder kreisfreien Stadt zur Verfügung stehen müssen. Sie haben die Aufgabe, behinderten Menschen bei der Auswahl der für sie geeigneten Rehabilitationsmaßnahmen zu helfen.

7. Betreuungsplan

In geeigneten Fällen hat der Betreuer auf Anordnung des Gerichts einen Betreuungsplan aufzustellen (Abs. 4 Satz 2). Dies gilt allerdings **nur für Berufsbetreuer.** Das Gericht hat bei der Entscheidung über die Anordnung einen weiten Beurteilungsspielraum unter Berücksichtigung der Besonderheiten des Einzelfalles. Vor allem dann, wenn nach den persönlichen Verhältnissen des Betreuten die Aussicht besteht, dass seine Behinderung oder seine Lebenssituation durch geeignete Maßnahmen verbessert werden kann, kommt ein Betreuungsplan in Betracht. Dieser soll nämlich die Ziele der Betreuung benennen und die zu ihrer Erreichung zu ergreifenden Maßnahmen (Abs. 4 Satz 3). So könnte z. B. ein Ziel der Betreuung die Durchführung eines Drogen- oder Alkoholentzugs sein. Als Maßnahmen hierzu kommen in Betracht die Herstellung von Kontakten zu Drogenberatungsstellen, zu entsprechenden Kliniken oder sonstigen Einrichtungen, die Beantragung der entsprechenden Leistung bei der Krankenkasse etc. Ziel kann auch die Organisation ambulanter Hilfen oder eines Heimplatzes sein. Als Maßnahmen kommen dann in Betracht, die örtlichen Dienste oder Einrichtungen zu erkunden, die geeignete Stelle (ggf. zusammen mit dem Betroffenen) auszusuchen, Leistungen der Pflegekasse oder anderer Sozialleistungsträger zu beantragen etc. Ist eine Entschuldung das Ziel, kann eine Sichtung der Schulden, die Beantragung eines Einwilligungsvorbehalts nach § 1903, die Aufstellung eines Planes zur schrittweisen Rückführung der Schulden, der Kontakt zu einer Schuldnerberatungsstelle oder auch die Beantragung einer Privatinsolvenz als Maßnahme in Betracht kommen. Die Einzelheiten hängen immer sehr vom Einzelfall ab. Es empfiehlt sich, im Betreuungsplan auch den voraussichtlichen Zeitrahmen aufzunehmen, innerhalb dessen die einzelnen Maßnahmen durchgeführt werden sollen.

8. Mitteilungspflichten

Nach Abs. 5 hat der Betreuer dem Betreuungsgericht Mitteilung zu machen, wenn ihm Umstände bekannt werden, die ein betreuungsgerichtliches Handeln erforderlich machen können. Im Einzelnen geht es um
a) Aufhebung der Betreuung (§ 1908 d Abs. 1 S. 1), wenn ihre Voraussetzungen weggefallen sind, also etwa wenn eine Besserung des Gesundheitszustandes eingetreten ist, so dass die dem Betreuer übertragenen Aufgaben nicht mehr wahrgenommen zu werden brauchen oder diese von anderen ausreichend besorgt werden,
b) Einschränkung des Aufgabenkreises (§ 1908 d Abs. 1 S. 2),
c) Erweiterung des Aufgabenkreises, etwa wenn ein bisher nicht berücksichtigter Betreuungsbedarf bekannt wird,
d) Bestellung eines weiteren Betreuers (§ 1899 in allen Varianten) oder

BGB § 1901   Titel 2. Rechtliche Betreuung

e) Anordnung eines Einwilligungsvorbehalts (§ 1903), insbesondere wenn durch selbstschädigendes Verhalten des Betreuten eine erhebliche Gefahr für seine Person oder sein Vermögen zu befürchten ist.

9. Besondere gesetzliche Pflichten

a) Infektionsschutzgesetz

19   Gehört die **Sorge für die Person** des Betreuten zum Aufgabenkreis des Betreuers, so treffen ihn verschiedene Pflichten nach dem Infektionsschutzgesetz (IfSG). Nach § 16 Abs. 1 IfSG kann die zuständige Behörde verschiedene Maßnahmen treffen, wenn Tatsachen festgestellt werden, die zum Auftreten einer übertragbaren Krankheit führen können. Nach § 16 Abs. 2 IfSG sind die Beauftragten der zuständigen Behörden u. a. berechtigt, zur Durchführung von Ermittlungen und zur Überwachung der angeordneten Maßnahmen Grundstücke, Räume, Anlagen und Einrichtungen zu betreten, Bücher und andere Unterlagen einzusehen etc. Der Inhaber der tatsächlichen Gewalt hat diese Maßnahmen zu dulden und auf Verlangen die erforderlichen Auskünfte zu erteilen. Ist für die von einer solchen Maßnahme betroffenen Person ein Betreuer mit dem Aufgabenkreis der Sorge für die Person bestellt, trifft ihn die Verpflichtung nach den Absätzen 1 und 2 (§ 16 Abs. 5 S. 2 IfSG).

20   Nach § 34 Abs. 4 S. 2 IfSG hat ein Betreuer, dem die Sorge für die Person übertragen wurde, die Einhaltung der Verpflichtungen nach § 34 Abs. 1 und 2 IfSG durch den Betreuten zu sorgen. § 34 Abs. 1 IfSG schreibt vor, dass Personen, die an einer der im Gesetz ausdrücklich genannten ansteckenden Krankheiten erkrankt sind, in Schulen und sonstigen Gemeinschaftseinrichtungen keine Lehr-, Erziehungs-, Pflege-, Aufsichts- oder sonstige Tätigkeiten ausüben dürfen, bei denen sie Kontakt zu den dort Betreuten haben. Unter den gleichen Voraussetzungen dürften auch die Gemeinschaftseinrichtungen von erkrankten Betreuten nicht betreten werden. Ausscheider von verschiedenen im Gesetz genannten Viren und Salmonellen dürfen nur mit Zustimmung des Gesundheitsamtes und unter Beachtung der gegenüber dem Ausscheider und der Gemeinschaftseinrichtung verfügten Schutzmaßnahmen die dem Betrieb der Einrichtung dienenden Räume betreten, Einrichtungen nutzen und an Veranstaltungen teilnehmen. Auch die Einhaltung dieser Verpflichtung zu überwachen ist Aufgabe des Betreuers, dem die Personensorge übertragen wurde.

b) Waffengesetz

21   Wer Waffen oder Munition, deren Erwerb der Erlaubnis bedarf, in Besitz nimmt, hat dies **unverzüglich** der zuständigen Behörde **anzuzeigen** (§ 37 Abs. 1 WaffenG). Dies kommt auch in Betracht bei erlaubnispflichtigen Waffen und Munition des Betreuten, deren Besitz der Betreuer in Erfüllung seiner Aufgaben erwirbt. Unerheblich ist hierbei der Umfang des Aufgabenkreises des Betreuers und die Frage, ob er berechtigt erwirbt oder in Verkennung seiner Rechte gegenüber dem Betreuten. Es geht allein um die Sicherstellung der Überwachung durch die zuständige Behörde, die jederzeit über den Verbleib erlaubnispflichtiger Waffen informiert sein muss.

Patientenverfügung § 1901a BGB

c) Strafverfahren

Nach § 22 Nr. 2 StPO ist ein Richter von der Ausübung des Richteramtes im Strafverfahren kraft Gesetzes ausgeschlossen, wenn er Betreuer des Beschuldigten oder des Verletzten ist oder gewesen ist. 22

§ 1901a Patientenverfügung

(1) Hat ein einwilligungsfähiger Volljähriger für den Fall seiner Einwilligungsunfähigkeit schriftlich festgelegt, ob er in bestimmte, zum Zeitpunkt der Festlegung noch nicht unmittelbar bevorstehende Untersuchungen seines Gesundheitszustands, Heilbehandlungen oder ärztliche Eingriffe einwilligt oder sie untersagt (Patientenverfügung), prüft der Betreuer, ob diese Festlegungen auf die aktuelle Lebens- und Behandlungssituation zutreffen. Ist dies der Fall, hat der Betreuer dem Willen des Betreuten Ausdruck und Geltung zu verschaffen. Eine Patientenverfügung kann jederzeit formlos widerrufen werden.

(2) Liegt keine Patientenverfügung vor oder treffen die Festlegungen einer Patientenverfügung nicht auf die aktuelle Lebens- und Behandlungssituation zu, hat der Betreuer die Behandlungswünsche oder den mutmaßlichen Willen des Betreuten festzustellen und auf dieser Grundlage zu entscheiden, ob er in eine ärztliche Maßnahme nach Absatz 1 einwilligt oder sie untersagt. Der mutmaßliche Wille ist aufgrund konkreter Anhaltspunkte zu ermitteln. Zu berücksichtigen sind insbesondere frühere mündliche oder schriftliche Äußerungen, ethische oder religiöse Überzeugungen und sonstige persönliche Wertvorstellungen des Betreuten.

(3) Die Absätze 1 und 2 gelten unabhängig von Art und Stadium einer Erkrankung des Betreuten.

(4) Niemand kann zur Errichtung einer Patientenverfügung verpflichtet werden. Die Errichtung oder Vorlage einer Patientenverfügung darf nicht zur Bedingung eines Vertragsschlusses gemacht werden.

(5) Die Absätze 1 bis 3 gelten für Bevollmächtigte entsprechend.

Übersicht

	Rn.
1. Entstehung	1
2. Überblick	2
3. Patientenverfügung	4
a) Einwilligungsfähiger Volljähriger	5
b) Schriftform	6
c) Bestimmte ärztliche Maßnahme	7
d) Widerruf	11
4. Betreuerpflichten	13
a) Einwilligungsunfähigkeit	13
b) Prüfungspflicht	14
c) Umsetzung des Willens	15
5. Behandlungswünsche	16
a) Betreuerhandeln	16
b) Mutmaßlicher Wille	17
6. Bevollmächtigte	19

BGB § 1901a

7. Genehmigung des Betreuungsgerichts 20
8. Freiwilligkeit 21

1. Entstehung

1   Die Vorschrift wurde eingefügt durch das **Dritte Gesetz zur Änderung des Betreuungsrechts** vom 29. 7. 2009 (BGBl. I S. 2268). Vorangegangen waren verschiedene Gesetzentwürfe, die nicht von der Bundesregierung oder einzelnen Fraktionen des Deutschen Bundestages, sondern als so genannte Gruppenentwürfe durch fraktionsübergreifende Gruppen von Abgeordneten eingebracht worden waren. Der erste Entwurf wurde am 6. 3. 2008 von einer Gruppe um den Abgeordneten Joachim Stünker eingebracht (BT-Drucks. 16/8442, sog. „Stünker-Entwurf"), weitere Entwürfe am 16. 12. 2008 von einer Gruppe um den Abgeordneten Wolfgang Bosbach (BT-Drucks. 16/11360 „Bosbach-Entwurf") und am 18. 12. 2008 von einer Gruppe um den Abgeordneten Wolfgang Zöller (BT-Drucks. 16/11493, „Zöller-Entwurf"). Allen Gruppen gehörten Abgeordneter aller Fraktionen an. Vorangegangen war eine lange kontrovers geführte rechtspolitische Diskussion über die Frage, ob und in welcher Weise Verfügungen eines Volljährigen für den Fall der Behandlungsbedürftigkeit (Patientenverfügung) von Ärzten, Betreuern und Richtern beachtet werden müssen, insbesondere lebenserhaltende Maßnahmen unterlassen werden müssen, weil der Betroffene keine Behandlung (mehr) wünscht (aus der umfangreichen Literatur vgl. nur Riedel BtPrax 2005, 45; v. Renesse BtPrax 2005, 47; Kutzer BtPrax 2005, 50; ders. ZRP 2005, 277; Lipp FamRZ 2004, 317; Holzhauer FamRZ 06, 518; May BtPrax 2007, 149; Schaffer BtPrax 2003, 143 und BtPrax 2007, 157; Hoffmann BtPrax 2009, 7; Brosey BtPrax 2009, 175 jeweils m.w.N.)

Nach einer umfangreichen Sachverständigenanhörung wurden die ursprünglichen Gesetzentwürfe im Rechtsausschuss des Deutschen Bundestages abgeändert (Beschlussempfehlung Bt-Drucks. 16/13314) und im Plenum abgestimmt. Dabei fand die auf dem ursprünglichen „Stünker-Entwurf" basierende Fassung eine Mehrheit und wurde so in das Gesetz aufgenommen (zur kritischen Würdigung der Norm vgl. Höfling NJW 2009, 2849; Spickhoff FamRZ 2009, 1949; Bühler/Stolz BtPrax 2009, 261; Olzen JR 2009, 354; Albrecht/Albrecht MittBayNot 2009, 426; Meyer-Götz NJ 2009, 363; Lange ZEV 2009, 537).

2. Überblick

2   Die Norm ist ausgestaltet als Konkretisierung des § 1901 Abs. 3, wonach der Betreuer verpflichtet ist, Wünschen des Betreuten zu entsprechen, und zwar auch solchen Wünschen, die bereits vor der Bestellung des Betreuers geäußert wurden (§ 1901 Rn 11 ff). Anders als bei § 1901 wird die Befolgung der Wünsche auch nicht durch das Wohl des Betroffenen begrenzt (keine „Wohlschranke", so Lange ZEV 2009, 537, 541). Als Patientenverfügung wird nach Abs. 1 nur eine **antizipierte Entscheidung** des Betroffenen über ärztliche Maßnahmen nach Eintritt der Einwilligungsunfähigkeit verstanden. Da diese Entscheidung unmittelbar gelten soll, ist ein Handeln des Betreuers als Vertreter des Betreuten (§ 1902) in dessen Namen nicht erforderlich. Er hat der Verfügung lediglich „Ausdruck und Geltung" zu verschaffen. Im Übrigen hat der Betreuer aber nach Abs. 2 auch sogenannte **Behandlungswünsche** des Betroffenen (hierzu Albrecht/Albrecht

MittBayNot 2009, 426, 428) zu beachten und diese ggf. umzusetzen. Voraussetzung ist in jedem Fall, dass ein Handeln im Zusammenhang mit einer Untersuchung, Heilbehandlung oder einem ärztlichen Eingriff zum Aufgabenkreis des Betreuers (hierzu § 1896 Rn 23 ff) gehört und der Betroffene einwilligungsunfähig ist (hierzu § 1904 Rn 4). Bei seinem Handeln ist der Betreuer unter den im Gesetz genannten Voraussetzungen an eine Patientenverfügung des Betreuten gebunden. Liegt eine solche nicht vor, gibt Abs. 2 dem Betreuer konkrete Vorgaben für seine Entscheidung zum Wohle des Betreuten. Alle Regelungen gelten in gleicher Weise auch für einen Bevollmächtigten (Abs. 5).

Nicht ausdrücklich geregelt ist die Frage, inwieweit auch der **behandelnde** 3 **Arzt** an eine Patientenverfügung gebunden ist (so auch Spickhoff FamRZ 2009, 1949, 1953). Dies ist dem Umstand geschuldet, dass bisher das Rechtsverhältnis von Arzt und Patient insgesamt nicht gesetzlich geregelt, sondern nur durch Rechtsprechung konkretisiert ist. Ist ein Betreuer oder ein Bevollmächtigter bestellt, so entscheidet dieser als Vertreter des Betroffenen auch gegenüber dem behandelnden Arzt. Dessen Handeln ist nur mit wirksamer Einwilligung des Patienten – oder eben seines Vertreters – rechtmäßig. Um unterschiedliche Sichtweisen abstimmen zu können, sieht § 1901b in diesem Falle ein Gespräch zur Feststellung des Patientenwillens vor. Liegt zwar eine Patientenverfügung vor, ist aber weder ein Betreuer noch ein Bevollmächtigter bestellt, muss der Arzt aus eigener Verantwortung entscheiden, ob und inwieweit er der Patientenverfügung folgt (so wohl auch Spickhoff a.a.O.) oder die Bestellung eines Betreuers in die Wege leiten. Teilweise wird aus § 1901b geschlossen, dass die Patientenverfügung nur umgesetzt werden kann, wenn es einen Betreuer oder Bevollmächtigten überhaupt gibt und dass daher die Anzahl der Betreuerbestellungen deutlich ansteigen wird.

3. Patientenverfügung

Abs. 1 Satz 1 enthält eine Legaldefinition der Patientenverfügung. Alle dort 4 genannten Merkmale müssen vorliegen, um von einer wirksamen Patientenverfügung auszugehen. Nur in diesem Falle ist der Betreuer nach Abs. 1 verpflichtet, dieser Achtung und Geltung zu verschaffen.

a) Einwilligungsfähiger Volljähriger

Nur eine volljährige natürliche Person, die einwilligungsfähig ist, kann wirksam 5 eine Patientenverfügung errichten. Minderjährige oder nicht-einwilligungsfähige Personen können eine Patientenverfügung nicht wirksam errichten (kritisch hierzu Hoffmann BtPrax 2009, 7). Insbesondere bei grundrechtsmündigen Minderjährigen, die durchaus einwilligungsfähig sind, ist dies nicht unbedenklich (Spickhoff FamRZ 2009, 1948, 1950; Lange ZEV 2009, 537, 539) zumal eine zum Zeitpunkt der Minderjährigkeit abgefasste (unwirksame) Verfügung auch durch die Volljährigkeit des Verfügenden nicht zur (wirksamen) Patientenverfügung erstarken kann. In diesem Falle kommt für das Betreuerhandeln nur Abs. 2 in Betracht (s. Rn 16). Die Einwilligungsfähigkeit (hierzu § 1904 Rn 4) bei Erstellung der Patientenverfügung muss sich auf diejenigen ärztlichen Maßnahmen (Rn 7) beziehen, die von der Patientenverfügung umfasst sein sollen. Maßgeblich ist der Zeitpunkt, in dem die Patientenverfügung schriftlich abgefasst, also in der Regel von dem Verfügenden eigenhändig unterschrieben wird (Lange a.a.O.).

b) Schriftform

6 Eine Patientenverfügung muss schriftlich abgefasst sein. Die Urkunde, also das entsprechende Schriftstück, muss vom Aussteller eigenhändig durch Namensunterschrift oder mittels notariell beglaubigten Handzeichens unterzeichnet sein (§ 126). Nicht notwendig ist, dass der gesamte Text vom Unterzeichner selbst geschrieben oder gar eigenhändig abgefasst wurde. Er kann auch einen Text aufsetzen lassen oder sich einen vor gedruckten Text zu eigen machen. Da sich auf den Zeitpunkt der Errichtung durch Unterschrift die Einwilligungsfähigkeit und die Frage der nicht unmittelbar bevorstehenden Maßnahmen (Rn 8) beziehen, ist es ratsam, das Datum der Unterzeichnung anzugeben. Die Schriftform hat v.a. den Zweck, den Betroffenen vor übereilten oder unüberlegten Festlegungen zu schützen (BT-Drucks. 16/8442 S. 13) und zugleich den Betreuer vor der Prüfung zu bewahren, ob lediglich „dahin gesagte" Äußerungen bereits eine wirksame Patientenverfügung enthielten. Der „Zöller-Entwurf" (BT-Drucks. 16/11493) sah eine Bindung auch für nichtschriftlich abgefasste Patientenverfügungen vor. Diese Regelung konnte sich aber nicht durchsetzen. Weitere formelle Anforderungen, die im Gesetzgebungsverfahren diskutiert wurden, sind nicht ins Gesetz übernommen worden. Insbesondere eine vorangegangene ärztliche Beratung wäre an sich sinnvoll gewesen (Spickhoff FamRZ 2009, 1948; Olzen, NJ 2009, 354; Albrecht/Albrecht MittBayNot 2009, 426), weil die Patientenverfügung unmittelbar die Entscheidung des Betroffenen über eine ärztliche Maßnahme festlegt, die nach dem Konzept des „informed consent" erst aufgrund ausreichender ärztlicher Beratung wirksam erfolgen kann. Auch eine zeitnahe Bestätigung ist nicht notwendig. Für die Wirksamkeit einer Patientenverfügung ist daher der Zeitpunkt, in dem sie errichtet wurde, ohne Bedeutung. Auch lange zurückliegende Verfügungen sind beachtlich, obwohl sich zwischenzeitlich sowohl die Behandlungsmethoden ändern können und auch die Palliativmedizin weitere Fortschritte macht (Albrecht/Albrecht MittBayNot 2009, 426, 429).

c) Bestimmte ärztliche Maßnahme

7 Die Patientenverfügung muss Regelungen darüber enthalten, wie bei Untersuchungen des Gesundheitszustandes, Heilbehandlungen oder ärztlichen Eingriffen zu verfahren ist. Umfasst sein können also alle ärztlichen Maßnahmen der Anamnese, Diagnostik und Therapie sowie ggf. Eingriffe, die nicht medizinisch indiziert sind („Schönheitsoperationen"), und Maßnahmen, die nicht von Ärzten, sondern Angehörigen anderer Heilberufe auf ärztliche Anordnung vorgenommen werden. Dabei muss sich die Verfügung auf „bestimmte" Maßnahmen beziehen. Dies ist folgerichtig, weil die Patientenverfügung als antizipierte Entscheidung des Betroffenen ausgestaltet ist. Da sie die eigene Entscheidung ersetzen soll, die der Betroffene im Falle der Einwilligungsfähigkeit treffen würde, muss sie hinreichend bestimmt sein. Allgemeine Festlegungen, z.B. Behandlungen nur in einem speziellen Krankenhaus der Wahl oder von einem Arzt des Vertrauens durchführen zu lassen, reichen nicht aus. Solche Festlegungen können nach allgemeinen Regeln (§ 1901 Abs. 3) für den Betreuer bindend sein, erfüllen aber nicht den Begriff der Patientenverfügung. Dies gilt auch für allgemeine Richtlinien einer künftige Behandlung („ich möchte würdevoll sterben können, wenn eine Behandlung nicht mehr aussichtsreich ist") (BT-Drucks. 16/8442 S. 13).

8 Die Anwendung des Bestimmtheitserfordernisses in der Praxis wird darüber entscheiden, ob tatsächlich in einer namhaften Zahl von Fällen die Regelung des

Patientenverfügung § 1901a BGB

Abs. 1 zur Anwendung kommt. Die Patientenverfügung muss Festlegungen im Zustande der Einwilligungsfähigkeit treffen für Maßnahmen in einer Zukunft, in der der Betroffene nicht mehr einwilligungsfähig sein wird. „Wegen der großen Vielzahl von nicht vorhersehbaren Krankheitssituationen ist es gerade für gesunde Menschen schwierig, den Grad an Bestimmtheit zu erreichen, der nunmehr für eine Patientenverfügung erforderlich ist" (Albrecht/Albrecht MittBayNot 2009, 426, 428 mit einem Beispiel). Daher wird schon die Befürchtung geäußert, die Patientenverfügung werde durch das Bestimmtheitserfordernis entwertet (Palandt-Diederichsen § 1901a Rn 6). Wann eine Maßnahme **hinreichend bestimmt** benannt ist, muss im Einzelfall beurteilt werden. Am ehesten wird dies noch anzunehmen sein, wenn ein Betroffener mit einer Grunderkrankung denkbare Weiterentwicklungen der Erkrankung vorwegnimmt und mögliche Behandlungsmethoden ablehnt oder befürwortet. Jedenfalls muss es sich um Maßnahmen handeln, die im Zeitpunkt der Festlegung „nicht unmittelbar bevorstehen". Bei unmittelbar bevorstehenden Maßnahmen kann der einwilligungsfähige Patient noch selbst entscheiden, ohne dass es einer Verfügung bedarf. In Fragen akuter Behandlungsbedürftigkeit ist die Errichtung einer Patientenverfügung daher ausgeschlossen. Die Abgrenzung, ob die vom Verfügenden gewählte Bezeichnung eine hinreichend bestimmte Maßnahme betrifft, die nicht unmittelbar bevorstand („Was dies bedeutet, lässt sich zur Zeit wiederum kaum mit der erwünschten Rechtssicherheit definieren", so Spickhoff FamRZ 2009, 1948, 1951), wird vermutlich die meisten Streitfragen bei der Auslegung der Vorschrift aufwerfen. Aus der Zusammenschau beider Merkmale lässt sich immerhin schließen, dass für die Bestimmtheit einer Maßnahme nicht erforderlich ist, dass diese nach Zeit und Ort genau festgelegt sein muss. Es geht vielmehr um die **Art der Maßnahme**, die für den Fall, dass sie aufgrund des Gesundheitszustandes des Betreuten konkret in Betracht kommen sollte, durchgeführt oder unterlassen werden soll (z.B. künstliche Ernährung, Beatmung, Dialyse, Organersatz, Wiederbelebung, Verabreichung von Medikamenten, Schmerzbehandlung, alternative Behandlungsmethoden etc.).

Nach Abs. 3 gelten die Regeln der Absätze 1 und 2 unabhängig von Art und 9 Stadium der Erkrankung des Betreuten. Insbesondere die Festlegung, ärztliche Maßnahmen zu unterlassen auch für den Fall, dass dies zum **Tod** des Verfügenden führen würde, ist zulässig und zwar nicht für den Fall, dass der Sterbeprozess bereits eingesetzt hat. Diese so genannte **„Reichweitenbegrenzung"**, also eine wirksame Ablehnung lebenserhaltender Behandlungen nur für den Fall, dass eine tödlich verlaufende Krankheit vorliegt oder eine Wiedererlangung des Bewusstseins ausgeschlossen ist, wie sie im „Bosbach-Entwurf" (BT-Drucks. 16/11360) vorgesehen war, wurde nicht ins Gesetz übernommen. Der Verfügende kann also Vorkehrungen treffen für jede denkbare Erkrankung unter Berücksichtigung aller dankbarer Folgen. Insbesondere die **Ablehnung lebenserhaltender Maßnahmen** in einer Patientenverfügung ist möglich. In der Regel werden solche nur für den Fall schwerer gesundheitlicher Beeinträchtigungen verfügt werden. Der BGH hat in seiner Entscheidung vom 17. 3. 2003 (BtPrax 2003, 123) entschieden, dass der Betreuer ebenso wie der Arzt an solche Festlegungen des Verfügenden gebunden ist (zu Besprechung und Kritik der Entscheidung vgl. Alberts BtPrax 2003, 139; Paehler BtPrax 2003, 141; Lipp BtPrax 2004, 18). Einhelligkeit besteht allerdings darüber, dass eine aktive Sterbehilfe, die als Mord bzw. Totschlag oder zumindest als Tötung auf Verlangen strafbar wäre, auch in einer Patientenverfügung nicht verlangt werden kann (Palandt-Diederichsen § 1901a Rn 7; Olzen NJ 2009, 354; Lange ZEV 2009, 537)

BGB § 1901a Titel 2. Rechtliche Betreuung

10   Nicht einer Patientenverfügung zugänglich sind allerdings Maßnahmen der sog. **Basisbetreuung**. Für diese haben Ärzte und Pflegepersonal auf jeden Fall zu sorgen, der Betreuer hat ggf. darauf hinzuwirken. Hierbei handelt es sich um eine menschenwürdige Unterbringung, Zuwendung, Körperpflege, das Lindern von Schmerzen, Atemnot und Übelkeit sowie das Stillen von Hunger und Durst auf natürlichem Wege (BT-Drucks. 16/8442 S. 13). Wenn für die Aufrechterhaltung der Grundfunktionen des Körpers wie Atmung, Ernährung und Ausscheidung ärztliche Eingriffe notwendig sind, ist dies wiederum einer Patientenverfügung zugänglich.

d) Widerruf

11   Eine Patientenverfügung kann jederzeit formlos widerrufen werden (Abs. 1 S. 3). Im Gegensatz zur Errichtung ist für deren Widerruf keine Schriftform vorgesehen. Sie kann also auch mündlich oder non-verbal erfolgen (BT-Drucks 16/8442 S. 13), selbstverständlich auch schriftlich oder mit Hilfe elektronischer Medien (Spickhoff a.a.O.). Erforderlich ist auch nicht, dass das Schriftstück mit der Patientenverfügung vernichtet oder entsprechend gekennzeichnet wird. Der Betreuer muss sich daher in jedem Falle vergewissern, ob eine schriftlich abgefasst Patientenverfügung vom Betreuten nicht zwischenzeitlich vollständig oder teilweise widerrufen wurde. Dies kann ihn in nicht unerhebliche Beweisschwierigkeiten bringen (Albrecht/Albrecht MittBayNot 2009, 426, 431). Er muss daher insbesondere in den Gesprächen nach § 1901b versuchen, entsprechende Anhaltspunkte in Erfahrung zu bringen. Für den Verfügenden bedeutet dies zudem, dass im Falle eines Widerrufs wenn möglich auch die schriftliche Urkunde vernichtet oder ein entsprechender Widerrufvermerk angebracht werden sollte.

12   Das Gesetz macht keine Angaben darüber, ob für den Widerruf **Einwilligungsfähigkeit** vorliegen muss. Hieraus wird teilweise geschlossen, dass Einwilligungsfähigkeit erforderlich ist (Spickhoff, a.a.O.; Olzen JR 2009, 354, 358; wohl auch Albrecht/Albrecht MittBayNot 2009, 426, 431; anders Lange ZEV 2009, 537, 541) Da der Wiederruf aber „jederzeit" – also nicht nur bis zum Eintritt der Einwilligungsunfähigkeit – erfolgen kann und die Patientenverfügung gerade Vorkehrungen für die Zeit nicht mehr bestehender Einwilligungsfähigkeit treffen will, muss auch ein einwilligungsunfähiger Betreuter die Patientenverfügung noch widerrufen können. Auch nach § 1901 Abs. 3 ist der Betreuer nicht mehr an zuvor geäußerte Wünsche des Betroffenen gebunden, wenn er erkennbar nicht mehr daran festhalten will. Auch hier wird auf den natürlichen Willen abgestellt, unabhängig von Geschäfts- oder Einwilligungsfähigkeit (§ 1901 Rn 11). Dies sollte dann auch für existenzielle Fragen wie Durchführung oder Abbruch einer Behandlung gelten. Anhaltspunkte für einen Widerruf können sich auch aus dem konkreten Verhalten des nicht mehr einwilligungsfähigen Betreuten ergeben, etwa aus situativ spontanem Verhalten des Patienten gegenüber vorzunehmenden oder zu unterlassenden ärztlichen Maßnahmen (BT-Drucks. 16/8442 S. 15).

4. Betreuerpflichten

a) Einwilligungsunfähigkeit

13   Ein Tätigwerden des Betreuers auf Grundlage der Patientenverfügung kommt nur in Betracht, wenn der Verfügende einwilligungsunfähig geworden ist. Solange er einwilligungsfähig ist, kann er selbst über Durchführung oder Unterlassung von ärzt-

lichen Maßnahmen entscheiden. Einwilligungsunfähig ist, wer Art, Bedeutung und Tragweite bzw. Folgen der Maßnahme auch nach ärztlicher Aufklärung nicht verstehen oder seinen Willen nicht danach bestimmen kann (§ 1904 Rn 4, § 1905 Rn 5). Dieser Zustand kann Ergebnis eines fortschreitenden krankhaften Prozesses (neurodegenerative Erkrankungen wie z.b. Alzheimer oder andere Ursachen einer fortgeschrittenen Demenz), einer plötzlichen auftretenden Erkrankung (Schlaganfall, Herzinfarkt) oder eines Unfalles (Schädel-Hirn-Trauma mit Bewusstlosigkeit bzw. Koma bis zum apallischen Syndrom) sein. Der Betreuer sollte sich aufgrund der ärztlichen Aufklärung ein eigenes Bild über die mangelnde Einwilligungsunfähigkeit des Betroffenen machen.

b) Prüfungspflicht

Der Betreuer muss als erstes prüfen, ob die Festlegungen in der Patientenverfügung auf die konkrete Lebens- und Behandlungssituation zutrifft (Abs. 1 S. 1), also Festlegungen gerade für den Fall enthält, in der sich der Betroffene jetzt befindet (Spickhoff FamRZ 2009, 1948, 1951). Dies gilt sowohl hinsichtlich der notwendigen ärztlichen Maßnahmen, über die entschieden werden muss, als auch hinsichtlich der Bestimmtheit und der Umstände, bei deren Vorliegen eine Maßnahme durchgeführt oder unterlassen werden soll. Hierbei ist als Auslegungsmaßstab allein der Wille des Verfügenden heranzuziehen (Hoffmann BtPrax 2009, 7), nicht eigene Wertvorstellungen oder Vorverständnisse des Betreuers. Die Auslegung der Patientenverfügung, der auch das Gespräch nach § 1901b Abs. 1 dienen soll, erfolgt unter Hinzuziehung aller denkbaren Erkenntnisquellen, insbesondere der nach § 1901b Abs. 2 vorgesehenen Beteiligung von Angehörigen und nahe stehenden Personen. Die nach Abs. 2 heranzuziehenden Anhaltspunkte (Rn 15) können auch zur Auslegung einer Patientenverfügung herangezogen werden, allerdings nur im Rahmen des Wortlauts der Verfügung. Ansonsten dienen sie nur der Ermittlung des mutmaßlichen Willens (Rn 16). Der Betreuer muss auch prüfen, ob der Verfügende nicht inzwischen die Verfügung widerrufen hat (Rn 11) oder sie nicht mehr gelten lassen will. **14**

c) Umsetzung des Willens

Kommt der Betreuer zum Ergebnis, die Festlegungen der Patientenverfügung sind auf die konkrete Lebens- und Behandlungssituation anzuwenden und eine Abkehr des Betroffenen hiervon ist nicht feststellbar, hat er dem Willen des Verfügenden „Ausdruck und Geltung zu verschaffen" (Abs. 1 S. 2). Dies bedeutet, er hat bei Ärzten und Pflegepersonal, insbesondere im Gespräch nach § 1901b, auf die Beachtung der Patientenverfügung **hinzuwirken**. Er kann dem Willen des Betroffenen auch Geltung verschaffen, indem er als Vertreter des Betreuten (§ 1902) die Entscheidung über eine ärztliche Maßnahme ausdrücklich trifft oder diese verweigert. Nach dem Konzept des Gesetzes ist dieses allerdings nicht notwendig, da die Patientenverfügung unmittelbar die eigene Entscheidung des Betroffenen ersetzt. **15**

5. Behandlungswünsche

a) Betreuerhandeln

Stärker noch als bei der Umsetzung einer Patientenverfügung ist der Betreuer im Falle des Abs. 2 gefordert. Dieser regelt die Betreuerpflichten für zwei Alternativen. Alternative 1: es liegt keine Patientenverfügung vor. Dies ist auch dann der **16**

Fall, wenn der Betreute zwar Behandlungswünsche geäußert hat, diese aber nicht ausreichend bestimmte ärztliche Maßnahmen oder lediglich die Basisbetreuung betreffen oder bei Verfügungen, die der Schriftform nicht entsprechen. Alternative 2: der Betreuer kommt zu dem Ergebnis, dass die Festlegungen der Patientenverfügung auf die aktuelle Lebens- oder Behandlungssituation nicht zutreffen. Dies kann der Fall sein, wenn die Verfügung für den aktuellen Fall gar keine Festlegungen trifft oder die Voraussetzungen, unter denen eine Maßnahme durchgeführt oder unterlassen werden soll, von denen der aktuellen Situation abweicht oder der Verfügende ausdrücklich festgelegt hat, dass der Betreuer selbst entscheiden soll. In allen diesen Fällen hat der Betreuer die Behandlungswünsche oder den mutmaßlichen Willen des Betreuten festzustellen. Hierbei sind auch die Pflichten nach § 1901b zu beachten.

b) Mutmaßlicher Wille

17 Für die Ermittlung des mutmaßlichen Willens (hierzu Bühler/Stolz BtPrax 2009, 261) dürfen nur konkrete **Anhaltspunkte** herangezogen werden (Abs. 2 S. 2), keine Spekulationen. Außerdem ist der mutmaßliche Wille wiederum strikt aus Sicht des Betroffenen zu ermitteln. Zu berücksichtigen sind insbesondere frühere mündliche oder schriftliche Äußerungen, ethische oder religiöse Überzeugungen und sonstige Wertvorstellungen des Betreuten (Abs. 2 S. 3). Schriftliche Angaben des Betreuten, die nicht den Anforderungen an eine Patientenverfügung genügen, sind besonders authentische Erkenntnisquellen. Hierbei kann – anders als bei einer Patientenverfügung – auch berücksichtigt werden, wie alt diese Festlegungen sind: Je aktueller diese sind, umso mehr werden sie auch noch die tatsächliche Einstellung des Betroffenen wiedergeben. Mündliche Äußerungen müssen hinreichend belegt sein, z.B. durch Angaben von Angehörigen oder sonstigen nahe stehenden Personen. Das ursprünglich im Gesetzentwurf enthaltene Merkmal „Schmerzempfinden" als Kriterium für die Ermittlung des mutmaßlichen Willens ist im Laufe des Gesetzgebungsverfahrens entfallen, weil es als derart subjektiv eingestuft werden muss, dass es durch einen außen stehenden Dritten kaum beurteilt werden kann (BT-Drucks. 13314 S. 20).

18 Kann der Betreuer einen mutmaßlichen Willen des Betreuten im Hinblick auf die aktuelle Lebens- und Behandlungssituation feststellen, muss er diesen Willen umsetzen und die Einwilligung zur ärztliche Maßnahme als Vertreter entweder erteilen oder versagen. Kann der Betreuer einen mutmaßlichen Willen mit hinreichender Sicherheit nicht ermitteln, gilt für das Betreuerhandeln die allgemeine Regel des § 1901. Da der Betreuer in diesem Fall Wünsche des Betreuten nicht berücksichtigen kann, muss er allein nach dessen Wohl entscheiden. Dabei gilt: „in dubio pro vita" (Bühler/Stolz BtPrax 2009, 261, 263).

6. Bevollmächtigte

19 Die Regelungen der Abs. 1 bis 3 gelten nach Abs. 5 für Bevollmächtigte entsprechend. Der Verfügende kann gemeinsam mit der Patientenverfügung oder getrennt davon einen Bevollmächtigten bestellen, der dann als Stellvertreter des Betroffenen handeln kann. Dies ist vor allem in Form der Vorsorgevollmacht (§ 1901c Rn 9) möglich. Durch die Neuregelung ist endgültig klargestellt, dass eine Bevollmächtigung auch für Fragen der ärztlichen Behandlung möglich ist.

Bei Erklärungen, für die der Betreuer einer Genehmigung des Betreuungsgerichts nach § 1904 bedürfte, ist § 1904 Abs. 5 zu beachten.

7. Genehmigung des Betreuungsgerichts

Unten den in § 1904 Abs. 1 und 2 genannten Voraussetzungen benötigt der **20** Betreuer für seine Entscheidung die Genehmigung des Betreuungsgerichts (s. Erläuterungen dort). Eine solche ist nach § 1904 Abs. 4 allerdings entbehrlich, wenn zwischen Betreuer und behandelndem Arzt Einvernehmen darüber besteht, dass die Erteilung, die Nichterteilung oder der Widerruf der Einwilligung dem nach § 1901 festgestellten Willen des Betreuten entspricht. Dies gilt nicht nur für die Anwendung einer Patientenverfügung nach Abs. 1, sondern auch bei Beachtung der Behandlungswünsche und des mutmaßlichen Willens nach Abs. 2. Stimmen also die Bewertung des Betreuers über die Anwendbarkeit einer Patientenverfügung oder der von ihm ermittelte mutmaßliche Wille des Betreuten mit der Feststellung des Arztes überein, gibt es keine Beteiligung des Betreuungsgerichts.

8. Freiwilligkeit

Abs. 4 wurde erst im Laufe des Gesetzgebungsverfahrens durch die Beschlussemp- **21** fehlung des Rechtsausschusses (BT-Drucks. 13314) eingefügt. Danach kann (gemeint ist „darf", Spickhoff FamRZ 2009, 1949, 1954) niemand zur Errichtung einer Patientenverfügung verpflichtet werden. Jeder wie auch immer geartete Zwang ist damit unzulässig: weder durch den behandelnden Arzt, Angehörige oder sonstige Personen kann jemand zur Errichtung einer Patientenverfügung veranlasst werden. Es soll eine höchstpersönliche Entscheidung bleiben. Allerdings regelt das Gesetz nicht, dass etwa eine gleichwohl durch (unzulässigen) Druck zustande gekommene Patientenverfügung unwirksam wäre. Allerdings wären die Festlegungen einer solchen Verfügung nicht in Übereinstimmung mit der konkreten Lebens- und Behandlungssituation und daher unbeachtlich (Spickhoff FamRZ 2009, 1948)

Außerdem darf die Errichtung oder Vorlage einer Patientenverfügung nicht zur **22** Bedingung eines Vertragsschlusses gemacht werden. Dies gilt insbesondere für den Abschluss von Heimverträgen, Hospizverträgen, Behandlungsverträgen mit Krankenhäusern oder niedergelassenen Ärzten, Versicherungsverträgen etc. So kann z.B. eine private Krankenversicherung keinen Beitragsrabatt gewähren, wenn im Falle eines apallischen Syndroms durch eine Patientenverfügung auf (teure) medizinische Hilfe verzichtet wird (Beispiel bei Spickhoff, a.a.O.). Auch dieses zivilrechtliche Koppelungsverbot dient der Entscheidungsfreiheit des Betroffenen. Damit soll individuellem und gesellschaftlichem Druck zur Errichtung einer (bestimmten) Patientenverfügung entgegengewirkt werden (BT-Drucks. 13314, S. 20). Sollte gleichwohl ein Vertrag eine entsprechende Bedingung erhalten, führt die Regelung in Abs. 4 zu einer Unwirksamkeit dieser Vertragsklausel, nicht jedoch zu einer Unwirksamkeit des gesamten Vertrages (Spickhoff a.a.O.). Dies ist im Hinblick auf die Regelungen des Gesetzes allerdings nicht ganz widerspruchsfrei. Die Regelung in Abs. 2 eröffnet selbst einen gehörigen Druck, eine Patientenverfügung zu errichten. Will man den tatsächlichen eigenen Willen zur Geltung bringen, statt einem Betreuer oder Bevollmächtigtem und dem behandelnden Arzt die Ermittlung eines mutmaßlichen Willens zu überlassen, bleibt nur die Errichtung einer Patientenverfügung.

Anhang zu § 1901a BGB

Aus einer Broschüre des Bundesministeriums der Justiz

Die Textbausteine für eine schriftliche Patientenverfügung

1. Eingangsformel

Ich..... (Name, Vorname, geboren am, wohnhaft in) bestimme hiermit für den Fall, dass ich meinen Willen nicht mehr bilden oder verständlich äußern kann....

2. Exemplarische Situationen, für die die Verfügung gelten soll

Wenn
- ich mich aller Wahrscheinlichkeit nach unabwendbar im unmittelbaren Sterbeprozess befinde...
- ich mich im Endstadium einer unheilbaren, tödlich verlaufenden Krankheit befinde, selbst wenn der Todeszeitpunkt noch nicht absehbar ist...
- ich infolge einer Gehirnschädigung meine Fähigkeit, Einsichten zu gewinnen, Entscheidungen zu treffen und mit anderen Menschen in Kontakt zu treten, nach Einschätzung zweier erfahrener Ärztinnen oder Ärzte (können namentlich benannt werden) aller Wahrscheinlichkeit nach unwiederbringlich erloschen ist, selbst wenn der Todeszeitpunkt noch nicht absehbar ist. Dies gilt für direkte Gehirnschädigung z.B. durch Unfall, Schlaganfall oder Entzündung ebenso wie für indirekte Gehirnschädigung z.B. nach Wiederbelebung, Schock oder Lungenversagen. Es ist mir bewusst, dass in solchen Situationen die Fähigkeit zu Empfindungen erhalten sein kann und dass ein Aufwachen aus diesem Zustand nicht ganz sicher auszuschließen, aber unwahrscheinlich ist[1].
- ich infolge eines weit fortgeschrittenen Hirnabbauprozesses (z.B. bei Demenzerkrankung) auch mit ausdauernder Hilfestellung nicht mehr in der Lage bin, Nahrung und Flüssigkeit auf natürliche Weise zu mir zunehmen[2].

---

[1] Dieser Punkt betrifft nur Gehirnschädigungen mit dem Verlust der Fähigkeit, Einsichten zu gewinnen, Entscheidungen zu treffen und mit anderen Menschen in Kontakt zu treten. Es handelt sich dabei häufig um Zustände von Dauerbewusstlosigkeit oder um wachkomaähnliche Krankheitsbilder, die mit einem vollständigen oder weitgehenden Ausfall der Großhirnfunktionen einhergehen. Diese Patientinnen oder Patienten sind unfähig zu bewusstem Denken, zu gezielten Bewegungen oder zu Kontaktaufnahme mit anderen Menschen, während lebenswichtige Körperfunktionen wie Atmung, Darm- oder Nierentätigkeit erhalten sind, wie auch möglicherweise die Fähigkeit zu Empfindungen. Wachkoma-Patientinnen oder -Patienten sind bettlägerig, pflegebedürftig und müssen künstlich mit Nahrung und Flüssigkeit versorgt werden. In seltenen Fällen können sich auch bei Wachkomapatienten nach mehreren Jahren noch günstige Entwicklungen einstellen, die ein weitgehend eigenständiges Leben erlauben. Eine sichere Voraussage, ob die betroffene Person zu diesen wenigen gehören wird oder zur Mehrzahl derer, die ihr Leben lang als Pflegefall betreut werden müssen, ist bislang nicht möglich.
[2] Dieser Punkt betrifft Gehirnschädigungen infolge eines weit fortgeschrittenen Hirnabbauprozesses, wie sie am häufigsten bei Demenzerkrankungen (z.B. Alzheimer'sche Erkrankung) eintreten. Im Verlauf der Erkrankung werden die Patienten zunehmend unfähiger, Einsichten zu gewinnen und mit ihrer Umwelt verbal zu kommunizieren, während die Fähigkeit zu Empfindungen erhalten bleibt. Im Spätstadium erkennt der Kranke selbst nahe Angehörige nicht mehr und ist schließlich auch nicht mehr in der Lage, trotz Hilfestellung Nahrung und Flüssigkeit auf natürliche Weise zu sich zu nehmen.

Patientenverfügung   **Anhang zu § 1901a BGB**

- Eigene Beschreibung der Anwendungssituation:

(Anmerkung: Es sollten nur Situationen beschrieben werden, die mit einer Einwilligungsunfähigkeit einhergehen können.)

3. Festlegungen zu Einleitung, Umfang oder Beendigung bestimmter ärztlicher Maßnahmen

Lebenserhaltende Maßnahmen
In den oben beschriebenen Situationen wünsche ich,
- dass alles medizinisch Mögliche getan wird, um mich am Leben zu erhalten und meine Beschwerden zu lindern.
- auch fremde Gewebe und Organe zu erhalten, wenn dadurch mein Leben verlängert werden könnte.

ODER
- dass alle lebenserhaltenden Maßnahmen unterlassen werden. Hunger und Durst sollen auf natürliche Weise gestillt werden, gegebenenfalls mit Hilfe bei der Nahrungs- und Flüssigkeitsaufnahme. Ich wünsche fachgerechte Pflege von Mund und Schleimhäuten sowie menschenwürdige Unterbringung, Zuwendung, Körperpflege und das Lindern von Schmerzen, Atemnot, Übelkeit, Angst, Unruhe und anderer belastender Symptome.

Schmerz- und Symptombehandlung[3]

In den oben beschriebenen Situationen wünsche ich eine fachgerechte Schmerz- und Symptombehandlung,
- aber keine bewusstseinsdämpfenden Mittel zur Schmerz- und Symptombehandlung.

ODER
- wenn alle sonstigen medizinischen Möglichkeiten zur Schmerz- und Symptomkontrolle versagen, auch bewusstseinsdämpfende Mittel zur Beschwerdelinderung.
- die unwahrscheinliche Möglichkeit einer ungewollten Verkürzung meiner Lebenszeit durch schmerz- und symptomlindernde Maßnahmen nehme ich in Kauf.

Künstliche Ernährung[4]

In den oben beschriebenen Situationen wünsche ich,
- dass eine künstliche Ernährung begonnen oder weitergeführt wird.

ODER
- dass keine künstliche Ernährung unabhängig von der Form der künstlichen Zuführung der Nahrung (z.B. Magensonde durch Mund, Nase oder Bauchdecke, venöse Zugänge) erfolgt.

---

[3] Eine fachgerechte lindernde Behandlung einschließlich der Gabe von Morphin wirkt in der Regel nicht lebensverkürzend. Nur in Extremsituationen kann gelegentlich die zur Symptomkontrolle notwendige Dosis von Schmerz- und Beruhigungsmitteln so hoch sein, dass eine geringe Lebenszeitverkürzung die Folge sein kann (erlaubte sog. Indirekte Sterbehilfe).

[4] Das Stillen von Hunger und Durst als subjektive Empfindungen gehört zu jeder lindernden Therapie. Viele schwerkranke Menschen haben allerdings kein Hungergefühl; dies gilt praktisch ausnahmslos für Sterbende und wahrscheinlich auch für Wachkoma-Patientinnen oder -Patienten.

Jürgens

BGB Anhang zu § 1901a

Künstliche Flüssigkeitszufuhr[5]

In den oben beschriebenen Situationen wünsche ich
- eine künstliche Flüssigkeitszufuhr.
ODER
- die Reduzierung künstlicher Flüssigkeitszufuhr nach ärztlichem Ermessen.
ODER
- die Unterlassung jeglicher künstlichen Flüssigkeitszufuhr.

Wiederbelebung[6]

A. In den oben beschriebenen Situationen wünsche ich
- in jedem Fall Versuche der Wiederbelebung.
ODER
- die Unterlassung von Versuchen zur Wiederbelebung.
- dass der eine Notärztin oder ein Notarzt nicht verständigt wird bzw. im Fall einer Hinzuziehung unverzüglich über meine Ablehnung von Wiederbelebungsmaßnahmen informiert wird.

B. Nicht nur in den oben beschriebenen Situationen, sondern in allen Fällen eines Kreislaufstillstands oder Atemversagens
- lehne ich Wiederbelebungsmaßnahmen ab.
ODER
- lehne ich Wiederbelebungsmaßnahmen ab, sofern diese Situationen nicht im Rahmen medizinischer Maßnahmen unerwartet eintreten.

Künstliche Beatmung

In den oben beschriebenen Situationen wünsche ich
- eine künstliche Beatmung, falls dies mein Leben verlängern kann.
ODER
- dass keine künstliche Beatmung durchgeführt bzw. eine schon eingeleitete Beatmung eingestellt wird, unter der Voraussetzung, dass ich Medikamente zur Linderung der Luftnot erhalte. Die Möglichkeit einer Bewusstseinsdämpfung oder einer ungewollten Verkürzung meiner Lebenszeit durch diese Medikamente nehme ich in Kauf.

Dialyse

In den oben beschriebenen Situationen wünsche ich
- eine künstliche Blutwäsche (Dialyse), falls dies mein Leben verlängern kann.
ODER
- dass keine Dialyse durchgeführt bzw. eine schon eingeleitete Dialyse eingestellt wird.

---

[5] Das Durstgefühl ist bei Schwerkranken zwar länger als das Hungergefühl vorhanden, aber künstliche Flüssigkeitsgabe hat nur sehr begrenzten Einfluss darauf. Viel besser kann das Durstgefühl durch Anfeuchten der Atemluft und durch fachgerechte Mundpflege gelindert werden. Die Zufuhr großer Flüssigkeitsmengen bei Sterbenden kann schädlich sein, weil sie u.a. zu Atemnotzuständen infolge von Wasseransammlung in der Lunge führen kann.

[6] Viele medizinische Maßnahmen können sowohl Leiden vermindern als auch Leben verlängern. Das hängt von der jeweiligen Situation ab. Wiederbelebungsmaßnahmen sind nicht leidensmindernd, sondern dienen der Lebenserhaltung. Gelegentlich kann es im Rahmen von geplanten medizinischen Eingriffen (z.B. Operationen) zu kurzfristigen Problemen kommen, die sich durch Wiederbelebungsmaßnahmen ohne Folgeschäden beheben lassen.

Antibiotika

In den oben beschriebenen Situationen wünsche ich
- Antibiotika, falls dies mein Leben verlängern kann.
ODER
- Antibiotika nur zur Linderung meiner Beschwerden.

Blut/Blutbestandteile

In den oben beschriebenen Situationen wünsche ich
- die Gabe von Blut oder Blutbestandteilen, falls dies mein Leben verlängern kann.
ODER
- die Gabe von Blut oder Blutbestandteilen nur zur Linderung meiner Beschwerden.

4. Ort der Behandlung, Beistand

Ich möchte
- zum Sterben ins Krankenhaus verlegt werden.
ODER
- wenn irgend möglich zu Hause bzw. in vertrauter Umgebung sterben.
ODER
- wenn möglich in einem Hospiz sterben.

Ich möchte
- Beistand durch folgende
Personen:

_____

- Beistand durch eine Vertreterin oder einen Vertreter folgender Kirche oder Weltanschauungsgemeinschaft:

_____

- hospizlichen Beistand.

5. Aussagen zur Verbindlichkeit, zur Auslegung und Durchsetzung und zum Widerruf der Patientenverfügung

- Ich erwarte, dass der in meiner Patientenverfügung geäußerte Wille zu bestimmten ärztlichen und pflegerischen Maßnahmen von den behandelnden Ärztinnen und Ärzten und dem Behandlungsteam befolgt wird. Mein(e) Vertreter(in) – z.B. Bevollmächtigte(r)/Betreuer(in) – soll dafür Sorge tragen, dass mein Wille durchgesetzt wird.
- Sollte eine Ärztin oder ein Arzt oder das Behandlungsteam nicht bereit sein, meinen in dieser Patientenverfügung geäußerten Willen zu befolgen, erwarte ich, dass für eine anderweitige medizinische und/oder pflegerische Behandlung gesorgt wird. Von meiner Vertreterin/meinem Vertreter (z.B. Bevollmächtigte(r)/Betreuer(in)) erwarte ich, dass sie/er die weitere Behandlung so organisiert, dass meinem Willen entsprochen wird.
- In Situationen, die in dieser Patientenverfügung nicht konkret geregelt sind, ist mein mutmaßlicher Wille möglichst im Konsens aller Beteiligten zu ermitteln. Dafür soll diese Patientenverfügung als Richtschnur maßgeblich sein. Bei unterschiedlichen Meinungen über anzuwendende oder zu unterlassende ärztliche/pflegerische Maßnahmen soll der Auffassung folgender Personen besondere Bedeutung zukommen:
  (Alternativen)
  - meiner/ meinem Bevollmächtigten.
  - meiner Betreuerin/ meinem Betreuer.
  - der behandelnden Ärztin oder dem behandelnden Arzt.
  - andere Person:

BGB Anhang zu § 1901a Textbausteine

- Wenn ich meine Patientenverfügung nicht widerrufen habe, wünsche ich nicht, dass mir in der konkreten Anwendungssituation eine Änderung meines Willens unterstellt wird. Wenn aber die behandelnden Ärztinnen und Ärzte/das Behandlungsteam/mein(e) Bevollmächtigte(r)/ Betreuer(in) aufgrund meiner Gesten, Blicke oder anderen Äußerungen die Auffassung vertreten, dass ich entgegen den Festlegungen in meiner Patientenverfügung doch behandelt oder nicht behandelt werden möchte, dann ist möglichst im Konsens aller Beteiligten zu ermitteln, ob die Festlegungen in meiner Patientenverfügung noch meinem aktuellen Willen entsprechen. Bei unterschiedlichen Meinungen über anzuwendende oder zu unterlassende ärztliche/pflegerische Maßnahmen soll der Auffassung folgender Personen besondere Bedeutung zukommen:
  (Alternativen)
- meiner/ meinem Bevollmächtigten.
- meiner Betreuerin/ meinem Betreuer.
- der behandelnden Ärztin oder dem behandelnden Arzt.
- andere Person:

6. Hinweise auf weitere Vorsorgeverfügungen

- Ich habe zusätzlich zur Patientenverfügung eine Vorsorgevollmacht für Gesundheitsangelegenheiten erteilt und den Inhalt dieser Patientenverfügung mit der von mir bevollmächtigten Person besprochen:
  Bevollmächtigte(r)
  Name: _____
  Anschrift: _____
  Telefon: _____ Telefax: _____
- Ich habe eine Betreuungsverfügung zur Auswahl des der Betreuerin oder des Betreuers erstellt (ggf.: und den Inhalt dieser Patientenverfügung mit der/dem von mir gewünschten Betreuerin/Betreuer besprochen).
  Gewünschte(r) Betreuerin/Betreuer
  Name: _____
  Anschrift: _____
  Telefon: _____ Telefax: _____

7. Hinweis auf beigefügte Erläuterungen zur Patientenverfügung

Als Interpretationshilfe zu meiner Patientenverfügung habe ich beigelegt:
- Darstellung meiner allgemeinen Wertvorstellungen.
- Sonstige Unterlagen, die ich für wichtig erachte:

8. Organspende

- Ich stimme einer Entnahme meiner Organe nach meinem Tod zu Transplantationszwecken zu[7] (ggf.: Ich habe einen Organspendeausweis ausgefüllt). Komme ich nach ärztlicher Beurteilung bei einem sich abzeichnenden Hirntod als Organspender in Betracht und müssen dafür ärztliche Maßnahmen durchgeführt werden, die ich in meiner Patientenverfügung ausgeschlossen habe, dann
  (Alternativen)
  - geht die von mir erklärte Bereitschaft zur Organspende vor.
  - gehen die Bestimmungen in meiner Patientenverfügung vor.
  ODER

---

[7] Vgl. § 3 Abs. 2 des Transplantationsgesetzes.

Patientenverfügung **Anhang zu § 1901a BGB**

- Ich lehne eine Entnahme meiner Organe nach meinem Tod zu Transplantationszwecken ab.

9. Schlussformel

- Soweit ich bestimmte Behandlungen wünsche oder ablehne, verzichte ich ausdrücklich auf eine (weitere) ärztliche Aufklärung.

10. Schlussbemerkungen

- Mir ist die Möglichkeit der Änderung und des Widerrufs einer Patientenverfügung bekannt.
- Ich bin mir des Inhalts und der Konsequenzen meiner darin getroffenen Entscheidungen bewusst.
- Ich habe die Patientenverfügung in eigener Verantwortung und ohne äußeren Druck erstellt.
- Ich bin im Vollbesitz meiner geistigen Kräfte.

11. Information/Beratung

- Ich habe mich vor der Erstellung dieser Patientenverfügung informiert

bei/durch _____

und beraten lassen durch _____

12. Ärztliche Aufklärung/Bestätigung der Einwilligungsfähigkeit

Herr/Frau _____

wurde von mir am _____
bzgl. der möglichen Folgen dieser Patientenverfügung aufgeklärt.
Er/sie war in vollem Umfang einwilligungsfähig.

Datum _____

Unterschrift, Stempel der Ärztin/des Arztes _____

- Die Einwilligungsfähigkeit kann auch durch eine Notarin oder einen Notar bestätigt werden.

13. Aktualisierung

- Diese Patientenverfügung gilt solange, bis ich sie widerrufe.
  ODER
- Diese Patientenverfügung soll nach Ablauf von (Zeitangabe) ihre Gültigkeit verlieren, es sei denn, dass ich sie durch meine Unterschrift erneut bekräftige.
- Um meinen in der Patientenverfügung niedergelegten Willen zu bekräftigen, bestätige ich diesen nachstehend:
  (Alternativen)
  - in vollem Umfang.
  - mit folgenden Änderungen:

_____

_____

Datum _____

Unterschrift _____

BGB § 1901b

Titel 2. Rechtliche Betreuung

§ 1901b Gespräch zur Feststellung des Patientenwillens

(1) Der behandelnde Arzt prüft, welche ärztliche Maßnahme im Hinblick auf den Gesamtzustand und die Prognose des Patienten indiziert ist. Er und der Betreuer erörtern diese Maßnahme unter Berücksichtigung des Patientenwillens als Grundlage für die nach § 1901a zu treffende Entscheidung.

(2) Bei der Feststellung des Patientenwillens nach § 1901a Absatz 1 oder der Behandlungswünsche oder des mutmaßlichen Willens nach § 1901a Absatz 2 soll nahen Angehörigen und sonstigen Vertrauenspersonen des Betreuten Gelegenheit zur Äußerung gegeben werden, sofern dies ohne erhebliche Verzögerung möglich ist.

(3) Die Absätze 1 und 2 gelten für Bevollmächtigte entsprechend.

1 Die Vorschrift wurde eingefügt durch das **Dritte Gesetz zur Änderung des Betreuungsrechts** vom 29. 7. 2009 (BGBl. I S. 2268). Im ursprünglichen Gesetzentwurf war sie nicht vorgesehen, wurde vielmehr erst durch die Beschlussempfehlung des Rechtsausschusses eingefügt (BT-Drucks. 16/13314). In Abs. 1 wird der dialogische Prozess zwischen dem behandelnden Arzt und dem Betreuer oder dem Bevollmächtigten (Abs. 3) verankert. Der Arzt stellt nach Abs. 1 S. 1 zunächst die medizinische Indikation für ärztliche Maßnahmen fest. Befindet sich der Patient bereits im Sterbeprozess, wird z.B. eine Reanimation vielfach als nicht mehr indiziert angesehen (Albrecht/Albrecht MittBayNot 2009, 426). In einer Patientenverfügung oder in der Äußerung von Behandlungswünschen kann aber auch hierüber eine Festlegung getroffen werden. Man wird jede Maßnahme, die nach ärztlicher Beurteilung den Gesundheitszustand des Patienten verbessern und/oder sein Leben verlängern kann, als indiziert ansehen müssen. Ist dies der Fall, erörtern der Arzt und der Betreuer diese Maßnahmen unter Berücksichtigung des Patientenwillens. Entscheidungsbefugnisse stehen dem Arzt allerdings nicht zu. Bei einer wirksamen Patientenverfügung ist er hieran gebunden, im übrigen entscheidet nur der Betreuer als Vertreter des Betroffenen. Der Betreuer muss das Gespräch mit dem Arzt sowohl bei der Prüfung, ob eine Patientenverfügung nach § 1901a Abs. 1 vorliegt (§ 1901a Rn 4 ff) und einschlägig ist (§ 1901a Rn 13), als auch bei der Ermittlung eines mutmaßlichen Willens des Betroffenen hinsichtlich seiner Behandlungswünsche (§ 1901a Rn 16) für den Fall, dass eine Patientenverfügung nicht vorliegt oder keine einschlägigen Festlegungen für die jeweilige Lebens- und Behandlungssituation des Betroffenen enthält. Nach dem Ergebnis der Erörterungen handelt der Betreuer dann entsprechend § 1901a Abs. 1 oder 2 (BT-Drucks. 16/13314 S. 20). Kommen Arzt und Betreuer zum übereinstimmenden Ergebnis, braucht eine Genehmigung des Betreuungsgerichts selbst dann nicht eingeholt zu werden, wenn eine lebensgefährliche Maßnahme durchgeführt oder eine lebenserhaltende Maßnahme nicht durchgeführt werden soll (§ 1904 Abs. 4).

2 Abs. 2 gibt dem Betreuer **Vorgaben für die Feststellung des** in einer Patientenverfügung festgelegten **Patientenwillens** nach § 1901a Abs. 1 (§ 1901a Rn 4 ff) sowie bei Behandlungswünschen oder dem mutmaßlichen Willen nach § 1901a Abs. 2 (hierzu § 1901a Rn 16 ff). Hierbei soll jeweils nahen Angehörigen und sonstigen Vertrauenspersonen des Betreuten Gelegenheit zur Äußerung gegeben werden. Nahe Angehörige sind verwandte oder verschwägerte Personen, insbesondere Kinder oder Eltern, Geschwister, Ehegatten oder Lebenspartner. Als

Vertrauenspersonen kommen Freunde, Nachbarn, gesetzliche Betreuer, Pflegekräfte oder sonstige nahe stehende Personen in Betracht. Die Äußerungen dieser Personen sollen den Betreuer in die Lage versetzen, den persönlichen Hintergrund des Betroffenen besser kennen zu lernen und für seine Bewertung heranzuziehen. Deshalb dürfte in der Regel das persönliche Gespräch sinnvoll sein. Allerdings wäre auch eine telefonische oder schriftliche Anhörung (z.B. per e-mail) möglich, wenn hierdurch entsprechende Erkenntnisgewinne zu erwarten sind. Da ärztliche Maßnahmen u.U. keinen längeren Zeitaufschub dulden, kann von der Beteiligung von Angehörigen oder Vertrauenspersonen abgesehen werden, wenn diese nur mit erheblicher Verzögerung möglich wäre. Hierbei sind Möglichkeiten der Telekommunikation besonders zu prüfen.

§ 1901c Schriftliche Betreuungswünsche, Vorsorgevollmacht

Wer ein Schriftstück besitzt, in dem jemand für den Fall seiner Betreuung Vorschläge zur Auswahl des Betreuers oder Wünsche zur Wahrnehmung der Betreuung geäußert hat, hat es unverzüglich an das Betreuungsgericht abzuliefern, nachdem er von der Einleitung eines Verfahrens über die Bestellung eines Betreuers Kenntnis erlangt hat. Ebenso hat der Besitzer das Betreuungsgericht über Schriftstücke, in denen der Betroffene eine andere Person mit der Wahrnehmung seiner Angelegenheiten bevollmächtigt hat, zu unterrichten. Das Betreuungsgericht kann die Vorlage einer Abschrift verlangen.

Übersicht

	Rn.
1. Betreuungsvorsorge	1
2. Betreuungsverfügung	2
3. Vorsorgevollmacht	9
4. Formfreiheit und Ausnahmen	15
5. Ablieferungs- und Informationspflicht	16
6. Verfahren, Vorsorgeregister	20

1. Betreuungsvorsorge

Die Betreuungsverfügung ist eine der beiden vom Gesetz vorgesehenen Möglichkeiten der Vorsorge für den Fall eintretender – vor allem altersbedingter – Einschränkungen bei der Wahrnehmung der eigenen Aufgaben. Außer der Festlegung von Betreuungswünschen in einer **Betreuungsverfügung** (Rn 2 ff.) kann auch ein Bevollmächtigter für den Fall späterer Betreuungsbedürftigkeit durch eine **Vorsorgevollmacht** (Rn 9 ff.) bestellt werden (ausführlich zu den verschiedenen Varianten Lipp, Handbuch der Vorsorgeverfügungen). Zur Vorsorge in der Gesundheitsfürsorge für den Fall der Einwilligungsunfähigkeit durch eine Patientenverfügung s. § 1901a und 1901b.

2. Betreuungsverfügung

Als Betreuungsverfügung wird nach dem Gesetz eine Willensäußerung verstanden, in der Vorschläge für die Auswahl des Betreuers oder Wünsche zur Wahrneh-

BGB § 1901c Titel 2. Rechtliche Betreuung

mung der Betreuung geäußert werden. Eine Abgrenzung zur Vorsorgevollmacht ist ggf. durch Auslegung zu ermitteln (OLG Frankfurt/Main FamRZ 2004, 1322).

3 An Vorschläge des Betroffenen für die **Person des Betreuers** ist das Betreuungsgericht im Rahmen des § 1897 Abs. 4 gebunden (s. dort Rn 17). Dies gilt ausdrücklich auch für Vorschläge, die vor dem Betreuungsverfahren – also insbesondere in Betreuungsverfügungen – gemacht worden sind. Eine Bindung entfällt, wenn der Betroffene an den Vorschlägen erkennbar nicht festhalten will (§ 1897 Abs. 4 S. 3).

4 Der Betreuer hat **Wünschen** des Betreuten nach § 1901 Abs. 2 zu entsprechen, soweit dies dessen Wohl nicht zuwiderläuft und dem Betreuer zuzumuten ist (s. § 1901 Rn 8 ff.). Dies gilt auch für Wünsche, die der Betreute vor Betreuerbestellung geäußert hat, es sei denn, er will erkennbar nicht hieran festhalten (§ 1901 Abs. 2 S. 2).

Hier ergeben sich eine Fülle denkbarer Regelungsinhalte (Lipp, Handbuch der Vorsorgeverfügungen, § 18 Rn 93 ff):
- Auswahl eines bestimmten Heimes oder eines ambulanten Dienstes für den Fall der Pflegebedürftigkeit,
- Organisation des Lebensumfeldes des Betroffenen
- Anweisung hinsichtlich der Durchführung oder Unterlassung von Heilbehandlungsmaßnahmen in **Patientenverfügungen** (hierzu § 1901a)
- Auch vorweg erteilte Zustimmungen zu freiheitsentziehenden Maßnahmen können nur dann wirksam sein, wenn der Betreute bei seiner Verfügung den genauen Krankheitsverlauf mit der daraus resultierenden Unterbringungsnotwendigkeit kannte und wenn lediglich untergeordneten, genau umschriebenen Maßnahmen die Zustimmung erteilt wird (zur Genehmigung des Betreuungsgerichts im Fall der Unterbringung und bei freiheitsentziehenden Maßnahmen s. § 1906).
- Geschenke, Ausstattungen, Vermögensübergaben etc. (zu den Einzelheiten Lipp a.a.O. Rn 95 ff).

6 Ebenso können Wünsche hinsichtlich des **Verfahrens** geäußert werden (Lipp a.a.O. Rn 47 ff):
- zur Person eines Verfahrenspflegers (§§ 276, 297 Abs. 5, 317 Abs. 1 FamFG),
- Stellungnahmen zur Äußerungsmöglichkeit nach § 279 FamFG (Ausschluss dort vorgesehener Personen von der Äußerungsmöglichkeit, Benennung einer oder mehrerer nahe stehender Personen etc.),
- Vorschlag eines geeigneten Sachverständigen oder eines Arztes für das ärztliche Zeugnis,
- Zustimmung der Ablehnung der Anhörung in der üblichen Umgebung (§ 278 Abs. 1 S. 3 FamFG), Zuziehung weiterer Personen zur Anhörung (§ 274 Abs. 4 Nr. 1 FamFG).

7 Allerdings ist **zwingendes Recht** nicht disponibel. Es wäre daher nicht zulässig, in Betreuungsverfügungen etwa
- den Aufgabenkreis eines Betreuers festzulegen, unabhängig von den Voraussetzungen des § 1896,
- die Haftung des Betreuers zu beschränken auf grobe Fahrlässigkeit oder auf die Verletzung der Sorgfalt in eigenen Angelegenheiten wie etwa in § 1664 Abs. 1,
- Befreiungen des Betreuers über die vom Gesetz vorgesehenen (§ 1908 i. Abs. 2 Satz 2 i. V. m. § 1857 a) hinaus vorzunehmen
- Vereinbarungen über Aufwendungsersatz (§ 1835) oder Vergütung (§ 1836 i.V.m. §§ 4 ff VBVG).

Schriftliche Betreuungswünsche, Vorsorgevollmacht § 1901c BGB

Da für die Vorschläge zur Auswahl eines Betreuers und für die geäußerten 8
Wünsche im Rahmen der Betreuung der natürliche Wille ausreicht, ist auch
für die Wirksamkeit von Betreuungsverfügungen **Geschäftsfähigkeit** nur dann
notwendig, wenn sie selbst rechtsgeschäftliche Willenserklärungen enthält, was
nur selten der Fall sein dürfte.

3. Vorsorgevollmacht

Der Begriff der „Vorsorgevollmacht" ist im Gesetz nicht definiert. Allerdings 9
enthält die Überschrift zu § 1901 c diesen Begriff. Nach Satz 2 dieser Vorschrift
reicht eigentlich jede Bevollmächtigung aus. Aus dem Zusammenhang mit Satz 1
ist aber zu schließen, dass eine „Vorsorgevollmacht" dann vorliegt, wenn eine
Vollmacht für den Fall der **Betreuungsbedürftigkeit** erteilt worden ist. Da aber
eine solche Bedingung in der Vollmachtsurkunde dazu führt, dass die Vollmacht
von Dritten nicht akzeptiert würde, weil sie ihre Voraussetzungen sicher nur nach
einem gerichtlichen Verfahren feststellen könnten, wird in der Praxis fast immer
eine bedingungslose Vollmacht erteilt. Dies sehen auch die Musterformulare des
Bundes- und der Länderjustizministerien vor (vgl. Anhang zu § 1901 c). Der
Vollmachtgeber muss daher entweder die Aushändigung der Vollmachtsurkunde
besonders regeln oder das der Vollmacht zugrunde liegende Schuldverhältnis
(„Grundverhältnis", so Lipp-Spalckhaver, Handbuch der Vorsorgeverfügungen,
§ 8 Rn 5 ff) zum Bevollmächtigten, meist ein Auftrag nach §§ 662 ff., einschränkend
gestalten.

Da eine einmal erteilte Vollmacht auch durch den Eintritt der Geschäftsunfähig- 10
keit des Vollmachtgebers nicht erlischt (§§ 168, 572), ginge eine solche Vorsorgevollmacht
der Bestellung eines Betreuers vor (§ 1896 Abs. 2 S. 2). Durch §§ 1901a
Abs. Abs. 5, 1904 Abs. 5, 1906 Abs. 5 ist vom Gesetzgeber klargestellt, dass unter
den dort genannten Voraussetzungen auch ein Bevollmächtigter eine Patientenverfügung
umsetzen und in eine ärztliche Maßnahme oder eine Unterbringung
einwilligen kann. Somit kann auch hierfür ein Bevollmächtigter bestellt werden.

Üblicherweise wird heute dann eine Vollmacht als „Vorsorgevollmacht" 11
bezeichnet, wenn nicht unbedingt in der Vollmachtsurkunde selbst, wohl aber in
dem gleichzeitig erteilten Auftrag oder in Abreden zwischen Vollmachtgeber und
Bevollmächtigtem vereinbart ist, dass von ihr bei Handlungs- und Entscheidungsunfähigkeit
des Vollmachtgebers infolge Unfall, Krankheit oder Alter Gebrauch
gemacht werden soll (vgl. hierzu Lipp-Spalckhaver, Handbuch der Vorsorgevergügungen,
§ 8 Rn 9 ff). Für das Handeln des Bevollmächtigten gelten die §§ 164 ff.
(s. Kommentierung dort).

Alle Vorsorgevollmachten, nicht nur die notariell beurkundeten oder beglaubig- 12
ten, können im **zentralen Vorsorgeregister** der **Bundesnotarkammer** registriert
werden. Bei Beginn eines Betreuungsverfahrens kann das Betreuungsgericht
die Daten (elektronisch) abrufen, damit frühzeitig ein unnötiges Verfahren zu
Lasten des Betroffenen vermieden werden kann. Die Ermächtigungsgrundlage
zur Schaffung dieses Registers sind in §§ 78 a bis 78 c BNotO (s. Anhang zu
§ 1901 c) enthalten, die Einzelheiten (welche Daten registriert werden und wie
das Anmelde- und das Abrufverfahren laufen) in der Vorsorgeregisterverordnung
(s. Anhang zu § 1901 c). Die Vorschriften über die Vollmacht und insbesondere
ihr Verhältnis zur Betreuung gewinnen rasch an praktischer Bedeutung.

Jürgens

BGB § 1901c Titel 2. Rechtliche Betreuung

13   Das Gesetz will zudem zur Stärkung der Selbstbestimmungsmöglichkeiten der Bürger und zur Vermeidung von Betreuungen die Verbreitung der Vorsorgevollmachten fördern. Dazu dient
- die Informationspflicht nach § 1901 c Satz 2 über das Vorhandensein von Vorsorgevollmachten,
- die Verpflichtung der Betreuungsvereine zur systematischen Beratung von Bevollmächtigten (§ 1908 f Abs. 1 Nr. 2a),
- die Ermächtigung der Vereine zur Beratung (auch Rechtsberatung) der Vollmachtgeber bei der Errichtung einer Vorsorgevollmacht im Einzelfall (§ 1908 f Abs. 4),
- die Ermächtigung an die Landesgesetzgeber, dass sich eine meldepflichtige Person auch durch eine hierzu bevollmächtigte Person vertreten lassen kann, also die Vorsorgevollmacht auf Meldevorgänge auszudehnen (§ 11 Abs. 7 MRRG),
- die Beratungspflicht der Betreuungsbehörden gegenüber Bevollmächtigten (§ 4 BtBG),
- die Schaffung einer Beglaubigungskompetenz der Betreuungsbehörde für Unterschriften unter Vorsorgevollmachten und Betreuungsverfügungen (§ 6 Abs. 2 BtBG).

14   Vielfach wird in der betreuungsrechtlichen Praxis danach verlangt, den beruflichen Betreuern auch die geschäftsmäßige Besorgung von fremden Angelegenheiten zu erlauben. Die Vorsorgevollmacht, normalerweise gekoppelt mit einem unentgeltlichen Auftrag, soll jedoch ein Instrument der privaten Vorsorge innerhalb der Familie oder bei Näheverhältnissen bleiben. Ein neuer Markt für Dienstleistungen soll hier nicht eröffnet werden. Nach wie vor wird Berufsbetreuern keine Erlaubnis zur Rechtsberatung in diesem Bereich erteilt (OLG Saarbrücken FamRZ 2003, 1044)

4. Formfreiheit und Ausnahmen

15   Betreuungsverfügungen und Vorsorgevollmachten sind formfrei (Lipp-Spalckhaver, Handbuch der Vorsorgeverfügungen, § 13 Rn 1). Aus der nur für schriftliche Betreuungsverfügungen vorgesehenen Ablieferungspflicht kann nicht gefolgt werden, dass **Schriftform** vorgeschrieben ist, wenn sich aus Beweisgründen in aller Regel auch eine schriftliche Fixierung empfehlen wird. Allerdings sind auch andere Formen der Dokumentation (Tonband, Videokassette, Diskette/CD) möglich, für die eine Ablieferungspflicht in entsprechender Anwendung des § 1901 a anzunehmen sein dürfte, soweit dies nicht wegen der besonderen Beschaffenheit (z. B. Computer-Festplatte) schwer oder gar nicht möglich ist (MK-Schwab Rn 3). Lediglich mündlich überlieferte Betreuungsverfügungen haben Betreuungsgericht und Betreuer ebenso zu beachten, wie schriftliche, wenn sie einen tatsächlich vom Betroffenen geäußerten Willen – etwa durch Zeugen – für nachgewiesen halten. Schriftform ist allerdings vorgesehen für eine Patientenverfügung (§ 1901a), für eine Bevollmächtigung zur Einwilligung in genehmigungsbedürftige ärztliche Maßnahmen (§ 1904 Abs. 5) oder eine Unterbringung oder sonstige freiheitsentziehende Maßnahmen (§ 1906 Abs. 5). Schriftform gilt auch für eine Reihe von Maßnahmen im Bereich der Vermögenssorge (hierzu Lipp-Spalckhaver, a.a.O. Rn 7f)

5. Ablieferungs- und Informationspflicht

Eine Pflicht zur Ablieferung gilt für jeden, der eine **schriftliche** Betreuungsverfügung besitzt, unabhängig davon, ob er zum Besitz berechtigt ist oder nicht. Die Ablieferungspflicht besteht nicht nur für Schriftstücke im engeren Sinn, sondern für alle Informationsträger, die Vorschläge oder Wünsche des Betroffenen dokumentieren (Lipp, § 5 Rn 23). Bei notariell hinterlegten Verfügungen ist der Notar ablieferungsverpflichtet, wobei eine Ablieferung des Originals nur unter den Voraussetzungen des § 45 BeurkG erfolgt, ansonsten genügt die Ablieferung einer Ausfertigung. Auch in einem Testament enthaltene Verfügungen für den Fall der Betreuung können eine Ablieferungspflicht begründen. Verpflichtet ist auch der Verfügende selbst, wenn er das Schriftstück selbst aufbewahrt. Allerdings kann u. U. aus der Weigerung der Herausgabe gefolgert werden, dass an der Verfügung nicht mehr festgehalten werden soll. 16

Das Schriftstück ist unverzüglich an das nach § 65 FGG zuständige Betreuungsgericht abzuliefern, nachdem der Besitzer von der Einleitung eines Verfahrens zur Betreuerbestellung **Kenntnis** erlangt hat (Lipp, a.a.O. Rn 24). Ablieferung bedeutet die Übergabe des Schriftstücks, entweder persönlich, durch die Post oder einen anderen Zustelldienst, oder durch einen Boten. Verlangt wird positive Kenntnis von der Verfahrenseinleitung, die Möglichkeit der Kenntnis oder auch die verschuldete Unkenntnis reichen nicht aus (Staudinger-Bienwald Rn 10). Andererseits ist es unerheblich, auf welche Weise der Besitzer Kenntnis erlangte, erforderlich ist insbesondere nicht, dass er offiziell vom Betreuungsgericht unterrichtet wurde (etwa als an dem Verfahren zu beteiligende Person), es genügt auch eine Mitteilung durch den Betroffenen oder durch Dritte. 17

Da insbesondere Wünsche für den Fall der Betreuerbestellung auch noch später Berücksichtigung finden können, endet die Ablieferungspflicht erst mit **Beendigung** der Betreuung, falls der Besitzer der Betreuungsverfügung erst später Kenntnis vom Verfahren bzw. der Betreuerbestellung erlangt. 18

Über Schriftstücke, in denen der Betroffene eine andere Person mit der Wahrnehmung seiner Angelegenheiten bevollmächtigt hat, ist das Betreuungsgericht zu **unterrichten**. Da der Bevollmächtigte die **Vorsorgevollmacht** zur Vorlage benötigt, wenn er im Namen des Vollmachtgebers handeln will, wäre eine Ablieferung der Vollmacht wie bei der Betreuungsverfügung nicht sinnvoll. Allerdings kann das Betreuungsgericht eine Abschrift für die Akten verlangen (Satz 3). Das Gericht wird im Fall einer eintretenden Betreuungsbedürftigkeit dann zu prüfen haben, ob wegen der bestehenden Vorsorgevollmacht die Bestellung eines Betreuers **erforderlich** ist (§ 1896 Rn 19). 19

6. Verfahren, Vorsorgeregister

Der ablieferungspflichtige Besitzer einer schriftlichen Betreuungsverfügung kann durch eine Anordnung der Ablieferung (§ 285 FamFG) oder durch nachfolgende Anordnung eines **Zwangsgeldes** (§ 35 Abs. 1 FamFG) zur Ablieferung veranlasst werden. Er kann auch zur Abgabe einer eidesstattlichen Versicherung über den Verbleib des Schriftstücks veranlasst werden (§ 35 Abs. 4 FamFG i. V. m. § 883 Abs. 2 ZPO). Diese Regelung gilt auch für die Verpflichtung zur Vorlage der Abschrift einer Vorsorgevollmacht nach Satz 3. 20

BGB Anhang zu § 1901c

Nach Art. 34 a BayAGGVG sind schriftliche Betreuungsverfügungen auf Verlangen vom zuständigen Betreuungsgericht in **Verwahrung** zunehmen. In Hessen, Niedersachsen, Sachsen, Sachsen-Anhalt und Thüringen wurde eine entsprechende Verwahrungspflicht durch Verwaltungsvorschriften festgelegt (Dodegge/ Roth, Teil C Rn 135). In Berlin, Brandenburg, Bremen, Hamburg, Nordrhein-Westfalen und Schleswig-Holstein gibt es keine Regelungen zur Hinterlegung, in Mecklenburg-Vorpommern, Rheinland-Pfalz und Baden-Württemberg ist es den Betreuungsgerichten ausdrücklich freigestellt, ob sie Betreuungsverfügungen in Verwahrung nehmen. Da es eine zentrale Verwahr- und Registrierstelle für Betreuungsverfügungen – wie für Testamente oder Vorsorgevollmachten (Rn 21) – nicht gibt, empfiehlt sich für den Fall eines Betreuungsverfahrens in den Ländern mit Verwahrungspflicht jeweils eine Rückfrage bei den Amtsgerichten früherer Aufenthaltsorte des Betroffenen, soweit diese bekannt sind. § 1901 c sieht dagegen die Ablieferung einer Betreuungsverfügung vor Einleitung eines Verfahrens zur Betreuerbestellung nicht vor, eine Aufbewahrung durch das Gericht kann daher – soweit nicht landesrechtlich anders geregelt – nicht verlangt werden (KG FamRZ 1995, 1295).

21 Im Gegensatz hierzu wird für Vorsorgevollmachten das Zentrale Vorsorgeregister bei der Bundesnotarkammer geführt (§§ 78 a bis 78 c BNotO, hierzu Anhang zu § 1901 c). Hier werden Angaben zum Vollmachtgeber, Bevollmächtigten, zur Vollmacht und deren Inhalt gespeichert (§ 78 a Abs. 1 Satz 2 BNotO). Auf Ersuchen wird dem Betreuungsgericht Auskunft aus dem Vorsorgeregister erteilt. Die Einzelheiten über die Einrichtung und Führung des Registers, die Auskunft aus dem Register und über Anmeldung, Änderung, Eintragung, Widerruf und Löschung von Eintragungen sind in der VorsorgeregisterVO geregelt (s. Anhang zu § 1901 a). Für Eintragungen in das Vorsorgeregister kann die Bundesnotarkammer Gebühren erheben (§ 78 b BNotO), über Beschwerden gegen Entscheidungen im Zusammenhang mit dem Vorsorgeregister entscheidet nach dem FGG das Landgericht am Sitz der Bundesnotarkammer (§ 79 c BNotO).

Anhang zu § 1901c

Vorsorgevollmacht

Muster des Bundesministeriums der Justiz und der Landesjustizverwaltungen

Vollmacht

Ich, ... **(Vollmachtgeber/in)**
(Name, Vorname, Geburtsdatum)

....

(Adresse, Telefon, Telefax)

Vorsorgevollmacht **Anhang zu § 1901c BGB**

erteile hiermit Vollmacht an

.... (bevollmächtigte Person)
(Name, Vorname, Geburtsdatum)

....
(Adresse, Telefon, Telefax)

Diese Vertrauensperson wird hiermit bevollmächtigt, mich in allen Angelegenheiten zu vertreten, die ich im Folgenden angekreuzt oder angegeben habe. Durch diese Vollmachtserteilung soll eine vom Gericht angeordnete Betreuung vermieden werden. Die Vollmacht bleibt daher in Kraft, wenn ich nach ihrer Errichtung geschäftsunfähig geworden sein sollte. Die Vollmacht ist nur wirksam, solange die bevollmächtigte Person die Vollmachtsurkunde besitzt und bei Vornahme eines Rechtsgeschäfts die Urkunde im Original vorlegen kann.

Gesundheitssorge/Pflegebedürftigkeit

- Sie darf in allen Angelegenheiten der Gesundheitssorge entscheiden, ebenso über alle Einzelheiten einer ambulanten oder (teil-)stationären Pflege. Sie ist befugt, meinen in einer Patientenverfügung festgelegten Willen durchzusetzen.   ja   nein
- Sie darf insbesondere in sämtliche Maßnahmen zur Untersuchung des Gesundheitszustandes und in Heilbehandlungen einwilligen, auch wenn diese mit Lebensgefahr verbunden sein könnten oder ich einen schweren oder länger dauernden gesundheitlichen Schaden erleiden könnte (§ 1904 Abs. 1 BGB). Sie darf die Einwilligung zum Unterlassen oder Beenden lebensverlängernder Maßnahmen erteilen.   ja   nein
- Sie darf Krankenunterlagen einsehen und deren Herausgabe an Dritte bewilligen. Ich entbinde alle mich behandelnden Ärzte und nichtärztliches Personal gegenüber meiner bevollmächtigten Vertrauensperson von der Schweigepflicht.   ja   nein
- Sie darf über meine Unterbringung mit freiheitsentziehender Wirkung (§ 1906 Abs. 1 BGB) und über freiheitsentziehende Maßnahmen (z. B. Bettgitter, Medikamente u. ä.) in einem Heim oder in einer sonstigen Einrichtung (§ 1906 Abs. 4 BGB) entscheiden, solange dergleichen zu meinem Wohle erforderlich ist.   ja   nein
- .... ja   nein
  ....

....
(Unterschrift der Vollmachtgeberin/
des Vollmachtgebers)

Aufenthalt und Wohnungsangelegenheiten

- Sie darf meinen Aufenthalt bestimmen, Rechte und Pflichten aus dem Mietvertrag über meine Wohnung einschließlich einer Kündigung wahrnehmen sowie meinen Haushalt auflösen.   ja   nein
- Sie darf einen neuen Wohnungsmietvertrag abschließen und kündigen   ja   nein

BGB Anhang zu § 1901c Textmuster

- Sie darf einen Heimvertrag abschließen. ja nein
- .... ja nein

....

(Unterschrift der Vollmachtgeberin/
des Vollmachtgebers)

Behörden

- Sie darf mich bei Behörden, Versicherungen, Renten- und Sozial- ja nein
leistungsträgern vertreten.
- .... ja nein

....

(Unterschrift der Vollmachtgeberin/
des Vollmachtgebers)

Vermögenssorge

Sie darf mein Vermögen verwalten und hierbei alle Rechtshandlungen ja nein
und Rechtsgeschäfte im In- und Ausland vornehmen, Erklärungen
aller Art abgeben und entgegennehmen, sowie Anträge stellen, abändern, zurücknehmen,
namentlich
- über Vermögensgegenstände jeder Art verfügen ja nein
- Zahlungen und Wertgegenstände annehmen ja nein
- Verbindlichkeiten eingehen ja nein
- Willenserklärungen bezüglich meiner Konten, Depots und Safes ja nein
abgeben. Sie darf mich im Geschäftsverkehr mit Kreditinstituten
vertreten
- Schenkungen in dem Rahmen vornehmen, der einem Betreuer ja nein
rechtlich gestattet ist.
- Folgende Geschäfte soll sie nicht wahrnehmen können ja nein

....
....

- .... ja nein

....

(Unterschrift der Vollmachtgeberin/
des Vollmachtgebers)

(Hinweis: Für die Vermögenssorge in Bankangelegenheiten sollten Sie auf die von Ihrer Bank/Sparkasse angebotene Konto-/Depotvollmacht zurückgreifen. Diese Vollmacht berechtigt den Bevollmächtigten zur Vornahme aller Geschäfte, die mit der Konto- und Depotführung in unmittelbarem Zusammenhang stehen. Es werden ihm keine Befugnisse eingeräumt, die für den normalen Geschäftsverkehr unnötig sind, wie z.B. der Abschluss von Finanztermingeschäften. Die Konto-/Depotvoll-

Vorsorgevollmacht **Anhang zu § 1901c BGB**

macht sollten Sie grundsätzlich in Ihrer Bank oder Sparkasse unterzeichnen; etwaige spätere Zweifel an der Wirksamkeit der Vollmachtserteilung können hierdurch ausgeräumt werden. Könne Sie Ihre Bank/Sparkasse nicht aufsuchen, wird sich im Gespräch mit Ihrer Bank/Sparkasse sicher eine Lösung finden.
Für Immobiliengeschäfte, Aufnahme von Darlehen, sowie für Handelsgewerbe ist eine notarielle Vollmacht erforderlich!)

Post und Fernmeldeverkehr

Sie darf die für mich bestimmte Post entgegennehmen und öffnen ja   nein
sowie über den Fernmeldeverkehr entscheiden. Sie darf alle hiermit
zusammenhängenden Willenserklärungen (z. B. Vertragsabschlüsse,
Kündigungen) abgeben.

Vertretung vor Gericht

Sie darf mich gegenüber Gerichten vertreten sowie Prozesshandlungen ja   nein
aller Art vornehmen.

Untervollmacht

Sie darf in einzelnen Angelegenheiten Untervollmacht erteilen.   ja   nein

Betreuungsverfügung

Falls trotz dieser Vollmacht eine gesetzliche Vertretung („rechtliche ja   nein
Betreuung") erforderlich sein sollte, bitte ich, die oben bezeichnete
Vertrauensperson als Betreuer zu bestellen.

Weitere Regelungen

....
....

....
(Ort, Datum)   (Unterschrift der Vollmachtgeberin/
                              des Vollmachtgebers)

....
(Ort, Datum)   (Unterschrift der Vollmachtnehmerin/
Beglaubigungsvermerk: des Vollmachtnehmers)

BGB Anhang zu § 1901c

Bundesnotverordnung

(Auszug)

§ 78 a [Zentrales Vorsorgeregister]

(1) Die Bundesnotarkammer führt ein automatisiertes Register über Vorsorgevollmachten und Betreuungsverfügungen (Zentrales Vorsorgeregister). In dieses Register dürfen Angaben über Vollmachtgeber, Bevollmächtigte, die Vollmacht, deren Inhalt sowie über Vorschläge zur Auswahl eines Betreuers, Wünsche zur Wahrnehmung der Betreuung und den Vorschlagenden aufgenommen werden. Das Bundesministerium der Justiz führt die Rechtsaufsicht über die Registerbehörde.

(2) Dem Gericht wird auf Ersuchen Auskunft aus dem Register erteilt. Die Auskunft kann im Wege der Datenfernübertragung erteilt werden. Dabei sind dem jeweiligen Stand der Technik entsprechende Maßnahmen zur Sicherstellung von Datenschutz und Datensicherheit zu treffen, die insbesondere die Vertraulichkeit, Unversehrtheit und Zurechenbarkeit der Daten gewährleisten; im Falle der Nutzung allgemein zugänglicher Netze sind dem jeweiligen Stand der Technik entsprechende Verschlüsselungsverfahren anzuwenden.

(3) Das Bundesministerium der Justiz hat durch Rechtsverordnung mit Zustimmung des Bundesrates die näheren Bestimmungen über die Einrichtung und Führung des Registers, die Auskunft aus dem Register und über Anmeldung, Änderung, Eintragung, Widerruf und Löschung von Eintragungen zu treffen.

§ 78 b [Aufnahmegebühren]

(1) Die Bundesnotarkammer kann für die Aufnahme von Erklärungen in das Register nach § 78a Gebühren erheben. Die Höhe der Gebühren richtet sich nach den mit der Einrichtung und dauerhaften Führung des Registers sowie den mit der Nutzung des Registers durchschnittlich verbundenen Personal- und Sachkosten. [3]Hierbei kann insbesondere der für die Anmeldung einer Eintragung gewählte Kommunikationsweg angemessen berücksichtigt werden.

(2) Die Bundesnotarkammer bestimmt die Gebühren durch Satzung. Die Satzung bedarf der Genehmigung durch das Bundesministerium der Justiz.

§ 78 c [Beschwerde]

Gegen Entscheidungen der Bundesnotarkammer nach den §§ 78a und 78b findet die Beschwerde statt. Sie ist bei der Bundesnotarkammer einzulegen. Diese kann der Beschwerde abhelfen. Hilft sie nicht ab, legt sie die Beschwerde dem Landgericht am Sitz der Bundesnotarkammer vor. Im Übrigen gelten für das Verfahren die Vorschriften des Gesetzes über das Verfahren in Familiensachen und in den Angelegenheiten der freiwilligen Gerichtsbarkeit.

Verordnung über das Zentrale Vorsorgeregister (Vorsorgeregister-Verordnung – VRegV)

Vom 21. Februar 2005
zuletzt geändert durch Art. 10 G zur Änd. des Zugewinnausgleichs- und Vormundschaftsrechts vom 6. 7. 2009 (BGBl. I S. 1696)

§ 1 Inhalt des Zentralen Vorsorgeregisters

(1) Die Bundesnotarkammer stellt die Eintragung folgender personenbezogener Daten im Zentralen Vorsorgeregister sicher:
1. Daten zur Person des Vollmachtgebers:

a) Familienname,
b) Geburtsname,
c) Vornamen,
d) Geschlecht,
e) Geburtsdatum,
f) Geburtsort,
g) Anschrift (Straße, Hausnummer, Postleitzahl, Ort),
2. Daten zur Person des Bevollmächtigten:
a) Familienname,
b) Geburtsname,
c) Vornamen,
d) Geburtsdatum,
e) Anschrift (Straße, Hausnummer, Postleitzahl, Ort),
f) Rufnummer,
3. Datum der Errichtung der Vollmachtsurkunde,
4. Aufbewahrungsort der Vollmachtsurkunde,
5. Angaben, ob Vollmacht erteilt wurde zur Erledigung von
a) Vermögensangelegenheiten,
b) Angelegenheiten der Gesundheitssorge und ob ausdrücklich Maßnahmen nach § 1904 Abs. 1 Satz 1 des Bürgerlichen Gesetzbuchs umfasst sind,
c) Angelegenheiten der Aufenthaltsbestimmung und ob ausdrücklich Maßnahmen nach § 1906 Abs. 1 und 4 des Bürgerlichen Gesetzbuchs umfasst sind,
d) sonstigen persönlichen Angelegenheiten,
6. besondere Anordnungen oder Wünsche
a) über das Verhältnis mehrerer Bevollmächtigter zueinander,
b) für den Fall, dass das Betreuungsgericht einen Betreuer bestellt,
c) hinsichtlich Art und Umfang medizinischer Versorgung.

(2) Ist die Vollmacht in öffentlich beglaubigter oder notariell beurkundeter Form errichtet worden, dürfen darüber hinaus die Urkundenrollennummer, das Urkundsdatum sowie die Bezeichnung des Notars und die Anschrift seiner Geschäftsstelle aufgenommen werden.

(3) Die Eintragung erfolgt unter Angabe ihres Datums.

§ 2 Eintragungsantrag

(1) Die Eintragung erfolgt auf schriftlichen Antrag des Vollmachtgebers. Der Antrag hat mindestens die Angaben nach § 1 Abs. 1 Nr. 1 Buchstabe a, c bis g zu enthalten. Sollen auch Angaben über den Bevollmächtigten eingetragen werden, muss der Antrag zudem mindestens die Angaben nach § 1 Abs. 1 Nr. 2 Buchstabe a, c und e enthalten. Die Angaben nach § 1 Abs. 3 werden unabhängig von dem Antrag eingetragen.

(2) Der Antrag kann auch im Wege der Datenfernübertragung gestellt werden, soweit die Bundesnotarkammer diese Möglichkeit eröffnet hat. Die Bundesnotarkammer hat dem jeweiligen Stand der Technik entsprechende Maßnahmen zur Sicherstellung von Datenschutz und Datensicherheit zu treffen, die insbesondere die Vertraulichkeit und Unversehrtheit der Daten gewährleisten; im Falle der Nutzung allgemein zugänglicher Netze sind dem jeweiligen Stand der Technik entsprechende Verschlüsselungsverfahren anzuwenden.

(3) In Zweifelsfällen hat die Bundesnotarkammer sich von der Identität des Antragstellers zu überzeugen. Im Übrigen prüft sie die Richtigkeit der mit dem Antrag übermittelten Angaben nicht.

§ 3 Vorschuss, Antragsrücknahme bei Nichtzahlung

(1) Die Bundesnotarkammer kann die Zahlung eines zur Deckung der Gebühren hinreichenden Vorschusses verlangen. Sie kann die Vornahme der Eintragung von der Zahlung oder Sicherstellung des Vorschusses abhängig machen.

(2) Wird ein verlangter Vorschuss innerhalb angemessener Frist nicht gezahlt, gilt der Antrag als zurückgenommen. Die Frist sowie die Rechtsfolge der Fristversäumnis sind mit dem Verlangen des Vorschusses mitzuteilen. Die Frist darf 30 Tage nicht unterschreiten.

§ 4 Benachrichtigung des Bevollmächtigten

Nach Eingang des Eintragungsantrags hat die Bundesnotarkammer einen Bevollmächtigten, der nicht schriftlich in die Speicherung der Daten zu seiner Person eingewilligt hat, schriftlich über die nach § 1 Abs. 1 Nr. 1 Buchstabe a, c, g und Nr. 2 bis 6 gespeicherten Daten zu unterrichten. Die Bundesnotarkammer hat den Bevollmächtigten über den Zweck des Registers und darüber aufzuklären, dass er jederzeit die Löschung seiner personenbezogenen Daten aus dem Register verlangen kann.

§ 5 Änderung, Ergänzung und Löschung von Eintragungen

(1) Änderungen, Ergänzungen und Löschungen von Eintragungen erfolgen auf schriftlichen Antrag des Vollmachtgebers. § 2 Abs. 2, 3 und § 3 gelten entsprechend.

(2) Bei der Eintragung von Änderungen und Ergänzungen ist sicherzustellen, dass die bisherige Eintragung auf Anforderung erkennbar bleibt.

(3) Daten nach § 1 Abs. 1 Nr. 2 sind auch auf schriftlichen Antrag des Bevollmächtigten zu löschen. § 2 Abs. 2 und 3 gilt entsprechend.

(4) Eintragungen sind 110 Jahre nach der Geburt des Vollmachtgebers zu löschen.

§ 6 Auskunft an die Betreuungsgerichte und die Landgerichte als Beschwerdegerichte

(1) Die Auskunft aus dem Register erfolgt im Wege eines automatisierten Abrufverfahrens, sofern die Bundesnotarkammer zuvor mit der jeweiligen Landesjustizverwaltung schriftlich Festlegungen nach § 10 Abs. 2 des Bundesdatenschutzgesetzes getroffen hat. § 2 Abs. 2 Satz 2 gilt entsprechend.

(2) Die Auskunft aus dem Register erfolgt auch auf schriftliches oder elektronisches Ersuchen des Betreuungsgerichts und des Landgerichts als Beschwerdegericht. Bei besonderer Dringlichkeit, insbesondere wenn die Bestellung eines vorläufigen Betreuers im Rahmen einer einstweiligen Anordnung in Betracht kommt, kann das Ersuchen auch fernmündlich gestellt werden. In jedem Fall haben das Betreuungsgericht und das Landgericht als Beschwerdegericht das Geschäftszeichen ihres Betreuungsverfahrens anzugeben.

(3) In den Fällen des Absatzes 2 erteilt die Bundesnotarkammer die Auskunft aus dem Register schriftlich oder elektronisch. Hierbei sind die erforderlichen Maßnahmen zu treffen, um die Authentizität des Ersuchens zu prüfen und die Vertraulichkeit der Auskunft zu gewährleisten.

§ 7 Protokollierung der Auskunftserteilungen

(1) Die Zulässigkeit der Auskunftsersuchen prüft die Bundesnotarkammer nur, wenn sie dazu nach den Umständen des Einzelfalls Anlass hat. Für die Kontrolle der Zulässigkeit der Ersuchen und für die Sicherstellung der ordnungsgemäßen Datenverarbeitung protokolliert die Bundesnotarkammer alle nach § 6 erteilten Auskünfte elektronisch. Zu protokollieren sind die Daten zur Person des Vollmachtgebers, das ersuchende Betreuungsgericht oder das Landgericht als Beschwerdegericht, dessen Geschäftszeichen, der Zeitpunkt des Ersuchens sowie die übermittelten Daten.

(2) Die Protokolle dürfen nur für Zwecke der Datenschutzkontrolle, der Datensicherung und der Sicherstellung eines ordnungsgemäßen Registerbetriebs verwendet werden. Ferner kann der Vollmachtgeber auf der Grundlage der Protokolle Auskunft darüber verlangen, welche Auskünfte aus dem Register erteilt worden sind. Satz 2 gilt entsprechend für den Bevollmächtigten, sofern Daten zu seiner Person gespeichert sind. Die Protokolle sind gegen zweckfremde Verwendung zu schützen.

(3) Die Protokolle werden nach Ablauf des auf ihre Erstellung folgenden Kalenderjahres gelöscht. Das Bundesministerium der Justiz löscht Protokolle, die ihm nach Absatz 1 Satz 4 zur Verfügung gestellt worden sind, ein Jahr nach ihrem Eingang, sofern sie nicht für weitere, bereits eingeleitete Prüfungen benötigt werden.

Vertretung des Betreuten §1902 BGB

§8 Sicherung der Daten

Die im Register gespeicherten Daten sind nach dem Stand der Technik so zu sichern, dass Verluste und Veränderungen von Daten verhindert werden.

§9 Aufbewahrung von Dokumenten

Die ein einzelnes Eintragungs- oder Auskunftsverfahren betreffenden Dokumente hat die Bundesnotarkammer fünf Jahre aufzubewahren. Die Aufbewahrungsfrist beginnt mit dem Schluss des Kalenderjahres, in dem die letzte Verfügung zur Sache ergangen ist oder die Angelegenheit ihre Erledigung gefunden hat. Nach Ablauf der Aufbewahrungsfrist sind die Dokumente zu vernichten.

§10 Betreuungsverfügungen

Im Zentralen Vorsorgeregister können auch Betreuungsverfügungen unabhängig von der Eintragung einer Vollmacht registriert werden. Die §§ 1 bis 9 gelten entsprechend.

§ 1902 Vertretung des Betreuten

In seinem Aufgabenkreis vertritt der Betreuer den Betreuten gerichtlich und außergerichtlich.

Übersicht

	Rn.
1. Gesetzlicher Vertreter	1
2. Grenzen der Vertretungsmacht	7
3. Einschränkungen der Vertretungsmacht	17
4. Betreuungsgerichtliche Genehmigungsvorbehalte	20
5. Untervollmachten	22
6. Vertreterhandeln in besonderen gesetzlich geregelten Fällen	23
a) Passgesetz	23
b) Strafrecht	24
c) Notarordnung	25
d) Kirchenaustritt	26

1. Gesetzlicher Vertreter

Im Rahmen des übertragenen Aufgabenkreises ist der Betreuer gesetzlicher 1 Vertreter des Betreuten. Dies ergibt sich aus § 1902 und aus § 1896 Abs. 2 S. 2. Die **umfassende Vertretungsmacht** des Betreuers gilt für die Abgabe von Willenserklärungen und rechtsgeschäftsähnlichen Handlungen, für den Empfang solcher Erklärungen gegenüber dem Betreuten und für die Vertretung im gerichtlichen Verfahren.

Der Umfang der Vertretungsmacht wird bestimmt durch den **Aufgabenkreis** 2 des Betreuers (hierzu § 1896 Rn 23 ff.). Alle mit der Erfüllung der Aufgaben verbundenen Rechtsgeschäfte werden hiervon erfasst. Ob ein bestimmtes Rechtsgeschäft zum Aufgabenkreis des Betreuers gehört, ist ggf. durch Auslegung zu ermitteln. Die Übertragung von Aufgaben der Personensorge beinhaltet stets auch die Ermächtigung zum Abschluss hierfür notwendiger Rechtsgeschäfte (§ 1896 Rn 24). Soweit z. B. die Aufenthaltsbestimmung zum Aufgabenkreis des Betreuers gehört, umfasst dies auch den Abschluss entsprechender Heim- oder Mietverträge für Räumlichkeiten, in denen der Betroffene Aufenthalt nehmen soll (BayObLG FamRZ 1992, 1222; Jürgens/Kröger/Marschner/Winterstein Rn 173). Die

BGB § 1902 Titel 2. Rechtliche Betreuung

Übertragung der Gesundheitsfürsorge umfasst auch den Abschluss von Arzt- und/ oder Krankenhausverträgen, Geltendmachung von Ansprüchen gegenüber einer privaten oder gesetzlichen Krankenversicherung etc., allerdings nicht die Unterbringung des Betreuten, wenn nicht zugleich auch die Aufenthaltsbestimmung dem Betreuer übertragen wurde (OLG Hamm FamRZ 2001, 861). Eine Vertretung in Vermögensangelegenheiten ermöglicht auch eine Klage wegen Nicht-Berücksichtigung von Vermögen des Betreuten beim Sozialhilfebezug (OVG Münster FamRZ 2001, 312). Der Aufgabenkreis „Sorge für die Gesundheit" und „Vermögenssorge" umfasst auch eine Weiterversicherung des Betroffenen in der gesetzlichen Krankenversicherung (BSG BtPrax 2003, 172; SG Hamburg FamRZ 2004, 136). Die „Vertretung gegenüber Behörden" umfasst bei einem ausländischen Betreuten auch die Besorgung eines Passes (BayObLG FamRZ 2003, 405). Ist dem Betreuer die Vermögenssorge übertragen, umfasst dies auch die Zwangsvollstreckung aus Vollstreckungstiteln zugunsten des Betreuten (LG Lüneburg FamRZ 2008, 1030 LS), aber nicht die Herausgabe persönlicher Briefe und Unterlagen (AG Halberstadt FamRZ 2008, 2308) oder die Anfechtung einer strafrechtlichen Entscheidung (OLG Hamm BtPrax 2007, 226). Ein Betreuer kann nach Wahl des Vollstreckungsgerichts auch dann zur Abgabe der Offenbarungsversicherung herangezogen werden, wenn ihm die Vermögenssorge übertragen aber kein Einwilligungsvorbehalt angeordnet ist (BGH BtPrax 2008, 257)

3   Für das Vertreterhandeln des Betreuers gelten die allgemeinen Vorschriften über die **Stellvertretung** (§§ 164 ff., zu den Einzelheiten s. dort) entsprechend. Bei Überschreiten der Vertretungsmacht hängt die Wirksamkeit eines Vertrages von der Genehmigung des Vertretenen ab (§ 177), die der Betreute jedoch nur erteilen kann, wenn er geschäftsfähig ist. Wird der Vertrag nicht genehmigt, haftet der Betreuer dem Geschäftspartner nach § 179 Abs. 1 auf Erfüllung oder Schadensersatz (Jürgens/Kröger/Marschner/Winterstein Rn 260). Ein entlassener Betreuer (hierzu § 1908 b) kann den Betroffenen nicht mehr wirksam vertreten. Ist dem Geschäftspartner die Entlassung bekannt, muss er den Mangel der Vertretungsmacht gegen sich gelten lassen (AG Frankfurt/Main, BtPrax 1998, 191).

4   Die Bestellung eines Betreuers hat keinen Einfluss auf die **Geschäftsfähigkeit** des Betroffenen (§ 1896 Rn 42). Nach § 104 Nr. 2 geschäftsunfähige Betreute können keine wirksamen Willenserklärungen abgeben (§ 105 Abs. 1), in diesen Fällen kann daher allein der Betreuer rechtlich wirksam für den Betreuten handeln. Ist der Betreute dagegen geschäftsfähig, kann er weiterhin selbstständig rechtsgeschäftlich auch in denjenigen Angelegenheiten handeln, für die ein Betreuer bestellt ist, soweit nicht ein Einwilligungsvorbehalt (§ 1903) angeordnet ist. Es kann daher zu widersprüchlichen Rechtsgeschäften durch den Betreuer einerseits und den Betreuten andererseits kommen. Bei Rechtsgeschäften, deren Rechtswirkungen miteinander kollidieren (z. B. unterschiedliche Verfügungen über den gleichen Gegenstand) gilt das Prioritätsprinzip, d. h. die zeitlich erste Erklärung hat Vorrang (Knittel, § 1901 Rn 43). Soweit verschiedene Rechtsgeschäfte lediglich wirtschaftlich unsinnig sind, sich aber rechtlich nicht widersprechen, verbleibt es dagegen bei der jeweiligen Wirksamkeit, die Möglichkeit einer Rückgängigmachung (etwa durch Widerruf, Rücktritt oder Anfechtung) richtet sich nach den allgemeinen Vorschriften (Knittel a.a.O. Rn 44).

5   Die Vertretungsmacht des Betreuers ist zwar im Außenverhältnis grundsätzlich unbeschränkt (zu den Grenzen s. Rn 7 ff.), allerdings kann sich aus der Bindung des Betreuers an das Wohl und die Wünsche des Betreuten (§ 1901 Rn 4 ff.) ergeben, dass der Betreuer hiervon im **Innenverhältnis** nur beschränkt Gebrauch

machen darf. Insbesondere kann es dem Wohl des Betreuten und der Verpflichtung des Betreuers aus § 1901 Abs. 3 entsprechen, einem Handeln als Vertreter die Unterstützung eigenen Handelns des Betreuten vorzuziehen (§ 1901 Rn 3). Darüber hinaus dürfte sich in der Regel bei eigenem rechtsgeschäftlichen Handeln des Betreuten ergeben, dass die abgegebene Willenserklärung seinem Wunsch entspricht, an den der Betreuer in den Grenzen des § 1901 Abs. 2 gebunden ist. Bei ausreichendem persönlichem Kontakt zum Betreuten dürfte es daher nur selten zu widersprechenden Erklärungen des Betreuers kommen.

Die Vertretungsmacht des Betreuers erstreckt sich auch auf die Vertretung im **Prozess** (hierzu Deinert BtPrax 2001, 66), einer gesonderten Prozessvollmacht (§ 80 ZPO) bedarf es nicht. Geschäftsunfähige Betreute sind prozessunfähig, können daher nicht selbstständig Prozesse führen. Geschäftsfähige Betreute wären dagegen nach § 52 ZPO prozessfähig, so dass es auch im Prozess zu einer Doppelzuständigkeit kommen könnte. Dieses unerwünschte Ergebnis vermeidet allerdings § 53 ZPO, wonach eine prozessfähige Person, die durch einen Betreuer vertreten wird, einer nicht prozessfähigen Partei gleichsteht. Die Betreuerbestellung wirkt also in jedem Falle prozessrechtlich verdrängend, der Betreute kann daher nur über seinen Betreuer klagen oder verklagt werden, soweit der Streitgegenstand zum Aufgabenkreis des Betreuers gehört (Jürgens/Kröger/Marschner/Winterstein Rn 179; Deinert BtPrax 2001, 146; a. A. Bienwald BtPrax 2001, 150). **Zustellungen** müssen nach § 171 Abs. 1 ZPO an den Betreuer erfolgen. Zur Bestellung eines besonderen Vertreters bei Prozessunfähigkeit der beklagten Partei vgl. § 57 Abs. 1 ZPO, zum Wegfall der Prozessfähigkeit oder des gesetzlichen Vertreters im Verlaufe des Prozesses § 241 ZPO. Im **Verwaltungsverfahren** müssen Zustellungen an den Betreuer erfolgen (§ 7 Abs. 1 Satz 2 VwZG), soweit sein Aufgabenkreis betroffen ist. Wird z. B. ein Steuerbescheid gleichwohl an den Betreuten selbst zugestellt, ist dieser mangels ordnungsgemäßer Zustellung unwirksam (FG Hannover BtPrax 2003, 230). Soweit der Betreuers den Betreuten in einem sozialrechtlichen Verfahren vertritt, ist ihm auch Akteneinsicht zu gewähren (SG Würzburg FamRZ 2009, 543).

2. Grenzen der Vertretungsmacht

Da sich die gesetzliche Vertretungsmacht des Betreuers nur auf rechtsgeschäftliches Handeln bezieht, gilt diese grundsätzlich nicht für **höchstpersönliche Geschäfte,** teilweise ergeben sich Grenzen auch aus dem Gesetz.

Die Einwilligung in eine **ärztliche Maßnahme** ist keine rechtsgeschäftliche Willenserklärung, für ihre Wirksamkeit kommt es nicht auf die Geschäftsfähigkeit sondern die natürliche Einsichts- und Steuerungsfähigkeit des Betroffenen an. Nur bei Einwilligungsunfähigkeit des Betroffenen kann daher der Betreuer, zu dessen Aufgabenkreis dies gehört, an Stelle des Betreuten wirksam einwilligen (zu den Einzelheiten § 1904 Rn 4), unter den Voraussetzungen des § 1904 bedarf er hierzu der Genehmigung des Betreuungsgerichts. Dies gilt auch für einen Schwangerschaftsabbruch. Ist die Betreute einwilligungsunfähig, kann für die Entscheidung hierüber ein Betreuer bestellt werden (OLG Frankfurt FamRZ 2009, 368).

Das Gleiche gilt für die Einwilligung des besonderen Betreuers in eine **Sterilisation** des Betreuten (hierzu § 1905 Rn 4 ff.) oder für die Zustimmung zur **Unterbringung** s. § 1906 Rn 6 ff.

BGB § 1902 Titel 2. Rechtliche Betreuung

10 **Eheschließungen** können nach § 1311 Abs. 1 BGB nur persönlich vorgenommen werden, eine Vertretung durch den Betreuer ist daher ausgeschlossen. Auch ein Einwilligungsvorbehalt kann sich nicht hierauf beziehen (§ 1903 Abs. 2).

11 Einen **Ehevertrag** kann der Betreute, wenn er geschäftsfähig ist, nur selbst abschließen (§ 1411 Abs. 1 S. 4), lediglich bei einem geschäftsunfähigen Betreuten kann der Betreuer als Vertreter handeln (§ 1411 Abs. 2). Zur Ehegeschäftsfähigkeit s. § 104 Rn 5).

12 Die **Anfechtung der Vaterschaft** eines Kindes kann durch einen geschäftsfähigen Betreuten nur persönlich erfolgen (§ 1600 a Abs. 5), bei einem geschäftsunfähigen Betreuten kann der Betreuer vertretungsweise handeln (§ 1600 a Abs. 2 S. 3). Dies gilt für eine Anfechtung durch den Vater ebenso wie durch die Mutter.

13 Auch bei einer **Vaterschaftsanerkennung** kommt nur bei Geschäftsunfähigkeit des Betreuten ein Vertretungshandeln des Betreuers mit Genehmigung des Betreuungsgerichts in Betracht (§ 1596 Abs. 1 S. 3), ansonsten kann der Betreute nur selbst anerkennen, allerdings ist die Anordnung eines Einwilligungsvorbehalts möglich (§ 1596 Abs. 3). Für einen Widerruf der Anerkennung gelten die gleichen Grundsätze (§ 1597 Abs. 3 S. 2).

14 **Testamente** und **Erbverträge** können nur vom Erblasser persönlich errichtet werden (§§ 2064, 2274), ein Betreuerhandeln ist hier ausgeschlossen (hierzu BayObLG BtPrax 1998, 111). Die Anordnung eines Einwilligungsvorbehalts kommt hierbei ebenfalls nicht in Betracht (§ 1903 Abs. 2).

15 Nach § 1908 i Abs. 2 i. V. m. § 1804 kann der Betreuer keine **Schenkungen** im Namen des Betreuten machen, es sei denn, dass hierdurch einer sittlichen Pflicht oder einer auf den Anstand zu nehmenden Rücksicht entsprochen wird. Darüberhinaus kann der Betreuer auch Schenkungen machen, wenn dies dem Wunsch des Betreuten entspricht und nach seinen Lebensverhältnissen üblich ist (hierzu § 1908 i Rn 12, § 1804 Rn 11 ff.).

16 **Ausstattungen** (zum Begriff § 1624) sind unabhängig von § 1804 zulässig, allerdings unterliegen sie der Genehmigung durch das Betreuungsgericht (§ 1808).

3. Einschränkungen der Vertretungsmacht

17 Wegen der Gefahr einer **Interessenkollision** ist der Betreuer bei bestimmten Geschäften von der Vertretung des Betreuten ausgeschlossen (§ 1908 i Abs. 1 i. V. m. § 1795 Abs. 1), nämlich bei Rechtsgeschäften zwischen Ehegatten, Lebenspartnern oder Verwandten in gerader Linie des Betreuers mit dem Betreuten (§ 1795 Abs. 1 Nr. 1), Rechtsgeschäfte, die besonders gesicherte Forderungen des Betreuten gegen den Betreuer oder die Sicherheiten dieser Forderungen betreffen (Nr. 2) und bei Rechtsstreitigkeiten hierüber (Nr. 3).

Nach § 181 kann der Betreuer im Namen des Betreuten mit sich im eigenen Namen oder als Vertreter eines Dritten kein Rechtsgeschäft vornehmen, es sei denn, das Rechtsgeschäft besteht ausschließlich in der Erfüllung einer Verbindlichkeit. Deshalb ist ein Mietvertrag unwirksam, den der Vater als Betreuer seines Sohnes und zugleich als Vermieter abschließt (OVG Saarlouis BtPrax 2008, 261).

Darüberhinaus kann das Betreuungsgericht nach § 1908 i Abs. 1 i. V. m. § 1796 dem Betreuer die Vertretung für einzelne Angelegenheiten entziehen, wenn eine erhebliche Interessenkollision zwischen Betreuer und Betreutem bestehen (§ 1796 Abs. 2). In allen diesen Fällen ist der Betreuer gehindert, für den Betreuten zu handeln. Die Bestellung eines Verhinderungs- bzw. Ergänzungsbetreuers (hierzu

Vertretung des Betreuten **§ 1902 BGB**

§ 1899 Rn 6) bedeutet zugleich eine konkludente Beschränkung der Vertretungsmacht des Betreuers (BayObLG BtPrax 2004, 32).
Spezialfälle einer möglichen Interessenkollision sind im Versicherungsvertragsgesetz (VVG) geregelt: 18

§ 150. Versicherte Person
(1) Die Lebensversicherung kann auf die Person des Versicherungsnehmers oder eines anderen genommen werden.
(2) Wird die Versicherung für den Fall des Todes eines anderen genommen und übersteigt die vereinbarte Leistung den Betrag der gewöhnlichen Beerdigungskosten, so ist zur Wirksamkeit des Vertrags die schriftliche Einwilligung des anderen erforderlich; dies gilt nicht bei Kollektivlebensversicherungen im Bereich der berieblichen Altersversorgung. Ist der andere geschäftsunfähig oder in der Geschäftsfähigkeit beschränkt oder ist für ihn ein Betreuer bestellt und steht die Vertretung in den seine Person betreffenden Angelegenheiten dem Versicherungsnehmer zu, so kann dieser den anderen bei der Erteilung der Einwilligung nicht vertreten.
(3) ...
(4) ...

§ 179. Versicherte Person
(1) ...
(2) Wird eine Versicherung gegen Unfälle eines anderen von dem Versicherungsnehmer für eigene Rechnung genommen, ist zur Wirksamkeit des Vertrags die schriftliche Einwilligung des anderen erforderlich. Ist der andere geschäftsunfähig oder in der Geschäftsfähigkeit beschränkt oder ist für ihn ein Betreuer bestellt und steht die Vertretung in den seine Person betreffenden Angelegenheiten dem Versicherungsnehmer zu, so kann dieser den anderen bei der Erteilung der Einwilligung nicht vertreten.

In beiden Fällen soll der Versicherungsnehmer die erforderliche Einwilligung des anderen, dessen Person versichert sein soll, nicht vertretungsweise sozusagen sich selbst erteilen. Voraussetzung ist allerdings, dass der Versicherungsnehmer Vertreter „in den seine Person betreffenden Angelegenheiten" ist, also die gesamte Personensorge zu seinem Aufgabenkreis gehört.
In allen Fällen, in denen der Betreuer von der Vertretung ausgeschlossen ist, 19 kommt die Bestellung eines weiteren Betreuers wegen rechtlicher Verhinderung in Betracht (§ 1899 Rn 6).

4. Betreuungsgerichtliche Genehmigungsvorbehalte

Bei einer ganzen Reihe von Geschäften ist der Betreuer an die zuvor einzuho- 20 lende **Genehmigung** des Betreuungsgerichts gebunden. Das Betreuungsrecht selbst enthält insbesondere für Bereiche der Personensorge Genehmigungsvorbehalte, so für ärztliche Maßnahmen (§ 1904), für eine Sterilisation (§ 1905), eine Unterbringung oder unterbringungsähnliche Maßnahme (§ 1906), Kündigung eines Wohnraummietverhältnisses und Abschluss eines Miet- oder Pachtvertrages (§ 1907) und eine Ausstattung (§ 1908).
Darüber hinaus verweist § 1908 i Abs. 1 in weitem Umfange auf Vorschriften 21 des Vormundschaftsrechts mit entsprechenden Genehmigungsvorbehalten (§§ 1803 Abs. 2, 1809 bis 1812, 1819 bis 1821, 1822 Nr. 1 bis 4, 6 bis 13, 1823 bis 1825). Zur Erklärung der Genehmigung und den Folgen fehlender

BGB § 1902 Titel 2. Rechtliche Betreuung

Genehmigung §§ 1828 ff. Erleichterungen gelten bei Befreiungen nach § 1857 a für Behörden- und Vereinsbetreuungen sowie nach § 1908 i Abs. 2 S. 2 entsprechend, wenn der Vater, die Mutter, der Ehegatte, ein Abkömmling oder ein Vereins- bzw. Behördenbetreuer bestellt ist.
Weitere Genehmigungsvorbehalte enthalten einige Vorschriften des Familien- und des Erbrechts (§§ 1411, 1484 Abs. 2, 1491 Abs. 3, 1492 Abs. 3, 1493 Abs. 2 S. 3, 1596 Abs. 1 S. 3, 2282 Abs. 2, 2290 Abs. 3, 2347, 2351).

5. Untervollmachten

22 Eine **Übertragung der Befugnisse** des Betreuers **auf Dritte** ist grundsätzlich unzulässig. Dies folgt schon aus dem Grundsatz der persönlichen Betreuung (OLG Dresden BtPrax 2001, 260). Allerdings ermöglicht eine gesetzlich eingeräumte Vertretungsmacht stets auch die Erteilung von Untervollmachten, wenn nicht ausdrücklich durch Gesetz höchstpersönliches Handeln vorgesehen ist oder sonstige gesetzliche Bestimmungen entgegenstehen (MK-Schramm § 167 Rn 93 ff). Außer bei der Einwilligung in eine Sterilisation, die nur durch den besonderen Betreuer (§ 1899 Abs. 2) persönlich erfolgen kann, bedeutet dies, dass der Betreuer Untervollmachten erteilen kann, soweit hierdurch der Grundsatz der persönlichen Betreuung nicht verletzt wird (Jürgens BtPrax 1994, 10; LG Frankfurt/Oder BtPrax 1997, 78; OLG Dresden BtPrax 2001, 260). Danach sind Generalvollmachten grundsätzlich unzulässig (Knittel § 1902 Rn 73). Darüberhinaus muss der Betreuer den Bevollmächtigten überwachen, haftet für dessen Fehler selbst und darf ihn auch nur als untergeordnete „Hilfskraft" einsetzen, also z. B. für überschaubare Verwaltungsaufgaben (Kontovollmacht, Anlage von Vermögenswerten etc.) oder um in der Zeit seiner – etwa urlaubsbedingten – Abwesenheit den Betreuten nicht ohne Ansprechpartner zu lassen (Jürgens a.a.O.; LG Frankfurt/Oder a.a.O.; OLG Dresden a.a.O.). Die generelle Übertragung etwa der Entscheidung über Unterbringungen (§ 1906) oder in ärztliche Maßnahmen (§ 1904) wäre dagegen unzulässig, allenfalls bei untergeordneten Hilfstätigkeiten (Abschluss des Arzt- oder Krankenhausvertrages im Auftrag des Betreuers) wäre hier eine Vertretung des Betreuers denkbar.

6. Vertreterhandeln in besonderen gesetzlich geregelten Fällen

a) Passgesetz

23 Nach § 6 Abs. 1 S. 1 PassG wird ein Pass nur auf Antrag ausgestellt. Der Antrag kann auch von einem Bevollmächtigten gestellt werden. Für Geschäftsunfähige kann nur derjenige den Antrag stellen, der als Sorgeberechtigter ihren Aufenthalt zu bestimmen hat (§ 6 Abs. 1 S. 6 PassG). Geschäftsfähige Betreute können danach den Antrag jedenfalls selbst stellen bzw. sich durch einen Bevollmächtigten vertreten lassen. Nur soweit das Aufenthaltsbestimmungsrecht zum Aufgabenkreis eines Betreuers gehört, kann dieser den Antrag für einen geschäftsunfähigen Betreuten stellen, bei einem ausländischen Betreuten auch dann, wenn die „Vertretung gegenüber Behörden" zum Aufgabenkreis des Betreuers gehört (BayObLG FamRZ 2003, 405).

b) Strafrecht

Im Strafverfahren darf ein Betreuer, der wegen einer psychischen Krankheit 24
oder einer geistigen oder seelischen Behinderung von der Bedeutung eines bestehenden **Zeugnisverweigerungsrechts** keine genügende Vorstellung hat, nur vernommen werden, wenn er zur Aussage bereit ist und auch sein gesetzlicher Vertreter – also der Betreuer – zustimmt. Ist dieser selbst Beschuldigter, so kann er über die Ausübung des Zeugnisverweigerungsrechts nicht entscheiden (§ 52 Abs. 2 StPO). Einen **Strafantrag** kann bei einer gegen den Betreuten gerichteten Tat der Betreuer stellen, wenn ihm die Personensorge zusteht und der Betreute selbst geschäftsunfähig ist (§ 77 Abs. 3 StGB).

Ist der Betreute selbst zu einer Freiheitsstrafe auf Bewährung verurteilt, steht dem Betreuer mit dem Aufgabenkreis Erledigung von Behördenangelegenheiten ein eigenes Beschwerderecht gegen den Beschluss des Gerichts zu, mit dem die Bewährungsfrist verlängert wird (OLG Düsseldorf, Rpfleger 1996, 81). Steht dem Betreuer lediglich die Gesundheitsfürsorge, die Aufenthaltsbestimmung und die Vermögenssorge teilweise zu, umfasst dies dagegen nicht die Beschwerde gegen strafrechtliche Entscheidungen (OLG Hamm BtPrax 2007, 226).

c) Notarordnung

Für einen Notar kann nach § 39 Abs. 1 BNotO auf seinen Antrag durch die 25
Aufsichtsbehörde für die Zeit seiner Abwesenheit oder Verhinderung ein Vertreter bestellt werden. Diesen Antrag kann in seiner Vertretung auch ein nach § 1896 bestellter Betreuer stellen (§ 39 Abs. 3 S. 4 BNotO). Die Bestellung eines Betreuers hierfür kommt nur in Betracht, wenn der Notar auf Grund einer psychischen Krankheit oder einer Behinderung zur weiteren Ausübung seines Amtes nicht mehr in der Lage und die Vertretung in seinem Interesse erforderlich ist. Unerheblich ist, ob die Antragstellung allein oder neben anderen Aufgaben zum Aufgabenkreis des Betreuers gehört.

d) Kirchenaustritt

In den meisten Landesgesetzen über den Kirchenaustritt wird die Möglichkeit, 26
aus der Kirche auszutreten, an die Geschäftsfähigkeit geknüpft. Sehr unterschiedlich geregelt ist allerdings die Frage, ob anstelle eines geschäftsunfähigen Betreuten sein Betreuer den Kirchenaustritt erklären kann (hierzu Deinert FamRZ 2006, 243). Beispielhaft sei hier das neuere Hessische Gesetz zur Regelung des Austritts aus Kirchen, Religions- oder Weltanschauungsgemeinschaften des öffentlichen Rechts vom 13. Oktober 2009 (GVBl. S. 394) erwähnt. Nach § 2 Abs. 3 dieses Gesetzes kann ein Betreuer, dem die Personensorge zusteht, für einen geschäftsunfähigen Betreuten eine Erklärung zum Austritt aus einer Kirche, Religions- oder Weltanschauungsgemeinschaft abgeben, wenn der Austritt dem wirklichen oder mutmaßlichen Willen des Betreuten entspricht. Die Erklärung bedarf der Genehmigung des Betreuungsgerichts.

§ 1903 Einwilligungsvorbehalt

(1) Soweit dies zur Abwendung einer erheblichen Gefahr für die Person oder das Vermögen des Betreuten erforderlich ist, ordnet das Betreuungsgericht an, dass der Betreute zu einer Willenserklärung, die den Aufga-

BGB § 1903 Titel 2. Rechtliche Betreuung

benkreis des Betreuers betrifft, dessen Einwilligung bedarf (Einwilligungsvorbehalt). Die §§ 108 bis 113, 131 Abs. 2 und § 210 gelten entsprechend.

(2) Ein Einwilligungsvorbehalt kann sich nicht erstrecken auf Willenserklärungen, die auf Eingehung einer Ehe oder Begründung einer Lebenspartnerschaft gerichtet sind, auf Verfügungen von Todes wegen und auf Willenserklärungen, zu denen ein beschränkt Geschäftsfähiger nach den Vorschriften des Buches vier und fünf nicht der Zustimmung seines gesetzlichen Vertreters bedarf.

(3) Ist ein Einwilligungsvorbehalt angeordnet, so bedarf der Betreute dennoch nicht der Einwilligung seines Betreuers, wenn die Willenserklärung dem Betreuten lediglich einen rechtlichen Vorteil bringt. Soweit das Gericht nichts anderes anordnet, gilt dies auch, wenn die Willenserklärung eine geringfügige Angelegenheit des täglichen Lebens betrifft.

(4) § 1901 Abs. 5 gilt entsprechend.

Übersicht

	Rn.
1. Regelungszweck	1
2. Gefahrenlage	2
a) Erhebliche Gefahr	2
b) Geschäftsfähigkeit	4
c) Interessen Dritter	5
d) Erforderlichkeit	6
3. Umfang und Grenzen des Einwilligungsvorbehalts	7
4. Betreuerhandeln bei angeordnetem Einwilligungsvorbehalt	13
a) Einwilligung	13
b) Geschäftsunfähige Betreute	15
c) Betreuungsgerichtliche Genehmigung	18
d) Erklärungen gegenüber dem Betreuten	19
e) Aufhebung des Einwilligungsvorbehalts	20
5. Einwilligungsfreie Willenserklärungen	22
6. Mitteilungspflichten	25
7. Auswirkungen des Einwilligungsvorbehalts in anderen Rechtsgebieten	26

1. Regelungszweck

1   Die Bestellung eines Betreuers hat keinen Einfluss auf die Geschäftsfähigkeit des Betroffenen (§ 1896 Rn 42). Dieser kann daher bei bestehender Geschäftsfähigkeit auch in denjenigen Angelegenheiten, für die der Betreuer bestellt ist, selbstständig rechtlich wirksame **Willenserklärungen** abgeben (§ 1902 Rn 4). Bei Berufung auf eine evtl. Geschäftsunfähigkeit (§ 104 Nr. 2) mit der Folge der Unwirksamkeit von Willenserklärungen (§ 105) trägt er hierfür die Beweislast. Um hierdurch entstehende Gefahren für die Person oder das Vermögen des Betreuten abzuwenden, kann das Betreuungsgericht daher den Einwilligungsvorbehalt nach Abs. 1 anordnen. Soweit dieser reicht, kann der Betreute dann nicht mehr allein wirksam handeln, sondern ist an die Mitwirkung des Betreuers gebunden, der seinerseits die Entscheidungsmacht über die Wirksamkeit der vom Betreuten abgegebenen Willenserklärungen übertragen bekommt.

2. Gefahrenlage

a) Erhebliche Gefahr

Voraussetzung ist eine konkrete erhebliche Gefahr für die Person oder das Vermögen des Betreuten durch von diesem in der Zukunft abzugebende Willenserklärungen (Jürgens/Kröger/Marschner/Winterstein Rn 97 ff.). Es muss sich dabei um eine erhebliche Gefahr handeln, deren Konkretisierung mit **hinreichender Sicherheit** zu erwarten ist. Die bloße Möglichkeit der Selbstschädigung reicht nicht aus (LG Köln BtPrax 1992, 109; BayObLG FamRZ 1993, 851; LG Köln NJW 1993, 207). Es muss daher festgestellt werden, dass der Betreute überhaupt am Rechtsverkehr teilnimmt (LG Hildesheim BtPrax 1996, 230) und dass er hierbei Willenserklärungen abgeben wird, die ihm nachteilig sind. Die bloße Befürchtung, er würde möglicherweise künftig rechtsgeschäftlich handeln, genügt hierfür nicht (OLG Zweibrücken FamRZ 1999, 1171). Darüberhinaus muss feststehen, dass der Betreute auf Grund der der Betreuerbestellung zugrunde liegenden psychischen Krankheit oder geistigen/seelischen Behinderung nicht in der Lage ist, seinen Willen frei zu bestimmen (BayObLG FamRZ 1998, 454; BtPrax 1999, 681). Die Fähigkeit des Erkennens, der Willensbildung oder -steuerung muss zumindest erheblich eingeschränkt sein. Der Staat hat von Verfassungs wegen nicht das Recht, seine zu freier Willensbestimmung fähigen Bürger zu erziehen, zu „bessern" oder an einer Selbstschädigung zu hindern (BayObLG a.a.O.; Schwab FamRZ 1992, 493, 505).

Gefahren für die **Person** liegen vor, wenn durch die vom Betroffenen abgegebenen Willenserklärungen negative Auswirkungen auf wichtige personenbezogene Rechtsgüter wie Leben, Gesundheit, Freiheit (Knittel § 1903 Anm. 6) zu befürchten sind, etwa durch die Kündigung von Mietverträgen, psychische Belastungen durch abgeschlossene nachteilige Geschäfte etc. Eine Gefahr für das **Vermögen** liegt vor, wenn wirtschaftlich nachteilige Geschäfte abgeschlossen werden (z. B. Eingehung von erheblichen Verpflichtungen ohne Gegenleistung, BayObLG BtPrax 2000, 123), das Vermögen verschleudert (BayObLG BtPrax 1994, 136) oder für Dinge eingesetzt wird, die nach den Lebensverhältnissen des Betroffenen keine Vorteile bringen (z. B. Verträge über Immobilien, Mietverträge etc, hierzu BayObLG BtPrax 1997, 160). Allerdings muss es sich um erhebliche Gefahren handeln, so dass lediglich geringfügige Vermögensnachteile einen Einwilligungsvorbehalt nicht begründen können (Jürgens/Kröger/Marschner/Winterstein Rn 100). Ein Einwilligungsvorbehalt kann auch notwendig sein, um eine weitere Verschuldung des Betroffenen zu verhindern (BayObLG BtPrax 1997, 160) oder um Vermögensschädigungen durch einen Bevollmächtigten, dessen Vollmacht möglicherweise unwirksam ist, zu verhindern (BayObLG FamRZ 2004, 1814). Bei massenhaft erhobener, von vorneherein aussichtsloser Klagen, kann ein Einwilligungsvorbehalt für Behördenangelegenheiten und gerichtliche Auseinandersetzungen angeordnet werden, um weitere Gefahren für das Vermögen durch entstehende Kosten zu vermeiden (KG BtPrax 2007, 84). Werden aber nur gerichtskostenfreie Verfahren betrieben, scheidet eine Vermögensgefährdung aus und ein Einwilligungsvorbehalt kommt nicht in Betracht (KG FamRZ 2008, 1114). Ein Einwilligungsvorbehalt kann auch nicht weiterhelfen, wenn der Betroffene einem Sparzwang unterliegt und deshalb auch lebensnotwendige Lebensmittel nicht beschafft. Eine Vermögensgefahr liegt dann gerade nicht vor (LG München I BtPrax 1999, 114). Ohnehin ist auch bei Anwendung des § 1903 die Regelung in § 1901 Abs. 1 S. 2 zu beachten: der Betreute muss im Rahmen des Möglichen sein Leben nach eigenen Wünschen und Vorstellungen gestalten können, also in gewissem Grade auch „unvernünftige" Vermögensverfügungen treffen können.

b) Geschäftsfähigkeit

4   Ebenso wie die Bestellung eines Betreuers ist auch die Entscheidung über einen Einwilligungsvorbehalt unabhängig davon, ob der Betreute **geschäftsfähig** oder **geschäftsunfähig** ist (BayObLG BtPrax 1994, 136). Zwar sind Willenserklärungen eines Geschäftsunfähigen nach § 105 unwirksam, so dass es eines Einwilligungsvorbehalts nicht bedürfte. Allerdings müsste im Streitfall der Betreute seine Geschäftsunfähigkeit jeweils nachweisen, was Schwierigkeiten bereiten kann. Zum anderen wechseln in vielen Fällen Zeiten der Geschäftsfähigkeit mit Zeiten der Geschäftsunfähigkeit ab und die Grenzen zwischen Geschäftsunfähigkeit und -fähigkeit sind ohnehin fließend (Vormundschaftsgerichtstag e. V. (Hrsg.), 2. Vormundschaftsgerichtstag, AG 5, S. 91). Ein Einwilligungsvorbehalt kommt von vornherein nicht in Betracht, wenn der Betreute offensichtlich geschäftsfähig und keine erhebliche Gefährdung erkennbar ist. Auf der anderen Seite ist ein Einwilligungsvorbehalt dort nicht erforderlich, wo der Betreute ohnehin handlungsunfähig ist, keine Willenserklärungen abgeben kann oder vom Rechtsverkehr als geschäftsunfähig erkannt wird. Der Einwilligungsvorbehalt hat also besondere Bedeutung gerade dann, wenn von Seiten des Betroffenen (rechtsgeschäftliche) Aktivität entwickelt wird und nicht offensichtlich ist, ob er geschäftsfähig ist oder nicht, oder seine persönliche Situation – wie z. B. häufig bei psychisch Kranken – so unterschiedlich ist, dass Momente der Geschäftsfähigkeit mit solchen der Geschäftsunfähigkeit ständig abwechseln. Gerade im Bereich einer partiellen (BayObLG BtPrax 1994, 136; FamRZ 1995, 1518) oder relativen Geschäftsunfähigkeit (hierzu Jürgens BtPrax 1992, 47) und im Grenzbereich hat der Einwilligungsvorbehalt seine Bedeutung. Auch bei Geschäftsunfähigkeit ist daher ein Einwilligungsvorbehalt nicht ohne weiteres entbehrlich (OLG Düsseldorf BtPrax 1993, 175; BayObLG BtPrax 1994, 136; FamRZ 1995, 1518). Dies gilt z. B. dann, wenn der Betreute erhebliche Verpflichtungen durch einen notariellen Vertrag eingegangen ist, wobei der Notar die Geschäftsunfähigkeit des Betroffenen nicht erkennen konnte (BayObLG BtPrax 2000, 123).

c) Interessen Dritter

5   Die Anordnung eines Einwilligungsvorbehalts ist nur bei Gefahr für den Betreuten zulässig, nicht aber im **Drittinteresse** (Jürgens/Kröger/Marschner/Winterstein Rn 97; Schwab FamRZ 1992, 492, 505). Weder das Interesse der Erben an einem möglichst ungeschmälerten Familienvermögen noch die Gefährdung der Gläubigerinteressen durch Minderung des vollstreckungsfähigen Vermögens können daher einen Einwilligungsvorbehalt begründen.

d) Erforderlichkeit

6   Auch der Einwilligungsvorbehalt unterliegt wie die Bestellung des Betreuers dem Erforderlichkeitsgrundsatz (§ 1896 Rn 15 ff.). Dieser kann daher auf einzelne

Einwilligungsvorbehalt § 1903 BGB

Willenserklärungen beschränkt werden, z. B. auf solche, die einen bestimmten Gegenstandswert übersteigen (BayObLG BtPrax 1994, 30: über 500,– DM monatlich; LG Trier BtPrax 2004, 78: 150,– DM wöchentlich). Er kann auch gegenständlich eingegrenzt werden (BayObLG BtPrax 1995, 143: nur für Verwaltung und insbesondere Sanierung eines bestimmten Hauses). Beruht die Gefährdung des Vermögens nahezu ausschließlich auf Rechtsgeschäften, die Dauerschuldverhältnisse und Ratenzahlungsvereinbarungen betreffen, reicht ein hierauf beschränkter Einwilligungsvorbehalt aus (OLG Brandenburg FGPrax 2007, 220). Die Erforderlichkeit muss für jeden Aufgabenkreis geprüft und konkretisiert werden (BayObLG FamRZ 1998, 454).

3. Umfang und Grenzen des Einwilligungsvorbehalts

Ein Einwilligungsvorbehalt kann nur für **Willenserklärungen** des Betreuten 7 angeordnet werden (und für rechtsgeschäftsähnliche Handlungen), nicht jedoch für rein tatsächliches Handeln oder für Zustimmungen zu Rechtsgutsverletzungen (Jürgens/Kröger/Marschner/Winterstein Rn 99; OLG Hamm BtPrax 1995, 70; LG Hildesheim BtPrax 1996, 230). Bei Einwilligungen in ärztliche Maßnahmen, eine Sterilisation, einen Schwangerschaftsabbruch oder in eine freiheitsentziehende Maßnahme etwa handelt es sich nicht um Willenserklärungen, sondern um Erklärungen eigener Art. Sie können daher nicht Gegenstand eines Einwilligungsvorbehalts sein (Knittel § 1903 Anm. 7). Vielmehr kommt die Bestellung eines Betreuers in diesen Fällen überhaupt nur in Betracht, wenn der Betreute einwilligungsunfähig ist und daher nicht selbst wirksam einwilligen kann (zur Einwilligungsunfähigkeit s. § 1904 Rn 4, § 1905 Rn 4). In diesen Fällen kann daher nur der Betreuer als gesetzlicher Vertreter (§ 1902) für den Betreuten handeln.

Das Gleiche gilt auch für die **Aufenthaltsbestimmung** (LG Hildesheim 8 a.a.O.), soweit es um die Ausübung des tatsächlichen Bestimmungsrechts oder um die Zustimmung zu einer Freiheitsentziehung geht (Klüsener/Rausch NJW 1993, 617). Zwar ist nach der ausdrücklichen Erwähnung in § 309 Abs. 2 FamFG davon auszugehen, dass sich ein Einwilligungsvorbehalt auch auf den Aufgabenbereich der Aufenthaltsbestimmung erstrecken kann (hierzu BayObLG FamRZ 1993, 851). Allerdings wirkt dieser nur für Willenserklärungen im Zusammenhang mit der Aufenthaltsbestimmung, also etwa Abschluss oder Kündigung von Miet- oder Heimverträgen. Auch wenn für den Bereich der Gesundheitsfürsorge ein Einwilligungsvorbehalt angeordnet wäre, würde dieser nur für Rechtsgeschäfte gelten, die von diesem Aufgabenbereich umfasst sind, etwa für den Abschluss von Arzt- und/oder Krankenhausverträgen (Klüsener/Rausch a.a.O.).

Das Gesetz nennt außer in § 309 Abs. 2 FamFG noch an weiteren Stellen 9 ausdrücklich die Möglichkeit eines Einwilligungsvorbehalts. So kann nach § 1596 Abs. 3 ein geschäftsfähiger Betreuter nur selbst die Anerkennung einer Vaterschaft erklären, allerdings kann hierfür ein Einwilligungsvorbehalt angeordnet werden („§ 1903 bleibt unberührt"). Ein Einwilligungsvorbehalt für diese Erklärungen kann ausdrücklich angeordnet werden. Es wäre aber auch denkbar, dass ein Betreuer für alle Angelegenheiten der **Personensorge** bestellt und hierfür generell ein Einwilligungsvorbehalt angeordnet wird. Auch dann wären die familienrechtlichen Erklärungen hiervon umfasst.

BGB § 1903 Titel 2. Rechtliche Betreuung

10 Vom Einwilligungsvorbehalt können nur Willenserklärungen umfasst sein, die zum **Aufgabenkreis** des Betreuers gehören. Der Einwilligungsvorbehalt kann niemals weiter reichen, als der Aufgabenkreis, er kann allerdings in seinem Umfang dahinter zurückbleiben, wenn nur für einen Teilbereich der dem Betreuer übertragenen Aufgaben ein Einwilligungsvorbehalt erforderlich ist. Die Anordnung eines Einwilligungsvorbehalts muss für jede einzelne Aufgabe geprüft und konkretisiert werden (BayObLG FamRZ 1998, 454).

11 Nach Abs. 2 sind bestimmte Willenserklärungen von einem Einwilligungsvorbehalt **ausgenommen,** d. h. ein solcher erstreckt sich auch dann nicht hierauf, wenn ansonsten für alle Angelegenheiten ein Betreuer bestellt und ein Einwilligungsvorbehalt angeordnet ist. Dies gilt für Willenserklärungen, die auf die Eingehung einer **Ehe** oder einer Lebenspartnerschaft (§ 1 LPartG) gerichtet sind. Ein geschäftsunfähiger Betreuter kann nach § 1304 BGB eine Ehe nicht eingehen, ein geschäftsfähiger dagegen ist unbeschränkt ehemündig und bedarf nicht der Mitwirkung seines Betreuers bei der Eingehung einer Ehe (zur Ehegeschäftsfähigkeit s. BayObLG BtPrax 1997, 111). Das Gleiche gilt für **Verfügungen von Todes wegen.** Hier ist nach § 2229 Abs. 4 allein entscheidend, ob der Betreute wegen krankhafter Störung der Geistestätigkeit, wegen Geistesschwäche oder wegen Bewusstseinsstörungen nicht in der Lage ist, die Bedeutung einer von ihm abgegebenen Willenserklärungen einzusehen. In diesem Falle kann er kein Testament errichten, im Übrigen ist er jedoch in seinen Verfügungen von Todes wegen frei und bedarf nicht der Mitwirkung seines Betreuers. Einen Erbvertrag kann nach § 2275 Abs. 1 als Erblasser nur schließen, wer unbeschränkt geschäftsfähig ist. Ob bei Errichtung eines Testaments Testierfähigkeit vorlag oder nicht, kann nur im Einzelfall entschieden werden.

12 Schließlich kann sich der Einwilligungsvorbehalt nicht auf Willenserklärungen erstrecken, zu denen ein beschränkt Geschäftsfähiger nach den Vorschriften des Vierten **(Familienrecht)** und Fünften Buches **(Erbrecht)** nicht der Zustimmung seines gesetzlichen Vertreters bedarf. Dies betrifft §§ 1516 Abs. 2 S. 1, 1600 a Abs. 2 S. 2, 1747 Abs. 2 und 3 i. V. m. 1750 Abs. 3 S. 2, 1760 Abs. 3 S. 2, Abs. 5 S. 2, 1762 Abs. 1 S. 4, 2282 Abs. 1 S. 2, 2290 Abs. 2 S. 2, 2296 Abs. 1 S. 2, 2347 Abs. 2 S. 1. Auch für die Ausübung der elterlichen Sorge gegenüber Kindern des Betreuten kann ein Einwilligungsvorbehalt nicht angeordnet werden (§ 1678 Rn 4).

4. Betreuerhandeln bei angeordnetem Einwilligungsvorbehalt

a) Einwilligung

13 Der Betreute bedarf zu einer Willenserklärung, die vom Einwilligungsvorbehalt umfasst wird, der Einwilligung des Betreuers, also der vorherigen Zustimmung (§ 183 S. 1), wobei eine gleichzeitig mit der Willenserklärung des Betreuten erklärte Zustimmung noch als wirksame Einwilligung gilt. Für die Erklärung der Zustimmung s. §§ 182 ff. In jedem Falle ist der Betreuer auch bei der Frage, ob er einer Erklärung des Betreuten zur Wirksamkeit verhilft, an dessen Wünsche gebunden (ausführlich Brosey, Wunsch und Wille des Betreuten bei Einwilligungsvorbehalt und Aufenthaltsbestimmung, S. 30 ff) wie auch an das Wohl des Betroffenen (hierzu § 1901 Abs. 2).

14 In der Regel wird der Betreuer in jedem Einzelfall prüfen, ob er einer Willenserklärung des Betreuten die Zustimmung erteilen will. Es ist aber auch denkbar, dass

er durch eine **Generaleinwilligung** einer Vielzahl zunächst nicht individualisierter Rechtsgeschäfte zustimmt. Allerdings ist hierbei im Rahmen des § 1903 noch mehr Zurückhaltung geboten, als nach § 107 bei Minderjährigen, bei denen solche Generaleinwilligungen jedenfalls eng auszulegen sind (Palandt-Ellenberger § 107 Rn 9). Der Einwilligungsvorbehalt darf nur für Willenserklärungen angeordnet werden, bei denen eine erhebliche Gefahr der Selbstschädigung für den Betreuten besteht. Das Betreuungsgericht hat die Möglichkeit, den Umfang des Einwilligungsvorbehalts abzuändern und so evtl. geänderten Verhältnissen anzupassen. Es widerspräche dem Sinn des Einwilligungsvorbehalts, wenn der Betreuer durch umfassende Einwilligungen über die ohnehin einwilligungsfreien Willenserklärungen hinaus dem Betreuten weitere Rechtsgeschäfte zur alleinigen Entscheidung überlassen würde (Bienwald RsDE 7, 1, 20; MK-Schwab Rn 50). Er kann allenfalls für einen überschaubaren Zeitraum erkennbar gehäuft auftretende gleichartige Willenserklärungen aus Vereinfachungsgründen insgesamt genehmigen, was aber praktisch nur in seltenen Ausnahmefällen in Betracht kommen dürfte.

b) Geschäftsunfähige Betreute

Wie die Bestellung eines Betreuers insgesamt ist auch die Anordnung eines 15 Einwilligungsvorbehalts unabhängig von der Geschäftsfähigkeit des Betreuten (hierzu Rn 4). Andererseits ist aber die Willenserklärung eines geschäftsunfähigen Betreuten weiterhin nach § 105 Abs. 1 selbst dann nichtig, wenn der Betreuer eingewilligt hat (Knittel § 1903 Anm. 18; Schreieder BtPrax 1996, 96).

Der Einwilligungsvorbehalt kann seinen Sinn, den Betreuten zu schützen und Rechtsklarheit zu fördern, zwar nur erhalten, wenn die Einwilligung des Betreuers endgültig **Zweifel an der Wirksamkeit der Willenserklärung** des Betreuten beseitigen würde (Brosey, a.a.O., S. 17 ff). Aber diese Regelung ist gerade nicht Gesetz geworden. Es spricht vieles dagegen, die Wirksamkeit einer Willenserklärung des Betreuten, zu der der Betreuer seine Einwilligung erklärt hat, an der – möglicherweise gar nicht erkannten – Geschäftsunfähigkeit des Betreuten scheitern zu lassen, obwohl der Betreuer sie für vorteilhaft angesehen hat. Diesen Widerspruch kann aber nur der Gesetzgeber beseitigen. So wird auch dem Betreuer zugemutet, in jedem Einzelfall die Geschäftsfähigkeit des Betreuten zu überprüfen (so ausdrücklich Pardey, Betreuung Volljähriger, S. 96) oder eine Einwilligung zu einer Willenserklärung zu geben, die wegen § 105 Abs. 1 ohne rechtliche Bedeutung ist.

Die hier in der ersten Auflage und an anderer Stelle (Jürgens/Kröger/Marsch- 16 ner/Winterstein, 3. Aufl., Rn 184 ff.) früher vertretene Lösung, wonach die Regelung in § 1903 derjenigen in § 105 vorgeht, ist mit der Gesetzessystematik nicht in Übereinstimmung zu bringen. Nach Abs. 3 bedarf der Betreute bei angeordnetem Einwilligungsvorbehalt dennoch nicht er Einwilligung seines Betreuers bei lediglich vorteilhaften Geschäften und geringfügigen Angelegenheiten des täglichen Lebens (Rn 22 ff.). Hier fehlt es an einer Mitwirkungsmöglichkeit des Betreuers, der mit seiner Einwilligung über die Wirksamkeit der Willenserklärung entscheiden könnte. Hierbei kommt es dann wieder auf die Geschäftsfähigkeit des Betroffenen an, weil dem Gesetz nicht entnommen werden kann, dass dem Betreuten durch die Anordnung des Einwilligungsvorbehalts eine Rechtsmacht eingeräumt werden sollte, die er ohne diesen nicht hätte (Schreieder, a.a.O.). Dies spricht letztlich dafür, dass in jedem Falle § 105 BGB auch bei angeordnetem Einwilligungsvorbehalt gilt.

BGB § 1903 Titel 2. Rechtliche Betreuung

17   Es bleibt daher nur die Möglichkeit der **Umdeutung** eines unwirksamen aber genehmigten Rechtsgeschäfts in ein vertretungsweises Handeln des Betreuers für den Betreuten nach § 140 BGB (zu den Problemen bei dieser Lösung Brosey, a.a.O., S. 19 f). Dies dürfte allerdings nur selten problemlos möglich sein, weil die Genehmigung einer fremden Willenserklärung einen anderen Erklärungsgehalt hat, als die Abgabe einer eigenen Erklärung in fremden Namen. Dem Betreuer bleibt aber immer die Möglichkeit, eine erneute Erklärung im Namen des Betroffenen abzugeben und damit dem beabsichtigten Rechtsgeschäft zur Wirksamkeit zu verhelfen.

c) Betreuungsgerichtliche Genehmigung

18   Soweit der Betreuer selbst für eine entsprechende Willenserklärung in Vertretung des Betreuten der Genehmigung des Betreuungsgerichts bedarf (hierzu § 1902 Rn 20 f.), gilt dies auch für seine Einwilligung zu einer entsprechenden Willenserklärung des Betreuten. Vor der Erteilung der Einwilligung hat er in diesen Fällen daher die Genehmigung des Betreuungsgerichts einzuholen.

d) Erklärungen gegenüber dem Betreuten

19   Für die Wirksamkeit einer gegenüber dem Betreuten abgegebenen Willenserklärung gilt nach § 1903 Abs. 1 S. 2 entsprechend die Vorschrift des § 131 Abs. 2. Eine solche Erklärung wird dann erst wirksam, wenn sie dem Betreuer zugegangen ist. Etwas anderes gilt nur, wenn die Erklärung dem Betreuten lediglich einen rechtlichen Vorteil bringt (hierzu Rn 22) oder der Betreuer seine Einwilligung erteilt hat.

e) Aufhebung des Einwilligungsvorbehalts

20   Wird eine Entscheidung, durch die ein Einwilligungsvorbehalt angeordnet worden ist, in der **Beschwerdeinstanz** als ungerechtfertigt aufgehoben, so kann die Wirksamkeit eines von oder gegenüber dem Betroffenen vorgenommenen Rechtsgeschäfts nach § 306 FamFG nicht auf Grund dieses Einwilligungsvorbehalts in Frage gestellt werden. In diesen Fällen wären Willenserklärungen des Betreuten, die er in der Zeit nach Anordnung und vor Aufhebung des Einwilligungsvorbehalts abgegeben hat, ohne Einwilligung des Betreuers wirksam, wenn sie nicht aus anderen Gründen bereits unwirksam sind. Nicht hierunter fällt allerdings eine Aufhebung oder Änderung des Einwilligungsvorbehalts nach § 1908 d Abs. 1 und 4 wegen nachträglichen Wegfalls der Voraussetzungen. In diesem Fall sind erst die nach der Aufhebung vorgenommenen Willenserklärungen einwilligungsfrei, die davor abgegebenen jedoch einwilligungsbedürftig.

21   Für die Folgen **fehlender** Einwilligung des Betreuers gelten §§ 108 ff. entsprechend (s. Kommentierung dort).

5. Einwilligungsfreie Willenserklärungen

22   Der Betreute bedarf trotz angeordneten Einwilligungsvorbehalts nicht der Einwilligung des Betreuers bei Willenserklärungen, die unter Abs. 2 fallen (hierzu Rn 11 f.), selbst dann, wenn diese Erklärungen zum Aufgabenkreis des Betreuers gehören sollten und ein Einwilligungsvorbehalt generell angeordnet wurde.

23   Darüberhinaus sind nach Abs. 3 S. 1 Willenserklärungen einwilligungsfrei, die dem Betreuer lediglich einen **rechtlichen Vorteil** bringen. Dies entspricht der Rechtslage bei beschränkt Geschäftsfähigen Minderjährigen (§ 107). Allein die

Einwilligungsvorbehalt **§ 1903 BGB**

rechtlichen Folgen sind für die Beurteilung ausschlaggebend, auf wirtschaftliche Vor- oder Nachteile kommt es nicht an. Die unmittelbaren Wirkungen eines Geschäfts dürfen die Rechtsstellung des Betreuten lediglich verbessern (Palandt-Ellenberger § 107 Rn 2; MK-J.Schmitt § 107 Rn 28). Damit scheiden zweiseitige Verträge, durch die der Betreute jedenfalls zu einer Gegenleistung verpflichtet wird, von vornherein aus. Dagegen ist der Erwerb von Rechten wie die Aneignung oder Übereignung einer Sache oder die Abtretung einer Forderung i. d. R. auch dann ein rechtlicher Vorteil, wenn z. B. die übereignete Sache mit öffentlichen (Abgaben, Steuern etc.) oder privatrechtlichen (Grundpfandrechte, Wohnrecht) Verpflichtungen belastet ist (MK-J.Schmitt a.a.O. Rn 47). Auch eine Schenkung ist i. d. R. ein rechtlicher Vorteil, wenn sie nicht mit einer Auflage oder der Verpflichtung späterer Rückgabe verbunden ist (Palandt-Ellenbeger a.a.O. Rn 6). Dies gilt auch dann, wenn die geschenkte Sache – z. B. ein Grundstück – belastet ist. In diesem Falle kommt es auf eine Gesamtbetrachtung des schuldrechtlichen und des dinglichen Vertrages an (BGH NJW 1981, 111). Der Erlass einer Forderung (§ 397) oder der Verzicht auf sonstige Rechte gegenüber dem Betreuten ist ebenso rechtlich vorteilhaft wie die Ausübung von Gestaltungsrechten, die in ihrer Wirkung lediglich vorteilhaft sind (Kündigung eines zinslosen Darlehens, Mahnung etc.). Auch für neutrale Geschäfte, die dem Betreuten weder Vor- noch Nachteile bringen, bedarf er wie der Minderjährige nicht der Einwilligung (MK-J.Schmitt a.a.O. Rn 33).

Einwilligungsfrei sind schließlich auch Willenserklärungen, die eine **geringfügige Angelegenheit des täglichen Lebens** betreffen, soweit das Betreuungsgericht nichts anderes anordnet (Abs. 3 S. 2). Für geschäftsunfähige Volljährige gilt zudem § 105 a (s. Kommentierung dort). Welche Angelegenheiten solche des täglichen Lebens sind, bestimmt sich wiederum nach den Besonderheiten des Einzelfalls. In aller Regel werden jedenfalls Bargeschäfte über geringwertige Gegenstände hierunter fallen, insbesondere die zum alltäglichen Verzehr bestimmten Lebensmittel, zur Körperpflege benötigte Dinge etc. Auch die Anschaffung notwendiger Kleidungsstücke kann hierunter fallen. Schließlich auch die Inanspruchnahme einfacher Dienstleistungen wie Postdienste, Fahrten zu öffentlichen Verkehrsmitteln, Kinobesuch etc. In jedem Falle bildet der persönliche Bedarf unter Berücksichtigung der Vermögensverhältnisse die Grenze der Angelegenheiten des täglichen Lebens (a. A. MK-Schwab Rn 48). Der Kauf eines Brotes kann hierunter fallen, die Beschaffung eines weiteren, nicht benötigten, bereits nicht mehr. Vorratswirtschaft ist im Rahmen des Abs. 3 nicht vorgesehen, hierzu bedarf es vielmehr der Betreuereinwilligung. Eine einzelne Angelegenheit, die für sich betrachtet zu den geringfügigen des täglichen Lebens gehört, kann sich in der Summe als überflüssig und damit nicht mehr einwilligungsfrei erweisen (anders MK-Schwab a.a.O.). Der Abschluss eines Mobiltelefonvertrages ist wegen der damit verbundenen weiteren Belastungen keine geringfügige Angelegenheit (LG Trier BtPrax 2004, 78). Auch Ausflugsfahrten zu Gaststätten mit einem Krankentransport sind keine geringfügige Angelegenheit (LG Gießen BtPrax 2003, 88). 24

6. Mitteilungspflichten

Nach Abs. 4 gilt § 1901 Abs. 5 entsprechend. Der Betreuer hat daher dem Betreuungsgericht ihm bekannt gewordene Umstände mitzuteilen, die eine **Änderung** des Umfanges des angeordneten Einwilligungsvorbehalts erfordern. 25

BGB § 1904 Titel 2. Rechtliche Betreuung

Nach § 1908 d Abs. 4 kann ein angeordneter Einwilligungsvorbehalt bei Wegfall der Voraussetzungen aufgehoben werden, er kann auf einen Teil des Aufgabenkreises des Betreuers oder auf bestimmte Willenserklärungen beschränkt oder auch auf weitere Erklärungen erweitert werden, wenn dies erforderlich ist. Bei einer Erweiterung des Einwilligungsvorbehalts sind die gleichen Grundsätze zu beachten, wie bei der ursprünglichen Anordnung (BayObLG FamRZ 1998, 454; OLG Zweibrücken FamRZ 1999, 1171).

7. Auswirkungen des Einwilligungsvorbehalts in anderen Rechtsgebieten

26 Im **Verwaltungsverfahren** und **Verwaltungsstreitverfahren** vor den Verwaltungs-, Sozial- und Finanzgerichten ist die Handlungsfähigkeit des Betreuten beschränkt, soweit es um einen Gegenstand geht, der vom Einwilligungsvorbehalt umfasst ist (§ 12 Abs. 2 VwVfG, § 79 Abs. 2 AO, § 11 Abs. 2 SGB X, § 62 Abs. 2 VwGO, § 58 Abs. 3 FGO). Für eine **Namensänderung,** die vom Einwilligungsvorbehalt umfasst ist, muss der Betreuer den Antrag stellen (§ 2 Abs. 1 S. 2 NamensänderungsG). Ein Betreuter, der bei der Besorgung seiner Vermögensangelegenheiten ganz oder teilweise einem Einwilligungsvorbehalt unterliegt, kann nicht Mitglied des Vorstands oder Aufsichtsrats einer **Aktiengesellschaft** (§§ 76 Abs. 3 S. 2, 100 Abs. 1 S. 2 AktG) oder Geschäftsführer einer **GmbH** sein (§ 6 Abs. 2 S. 2 GmbHG).

§ 1904 Genehmigung des Betreuungsgerichts bei ärztlichen Maßnahmen

(1) **Die Einwilligung des Betreuers in eine Untersuchung des Gesundheitszustands, eine Heilbehandlung oder einen ärztlichen Eingriff bedarf der Genehmigung des Betreuungsgerichts, wenn die begründete Gefahr besteht, dass der Betreute auf Grund der Maßnahme stirbt oder einen schweren und länger dauernden gesundheitlichen Schaden erleidet. Ohne die Genehmigung darf die Maßnahme nur durchgeführt werden, wenn mit dem Aufschub Gefahr verbunden ist.**

(2) **Die Nichteinwilligung oder der Widerruf der Einwilligung des Betreuers in eine Untersuchung des Gesundheitszustands, eine Heilbehandlung oder einen ärztlichen Eingriff bedarf der Genehmigung des Betreuungsgerichts, wenn die Maßnahme medizinisch angezeigt ist und die begründete Gefahr besteht, dass der Betreute auf Grund des Unterbleibens oder des Abbruchs der Maßnahme stirbt oder einen schweren und länger dauernden gesundheitlichen Schaden erleidet.**

(3) **Die Genehmigung nach den Absätzen 1 und 2 ist zu erteilen, wenn die Einwilligung, die Nichteinwilligung oder der Widerruf der Einwilligung dem Willen des Betreuten entspricht.**

(4) **Eine Genehmigung nach den Absätzen 1 und 2 ist nicht erforderlich, wenn zwischen Betreuer und behandelndem Arzt Einvernehmen darüber besteht, dass die Erteilung, die Nichterteilung oder der Widerruf der Einwilligung dem nach § 1901a festgestellten Willen des Betreuten entspricht.**

§ 1904 BGB

(5) **Die Absätze 1 bis 4 gelten auch für einen Bevollmächtigten.** Er kann in eine der in Absatz 1 Satz 1 oder Absatz 2 genannten Maßnahmen nur einwilligen, nicht einwilligen oder die Einwilligung widerrufen, wenn die Vollmacht diese Maßnahmen ausdrücklich umfasst und schriftlich erteilt ist.

Übersicht

	Rn.
1. Anwendungsbereich	1
2. Voraussetzungen der Genehmigungspflicht nach Abs. 1	5
3. Vorausetzungen der Genehmigungspflicht nach Abs. 2	10
4. Voraussetzungen der Genehmigung (Abs. 3)	11
5. Zwangsbehandlung	12
6. Absehen von der Genehmigungspflicht (Abs. 1 Satz 2, Abs. 4)	13
7. Arzneimittelgesetz	14
8. Verhältnis zu Landesgesetzen und Maßregelvollzug	15
9. Verfahren	16

1. Anwendungsbereich

Die Vorschrift wurde durch das 3. BtÄndG im Hinblick auf die gesetzlichen 1 Regelungen über die Patientenverfügung nach §§ 1901a und b geändert. Abs.1 betrifft die **Einwilligung des Betreuers** in Untersuchungen des Gesundheitszustandes, d. h. diagnostische Maßnahmen, Heilbehandlungsmaßnahmen und ärztliche Eingriffe, bei denen es sich nicht um eine Heilbehandlung handelt, bspw. z. B. im Fall einer kosmetischen Operation. Abs. 2 betrifft die **Nichteinwilligung oder den Widerruf der Einwilligung** des Betreuers in eine der in Abs. 1 genannten ärztlichen Maßnahmen, wenn diese Maßnahme medizinisch angezeigt ist. Voraussetzung ist jeweils die begründete Gefahr, dass der Betreute durch die Maßnahme oder auf Grund des Unterbleibens oder des Abbruchs der Maßnahme stirbt oder einen schweren und länger dauernden gesundheitlichen Schaden erleidet. Die Vorschrift betrifft nicht den Abschluss des Arztvertrages, sondern die Vornahme tatsächlicher Handlungen. Im Fall einer ärztlichen Maßnahme ohne Einwilligung besteht für den Arzt die Gefahr der Strafbarkeit nach §§ 223 StGB sowie der Verpflichtung zum Schadensersatz nach §§ 823 ff. BGB. Von der Vorschrift des Abs. 1 wird in der Praxis nur zurückhaltend Gebrauch gemacht (BT-Drucks. 13/7133 S. 13; Deinert BtPrax 2008, 251). Voraussetzung für ein Tätigwerden des Betreuers ist zunächst, dass ihm der **Aufgabenkreis der ärztlichen Behandlung** oder Heilbehandlung ggf. mit Beschränkung auf einen bestimmten ärztlichen Bereich übertragen wurde (hierzu § 1896 Rn 23, 24 f., 34). Der Aufgabenkreis der Aufenthaltsbestimmung bzw. eine Unterbringung rechtfertigen keine Einwilligung in eine ärztliche Behandlung. Bereits bei der Betreuerbestellung bzw. Festlegung des Aufgabenkreises ist zu prüfen, ob der Betroffene nicht selbst in die Behandlung einwilligen kann (zur Erforderlichkeit der Betreuerbestellung mit dem Aufgabenkreis der Gesundheitssorge bei Unterbringung im Maßregelvollzug OLG Schleswig R&P 2008, 38).

Die Einwilligung oder Nichteinwilligung eines **Bevollmächtigten** in Maßnahmen nach Abs. 1 und Abs. 2 ist nur wirksam, wenn die Vollmacht schriftlich erteilt worden ist und die in Abs. 1 Satz 1 und Abs. 2 genannten Maßnahmen ausdrücklich umfasst (Abs. 5; zur Bestimmtheit einer entsprechenden Vollmacht

BGB § 1904   Titel 2. Rechtliche Betreuung

LG Hamburg FamRZ 1999, 1613; LG Düsseldorf MDR 2000, 646; OLG Zweibrücken FamRZ 2003, 113; zu den Anforderungen an die Vollmacht grundsätzlich Milzer NJW 2003, 1936; Keilbach FamRZ 2003, 969; Klie/Bauer FPR 2004, 671; Diehn FamRZ 2009, 1958; zur Anwendbarkeit auf die Maßnahmen des Abs. 2 vor Inkrafttreten des 3. BtÄndG LG Ellwangen FamRZ 2004, 732). Der Betroffene muss bei Erteilung der Vollmacht einwilligungsfähig sein (Jürgens/Kröger/Marschner/Winterstein Rn. 73a; Palandt-Diederichsen § 1904 Rn. 7; Bienwald § 1896 Rn. 78; aA MK-Schwab § 1904 Rn. 70: partielle Geschäftsfähigkeit). Bei wirksamer Vollmachtserteilung im Bereich der Gesundheitsfürsorge kommt eine Betreuerbestellung nicht in Betracht, insbesondere wenn der Bevollmächtigte den in einer Patientenverfügung niedergelegten Willen umsetzt, auch wenn dadurch eine aus ärztlicher Sicht erforderliche Behandlung mit Psychopharmaka nicht durchgeführt werden kann (aA zur Rechtslage vor Inkrafttreten des 3. BtÄndG KG FGPrax 2006, 182; R&P 2007, 30; FamRZ 2007, 580). Eine Vollmacht kann auch in einer Patientenverfügung oder Behandlungsvereinbarung enthalten sein. In anderen Fällen muss die Vollmacht nicht zwingend schriftlich erteilt sein, obwohl sich zum Nachweis des Umfangs einer Vollmacht in Gesundheitsangelegenheiten grundsätzlich die Schriftform empfiehlt (zur Vorsorgevollmacht s. § 1896 Rn 19).

2   Der Betreuer bzw. Bevollmächtigte (nicht das Betreuungsgericht) mit entsprechendem Aufgabenkreis kann nach bisher herrschender Auffassung nur dann stellvertretend als gesetzlicher Vertreter (§ 1902 BGB) in eine ärztliche Behandlung einwilligen, wenn der Betreute zum Zeitpunkt der Einwilligungserklärung **einwilligungsunfähig** ist (OLG Hamm BtPrax 1997, 162 mit Anmerkung Seitz FGPrax 1997, 142; NJW 2003, 2392; BayObLG FamRZ 1999, 1304; AG Frankfurt/Main FamRZ 2003, 476 für den Fall der Vollmacht). Dies entspricht den allgemeinen Regeln des Arztrechts. Bei bestehender Einwilligungsfähigkeit ist allein der Betroffene zu einer Entscheidung über die ärztliche Behandlung berechtigt. Es kann also nur **der Betreute oder der Betreuer** einwilligen (MK-Schwab Rn 6 und 12). Allerdings kann es aus der Sicht des behandelnden Arztes bei Zweifeln an der Einwilligungsfähigkeit des Betreuten sinnvoll sein, sowohl die Einwilligung des Betreuten als auch des Betreuers einzuholen. Liegt die Einwilligungsfähigkeit des Betreuten vor, ist auch seine Ablehnung einer Behandlungsmaßnahme verbindlich, da jeder das Recht hat, ärztliche Behandlungsmaßnahmen abzulehnen. Ein Einwilligungsvorbehalt zum Zweck der Übergehung des vom Betreuten geäußerten Willens ist unzulässig (§ 1903 Rn 2). Das Konzept der Einwilligungsunfähigkeit kann nach Inkrafttreten von Art. 12 Abs. 2 UN-BRK, wonach auch Menschen mit Behinderungen gleichberechtigt mit anderen Rechts- und Handlungsfähigkeit genießen, nicht aufrechterhalten werden. Von dem Begriff der Rechts- und Handlungsfähigkeit wird auch der Begriff der Einwilligungsfähigkeit umfasst (Lachwitz BtPrax 2008, 143). Eine stellvertretende Einwilligung eines Betreuers oder Bevollmächtigten kommt danach nur noch in Betracht, wenn andere in der UN-BRK geschützte höherrangige Menschenrechte (z.B. das Recht auf Leben) gefährdet werden.

3   Besondere Vorschriften gelten nach § 3 Abs. 3 und 4 KastG, wonach eine **Kastration** im Fall der Einwilligungsunfähigkeit des Betroffenen nur bei kumulativer Einwilligung des Betroffenen selbst und eines Betreuers mit entsprechendem Aufgabenkreis durchgeführt werden kann, es sei denn, es geht um die Behandlung einer lebensbedrohenden Krankheit. Eine stellvertretende Einwilligung in eine

Organspende kommt nicht in Betracht, da immer die Einwilligung des volljährigen einwilligungsfähigen Spenders erforderlich ist (§ 8 TPG).

Entscheidende Voraussetzung für die stellvertretende Einwilligung des Betreuers 4
nach bisheriger Auffassung ist die **Einwilligungsunfähigkeit** des Betreuten. Nicht entscheidend ist die Geschäftsfähigkeit nach § 104 BGB (OLG Hamm BtPrax 1997, 162 mit Anmerkung Seitz FGPrax 1997, 142; NJW 2003, 2392). Einwilligungsunfähig ist nach der üblichen Definition, wer Art, Bedeutung und Tragweite bzw. Folgen der Maßnahme nicht verstehen, bzw. seinen Willen nicht danach bestimmen kann. Abzustellen ist auf die erforderliche **ärztliche Aufklärung,** die der Einwilligung vorauszugehen hat. In der Regel ist auch den einwilligungsunfähige Betroffenen aufzuklären (Hoffmann BtPrax 2007, 143). Dies ergibt sich aus der Besprechungspflicht des Betreuers nach § 1901 Abs. 3 Satz 3. Die Einsicht erstreckt sich auf die ärztliche Diagnose, die therapeutischen Möglichkeiten einschließlich der denkbaren Alternativen sowie das Abschätzen der jeweils damit verbundenen Behandlungschancen und Risiken (MK-Schwab Rn 9). Einwilligungsunfähig ist, wer auf Grund seiner Krankheit oder Behinderung den Wert der von der Entscheidung berührten Güter und Interessen, die der Entscheidung zugrunde liegenden Tatsachen, die sich aus der Entscheidung ergebenden Folgen und Risiken sowie die Mittel, die zur Erreichung des angestrebten Zwecks zur Verfügung stehen, ihn aber weniger belasten, nicht erfassen kann bzw. sein Verhalten nicht nach dieser Einsicht richten kann (Amelung R&P 1995, 20; siehe auch Nedopil S. 53 ff.). Für die Beurteilung des Wertes der maßgeblichen Güter und Interessen ist das subjektive Wertsystem des Einwilligenden maßgeblich, nicht ein objektiv vernünftiges Wertsystem. Die Autonomie der Willensentscheidung ist zu respektieren, solange keine krankhafte Verzerrung des Wertsystems des Betroffenen vorliegt (Amelung R&P 1995, 20, 24). Die Behandlungsalternativen sind im Fall einer Behandlung ohne oder gegen den Willen des Betroffenen (hierzu Rn. 11) unter dem Gesichtspunkt des geringstmöglichen Eingriffs von zentraler Bedeutung. Abzustellen ist auf die konkret in Aussicht genommene Behandlung sowie auf den Zeitpunkt der Vornahme. Das Bestehen einer Betreuung mit dem Aufgabenkreis der Heilbehandlung ist daher nicht notwendigerweise ein Indiz für das Fehlen der Einwilligungsfähigkeit. Nicht ausschlaggebend ist nach den vorgenannten Kriterien eine fehlende Krankheitseinsicht oder eine aus Sicht des behandelnden Arztes unvernünftige Ablehnung einer beabsichtigten Behandlung. Auch der psychisch Kranke hat das Recht, bestimmte Behandlungsmaßnahmen ganz abzulehnen oder sich für Alternativen zu entscheiden. Entscheidet sich ein psychisch kranker Betreuer auf Grund der ihm aus früheren Behandlungen bekannten Nebenwirkungen gegen eine pharmakologische Behandlung oder die Behandlung mit einem bestimmten Medikament, ist dies in der Regel als ein auf einer autonomen Wertentscheidung beruhender und damit beachtlicher Wille anzusehen. Dem Arzt und Betreuer bleibt es überlassen, den Betroffenen von der Notwendigkeit der Behandlung zu überzeugen, wobei die Grenze des § 1901 Abs. 3 BGB zu beachten ist. Zwangsmaßnahmen sind in diesem Fall unzulässig (zur Zwangsbehandlung Rn 12) .

2. Voraussetzungen der Genehmigungspflicht nach Abs. 1

Voraussetzung für die Genehmigungspflicht durch das Betreuungsgericht ist 5
zunächst die begründete Gefahr, dass der Betreute auf Grund der Maßnahme stirbt

BGB § 1904

oder einen schweren und länger dauernden gesundheitlichen Schaden erleidet. Es handelt sich wegen der Schwere des Grundrechtseingriffs um eine Schutzvorschrift zugunsten der Betreuten (BT-Drucks. 11/4528 S. 70 ff.). Eine restriktive Auslegung kommt daher nicht in Betracht (a. A. Wolter/Henseler BtPrax 1994, 183). Eine **begründete Gefahr** liegt vor bei einer konkreten und nahe liegenden Möglichkeit des Schadenseintritts. Eine überwiegende Wahrscheinlichkeit ist nicht erforderlich (siehe Jürgens/Kröger/Marschner/Winterstein Rn 206). Lediglich nicht ausschließbare Risiken lösen die Genehmigungspflicht nicht aus (OLG Hamm NJW 2003, 2392 für den Fall einer Zahnbehandlung unter Vollnarkose). Es ist auf den Einzelfall abzustellen, insbesondere auf den Gesundheitszustand der Person, bei der die Maßnahme durchzuführen ist. Dies kann insbesondere bei alten und kranken Menschen zu einer häufigeren Annahme der Genehmigungspflicht führen. Als Anhaltspunkt können die Komplikationshäufigkeit sowie die Rechtsprechung zur **Aufklärungspflicht** über typische Risiken der Behandlung (Winkler/Wilfurth, Betreuung und Heilbehandlung, S. 121 ff.; Kern MedR 1991, 68 f.) sowie zu §§ 81 a StPO, 65 SGB I dienen. Es verbietet sich aber eine generalisierende Festlegung des Grades der Wahrscheinlichkeit (a. A. wohl Wiebach u. a. BtPrax 1997, 48 ff.). Hinsichtlich der **Schwere der Gesundheitsschädigung** wird in der Gesetzesbegründung auf § 224 StGB verwiesen, ohne dass diese Aufzählung abschließenden Charakter hätte. Es kommt auf die Schwere der Beeinträchtigung der alltäglichen Lebensführung infolge der Behandlung im Vergleich zu einem gesunden Menschen an (LG Berlin BtPrax 1993, 66). Als länger dauernd wird der Zeitraum von mindestens einem Jahr angenommen, bei besonders schweren Gesundheitsschäden kommen auch kürzere Zeiträume in Betracht (LG Hamburg FamRZ 1994, 1204; R&P 1999, 42). Letztlich ist immer eine Abwägung im Einzelfall geboten. Auch **psychische Schäden** kommen in Betracht, z. B. eine Abhängigkeit oder Selbsttötungsgefahr als Folge von Medikamenteneinnahmen.

6   Die Genehmigungspflicht betrifft zunächst den Bereich der ärztlichen Maßnahmen, die nicht Anlass der Betreuerbestellung sind, bei einem Betreuten aber wie bei jedem anderen erforderlich werden können. Auch hier ist auf die Einwilligung des Betreuten abzustellen, wenn er einwilligungsfähig ist.

Als genehmigungspflichtige **Untersuchungen** werden genannt die Pneumencephalographie, die Leberblindpunktion, die Bronchoskopie (MK-Schwab § 1904 Rn 14), Herzkatheterisierung, Liquorentnahme aus Gehirn oder Rückenmark (BVerfGE 16, 194 zu § 81 a StPO), die Angiographie (Kleinknecht/Meyer/Goßner, StPO § 81 a Rn 21) sowie bei alten bzw. gebrechlichen Menschen je nach Einzelfall die Arthroskopie (Schreiber FamRZ 1991, 1015 f.). Von den **operativen Behandlungsmaßnahmen** werden als genehmigungsbedürftig angesehen Amputationen (LG Darmstadt FamRZ 2009, 543 LS), Herzoperationen, Transplantationen, neurochirurgische Operationen (MK-Schwab Rn 14), gefäßchirurgische Eingriffe, Operationen am Gehirn und Rückenmark sowie Operationen am offenen Thorax (4. Vormundschaftsgerichtstag S. 148; siehe auch die Aufstellung mit Operationsrisiken bei Winkler/Wilfurth, Betreuung und Heilbehandlung, S. 125). Die Genehmigungsbedürftigkeit der Anästhesie liegt jedenfalls bei alten und gebrechlichen Menschen vor und ist daher im Einzelfall zu entscheiden (siehe OLG Hamm NJW 2003, 2392). Zu den genehmigungsbedürftigen **nichtoperativen Behandlungsmethoden** gehören Chemotherapie, Strahlenbehandlungen (siehe MK-Schwab Rn 14), die Dauerkatheterisierung der Harnblase sowie die Behandlung mit Medikamenten je nach Art, Verwendungszweck,

Genehmigung des BetreuungsG bei ärztl. Maßnahmen **§ 1904 BGB**

Menge und Verträglichkeit (Schreiber FamRZ 1991, 1016). Auch das Legen einer PEG-Magensonde unterliegt zumindest bei Risikopatienten und damit häufig bei alten Menschen der Genehmigungspflicht (Schreiber BtPrax 2003, 148).

Im Bereich der **psychiatrischen Behandlungsmaßnahmen** unterliegt die 7 **Elektrokrampftherapie (EKT)** nach hier vertretener Ansicht der Genehmigungspflicht. Demgegenüber wird zunehmend die Auffassung vertreten, dass auf Grund moderner Technik bei der EKT mit Ausnahme der Anwendung bei Risikopatienten keine Gefahr im Sinn des § 1904 bestehen würde (Dodegge FamRZ 1996, 74 ff.; Wiebach u. a. BtPrax 1997, 48 ff.; Diederichsen in Venzlaff/Foerster S. 477). Das LG Hamburg unterscheidet nunmehr zwischen der EKT mit unilateraler Stimulation der nicht dominanten Hirnhälfte sowie der bilateralen Stimulation und hält die bilaterale Stimulation wegen der Gefahr länger anhaltender retrograder Gedächtnisstörungen weiterhin für genehmigungspflichtig (LG Hamburg R&P 1999, 42; FamRZ 1994, 1204 mit Anmerkung Richter = R&P 1995, 49). Aufgrund der nach wie vor kontroversen Diskussion und des sehr unterschiedlichen Einsatzes der EKT in der Praxis sollte weiterhin von der Genehmigungspflichtigkeit der EKT ausgegangen werden, um im Genehmigungsverfahren Alternativen zur EKT und die Wünsche des Betroffenen prüfen zu können (hierzu Zinkler/Schneeweiß R&P 2000, 12 ff.). Eine EKT darf nie gegen den erklärten Willen des Betroffenen durchgeführt werden (§ 1901 Abs. 3 BGB). Entsprechendes gilt für die Insulinschockbehandlung sowie die hirnchirurgischen oder stereotaktischen Operationsmethoden. Hier scheidet eine Genehmigungsfähigkeit allerdings aus, da diese Operationsmethoden auf Grund der weitreichenden Persönlichkeitsveränderungen gegen die Menschenwürde verstoßen (Volckart/Grünebaum S. 238 ff.).

Grundsätzlich kann eine Genehmigungspflicht auf Grund der bekannten 8 Nebenwirkungen auch bei der Behandlung mit **Psychopharmaka** bestehen. Eine Entscheidung über die Anwendbarkeit des § 1904 ist jeweils im Einzelfall vorzunehmen, was nicht ausschließt, bei bestimmten Gruppen der Psychopharmaka oder einzelnen Medikamenten grundsätzlich von einer Genehmigungspflicht auszugehen (siehe die Diskussion zwischen Schreiber FamRZ 1991, 1014 und 1993, 26 f. Nedopil FamRZ 1993, 24 und Dose FamRZ 1993, 1032). Eine Listenlösung von Schreiber vorgeschlagen ist daher abzulehnen, da diese notwendigerweise unvollständig ist und die Beurteilung der Gefahren in der Regel auch von der Dosierung und Dauer der Behandlung abhängt (Wolter/Henseler BtPrax 1994, 183 und 1995, 168; Pardey BtPrax 1995, 83; Wiebach u. a. BtPrax 1997, 48).

Für die Auslegung des **Gefahrbegriffs** als Voraussetzung der gerichtlichen 9 Genehmigungspflicht bedeutet dies, dass anders als die kurzfristige Akutbehandlung die **Langzeitbehandlung** mit Neuroleptika und Antikonvulsiva genehmigungspflichtig ist (Nedopil S. 43 und FamRZ 1993, 26; Venzlaff/Foerster S. 607; a. A. Wiebach u. a. BtPrax 1997, 48). Die Genehmigungspflicht betrifft auch die Depot-Behandlung als Form der Langzeitbehandlung. Eine Langzeitbehandlung liegt nach Nedopil vor, wenn sie über die Dauer der ursprünglichen Erkrankung hinaus fortgeführt werden soll. So bedarf die Behandlung mit Glianimon, Atosil und Neurocil oder vergleichbarer Neuroleptika über mehrere Wochen hinweg wegen der **Gefahr von Spätfolgen** in Form eines Parkinsonoids oder von Spätdyskinesien der betreuungsgerichtlichen Genehmigung (LG Berlin BtPrax 1993, 66). Dies betrifft im Fall der Behandlung über einen längeren Zeitraum wegen der Gefahr nicht rückbildungsfähiger Spätdyskinesien auch das Medikament Ciatyl-Z-

BGB § 1904 Titel 2. Rechtliche Betreuung

Depot sowie andere Neuroleptika wie z. B. Haldol (AG Bremen R&P 1997, 84; offen gelassen in OLG Hamm BtPrax 1997, 162). Nach anderer Ansicht beginnt die Genehmigungspflicht erst im Fall der Weiterbehandlung nach Auftreten der ersten Anzeichen von Spätdyskinesien (4. VGT S. 147). In diesem Fall ist der häufig irreversible Gesundheitsschaden aber bereits eingetreten. Eine Genehmigungspflicht wird darüberhinaus für die Medikamente Lithium (Nedopil S. 43) sowie Leponex (a. A. Dose Nervenarzt 1994, 787) angenommen. Schreiber sieht darüber hinaus bei der Verordnung von Antikonvulsiva und von Antidepressiva insbesondere wegen der am Anfang der Behandlung erhöhten Suizidgefahr die Genehmigungspflicht in jedem Fall der Behandlung vor (Schreiber FamRZ 1991, 1018; hierzu auch Wolter/Henseler BtPrax 1994, 183, 185).

3. Voraussetzungen der Genehmigungspflicht nach Abs. 2

10   In Abs. 2 ist nunmehr geregelt, dass eine Genehmigung des Betreuungsgerichts auch erforderlich ist, wenn der Betreuer oder Bevollmächtigte (Abs. 5) in eine Untersuchung des Gesundheitszustands, eine Heilbehandlung oder eine ärztliche Maßnahme nicht einwilligt oder die zuvor erteilte Einwilligung widerruft. Nach der bisherigen Rechtsprechung war zwar § 1904 nicht entsprechend anzuwenden, wenn die ärztliche Maßnahme in der Beendigung einer lebenserhaltenden Maßnahme bestand und der Sterbevorgang noch nicht unmittelbar eingesetzt hatte (OLG Schleswig FamRZ 2003, 554; LG München I NJW 1999, 1788; LG Augsburg NJW 2000, 2363; a. A. OLG Karlsruhe FamRZ 2002, 488; OLG Frankfurt/Main FamRZ 1998, 1137; LG Duisburg NJW 1999, 2744). Nach Auffassung des BGH bedurfte die Entscheidung des Betreuers, seine Einwilligung in eine ärztlicherseits angebotene **lebenserhaltende oder -verlängernde Behandlung** zu verweigern, der Zustimmung des Vormundschaftsgerichts nicht in analoger Anwendung des § 1904, sondern aus einem unabweisbaren Bedürfnis des Betreuungsrechts (BGH BtPrax 2003, 123). Dabei mussten nach Auffassung des BGH lebenserhaltende oder -verlängernde Maßnahmen unterbleiben, wenn der Betroffene einwilligungsunfähig war, sein Grundleiden einen irreversiblen tödlichen Verlauf angenommen hatte und er zuvor einen entsprechenden Willen z. B. in einer Patientenverfügung geäußert hatte (BGH BtPrax 2003, 123). Die Entscheidung des BGH wurde insbesondere wegen der Einschränkung auf einen irreversiblen tödlichen Verlauf des Grundleidens sowie hinsichtlich der Voraussetzungen richterlicher Rechtsfortbildung kontrovers und überwiegend ablehnend diskutiert (aus der umfangreichen Literatur Stackmann NJW 2003, 1568; Kutzer ZRP 2003, 209; Holzhauer FamRZ 2003, 191; Albers BtPrax 2003, 139; Verrel NStZ 2003, 449; Lipp FamRZ 2004, 317). Nach Auffassung des OLG Karlsruhe kamen eine Entscheidung des Betreuers gegen eine lebenserhaltende oder -verlängernde Behandlung des Betreuten und eine Zustimmung des Vormundschaftsgerichts auch dann in Betracht, wenn das Leiden einen irreversiblen tödlichen Verlauf angenommen hat, ohne dass der Tod in kurzer Zeit bevorsteht (OLG Karlsruhe FamRZ 2004, 1319). Auf Grund der ungeklärten und kontrovers diskutierten Fragen zu den Grenzen der Sterbehilfe hat das 3. BtÄndG nunmehr die Patientenverfügung (§ 1901a) und die Voraussetzungen der Genehmigungspflicht gesetzlich geregelt (zum Gesetzgebungsverfahren Kutzer ZRP 2004, 213 und FPR 2004, 683; von Renesse BtPrax 2005, 47; Wagenitz FamRZ 2005, 699; Holzhauer FamRZ 2006, 518; Schreiber NStZ 2006, 473; May BtPrax 2007, 149; Höfling

NJW 2009, 2849). Es ist allerdings zweifelhaft, ob die erwünschte Rechtsicherheit erreicht werden konnte (Spickhoff FamRZ 2009, 1949). Die gesetzliche Regelung knüpft grundsätzlich an die vorgenannte Rechtsprechung des BGH an und stellt diese auf eine gesetzliche Grundlage. Der Anwendungsbereich der Vorschrift wird auf diejenigen Fälle erweitert, in denen die begründete Gefahr besteht, dass der Betroffene auf Grund des Unterbleibens oder des Abbruchs der medizinisch indizierten Maßnahme (hierzu § 1901a Rn 7 ff.) stirbt oder länger dauernden gesundheitlichen Schaden erleidet (siehe Höfling NJW 2009, 2849). Ist die ärztliche Maßnahme nicht medizinisch indiziert und wird daher keine ärztliche Behandlung angeboten, bedarf es weder einer Entscheidung des Betreuers noch einer gerichtlichen Genehmigung (BGH BtPrax 2003, 1123). Hinsichtlich des Begriffs der begründeten Gefahr gelten nach der Gesetzesbegründung (BT-Drucksache 16/8442 S. 18) die gleichen Maßstäbe wie nach Abs. 1 (hierzu Rn 5). Unter den Voraussetzungen des Abs. 4 ist eine Genehmigung des Betreuungsgerichts nicht erforderlich (hierzu Rn 13).

4. Voraussetzungen der Genehmigung (Abs. 3)

Der Gesetzgeber hat nunmehr in dem neuen Abs. 3 für die Einwilligung nach Abs. 1 sowie die Nichteinwilligung bzw. den Widerruf der Einwilligung nach Abs. 2 die Voraussetzungen festgelegt, unter denen die betreuungsrechtliche Genehmigung zu erteilen ist. Die Genehmigung ist zu erteilen, wenn die Entscheidung des Betreuers bzw. Bevollmächtigten dem Willen des Betroffenen entspricht. Damit sind als für die gerichtliche Entscheidung verbindliche Grundlagen sowohl die aktuellen Wünsche des Betroffenen nach § 1901 Abs. 3 als auch der in einer Patientenverfügung niedergelegte Wille nach § 1901a Abs. 1 und die Behandlungswünsche bzw. der mutmaßliche Wille nach § 1901a Abs. 2 zu beachten (hierzu § 1901a Rn 1 ff.; zur Auslegung von Patientenverfügungen Hoffmann BtPrax 2009, 7; Spickhoff FamRZ 2009, 1949). Ein Ermessen des Gerichts besteht nicht, soweit ein verbindlicher Wille des Betroffenen festgestellt werden kann. Bestehen Zweifel hinsichtlich des Vorliegens eines zumindest mutmaßlichen Willens des Betroffenen, ist die Entscheidung „für das weitere Leben" zu treffen (LG Kleve BtPrax 2009, 199; Bühler/Stolz BtPrax 2009, 261). Eine uneingeschränkte Unterbrechung der Versorgung per Magensonde verstößt gegen die Menschenwürde im Sinn des Art. 1 GG und ist daher nicht genehmigungsfähig (OLG Düsseldorf FamRZ 2008, 1283).

Soweit kein verbindlicher Wille und keine nach § 1901 Abs. 3 beachtlichen Wünsche festgestellt werden können, hat sich das Betreuungsgericht wie der Betreuer an § 1901 Abs. 2 zu orientieren. Da es sich in der Regel um die Durchführung einer Behandlung gegen oder ohne den Willen des Betroffenen und damit einen Grundrechtseingriff handelt, ist eine Genehmigung insbesondere bei psychiatrischen Behandlungsmaßnahmen nur unter Beachtung des Grundsatzes der Erforderlichkeit und der Verhältnismäßigkeit zulässig. Dies bedeutet, dass in aller Regel versucht werden muss, die Einwilligung des Betroffenen in die Behandlung herbeizuführen. Eine Behandlung gegen oder ohne den Willen des Betroffenen ist nur zulässig zur Abwendung schwerer gesundheitlicher Schäden oder zur Heilung schwerer Krankheiten (MK-Schwab Rn 33). Die letztgenannte Voraussetzung dürfte eher bei organischen Erkrankungen als bei der sog. Anlasskrankheit vorliegen (siehe OLG Hamm NJW 2003, 2392 für den Fall einer Zahn-

11

BGB § 1904   Titel 2. Rechtliche Betreuung

behandlung zur Abwehr lebensbedrohlicher Folgen). Insbesondere bei der Behandlung mit Psychopharmaka ist eine Heilung oft gerade nicht möglich und gar nicht intendiert; häufig ist allenfalls eine Sedierung oder dämpfende Wirkung zu erreichen (LG Berlin BtPrax 1993, 66 = FamRZ 1993, 597). Es hat daher in jedem Fall eine **Güterabwägung** zwischen den betroffenen Rechtsgütern unter Einbeziehung der mit der Behandlung verbundenen möglichen Gefahren stattzufinden. Ist eine Heilung bzw. nachhaltige Besserung des Gesundheitszustandes nicht zu erreichen oder bestehen auf der anderen Seite erhebliche Gefahren in Form von schwerwiegenden **Nebenwirkungen,** die den Behandlungserfolg nicht aufwiegen, so ist die Behandlung nicht genehmigungsfähig (LG Berlin BtPrax 1993, 66).

5. Zwangsbehandlung

12   Von der Frage der Ersetzung der Einwilligung des Betreuten durch den Betreuer zu unterscheiden ist nach heutigem Verfassungsverständnis die Frage, ob die Einwilligung auch zwangsweise gegen den Betreuten durchgesetzt werden kann (BGH BtPrax 2001, 31 = FamRZ 2001, 149; BGH BtPrax 2006, 145; Jürgens/ Kröger/Marschner/Winterstein Rn. 240). Für die zwangsweise Durchsetzung der Behandlung gegen den körperlichen Widerstand des Betreuten bedarf es daher einer speziellen gesetzlichen Grundlage. Außerhalb der Vorschrift des § 326 FamFG enthält das Betreuungsrecht aber keine Vorschriften über Zwangsbefugnisse des Betreuers bzw. Bevollmächtigten, weil der Gesetzgeber zur Verbesserung der Rechtsstellung der Betroffenen bewusst von entsprechenden Regelungen Abstand genommen hat (siehe zum ganzen Marschner R&P 2001, 132 und 2005, 47). Eine **Zwangsbehandlung mit Psychopharmaka**, insbesondere mit Depotneuroleptika, im ambulanten Bereich, also außerhalb einer Unterbringung, ist **unzulässig** (BGH BtPrax 2001, 31; OLG Bremen FamRZ 2006, 730 LS). Auch § 1906 Abs. 4 ermöglicht nicht die Anwendung von Zwang bei der Behandlung. Eine Zwangsbehandlung im ambulanten Bereich kommt auch nicht als geringerer Eingriff gegenüber einer Unterbringung in Betracht. Allerdings kann nach Auffassung des BGH eine Behandlung des Betreuten während einer durch das Betreuungsgericht nach § 1906 Abs. 1 Nr. 2 (nicht nach Nr. 1) genehmigten Unterbringung erforderlichenfalls ausnahmsweise unter Anwendung von Zwang gegen dessen körperlichen Widerstand durchgesetzt werden, da die erforderliche Behandlung sonst nicht durchgeführt werden könne (BGH FamRZ 2006, 615 = BtPRax 2006, 145; OLG Köln NJW-RR 2006, 1664; OLG Schleswig FGPrax 2008, 180; FamRZ 2002, 985 aA Marschner R&P 2001, 132 und 2005, 47; OLG Celle BtPrax 2005, 235; so auch OLG Hamm NJW 2003, 2392 für einen im Maßregelvollzug untergebrachten Patienten; zur Zwangsbehandlung während der Unterbringung Brosey BtPrax 2008, 108; Lipp BtPrax 2009, 53). Dann aber ist im Fall einer Zwangsbehandlung während der betreuungsrechtlichen Unterbringung der Verhältnismäßigkeitsgrundsatz in besonderem Maß zu beachten und ist die durchzuführende Behandlung in der Entscheidung über die Unterbringung nach § 1906 Abs. 1 Nr. 2 hinsichtlich Arzneimittel, Wirkstoff, Dosis, Verabreichungshäufigkeit, Nebenwirkungen und ggf. Behandlungsalternativen präzise zu bezeichnen (BGH FamRZ 2006, 615 = BtPRax 2006, 145; OLG Köln NJW-RR 2006, 1664; OLG Schleswig FGPrax 2008, 180; insoweit aA OLG Karlsruhe FGPrax 2007, 263). In einer offenen Einrichtung ist eine Zwangsbehandlung

Genehmigung des BetreuungsG bei ärztl. Maßnahmen § 1904 BGB

immer unzulässig (BGH BtPrax 2008, 115 = FamRZ 2008, 866). Es ist zu bezweifeln, ob die Auffassung des BGH zur Zulässigkeit der Zwangsbehandlung während der Unterbringung durch den Betreuer nach Inkrafttreten der UN-BRK aufrechterhalten werden kann. Danach rechtfertigen eine psychische Krankheit oder seelische Behinderung als solche keine Zwangseingriffe (hierzu Marschner R&P 2009, 135; König BtPrax 2009, 105). Dem Betreuer bzw. Bevollmächtigten kommt daher eine besondere Verantwortung zu, bevor er sich ausnahmsweise zu einer Zwangsbehandlung des Betroffenen entschließt. Eine Behandlung gegen den körperlichen Widerstand des Betroffenen ist (anders als die Ersetzung der Einwilligung) daher in der Regel nur unter den Voraussetzungen des Öffentlichen Unterbringungsrechts möglich (hierzu Rn 14).Auch die Behandlung mit einer EKT ist auf Grund der vorstehenden Grundsätze allenfalls in psychiatrischen Notsituationen genehmigungsfähig und darf im Übrigen aber nicht gegen den Widerstand des Betroffenen durchgesetzt werden (siehe Rn 8).

6. Absehen von der Genehmigungspflicht (Abs. 1 Satz 2, Abs. 4)

Wenn mit dem Aufschub der Genehmigung, insbesondere durch das zur Einholung der Genehmigung erforderliche Verfahren, selbst **Gefahr** verbunden ist, darf die Maßnahme auch ohne Genehmigung durchgeführt werden (Abs. 1 Satz 2). Diese muss nicht nachgeholt werden. Zu denken ist an akute Behandlungsindikationen im somatischen Bereich sowie schwere Gefahrensituationen für den Betroffenen im psychiatrischen Bereich (z. B. Behandlung eines Stupors). Die normale psychiatrische Behandlung auch im Akutbereich fällt nicht unter diese Ausnahmeregelung. 13

Eine Genehmigung nach den Absätzen 1 und 2 ist weiterhin nicht erforderlich, wenn zwischen Betreuer und behandelndem Arzt Einvernehmen darüber besteht, dass die Erteilung, die Nichterteilung oder der Widerruf der Einwilligung dem nach § 1901a festgestellten Willen des Betroffenen entspricht (Abs. 4). Im Bereich des Abs. 1 wird die praktische Relevanz der insoweit neuen Vorschrift im Bereich der somatischen Erkrankungen liegen. Aber auch im Bereich der psychiatrischen Erkrankungen sind differenzierte Patientenverfügungen oder Willensbekundungen denkbar, in denen der Betroffene sein Einverständnis mit einer bestimmten Behandlung erklärt. Überwiegen dürften aber insoweit die Behandlung ganz oder teilweise ablehnende Patientenverfügungen.

Die durch das 3. BtÄndG eingeführten Vorschrift des Abs. 4 hat ihre Bedeutung vor allem im Bereich des Abs. 2 und entspricht insoweit der bisherigen Rechtsprechung (BGH FamRZ 2003, 748 = BtPrax 2003, 123; OLG München FamRZ 2007, 1128; LG Berlin NJW 2006, 3014; aA LG Essen NJW 2008, 1170). Bereits nach dieser Rechtsprechung sollte eine gerichtliche Genehmigung nur in Konfliktfällen erforderlich sein. Nach der Gesetzesbegründung dient die Einschaltung des Betreuungsgerichts zum Schutz des Betreuten der Kontrolle, ob die Entscheidung des Betreuers tatsächlich dem ermittelten individuell-mutmaßlichen Patientenwillen entspricht. Im Fall des Einvernehmens zwischen Arzt und Betreuer ist danach eine Kontrolle durch das Betreuungsgericht nicht erforderlich, weil bereits eine wechselseitige Kontrolle der Entscheidungsfindung stattfindet. Das Einvernehmen ist zu dokumentieren (BT-Drs 16/8442, 19). Es ist allerdings zweifelhaft, ob der auch nach der Gesetzesbegründung nicht völlig auszuschließenden Gefahr

BGB § 1904   Titel 2. Rechtliche Betreuung

des Missbrauchs durch rechtsmissbräuchliches Zusammenwirken von Arzt und Betreuer zum Nachteil des Betreuten durch Aufsichtsmaßnahmen des Betreuungsgerichts oder die Präventionswirkung des Strafrechts ausreichend begegnet werden kann (so auch Spickhoff FamRZ 2009, 1949). Denn dies setzt voraus, dass jemand das Betreuungsgericht informiert. In Zweifelsfällen sollte der Betreuer den Antrag auf Genehmigung stellen, da grundsätzlich von einer Genehmigungspflicht auszugehen ist. Das Betreuungsgericht kann ggf. ein sog. Negativattest erteilen (aA Palandt-Diederichsen § 1904 Rn 22).

7. Arzneimittelgesetz

14   Ein weitergehendes Verbot der Behandlung ergibt sich aus den §§ 40, 41 AMG (Schutz des Menschen bei klinischer Prüfung). Das Arzneimittelgesetz wurde mit Gesetz vom 30. 7. 2004 (BGBl I S. 2031) zur Umsetzung Europäischer Richtlinien geändert (hierzu Pestalozza NJW 2004, 3374). Unterschieden wird nunmehr zwischen den Allgemeinen Voraussetzungen der Klinischen Prüfung nach § 40 AMG und den Besonderen Voraussetzungen der Klinischen Prüfung nach § 41 AMG. Die besonderen Voraussetzungen gelten für volljährige Personen, die an einer Krankheit leiden, zu deren Behandlung das zu prüfende Arzneimittel angewendet werden soll (§ 41 Abs. 1 AMG). Grundsätzlich ist die Einwilligung der einwilligungsfähigen volljährigen Person erforderlich (§ 40 Abs. 1 Nr. 3 AMG). Die Ersetzung der Einwilligung durch einen gesetzlichen Vertreter oder Bevollmächtigten kommt nur in Betracht, wenn die Anwendung des zu prüfenden Arzneimittels angezeigt ist, um das Leben der Betroffenen Person zu retten, ihre Gesundheit wiederherzustellen oder ihr Leiden zu erleichtern (§ 41 Abs. 3 AMG). Eine stellvertretende Einwilligung bei volljährigen einwilligungsunfähigen Personen ist daher nur bei unmittelbarem Nutzen für den Betroffenen, nicht aber bei fremd- oder gruppennütziger Arzneimittelforschung zulässig (Hoffmann BtPrax 2004, 216). Der Betreuer hat sich bei seiner Entscheidung an den §§ 1901, 1904 zu orientieren hat (zur Strafbarkeit bei fehlender Einwilligung BayObLG NJW 1990, 1552). Bei Untergebrachten ist die klinische Prüfung in jedem Fall unzulässig (§§ 40 Abs. 1 Nr. 4, 41 AMG). Dies gilt nicht nur für die nach öffentlichem Recht, sondern auch für die nach § 1906 Untergebrachten (so auch Holzhauer NJW 1992, 2325).

8. Verhältnis zu Landesgesetzen und Maßregelvollzug

15   In allen Unterbringungsgesetzen bzw. Psychisch-Kranken-Gesetzen der Bundesländer befinden sich wie in den Maßregelvollzugsgesetzen Regelungen, nach denen bestimmte **gefährliche ärztliche Eingriffe** nur mit Einwilligung des Betroffenen durchgeführt werden dürfen, diese Einwilligung unter bestimmten Voraussetzungen aber durch den gesetzlichen Vertreter ersetzt werden kann (Überblick bei Marschner R&P 1988, 19 ff.; Marschner/Volckart/Lesting B 212 ff.). Da es sich in diesen Fällen immer auch um gefährliche Regelungen im Sinn des § 1904 handelt, bedarf der Betreuer zusätzlich der Einwilligung des Betreuungsgerichts. Darüber hinaus darf der Betreuer nicht in Behandlungsmaßnahmen einwilligen, die nach dem jeweiligen Unterbringungsgesetz bzw. Maßregelvollzugsgesetz des Bundeslandes nicht zulässig sind (Schumacher u. a., 1. VGT, Seite 78; Volckart R&P 1987, 37; Marschner R&P 1990, 66; Volckart/Grünebaum S. 235 ; a. A.

OLG Hamm R&P 1987, 36; BayObLG R&P 2004, 33; KG FamRZ 2008, 300). Dies gilt wegen Art. 6 Abs. 2 MRK auch für den Fall einer einstweiligen Unterbringung nach § 126 a StPO. Die **Zwangsbehandlung** eines im **Maßregelvollzug** untergebrachten Betreuten kann nicht nach § 1906 Abs.1 Nr. 2 und damit durch den Betreuer veranlasst werden, sondern ist allein nach öffentlichrechtlichen Vorschriften über den Maßregelvollzug zu beurteilen (OLG München BtPrax 2009, 244 mit Anmerkung Böhm BtPrax 2009, 218).

9. Verfahren

Für das Genehmigungsverfahren gelten die Vorschriften des FamFG. In § 298 FamFG sind besondere Vorschriften für das Verfahren in Fällen des § 1904 enthalten. Diese betreffen die Anhörung des Betroffenen und sonstiger Beteiligter, die Bestellung eines Verfahrenspflegers sowie die Einholung eines Sachverständigengutachtens, wobei Sachverständiger und ausführender Arzt verschiedene Personen sein sollen (§ 298 Abs. 4 FamFG). Von Bedeutung für die gerichtliche Entscheidung und Risikoabwägung bei der Vergabe von Psychopharmaka sind Indikation, Dosis und Wirkung der Medikamente, die Gefahr von Nebenwirkungen, deren Reversibilität und die Möglichkeiten ihrer Beeinflussbarkeit, die Durchführung von Kontrolluntersuchungen, die möglichen Folgen des Absetzens verabreichter Medikamente sowie die Alternativen der medikamentösen Behandlung (siehe das Beispiel eines gerichtlichen Fragebogens an den Sachverständigen bei Klie 1993, S. 52 sowie Leitfaden für das Gespräch zwischen Arzt und Betreuer, in: 4. VGT S. 148 f.). In aller Regel wird, da es sich um eine Behandlung gegen oder ohne den Willen des Betroffenen handelt, auch in den Fällen des § 1904 Abs. 1 ein **Verfahrenspfleger** zu bestellen sein (§ 276 FamFG). In den Fällen des § 1904 Abs. 2 ist dies stets erforderlich (§ 298 Abs. 3 FamFG). Aus dem Genehmigungsbeschluss des Betreuungsgerichts muss eindeutig hervorgehen, ob nur die Zufuhr von Nahrungsersatz oder auch die Versorgung mit Flüssigkeit zur Verhinderung von Durst gemeint ist (OLG Düsseldorf FamRZ 2008, 1283). Die Genehmigung nach Abs. 2 wird erst zwei Wochen nach Bekanntgabe an den Betreuer oder Bevollmächtigten sowie an den Verfahrenspfleger wirksam (§ 287 Abs. 3 FamFG).

§ 1905 Sterilisation

(1) Besteht der ärztliche Eingriff in einer Sterilisation des Betreuten, in die dieser nicht einwilligen kann, so kann der Betreuer nur einwilligen, wenn
1. die Sterilisation dem Willen des Betreuten nicht widerspricht,
2. der Betreute auf Dauer einwilligungsunfähig bleiben wird,
3. anzunehmen ist, dass es ohne die Sterilisation zu einer Schwangerschaft kommen würde,
4. infolge dieser Schwangerschaft eine Gefahr für das Leben oder die Gefahr einer schwerwiegenden Beeinträchtigung des körperlichen oder seelischen Gesundheitszustands der Schwangeren zu erwarten wäre, die nicht auf zumutbare Weise abgewendet werden könnte, und
5. die Schwangerschaft nicht durch andere zumutbare Mittel verhindert werden kann.

BGB § 1905 — Titel 2. Rechtliche Betreuung

Als schwerwiegende Gefahr für den seelischen Gesundheitszustand der Schwangeren gilt auch die Gefahr eines schweren und nachhaltigen Leides, das ihr drohen würde, weil betreuungsgerichtliche Maßnahmen, die mit ihrer Trennung vom Kind verbunden wären (§§ 1666, 1666 a), gegen sie ergriffen werden müssten.

(2) Die Einwilligung bedarf der Genehmigung des Betreuungsgerichts. Die Sterilisation darf erst zwei Wochen nach Wirksamkeit der Genehmigung durchgeführt werden. Bei der Sterilisation ist stets der Methode der Vorzug zu geben, die eine Refertilisierung zulässt.

Übersicht

	Rn.
1. Schwerwiegender Eingriff	1
2. Einwilligungsunfähigkeit	4
a) Grundsatz	4
b) Dauerhafte Einwilligungsunfähigkeit	6
3. Entgegenstehender Wille des Betroffenen	7
4. Konkrete Schwangerschaftserwartung	8
5. Gefahr für Leben oder Gesundheit	9
a) Gefahrensituation	9
b) Eigeninteresse der Betroffenen	10
c) Gesundheitsgefahren	11
d) Seelischer Gesundheitszustand	12
6. Vorrang anderer Mittel	14
7. Betreuerentscheidung	15
8. Verfahren	16

1. Schwerwiegender Eingriff

1 Die Einwilligung des Betreuers in eine Sterilisation des Betreuten wird hier gesondert geregelt, weil diese nur unter wesentlich engeren Voraussetzungen erfolgen darf, als die übrigen von § 1904 umfassten **ärztlichen Eingriffe**. Im Vorfeld der Verabschiedung des Betreuungsgesetzes war die Frage einer Regelung der Sterilisation Betreuter hochumstritten (grundlegend hierzu: Neuer/Miebach/Krebs (Hrsg.), Schwangerschaftsverhütung bei Menschen mit geistiger Behinderung – notwendig, möglich, erlaubt?; Hiersche/Hirsch/Graf/Baumman (Hrsg.) Die Sterilisation geistig Behinderter; s. auch Horn DuR 1988, 62; Schumacher/Jürgens, R & P 2/1988, 2; Wolf ZRP 1988, 313; Reis ZRP 1988, 318; Finger, R & P 2/1988, 14; ders. DAVorm 1989, 11 und 449; Lachwitz DAVorm 1989, 453; Hellmann in: Schuhmacher/Jürgens/Mahnkopf, 1. Vormundschaftsgerichtstag 1988, 131 ff.; Jürgens, ebenda, 145; Dörner, ebenda, 138; ders. in: Brill (Hrsg.) „Zum Wohle der Betreuten", S. 103; Pieroth FamRZ 1990, 117), nach Inkrafttreten ist zumindest die öffentliche Diskussion hierüber merklich zurückgegangen. Unstreitig ist jedoch eine Sterilisation ein so schwerwiegender Eingriff in die körperliche Unversehrtheit und die gesamte Lebensführung, dass sie nur unter engen Voraussetzungen ohne wirksame eigene Einwilligung der Betroffenen vorgenommen werden darf (OLG Hamm BtPrax 2000, 168).

2 Deshalb werden auch nur in seltenen **Ausnahmefällen** die Voraussetzungen des § 1905 vorliegen. Nach dem ersten Bericht der Bundesregierung über die

Sterilisation **§ 1905 BGB**

praktischen Auswirkungen der Regelung zur Sterilisation (BT-Drucks. 13/2822, abgedruckt in BtPrax 1996, 176) sind für die Jahre 1992 bis 1994 insgesamt 239 Sterilisationsgenehmigungen beantragt worden. In 41 Fällen wurde die Sterilisation abgelehnt, 62 Verfahren erledigten sich auf sonstige Weise. Die ebenfalls durchgeführte Praktikerbefragung ergab allerdings 535 Sterilisationsverfahren, von denen 92 mit einer Genehmigung endeten. Hiervon seien in 88 Fällen die Sterilisationen auch tatsächlich durchgeführt worden und sechs Fälle von Refertilisierungen seien bekannt geworden (zu den Einzelheiten BtPrax 1996, 178).

Für die Einwilligung in eine Sterilisation muss stets ein **besonderer Betreuer** 3 bestellt werden (§ 1899 Abs. 2). Diese Aufgabe muss auch von einer natürlichen Person wahrgenommen werden, sie darf nicht Vereinen oder Behörden übertragen werden (§ 1900 Abs. 5). Das Betreuungsgericht hat bereits bei der Bestellung des Betreuers zu überprüfen, ob die Voraussetzungen des § 1905 vorliegen. Wird ein Sterilisationsbetreuer bestellt, muss dieser seinerseits überprüfen, ob eine Sterilisation notwendig ist. Entscheidet er sich für den Eingriff, muss er sodann die Genehmigung des Betreuungsgerichts nach Abs. 2 einholen und erst nach Erteilung der Genehmigung darf die Sterilisation erfolgen.

2. Einwilligungsunfähigkeit

a) Grundsatz

Wie bei der **Heilbehandlung** (§ 1904 Rn 1) ist auch bei der Sterilisation ein 4 strafrechtlicher Aspekt zu beachten. Die Sterilisation, also die operative Unfruchtbarmachung durch Unterbrechung der Ei- oder Samenleiter (zu den einzelnen Methoden vgl. Heidenreich in: Neuer/Miebach/Krebs, a.a.O., S. 118 ff.) ohne wirksame Einwilligung des Betroffenen, ist wegen der Folge der Zeugungsunfähigkeit als beabsichtigte schwere Körperverletzung nach §§ 224, 225 StGB mit Freiheitsstrafe von zwei bis zehn Jahren bedroht. Der Bundesgerichtshof hat in mehreren Entscheidungen (so z. B. BGHSt 20, 81 und BGHSt 67, 48) klargestellt, dass die Strafbarkeit nur bei einer wirksamen Einwilligung des Sterilisierten entfällt, die nicht etwa wegen Verstoßes gegen die guten Sitten nach § 226 a StGB unwirksam ist.

Wie bei der Einwilligung zur Heilbehandlung (§ 1904 Rn 4) setzt diese Ent- 5 scheidung die **Einwilligungsfähigkeit** voraus, also die Fähigkeit, nach entsprechender Aufklärung durch den Arzt Bedeutung und Tragweite der Entscheidung zu erfassen und seinen Willen hiernach auszurichten (Einsichts- und Steuerungsfähigkeit). Liegt diese Einwilligungsfähigkeit beim Betroffenen vor, kommt eine ersatzweise Einwilligung des Betreuers wie auch bei sonstigen ärztlichen Maßnahmen nicht in Betracht.

Das Betreuungsgericht hat daher im Verfahren über die Bestellung des besonderen Betreuers unter Beteiligung von entsprechenden Sachverständigen zunächst zu beurteilen, ob Einwilligungsfähigkeit zum Zeitpunkt der Entscheidung vorliegt. Dies festzustellen kann bereits sehr schwierig sein, weil die Grenzen der Einwilligungsfähigkeit unscharf sind und durch unterschiedliche Denk- und Empfindungsprozesse bestimmt werden, die zudem durch eine geistige Behinderung in ganz unterschiedlichem Maße beeinflusst werden (hierzu ausführlich Schröder in: Neuer/Miebach/Krebs, a.a.O., 82 ff.). Eine ersatzweise Einwilligung kommt jedenfalls nur in Betracht, wenn die fehlende eigene Einwilligungsfähigkeit des

Betroffenen nachgewiesen ist (OLG Hamm BtPrax 2000, 168). Bei nicht auszuräumenden Zweifeln muss sie unterbleiben.

b) Dauerhafte Einwilligungsunfähigkeit

6   Darüberhinaus muss feststehen, dass der Betreute **auf Dauer** einwilligungsunfähig bleiben wird (Abs. 1 Nr. 2). Dies entspricht der Sterilisation als grundsätzlich dauerhafter Maßnahme. Die Ansicht, hohe Wahrscheinlichkeit dauernder Einwilligungsfähigkeit reiche aus (Knittel, § 1905 Anm. 9), widerspricht dem insoweit eindeutigen Gesetzeswortlaut. Betreuungsgericht und Gutachter müssen daher berücksichtigen, dass sehr häufig durch spätere Entwicklungen die Einwilligungsunfähigkeit wegfallen kann (hierzu Lempp, in: Hiersche/Hirsch/Graf/Baumann, a.a.O., S. 18, 25) etwa durch eine Veränderung in den persönlichen Verhältnissen, durch Rehabilitations- oder sexualpädagogische Maßnahmen (Lachwitz FuR 1990, 266, 270 verlangt zu Recht die Feststellung konkreter sexualpädagogischer Aufklärung, die auf die intellektuellen Verständnisschwierigkeiten eines geistig behinderten Menschen Rücksicht nimmt). Insbesondere ist die bei vielen geistig Behinderten im Vergleich zu nichtbehinderten Menschen später eintretende Entwicklung in der Persönlichkeit zu beachten.

Es muss also feststehen, dass während der gesamten Dauer der Zeugungs-/Empfängnisfähigkeit Einwilligungsunfähigkeit bestehen wird. Hierzu dürfte allein die Feststellung, die die Einwilligungsfähigkeit herbeiführende Hirnmissbildung sei einer Behandlung nicht zugänglich, allerdings nicht ausreichen (so aber OLG Hamm BtPrax 2000, 168). Die gesicherte Prognose muss zu der Feststellung der zum Zeitpunkt der Entscheidung fehlenden Einwilligungsfähigkeit hinzutreten und auch hier gilt, dass bei bestehenden Zweifeln die Maßnahme unterbleiben muss.

3. Entgegenstehender Wille des Betroffenen

7   Der Betreuer kann nicht wirksam in eine Sterilisation einwilligen, wenn diese dem Willen des Betreuten widerspricht (Abs. 1 Nr. 1). Hierbei handelt es sich um den sogenannten **natürlichen,** nicht notwendig von Einsichts- und Steuerungsfähigkeit getragenen Willen, der durch jede Art von Ablehnung oder Gegenwehr zum Ausdruck kommen kann. Dabei reicht jeder durch Gestik, Gefühlsäußerungen o. ä. zum Ausdruck gebrachte Widerwillen gegen die beabsichtigte Maßnahme (Lachwitz FuR 1990, 266; MK-Schwab Rn 17). Ein genereller Widerstand gegen jede ärztliche Maßnahme reicht aus, er muss sich nicht gerade gegen die beabsichtigte Sterilisation richten (Hoffmann BtPrax 2000, 235; Pöld/Krämer BtPrax 2000, 237; anders OLG Hamm BtPrax 2000, 168). Eine Gegenwehr ist auch vom Betreuer und vom Arzt zu beachten. Wenn das Betreuungsgericht die Sterilisation genehmigt hat, wird diese nachträglich unwirksam, wenn sich erst später – etwa auch kurz vor dem Eingriff – ein entsprechender Widerstand zeigt. In diesem Falle wird die zunächst u. U. zulässige Einwilligung des Betreuers wegen Wegfalls einer ihrer Voraussetzungen unwirksam und eine gleichwohl durchgeführte Sterilisation wäre rechtswidrig. Nur so kann jede Form von Zwangssterilisation gegen den Willen der Betroffenen ausgeschlossen werden (Lachwitz a.a.O.; Dörner, in: Brill (Hrsg.) „Zum Wohle der Betreuten", S. 103, 106; Staudinger-Bienwald Rn 40).

4. Konkrete Schwangerschaftserwartung

Bei der Annahme, dass es ohne die Sterilisation zu einer Schwangerschaft kommen würde (Abs. 1 Nr. 3), kann nur eine **konkrete und ernstliche** Möglichkeit in Betracht kommen, eine „vorsorgliche" Sterilisation wegen der nur abstrakten Möglichkeit des Geschlechtsverkehrs mit ungewollten Folgen wäre nicht rechtmäßig (so auch OLG Hamm BtPrax 2000, 168; BayObLG BtPrax 1997, 158; 2001, 204). Dies setzt zunächst die Feststellung voraus, dass die betreffenden Betreuten überhaupt genitale Formen der Sexualität ausüben und dass sie zur Fortpflanzung in der Lage sind, was bei einigen Behinderungsformen zumindest zweifelhaft ist (Lachwitz a.a.O.). Als konkrete Schwangerschaftserwartung wäre jedenfalls die gemeinsame Unterbringung in einem Heim oder einer Wohngruppe mit Bewohnern beiderlei Geschlechts nicht ausreichend. Auch die Gefahr des sexuellen Missbrauchs durch andere kann eine Sterilisation nicht rechtfertigen.

8

5. Gefahr für Leben oder Gesundheit

a) Gefahrensituation

Die konkret zu erwartende Schwangerschaft muss zu einer Gefahr für das Leben oder einer schwerwiegenden Beeinträchtigung des körperlichen oder seelischen **Gesundheitszustandes** der Schwangeren führen (Abs. 1 Nr. 4). Dies ist das wichtigste Merkmal der Einwilligungsvoraussetzungen, weil es im Gegensatz zu den meisten anderen nicht nur negative Voraussetzungen normiert, unter denen die Sterilisation zu unterbleiben hat (Dieckmann JZ 1988, 789, 799), sondern die eigentliche **Indikation** für die Sterilisation darstellt. Es handelt sich um eine Konkretisierung der Verpflichtung, bei der Führung der Betreuung nach dem Wohl des Betreuten zu handeln (§ 1901 Abs. 1). Diese Anknüpfung an eine konkrete Gefahr für die Schwangere macht auch deutlich, dass Betroffene der genehmigungsfähigen Sterilisation fast ausnahmslos Frauen sein dürften (zur möglichen Sterilisation von Männern Staudinger-Bienwald Rn 39; MK-Schwab Rn 24). Nur dann, wenn aus Sicht der Betroffenen feststeht, dass der schwerwiegende Eingriff der Sterilisation im Vergleich zu den Beeinträchtigungen durch eine konkret zu erwartende Schwangerschaft das kleinere Übel ist, darf die Einwilligung durch den Betreuer erfolgen.

9

b) Eigeninteresse der Betroffenen

Dies bedeutet zunächst, dass bei der Entscheidung über die Sterilisation die Interessen **Dritter** immer außer Betracht bleiben müssen. Eugenische Überlegungen (wie z. B. bei Lempp DAVorm 1988, 573, 575 oder bei der Deutschen Gesellschaft für Medizinrecht, in: Hiersche/Hirsch/Graf/Baumann, a.a.O., S. 183), insbesondere die Verhinderung behinderten Nachwuchses im angeblichen Interesse der Allgemeinheit, dürfen ebenso wenig zu einer Sterilisation führen wie z. B. die Interessen von Verwandten, die eine erhebliche Belastung durch die Übernahme der Betreuung eines zu erwartenden Kindes befürchten (BT-Drucks. 11/4528 S. 75). In der Vergangenheit kamen gerade aus dieser Richtung häufig die Initiativen für eine Sterilisation. Der Gesetzgeber hat mit Recht solchen Überlegungen eine Absage erteilt und lässt die Sterilisation nur im Eigeninteresse der

10

BGB § 1905 Titel 2. Rechtliche Betreuung

Betroffenen zu. Nur wenn sicher davon ausgegangen werden kann, dass die Betreute selbst in die Sterilisation eingewilligt hätte, wäre sie einwilligungsfähig gewesen, kommt eine Einwilligung des Betreuers in Betracht. Allerdings besteht die Schwierigkeit gerade darin, ein – fiktives, da wegen bestehender Einwilligungsfähigkeit nicht geäußertes und für den Fall einer künftigen Schwangerschaft zu beurteilendes – eigenes Interesse der Betroffenen festzustellen. Betreuungsgericht und Betreuer dürfen sich bei ihrer Entscheidung insbesondere nicht von falschen Vorstellungen über Behinderung, von Mitleid (hierzu Dörner, a.a.O., S. 109) oder Vorurteilen leiten lassen, sondern müssen sich um eine Entscheidung aus dem Blickwinkel der Betreuten bemühen.

c) Gesundheitsgefahren

11   Nach der gesetzlichen Wertung ist dies dann der Fall, wenn die erwartete Schwangerschaft eine Gefahr für das **Leben** der Schwangeren bedeuten würde. In diesem Falle kann sicher davon ausgegangen werden, dass auch eine einwilligungsfähige Betreute einer Sterilisation zustimmen würde, weil das Interesse am Überleben überwiegt. Allerdings muss es sich auch hier um eine konkrete Gefahr handeln.

Das Gleiche gilt für die Gefahr einer schwerwiegenden Beeinträchtigung des körperlichen **Gesundheitszustandes,** wobei ein nicht auf die Sterilisation gerichteter notwendiger Eingriff, der aber eine solche zur Folge hat – etwa bei einer Krebsoperation – bereits als Heileingriff nach § 1904 zulässig sein kann. In Betracht kommen z. B. schwere Herz- und Kreislauferkrankungen, durch die eine Schwangerschaft zum erheblichen Gesundheitsrisiko wird oder wenn es in Folge einer Schwangerschaft bei einer medikamentös nur schwer einzustellenden Epileptikerin zu gehäuften epileptischen Anfällen mit weiteren Gesundheitsschäden kommen würde (OLG Hamm BtPrax 2000, 168).

d) Seelischer Gesundheitszustand

12   Schwieriger zu beurteilen ist die Gefahr einer schwerwiegenden Beeinträchtigung des **seelischen Gesundheitszustandes** der Schwangeren. Die Gesetzesbegründung nennt hier als Beispiel allein eine Selbstmordgefahr auf Grund schwerer Depressionen (BT-Drucks. 11/4528 S. 78 und 143). Als Konkretisierung ist in Abs. 1 S. 2 die Gefahr eines schweren und nachhaltigen Leides, das der Schwangeren drohen würde, weil vormundschaftsgerichtliche Maßnahmen, die mit einer Trennung vom Kind verbunden wären, gegen sie ergriffen werden müssten. Verwiesen wird hier auf §§ 1666, 1666 a, in denen die Trennung eines Kindes von den Eltern wegen Gefährdung des Kindeswohls geregelt ist. Allerdings dürfte sich nur in seltenen Ausnahmefällen die gesicherte Erkenntnis ergeben, dass eine entsprechende Maßnahme im Interesse des Kindes ergriffen werden müsste und dass diese dann zu einem schweren und nachhaltigen Leiden der Schwangeren führen würde (nur mit unzureichenden Feststellungen hierzu OLG Hamm BtPrax 2000, 168). Eine Trennung kommt nur in Betracht, wenn eine Eltern-Kindbeziehung wegen der Schwere der geistigen Behinderung der Mutter nicht aufgebaut werden kann. Gerade in diesen Fällen ist aber davon auszugehen, dass die im Interesse des Kindeswohls erforderliche Trennung nur ganz ausnahmsweise auch zu einem schweren Leiden der Mutter führen wird (Lachwitz FuR 1990, 266, 270 f.).

Darüberhinaus ist zu beachten, dass die Trennungsprognose für jede denkbare Schwangerschaft gelten muss und über den gesamten Zeitraum der Einwilligungsunfähigkeit. Hier ist zu berücksichtigen, dass Modelle zur Hilfe für behinderte

Sterilisation **§ 1905 BGB**

Eltern und deren Kinder zur Ermöglichung eines Zusammenlebens gerade erst am Anfang stehen und möglicherweise in einigen Jahren weit bessere Hilfen als heute zur Verfügung stehen, die eine aus heutiger Sicht notwendige Trennung nicht mehr erforderlich machen würden.

Nur wenn die Gefahr nicht auf **zumutbare Weise** abgewendet werden kann – 13 etwa durch andere Verhütungsmittel, die im konkreten Einzelfall zumutbar eingesetzt werden können (MK-Schwab Rn 26) – kommt eine Sterilisation in Betracht. Überwiegend wird aus Abs. 1 S. 2 geschlossen, dass ein Schwangerschaftsabbruch oder eine geschlossene Unterbringung zur Vermeidung sexueller Kontakte nicht als zumutbare Alternative in Betracht kommen (MK-Schwab a.a.O.; Staudinger-Bienwald Rn 44).

6. Vorrang anderer Mittel

Andere zumutbare **Verhütungsmittel** gehen einer Sterilisation vor (Abs. 1 14 Nr. 5). In Betracht kommen hier alle denkbaren chemischen und mechanischen Verhütungsmittel (BayObLG BtPrax 1997, 158; 2001, 204), deren Anwendung – u. U. nach entsprechenden sexualpädagogischen Maßnahmen (Walter in: Neuer/Miebach/Krebs, a.a.O., S. 69 ff.) – den Betroffenen zuzumuten ist. Die Frage der Zumutbarkeit ist allein aus Sicht der Betroffenen zu beurteilen und richtet sich nach den Besonderheiten des Einzelfalles (BayObLG a.a.O.). Auch hier gilt, dass Interessen anderer keine Berücksichtigung finden dürfen. Die Anwendung eines anderen Verhütungsmittels muss auch dann Vorrang haben, wenn hiermit ein größerer Betreuungsaufwand etwa in einer Einrichtung verbunden ist. Das Unterbinden jeglicher sexueller Kontakte insbesondere durch freiheitsentziehende Maßnahmen wäre dagegen keine zumutbare Alternative (BayObLG a.a.O.).

7. Betreuerentscheidung

Wird ein besonderer Betreuer für die Sterilisation bestellt, muss er in eigener 15 **Verantwortung** prüfen, ob er in eine Sterilisation einwilligen kann oder nicht (OLG Düsseldorf FamRZ 1996, 375). Allein die Bestellung als Betreuer für die Sterilisation bedeutet noch nicht, dass eine Einwilligung hierzu auch erteilt werden muss. Kommt der Betreuer rechtlich vertretbar zum Ergebnis, eine Sterilisation solle nicht vorgenommen werden, darf ihn das Betreuungsgericht nicht etwa deshalb entlassen, weil es seine Entscheidung für falsch hält (LG Hildesheim BtPrax 1997, 121). Die Einwilligung des Betreuers in die Sterilisation ist unwirksam, wenn ihm zum Zeitpunkt der Einwilligung der Genehmigungsbeschluss des Betreuungsgerichts noch nicht vorliegt (OLG Düsseldorf, a.a.O.). Auch wenn die Genehmigung zur Einwilligung in die Sterilisation durch das Gericht erteilt wird, bedeutet dies noch nicht, dass der Betreuer in jedem Falle auch zu einer entsprechenden Einwilligung verpflichtet ist. Insbesondere hat er in der Zwischenzeit eingetretene **Veränderungen** zu beachten – etwa ein erst später zu Tage getretener entgegenstehender Wille (§ 1905 Abs. 1 Nr. 1) – und Umstände zu berücksichtigen, die ihm durch den persönlichen Kontakt weiterhin bekannt geworden sind und die das Betreuungsgericht erkennbar in seine Entscheidung nicht einbeziehen konnte. Der Betreuer hat schließlich darauf zu achten, dass die Sterilisation erst zwei Wochen nach Wirksamkeit der betreuungsgerichtlichen Genehmigung durchgeführt werden darf (Abs. 2 S. 2).

BGB § 1905 Titel 2. Rechtliche Betreuung

8. Verfahren

16 Verrichtungen nach § 1905 unterliegen dem **Richtervorbehalt** des § 15 Abs. 1 Nr. 4 RPflG. Bei der Bestellung des besonderen Betreuers für die Sterilisationseinwilligung ist das gleiche Verfahren einzuhalten, wie bei der Bestellung anderer Betreuer. Da das Betreuungsgericht einen solchen nur bestellen darf, wenn es die Voraussetzungen des § 1905 für gegeben erachtet, muss sich auch das Gutachten des Sachverständigen (§ 280 Abs. 1 FamFG) auf Fragen der Einwilligungsfähigkeit, der schwerwiegenden Gefahr etc. beziehen. Sodann muss der besondere Betreuer prüfen, ob er die Einwilligung für eine Sterilisation erteilen will. In einem weiteren betreuungsgerichtlichen Verfahren muss die Frage der Genehmigung geklärt werden.

17 Diesen zeitlichen Ablauf übersieht offenbar die Ansicht, dass die nach § 286 Abs. 3 FamFG festzusetzende **Frist,** innerhalb derer das Gericht über Aufhebung oder Verlängerung der Maßnahmen zu entscheiden hat, nur kurz bemessen sein darf (etwa 12 Monate, so LG Berlin BtPrax 1993, 34). Zwar ist richtig, dass die Interessen der Betroffenen eine zügige Entscheidung erfordern. Verzögert der Betreuer seine Entscheidung unsachgemäß, kann ihn das Betreuungsgericht nach §§ 1908 i i. V. m. 1837 Abs. 2 zur zügigen Erfüllung anhalten, notfalls ihn entlassen und einen neuen Betreuer bestellen. Der Betreuer kann aber durchaus auch zu dem Ergebnis kommen, eine abschließende sichere Prognose lasse sich zurzeit (noch) nicht treffen, dann würde durch die kurze Befristung ein ansonsten überflüssiges weiteres Verfahren zur Entscheidung über die Verlängerung notwendig. Will der Betreuer abschließend in eine Sterilisation nicht einwilligen, belastet den Betreuten eine längere Frist zur Aufhebung der Betreuung nicht sonderlich. Kommt der Betreuer zum Ergebnis, eine Sterilisation sei notwendig, hat es das Betreuungsgericht ohnehin selbst in der Hand, das Genehmigungsverfahren zu beschleunigen.

18 Das Betreuungsgericht hat den Betroffenen vor der Genehmigung einer Einwilligung des Betreuers in die Sterilisation persönlich anzuhören und sich einen persönlichen Eindruck von ihm zu verschaffen. Es hat den Betroffenen über den möglichen Verlauf des Verfahrens zu unterrichten (§ 297 Abs. 1 FamFG) Die zuständige Behörde ist anzuhören, wenn es der Betroffene verlangt oder es der Sachaufklärung dient (§ 297 Abs. 2 FamFG). Die Bestellung eines Verfahrenspfleger ist stets erforderlich, wenn der Betroffene nicht anderweitig vertreten ist (§ 297 Abs. 5 FamFG). Die betreuungsgerichtliche Genehmigung darf erst erteilt werden, nachdem durch förmliche Beweisaufnahme Gutachten von **Sachverständigen** eingeholt sind, die sich auf die medizinischen, psychologischen, sozialen, sonderpädagogischen und sexualpädagogischen Gesichtspunkte erstrecken. Die Sachverständigen haben den Betroffenen vor Erstattung des Gutachtens persönlich zu untersuchen oder zu befragen. Sachverständiger und ausführender Arzt dürfen nicht personengleich sein(§ 297 Abs. 6 FamFG). Die Entscheidung zur Genehmigung der Sterilisation wird wirksam mit der Bekanntgabe an den besonderen Betreuer und den Verfahrenspflege oder sonstigen Verfahrensbevollmächtigten (§ 297 Abs. 7 FamFG). Die Entscheidung ist immer dem Betroffenen selbst bekannt zu machen, wobei von der Bekanntgabe der Gründe nicht abgesehen werden kann, und auch der zuständigen Behörde (§ 297 Abs. 8 FamFG).

§ 1906 Genehmigung des Betreuungsgerichts bei der Unterbringung

(1) Eine Unterbringung des Betreuten durch den Betreuer, die mit Freiheitsentziehung verbunden ist, ist nur zulässig, solange sie zum Wohl des Betreuten erforderlich ist, weil
1. auf Grund einer psychischen Krankheit oder geistigen oder seelischen Behinderung des Betreuten die Gefahr besteht, dass er sich selbst tötet oder erheblichen gesundheitlichen Schaden zufügt, oder
2. eine Untersuchung des Gesundheitszustands, eine Heilbehandlung oder ein ärztlicher Eingriff notwendig ist, ohne die Unterbringung des Betreuten nicht durchgeführt werden kann und der Betreute auf Grund einer psychischen Krankheit oder geistigen oder seelischen Behinderung die Notwendigkeit der Unterbringung nicht erkennen oder nicht nach dieser Einsicht handeln kann.

(2) Die Unterbringung ist nur mit Genehmigung des Betreuungsgerichts zulässig. Ohne die Genehmigung ist die Unterbringung nur zulässig, wenn mit dem Aufschub Gefahr verbunden ist; die Genehmigung ist unverzüglich nachzuholen.

(3) Der Betreuer hat die Unterbringung zu beenden, wenn ihre Voraussetzungen wegfallen. Er hat die Beendigung der Unterbringung dem Betreuungsgericht anzuzeigen.

(4) Die Absätze 1 bis 3 gelten entsprechend, wenn dem Betreuten, der sich in einer Anstalt, einem Heim oder einer sonstigen Einrichtung aufhält, ohne untergebracht zu sein, durch mechanische Vorrichtungen, Medikamente oder auf andere Weise über einen längeren Zeitraum oder regelmäßig die Freiheit entzogen werden soll.

(5) Die Unterbringung durch einen Bevollmächtigten und die Einwilligung eines Bevollmächtigten in Maßnahmen nach Absatz 4 setzt voraus, dass die Vollmacht schriftlich erteilt ist und die in den Absätzen 1 und 4 genannten Maßnahmen ausdrücklich umfasst. Im Übrigen gelten die Absätze 1 bis 4 entsprechend.

Durch das Betreuungsrecht wurden die Voraussetzungen der zivilrechtlichen 1
Unterbringung gesetzlich geregelt, ohne dass alle Probleme abschließend geklärt werden konnten. Im Fall einer rechtswidrigen Unterbringung besteht Strafbarkeit nach § 239 StGB und Schadensersatzpflicht nach §§ 823 ff. BGB. Die Zahl der Unterbringungsverfahren ist seit Inkrafttreten des Betreuungsrechts am 1. 1. 1992 erheblich gestiegen, wobei der Anstieg zu einem wesentlichen Teil die Verfahren nach Abs. 4 betrifft (BT-Drucks. 13/7133 S. 13 und 33 ff.; Marschner/Volckart/Lesting A 53 ff.; Deinert BtPrax 2008, 251; zur Qualitätssicherung im Unterbringungsverfahren Melchinger BtPrax 2009, 59). Die Auslegung von Abs. 1 Ziff. 2 wird durch Art. 14 UN-BRK beeinflusst (siehe König BtPrax 2009, 105; Marschner R&P 2009, 135; hierzu Rn 16). Eine Anpassung der Vorschrift an die Vorgaben der UN-BRK wäre daher sinnvoll.

Übersicht

	Rn.
1. Voraussetzungen der Unterbringung durch Betreuer und Bevollmächtigten (Abs. 1)	2
a) Betreuung und Bevollmächtigung	2

BGB § 1906 — Titel 2. Rechtliche Betreuung

    b) Freiheitsentziehung 3
    c) Unterbringung zum Wohl des Betreuten 9
    d) Selbstgefährdung 10
    e) Erheblichkeit gesundheitlicher Schäden 13
    f) Unterbringung zur Durchführung ärztlicher Maßnahmen 16
    g) Erforderlichkeit der Unterbringung 24
  2. Genehmigung des Betreuungsgerichts (Abs. 2) 27
  3. Beendigung der Unterbringung (Abs. 3) 28
  4. Freiheitsentziehende Maßnahmen (Abs. 4) 30
    a) Überblick 30
    b) Anwendungsbereich 31
    c) Betreuung und Bevollmächtigung 34
    d) Mittel der Freiheitsentziehung 37
    e) Dauer und Häufigkeit der Freiheitsentziehung 40
    f) Genehmigung und Beendigung 42
    g) Voraussetzungen der Genehmigung 44
  5. Verhältnis zu öffentlich-rechtlicher und strafrechtlicher Unterbringung 48
    a) Öffentlich-rechtliche Unterbringung 48
    b) Strafrechtliche Unterbringung 50
  6. Vollzug der Unterbringung 51

1. Voraussetzungen der Unterbringung durch Betreuer und Bevollmächtigten (Abs. 1)

a) Betreuung und Bevollmächtigung

2 Geregelt wird innerhalb des Betreuungsrechts zunächst die Unterbringung von Betreuten durch den **Betreuer**. Für den Betroffenen muss daher auf Grund einer **psychischen Krankheit** oder **seelischen oder geistigen Behinderung** (hierzu § 1896 Rn 3 ff.) zumindest ein vorläufiger Betreuer nach § 300 FamFG bestellt worden sein. Der Betreuer ist innerhalb seines Aufgabenkreises unter Beachtung der in § 1901 niedergelegten Grundsätze selbstverantwortlich tätig (Diekmann BtPrax 2009, 49). Für Freiheitsentziehungen des Betreuten bedarf er zusätzlich der vorherigen Genehmigung des Betreuungsgerichts (Abs. 2). Eine Freiheitsentziehung durch den Betreuer setzt voraus, dass diese von dem **Aufgabenkreis** des Betreuers umfasst ist, d. h. dem Betreuer ausdrücklich der Aufgabenkreis der Aufenthaltsbestimmung bzw. Unterbringung zugewiesen worden ist (hierzu § 1896 Rn 24). Der Aufgabenkreis Gesundheitsfürsorge genügt nicht (OLG Hamm FamRZ 2001, 861).

Nach Abs. 5 kann eine Unterbringung (wie eine Maßnahme nach Abs. 4) auch durch einen **Bevollmächtigten** erfolgen, wenn die Vollmacht schriftlich erteilt worden ist und ausdrücklich die Unterbringung (bzw. Maßnahmen nach Abs. 4) umfasst (BVerfG NJW 2009, 1803; LG Frankfurt/Main FamRZ 2001, 1555; hierzu auch § 1904 Rn 1). Unter den vorgenannten Voraussetzungen kann eine Bevollmächtigung zur Unterbringung auch in Vorsorgevollmachten, Patientenverfügungen und Behandlungsvereinbarungen enthalten sein (hierzu Marschner R& P 1997, 171 ff. und 2000, 161; Walter FamRZ 1999, 685 ff.). Durch die Neuregelung des § 326 Abs. 1 FamFG ist klargestellt, dass der Bevollmächtigte wie ein Betreuer bei der Zuführung zur Unterbringung durch die zuständige Behörde unterstützt werden kann. Nach § 326 Abs. 2 und 3 FamFG beinhaltet dies auch die Anwendung von Gewalt durch die zuständige Behörde sowie das Betreten der Wohnung auf Grund einer ausdrücklichen gerichtlichen Entscheidung (hierzu § 326 FamFG Rn 4). Die Frage der Gewaltanwendung durch den Bevollmächtigten bei der Zuführung zur Unterbringung war nach bisherigem Recht umstritten (Walther R&P 2007, 167).

b) Freiheitsentziehung

Der Begriff der **Freiheitsentziehung** wird gesetzlich in § 415 Abs. 2 FamFG definiert: 3

> „Eine Freiheitsentziehung liegt vor, wenn einer Person gegen ihren Willen oder im Zustand der Willenlosigkeit insbesondere in einer abgeschlossenen Einrichtung, wie in einem Gewahrsamsraum oder einem abgeschlossenen Teil eines Krankenhauses, die Freiheit entzogen wird."

Die Neuregelung hat nach der Gesetzesbegründung klarstellenden Charakter und unterscheidet sich damit nicht grundlegend von der Vorgängervorschrift des § 2 Abs. 1 FEVG. Anders als im öffentlichen Unterbringungsrecht besteht keine Festlegung auf einen bestimmten Einrichtungsbegriff (zur Amtshaftung auch im Fall der Unterbringung mit Einwilligung des Betreuten und seines Betreuers BGH NJW 2008, 1444 = BtPrax 2008, 73; zur Rechtsnatur der Beziehungen zwischen Patient und Krankenhaus Bienwald R&P 2008, 212) . Für den Bereich der zivilrechtlichen Unterbringung gelten als übliche Kriterien, dass Insassen einer Anstalt, eines Krankenhauses oder eines Heimes auf einem bestimmten beschränkten Raum festgehalten werden, ihr Aufenthalt ständig überwacht wird sowie die Aufnahme des Kontaktes mit Personen außerhalb dieses Raumes durch Sicherheitsmaßnahmen verhindert wird (BGH BtPrax 2001, 31; OLG Düsseldorf NJW 1963, 397; siehe auch von Eicken u. a., Fürsorglicher Zwang, S. 24 ff.).

Für die Praxis bedeutet dies, dass eine Freiheitsentziehung jedenfalls bei der 4 Unterbringung in einer **geschlossenen Anstalt,** einem geschlossenen Krankenhaus oder einem geschlossenem Heim bzw. in einem abgeschlossenen Teil einer der genannten Einrichtungen vorliegt. Auch eine sogenannte **halboffene oder offene Unterbringung** kann die Voraussetzungen der Freiheitsentziehung erfüllen, wenn keine Möglichkeit des freien Zutritts und keine Möglichkeit des Ausgangs ohne Aufsicht besteht (AG Kamen FamRZ 1983, 299; AG Wolfhagen BtPrax 1998, 83). Vor allem in der Psychiatrie wird zunehmend die Unterbringung auf offenen Stationen durchgeführt (Bernardi R&P 1994, 11; Arnold/Kloß FuR 1996, 263). Die Abgrenzung zwischen genehmigungsbedürftiger Freiheitsentziehung und einer Freiheitsbeschränkung, die nicht unter § 1906 fällt, ist jeweils im Einzelfall zu treffen. Dabei ist zu berücksichtigen, dass es außer abgeschlossenen Türen andere Möglichkeiten der Überwachung gibt (z. B. Trickschlösser, Überwachung der Tür durch einen Pförtner, Kameras oder Alarmanlagen; siehe auch Gusy NJW 1992, 457, 459). Die Vorschriften über den **offenen Vollzug** im öffentlichen Unterbringungsrecht zeigen, dass es weniger auf die Vorkehrungen gegen Entweichungen in jedem Fall (siehe § 141 Abs. 2 StVollzG) als auf die Beschränkung auf einen bestimmten Raum sowie die Reglementierung des Zusammenlebens und des Kontaktes nach außen ankommt. § 1906 Abs. 1 enthält aber keine Rechtsgrundlage für die zwangsweise Unterbringung in einer offenen Pflegeeinrichtung (OLG Hamm BtPrax 2003, 42). Entscheidend ist das tatsächliche Maß der Beschränkung der Freiheit, nicht die Bezeichnung. Das Motiv der

BGB § 1906 Titel 2. Rechtliche Betreuung

Freiheitsentziehung ist unerheblich. Die Unterbringung in einer forensischen Station ist unzulässig (Dahle BtPrax 1994, 199).

5 Eine Freiheitsentziehung ist begrifflich bei psychisch kranken, geistig behinderten und altersverwirrten Menschen möglich, es sei denn, es besteht überhaupt keine Möglichkeit der Fortbewegung. Das Grundrecht der Freiheit der Person schützt alle Menschen unabhängig von ihrem psychischen oder geistigen Zustand.

6 Eine Freiheitsentziehung liegt vor, wenn sie **ohne oder gegen den Willen des Betroffenen** erfolgt. Ist dieser mit der Unterbringung einverstanden, liegt keine Freiheitsentziehung vor (BayObLG FamRZ 1996, 1375; Bienwald § 1906 Rn 25; HK-BUR/Rink vor § 1906 Rn 3 f.; so jetzt auch MK-Schwab § 1906 Rn. 27 ff.). Für die Einwilligung in eine Freiheitsentziehung kommt es auf den **natürlichen Willen** des Betroffenen an, da es sich nicht um ein Rechtsgeschäft oder eine Willenserklärung handelt, sondern um die Gestattung zur Vornahme von Handlungen, die in rechtlich geschützte Güter eingreifen (BGH NJW 1964, 1177; OLG München FGPrax 2007, 267; Gusy NJW 1992, 457, 462; Klüsener/Rausch NJW 1993, 617, 621; LK-Hirsch, vor § 32 Rn 118; Schönke/Schröder/Lenckner, vor § 32 Rn 39 f.). Maßgeblich ist daher nicht die Geschäftsfähigkeit, sondern die natürliche Einsichts- und Urteilsfähigkeit (§ 1904 Rn 4). Einwilligung ist danach die im Augenblick der Freiheitsentziehung vorhandene, freiwillige und ernstliche Zustimmung in die beabsichtigte Rechtsgutverletzung (BGH NJW 1964, 1177; OLG München FGPrax 2007, 267). Diese setzt voraus, dass der Betroffene Wert und Bedeutung des betroffenen Freiheitsrechts sowie die Folgen und Risiken seiner Zustimmung erkennen kann und bei seiner Entscheidung die Alternativen, d. h. die zur Erreichung des angestrebten Zwecks weniger belastenden Mittel, einbeziehen kann bzw. sein Handeln danach bestimmen kann (Amelung R&P 1995, 20). Dabei ist wie im Fall des § 1904 auf das subjektive Wertsystem des Betroffenen abzustellen (§ 1904 Rn 4).

7 Die Einwilligung des Betroffenen in die Freiheitsentziehung ist jederzeit frei **widerruflich** mit der Folge, dass das weitere Festhalten in der Folge eine rechtswidrige Freiheitsberaubung darstellt, es sei denn, es liegen nunmehr auf Grund veränderter Umstände die Voraussetzungen für eine Unterbringung vor und der Betreuer hat die Genehmigung des Vormundschaftsgerichts eingeholt (BayObLG FamRZ 1996, 1375; EGMR NJW-RR 2006, 308; MK/Schwab § 1906 Rn 31; HK-BUR/Rink vor § 1906 Rn 6). Anderenfalls ist der Betroffene unverzüglich zu entlassen.

8 Auch die **Einwilligung eines Betreuten** ist maßgeblich, wenn sie von seinem natürlichen Willen getragen wird (a. A. Schumacher FamRZ 1991, 280 f.).

c) Unterbringung zum Wohl des Betreuten

9 Eine mit Freiheitsentziehung verbundene Unterbringung des Betreuten durch den Betreuer ist nur zu dessen **Wohl** bzw. in dessen **Interesse** zulässig. Entgegen dem früheren Recht ist das Wohl des Betreuten nunmehr in Abs. 1 durch die beiden dort aufgeführten Tatbestände konkretisiert. Nicht mehr das durch die Rechtsprechung zu konkretisierende Wohl des Betreuten ist Voraussetzung der Unterbringung, sondern eine Unterbringung kommt nur in Betracht, wenn die Voraussetzungen einer der beiden Ziffern des Abs. 1 vorliegen. Es handelt sich um eine abschließende Regelung. Dabei genügt, wenn die Voraussetzung der Nr. 1 oder der Nr. 2 vorliegen. Die gesetzliche Konkretisierung des Wohls des Betreuten als Unterbringungsvoraussetzung hat die Folge, dass eine Unterbrin-

gung im Interesse der **Allgemeinheit** oder im **Drittinteresse** durch den Betreuer z.b. bei der Gefahr fremdaggressiver Handlungen nicht mehr zulässig ist (OLG Hamm BtPrax 2001, 40; OLG München BtPrax 2006, 36; OLG Schleswig FGPrax 2008, 180; Bienwald § 1906 Rn 37; HK-BUR/Rink § 1906 Rn 8; a. A. Pardey FamRZ 1995, 713). Damit ist insbesondere die Rechtsprechung überholt, die eine Unterbringung als im Wohl des Betroffenen liegend angesehen hat, die der Verhinderung von Straftaten durch den Betroffenen oder der Abwendung von Gefahren für Dritte dienen sollte (BayObLG FamRZ 1982, 199). Der Schutz der Allgemeinheit oder Dritter ist eine ausschließliche Aufgabe des öffentlichen Unterbringungsrechts. Die Neuformulierung der Unterbringungsvoraussetzungen diente aus Sicht des Gesetzgebers vor allem auch einer sachgerechten Abgrenzung von zivilrechtlicher und öffentlich-rechtlicher Unterbringung.

d) Selbstgefährdung

Das Wohl des Betreuten wird in Nr. 1 dahingehend konkretisiert, dass auf 10 Grund der psychischen Krankheit oder geistigen oder seelischen Behinderung die **Gefahr** besteht, dass der Betreute sich entweder selbst **tötet** oder erheblichen gesundheitlichen **Schaden** zufügt. Die Unterbringung setzt demnach eine ernstliche und konkrete, d.h. unmittelbar bevorstehende Gefahr voraus. Der Gefahrbegriff entspricht insoweit dem öffentlichen Unterbringungsrecht (wie hier Palandt-Diederichsen § 1906 Rn 11; aA BGH FamRZ 2010, 365; Bienwald § 1906 Rn 91). Die Gefahr muss wahrscheinlich sein, die bloße Möglichkeit des Gefahreintritts genügt nicht (OLG Celle NJW 1963, 2377; zum Gefahrbegriff ausführlich Marschner/Volckart/Lesting B 113 ff.). Eine Festlegung auf einen bestimmten **Grad der Wahrscheinlichkeit** ist damit nicht erfolgt, da dieser auch von der Schwere der in Betracht kommenden Gefahr abhängt. Es handelt sich um eine **Prognoseentscheidung** auf Grund von tatsächlichen Feststellungen (BayObLG BtPrax 1994, 211; zu den Prognosemethoden im Unterbringungsrecht Marschner/Volckart/Lesting A 116 ff.; Alperstedt FamRZ 2001, 467).

Eine Unterbringung zur Verhinderung einer Selbstschädigung infolge psychischer Erkrankung setzt weiterhin voraus, dass der Betroffene auf Grund der Krankheit seinen Willen nicht frei bestimmen kann, weil der Staat von Verfassungs wegen nicht das Recht hat, seine erwachsenen und zu freier Willensbestimmung fähigen Bürger zu erziehen, zu bessern oder zu hindern, sich selbst gesundheitlich zu schädigen (BGH FamRZ 2010, 365; BayObLG FamRZ 1993, 600 = R&P 1993, 146; FamRZ 1998, 1327 = R&P 1999, 38; OLG München BtPrax 2006, 36; FGPrax 2007, 43 und 267; OLG Brandenburg BtPrax 2007, 224; OLG Hamm FGPrax 2009, 133).).

Die **Gefahr der Selbsttötung** setzt voraus, dass die konkrete Gefahr besteht, dass 11 der Betreute auf Grund seiner psychischen Krankheit oder geistigen oder seelischen Behinderung einen (weiteren) Selbsttötungsversuch unternehmen wird. Es müssen objektivierbare konkrete Anhaltspunkte für eine akute Suizidgefahr vorliegen (BGH NJW 2000, 3426; OLG München BtPrax 2006, 36; OLG Hamm VersR 1991, 1026 = R&P 1991, 185; OLG Frankfurt R&P 1992, 66; OLG Köln R&P 1993, 33). Die anhaltende Basissuizidalität eines stationär behandelten, psychisch kranken Patienten ist noch kein Grund, ihn ständig in einer geschlossenen Abteilung unterzubringen, solange nicht eine krisenhafte Zuspitzung der Krankheit mit erkennbarer akuter Suizidalität vorliegt (OLG Stuttgart NJW-RR 1995, 662). Es genügt nicht, wenn der Betroffene eine geringe Zahl von Beruhigungsmitteln und Schlaftabletten geschluckt hat, ohne dass feststeht, um welche Mittel es sich gehandelt hat, oder wenn der Betroffene aus dem Fenster seiner Erdgeschosswohnung springt, wenn dies die einzige Möglichkeit ist, die versperrte Wohnung zu verlassen (siehe BayObLG R&P 1986, 115). Von Bedeutung sind suizidale Gedanken, Todeswünsche, Suiziddrohungen und insbesondere frühere Suizidversuche (OLG Hamm VersR 1991, 1026), darüber hinaus die Zugehörigkeit zu Risikogruppen, die Krisenanfälligkeit, die suizidale Entwicklung und insbesondere das präsuizidale Syndrom (Wolfslast, Psychotherapie in den Grenzen des Rechts, S. 131). Die Zugehörigkeit zu einer bestimmten Diagnosegruppe kann aber nur ein Anhaltspunkt unter anderen für das Vorliegen einer akuten Suizidalität sein.

12 Die Gefahr der Selbsttötung muss ihre **Ursache** in der psychischen Krankheit oder geistigen oder seelischen Behinderung des Betreuten haben. Der in **freier Willensbestimmung** vorgenommene Suizidversuch rechtfertigt keine Unterbringung durch den Betreuer (siehe BayObLG FamRZ 1993, 600). Die Abgrenzung zwischen einem sog. Bilanzselbstmord und einem durch Krankheit oder Behinderung beeinflussten Selbsttötungsversuch im Einzelfall ist schwierig. Anders als im öffentlichen Unterbringungsrecht ist durch die Betreuerbestellung das Vorliegen einer psychischen Krankheit oder geistigen oder seelischen Behinderung bereits im Betreuungsverfahren festgestellt worden. Auch dies bedeutet nicht, dass in jedem Fall und zu jedem Zeitpunkt ein Selbsttötungsversuch seine Ursache in der Krankheit oder Behinderung des Betreuten hat. Jedenfalls ist es unzulässig, aus dem Versuch einer Selbsttötung auf das Vorliegen einer psychischen Krankheit zurück zu schließen. Vielmehr ist die Motivation des Betroffenen im Einzelfall zu untersuchen.

e) Erheblichkeit gesundheitlicher Schäden

13 Die Gefahr der Zufügung eines **erheblichen gesundheitlichen Schadens** setzt ebenso wie die Gefahr der Selbsttötung konkrete Anhaltspunkte für das Eintreten der Gefahr sowie die Kausalität zwischen der psychischen Krankheit oder geistigen oder seelischen Behinderung des Betreuten und der Gesundheitsschädigung voraus. Die Gefahr einer erheblichen Gesundheitsschädigung kommt in den folgenden Situationen in Betracht:
- wenn der Betreute krankheitsbedingt sein Leben gefährdet, insbesondere **lebenswichtige Medikamente** nicht einnimmt (OLG Hamm NJW 1976, 378 für den Fall eines an einer Psychose erkrankten Diabetikers, der krankheitsbedingt die Behandlung verweigert und dadurch die Gefahr eines Komas heraufbeschwört)
- im Fall einer krankheitsbedingten Verweigerung der **Nahrungsaufnahme,** wobei die Alternativen der Unterbringung im Rahmen der Erforderlichkeit besonders sorgfältig zu prüfen sind (BT-Drucks. 11/4528 S. 146 f.).
- wenn ein **altersverwirrter Betreuter** planlos oder nachts oder bei Kälte oder ohne Beachtung des Straßenverkehrs umherläuft und sein Leben oder seine Gesundheit dadurch gefährdet, dass er überfahren wird oder sich Erfrierungen zuzieht (BT-Drucks. 11/4528 S. 146 f.).
- bei wiederholten Verletzungen durch Stürze im Alkoholrausch bei Vorliegen einer psychischen Krankheit im Sinn des § 1906 (BayObLG FamRZ 1994, 1617; OLG Hamm DAVorm 1997, 55).

Dagegen ist für die Annahme einer erheblichen Gesundheitsschädigung nicht alleine ausreichend, dass der Betreute an **seniler Demenz** mit Verwirrtheit und

Unruhezuständen leidet und es während eines Krankenhausaufenthaltes zu einem Sturz mit einer Oberarmfraktur kommt, ohne dass der Zusammenhang zwischen der Krankheit und dem Sturz festgestellt wird (OLG Zweibrücken NJW 1985, 2769 mit Anm. Göppinger). Ebenso wenig genügt, dass der Betreute die Einnahme der zu seiner Behandlung erforderlichen **Medikamente** ablehnt und dadurch ein gesundheitlicher Rückfall zu befürchten ist (OLG Zweibrücken NJW 1974, 610; OLG Saarbrücken BtPrax 1997, 202). Vielmehr muss in jedem Einzelfall festgestellt werden, inwieweit die Verweigerung der Medikamenteneinnahme zu einer erheblichen Gesundheitsschädigung führt (OLG Brandenburg BtPrax 2007, 224; OLG München BtPrax 2006, 36; OLG Stuttgart NJW 1974, 2052) und ob die Gesundheitsschädigung auf der Krankheit bzw. Behinderung des Betreuten beruht. Ein erheblicher Gesundheitsschaden wird angenommen, wenn die Verweigerung der Medikamenteneinnahme zu einer Chronifizierung der Erkrankung mit der Folge dauerhafter stationärer Behandlungsnotwendigkeit führen würde.

Allein die **Verweigerung der Behandlung**, die Gefahr eines Rückfalls oder des Ausbruchs einer Psychose rechtfertigen keine Unterbringung nach Nr. 1. Eine Zwangsbehandlung gegen den Widerstand des Betroffenen ist im Rahmen der Unterbringung nach Nr. 1 nicht zulässig (hierzu § 1904 Rn. 12).

Nicht ausreichend für eine Unterbringung nach Nr. 1 sind andere als gesundheitliche Schäden, insbesondere **Vermögensschäden**. Gegebenenfalls ist mit der Anordnung eines Einwilligungsvorbehalts nach § 1903 zu reagieren. Nicht ausreichend für eine Unterbringung nach Nr. 1 ist weiterhin die drohende **Verwahrlosung** des Betreuten, da diese nicht notwendigerweise mit der Gefahr der erheblichen Gesundheitsschädigung einhergeht. **14**

Problematisch ist die Fragen, ob ein **alkoholabhängiger Betreuter** nach Nr. 1 untergebracht werden kann. In der Regel scheitert die Unterbringung von alkoholabhängigen Personen schon daran, dass keine psychische Krankheit im Sinn des Betreuungsrechts vorliegt (BayObLG BtPrax 1993, 208; FamRZ 1998, 1327; FamRZ 1999, 1306; OLG Schleswig BtPrax 1998, 125; OLG München BtPrax 2005, 113). Sollte dies im Einzelfall auf Grund einer zugrunde liegenden psychischen Krankheit des Betreuten oder des durch die Sucht verursachten Persönlichkeitsabbaus der Fall sein (BayObLG BtPrax 1994, 211), muss die ernstliche und konkrete Gefahr einer erheblichen lebensbedrohlichen Gesundheitsschädigung hinzutreten (OLG Hamm BtPrax 2001, 41; FGPrax 2009, 135; BayObLG BtPrax 2005, 68). Die Notwendigkeit einer Behandlung reicht entgegen dem früheren Recht für eine Unterbringung nach Abs. 1 Nr. 1 nicht aus. Auch wenn der Gesichtspunkt der öffentlichen Sicherheit und Ordnung im Betreuungsrecht keine Rolle spielt, wird man auch für die Anwendbarkeit des Abs. 1 Nr. 1 zugrunde legen können, dass der Alkoholsüchtige allein darüber befinden kann, ob er geheilt werden will oder nicht (OLG Frankfurt NJW 1988, 1527). Um eine Unterbringung zu rechtfertigen, muss daher die konkrete Gefahr einer durch den Alkoholismus verursachten Lebensgefahr, z. B. in Form eines Suizidversuches, einer akuten Alkoholintoxikation oder in Verbindung mit einem Alkoholdelirium bestehen. Eine gezielte Therapiemöglichkeit muss in diesem Fall nicht bestehen (BayObLG FamRZ 2004, 1135; anders im Fall des Abs. 1 Nr. 2, hierzu Rn. 21). **15**

f) Unterbringung zur Durchführung ärztlicher Maßnahmen

Die Formulierung der Nr. 2 war im Gesetzgebungsverfahren umstritten. Als fraglich wurde angesehen, ob die Gesetz gewordene Regelung dem **verfassungs-** **16**

rechtlichen Bestimmtheitsgebot, nach dem die Voraussetzungen der Freiheitsentziehung in berechenbarer, messbarer und kontrollierbarer Weise zu regeln sind, sowie den Anforderungen der Rechtsprechung des Bundesverfassungsgerichts zur Zulässigkeit der fürsorgerechtlichen Unterbringung genügt. Das Bundesverfassungsgericht hat die zu der fürsorgerechtlichen Unterbringung nach dem badenwürttembergischen Unterbringungsgesetz entwickelten Grundsätze nunmehr ausdrücklich auf die Unterbringung nach Abs. 1 Nr. 2 übertragen (BVerfG NJW 1998, 1774 = R&P 1998, 101). Danach ist die Unterbringung eines psychisch Kranken zu seinem eigenen Schutz bei Beachtung des Grundsatzes der Verhältnismäßigkeit nur zulässig, wenn sich diese als unumgänglich erweist, eine drohende gewichtige gesundheitliche Schädigung von dem Betroffenen abzuwenden; bei weniger gewichtigen Fällen muss auch dem psychisch Kranken die „Freiheit zur Krankheit" belassen bleiben (BVerfG NJW 1998, 1774 = R&P 1998, 101; BGH FamRZ 2006, 615 = BtPrax 2006, 145; so bereits vorher die h. M. in der Literatur: MK-Schwab Rn 21; Bienwald § 1906 Rn 98: HK-BUR/Rink § 1906 Rn 23 f.; Schumacher FamRZ 1991, 280; Pardey, Betreuung Volljähriger. S. 136). Durch die Aufnahme des zusätzlichen Kriteriums ist auch gewährleistet, dass letztendlich der Richter über die Voraussetzungen der Unterbringung entscheidet und nicht die faktische Entscheidungsgewalt wie bei dem Begriff der notwendigen Heilbehandlung auf den Sachverständigen übergeht (Schumacher FamRZ 1991, 280). Nur in der vorgenannten Auslegung genügt Nr. 2 den Anforderungen des Art. 14 UN-BRK, wonach das Vorliegen einer Behinderung in keinem Fall eine Freiheitsentziehung rechtfertigt (König BtPrax 2009, 105; Marschner R&P 2009, 135). Die Unterbringung nach Nr. 2 ist im Übrigen nur dann zulässig, wenn die beabsichtigte ärztliche Maßnahme erlaubt ist (BGH FamRZ 2006, 615 = BtPrax 2006, 145; MK-Schwab § 1906 Rn. 24). In diesem Zusammenhang ist zu berücksichtigen, ob die beabsichtigte Behandlung durch eine verbindliche Patientenverfügung nach § 1901a Abs. 1 ausgeschlossen ist oder auch sonst beachtlichen Wünschen des Betroffenen gemäß §§ 1901a Abs. 2, 1901 Abs. 3 widerspricht. Eine Unterbringung ist auch dann nicht zulässig, wenn eine Freiheitsentziehung als solche nicht erforderlich ist und die Unterbringung nur der Rechtfertigung einer Zwangsbehandlung in einer offenen Einrichtung dienen soll (BGH BtPrax 2008, 115 = FamRZ 2008, 866).

17 Die Vorausaussetzungen der Nr. 2 im Übrigen bestehen darin, dass
  - eine **Untersuchung** des Gesundheitszustands, eine **Heilbehandlung** oder ein **ärztlicher Eingriff** des Betreuten im Sinn des § 1904 notwendig sein müssen,
  - die beabsichtigte Maßnahme ohne eine Unterbringung des Betreuten (oder eine unterbringungsähnliche Maßnahme nach Abs. 4) nicht durchgeführt werden kann und
  - der Betreute auf Grund seiner psychischen Krankheit oder geistigen oder seelischen Behinderung nicht in der Lage ist, die **Notwendigkeit** der Unterbringung zur Durchführung der Maßnahme zu erkennen bzw. nach dieser **Einsicht** zu handeln.

18 Der Hauptanwendungsbereich der Nr. 2 sollte im Bereich der Krankheiten liegen, die nicht Grundlage der Betreuerbestellung waren. Zu nennen sind die Untersuchung bei Verdacht auf Krebs an inneren Organen (Damrau/Zimmermann § 1906 Rn 10), die Diabetes-Einstellung (Rink R&P 1991, 158) sowie jede notwendige Untersuchung oder Behandlung, deren Nichtvornahme zu einer gewichtigen Gesundheitsschädigung führen würde. Entscheidend ist, dass die Nichtvornahme der notwendigen Behandlung ihre **Ursache** in der psychischen

Genehmigung des Betreuungsgerichts bei der Unterbringung **§ 1906 BGB**

Krankheit oder geistigen oder seelischen Behinderung der Betreuten hat. Ausschlaggebend ist die Beeinträchtigung der Einsichts- und Steuerungsfähigkeit (OLG Düsseldorf FamRZ 1995, 118 = BtPrax 1995, 25; Seitz FGPrax 1997, 142 ff.), wobei wie im Fall des § 1904 auf den natürlichen Willen des Betreuten abzustellen ist (s. dort Rn 4). Anderenfalls besteht das Recht zur Ablehnung ärztlicher Behandlungsmaßnahmen, auch wenn dies zu Gesundheitsschäden führen würde oder als unvernünftig erscheint.

Im Fall der sog. **Anlasskrankheit**, also insbesondere der psychischen Krankheit, die zur Betreuerbestellung geführt hat, ist eine Unterbringung nur zulässig, wenn die beabsichtigte Behandlungsmaßnahme geeignet ist, den gewünschten Behandlungserfolg herbeizuführen, und die Nachteile, die ohne Unterbringung und Behandlung entstehen würden, die Schwere der Freiheitsentziehung überwiegen (BT-Drucks, 11/4528 S. 147; BGH FamRZ 2006, 615 = BtPrax 2006, 145; OLG Hamm FGPrax 2008, 50; FamRZ 2009, 811; OLG Schleswig FGPrax 2008, 180; OLG Naumburg FamRZ 2008, 2060; OLG Celle NJW-RR 2007, 230; LG Frankfurt FamRZ 1993, 478). Dafür müssen Art, Inhalt und Dauer der beabsichtigten Behandlung genau festgelegt werden (BGH FamRZ 2006, 615 = BtPrax 2006, 145; OLG Schleswig FGPrax 2008, 180; OLG Düsseldorf BtPrax 1995, 25). Einer Behandlung mit **Einwilligung** des Betreuten ist gegenüber der Behandlung ohne Einwilligung des Betreuten der Vorzug zu geben. Eine Unterbringung zur Erzwingung der **Krankheits- und Behandlungseinsicht** ist unzulässig (LG Frankfurt FamRZ 1993, 478; OLG Schleswig R&P 2000, 29; LG Rostock FamRZ 2003, 704). Diese Ansicht wird bestätigt durch Untersuchungen zur Zwangsmedikation im psychiatrischen Alltag, wonach in einer Vielzahl von Fällen die Zwangsbehandlung vermeidbar gewesen wäre und aus therapeutischen Gründen sinnvollerweise hätte vermieden werden sollen (Finzen u. a., Hilfe wider Willen, S. 131 ff., 158 ff.). Zur Abschätzung der Nachteile und möglichen ernstlichen Gesundheitsschäden ist eine doppelte **Verlaufsprognose** vorzunehmen: Dem Verlauf der Krankheit mit Unterbringung und Zwangsbehandlung ist der Verlauf der Krankheit ohne Unterbringung, gegebenenfalls unter Berücksichtigung vorhandener Behandlungsalternativen, gegenüberzustellen. **19**

Für den Bereich **psychiatrischer Behandlungsmethoden** bedeutet dies, dass eine Unterbringung nach Nr. 2 unzulässig ist, wenn die beabsichtigte Behandlung mit Psychopharmaka genehmigungspflichtig nach § 1904 ist, wegen der fehlenden Heilungs- bzw. Besserungsmöglichkeit die Genehmigung aber zu versagen ist (LG Berlin BtPrax 1993, 66; OLG Hamm R&P 2000, 149 = BtPrax 2000, 173, siehe auch OLG Stuttgart NJW 1981, 638; OLG Saarbrücken BtPrax 1997, 202 = R&P 1998, 45). Für den Bereich der beabsichtigten Psychopharmakabehandlung als notwendiger Heilbehandlung im Sinn der Ziff. 2 muss daher in jedem Einzelfall eine therapeutische Indikation bestehen und der mögliche therapeutische Nutzen gegen die Gesundheitsschäden abgewogen werden, die ohne die Behandlung entstehen würden. Dabei sind die negativen psychischen Auswirkungen der Unterbringung und einer Zwangsbehandlung als solcher auf den Betroffenen in die Abwägung einzubeziehen. Steht die sedierende oder dämpfende Wirkung der Vergabe von Psychopharmaka im Vordergrund, kommt eine Unterbringung nach Nr. 2 nicht in Betracht (LG Berlin BtPrax 1993, 66). Eine erhebliche Gesundheitsschädigung kann im Einzelfall in der (weiteren) Chronifizierung der Anlasskrankheit bestehen (OLG Schleswig R&P 2005, 72; KG R&P 2007, 30). Ist eine Behandlung nicht erfolgversprechend, ist die Unterbringung unzulässig (KG FamRZ 2005, 1777 LS). **20**

BGB § 1906 Titel 2. Rechtliche Betreuung

21 Unzulässig ist in der Regel eine Unterbringung nach Nr. 2 zur Durchführung einer **Alkoholentwöhnungsbehandlung,** da diese unter Zwangsbedingungen nicht durchführbar, vielmehr auf die Mitarbeit des Betroffenen angewiesen ist (LG Regensburg FamRZ 1994, 125; OLG Schleswig FamRZ 1998, 1328). Ausnahmsweise kann eine Unterbringung zur Behandlung des Alkoholismus gerechtfertigt sein, wenn diese das letzte verfügbare Mittel darstellt, um einer lebensbedrohlichen Entwicklung entgegenzuwirken (OLG Hamm FGPrax 2009, 135). Demgegenüber soll eine **Entgiftungsbehandlung** eine Unterbringung nach Ziff. 2 rechtfertigen (Bt-Drucks. 11/4528 S. 147). Aber auch im Fall der Entgiftungsbehandlung ist im Einzelfall die Gefahr einer gewichtigen Gesundheitsschädigung festzustellen. Das Betreuungsrecht und die zivilrechtliche Unterbringung sind insgesamt betrachtet kein geeignetes Instrumentarium zur Behandlung therapieunwilliger abhängiger Personen (siehe zu diesem Problemkreis Bienwald FamRZ 1992, 1130). Entsprechendes gilt für alle psychotherapeutischen Verfahren, die auf die Einwilligung und Mitarbeit des Betroffenen angewiesen sind.

22 Die notwendige Untersuchung oder Behandlungsmaßnahme darf ohne Unterbringung nicht durchführbar sein. Dies bedeutet die Ausschöpfung aller vorrangigen Behandlungsmethoden im Rahmen der Erforderlichkeitsprüfung (hierzu Rn 24 ff.).

23 Auch im Fall der sog. Anlasskrankheit ist eine Unterbringung nach Nr. 2 nur zulässig, wenn und solange die Einsichts- bzw. Steuerungsfähigkeit krankheitsbedingt fehlt, wenn also der Widerstand des Betroffenen gegen eine nur durch die Unterbringung ermöglichte Heilbehandlung auf einer psychischen Krankheit oder geistigen oder seelischen Behinderung beruht (OLG Düsseldorf FamRZ 1995, 118 = BtPrax 1995, 25 ; BayObLG BtPrax 1996, 128 und 2004, 193; OLG München BtPrax 2006, 105; OLG Hamm FGPrax 2009, 90 und 135; Seitz FGPrax 1997, 142 ff.). Dabei bezieht sich die Einsichtsfähigkeit auf die kognitiven Aspekte, die Steuerungsfähigkeit auf die voluntativen Aspekte. Letztlich kommt es wie bei der ärztlichen Behandlung nach § 1904 auf den **natürlichen Willen** des Betroffenen an, da die Unterbringung auf die Durchführung einer Behandlungsmaßnahme abzielt, ohne diese aber unzulässig ist. Auf das Vorliegen von Geschäftsunfähigkeit kommt es auf Grund der Neuformulierung der Unterbringungsvoraussetzungen im Gegensatz zum früheren Pflegschaftsrecht nicht an. Ebenso wenig kommt es auf die **fehlende Krankheitseinsicht** des Betroffenen an. Dies bedeutet, dass eine vom natürlichen Willen des Betroffenen getragene Ablehnung der mit der Unterbringung beabsichtigten Behandlung zu beachten ist mit der Folge, dass eine Unterbringung nach Nr. 2 unzulässig ist. Dabei sind gemäß §§ 1901a, 1901 Abs. 3 auch in Patientenverfügungen oder Behandlungsvereinbarungen geäußerte Wünsche des Betroffenen zu berücksichtigen (zur ausnahmsweise zulässigen Zwangsbehandlung im Rahmen der Unterbringung nach Nr. 2 § 1904 Rn. 12).

g) Erforderlichkeit der Unterbringung

24 Beide Alternativen des Abs. 1 setzen voraus, dass die Unterbringung erforderlich ist. Eine Freiheitsentziehung kommt nur als **ultima ratio** in Betracht. Alle einer Freiheitsentziehung vorrangigen Hilfs- und Behandlungsmöglichkeiten müssen ausgeschöpft sein. Im Einzelfall ist zu prüfen, ob Maßnahmen nach Abs. 4 weniger in die Rechte des Betroffenen eingreifen als eine Unterbringung nach Abs. 1. Gerade im Bereich von organischen Erkrankungen kann eine kurzfristige

Fixierung zur Durchführung einer Untersuchung, einer ärztlichen Behandlung oder Operation das weniger einschneidende Mittel gegenüber einer Unterbringung darstellen.

Als **vorrangige Behandlungsmöglichkeiten** kommen im psychiatrischen 25 Bereich vor allem in Betracht freiwillige Behandlungen im stationären Bereich, teilstationäre oder ambulante Behandlungsalternativen wie die Behandlung in Tag- und Nachtkliniken, Übergangseinrichtungen, therapeutischen Wohngemeinschaften, im betreuten Einzelwohnen, durch sozialpsychiatrische Dienste, Krisendienste und insbesondere niedergelassene Psychiater und Therapeuten.

Im **geriatrischen Bereich** und im Bereich der Alterserkrankungen sind die 26 Alternativen zu einer geschlossenen Heimunterbringung auszuschöpfen. Dies betrifft insbesondere die Möglichkeiten der Betreuung und Pflege im **ambulanten Bereich** unter Aufrechterhaltung der eigenen Wohnung. Die sozialrechtlichen Möglichkeiten hinsichtlich einer **häuslichen Pflege** sind wahrzunehmen, wenn dies dem Wunsch des Betreuten entspricht und die andernfalls bestehende Gefahr für das Leben oder die Gesundheit des Betroffenen vermindert werden kann.

2. Genehmigung des Betreuungsgerichts (Abs. 2)

Die Zuständigkeit für die Unterbringung liegt zunächst ausschließlich beim 27 **Betreuer bzw. Bevollmächtigten.** Das Betreuungsgericht hat die Unterbringung zu genehmigen. Es handelt sich bei der Vorschrift um eine Konkretisierung des Art. 104 Abs. 2 GG (BVerfG NJW 1960, 811). Anders als im öffentlichen Unterbringungsrecht ordnet der Betreuungsrichter die Unterbringung nicht selbst an. Die Genehmigung hat vor der Unterbringung zu erfolgen. Das Verfahren richtet sich nach den §§ 312 ff. FamFG. Nur im Ausnahmefall, wenn mit dem Aufschub Gefahr verbunden wäre, kommt eine Unterbringung durch den Betreuer oder Bevollmächtigten ohne betreuungsgerichtliche Genehmigung in Betracht (Abs. 2 Satz 2). In diesem Fall ist die Genehmigung unverzüglich nachzuholen (Abs. 2 S. 2 2. Halbsatz). Mit dem Aufschub der Unterbringung bis zum Vorliegen einer richterlichen Genehmigung, die notfalls im Wege der einstweiligen Anordnung nach §§ 313 ff. FamFG ergehen kann, muss **Gefahr für den Betreuten** verbunden sein. Die Auslegung des Gefahrbegriffs ist an den materiellen Unterbringungsvoraussetzungen des Abs. 1 zu orientieren. Unterbleibt die vorherige Genehmigung des Betreuungsgerichts, ist diese unverzüglich nachzuholen, d. h. ohne jede Verzögerung, die sich nicht aus sachlichen (tatsächlichen oder rechtlichen) Gründen rechtfertigen lässt (BVerfG NJW 1974, 807 ff.; Klüsener/Rausch NJW 1993, 617; 622). Weniger dringliche Dienstgeschäfte sind zurückzustellen (siehe BVerfG NJW 1990, 2309 f.). Dies gilt sowohl für die Pflicht des Betreuers, die Genehmigung durch das Betreuungsgericht unverzüglich zu veranlassen, als auch für die Tätigkeit des Betreuungsrichters.

3. Beendigung der Unterbringung (Abs. 3)

Nach Genehmigung der Unterbringung durch das Betreuungsgericht liegt die 28 ausschließliche Verantwortung für den Aufenthalt des Betroffenen wieder bei dem Betreuer bzw. Bevollmächtigten. Er verfügt in der Regel über die Informationen, um über das Fortbestehen oder den **Wegfall der Unterbringungsvorausset-**

BGB § 1906 Titel 2. Rechtliche Betreuung

zungen entscheiden zu können. Sind die Voraussetzungen der Unterbringung nach Abs. 1 weggefallen, hat der Betreuer die Unterbringung zu beenden, d. h. die **Entlassung** des Betreuten zu veranlassen. Diese Pflicht besteht gegebenenfalls auch gegen ärztlichen Rat. Nur der Betroffene selbst kann nach Wegfall der Unterbringungsvoraussetzungen in eine weitere freiwillige Behandlung einwilligen, wenn der diesbezügliche natürliche Wille vorliegt. Zwischen der Bereitschaft zur Weiterbehandlung und dem Wegfall der Unterbringungsvoraussetzungen kann unter dem Gesichtspunkt der Erforderlichkeit eine Wechselwirkung bestehen. Der Betreuer hat die Beendigung der Unterbringung dem Betreuungsgericht anzuzeigen (Abs. 3 S. 2). Mit zunehmender Dauer der Unterbringung steigen die Voraussetzungen für deren Fortdauer (BayObLG BtPrax 1994, 211).

29 Kommt der Betreuer seiner Pflicht nach Abs. 3 nicht nach, besteht die Verpflichtung zur Beendigung der Unterbringung bei Wegfall der Unterbringungsvoraussetzungen auch für das Betreuungsgericht (§ 330 FamFG) sowie für die Einrichtung. Diese haben gegebenenfalls gegen den Willen des Betreuers tätig zu werden und die **Entlassung** des Betroffenen zu veranlassen. Die Unterbringungsmaßnahme ist nach § 330 FamFG auch dann aufzuheben, wenn der Betroffene zwischenzeitlich von der Einrichtung oder auf Veranlassung des Betreuers bzw. Bevollmächtigten entlassen wurde (BayObLGZ 1995, 146 = R&P 1995, 146). Die Genehmigung der Unterbringung ist in jedem Fall vor einer erneuten Unterbringung einzuholen, auch wenn der ursprüngliche Genehmigungszeitraum noch nicht abgelaufen ist. Die ursprüngliche Unterbringungsgenehmigung gilt auch im Fall der Flucht des Betroffenen als verbraucht (OLG München FGPrax 2008, 137). Dies gilt auch im Fall der Verlegung des Betroffenen von einer geschlossenen auf eine offene Station einer psychiatrischen Klinik, es sei denn, diese ist von vorneherein auf einen kurzen Zeitraum unmittelbar vor der Entlassung beschränkt (OLG Hamm R&P 2000, 83; KG R&P 2007, 30). Eine probeweise Entlassung aus der zivilrechtlichen Unterbringung ist – anders als im öffentlichen Unterbringungsrecht nach § 328 FamFG – nicht vorgesehen.

4. Freiheitsentziehende Maßnahmen (Abs. 4)

a) Überblick

30 Durch die Regelung werden die sog. freiheitsentziehenden Maßnahmen der Unterbringung nach Abs. 1 gleichgestellt. Dies bedeutet die entsprechende Anwendung der Abs. 1 bis 3 auf solche Maßnahmen. Auch im Fall der Durchführung freiheitsentziehender Maßnahmen durch den Betreuer bzw. Bevollmächtigten sind die materiellrechtlichen Voraussetzungen des Abs. 1 Nr. 1 und 2 zu prüfen, ist nach Abs. 2 die vormundschaftsgerichtliche **Genehmigung** einzuholen und ist nach Abs. 3 die Maßnahme durch den Betreuer bzw. Bevollmächtigten zu beenden, wenn die Voraussetzungen weggefallen sind. Zumindest für den Bereich der freiheitsentziehenden Maßnahmen außerhalb einer geschlossenen Unterbringung klärt die Regelung die nach altem Recht umstrittene Abgrenzung zwischen einer genehmigungspflichtigen **Freiheitsentziehung** und einer nicht genehmigungspflichtigen **Freiheitsbeschränkung** (siehe AG Frankfurt FamRZ 1988, 1209 einerseits, AG Recklinghausen FamRZ 1988, 653 andererseits). Für das Vorliegen einer Unterbringung nach Abs. 1 kann insoweit zu einem engen Unterbringungsbegriff zurückgekehrt werden, da die in Abs. 4 aufgezählten freiheitsentziehenden Maßnahmen vom Gesetz ausdrücklich dem Genehmigungsvor-

Genehmigung des Betreuungsgerichts bei der Unterbringung **§ 1906 BGB**

behalt unterstellt werden (zur Abgrenzung für den Fall eines Armbandsenders AG Stuttgart Bad-Cannstadt FamRZ 1997, 704). Ob dies verfassungsrechtlich geboten war, kann insoweit offen bleiben.

b) Anwendungsbereich

Die Regelung des Abs. 4 ist entgegen dem Wortlaut auch anwendbar auf **31 Betreute, die bereits untergebracht sind** (Bienwald § 1906 Rn 63; Palandt-Diederichsen § 1906 Rn 34; Schumacher FamRZ 1991, 280, 281 ff., BGH NJW 2006, 1277 = BtPrax 2006, 145; OLG München FamRZ 2005, 1196; OLG Frankfurt/Main FamRZ 2007, 673; BayObLG BtPrax 1993, 139; OLG Düsseldorf BtPrax 1995, 29; 35; Damrau/Zimmermann Rn 21; Klüsener/Rausch NJW 1993, 617, 623). Schwab löst den Konflikt dadurch, dass er unterbringungsähnliche Maßnahmen gegenüber schon freiheitsentziehend Untergebrachten als weitere Stufe der Unterbringung ansieht und dem Genehmigungsvorbehalt des Abs. 1 unterstellt (MK-Schwab Rn 47). Im Ergebnis bedeutet auch dies, dass im Wege einer verfassungskonformen Auslegung untergebrachte Personen hinsichtlich der Anwendung des Abs. 4 nicht untergebrachten Personen gleichzustellen sind.

Über die Frage der Anwendbarkeit des Abs. 4 auf bereits untergebrachte **32** Betreute hinaus verbietet sich zur Legitimation von freiheitsentziehenden Maßnahmen jeglicher Rückgriff auf die Figur des **besonderen Gewaltverhältnisses**. Dies gilt auch für **Hausordnungsmaßnahmen** von unterbringungsähnlichem Gewicht, die Holzhauer in der alleinige Kompetenz der Einrichtung stellen will (Holzhauer FuR 1992, 249, 257; BtPrax 1992, 54), weil diese Konstruktion nichts anderes als einen Rückgriff auf das besondere Gewaltverhältnis darstellt und damit verfassungswidrig ist. Sie widerspricht im Übrigen den gesetzlichen Vorgaben des Betreuungsgesetzes, da die Einrichtung aus eigenem Recht zu keinerlei Grundrechtseingriffen außerhalb oder während einer Unterbringung befugt ist (BT-Drucks. 11/4528 S. 83). Die Entscheidungskompetenz liegt ausschließlich bei dem Betreuer. Allerdings kann das Betreuungsgericht anordnen, dass der Betreuer die Fixierung nur nach ausdrücklicher Anordnung des behandelnden Arztes vornehmen darf (siehe BayObLG R&P 1993, 147 = BtPrax 1993, 139).

Die Regelungen des Art. 2 Abs. 2 und Art. 104 Abs. 1 und 2 GG haben **33** weiterhin zur Folge, dass die in der Praxis verbreiteten **Fixierungsrichtlinien** (z. B. Dienstanweisung des Landeswohlfahrtsverbandes Hessen in: von Eicken u. a., Fürsorglicher Zwang, S. 115; Fixierungsrichtlinien des Landesbetriebs Pflegen & Wohnen Hamburg BtPrax 1992, 30) als solche nicht geeignet sind, Grundrechtseingriffe in Form freiheitsentziehender Maßnahmen zu rechtfertigen. Eingriffe in die Freiheit der Person bedürfen vielmehr einer gesetzlichen Grundlage (Art. 2 Abs. 2 Satz 3, 104 Abs. 1 GG). Die Richtlinien können daher allenfalls Hinweise auf die bestehenden gesetzlichen Regelungen enthalten, die gesetzlich geregelten **Eingriffsbefugnisse** aber nicht erweitern. Dies bedeutet gleichzeitig, dass im Rahmen des Betreuungsrechts Fixierungen im Interesse Dritter unzulässig sind und auch nicht durch Fixierungsrichtlinien gerechtfertigt werden können (hierzu Rn 9 und 44).

c) Betreuung und Bevollmächtigung

Die Anwendung des Abs. 4 setzt voraus, dass ein Betreuer mit entsprechendem **34 Aufgabenkreis** bestellt ist oder eine Vollmacht nach Abs. 5 vorliegt (hierzu Rn. 2), sich der Betreute in einer Anstalt, einem Heim oder einer sonstigen Einrich-

BGB § 1906 Titel 2. Rechtliche Betreuung

tung aufhält oder nach der hier vertretenen Auffassung untergebracht ist, und ihm dort durch mechanische Vorrichtungen, Medikamente oder auf andere Weise über einen längeren Zeitraum oder regelmäßig die Freiheit entzogen wird.

35 Die Regelung betrifft Personen, für die ein **Betreuer** bestellt ist, gegebenenfalls durch **einstweilige Anordnung** nach §§ 300 ff. FamFG, oder die eine andere Person schriftlich mit der Einwilligung in Maßnahmen nach Abs. 4 beauftragt haben (Abs. 5). Der Aufgabenkreis muss sich ausdrücklich auf die beabsichtigten Grundrechtseingriffe beziehen (hierzu § 334 FamFG Rn 2 ff.). Es besteht die Möglichkeit einer einstweiligen Anordnung nach §§ 331 ff. FamFG, in Ausnahmefällen auch durch den Betreuungsrichter gemäß § 1846 i. V. m. § 334 FamFG (hierzu § 1846 Rn 3 f.). Ob ein Betreuer bereits bestellt ist, ist im Rahmen der Entscheidung nach § 1846 über eine Fixierung zu ermitteln (OLG Frankfurt/Main FamRZ 2007, 673). Ist ein Betreuer nicht bestellt bzw. liegt keine Vollmacht nach Abs. 5 vor oder handelt es sich um Maßnahmen zum Schutz Dritter, muss auf die Rechtsgrundlagen des öffentlichen Unterbringungsrechts unter Zugrundelegung des dort geltenden engeren Unterbringungsbegriffs zurückgegriffen werden. Die freiheitsentziehenden Maßnahmen im Sinn des Abs. 4 werden ausschließlich vom Betreuer bzw. Bevollmächtigten angeordnet und verantwortet, nicht von der Einrichtung.

36 Der Betroffene muss sich in einer offenen oder nach der hier vertretenen Auffassung geschlossenen Einrichtung befinden. Dabei handelt es sich um alle **stationären Einrichtungen** der Altenhilfe (Altenheime und Altenpflegeheime), der Behindertenhilfe (insbesondere Einrichtungen für geistig Behinderte) sowie der Psychiatrie (psychiatrische Krankenhäuser, psychiatrische Abteilungen von Allgemeinkrankenhäusern, insbesondere auch gerontopsychiatrische Einrichtungen). In Betracht kommen auch Allgemeinkrankenhäuser und teilstationäre Einrichtungen in der Alten- und Behindertenhilfe. Der Einrichtungsbegriff ist vom Schutzzweck der Norm her weit auszulegen (so auch MK-Schwab Rn 45). Eine sonstige Einrichtung kann daher auch die eigene Wohnung des Betreuten sein, wenn er in dieser durch den Betreuer eingesperrt wird (LG München I FamRZ 2000, 1123; AG Tempelhof-Kreuzberg BtPrax 1998, 194; LG Hamburg BtPrax 1995, 31; aA für den Fall der Betreuung und Pflege durch Familienangehörige BayObLG BtPrax 2003, 37 = R&P 2003, 99).

d) Mittel der Freiheitsentziehung

37 Als Mittel der **Freiheitsentziehung** kommen mechanische Vorrichtungen, Medikamente oder sonstige Vorkehrungen in Betracht. Es handelt sich um einen offenen Katalog. Gemeint sind alle typischen **Sicherungsmaßnahmen** in den oben genannten Einrichtungen (zur Kasuistik von Eicken u. a., Fürsorglicher Zwang, S. 38 ff.; Klie, Recht auf Verwirrtheit?, S. 56; Hoffmann/Klie, Freiheitsentziehende Maßnahmen; Walther BtPrax 2005, 214 und 2006, 8):
- das Festbinden des Betreuten durch einen Leibgurt am Stuhl oder Bett (LG Berlin R&P 1990, 178; BayObLG FamRZ 1994, 721; OLG Hamm FamRZ 1993, 1490 = R&P 1993, 207), also die typische Fixierung, die in Alten- und Behinderteneinrichtungen sowie in der Psychiatrie in Akutsituationen verwendet wird,
- das Verhindern des Verlassens des Bettes durch Bettgitter (LG Berlin R&P 1990, 178) oder besondere Schutzdecken,
- die Anbringung eines Therapietisches am Stuhl oder Rollstuhl (LG Frankfurt FamRZ 1993, 601; OLG Frankfurt FamRZ 1994, 992),

Genehmigung des Betreuungsgerichts bei der Unterbringung **§ 1906 BGB**

- das Verhindern des Verlassens der Einrichtung durch besonders komplizierte Schließmechanismen oder durch zeitweises Versperren der Eingangstür tagsüber oder nachts, ohne dass der Betreute einen Schlüssel erhält oder das Öffnen der Tür anderweitig sichergestellt ist (BT-Drucks. 11/4528 S. 148),
- das Arretieren des Rollstuhls,
- das Verhindern des Verlassens der Einrichtung durch das Personal (BT-Drucks. 11/4528 S. 148),
- das Verhindern des Verlassens der Einrichtung durch Vergabe von Medikamenten (Schlafmittel, Psychopharmaka),
- durch Wegnahme der Straßenbekleidung oder besondere Pflegehemden,
- durch Ausübung psychischen Drucks sowie Anwendung von Verboten, List, Zwang oder Drohungen.

Umstritten ist die Zulässigkeit der Ausstattung der Betreuten mit sog. Sendeanlagen oder **Personenortungsanlagen,** die bei Verlassen der im Übrigen offenen Einrichtung ein Signal auslösen und damit das Eingreifen des Personals ermöglichen. Die Maßnahme ist genehmigungspflichtig, wenn sie der Feststellung des Verlassens eines offenen Heimes dient und entsprechende Maßnahmen auslöst (LG Ulm FamRZ 2009, 544; AG Stuttgart-Bad Cannstadt FamRZ 1997, 704; LG Bielefeld BtPrax 1996, 232; AG Hannover BtPrax 1992, 113; aA OLG Brandenburg FamRZ 2006, 1481). Nach Ansicht des AG Hannover verstößt diese Maßnahme gegen die Menschenwürde (BtPrax 1992, 113) und darf daher nicht verwendet werden. Fraglich dürfte sein, ob eine derartige Maßnahme zur Verhinderung des Verlassens der Einrichtung erforderlich ist, da eine Kontrolle bei ausreichender Personalausstattung auch durch eine Beobachtung möglich ist (zum ganzen Feuerabend BtPrax 1999, 93). 38

Eine Freiheitsentziehung durch **Medikamente** liegt vor, wenn diese dazu verwendet werden, den Betreuten an der Fortbewegung in der Einrichtung oder am Verlassen der Einrichtung zu hindern (OLG Hamm FGPrax 1997, 64 mit Anmerkung Seitz 142; kritisch hierzu Pardey BtPrax 1999, 85), um die Pflege zu erleichtern oder um generell Ruhe auf der Station oder in der Einrichtung herzustellen (zu den Risiken bei Demenzkranken Wojnar BtPrax 1995, 12 und 1997, 92). Werden Medikamente zu Heilzwecken oder aus therapeutischen Gründen gegeben, ist Abs. 4 nicht anwendbar, auch wenn als Nebenwirkung der Bewegungsdrang des Betreuten eingeschränkt wird (ebenso Hoffmann; aA Klie jeweils in Hoffmann/Klie S. 19 f.). Für die Zwangsbehandlung eines Betroffenen, der sich freiwillig in einem psychiatrischen Krankenhaus aufhält, ist Abs. 4 ebenso wenig entsprechend anwendbar wie im Fall der ambulanten Zwangsbehandlung (BGH BtPrax 2008, 115 = R&P 2008, 123; 2001, 32 = FamRZ 2001, 149; OLG Bremen NJW-RR 2006, 75 siehe der Fall AG und OLG Bremen R&P 1997, 85 ff. mit Anmerkung Marschner sowie § 1904 Rn 12). In diesen Fällen ist § 1904 anzuwenden. Die Zielsetzung der Medikamentenvergabe ist daher im Einzelfall hinsichtlich der Frage der Genehmigungsbedürftigkeit zu überprüfen. Hierfür kann eine sorgfältige Dokumentation hilfreich sein. Auch die zwangsweise Verabreichung einer Depotspritze zur Schwangerschaftsverhütung lässt sich nicht auf Abs. 4 stützen (OLG Karlsruhe FGPrax 2008, 133) 39

e) Dauer und Häufigkeit der Freiheitsentziehung

Die Freiheitsentziehung durch die genannten Mittel muss über einen **längeren Zeitraum oder regelmäßig** erfolgen. Regelmäßigkeit liegt vor, wenn eine frei- 40

BGB § 1906   Titel 2. Rechtliche Betreuung

heitsentziehende Maßnahme entweder stets zur selben Zeit (z. B. nachts oder mittags) oder aus wiederkehrendem Anlass (z. B. bei der Gefahr aus dem Bett zu fallen) erfolgt. Auch ungeplante Wiederholungen lösen die Genehmigungspflicht aus (2. Vormundschaftsgerichtstag S. 76, These 4). Bei dem Merkmal des längeren Zeitraums ist je nach Mittel der Freiheitsentziehung zu differenzieren (Bienwald Rn 57). Eine verhältnismäßig kurze Zeit kann ausreichen (BayObLGZ R&P 1993, 147 = BtPrax 1993, 139). Dies bedeutet, dass bei Fixierungen bereits der Zeitraum eines Pflegetages oder einer Nacht die Genehmigungsbedürftigkeit auslöst. Als Höchstgrenze ist die Frist des § 128 StPO anzusehen (richterliche Entscheidung spätestens am Tag nach dem Beginn der freiheitsentziehenden Maßnahme). Bei Unterbrechungen ist der gesamte Zeitraum der freiheitsentziehenden Maßnahme zu berücksichtigen, soweit nicht bereits das Kriterium der Regelmäßigkeit erfüllt ist.

41   Eine Freiheitsentziehung im Sinn des Abs. 4 liegt nur vor, wenn der Betroffene noch in der Lage ist, sich fortzubewegen und die Einrichtung zu verlassen (OLG Hamm FamRZ 1994, 1270 = BtPrax 1994, 32). Nicht entscheidend ist dagegen, ob der Betroffene den aktuellen Willen zur Fortbewegung hat (OLG Hamm FamRZ 1993, 1490 = R&P 1993, 207). Wie bei der Unterbringung nach Abs. 1 schließt die Einwilligung des Betreuten das Vorliegen einer freiheitsentziehenden Maßnahme bis zum Widerruf aus, wenn der Betreute über den maßgeblichen natürlichen Willen verfügt (hierzu Rn 6 ff.).

f) Genehmigung und Beendigung

42   Die entsprechende Anwendung des Abs. 2 bedeutet die Verpflichtung zur **vorherigen** Genehmigung durch das Betreuungsgericht, es sei denn, mit dem Aufschub der Genehmigung ist Gefahr verbunden (Rn 27). Für das Verfahren gelten die §§ 312 ff. FamFG (§ 312 Ziff. 2 FamFG). Es handelt sich um eine vorhergehende Kontrolle. Die von Holzhauer angedeutete gegenteilige Auffassung (BtPrax 1992, 5 ff.) findet im Gesetz keine Grundlage. Die Einschaltung des Betreuers bzw. Bevollmächtigten alleine oder denkbare Maßnahmen der Heimaufsicht ersetzen die gesetzlich vorgeschriebene und verfassungsrechtlich gebotene richterliche Genehmigung genauso wenig wie dies umgekehrt der Fall ist.

43   Der Betreuer ist wie im Fall der Unterbringung zur sofortigen Beendigung einer freiheitsentziehenden Maßnahme verpflichtet (Abs. 3). Dieselbe Pflicht besteht für die Einrichtung und das Betreuungsgericht (Rn 29). Die rechtzeitige Beendigung der freiheitsentziehenden Maßnahme setzt einen engen Kontakt zwischen Betreuer, Einrichtung und Betreuungsgericht voraus (2. Vormundschaftsgerichtstag S. 76, These 1).

g) Voraussetzungen der Genehmigung

44   Hinsichtlich der Voraussetzungen der Genehmigung gilt Abs. 1 entsprechend. Dies bedeutet, dass die freiheitsentziehende Maßnahme dem **Wohl des Betreuten** in einer Abs. 1 Nr. 1 oder 2 konkretisierten Weise dienen muss und **erforderlich** sein muss. Die Konkretisierung des Wohls des Betroffenen in Abs. 1 hat auch für die freiheitsentziehenden Maßnahmen zur Folge, dass sie nur zur Abwehr von Gefahren für den Betreuten selbst (Nr. 1) oder zur Durchführung einer Maßnahme nach Nr. 2 zulässig sind. Eine freiheitsentziehende Maßnahme im Drittinteresse kommt nach dem eindeutigen Gesetzeswortlaut nicht in Betracht, sondern ist ausschließlich Aufgabe des öffentlichen Unterbringungsrechts (MK-Schwab

Genehmigung des Betreuungsgerichts bei der Unterbringung **§ 1906 BGB**

Rn 49 ; HK-BUR/Rink § 1906 Rn 41 f; 2. Vormundschaftsgerichtstag, S. 76, These 7; OLG Frankfurt/Main FamRZ 2007, 673; LG Hildesheim BtPrax 1994, 106; a. A. Damrau/Zimmermann Rn 23; Pardey BtPrax 1995, 81 und FamRZ 1995, 713; OLG Karlsruhe FamRZ 2009, 640 für den Fall, dass zugleich eine Gefahr für die eigene Gesundheit besteht; differenzierend Bienwald § 1906 Rn 109).

Eine freiheitsentziehende Maßnahme nach Abs. 4 i. V. m. Abs. 1 Nr. 1 setzt **45** voraus, dass die Gefahr besteht, dass der Betreute sich **selbst tötet** oder **erheblichen gesundheitlichen Schaden** zufügt. Dies betrifft vor allem behinderte oder altersverwirrte Menschen, bei denen die konkrete Gefahr besteht, dass sie hilflos und orientierungslos im **Straßenverkehr** umherirren und vom Auto überfahren werden, nicht zurückfinden und dadurch erfrieren, keine Nahrung zu sich nehmen oder lebensnotwendige Medikamente nicht erhalten. Eine weitere Fallgruppe betrifft Personen, bei denen die Gefahr besteht, aus dem Bett zu fallen oder anderweitig zu stürzen und sich dabei zu verletzen. Es müssen konkrete Anhaltspunkte für eine Gefährdung bestehen; dabei müssen die Freiheitsrechte auch des verwirrten Betroffenen berücksichtigt werden (OLG Koblenz FamRZ 2002, 1359). In aller Regel werden freiheitsentziehende Maßnahmen nicht erforderlich sein, da als Alternative therapeutische Angebote einschließlich einer entsprechenden Strukturierung des Alltags in der Einrichtung oder Sitzwachen vorrangig heranzuziehen sind (zu alternativen Problemlösungen Bauer/Hasselbeck FuR 1994, 293; bei Demenzkranken Wojnar BtPrax 1995, 12). Die unzureichende organisatorische und **personelle Ausstattung** und damit verbundene **fiskalische Gesichtspunkte** rechtfertigen keine Eingriffe in Grundrechte und damit auch nicht die Anwendung freiheitsentziehender Maßnahmen (BayObLG BtPrax 1994, 211; OLG Schleswig R&P 1991, 37, ähnlich LG Berlin R&P 1990, 178; MK-Schwab Rn 50; 2. Vormundschaftsgerichtstag, S. 76 f., These 8; a. A. Holzhauer BtPrax 1992, 54 ff., der aber die Anwendung des Abs. 1 bereits für nicht hilfreich hält; differenzierend OLG Frankfurt BtPrax 1993, 138; OLG Hamm BtPrax 1993, 172; OLG München FamRZ 2006, 63). Dies schließt den Einsatz von Fixierungen und sedierenden Medikamenten zur Erleichterung der Pflege oder wegen Personalmangels aus. Im Einzelfall kommt eine Genehmigung für eine Übergangszeit unter Auflagen im Betracht, siehe 2. Vormundschaftsgerichtstag, S. 76 f., These 8). Es ist dann Aufgabe des Trägers der Einrichtung, gegenüber dem Kostenträger die erforderliche finanzielle und personelle Ausstattung sicherzustellen (zum Mindestpersonalbestand einer psychiatrischen Station OLG Hamm NJW 1993, 2387 = R&P 1993, 203). In jedem Fall ist zu prüfen, ob weniger in die Freiheitsrechte des Betroffenen eingreifende Alternativen bestehen (OLG München FamRZ 2006, 63 LS). Eigene finanzielle Mittel des Betreuten sind für Alternativen vorrangig einzusetzen (AG Marburg BtPrax 1994, 106).

Eine freiheitsentziehende Maßnahme wegen der Notwendigkeit einer Untersu- **46** chung oder ärztlichen Behandlung kommt nur in Betracht, wenn die Maßnahme ohne Fixierung oder Sedierung des Betroffenen nicht durchgeführt werden kann, mit dem Verzicht auf die Maßnahme die Gefahr einer gewichtigen Gesundheitsschädigung des Betreuten verbunden wäre und dieser auf Grund seiner Krankheit oder Behinderung die Notwendigkeit der Maßnahme nicht erkennen oder nicht nach dieser Einsicht handeln kann (Abs. 1 Nr. 2). Dabei ist auf den natürlichen Willen des Betreuten abzustellen (Rn 6 ff.). Zu denken ist in erster Linie an organische Erkrankungen, bei denen ohne Behandlung eine erhebliche Ver-

BGB § 1906 Titel 2. Rechtliche Betreuung

schlechterung des Gesundheitszustandes eintreten würde (zur Zwangsbehandlung § 1904 Rn. 12).

47 Die Abwägung zwischen verschiedenen freiheitsentziehenden Maßnahmen unter dem Gesichtspunkt der **Erforderlichkeit** bzw. Verhältnismäßigkeit im Einzelfall ist schwierig. Eindeutig ist lediglich, dass alle vorrangigen Möglichkeiten ohne Freiheitsentziehung ausgeschöpft werden müssen, bevor es zu einem Eingriff in die Freiheitsrechte des Betroffenen kommen darf (OLG München FamRZ 2006, 441 – Bettnest –; Walther BtPrax 2006, 8). Ob dann allerdings die Unterbringung in einer geschlossenen Einrichtung mit dem Erhalt der Fortbewegungsmöglichkeit innerhalb der Einrichtung bzw. Station oder die vollständige oder zeitweise Ruhigstellung durch freiheitsentziehende Maßnahmen in einer im Übrigen offenen Einrichtung den geringeren Eingriff in die Grundrechte des Betroffenen darstellt, kann nur im Einzelfall entschieden werden und ist von dem Vormundschaftsgericht im Rahmen der Genehmigungsentscheidung zu prüfen (ebenso Ewers FamRZ 1993, 853; a. A. LG Köln FamRZ 1993, 110).

5. Verhältnis zu öffentlich-rechtlicher und strafrechtlicher Unterbringung

a) Öffentlich-rechtliche Unterbringung

48 Vor Inkrafttreten des Betreuungsgesetzes wurden unterschiedliche Auffassungen zum Rangverhältnis von zivilrechtlicher und öffentlich-rechtlicher Unterbringung vertreten. Durch die Neuregelung der Unterbringungsvoraussetzungen in Abs. 1 sowie die Vereinheitlichung des Verfahrensrechts in den §§ 312 ff. FamFG mit der Zuständigkeitskonzentration bei dem Betreuungsgericht ist die Diskussion überholt. Es ist von einer **Gleichrangigkeit** von zivilrechtlicher und öffentlich-rechtlicher Unterbringung auszugehen (zur Konkurrenz der Unterbringungsformen Marschner/Volckart/Lesting A 131 ff.). Allein sachliche Gesichtspunkte sind dafür ausschlaggebend, welche Unterbringung in Betracht kommt. Überschneidungen sind nur im Bereich der **Selbstgefährdung** denkbar. Ist bereits zumindest durch einstweilige Anordnung ein Betreuer bestellt und liegen die Voraussetzungen des Abs. 1 Ziff. 1 vor, ist die zivilrechtliche Unterbringung vorrangig, wenn sich der Betreuer zu einer Unterbringung entschließt (OLG Hamm R&P 2000, 84 = BtPrax 2000, 35). Andernfalls oder im Fall von Fremdgefährdungen kommt ausschließlich die öffentlich-rechtliche Unterbringung in Betracht. Dies betrifft vor allem Fälle der psychiatrischen Krisenintervention, in denen es anders als im Fall der Unterbringung von alterskranken oder geistig behinderten Personen langfristig nicht auf eine Betreuerbestellung ankommt (zu den Unterbringungsgesetzen der Länder vgl. Überblick vor § 312 FamFG).

49 Eine Unterbringung nach §§ 415 ff. FamFG kommt nicht in Betracht, wenn der Betroffene durch den Betreuer auf zivilrechtlicher Grundlage untergebracht ist). Dies bedeutet aber, dass die Voraussetzungen der zivilrechtlichen Unterbringung vorliegen müssen, was nur in Ausnahmefällen der Fall sein dürfte.

b) Strafrechtliche Unterbringung

50 Gegenüber einer **strafrechtlichen** Unterbringung nach §§ 63, 64 StGB ist die zivilrechtliche Unterbringung subsidiär. Allerdings bleibt für die Anwendung des § 63 StGB kein Raum, wenn der Betroffene die Anlasstaten im Rahmen einer

zivilrechtlichen Unterbringung begangen hat und diese sich gegen das Pflegepersonal richten (BGH R&P 1998, 204 mit Anmerkung Bode). Eine zivilrechtliche Unterbringung sowie eine Betreuerbestellung können außerdem einen besonderen Umstand nach § 67 b StGB darstellen mit der Folge, dass die Vollstreckung der strafrechtlichen Unterbringung zur **Bewährung** ausgesetzt werden kann (BGH NStZ 1992, 538 = R&P 1993, 32; R&P 1997, 183; NStZ 2002, 367 = R&P 2002, 192; FamRZ 2009, 421 LS; StV 2009, 588).

6. Vollzug der Unterbringung

Der Gesetzgeber hat davon abgesehen, Vorschriften über den Vollzug der zivilrechtlichen Unterbringung zu erlassen. Anders als im öffentlichen Unterbringungsrecht liegen daher alle Maßnahmen während einer Unterbringung (Besuch, Ausgang, Schriftverkehr, Zwangsbehandlung) in der ausschließlichen **Verantwortung des Betreuers,** soweit diesem der entsprechende Aufgabenkreis zugewiesen ist (z. B. Post- und Fernmeldekontrolle, ärztliche Behandlung). Die Einrichtung ist aus eigenem Recht zu keinen weitergehenden Eingriffen in die Rechte des Betroffenen befugt. 51

§ 1907 Genehmigung des Betreuungsgerichts bei der Aufgabe der Mietwohnung

(1) **Zur Kündigung eines Mietverhältnisses über Wohnraum, den der Betreute gemietet hat, bedarf der Betreuer der Genehmigung des Betreuungsgerichts. Gleiches gilt für eine Willenserklärung, die auf die Aufhebung eines solchen Mietverhältnisses gerichtet ist.**

(2) **Treten andere Umstände ein, auf Grund derer die Beendigung des Mietverhältnisses in Betracht kommt, so hat der Betreuer dies dem Betreuungsgericht unverzüglich mitzuteilen, wenn sein Aufgabenkreis das Mietverhältnis oder die Aufenthaltsbestimmung umfasst. Will der Betreuer Wohnraum des Betreuten auf andere Weise als durch Kündigung oder Aufhebung eines Mietverhältnisses aufgeben, so hat er dies gleichfalls unverzüglich mitzuteilen.**

(3) **Zu einem Miet- oder Pachtvertrag oder zu einem anderen Vertrag, durch den der Betreute zu wiederkehrenden Leistungen verpflichtet wird, bedarf der Betreuer der Genehmigung des Betreuungsgerichts, wenn das Vertragsverhältnis länger als vier Jahre dauern oder vom Betreuer Wohnraum vermietet werden soll.**

1. Ziele der gesetzlichen Regelung

In den Gesetzesmaterialien wird die überragende Bedeutung der Wohnung des Betreuten als räumlicher Mittelpunkt seines Lebens und seiner sozialen Bezüge herausgestellt (BT-Drucks. 11/4528 S. 83 ff.). Zweck der Vorschrift ist es daher, durch Einführung betreuungsgerichtlicher Genehmigungen sowie von Mitteilungspflichten die Aufgabe oder den Verlust der Wohnung zu verhindern und die eigene Wohnung als Lebensmittelpunkt solange wie möglich aufrechtzuerhalten. 1

BGB § 1907

Titel 2. Rechtliche Betreuung

2. Anwendungsbereich

2   Die Regelung der Miet- und Wohnungsangelegenheiten muss von dem **Aufgabenkreis des Betreuers** (hierzu § 1896 Rn 31) umfasst sein (so ausdrücklich Abs. 2 Satz 1). Dies ist auch der Fall, wenn dem Betreuer die gesamte Personensorge übertragen worden ist (Jürgens/Kröger/Marschner/Winterstein Rn 227; a. A. Klüsener Rpfleger 1991, 225, 228), nicht aber wenn dem Betreuer der Aufgabenkreis der Vermögenssorge übertragen ist (Rink R&P 1991, 148, 156). Trotz der Formulierung des Abs. 2 ist es auch problematisch, wenn dem Betreuer lediglich die Aufenthaltsbestimmung übertragen worden ist, da hiermit nicht notwendigerweise eine Entscheidung über eine Wohnungsauflösung einhergehen muss (siehe die Bedenken von Rink R&P 1991, 148, 154).

3   Genehmigungspflichtig sind alle Willenserklärungen, die der Betreuer als Vertreter des Betreuten zur **Beendigung des Mietverhältnisses** eines vom Betreuten gemieteten Wohnraums abgibt, insbesondere die Kündigung und die vertragliche Aufhebung des Mietvertrages. Nach der Zielsetzung der Vorschrift ist es nicht erforderlich, dass der Betreute die Wohnung noch bewohnt, etwa wenn er sich in einem Krankenhaus oder Heim befindet. Die Genehmigungspflicht entfällt aber, wenn eine Wohnung von vornherein nicht den eigenen Wohnzwecken des Betreuten dient (MK-Schwab Rn 4; siehe auch LG Münster BtPrax 1994, 67 = FamRZ 1994, 531).

4   Der Betreuer mit entsprechendem Aufgabenkreis (hierzu Rn 2) hat dem Betreuungsgericht **Mitteilung** zu machen, wenn ihm andere Umstände bekannt werden, die zur Beendigung des Mietverhältnisses führen können (Kündigungen und Räumungsklagen durch den Vermieter, Mietrückstände, tatsächliches Verhalten des Betreuten, das zur Kündigung des Vermieters führen kann). Dem Betreuungsgericht wird dadurch ermöglicht, bei pflichtwidrigem Verhalten des Betreuers gemäß § 1908 i Abs. 1 S. 1 i. V. m. § 1837 einzuschreiten und den Betreuer zur Verteidigung gegen die Kündigung bzw. Räumung aufzufordern (zum Vollstreckungsschutz bei psychischer Krankheit und Suizidgefahr BVerfG FamRZ 2005, 1972; NJW 1991, 3207; BGH NJW 2005, 1859; 2006, 505 und 508; 2008, 586; Walker/Gruß NJW 1996, 352). Ist die Regelung der Wohnungsangelegenheiten nicht vom Aufgabenkreis des Betreuers umfasst, kann er gemäß § 1901 Abs. 5 S. 2 verpflichtet sein, bei dem Betreuungsgericht die **Erweiterung seines Aufgabenkreises** anzuregen. Die Mitteilungspflicht des Betreuers erstreckt sich auch auf Fälle der faktischen Wohnungsaufgabe, wenn der Betreute Eigentümer oder dinglich Berechtigter (z. B. auf Grund eines Wohnrechts) ist (Abs. 2 S. 2).

5   Eine Genehmigungspflicht besteht auch, wenn der Betreuer Wohnraum **vermietet**, entweder im Wege der Untervermietung oder weil der Betreute Eigentümer der Wohnung ist (Abs. 3 2. Alt.; OLG Schleswig BtPrax 2001, 211). Auch hierdurch soll sichergestellt werden, dass bei Krankenhaus- oder Heimaufenthalt dem Betreuten die Rückkehr in die eigene Wohnung möglich ist. Wegen des Schutzzweckes der Vorschrift kommt auch Abs. 3 2. Alt. nicht zur Anwendung, wenn weder zum Zeitpunkt der Vermietung noch zukünftig der Betreute die Wohnung selbst nutzen wird, weil anderer Wohnraum zur Verfügung steht (LG Münster BtPrax 1994, 67). Genehmigungspflichtig sind nach Abs. 3 1. Alt. darüber hinaus alle **Dauerschuldverhältnisse,** insbesondere Miet- und Pachtverträge, deren Dauer mehr als vier Jahre beträgt. Bei Verträgen auf unbestimmte Dauer

ist auf die Kündigungsmöglichkeiten abzustellen. Zweifelhaft ist, ob damit auch Wohnraummietverträge, die auf unbestimmte Dauer geschlossen werden, der Genehmigungspflicht unterliegen (so LG Wuppertal FamRZ 2007, 1269; Palandt-Diederichsen Rn. 7; aA LG Münster BtPrax 1994, 67 = FamRZ 1994, 531; Dodegge/Roth E 37). Dies dürfte dann nicht der Fall sein, wenn der Betroffene den Wohnraum offensichtlich nicht selbst benötigt. **Heimverträge** sind nach Abs. 1 zu beurteilen, da es sich zumindest teilweise um Mietverträge über Wohnraum handelt (aA LG Münster BtPrax 2001, 81). Die Veräußerung von Haus- oder Wohnungseigentum unterliegt der Genehmigungspflicht nach § 1908 i Abs. 1 S. 1 i. V. m. § 1821 Nr. 1.

3. Voraussetzungen der Genehmigung

Die Entscheidung über die Erteilung der Genehmigung ist an § 1901 zu orientieren, also am Wohl und an den **Wünschen des Betreuten.** Die Möglichkeit, das Leben nach eigenen Wünschen und Vorstellungen zu gestalten, beinhaltet im Rahmen der Fähigkeiten des Betreuten das Recht, in der eigenen Wohnung zu leben. Wegen der Bedeutung der Angelegenheit besteht in jedem Fall der **Besprechungspflicht** des § 1901 Abs. 3 S. 3 (siehe § 299 Satz 2 FamFG). Die bestehenden Rehabilitationsmöglichkeiten durch Aufrechterhaltung der eigenen Wohnung sind durch den Betreuer wahrzunehmen (§ 1901 Abs. 4). Dazu gehört die Ausschöpfung sozialrechtlicher Ansprüche auch im Fall eines vorübergehenden Krankenhaus- oder Pflegeheimaufenthalts (Klie R&P 1990, 170 und Recht auf Verwirrtheit?, S. 44). Eine Genehmigung kommt nicht in Betracht, solange nicht endgültig feststeht, dass eine Rückkehr in die eigene Wohnung auf Dauer ausgeschlossen ist (OLG Frankfurt/Main FamRZ 2006, 1875). Dabei handelt es sich um eine **Prognoseentscheidung,** die in der Regel zu Beginn eines Krankenhaus- oder Heimaufenthalts noch nicht getroffen werden kann. Die Genehmigungspflicht dient damit auch der Vermeidung bzw. Verkürzung der Unterbringung in Einrichtungen.

6

Bisher ging die Rechtsprechung davon aus, der Betreuer könne sich schadensersatzpflichtig machen, wenn er bei endgültiger Unterbringung des Betreuten die Ablösung eines Wohnrechts unterlässt (BGH LM Nr. 1 zu § 1833). Nach der Neuregelung kommt eine **Schadensersatzpflicht** solange nicht in Betracht, als das Betreuungsgericht nicht die erforderliche Genehmigung erteilt hat (Jürgens/Kröger/Marschner/Winterstein Rn 228). Eine Schadensersatzpflicht nach § 1833 BGB kann auch bei Verletzung der Mitteilungspflichten des Abs. 2 entstehen.

7

4. Verfahren

Zuständig für die Genehmigung ist der Rechtspfleger, da kein Richtervorbehalt besteht (§ 15 RPflG; zum Verfahren Renner BtPrax 1999, 96). Der Betreute ist **persönlich anzuhören** (§ 299 Satz 2 FamFG). In aller Regel ist wegen der Bedeutung der Angelegenheit ein **Verfahrenspfleger** zu bestellen (§ 276 FamFG). Wegen der erforderlichen Prognoseentscheidung (Rn 6) ist ein Sachverständigengutachten gemäß § 26 FamFG einzuholen, falls dies nicht bereits bei der erforderlichen Erweiterung des Aufgabenkreises im Betreuungsverfahren geschehen ist (OLG Frankfurt/Main FamRZ 2006, 1875; Rink R&P 1991, 148, 156).

8

BGB § 1908a Titel 2. Rechtliche Betreuung

§ 1908 Genehmigung des Betreuungsgerichts bei der Ausstattung

Der Betreuer kann eine Ausstattung aus dem Vermögen des Betreuten nur mit Genehmigung des Betreuungsgerichts versprechen oder gewähren.

1. Anwendungsbereich

1   Die Vorschrift unterstellt eine weitere Tätigkeit des Betreuers im Bereich der Vermögenssorge der Genehmigungspflicht des Betreuungsgerichts (siehe § 1902 Abs. 1 a. F.). Nach den Gesetzesmaterialien liegt die Bedeutung in der Praxis vor allem bei Hof- und Geschäftsübergaben (BT-Drucks. 11/4528 S. 211). Der **Begriff der Ausstattung** ist in § 1624 BGB (s. Erläuterungen dort) definiert. Es handelt sich um Zuwendungen durch Mutter oder Vater an ihre Kinder aus Anlass der Eheschließung oder der Erlangung einer selbständigen Lebensstellung mit dem Ziel der Begründung oder Erhaltung der Lebensstellung des Kindes. Eine Ausstattung liegt nur vor, solange sie das den Umständen, insbesondere den Vermögensverhältnissen des Vaters oder der Mutter, entsprechende Maß nicht übersteigt. Anderenfalls handelt es sich um eine **Schenkung**, die nach § 1908 i Abs. 2 i. V. m. § 1804 zu beurteilen ist.

2. Voraussetzungen der Genehmigung

2   Die Entscheidung über die Genehmigung ist an § 1901 und damit an dem **Wohl** und den **Wünschen des Betroffenen** zu orientieren. Seinen Wünschen ist zu folgen, soweit die eigene Lebensstellung des Betreuten nicht gefährdet ist. Dies bedeutet gleichzeitig, dass finanzielle Erwägungen bis zu der in § 1901 Abs. 3 S. 1 gezogenen Grenze hinter persönliche und familiäre Motive des Betreuten zurücktreten. So kann auch der eventuell schlechte Einfluss der Ausstattung auf den Familienfrieden durch Benachteiligung anderer Familienangehöriger zu berücksichtigen sein (Damrau/Zimmermann Rn 7).

3. Verfahren und Wirkung der Genehmigung

3   Für die Genehmigung ist der Rechtspfleger zuständig, da kein Richtervorbehalt besteht (§ 15 RPflG). Da die Wünsche des Betreuten von wesentlicher Bedeutung für die Entscheidung der Genehmigung sind, wird in aller Regel auch ohne ausdrückliche Regelung eine **Anhörung** erforderlich sein (§ 16 FamFG). Die Genehmigung betrifft das Versprechen oder Gewähren der Ausstattung. Ist das Ausstattungsversprechen betreuungsgerichtlich genehmigt, ist für die Erfüllung keine weitere Genehmigung erforderlich. Das genehmigte Ausstattungsversprechen begründet einen **Anspruch** des Kindes (MK-Schwab Rn 8).

§ 1908a Vorsorgliche Betreuerbestellung und Anordnung des Einwilligungsvorbehalts für Minderjährige

Maßnahmen nach den §§ 1896, 1903 können auch für einen Minderjährigen, der das 17. Lebensjahr vollendet hat, getroffen werden, wenn anzunehmen ist, dass sie bei Eintritt der Volljährigkeit erforderlich werden. Die Maßnahmen werden erst mit dem Eintritt der Volljährigkeit wirksam.

1. Betreuerbestellung

Die Vorschrift regelt die einzige Ausnahme von dem Grundsatz, dass ein 1 Betreuer nur für einen Volljährigen bestellt werden kann (§ 1896 Rn 2). Hierdurch soll verhindert werden, dass insbesondere bei Menschen mit **geistiger Behinderung** nach dem Ende der elterlichen Sorge mit Erreichen der Volljährigkeit und der dann notwendigen Bestellung eines Betreuers eine Betreuungslücke entsteht (Dodegge/Roth Teil A Rn 36). Der Betroffene muss das 17. Lebensjahr bereits vollendet haben, wenn das Betreuungsverfahren eingeleitet wird, und es muss eine Krankheit oder Behinderung im Sinne des § 1896 Abs. 1 (s. dort Rn 3 ff.) vorliegen, die sich voraussichtlich bis zum Eintritt der Volljährigkeit nicht geändert haben wird. Im übrigen müssen sämtliche Voraussetzungen des § 1896 festgestellt werden bzw. die Krankheit/Behinderung und die festgestellten persönlichen Lebensverhältnisse müssen die gesicherte Prognose zulassen, dass sie bei Eintritt der Volljährigkeit (noch) vorliegen werden. Im Übrigen gelten alle Vorschriften für die Bestellung eines Betreuers oder mehrerer Betreuer, wie bei Volljährigen auch. Von besonderer Bedeutung ist hier § 1897 Abs. 5, wonach das Betreuungsgericht auf die verwandtschaftlichen und sonstigen persönlichen Bindungen des Betroffenen Rücksicht zu nehmen hat bei der Auswahl des Betreuers. Insbesondere die Frage, ob die Eltern gemeinsam (hierzu § 1899 Rn 3) oder auch nur ein Elternteil Betreuer werden soll, ist im Hinblick auf die Volljährigkeit des Betroffenen stets sorgfältig zu prüfen. Die vorweggenommene Bestellung eines Betreuers zur Entscheidung über die Einwilligung in eine Sterilisation ist unzulässig wegen der besonderen Bedeutung dieser Entscheidung und der damit zusammenhängenden Prognosen. Die Erforderlichkeit einer Betreuung entfällt, wenn die Eltern gemäß § 1626 BGB dem Kind einen Bevollmächtigten bestellt haben. Sie können sich allerdings grundsätzlich nicht selbst bevollmächtigen (Dodegge/Roth Teil A Rn 37).

2. Einwilligungsvorbehalt

Auch ein Einwilligungsvorbehalt nach § 1903 kann bereits vor Eintritt der 2 Volljährigkeit angeordnet werden. Voraussetzung ist wie in jedem Falle des § 1903, dass ein **Betreuer** bestellt ist oder gleichzeitig bestellt wird. In der auch hier anzustellenden Prognose für den Zeitpunkt der Volljährigkeit ist vor allem die **Erforderlichkeit** eines solchen Eingriffs zu prüfen. Die in § 1903 Abs. 1 vorausgesetzte konkrete Gefahrenlage (§ 1903 Rn 2 f.) muss bereits auf Grund der Lebenssituation des Betroffenen absehbar sein, eine nur abstrakte Möglichkeit der Selbstschädigung ohne weitere konkrete Anhaltspunkte wäre auch hier für die Anordnung eines Einwilligungsvorbehalts nicht ausreichend. Hat der Minderjährige als beschränkt Geschäftsfähiger sich bisher nicht geschädigt, fehlt es in der Regel auch an der Prognose einer entsprechenden Gefahrenlage bei Volljährigkeit (Dodegge/Roth Teil A Rn 36).

BGB § 1908b Titel 2. Rechtliche Betreuung

3. Wirkung

3   Die Wirkung der Betreuerbestellung oder des Einwilligungsvorbehalts tritt in jedem Falle erst mit **Volljährigkeit** des Betroffenen ein, also mit Vollendung des 18. Lebensjahres. Der zuvor beschränkt geschäftsfähige Minderjährige (§ 106) wird, wenn er nicht geschäftsunfähig ist nach § 104 Nr. 2, geschäftsfähig. Der Betreuer wird mit Eintritt der Volljährigkeit gesetzlicher Vertreter (§ 1902) und der Betroffene ist bei Anordnung eines Einwilligungsvorbehalts an dessen Zustimmung zu eigenen Rechtsgeschäften gebunden, soweit der Einwilligungsvorbehalt reicht. Bei zuvor schwebend unwirksamen Rechtsgeschäften kann nunmehr der Betroffene selbst die notwendige Genehmigung erteilen (§ 108 Abs. 3), soweit er geschäftsfähig ist. Unterliegt das Rechtsgeschäft einem angeordneten Einwilligungsvorbehalt, ist er hierfür an die Einwilligung des Betreuers gebunden. In jedem Falle kann der Betreuer als Vertreter für den Betroffenen die Genehmigung nach § 108 Abs. 3 erteilen und damit das zunächst schwebend unwirksame Rechtsgeschäft wirksam machen.

4. Verfahren

4   Auch der Minderjährige ist nach § 275 FamFG für das Verfahren ohne Rücksicht auf seine **Geschäftsfähigkeit** verfahrensfähig. Das Gericht hat den gesetzlichen Vertreter des Minderjährigen nach § 279 FamFG im Verfahren anzuhören. Dies ist schon deshalb sinnvoll, weil in vielen Fällen der Minderjährige selbst einwilligungsunfähig sein dürfte und daher seine gesetzlichen Vertreter – also in der Regel die Eltern – z. B. in die Untersuchung durch einen **Sachverständigen** (§ 280 FamFG) oder die Verwendung vorhandener Gutachten (§ 282 FamFG) einwilligen müssen. Ein ärztliches Zeugnis i. S. d. § 281 FamFG reicht in den dort genannten Fällen wegen des prognostischen Charakters der vorweggenommenen Betreuerbestellung hier in der Regel nicht aus. Obwohl in § 286 FamFG nicht ausdrücklich erwähnt, dürfte es sich in der Regel empfehlen, den Zeitpunkt der Volljährigkeit und damit der Wirksamkeit der Betreuerbestellung in den Beschluss aufzunehmen, um Unklarheiten auch des Rechtsverkehrs möglichst auszuschließen.

§ 1908b Entlassung des Betreuers

(1) Das Betreuungsgericht hat den Betreuer zu entlassen, wenn seine Eignung, die Angelegenheiten des Betreuten zu besorgen, nicht mehr gewährleistet ist oder ein anderer wichtiger Grund für die Entlassung vorliegt. Ein wichtiger Grund liegt auch vor, wenn der Betreuer eine erforderliche Abrechnung vorsätzlich falsch erteilt hat. Das Gericht soll den nach § 1897 Abs. 6 bestellten Betreuer entlassen, wenn der Betreute durch eine oder mehrere andere Personen außerhalb einer Berufsausübung betreut werden kann.

(2) Der Betreuer kann seine Entlassung verlangen, wenn nach seiner Bestellung Umstände eintreten, auf Grund derer ihm die Betreuung nicht mehr zugemutet werden kann.

§ 1908b BGB

(3) Das Gericht kann den Betreuer entlassen, wenn der Betreute eine gleich geeignete Person, die zur Übernahme bereit ist, als neuen Betreuer vorschlägt.

(4) Der Vereinsbetreuer ist auch zu entlassen, wenn der Verein dies beantragt. Ist die Entlassung nicht zum Wohl des Betreuten erforderlich, so kann das Betreuungsgericht stattdessen mit Einverständnis des Betreuers aussprechen, dass dieser die Betreuung künftig als Privatperson weiterführt. Die Sätze 1 und 2 gelten für den Behördenbetreuer entsprechend.

(5) Der Verein oder die Behörde ist zu entlassen, sobald der Betreute durch eine oder mehrere natürliche Personen hinreichend betreut werden kann.

1. Regelungszweck

Geregelt wird die Entlassung des Betreuers trotz fortbestehenden **Betreuungs-** 1 **bedarfs**. Folgerichtig ist in jedem Falle des § 1908 b auch ein neuer Betreuer zu bestellen (§ 1908 c). Wenn ein Betreuungsbedarf nicht mehr gegeben ist, gilt stattdessen § 1908 d. Eine Aufhebung der Betreuung nach § 1908 d geht in jedem Fall der Betreuerentlassung vor, weil in diesem Falle automatisch das Amt des Betreuers beendet ist. Maßstab für jede Entlassungsentscheidung ist immer die Frage, ob das Wohl des Betroffenen durch den aktuellen Betreuer nicht oder erheblich schlechter gewahrt ist, als bei einem Austausch des Betreuers (BayObLG BtPrax 2005, 31; BtPrax 2005, 71)

2. Zwingende Entlassungsgründe

Ohne Ermessen des Betreuungsgerichts ist der Betreuer zwingend zu entlassen 2 in folgenden Fällen:

a) Mangelnde Eignung

Bei berechtigten **Zweifeln** an der Eignung des Betreuers („nicht mehr gewährleistet", Abs. 1 1. Alt.) ist dieser zu entlassen. Es kann deshalb ausreichen, dass gegen den Betreuer wegen Abrechnungsfehlern ein Strafverfahren eingeleitet wird, auch wenn dieses noch nicht abgeschlossen ist (Bay ObLG FamRZ 2005, 931). Zur Eignung s. § 1897 Rn 6 ff. Die Eignung kann entfallen bei Pflichtverletzungen des Betreuers, bei mangelndem Einsatz für die Belange des Betroffenen, bei Verletzungen der Verpflichtungen nach § 1901 (insbesondere der Besprechungspflicht und der Beachtung der Wünsche des Betroffenen, hierzu § 1901 Rn 11 ff.), unzulänglicher oder sogar interessenwidriger Bewältigung der zugewiesenen Aufgabenkreise (BayObLG FamRZ 2003, 403), bei Überforderung etwa im Zusammenhang mit einer Vermögensverwaltung (BayObLG FamRZ 2000, 514) oder wichtiger Fragen der Personensorge, etwa wenn ein Vereinsbetreuer entgegen fachärztlicher Stellungnahme und ohne Genehmigung des Gerichts eine Unterbringung des Betreuten „verfügt" (BayObLG BtPrax 2005, 71). Die Eignung ist auch nicht mehr gewährleistet, wenn die jährliche Rechnungslegung auch nach Aufforderung und Zwangsgeldandrohung nicht erfolgt und zu hohe Barentnahmen ohne konkreten Nachweis vorgenommen werden

(AG Langen BtPrax 2005, 40), wobei allerdings eine im Beschwerdeverfahren vorgebrachte Entschuldigung und Vorlage aktueller Abrechnungen eine andere Beurteilung rechtfertigen kann (OLG Brandenburg FamRZ 2007, 1688). Ein Strafbefehl wegen Falschabrechnungen von Vergütung und Aufwendungsersatz (OLG Köln FamRZ 2007, 765 LS) begründet dagegen ausreichende Zweifel an der Eignung des Betreuers ebenso wie eine Differenz von mehreren tausend Euro zwischen den nachgewiesenen Fahrtkosten und dem entnommenen Aufwendungsersatz für Fahrten (OLG München FamRZ 2005, 1927 LS). Dagegen soll eine Verurteilung nach § 184 StGB (Verbreitung pornographischer Schriften) die Eignung eines bisher zuverlässigen Betreuers nicht entfallen lassen (OLG Naumburg BtPrax 2007, 265). Auch wenn eine Mutter als Betreuerin die geringen Einkünfte ihres Sohnes zusammen mit ihrem eigenen Renteneinkommen auf einem Girokonto verwaltet, begründet dies nicht ihre mangelnde Eignung (OLG Rostock FamRZ 2005, 1588). Ein Betreuer ist auch nicht allein deshalb als ungeeignet anzusehen, weil er lebenserhaltende Maßnahmen gegenüber dem Betroffenen unter Berufung auf dessen unterstellten Willen ablehnt (OLG München BtPrax 2007, 79). Zu den Pflichten des Betreuers bei einer Patientenverfügung oder Behandlungswünschen des Betroffenen s. §§ 1901a, 1901b, 1904.Da es auf ein Verschulden des Betreuers nicht ankommt, kann auch bei längerer Krankheit oder Ortsabwesenheit des Betreuers seine Eignung entfallen (BayObLG BtPrax 1996, 67). Dies gilt namentlich, wenn der Betreuer wegen mehrmonatiger Abwesenheit zu einer geordneten Aktenführung nicht mehr in der Lage ist und es deshalb zu Abrechnungsfehlern kommt (BayObLG FamRZ 2005, 931). Auch aus der Person des Betreuten können sich Gründe für eine Betreuerentlassung ergeben, etwa bei einem Ortswechsel (Hans. OLG BtPrax 1994, 138) im Zusammenhang mit einer längerdauernden Behandlungsmaßnahme oder Verlegung des Lebensmittelpunktes, bei Änderung der konkret wahrzunehmenden Aufgaben (Vermögenssorge nach umfangreicher Erbschaft des Betreuten) etc. (weitere Beispiele bei MK-Schwab, Rn 3 ff.). Eine mangelnde Eignung kann sich auch dann ergeben, wenn zwischen dem Betreuer und dem Betreuten auf Grund einseitiger oder gegenseitiger Abneigung (BayObLG FamRZ 1995, 1235 für den Fall einer Feindschaft zwischen Ehegatten) jede persönliche Betreuung unmöglich wäre oder der Betreuer den Betreuten seit 25 Jahren nicht mehr persönlich besucht hat (LG Hildesheim BtPrax 1997, 79). Die fehlende Eignung muss nicht erwiesen sein, es genügen berechtigte Zweifel auf Grund konkreter Tatsachen, die in dem Beschluss über die Entlassung des Betreuers vom Gericht festgehalten werden müssen (BezG Frankfurt/Oder, BtPrax 1993, 143). Fehlt die Eignung des Betreuers oder fällt sie später weg, ist die Entlassung auch gegen den Willen des Betreuten möglich, wenn dies seinem Wohl entspricht (BayObLG BtPrax 1997, 200).

b) Wichtiger Grund

3   Bei einem sonstigen **wichtigen Grund** (Abs. 1 2. Alt.), der nicht in einer mangelnden Eignung des Betreuers begründet ist, muss der Betreuer ebenfalls entlassen werden. Als einen solchen wichtigen Grund nennt Abs. 1 Satz 2 die Erteilung einer vorsätzlich falschen Abrechnung durch den Betreuer zu Lasten der Staatskasse. Ein wichtiger Grund liegt auch vor, wenn der Betreuer seiner Berichts- und Rechnungslegungspflicht nicht nachkommt und über einen langen Zeitraum die Zusammenarbeit mit dem Gericht verweigert (OLG Schleswig FGPrax 2006, 138). Haben bei mehreren Betreuern die Voraussetzungen für eine

Entlassung des Betreuers **§ 1908b BGB**

Mitbetreuung (§ 1899 Rn 2) nicht vorgelegen (OLG München BtPrax 2006, 34), fallen diese nachträglich weg (OLG Schleswig BtPrax 2002, 271; OLG München BtPrax 2007, 77) oder wird vom Betroffenen eine bisher als weiterer Betreuer bestellte Person zum alleinigen Betreuer vorgeschlagen (BayObLG BtPrax 2005, 75 LS), begründet dies einen wichtigen Grund für die Entlassung des anderen Mitbetreuers. Im Übrigen kommt in Betracht, dass ein (z. B. wegen eines engeren persönlichen Verhältnisses zum Betreuten) besser geeigneter Betreuer, der bisher die Übernahme der Betreuung verweigerte oder hierzu nicht in der Lage war, nunmehr zur Verfügung steht, oder dass der bisherige Betreuer seine Bereiterklärung (§ 1898 Abs. 2) widerruft (LG Duisburg, FamRZ 1993, 851). Auch wenn das Vertrauensverhältnis zwischen Betreuer und Betroffenem gestört ist und dieser eigenständig und ernsthaft einen anderen Betreuer wünscht, kann dies einen wichtigen Grund für einen Betreuerwechsel darstellen (BayObLG BtPrax 2005, 31). In diesem Falle muss nicht sofort ein bestimmter neuer Betreuer benannt werden. Es genügt, wenn ein konkreter Vorschlag z.B. nach Vermittlung durch die Betreuungsbehörde erfolgen soll (OLG München BtPrax 2007, 221). Ansonsten kommt nach der ausdrücklichen Wertung des Abs. 2 eine Entlassung nur bei Unzumutbarkeit für den Betreuer (hierzu Rn 9 f.) in Betracht. Die Anwendung des Begriffs „wichtiger Grund" setzt jedenfalls eine Abwägung der beteiligten Interessen voraus. Da ein einfacher Grund nicht ausreicht, muss diese Interessenabwägung auch ein deutliches Ergebnis haben (BayObLG FamRZ 1994, 323). Dies gilt z. B. bei auftretenden Interessenkollisionen in Vermögensbelangen (BayObLG BtPrax 1996, 67). Ein wichtiger Grund kann vorliegen, wenn der Betreuer sich von der ärztlich bestätigt an seniler Demenz leidenden Betreuten eine Generalvollmacht erteilen lässt (Palandt-Diederichsen Rn 5, a. A. LG Leipzig FamRZ 2000, 190).

Eine Mutter darf als Betreuerin ihres Sohnes nicht deshalb entlassen werden, **4** weil sie zugleich Geschäftsführerin der Einrichtung ist, in der ihr Sohn lebt. Die Regelung in § 1897 Abs. 3 (s. dort Rn 8 ff) darf nicht dazu führen, dass die Elternrechte aus Art. 6 GG unverhältnismäßig eingeschränkt werden (BVerfG BtPrax 2006, 228).

Bei **Pflichtverletzungen** des Betreuers wird häufig ein wichtiger Grund für die Entlassung gegeben sein, so bei Verletzung der Pflicht zur Rechnungslegung (BayObLG FamRZ 1994, 1282) oder der Berichtspflicht (BayObLG BtPrax 2002, 218; OLG Schleswig BtPrax 2006, 79 LS), umfangreiche Schenkungen an sich selbst und andere Verwandte des Betreuten (BayObLG FamRZ 2004, 734), oder wenn der Betreuer nicht sicherstellen kann, dass der Betroffene vor Übergriffen des Ehegatten des Betreuers geschützt ist (BayObLG BtPrax 2000, 123). Auch ein Verschweigen der Betreuung gegenüber einem Notar bei Abschluss eines Vertrages über eine Eigentumswohnung des Betreuten kann eine Entlassung wegen Pflichtverletzung rechtfertigen (BayObLG BtPrax 1995, 65). Bloße Spannungen zwischen Betreuer und Betreutem im Zusammenhang mit einzelnen Verrichtungen der Vermögenssorge begründen dagegen eine Entlassung nicht ohne weiteres (BayObLG FamRZ 1994, 136). Auch wenn die Betreuerin eine mit Schachteln und Plastiksäcken vollgestellte Wohnung des Betreuten nicht räumt (BayObLG BtPrax 1997, 239, FamRZ 2004, 977) liegt hierin nicht immer eine Pflichtverletzung. Dies gilt auch für den Sterilisationsbetreuer, der entgegen der Erwartung des Betreuungsgerichts keinen Antrag auf Durchführung einer Sterilisation stellt, soweit diese ihm obliegende Entscheidung in Anwendung des § 1905 jedenfalls rechtlich vertretbar ist (LG Hildesheim BtPrax 1997, 121). Zwingend entlassen werden muss auch ein Betreuer, der nach Entlassung eines Betreuers

BGB § 1908b Titel 2. Rechtliche Betreuung

nach § 1908 c an dessen Stelle bestellt wurde, wenn im Beschwerdeverfahren die Entlassung des Erstbetreuers aufgehoben wird (BayObLG BtPrax 1995, 219; OLG Stuttgart FGPrax 1995, 196). Hier liegt der wichtige Grund in der Regel bereits in der Aufrechterhaltung der Bestellung des Erstbetreuers.

c) Vereins- oder Behördenbetreuer

5   Im Falle des Vereins- oder Behördenbetreuers ist dieser bei einem entsprechenden **Antrag** des Vereins bzw. der Behörde zu entlassen (Abs. 4 S. 1 und 3). Ein Vereinsbetreuer darf nur mit Zustimmung des Vereins und ein Behördenbetreuer nur mit Zustimmung der Behörde bestellt werden (§ 1897 Abs. 2). Da dies der Dispositionsfreiheit des Vereins/der Behörde unterliegt, muss der Betreuer auf Antrag auch folgerichtig entlassen werden, wenn sich diese Dispositionen ändern. Das Gericht ist an die Entscheidung gebunden und darf sie nicht auf ihre „Berechtigung" überprüfen. Wenn allerdings nicht gleichzeitig das Wohl des Betroffenen sondern allein interne Gründe des Vereins oder der Behörde die Entlassung bedingen, muss im Interesse der Kontinuität der Betreuung die Möglichkeit überprüft werden, den Vereins- bzw. Behördenbetreuer als Privatperson zu bestellen. Dies ist bei der Bestellung des neuen Betreuers (§ 1908 c) zu berücksichtigen. Eine Verpflichtung zur Bestellung als Privatperson gibt es aus gutem Grund nicht, weil häufig der Mitarbeiter von seinem Verein bzw. seiner Behörde auch mit anderen Betreuungen betraut werden wird und es dann schon aus zeitlichen Gründen an seiner Eignung fehlen kann.

d) Natürliche Person statt Verein oder Behörde

6   Bei Ersatz eines Vereins oder einer Behörde durch eine **natürliche Person** (Abs. 5). Die Betreuung durch einen Verein oder eine Behörde ist nur subsidiär zulässig, wenn der Betroffene durch eine oder mehrere Personen nicht hinreichend betreut werden kann (§ 1900 Abs. 1, 4). Ändert sich diese Situation – wovon die bestellte Institution dem Betreuungsgericht Mitteilung machen muss (§ 1900 Abs. 3) – ist sie jederzeit zu korrigieren und die Betreuung einer Einzelperson zu übertragen. Hierunter fällt auch die Möglichkeit, statt des Vereins/der Behörde deren Mitarbeiter als Vereins-/Behördenbetreuer nach § 1897 Abs. 2 zu bestellen (hierzu Formella, BtPrax 1995, 21). Obwohl die Behörde nur bestellt werden darf, wenn auch kein Verein zur Verfügung steht (§ 1900 Abs. 4), ist eine zwingende Entlassung der Behörde zu Gunsten eines Vereins in Abs. 4 S. 3 nicht vorgesehen.

e) Beamte und Geistliche

7   Ein Beamter oder Geistlicher als Betreuer ist nach § 1908 i i. V. m. § 1888 auch in den dort genannten Fällen zu entlassen.

3. Entlassung eines Berufsbetreuers

8   Das Gericht **soll** einen nach § 1897 Abs. 6 bestellten Berufsbetreuer entlassen, wenn der Betreute durch eine oder mehrere andere Personen außerhalb einer Berufsausübung betreut werden kann (Abs. 1 S. 2). Die Entlassung ist nicht zwingend, vielmehr enthält Abs. 1 S. 2 nur eine Soll-Regelung. Das Gericht muss also eine Ermessensentscheidung treffen, wobei allerdings das Gesetz die Entlassung bei Vorliegen der Voraussetzungen als Regel vorgibt, von der nur bei besonderen

Umständen abgewichen werden kann. Die Entscheidung muss sich daran orientieren, ob die Entlassung dem Wohl des Betroffenen entspricht. Dies ist dann nicht der Fall, wenn bei Streitigkeiten unter den Kindern der Betreuten, an deren Stelle deshalb eine Berufsbetreuung eingerichtet wurde, die vorgeschlagene Person zu einem der zerstrittenen „Lager" gehört (BayObLG BtPrax 2005, 148). Ein lediglich kurzfristiger Betreuerwechsel mit Umstellung auf eine ehrenamtliche Betreuung und alsbaldige Rückkehr zu einer berufsmäßigen Betreuung mit einem anderen Berufsbetreuer kommt allerdings nicht in Betracht (OLG Hamm BtPrax 2008, 273) Wird die Entlassung eines Berufsbetreuers abgelehnt, kann der Vertreter der Staatskasse unter den Voraussetzungen des § 304 Abs. 1 Satz 2 FamFG hiergegen Beschwerde einlegen.

4. Entlassung nach Ermessen

a) Unzumutbarkeit

Der Betreuer kann nach Abs. 2 entscheiden, ob er seine Entlassung verlangen 9 will. Hierzu ist er für den Fall berechtigt, dass ihm die Weiterführung der Betreuung nicht **zuzumuten** ist. In diesem Falle besteht nach § 1898 Abs. 1 keine Pflicht zur Übernahme der Betreuung (hierzu § 1898 Rn 2 ff.). Treten Gründe, die eine Unzumutbarkeit begründen, erst später ein – etwa weitere berufliche Belastung, familiäre Veränderungen, eine vom Betreuten ausgehende, tiefgreifende Entfremdung etc. – ist der Betreuer zwar nicht von Amts wegen zu entlassen, kann dies aber verlangen. Hierzu zählt auch ein Wohnsitzwechsel des Betreuten (OLG Hamburg BtPrax 1994, 138). Das Betreuungsgericht ist bei Feststellung von Unzumutbarkeitsgründen an das Entlassungsverlangen des Betreuers gebunden.

b) Alternativvorschlag

Bei **Vorschlag** einer gleich geeigneten Person durch den Betreuten entscheidet 10 das Betreuungsgericht nach Ermessen (Abs. 3) über die Entlassung des gegenwärtigen Betreuers. Allerdings kann der Wunsch nach einem Betreuerwechsel auch einen wichtigen Grund und damit eine Entlassung ohne Ermessen begründen (hierzu Rn 3). Der Wunsch nach einem Betreuerwechsel ist nur zu berücksichtigen, wenn er auf einer ernsthaften und auf Dauer angelegten eigenständigen Willensbildung beruht, die unabhängig von den Einflüssen Dritter zustande gekommen ist (BayObLG BtPrax 2005, 35). Das Gericht darf bei seiner Entscheidung berücksichtigen, dass der Wunsch des Betroffenen lediglich von der Erwartung getragen wird, bei einem anderen Betreuer größere persönliche Freiheit genießen zu können (BayObLG FamRZ 2003, 784). Die Bestellung einer weniger gut geeigneten Person kommt selbst dann nicht in Betracht, wenn der bisherige Betreuer hiermit einverstanden ist (LG Mainz, BtPrax 1993, 176). Zur Eignung § 1897 Rn 6 ff. Bei der Ermessensentscheidung ist das Gericht an die gleichen Grundsätze wie bei der Erstbestellung eines Betreuers gebunden, insbesondere an einen Vorschlag zur Bestellung einer bestimmten Person (§ 1897 Abs. 4, hierzu BayObLG BtPrax 1993, 171; FamRZ 1994, 322 und 329). Die Benennung einer konkreten anderen Person ist überhaupt Voraussetzung für eine Entscheidung des Gerichts (BayObLG BtPrax 2005, 31; OLG Schleswig FGPrax 2007, 269). Steht einem Alternativvorschlag nicht das Wohl des Betroffenen entgegen, so muss das Betreuungsgericht dem i. d. R. folgen, wenn nicht im Einzelfall überwiegende

BGB § 1908c   Titel 2. Rechtliche Betreuung

Gründe für eine Kontinuität in der Betreuung sprechen (etwa wenn in kurzem Abstand häufig wechselnde Vorschläge ohne sachlichen Grund erfolgen). Bei dem Wunsch, einen Rechtsanwalt als Berufsbetreuer durch einen anderen Rechtsanwalt, der als Einzelbetreuer bestellt würde, aber nur gegen Vergütung tätig werden will, muss geprüft werden, ob ihm nach § 1836 Abs. 3 eine Vergütung nach Ermessen (§ 1839 Rn 7 ff) bewilligt werden kann (BayObLG BtPrax 2005, 33).

5. Abwicklung nach Betreuerentlassung

11   Nach Entlassung hat der Betreuer das verwaltete Vermögen herauszugeben und **Rechenschaft** abzulegen (§ 1908 i i. V. m. § 1890; zum Wechsel vom Betreuungsverein zum Vereinsbetreuer vgl. Formella, BtPrax 1995, 21), zunächst gegenüber einem evtl. vorhandenen Gegenbetreuer, sodann gegenüber dem Betreuungsgericht (§ 1908 i i. V. m. § 1892). Die Geschäfte sind fortzuführen, bis die Beendigung der Betreuung bekannt wird (§ 1908 i i. V. m. §§ 1893 Abs. 1, 1698 a). Die Urkunde über die Betreuerbestellung (§ 290 FamFG) ist dem Betreuungsgericht zurückzugeben (§ 1908 i i. V. m. § 1893 Abs. 2 S. 1).

6. Verfahren

12   Funktionell zuständig ist in den Fällen der Abs. 1, 2 und 5 der **Richter** (§ 15 Abs. 1 Nr. 1 RPflG), im Übrigen der **Rechtspfleger**. Widerspricht der Betreute der Entlassung, so hat das Gericht den Betroffenen und den Betreuer persönlich anzuhören (§ 296 Abs. 1 FamFG). Der Betreuer kann durch **einstweilige Anordnung** entlassen werden, wenn dringende Gründe für die Annahme bestehen, dass die Voraussetzungen für die Entlassung vorliegen und ein dringendes Bedürfnis für ein sofortiges Tätigwerden besteht (§ 300 Abs. 2 FamFG).

§ 1908c Bestellung eines neuen Betreuers

Stirbt der Betreuer oder wird er entlassen, so ist ein neuer Betreuer zu bestellen.

1. Betreuerneubestellung

1   Fällt bei fortbestehendem Betreuungsbedürfnis der Betreuer weg durch **Tod** oder **Entlassung,** so ist notwendig ein neuer Betreuer zu bestellen. Der Erbe des Betreuers hat dessen Tod dem Betreuungsgericht unverzüglich anzuzeigen, der Betreuer hat den Tod des Gegenbetreuers oder eines Mitbetreuers mitzuteilen (§ 1908 i i. V. m. § 1894). Darüber hinaus hat der Gegenbetreuer auch den Tod des Betreuers dem Betreuungsgericht anzuzeigen (§ 1908 i i. V. m. § 1799 Abs. 1). Zur Entlassung § 1908 d und § 1908 i i. V. m. § 1888. Wird die Betreuung nach § 1908 d Abs. 1 S. 1 wegen Wegfalls der Voraussetzungen aufgehoben, kommt naturgemäß die Neubestellung eines Betreuers nach § 1908 c nicht in Betracht. Bei der **Auswahl** des neuen Betreuers sind die gleichen Voraussetzungen zu beachten wie bei der Bestellung des ursprünglichen Betreuers (BayObLG BtPrax 2001, 252), im Einzelnen hierzu §§ 1897, 1899 und 1900.

Aufhebung oder Änderung von Betreuung § 1908d BGB

2. Verfahren

Bei Neubestellung nach Tod des Betreuers ist der **Richter** funktionell zuständig (§ 15 Abs. 1 Nr. 2 RPflG), bei einer Entlassung nach § 1908 d folgt die Zuständigkeit derjenigen für die Entlassung (§ 1908 d Rn 12). Vor der Bestellung ist der Betroffene **persönlich anzuhören,** es sei denn, er hat sein Einverständnis mit dem Betreuerwechsel erklärt. Vor der Bestellung eines neuen Betreuers hat das Gericht den Betroffenen persönlich anzuhören. Dies gilt nicht, wenn der Betroffene sein Einverständnis mit dem Betreuerwechsel erklärt hat (§ 296 Abs. 2 FamFG). Den in § 279 FamFG genannten Personen und Institutionen ist Gelegenheit zur Stellungnahme zu geben (§ 296 Abs. 2 S. 3 i.V.m. § 279 FamFG). Unter den Voraussetzungen des § 300 Abs. 1 FamFG kann ein neuer Betreuer auch durch **einstweilige Anordnung** bestellt werden. Mitteilungspflichten des Betreuungsgerichts ergeben sich aus § 308 FamFG, ein Betreuerwechsel ist auch der Meldebehörde mitzuteilen, wenn sich ein angeordneter Einwilligungsvorbehalt auf die **Aufenthaltsbestimmung** erstreckt (§ 309 Abs. 2 S. 2 FamFG).

2

§ 1908d Aufhebung oder Änderung von Betreuung und Einwilligungsvorbehalt

(1) Die Betreuung ist aufzuheben, wenn ihre Voraussetzungen wegfallen. Fallen diese Voraussetzungen nur für einen Teil der Aufgaben des Betreuers weg, so ist dessen Aufgabenkreis einzuschränken.

(2) Ist der Betreuer auf Antrag des Betreuten bestellt, so ist die Betreuung auf dessen Antrag aufzuheben, es sei denn, dass eine Betreuung von Amts wegen erforderlich ist. Den Antrag kann auch ein Geschäftsunfähiger stellen. Die Sätze 1 und 2 gelten für die Einschränkung des Aufgabenkreises entsprechend.

(3) Der Aufgabenkreis des Betreuers ist zu erweitern, wenn dies erforderlich wird. Die Vorschriften über die Bestellung des Betreuers gelten hierfür entsprechend.

(4) Für den Einwilligungsvorbehalt gelten die Absätze 1 und 3 entsprechend.

1. Aufhebung/Einschränkung der Betreuung

Im Gegensatz zur Vormundschaft (§ 1882, auf den § 1908 i nicht verweist) endet die Betreuung nicht automatisch, sondern muss durch Entscheidung des Betreuungsgerichts ausdrücklich **aufgehoben** werden. Dies gilt auch dann, wenn nur eine einzelne Angelegenheit dem Betreuer übertragen war (etwa die Sterilisationsentscheidung, Geltendmachung einer Rente o. ä.) und diese erledigt ist (Knittel, Anm 4). Etwas anderes gilt nur bei Tod des Betreuten, hier bedarf die Beendigung der Betreuung naturgemäß nicht der Aufhebung (zum Tod des Betreuten Passmann, BtPrax 1994, 202).

1

Die Betreuung ist von Amts wegen aufzuheben bei **Wegfall ihrer Voraussetzungen,** also insbesondere, wenn eine Betreuung nicht mehr erforderlich ist, der Betreute die Angelegenheiten nunmehr selbst wahrnehmen kann, diese von einem Bevollmächtigten wahrgenommen werden können oder sonstige Hilfen ohne

2

BGB § 1908d   Titel 2. Rechtliche Betreuung

gesetzlichen Vertreter ausreichen (im Einzelnen hierzu § 1896). Der Wegfall nur einer dieser Voraussetzungen reicht aus für die Aufhebung der Betreuung (Jurgeleit-Deusing Rn 7). Das kann der Fall sein, wenn trotz vorhandener Persönlichkeitsstörung die Betroffene die Betreuung und jeglichen Kontakt mit dem Betreuer ablehnt, die Betreuung so gut wie wirkungslos bleibt, sich aber aus den Umständen ergibt, dass die Betroffene wieder in der Lage ist, selbst für sich zu sorgen (vgl. LG Rostock FamRZ 2004, 485). Immer dann, wenn das Betreuungsgericht die Bestellung eines Betreuers zum Zeitpunkt der Überprüfung ablehnen würde, ist die Bestellung aufzuheben; wenn sie nur für einen kleineren Aufgabenkreis in Betracht käme, ist sie hierauf zu beschränken (Abs. 1 S. 2). Das gleiche gilt für einen etwa angeordneten Einwilligungsvorbehalt (Abs. 4). Dieser ist aufzuheben, wenn die Voraussetzungen des § 1903 nicht mehr vorliegen.

3   Hat der Betreute die Bestellung eines Betreuers selbst beantragt (hierzu § 1896 Rn 12), kann er auch die Aufhebung oder Beschränkung des Aufgabenkreises **beantragen** und zwar unabhängig von seiner Geschäftsfähigkeit (Abs. 2). Für diesen Fall muss das Betreuungsgericht allerdings prüfen, ob nunmehr von Amts wegen ein Betreuer bestellt werden müsste. Dann erfolgt keine Neubestellung, sondern es bleibt nach Abs. 2 bei der ursprünglichen Betreuerbestellung.

2. Erweiterung des Aufgabenkreises

4   Im Laufe der Betreuung kann sich für weitere Aufgaben ein Betreuungsbedarf ergeben. In diesem Falle ist der Aufgabenkreis des Betreuers zu **erweitern.** Die Frage der Erforderlichkeit ist nach den Grundsätzen des § 1896 zu beurteilen (Abs. 3 S. 2). Davon zu unterscheiden ist die Bestellung eines weiteren Betreuers nach § 1899, die jederzeit von Amts wegen bei Vorliegen der Voraussetzungen erfolgen kann. Diese Möglichkeit ist von Abs. 3 nicht erfasst. Nach Abs. 4 kann auch der Umfang eines Einwilligungsvorbehalts (§ 1903) erweitert oder erstmals ein Einwilligungsvorbehalt angeordnet werden, wenn sich erst nach Bestellung des Betreuers eine Notwendigkeit hierfür ergibt.

3. Überprüfungspflicht

5   Das Betreuungsgericht hat über den Fortbestand mit Verlängerung einer laufenden Betreuung nur aus besonderem Anlass zu entscheiden (BayObLG BtPrax 2005, 69). Dies kann ein Antrag des Betroffenen auf Aufhebung oder Änderung der Betreuung sein oder sonst die Kenntnis von Tatsachen, die auf einen möglichen Änderungsbedarf hindeuten. Der Betreuer hat dem Betreuungsgericht **Mitteilung** zu machen, wenn ihm Umstände bekannt werden, die eine Aufhebung der Betreuung oder eine Einschränkung des Aufgabenkreises ermöglichen oder dessen Erweiterung, die Bestellung eines weiteren Betreuers oder die Anordnung eines Einwilligungsvorbehalts erfordern (§ 1901 Abs. 5). Die örtliche Betreuungsbehörde kann ebenfalls dem Betreuungsgericht Umstände mitteilen, die eine entsprechende Überprüfung rechtfertigen (§ 7 BtBG). Geben die mitgeteilten Umstände hinreichende Anhaltspunkte für eine notwendige Maßnahme nach § 1908 d, muss das Betreuungsgericht dieses von Amts wegen prüfen (OLG München BtPrax 2006, 79 LS). Darüber hinaus ist bereits im Beschluss zur Bestellung des Betreuers eine Frist zu bestimmen, nach deren Ablauf die Betreuerbestellung von Amts wegen zu überprüfen ist (§ 286 Abs. 3 FamFG). Die Frist darf nicht

länger als sieben Jahre betragen (§ 294 Abs. 3 FamFG). Nach Ablauf der Frist muss eine Überprüfung auch dann stattfinden, wenn konkrete Umstände, die eine Änderung der Betreuung rechtfertigen, nicht bekannt geworden sind.

4. Verfahren

Verrichtungen auf Grund des § 1908 d unterliegen dem **Richtervorbehalt** 6 (§ 15 Abs. 1 Nr. 3 RPflG). Für die Aufhebung der Betreuung, die Einschränkung des Aufgabenkreises des Betreuers, die Aufhebung eines Einwilligungsvorbehalts oder die Einschränkung des Kreises der einwilligungsbedürftigen Willenserklärungen gilt § 294 FamFG. Danach ist zuvor den in § 279 FamFG genannten Personen und Institutionen Gelegenheit zur **Stellungnahme** zu geben, die Entscheidung ist der zuständigen Behörde bekanntzugeben (§ 288 Abs. 2 S. 1 FamFG). Ist der Betreuer auf Antrag des Betreuten bestellt und hat das Gericht deswegen nach § 281 Abs. 1 Nr. 1 FamFG von der Einholung eines **Sachverständigengutachtens** abgesehen, ist dieses nach § 294 Abs. 2 FamFG nunmehr nachzuholen, wenn ein Antrag des Betreuten auf Aufhebung der Betreuung erstmals abgelehnt werden soll, weil ein Betreuer von Amts wegen zu bestellen wäre.

Für die **Erweiterung** des Aufgabenkreises und die Erweiterung der einwilli- 7 gungsbedürftigen Willenserklärungen gelten die Vorschriften für die Bestellung eines Betreuers entsprechend (§ 293 Abs. 1 FamFG). Wenn eine Erweiterung nicht wesentlich ist oder Verfahrenshandlungen nicht länger als sechs Monate zurückliegen, kann allerdings von einer erneuten Anhörung und Einholung eines weiteren Gutachtens oder ärztlichen Zeugnisses abgesehen werden (hierzu § 293 Abs. 2 FamFG). Eine wesentliche Erweiterung liegt nach § 293 Abs. 2 S. 2 immer vor, wenn erstmals ganz oder teilweise die Personensorge, eine Entscheidung über den Fernmelde- oder Postverkehr des Betroffenen, über eine genehmigungsbedürftige ärztliche Maßnahme (§ 1904) oder eine Unterbringung (§ 1906) des Betroffenen einbezogen wird.

§ 1908f Anerkennung als Betreuungsverein

(1) **Ein rechtsfähiger Verein kann als Betreuungsverein anerkannt werden, wenn er gewährleistet, dass er**
1. **eine ausreichende Zahl geeigneter Mitarbeiter hat und diese beaufsichtigen, weiterbilden und gegen Schäden, die diese anderen im Rahmen ihrer Tätigkeit zufügen können, angemessen versichern wird,**
2. **sich planmäßig um die Gewinnung ehrenamtlicher Betreuer bemüht, diese in ihre Aufgaben einführt, fortbildet und sie sowie Bevollmächtigte berät,**
2a. **planmäßig über Vorsorgevollmachten und Betreuungsverfügungen informiert,**
3. **einen Erfahrungsaustausch zwischen den Mitarbeitern ermöglicht.**

(2) **Die Anerkennung gilt für das jeweilige Land; sie kann auf einzelne Landesteile beschränkt werden. Sie ist widerruflich und kann unter Auflagen erteilt werden.**

(3) **Das Nähere regelt das Landesrecht. Es kann auch weitere Voraussetzungen für die Anerkennung vorsehen.**

BGB § 1908f Titel 2. Rechtliche Betreuung

(4) **Die anerkannten Betreuungsvereine können im Einzelfall Personen bei der Errichtung einer Vorsorgevollmacht beraten.**

Übersicht

Rn.

1. Allgemeines 1
2. Anerkennungsvoraussetzungen 6
3. Die Anerkennung 18
4. Landesrecht 21
5. Einzelfallberatung bei Vorsorgevollmacht 26

1. Allgemeines

1   Die Vorschrift regelt die **Mindestvoraussetzungen** für die Anerkennung von Betreuungsvereinen. Weitere Voraussetzungen sind in den jeweiligen **Landesrechten** enthalten. Während vor dem 1. 1. 1991 die Anerkennungsvoraussetzungen für Vormundschaftsvereine für Minderjährige und Volljährige einheitlich geregelt waren (§§ 1791 a BGB, 53, 54 a JWG), ist durch das KJHG eine spezielle Regelung für die Erlaubnis zur Übernahme von Vereinsvormundschaften für Minderjährige (§ 54 KJHG) und durch das BtG die entsprechende Vorschrift durch § 1908 f für Volljährige geschaffen worden. § 1908 f ist eine öffentlich-rechtliche Vorschrift, die wegen des engen Zusammenhangs in das BGB eingefügt worden ist (BT-Drucks. 11/4528 S. 157).

2   Nach früherem Recht wurde der **Verein nur als Institution** bestellt. Jetzt ist sowohl die Bestellung des einzelnen **Vereinsmitarbeiters** (§ 1897 Abs. 2) als auch die **Bestellung des Vereins** (§ 1900 Abs. 1) möglich. Vorrangig und wegen der unterschiedlichen Vergütungsfolgen in der Praxis fast ausschließlich vorkommend ist die Bestellung des einzelnen Mitarbeiters. § 1908 f schafft die Grundlagen für eine Vereinsorganisation, die diese Mitarbeiter auswählt, anleitet und überwacht sowie die Betroffenen sichert.

3   § 1908 f ist ein Baustein in der Zielvorstellung des Gesetzes vom **„organisierten Einzelbetreuer"**. Er ist die Grundlage für die Betreuungsvereine, die neben **Betreuungsbehörde** (§§ 4 ff. BtBG) und **Gericht** (§ 1837) die Eckpfeiler des Systems der **Gewinnung, Anleitung und Unterstützung** der ehrenamtlichen Betreuer sind, unter Berücksichtigung des Grundsatzes der Subsidiarität staatlichen Handelns gegenüber den anderen vorrangig. Diese Aufgabe können die Vereine nur erfüllen, wenn sie entsprechende Qualifikationen aufweisen, dafür aber auch die notwendigen Mittel von den Ländern und den Kommunen erhalten.

4   Die **Anerkennung** ist ein **Verwaltungsakt**; bei Ablehnung eines Antrags kann Verpflichtungsklage vor dem Verwaltungsgericht erhoben werden. Liegen die Voraussetzungen von Abs. 1 und die durch Landesrecht normierten Voraussetzungen vor, hat die zuständige Behörde entgegen dem Wortlaut („kann") **kein Ermessen,** sondern ist zur Anerkennung verpflichtet (BT-Drucks. 11/4528 S. 157; Bienwald Rn 38; Knittel Anm. IV 1). Es soll also keinen „closed shop" von Betreuungsvereinen geben, um möglichst viele neue Betreuer zu gewinnen. Faktisch wirken jedoch fehlende Fördermittel heute wie ein „numerus clausus". Allein der Umstand einer Anerkennung als Betreuungsverein begründet keinen Anspruch auf Einbeziehung in die Förderung. Eine Konzentration der begrenzten Fördermittel auf zu einem Stichtag geförderte Vereine zur Sicherstellung von

deren Leistungsfähigkeit ist sachbezogen und nicht willkürlich (BayVGH Urteil v. 15. 12. 2005, 4 BV 04.482 – n. v.).
Durch das **Übergangsrecht** (Art. 9 § 4 BtG) gilt eine vor dem 1. 1. 1992 erteilte Anerkennung an einen Vormundschaftsverein weiter. Eine vorher ohne Einschränkungen erteilte Anerkennung ist jetzt widerruflich, Abs. 2 Satz 2. Durch das 2. BtÄndG ist die Aufgabe (und Befugnis) der Betreuungsvereine gezielt auf Unterstützung und Beratung von Vorsorgebevollmächtigten erweitert worden (Ergänzung von Abs. 1 Nr. 2, Abs. 4).

2. Anerkennungsvoraussetzungen

Die **Voraussetzungen** nach Abs. 1 müssen im Zeitpunkt der Anerkennung noch nicht vorliegen, sondern **für die Zukunft gewährleistet** sein (BT-Drucks. 11/4528 S. 158; OVG Hamburg Beschluss v. 7. 2. 2000, Az 2 Bs 425/99 – n. v.). Anerkannt werden können nur „rechtsfähige Vereine", also nicht Vereine ohne Eintragung in das Vereinsregister oder andere juristische Personen, etwa eine GmbH (Deinert/Walther in HK-BUR Rn 8). **Gemeinnützigkeit** ist nicht bundesrechtlich, wohl aber zumeist landesrechtlich Voraussetzung (vgl. Winterstein, BtPrax 1995, S. 194 ff., 195). Nr. 1 setzt die Mindestanforderungen an die beruflichen Mitarbeietr des Vereins, die vor allem Einzelfallbetreuung ausführen, Nr. 2 bis 3 beschreiben die **Querschnittstätigkeit** des Vereins außerhalb der Einzelfallarbeit.

Abs. 1 Nr. 1 verlangt, dass ein Betreuungsverein nicht nur ehrenamtlich Tätige zur Verfügung hat, sondern für die Betreuungs- und insbesondere die Querschnittsarbeit **professionelle Mitarbeiter** beschäftigt. Sinnvoll ist es, wenn nicht jeder Mitarbeiter sowohl Einzelfallarbeit als auch Querschnittstätigkeit leistet, sondern wenn innerhalb des Vereins eine Spezialisierung stattfindet. Um eine kontinuierliche Querschnittstätigkeit zu gewährleisten, sollte der hiermit betraute Mitarbeiter zwar Erfahrungen in der Betreuungspraxis haben und durch Führen von wenigen Betreuungen behalten, aber nicht mit Einzelfallarbeit eingedeckt sein (vgl. Jurgeleit-Kania/Langholf/Schmidt Rn 17). Wegen des Wortlauts und aus praktischen Gründen – mit einem Mitarbeiter ist keine kontinuierliche Tätigkeit zu gewährleisten – ist die **Mindestzahl zwei** (Bienwald Rn 45; Deinert/Walther a.a.O. Rn 15). Es muss sich um Angestellte des Vereins handeln. Von Einrichtungen bezahlte, dem Verein zur Verfügung gestellte Personen reichen nicht aus (vgl. OVG Münster Urt. v. 13. 12. 1999, Az. 16 A 5153/98). Ein hauptamtlicher Teilzeitmitarbeiter allein reicht in keinem Fall aus (OVG Hamburg Beschluss v. 7. 2. 2000, 2 Bs 425/99 – n. v.).

Eine bestimmte **berufliche Qualifikation** ist wegen der vielseitigen Anforderungen an einen Betreuer nicht festgelegt (BT-Drucks. 11/2548 S. 158). Eine staatliche Anerkennung als Sozialpädagoge oder Sozialarbeiter ist wohl die häufigste und auch in aller Regel empfehlenswerteste fachliche Ausbildung, die die Eignung des Mitarbeiters indiziert. Psychologie und Rechtswissenschaft sind ebenfalls Ausbildungen, die eine Eignung für die professionelle Mitarbeit im Verein gewährleisten. Wegen der Anforderungen an Betreuungsvereine sollen diese besonders qualifiziertes Personal anstellen und diese für Betreuerbestellungen durch die Gerichte vorhalten – woraus aber auch Ansprüche auf eine angemessene Vergütung folgen (BVerfG BtPrax 2002, 35).

BGB § 1908f   Titel 2. Rechtliche Betreuung

9   Die **Beaufsichtigung** der professionellen Mitarbeiter ist eine sehr wichtige Verpflichtung des Vereins, werden mit ihr doch ansonsten dem Gericht obliegende Aufgaben auf die Organe des Vereins verlagert. Bei der Bestellung des einzelnen Vereinsmitarbeiters zum Betreuer nach § 1897 Abs. 2 unterliegt dieser der Aufsicht durch das Vormundschaftsgericht (§ 1837), wegen der Befreiung von bestimmten Genehmigungserfordernissen (§ 1908 i Abs. 2 S. 2 i. V. m. § 1857 a) ist jedoch zum **Schutz des Betroffenen** ein vereinsinterner Ausgleich notwendig. Zudem obliegt dem Verein als Arbeitgeber oder Dienstherr in jedem Fall eine dienstliche Aufsicht. Diese ist vom Vorstand oder von ihm dazu beauftragten Personen zu leisten, wobei eine ausreichende Beaufsichtigung nur dann gewährleistet ist, wenn der Vorstand oder die Aufsichtspersonen eine entsprechende Qualifikation mitbringen und die Kontrollen regelmäßig und kontinuierlich erfolgen. Insbesondere bei einer Bestellung des Vereins als Institution und der Übertragung der Aufgabe auf einen Mitarbeiter ist interne Aufsicht sicherzustellen (vgl. insgesamt zur Aufsichtsproblematik Bienwald Rn 49 f.). Bei einer Verletzung seiner Aufsichtspflicht haftet der Verein nach § 1908 i i. V. m. § 1833 bei einer Bestellung als Institution, gem. §§ 31, 823 Abs. 2, 1908 f Nr. 1 bei einem Vereinsbetreuer (Deinert/Walther in HK-BUR Rn 24 ff.; Coen NJW 1999, S. 535 ff., 537). Wenn enge Beziehungen zwischen Vereinsvorstand und einem Mitarbeiter bestehen, kann nicht davon ausgegangen werden, dass Beaufsichtigung ausreichend gewährleistet ist. Dies ist z. B. bei Verwandtschaft oder Ehe zwischen Vorstandsmitglied oder Geschäftsführer und Mitarbeiter der Fall (VG München Urteil v. 14. 2. 2008, Az M 17 K 07.3605 – n. v.).

10   Die **Weiterbildung der Mitarbeiter** muss nicht vom Verein selbst geleistet werden, seine Mitarbeiter haben jedoch einen Anspruch auf Maßnahmen, die ihre beruflichen Kenntnisse nicht nur erhalten, sondern erweitern. Die Kosten trägt der Verein. Es handelt sich nicht um abrechenbare Aufwendungen im Einzelfall (Deinert/Walther a.a.O. Rn 29).

11   Die **Pflicht zum Abschluss einer Haftpflichtversicherung** für die Mitarbeiter erfüllt der Verein am besten durch Abschluss einer Gruppenhaftpflichtversicherung. Angemessen dürften gegenwärtig in der Regel Mindestsummen von 1 Millionen Euro bei Personen- und Sachschäden und 50 000 Euro bei Vermögensschäden sein. Es soll bei einem Fehler des Vereinsmitarbeiters gegenüber dem Betroffenen oder bei fehlerhaftem Rat gegenüber einem ehrenamtlichen Betreuer gewährleistet sein, dass nicht nur der Vereinsmitarbeiter persönlich haftet, sondern im Hintergrund eine Versicherung auch in jedem Falle eine Realisierung der Ansprüche garantiert. Gesetzlich nicht vorgeschrieben, wegen der Aufsichtspflichten und der möglichen Haftung bei der Führung von Vereinsbetreuungen aber äußerst empfehlenswert, ist eine Haftpflicht- und Vermögensschadenhaftpflichtversicherung des Vereins selbst.

12   Abs. 1 Nr. 2 fordert zunächst das planmäßige Bemühen um die **Gewinnung ehrenamtlicher Betreuer**. Das bedeutet, dass nicht einmalige Aktionen ausreichend sind, sondern eine kontinuierliche Öffentlichkeitsarbeit und Werbung Bestandteil des Konzepts des Vereins sein müssen. An dieser Stelle wird besonders deutlich, dass diese Querschnittstätigkeit nur bei Erhalt der notwendigen finanziellen Mittel möglich ist. Kontinuierliche Arbeit kann hier nur bei **dauerhaften ausreichenden Zuwendungen** seitens der Länder und Kommunen gewährleistet werden, wobei seit Mitte 2005 zu berücksichtigen ist, dass durch den Inklusivstundensatz nach § 4 VBVG Betreuungsvereine durch eine niedrigere oder gänzlich fehlende Umsatzsteuerbelastung bei einer ausreichenden Anzahl von

Betreuungen auch Querschnittstätigkeit teilweise refinanzieren können und sollen.

Die vom Verein zu leistende **Einführung** der ehrenamtlichen Betreuer, d. h. **13** die Vermittlung des Mindestmaßes an Kenntnissen, die für die Betreuung unerlässlich sind (Deinert/Walther in HK-BUR Rn 37 ff.), ist nicht identisch mit dem vom Rechtspfleger in geeigneten Fällen vorzunehmenden Einführungsgespräch, § 289 Abs. 2 FamFG (Bienwald Rn 57). Dieses dient der Klärung der Zielsetzung der Betreuung unter Beteiligung des Betreuten. Die vom Verein – oder subsidiär bzw. zusätzlich von der Betreuungsbehörde gem. § 5 BtBG – durchgeführten **Einführungsveranstaltungen** und Einzelgespräche sollen bei geworbenen oder sonstigen ehrenamtlichen Betreuern allgemein die Grundlagen für die Betreuertätigkeit schaffen. Ähnliche Funktionen hat die vom Rechtspfleger am konkreten Einzelfall vorzunehmende Unterrichtung, § 289 Abs. 2 FamFG. Das Vormundschaftsgericht hat die Verpflichtung, bei der Einführung der Betreuer mitzuwirken, § 1837 Abs. 1 S. 2. Das bedeutet ganz praktisch, dass Rechtspfleger und Richter verpflichtet sind, als Referenten bei Einführungsveranstaltungen mitwirken zu müssen, wenn das Gericht nicht eigene Veranstaltungen vorhält.

Fortbildung ehrenamtlicher Betreuer auf Kosten des Vereins dient ebenso wie **14** die Weiterbildung der professionellen Mitarbeiter dazu, vertiefte Kenntnisse und Fähigkeiten zu vermitteln, typische Probleme zu erörtern und so einen möglichst hohen sozialpädagogischen Standard zu erreichen (Deinert/Walther in HK-BUR Rn 39; Bienwald Rn 58), wobei es nicht darum geht, aus ehrenamtlichen Betreuern halbe berufliche Betreuer zu machen, sondern durchaus auch die Laiensicht zu akzeptieren.

Die Verpflichtung zur Beratung ist durch das 2. BtÄndG auf Bevollmächtigte **15** erweitert worden. Gemeint sind – entgegen dem Wortlaut – nicht etwa alle Bevollmächtigten, sondern nur Vorsorgebevollmächtigte (vgl. BT-Drucksache 15/2994 S. 31). **Beratung** betrifft die Erörterung von Problemen im Einzelfall und ist vom Verein gegenüber den von ihm gewonnenen ehrenamtlichen Betreuern und Bevollmächtigten zu gewährleisten (Bienwald Rn 59-73.). Die Beratung umfasst die verschiedenen Aspekte der Betreuung und Vorsorgevollmacht, also insbesondere soziale, psychologische, medizinische und rechtliche. Der Verein muss diese Beratung nicht notwendig durch eigenes Personal leisten, er kann auch Dienstleistungsverträge mit entsprechenden Spezialisten abschließen. Im Gegensatz zur Betreuungsbehörde (§ 4 BtBG) trifft den Verein **keine Unterstützungspflicht** gegenüber den einzelnen Betreuern und Vorsorgebevollmächtigten (a. A. Bienwald Rn 66), aber eine Unterstützung wie die Hilfe beim Vollzug von Entscheidungen, das Abfassen von Anträgen, das Helfen bei Abrechnungen ist eine sinnvolle und dem Leitbild der organisierten Einzelbetreuung entsprechende Ergänzung des Angebots eines Vereins (Bienwald Rn 66).

Abs. 1 Nr. 2a ist durch das Betreuungsrechtsänderungsgesetz ab 1. 1. 1999 **16** eingefügt worden. Danach haben Betreuungsvereine auch planmäßig über **Vorsorgevollmachten und Betreuungsverfügungen** zu informieren. Dies soll ein Baustein bei den Bemühungen um Betreuungsvermeidung sein (vgl. BT-Drucks. 13/7158 S. 50 f.). Betreuungsvereine haben Informationsmaterialien bereit und allgemeine Informationsveranstaltungen abzuhalten. Nunmehr dürfen sie nach Abs. 4 auch konkret im Einzelfall (rechtlich) beraten (vgl. u. Rn 26), was vorher den Behörden und rechtsberatenden Berufen vorbehalten war. Ergänzt wird die Vorschrift durch § 6 Satz 2 BtBG, nach dem die örtliche Betreuungsbehörde eine

BGB § 1908f   Titel 2. Rechtliche Betreuung

entsprechende Pflicht zur Förderung der Aufklärung und Beratung über Vollmachten und Betreuungsverfügungen trifft.

17 Nach Abs. 1 Nr. 3 muss der Verein einen **Erfahrungsaustausch seiner Mitarbeiter** gewährleisten, wobei der Wortlaut die professionellen Mitarbeiter anspricht (Deinert/Walther in HK-BUR Rn 45), die amtliche Begründung eher eine Einbeziehung der ehrenamtlichen Betreuer enthält (BT-Drucks. 11/4528 S. 158; MK-Schwab Rn 9). Das Angebot eines Erfahrungsaustausches auch unter oder mit ehrenamtlichen Betreuern ist jedenfalls eine sozialpädagogisch sinnvolle und wünschenswerte Maßnahme. Durch den Erfahrungsaustausch wird die **Verschwiegenheitspflicht** der professionellen Mitarbeiter (§ 203 StGB) nicht verletzt, wenn dafür Sorge getragen wird, dass die Informationen nicht aus den Gesprächskreis hinausdringen (BT-Drucks. a.a.O.; Schwab a.a.O.; Damrau/Zimmermann Rn 12; a. A. Deinert/Walther a.a.O. Rn 46).

3. Die Anerkennung

18 Das **Anerkennungsverfahren** ist vor der durch Landesrecht für zuständig erklärten Behörde durchzuführen. Mit Ausnahme von Niedersachsen und Mecklenburg-Vorpommern ist dies regelmäßig die überörtliche Betreuungsbehörde. Die Anerkennung gilt für das **jeweilige Bundesland,** was bei kirchlichen Vereinen, deren Einzugsbereich mitunter nicht mit den Landesgrenzen übereinstimmt, zu Problemen führen kann. U. U. muss der Verein in mehreren Ländern seine Anerkennung betreiben (zum Verfahren vgl. auch o. Rn 4). Durch die Beschränkung der Anerkennung auf einzelne Landesteile kann eine gleichmäßige Versorgung angestrebt und eine unerwünschte Konzentration vermieden werden; ein ausnahmsloses Beschränken auf einen Verein je Bezirk kann aber auch bedenkliche Folgen haben (Damrau/Zimmermann Rn 13; Bienwald Rn 52: Anerkennung für Landesteile sei zwecklos).

19 Nach Abs. 2 S. 2 kann die Anerkennung unter **Auflagen** erteilt werden. Ob die im Regierungsentwurf als Beispiel für eine Auflage genannte Nebenbestimmung, zusätzliches Personal einzustellen, zulässig ist, ist umstritten: Bienwald (3. Aufl.. Rn 54) hielt sie für unzulässig, Schwab (a.a.O. Rn 12) für zulässig. M.E. ist eine solche Auflage beispielsweise zulässig, wenn der Verein nicht die nach Bundesrecht oder Landesrecht vorgeschriebene Mindestzahl von Mitarbeitern aufweist zum Zeitpunkt des Anerkennungsverfahrens, mit der Auflage dies aber sichergestellt werden soll. Informationspflichten gegenüber dem Gericht nach § 1900 oder die Verpflichtung zum Stellen von Vereinsmitarbeitern als Betreuer gem. § 1897 Abs. 2 als Auflagen zu erteilen, dürfte bei der Anerkennung problematisch sein, da verwaltungsbehördlich dem Gericht obliegende Entscheidungen verlangt würden (Bienwald Rn 76; Deinert/Walter a.a.O. Rn 57).

20 Der nach Abs. 2 Satz 2 zugelassene **Widerruf** kommt z. B. bei Einstellung der Vereinsaktivitäten, bei Vermögensverfall oder bei Wegfall der nach Abs. 1 Nr. 1 bis 3 notwendigen Anerkennungsvoraussetzungen in Betracht (BT-Drucks. 11/4528 S. 158). Der Widerruf ist ein belastender Verwaltungsakt, der nach Durchführung eines Widerspruchverfahrens mit der Anfechtungsklage vor dem Verwaltungsgericht angefochten werden kann (vgl. VG Ansbach Urteil v. 5. 3. 2009, Az AN 16 K 05.01103 – n. v.).

4. Landesrecht

Nach Abs. 3 sind Einzelheiten durch Landesrecht zu regeln, da der Bundesge- 21
setzgeber nur Grundstrukturen vorgeben und den Ländern Ausgestaltungen nach
ihren jeweiligen Vorstellungen und Besonderheiten überlassen wollte. Die Bundesländer haben von dieser Ermächtigung in ihren Landesausführungsgesetzen in unterschiedlichem Umfange Gebrauch gemacht (vgl. Winterstein BtPrax 1995, S. 194 ff.).

Sehr häufig wird verlangt, dass der Verein seinen Sitz und/oder seinen überwie- 22
genden **Tätigkeitsbereich** im jeweiligen Bundesland hat oder jedenfalls überwiegend Personen aus dem Land betreut (Baden-Württemberg, Brandenburg, Bremen, Hamburg, Mecklenburg-Vorpommern, Niedersachsen, Saarland, Sachsen, Sachsen-Anhalt, Schleswig-Holstein) und der Verein seine **Gemeinnützigkeit** im Sinne des Steuerrechts nachweist (Baden-Württemberg, Brandenburg, Bremen, Hamburg, Mecklenburg-Vorpommern, Nordrhein-Westfalen, Rheinland-Pfalz, Saarland, Sachsen, Sachsen-Anhalt, Thüringen; in Niedersachsen und Schleswig-Holstein ist dies Voraussetzung der finanziellen Förderung durch das Land). Auch an die **fachliche Arbeit** werden weitere Anerkennungsvoraussetzungen geknüpft, wenn etwa verlangt wird, dass die Vereinsarbeit nach Inhalt, Umfang und Dauer eine Anerkennung rechtfertigt (Baden-Württemberg, Mecklenburg-Vorpommern, Hamburg, Niedersachsen, Sachsen, Sachsen-Anhalt) oder von einer nach Ausbildung oder Berufserfahrung geeignete Persönlichkeit geleitet wird (Thüringen) und über persönlich und fachlich geeignete Mitarbeiter verfügt (Baden-Württemberg, Bremen, Hamburg, Nordrhein-Westfalen, Sachsen-Anhalt, Thüringen). In Anlehnung an § 1897 Abs. 3 BGB sollen in einigen Bundesländern die Mitarbeiter des Vereins nicht in einem Abhängigkeitsverhältnis oder in einer anderen engen Beziehung zu **Einrichtungen** stehen, in denen Betreute auf Dauer untergebracht sind oder wohnen (Bayern, Brandenburg, Mecklenburg-Vorpommern, Rheinland-Pfalz, Saarland, Schleswig-Holstein, Thüringen). Baden-Württemberg und Sachsen-Anhalt verlangen, dass der Verein selbst nicht in einem solchen Verhältnis zu Einrichtungen steht, Bremen und Hamburg verlangen lediglich die Offenlegung solcher Verbindungen gegenüber dem Vormundschaftsgericht und der überörtlichen Betreuungsbehörde.

Um eine Kontrolle durch die zuständige Behörde zu ermöglichen, fordern 23
einige Landesgesetze einen jährlichen (Bayern, Nordrhein-Westfalen, Hamburg) bzw. zweijährlichen (Saarland) **Tätigkeitsbericht,** der Auskunft über Zahl und Art der übernommenen Betreuungen und die Zahl der Mitarbeiter sowie die Kosten und Finanzierung der Vereinsarbeit geben soll (keine konkreten Anforderungen an den Tätigkeitsbericht enthält das Ausführungsgesetz Nordrhein-Westfalens). Teilweise wird auch lediglich Einblick der Betreuungsbehörde in Gesamthaushalt und Kassenlage (Niedersachsen) oder die Gewähr sachgerechter Mittelverwendung (Rheinland-Pfalz, Thüringen) gefordert. Schließlich wird die Bereitschaft zur **Zusammenarbeit** mit anderen, insbesondere Behörden, Institutionen und auch Privatpersonen, verlangt (Brandenburg, Hamburg).

Die Anerkennung erfolgt nach den Landesausführungsgesetzen in der Regel 24
durch die **überörtliche Betreuungsbehörde** (§ 2 BtBG, s. Kommentierung dort), teilweise aber auch durch die örtlich zuständigen Mittelbehörden der Landesverwaltung (Hessen: Regierungspräsidium; Nordrhein-Westfalen: Landschafts-

BGB § 1908g Titel 2. Rechtliche Betreuung

verbände), bzw. die Kommunen (Niedersachsen: Landkreise und kreisfreie Städte) oder das zuständige Landesministerium (Schleswig-Holstein: Ministerin oder Minister für Soziales, Gesundheit und Energie).

25 Von der Möglichkeit, weitere **Verfahrensvorschriften** in den Ausführungsgesetzen zu erlassen, haben die Bundesländer nur sparsam Gebrauch gemacht. In Bremen wird vor einer Anerkennung den örtlichen Betreuungsbehörden Gelegenheit zur Stellungnahme gegeben, in Sachsen-Anhalt sollen die Landkreise und kreisfreien Städte gehört werden, in denen die Betreuungsvereine tätig werden wollen. In Hamburg kann die Anerkennung befristet werden, Niedersachsen sieht den Widerruf der Anerkennung vor, wenn der Verein die Voraussetzungen nicht mehr erfüllt oder seine Geschäfte nicht ordnungsgemäß führt, Thüringen ermächtigt den Verordnungsgeber, Landkreise und kreisfreie Städte zu beteiligen.

5. Einzelfallberatung bei Vorsorgevollmacht

26 Durch das 2. BtÄndG ist mit Absatz 4 die **Befugnis zur Einzelfallberatung** bei Vorsorgevollmachten eingefügt worden. In der Praxis sind allgemeine Informationen, deren Vorhalten nach Abs. 1 Nr. 2 a Anerkennungsvoraussetzung ist (vgl. o. Rn 16), zwar theoretisch, oft aber nicht praktisch von konkreten Beratungsgesprächen im Einzelfall abzugrenzen. Ratsuchende Bürger wollen nach allgemeinen Informationsabenden bei ihrem ganz persönlichen Problem im Gespräch mit Vereinsmitarbeitern eine konkrete Antwort, keinen Verweis auf einen Rechtsanwalt, Notar oder eine Behörde. Um Betreuungsvereine nicht in ein Spannungsfeld zu unerlaubter Rechtsberatung zu bringen, ist nunmehr klargestellt, dass Vereine diese individuelle Beratung bei Vorsorgevollmachten durchführen dürfen. Dies soll dazu beitragen, dass Bürger vermehrt konkrete Schritte zur Errichtung einer Vorsorgevollmacht unternehmen und nicht nach der Einführungsinformation wegen des Weiterverweisens an andere Institutionen das Interesse verlieren. Bei komplexen Rechtsfragen werden Vereine entweder selbst Rechtsanwälte zu Rate ziehen oder an Anwälte oder Notare verweisen. Für die Beratung durch den Verein kommt es nicht darauf an, ob die Vorsorgevollmacht wirksam ist (Bienwald Rn 70); dies kann der Verein zunächst im Allgemeinen nicht erkennen. Der Verein ist auch nicht verpflichtet, bei problematischen Vollmachten oder Verhalten des Bevollmächtigten dem Vormundschaftsgericht Mitteilung zu machen (Bienwald Rn 71).

Da es sich um eine freiwillige Aufgabe handelt, dürfen die Betreuungsvereine ein Entgelt verlangen (BT-Drucksache 15/2494 S. 31).

§ 1908g Behördenbetreuer

(1) **Gegen einen Behördenbetreuer wird kein Zwangsgeld nach § 1837 Abs. 3 Satz 1 festgesetzt.**

(2) **Der Behördenbetreuer kann Geld des Betreuten gemäß § 1807 auch bei der Körperschaft anlegen, bei der er tätig ist.**

1. Anwendungsbereich

1 Die Vorschrift enthält Sonderbestimmungen für den zum Einzelbetreuer bestellten **Mitarbeiter der Betreuungsbehörde** (§ 1897 Abs. 2 S. 2). Gegen die

Entsprechend anwendbare Vorschriften **§ 1908i BGB**

zum Betreuer **bestellte Behörde** (§ 1900 Abs. 4) kann ebenso wie gegen den als Institution bestellten Verein kein Zwangsgeld festgesetzt werden gem. §§ 1908 i, 1837 Abs. 3 S. 2. Die Vorschrift privilegiert den Behördenbetreuer gegenüber dem Vereinsbetreuer; sie wird deshalb kritisiert (vgl. näher Bienwald, Rn 2).

2. Ausschluss von Zwangsgeld

Der zum Behördenbetreuer bestellte Mitarbeiter der Betreuungsbehörde unter- 2 liegt zwar der **Dienstaufsicht,** nicht aber der **Fachaufsicht** der Körperschaft, bei der er tätig ist (Bauer in HK-BUR Rn 4). Gem. §§ 1908 i, 1837 Abs. 2 beaufsichtigt ihn das Vormundschaftsgericht und kann bei **Pflichtwidrigkeiten** durch geeignete Gebote und Verbote eingreifen. Anders als bei den übrigen Einzelbetreuern kann gem. Abs. 1 die Maßnahme nicht durch ein Zwangsgeld durchgesetzt werden. Der Behördenbetreuer handelt in Ausübung eines **öffentlichen Amtes,** mit dem die Androhung und Festsetzung eines Zwangsgeldes nicht vereinbar ist (BT-Drucks. 14/4528 S. 159).

Bei einem Behördenbetreuer kann davon ausgegangen werden, dass er begrün- 3 dete Maßnahmen des Gerichts befolgt, ohne dass es weiterer Zwangsmaßnahmen bedarf. Hält er ein Gebot des Gerichts für unzulässig oder unrechtmäßig, hat er die Möglichkeit, im Wege der Beschwerde eine Überprüfung zu erreichen.

Das Gericht kann bei Nichtbefolgung eines Ge- oder Verbots folgende Maß- 4 nahmen ergreifen:
- **Dienstaufsichtsbeschwerde** bei der Behördenleitung, die das Verhalten des Mitarbeiters sodann zu überprüfen hat und bei unzweifelhaft rechtswidrigem Verhalten einzuschreiten hat (vgl. Bauer a.a.O.), u. U. durch Stellung eines **Antrags auf Entlassung** gem. § 1908 b Abs. 4 Satz 3, dem zu entsprechen ist.
- **Entlassung oder Teilentlassung** gem. § 1908 b Abs. 1 (MK-Schwab Rn 2; Damrau/Zimmermann, Rn 2).

Die Maßnahmen haben abgestuft zu erfolgen, so dass zunächst Ge- und Verbote tatsächlich auszusprechen sind, bevor weitere Maßnahmen ergriffen werden dürfen, sofern sie nicht offensichtlich wirkungslos wären.

3. Geldanlage

Abs. 2 stellt klar, dass eine Geldanlage von **Betreutengeld** dem Behördenbe- 5 treuer auch bei der Körperschaft gestattet ist, bei der er beschäftigt ist. Dies entspricht der Rechtslage für die zum Betreuer bestellten Behörde (§ 1908 i i. V. m. § 1805 S. 2). So kann ein städtischer Bediensteter Betreutengeld bei der Stadtsparkasse anlegen (Damrau/Zimmermann, Rn 4). Das Gesetz stellt nicht auf die Anstellungs- sondern auf die – meistens allerdings identische – Beschäftigungskörperschaft ab (vgl. Bienwald, Rn 4).

§ 1908h *(aufgehoben)*

§ 1908i Entsprechend anwendbare Vorschriften

(1) Im Übrigen sind auf die Betreuung § 1632 Abs. 1 bis 3, §§ 1784, 1787 Abs. 1, § 1791 a Abs. 3 Satz 1 zweiter Halbsatz und Satz 2, §§ 1792, 1795

BGB § 1908i   Titel 2. Rechtliche Betreuung

bis 1797 Abs. 1 Satz 2, §§ 1798, 1799, 1802, 1803, 1805 bis 1821, 1822 Nr. 1 bis 4, 6 bis 13, §§ 1823 bis 1826, 1828 bis 1836, 1836 c bis 1836 e, 1837 Abs. 1 bis 3, §§ 1839 bis 1843, 1846, 1857 a, 1888, 1890 bis 1895 sinngemäß anzuwenden. Durch Landesrecht kann bestimmt werden, dass Vorschriften, welche die Aufsicht des Betreuungsgerichts in vermögensrechtlicher Hinsicht sowie beim Abschluss von Lehr- und Arbeitsverträgen betreffen, gegenüber der zuständigen Behörde außer Anwendung bleiben.

(2) § 1804 ist sinngemäß anzuwenden, jedoch kann der Betreuer in Vertretung des Betreuten Gelegenheitsgeschenke auch dann machen, wenn dies dem Wunsch des Betreuten entspricht und nach seinen Lebensverhältnissen üblich ist. § 1857 a ist auf die Betreuung durch den Vater, die Mutter, den Ehegatten, den Lebenspartner oder einen Abkömmling des Betreuten sowie auf den Vereinsbetreuer und den Behördenbetreuer sinngemäß anzuwenden, soweit das Betreuungsgericht nichts anderes anordnet.

1. Allgemeines

1   Der Katalog der auf die Betreuung sinngemäß anzuwendenden Vorschriften ist durch das 2. BtÄndG neu gefasst worden **(Abs. 1 S. 1)**. Aufgenommen sind seither auch die auf den Gegenvormund bezogenen Vorschriften, auf die bis dahin nicht verwiesen wurde (§§ 1802 Abs. 1 S. 2, 1826, 1832, 1842, 1895, vgl. dazu auch § 1792 Rn 1). Entfallen ist die Verweisung auf die aufgehobenen §§ 1836 a, 1836 b, deren Materie jetzt im Vormünder- und Betreuervergütungsgesetz (VBVG) geregelt ist. Im Übrigen ist § 1908 i unverändert geblieben. **Abs. 1 S. 2** ermächtigt den Landesgesetzgeber zu weiterer Befreiung der Betreuungsbehörde (s. dazu § 1857 a Rn 13 f.). **Abs. 1 S 2 S 1** bestimmt die sinngemäße Anwendung des Schenkungsverbots (§ 1804), **Abs. 2 S. 2** räumt bestimmten Angehörigen sowie dem Vereins- und dem Behördenbetreuer die Stellung eines befreiten Betreuers ein.

    Wie das alte Recht der Vormundschaft für Volljährige und das Recht der Gebrechlichkeitspflegschaft so greift auch das Betreuungsrecht auf **Regelungen** der **Vormundschaft** für **Minderjährige** und zum Teil auch auf das **Kindschaftsrecht** (§ 1632) zurück, um den Gesetzestext zu entlasten. Im Ergebnis ist vielfach ein- und dieselbe Vorschrift Regelungsmaterie für Eltern, Vormund, Pfleger und Betreuer.

2   Dies verwischt die Konturen der Vorschriften und kann dazu führen, dass die **betreuungsrechtlichen Akzente** bei der praktischen Handhabung nicht so gesetzt werden, wie es die Reformziele erfordern (s. dazu § 1901 Rn 1 ff).

3   Eine Pauschalverweisung ist wegen der eigenständigen Ausgestaltung der Betreuung ausgeschlossen. Die im Gesetz folgerichtig angeordnete **Einzelverweisung** birgt die Gefahr der **Unvollständigkeit** in sich, vgl. z. B. zur Gegenbetreuung § 1792 Rn 1 und der **Unübersichtlichkeit** vgl. nur die Verweisung auf „§ 1791 a Abs. 3 S. 1 zweiter Halbs. und Satz 2" sowie auf § 1895 mit unstimmiger Weiterverweisung.

4   Da der Katalog der Einzelverweisungen vorwiegend gesetzestechnisch bedingt ist, schließt er die **entsprechende Anwendung weiterer Vorschriften** nicht aus, wenn dies der Sachverhalt zwingend gebietet, so z. B. des § 1696 (Damrau/Zimmermann Rn 1, 7; RGRK-Dickescheid Rn 24), falls die Befugnis des Betreu-

Entsprechend anwendbare Vorschriften   § 1908i BGB

ungsgerichts, eigene Entscheidungen veränderten Umständen anzupassen, nicht schon aus § 48 FamFG abgeleitet wird.

Die für den Vormund geltenden Vorschriften setzen dessen umfassende Befugnisse voraus; für die **sinngemäße Anwendung** auf die Betreuung ist daher zunächst zu prüfen, ob die dem Betreuer **konkret zugewiesene Aufgaben** von der Regelung erfasst werden (s. dazu § 1896 Rn 23 ff.). 5

Zu berücksichtigen sind auch die **Handlungsfähigkeit** des Betreuten und die Pflicht des Betreuers, wie des Gerichts, die Betreuung am Wohl und an den Wünschen des Betreuten auszurichten (§ 1901 Abs. 2–4). 6

Verfahrensrechtlich ist zu beachten, dass auch für die unselbständigen Einzelverrichtungen des Gerichts im Zuge einer laufenden Betreuung die verfahrensrechtlichen Garantien des Betreuungsrechts gelten. Der Betreute ist verfahrensfähig (§ 275 FamFG); er ist zu informieren und anzuhören (Art. 103 Abs. 1 GG; § 299 FamFG; § 26 FamFG); Entscheidungen sind ihm bekannt zu machen (§ 41 i.V.m. § 288 FamFG); ggf. ist ihm ein Verfahrenspfleger zu bestellen (§ 276 FamFG). 7

2. Einzelverweisungen (Abs. 1 S. 1)

Durch Einzelverweisungen sind die folgenden Gegenstände geregelt; zu **Einzelheiten** vgl. die **Erläuterungen** zu den **zitierten Vorschriften**: 8
- § 1632 Abs. 1 bis 3: Anspruch auf Herausgabe des Betreuten und Bestimmung seines Umgangs;
- § 1784: Bestellung eines Beamten oder Religionsdieners zum Betreuer;
- § 1787 Abs. 1: Folgen der unbegründeten Ablehnung der Übernahme einer Betreuung;
- § 1791 a Abs. 3 S. 1 Halbs. 2: Führung der Vereinsbetreuung;
- § 1791 a Abs. 3 S. 2: Haftung des Vereins für Hilfspersonen;
- § 1792: Gegenbetreuer;
- § 1795: gesetzlicher Vertretungsausschluss;
- § 1796: Entziehung der Vertretungsmacht für einzelne Angelegenheiten;
- § 1797 Abs. 1 S. 2: Meinungsverschiedenheiten unter Mitbetreuern bei gemeinschaftlicher Führung der Betreuung;
- § 1798: Meinungsverschiedenheiten unter Mitbetreuern bei getrennten Aufgabenkreisen;
- § 1799: Pflichten des Gegenbetreuers;
- § 1802: Vermögensverzeichnis;
- § 1803: Vermögensverwaltung nach Anordnungen Dritter (Schenkung, Erbschaft);
- § 1805: Verbot der Verwendung von Vermögen des Betreuten für den Betreuer;
- § 1806: Anlage von Geldern des Betreuten;
- § 1807: Regelmäßige Anlage;
- § 1809: Sperrung von Geldanlagen;
- § 1810: Genehmigung des Gegenbetreuers oder des Betreuungsgerichts zur regelmäßigen Geldanlage;
- § 1811: Gestattung andersartiger Anlagen;
- § 1812: Verfügung über Forderungen und Wertpapiere;
- § 1813: Annahme geschuldeter Leistungen;

von Crailsheim

BGB § 1908i Titel 2. Rechtliche Betreuung

- § 1814: Hinterlegung von Inhaberpapieren;
- § 1815: Umschreibung von Inhaberpapieren;
- § 1816: Sperrung von Buchforderungen;
- § 1817: Entbindung von Verpflichtungen ggü. dem Betreuungsgericht;
- § 1818: Anordnung der Hinterlegung durch das Betreuungsgericht;
- § 1819: Genehmigung zur Verfügung über hinterlegte Papiere;
- § 1820: Genehmigung zur Verfügung über umgeschriebene Papiere und Buchforderungen;
- § 1821: Genehmigungen für Grundstücksgeschäfte;
- § 1822 Nr. 1–4, 6–13: Genehmigungen für riskante und bedeutsame sonstige Geschäfte;
- § 1823: Erwerbsgeschäft des Betreuten;
- § 1824: Überlassung von Gegenständen an den Betreuten;
- § 1825: allgemeine Ermächtigung für den Betreuer;
- § 1826: Anhörung des Gegenbetreuers vor Erteilung der Genehmigung;
- § 1828: Erteilung der betreuungsgerichtlichen Genehmigung;
- § 1829: nachträgliche Genehmigung eines Vertrages;
- § 1830: Widerrufsrecht des Geschäftsgegners;
- § 1831: Genehmigung einseitiger Rechtsgeschäfte;
- § 1832: Genehmigung des Gegenbetreuers;
- § 1833: Haftung des Betreuers;
- § 1834: Verzinsungspflicht für verwendete Gelder;
- § 1835: Ersatz von Aufwendungen des Betreuers;
- § 1835 a: Aufwandsentschädigung;
- § 1836: Vergütung des Betreuers;
- § 1836 c: Einzusetzende Mittel des Betreuten;
- § 1836 d: Mittellosigkeit des Betreuten;
- § 1836 e: Gesetzlicher Forderungsübergang; auf die Staatskasse;
- § 1837 Abs. 1–3: Aufsicht des Betreuungsgerichts;
- § 1839: Auskunftspflicht des Betreuers;
- § 1840 Abs. 1: jährlicher Pflichtbericht über die persönlichen Verhältnisse des Betreuten;
- § 1840 Abs. 2 bis 4: Pflicht zur periodischen Rechnungslegung;
- § 1841: Art der Rechnungslegung;
- § 1843: Rechnungsprüfung durch das Betreuungsgericht;
- § 1846: einstweilige Maßregeln des Betreuungsgerichts;
- § 1857 a: Befreiung des Vereins und der Behörde als Betreuer;
- § 1888: Entlassung des ohne Erlaubnis zum Betreuer bestellten Beamten;
- § 1890: Vermögensherausgabe und Rechenschaftspflicht bei Beendigung des Amtes;
- § 1892: Schlussrechnung gegenüber dem Betreuungsgericht;
- § 1893: Fortführung der Geschäfte nach Beendigung des Amtes;
- § 1894: Anzeigepflicht des Erben beim Tod des Betreuers;
- § 1895: Amtsende des Gegenbetreuers.

3. Befreiung der Behörde nach Landesrecht (Abs. 1 S. 2)

10   Der **Behörde** als Betreuer stehen nach Abs. 1 S. 1 kraft Gesetzes dieselben Befreiungen zu, die dem **Jugendamt** als Amtsvormund gem. § 1857 a gewährt

Entsprechend anwendbare Vorschriften § 1908i BGB

werden (§§ 1852–1857 a Rn 5 ff.); die darüber hinaus nach Bundesrecht oder Landesrecht dem Jugendamt zustehenden Ausnahmen gelten **nicht** für die **Betreuungsbehörde** (§§ 1852–1857 a Rn 21). Der Behörde können jedoch nach Landesrecht weitere Befreiungen erteilt werden (Abs. 1 S. 2); s. hierzu §§ 1852–1857 a Rn 13–20. Vgl. im Übrigen zur befreiten Betreuung die Erläuterungen zu §§ 1852–1857 a.

Soweit das Landesrecht hiervon Gebrauch macht gilt die Befreiung nur für die **11** Behörde und **nicht** für den **Behördenbetreuer**.

4. Schenkungsverbot (Abs. 2 S. 1)

Das für den Vormund nach § 1804 geltende **Schenkungsverbot** trifft auch **12** den Betreuer (§ 1804 Rn 1 ff.), jedoch mit der Maßgabe, dass ihm **Gelegenheitsgeschenke** in Vertretung des Betreuten erlaubt sind, soweit sie dessen Wunsch entsprechen und nach seinen Lebensverhältnissen üblich sind (§ 1804 Rn 11). Vgl. im Übrigen die Erläuterung zu **§ 1804**.

5. Sonstige Befreiungen (Abs. 2 S. 2)

Die der Behörde sowie dem Verein als Betreuer nach Abs. 1 S. 1 i. V. m. **13** § 1857 a zustehenden Befreiungen gelten auch für die Eltern des Betreuten, den Ehegatten, den Lebenspartner (§ 1 Abs. 1 S. 1 LPartG) und die Abkömmlinge, ferner für Vereins- und Behördenbetreuer. Das Betreuungsgericht kann bei den in Abs. 2 S. 2 genannten Personen bei der Bestellung oder später eine abweichende Anordnung treffen. Zu Einzelheiten der befreiten Betreuung s. Erläuterung zu **§§ 1852–1857 a.**

Einführungsgesetz zum Bürgerlichen Gesetzbuche

(Auszug)

Artikel 24 Vormundschaft, Betreuung und Pflegschaft

(1) Die Entstehung, die Änderung und das Ende der Vormundschaft, Betreuung und Pflegschaft sowie der Inhalt der gesetzlichen Vormundschaft und Pflegschaft unterliegen dem Recht des Staates, dem der Mündel, Betreute oder Pflegling angehört. Für einen Angehörigen eines fremden Staates, der seinen gewöhnlichen Aufenthalt oder, mangels eines solchen, seinen Aufenthalt im Inland hat, kann ein Betreuer nach deutschem Recht bestellt werden.

(2) Ist eine Pflegschaft erforderlich, weil nicht feststeht, wer an einer Angelegenheit beteiligt ist, oder weil ein Beteiligter sich in einem anderen Staat befindet, so ist das Recht anzuwenden, das für die Angelegenheit maßgebend ist.

(3) Vorläufige Maßregeln sowie der Inhalt der Betreuung und der angeordneten Vormundschaft und Pflegschaft unterliegen dem Recht des anordnenden Staates.

1. Anwendungsbereich, Grundsätzliches

Art. 24 EGBGB fasst die vor dem 1. 1. 1992 in den Artikeln 8 und 24 enthaltenen Regelungen zusammen und ergänzt sie um das Rechtsinstitut der Betreuung (BT-Drucks. 14/4528 S. 194).   1
Art. 8 EGBGB enthielt die Regelung, dass ein Angehöriger eines fremden Staates mit (gewöhnlichem) Aufenthalt im Inland nach deutschem Recht entmündigt werden konnte. Art. 8 EGBGB ist wegen des Wegfalls der Entmündigung ersatzlos aufgehoben worden.

Durch den Beitritt der DDR zur Bundesrepublik Deutschland kommt Art. 24 EGBGB nicht als innerdeutsches Kollisionsrecht in Betracht. Die Artikel 231 und 234 EGBGB enthalten die notwendigen Übergangsvorschriften.   2
Art. 24 EGBGB ist sowohl für Minderjährige als auch für Volljährige einschlägig. Zur Zuständigkeit der deutschen Gerichte siehe §§ 99, 272 FamFG.

2. Regelungsgehalt

Grundsätzlich knüpft die Vorschrift an das **Heimatrecht des Betroffenen**   3
an. Bei der Frage der Betreuerbestellung für einen Ausländer ist – sofern kein Staatsvertrag oder das Haager Übereinkommen über den internationalen Schutz von Erwachsenen (vgl. u. Rn 5 ff.) greift – also zunächst dessen Heimatrecht festzustellen und zu prüfen, ob dieses auf das deutsche Recht zurückverweist. Fehlt eine solche Rückverweisung, ist grundsätzlich das Heimatrecht des Ausländers anzuwenden. Enthält das Heimatrecht keine (ausreichende) Regelung, ist nach Abs. 1 Satz 2 eine Entscheidung trotzdem nach deutschem Recht möglich, wenn dafür ein Bedürfnis besteht und der gewöhnliche oder einfache Aufenthalt im

EGBGB Artikel 24

Inland gegeben ist. Bei Rückkehr des Ausländers in sein Heimatland ist der Betreuer befugt, wegen seiner Aufgaben zumeist sogar verpflichtet, den zuständigen Behörden des Heimatstaates die Fürsorgebedürftigkeit des Betroffenen mitzuteilen; u. U. ist eine Fahrt in das Heimatland zur Vorbereitung der Übersiedlung zulässig, da insoweit die Fürsorgepflicht des deutschen Staates anhält (vgl. BayObLG FGPrax 2002, S. 31 ff.). Bei Mittellosigkeit des Betroffenen gibt es wegen der Pauschalierung von Aufwendungsersatz und Vergütung der Berufsbetreuer (§ 4 VBVG) große Probleme bei der Finanzierung dieser Hilfestellung.

4   Abs. 2 regelt die Anwendung deutschen Rechts für Abwesenheitspflegschaften, § 1911 BGB, sowie für unbekannt Beteiligte, § 1913 BGB, sofern die Angelegenheit in Deutschland zu erledigen ist.

In Abs. 3 ist klargestellt, dass vorläufige Maßnahmen, also in der Regel Eilmaßnahmen, in jedem Fall nach deutschem Recht zulässig sind, wenn hier Bedarf besteht. Das Verfahren richtet sich nach §§ 300 ff. FamFG (vgl. näher hierzu § 300 FamFG Rn 2).

3. Vorrangige Staatsverträge

5   Bei der Frage, welches materielle Recht bei einem Ausländer in einem Betreuungsverfahren anzuwenden ist, ist zunächst nach bilateralen und zwischenstaatlichen Abkommen zu fragen. Im Verhältnis zum Iran ist als vorrangige völkerrechtliche Vereinbarung das **deutsch-iranische Niederlassungsabkommen** vom 17. 2. 1929 (RGBl 1930 II 1006; BGBl 1955 II S. 829) zu beachten. Nach dessen Art 8 Abs. 3 ist für einen Iraner in Deutschland eine Schutzmaßnahme nur nach iranischem Recht zu ergreifen. Bei doppelter Staatsangehörigkeit ist allerdings wieder an Art. 24 Abs. 1 Satz 2 EGBGB, mithin Betreuungsrecht, anzuknüpfen, Art. 8 Abs. 3 Satz 2 des Abkommens.

6   Seit 1. 1. 2009 ist das **Haager Übereinkommen über den internationalen Schutz von Erwachsenen** vom 13. 1. 2000 **(ErwSÜ)** in Kraft. 2007 sind das deutsche Ratifizierungsgesetz (BGBl 2007 II S. 323) und das Begleitgesetz (**Erwachsenenschutzübereinkommens-Ausführungsgesetz – ErwSÜAG**, BGBl 2007 I S. 313) verabschiedet worden. Nachdem Großbritannien (nur für den Landesteil Schottland) und auch Frankreich (im September 2008) ratifiziert hatten und damit die Mindestanzahl von 3 Staaten erreicht war, ist es als staatsvertragliche Regelung im Verhältnis zu Frankreich, Schottland und seit 1. 7. 2009 auch zur Schweiz anzuwenden und geht Art. 24 vor. Unterzeichnet, aber bisher nicht ratifiziert haben Finnland, Griechenland, Irland, Italien, Luxemburg, Niederlande, Polen , Tschechische Republik und Zypern. Die **zuständige zentrale Behörde** nach dem genannten Abkommen ist in Deutschland das **Bundesamt für Justiz, 53094 Bonn** (zum Verfahren vgl. § 104 FamFG und Jürgens/Kröger/Marschner/Winterstein Rn 315c ff.).

7   Nach Art. 1 ErwSÜ ist das Übereinkommen bei internationalen Sachverhalten auf den Schutz von Erwachsenen, d.h. Personen ab 18 Jahren (Art. 2 ErwSÜ), anzuwenden, die aufgrund einer Beeinträchtigung oder der Unzulänglichkeit ihrer persönlichen Fähigkeiten nicht in der Lage sind, ihre Interessen zu schützen. Vorrangig zuständig sind die Gerichte bzw. Behörden des gewöhnlichen Aufenthalts des Hilfebedürftigen, Art. 5 ErwSÜ. Sie wenden ihr eigenes Recht zum Schutz der Person an, Art. 13 ErwSÜ, in Deutschland die Betreuungsgerichte Betreuungsrecht. Diese Gerichte/Behörden des Aufenthaltsortes können Maß-

nahmen der Heimatgerichte/-behörden anregen, Art. 8 ErwSÜ. Die zuständigen Heimatgerichte/-behörden können Maßnahmen nach ihrem Recht treffen, wenn sie diese für besser halten, nachdem sie sich mit dem Aufenthaltsgericht/ der Aufenthaltsbehörde verständigt haben, Art. 7 ErwSÜ.

Müssen getroffene Entscheidungen in einem anderen Vertragsstaat vollstreckt werden oder werden Maßnahmen beanstandet, so ist nach Art. 25 ErwSÜ ein Verfahren zur Vollstreckbarerklärung und nach Art. 23 ErwSÜ zur Anerkennung vorgesehen. Zuständig sind die Betreuungsgerichte am Sitz des OLG, in dessen Bezirk der Betroffene seinen gewöhnlichen Aufenthalt hat, bzw. ein Fürsorgebedürfnis entstanden ist, in Berlin das AG Schöneberg, § 6 ErwSÜAG.   **8**

Gesetz über die Vergütung von Vormündern und Betreuern (Vormünder- und Betreuervergütungsgesetz – VBVG)

Abschnitt 1. Allgemeines

§ 1 Feststellung der Berufsmäßigkeit und Vergütungsbewilligung

(1) Das Familiengericht hat die Feststellung der Berufsmäßigkeit gemäß § 1836 Abs. 1 Satz 2 des Bürgerlichen Gesetzbuchs zu treffen, wenn dem Vormund in einem solchen Umfang Vormundschaften übertragen sind, dass er sie nur im Rahmen seiner Berufsausübung führen kann, oder wenn zu erwarten ist, dass dem Vormund in absehbarer Zeit Vormundschaften in diesem Umfang übertragen sein werden. Berufsmäßigkeit liegt im Regelfall vor, wenn
1. der Vormund mehr als zehn Vormundschaften führt oder
2. die für die Führung der Vormundschaft erforderliche Zeit voraussichtlich 20 Wochenstunden nicht unterschreitet.

(2) Trifft das Familiengericht die Feststellung nach Absatz 1 Satz 1, so hat es dem Vormund oder dem Gegenvormund eine Vergütung zu bewilligen. Ist der Mündel mittellos im Sinne des § 1836 d des Bürgerlichen Gesetzbuchs, so kann der Vormund die nach Satz 1 zu bewilligende Vergütung aus der Staatskasse verlangen.

1. Regelungsbereich

Abschnitt 1 (Allgemeines, §§ 1 und 2) gilt für **Vormünder** und **Betreuer**. Der zweite Abschnitt gilt für Vormünder, der dritte Abschnitt enthält Sondervorschriften für Betreuer. In § 1 Abs. 1 die Vorschrift des § 1836 BGB in Bezug genommen, die wiederum nach § 1908 i BGB auch für die Betreuung gilt. Alle Vorschriften im VBVG gelten damit auch für Betreuer, soweit nicht im dritten Abschnitt ausdrücklich etwas Abweichendes geregelt ist. Dies bedeutet zugleich, dass für Betreuer statt des im Gesetz genannten Familiengerichts das Betreuungsgericht zuständig ist. Zu den Betreuungssachen, für die das Betreuungsgericht zuständig ist, gehören nach § 271 FamFG auch Entscheidungen über Aufwendungsersatz oder Vergütung eines Betreuers (§ 271 Rn 4). Dies bedeutet, dass über die Anwendung der im Betreuungsbereich in Bezug genommenen Vorschriften das Betreuungsgericht zu entscheiden hat.

2. Berufsmäßigkeit der Vormundschaft

Abs. 1 konkretisiert die Regelung in § 1836 Abs. 1 S. 1. Danach kann der Vormund/Betreuer eine Vergütung nur verlangen, wenn das Vormundschaftsgericht/Betreuungsgericht feststellt, dass die Vormundschaft/Betreuung **berufsmäßig** geführt wird. Diese Feststellung knüpft nicht an die Person des Mündels, sondern des Vormunds an. Dieser ist Berufsvormund, wenn ihm in einem solchen

VBVG § 1 Abschnitt 1. Allgemeines

Umfange Vormundschaften übertragen sind, dass er sie nur im Rahmen seiner Berufsausübung führen kann. Diese Formulierung geht zurück auf eine Entscheidung des Bundesverfassungsgerichts (BVerfGE 54, 251) zum alten Vormundschaftsrecht. Danach war die damals allein mögliche Bewilligung einer Vergütung nach Ermessen des Vormundschaftsgerichts dahin auszulegen, dass eine Vergütung bewilligt werden musste, wenn jemandem so viele Vormundschaften übertragen wurden, dass er sie nur ihm Rahmen seiner Berufsausübung wahrnehmen konnte. Die Frage der Berufsmäßigkeit entscheidet sich also nicht so sehr im Zusammenhang mit der einzelnen Vormundschaft/Betreuung (etwa besondere Schwierigkeiten oder besonders qualifizierte Tätigkeiten) sondern nach dem Umfang, in dem der Betreuer in Anspruch genommen wird.

3   Nach Abs. 1 Satz 2 werden Vormundschaften im Rahmen der Berufsausübung im Regelfall geführt, wenn der Vormund mehr als **10 Vormundschaften** führt oder die hierfür erforderliche Zeit voraussichtlich **20 Wochenstunden** nicht unterschreitet. Die Anzahl der geführten Vormundschaften (mindestens 11) und die Zeit, die der Vormund hierfür aufwenden muss, sind also die wesentlichen Kriterien, wobei naturgemäß bei der voraussichtlich notwendigen Zeit nur eine Prognose erfolgen kann, weil der tatsächliche Aufwand bei Bestellung des Vormunds oft noch gar nicht feststehen und zudem auch größeren Schwankungen unterworfen sein kann. Für **Berufsbetreuer** gelten die Voraussetzungen der Nr. 2 (mindestens 20 Wochenstunden) nicht. Dies ergibt sich aus § 4 Abs. 3 Satz 2, wonach bei Berufsbetreuern § 1 Abs. 1 Satz 2 Nr. 2 nicht gilt. Wenn ein Berufsbetreuer mehr als 10 (also mindestens 11) Betreuungen führt, gilt bei dem Stundenansatz nach § 5 ohnehin eine vergütungsfähige Arbeitszeit von mindestens 22 Stunden, wo zwei Stunden als geringstmöglicher Umfang eines vergütungspflichtigen Zeitaufwandes festgelegt sind.

4   Beide Merkmale (Anzahl und Zeitaufwand) können für sich zu einer Begründung der Berufsmäßigkeit führen, sie müssen nicht kumulativ vorliegen. Unschädlich ist es, wenn die Vormundschaften in unterschiedlichen Amtsgerichtsbezirken oder unterschiedlichen Orten geführt werden oder wenn der Betreuer Sitz oder Wohnsitz verlegt.

5   Die Formulierung **„im Regelfall"** stellt aber klar, dass ausnahmsweise auch eine anderweitige Entscheidung möglich ist: trotz Vorliegen der Voraussetzungen kann das Gericht von einer Feststellung, die Vormundschaft/Betreuung werde berufsmäßig geführt, in besonderen Ausnahmefällen absehen. Dies dürfte vor allem dann in Betracht kommen, wenn zwar die Anzahl der Betreuungen erreicht wird, aber der Zeitaufwand hierfür deutlich hinter 20 Wochenstunden zurückbleibt, weil es sich durchgängig um „einfache" Betreuungen handelt. Bei Zugrundelegung der Stundenansätze des § 5 liegen allerdings 10 Betreuungen immer über insgesamt 20 Wochenstunden.

6   Andererseits kommt eine Feststellung der Berufsmäßigkeit auch in Betracht, wenn die gesetzlichen Regelvoraussetzungen nicht vorliegen, das Gericht aber auf Grund anderer Umstände zu dem Ergebnis kommt, die Betreuung werde berufsmäßig geführt (AG Northeim BtPrax 1999, 79). Dies kann vor allem der Fall sein, wenn der Betreuer zwar nur wenige Betreuungen führt, aber gerade wegen seiner besonderen beruflichen **Qualifikation** zum Betreuer bestellt wird (BayObLG BtPrax 1999, 30) oder jedenfalls eine Gesamtbetrachtung aller Umstände des Einzelfalles der vom Betreuer vorgenommenen Tätigkeiten zu dem Ergebnis führt, dass es sich nicht mehr um die Erfüllung allgemeiner staatsbürgerlichen Pflichten, sondern eine berufliche Tätigkeit handelt (OLG Zweibrücken,

FGPrax 2000, 62). Aus der Bestellung eines Vereinsbetreuers allein kann allerdings nicht schon darauf geschlossen werden, dass dieser die Betreuung berufsmäßig führt (OLG Oldenburg FamRZ 1998, 186). Sinkt die Anzahl der geführten Betreuungen und gehen die damit verbundenen Tätigkeiten soweit zurück, dass sie für sich betrachtet die Anerkennung als Berufsbetreuer nicht mehr rechtfertigen könnten, bleibt es gleichwohl bei der einmal festgestellten Berufsbetreuereigenschaft für die übrigen Betreuungen (BayObLG FamRZ 1998, 187; OLG Frankfurt/Main BtPrax 2004, 244).

3. Künftige Betreuungen

Die Feststellung, eine Betreuung werde berufsmäßig geführt, muss auch erfolgen, wenn zu erwarten ist, dass dem Betreuer in absehbarer Zeit Betreuungen in dem für einen Berufsbetreuer erforderlichen Umfang übertragen sein werden. Auch eine beabsichtigte **künftige Verwendung** als Berufsbetreuer kann daher Anlass für die Feststellung einer entgeltlichen Betreuung bereits dann sein, wenn der Betreuer noch nicht ausreichend Betreuungen führt. Ist eine Person in dem Bezirk des Vormundschaftsgerichts als Berufsbetreuer vorgesehen, soll das Gericht vor der ersten Bestellung die zuständige Behörde zur Eignung des ausgewählten Betreuers und zu der Absicht, ihm künftig Betreuungen im Umfange eines Berufsbetreuers zu übertragen, anhören (§ 1897 Abs. 7 BGB). Ein „Zulassungsverfahren" in dem Sinne, dass nur zum Berufsbetreuer bestellt werden kann, wer von der Behörde hierfür vorgesehen ist, ist allerdings unzulässig (OLG Hamm BtPrax 2006, 187 zum sog. „Bochumer Modell"). Außerdem soll dem künftigen Berufsbetreuer die Vorlage eines Führungszeugnisses und einer Auskunft aus dem Schuldnerverzeichnis aufgegeben werden. Dies soll verhindern, dass ungeeignete Personen als Berufsbetreuer bestellt werden. Die Betreuungsbehörde hat dann die Möglichkeit, Einwände gegen den beabsichtigten Betreuer geltend zu machen. Ein Anspruch darauf, von der Betreuungsbehörde als geeignet dem Vormundschaftsgericht vorgeschlagen zu werden, gibt es indes nicht (VG Frankfurt BtPrax 1997, 83). Auch ein Beschwerderecht der Staatskasse (OLG Hamm BtPrax 2000, 265; BayObLG BtPrax 2001, 204) oder des früheren Betreuers (OLG Köln FamRZ 2008, 1117) gegen die Feststellung der Berufsmäßigkeit gibt es nicht.

4. Feststellung des Vormundschaftsgerichts/ Betreuungsgerichts

Liegen die Voraussetzungen der berufsmäßigen Führung von Betreuungen vor, so hat der bestellte Betreuer einen Anspruch darauf, dass dies vom **Vormundschaftsgericht/Betreuungsgericht** auch so festgestellt wird (Abs. 1 Satz 1) und zwar „bei der Bestellung". Nach § 286 Abs. 1 Nr. 4 FamFG ist die Bezeichnung als Berufsbetreuer bei der Bestellung eines solchen notwendiger Inhalt der Beschlussformel. Allerdings war in § 69 FGG, der den notwendigen Inhalt des Bestellungsbeschlusses regelt, die Feststellung der Berufsmäßigkeit nicht vorgesehen, so dass es für die Zeit vor Inkrafttreten des FamFG zu Unklarheiten kommen konnte. Die Feststellung musste aber jedenfalls zeitnah in unmittelbarem Zusammenhang mit der Bestellung erfolgen, sie konnte allerdings in einem gesonderten **Beschluss** erfolgen (Jurgeleit-Maier Rn 21). Auch eine Auslegung der Bestel-

VBVG § 1 Abschnitt 1. Allgemeines

lungsentscheidung kann ergeben, dass der Betreuer als Berufsbetreuer bestellt werden sollte (OLG Hamm BtPrax 2008, 136). Sehr zweifelhaft ist, ob die Feststellung der Berufsmäßigkeit auch formlos etwa in Gestalt eines Aktenvermerks erfolgen kann (so Jurgeleit-Maier a.a.O.; OLG Brandenburg FamRZ 2004, 1403 mit krit. Anm. Bienwald). Die Feststellung dient der Rechtsklarheit und Kalkulierbarkeit (LG Dresden FamRZ 2000, 181). Sie sollte daher auch nach außen klar durch einen Beschluss dokumentiert sein. Außerdem muss der Betreute die Möglichkeit haben, die Feststellung der Berufsmäßigkeit durch **Beschwerde** anzufechten (BayObLG FamRZ 2002, 767).

9   Das Vormundschaftsgericht kann aber **nachträglich** die Berufsmäßigkeit der Betreuung feststellen, wenn z. B. zunächst noch nicht feststand, ob dem Betreuer tatsächlich im erforderlichen Umfange Betreuungen übertragen werden sollen. Auch im Falle der Beschwerde gegen die Ablehnung der Feststellung der Berufsmäßigkeit kann diese im Beschwerdeverfahren nachgeholt werden und wirkt dann zurück auf den Zeitpunkt der angefochtenen Entscheidung (OLG Brandenburg BeckRS 2008, 25054). In diesem Falle kann eine Vergütung ab dem Zeitpunkt der Feststellung der Berufsmäßigkeit verlangt werden (BayObLG BtPrax 2001, 124; BayObLG BtPrax 2001, 204). Sehr zweifelhaft ist allerdings, ob das Betreuungsgericht generell die Feststellung der Berufsmäßigkeit nachholen kann (so OLG Naumburg FamRZ 2009, 370; OLG Brandenburg a.a.O.). Die Betreuerbestellung ist als Einheitsentscheidung ausgestaltet, die die Auswahl des Betreuers und damit auch der Eigenschaft als Berufsbetreuer beinhaltet.

5. Bewilligung der Vergütung

10   Hat das Vormundschaftsgericht die Feststellung nach Abs. 1 getroffen, so muss dem Betreuer eine Vergütung bewilligt werden (Abs. 2 Satz 1). Die Höhe der Vergütung richtet sich nach den Vorschriften der §§ 3 ff. Die Festsetzung der Vergütung erfolgt im Verfahren nach §§ 292 i.V.m. 168 FamFG (s. Kommentierung dort). Solange die Feststellung des Vormundschaftsgerichts Gültigkeit hat, muss dem Betreuer auch eine Vergütung gewährt werden (Abs. 2 Satz 1), die Eigenschaft als Berufsvormund ist bei der Vergütungsfestsetzung dann nicht mehr zu prüfen. Eine rückwirkende Aufhebung der Feststellung ist nicht zulässig (BayObLG BtPrax 2000, 34). Der Vergütungsanspruch richtet sich zunächst gegen den **Betreuten.** Ist dieser mittellos (§§ 1836 c, 1836 d), kann der Betreuer eine Vergütung aus der **Staatskasse** verlangen (Abs. 2 Satz 2). In diesem Falle geht der Anspruch gegen den Betreuten auf die Staatskasse über (§ 1836 e BGB). Für den Betreuer tritt also im Falle der Mittellosigkeit ein Wechsel des Schuldners ein, an Stelle des Betreuten tritt nunmehr die Staatskasse. Der Betreute bleibt aber grundsätzlich Schuldner des Vergütungsanspruchs, nur dass er sich nunmehr einem neuen Gläubiger – der Staatskasse – gegenübersieht (s. Einzelheiten bei § 1836 e).

6. Erbenhaftung für Vergütung

11   Stirbt der Betreute, bevor der Betreuer die festgesetzte Vergütung erhalten hat, haften grundsätzlich die Erben für die **Betreuungskosten** (BayObLG, BtPrax 1996, 151; LG Koblenz, BtPrax 1997, 122). Bei dem Anspruch des Betreuers auf Vergütung handelt es sich um eine Nachlassverbindlichkeit. Dies gilt auch, wenn der Betreuer noch nach dem Tod des Betreuten rechtmäßig Arbeiten zur Abwick-

Erlöschen der Ansprüche   § 2 VBVG

lung der Betreuung erledigt (BayObLG BtPrax 1996, 69, hierzu § 5 Rn 8). Die
Erben können sich auf eine Mittellosigkeit des Betreuten dann nicht berufen (LG
München I BtPrax 1995, 73; LG Kleve BtPrax 1995, 185; BayObLG BtPrax
1998, 79).

§ 2 Erlöschen der Ansprüche

Der Vergütungsanspruch erlischt, wenn er nicht binnen 15 Monaten nach seiner Entstehung beim Familiengericht geltend gemacht wird; die Geltendmachung des Anspruchs beim Familiengericht gilt dabei auch als Geltendmachung gegenüber dem Mündel. § 1835 Abs. 1 a des Bürgerlichen Gesetzbuchs gilt entsprechend.

Die Vorschrift enthält eine **Ausschlussfrist** entsprechend den Regelungen in 1
§ 1835 Abs. 1 Satz 3 für den Aufwendungsersatzanspruch und § 1835 a Abs. 4 für
die Aufwandsentschädigung. Die Frist von 15 Monaten fängt mit „Entstehung"
des Vergütungsanspruchs an zu laufen, also grundsätzlich zu dem Zeitpunkt, in
dem der Betreuer seine vergütungspflichtige Tätigkeit ausübt. Da dem Betreuer
allerdings die Vergütung nach § 5 monatsweise zusteht, entsteht der Anspruch erst
mit Ablauf der jeweiligen Monatsfrist. Frühestens zu diesem Zeitpunkt kann auch
die Ausschlussfrist laufen (BGH BtPrax 2008, 208). Eine andere Streitfrage hat
der BGH allerdings ausdrücklich nicht entschieden. Nach § 9 kann die Vergütung
vom Berufsbetreuer erst nach Ablauf von jeweils drei Monaten für diesen Zeitraum
geltend gemacht werden. Ein großer Teil der Rechtsprechung (LG Göttingen
FamRZ 2008, 92; OLG Dresden FamRZ 2008, 1285; OLG Köln BtPrax 2009,
80; KG BtPrax 2009, 37) und der Literatur (vgl. nur Jurgeleit-Maier § 2 VBVG
Rn 2; Knittel § 2 VBVG Rn 12) vertritt die Auffassung, die Ausschlussfrist nach
§ 2 beginne erst, wenn nach Ablauf der 3-Monats-Frist des § 9 der Vergütungsanspruch geltend gemacht werden könne. Allerdings stellt § 2 ausdrücklich auf die
„Entstehung" des Anspruchs ab, die durch § 9, der allein die Geltendmachung
betrifft, nicht beeinflusst wird (so aber fälschlich Jurgeleit a.a.O.; Knittel a.a.O.
räumt ein, dass sich die auch von ihm als „letztlich überzeugend und praxisgerecht" eingestufte Auslegung „vom eigentlichen Wortsinn der ‚Entstehung' des
Anspruchs entfernt"). Im Gegensatz zum BGB, wo die Regelungen für Vormünder nach § 1908i BGB auf Betreuer „sinngemäß anzuwenden" sind, stellt das
VBVG im 3. Abschnitt „Sondervorschriften für Betreuer" auf. Dies bedeutet,
dass die allgemeinen Regeln der §§ 1 und 2 VBVG durch die Vorschriften für
Betreuer nicht abgeändert, sondern nur ergänzt werden. Deshalb bleibt es in
Übereinstimmung mit anderen Teilen der Rechtsprechung (LG Münster FamRZ
2008, 187; OLG Frankfurt FamRZ 2008, 304; OLG Düsseldorf FamRZ 2008,
1284) und der Literatur (vgl. nur Dodegge/Roth Teil F Rn 143) bei der hier
bereits in der Vorauflage vertretenen Auffassung, dass die Ausschlussfrist des § 2
bereits zu laufen beginnt, auch wenn die Vergütung nach § 9 noch nicht geltend
gemacht werden kann.

Das Vormundschaftsgericht kann eine **abweichende Frist** bestimmen. Dies 2
ergibt sich aus der Verweisung auf § 1835 Abs. 1 a BGB. Danach kann das Vormundschaftsgericht eine abweichende Frist von mindestens drei Monaten bestimmen. Diese Möglichkeit wird teilweise als Argument für die oben erwähnte Auffassung herangezogen, die Ausschlussfrist könne nicht zu laufen beginnen, bevor
der Anspruch nach § 9 geltend gemacht werden könne, weil bei einer Verkürzung

VBVG § 3 Abschnitt 2. Vergütung des Vormunds

auf zwei Monate mindestens ein Monat bereits verfallen sei, wenn der Berufsbetreuer die Vergütung erstmals geltend machen könne (OLG Köln a.a.O.). Die Frist muss allerdings mindestens zwei Monate betragen, sie kann auch über 15 Monate hinaus verlängert werden. Kein Betreuungsgericht wird die Ausschlussfrist so verkürzen, dass eine Geltendmachung nach § 9 nicht mehr möglich ist. In der Fristbestimmung ist über die Folgen der Versäumung der Frist zu belehren. Die Frist kann auf Antrag vom Vormundschaftsgericht wiederum verlängert werden. Der Anspruch erlischt, soweit er nicht innerhalb der Frist beim Familiengericht/Betreuungsgericht geltend gemacht wird. Die Festlegung einer kürzeren Frist als 15 Monate dürfte nur in Ausnahmefällen angezeigt sein, etwa wenn eine Betreuung unzweifelhaft beendet ist und eine endgültige Regelung beschleunigt werden soll. Da die Frist von 15 Monaten in aller Regel für eine rechtzeitige Geltendmachung von Ansprüchen ausreichend sein dürfte, kommt auch eine Verlängerung nur ausnahmsweise in Betracht, z. B. wenn der Betreuer aufgrund längerer Verhinderung (z. B. Erkrankung) eine Einhaltung der Frist schuldlos nicht gewährleisten kann.

3 Die bloße Erinnerung an die Nachreichung eines Tätigkeitsnachweises kann nicht als Fristverlängerung verstanden werden (OLG Schleswig BtPrax 2006, 118). Für die Einhaltung der Ausschlussfrist kommt es nicht darauf an, ob die Abrechnung gegenüber dem richtigen Schulder geltend gemacht wird (LG Saarbrücken BtPrax 2009, 42). Es genügt also die Geltendmachung gegenüber dem Betreuten, auch wenn wegen Mittellosigkeit später die Staatskasse in Anspruch genommen werden muss (LG Mönchengladbach FamRZ 2007, 1357). Eine Rückforderung etwa zu viel gezahlter Vergütung soll auch nur innerhalb der Ausschlussfrist möglich sein (so LG Braunschweig FamRZ 2008, 1117 LS – sehr zweifelhaft).

Abschnitt 2. Vergütung des Vormunds

§ 3 Stundensatz des Vormunds

(1) **Die dem Vormund nach § 1 Abs. 2 zu bewilligende Vergütung beträgt für jede Stunde der für die Führung der Vormundschaft aufgewandten und erforderlichen Zeit 19,50 Euro. Verfügt der Vormund über besondere Kenntnisse, die für die Führung der Vormundschaft nutzbar sind, so erhöht sich der Stundensatz**
1. **auf 25 Euro, wenn diese Kenntnisse durch eine abgeschlossene Lehre oder eine vergleichbare abgeschlossene Ausbildung erworben sind;**
2. **auf 33,50 Euro, wenn diese Kenntnisse durch eine abgeschlossene Ausbildung an einer Hochschule oder durch eine vergleichbare abgeschlossene Ausbildung erworben sind.**

Eine auf die Vergütung anfallende Umsatzsteuer wird, soweit sie nicht nach § 19 Abs. 1 des Umsatzsteuergesetzes unerhoben bleibt, zusätzlich ersetzt.

(2) **Bestellt das Familiengericht einen Vormund, der über besondere Kenntnisse verfügt, die für die Führung der Vormundschaft allgemein nutzbar und durch eine Ausbildung im Sinne des Absatzes 1 Satz 2 erworben sind, so wird vermutet, dass diese Kenntnisse auch für die Führung der dem Vormund übertragenen Vormundschaft nutzbar sind. Dies gilt**

nicht, wenn das Familiengericht aus besonderen Gründen bei der Bestellung des Vormunds etwas anderes bestimmt.

(3) Soweit die besondere Schwierigkeit der vormundschaftlichen Geschäfte dies ausnahmsweise rechtfertigt, kann das Familiengericht einen höheren als den in Absatz 1 vorgesehenen Stundensatz der Vergütung bewilligen. Dies gilt nicht, wenn der Mündel mittellos ist.

(4) Der Vormund kann Abschlagszahlungen verlangen.

Übersicht

	Rn.
1. Grundsatz	1
2. Stundenvergütung nach Zeitaufwand	2
3. Besondere Kenntnisse	3
4. Abgeschlossene Lehre	5
5. Abgeschlossene Ausbildung an einer Hochschule	9
6. Anwendung auf einzelne Betreuung	13
7. Erhöhter Stundensatz	14
8. Abschlagszahlungen	15

1. Grundsatz

Die Regelung gilt für alle **Berufsvormünder** und dem Grundsatz nach auch 1 für **Berufsbetreuer**. Hinsichtlich der Höhe der Stundenvergütung und der Vergütungsstruktur für Berufsbetreuer enthält § 4 allerdings Sonderregelungen und hinsichtlich der pauschal zu vergütenden Stundenansätze für Berufsbetreuer ist § 5 zu beachten. Die Vorschriften des VBVG gelten für alle Berufsvormünder/Berufsbetreuer, unabhängig davon, ob der Betreute/Mündel mittellos ist, oder nicht. Der Berufsvormund kann neben der Vergütung Aufwendungsersatz nach § 1835 BGB geltend machen.

2. Stundenvergütung nach Zeitaufwand

Die Vergütung des Berufsvormunds/-betreuers erfolgt als Stundenvergütung 2 nach Zeitaufwand. Festgesetzt wird für jede Stunde der für die Führung der Vormundschaft aufgewandten und erforderlichen Zeit 19,50 Euro. Die Vergütung erfolgt also nach einem Stundensatz, andere Vergütungsprinzipien (z. B. ein monatlicher Pauschalbetrag oder ein Prozentsatz des zu verwaltenden Vermögens) sind nicht zulässig. Dies ist verfassungsrechtlich nicht zu beanstanden, weil dem Gesetzgeber insoweit ein weiter Gestaltungsspielraum zusteht, wie bereits zum alten Recht entschieden wurde (BVerfG BtPrax 2000, 77 und 120). Der Berufsvormund erhält eine Vergütung nur für die **vergütungsfähigen Tätigkeiten** (§ 1836 Rn 3 ff.) im Rahmen des jeweiligen übertragenen Aufgabenkreises (§ 1896 Rn 9 ff.). Diese Tätigkeiten müssen auch vom Zeitaufwand her erforderlich gewesen sein, wobei die eigenverantwortliche Amtsführung des Betreuers den Maßstab bestimmt (§ 1836 Rn 9). Es kommt darauf an, ob der Vormund die Tätigkeit zur pflichtgemäßen Erfüllung seiner Aufgaben für erforderlich halten durfte (BayObLG BtPrax 1999, 73). Eine auf die Vergütung entfallende **Umsatzsteuer** wird zusätzlich ersetzt (Abs. 1 Satz 3). Dies unterscheidet die Vergütung des Berufsvormunds von derjenigen des Berufsbetreuers, bei dem die (erhöhten) Stundensätze eine evtl. anfallende Umsatzsteuer mit abgelten (§ 4 Abs. 2 Satz 1).

3. Besondere Kenntnisse

3   Der Stundensatz für die Betreuervergütung erhöht sich, wenn der Vormund über **besondere Kenntnisse** verfügt, die für die Führung der Vormundschaft nutzbar sind. Besondere **Kenntnisse** sind solche, die bezogen auf ein bestimmtes Fachgebiet über ein Grundwissen deutlich hinausgehen, wobei das Grundwissen je nach Bildungsstand und Ausbildung mehr oder weniger umfangreich sein kann (BayObLG BtPrax 2000, 81 und 85). Nutzbar sind Fachkenntnisse, wenn sie ihrer Art nach für die Vormundschaft relevant sind und den Vormund befähigen, seine Aufgaben zum Wohle des Mündels besser und effektiver zu erfüllen und somit eine erhöhte Leistung zu erbringen (BayObLG BtPrax 2000, 81). Dies kommt z. B. bei juristischen, medizinischen, pädagogischen, psychologischen oder betriebswirtschaftlichen Kenntnissen (BayObLG BtPrax 2000, 81 und 124; vgl. auch OLG Braunschweig BtPrax 2000, 130), ggf. auch bei Verwaltungskenntnissen in Betracht oder bei Kenntnissen einer Krankenschwester, Kinderkrankenschwester, Zahnarzthelferin oder Arzthelferin, wenn es um Fragen der Gesundheitssorge geht (OLG Dresden FamRZ 2000, 551 LS; OLG Schleswig BtPrax 2000, 171; LG Stendal BeckRS 2006, 07091). Die Fachkenntnisse sind für alle Tätigkeiten des Betreuers zu berücksichtigen, auch wenn im Einzelfall hierfür keine Fachkenntnisse notwendig waren.

4   Der Umfang der für die Führung der Vormundschaft erforderlichen Zeit bestimmt sich nach dem Zeitaufwand für die vergütungsfähigen Tätigkeiten des Vormunds (hierzu § 1836 Rn 3 ff.). Vergütungssteigernd wirken sich die besonderen Kenntnisse jedoch nur aus, wenn sie durch eine abgeschlossene **Ausbildung** erworben sind. In Betracht kommt eine Lehre (hierzu Rn 6 ff.) oder eine Hochschulausbildung (hierzu Rn 9 ff.) bzw. jeweils eine andere vergleichbare abgeschlossene Ausbildung. Kenntnisse, die nicht durch eine abgeschlossene Ausbildung erworben wurden, können nicht zu einer Erhöhung des Stundensatzes führen. **Fortbildung und Berufserfahrung** können einer abgeschlossenen Ausbildung ebensowenig gleichgestellt werden (OLG Schleswig BeckRS 2000, 30124619) wie etwa muttersprachlich erworbene Sprachkenntnisse (türkisch), selbst wenn sie die Führung einer Betreuung erleichtern (BayObLG BtPrax 2001, 205).

4. Abgeschlossene Lehre

5   Der Stundensatz erhöht sich auf 25,00 Euro, wenn die nutzbaren besonderen Kenntnisse durch eine **abgeschlossene Lehre** oder eine vergleichbare abgeschlossene Ausbildung erworben sind (Abs. 1 Satz 2 Nr. 1). Die Regelung stimmt mit dem vorher geltenden § 1 Satz 2 Nr. 1 BVormVG überein, so dass die hierzu ergangene Rechtsprechung entsprechend weiter zu beachten ist. Nicht jede abgeschlossene Lehre führt zu einer erhöhten Vergütung, vielmehr müssen hierdurch gerade die nutzbaren Kenntnisse vermittelt worden sein. Entscheidend ist, ob die Ausbildung in ihrem Kernbereich auf die Vermittlung gerade solcher Kenntnisse ausgerichtet ist (BayObLG BtPrax 2000, 81). In Betracht kommen nur staatlich geregelte **Berufsausbildungen** (LG Dresden FamRZ 2000, 181), v. a. anerkannte Lehrberufe nach dem Berufsbildungsgesetz (BBiG), z. B. als Bankkaufmann (BayObLG BtPrax 2000,

33), Industriekauffrau (LG Koblenz FamRZ 2000, 181), Krankenschwester und Arzthelferin (OLG Dresden FamRZ 2000, 551 LS; OLG Schleswig BtPrax 2000, 171), Kinderkrankenschwester (OLG Dresden FamRZ 2000, 551 LS), Rechtsanwalts- und Notargehilfin (OLG Hamm BtPrax 2002, 125), staatlich anerkannte Erzieherin (LG Dresden FamRZ 2000, 181), Zahnarthelferin (LG Stendal FamRZ 2006, 1229 LS) oder Kraftfahrzeugmechaniker mit Meisterprüfung (geschäfts- und rechtskundlicher sowie berufserzieherischer Teil der Ausbildung vermittelt besondere Kenntnisse, so LG Koblenz FamRZ 2001, 303 – sehr zweifelhaft).

Eine Ausbildung als Ökonomin im Hotel- und Gaststättenwesen vermittelt **6** besondere Kenntnisse für die Vermögenssorge (LG Leipzig FamRZ 2001, 304). Abgeschlossen ist die Lehre, wenn die hierfür vorgesehene Abschlussprüfung mit Erfolg bestanden wurde. Keine für die Vormundschaft nutzbaren Kenntnisse vermittelt eine Ausbildung zur Pharmazeutisch-technischen Angestellten (BayObLG BtPrax 2001, 86 L), zum Industriemechaniker (BayObLG BtPrax 2001, 205), zur Hauswirtschaftsgehilfin (LG Koblenz BtPrax 2001, 220 L), zum Techniker (LG Chemnitz BtPrax 2002, 269), zum Facharbeiter in der chemischen Produkution (OLG Naumburg FGPrax 2008, 27), zum Bauspar- und Finanzierungsfachmann (OLG München BtPrax 2008, 34) oder zum Staatswissenschaftler an der Fachschule Weimar (OLG Brandenburg FamRZ 2002, 349).

Durch eine einer abgeschlossenen Lehre **vergleichbare abgeschlossene Aus- 7 bildung** erworben sind die Fachkenntnisse dann, wenn sie im Rahmen einer Ausbildung vermittelt wurden, die Ausbildung staatlich reglementiert oder zumindest staatlich anerkannt ist, der durch sie vermittelte Wissensstand nach Art und Umfang dem durch eine Lehre vermittelten entspricht und ihr Erfolg durch eine vor einer staatlichen oder staatlich anerkannten Stelle abgelegte Prüfung belegt ist (BayObLG BtPrax 2000, 124). Letzteres ist allerdings nicht ausnahmslos nötig. Eine anerkannte gleichwertige Ausbildung kann auch vorliegen, wenn der Staat in einem förmlichen Verfahren eine Tätigkeit als Ausbildung anerkennt. Dies ist dann der Fall, wenn der Betreuer die fachliche Eignung nach § 76 BBiG zur Ausbildung in einem Lehrberuf besitzt (BayObLG BtPrax 2000, 33), bei einem Fachschulabschluss als Ingenieurpädagoge (OLG Frankfurt/Main BtPrax 2002, 169), bei einer Ausbildung an einer Fachakademie oder staatlich anerkannten hauswirtschaftlichen Betriebsleiterin (BayObLG BtPrax 2002, 216) oder einer Ausbildung als mittlerer Beamter der Deutschen Bundesbahn (BayObLG BtPrax 2001, 85 L). Als vergleichbare Ausbildung kann aber nicht ein abgebrochenes Jurastudium gelten (BtPrax 2000, 124), eine einjährige Fortbildung zur Bürokauffrau (OLG Dresden FamRZ 2000, 551 LS) oder zur Hygieneinspektorin (LG Neubrandenburg BtPrax 2000, 221).

Das **Landesrecht** kann bestimmen, dass es einer abgeschlossenen Lehre gleich- **8** steht, wenn der Vormund (Betreuer) seine besonderen Kenntnisse durch eine dem Abschluss einer Lehre vergleichbare Prüfung vor einer staatlichen oder statthlich anerkannten Stelle nachgewiesen hat. Voraussetzung ist, dass mindestens drei Jahre lang Vormundschaften oder Betreuungen berufsmäßig geführt wurden und der Betreuer an einer Umschulung oder Fortbildung teilgenommen hat, durch die vergleichbare Kenntnisse vermittelt wurden (hierzu § 11).

5. Abgeschlossene Ausbildung an einer Hochschule

Der Stundensatz erhöht sich auf 33,50 Euro, wenn die nutzbaren besonderen **9** Kenntnisse durch eine abgeschlossene Ausbildung an einer **Hochschule** oder eine

VBVG § 3 Abschnitt 2. Vergütung des Vormunds

vergleichbare abgeschlossene Ausbildung erworben sind (Abs. 1 Satz 2 Nr. 2). Auch hier kann die bisherige Rechtsprechung zum vergleichbaren § 1 Abs. 2 Nr. 2 BVormVG weiter herangezogen werden. Hochschulen sind Universitäten und Fachhochschulen, nicht jedoch Fachschulen (OLG Schleswig BtPrax 2000, 172; OLG Frankfurt/Main BtPrax 2002, 169) und Fachakademien (BayObLG BtPrax 2000, 91 LS). Durch das Studium müssen auch für die Betreuung nutzbare Fachkenntnisse vermittelt werden. Dies ist z. B. der Fall bei **Studiengängen** der Rechtswissenschaften/Rechtspflege, Medizin, Psychologie, Sozialarbeit, Sozialpädagogik, Soziologie oder Betriebswirtschaft (BayObLG BtPrax 2000, 81 und 124) und gilt auch für einen Diplom-Ökonom (OLG Zweibrücken BtPrax 2000, 89), einen „Dipl.-Ing. Landbau" (OLG Schleswig BtPrax 2000, 172), einen Politikwissenschaftler (OLG Hamburg BtPrax 2000, 221) eine Dipl.-Ing. Elektrotechnik mit Abschluss zum Patentingenieur in der ehem. DDR (KG BtPrax 2002, 167), ein abgeschlossenes Studium der Theologie (OLG Köln FamRZ 2004, 1604) oder der Tiermedizin, wenn es um die Gesundheitssorge geht (LG Kassel FamRZ 2002, 988). Ein Lehramtsstudium vermittelt besondere Kenntnisse der Psychologie, Soziologie und Pädagogik, die entsprechend nutzbar sind (OLG Zweibrücken BtPrax 2001, 43; LG Saarbrücken BtPrax 2002, 268; OLG Hamm BtPrax 2002, 42).

10 Die Vermittlung der nutzbaren Fachkenntnisse muss auch hier den **Kernbereich** der Ausbildung darstellen. Nicht ausreichend ist es, dass z. B. im Rahmen der Ausbildung zum Diplom-Geographen auch Grundkenntnisse im Bereich der Volks- und Betriebswirtschaftslehre, Soziologie und öffentlichen Rechts vermittelt werden (BayObLG BtPrax 2000, 81). Nicht ausreichend sind auch ein Abschluss als Diplombauingeniuer (OLG Jena BtPrax 2000, 170), ein Rechtsstudium in der Türkei (BayObLG BtPrax 2001, 205), ein Studium als Diplom-Staatswissenschaftler (OLG Brandenburg BtPrax 2001, 219 L; BayObLG BtPrax 2003, 135), als Diplom-Ingenieur Maschinenbau (BayObLG BtPrax 2001, 85 LS), als Diplom-Militärwissenschaftler (KG BeckRS 2006, 07843). Notwendig ist der erfolgreiche Abschluss des Studiums, so dass ein abgebrochenes Jurastudium diese Voraussetzungen nicht erfüllt (BayObLG BtPrax 2000, 124).

11 Durch eine der abgeschlossenen Hochschulausbildung **vergleichbaren abgeschlossenen Ausbildung** erworben sind die Fachkenntnisse, wenn sie im Rahmen der Ausbildung vermittelt wurden und die Ausbildung in ihrer **Wertigkeit** (zeitlicher Aufwand, Umfang des Lehrstoffs etc.) einer Hochschulausbildung entspricht sowie einen formalen Abschluss aufweist (BayObLG BtPrax 2000, 32; BayObLG BtPrax 2001, 36). Dies ist nach der Rechtsprechung z. B. der Fall bei einer Ausbildung zum Stabsoffizier mit dem Dienstgrad Oberstleutnant (BayObLG a.a.O.), bei einer abgeschlossenen Ausbildung zum Pastor am Theologischen Seminar (OLG Schleswig BtPrax 2000, 262), bei der „Fachprüfung II für Verwaltungsangestellte" in Bayern (BayObLG BtPrax 2001, 36) oder als Diplom-Verwaltungswirt (LG Kiel BtPrax 2002, 174), sowie bei einem abgeschlossenen Studium an einer staatlichen Schule in Kasachstan zur Lehrerein für deutsche und englische Sprache (OLG Frankfurt BeckRS 2008, 13160). Als nicht ausreichend wurden von der Rechtsprechung dagegen angesehen: die Absolvierung von Fortbildungsveranstaltungen zum Betreuungsrecht durch eine ausgebildete Grundschullehrerin (OLG Dresden BtPrax 2000, 39); die Zusatzausbildung einer Erzieherin als Familientherapeutin und Kindertherapeutin (OLG Braunschweig BtPrax 2000, 130); die Teilnahme einer ausgebildeten Industriekauffrau an regelmäßigen Weiterbildungsveranstaltungen des Instituts für Weiterbildung in der sozialen

Arbeit einer Fachhochschule (LG Koblenz FamRZ 2000, 181), die Ausbildung an einer Fachschule für Sozialpädagogik (LG Heilbronn BeckRS 2007, 08882) oder ein berufsbegleitendes Studium von vier Semestern mit Abschluss Gesundheits- und Sozialökonom (OLG Frankfurt BeckRS 2008, 22046). In der Regel fehlt es bei Fortbildungsmaßnahmen bereits an der für einen Hochschulabschluss (i. d. R. mind. sechs Fachsemester) erforderlichen zeitlichen Intensität der Ausbildung (OLG Braunschweig a.a.O.).

Das **Landesrecht** kann bestimmen, dass es einer abgeschlossenen Hochschulausbildung gleichsteht, wenn der Vormund oder Betreuer seine besonderen Kenntnisse durch eine dem Abschluss einer Lehre vergleichbare Prüfung vor einer staatlichen oder staatlich anerkannten Stelle nachgewiesen hat. Voraussetzung ist, dass mindestens fünf Jahre lang Vormundschaften oder Betreuungen berufsmäßig geführt wurden und der Betreuer an einer Umschulung oder Fortbildung teilgenommen hat, durch die vergleichbare Kenntnisse wie bei einer Ausbildung an einer Hochschule vermittelt wurden (hierzu § 11). **12**

6. Anwendung auf einzelne Betreuung

Wird ein Vormund/Betreuer mit einer der in Abs. 1 genannten Qualifikationen bestellt, so wird vermutet, dass diese Kenntnisse auch für die Führung der Vormundschaft/Betreuung **nutzbar** sind. Ihm muss dann der sich aus Abs. 1 ergebende Stundensatz als Vergütung bewilligt werden, ohne dass im einzelnen überprüft werden muss, ob seine besonderen Kenntnisse tatsächlich für die einzelne Vormundschaft/Betreuung auch erforderlich sind. Sind besondere Kenntnisse nur für bestimmte **Aufgabenkreise** nutzbar, so greift die Vermutung nur, wenn dieser Aufgabenkreis zu demjenigen des Vormunds/Betreuers gehört (BGH BtPrax 2003, 264). Außerdem kann das Vormundschaftsgericht etwas anderes bestimmen und damit die Vermutung widerlegen (Abs. 2 Satz 2). Dies kommt allerdings nur „aus besonderen Gründen" in Betracht, also nur ganz ausnahmsweise bei besonderen Fallgestaltungen (vgl. OLG Schleswig BtPrax 2003, 182). **13**

7. Erhöhter Stundensatz

Das Vormundschaftsgericht kann ausnahmsweise einen höheren als den in Abs. 1 vorgesehenen Stundensatz bewilligen (Abs. 3). Voraussetzung ist zum einen, dass „die besondere Schwierigkeit der vormundschaftlichen Geschäfte" dies rechtfertigen. **Besondere Schwierigkeiten** können sich dabei aus der Person des Mündels, aus den zu erledigenden Aufgaben oder aus sonstigen Umständen ergeben. Zum anderen darf der Mündel nicht mittellos (§ 1836 d) sein (Abs. 3 Satz 2). Die Regelung dient der Beibehaltung des Rechtszustandes vor dem VBVG. Nach der Rechtsprechung des BGH (BtPrax 2001, 30) stellten die Vergütungssätze des BVormVG für die Betreuer nicht-mittelloser Betreuter zwar eine wesentliche Orientierungshilfe dar und wurden im Regelfall für angemessen angesehen. Es war aber nicht ausgeschlossen, dass in Einzelfällen auch ein höherer Stundensatz bewilligt werden konnte. Diese Möglichkeit eröffnet nunmehr auch Abs. 3, der allerdings auf Berufsbetreuer auch nicht analog anwendbar ist (OLG Celle BtPrax 2008, 171). **14**

8. Abschlagszahlungen

15 Der Vormund kann Abschlagszahlungen verlangen (Abs. 4). Für Berufsbetreuer dürfte diese Möglichkeit keine große Bedeutung mehr erlangen. Zum einen lassen sich die Vergütungsansprüche für die einzelne Betreuung als Produkt des Stundensatzes nach § 4 mit dem Stundenansatz nach § 5 relativ problemlos ermitteln. Zum anderen kann ohnehin erst nach einem Zeitraum von drei Monaten eine Abrechnung erfolgen (§ 9), so dass eine Abschlagszahlung vor diesem Zeitraum nicht mehr in Betracht kommt. Nach Ablauf kann die Vergütung aber auch berechnet und geltend gemacht werden.

Abschnitt 3. Sondervorschriften für Betreuer

§ 4 Stundensatz und Aufwendungsersatz des Betreuers

(1) Die dem Betreuer nach § 1 Abs. 2 zu bewilligende Vergütung beträgt für jede nach § 5 anzusetzende Stunde 27 Euro. Verfügt der Betreuer über besondere Kenntnisse, die für die Führung der Betreuung nutzbar sind, so erhöht sich der Stundensatz
1. auf 33,50 Euro, wenn diese Kenntnisse durch eine abgeschlossene Lehre oder eine vergleichbare abgeschlossene Ausbildung erworben sind;
2. auf 44 Euro, wenn diese Kenntnisse durch eine abgeschlossene Ausbildung an einer Hochschule oder durch eine vergleichbare abgeschlossene Ausbildung erworben sind.

(2) Die Stundensätze nach Absatz 1 gelten auch Ansprüche auf Ersatz anlässlich der Betreuung entstandener Aufwendungen sowie anfallende Umsatzsteuer ab. Die gesonderte Geltendmachung von Aufwendungen im Sinne des § 1835 Abs. 3 des Bürgerlichen Gesetzbuchs bleibt unberührt.

(3) § 3 Abs. 2 gilt entsprechend. § 1 Abs. 1 Satz 2 Nr. 2 findet keine Anwendung.

1 Die Vorschrift normiert für **Berufsbetreuer** jeweils höhere Stundensätze der Vergütung als nach § 3 für Berufsvormünder vorgesehen (Ausnahmen hiervon s. § 6). Auch für Berufsbetreuer sind die Stundensätze gestaffelt: 27,00 Euro pro Stunde als Grundbetrag, 33,50 Euro bei nutzbaren Kenntnissen durch abgeschlossene Lehre (hierzu § 3 Rn 5 ff.) und 44,00 Euro bei nutzbaren Kenntnissen durch eine abgeschlossene Hochschulausbildung (hierzu § 3 Rn 8 ff.). Im Gegensatz zu den Stundensätzen nach § 3 wird aber eine ggf. anfallende **Umsatzsteuer** nicht zusätzlich vergütet, sondern ist mit den Sätzen nach Abs. 1 abgegolten (Abs. 2 Satz 1). Der Betreuer muss also eine von ihm abzuführende Umsatzsteuer aus diesen Vergütungssätzen bestreiten. Andererseits ist bei einem nicht umsatzsteuerpflichtigen Berufsbetreuer auch die Umsatzsteuer nicht aus den Stundensätzen herauszurechnen (OLG München BtPrax 2006, 149; OLG Stuttgart FGPrax 2007, 131 a.A. LG Passau BeckRS 2008, 25975). Abgegolten werden außerdem alle entstandenen Aufwendungen, so dass neben der Vergütung nach § 4 ein **Aufwendungsersatzanspruch** nach § 1835 BGB nicht mehr geltend gemacht wer-

den kann. Dies gilt auch für Kosten eines Dolmetschers (OLG Schleswig BtPrax 2009, 85; OLG Frankfurt FamRZ 2009, 1008; LG Düsseldorf FamRZ 2007, 2108). Die Einbeziehung der Aufwendungen für die Betreuung und der Umsatzsteuer in die Stundensätze ist verfassungsrechtlich nicht zu beanstanden (BVerfG BtPrax 2009, 181; OLG Celle BtPrax 2008, 171). Eine Ausnahme gilt nach Abs. 2 Satz 2 für die Aufwendungen im Sinne des § 1835 Abs. 3 BGB, also den Aufwendungen für Berufsdienste des Betreuers (hierzu § 1835 Rn 15). Diese können gesondert geltend gemacht werden (heirzu auch BGH BtPrax 2010, 32).

§ 3 Abs. 2 gilt nach Abs. 3 Satz 1 entsprechend. Die Regelung über die Anwendung **nutzbarer Kenntnisse** des Betreuers auf die einzelne Betreuung entspricht daher derjenigen des Berufsvormundes (§ 3 Rn 12). Dagegen ist auf Berufsbetreuer die Regelung des § 1 Abs. 1 Satz 2 Nr. 2 nicht anwendbar (Abs. 3 Satz 2). Voraussetzung für die Anerkennung als Berufsbetreuer ist daher nicht, dass dieser mindestens 20 Wochenstunden als Betreuer tätig ist. Wenn die Voraussetzungen des § 1 Abs. 1 Satz 2 Nr. 1 (mehr als 10 Betreuungen) erfüllt sind, kommen bei den nach § 5 zu berücksichtigenden Stundenansätzen ohnehin mehr als 20 Wochenstunden als vergütungsfähige Tätigkeit zustande (hierzu § 1 Rn 3). 2

§ 5 Stundenansatz des Betreuers

(1) **Der dem Betreuer zu vergütende Zeitaufwand ist**
1. **in den ersten drei Monaten der Betreuung mit fünfeinhalb,**
2. **im vierten bis sechsten Monat mit viereinhalb,**
3. **im siebten bis zwölften Monat mit vier,**
4. **danach mit zweieinhalb Stunden im Monat anzusetzen.**

Hat der Betreute seinen gewöhnlichen Aufenthalt nicht in einem Heim, beträgt der Stundenansatz
1. **in den ersten drei Monaten der Betreuung achteinhalb,**
2. **im vierten bis sechsten Monat sieben,**
3. **im siebten bis zwölften Monat sechs,**
4. **danach viereinhalb Stunden im Monat.**

(2) **Ist der Betreute mittellos, beträgt der Stundenansatz**
1. **in den ersten drei Monaten der Betreuung viereinhalb,**
2. **im vierten bis sechsten Monat dreieinhalb,**
3. **im siebten bis zwölften Monat drei,**
4. **danach zwei Stunden im Monat.**

Hat der mittellose Betreute seinen gewöhnlichen Aufenthalt nicht in einem Heim, beträgt der Stundenansatz
1. **in den ersten drei Monaten der Betreuung sieben,**
2. **im vierten bis sechsten Monat fünfeinhalb,**
3. **im siebten bis zwölften Monat fünf,**
4. **danach dreieinhalb Stunden im Monat.**

(3) **Heime im Sinne dieser Vorschrift sind Einrichtungen, die dem Zweck dienen, Volljährige aufzunehmen, ihnen Wohnraum zu überlassen sowie tatsächliche Betreuung und Verpflegung zur Verfügung zu stellen oder vorzuhalten, und die in ihrem Bestand von Wechsel und Zahl der Bewohner unabhängig sind und entgeltlich betrieben werden. § 1 Abs. 2 des Heimgesetzes gilt entsprechend.**

(4) **Für die Berechnung der Monate nach den Absätzen 1 und 2 gelten § 187 Abs. 1 und § 188 Abs. 2 erste Alternative des Bürgerlichen Gesetzbuchs entsprechend. Ändern sich Umstände, die sich auf die Vergütung auswirken, vor Ablauf eines vollen Monats, so ist der Stundenansatz zeitanteilig nach Tagen zu berechnen; § 187 Abs. 1 und § 188 Abs. 1 des Bürgerlichen Gesetzbuchs gelten entsprechend. Die sich dabei ergebenden Stundenansätze sind auf volle Zehntel aufzurunden.**

(5) **Findet ein Wechsel von einem beruflichen zu einem ehrenamtlichen Betreuer statt, sind dem beruflichen Betreuer der Monat, in den der Wechsel fällt, und der Folgemonat mit dem vollen Zeitaufwand nach den Absätzen 1 und 2 zu vergüten. Dies gilt auch dann, wenn zunächst neben dem beruflichen Betreuer ein ehrenamtlicher Betreuer bestellt war und dieser die Betreuung allein fortführt. Absatz 4 Satz 2 und 3 ist nicht anwendbar.**

Übersicht

	Rn.
1. Pauschaler Stundenansatz	1
2. Mittellose/nicht-mittellose Betreute	3
3. Dauer der Betreuung	5
4. Heimaufenthalt	9
5. Wechsel zu einem ehrenamtlichen Betreuer	14

1. Pauschaler Stundenansatz

1 Die Vorschrift normiert eine **Stundenanzahl,** die bei dem zu vergütenden Zeitaufwand des Berufsbetreuers in Ansatz zu bringen ist. Die für die einzelne Betreuung zu leistende Vergütung bemisst sich aus dem Produkt des Stundenansatzes nach § 5 mit dem Stundensatz, der sich aus § 4 ergibt. Die Festsetzung eines festen Stundenansatzes dient vor allem der Verwaltungsvereinfachung. Die vom Betreuer abzurechnende und vom Vormundschaftsgericht zu bewilligende Vergütung wird weitgehend pauschaliert. Der Betreuer muss keinen konkreten Zeitaufwand für die jeweilige Betreuung mehr belegen, das Vormundschaftsgericht braucht den Zeitaufwand nicht mehr zu kontrollieren, sondern nur noch den sich aus § 5 ergebenen Zeitansatz mit dem Stundensatz zu multiplizieren. Von diesem System der Pauschalvergütung gibt es keine Ausnahme (OLG Schleswig BtPrax 2006, 75). Die Regelung in § 3 Abs. 3 ist auch nicht analog auf Berufsbetreuer anwendbar (OLG Celle BtPrax 2008, 171). Die Pauschalierung gilt auch, wenn für einen Betreuten mehrere Berufsbetreuer mit unterschiedlichen Aufgabenkreisen bestellt sind. In diesem Fall kann jeder von ihnen die volle Vergütung verlangen (OLG Hamm BtPrax 2007, 90). Dies gilt auch für einen Ergänzungsbetreuer (LG Kleve FamRZ 2009, 151).

2 Der Stundenansatz nach § 5 besagt nichts darüber, wieviel Zeit der Betreuer tatsächlich für die einzelne Betreuung aufwenden muss. Dies ergibt sich vielmehr aus seinen Pflichten als Betreuer (hierzu im einzelnen § 1901 Rn 2 ff.). Der konkrete Zeitaufwand kann daher bei "einfachen" Betreuungen niedriger sein, als in § 5 vorgegeben. Er kann aber im Einzelfall auch deutlich höher sein. Es liegt in der Natur der Sache, dass bei einer weitgehenden **Pauschalierung** vom Einzelfall abstrahiert wird. Der Betreuer darf in keinem Falle die Tätigkeit für einen einzelnen Betreuten deshalb einstellen oder reduzieren, weil in einem

Monat bereits der Stundenansatz des § 5 erreicht ist. Zur ordnungsgemäßen Wahrnehmung seiner Aufgaben bleibt er auch dann verpflichtet. Gegen die Pauschalvergütung kann allerdings nicht mit Erfolg eingewandt werden, der Betreuer habe in einem Monat gar keine Tätigkeit entfaltet (OLG München BtPrax 2007, 129; OLG Schleswig BtPrax 2007, 133; so auch BGH BtPrax 2008, 207, 209).

2. Mittellose/nicht-mittellose Betreute

Der Stundenansatz ist gestaffelt nach der **Dauer der Betreuung** und differenziert 3 danach, ob der Betreute in einem Heim wohnt oder nicht und ob er mittellos ist oder nicht. Abs. 1 bestimmt die gestaffelten Stundenansätze für nicht mittellose Betreute, Abs. 2 diejenigen für mittellose Betreute. Die Mittellosigkeit beurteilt sich nach § 1836 d BGB (s. Kommentierung dort). Während für die Frage, ob wegen Mittellosigkeit ein Ersatz der Vergütung aus der Staatskasse verlangt werden kann, der Zeitpunkt der letzten Tatsacheninstanz maßgeblich ist (§ 1836d Rn 5), ist für die Frage der Vergütungshöhe auf den jeweiligen Abrechnungszeitraum (§ 9) abzustellen (OLG Frankfurt BtPrax 2008, 175; OLG Brandenburg BeckRS 2008, 00290; OLG Hamburg FGPrax 2008, 154; OLG Hamm BeckRS 2009, 05433). Der Zeitansatz für nicht-mittellose Betreute, aus deren Einkommen und/oder Vermögen die Betreuervergütung gezahlt wird, liegt durchweg ein bis anderthalb Stunden über demjenigen für mittellose Betreute, bei denen die Vergütung aus der Staatskasse gezahlt wird. Dabei ist fraglich, ob der Aufwand eines Betreuers für mittellose Betreute tatsächlich generell niedriger liegt, als bei nicht-mittellosen Betreuten. Zwar ist für mittellose Betreute generell keine **Vermögensverwaltung** zu veranschlagen. Andererseits kann gerade die Beantragung und Durchsetzung von Sozialleistungen zur Sicherstellung des Lebensunterhalts (Rente, Sozialhilfe, Grundsicherung etc.), die bei nicht-mittellosen Betreuten nicht anfällt, deutlich zeitaufwendiger sein.

Deshalb ist zumindest fraglich, ob hinsichtlich des generellen **Zeitaufwandes** 4 ein Unterschied zwischen mittellosen und nicht-mittellosen Betreuten tatsächlich festzustellen ist und die gesetzliche Regelung rechtfertigt. Eigentlicher Zweck der gesetzlichen Regelung ist ein Entgegenkommen des Gesetzgebers gegenüber den Interessen der Berufsbetreuer, die neben den vergleichsweise geringen Vergütungen für mittellose Betreute höhere Vergütungsansprüche gegen bemittelte Betreute erhalten sollten (Knittel § 5 VBVG Anm. 7). Da sich der bemittelte Betreute gegen die Höhe der Vergütung, die das Gesetz nach abstrakten Gesichtspunkten festsetzt, nicht zur Wehr setzen kann, bleibt fraglich, ob bei einer solchen „Zwangsvergütung" von Gesetzes wegen auch noch verlangt werden kann, dass er mehr aus seinem privaten Vermögen aufwenden muss, als die Staatskasse für mittellose Betreute einzusetzen bereit ist.

3. Dauer der Betreuung

Im ersten Jahr einer Betreuung ist der berücksichtigungsfähige Zeitansatz jeweils 5 gestaffelt. Im ersten **Vierteljahr** (die ersten drei Monate) ist der Zeitansatz am höchsten, sinkt im zweiten Vierteljahr (vierter bis sechster Monat) ab und reduziert sich danach für ein weiteres halbes Jahr (siebter bis zwölfter Monat) um schließlich nach einem Jahr den geringsten und danach nicht mehr veränderten

Zeitansatz zu erreichen. Dies entspricht auch dem Abrechnungszeitraum nach § 9 (s. dort). Die in Abs. 1 und 2 festgelegten Zeitansätze ergeben folgende Tabelle:

Zeitansatz für Betreuung	Nicht-mittelloser Betreuer		Mitteloser Betreuer	
	Im Heim	Nicht im Heim	Im Heim	Nicht im Heim
1. Vierteljahr	5,5 Stunden	8,5 Stunden	4,5 Stunden	7 Stunden
2. Vierteljahr	4,5 Stunden	7 Stunden	3,5 Stunden	5,5 Stunden
2. Halbjahr	4 Stunden	6 Stunden	3 Stunden	5 Stunden
Danach	2,5 Stunden	4,5 Stunden	2 Stunden	3,5 Stunden

6 Nach weit überwiegender Auffassung in der Rechtsprechung ist für die Höhe der Stundenansätze die erstmalige Bestellung eines Betreuers maßgeblich. Ein nachfolgender Betreuer muss daher die vorangegangene Zeit der Betreuung gegen sich gelten lassen. Das gilt auch, wenn zunächst ein ehrenamtlicher Betreuer bestellt war. Denn das Gesetz knüpft an die Dauer der Betreuung an, nicht an die Zeit der Bestellung des einzelnen Betreuers (OLG München BtPrax 2006, 73; OLG Frankfurt BtPrax 2007, 136; OLG Karlsruhe BeckRS 2006, 06565; OLG Stuttgart FGPrax 2007, 131). Zu Beginn einer Betreuung sind in der Regel (zeit-)aufwendige Angelegenheiten zu regeln, die dann später – auch bei einem Betreuerwechsel – nicht mehr anfallen. Deshalb handelt es sich auch bei der Bestellung eines neuen Betreuers nach dem Tod des bisherigen nicht um eine Erstbetreuung, jedenfalls wenn dazwischen nicht mehr als drei Monate liegen (OLG München BtPrax 2006, 73). Schließt sich die Bestellung des Betreuers nahtlos an eine vorläufige Betreuerbestellung an, liegt ebenfalls keine Erstbestellung vor. Etwas anderes gilt allerdings bei einem langen zeitlichen Abstand, z.B. von neun Monaten (OLG Zweibrücken BtPrax 2006, 115), teilweise wird auch vertreten, dass hierfür zweieinhalb Monate ausreichen sollen (OLG Karlsruhe BtPrax 2007, 183), andererseits sollen aber sechs Monate Zwischenzeit jedenfalls dann nicht ausreichen, wenn der Betreuer zwischen der vorläufigen und der endgültigen Bestellung weiterhin tätig ist (OLG München BtPrax 2006, 182). Umstritten ist allerdings die Frage, ob bei Entlassung des ursprünglichen Betreuers wegen mangelnder Eignung oder Überforderung die nachfolgende Bestellung eines Berufsbetreuers als Erstbestellung anzusehen ist (so LG Kiel BtPrax 2006, 77; LG Wiesbaden BtPrax 2006, 115) oder nicht (so OLG Schleswig BtPrax 2006, 73; OLG Frankfurt FamRZ 2007, 1272; OLG Brandenburg BeckRS 2008, 09696). Zweck der Pauschalierung ist die Vereinfachung und Streitvermeidung. Deshalb kommen Ausnahmen generell nicht in Betracht. Steht allerdings fest, dass der vorangegangene Betreuer wegen seiner Unfähigkeit praktisch keine Tätigkeit entwickelt hat, kann der nach Entlassung neu bestellte Berufsbetreuer Vergütung nach den Grundsätzen der Erstbetreuung verlangen. Das gleiche gilt, wenn wegen Pflichtwidrigkeit des ursprünglichen Betreuers Regressansprüche in erheblichem Umfange im Raum stehen, die vom neuen Betreuer geltend gemacht werden müssen (OLG Zweibrücken FamRZ 2006, 1060). In diesem Falle sind durch die Tätigkeit des ursprünglichen Betreuers neue Aufgaben erwachsen, die vorher gar nicht zu erledigen waren.

§ 5 VBVG

Für die **Berechnung** der für den Zeitansatz maßgeblichen Monate, während 7
der eine Betreuung bereits besteht, gelten § 187 Abs. 1 und § 188 Abs. 2 erste
Alternative BGB entsprechend (Abs. 4 Satz 1). Danach zählt der Tag der Bestellung des Betreuers, der die Frist in Gang setzt, nicht mit (§ 187 Abs. 1), vielmehr ist der Tag danach der erste Tag der Vierteljahres-Frist. Der **Ablauf** der Frist fällt auf den Tag, der „durch seine Benennung oder seine Zahl dem Tage entspricht, in den das Ereignis" fällt, das den Fristbeginn begründet (§ 188 Abs. 2 BGB). *Beispiel: wird der Betreuer am 25. 6. eines Jahres bestellt, so endet die Vierteljahresfrist am 25. 9. dieses Jahres.* Für diesen Zeitraum kann der Betreuer den jeweils vorgesehenen höchsten Zeitansatz zugrundelegen.

Ändern sich **Umstände**, die sich auf die Vergütung auswirken, vor Ablauf eines 8
vollen Monats, so ist der Stundenansatz zeitanteilig nach **Tagen** zu berechnen
(Abs. 4 S. 2). Als solche Umstände kommen z. B. in Betracht der Tod des Betreuten, die Aufhebung der Betreuerbestellung z. B. durch das Rechtsmittelgericht, der Umzug des Betreuten in ein Heim oder aus einem Heim in eine anderweitige Wohnform oder der Eintritt der Mittellosigkeit. Der vergütungsfähige Zeitraum endet mit der **Zustellung** des Aufhebungsbeschlusses (OLG Dresden BtPrax 2006, 117) oder mit dem **Tod** des Betreuten (OLG Köln FGPrax 2006, 163). In beiden Fällen sind Abwicklungsarbeiten wie Schlussbericht, Vermögensaufstellung und Vermögensherausgabe mit der pauschalen Vergütung für den gesamten Vergütungszeitraum abgegolten (OLG Dresden a.a.O.; LG Duisburg BtPrax 2006, 117; OLG München BtPrax 2006, 233; a.A. LG Wuppertal FamRZ 2006, 1063). Nur für den Fall, dass die Betreuung über den Tod des Betreuten hinaus nach § 1698a oder b BGB kurzfristig fortgesetzt werden muss, kann hierfür auch eine Vergütung verlangt werden. Umstritten ist für diesen Fall allerdings, ob auch für den postmortalen Betreuungszeitraum die (anteilige) Pauschalvergütung nach § 5 verlangt werden kann (so LG Stendal BtPrax 2006, 234) oder ob in diesem Fall nach konkretem Aufwand vergütet wird (OLG München BtPrax 2006, 233). Die erste Auffassung ist vorzuziehen. Wäre der Betreute nicht verstorben und die Betreuung fortgeführt worden, hätte für die dann zu erledigenden Tätigkeiten auch nur eine Pauschalvergütung verlangt werden können.

Beispiel:
Der Betreuer wird am 14. 7. 2008 für einen nicht-mittellosen Betreuten, der in der eigenen Wohnung lebt, bestellt. Am 21. 8. 2008 erfolgt die Verlegung in ein Heim, wo der Betroffene am 5. 10. 2008 verstirbt. Der Zeitansatz beträgt für die Zeit vom 15. 7. bis 18. 8. 2008 8,5 Stunden pro Monat, danach 5,5 Stunden. Am 15. 8. endete der erste volle Monat, so dass der Betreuer hierfür 8,5 Stunden berechnen kann. Für die folgenden 6 Tage bis zum 21. 8. 2005 werden 6 : 30 × 8,5 Stunden = 1,7 Stunden vergütet. Der volle Monat wird nach § 191 BGB mit 30 Tagen angesetzt. Der nachfolgende Monat bis zum 21. 9. 2008 wird mit einem Stundenansatz von 5,5 Stunden vergütet. Die dann folgenden 14 Tage bis zum Tod des Betroffenen ergeben 14 : 30 × 5,5 Stunden = 2,5666 Stunden. Da die sich rechnerisch ergebenden Stundenansätze auf volle Zehntel aufgerundet werden (Abs. 4 Satz 3), kommen hierbei also 2,6 Stunden heraus.

Für die gesamte Zeit der Betreuung kann der Betreuer daher 8,5 + 1,7 + 5,5 + 2,6 = 18,3 Stunden vergütet verlangen. Handelt es sich um einen Berufsbetreuer mit Hochschulabschluss, wären dies dann 18,3 × 44,00 = 805,20 Euro Gesamtvergütung.

VBVG § 5 Abschnitt 3. Sondervorschriften für Betreuer

4. Heimaufenthalt

9 Hat der Betreute seinen gewöhnlichen Aufenthalt in einem **Heim**, liegen die Stundenansätze niedriger, als bei Betreuten, die nicht im Heim leben. Maßgeblich ist dabei der Heimaufenthalt und nicht die Frage, ob daneben noch eine Wohnung des Betreuten besteht (LG Arnsberg BtPrax 2006, 115). Andererseits ist nicht der Zeitpunkt einer Wohnungsauflösung, sondern die Aufnahme ins Heim entscheidend (LG Mönchengladbach BeckRS 2006, 07093). Abs. 3 definiert, welche Einrichtungen als „Heime" im Sinne der Absätze 1 und 2 gelten. Die Einrichtung muss dem Zweck dienen, Volljährige aufzunehmen, ihnen Wohnraum zu überlassen sowie tatsächliche Betreuung und Verpflegung zur Verfügung zu stellen. Die Sicherung von Betreuung und Verpflegung durch den Heimträger führt typischerweise zu einer Entlastung des Betreuers, so dass hier ein geringerer Stundenansatz gerechtfertigt ist. Ein Gebäude, in dem die Heimbewohner wohnen, ist also ebenso zwingende Voraussetzung für die Annahme eines Heimes, wie die Dienstleistung, die in diesen Räumen den Bewohnern erbracht wird. Neben der Verpflegung gehört hierzu auch die tatsächliche **Betreuung**. Hierzu gehört jede fürsorgende Zuwendung, unabhängig davon, ob eine bestimmte Tätigkeit von der helfenden Person übernommen wird oder der Heimbewohner dabei unterstützt wird, diese selbst wahrzunehmen. In Betracht kommen alle Verrichtungen der Körperpflege, der Behandlungspflege, täglich wiederkehrenden Verrichtungen wie Aufstehen, Zubettgehen, tägliche Bewegung in und um das Gebäude herum etc. Die notwendige Verpflegung gehört ebenfalls zwingend zu den Dienstleistungen im Heim, unabhängig davon, ob den Heimbewohnern Speisen und Getränke zum Selbstverzehr zur Verfügung gestellt werden, oder ob die Bewohner auch bei der Nahrungsaufnahme unterstützt werden müssen (z. B. durch Füttern). „Verpflegung zur Verfügung stellen" bedeutet, sämtliche Hauptmahlzeiten müssen angeboten werden. Die Möglichkeit der Verpflegung in einer Kantine reicht nicht aus (OLG Schleswig BtPrax 2006, 115).

10 Weiterhin muss die Einrichtung in ihrem **Bestand** von Zahl und Wechsel der Bewohner unabhängig sein. Die Zimmer bzw. Betten in der Einrichtung werden also vorgehalten für wechselnde Bewohner nach dem Grundsatz: das Wohnen folgt der Dienstleistung, während bei einer ambulanten Hilfe die Dienstleistung dem Wohnen folgt, z. B. in der eigenen Wohnung des Betroffenen erbracht wird. Schließlich muss das Heim entgeltlich betrieben werden. Das ist unabhängig davon, ob der Betroffene den Heimplatz selbst bezahlt oder für ihn ein Sozialleistungsträger ganz oder teilweise eintritt. Der Abschluss eines Mietvertrages für Wohnraum, bei dem der Vermieter durch Verträge mit Dritten oder auf andere Weise sicherstellt, dass den Mietern Betreuung und Verpflegung angeboten werden, begründet noch nicht automatisch eine Anwendung der Heimvorschriften (Abs. 3 Satz 2 i. V. m. § 1 Abs. 2 HeimG), jedenfalls dann, wenn bei einem Wohnstättenvertrag die Bewohner nicht verpflichtet sind, diese Leistungen auch in Anspruch zu nehmen (LG Hildesheim FamRZ 2006, 500 LS). Das gleiche gilt, wenn die Mieter vertraglich verpflichtet sind, allgemeine Betreuungsleistungen von bestimmten Anbietern anzunehmen und das Entgelt hierfür im Verhältnis zur Miete von **untergeordneter Bedeutung** ist. Eine untergeordnete Bedeutung liegt allerdings nicht mehr vor, wenn die Kosten hierfür erheblich über 20 % der Miete liegen (LG Bautzen BtPrax 2006, 115).

Stundenansatz des Betreuers § 5 VBVG

In der Praxis ergeben sich eine Reihe von Problemen bei der Zuordnung 11
unterschiedlicher Einrichtungen, die v.a. daraus resultieren, dass alle Merkmale
eines Heimes erfüllt sein müssen. Dabei gilt der Grundsatz, dass möglichst klare
Kriterien und möglichst wenig Auslegungsmöglichkeiten gelten sollen (OLG
Schleswig BtPrax 2006, 115). Wohnen in einer **Pflegefamilie** ist grunsätzlich
keine Heimunterbringung (so aber OLG Oldenburg FamRZ 2006, 1710), sondern nur dann, wenn die Pflegefamilie von einem Heimträger in seine Gesamtorganisation einbezogen ist (z.B. als Teil der Gesamtorganisation einer diakonischen
Einrichtung, OLG Stuttgart FamRZ 2008, 443) , aber nicht, wenn sie lediglich
von einem ambulanten Dienst angeleitet wird (BGH BtPrax 2008, 36; so auch
schon OLG Stuttgart BtPrax 2008, 36).

Betreutes Wohnen in einer Wohngruppe ist grundsätzlich keine Heimunterbringung (OLG Brandenburg BtPrax 2009, 125; LG Koblenz BeckRS 2008,
160020). Dies gilt auch dann, wenn Betreuungspersonal ca. zwei Stunden
wöchentlich zur Verfügung steht (so aber AG Westerburg FamRZ 2008, 1375).
Dieser geringe Betreuungsumfang ist nicht mit demjenigen in einem Heim vergleichbar und mindert daher nicht im vergleichbaren Umfang den Aufwand für
einen Betreuer. Andererseits ist das Wohnen in einer **Außenwohngruppe** eines
Heimes, in der Betreuungs- und Verpflegungsleistungen vorgehalten werden (LG
Duisburg BtPrax 2007, 266), ebenso als Heimunterbringung einzustufen wie eine
Wohnung in einem **Wohnpark** mit einem Vertrag über Grundleistungen und
Pflegeleistungen (OLG München BtPrax 2006, 107). Aber wohl nicht ein **Wohnstift**, in dem neben Grundleistungen und Mittagessen auch Betreuung bei vorübergehender Krankheit und umfangreiche Angebote zur Tagesstrukturierung vorgehalten werden (so aber LG Dortmund BeckRS 2007, 02622). Hier sind die
Betreuungsleistungen nicht so intensiv, wie typischerweise in einem Heim. Ein
Hospiz ist wegen der umfassenden Betreuung grundsätzlich als Heim einzustufen
(OLG Köln FamRZ 2007, 1044; LG Heilbronn FamRZ 2007, 2009). Fraglich
könnte hier allenfalls sein, ob es sich um den gewöhnlichen Aufenthalt des Betreuten handelt (hierzu Rn 13).

Auch ein **psychiatrisches Krankenhaus** (Bezirkskrankenhaus, Landeskran- 12
kenhaus etc.), in dem der Betreute ggf. auch zwangsweise untergebracht ist, entspricht einem Heim im Sinne des Gesetzes. Dies gilt jedenfalls, wenn der Betreute
sich länger und ununterbrochen dort aufhält, auch aufgrund eines Unterbringungsbefehls nach § 126a StPO (OLG Köln BtPrax BeckRS 2006, 09779) oder
aufgrund einer strafrechtlichen Verurteilung zum **Maßregelvollzug** (OLG Rostock FamRZ 2007, 1916). Fraglich kann im Einzelfall allerdings sein, ob der
Betreute dort seinen gewöhnlichen Aufenthalt hat (hierzu Rn 13). Auch eine
Justizvollzugsanstalt entspricht einem Heim, obwohl dort üblicherweise keine
Betreuungsleistungen erbracht werden (LG Traunstein BtPrax 2006, 115). Dies
gilt jedenfalls für die Strafhaft über einen längeren Zeitraum (OLG München
BtPrax 2006, 183), aber nicht für die Untersuchungshaft (OLG München, BtPrax
2007,257), weil diese grundsätzlich als vorübergehener Aufenthalt von unbestimmter Dauer angelegt ist. Dies gilt auch dann, wenn der Betreute keinen
anderen Lebensmittelpunkt hat oder der Betreute später wegen der Tat, für die
er in Untersuchungshaft saß, zu Strafhaft verurteilt wird (OLG München a.a.O.).
Für die Zeit der Untersuchungshaft ist in jedem Falle der Stundenansatz außerhalb
eines Heimes maßgeblich.

Der Betreute muss in der als Heim einzustufenden Einrichtung seinen gewöhn- 13
lichen Aufenthalt haben. Zur Beurteilung kann § 30 Abs. 3 S. 2 SGB I herangezo-

VBVG § 5 Abschnitt 3. Sondervorschriften für Betreuer

gen werden (so LG Traunstein BtPrax 2006, 115). Danach hat jemand dort seinen gewöhnlichen Aufenthalt, „wo er sich unter Umständen aufhält, die erkennen lassen, dass er an diesem Ort ... nicht nur vorübergehend verweilt". Es kommt also auf einen tatsächlichen Aufenthalt von längerer Dauer an, etwa bei Unterbringung in einem psychiatrischen Krankenhaus für 12 Monate (LG Koblenz BtPrax 2007, 268), ggf. schon für sechs Monate (LG Koblenz FamRZ 2006, 501), einer Unterbringung aufgrund Unterbringungsbefehls nach § 126a für neun Monate (OLG Köln BeckRS 2006, 09779) und überhaupt eine nicht nur vorübergehende Unterbringung (LG Regensburg FamRZ 2006, 1062), nicht jedoch ein lediglich viermonatiger und tageweise unterbrochener Aufenthalt in einer geschlossenen Abteilung (LG Koblenz FamRZ 2006, 501). Generell wird davon auszugehen sein, dass in der Einrichtung oder Anstalt ein gewöhnlicher Aufenthalt begründet wird, wenn dort der Daseinsmittelpunkt liegt (OLG München BtPrax 2006, 182 für ein Bezirkskrankenhaus) und kein anderer Daseinsmittelpunkt mit Rückkehrmöglichkeit außerhalb der Einrichtung mehr besteht (OLG München BtPrax 2006, 183 für eine JVA).

5. Wechsel zu einem ehrenamtlichen Betreuer

14   Der Berufsbetreuer kann eine Vergütung nach Abs. 5 auch im Falle eines **Betreuerwechsels** zu einem ehrenamtlichen Betreuer noch für eine gewisse Zeit verlangen. Damit soll die Verpflichtung des Berufsbetreuers, nach Möglichkeit auf die Übernahme der Betreuung durch einen ehrenamtlichen Betreuer hinzuwirken (§ 1897 Abs. 6 Satz 2), unterstützt werden. Der Berufsbetreuer kann trotz Beendigung seiner Betreuertätigkeit noch für den laufenden Monat, in den der Wechsel fällt, und für den Folgemonat eine Vergütung nach den Absätzen 1 und 2 verlangen.

Beispiel:
Am 3. 7. 2008 wird ein Berufsbetreuer bestellt für einen mittellosen Betroffenen, der in der eigenen Wohnung wohnt. Er kann erreichen, dass zum 15. 1. 2009 ein Sohn des Betroffenen die Betreuung übernimmt, nachdem der Betreuer die Rentenangelegenheiten des Betroffenen geregelt und einen ambulanten Pflegedienst organisiert hat. Der Berufsbetreuer kann daher für den noch bis zum 3. 2. 2009 laufenden Betreuungsmonat und dann bis zum 3. 3. 2009 noch eine Vergütung verlangen, in diesem Fall nach einem Stundenansatz von jeweils fünf Stunden pro Monat.

15   Diese Regelung gilt auch dann, wenn neben dem Berufsbetreuer ein **ehrenamtlicher Betreuer** tätig war, der dann die Betreuung allein fortführt (Abs. 5 Satz 2), nicht aber, wenn der bisherige Berufsbetreuer abgelöst wird durch einen ehrenamtlichen Betreuer und einen anderen Berufsbetreuer (AG Kassel BtPrax 2006, 117). Sie gilt aber, wenn der zunächst berufsmäßig tätige Betreuer die Betreuung selbst ehrenamtlich weiterführt (OLG Hamm FamRZ 2008, 92), der Berufsbetreuer lediglich im Wege der einstweiligen Anordnung bestellt war (LG Bad Kreuznach FamRZ 2009, 2118) und auch, wenn der Wechsel erst im Beschwerdeverfahren gegen die Bestellung des Betreuers erfolgt (OLG Frankfurt FamZ 2008, 1562). Zur Bestellung mehrerer Betreuer s. § 1899 BGB. Bei der Berechnung der nachwirkenden Vergütung des Berufsbetreuers sind Abs. 4 Satz 2 und 3, die die Berechnung bei einem Wechsel von vergütungsbedeutsamen Umständen regeln (Rn 8), nicht anwendbar. Dies kann nur bedeuten, dass der Stundenansatz zugrunde zu legen ist, der zum Zeitpunkt des Betreuerwechsels gilt. Zwischenzeitlich eintretende Änderungen (z. B. wegfallende Mittellosigkeit, Unterbringung in einem Heim etc.) führen zu keinen Änderungen. Berücksichtigt

werden müssen allerdings die Zeitabschnitte nach Abs. 1 und 2. Fällt die nachwirkende Vergütung in einen Zeitwechsel, der einen geringeren Zeitansatz bedeutet, muss der hierauf entfallende Monat auch nach diesem Zeitansatz vergütet werden. Der reine Zeitablauf gehört nämlich nicht zu den in Abs. 4 Satz 2 gemeinten vergütungsbedeutsamen Umständen, weil er nicht „vor Ablauf eines vollen Monats" liegen kann.

§ 6 Sonderfälle der Betreuung

In den Fällen des § 1899 Abs. 2 und 4 des Bürgerlichen Gesetzbuchs erhält der Betreuer eine Vergütung nach § 1 Abs. 2 in Verbindung mit § 3; für seine Aufwendungen kann er Vorschuss und Ersatz nach § 1835 des Bürgerlichen Gesetzbuchs mit Ausnahme der Aufwendungen im Sinne von § 1835 Abs. 2 des Bürgerlichen Gesetzbuchs beanspruchen. Ist im Falle des § 1899 Abs. 4 des Bürgerlichen Gesetzbuchs die Verhinderung tatsächlicher Art, sind die Vergütung und der Aufwendungsersatz nach § 4 in Verbindung mit § 5 zu bewilligen und nach Tagen zu teilen; § 5 Abs. 4 Satz 3 sowie § 187 Abs. 1 und § 188 Abs. 1 des Bürgerlichen Gesetzbuchs gelten entsprechend.

Die Vorschrift regelt die Vergütung für zwei „Sonderfälle" der Betreuung, 1
nämlich den **besonderen Betreuer** für die Entscheidung über eine Sterilisation nach § 1905 BGB (§ 1899 BGB Rn 4) und den **Verhinderungsbetreuer** (§ 1899 BGB Rn 5). Beide erhalten auch dann, wenn sie Berufsbetreuer sind, keine Vergütung nach §§ 4 und 5, sondern eine Vergütung in Höhe der Stundensätze für Berufsvormünder nach § 3. Konsequenterweise können sie daneben aber Ersatz ihrer Aufwendungen nach § 1835 BGB beanspruchen. Nicht ersetzt verlangen können sie allerdings die Aufwendungen für eine angemessene Versicherung nach § 1835 Abs. 2 BGB. Die Regelung gilt nicht für einen **Ergänzungsbetreuer** (LG Kleve FamRZ 2008, 1562). Ein Verhinderungsbetreuer liegt übrigens nicht vor, wenn ein weiterer Betreuer bestellt wird, (so richtig Bienwald in der Anmerkung gegen die anderweitige Entscheidung des OLG Celle FamRZ 2008, 1213) weil der andere Betreuer generell aus Rechtsgründen gehindert ist, bestimmte Aufgaben für den Betreuten zu erledigen. Richtig betrachtet haben dann beide Betreuer unterschiedliche Aufgabenkreise.

Eine **Ausnahme von der Ausnahme** regelt Satz 2. Danach kann der Verhin- 2
derungsbetreuer nach § 1899 Abs. 4 eine Vergütung nach den Grundsätzen der §§ 4 und 5 – also für einen Berufsbetreuer statt für einen Berufsvormund – verlangen, wenn die Verhinderung des vorrangig bestellten Betreuers tatsächlicher Art ist (hierzu § 1899 Rn 5). Dann ist die Vergütung nach Tagen zu teilen. Es müssen also genau die Tage berechnet werden, in denen der Verhinderungsbetreuer wegen der tatsächlichen Verhinderung des anderen Betreuers für die Führung der Betreuung „zuständig" war. Hierfür gelten § 5 Abs. 4 Satz 3 und §§ 187 Abs. 1, 188 Abs. 1 BGB entsprechend (zur Berechnung s. § 5 Rn 7).

§ 7 Vergütung und Aufwendungsersatz für Betreuungsvereine

(1) Ist ein Vereinsbetreuer bestellt, so ist dem Verein eine Vergütung und Aufwendungsersatz nach § 1 Abs. 2 in Verbindung mit den §§ 4 und

VBVG § 7   Abschnitt 3. Sondervorschriften für Betreuer

5 zu bewilligen. § 1 Abs. 1 sowie § 1835 Abs. 3 des Bürgerlichen Gesetzbuchs finden keine Anwendung.

(2) § 6 gilt entsprechend; der Verein kann im Fall von § 6 Satz 1 Vorschuss und Ersatz der Aufwendungen nach § 1835 Abs. 1, 1 a und 4 des Bürgerlichen Gesetzbuchs verlangen. § 1835 Abs. 5 Satz 2 des Bürgerlichen Gesetzbuchs gilt entsprechend.

(3) Der Vereinsbetreuer selbst kann keine Vergütung und keinen Aufwendungsersatz nach diesem Gesetz oder nach den §§ 1835 bis 1836 des Bürgerlichen Gesetzbuchs geltend machen.

1. Entstehungsgeschichte

1   Die Vorschrift entspricht dem § 1908 e BGB in der Fassung des Bundesratsentwurfs zum 2. BtÄndG (BT-Drucksache 15/2494). Sie ist lediglich auf das neue System des Vormünder- und Betreuervergütungsgesetzes umgearbeitet. Sie übernimmt sinngemäß den § 1908 e BGB a. F. Rechtsprechung und Literatur hierzu kann also weitgehend weiterverwendet werden.

2   Vor 1992 waren Ansprüche des Vereins auf Aufwendungsersatz und Vergütung für einen hauptamtlichen Mitarbeiter nicht vorgesehen, da dessen Bestellung nicht gesetzlich geregelt war. Vereine hatten also keine Vergütung für die Einzelfalltätigkeit erhalten und mussten ihr Personal über Zuwendungen und Spenden finanzieren. Der Bundesrat wollte es bei mittellosen Betreuten bei dieser Rechtslage belassen (BT-Drucks. 11/4528 S. 210), so dass nur Ansprüche gegen nicht mittellose Betreute, nicht aber gegen die Staatskasse entstehen sollten.

3   Das Modell der **organisierten Einzelbetreuung**, das hinter den Vorschriften der §§ 1897, 1900 steht, bedarf einer ausreichend zuverlässigen finanziellen Stütze, so dass konsequenterweise der einzelne Vereinsbetreuer beim Entstehen seiner Ansprüche auch bei mittellosen Betreuten wie der freiberufliche Betreuer behandelt wird. Im übrigen haben die Vereine einen Anspruch auf angemessene Regelung der Vergütung ihrer Mitarbeiter aus Art. 12 Abs. 1 GG, wenn der Staat sich ihrer zur Erfüllung der staatlichen Fürsorgeaufgabe bedient (vgl. BVerfG BtPrax 2002, 35 f.). Die Besserstellung der Vereine, die sich aus dem Inklusivstundensatz des § 4 VBVG ergibt, kommt diesen Anforderungen nach.

2. Anwendungsbereich

4   Die Vorschrift regelt die **Ansprüche der anerkannten Betreuungsvereine** auf Vergütung und Aufwendungsersatz für die Tätigkeiten, die ein hauptamtlicher Vereinsbetreuer im Rahmen einer Einzelfallbetreuung entwickelt. Ansprüche stehen nur dem Verein, nicht dem Vereinsbetreuer zu (Abs. 3). Die Vorschrift gilt auch für die Tätigkeit des Vereinsbetreuers als Gegenbetreuer (§ 1908 i Abs. 1, S. 1 i. V. m. §§ 1792, 1799). Dies gilt sowohl für den Aufwendungsersatz als auch für die Vergütung. Für Verfahrenspflegschaften eines Vereinsmitarbeiters regelt § 277 Abs. 4 Satz 1 FamFG speziell den Anspruch des Vereins als Anstellungsträger. Ein Vergütungsanspruch des Vereins ist selbst dann gegeben, wenn ein Vereinsmitarbeiter vom Gericht bestellt worden ist, obwohl dem Verein die Anerkennung als Betreuungsverein fehlt; im Vergütungsverfahren sind die Voraussetzungen der Bestellung nicht nochmals zu überprüfen (KG BtPrax 2006, 118). Die Vorschrift

ist nicht entgegen dem Wortlaut gemeinsam mit § 1836 Abs. 3 BGB, § 67a Abs. 4 Satz 1 FGG entsprechend anzuwenden, um eine Vergütung des Vereins als bestellter Institution zu begründen (a.A. LG Ansbach, Beschluss vom 25. 2. 2009, 4 T 107/09, Sozialrecht 2009, 119).

3. Vergütung nach Absatz 1

Bei der Bestellung eines Vereinsbetreuers ist die Feststellung der Berufsmäßigkeit der Vergütung nach § 1 Abs. 1 VBVG nicht zu treffen: Der **Vereinsbetreuer** wird **immer berufsmäßig** tätig, der Verein hat immer einen Anspruch auf Bezahlung (Abs. 1 Satz 2). Ist ein Vereinsbetreuer bestellt, so kann der Verein eine Vergütung nach § 1836 Abs. 1 S. 2 u. 3 i. V. m. § 1 Abs. 2 VBVG verlangen (vgl. hierzu § 1). 5

Die **Höhe des Stundensatzes** ist in § 4 VBVG geregelt und von der Qualifikation des Mitarbeiters abhängig (hierzu § 4 Rn 2). Die **in Rechnung zu stellende Zeit** hängt davon ab, ob der Betreute mittellos im Sinne des § 1836 d BGB ist: Ist er es, richtet sich der Stundenansatz nach § 5 Abs. 2 VBVG, ist er „vermögend", nach § 5 Abs. 1 VBVG (Einzelheiten dort). **Abschlagszahlungen** können nicht verlangt werden, wohl aber vierteljährliche Zahlungen, § 9 Abs. 1 VBVG.

Die Streitigkeiten zum alten Recht zwischen BayObLG (FamRZ 1995, 692) und OLG Frankfurt (BtPrax 1995, 183) einerseits und OLG Düsseldorf andererseits (Vorlagebeschluss BtPrax 1997, S. 165 ff.; BGH FGPrax 2000, 225), inwieweit Sachkosten allgemeiner Art bei einem Betreuungsverein in die Stundensatzkalkulation einzubeziehen sind, spielen nunmehr ebenso wenig eine Rolle, wie die Frage, ob Personalkosten für Hilfskräfte des Vereinsbetreuers für zulässigerweise delegierte Bürotätigkeiten als gesonderte Aufwendungen erstattungsfähig sind (OLG Bremen BtPrax 2000, 88; a. A. BayObLG BtPrax 2001, 125: Vorlage an BGH). 6

4. Aufwendungsersatz nach Absatz 1

Anders als vor dem 1. 7. 2005 ist **kein** gesonderter Aufwendungsersatz möglich. Der Inklusivstundensatz enthält auch die Aufwendungen nach § 4 Abs. 2 Satz 1 VBVG. Ein Vereinsbetreuer hat auch keinen Anspruch auf Ersatz der Aufwendungen für berufliche oder gewerbliche Dienste nach § 1835 Abs. 3 BGB. Abs. 1 Satz 2 schließt dies ausdrücklich aus. Dies ist nur konsequent, da die beruflichen Dienste des Vereinsbetreuers eben gerade in der rechtlichen Vertretung und nicht in pädagogischen oder sonstigen Leistungen bestehen. 7

5. Sonderfälle nach Absatz 2

Für den Ausnahmefall, dass ein Vereinsmitarbeiter zum **besonderen Betreuer** für die Entscheidung über eine Sterilisation nach § 1899 Abs. 2 BGB bestellt wird, sieht Abs. 2 eine **besondere Vergütungsregelung** vor. Durch den Verweis auf § 6 ist sichergestellt, dass die Vergütungshöhe nach § 3 VBVG bestimmt wird, ein Anspruch auf Ersatz der konkreten Aufwendungen nach § 1835 BGB entsteht und die aufgewendete Zeit nach den tatsächlichen Erfordernissen und nicht nach Pauschalen berechnet wird. Der Verein kann **auch einen Anspruch auf Vor-** 8

VBVG § 8 Abschnitt 3. Sondervorschriften für Betreuer

schuss aus der Staatskasse für zu erwartende Aufwendungen bei der Arbeit des einzelnen Vereinsbetreuers geltend machen. Das gleiche gilt, wenn der Vereinsmitarbeiter zum zweiten Betreuer nach § 1899 Abs. 4 BGB bestellt wird, wenn die Verhinderung des anderen Betreuers auf rechtlichen Gründen beruht, § 7 Abs. 2 i. V. m. § 6 Satz 1 VBVG.

Anders ist die Lage, wenn ein Vereinsmitarbeiter nach § 1899 Abs. 4 BGB zum Ersatzbetreuer wegen tatsächlicher Verhinderung z. B. wegen Urlaub oder Krankheit eines Kollegen bestellt ist. Dann findet nach § 6 Satz 2 VBVG eine Teilung der Vergütung für die Zeiten entsprechend der geleisteten Dienste statt. So ist dem Verein auch dann die Vergütung für den vollen Zeitraum zuzubilligen, wenn der eigentliche Betreuer verstorben ist und dessen Verhinderungsbetreuer statt seiner die Aufgaben erfüllt (OLG Frankfurt BtPrax 2008, 227: nach Treu und Glauben, § 242 BGB). Das Gericht ist vom Tod des Betreuers sofort zu unterrichten.

9 **Nicht verlangen** kann der Verein Aufwendungsersatz für eine angemessene **Haftpflicht- und Vermögensschadenshaftpflichtversicherung** seiner hauptamtlichen Mitarbeiter sowie Aus- und Fortbildungskosten und **allgemeine Verwaltungskosten.** Dies ergibt sich aus der fehlenden Verweisung auf § 1835 Abs. 2 u. 3 und die ausdrückliche Bezugnahme auf § 1835 Abs. 5 Satz 2 BGB.

6. Ansprüche des Vereinsbetreuers, Absatz 3

10 Nach Abs. 3 stehen dem Vereinsbetreuer selbst **keine Rechte auf Aufwendungsersatz, Vergütung** und Aufwandsentschädigung nach §§ 1835–1836 BGB zu. Er ist Angestellter oder in einem sonstigen Dienstleistungsverhältnis mit dem Verein verbunden, er erhält auf Grund dieser arbeitsvertraglichen oder dienstvertraglichen Regelung sein Gehalt bzw. seine Vergütung vom Verein, so dass kein Raum für Eigenansprüche gegen den Betreuten oder die Staatskasse ist. Ist der Vereinsbetreuer außerhalb seiner Angestelltentätigkeit als Privatperson in einem Einzelfall bestellt, stehen ihm persönlich insoweit natürlich die Ansprüche zu, die jeder andere Betreuer hätte.

§ 8 Vergütung und Aufwendungsersatz für Behördenbetreuer

(1) **Ist ein Behördenbetreuer bestellt, so kann der zuständigen Behörde eine Vergütung nach § 1836 Abs. 2 des Bürgerlichen Gesetzbuchs bewilligt werden, soweit der Umfang oder die Schwierigkeit der Betreuungsgeschäfte dies rechtfertigen. Dies gilt nur, soweit eine Inanspruchnahme des Betreuten nach § 1836 c des Bürgerlichen Gesetzbuchs zulässig ist.**

(2) **Unabhängig von den Voraussetzungen nach Absatz 1 Satz 1 kann die Betreuungsbehörde Aufwendungsersatz nach § 1835 Abs. 1 Satz 1 und 2 in Verbindung mit Abs. 5 Satz 2 des Bürgerlichen Gesetzbuchs verlangen, soweit eine Inanspruchnahme des Betreuten nach § 1836 c des Bürgerlichen Gesetzbuchs zulässig ist.**

(3) **Für den Behördenbetreuer selbst gilt § 7 Abs. 3 entsprechend.**

(4) **§ 2 ist nicht anwendbar.**

1. Anwendungsbereich

Die Vorschrift übernimmt sinngemäß den bisherigen § 1908 h BGB. Sie ist 1
lediglich auf das neue System des Vormünder- und Betreuervergütungsgesetzes umgearbeitet. Rechtsprechung und Literatur hierzu kann also weitgehend weiterverwendet werden.

§ 8 VBVG enthält Sondervorschriften für den zum Behördenbetreuer bestellten **Mitarbeiter der Betreuungsbehörde,** § 1897 Abs. 2 S. 2 BGB. Sie knüpfen an die Regelungen für die Behörde an und geben zusätzlich bei der Bestellung eines einzelnen Mitarbeiters bei vermögenden Betreuten einen Anspruch auf Vergütung nach Ermessen (§ 1836 Abs. 2 BGB). Damit ist für Betreuungsbehörden ein Anreiz gegeben, in ihrer Vorschlagpraxis gegenüber den Gerichten (vgl. § 8 BtBG Rn 8 ff.) anstelle der Institution den einzelnen Mitarbeiter zu benennen, um so der Zielsetzung des organisierten Einzelbetreuers näher zu kommen.

2. Vergütung, Absatz 1

Vor Inkrafttreten des BtG am 1. 1. 1992 bestand für die Behörde kein Anspruch 2
auf Vergütung. Bei Bestellung eines Behördenbetreuers gibt Abs. 1 der Behörde einen **Vergütungsanspruch** gegen den **vermögenden Betreuten.** Ein Anspruch der als Institution bestellten Behörde ist gem. §§ 1908 i, 1836 Abs. 4 BGB ausgeschlossen. Ein Anspruch gegen die Staatskasse bei Mittellosigkeit des Betreuten ist – im Gegensatz zu der Regelung bei Betreuungsvereinen (§ 7 Abs. 1 VBVG) – nicht gegeben, Satz 2 i. V. m. § 1836 c BGB.

Die **Höhe der Vergütung** richtet sich gem. Abs. 1 Satz 1 nach dem Umfang 3
und der Schwierigkeit der Tätigkeit (vgl. näher § 1836 Rn 7 ff.). In der Praxis wurde früher oft ein Prozentsatz des Betreuungsvermögens als Vergütungshöhe bewilligt, jetzt hat sich die am Zeitaufwand und einem Stundensatz orientierte Bemessung durchgesetzt. Im Vordringen ist die Auffassung, die Höhe der Vergütung des Behördenbetreuers sei zu begrenzen auf den Betrag, den ein sonstiger berufsmäßig tätiger Betreuer beanspruchen könnte (LG Kassel Beschluss vom 10. 7. 2009, Az. 3 T 783/09 – n. v.).

3. Aufwendungsersatz, Absatz 2

Nach Abs. 2 kann die Behörde auch dann bei einem vermögenden Betreuten 4
Aufwendungsersatz (§ 670) verlangen, wenn nicht sie selbst (dann hat sie einen Aufwendungsersatzanspruch nach §§ 1908 i, 1835 Abs. 1), sondern ein Behördenbetreuer bestellt ist, selbst wenn es sich nicht um besonders umfangreiche und schwierige Tätigkeiten handelt. Durch den Wortlaut ist klargestellt, dass die Behörde keinen Anspruch auf **Vorschuss** hat.

Die Verweisung auf § 1835 Abs. 5 Satz 2 BGB stellt weiter klar, dass kein 5
Anspruch auf Ersatz **allgemeiner Verwaltungskosten** z. B. wie etwaiger Kosten für eine Haftpflicht- oder Vermögensschadenshaftpflichtversicherung des Mitarbeiters besteht.

4. Ansprüche des Behördenbetreuers, Absatz 3

6 Abs. 3 schließt durch den Verweis auf die entsprechende Regelung bei den Vereinsbetreuern eigene Ansprüche des Behördenmitarbeiters gegen den Betreuten aus. Da der Behördenbetreuer mit der zuständigen Behörde in einem Dienst- oder Arbeitsverhältnis steht, aus dem er sein Gehalt bezieht, hat er selbst keine Ansprüche gegen den Betreuten. Auch ein Anspruch auf pauschale Aufwandsentschädigung nach § 1835 a BGB ist ausgeschlossen. Der Behörde selbst steht ein solcher Anspruch ebenfalls nicht zu, § 1908 i i. V. m. § 1835 a Abs. 5 BGB.

5. Erlöschen der Ansprüche, Absatz 4

7 Nach § 2 VBVG erlöschen Vergütungsansprüche 15 Monaten nach ihrer Entstehung, wenn sie nicht geltend gemacht werden. Die Ansprüche der Behörde werden von dieser kurzen Frist ausgenommen. Sie unterliegenden den allgemeinen Verjährungsregelungen der §§ 194 ff. BGB.

§ 9 Abrechnungszeitraum für die Betreuungsvergütung

Die Vergütung kann nach Ablauf von jeweils drei Monaten für diesen Zeitraum geltend gemacht werden. Dies gilt nicht für die Geltendmachung von Vergütung und Aufwendungsersatz in den Fällen des § 6.

1 Die Vergütung des Berufsbetreuers nach §§ 4 und 5 kann jeweils in Drei-Monats-Zeiträumen geltend gemacht werden, also erstmals drei Monate nach Bestellung als Betreuer und danach alle weitere drei Monate. Geltendmachung und die Regelung in § 9 führen aber noch nicht zur Fälligkeit der Vergütung, so dass auch noch keine Verzinsungspflicht eintreten kann (OLG Rostock FamRZ 2007, 1690). Wenn der Berufsbetreuer am 25. 7. 2009 bestellt wurde, kann er erstmals am 25. 10. 2009 für die davor liegenden drei Monate seiner Tätigkeit die Vergütung geltend machen. Solange die Betreuung andauert, kann der Berufsbetreuer jeweils wieder nach drei Monaten eine Auszahlung der ihm zustehenden Vergütung verlangen. Endet die Betreuung vor Ablauf dieser Frist (z. B. durch Tod des Betreuten, Entlassung des Betreuers o. ä.), kann die Vergütung gleichwohl erst nach Ablauf der Drei-Monats-Frist verlangt werden. Die Vorschrift sieht keine Ausnahmen vor. Bewilligt wird die Vergütung dann nur für denjenigen Teil der drei Monate, für den der Betreuer auch eine Vergütung verlangen kann. Der Abrechnungszeitraum gilt nicht für die Sonderfälle der Betreuung nach § 6 (s. dort).

2 In jedem Falle ist die Regelung über das Erlöschen der Ansprüche nach § 2 zu berücksichtigen. Der Berufsbetreuer kann frühestens nach Ablauf von drei Monaten eine Vergütung geltend machen. Er muss sie allerdings spätestens 15 Monate nach **Entstehung** geltend machen. Ansonsten erlischt der Vergütungsanspruch (§ 2 Rn 1).

3 Ist die erstmalige Bestellung vor dem 1. 1. 1992 bzw. dem 1. 7. 2005 erfolgt, beginnt der Abrechnungszeitraum jeweils mit diesem Tag (OLG München BtPrax 2008, 174; LG Göttingen FamRZ 2009, 458). Diese schematische Vereinfachung erleichtert in der Praxis die Anwendung, da so vermieden wird, bei Streitigkeiten über den genauen Tag des Beginns mitunter etliche Aktenbände für Centbeträge durchzusehen. Sie entspricht den Zielsetzungen der Vereinfachung der Abrechnungen durch das 2. BtÄndG.

§ 10 Mitteilung an die Betreuungsbehörde

(1) **Wer Betreuungen entgeltlich führt, hat der Betreuungsbehörde, in deren Bezirk er seinen Sitz oder Wohnsitz hat, kalenderjährlich mitzuteilen**
1. **die Zahl der von ihm im Kalenderjahr geführten Betreuungen aufgeschlüsselt nach Betreuten in einem Heim oder außerhalb eines Heims und**
2. **den von ihm für die Führung von Betreuungen im Kalenderjahr erhaltenen Geldbetrag.**

(2) **Die Mitteilung erfolgt jeweils bis spätestens 31. März für den Schluss des vorangegangenen Kalenderjahrs. Die Betreuungsbehörde kann verlangen, dass der Betreuer die Richtigkeit der Mitteilung an Eides Statt versichert.**

(3) **Die Betreuungsbehörde ist berechtigt und auf Verlangen des Betreuungsgerichts verpflichtet, dem Betreuungsgericht diese Mitteilung zu übermitteln.**

1. Entstehungsgeschichte

Die Vorschrift entspricht dem § 1908 k BGB in der Fassung des Bundesratsentwurfs zum 2. BtÄndG (BT-Drucksache 15/2494) und ergänzt ihn um die Verpflichtung, Angaben zum Aufenthaltsort des Betroffenen zu machen. Sie ist auf das System des Vormünder- und Betreuervergütungsgesetzes umgearbeitet. Sie übernimmt Teile des mit dem BtÄndG zum 1. 1. 1999 eingefügten § 1908 k BGB a. F. Rechtsprechung und Literatur hierzu kann z. T. weiterverwendet werden. 1

2. Anwendungsbereich

Diese Vorschrift sieht für alle, auch nebenberuflich tätige, bezahlte Betreuer **Mitteilungspflichten** vor, ursprünglich, um die Abrechnungsehrlichkeit zu fördern (BT-Drucks. 13/10 331 S. 28; vgl. die grundsätzlichen und kritischen Anmerkungen zum Normzweck bei Walther BtPrax 2000, 6). Sie gilt nicht für ehrenamtliche Betreuer, die wegen der Schwierigkeiten und ihres besonderen Aufwands ausnahmsweise eine Vergütung nach § 1836 Abs. 2 BGB vom vermögenden Betreuten erhalten. Sie gilt auch nicht für Vormünder, Pfleger und Verfahrenspfleger, so dass z. B. bei Rechtsanwälten, die sowohl Betreuungen führen als auch **Verfahrenspflegschaften** übernehmen, nur der Betreuungsteil meldepflichtig ist. Unabhängig von den Aufgabenkreisen gilt sie hingegen für Mit- oder Gegenbetreuer, Sterilisationsbetreuer usw. (Bienwald § 1908 k BGB Rn 9). 2

Als zweifelhaft wurde die Meldepflicht für **Vereinsbetreuer** angesehen (vgl. Walther in HK-BUR Rn 8). Die Begründung (BT-Drucks. 13/10 331, S. 43) und der Normzweck sprechen jedoch für eine Einbeziehung der Vereinsbetreuer (im Ergebnis auch Bienwald a.a.O. Rn 6), wobei die Mitteilungspflicht allerdings 3

VBVG § 10 Abschnitt 3. Sondervorschriften für Betreuer

den Verein trifft, da nur dieser über die notwendigen Unterlagen verfügt. Vom Wortlaut her gilt sie auch für **Behördenbetreuer**, die ausschließlich oder teilweise als Einzelbetreuer nach § 1897 Abs. 2 BGB bestellt worden sind. Da die Bestellung nur mit Einverständnis der Behörde zulässig ist und wegen der Zielrichtung der Norm, nämlich der Abrechnungsehrlichkeit zu dienen sowie Grundlagen für Aussagen über professionelle Betreuer zu gewinnen, sind Behördenbetreuer nicht meldepflichtig (Bienwald a.a.O. Rn 7).

4   Wird im Verlaufe eines Jahres die Betreuertätigkeit aufgegeben, entfällt die Meldepflicht, da Daten für die künftige Arbeit über den Betreuer nicht mehr benötigt werden. Wird die Tätigkeit neu aufgenommen, ist zum 31. März des Folgejahres über den anteiligen Zeitraum zu berichten. Scheidet ein Vereinsbetreuer aus dem Verein aus und arbeitet nunmehr freiberuflich, hat er vollständig zu berichten (Bienwald a.a.O. Rn 10).

3. Mitteilungsempfänger

5   Die Mitteilungen sind an die **örtliche Betreuungsbehörde** zu richten, in deren Bezirk der Betreuer seinen (Geschäfts-)Sitz hat, mangels eines solchen seinen Wohnsitz. Bei Vereinsbetreuern ist dies immer der Sitz des Vereins, bei Tätigkeiten von Vereinen über Bezirksgrenzen hinaus ist darauf abzustellen, bei welcher Niederlassung der Mitarbeiter beschäftigt ist, gegebenenfalls mit seinem Schwerpunkt. Nicht abzustellen ist auf die nach § 3 BtBG geregelte Behördenzuständigkeit für die Betreuung.

4. Inhalt der Mitteilungen

6   **Nr. 1:** Die **Zahl der von ihm im Kalenderjahr geführten Betreuungen** beinhaltet die Summe der am Jahresende laufenden und im Verlaufe des Meldejahres beendeten Betreuungen. Entscheidend ist der Tag der Beendigung, also z. B. Tod des Betreuten, Zugang des Aufhebungsbeschlusses, nicht die Beendigung der tatsächlichen Arbeit des Betreuers durch nachfolgende Berichte und Abrechnungen (Bienwald a.a.O. Rn 9).

7   Neu ist die Aufschlüsselung nach Aufenthaltsort des Betreuten durch das 2. BtÄndG eingefügt worden. Durch die gesetzlich festgelegten Stundenansätze nach § 5 VBVG ist das wesentliche Unterscheidungsmerkmal bei der Höhe des geltend zu machenden Zeitaufwands der Aufenthaltsort. Dieser ist ein Indikator für den Aufwand des Betreuers. Um bei neuen Betreuervorschlägen die Belastungssituation des Betreuers einschätzen zu können, benötigt die Betreuungsbehörde diese Angaben. Es sind also nur zwei Zahlen zu melden, nämlich die der Heim- und die der sonstigen Betreuungen, keine Aufstellung von Aktenzeichen, Gerichten, Daten über Beginn und Ende. Die Frage, ob der Betreute im Heim ist, ist nach dem Heimbegriff des § 5 Abs. 3 VBVG zu entscheiden. Dabei ist die Einstufung durch das Gericht zugrunde zu legen. Wechselt im Verlaufe eines Jahres der Aufenthalt des Betreuten, sollte als maßgeblicher Zeitpunkt der 31. 12. genommen werden und nicht der überwiegende Zeitraum, da sich aus diesem am besten die aktuelle Belastungssituation des Betreuers abschätzen lässt.

8   **Nr. 2:** Der **im Kalenderjahr für die Führung von Betreuungen erhaltene Geldbetrag** sind sämtliche Zahlungen aus der Staatskasse oder aus dem Vermögen von Betreuten für den Betreuer. Dabei ist auf den Zeitpunkt der Zahlung abzustel-

len, nicht darauf, wann eine Betreuung abgerechnet worden ist. Da die Daten aus Nr. 1 (Zahl der Betreuungen) und Nr. 2 (erhaltene Geldbeträge) nicht miteinander korrespondieren müssen, was insbesondere bei verzögerten Abrechnungen durch überlastete Gerichte in der Praxis nicht selten vorkommt, ist für die Behörde und das Gericht die für die Eignung des Betreuers aussagekräftige Zahl die der Betreuungen.

5. Durchführung, Absatz 2

Die **Mitteilung** hat **schriftlich** bis zum **31. März** eines Jahres für das Vorjahr 9
zu erfolgen, Abs. 2. Kommt ein Betreuer seiner Verpflichtung nicht nach, ist umstritten, ob die Betreuungsbehörde **Sanktionsmöglichkeiten** hat. Teilweise wird dies verneint (vgl. Walther/Klie a.a.O. Rn 33 m. w. N.), teilweise wird die Androhung und Anordnung eines Zwangsgeldes durch das Vormundschaftsgericht nach § 33 FGG für möglich gehalten (vgl. Zimmermann FamRZ 1999, 630, 637), teilweise wird die Vollstreckung nach den Verwaltungsverfahrens- und -vollstreckungsgesetzen der Länder für möglich gehalten oder hierfür noch ausdrücklich eine landesrechtliche Bestimmung verlangt (vgl. Knittel Rn 8); in Bayern und Mecklenburg-Vorpommern ist eine entsprechende Ermächtigung in das Landesrecht zum BtG eingestellt worden. Da die Vorschrift trotz ihres Standortes eine öffentlich-rechtliche Regelung darstellt, ist auch in den Ländern, in denen keine ausdrückliche landesrechtliche Regelung Verwaltungszwang zulässt, eine Aufforderung an den Betreuer bzw. Verein, seinen Mitteilungspflichten nachzukommen, ein Verwaltungsakt, der nach den allgemeinen Verwaltungszwangsvorschriften mit Zwangsgeld durchsetzbar ist (vgl. zum früheren § 1908k BGB VG Lüneburg BtPrax 2001, 262; OVG Lüneburg BtPrax 2005, 193). Der Betreuer kann gegen die Aufforderung der Behörde, seiner Mitteilungspflicht (in einer bestimmten Weise) nachzukommen, Widerspruch einlegen, da es sich um einen Verwaltungsakt handelt.

Fraglich ist, ob eine Nichtbefolgung der Mitteilungspflicht den Schluss zulässt, 10
dass der Betreuer ungeeignet ist zum Führen von Betreuungen (Bienwald a.a.O. Rn 15; vgl. auch § 1908b Rn 3). Ist sie Ausdruck von Kooperationsunwilligkeit oder gar -unfähigkeit, so dürfte dieser Schluss zulässig sein. Ohne Hinzutreten weiterer Umstände ist dies aber zweifelhaft.

Die Betreuungsbehörde kann verlangen, dass der Betreuer die Richtigkeit seiner 11
Angaben an Eides Statt versichert, Abs. 2 Satz 2. Bienwald empfiehlt, dieses immer zu tun (Bienwald a.a.O. Rn 21). Wird die Versicherung an Eides Statt **fahrlässig** oder **vorsätzlich** falsch abgegeben, hat dies strafrechtliche Konsequenzen, §§ 156, 163 StGB.

6. Datenübermittlung, Absatz 3

Die örtliche Betreuungsbehörde hat die Daten für die Beurteilung eines Bedarf 12
für weitere Betreuer und für andere Planungen zu verwenden. Bei Ungereimtheiten darf und bei Gefährdung des Wohls von Betreuten muss sie – im Rahmen der Abwägung nach § 7 Abs. 1 BtBG – die Daten dem Vormundschaftsgericht übermitteln. Zur Beurteilung der Geeignetheit und der Frage der Berufsmäßigkeit eines Betreuers hat die Behörde auf Verlangen des Gerichts die Daten, die sie nach Abs. 1 erhalten hat, weiterzuleiten. Vervollständigt wird im Verfahren auf

VBVG § 11 Abschnitt 3. Sondervorschriften für Betreuer

Bestellung eines Betreuers die Datenlage für das Gericht durch die Mitteilung des Umfangs der berufsmäßig geführten Betreuungen durch die Behörde nach § 8 Satz 4 BtBG.

Abschnitt 4. Schlussvorschriften

§ 11 Umschulung und Fortbildung von Berufsvormündern

(1) Durch Landesrecht kann bestimmt werden, dass es einer abgeschlossenen Lehre im Sinne des § 3 Abs. 1 Satz 2 Nr. 1 und § 4 Abs. 1 Satz 2 Nr. 1 gleichsteht, wenn der Vormund oder Betreuer besondere Kenntnisse im Sinne dieser Vorschrift durch eine dem Abschluss einer Lehre vergleichbare Prüfung vor einer staatlichen oder staatlich anerkannten Stelle nachgewiesen hat. Zu einer solchen Prüfung darf nur zugelassen werden, wer
1. mindestens drei Jahre lang Vormundschaften oder Betreuungen berufsmäßig geführt und
2. an einer Umschulung oder Fortbildung teilgenommen hat, die besondere Kenntnisse im Sinne des § 3 Abs. 1 Satz 2 und § 4 Abs. 1 Satz 2 vermittelt, welche nach Art und Umfang den durch eine abgeschlossene Lehre vermittelten vergleichbar sind.

(2) Durch Landesrecht kann bestimmt werden, dass es einer abgeschlossenen Ausbildung an einer Hochschule im Sinne des § 3 Abs. 1 Satz 2 Nr. 2 und § 4 Abs. 1 Satz 2 Nr. 2 gleichsteht, wenn der Vormund oder Betreuer Kenntnisse im Sinne dieser Vorschrift durch eine Prüfung vor einer staatlichen oder staatlich anerkannten Stelle nachgewiesen hat. Zu einer solchen Prüfung darf nur zugelassen werden, wer
1. mindestens fünf Jahre lang Vormundschaften oder Betreuungen berufsmäßig geführt und
2. an einer Umschulung oder Fortbildung teilgenommen hat, die besondere Kenntnisse im Sinne des § 3 Abs. 1 Satz 2 und § 4 Abs. 1 Satz 2 vermittelt, welche nach Art und Umfang den durch eine abgeschlossene Ausbildung an einer Hochschule vermittelten vergleichbar sind.

(3) Das Landesrecht kann weitergehende Zulassungsvoraussetzungen aufstellen. Es regelt das Nähere über die an eine Umschulung oder Fortbildung im Sinne des Absatzes 1 Satz 2 Nr. 2, Absatzes 2 Satz 2 Nr. 2 zu stellenden Anforderungen, über Art und Umfang der zu erbringenden Prüfungsleistungen, über das Prüfungsverfahren und über die Zuständigkeiten. Das Landesrecht kann auch bestimmen, dass eine in einem anderen Land abgelegte Prüfung im Sinne dieser Vorschrift anerkannt wird.

1. Entstehungsgeschichte

1 Die Vorschrift entspricht wörtlich dem § 2 BVormVG, der durch das BtÄndG ab 1. 7. 1998 den Ländern einen Übergang zum damals neuen Vergütungsrecht ermöglichte, das am 1. 1. 1999 in Kraft trat. Die Vorschrift ist lediglich auf das neue System des Vormünder- und Betreuervergütungsgesetzes umgearbeitet worden durch Bezugnahmen auf die neuen Paragraphen. Eine Verschärfung der

Regelung dahingehend, dass nur Betreuer, die die Anforderungen bereits vor 1998 erfüllt haben, die Möglichkeit der Nachschulung und Prüfung erhalten sollen, ist erst kurz vor der Beschlussfassung im Rechtsausschuss gestrichen worden. Rechtsprechung und Literatur zu § 2 BVormVG können also verwendet werden. Eine formale Änderung der bestehenden Landesgesetze ist nicht erforderlich.

2. Ermächtigung zu landesrechtlichen Regelungen

Die neuen Länder hatten sich im Gesetzgebungsverfahren zum BtÄndG 1998 dafür ausgesprochen, die starren Regelungen des neuen Vergütungssystems aufzulockern, da befürchtet wurde, dass viele berufliche Betreuer, vor allem Mitarbeiter von Betreuungsvereinen, die formalen Abschlüsse für höhere Vergütungsstufen nicht erfüllen, obwohl sie in langjähriger praktischer Arbeit auch schwierige Betreuungen bewältigt hatten. Die Vorschrift ermöglichte es den Landesgesetzgebern, für erfahrene, langjährig tätige Betreuer eine Nachqualifizierung und eine anschließende Prüfung einzuführen. Ihnen sollte aus Gründen des Vertrauensschutzes ein Übergang in das starre System ermöglicht werden.   2

Bundesgesetzlich sind in Absatz 1 und Absatz 2 folgende Mindestanforderungen an die Gleichstellung von allgemeinen Lehr- und Hochschulabschlüssen und Nachschulungen und Prüfungen nach § 11 aufgestellt: 3
- drei- bzw. fünfjährige Berufspraxis als Betreuer,
- Nachschulung und staatliche Prüfung, die einem Lehr- bzw. Hochschulabschluss vergleichbar ist.

Nach Absatz 3 können landesrechtlich weitere Voraussetzungen gefordert werden. Eine sinnvolle landesrechtliche Ergänzung wäre, eine berufliche Tätigkeit bereits vor dem 1. 1. 1997 zu verlangen, da zu diesem Zeitpunkt absehbar war, wie das neue Vergütungssystem gestaltet sein würde, nachdem am 21. 11. 1996 der Regierungsentwurf des BtÄndG beschlossen worden war. Dies würde unterstreichen, dass die Nachqualifizierung und Prüfung nicht für Neueinsteiger gedacht ist, die in Kenntnis des neuen Systems über einen Hochschulabschluss „light" höhere Vergütungen erzielen wollen.   4

Nachdem bis in das Jahr 2000 die neuen Länder und Bayern Regelungen geschaffen hatten, legten Berufsbetreuer aus anderen Ländern Verfassungsbeschwerde ein, da auch sie zur Erhaltung ihrer wirtschaftlichen Existenz in ihrem Land eine Fortbildungs- und Prüfungschance begehrten. Das Bundesverfassungsgericht hat zwar die Verfassungsbeschwerde aus formalen Gründen nicht zur Entscheidung angenommen, in den Gründen aber deutlich gemacht, dass alle Länder die Möglichkeit einer Nachqualifizierung einräumen müssten (BtPrax 2000, 212). Bis auf Bremen und Saarland erließen alle Länder Regelungen, zehn Länder z. T. ausführliche Fortbildungs- und Prüfungsregelungen, vier zumindest aber die Anerkennung von Prüfungen anderer Länder (Hessen, Niedersachsen, Rheinland-Pfalz, Schleswig-Holstein).   5

In den Prüfungsordnungen wird mit kleinen Abweichungen im Wesentlichen folgender, von den Landesjustizverwaltungen verabredeter **Katalog von Kenntnissen und Fähigkeiten** verlangt: 6
1. Grundzüge des Betreuungsrechts
   a) Historische Entwicklung
   b) Gesetzliche Grundlagen im BGB

c) Recht des Betreuungsverfahrens
2. Grundzüge der Gesundheitssorge
   a) Psychische Erkrankungen, Demenzerkrankungen, geistige Behinderungen, Suchterkrankungen: Erscheinungsbild, Verlauf, Therapie
   b) Sicherstellung der Heilbehandlung, Zwangsbehandlung
   c) Einwilligung in risikoreiche Heilbehandlungen (§ 1904 BGB)
3. Grundzüge der Aufenthaltsbestimmung
   a) Wohnungsangelegenheiten
   b) Heimangelegenheiten
   c) Zivil- und öffentlich-rechtliche Unterbringung und unterbringungsähnliche Maßnahmen
4. Grundzüge der Vermögenssorge
   a) Wirtschaftliche Aspekte der Vermögenssorge, insbesondere Vermögensanlage und -verwaltung; Schuldenregulierung
   b) Geschäftsfähigkeit und Einwilligungsvorbehalt
   c) Vertragsrecht
   d) Mietrecht
   e) Erbrecht
   f) Sozialleistungs- und Versorgungsrecht, insbesondere Leistungen der Renten-, Pflege- und Krankenversicherung; Schwerbehindertenrecht; Sozialhilferecht
   g) Unterhaltsrecht
   h) Genehmigungsbedürftige Rechtsgeschäfte
5. Berufsrecht und Organisation
   a) Datenschutz
   b) Haftung
   c) Bericht und Rechnungslegung
   d) Vergütung und Auslagenersatz
   e) Arbeits- und Büroorganisation
6. Handlungskompetenzen
   a) Konzepte der Beratung und Betreuung
   b) Krisenintervention
   c) Gesprächsführung
   d) Betreuungsplanung
   e) Supervision/Fallbesprechung.

7 Für die Dauer der Fortbildung, die berufsbegleitend stattfinden soll, werden Stundenzahlen von 350 bis 500 für die hochschulgleichen Abschlüsse genannt, bei lehrgleichen Abschlüssen meist 200 Stunden. Durchweg ist eine Anrechnung bereits vorher durchgeführter, gleichwertiger Fortbildungen möglich (zu Kontaktstudiengängen: Fesel BtPrax 1999, S. 186; Evang. FH Freiburg BtPrax 1999, S. 66; Bienwald BtPrax 2000, S. 155). Inzwischen sind die Fortbildungen und Prüfungen in den Ländern vollständig abgeschlossen.

Gesetz über die Wahrnehmung behördlicher Aufgaben bei der Betreuung Volljähriger (Betreuungsbehördengesetz – BtBG)

Vorbemerkung

1. Rechtslage vor dem 1. 1. 1992

Bis zum Inkrafttreten des **KJHG** am 1. 1. 1991 waren die behördlichen Zuständigkeiten und Aufgaben im **Gesetz für Jugendwohlfahrt** (JWG) geregelt. Für Volljährige bestimmte der § 54 a JWG die Anwendbarkeit u. a. folgender Vorschriften:
- § 45: Bestellung des Jugendamts nur, wenn eine geeignete Einzelperson nicht vorhanden ist
- § 47: Pflicht zum Vorschlag einer geeigneten Einzelperson als Pfleger/Vormund, Anzeigepflicht bei Notwendigkeit einer Pfleger-/Vormundsbestellung
- § 47 a: Überwachungspflicht bei Personensorge, Anzeigepflicht bei Vermögensgefährdung
- § 47 b: Pflicht des Vormundschaftsgerichts zur Mitteilung von Vormundschaften/Pflegschaften an das Jugendamt, Pflicht des Vormunds/Pflegers zur Mitteilung von Aufenthaltswechsel
- § 47 d: Verpflichtung des Jugendamtes zur planmäßigen Unterstützung der Vormünder/Pfleger
- § 48: Pflicht des Jugendamtes zur Unterstützung des Vormundschaftsgerichts bei allen Maßnahmen, Mitteilungspflicht des Jugendamtes bei notwendigen Maßnahmen des Vormundschaftsgerichts.

Diese Aufzählung zeigt, dass die Behauptung vieler Kommunen, insbesondere der kommunalen Spitzenverbände, das BtBG habe den Kommunen neue Aufgaben zugewiesen, für den Zeitpunkt des Inkrafttretens nicht zutrifft.

2. Neuregelung

Die **Neuregelung** durch die Schaffung des Betreuungsbehördengesetzes (BtBG) folgte im Wesentlichen den bisherigen Grundzügen: es blieb weitgehend den Ländern überlassen, wie sie die behördliche Arbeit organisieren und ausgestalten. Nur ein Rahmen wurde vom Bundesgesetz vorgegeben. Der Aufgabenkatalog wurde erweitert, insbesondere was die Unterstützung und Förderung von Betreuungsvereinen und die Anleitung und Fortbildung von ehrenamtlichen Betreuern betrifft (§§ 5, 6 BtBG).

Im Regierungsentwurf war die Schaffung eines **Betreuungsbeirats** vorgesehen, in dem die drei Grundpfeiler der örtlichen Betreuungsarbeit, die Behörde, das Vormundschaftsgericht und die Betreuungsvereine, vertreten sein und die örtliche Arbeit durch Empfehlungen vernetzen sollten (BT-Drucks. 11/4528 S. 36, 101). Auf Vorschlag des Bundesrates ist diese Institution einer „kooperativen Verwaltung" (Pitschas ArchsozArb. 1990, 186, 194 f.) im Gesetzgebungsverfahren gestrichen worden, da informelle Kontakte effektiver seien als feste Gremien (BT-Drucks. 11/4528 S. 223). Eine Reihe von Ländern haben jedoch durch Landes-

BtBG Vorbemerkung

recht **Betreuungsarbeitsgemeinschaften** auf örtlicher und überörtlicher Ebene geschaffen.

5 Auf Vorschlag des Bundesrates ist den Betreuungsbehörden eine **Vorschlagspflicht** für Betreuer übertragen worden, § 8 Satz 3 BtBG. Damit sollte sichergestellt werden, dass das Gericht in jedem Fall einen Betreuer bestellen kann, auch wenn trotz aller Bemühungen seitens des Gerichts kein geeigneter Einzelbetreuer gefunden wird (BT-Drucks. 11/4528 S. 223). In den Fällen, in denen die Behörde keinen geeigneten ehrenamtlichen oder beruflichen Betreuer findet, wirkt sich diese Verpflichtung wie eine **Gestellungspflicht** aus, da die Behörde sich letztlich nur selbst vorschlagen kann.

5 a Nachdem durch das BtÄndG 1998 eine Pflicht zur Förderung von Aufklärung und Beratung über Vorsorgevollmachten den Betreuungsbehörden auferlegt worden war (§ 6 Satz 2), erweiterte das 2. BtÄndG 2005 die Pflichten der örtlichen Betreuungsbehörden mit dem Ziel der Stärkung der Vorsorgevollmachten:
- in § 4 wurde eine Beratungs- und Unterstützungspflicht auch gegenüber Bevollmächtigten eingeführt,
- in § 6 Abs. 2 ff. wurde den Betreuungsbehörden eine Beglaubigungskompetenz für Unterschriften unter Vorsorgevollmachten und Betreuungsverfügungen übertragen.

3. Rechtspolitische Diskussion

6 Die **Kritik** gegenüber der Neuregelung äußert insbesondere, dass wegen der Beschränkung auf eine reine Rahmengesetzgebung und des Verzichts auf eine Infrastrukturreform das BtBG eine rein „symbolische Gesetzgebung praktiziere" (Pitschas a.a.O. S. 194). Statt eine erforderliche **Sozialreform** zu bringen, beschränke sich das BtG auf eine **Rechtsreform** (Pitschas BtPrax 1994, 74). Die zu erkennende „Marktgängigkeit" der Betreuung erfordere eine rechtliche Steuerung, die mit den im BtG aufgebotenen Mitteln „Geld", „Recht" und „bürokratische Organisation" nicht zu leisten sei (Pitschas a.a.O. S. 77 f.).

7 Der Kritik ist darin zuzustimmen, dass die Regelungen zur Umsetzung der Leitideen des BtG, insbesondere das BtBG, noch weit von wünschenswerten sozialrechtlichen Konkretisierungen entfernt sind. In der Situation der Gesetzgebung 1989/1990 waren jedoch nähere Ausgestaltungen nicht erreichbar, da sie zwangsläufig mit höheren Kosten verbunden gewesen wären und daher insgesamt zu einer Ablehnung seitens des Bundesrates geführt hätten. Zudem sind die historisch gewachsenen örtlichen Verhältnisse derart unterschiedlich, dass der Bundesgesetzgeber sich auf eine reine Rahmengesetzgebung beschränkt hat, die allerdings eine verantwortliche Ausfüllung des Rahmens auf örtlicher Ebene erfordert. Länder und Kommunen sind vielfach noch weit von diesem Ziel entfernt.

8 Die Reformdiskussion setzt insbesondere an der Verbesserung und Stärkung der Position der Betreuungsbehörde im gerichtlichen Verfahren an. Unter dem Stichwort „von der justizförmigen zur sozialen Betreuung" hatte die SPD-Bundestagsfraktion in der 13. Legislaturperiode einen Entschließungsantrag eingebracht, der eine Filterfunktion der Betreuungsbehörde vor jedem Betreuerbestellungsverfahren vorsah (BT-Drucksache 13/10 331). Die Beratungen der in der 14. Legislaturperiode gebildeten interfraktionellen Arbeitsgruppe endeten ohne Ergebnis. Die von der Justizministerkonferenz gebildete Bund-Länder-Arbeitsgruppe, deren Abschlussbericht (dokumentiert in Brill, Betrifft: Betreuung 6)

[Betreuungsbehörde] § 1 BtBG

wesentliche Grundlage für den Bundesratsentwurf zum 2. BtÄndG war, hat Modelle aufgezeigt, die eine wesentliche Stärkung der örtlichen Betreuungsbehörde vorsehen:
- die „kleine" Lösung, die wie schon die BT-Drucksache 13/10331 (s. o.) eine Filterfunktion der Behörde vorsieht,
- die „große" Lösung, die der Behörde Entscheidungskompetenzen bis hin zur Betreuerbestellung gibt und lediglich die bisherigen §§ 1903 bis 1906 BGB ausnimmt.

Die Konferenz der Arbeits- und Sozialminister hat diese Vorschläge im November 2003 aufgegriffen und beschlossen, ressortübergreifend unter Einbeziehung der Kommunen eine Neuordnung zu beraten. In die entgegengesetzte Richtung gehen Vorschläge zur Abschaffung der Betreuungsbehörden und zur Einrichtung eines justiznahen sozialen Dienstes (vgl. Beck BtPrax 2003, S. 98 ff.), mit dem in einem Praxisprojekt in Schwerin bemerkenswerte Ergebnisse bei der Vermeidung von Betreuungen erzielt wurden (Kort, Betrifft Betreuung 8, S. 168). Einen weiteren Weg schlägt Tänzer vor, wonach die Länder als Träger eines justiznahen Landesdienstes Sozialbegutachtungsfunktionen auf die Landesebene übertragen sollten zur Zusammenführung mit der Kompetenz von Vergütungen für berufliche Betreuer (Tänzer BtPrax 2009, 278).

Ende 2008 hat die Konferenz der obersten Landessozialbehörden (KOLS) eine 10 Arbeitsgemeinschaft „Rechtliche Betreuung" gebildet, die regelmäßigen Austausch zum Betreuungswesen zwischen Bund (Bundesministerium für Familie, Senioren, Frauen und Jugend; Bundesjustizministerium), Ländern (Sozialressorts, punktuelle Einbeziehung der Justizressorts), Kommunen (Kommunale Spitzenverbände) und Wissenschaft gewährleisten soll (Steen-Helms/Kania BtPrax 2009, 68).

Die Justizministerkonferenz wollte zunächst die Wirkungen des 2. BtÄndG und die Ergebnisse einer rechtstatsächlichen Untersuchung abwarten, die im April 2009 vorgelegt wurde. Im Dezember 2009 hat das Bundesjustizministerium eine interdisziplinäre und ressortübergreifende Bund-Länder-Arbeitsgruppe gebildet, die neben materiellen Rechtsänderungen auch Struktur- und Organisationsfragen untersuchen soll. Mit kurzfristigen Ergebnissen ist nicht zu rechnen.

I. Behörden

§ 1 [Betreuungsbehörde]

Welche Behörde auf örtlicher Ebene in Betreuungsangelegenheiten zuständig ist, bestimmt sich nach Landesrecht. Diese Behörde ist auch in Unterbringungsangelegenheiten im Sinne des § 312 Nr. 1 und 2 des Gesetzes über das Verfahren in Familiensachen und in den Angelegenheiten der freiwilligen Gerichtsbarkeit zuständig.

1. Behördenträgerschaft

Es bleibt den Ländern überlassen, die Behördenzuständigkeit zu bestimmen. 1 Dies kann durch Landesgesetz oder andere landesrechtliche Regelung erfolgen. Es besteht die Möglichkeit, die bisher allerdings von keinem Land genutzt wurde,

BtBG § 2 I. Behörden

einen **justiznahen sozialen Dienst** – u. U. kombiniert mit anderen Diensten wie Familiengerichtshilfe oder Strafgerichtshilfe einschließlich Bewährungshilfe – zu installieren oder auf bestehende Behörden zurückzugreifen.

2 In den Ländergesetzen (vgl. www.betreuerlexikon.de) sind die Aufgaben häufig pauschal **auf Landkreise und kreisfreie Städte** (oder je nach Kommunalrecht auf Magistrate, Oberbürgermeister, Kreisausschüsse, Landräte) und in Nordrhein-Westfalen zusätzlich auf die großen kreisangehörigen Städte (mehr als 60 000 Einwohner) übertragen worden, in Berlin auf die Bezirksämter, in der Stadtgemeinde Bremen auf das Amt für soziale Dienste und in Hamburg durch Zuständigkeitsanordnung des Senats auf das Bezirksamt Altona. In Bayern, Hessen, Niedersachsen und Nordrhein-Westfalen führt die örtliche Betreuungsbehörde die Bezeichnung „Betreuungsstelle", in Sachsen-Anhalt „Betreuungsbehörde", in Brandenburg heißt sie „Örtliche Betreuungsbehörde".

3 Die kommunalen Gebietskörperschaften, auf die die Zuständigkeit für Betreuungsangelegenheiten übertragen worden ist, können ihrerseits die Aufgabe auf schon bestehende (z. B. – allerdings vom Bundesgesetzgeber unerwünscht – auf das Jugendamt) oder von ihnen neu zu schaffende Behörden übertragen. Die Gebietskörperschaften führen ihre Aufgaben als „weisungsfreie Pflichtaufgaben", „Angelegenheit des eigenen Wirkungskreises", „Pflichtaufgaben der Selbstverwaltung", „Selbstverwaltungsangelegenheit" oder „in eigener Verantwortung". Nicht zulässig ist es, die Gebietskörperschaft insgesamt als Betreuungsbehörde anzusehen mit der Folge, dass z. B. die Kommune vertreten durch das Gesundheitsamt im gerichtlichen Verfahren mit Anregungen und Beschwerden auftritt, obwohl ansonsten ein anderes Amt als zuständige Behörde auftritt (a. A. LG Köln BtPrax 1998, S. 118 f.).

2. Sachliche Zuständigkeit

4 Die örtliche Betreuungsbehörde ist, sofern nicht landesrechtlich oder innerorganisatorisch etwas anderes geregelt ist, für alle Betreuungsangelegenheiten nach §§ 1896 ff. BGB, 271 ff. FamFG zuständig. **Satz 1** stellt klar, dass diese Behörde auch für **Unterbringungsmaßnahmen** nach § 1906 Abs. 1, 4 und 5 BGB zuständig ist, also für die zivilrechtliche Unterbringung und unterbringungsähnliche Maßnahmen bei Betreuten und Vollmachtgebern. Dies soll gewährleisten, dass bei so schwerwiegenden Eingriffen das für psychisch Kranke nötige Einfühlungsvermögen und der für Betreuer notwendige Fachverstand als Beratungs- und Unterstützungsgrundlage vorhanden ist. Aus diesem Grunde ist es auch unzulässig, die Polizeibehörden mit dieser Aufgabe direkt zu betrauen; diese können allenfalls in entsprechenden Situationen von der zuständigen Betreuungsbehörde im Wege der Amtshilfe herangezogen werden (vgl. Walther in HK-BUR § 1 BtBG Rn 16 f.). Die Anhörung der Betreuungsbehörde soll in jedem Unterbringungsverfahren erfolgen, § 320 S. 2 FamFG.

§ 2 [Weitere Behörden]

Zur Durchführung überörtlicher Aufgaben oder zur Erfüllung einzelner Aufgaben der örtlichen Behörde können nach Landesrecht weitere Behörden vorgesehen werden.

[Weitere Behörden] § 2 BtBG

1. Überörtliche Aufgaben/ministerielle Ebene

Diese Vorschrift ermöglicht es den Ländern, neben den örtlich zuständigen 1
Betreuungsbehörden für die Aufgaben nach §§ 4 bis 9 und den Ministerien für
die Planungsaufgaben weitere Behörden mit Aufgaben zu betrauen, also Mittel-
oder Oberbehörden zu schaffen, wenn sie dies für zweckmäßig halten.

Kommunalverbände für (Jugend und) Soziales (Baden-Württemberg, Sachsen), 2
Landesämter für Jugend und Soziales (Rheinland-Pfalz), Soziales und Familie
(Thüringen) und Versorgung und Soziales (Brandenburg), Landschaftsverbände
(Nordrhein-Westfalen) und Bezirksregierungen (Bayern) haben deshalb mehr oder
weniger umfangreiche überörtlich wahrzunehmende Aufgaben übertragen
bekommen, zumeist die Anerkennung und/oder Förderung von Betreuungsvereinen. In den Stadtstaaten, im Saarland, in Sachsen-Anhalt und Schleswig-Holstein
haben die zuständigen Landesministerien bzw. -senatoren diese Aufgaben.

Hamburg, Niedersachsen und Schleswig-Holstein haben davon abgesehen, im 3
Landesausführungsgesetz überörtliche Behörden zu benennen. Sie haben jedoch
Aufgaben auf überörtliche Fachbehörden (Hamburg) oder das Landesministerium
(Schleswig-Holstein) übertragen. Hessen und Mecklenburg-Vorpommern haben
die Landesregierungen ermächtigt, durch Rechtsverordnung überörtliche Betreuungsbehörden zu schaffen; bisher wurde davon kein Gebrauch gemacht. Pläne
Niedersachsens, eine überörtliche Landesbehörde zu bilden, die mit in den aufge-
lösten Bezirksregierungen freigestellten Mitarbeitern behördliche Einzelfallbetreuungen führt, wurden bisher nicht umgesetzt (vgl. Bienwald FamRZ 2007,
1860).

Als weitere Aufgaben neben der Anerkennung und Förderung von Betreuungs- 4
vereinen sind die überörtliche Einführung und Fortbildung von Betreuern, die
Bedarfsplanung und die Gewinnung von Betreuern, die Gründung einer überörtlichen Arbeitsgemeinschaft und die Koordinierung der Tätigkeiten der Behörden
und Institutionen genannt (Baden-Württemberg, Sachsen; Einzelheiten vgl. Walther in HK-BUR § 2 BtBG Rn 8 ff.).

2. Weitere Behörden auf örtlicher Ebene

Es kann unter den jeweiligen örtlichen Gegebenheiten sinnvoll sein, einzelne 5
Aufgaben der örtlichen Behörde auf Behörden außerhalb der Betreuungsbehörde
zu übertragen, wenn eine Einschaltung dieser Stellen im Wege der Amtshilfe nicht
ausreichend erscheint. So können z. B. die Vollzugshilfe in Unterbringungssachen
oder die Hilfe bei Vorführung besonderen Diensten übertragen werden (Bienwald
Rn 5 m. w. N.). Hamburg hat beispielsweise Vorführungs- und Vollzugsaufgaben
auf einen außerhalb der Betreuungsstelle bestehenden, aber dem Bezirksamt
Altona (örtliche Betreuungsbehörde) zugeordneten besonders geschulten Zufüh-
rungsdienst übertragen.

Bedenklich ist die Praxis von manchen Kommunen, die Ermittlungstätigkeit 6
nach § 8 BtBG auf vorhandene Allgemeine Soziale Dienste zu übertragen: dies
geschieht nicht *durch Landesrecht* und in aller Regel gegen die Intention des Bun-
desgesetzgebers, den besonderen Fachverstand in einer Behörde zu konzentrieren
und zugunsten der Betreuungsbedürftigen zu nutzen (vgl. Walther in HK-BUR
§ 2 Rn 29).

II. Örtliche Zuständigkeit

§ 3 [Zuständige Behörde]

(1) Örtlich zuständig ist diejenige Behörde, in deren Bezirk der Betroffene seinen gewöhnlichen Aufenthalt hat. Hat der Betroffene im Geltungsbereich dieses Gesetzes keinen gewöhnlichen Aufenthalt, ist ein solcher nicht feststellbar oder betrifft die Maßnahme keine Einzelperson, so ist die Behörde zuständig, in deren Bezirk das Bedürfnis für die Maßnahme hervortritt. Gleiches gilt, wenn mit dem Aufschub einer Maßnahme Gefahr verbunden ist.

(2) Ändern sich die für die örtliche Zuständigkeit nach Absatz 1 maßgebenden Umstände im Laufe eines gerichtlichen Betreuungs- oder Unterbringungsverfahrens, so bleibt für dieses Verfahren die zuletzt angehörte Behörde allein zuständig, bis die nunmehr zuständige Behörde dem Gericht den Wechsel schriftlich anzeigt.

1. Normzweck

1 Die Regelung der örtlichen Zuständigkeit erfolgt **zur Vermeidung von Konflikten bundeseinheitlich** (BT-Drucks. 11/4528 S. 197). Inhaltlich entspricht die Regelung im Wesentlichen der alten Rechtslage (§ 11 JWG) und lehnt sich an die **gerichtlichen Zuständigkeitsregelungen** an. Damit soll gewährleistet werden, dass möglichst die gleichen Behörden und Gerichte auf örtlicher Ebene miteinander zu tun haben. So ist eine reibungsärmere Zusammenarbeit zu erwarten (BT-Drucks. 11/4528 a.a.O.).

2 Da die Gerichtsbezirke häufig noch aus historischen Gründen mit den Verwaltungsbezirksgrenzen nicht übereinstimmen, wird die erhoffte Wirkung in der Praxis nicht immer erzielt. Die Länder sollten die Schnittstellenprobleme in diesen Bezirken sorgfältig beobachten und ggf. eine Anpassung der Gerichtsbezirke an die Verwaltungsbezirke erwägen.

3 Die örtliche Zuständigkeit ist zwingend und kann nicht durch eine Vereinbarung der Beteiligten geändert werden.

2. Gewöhnlicher Aufenthalt

4 Abs. 1 S. 1 knüpft für die behördliche Zuständigkeit wie § 272 Abs. 1 FamFG für die gerichtliche an den gewöhnlichen Aufenthalt des Betroffenen an (vgl. zum Begriff des „gewöhnlichen Aufenthalts" § 272 FamFG Rn 4). Die Anknüpfung an den tatsächlichen Lebensmittelpunkt eines Betroffenen und nicht an formale Kriterien wie z. B. Meldeanschrift ist insbesondere bei der behördlichen Zuständigkeit sinnvoll, da für eine möglichst effektive Hilfe für den Betroffenen eine genaue Kenntnis der örtlich vorhandenen Angebote unerlässlich ist.

3. Ausnahmezuständigkeiten

5 In den Fällen, in denen im Inland kein gewöhnlicher Aufenthalt besteht oder ein gewöhnlicher Aufenthalt nicht zu ermitteln ist (Abs. 1 S. 2), ist die Behörde

[Zuständige Behörde] **§ 3 BtBG**

zuständig, in deren Bezirk das **Bedürfnis für die Maßnahme** entsteht. Diese Zuständigkeit kommt insbesondere in Betracht bei Ausländern, die keinen gewöhnlichen Aufenthalt hier haben, und bei Personen, über die im Augenblick des Eingreifens so wenig bekannt ist, dass zu ihrem gewöhnlichen Aufenthalt nichts Verbindliches festgestellt werden kann.

Maßnahmen, die keine Einzelperson betreffen, weil sie z. B. auf eine **Vielzahl** 6 **von Personen** sich beziehen oder **strukturelle Maßnahmen** darstellen, sind ebenfalls von der Behörde zu erledigen, in deren Bezirk der Bedarf entsteht.

In **Eilfällen**, d. h. wenn die Ermittlung der an sich zuständigen Behörde oder 7 deren Einschaltung zu Verzögerungen führte, die die Gefahr von Nachteilen für den Betroffenen mit sich brächte, ist ebenfalls die Behörde des Bezirks, in dem der Bedarf für eine Maßnahme entsteht, zuständig (Abs. 1 S. 3). Die Eilzuständigkeit des Gerichts nach §§ 272, 300 FamFG und der Behörde können auseinanderfallen.

4. Veränderung der Zuständigkeit

Ändert sich der gewöhnliche Aufenthalt des Betroffenen oder entsteht das 8 Bedürfnis für eine Maßnahme zugunsten derselben Person in einem anderen Bezirk, ist die Behörde des neuen Bezirks zuständig, **ohne** dass es einer **förmlichen Abgabe** bedürfte, Abs. 2 (BT-Drucks. 11/4528 S. 198). Nach landesrechtlichen Verwaltungsverfahrensvorschriften parallel zu § 3 Abs. 3 Verwaltungsverfahrensgesetz des Bundes gibt es die Möglichkeit, Verfahren unter bestimmten Umständen von der bisher zuständigen Behörde weiterführen zu lassen, also innerhalb eines Landes nach Zweckmäßigkeitserwägungen eine Zuständigkeitskontinuität zuzulassen.

Der grundsätzlich vorgesehene formlose Zuständigkeitswechsel kann innerhalb 9 eines gerichtlichen Verfahrens zu Schwierigkeiten führen, wenn z. B. die formelle Bekanntmachung an die zuständige Behörde erforderlich ist, um Rechtsmittelfristen in Lauf zu setzen (vgl. BT-Drucks. 11/4528 a.a.O.). Für solche Fälle normiert Abs. 2 das **Fortdauern der Zuständigkeit der zuletzt angehörten Behörde** bis zum **förmlichen Anzeigen** der veränderten Zuständigkeit **durch** die **neue Behörde**. Dadurch, dass die **neu** zuständige Behörde die Anzeige vorzunehmen hat, soll erreicht werden, dass ein etwaiger Zuständigkeitsstreit zwischen den Behörden nicht zu Verzögerungen im gerichtlichen Verfahren führt (BT-Drucks. 11/4528 a.a.O.). So kann es geboten sein, trotz Verlegung einer Person von einem Heim in ein Hospiz in einem anderen Land, die Zuständigkeit der bisherigen örtlichen Betreuungsbehörde am Verfahren auf Genehmigung des Einstellens künstlicher Ernährung beizubehalten (LG Hamburg FamRZ 2006, 145).

Entsprechend dem Gedanken der Beschleunigung und Vereinfachung des 10 gerichtlichen Verfahrens ist es auch konsequent, als entscheidenden **Zeitpunkt den der Veranlassung einer Zustellung** anzusehen (Walther in HK-BUR § 3 BtBG Rn 17). Gibt das Gericht am 1. 2. die Entscheidung zur Zustellung an die Behörde A hinaus und geht am 2. 2. die Mitteilung der Behörde B ein, dass nunmehr sie zuständig sei, wird am 3. 2. erfolgte Zustellung an die Behörde A wirksam, die Rechtsmittelfrist läuft. In solchen Fällen sollte das Gericht der neu zuständigen Behörde die Entscheidung formlos unter Mitteilung des förmlichen Zustellungsdatums übermitteln, da dieser Behörde die gerichtsinternen Vorgänge

BtBG § 4   III. Aufgaben der örtlichen Behörde

nicht bekannt sind und sie nur in Kenntnis der wirklichen Lage verantwortlich über etwaige Rechtsmittel entscheiden kann.

11   Ist die **Behörde zum Betreuer** bestellt gemäß § 1900 Abs. 4 BGB und wechselt der Betroffene seinen gewöhnlichen Aufenthalt, so ist **auf Antrag die bisher zuständige Behörde zu entpflichten** und die örtlich nunmehr zuständige Betreuungsbehörde zu bestellen (OLG Zweibrücken FamRZ 1992, 1325; Hans OLG Hamburg BtPrax 1994, S. 138). Die Behörde nimmt als Betreuerin eine öffentliche Aufgabe wahr, der sie sich nicht entziehen kann. Sie kann daher auch nur im Rahmen ihrer gesetzlichen Zuständigkeit herangezogen werden (Hans OLG a.a.O.).

12   Auch bei der **Bestellung eines Behördenbetreuers** gemäß § 1897 Abs. 2 BGB müsste konsequenterweise einem Antrag auf **Entpflichtung wegen der Unzumutbarkeit** der Weiterführung nach § 1908 b Abs. 2 i. V. m. Abs. 4 BGB entsprochen werden, wenn der Betroffene seinen gewöhnlichen Aufenthalt wechselt. Um den Grundgedanken der Kontinuität einer Betreuung möglichst zu entsprechen, sollte die bisher zuständige Behörde vor Stellung eines Abgabeantrags in Zusammenarbeit mit der nunmehr örtlich zuständigen Behörde eine andere Lösung anzustreben (Vereinbarung über ein gegenseitiges Vermeiden von Abgabeanträgen beispielsweise) oder einen anderen Einzelbetreuer zu finden versuchen.

III. Aufgaben der örtlichen Behörde

§ 4 [Beratung und Unterstützung]

Die Behörde berät und unterstützt Betreuer und Bevollmächtigte auf ihren Wunsch bei der Wahrnehmung ihrer Aufgaben, die Betreuer insbesondere auch bei der Erstellung des Betreuungsplans.

Übersicht

                                                       Rn.

1. Vorbemerkung 1
2. Beratung und Unterstützung 4
3. Delegation der Behördenaufgaben 15

1. Vorbemerkung

1   Das 2. BtÄndG hat zur Stärkung der Vorsorgevollmacht die Vorschrift um die Beratung und Unterstützung des Bevollmächtigten erweitert. Zudem ist die Behörde gegenüber beruflichen Betreuern verpflichtet worden, bei der Erstellung eines Betreuungsplans nach § 1901 Abs. 4 Satz 2 BGB zu helfen. Die **Verpflichtung der Behörde zur Beratung und Unterstützung** besteht allerdings **nur auf Wunsch**. Das Hilfsangebot soll und kann nicht aufgedrängt werden. Im Einzelfall kann der Betreuer allerdings verpflichtet sein, die Behörde zu Rate zu ziehen, wenn er sonst seine Pflichten gegenüber dem Betroffenen nicht (ausreichend) erfüllen kann (OLG Braunschweig DAVorm 1993, S. 991 ff.). Anspruch auf Beratung und Unterstützung haben **sowohl ehrenamtliche als auch professionelle Betreuer sowie Bevollmächtigte**.

[Beratung und Unterstützung] **§ 4 BtBG**

Eine ausdrückliche Verpflichtung zur **Beratung der Betroffenen** ist im BtBG 2 nicht normiert; sie ergibt sich aus allgemeinen verwaltungsrechtlichen Grundsätzen, entsprechend §§ 13 bis 15 SGB I, § 25 VwVfG (BT-Drucks. 11/4528 S. 198; a. A. Bienwald § 4 BtBG Rn 25; Walther in HK-BUR § 4 BtBG Rn 8). Auch ist eine Aufgabenerfüllung nach § 7 nur bei einer ausführlichen Beratung des Betroffenen durchführbar. Die Behörde muss bei ihrer Beratungstätigkeit gegenüber dem Betroffenen darauf achten, dass sie nicht mögliche Konflikte zwischen Betreuer und Betreutem verschärft. Sie hat beide im Sinne der Förderung des Wohls des Betreuten so zu beraten, dass Konflikte beigelegt werden. Unter den Voraussetzungen des § 7 Abs. 1 BtBG kann sie dem Vormundschaftsgericht Mitteilung machen, wenn Beratung nicht mehr ausreicht, um auf den Betreuer und den Betreuten genügend einzuwirken. In der Praxis wird § 4 zurecht so gehandhabt, dass schon im Vorfeld von Betreuung Betroffene und Angehörige Auskunft und Rat von der örtlichen Betreuungsbehörde verlangen können (Walther a.a.O. Rn 12).

Nach § 1837 Abs. 1 S. 2 i. V. m. § 1908 i BGB ist auch – nicht subsidiär – das 3 **Betreuungsgericht** zur **Beratung** der Betreuer verpflichtet; funktional zuständig ist der Rechtspfleger. Die Beratungsangebote sollten je nach Kompetenzen aufeinander abgestimmt sein, entweder in der örtlichen **Betreuungsarbeitsgemeinschaft** oder in informellen Kontakten zwischen Behörde und Gericht. Dabei kann es auch notwendig sein, unterschiedliche Auffassungen offenzulegen und die Betreuer auf die Konflikte hinzuweisen. Für fehlerhafte Beratung haftet die Behörde – wie das Gericht – nach den Grundsätzen der Amtshaftung, Art. 34 GG, § 839 BGB (Meier BtPrax 2005, 83 f.).

2. Beratung und Unterstützung

Beratung und Unterstützung sind als Einheit zu verstehen, kann doch schon 4 die richtige Beratung bei der Ausführung der Aufgaben dem Betreuer häufig eine solche Hilfestellung geben, dass er allein weiterkommt. Jede Beratung beginnt mit **Öffentlichkeitsarbeit**, die sowohl auf das **Beratungsangebot** hinweist als auch die **Beratungsinhalte** bekannt und **Probleme** bewusst macht, die dem Betreuer oder Bevollmächtigten möglicherweise gar nicht wahrgenommen worden wären.

Werbung und Gewinnung von Betreuern kann nur erfolgreich sein, wenn 5 von Anfang an ein ausreichendes Angebot an Beratung zur Verfügung steht, damit der potentielle Betreuer sicher sein kann, dass er nicht allein gelassen wird. Insbesondere Angehörige, die nicht gesondert geworben werden müssen, bedürfen der Beratung, um die wegen der Nähe zum Betroffenen und der vielfach weiteren Belastungen (z. B. tatsächliche Pflege und Versorgung) vorhandenen Konfliktpotentiale besser bewältigen zu können.

Fachkundige Beratung setzt eine **Einführung** des Betreuers in seine Aufgaben 6 voraus, d. h. ausreichende **Kenntnisse vom Amt** des Betreuers, aber auch von der **Krankheit oder Behinderung** des Betroffenen und **Rehabilitationsmöglichkeiten** und -unmöglichkeiten, von **Sozialleistungen** und Hilfsangeboten. Aufbauend auf solchen Kenntnissen oder der Bereitschaft, sie zu erwerben, ist es möglich, durch qualifizierte Beratung Interessengegensätze zwischen Betreuer und Betreuten frühzeitig zu erkennen und zu entschärfen (vgl. Walther a.a.O. Rn 17 ff.).

7 **Unterstützung** wird dem Betreuer durch die **Vermittlung von sozialen Diensten,** z. B. ambulanten Pflegediensten, Plätzen in Behinderteneinrichtungen oder in psychiatrischen Spezialeinrichtungen, zuteil. Es ist Aufgabe der Betreuungsbehörde, das örtlich vorhandene Angebot selbst zu kennen und durch die nötigen informellen Kontakte den Betreuern bei diesen Diensten ein offenes Ohr zu verschaffen (Deinert/Walther S. 93 ff.: Vernetzung sozialer Dienste).

8 Zur Unterstützung durch die Behörde gehört die **Hilfestellung bei Durchsetzung von Ansprüchen,** insbesondere Sozialleistungsansprüchen. Bei der Prüfung von zivilrechtlichen Ansprüchen sollte in erster Linie auf die Beratung des Gerichts (vgl. o. Rn 3) und die Möglichkeiten der Beratungshilfe und Prozesskostenhilfe hingewiesen werden. Sollte die notwendige Beauftragung eines Anwalts auch über Prozesskostenhilfe nicht möglich sein, müsste die Bestellung eines Ergänzungsbetreuers nach § 1899 BGG geprüft und dem Betreuer eine entsprechende Anregung an das Gericht empfohlen werden.

9 Zur Unterstützung des Betreuers gehört es auch, dem Betreuer bei seinen Rechenschafts- und Rechnungslegungspflichten **gegenüber dem Betreuungsgericht** bis hin zur Hilfestellung bei der Ausfüllung von Formularen beiseite zu stehen, aber auch bei der Durchsetzung von Ansprüchen auf Aufwendungsersatz und Vergütung.

10 Die **Unterstützung bei Zwangsmaßnahmen** ist gesondert normiert (vgl. u. § 9 BtBG Rn 21).

11 Unterstützung und Beratung in der vom Gesetz gewollten umfassenden Form sind sinnvoll mit **Erfahrungsaustausch** von Betreuern untereinander und mit **Fort- und Weiterbildung** zu kombinieren. Auch die Sicherstellung dieser Angebote ist von der Behörde zu verlangen.

12 Zur Stärkung der Vorsorgevollmacht ist die Beratungs- und Unterstützungspflicht auf Bevollmächtigte ausgedehnt worden. Betreuungsbehörden haben also nicht nur über die Möglichkeiten der Vorsorgevollmacht zu informieren, sondern konkret bei Fragen und Problemen den Vorsorgevollmächtigten mit Rat und Tat zur Seite zu stehen. Für sie gelten die aufgezeigten Beratungs- und Unterstützungspflichten der Behörde wie für Betreuer (Rn 4 ff.).

13 Nach § 1901 Abs. 4 Satz 2 und 3 BGB haben berufliche Betreuer auf Anordnung des Gerichts im Einzelfall einen **Betreuungsplan** zu erstellen (vgl. Anm. zu § 1901 Rn 17; Jurgeleit-Kania/Langholf/Schmidt Rn 21-25). Vielfach wird es hierbei um die Planung von Rehabilitations- und Behandlungsmaßnahmen und den zielführenden Einsatz von Sozialleistungen gehen. Dabei soll die Betreuungsbehörde wegen ihrer Fach- und Netzwerkkenntnisse die beruflichen Betreuer beraten und unterstützen, was angesichts der sehr unterschiedlichen Qualifikationen der Berufsbetreuer auch in der Sache erforderlich erscheint.

14 Wie die Beratung und Unterstützung der Vorsorgevollmächtigten handelt es sich um eine neue zusätzliche Aufgabe der örtlichen Betreuungsbehörden, deren Erfüllung angesichts des derzeit verbreiteten Stellenabbaus in den Kommunen nur bei einer Berücksichtigung im Finanzausgleich gelingen kann (vgl. zu dem Problem der Finanzierung bei der Übertragung durch Landesgesetz: VerfGH Rheinland-Pfalz Urteil vom 16. 3. 2001 Az VGH B 8/00).

3. Delegation der Behördenaufgaben

15 Vom Wortlaut her verlangt § 4 BtBG ein **eigenes Tätigwerden** der Behörde. Ein umfassendes Beratungs- und Unterstützungsangebot lässt sich jedoch gar nicht

[Einführung und Fortbildung] **§ 5 BtBG**

ohne ausreichende Maßnahmen der Öffentlichkeitsarbeit, der Werbung und Gewinnung von Betreuern, der Einführung in ihre Aufgaben, der Fortbildung, der Gewährleistung von Erfahrungsaustausch und auch der Kontrolle von Qualitätsstandards durchführen. Es ist mithin kaum abgrenzbar zu den Bereichen, in denen die Behörden lediglich Sicherstellungsfunktionen hat (vgl. § 5 BtBG) oder die in erster Linie von Vereinen wahrzunehmen sind (vgl. § 1908 f Abs. 1 BGB). Eine **umfassende Abstimmung der Vereine und der Betreuungsbehörde** ist erforderlich, um eine sinnvolle Ergänzung der Angebote zu erreichen. Bei einem entsprechenden Angebot seitens der Betreuungsvereine kann ein Vorhalten von Personalressourcen in der Behörde überflüssig sein. Daher ist es sinnvoll und zulässig, die Beratungs- und Unterstützungsverpflichtung hinsichtlich ehrenamtlicher Betreuer und Bevollmächtigter **durch** einen entsprechenden **Vertrag auf Vereine zu übertragen** (vgl. Ehl/Wessels BtPrax 1994, S. 79 ff.; a. A. Bienwald § 4 BtBG Rn 24; Walther a.a.O. Rn 6). **Ausgenommen** von einer solchen Vereinbarung sind Maßnahmen der Unterstützung bei der zwangsweisen Zuführung zur Unterbringung, die wegen ihres **hoheitlichen Inhalts** nicht auf Private übertragen werden sollten.

§ 5 [Einführung und Fortbildung]

Die Behörde sorgt dafür, daß in ihrem Bezirk ein ausreichendes Angebot zur Einführung der Betreuer in ihre Aufgaben und zu ihrer Fortbildung vorhanden ist.

1. Sicherstellung eines Angebots

Die Behörde ist verpflichtet, ein **genügendes Angebot** zur Einführung und 1 Fortbildung der Betreuer **sicherzustellen.** Sie muss nicht selbst Veranstalter sein, aber dafür sorgen, dass ein quantitativ und qualitativ ausreichendes Angebot vorhanden ist (BT-Drucks. 11/4528 S. 198).

Im JWG gab es keine entsprechende Vorschrift, wenn man nicht das Wort 2 „planmäßig" in § 47 d JWG über die Beratung und Unterstützung von Pflegern, Vormündern, Beiständen und Gegenvormündern als Ausgangspunkt für eine Einführung und Fortbildung interpretiert. Im Regierungsentwurf wurde die Vorschrift ergänzt durch einen Änderungsvorschlag beim Aufwendungsersatz nach § 1835 Abs. 2 BGB, wonach Einführungs-, Fortbildungs-, Beratungs- und Unterstützungskosten durch einen für geeignet erklärten Verein bis zur Höhe von DM 300,– jährlich im Einzelfall erstattungsfähig sein sollten. Diese Vorschrift ist auf Vorschlag des Bundesrates wegen der befürchteten Kosten gestrichen worden mit der Erwartung, dass anstelle der Kosten im Justizbereich durch **pauschale Zuwendungen** im Sozialbereich eine ausreichende Grundlage geschaffen würde (vgl. BT-Drucks. 11/4528 S. 205). Etliche Länder und Kommunen haben jedoch inzwischen die **Finanzierung der Querschnittstätigkeit der Vereine** reduziert oder – rechtswidrig – eingestellt. Die Vergünstigung, die den Vereinen durch den neuen pauschalen Inklusivstundensatz nach § 4 Abs. 1 VBVG zugute kommt, kann die gebotene Querschnittsfinanzierung nicht ersetzen.

Die Sicherstellung eines Angebots kann durch einzelne Absprachen mit 3 anderen Institutionen erfolgen, sie kann aber auch durch Rahmenverträge z. B.

auf anerkannte Betreuungsvereine oder Bildungsstätten übertragen werden. In einem solchen Fall wird eine finanzielle Förderung nach § 6 einsetzen müssen.

2. Einführung und Fortbildung

4   Nach dem Wortlaut von § 5 geht es nicht allgemein um die Sicherstellung eines Einführungs- und Fortbildungsangebots, sondern speziell um ein **individuelles Angebot**. Der Betreuer ist in **sein** Aufgabengebiet einzuführen, d. h. über Umfang und Bedeutung des Aufgabenkreises zu informieren und ihm sind Hinweise für einzelne Schritte zu geben.

5   **Fortbildung** meint einen **organisierten Lehr- und Lernprozess** mit dem Ziel, fachspezifische Kenntnisse, Fertigkeiten und Verhaltensweisen zu vermitteln und zu erweitern. Zur Fortbildung gehört auch ein Erfahrungsaustausch in Gesprächen (BT-Drucks. 11/4528 S. 198. Zu weiteren möglichen Inhalten von Einführungs- und Fortbildungsveranstaltungen vgl. Walther in HK-BUR § 5 BtBG Rn 24 ff.).

3. Zusammenarbeit mit anderen Behörden/Gerichten

6   Gemäß § 288 Abs. 2 FamFG ist die zuständige Behörde von jeder Betreuerbestellung zu unterrichten. Sie verfügt daher ebenso wie das Gericht über die Anschriften von neuen Betreuern und ist in der Lage, diese anzuschreiben und zu Einführungs- und Fortbildungsveranstaltungen einzuladen. Solange eine Weitergabe dieser Daten nicht geregelt ist, ist es notwendig, dass zu den von anderen Institutionen, insbesondere Betreuungsvereinen, durchgeführten Veranstaltungen seitens der zuständigen Behörde oder der Gerichte eingeladen wird. Gemäß § 1837 Abs. 1 S. 2 BGB sind die Betreuungsgerichte verpflichtet, bei der Einführung der Betreuer in ihre Aufgaben mitzuwirken. Nach § 289 Abs. 2 FamFG hat das Gericht mit dem Betreuer und dem Betroffenen ein **Einführungsgespräch** zu führen. Zumindest bei der **mündlichen Verpflichtung** ist der Betreuer vom Gericht über seine Aufgaben zu unterrichten (§ 289 Abs. 1 FamFG). Bei dieser Gelegenheit ist auf die Angebote hinzuweisen, am besten unter konkreter Termins- und Namensnennung.

7   Auch bei Sicherstellung eines Angebots durch andere Behörden, wie z. B. Sozialämter, öffentlich-rechtliche Krankenkassen oder Rentenversicherungsanstalten, ist es wegen des bisher nicht geregelten Datenaustausches notwendig, dass die zuständige Behörde die Betreuer auf die Angebote hinweist und zu ihnen einlädt. Bei einer entsprechenden Einverständniserklärung der Betreuer können auch direkte Informationswege beschritten werden, daher ist es zweckmäßig, wenn beim Vormundschaftsgericht anlässlich der mündlichen Verpflichtung entsprechende Erklärungen abgegeben werden.

§ 6 [Förderung]

(1) **Zu den Aufgaben der Behörde gehört es auch, die Tätigkeit einzelner Personen sowie von gemeinnützigen und freien Organisationen zugunsten Betreuungsbedürftiger anzuregen und zu fördern. Weiterhin fördert sie die Aufklärung und Beratung über Vollmachten und Betreuungsverfügungen.**

[Förderung] **§ 6 BtBG**

(2) Die Urkundsperson bei der Betreuungsbehörde ist befugt, Unterschriften oder Handzeichen auf Vorsorgevollmachten oder Betreuungsverfügungen öffentlich zu beglaubigen. Dies gilt nicht für Unterschriften oder Handzeichen ohne dazugehörigen Text. Die Zuständigkeit der Notare, anderer Personen oder sonstiger Stellen für öffentliche Beurkundungen und Beglaubigungen bleibt unberührt.

(3) Die Urkundsperson soll eine Beglaubigung nicht vornehmen, wenn ihr in der betreffenden Angelegenheit die Vertretung eines Beteiligten obliegt.

(4) Die Betreuungsbehörde hat geeignete Beamte und Angestellte zur Wahrnehmung der Aufgaben nach Absatz 2 zu ermächtigen. Die Länder können Näheres hinsichtlich der fachlichen Anforderungen an diese Personen regeln.

(5) Für jede Beglaubigung nach Absatz 2 wird eine Gebühr von 10 Euro erhoben; Auslagen werden gesondert nicht erhoben. Aus Gründen der Billigkeit kann von der Erhebung der Gebühr im Einzelfall abgesehen werden.

(6) Die Landesregierungen werden ermächtigt, durch Rechtsverordnung die Gebühren und Auslagen für die Beratung und Beglaubigung abweichend von Absatz 5 zu regeln. Die Landesregierungen können die Ermächtigung nach Satz 1 durch Rechtsverordnung auf die Landesjustizverwaltungen übertragen.

1. Anregung der Tätigkeit von Einzelpersonen

Die Vorschrift hatte keine Entsprechung im Jugendwohlfahrtsgesetz. Was die Tätigkeit von Vereinen im Bereich der Jugendhilfe angeht, ist sie mit § 74 SGB VIII vergleichbar. 1

Unter **Anregung** einer Tätigkeit ist im Wesentlichen **Öffentlichkeitsarbeit über die verschiedenen Medien** zu verstehen, aber auch das Aufgreifen von Einzelanfragen. Nach dem Wortlaut der Vorschrift sind auch Einzelpersonen zu „fördern". Hieraus wird man jedoch wegen der nur begrenzt zur Verfügung stehenden Mittel nicht ableiten können, dass Einzelpersonen von den Betreuungsbehörden auch finanzielle Zuwendungen zu erhalten haben. Vielmehr ist es sachgerecht, direkte finanzielle Zuwendungen auf Organisationen zu beschränken, da bei diesen ein anderer Multiplikatoreneffekt zu erzielen ist. Bei Einzelpersonen, insbesondere professionellen Betreuern, ist es ausreichend, wenn die Förderung nach Überprüfung der Solidität und der Qualität der voraussichtlichen Arbeit sich auf eine Unterstützung bei der Beantragung von Existenzgründungsdarlehn und Überbrückungsgeldern beschränkt (vgl. HessLSG FamRZ 2009, 725 ff.). 2

2. Anregung und Förderung der Tätigkeit von Organisationen

Gemeinnützige und freie Organisationen sind in erster Linie die im Rahmen der freien Wohlfahrtspflege tätigen Vereinigungen, auch Organisationen im Sinne des § 52 AO. Vielfach wird es sich um nach § 1908 f BGB anerkannte Betreuungs- 3

BtBG § 6 III. Aufgaben der örtlichen Behörde

vereine handeln. Aber auch andere private Initiativen wie Selbsthilfegruppen sind in diesem Rahmen zu unterstützen und nach Maßgabe der vorhandenen Mittel finanziell zu fördern. Streitigkeiten hierüber, auch wenn Grundlage der Förderung kein Zuwendungsbescheid sondern ein Vertrag ist, sind dem öffentlichen Recht zuzuordnen, so dass die Verwaltungsgerichte zuständig sind (OLG München OLGR München 1999, 203).

4 Eine **Förderung nach Maßgabe des Haushalts** bedeutet nicht, dass es zulässig wäre, bei Mangel an Mitteln eine finanzielle Förderung ganz entfallen zu lassen (vgl. Bienwald Rn 3). Die Länder und Gebietskörperschaften, auf die die Aufgaben der Betreuungsbehörden übertragen sind, sind nach § 6 verpflichtet, ein **Mindestmaß an finanzieller Förderung**, das zur **Sicherstellung der Ziele** des Betreuungsgesetzes ausreichend sein muss, zur Verfügung zu stellen. Gegenwärtig geschieht dies noch lange nicht flächendeckend.

5 Im Haushalt bereit gestellte Mittel in Verbindung mit § 6 begründen **keinen einklagbaren Rechtsanspruch** einer bestimmten Organisation oder Person auf finanzielle Zuwendung (VG Ansbach Beschluss v. 10. 3. 2003, Az AN 4 E 03 00001; Bienwald Rn 4). Es wird ein Anspruch auf fehlerfreie Ermessensausübung bei der Vergabe der Mittel begründet. Allein der Umstand einer Anerkennung als Betreuungsverein begründet keinen Anspruch auf Einbeziehung in die Förderung. Eine Konzentration der begrenzten Mittel auf zu einem Stichtag geförderte Vereine zur Sicherstellung von deren Leistungsfähigkeit ist sachbezogen und nicht willkürlich, selbst wenn die Förderung Zuschüsse zu professionellen Betreuerstunden beinhaltet (BayVGH Urteil v. 15. 12. 2005, Az 4 BV 04.482 – n. v.). Zur Konkretisierung und Berechenbarkeit ist es zweckmäßig, Förderrichtlinien zur Selbstbindung der Verwaltung zu schaffen.

6 Die Förderung sollte selbstverständlich nur solchen Organisationen und Initiativen gewährt werden, die mit den Mitteln zweckentsprechend, wirtschaftlich und sparsam umgehen. **Zweckmäßig** dürfte es auch sein, eine **angemessene Eigenleistung** der Organisationen zu fordern, um zu verhindern, dass eine völlige Abhängigkeit von öffentlichen Geldmitteln entsteht (vgl. BT-Drucks. 11/4528 S. 199; zu den Formen der Zuwendungen vgl. Bienwald Rn 5; Walther in HK-BUR vor § 6 BtBG Rn 12 ff.).

7 Unzweckmäßig und **rechtlich problematisch** ist es, wenn Kommunen Betreuungsvereinen **Zuschüsse** zu dem **im Einzelfall** geführten Betreuungen gewähren. Einzelfallbetreuungen sind über §§ 1835, 1836 ff. BGB und das VBVG zu finanzieren. Dabei ist auch die Vergünstigung, die den Vereinen durch den neuen pauschalen Inklusivstundensatz nach § 4 Abs. 1 VBVG seit 1. 7. 2005 zugute kommt, zu berücksichtigen, insbesondere, wenn bei den in Wohlfahrtsverbänden organisierten Vereinen Umsatzsteuerfreiheit bei den Vergütungen besteht (FG Düsseldorf Urteil v. 21. 9. 2006, Az 5 K 4729/02 U).

8 Sinnvoll hingegen ist es, die nicht refinanzierbare **Querschnittstätigkeit,** zu der auch die Vorbereitung der Übernahme eines Einzelfalls gehört, von Seiten der Kommunen mit Ausnahme eines für den Verein zumutbaren Eigenanteils **vollständig zu finanzieren.** Nur auf diese Art und Weise ist sicherzustellen, dass die wichtige Querschnittstätigkeit von Vereinen (vgl. hierzu § 1908 f BGB) in ausreichendem Maße zugunsten von Betreuungsbedürftigen wahrgenommen wird.

[Förderung]   § 6 BtBG

3. Aufklärung und Beratung über Vollmachten und Betreuungsverfügungen

Absatz 1 Satz 2 ist durch das BtÄndG angefügt worden. Er ist ein Baustein im 9
Bemühen, die Zunahme der Betreuungen einzudämmen. Er ist zusammen mit
§ 1908 f Nr. 2 a BGB zu sehen, nach dem den Betreuungsvereinen die planmäßige
Information über **Vorsorgevollmachten und Betreuungsverfügungen** obliegt
(vgl. o.). Durch die Aufklärung über Vollmachten sollen Bürger angeregt werden,
Vorsorgevollmachten zu erteilen, und so Betreuungen vermieden werden. Die
Pflicht der Behörde geht über die reine Information, die den Vereinen obliegt,
hinaus: sie ist zur **Beratung** verpflichtet (und berechtigt). Durch das Wort „fördert" sollte auch eine Verpflichtung zur finanziellen Unterstützung der Maßnahmen bewirkt werden.

4. Unterschriftsbeglaubigungen bei Vorsorgevollmachten und Betreuungsverfügungen

Die Absätze 2 bis 6 wurden durch das 2. BtÄndG eingefügt. Absatz 2 Satz 1 10
wurde durch Artikel 11 des Gesetzes zur Änderung des Zugewinnausgleichs- und
Vormundschaftsrechts vom 6. 7. 2009 (BGBl I S. 1696) um das Wort „öffentlich"
ergänzt. Durch die Beglaubigungskompetenz einer Urkundsperson der Betreuungsbehörden für Unterschriften unter Vorsorgevollmachten und Betreuungsverfügungen sollen diese Institute gestärkt werden. Privatschriftlich aufgesetzte Vorsorgevollmachten werden häufig im Rechtsverkehr nicht akzeptiert, insbesondere
von Behörden, Banken und Gerichten. Die Schwelle, zum Notar zu gehen, ist
vielfach nach wie vor hoch. Zumeist werden überaus hohe Kosten in Unkenntnis
der moderaten Gebühren nach KostO befürchtet. Die Norm verpflichtet nicht
die Betreuungsbehörden, eine Urkundsperson vorzuhalten (Walther in HK-BUR
§ 6 BtBG Rn 58); zur Erreichung des gesetzgeberischen Ziels einer möglichst
niedrigschwelligen Beglaubigungsmöglichkeit bei Vorsorgevollmachten sollte
jedoch jede Betreuungsbehörde von der Ermächtigung Gebrauch machen.

Nach Absatz 2 hat die **Urkundsperson der Betreuungsbehörde** eine 11
Beglaubigungs-, keine Beurkundungskompetenz. Es wird also nur die Identität des Unterschriftsleistenden geprüft. Damit soll vermieden werden, dass
Betreuungsbehörden zur inhaltlichen Überprüfung der Vorsorgevollmachten (und
Betreuungsverfügungen) gezwungen werden. Sie wären in diesem Bereich ansonsten zu einer umfassenden rechtlichen und wirtschaftlichen Beratung und Prüfung
verpflichtet. Dies würde den Kommunen eine nicht zu leistende Personalausstattung abverlangen. Unterschriftsbeglaubigungen leisten kommunale Behörden hingegen heute bereits bei vielen Gelegenheiten. Hat eine Kommune hierfür geschultes Personal, so kann sie dieses als Urkundsperson der Betreuungsbehörde
benennen (Absatz 4). Besser wäre es, bisher in den Betreuungsbehörden vorhandene Mitarbeiter zu schulen, um sie mit den Prüfungserfordernissen bei Beglaubigungen vertraut zu machen. Absatz 4 Satz 3 gibt den Ländern die Möglichkeit,
die Ausbildungs- und sonstigen Anforderungen an die Urkundsperson zu regeln.
Offen bleibt, ob dies durch Rechtsnorm oder Verwaltungsvorschrift geschieht.
Dies richtet sich nach dem jeweiligen Landesrecht. Durch die **Einfügung des
Wortes „öffentlich"** in Abs. 2 Satz 1 ist nunmehr klargestellt, dass die Beglaubi-

BtBG § 7 III. Aufgaben der örtlichen Behörde

gung der Betreuungsbehörde nicht eine „amtliche", sondern eine „öffentliche" nach § 129 BGB und damit auch „grundbuchtauglich" ist und die Anforderungen der öffentlichen Beglaubigung nach § 29 Grundbuchordnung erfüllt (zum – überholten – Streitstand: Renner u. Spanl, Rpfleger 2007, 367 ff.)

12 Ist der betreffende **Behördenmitarbeiter** als Betreuer oder Verfahrenspfleger in einem Verfahren tätig, soll er die Beglaubigung wegen seiner möglichen **Befangenheit** nicht vornehmen (Absatz 3). Die Fassung als Soll-Vorschrift bedeutet, dass der Mitarbeiter grundsätzlich nicht beglaubigen darf, dass aber eine Verletzung dieser Pflicht nicht zur Unwirksamkeit der Beglaubigung führt.

13 Absatz 5 setzt eine **Beglaubigungsgebühr von 10 Euro** fest, auf die z. B. bei Sozialhilfebezug verzichtet werden kann („aus Billigkeitsgründen"). Die Regelung erlaubt eine unbürokratische Handhabung. Mit der Gebühr soll der zusätzliche Aufwand der Kommunen mit dieser Aufgabe zumindest teilweise refinanziert werden.

14 Absatz 6 ermächtigt die Länder, durch Verordnung andere Gebühren einzuführen. Die Länder könnten z. B. ihre Verwaltungskostengesetze oder andere Regelungen für anwendbar erklären oder einfach abweichende (höhere oder gestaffelte) Gebühren festsetzen. Der Wortlaut lässt eine Gebühr auch für Beratungen zu, was eine Refinanzierung der zusätzlichen Aufgabe durch die Kommunen ermöglichte, ist aber wohl einschränkend dahin zu verstehen, dass nur Gebühren und Auslagen für die Beglaubigung gemeint sind (Bienwald § 6 BtBG Rn 37).

§ 7 [Mitteilungen]

(1) **Die Behörde kann dem Betreuungsgericht Umstände mitteilen, die die Bestellung eines Betreuers oder eine andere Maßnahme in Betreuungssachen erforderlich machen, soweit dies unter Beachtung berechtigter Interessen des Betroffenen nach den Erkenntnissen der Behörde erforderlich ist, um eine erhebliche Gefahr für das Wohl des Betroffenen abzuwenden.**

(2) **Der Inhalt der Mitteilung, die Art und Weise ihrer Übermittlung und der Empfänger sind aktenkundig zu machen.**

Übersicht

	Rn.
1. Normzweck	1
2. Anzeigerecht der Behörde	2
3. Voraussetzung der Mitteilung	6
4. Form und Inhalt der Mitteilung	11
5. Mitteilungen anderer Behörden	12
6. § 71 Abs. 3 SGB X	14

1. Normzweck

1 Die Vorschrift regelt den **Datenfluss von Behörden zum Gericht.** Der umgekehrte Datenweg vom Gericht zu Behörden ist in §§ 308 ff. FamFG geregelt. Leistungsträger der Sozialverwaltung sind nach § 71 Abs. 3 SGB X unter den Voraussetzungen des § 7 Abs. 1 BtBG zu einer Datenübermittlung befugt (vgl. u. Rn 14). Die Beschränkungen nach Absatz 1 gelten **nicht für Daten,** die die

[Mitteilungen] **§ 7 BtBG**

Behörde auf Anforderung des Vormundschaftsgerichts im Rahmen **der Sachverhaltsermittlung** nach § 8 BtBG erhebt.

2. Anzeigerecht der Behörde

Nach § 54 a i. V. m. §§ 47 a, 48 JWG hatte das Jugendamt eine **Überwachungspflicht** sowie eine **Mitteilungspflicht**, falls es von Mängeln und Pflichtwidrigkeiten seitens des Vormunds oder Pflegers und Gefährdungen des Vermögens des Betroffenen erfuhr. Ferner hatte das Jugendamt nach § 47 d Abs. 2 JWG einen Aufenthaltswechsel des Betroffenen dem Vormundschaftsgericht mitzuteilen.

Statt einer **Anzeigepflicht** normiert § 7 Abs. 1 ein **Anzeigerecht**. Dies wird als unzureichend kritisiert, da die Betreuerbestellung allein Aufgabe des Gerichts sei und eine Mitwirkung der Behörde im Sinne gefilterter Informationen nicht vorgesehen sei im § 1896 BGB (Damrau/Zimmermann Rn 7). Daran ist zutreffend, dass anders als im Entmündigungsverfahren nach den mit dem BtG aufgegebenen Vorschriften der §§ 645 ff. ZPO eine obligatorische Beteiligung einer Behörde nicht mehr vorgesehen ist. Daraus ist jedoch nicht zu schließen, dass allein das Betreuungsgericht Sachverhalte auf eine etwaige Betreuerbestellung hin zu überprüfen habe: die Betreuungsbehörde neuen Typs soll gerade eine starke, eigenverantwortliche Tätigkeit als gleichberechtigter Pfeiler der Betreuungslandschaft ausüben. Dies ist auch sinnvoll, da auf diese Weise möglicherweise überflüssige Tätigkeiten der Gerichte vermieden werden können.

Das mit dem BtBG und dem Verfahrensrecht in den §§ 271 ff. FamFG installierte System des Zusammenspiels von Behörde und Gericht geht davon aus, dass die Behörde eine eigenverantwortliche Überprüfung der Erforderlichkeit einer Betreuung vornimmt und das Ergebnis in einem Sozialbericht oder Sozialgutachten dem Gericht mitteilt. Dann ist es erst recht sinnvoll, wenn die Behörde Informationen, die nach ihrer Entscheidung keine Betreuerbestellung rechtfertigen, dem Gericht nicht unterbreitet. Insoweit hat die Behörde eine gesetzlich festgelegte **Filterfunktion**.

Auch wenn die der Behörde vorliegenden Informationen eine Betreuerbestellung rechtfertigen, kann die Behörde von einer Mitteilung an das Gericht absehen, wenn sie erwartet, durch Beratung und andere Hilfestellungen auf Grund eines Vertrauensverhältnisses des Betroffenen eine ausreichende Lösung zu erzielen oder die Zerstörung des Vertrauensverhältnisses zum Betroffenen oder etwa Angehörigen nachteiliger erscheint als die Vorteile einer etwaigen Betreuerbestellung (vgl. BT-Drucks. 11/4528 S. 199).

3. Voraussetzung der Mitteilung

Der Maßstab für die Zulässigkeit einer Mitteilung wird durch das Erfordernis einer „erheblichen Gefahr für das Wohl des Betroffenen" hoch angesetzt. **Drittinteressen** sind damit von vornherein **ausgeschlossen**. Dritte haben die Möglichkeit, sich selbst an das Vormundschaftsgericht zu wenden (BT-Drucks. 11/4528 S. 199; Bienwald Rn 10 ff.). Das gilt insbesondere auch für andere Behörden, die sich allerdings von der Betreuungsbehörde beraten lassen können (und sollten).

Die angestrebte **Maßnahme** des Betreuungsgerichts muss nicht nur zulässig, sondern auch **geeignet** sein, die erhebliche Gefahr abzuwenden. Mit einer Betreuerbestellung oder anderen Maßnahmen im Rahmen eines Betreuungsverfahrens muss eine positive Veränderung hin zum Wohle des Betroffenen zu erwarten sein. Wenn auch ein Betreuer keine tatsächlichen Möglichkeiten der Einflussnahme oder Veränderung hat, wäre eine Maßnahme nicht Erfolg versprechend und daher unzulässig.

8 Eine „**Gefahr**" ist dann gegeben, wenn nicht nur die bloße Möglichkeit, sondern bereits eine nicht unerhebliche **Wahrscheinlichkeit** eines Schadenseintritts vorliegt (ähnlich Bienwald Rn 15 „hinreichend wahrscheinlich"). Bei Mängeln in der Betreuung ist eine solche Gefahr noch nicht gegeben, solange der Betreuer zur Abhilfe bereit und in der Lage ist (vgl. BT-Drucks. 11/4528 S. 199). Auch bei Mängeln in der Wahrnehmung von Aufgaben durch einen Vorsorgebevollmächtigten kann die Schwelle für eine Mitteilung an das Betreuungsgericht zu hoch sein, so dass eine „Altenwohlgefährdung" ohne direkte Abhilfemöglichkeit gesehen wird (Riedel/Stolz BtPrax 2008, 237 f.).

9 **Erheblich** ist die Gefahr, wenn gemessen an den Verhältnissen des Betroffenen nicht nur ein geringer, sondern ein im Verhältnis zu den mit der Maßnahme zu erwartenden Belastungen bedeutender Schaden voraussehbar ist. Sowohl vermögensrechtliche als auch persönliche Schäden sind so zu betrachten.

10 Als anzuregende Maßnahme zur Gefahrenabwehr kommt neben der Betreuerbestellung z. B. die Anordnung eines Einwilligungsvorbehalts, die Genehmigung einer Wohnungsauflösung, Heilbehandlung oder Unterbringung in Betracht (vgl. BT-Drucks. a.a.O.).

4. Form und Inhalt der Mitteilung

11 Nach **Abs. 2** sind Form und Inhalt sowie der Empfänger der Mitteilung aktenkundig zu machen, z. B. durch einen kurzen Aktenvermerk. Schriftliche Mitteilungen sind am zweckmäßigsten in Kopie zur Akte zu nehmen, um eine genaue Nachvollziehbarkeit zu gewährleisten. Das Unterbleiben einer Mitteilung ist genau so aktenkundig zu machen unter Darlegung der wesentlichen Gründe. Empfehlenswert ist auch die Information eines anzeigenden Dritten, falls keine Mitteilung an das Gericht erfolgt, um diesem den direkten Weg zum Gericht aufzuzeigen.

5. Mitteilungen anderer Behörden

12 Andere Behörden und Gerichte haben nach § 22 a FamFG die Möglichkeit und ggfs. die Verpflichtung, Maßnahmen des Betreuungsgerichts anzuregen. Dies betrifft in der Praxis insbesondere Gesundheits-, Sozial- und Ordnungsämter, Altenhilfe, Polizei- und Straßenverkehrsbehörden und Staatsanwaltschaft.

13 Wenn **besondere Verwendungsregelungen** entgegenstehen, ist eine Übermittlung den Behörden nicht gestattet (§ 22 a Abs. 2 Satz 2 FamFG). In Betracht kommen Steuergeheimnis, ärztliche Schweigepflicht, besondere Übermittlungsregelungen und abschließende Zweckbindungsregelungen (BT-Drucks. 11/4528 S. 199). Weiterhin ist eine Abwägung mit etwaigen Drittinteressen oder Interessen der Allgemeinheit vorzunehmen.

6. § 71 Abs. 3 SGB X

Im SGB X ist das Verwaltungsverfahren der Sozialverwaltungen geregelt. 14
Besonders geschützt sind die im Verlaufe eines Verfahrens dem Leistungsträger
übermittelten Daten. Auf Vorschlag des Bundesrates ist in § 71 SGB X ein Absatz 3
angefügt worden, der lautet:

„(3) Eine Übermittlung von Sozialdaten ist auch zulässig, soweit es nach pflichtgemäßem Ermessen eines Leistungsträgers erforderlich ist, dem Betreuungsgericht die Bestellung eines Betreuers oder eine andere Maßnahme in Betreuungssachen zu ermöglichen. § 7 des Betreuungsbehördengesetzes gilt entsprechend."

Zur Abwendung einer erheblichen Gefahr für das Wohl des Betroffenen kann 15
daher der Leistungsträger auch Sozialdaten dem Betreuungsgericht übermitteln,
wenn und soweit dies für eine Maßnahme erforderlich ist. Die Abwägung ist
vom Leistungsträger eigenverantwortlich vorzunehmen. Eine Übermittlung reiner
Personalien ohne nähere Angaben eines Grundes ist ebenso unzulässig, weil sie
zu Lasten des Betroffenen zu erkennbaren Verzögerungen und etwaigen Doppelermittlungen und zusätzlichen Befragungen führt, wie die Übermittlung vollständiger Akten, da diese in der Regel eine Reihe vertraulicher Daten enthalten, die
für eine Maßnahme des Vormundschaftsgerichts ohne Bedeutung sind.

§ 8 [Vormundschaftsgerichtshilfe]

Die Behörde unterstützt das Betreuungsgericht. Dies gilt insbesondere für die Feststellung des Sachverhalts, den das Gericht für aufklärungsbedürftig hält, und für die Gewinnung geeigneter Betreuer. Wenn die Behörde vom Betreuungsgericht dazu aufgefordert wird, schlägt sie eine Person vor, die sich im Einzelfall zum Betreuer oder Verfahrenspfleger eignet. Die Behörde teilt dem Betreuungsgericht den Umfang der berufsmäßig geführten Betreuungen mit.

1. Allgemeine Unterstützungspflicht

Vorläufer dieser Vorschrift war § 48 JWG, der eine **allgemeine Unterstüt-** 1
zungspflicht des Jugendamtes hinsichtlich der Personensorge normierte. § 8 S. 1
BtBG erweitert diese Pflicht auf alle Bereiche. Aus der allgemeinen Unterstützungspflicht ist nicht auf eine Abhängigkeit der Behörde vom Gericht zu schließen
(BT-Drucks. 11/4528 S. 200). Die Behörde ist eigenständig und eigenverantwortlich und unterliegt keinen Weisungen des Gerichts über die Art und Weise ihrer
Tätigkeit (LG Hamburg FamRZ 1997, S. 118 f.).

Wie die Behörde ihre Unterstützung organisiert, bleibt ihr überlassen. So ist 2
es möglich, dass sie ihrerseits Dienstleistungen „einkauft", also z. B. anerkannte
Betreuungsvereine einschaltet und diese dafür bezahlt, nicht aber, ein Zulassungsverfahren für Berufsbetreuer zu installieren (vgl. Ehl/Wessels, BtPrax 1994, 79 ff.:
„Bochumer Modell"; zur Reichweite: OLG Hamm BtPrax 2006, 187 ff.; Bienwald BtPrax 1997, S. 226 ff.).

2. Sachverhaltsermittlung

3   Satz 2 konkretisiert die Unterstützungspflicht hinsichtlich der Sachverhaltsermittlung. Hält das Gericht einen bestimmten Sachverhalt für aufklärungsbedürftig, ist die **Behörde** auf Ersuchen des Gerichts **zum Tätigwerden verpflichtet**. Dies gilt nicht bei willkürlichen Ermittlungsersuchen, wenn also keine hinreichenden Anhaltspunkte für die Aufnahme oder Fortsetzung von Ermittlungen gegeben sind (LG Hamburg FamRZ 1997, S. 118 f.).

4   Nach § 26 FamFG ist das Gericht von Amts wegen zur Aufklärung des Sachverhalts verpflichtet. Es hat die Möglichkeit, die Behörde einzuschalten oder selbst Ermittlungen zu tätigen, z. B. Zeugen zu vernehmen, Auskünfte einzuholen, den Betroffenen und sein soziales Umfeld zu befragen. Direkte eigene Ermittlungstätigkeiten schon zu Beginn eines Betreuerbestellungsverfahrens dürften zweckmäßig sein, wenn es im Wesentlichen um Rechtsfragen geht. Sind – wie in den meisten Verfahren – Ermittlungen des sozialen Hintergrunds des Betroffenen erforderlich, ist es zweckmäßig, die Betreuungsbehörde um Sachverhaltsaufklärung zu ersuchen, um frühzeitig **sozialpädagogisches Fachwissen** in das Verfahren einzubringen. Durch eine praxisbezogene strenge Erforderlichkeitsprüfung können vielfach weitere, den Betroffenen und die Gerichte belastende Schritte vermieden werden, z. B. eine Begutachtung, wenn die Prüfung der Behörde eine Betreuerbestellung überflüssig oder unzulässig erscheinen lässt (vgl. Jürgens/Kröger/Marschner/Winterstein Rn 606; Kort, Betrifft: Betreuung 8, S. 168).

5   Der Vorteil der Einschaltung der Betreuungsbehörde in einem frühen Stadium liegt insbesondere darin, dass ein in **Gesprächsführung mit psychisch kranken oder behinderten Menschen** geschulter Mitarbeiter außerhalb des aus der Sicht des Betroffenen häufig als belastend empfundenen gerichtlichen Anhörungstermins in der gewohnten Umgebung des Betroffenen mit ihm seine Probleme erörtern kann. Der Mitarbeiter sollte sich Zeit nehmen, damit auf den Betroffenen eingegangen werden kann (zum methodischen Vorgehen näher z. B. Deinert, Handbuch der Betreuungsbehörde, 2. Aufl. 1994, A 2.3.4.; Kersten BtPrax 1994, 53). Nach dem Gespräch mit dem Betroffenen haben sich – wenn erforderlich – etwaige weitere Ermittlungen anzuschließen, z. B. Befragung von Angehörigen oder nahe stehenden Personen. Diese Gespräche sind aus Gründen des (Daten-)Schutzes des Betroffenen bei insoweit einwilligungsfähigen Personen nur zulässig, wenn der Betroffene sich einverstanden erklärt oder das Gericht sie zur Sachverhaltsaufklärung ausdrücklich anordnet. Ist der Betroffene insoweit nicht entscheidungsfähig, sind – wie in § 7 BtBG – die Interessen abzuwägen, wenn nicht ein ausdrücklicher Auftrag des Gerichts vorliegt.

6   Ein **Ermittlungsbericht der Betreuungsbehörde** hat sich mit den vom Gericht geforderten, darüber hinaus mit von der Betreuungsbehörde als erforderlich erkannten Umständen zu befassen. Ein so vorbereiteter Gerichtstermin ist für alle Seiten ergiebiger. Die Ermittlungstätigkeit der Behörde kann mithin nicht die **Sachverhaltsaufklärung** und schon gar nicht die **Überzeugungsbildung** des Gerichts ersetzen, sie soll sie vielmehr **rationell vorbereiten** (vgl. Deinert a.a.O. A 2.2.) Der Bericht der Behörde kann im Wege des Freibeweises in das Verfahren eingeführt werden (Damrau/Zimmermann Rn 3).

7   Die Ermittlungstätigkeit, die die Behörde im Auftrag des Gerichts durchführt, unterliegt nicht den Beschränkungen des § 7 Abs. 1 BtBG bei der **Datenüber-**

[Vormundschaftsgerichtshilfe] **§ 8 BtBG**

mittlung an das Gericht. Ermittlungen, die die Behörde ohne oder außerhalb des gerichtlichen Auftrags tätigt, sind nur unter den Voraussetzungen des § 7 Abs. 1 weiterzugeben (vgl. Bienwald Rn 12).

3. Gewinnung und Vorschlag von Betreuern und Verfahrenspflegern

Das **Gericht** hat in erster Linie die **Verpflichtung,** für jeden Einzelfall einen geeigneten Betreuer zu finden, §§ 1896, 1897 BGB. Die **Betreuungsbehörde** hat das Gericht dabei (lediglich) zu **unterstützen.** Gericht und Behörde erstrecken daher zweckmäßigerweise in einem Verfahren von Anfang an Ermittlungen auf die Person des Betreuers. 8

Auf Vorschlag des Bundesrates ist S. 3 in Anlehnung an § 47 JWG ergänzt worden, da die Befürchtung bestand, die Gerichte, die in Entscheidungszwang sind, würden nicht in jedem Fall einen geeigneten Betreuer finden (BT-Drucks. 11/4528 S. 223). Obwohl die Bundesregierung darauf hingewiesen hat (wie die Praxis zeigt: häufig zu Recht), dass die Gerichte bei einer Verpflichtung der Betreuungsbehörde zu einem Vorschlag nicht mehr ausreichend im sozialen Umfeld des Betroffenen nach Betreuern suchten, ist dieser Vorschlag Gesetz geworden. Die durch das 2. BtÄndG eingefügte Änderung in Satz 3 verpflichtet die Behörde zusätzlich, auf Verlangen des Gerichts Verfahrenspfleger zu benennen. Sie kann auch eigene Bedienstete vorschlagen. 9

Die Regelung führt in der Praxis zu einer **Ausfallbürgschaft der Behörde bei der Bestellung eines Betreuers,** so dass sogar entgegen dem Wortlaut und dem Sinn der §§ 1897, 1900 BGB die Behörde als Institution bestellt wird in Fällen, die von einem geeigneten Einzelbetreuer wahrgenommen werden könnten (vgl. BayObLG BtPrax 1993 S. 140 f.), weil aktuell kein Betreuer benannt werden kann. Gerichte und Behörden müssten aber in **interdisziplinärer Zusammenarbeit** in jedem Einzelfall eine geeignete Person suchen und gewinnen durch die Zusage kontinuierlicher Unterstützung und Beratung. 10

Um einen qualifizierten Vorschlag machen zu können, muss die Behörde vom Gericht möglichst das **Anforderungsprofil** an den gewünschten Betreuer mitgeteilt bekommen, am zweckmäßigsten die dafür aussagekräftigen Teile der Gerichtsakte und genaue Angaben des Gerichts über die Erwartung an den Betreuer erhalten. Wenn die Behörde eine Einzelperson vorschlägt, sollte sie vorher die erforderliche **Einverständniserklärung** (vgl. § 1898 Abs. 2 BGB) eingeholt haben, bei Vereinsbetreuern auch die des Vereins (§ 1897 Abs. 2 S. 1 BGB). Eine Benennung ohne diese Erklärungen führt dazu, dass das Gericht erst die Erklärungen einholen und, wenn sie nicht erteilt werden, mit zeitlicher Verzögerung wieder an die Behörde herantreten muss. Die Behörde kann, muss aber nicht, einen eigenen Mitarbeiter als Betreuer benennen. 11

§ 8 gibt dem (beruflichen) Betreuer kein subjektives Recht darauf, gegenüber dem Vormundschaftsgericht vorgeschlagen zu werden (VG Frankfurt BtPrax 1997, S. 83) oder ein Beschwerderecht zu seinen Gunsten auszuüben (OVG Lüneburg NdsRpfl 2001, S. 67). Die Betreuungsbehörde kann nach § 303 Abs. 1 Nr. 1 FamFG die Auswahlentscheidung des Betreuungsgerichts mit dem Ziel angreifen, die Aufnahme der Tätigkeit der ausgewählten Person speziell in ihrer Eigenschaft als Berufsbetreuer zu verhindern, nicht aber, ein Zulassungsverfahren für Berufsbetreuer zu installieren (OLG Hamm BtPrax 2006, 187; allerdings kann die Entschei- 12 dung über die Aufnahme eines Betreuers in eine beim Gericht geführte Liste ein nach § 23 EGGVG anfechtbarer Justizverwaltungsakt sein, OLG Frankfurt BtPrax 2008, 223).

13 Damit das Betreuungsgericht die Belastungssituation und damit ein wesentliches Merkmal der Eignung eines Betreuers beurteilen kann, ist von der Behörde bei Vorschlag eines beruflichen Betreuers unaufgefordert immer die Zahl und die Schwierigkeit („Umfang") der bisherigen Betreuungen dieses Betreuers dem Gericht mitzuteilen. Angesichts der Zeit- und Vergütungspauschalen erfolgt die **Steuerung der Belastungen des einzelnen Betreuers** im Wesentlichen über die Fallzahlen, so dass der Richter diese im Zeitpunkt seiner Entscheidung kennen muss.

4. Beteiligung im Verfahren

14 Die Betreuungsbehörde kann im gerichtlichen Verfahren sich nicht nur äußern, wenn ihr dazu Gelegenheit gegeben wird nach § 279 Abs. 2 FamFG, sondern in jedem Stadium des Verfahrens Stellung nehmen (vgl. u. § 9 Rn 4, 6, 8). Ihre Unterstützung kann auch darin bestehen, geeignete Verfahrenspfleger zu benennen oder zu stellen (a. A. Bienwald § 8 BtBG Rn 35), eine gerichtliche Praxis, die nunmehr durch die Vergütungsvorschrift in § 277 Abs. 4 Satz 3 FamFG geklärt ist, oder Gutachter zu benennen. Sinnvoll ist es auch, namentlich benannte Behördenmitarbeiter als **Sozialgutachter** zur Verfügung zu stellen (zu den weiteren Beteiligungen im Verfahren vgl. u. § 9).

§ 9 [Sonstige Aufgaben der Behörde]

Die Aufgaben, die der Behörde nach anderen Vorschriften obliegen, bleiben unberührt. Zuständige Behörde im Sinne dieser Vorschriften ist die örtliche Behörde.

1. Sonstige Aufgaben der Betreuungsbehörde

1 Die bundesrechtlich zugeschriebenen Aufgaben der örtlichen Betreuungsbehörde sind in Abschnitt III des BtBG geregelt. Daneben können den örtlichen Betreuungsbehörden landesrechtlich Aufgaben übertragen werden (Bienwald Rn 1), z.B. die Anerkennung und Förderung von Betreuungsvereinen, wobei auch außerhalb des Betreuungswesens liegende Aufgaben etwa nach dem Landesunterbringungsrecht in Betracht kommen (Damrau/Zimmermann § 6 BtBG Rn 1). **Satz 1** stellt ferner klar, dass die Betreuungsbehördenaufgaben nach BGB und FamFG unberührt bleiben von den Regelungen nach §§ 4–8 BtBG. Es können dies sein:
- Übernahme von Betreuungen, § 1900 Abs. 4 BGB, mit der Pflicht zur Überprüfung, ob ein Einzelbetreuer bestellt werden kann, § 1900 Abs. 3 BGB;
- Anstellungsträgerschaft von Behördenbetreuern, § 1897 Abs. 2 BGB;
- Übernahme von Verfahrenspflegschaften, wenn diese nicht durch eine natürliche Person oder einen Verein geleistet werden können, §§ 276 FamFG, 1900 Abs. 4 BGB, allerdings ohne Vergütungsanspruch, § 276 Abs. 4 Satz 3 FamFG (Bienwald Rn 3);

[Sonstige Aufgaben der Behörde] **§ 9 BtBG**

- Anstellungsträgerschaft von Behördenmitarbeitern als Verfahrenspfleger, §§ 276, 277 Abs. 4 Satz 3 FamFG, 1897 Abs. 2 BGB (a.A. Bienwald a.a.O.);
- Vorführung des Betroffenen im gerichtlichen Verfahren zur persönlichen Anhörung bzw. zur Verschaffung eines unmittelbaren Eindrucks, § 278 Abs. 5 FamFG (diese Aufgabe kann auch unmittelbar Vollstreckungsstellen übertragen werden, wenn sie für den betroffenen Personenkreis besonders geschult sind); die Kosten sind Verfahrenskosten, die vom Gericht zu tragen sind (vgl. Walther in HK-BUR § 9 BtBG Rn 77 ff);
- Äußerung gegenüber dem Gericht im Betreuerbestellungsverfahren, § 279 Abs. 2 FamFG;
- Äußerung gegenüber dem Betreuungsgericht, wenn erstmals eine Person als Berufsbetreuer bestellt wird, § 1897 Abs. 7 BGB;
- Vorführung des Betroffenen zur Untersuchung für die Begutachtung, § 283 Abs. 1 FamFG;
- Vorführung des Betroffenen zur Unterbringung und Beobachtung zur Vorbereitung des Gutachtens, § 284 Abs. 3 Satz 1 FamFG;
- Entgegennahme der Entscheidung über eine Betreuerbestellung oder die Anordnung eines Einwilligungsvorbehalts (mit der Pflicht zur Überprüfung im Interesse des Betreuten auch im Hinblick auf den Überprüfungszeitpunkt nach § 286 Abs. 3 FamFG, des Anleitungs- und Beratungsbedarfs des Betreuers und auch zur Feststellung der Gesamtfallzahlbelastung eines professionellen Betreuers), § 288 Abs. 2 FamFG;
- interne Auswahl einer anderen Person, der die Aufgabe der Betreuung durch die Behörde übertragen wird, nach Vorgabe des Gerichts, § 291 FamFG;
- Äußerung gegenüber dem Gericht im Genehmigungsverfahren einer Sterilisation, § 297 Abs. 2 FamFG;
- Prüfung, ob Beschwerde gegen die Bestellung eines Betreuers oder die Ablehnung einer Bestellung oder gegen die Anordnung oder Ablehnung eines Einwilligungsvorbehalts eingelegt wird, § 303 Abs. 1 FamFG;
- Äußerung bei Veränderungsentscheidungen, § 293 Abs. 1, 294 Abs. 1, 295 Abs. 1, 296 Abs. 1 FamFG;
- Vorführung des Betroffenen im Rahmen eines Unterbringungsverfahrens zur Anhörung durch das Gericht, §§ 322, 319 FamFG;
- Äußerung bei zivilrechtlicher Unterbringung, § 320 FamFG;
- Vorführung des Betroffenen im Rahmen eines Unterbringungsverfahrens zur ambulanten oder stationären Untersuchung zur Begutachtung, § 322 FamFG;
- Entgegennahme der Unterbringungsentscheidung mit der Pflicht zur Prüfung, ob Rechtsmittel einzulegen sind, § 325 Abs. 2 FamFG;
- Unterstützung des Betreuers beim Vollzug der Unterbringung, notfalls mit Gewaltanwendung auf besondere Entscheidung des Gerichts, § 326 Abs. 1 FamFG; die Kosten sind vom Betroffenen zu tragen, bei dessen Mittellosigkeit vom zuständigen Krankenversicherungs- oder Sozialhilfeträger (vgl. Bienwald §1906 BGB Rn 179; ähnlich Walther in HK-BUR § 9 BtBG Rn 83; a.A. LG Koblenz FamRZ 2004, 566);
- Mitwirkung bei vorläufigen Unterbringungsmaßnahmen, § 331 Abs. 1 FamFG;
- Mitwirkung bei Unterbringungsmaßnahmen nach § 1846 BGB durch das Gericht, § 334 FamFG;
- Äußerung vor Aufhebung einer Unterbringungsmaßnahme, § 330 Satz 1 FamFG;

BtBG § 9 III. Aufgaben der örtlichen Behörde

- Mitwirkung bei der Verlängerung von Unterbringungsmaßnahmen wie bei Erstmaßnahmen, § 329 Abs. 2 FamFG;
- Äußerung vor Aussetzung der Vollziehung einer Unterbringungsmaßnahme nach Landesrecht, § 328 Abs. 1 FamFG;
- Prüfung, ob Rechtsmittel gegen Unterbringungsentscheidungen oder deren Ablehnung oder Aufhebung eingelegt werden soll, § 335 Abs. 4 FamFG;
- Aufnahme eines Vermögensverzeichnisses auf Anordnung des Gerichts, §§ 1802 Abs. 3, 1908 i Abs. 1 BGB;
- Geltendmachung von Aufwendungsersatz- und Vergütungsansprüchen bei Bestellung eines Behördenbetreuers oder der Behörde, § 1908 h Abs. 1 und 2 BGB;
- Entgegennahme, Auswertung und Weitergabe der Mitteilung von beruflichen Betreuern nach § 10 VBVG; u. U. Erinnerung oder Erzwingung der Mitteilung.

2. Örtliche Behörde

2   **Satz 2** stellt klar, dass als zuständige Behörde im Sinne anderer Vorschriften nach Satz 1 stets die örtliche Behörde anzusehen ist (BT-Drucks. 11/4528 S. 200).

Gesetz über das Verfahren in Familiensachen und in den Angelegenheiten der freiwilligen Gerichtsbarkeit (FamFG)

Einleitung

Am 1. 9. 2009 trat das neue **FamFG** (Gesetz über das Verfahren in Familiensachen und in den Angelegenheiten der freiwilligen Gerichtsbarkeit) in Kraft. Das FamFG regelt – unter Aufhebung des bisher geltenden FGG – ab 1. 9. 2009 unter anderem das gerichtliche Verfahren in Betreuungs- und Unterbringungssachen neu. Mit dem FamFG ist in diesen Angelegenheiten im Verfahrensrecht keine gravierende Änderung der bisherigen Rechtslage eingetreten. Die Änderungen beruhen zu einem nicht unerheblichen Teil darauf, dass verstärkt der Allgemeine Teil des FamFG für die Betreuungs- und Unterbringungssachen gilt, soweit nicht in §§ 271 ff Sonderregelungen getroffen wurden.

Artikel 111 Übergangsvorschrift des Gesetzes zur Reform des Verfahrens in Familiensachen und in den Angelegenheiten der freiwilligen Gerichtsbarkeit (FGG-Reformgesetz)

(1) Auf Verfahren, die bis zum Inkrafttreten des Gesetzes zur Reform des Verfahrens in Familiensachen und in den Angelegenheiten der freiwilligen Gerichtsbarkeit eingeleitet worden sind oder deren Einleitung bis zum Inkrafttreten des Gesetzes zur Reform des Verfahrens in Familiensachen und in den Angelegenheiten der freiwilligen Gerichtsbarkeit beantragt wurde, sind weiter die vor Inkrafttreten des Gesetzes zur Reform des Verfahrens in Familiensachen und in den Angelegenheiten der freiwilligen Gerichtsbarkeit geltenden Vorschriften anzuwenden. Auf Abänderungs-, Verlängerungs- und Aufhebungsverfahren finden die vor Inkrafttreten des Gesetzes zur Reform des Verfahrens in Familiensachen und in den Angelegenheiten der freiwilligen Gerichtsbarkeit geltenden Vorschriften Anwendung, wenn die Abänderungs-, Verlängerungs- und Aufhebungsverfahren bis zum Inkrafttreten des Gesetzes zur Reform des Verfahrens in Familiensachen und in den Angelegenheiten der freiwilligen Gerichtsbarkeit eingeleitet worden sind oder deren Einleitung bis zum Inkrafttreten des Gesetzes zur Reform des Verfahrens in Familiensachen und in den Angelegenheiten der freiwilligen Gerichtsbarkeit beantragt wurde.

(2) Jedes gerichtliche Verfahren, das mit einer Endentscheidung abgeschlossen wird, ist ein selbständiges Verfahren im Sinne des Absatzes 1 Satz 1.

(3) Abweichend von Absatz 1 Satz 1 sind auf Verfahren in Familiensachen, die am 1. September 2009 ausgesetzt sind oder nach dem 1. September 2009 ausgesetzt werden oder deren Ruhen am 1. September 2009 angeordnet ist oder nach dem 1. September 2009 angeordnet wird, die nach Inkrafttreten des Gesetzes zur Reform des Verfahrens in Familiensachen und in den Angelegenheiten der freiwilligen Gerichtsbarkeit geltenden Vorschriften anzuwenden.

FamFG Artikel 111

(4) **Abweichend von Absatz 1 Satz 1 sind auf Verfahren über den Versorgungsausgleich, die am 1. September 2009 vom Verbund abgetrennt sind oder nach dem 1. September 2009 abgetrennt werden, die nach Inkrafttreten des Gesetzes zur Reform des Verfahrens in Familiensachen und in den Angelegenheiten der freiwilligen Gerichtsbarkeit geltenden Vorschriften anzuwenden. Alle vom Verbund abgetrennten Folgesachen werden im Fall des Satzes 1 als selbständige Familiensachen fortgeführt.**

(5) **Abweichend von Absatz 1 Satz 1 sind auf Verfahren über den Versorgungsausgleich, in denen am 31. August 2010 im ersten Rechtszug noch keine Endentscheidung erlassen wurde, sowie auf die mit solchen Verfahren im Verbund stehenden Scheidungs- und Folgesachen ab dem 1. September 2010 die nach Inkrafttreten des Gesetzes zur Reform des Verfahrens in Familiensachen und in den Angelegenheiten der freiwilligen Gerichtsbarkeit geltenden Vorschriften anzuwenden.**

1. Anwendungsbereich

1   Die Vorschrift regelt den Übergang von der Anwendung der bisher geltenden Bestimmungen zu sämtlichen mit dem FGG-Reformgesetz in Kraft tretenden Vorschriften und gilt für alle Verfahren, die im FGG-Reformgesetz geregelt werden. Die Übergangsregelung bezieht sich nicht allein auf das neue Stammgesetz, also das Gesetz über das Verfahren in Familiensachen und in den Angelegenheiten der freiwilligen Gerichtsbarkeit (FamFG), sondern auch auf die in den weiteren Artikeln des FGG-Reformgesetzes enthaltenen Vorschriften.

2   Das **FGG** hat für Altverfahren (vgl. Rn 3 f) auch nach dem 1. 9. 2009 noch weiterhin Gültigkeit. Mit der Übergangsregelung in Artikel 111 FGG-Reformgesetz soll gewährleistet werden, dass sich Gerichte und Beteiligte auf die geänderte Rechtslage einstellen können. Wegen der grundlegenden verfahrensrechtlichen Neuerungen – insbesondere auch im Hinblick auf den Rechtsmittelzug – soll das mit der Reform in Kraft getretene Recht auf bereits eingeleitete Verfahren sowie Verfahren, deren Einleitung bereits beantragt wurde, **keine Anwendung** finden.

2. Übergangsregelung bei Alt- und Bestandsverfahren in Betreuungs- und Unterbringungssachen

3   Für Verfahren, die die **Verlängerung**, **Aufhebung** oder **Abänderung** bereits **vor** Inkrafttreten des Gesetzes (1. 9. 2009) begründeter Betreuungen sowie Unterbringungsmaßnahmen betreffen, findet das neue Recht Anwendung, wenn die **Einleitung** des Verlängerungs-, Aufhebungs- oder Abänderungsverfahrens **nach** dem Inkrafttreten des FamFG (also ab 1. 9. 2009) erfolgte bzw. wenn deren Einleitung nach dem Inkrafttreten des Gesetzes **beantragt** wurde. Nach Art. 111 Abs. 2 FGG-Reformgesetz ist jedes gerichtliche Verfahren, das mit einer Endentscheidung abgeschlossen wird, ein selbstständiges Verfahren im Sinne des Artikels 111 Abs. 1 S. 1 FGG-Reformgesetz. Eine **Endentscheidung** ist gem. § 38 Abs. 1 S. 1 FamFG jede Entscheidung, die einen Verfahrensgegenstand im Rahmen einer laufenden Vormundschaft, Betreuung, Pflegschaft, Adoption usw. ganz oder zum Teil abschließt. Was genau unter **Einleitung** der einzelnen Verfahren zu verstehen ist, wird weder im Gesetz noch in den Materialien näher erläutert. Es ist davon

auszugehen, dass damit der Antragseingang eines Antragsberechtigten bzw. die erste formelle (d.h. gesetzlich vorgesehene) Verfahrenshandlung wie Anordnung der Gutachteneinholung oder der Anhörung usw. gemeint ist. Allerdings dürfte beispielsweise die vorsorgliche Anfrage des Gerichts beim Betreuer, ob eine Unterbringung weiterhin beantragt werde, noch nicht als Verfahrenseinleitung in diesem Sinne zu werten sein.

Bestandsverfahren in Betreuungs- und Vormundschaftssachen: Betreuungsverfahren werden teilweise längere Zeit nicht betrieben, da kein aktuelles Verfahren eingeleitet werden muss. Diesbezüglich lässt sich auf der Grundlage von Art. 111 Abs. 2 FGG-Reformgesetz die Auslegung vertreten, dass auch diejenigen Altverfahren, in denen am 1. 9. 2009 Verfahrenshandlungen des Gerichts **nicht absehbar** sind (also weder vor noch nach dem 1. 9. 2009 ein Verfahren eingeleitet wurde bzw. werden wird), von den Vormundschaftsgerichten auf die Familien- oder Betreuungsgerichte überzuleiten sind. Für diese Verfahren trifft das Übergangsrecht des FGG-Reformgesetzes zwar keine spezielle Regelung, da in diesen – gerichtliches Handeln gerade nicht erfordernden – Verfahren aktuell kein Verfahrensrecht anzuwenden ist. Aus Art. 111 Abs. 2 FGG-Reformgesetz kann jedoch der Wille des Gesetzgebers entnommen werden, den Rechtsübergang in allen vormundschaftsgerichtlichen Bestandsverfahren **zügig** wirksam werden zu lassen, um die Vormundschaftsgerichte in einem vertretbaren Zeitrahmen auflösen zu können. Diese Bestandsverfahren können daher zum 1. 9. 2009 ohne weiteres auf die Betreuungsgerichte übergeleitet werden.

3. Übergangsregelung beim Instanzenzug

Die Übergangsregelung erstreckt sich einheitlich auf die Durchführung des Verfahrens in allen **Instanzen.** Ist das Verfahren in erster Instanz noch nach dem bisherigen Recht eingeleitet worden, so erfolgt auch die Durchführung des Rechtsmittelverfahrens nach dem bisher geltenden Recht. Dies betrifft auch den nach bisherigem Recht geltenden Instanzenzug. Ausschließlich soweit auch bereits das erstinstanzliche Verfahren nach den Vorschriften des FamFG durchzuführen war, richtet sich auch die Durchführung des Rechtsmittelverfahrens nach den Regelungen des FamFG (BT-Drucksache 16/6308 S. 359).

4. Übergangsregelung beim einstweiligen Rechtsschutz

Die bisherige **Unselbstständigkeit** der **einstweiligen Anordnungen** (vgl. § 51 Abs. 3 FamFG) wirkt sich auch auf das nach der Übergangsregelung anzuwendende Recht aus. Wird in einem Verfahren **nach bisherigem Recht** (also noch vor dem 1. 9. 2009) ein einstweiliges Anordnungsverfahren gleichzeitig mit der Hauptsache eingeleitet oder dessen Einleitung beantragt und das Hauptsacheverfahren sodann erst nach Inkrafttreten des FGG-Reformgesetzes betrieben, so ist gleichwohl auf das Hauptsacheverfahren nicht das neue Recht anzuwenden (BT-Drucksache 16/6308 S. 359). Für die Anwendung des Rechts ist vielmehr allein darauf abzustellen, dass es sich bei einstweiliger Anordnung und Hauptsache nach bisherigem Recht um ein einheitliches Verfahren handelt, so dass auf die einstweilige Anordnung und die Hauptsache einheitlich noch das bisher geltende Recht anzuwenden ist.

Buch 1 Allgemeiner Teil

Abschnitt 1. Allgemeine Vorschriften

§ 4 Abgabe an ein anderes Gericht

Das Gericht kann die Sache aus wichtigem Grund an ein anderes Gericht abgeben, wenn sich dieses zur Übernahme der Sache bereit erklärt hat. Vor der Abgabe sollen die Beteiligten angehört werden.

vgl. hierzu die Kommentierung zu § 273 Rn 2 ff

§ 5 Gerichtliche Bestimmung der Zuständigkeit

(1) Das zuständige Gericht wird durch das nächsthöhere gemeinsame Gericht bestimmt:
1. wenn das an sich zuständige Gericht in einem einzelnen Fall an der Ausübung der Gerichtsbarkeit rechtlich oder tatsächlich verhindert ist;
2. wenn es mit Rücksicht auf die Grenzen verschiedener Gerichtsbezirke oder aus sonstigen tatsächlichen Gründen ungewiss ist, welches Gericht für das Verfahren zuständig ist;
3. wenn verschiedene Gerichte sich rechtskräftig für zuständig erklärt haben;
4. wenn verschiedene Gerichte, von denen eines für das Verfahren zuständig ist, sich rechtskräftig für unzuständig erklärt haben;
5. wenn eine Abgabe aus wichtigem Grund (§ 4) erfolgen soll, die Gerichte sich jedoch nicht einigen können.

(2) Ist das nächsthöhere gemeinsame Gericht der Bundesgerichtshof, wird das zuständige Gericht durch das Oberlandesgericht bestimmt, zu dessen Bezirk das zuerst mit der Sache befasste Gericht gehört.

(3) Der Beschluss, der das zuständige Gericht bestimmt, ist nicht anfechtbar.

vgl. hierzu die Kommentierung zu § 273 Rn 12-13

§ 7 Beteiligte

(1) In Antragsverfahren ist der Antragsteller Beteiligter.

(2) Als Beteiligte sind hinzuzuziehen:
1. diejenigen, deren Recht durch das Verfahren unmittelbar betroffen wird,
2. diejenigen, die auf Grund dieses oder eines anderen Gesetzes von Amts wegen oder auf Antrag zu beteiligen sind.

(3) Das Gericht kann von Amts wegen oder auf Antrag weitere Personen als Beteiligte hinzuziehen, soweit dies in diesem oder einem anderen Gesetz vorgesehen ist.

Akteneinsicht **§ 13 FamFG**

(4) Diejenigen, die auf ihren Antrag als Beteiligte zu dem Verfahren hinzuzuziehen sind oder hinzugezogen werden können, sind von der Einleitung des Verfahrens zu benachrichtigen, soweit sie dem Gericht bekannt sind. Sie sind über ihr Antragsrecht zu belehren.

(5) Das Gericht entscheidet durch Beschluss, wenn es einem Antrag auf Hinzuziehung gemäß Absatz 2 oder Absatz 3 nicht entspricht. Der Beschluss ist mit der sofortigen Beschwerde in entsprechender Anwendung der §§ 567 bis 572 der Zivilprozessordnung anfechtbar.

(6) Wer anzuhören ist oder eine Auskunft zu erteilen hat, ohne dass die Voraussetzungen des Absatzes 2 oder Absatzes 3 vorliegen, wird dadurch nicht Beteiligter.

vgl. hierzu die Kommentierung zu § 274 Rn 3, 11, 15-18

§ 9 Verfahrensfähigkeit

(1) Verfahrensfähig sind
1. die nach bürgerlichem Recht Geschäftsfähigen,
2. die nach bürgerlichem Recht beschränkt Geschäftsfähigen, soweit sie für den Gegenstand des Verfahrens nach bürgerlichem Recht als geschäftsfähig anerkannt sind,
3. die nach bürgerlichem Recht beschränkt Geschäftsfähigen, soweit sie das 14. Lebensjahr vollendet haben und sie in einem Verfahren, das ihre Person betrifft, ein ihnen nach bürgerlichem Recht zustehendes Recht geltend machen,
4. diejenigen, die auf Grund dieses oder eines anderen Gesetzes dazu bestimmt werden.

(2) Soweit ein Geschäftsunfähiger oder in der Geschäftsfähigkeit Beschränkter nicht verfahrensfähig ist, handeln für ihn die nach bürgerlichem Recht dazu befugten Personen.

(3) Für Vereinigungen sowie für Behörden handeln ihre gesetzlichen Vertreter und Vorstände.

(4) Das Verschulden eines gesetzlichen Vertreters steht dem Verschulden eines Beteiligten gleich.

(5) Die §§ 53 bis 58 der Zivilprozessordnung gelten entsprechend.

vgl. hierzu die Kommentierung zu § 275 Rn 1-2

§ 13 Akteneinsicht

(1) Die Beteiligten können die Gerichtsakten auf der Geschäftsstelle einsehen, soweit nicht schwerwiegende Interessen eines Beteiligten oder eines Dritten entgegenstehen.

(2) Personen, die an dem Verfahren nicht beteiligt sind, kann Einsicht nur gestattet werden, soweit sie ein berechtigtes Interesse glaubhaft machen und schutzwürdige Interessen eines Beteiligten oder eines Dritten nicht entgegenstehen. Die Einsicht ist zu versagen, wenn ein Fall des § 1758 des Bürgerlichen Gesetzbuchs vorliegt.

FamFG § 13

(3) Soweit Akteneinsicht gewährt wird, können die Berechtigten sich auf ihre Kosten durch die Geschäftsstelle Ausfertigungen, Auszüge und Abschriften erteilen lassen. Die Abschrift ist auf Verlangen zu beglaubigen.

(4) Einem Rechtsanwalt, einem Notar oder einer beteiligten Behörde kann das Gericht die Akten in die Amts- oder Geschäftsräume überlassen. Ein Recht auf Überlassung von Beweisstücken in die Amts- oder Geschäftsräume besteht nicht. Die Entscheidung nach Satz 1 ist nicht anfechtbar.

(5) Werden die Gerichtsakten elektronisch geführt, gilt § 299 Abs. 3 der Zivilprozessordnung entsprechend. Der elektronische Zugriff nach § 299 Abs. 3 Satz 2 und 3 der Zivilprozessordnung kann auch dem Notar oder der beteiligten Behörde gestattet werden.

(6) Die Entwürfe zu Beschlüssen und Verfügungen, die zu ihrer Vorbereitung gelieferten Arbeiten sowie die Dokumente, die Abstimmungen betreffen, werden weder vorgelegt noch abschriftlich mitgeteilt.

(7) Über die Akteneinsicht entscheidet das Gericht, bei Kollegialgerichten der Vorsitzende.

Übersicht

	Rn.
1. Anwendungsbereich	1
2. Akteneinsicht für Beteiligte (Abs. 1)	2
a) Grundsatz	2
b) Ausnahme: Abs. 1 2. Hs	3
3. Akteneinsicht für Dritte (Abs. 2)	4
a) Dritte	4
b) Berechtigtes Interesse	5
c) Interessenabwägung	6
d) Akteneinsicht von Behörden	7
e) Gerichtsentscheidungen	8
4. Durchführung der Akteneinsicht (Abs. 3)	9
5. Rechtsanwälte, Notare und Behörden (Abs. 4)	10
6. Elektronische Akte (Abs. 5)	11
7. Entscheidungsträger (Abs. 7)	12
8. Rechtsmittel	13

1. Anwendungsbereich

1 Das Betreuungsrecht selbst kennt keine eigene Regelung über die **Einsichtnahme** in Betreuungsakten. Das Einsichtsrecht in Gerichtsakten ergibt sich aus der im Allgemeinen Teil befindlichen Regelung des § 13 (zuvor § 34 FGG). Nach Sinn und Zweck dieser Vorschrift unterliegen **Auskünfte** aus den Akten den gleichen Voraussetzungen (Keidel-Sternal Rn 74).

Behörden, die nicht Verfahrensbeteiligte sind, haben u. U. weitergehende Rechte aus Art 34 GG oder Landesrecht. Die Entscheidung darüber ist jedoch dann eine Maßnahme der Justizverwaltung nach §§ 23 ff EGGVG (KG OLGZ 1990, 298).

Umfang der Akteneinsicht: Das Recht auf Akteneinsicht erstreckt sich auf die dem Gericht im Zusammenhang mit dem Rechtsstreit vorgelegten oder vom

Gericht selbst geführten Akten einschließlich aller beigezogenen Unterlagen, sofern diese Akten zur Grundlage der Entscheidung gemacht werden sollen oder gemacht worden sind (BayObLG FamRZ 1998, 1625). Allerdings darf in von anderen Behörden/Gerichten **beigezogene Akten** durch das Betreuungsgericht ohne Zustimmung des anderen Gerichts/Behörde keine Akteneinsicht gewährt werden, da das Betreuungsgericht darüber nicht verfügungsbefugt ist (Keidel-Sternal Rn 51). „Geheime" Unterlagen dürfen nicht zur Grundlage der Entscheidung gemacht werden. Bei der Akteneinsicht nicht überlassen oder versandt werden müssen **Entwürfe** von Beschlüssen oder Verfügungen (Abs. 6). Zur Durchführung der Gewährung von Akteneinsicht vgl. Rn 9-10.

2. Akteneinsicht für Beteiligte (Abs. 1)

a) Grundsatz

Abs. 1 regelt die Akteneinsicht für sämtliche Muss- und tatsächlich hinzugezogene Kann-**Beteiligte** (vgl. § 274 Rn 3 ff und 11 ff) und räumt ihnen grundsätzlich ein **uneingeschränktes** Akteneinsichtsrecht ohne besondere Glaubhaftmachung ein. Das Gericht hat kein Ermessen (Keidel-Sternal Rn 22). Dieser Anspruch ist Ausdruck ihres Rechts auf rechtliches Gehör (Art. 103 Abs. 1 GG) und wurde durch das FGG-Reformgesetz nunmehr ausdrücklich normiert (zur bisherigen Rechtslage bei Verfahrensbeteiligten vgl. z. B. OLG Köln BtPrax 2008, 177). Den Beteiligten steht ein Akteneinsichtsrecht aus ihrer Verfahrensstellung zu (BayObLG BtPrax 1998, 78; LG München I BtPrax 1997, 245; Betreuungsbehörde: LG Köln BtPrax 1998, 118). Falls der Wille des Betreuten entgegensteht, führt die Interessenabwägung auch unter Berücksichtigung seiner Interessen in der Regel zur Bevorzugung des Beteiligten (zu den Ausnahmen vgl. Rn 3). **Vor** der Bestellung zur Prüfung der Übernahmebereitschaft (Bienwald § 68 b FGG Rz 86, 87; a. A. Vorauflage: Jürgens, 3. Auflage § 34 FGG Rn 3) und für die **Dauer ihres Amts** besteht ein Akteneinsichtsrecht des Verfahrenspflegers und Betreuers. Als ehemaliger Beteiligter hat auch ein **entlassener Betreuer** ein Akteneinsichtsrecht ohne Glaubhaftmachung eines berechtigten Interesses (Keidel-Sternal Rn 40). Etwas anderes gilt, wenn er sich bereits im Besitz erbetener Informationen befindet und nicht ersichtlich ist, dass die erstrebte Akteneinsicht zu weiteren Erkenntnissen führt (KG BtPrax 2006, 118).

b) Ausnahme: Abs. 1 2. Hs

Das Recht auf Akteneinsicht nach Abs. 1 ist allerdings nicht völlig uneingeschränkt gegeben. Dem Beteiligten wird zwar grundsätzlich Akteneinsicht gewährt, damit dieser seine Rechte im Verfahren wirksam geltend machen kann (OLG Köln BtPrax 2008, 177). Das Gericht kann jedoch einem Beteiligten die Einsicht im **Einzelfall versagen**, wenn dies aufgrund **schwerwiegender Interessen** eines anderen Beteiligten oder eines Dritten erforderlich ist (Prütting/Helms-Jennissen Rn 20). Dem Betroffenen ist vor Akteneinsicht immer **rechtliches Gehör** zu gewähren. Widerspricht der Betroffene, so ist der genaue **Auskunftszweck**, also das Interesse des Antragstellers an der Einsichtnahme, des Beteiligten zu ermitteln. Hierbei genügt aber noch nicht jedes Interesse aus der Privatsphäre oder aus dem Vermögensbereich eines Beteiligten. Es müssen im konkreten Einzelfall besondere Umstände vorliegen, welche die Geheimhaltung ausnahmsweise notwendig erscheinen lassen (Keidel-Sternal Rn 23). Es ist vor vollständiger Zurückweisung des Einsichtsantrags auch abzuwägen, ob das seitens des Betroffenen bestehende Interesse so schwerwiegend ist, dass das Recht auf vollumfängliche Akteneinsicht im Einzelfall **zurückzustehen** hat oder ob die Akteneinsicht nur teilweise gewährt wird. Dies kann etwa psychiatrische Gutachten betreffen, wenn mit der Akteneinsicht Gefahr für den Betreuten oder einen anderen Beteiligten verbunden ist. Dem **Betroffenen** darf die Einsicht in das eingeholte ärztliche Gutachten nur verwehrt werden, wenn hiervon nach Einschätzung des Arztes erhebliche Nachteile für die Gesundheit des Betroffenen zu besorgen sind (§§ 278 Abs. 4, 34 Abs. 2; KG FGPrax 2006, 159). Im Fall des Abs. 1 ist das verfassungsrechtlich gewährleistete **Informationsinteresse** des Beteiligten gegen das Recht des Betreuten auf informationelle **Selbstbestimmung** sowie gegen das auf das gleiche Recht gestützte Geheimhaltungsinteresse des Betreuers bzw. Verfahrenspflegers abzuwägen, falls deren Geheimhaltungsinteressen betroffen sind (LG Nürnberg-Fürth FamRZ 2008, 90; OLG München BtPrax 2005, 199). Unter diesem Aspekt wird auch nach neuem Recht ein **Abkömmling** kein Einsichtsrecht haben, wenn dieses allein dem Zweck dienen soll, die Erfüllung der Rechnungslegungspflicht des Betreuers zu überwachen (OLG München BtPrax 2007, 219). Andererseits kann nach **Ablehnung** der Anordnung einer Betreuung oder Unterbringung auch ein Beteiligter gegen den Willen des Betroffenen keine Akteneinsicht erhalten (OLG Frankfurt FGPrax 2005, 154).

Wenn eine Akteneinsicht aus diesen Gründen ausgeschlossen ist, haben die Beteiligten zur Wahrung des rechtlichen Gehörs Anspruch auf **Bekanntgabe des wesentlichen Inhalts** in geeigneter Form, soweit dies mit dem Zweck der Versagung vereinbar ist, etwa durch Auszüge oder eine schriftliche oder mündliche Zusammenfassung. Kann auf diese Weise das rechtliche Gehör nicht hinreichend gewährt werden, dürfen die Erkenntnisse aus den betroffenen Unterlagen grundsätzlich **nicht** zur Grundlage der Entscheidung gemacht werden (BT-Drucksache 16/6308 S. 181).

3. Akteneinsicht für Dritte (Abs. 2)

a) Dritte

4   Jeder nicht nach § 274 (vgl. die Kommentierung zu § 274) am Betreuungsverfahren tatsächlich Beteiligte gilt als **Dritter** im Sinne des Abs. 2. Diesem ist nach pflichtgemäßem Ermessen Akteneinsicht zu gewähren; das Ermessen (Abwägung zwischen Informationsbedürfnis des Auskunftssuchenden und dem informationellen Selbstbestimmungsrecht des Betroffenen; Keidel-Sternal Rn 33, 34) übt das Gericht aus. Die Akteneinsicht ist Akt der Rechtsprechung und nicht der Justizverwaltung (Bumiller/Harders Rn 8; OLG Hamm FGPrax 2004, 141). In jedem Fall sollte bei einem Akteneinsichtsbegehren eines Dritten durch das Gericht bei den Beteiligten nachgefragt werden (**rechtliches Gehör**), ob sie einwilligen oder an einer Geheimhaltung interessiert sind (BayObLG Rpfleger 1985, 28). Wenn diese einwilligen, kann ggf. ohne die Angabe des berechtigten Interesses Akteneinsicht gewährt werden (Keidel-Sternal Rn 27).

b) Berechtigtes Interesse

5   Einem Dritten darf nur Akteneinsicht gewährt werden, wenn hierfür ein berechtigtes Interesse besteht (OLG Saarbrücken FGPrax 1999, 108; Damrau/

Zimmermann § 1902 BGB Rn 41) und es dafür auch konkrete Anhaltspunkte gibt (OLG München BtPrax 2005, 234). Das ist jedes vernünftigerweise durch die Sachlage gerechtfertigte Interesse – auch nur tatsächlicher, wirtschaftlicher oder wissenschaftlicher Art – das sich nicht auf vorhandene Rechte zu gründen oder auf das Verfahren zu beziehen braucht (BayObLG FamRZ 1998, 683; OLG Frankfurt NJW-RR 1997, 581; Bassenge/Roth-Gottwald Rn 5; Prütting/Helms-Jennissen Rn 23), sondern auch außerhalb des Verfahrens liegen kann (Bumiller/Harders Rn 9). Es reicht aus, dass das künftige Verhalten des Dritten durch Aktenkenntnis beeinflusst werden kann (OLG Oldenburg Rpfleger 1968, 120). Es genügt jedes nach vernünftiger Abwägung durch die Sachlage gerechtfertigte Interesse (Keidel-Sternal Rn 30). Wenn allerdings ausschließlich eigene **wirtschaftliche** Ziele verfolgt werden (gewerbsmäßiger Erbenermittler), ist ein solches zu **verneinen** (LG Berlin FamRZ 2005, 634); das gilt auch beim künftigen **Alleinerben** aufgrund Erbvertrags (OLG Köln FamRZ 2004, 1124) und bei betreuungsgerichtlicher Genehmigung der Abtretung einer Forderung für den betroffenen **Schuldner** der Forderung (BayObLG BtPrax 2001, 85). **Anders** beim **Miterben** des Betreuten, der den Bestand des Nachlasses erfahren will (OLG Köln NJW-RR 1998, 438), wenn hierdurch vermieden werden kann, dass weitere Auseinandersetzungen mit dem Betroffenen geführt werden müssen oder wenn ein nicht am Verfahren beteiligtes Kind die ordnungsgemäße Führung der Betreuung überwachen will (Prütting/Helms-Jennissen Rn 33). Ein berechtigtes Interesse auf Akteneinsicht zur beabsichtigten Geltendmachung von **Amtshaftungsansprüchen** besteht nur für denjenigen, der zum Kreis der durch die Amtspflicht geschützten Dritten gehört (KG NJW-RR 2006, 1294). Ein Ehepartner des Betroffenen hat ein Recht auf Akteneinsicht, wenn er gegen die Bestellung eines Ergänzungsbetreuers Beschwerde einlegen will (Keidel-Sternal Rn 40); einen Anspruch auf Akteneinsicht hat auch der Vorsorgebevollmächtigte. Ein Interesse daran, die Meinungsbildung des Betreuungsgerichts vor der Genehmigung eines **Grundstücksverkaufs** überprüfen zu wollen, ist kein berechtigtes Interesse im Sinne des Abs. 2 (OLG München BtPrax 2005, 199).

Der Auskunfts- bzw. Informationszweck ist auch entscheidend dafür, in welchem **Umfang** (vollständige Akte oder Aktenteile) und in welcher Ausführungsform (Akteneinsicht, Aktenübersendung, Abschriften, Ablichtungen, mündliche Mitteilung vgl. Rn 3) Einsicht gewährt wird.

Der Dritte muss sein berechtigtes Interesse **glaubhaft machen** (§ 31; alle Beweismittel ebenso eigene eidesstattliche Versicherung). Dazu genügt die Darlegung von Umständen, aus denen sich nach dem gewöhnlichen Lauf der Dinge ein berechtigtes Interesse ergibt (Bumiller/Harders Rn 11; Keidel-Sternal Rn 32). **Schikanöse** Akteneinsichtsgesuche können trotz Glaubhaftmachung eines Interesses zurückgewiesen werden (Keidel-Sternal Rn 43).

c) Interessenabwägung

Auch bei Vorliegen eines berechtigten Interesses dürfen schutzwürdige (solche von anderen Verfahrensbeteiligten, insbes. des Betreuten) und öffentliche Interessen Anderer nicht entgegenstehen. 6

d) Akteneinsicht von Behörden

Die zu beteiligende Behörde hat nach Abs. 1 ein Akteneinsichtsrecht. **Abs. 2** 7 lässt andere gesetzliche Vorschriften, nach denen am Verfahren nicht beteiligte

Behörden Akteneinsicht verlangen können, unberührt. Justizbehörden können wegen der Einbeziehung der Angelegenheiten der freiwilligen Gerichtsbarkeit in das GVG auch Akteneinsicht im **Wege der Rechtshilfe** verlangen. In diesen Fällen obliegt es den die Akteneinsicht vornehmenden Behörden, die Wahrung der datenschutzrechtlichen Bestimmungen sicherzustellen (BT-Drucksache 16/6308 S. 182).

e) Gerichtsentscheidungen

8   Diese sind nicht von Abs. 2 erfasst, denn deren Veröffentlichung ist Teil der rechtsprechenden Gewalt; Entscheidungen müssen daher in anonymisierter Form der Öffentlichkeit zugänglich gemacht werden (Keidel-Sternal Rn 28).

4. Durchführung der Akteneinsicht (Abs. 3)

9   Zur Durchführung der Akteneinsicht haben die Berechtigten nach Abs. 3 die Möglichkeit, die Akten auf der **Geschäftsstelle** des Gerichts einzusehen. Daneben wird ihnen im Rahmen der Akteneinsicht auch ein Anspruch auf die Erteilung von Ausfertigungen, Auszügen und Abschriften (S. 1) und von beglaubigten Abschriften (S. 2) jeweils auf **ihre eigenen Kosten** gewährt. Wenn allerdings zuvor gegen das Gebot des rechtlichen Gehörs verstoßen worden war, kann sich ein Anspruch auf kostenlose Fertigung von Abschriften ergeben (Bumiller/Harders Rn 12). Die Erteilung von Abschriften hängt nicht von weiteren Voraussetzungen ab; besteht ein Akteneinsichtsrecht, besteht auch ein Anspruch auf Erteilung von Abschriften oder Beglaubigungen (Keidel-Sternal Rn 61).

5. Rechtsanwälte, Notare und Behörden (Abs. 4)

10   Die Akten sind grundsätzlich auf der Geschäftsstelle des aktenführenden Gerichts einzusehen. Eine Versendung an das für den Antragsteller örtlich zuständige Amtsgericht zur Einsichtnahme auf der dortigen Geschäftsstelle ist zulässig (Keidel-Sternal Rn 60). Nach S. 1 kann bei Überlassung von Akten zur Einsichtnahme an Rechtsanwälte, Notare oder beteiligte Behörden grundsätzlich von einer besonderen Zuverlässigkeit ausgegangen werden. Das Gericht kann diesen nach seinem Ermessen die Akten in deren Geschäftsräume überlassen. Können die Akten unschwer kurzfristig entbehrt werden, werden die Voraussetzungen für deren Überlassung regelmäßig gegeben sein. Beweismittel müssen jedoch nicht herausgegeben werden (S. 2).

Zur Vermeidung von Zwischenstreitigkeiten ist die Anfechtung der gerichtlichen Entscheidung über die Aktenüberlassung an die in Abs. 4 genannten Stellen gemäß S. 3 ausgeschlossen.

6. Elektronische Akte (Abs. 5)

11   Abs. 5 regelt die Akteneinsicht bei elektronischer Aktenführung (§ 299 Abs. 3 ZPO) und erweitert den Kreis der auf die elektronische Akte zugriffsbefugten Stellen.

Akteneinsicht § 13 FamFG

7. Entscheidungsträger (Abs. 7)

Über die Akteneinsicht entscheidet das jeweils verfahrensführende Gericht. 12
Welcher Entscheidungsträger **funktionell** zuständig ist, richtet sich nach den für die jeweilige Angelegenheit geltenden Vorschriften. Daher ist der Rechtspfleger für die Akteneinsicht im Zusammenhang mit den ihm nach § 3 Nr. 2b RPflG übertragenen (der Richter für die ihm nach § 15 RPflG übertragenen) Geschäften zuständig. Zur Beschleunigung und Straffung des Verfahrens entscheidet über Akteneinsichtsgesuche bei Kollegialgerichten der **Vorsitzende** allein (S. 2).

8. Rechtsmittel

§ 13 trifft zur (Un-)Anfechtbarkeit der Gewährung oder Versagung von Akten- 13
einsicht keine Regelung (außer in Abs. 4 S. 3, was die Einsicht der Akte durch einen Rechtsanwalt auf der Geschäftsstelle anbelangt). Nach bisherigem Rechtsstand (§ 34 FGG) wurde jedenfalls demjenigen ein Beschwerderecht zugebilligt, dem die Akteneinsicht **verweigert** wurde. Weiter hatte der Geheimhaltungsinteressent (i. d. R. der Betroffene, aber auch der Betreuer und Verfahrenspfleger; OLGR München 2006, 63; OLG Köln NJW-RR 1998, 438) ein Beschwerderecht, wenn Akteneinsicht **gewährt** wurde.

Aufgrund der neuen gesetzlichen Regelung in § 13 muss zwischen dem Akteneinsichtsrecht unterschieden werden, das durch **Beteiligte** einerseits (Abs. 1) und durch **Dritte** andererseits (Abs. 2) ausgeübt wird (Bumiller/Harders Rn 16 f; Keidel-Sternal Rn 64 ff).

Bei Akteneinsicht **durch Beteiligte** handelt es sich um eine Zwischenentschei- 14
dung, die in der Regel nur zusammen mit der Endentscheidung anfechtbar ist (§ 58 Abs. 2). Jedoch muss auch diese Entscheidung – wie bisher – von demjenigen, dessen Akteneinsichtsantrag zurückgewiesen wurde, ebenso anfechtbar sein, wie von dem Beteiligten, dessen Geheimhaltungsinteresse durch eine gewährte Akteneinsicht betroffen ist (Bumiller/Harders Rn 17; so wohl auch Bork/Jakoby/Schwab-Jakoby Rn 13; **a. A.** Keidel-Sternal Rn 69; Prütting/Helms-Jennissen Rn 48, Bassenge/Roth-Gottwald 11); hier sind die §§ 58 ff analog anwendbar (vgl. § 58 Rn 12). Gegen die Gewährung von Akteneinsicht ist daher die **befristete Beschwerde** zulässig. Dies gilt schon allein deswegen, weil im Betreuungsverfahren auch von einem Beteiligten Akteneinsicht beantragt werden kann, die nicht im Zusammenhang mit einem gerade betriebenen Verfahren steht (bei Akteneinsichtsgesuchen von Dritten vgl. Rn 15), z. B. wenn die Interessen des Beteiligten außerhalb des Betreuungsverfahrens liegen (vgl. Rn 5) und gerade kein Betreuungs(änderungs)verfahren betrieben wird. In diesem Falle könnte die Akteneinsicht nie überprüft werden, weil es keine Endentscheidung gibt. Außerdem spricht Abs. 4 S. 3 für eine grundsätzliche Anfechtbarkeit, denn in diesem Bereich (Aktenüberlassung an Rechtsanwälte usw.) wurde gerade eine Anfechtbarkeit ausgeschlossen, so dass wohl auch der Gesetzgeber von einer generellen Anfechtbarkeit ausging (a. A. Keidel-Sternal Rn 68).

Stellt ein **Dritter** einen Akteneinsichtsantrag, so handelt es sich in der Regel 15
nicht um eine Zwischen- sondern eine Endentscheidung, die nach § 58 Abs. 1 selbständig mit der befristeten Beschwerde anfechtbar ist (Bumiller/Harders

FamFG § 22a

Rn 18; Keidel-Sternal Rn 72; Prütting/Helms-Jennissen Rn 4; a.A. Schulte-Bunert/Weinreich-Schöpflin Rn 23: Anfechtbarkeit folgt aus §§ 23 ff EGGVG). Soweit es sich bei der Entscheidung über ein Akteneinsichtsgesuch um einen **Justizverwaltungsakt** handelt, ist hiergegen die Beschwerde nach **§§ 23 ff EGGVG** gegeben.

§ 22a Mitteilungen an die Familien- und Betreuungsgerichte

(1) **Wird infolge eines gerichtlichen Verfahrens eine Tätigkeit des Familien- oder Betreuungsgerichts erforderlich, hat das Gericht dem Familien- oder Betreuungsgericht Mitteilung zu machen.**

(2) **Im Übrigen dürfen Gerichte und Behörden dem Familien- oder Betreuungsgericht personenbezogene Daten übermitteln, wenn deren Kenntnis aus ihrer Sicht für familien- oder betreuungsgerichtliche Maßnahmen erforderlich ist, soweit nicht für die übermittelnde Stelle erkennbar ist, dass schutzwürdige Interessen des Betroffenen an dem Ausschluss der Übermittlung das Schutzbedürfnis eines Minderjährigen oder Betreuten oder das öffentliche Interesse an der Übermittlung überwiegen. Die Übermittlung unterbleibt, wenn ihr eine besondere bundes- oder entsprechende landesgesetzliche Verwendungsregelung entgegensteht.**

1. Anwendungsbereich

1   § 22a (früher § 35a FGG) verpflichtet bzw. berechtigt verschiedene öffentliche Stellen, u. a. an das Betreuungsgericht Informationen über deren Verfahren weiterzuleiten. Umgekehrt werden in §§ 308-311 Mitteilungsrechte und -pflichten für die Betreuungsgerichte an andere Stellen geschaffen.

2. Im Einzelnen

a) Benachrichtigungspflicht

2   Abs. 1 begründet eine **Benachrichtigungspflicht** für ordentliche Gerichte, also alle Zivil- und Strafgerichte, jedes Instanzgericht sowie auch für das mit einer Beurkundung befasste Gericht. Diese Pflicht muss ebenso für das Familiengericht gegenüber dem Betreuungsgericht gelten, wenn dem ersteren im Laufe eines Verfahrens entsprechende Umstände bekannt werden. Die Benachrichtigung darf jedoch nur dann erfolgen, wenn das Tätigwerden des Betreuungsgerichts (z. B. Anordnung einer Betreuung oder anderer Maßnahmen) für das Verfahren des anzeigenden Gerichts **notwendig** oder für dessen ordnungsgemäße Durchführung **erforderlich** ist (BGH NJW 1992, 1884). Das Betreuungsgericht kann – nach eigenverantwortlicher Entscheidung (Keidel-Sternal Rn 9) – die im Interesse des Betroffenen erforderlichen Maßnahmen ergreifen; z. B. eine Betreuung anordnen. Werden dem ordentlichen Gericht jedoch nur **bei Gelegenheit** eines Verfahrens Umstände bekannt, die ein Einschreiten des Betreuungsgerichts im Rahmen einer Betreuung lediglich geboten erscheinen lassen, besteht eine solche Benachrichtigungspflicht nicht (Keidel-Sternal Rn 8). Eine Benachrichtigung ist etwa geboten, wenn für den Betreuer ein Betreuer bestellt wird oder über das Vermögen des Betreuers ein Insolvenzverfahren eröffnet wird.

b) Benachrichtigungsrecht

Abs. 2 ermöglicht es Gerichten und Behörden – nach Ausübung des pflichtge- 3
mäßen Ermessens – unter datenschutzrechtlichen Gesichtspunkten, **personenbezogene Daten** u. a. an das Betreuungsgericht weiterzuleiten, wenn diese für betreuungsgerichtliche Maßnahmen erforderlich sind. Eine Übermittlung ist jedoch **unzulässig,**
- soweit für die ermittelnde Stelle erkennbar wird, dass bei einer Gesamtabwägung der schutzwürdigen Interessen des Betroffenen an der **Geheimhaltung** einerseits und dem **Schutzbedürfnis** der genannten Personen und dem **öffentlichen Interesse** andererseits das Geheimhaltungsinteresse überwiegt (S. 1) oder
- wenn andere gesetzliche Vorschriften ein **Verwendungsverbot** vorsehen (S. 2).

c) Betreuungsbehörde

Neben § 22a findet § 7 BtBG Anwendung, wonach die **Betreuungsbehörde** 4
dem Betreuungsgericht Umstände mitteilen kann, die eine betreuungsrechtliche Maßnahme zur Abwendung einer erheblichen Gefahr für das Wohl des Betroffenen erforderlich machen (Keidel-Sternal Rn 6). Diese können nicht nur in der Betreuungsbedürftigkeit einer Person sondern u. a. auch in der Gefährdung des Betroffenenvermögens durch pflichtwidriges Handeln oder Untätigbleiben des Betreuers liegen (Dodegge/Roth Teil A. Rz 109).

Abschnitt 2. Verfahren im ersten Rechtszug

§ 26 Ermittlung von Amts wegen

Das Gericht hat von Amts wegen die zur Feststellung der entscheidungserheblichen Tatsachen erforderlichen Ermittlungen durchzuführen.

1. Allgemeines

a) Antrags- und Amtsverfahren

In **Betreuungssachen** gilt nach § 26 (bisher § 12 FGG) der Grundsatz der 1
Amtsermittlung. Das bedeutet, dass die Entscheidung über die Verfahrenseinleitung und den Umfang des Verfahrens nicht von den Beteiligten dieses Verfahrens abhängt (wie z. B. beim Zivilprozess, dort gilt die Dispositionsmaxime), sondern von der Entscheidung des Gerichts (Offizialmaxime). Das Verfahren ist, soweit es nicht von einem Antrag abhängt, von Amts wegen einzuleiten und in Gang zu halten (**Amtsverfahren**). Im Zuständigkeitsbereich der Betreuungsgerichte gibt es neben den hauptsächlich vorkommenden **Amtsverfahren** auch vereinzelt **Antragsverfahren**. Das sind in betreuungsrechtlicher Hinsicht vor allem Eigenbetreuungsanträge nach § 1896 Abs. 1 S. 3 BGB (vgl. § 1896 Rn 12), der Antrag auf Aufhebung der Eigenbetreuung (§ 1908d Abs. 2 BGB) oder der Antrag des Betreuers auf Vergütung (§ 292 Abs. 1; s. zu den Ausnahmen: § 168 Rn 8; vgl. zum Antragsverfahren im Einzelnen Keidel-Sternal § 23 Rn 7 ff). Hier darf das

Betreuungsgericht nicht tätig werden, solange kein entsprechender Antrag gestellt wurde.

Daneben gibt es **Anträge des Betreuers im laufenden Betreuungsverfahren** auf gerichtliche Genehmigung z. B. nach § 1904 BGB (gesundheitliche Maßnahmen), § 1905 BGB (Sterilisation), § 1906 BGB (Unterbringung) usw. In diesem Bereich kann das Gericht im Ergebnis nicht von Amts wegen sondern nur tätig werden, wenn es ein zu genehmigendes Betreuerhandeln gibt. Wenn also der Betreuer eine genehmigungspflichtige Handlung durchführte (z.B. Unterbringung), ohne die gerichtliche Genehmigung einzuholen, kann das Betreuungsgericht von sich aus das Betreuerhandeln auch ohne dessen förmlichen Antrag genehmigen (vgl. § 298 Rn 1; Prütting/Helms-Fröschle § 274 Rn 10 und § 299 Rn 9). Tut der Betreuer jedoch gar nichts und ist das Betreuungsgericht der Auffassung, dass Handlungsbedarf besteht, so kann es letzten Endes den Betreuer – nach entsprechenden betreuungsgerichtlichen Aufsichtsmaßnahmen nach § 1908i Abs. 1 i. V. m. § 1837 BGB – nur entlassen, sofern in der fehlenden Antragstellung eine pflichtwidrige Unterlassung zu sehen ist.

Das Betreuungsgericht ist jedoch auch, wenn ein entsprechender **Antrag** in einem Antragsverfahren gestellt wird, nach § 26 verpflichtet, den gesamten Sachverhalt von Amts wegen in vollem Umfang zu ermitteln (Keidel-Sternal Rn 12). Zum Beschwerderecht in Antragsverfahren bei laufenden Betreuungsverfahren vgl. § 59 Rn 14.

b) Rechtliches Gehör

2   Für das gerichtliche Verfahren ist zwischen der Anhörung der Beteiligten zur **Aufklärung des Sachverhalts** nach § 26 einerseits und ihrer Anhörung zur **Gewährung rechtlichen Gehörs** nach Art 103 Abs. 1 GG andererseits zu unterscheiden. Für die Anhörung nach § 26 ergibt sich der Grundsatz, dass es im pflichtgemäßen Ermessen des Gerichts steht, ob und in welchem Unfang es sich dazu dieses Mittels bedienen will. Eine Anhörung nach Art 103 Abs. 1 GG dient jedoch in erster Linie dem Zweck, die Würde der Person (Art. 1 Abs. 1 GG) des von einem gerichtlichen Verfahren Betroffenen zu wahren (Keidel-Sternal Rn 38) und soll verhindern, dass über seinen Kopf hinweg verfügt wird. Unabhängig von den in § 26 normierten Grundsätzen und von den ausdrücklich im Betreuungsverfahren normierten Anhörungsvorschriften (z. B. des Betroffenen und Dritter: §§ 278, 279 bei Erstbestellung und erstmaliger Anordnung des Einwilligungsvorbehalts; § 293 bei Erweiterung der Betreuung und des Kreises der einwilligungsbedürftigen Willenserklärungen; § 295 bei Verlängerung der Betreuung und des Kreises der einwilligungsbedürftigen Willenserklärungen; § 296 bei Entlassung des Betreuers; § 297 bei der Sterilisation; § 298 bei Maßnahmen nach § 1904 BGB; § 299 bei Verfahren nach § 1908i Abs. 1 S. 1 BGB und nach § 1907 BGB sowie §§ 319, 320 bei Unterbringungssachen) ist daher der **verfassungsmäßige** Grundsatz auf Gewährung rechtlichen Gehörs im Betreuungsverfahren durchweg zu beachten.

2. Zu ermittelnde Tatsachen

a) Umfang und Art der Ermittlungen

3   Das Gericht hat von Amts wegen, um die entscheidungserheblichen Tatsachen festzustellen und zu erheben, alle für die später zu treffende Entscheidung **erfor-**

derlichen Umstände auf die von ihm für notwendig gehaltene Weise zu ermitteln. Dem Gericht obliegt somit die Feststellung der entscheidungserheblichen Tatsachen von Amts wegen. Es entscheidet nach pflichtgemäßem, teilweise gebundenem Ermessen, ob es sich zur Beschaffung der für seine Entscheidung erheblichen Tatsachen mit formlosen Ermittlungen (§ 29) begnügen kann oder ob es eine förmliche Beweisaufnahme nach den Vorschriften der Zivilprozessordnung (§ 30) durchführen muss (BT-Drucksache 16/6308 S. 186). Im **Betreuungsverfahren** ist das Ermessen zum Teil gebunden; so regelt beispielsweise § 280, dass bei der Einholung eines Sachverständigengutachtens die Vorschriften des Strengbeweises nach § 30 zu beachten sind (vgl. § 280 Rn 3).

Aufgrund des Amtsermittlungsgrundsatzes sind die von Amts wegen einzuleitenden und durchzuführenden Ermittlungen so weit auszudehnen, als es die **Sachlage** erfordert (Keidel-Sternal Rn 16). Der Umfang der Ermittlungen richtet sich immer nach den Umständen des Einzelfalls (Bumiller/Harders Rn 6). Die Ermittlungen sind daher erst dann abzuschließen, wenn der Sachverhalt so **vollständig** aufgeklärt ist, dass von einer weiteren Beweisaufnahme ein sachdienliches, die Entscheidung beeinflussendes Ergebnis nicht mehr erwartet werden kann (OLG Celle BeckRS 2005 11460). Hierbei hat das Gericht die objektive Wahrheit unter Berücksichtigung der Tatbestandsmerkmale zu ergründen. Das heißt, das Gericht ist nicht an Beweisanträge der Beteiligten gebunden (Keidel-Sternal Rn 14) und kann sie z. B. als nicht sachdienlich nicht verfolgen. Daher kann das Gericht nach seinem **Ermessen** von weiteren Ermittlungen und weiteren Beweiserhebungen absehen, wenn das bisherige Beweisergebnis ausreicht (Bumiller/Harders Rn 6). Das bedeutet, dass das Gericht nicht allen denkbaren Möglichkeiten nachgehen muss. Eine Verpflichtung besteht nur dahingehend, alle Umstände zu ermitteln und aufzuklären, zu denen das Vorbringen der Beteiligten und der schon festgestellte Sachverhalt **Anlass** geben. Eine Ermittlungspflicht ins Blaue hinein besteht nicht. Die Grenze setzt das pflichtgemäße Ermessen des Gerichts. Es kann (im Sinne von darf) andererseits alle Tatsachen, die es zur Wahrheitsfindung für erforderlich hält, ergründen. Feststellungen aufgrund **Hörensagens** Dritter genügen in der Regel nicht den Anforderungen einer ordnungsgemäßen Amtsermittlung, denn die Umstände müssen anhand konkreter Tatsachen nachprüfbar sein (BayObLG Beschluss v. 4. 8. 1994 AZ: 3Z BR 227/94 – n. v.).

b) Betreuungs- und Unterbringungsverfahren

Diese Verfahren, die zum Wohl – und dennoch oft gegen den erklärten Willen – des Betroffenen geführt werden, sind in besonderem Maße vom Amtsermittlungsgrundsatz geprägt. Bei sämtlichen Verfahrensschritten gebietet er eine sorgfältige und gewissenhafte, fürsorgliche Ermittlung des Sachverhalts einerseits und Beteiligung des Betroffenen an sämtlichen Verfahrenshandlungen, die zur Sachverhaltsfeststellung erforderlich werden, andererseits. Vor allem bei Maßnahmen gegen (und ohne) den Willen des Betroffenen ist der Sorgfaltsmaßstab des Gerichts sehr hoch anzusiedeln. Die Rechtsprechung zu § 26 (früher § 12 FGG) ist fast unüberschaubar.

Beispiele der Ermittlungspflicht nach § 26 in **Betreuungs- und Unterbringungsverfahren**:

Das Gutachten zur **Betreuungsbedürftigkeit** ist dem Betroffenen zur Gewährung rechtlichen Gehörs grundsätzlich vollständig, schriftlich und rechtzeitig vor seiner persönlichen Anhörung mitzuteilen (OLG München BtPrax 2005, 231).

Bei Einholung eines Gutachtens bei **Erstbestellung** eines Betreuers ist auch die Fachkunde des Arztes zu klären. Die Ausführungen des Sachverständigen in seinem Gutachten müssen so gehalten sein, dass sie eine verantwortliche richterliche Prüfung auf ihre wissenschaftliche Fundierung, Logik und Schlüssigkeit zulassen (OLG Zweibrücken FamRZ 2005, 1196). Im Verfahren der Betreuerbestellung ist auch das (Erst)Beschwerdegericht grundsätzlich zur Anhörung des Betroffenen verpflichtet (OLGR Köln 2007, 796). Bei der **Betreuerauswahl** (§ 1897 BGB) ist es Aufgabe des Gerichts, das Vorbringen des Betroffenen zu prüfen und bei seiner Entscheidung zu berücksichtigen (OLG Schleswig FamRZ 2007, 1126) und bei einem kommunikationsgestörten Betroffenen tiefgehendere Ermittlungen bzgl. eines geeigneten Betreuers durchzuführen (OLG Köln JMBl NW 2005, 70). Ein ärztliches Attest bei Anordnung einer **vorläufigen Betreuung** ohne zeitnahe persönliche Untersuchung (nur aufgrund eines telefonischen Gesprächs) ist nicht ausreichend (OLG Frankfurt FamRZ 2005, 303); zur vorherigen Anhörung des Betroffenen (OLG Frankfurt FamRZ 2003, 964). Bei der Prüfung der **Entlassung** des Betreuers auf Wunsch des Betroffenen (§ 1908b Abs. 3 BGB) muss der Wunsch auf eine eigenständige Willensentschließung beruhen (OLGR Hamm 2006, 648). Wird für den Betroffenen ein **weiterer Betreuer** unter Aufteilung des bisherigen, einem anderen Betreuer zugewiesenen Aufgabenkreises bestellt, so ist der Betroffene wegen der damit verbundenen Teilentlassung des bisherigen Betreuers und Neubestellung des anderen hierzu persönlich anzuhören (BayObLG BtPrax 2002, 271). Bei der Feststellung des **Erweiterungsbedarfs** einer Betreuung (§ 1908d Abs. 3 BGB) darf sich das Gericht dann nicht nur auf das Gutachten verlassen, wenn der Betroffene trotz geistiger Behinderung seine Angelegenheiten selbst besorgen kann (KG BtPrax 2005, 153). Wenn trotz erteilter **Vorsorgevollmacht** die Bestellung eines Betreuers in Betracht kommt, muss das Gericht Zweifel an der Geschäftsfähigkeit des Betroffenen im Zeitpunkt der Vollmachtserteilung aufklären (OLG Brandenburg FamRZ 2008, 303; OLG Schleswig BtPrax 2006, 191). Weist ein Beteiligter auf die Existenz einer Vorsorgevollmacht hin, ohne diese vorzulegen, muss dem nachgegangen werden (BayObLG BtPrax 2003, 184). Für das Verfahren auf **Aufhebung der Betreuung** gilt der Grundsatz der Amtsermittlung (OLG München NJW-RR 2006, 512); hier kann die Einholung ggf. eines neuen Gutachtens geboten sein (BayObLG FamRZ 2003, 115). Bei **beabsichtigter Zurückweisung** des Antrags auf Aufhebung der Betreuung ist das Gericht zu Ermittlungen verpflichtet (OLG Hamm NJWE-FER 2001, 326); allerdings müssen zwei Monate zuvor durchgeführte Ermittlungen nicht wiederholt werden (BayObLG FamRZ 1998, 323). Auch die **Ablehnung** der Bestellung eines Betreuers erfordert weitere Ermittlungen insbesondere ggf. die Einholung eines neuen Gutachtens (BayObLG FamRZ 2003, 1968). Die Aufrechterhaltung des **Einwilligungsvorbehalts** (§ 1903 BGB) ist nur möglich, wenn der Betroffene tatsächlich am Rechtsverkehr teilnimmt (OLG Zweibrücken FamRZ 1999, 1171). Zur Ermittlungspflicht bei der **Sterilisation** (§ 1905 BGB; OLG Hamm BtPrax 2000, 168); die konkrete und ernstliche Schwangerschaftsannahme setzt keinen besonderen Grad an Wahrscheinlichkeit voraus (BayObLG BtPrax 2001, 204). Zur Feststellung der Eigengefährdung bei **Unterbringung** (§ 1906 Abs. 1 Nr. 1 BGB) müssen konkrete Tatsachen ermittelt werden, aus denen sich Art und Umfang sowie die Wahrscheinlichkeit einer gesundheitlichen Selbstschädigung ergeben (OLG München BtPrax 2006, 36). Der Verfahrenspfleger ist bei Unterbringungssachen rechtzeitig zum Anhörungstermin zu laden; ein Tag vorher ist zu kurz (OLG Naumburg FamRZ 2002, 986); ein 7-zeiliges Gutachten ist nicht ausreichend (BayObLG Beschluss v. 4. 8. 1994 AZ: 3Z BR 227/94). Bei der Genehmigung der **Wohnungskündigung** (§ 1907 BGB) ist der Betroffene vorab anzuhören. Der Amtsermittlungsgrundsatz gebietet die Einholung eines Gutachtens zur Rückkehrmöglichkeit in die Wohnung, zu den Auswirkungen der Wohnungsaufgabe, zum Krankheitsverlauf und den verbliebenen Möglichkeiten selbstständiger Lebensführung (LG Stendal Beschluss v. 18. 12. 2006, 25 T 211/06; OLG Frankfurt FamRZ 2006, 1875; OLG Oldenburg NJW-RR 2003, 587).

Abschnitt 3. Beschluss

§ 38 Entscheidung durch Beschluss

(1) **Das Gericht entscheidet durch Beschluss, soweit durch die Entscheidung der Verfahrensgegenstand ganz oder teilweise erledigt wird (Endentscheidung).** Für Registersachen kann durch Gesetz Abweichendes bestimmt werden.

(2) **Der Beschluss enthält**
1. **die Bezeichnung der Beteiligten, ihrer gesetzlichen Vertreter und der Bevollmächtigten;**
2. **die Bezeichnung des Gerichts und die Namen der Gerichtspersonen, die bei der Entscheidung mitgewirkt haben;**
3. **die Beschlussformel.**

(3) **Der Beschluss ist zu begründen. Er ist zu unterschreiben.** Das Datum der Übergabe des Beschlusses an die Geschäftsstelle oder der Bekanntgabe durch Verlesen der Beschlussformel (Erlass) ist auf dem Beschluss zu vermerken.

(4) **Einer Begründung bedarf es nicht, soweit**
1. **die Entscheidung auf Grund eines Anerkenntnisses oder Verzichts oder als Versäumnisentscheidung ergeht und entsprechend bezeichnet ist,**
2. **gleichgerichteten Anträgen der Beteiligten stattgegeben wird oder der Beschluss nicht dem erklärten Willen eines Beteiligten widerspricht oder**
3. **der Beschluss in Gegenwart aller Beteiligten mündlich bekannt gegeben wurde und alle Beteiligten auf Rechtsmittel verzichtet haben.**

(5) **Absatz 4 ist nicht anzuwenden:**
1. **in Ehesachen, mit Ausnahme der eine Scheidung aussprechenden Entscheidung;**
2. **in Abstammungssachen;**
3. **in Betreuungssachen;**
4. **wenn zu erwarten ist, dass der Beschluss im Ausland geltend gemacht werden wird.**

(6) **Soll ein ohne Begründung hergestellter Beschluss im Ausland geltend gemacht werden, gelten die Vorschriften über die Vervollständigung von Versäumnis- und Anerkenntnisentscheidungen entsprechend.**

§ 39 Rechtsbehelfsbelehrung

Jeder Beschluss hat eine Belehrung über das statthafte Rechtsmittel, den Einspruch, den Widerspruch oder die Erinnerung sowie das Gericht,

bei dem diese Rechtsbehelfe einzulegen sind, dessen Sitz und die einzuhaltende Form und Frist zu enthalten.

vgl. die Kommentierung zu § 286 Rn 3 sowie 11-13

§ 41 Bekanntgabe des Beschlusses

(1) Der Beschluss ist den Beteiligten bekannt zu geben. Ein anfechtbarer Beschluss ist demjenigen zuzustellen, dessen erklärtem Willen er nicht entspricht.

(2) Anwesenden kann der Beschluss auch durch Verlesen der Beschlussformel bekannt gegeben werden. Dies ist in den Akten zu vermerken. In diesem Fall ist die Begründung des Beschlusses unverzüglich nachzuholen. Der Beschluss ist im Fall des Satzes 1 auch schriftlich bekannt zu geben.

(3) Ein Beschluss, der die Genehmigung eines Rechtsgeschäfts zum Gegenstand hat, ist auch demjenigen, für den das Rechtsgeschäft genehmigt wird, bekannt zu geben.

vgl. zu **Abs. 1 S. 1** die Kommentierung zu § 288 Rn 2-4
vgl. zu **Abs. 1 S. 2** die Kommentierung zu § 288 Rn 9-10
vgl. zu **Abs. 2** die Kommentierung zu § 288 Rn 11
vgl. zu **Abs. 3** die Kommentierung zu § 288 Rn 8

§ 44 Abhilfe bei Verletzung des Anspruchs auf rechtliches Gehör

(1) Auf die Rüge eines durch eine Entscheidung beschwerten Beteiligten ist das Verfahren fortzuführen, wenn
1. ein Rechtsmittel oder ein Rechtsbehelf gegen die Entscheidung oder eine andere Abänderungsmöglichkeit nicht gegeben ist und
2. das Gericht den Anspruch dieses Beteiligten auf rechtliches Gehör in entscheidungserheblicher Weise verletzt hat.

Gegen eine der Endentscheidung vorausgehende Entscheidung findet die Rüge nicht statt.

(2) Die Rüge ist innerhalb von zwei Wochen nach Kenntnis von der Verletzung des rechtlichen Gehörs zu erheben; der Zeitpunkt der Kenntniserlangung ist glaubhaft zu machen. Nach Ablauf eines Jahres seit der Bekanntgabe der angegriffenen Entscheidung an diesen Beteiligten kann die Rüge nicht mehr erhoben werden. Die Rüge ist schriftlich oder zur Niederschrift bei dem Gericht zu erheben, dessen Entscheidung angegriffen wird. Die Rüge muss die angegriffene Entscheidung bezeichnen und das Vorliegen der in Absatz 1 Satz 1 Nr. 2 genannten Voraussetzungen darlegen.

(3) Den übrigen Beteiligten ist, soweit erforderlich, Gelegenheit zur Stellungnahme zu geben.

(4) Ist die Rüge nicht in der gesetzlichen Form oder Frist erhoben, ist sie als unzulässig zu verwerfen. Ist die Rüge unbegründet, weist das Gericht sie zurück. Die Entscheidung ergeht durch nicht anfechtbaren Beschluss. Der Beschluss soll kurz begründet werden.

(5) **Ist die Rüge begründet, hilft ihr das Gericht ab, indem es das Verfahren fortführt, soweit dies auf Grund der Rüge geboten ist.**

1. Allgemeines

Nach den Forderungen aus den Entscheidungen des BVerfG aus dem Jahr 2003 (NJW 2003, 1924 und NJW 2003, 3687) wurde vom Gesetzgeber § 29a FGG (jetzt § 44) eingefügt. Der Anwendungsbereich der Vorschrift betrifft unter anderem Verfahren der freiwilligen Gerichtsbarkeit (also Betreuungs- und Unterbringungssachen). Er beschränkt sich nur auf **Gehörsverletzungen**, nicht auf andere Verfahrensgrundrechte. Das bedeutet gleichzeitig, dass nur Verfahren vor dem **Richter** erfasst werden (Art 103 Abs. 1 GG; BVerfG NJW 2000, 1709). Für Verfahren vor dem **Rechtspfleger** folgt die Anhörungspflicht aus Art. 2 Abs. 1, 20 Abs. 3 GG (Keidel-Meyer-Holz, Rn 12); in diesem Fall kommt nur eine Gegenvorstellung (vgl. Rn 7) in Betracht. Die Anhörungsrüge stellt einen **förmlichen Rechtsbehelf** gegen eine entscheidungserhebliche Verletzung rechtlichen Gehörs im Sinne einer instanzinternen Selbstkontrolle dar. Sie ist kein selbstständiges Rechtsmittel, sondern dem durch den angegriffenen Beschluss zunächst beendeten Verfahren angegliedert (Keidel-Meyer-Holz Rn 41)

1

2. Zulässigkeit der Anhörungsrüge

a) Form und Frist (Abs. 2)

Die Rüge ist innerhalb von **zwei Wochen** (Notfrist) nach Kenntnis der Verletzung des rechtlichen Gehörs (i. d. R. Bekanntgabe nach § 41 bzw. § 288) schriftlich oder zur Niederschrift bei dem Gericht zu erheben, das die Entscheidung getroffen hat (S. 3). Der Zeitpunkt der Kenntniserlangung ist glaubhaft zu machen (§ 31). Es kommt auf die positive Kenntniserlangung der Gehörsverletzung durch den Betroffenen oder dessen Bevollmächtigten an; die bloße Möglichkeit der Kenntniserlangung ist nicht ausreichend (Keidel-Meyer-Holz Rn 25). Da es sich bei den zwei Wochen um eine Notfrist handelt, ist bei unentschuldigter Versäumung dieser Frist Wiedereinsetzung in den vorigen Stand (§§ 17 ff) möglich. Auch ohne Kenntniserlangung der Verletzung rechtlichen Gehörs kann die Rüge **ein Jahr** nach Bekanntgabe der Entscheidung an den Rügeführer nicht mehr erhoben werden (S. 2). Die Jahresfrist stellt eine Ausschlussfrist dar, die nicht verändert werden kann und bei der auch eine Wiedereinsetzung ausgeschlossen ist.

2

Die Tatsachen, aus denen sich die Verletzung rechtlichen Gehörs ergibt und weshalb dies entscheidungserheblich ist, müssen unter Nennung der angegriffenen Entscheidung substantiiert dargelegt werden (S. 4).

b) Rügeberechtigung

Nur wenn ein Beteiligter im Sinne der §§ 274, 7 in seiner materiellen Rechtsstellung im Sinne des § 59 unmittelbar beeinträchtigt wird, ist er berechtigt, eine Anhörungsrüge zu erheben (Keidel-Meyer-Holz Rn 21).

3

3. Voraussetzungen der Anhörungsrüge

4   Die Rüge darf sich nur gegen **Endentscheidungen** (auch einstweilige Anordnungen), nicht gegen Zwischenentscheidungen (Abs. 1 S. 2) richten (Keidel-Meyer-Holz Rn 13 ff).

a) Unanfechtbarkeit der Entscheidung (Abs. 1 Nr. 1)

Die Anhörungsrüge ist nur in den Fällen **statthaft**, in denen ein Rechtsmittel, ein anderer Rechtsbehelf oder eine andere Abänderungsmöglichkeit nicht zu Verfügung steht (Abs. 1 Nr. 1). Daher ist im Betreuungs- und Unterbringungsverfahren immer zunächst zu prüfen, ob eine **Abänderung** der Entscheidung nach § 48 wegen wesentlicher nachträglicher Sachverhaltsänderung in Betracht kommt.

b) Entscheidungserhebliche Gehörsverletzung (Abs. 1 Nr. 2)

5   Daneben muss eine **Verletzung des rechtlichen Gehörs** (Abs. 1 Nr. 2) vorliegen. Dies ist insbesondere dann der Fall, wenn ein Antrag oder Sachvortrag eines Beteiligten vom Gericht übergangen, ein erheblicher Beweisantritt nicht berücksichtigt, eine Anhörung oder rechtliche Hinweise unterlassen oder Ermittlungsergebnisse und Sachvortrag eines anderen Beteiligten nicht mitgeteilt worden sind (Keidel-Meyer-Holz Rn 39). Denkbar sind auch Fälle, in denen der Beteiligte seine Rechte entschuldigt nicht wahrnehmen konnte, etwa weil er abwesend/krank war. Die Rüge muss zu einer **günstigeren Entscheidung** für den Rügeführer führen können (Bumiller/Harders Rn 10). Das ist dann der Fall, wenn nicht ausgeschlossen werden kann, dass das Gericht ohne die Verletzung des Anspruchs auf rechtliches Gehör im Sinne einer **möglichen Kausalität** zu einer anderen Entscheidung gekommen wäre; das Ziel lediglich der Begründungsänderung ist nicht ausreichend.

4. Entscheidung des Gerichts

6   Nachdem allen Beteiligten nach Abs. 3 Gelegenheit zur Stellungnahme – schriftlich reicht aus – gegeben wurde, wird in einem **ersten** Verfahrensschritt von Amts wegen die Zulässigkeit der Rüge, d. h. die Beachtung der vorgeschriebenen Form und Frist sowie ihre Statthaftigkeit geprüft. Entspricht die Rüge diesen Erfordernissen nicht, so ist sie durch einen **unanfechtbaren** Beschluss als unzulässig zu **verwerfen** (Abs. 4 S. 1). Bei Zulässigkeit der Rüge prüft das Gericht von Amts wegen in einem **zweiten** Verfahrensschritt die Begründetheit. Erweist sich die Rüge als unbegründet, ist sie durch einen **unanfechtbaren** Beschluss **zurückzuweisen**. Die rechtsfehlerhafte Verwerfung einer Gehörsrüge führt nicht zu einer erneuten Zulässigkeit einer solchen, sondern eröffnet ggf. den Weg zum Verfassungsgericht. Der verwerfende oder zurückweisende Beschluss soll kurz begründet werden; es ist ausreichend, wenn die Begründung sich auf die Gründe der Unzulässigkeit oder die Unbegründetheit beschränkt (Keidel-Meyer-Holz Rn 50).

Stellt das Gericht die Verletzung des Anspruchs auf rechtliches Gehör fest, dessen Einfluss auf die Entscheidung nicht auszuschließen ist, dann hat das Gericht das Verfahren **fortzuführen** (Abs. 5). Eine ausdrückliche Entscheidung der Ver-

Abhilfe bei Verletzung des Anspruchs auf rechtliches Gehör § 44 **FamFG**

fahrensfortsetzung ist nicht zwingend, aber im Sinne der Rechtsklarheit zweckmäßig (nach Prütting/Helms-Abramenko Rn 27 sogar geboten). Aufgrund des Amtsermittlungsgrundsatzes sind nicht nur die gerügten Handlungen nachzuholen sondern alle, die aufgrund der Gehörsgewährung nach § 26 geboten sind. Die neue Entscheidung hat sich auf den bestehenden Beschluss zu beziehen (ihn also aufzuheben oder ganz oder teilweise aufrecht zu erhalten).

5. Verletzung anderer Grundrechte als rechtliches Gehör (greifbare Gesetzeswidrigkeit)

§ 44 gilt nur für den Fall der Verletzung rechtlichen Gehörs und stellt für diesen 7
Bereich einen förmlichen Rechtsbehelf dar. Neben der Verletzung des rechtlichen Gehörs sind andere gravierende Verfahrensfehler denkbar, z. b. greifbare Gesetzeswidrigkeit wegen **Unvereinbarkeit** mit der geltenden Rechtsordnung, Verstoßes gegen das **Willkürverbot**, **Fehlens** jeglicher gesetzlicher Grundlage. Nach Einführung des § 44 (damals noch § 29a FGG) war streitig, ob daneben eine außerordentliche Beschwerde, insbesondere bei Verletzung anderer Verfahrensrechte, möglich war. Aus der Begründung des Gesetzes (BT-Drucksache 15/3708, 14) ergibt sich ausdrücklich, dass das Anhörungsrügengesetz „keine Aussage zu der Frage (trifft), wie die Gerichte künftig mit Verletzungen etwa des Willkürverbots umgehen sollen; insbesondere die bisher in diesen Fällen zur Anwendung gekommenen außerordentlichen Rechtsbehelfe wie die außerordentliche Beschwerde oder die Gegenvorstellung sollen durch die Beschränkung des Gesetzes auf eine Erweiterung der Rügemöglichkeiten bei Anhörungsverstößen **nicht ausgeschlossen** werden".

Da der Gesetzgeber gerade keine abschließende Regelung treffen wollte, wird in der **Literatur** in Fällen der **greifbaren Gesetzeswidrigkeit** außerhalb der Verletzung rechtlichen Gehörs zum Teil die **Gegenvorstellung** (vgl. § 58 Rn 19; Keidel-Meyer-Holz Rn 9 und Keidel-Meyer-Holz Anhang zu § 58 Rn 57, 58; nicht ganz so eng für unanfechtbare Zwischenentscheidungen: Keidel-Meyer-Holz § 58 Rn 30) zum Teil daneben noch die **außerordentliche Beschwerde** (vgl. § 58 Rn 18; Bumiller/Harders Rn 2) für zulässig erachtet. Die **Rechtsprechung** ist in diesem Punkt ebenfalls nicht einheitlich: Nach Einführung der Anhörungsrüge ist für die Annahme eines außerordentlichen Rechtsmittels allenfalls dann Raum, wenn sich das Rechtsmittel **nicht** auf die Verletzung des rechtlichen Gehörs stützt (OLG Celle FGPrax 2007, 296) z. B. auf die Verletzung des **Willkürverbots** (OLG Brandenburg BeckRS 2006 12481; **a. A.**: OLG München BeckRS 2009 19426; BtPrax 2008, 124; OLG Jena Rpfleger 2006, 400, Beschwerde unstatthaft; nach BGH FamRZ 2007, 1315, FamRZ 2006, 695 und OLG Dresden FamRZ 2006, 717 soll eine **Gegenvorstellung** zulässig sein). Eine außerordentliche Beschwerde ist dann nicht statthaft, wenn ein Fall greifbarer Gesetzwidrigkeit erkennbar nicht vorliegt (OLG München FGPrax 2006, 175). Der BGH (BtPrax 2007, 167) hat allerdings entschieden, dass auch die Anordnung der psychiatrischen Untersuchung (grundsätzlich unanfechtbare Zwischenentscheidung; vgl. § 283 Rn 5) mit der Beschwerde anfechtbar ist, wenn die Anordnung objektiv **willkürlich**, d. h. in so krassem Maße rechtsfehlerhaft ist, dass sie unter Berücksichtigung des Schutzzwecks von Art. 3 Abs. 1 und 103 Abs.1 GG nicht mehr verständlich erscheint. Da auch der BGH hier von einem außerordentlichen Beschwerderecht ausgeht, ist der Auffassung **zuzustimmen**, dass bei derart gravierenden Grundrechtseingriffen nach wie vor noch von der **Zulässigkeit** der **außerordentlichen Beschwerde** zur Korrektur krassen Unrechts als allgemeiner Grundsatz ausgegangen werden muss (Keidel-Meyer-Holz § 58 Rn 30 bei Zwischenentscheidungen).

6. Rechtsmittel

8   Gegen die Entscheidung über die Anhörungsrüge – Gehörsgewährung ebenso wie Verwerfung oder Zurückweisung – ist **kein Rechtsmittel** zulässig. Über eine weitere Anhörungsrüge ist nicht mehr zu entscheiden (Prütting/Helms-Abramenko Rn 25). Ist die Anhörungsrüge – rechtsfehlerhaft – als unzulässig verworfen oder zurückgewiesen worden, ist die **Verfassungsbeschwerde** eröffnet. Zur Möglichkeit der Anfechtung einer unanfechtbaren Entscheidung mittels Verfassungsbeschwerde vgl. § 58 Rn 22.

Abschnitt 5. Rechtsmittel

Unterabschnitt 1. Beschwerde

§ 58 Statthaftigkeit der Beschwerde

(1) **Die Beschwerde findet gegen die im ersten Rechtszug ergangenen Endentscheidungen der Amtsgerichte und Landgerichte in Angelegenheiten nach diesem Gesetz statt, sofern durch Gesetz nichts Anderes bestimmt ist.**

(2) **Der Beurteilung des Beschwerdegerichts unterliegen auch die nicht selbständig anfechtbaren Entscheidungen, die der Endentscheidung vorausgegangen sind.**

Übersicht

	Rn.
1. Allgemeines	1
2. Statthaftigkeit der Beschwerde bei Endentscheidungen (Abs. 1)	5
3. Zwischenentscheidungen (Abs. 2)	8
a) Zugelassene sofortige Beschwerde	9
b) Ausdrücklich für unanfechtbar erklärte Zwischen-entscheidungen	10
c) Unanfechtbare Zwischenentscheidungen ohne ausdrückliche Bestimmung	11
d) Zweifelsfälle	12
e) Sofortige Beschwerde nach ZPO	13
4. Entscheidungen des Rechtspflegers	14
a) Vorbescheid des Rechtspflegers	14
b) Anfechtbarkeit der Entscheidungen des Rechtspflegers (§ 11 RPflG)	15
5. Sonstiger Rechtsschutz	18
a) Außerordentliche Beschwerde bei unanfechtbaren Entscheidungen	18
b) Gegenvorstellung bei unanfechtbaren Entscheidungen	19

Statthaftigkeit der Beschwerde **§ 58 FamFG**

c) Untätigkeit des Gerichts	20
d) Dienstaufsichtsbeschwerde	21
e) Verfassungsbeschwerde	22
6. Rücknahme und Verwirkung der Beschwerde; Verzicht	23
a) Rücknahme der Beschwerde (§ 67 Abs. 4)	24
b) Verzicht (§ 67 Abs. 1)	25
c) Verwirkung der Beschwerde	26
7. Weitere Rechtsbehelfe nach FamFG	27

1. Allgemeines

a) Grundzüge. Die Beschwerde ist ein **Rechtsmittel,** das seinerseits ein 1
Unterfall des Rechtsbehelfs ist. Ein Rechtsbehelf eröffnet die Möglichkeit, gegen
eine Entscheidung oder einen nachteiligen Rechtszustand mit dem Ziel der Aufhebung oder Abänderung vorzugehen.

Nach § 58 (früher § 19 FGG) findet die Beschwerde in Betreuungs- und Unterbringungssachen grundsätzlich gegen alle im ersten Rechtszug ergangenen **Endentscheidungen** (§ 38 Abs. 1) der Amtsgerichte statt. **Neben-** und **Zwischenentscheidungen** sind nur anfechtbar, wenn dies im Gesetz ausdrücklich bestimmt ist, ansonsten sind sie grundsätzlich nach Abs. 2 zusammen mit der Endentscheidung anzufechten (vgl. Rn 8 ff auch zu den Ausnahmen). Die Beschwerde eröffnet grundsätzlich eine **zweite Tatsachen- und Rechtsinstanz.** Das Beschwerdegericht überprüft in den Grenzen des Rechtsmittels von Amts wegen die gesamte Sach- und Rechtslage.

b) Überblick über die Neuregelungen im Beschwerderecht durch das 2
FamFG im Vergleich zum FGG. Es wurde eine **generelle Befristung** der
Beschwerde (1 Monat oder 2 Wochen; § 63) unter Abschaffung der einfachen
bzw. der sofortigen Beschwerde eingeführt. Die – befristete – Beschwerde kann
künftig nur noch beim entscheidenden Gericht (**judex a quo**) eingelegt werden
(§ 64 Abs. 1). Schaffung der **Anschluss(rechts)beschwerde** (§§ 66, 73) und einer
Sprungrechtsbeschwerde (§ 75). Dem Gericht, dessen Entscheidung angefochten wird – wie bei der ZPO-Beschwerde – die Möglichkeit eröffnet, der
Beschwerde **abzuhelfen** (§ 68). Für die Beschwerden nach FamFG sind grundsätzlich die **Oberlandesgerichte** zuständig. Allerdings bleiben für Beschwerden
in personenbezogenen FG-Sachen (wie bei Betreuung und Unterbringung) im
Interesse einer zeitnahen und effektiven Bearbeitung – die es häufig erfordert,
dass das Beschwerdegericht sich zu dem Betroffenen begibt – die **Landgerichte**
zuständig. In **vermögensrechtlichen** Streitigkeiten und in Kostenangelegenheiten ist die Beschwerde nur statthaft, wenn der Beteiligte mit mehr als **600 €**
beschwert ist. Soweit das erstinstanzliche Gericht die Tatsachen bereits richtig und
fehlerfrei festgestellt hat, kann das Beschwerdegericht von der **Wiederholung** der
Verfahrenshandlungen im Beschwerdeverfahren **absehen** (§ 68 Abs. 3). Dadurch
werden unnötige doppelte Beweisaufnahmen vermieden. Die Durchführung eines
Termins wird entbehrlich, wenn die Sache bereits in der ersten Instanz im erforderlichen Umfang mit den Beteiligten erörtert wurde. Außerdem wurde die bisherige
weitere Beschwerde zum Oberlandesgericht durch die **zulassungsabhängige
Rechtsbeschwerde** zum Bundesgerichtshof ersetzt (§ 70 Abs. 1). Beschwerdeinstanz in den von den Betreuungsgerichten entschiedenen Sachen ist nach § 72
Abs. 1 S. 2 GVG das Landgericht; für die Rechtsbeschwerde ist der BGH nach
§ 133 GVG zuständig.

Kretz

FamFG § 58 Buch 1 Allgemeiner Teil

Zu den **Übergangsregelungen** vgl. Einleitung Art .111 Rn 5.

3 c) **Wirkungen der befristeten Beschwerde.** Die Beschwerde **verhindert** den Eintritt der **formellen Rechtskraft** (Hemmungswirkung). Sie hat im Allgemeinen **keine aufschiebende** Wirkung. Allerdings hat die sofortige Beschwerde (nach §§ 567 ff ZPO) gegen die Festsetzung von Ordnungs- und Zwangsmittel aufschiebende Wirkung (§ 35 Abs. 5 i.V.m. § 570 ZPO). Ausnahmsweise hemmt die Beschwerde den **Eintritt** der **Wirksamkeit** (§ 287) der angefochtenen Entscheidung in den Fällen, in denen diese aufgrund besonderer gesetzlicher Anordnung erst mit Rechtskraft wirksam wird (z.b. Unterbringungsgenehmigung § 324; Genehmigung nach § 40 Abs. 2). Ist durch das Gericht, z. B. nach § 324 Abs. 2, die sofortige Wirksamkeit der Entscheidung angeordnet worden, kann das Beschwerdegericht durch einstweilige Anordnung die Aussetzung der Vollziehung bestimmen (§ 64 Abs. 3).

4 d) **Keine Rechtsmittel** sind dagegen diejenigen Rechtsbehelfe, die das Verfahren nicht in einer höheren Instanz anhängig machen (kein **Devolutiveffekt**). Dabei handelt es sich u. a. um
- die **Wiedereinsetzung** in den vorigen Stand (§§ 17 ff), welche vor Rechtsnachteilen bewahren soll, die infolge Fristversäumung eingetreten sind (z.B. formelle Rechtskraft), die **Wiederaufnahme** des Verfahrens und die **Abänderung** der Entscheidung aufgrund veränderter Umstände nach § 48.
- die **Gegenvorstellung** (vgl. Rn 19).
- die **Erinnerung** (Bumiller/Harders Rn 3) nach § 11 Abs. 2 RPflG, gegen mit Beschwerde unanfechtbare Entscheidungen des Rechtspflegers (vgl. Rn 16).

2. Statthaftigkeit der Beschwerde bei Endentscheidungen (Abs. 1)

5 Die Beschwerde in Betreuungssachen ist grundsätzlich gegen alle im ersten Rechtszug ergangenen **Endentscheidungen** der Amtsgerichte im Sinne des § 38 Abs. 1 zulässig. Das sind alle Entscheidungen, die den Rechtsstreit ganz oder teilweise erledigen. Abs. 1 nennt als Entscheidungsträger der erstinstanzlichen Entscheidung des Amts- oder Landgericht. Erstinstanzliche Entscheidungen des Landgerichts sind z.B. gesellschaftsrechtliche Verfahren (z.B. nach AktG). Zu weiteren erstinstanzlichen Entscheidungen des Landgerichts vgl. Prütting/Helms-Abramenko Rn 4. § 38 Abs. 1 schreibt, anders als bisher das FGG, für alle Endentscheidungen die Beschlussform vor.

6 **Anfechtbar** sind jedoch grundsätzlich nur die Entscheidungen des Gerichts, die ein Verfahren oder einen Abschnitt innerhalb des Verfahrens **abschließen.**

Anfechtbar sind demnach bezogen auf Betreuungs- bzw. Unterbringungssachen z.B. folgende Entscheidungen: die Anordnung, Änderung, Ablehnung oder Aufhebung einer Betreuung nach § 1896 BGB; betreuungsgerichtliche **Genehmigung** (Aufhebung, Ablehnung oder Verlängerung) einer zivilrechtlichen Unterbringung nach § 1906 BGB oder einer ärztlichen Maßnahme bzw. dem Abbruch lebenserhaltender Maßnahmen nach § 1904 BGB oder einer Sterilisation nach § 1905 BGB; Anordnung Änderung oder Ablehnung eines **Einwilligungsvorbehalts** nach § 1903 BGB; Festsetzung der **Vergütung** des Betreuers oder des Verfahrenspflegers (wenn der Beschwerdewert 600 € übersteigt).

Mit der Beschwerde angreifbar sind auch selbstständige **Einzelbeschlüsse,** wie z. B. Weisungen im Rahmen der Aufsicht und die Genehmigung einer Kündigung

Statthaftigkeit der Beschwerde   § 58 FamFG

eines Mietverhältnisses gemäß § 1907 Abs. 1 BGB; die Einstellung eines Betreuungsverfahrens von Amts wegen oder der Beschluss des Betreuungsgerichts, dass ein Rechtsgeschäft keiner Genehmigung bedarf (**Negativattest**) sowie der ein Negativattest ablehnende Beschluss.

Einstweilige Anordnungen zur Gewährung vorläufigen Rechtsschutzes in **Betreuungs- und Unterbringungssachen** sind, nachdem nunmehr das einstweilige Anordnungsverfahren hauptsacheunabhängig ist (§ 51 Abs. 3), mit der Beschwerde anfechtbar. Eine andere Regelung besteht jedoch für bestimmte einstweilige Anordnungen in Familiensachen (§ 57 S. 1).

Nicht anfechtbar sind Endentscheidungen dann, wenn das Gesetz dies anordnet (Abs. 1 2. Hs.). In Betreuungssachen sind Endentscheidungen jedoch immer anfechtbar. 7

3. Zwischenentscheidungen (Abs. 2)

Zwischen- und Nebenentscheidungen sind die Endentscheidung (§ 38 Abs. 1 S. 1) lediglich vorbereitenden Entscheidungen, die den Verfahrensgegenstand weder ganz noch teilweise erledigen. Sie können einen ganz unterschiedlichen Charakter haben und sind in der Regel nicht selbstständig, sondern nur zusammen mit der Endentscheidung anfechtbar (Abs. 2). Abs. 2 bestimmt zum einen, dass Zwischen- und Nebenentscheidungen grundsätzlich nicht anfechtbar sind, es sei denn, deren Anfechtbarkeit durch sofortige Beschwerde, die sich nach ZPO richtet (vgl. Rn 13), ist ausdrücklich zugelassen (BT-Drucksache 16/6308, 166). Zum anderen sagt Abs. 2 damit auch aus, dass grundsätzlich auch die Entscheidungen, die einer Endentscheidung vorausgegangen sind, im Beschwerderechtszug überprüft werden können. Zur Möglichkeit der Anfechtung einer unanfechtbaren Zwischenentscheidung mittels **Verfassungsbeschwerde** vgl. Rn 22. 8

Bei **Zwischenentscheidungen** ist trotz dieser gesetzgeberischen Wertung insgesamt eine differenzierte Betrachtungsweise erforderlich:

a) Zugelassene sofortige Beschwerde

Aufgrund ausdrücklicher gesetzlicher Ermächtigung im Sinne des Abs. 2 sind u.a. folgende Zwischenentscheidungen **anfechtbar** (mit sofortiger Beschwerde, vgl. Rn 13): 9
- § 6 Abs. 2: **Zurückweisung** der Ablehnung wegen Befangenheit; die Ablehnung wegen Befangenheit ist unanfechtbar
- § 7 Abs. 5: **Ablehnung** der Zuziehung als **Beteiligter** (OLG Düsseldorf OLGZ 1971, 282)
- § 21 Abs. 2: **Aussetzung** des Verfahrens
- § 33 Abs. 3: **Ordnungsgeldbeschluss** zur Erzwingung des persönlichen Erscheinens (für die alte Rechtslage: BayObLG NJW RR 1998, 437). Die reine Anordnung zum Erscheinen vor Gericht ist **unanfechtbar** (OLG Karlsruhe FamRZ 2004, 712; Keidel-Meyer-Holz Rn 27; a. A. BayObLGZ 1990, 37; KG FamRZ 2007, 227)
- § 35 Abs. 5: Anordnung von Zwangsmaßnahmen, wie z.B. nach § 30 angeordnete **Vorlage** von **Beweismitteln und Urkunden** (Vorlage eines Rechtsgeschäfts in schriftlicher Form im Verfahren gemäß § 1822 Nr. 12 BGB: OLG Frankfurt Rpfleger 1977, 362) sowie die **Beibringung** einer betreuungsge-

FamFG § 58

richtlichen **Genehmigung** nach § 285 (OLG Hamm FamRZ 1966, 380). Beides wird nach § 35 vollstreckt.
- § 42 Abs. 3: Anordnung der **Berichtigung** eines Beschlusses
- § 76 Abs. 2: Beschlüsse in Verfahren der **Verfahrenskostenhilfe**. Im Interesse der Harmonisierung der Verfahrensordnungen ist auch dort als Rechtsmittel nicht die Beschwerde, sondern die sofortige Beschwerde nach den Vorschriften der ZPO vorgesehen (BT-Drucksache 16/6308 S. 203).
- § 85: **Kostenfestsetzung** (i.V.m. § 104 Abs. 3 ZPO)
- § 87 Abs. 4: **Androhung** bzw. **Anordnung** von **Zwangsmaßnahmen** im Wege der Zwangsvollstreckung z.B. zur Erzwingung von Handlungen oder Duldungen
- § 284 Abs. 4: **Unterbringung** zur Vorbereitung eines Gutachtens (§ 284 Rn 9)

b) Ausdrücklich für unanfechtbar erklärte Zwischenentscheidungen

10 Das FamFG erklärt an mehreren Stellen bestimmte (Zwischen-)Entscheidungen ausdrücklich für **unanfechtbar**; u.a.:
- § 3 Abs. 3: **Verweisung** an ein anderes Gericht
- § 5 Abs. 3: **Bestimmung** des zuständigen Gerichts
- § 13 Abs. 4: **Nicht/Überlassung** der Akten an Rechtsanwalt usw. außerhalb der Geschäftsstelle
- § 19 Abs. 2: **Gewährung** der Wiedereinsetzung
- § 22 Abs. 2: **Wirkungslosigkeitserklärung** bei Antragsrücknahme
- § 42 Abs. 3: **Ablehnung** der Beschlussberichtigung
- § 44 Abs. 4: **Entscheidung** über die Anhörungsrüge
- §§ 55 Abs. 1, 93 Abs. 1: **Aussetzung** der Vollstreckung einer einstweiligen Anordnung und bei Beschwerde
- § 57: Bestimmte **einstweilige Anordnungen** in Familiensachen
- §§ 276 Abs. 6, 317 Abs. 6: **Verfahrenspfleger**bestellung
- § 327 Abs. 4: **Vollzugsangelegenheiten**

Diese ausdrückliche Regelung der Unanfechtbarkeit scheint überflüssig, soweit es sich Zwischenentscheidungen handelt, die nach Abs. 2 an sich unanfechtbar sind. Der Grund liegt darin, dass es sich bei den Entscheidungen nicht immer um Zwischenentscheidungen handelt, wie bei der Gewährung der Wiedereinsetzung. Zweifelhaft ist, ob – so Keidel-Meyer-Holz Rn 106 – die ausdrückliche Unanfechtbarerklärung einer Zwischenentscheidung bedeutet, dass deren Rechtmäßigkeit auch nicht im Rahmen der Prüfung der Endentscheidung nach Abs. 2 überprüft werden darf. Dieser Meinung ist nicht zuzustimmen, da sicherlich die Ablehnung einer Verfahrenspflegerbestellung (unanfechtbar nach § 276 Abs. 6) zusammen mit der Hauptsacheentscheidung überprüfbar sein muss (so auch Bumiller/Harders § 276 Rn 15; Keidel-Budde § 276 Rn 14).

Zur Möglichkeit der Anfechtung einer unanfechtbaren Zwischenentscheidung mittels **Verfassungsbeschwerde** vgl. Rn 22.

c) Unanfechtbare Zwischenentscheidungen ohne ausdrückliche Bestimmung

11 Bereits nach bisheriger Rechtsprechung bzw. Auffassung sind folgende Zwischenentscheidungen bzw. Zwischenverfügungen **unanfechtbar**; u.a.:

- **Anordnungen**, durch die ein Betreuungsverfahren **eingeleitet** (OLG Stuttgart FGPrax 2003, 72; Damrau/Zimmermann § 69 g FGG Rn 6) oder einzelne **Ermittlungshandlungen** verfügt werden (BayObLG BtPrax 1998, 148; Bassenge/Roth-Gottwald Rn 9)
- **Terminsbestimmung** bzw. **-vertagung** (OLG Hamm Rpfleger 1995, 161; Keidel-Meyer-Holz Rn 27) und die reine Anordnung zum **Erscheinen** vor Gericht (OLG Karlsruhe FamRZ 2004, 712; Keidel-Meyer-Holz Rn 27; a. A. nach altem Recht BayObLGZ 1990, 37; KG FamRZ 2007, 227)
- Anordnung ärztlicher oder psychologischer **Gutachten** mit und ohne Untersuchungsanordnung sowie die Auswahl des Sachverständigen (vgl. § 280 Rn 23, § 283 Rn 5 und 6; **BGH** BtPrax 2008, 120; BayObLG FGPrax 2001, 78; OLG Brandenburg FamRZ 1997, 1019; Keidel-Meyer-Holz Rn 29; a. A. KG FGPrax 2002, 45; 2000, 237, 238). **Untersuchung** von **Körper- und Geisteszustand** (BayObLG BtPrax 2002, 215) und **Anordnung** der **Vorführung** nach § 278 Abs. 5 (Keidel-Budde § 278 Rn 11; vgl. § 278 Rn 23). Der Grundsatz der **Unanfechtbarkeit** wurde durch den **BGH** im Jahre 2007 (BtPrax 2007, 167; so auch LG Saarbrücken, Beschluss v. 7. 1. 2009 – 5 T 596/08 – BeckRS 2009 08055 eingeschränkt. Der Betroffene kann die gerichtliche Anordnung, sich psychiatrisch untersuchen zu lassen, jedenfalls dann mit der Beschwerde angreifen, wenn die Anordnung **objektiv willkürlich**, d.h. in so **krassem Maße rechtsfehlerhaft** ist, dass sie unter Berücksichtigung des Schutzzwecks von Art. 3 Abs. 1 und 103 Abs. 1 GG nicht mehr verständlich erscheint (hier ohne vorherige Anhörung nach § 283 Abs. 1; vgl. § 283 Rn 6 und unten Rn 18)
- **Ablehnung** von Beweisanträgen (Damrau/Zimmermann § 69g FGG Rn 6; OLG Zweibrücken FamRZ 1998, 1243; Bassenge/Roth-Gottwald Rn 9) bzw. **Aufhebung** von Beweisanordnungen (OLG Naumburg FamRZ 2001, 168)
- **Verrichtungen** und **Handlungen**, die den tatsächlichen und rechtlichen **Erfolg** sofort herbeiführen (Keidel-Meyer-Holz Rn 25; wie z. B. die Mitteilung des Betreuungsgerichts, die Schlussrechnung werde nicht beanstandet, da damit nur zu erkennen gegeben wird, dass ein Einschreiten nach § 1837 BGB nicht geboten ist, BayObLG Rpfleger 1997, 476)
- Bloße **Meinungsäußerung** des Gerichts **ohne Außenwirkung**, z.B. Mitteilung des Gerichts an die Bank, dass der Betreute nicht verfügungsberechtigt sei (BayObLG FamRZ 1983, 92); Anheimstellung der Antragsrücknahme (Keidel-Meyer-Holz Rn 42); Auskunft über Zuständigkeit, ohne dass ein konkreter Fall vorliegt (Damrau/Zimmermann § 69 g FGG Rn 6); bloße Bekanntgabe der Rechtsauffassung ohne Außenwirkung; Aufforderung zur Stellungnahme zu Bedenken des Gerichts oder anderer Beteiligter, die noch keine Folgen für ein bestimmtes Verhalten des Adressaten ankündigt.
- **Nichtabhilfebeschluss** nach § 68 (Keidel-Meyer-Holz Rn 37)

d) Zweifelsfälle

Nach bisheriger Rechtsprechung waren folgende Zwischenentscheidungen **12** anfechtbar und müssen es auch wegen der **Schwere des Eingriffs** bleiben, obwohl nach § 58 Abs. 2 die Anfechtbarkeit mangels ausdrücklicher Zulassung der sofortigen Beschwerde ausgeschlossen scheint. Hier muss – unabhängig von der Frage eines außerordentlichen Beschwerderechts bei schwer wiegenden Ein-

FamFG § 58

griffen (vgl. Rn 18) – ein Beschwerderecht zulässig sein (in entsprechender Anwendung der §§ 58 ff):
- bei der **Entscheidung** über **Akteneinsicht** für Beteiligte (§ 13) (KG FGPrax 2006, 159; vgl. § 13 Rn 14; Bumiller/Harders § 13 Rn 17; a.A. Keidel-Meyer-Holz Rn 33; Prütting/Helms-Jennisen Rn 48, Bassenge/Roth-Gottwald 11).
- beim **Ausschluss** von der Teilnahme an der **Beweisaufnahme** (OLG Hamm FamRZ 1979, 1065) und die **Zurückweisung** des **Verfahrensvertreters** (z.B. die Anweisung, der Betroffene dürfe zur Untersuchung keinen Rechtsbeistand mitbringen OLG Zweibrücken FGPrax 2000, 109; Damrau/Zimmermann § 69g FGG Rn 7)
- bei der isolierten Anfechtung der **Kostentragungspflicht** nach § 81 und § 307 (vgl. § 81 Rn 11 und § 307 Rn 7), soweit der Beschwerdewert 600 € übersteigt
- bei den Mitteilungen von Entscheidungen nach §§ 308, 309 und 311 an andere Stellen (vgl. § 308 Rn 13; § 309 Rn 6; § 311 Rn 4)
- bei der Anordnung unzulässiger **Untersuchungsmethoden** (vgl. § 280 Rn 8 und 23)
- bei der **Abgabe** an ein anderes Gericht nach §§ 4, 273 (vgl. § 273 Rn 14; so auch die Gesetzesbegründung BT-Drucksache 16/6308 S. 176; a.A. Keidel-Meyer-Holz Rn 34 und Bumiller/Harders § 273 Rn 14) oder bei der Abgabe an ein ausländisches Gericht nach §§ 104, 99 (vgl. § 104 Rn 7).

e) Sofortige Beschwerde nach ZPO

13 Soweit das Gesetz die **selbstständige** Anfechtbarkeit von **Zwischen-** und **Nebenentscheidungen zulässt** (vgl. Rn 9), orientiert sich diese an der ZPO. Das Gesetz sieht daher in diesem Fällen immer die **sofortige Beschwerde** in entsprechender Anwendung der §§ 567 bis 572 ZPO vor. Diese enthalten ein für die Anfechtung von Zwischen- und Nebenentscheidungen geeignetes Verfahren. Sie sehen eine kurze, 14-tägige Beschwerdefrist, den originären Einzelrichter sowie im Übrigen ein weitgehend entformalisiertes Rechtsmittelverfahren vor, in dem neue Tatsachen und Beweismittel zu berücksichtigen sind. Damit ist gewährleistet, dass die Statthaftigkeit des Rechtsmittels, gegen die auf Grundlage von Vorschriften der ZPO getroffenen Neben- und Zwischenentscheidungen in Verfahren nach diesem Gesetz, dieselbe ist wie in bürgerlichen Rechtsstreitigkeiten (BT-Drucksache 16/6308, 203).

4. Entscheidungen des Rechtspflegers

a) Vorbescheid des Rechtspflegers

14 Bisher war die betreuungsrechtliche Praxis von **Vorbescheiden** geprägt. Damit hat der **Rechtspfleger** die Erteilung oder Versagung einer betreuungsgerichtlichen **Genehmigung**, die ihrerseits nach §§ 62, 55 FGG unanfechtbar war, angekündigt. Aufgrund der Einführung des § 40 Abs. 2 dürfte die **Bedeutung** und Häufigkeit von Vorbescheiden deutlich zurückgehen. § 40 Abs. 2 folgt der Forderung aus der Entscheidung des BVerfG (BVerfGE 101, 397, 407=FamRZ 2000, 731), in der die Praxis der **Vorbescheide** mangels effektiven Rechtsschutzes kritisiert wurde und räumt diesen nunmehr dadurch ein, dass die Wirksamkeit der Entscheidung erst mit Rechtskraft eintritt (zur Frage des Rechtskrafteintritts vgl. § 70 Rn 6).

Sollten trotz dieser Änderung der Rechtslage noch Vorbescheide ergehen, so gilt: Vorbescheide sind **nicht anfechtbar**, unabhängig davon, ob sie ergehen durften oder nicht (Keidel-Meyer-Holz Rn 38). Nach bisher geltendem Recht wurden die Vorbescheide überwiegend als anfechtbar angesehen (vgl. zur bisherigen Rechtlage BayObLG FGPrax 2002, 221; OLG Stuttgart Rpfleger 2002, 203; OLG Zweibrücken FGPrax 2004, 48; a. A. OLG Hamm FamRZ 1996, 312). Dies ist nach der jetzigen Rechtlage nicht mehr erforderlich, denn beim Vorbescheid handelt es sich lediglich um eine Ankündigung einer Entscheidung, die mit keinen Rechtswirkungen versehen ist; die Genehmigung selbst ist beschwerdefähig. Zur nach wie vor bestehenden Möglichkeit des Inaussichtstellens einer betreuungsgerichtlichen Genehmigung vgl. § 287 Rn 4.

b) Anfechtbarkeit der Entscheidungen des Rechtspflegers (§ 11 RPflG)

aa) Nach den allgemeinen Vorschriften anfechtbare Rechtspflegerentscheidungen (§ 11 Abs. 1 RPflG). Gemäß § 11 Abs. 1 RPflG wird bei Entscheidungen des Rechtspflegers in Betreuungssachen nach den allgemeinen Vorschriften das **Rechtsmittel** der befristeten **Beschwerde** (kein Rechtsbehelf des Einspruchs oder Widerspruchs) eröffnet (vgl. § 15 RPflG Rn 10), die zu einer Nachprüfung der angefochtenen Entscheidung in der höheren Instanz führt (Devolutiveffekt). Der Rechtspfleger muss zuvor immer eine **Abhilfeentscheidung** treffen (§ 68 Abs. 1 S. 1 1. HS). Hilft er der Beschwerde ab, so kann er selbst eine abweichende Entscheidung treffen. Bei vollständiger oder teilweiser Nichtabhilfe legt er die Sache unverzüglich dem Beschwerdegericht vor (§ 68 Abs. 1 S. 1 2. HS). War die Beschwer von 600 € ursprünglich erreicht und hilft der Rechtspfleger nur teilweise ab, so dass nunmehr die Beschwer des Beschwerdeführers unter 600 € liegt, ist im Weiteren die Beschwerde als befristete Erinnerung zu behandeln (vgl. Rn 16; Keidel-Meyer-Holz Anhang zu § 58 Rn 8). 15

bb) Befristete Erinnerung (§ 11 Abs. 2 RPflG). Die befristete Erinnerung nach § 11 Abs. 2 RPflG erfasst alle Entscheidungen, die, hätte sie der Richter getroffen, wegen Erschöpfung des Instanzenzugs oder kraft ausdrücklicher gesetzlicher Anordnung nicht anfechtbar sind. Dieser **Rechtsbehelf** führt zu einer abschließenden Entscheidung durch den Amtsrichter. Anwendungsfälle sind u.a.: 16
- das Nichterreichen der Beschwerdesumme von 600 € in vermögensrechtlichen Angelegenheiten (§ 61 Abs. 1) z.B. in Vergütungs- und Auslagenentscheidungen bei Betreuervergütung von unter 600 € bzw. bei Nichtzulassung der Beschwerde (§ 61 Abs. 3),
- Bestellung eines Verfahrenspflegers (BayObLG Rpfleger 2003, 19; vgl. § 276 Rn 20).

Es gilt die Zweiwochenfrist gemäß §§ 11 Abs. 2 S. 1, 22 RPflG, § 569 Abs. 1 S. 1 ZPO unabhängig von einer bestimmten Erinnerungssumme. Der Erinnerungsführer muss durch die angefochtene Entscheidung **beschwert** sein. Die Einlegung hat gemäß den Formvorschriften der §§ 64, 65 zu erfolgen (Keidel-Meyer-Holz Anhang zu § 58 Rn 5). Neben der Abhilfe**befugnis** besteht im Hinblick auf die Amtspflicht des Rechtspflegers auch Abhilfe**pflicht**. In einem zu begründenden Beschluss hat der Rechtspfleger daher eine Abhilfeentscheidung zu treffen und bei (teilweiser) Nichtabhilfe dem Richter vorzulegen.

FamFG § 58 Buch 1 Allgemeiner Teil

cc) Unanfechtbare Entscheidungen des Rechtspflegers (§ 11 Abs. 3
17 RPflG). Soweit ein **Rechtsgeschäft** gerichtlich zu **genehmigen** ist (**Rechtspfleger**zuständigkeit), wird der Beschluss nach § 40 Abs. 2 nunmehr erst mit der **Rechtskraft** wirksam (zur Frage des Rechtskraftseintritts vgl. § 70 Rn 6), was auch in der Entscheidung **auszusprechen** ist (nach der früheren Rechtslage waren die Genehmigungen unanfechtbar nach §§ 62, 55 FGG). Nach der Entscheidung des BVerfG vom 18. Januar 2000 (BVerfGE 101, 397, 407 = FamRZ 2000, 731) waren die bisher geltenden §§ 62, 55 FGG mit Art. 19 Abs. 4 GG insoweit unvereinbar, als den in ihren Rechten Betroffenen jede Möglichkeit verwehrt wurde, Entscheidungen des Rechtspflegers der Prüfung durch den Richter zu unterziehen (BT-Drucksache 16/6308 S. 196). Durch § 40 Abs. 2 wurde dieser Zustand abgeschafft. Das bedeutet, dass die verbreitete Praxis der Rechtspfleger, Vorbescheide (vgl. Rn 14) zu erlassen, nicht mehr erforderlich ist. Im Bereich der betreuungsrechtlichen Entscheidungen des Rechtspflegers wird es daher künftig kaum noch unanfechtbaren Entscheidungen im Sinne des § 11 Abs. 3 RPflG geben.

5. Sonstiger Rechtsschutz

a) Außerordentliche Beschwerde bei unanfechtbaren Entscheidungen

18   Die Rechtsprechung vor dem Jahre 2005 ließ bei **greifbarer Gesetzwidrigkeit** eine **außerordentliche Beschwerde** zu, wenn die Entscheidung ansonsten unanfechtbar war. Damit sollte für Ausnahmefälle bei krassem Unrecht aus verfassungsrechtlichen Gründen ein Rechtsbehelf geschaffen werden. Ebenso wie bei greifbarer Gesetzwidrigkeit wurde dieses Institut auch bei Verletzung aller **Verfahrensgrundrechte** angenommen, z.B.
aa) rechtsstaatlich **faires Verfahren**: Art 6 EMRK; Art. 2 Abs. 1 i. V. m. Art 20 Abs. 3 GG
bb) **Willkürverbot**; Fehlen jeglicher gesetzlicher **Grundlage**
cc) **Rechtliches Gehör** Art. 103 Abs. 1 GG (BVerfG NJW 2003, 1924).
Seit dem 1. 1. 2005 können nicht anfechtbare Entscheidungen nach dem **Anhörungsrügengesetz** (BGBl. 2004 I, S. 3220) nach § 44 (früher § 29a FGG) mit der Anhörungsrüge angegriffen werden (vgl. hierzu § 44), sofern das **Verfahrensgrundrecht** des rechtlichen **Gehörs** verletzt wurde. Bei Verletzung **anderer** Verfahrensgrundrechte als rechtliches Gehör wird nach inzwischen wohl h. M. die außerordentliche Beschwerde (Bumiller/Harders Rn 22), zumindest aber ein Recht auf Gegenvorstellung bejaht (vgl. Rn 19). Zu der Frage der grundsätzlichen Zulässigkeit der Rüge der Verletzung von anderen Verfahrensgrundrechten als die Verletzung rechtlichen Gehörs nach der Einführung von § 44 vgl. § 44 Rn 7. Im Hinblick auf die Entscheidung des BGH (BtPrax 2007, 167; vgl. Rn 11) ist für unanfechtbare Entscheidungen (z.B. für unanfechtbare **Zwischenentscheidungen**) folgender **allgemeiner Grundsatz** festzuhalten: Zur Gewährleistung effektiven Rechtsschutzes und zur Wahrung des Rechtsstaatsprinzips ist immer dann ein außerordentliches Beschwerderecht zu **bejahen**, wenn bereits durch die Zwischenentscheidung ein solcher Eingriff in die Grundrechte eines Beteiligten erfolgt, dass dieser später nicht mehr (ganz) behoben werden kann (für Zwischenentscheidungen: Keidel-Meyer-Holz Rn 30; deutlich enger: Keidel-Meyer-Holz Anhang zu § 58 Rn 57, 58).

Diese **außerordentliche** Beschwerde muss jedoch in das System der Rechtsmittel des FamFG passen; das bedeutet, dass diese sich in **Form** und **Frist** nach dem eigentlich für die Entscheidung, wäre sie anfechtbar, zulässigen Rechtsbehelf richtet (mit der Möglichkeit der Wiedereinsetzung). Wenn es sich also um eine unanfechtbare **Zwischenentscheidung** handelt, so richten sich die Formvorschriften nach der sofortigen Beschwerde (vgl. Rn 13), da eine Zwischenentscheidung, wenn sie anfechtbar ist, mit dieser angreifbar ist. Wenn es sich um eine unanfechtbare **einstweilige Anordnung** oder eine Genehmigung eines Rechtsgeschäfts handelt, ist die befristete Beschwerde mit kurzer Beschwerdefrist der Rechtsbehelf, an dem sich das außerordentliche Rechtsmittel zu orientieren hat (§ 63 Abs. 2). In allen **andern Fällen** (§ 63 Abs. 1) sind die Formvorschriften der befristeten Beschwerde mit einmonatiger Beschwerdefrist maßgeblich. Jede andere Betrachtungsweise insbesondere zu den Fristen hätte zur Folge, dass der Beschwerdeführer bei einer eigentlich unanfechtbaren Entscheidung besser gestellt wäre als der „ordentliche" Beschwerdeführer.

b) Gegenvorstellung bei unanfechtbaren Entscheidungen

Eine Gegenvorstellung ist nur statthaft, wenn gegen die Entscheidung kein förmliches Rechtsmittel oder kein förmlicher Rechtsbehelf zulässig ist und auch eine Abhilfe oder Abänderung nicht in Betracht kommt. Sie soll als formloser Rechtsbehelf das entscheidende Gericht veranlassen, seine Entscheidung noch einmal zu überprüfen. Im Unterschied zur außerordentlichen Beschwerde führt die Gegenvorstellung nicht zu einer Überprüfung der Entscheidung durch die nächste Instanz. **19**

Sofern sich die Gegenvorstellung auf die Verletzung von **Verfahrensgrundrechten** stützt, gilt das diesbezüglich in Rn 18 auch zu Form und Frist Gesagte (a.A. Keidel-Meyer-Holz Anhang zu § 58 Rn 51, der die Einlegungsfrist bei Verfahrensgrundrechten nach § 44 bemisst).

c) Untätigkeit des Gerichts

Bleibt das **Gericht untätig**, ist die **Dienstaufsichtsbeschwerde** zulässig (vgl. Rn 21). Ob auch eine **Untätigkeitsbeschwerde** statthaft ist, war sehr umstritten (vgl. Keidel-Meyer-Holz Anhang zu § 58 Rn 66), da das FamFG eine solche nicht vorsieht. Art. 13 EMRK fordert einen wirksamen Schutz und damit einen innerstaatlichen Rechtsbehelf gegen eine unangemessene Verfahrensdauer (EGMR NRW 2001, 2694). Die Beschwerde ist daher dann statthaft, wenn die Untätigkeit einer **Sachentscheidung** oder einer **Rechtsverweigerung** gleichkommt (OLG Köln FGPrax 2007, 194; OLG Jena FamRZ 2003, 1673; Schulte-Bunert/Weinreich-Unger Rn 49). So kann die Untätigkeit in Betreuungsverfahren, soweit es nach einer Anregung von Amts wegen eingeleitet wird, einer Einstellung (OLG Bamberg FamRZ 2003, 1310), in Antragsverfahren einer Antragszurückweisung gleichkommen (OLG Zweibrücken NJW-RR 2003, 1653 für PKH-Antrag). Schließlich kann die Untätigkeit **Tatsachen schaffen,** die Auswirkungen auf die Sachentscheidung haben können und deshalb die Beschwerde begründen (BVerfG NJW 2004, 835 für das Umgangsverfahren). Voraussetzung der Zulässigkeit einer Untätigkeitsbeschwerde ist, dass eine über das **Normalmaß** hinausgehende, den Beteiligten unzumutbare Verzögerung dargetan wird und sich die Untätigkeit des Gerichts bei objektiver Betrachtung als **Rechtsschutzverweigerung** darstellt (Keidel-Meyer-Holz Anhang zu § 58 Rn 67). Krankheit des **20**

FamFG § 58 Buch 1 Allgemeiner Teil

Entscheidungsträgers oder personeller Engpass beim Gericht können wegen des Justizgewährungsanspruches der Bevölkerung keine – längere – Untätigkeit rechtfertigen (Keidel-Meyer-Holz Anhang zu § 58 Rn 69).

d) Dienstaufsichtsbeschwerde

21 Außerhalb des Rechtsbehelfssystems jeder Verfahrensordnung, also auch des FamFG, besteht die Möglichkeit, gegen den Entscheidungsträger **Dienstaufsichtsbeschwerde** zu erheben. Diese stellt einen formlosen, außerordentlichen Rechtsbehelf im Sinne einer Anregung an den **Dienstvorgesetzten** des Entscheidungsträgers zur Überprüfung der Art des Geschäftsbetriebes, des persönlichen Verhaltens und der Einhaltung der äußeren Ordnung dar (Keidel-Meyer-Holz Anhang zu § 58 Rn 24). Die Entscheidung eines **Richters** kann wegen dessen richterlicher Unabhängigkeit nicht durch die Dienstaufsicht aufgehoben oder abgeändert werden, da sich die Dienstaufsicht nicht auf die Ausübung der den Richtern anvertrauten rechtsprechenden Gewalt erstreckt (§ 26 DRiG).

e) Verfassungsbeschwerde

22 Bei Unanfechtbarkeit einer Entscheidung steht schließlich dem Beschwerten unter gewissen, engen Voraussetzungen bei Verletzung von Verfassungsrecht die Verfassungsbeschwerde zu. Handelt es sich bei der anzufechtenden Entscheidung um eine unanfechtbare **Zwischenentscheidung,** dann ist diese mit der Verfassungsbeschwerde nur dann anfechtbar, wenn ein dringendes schutzwürdiges Interesse daran besteht, dass über die Verfassungsmäßigkeit sofort und nicht erst in Verbindung mit der Endentscheidung erkannt wird (BayVerfGH, FamRZ 2009, 1863).

6. Rücknahme und Verwirkung der Beschwerde; Verzicht

23 Soweit der Betroffene gegenüber dem Gericht auf eine Beschwerde verzichtet oder sie zurücknimmt, ist er im Betreuungs- und Unterbringungsverfahren (§§ 275, 316) verfahrensfähig. Trotz Verfahrenspflegerbestellung ist daher eine Beschwerderücknahme oder ein Verzicht auf die Einlegung einer Beschwerde wirksam, auch wenn sie nachteilig für den Betroffenen ist (vgl. § 275 Rn 5). Der Verzicht oder die Rücknahme ist aber **unwirksam,** wenn dem Betroffenen ein Verfahrenspfleger hätte bestellt werden müssen (OLG Hamm FamRZ 1990, 1262).

a) Rücknahme der Beschwerde (§ 67 Abs. 4)

24 Die Beschwerde kann durch **formfreie** (OLG Stuttgart FamRZ 2003, 776) Erklärung gegenüber dem Gericht – nicht gegenüber einer anderen Stelle – bis zum **Erlass der Beschwerdeentscheidung** jederzeit zurückgenommen werden (§ 67 Abs. 4). Sie ist bedingungsfeindlich (Ausnahme innerprozessuale Bedingung, sehr str. Bumiller/Harders Rn 8; a.A. Keidel-Meyer-Holz § 67 Rn 17), unanfechtbar und unwiderruflich und bedarf **keiner Zustimmung** sonstiger Beteiligter (BayObLG NJW-RR 2002, 206). Der Rechtsmittelführer **verliert** das eingelegte Rechtsmittel, ohne dass ein Verbrauch eintritt. Es kann somit **erneut** eingelegt werden, soweit nicht **Fristablauf** eine Wiederholung verhindert (Bumiller/Harders Rn 9). Im Einzelfall ist in diesem Fall jedoch zu prüfen, ob aus der ersten

Zurücknahme der Beschwerde auf einen Verzichtswillen (§ 67 Abs. 1) geschlossen werden kann. Dieser wird **nicht** vermutet.

b) Verzicht (§ 67 Abs. 1)

Durch **Verzicht** auf die Beschwerde kann u.a. durch **einseitige,** unbedingte, 25 aber eindeutige (nicht notwendig ausdrückliche) Erklärung gegenüber dem Gericht das Recht aufgegeben werden, die Entscheidung zur erneuten Überprüfung durch die übergeordnete Instanz zu stellen (§ 67 Abs. 1) und sich dadurch des Rechts auf Nachprüfung durch das Rechtsmittelgericht zu begeben (Keidel-Meyer-Holz § 67 Rn 4). Dazu reicht jedoch grundsätzlich allein die Erklärung, sich nicht zu beschweren (BayObLGZ 1998, 62) oder die Beschwerde zurückzunehmen (BayObLG NJW 1965, 539), **nicht** aus, wenn sich nicht aus der Begründung die vorbehaltlose Akzeptanz der Entscheidung ergibt, was von Amts wegen zu prüfen ist. Einer bestimmten Form bedarf der Verzicht nicht. Der einseitige Verzicht ist weder widerruflich noch anfechtbar, kann jedoch erst **nach** Bekanntgabe der Entscheidung erklärt werden und macht eine dennoch eingelegte Beschwerde **unzulässig.**

c) Verwirkung der Beschwerde

Im Hinblick auf die Beschwerde, die nach FamFG immer **befristet** ist, dürfte 26 sich die Frage der **Verwirkung** des Beschwerderechts künftig kaum noch stellen (Keidel-Sternal § 64 Rn 54). Eine solche kann eintreten, wenn neben einem längeren Zeitablauf seit Erlass der Entscheidung weitere Umstände hinzutreten, welche die Beschwerdeeinlegung als rechtsmissbräuchlich erscheinen lassen (OLG Köln NJW-RR 2007, 799; BayObLG FamRZ 1999, 103; OLG Hamm FamRZ 1990, 1262), z.B. weil die Beteiligten den geschaffenen Zustand als endgültig angesehen haben und ansehen durften (BayObLG NJW-RR 1989, 136). Die Umstände sind von Amts wegen zu beachten, wobei die Auslegung ergeben kann, das die unzulässige Beschwerde als Antrag auf eine Zweitentscheidung zu deuten ist (BayObLG FamRZ 1975, 647).

7. Weitere Rechtsbehelfe nach FamFG

Weitere Rechtsbehelfe im FamFG sind der **Einspruch** im Verfahren über die 27 Festsetzung von Zwangsgeld gemäß §§ 388 bis 390 sowie der **Widerspruch** im Amtslöschungsverfahren nach §§ 393 bis 395, 397 bis 399 und im Dispacheverfahren nach §§ 406, 407.

§ 59 Beschwerdeberechtigte

(1) **Die Beschwerde steht demjenigen zu, der durch den Beschluss in seinen Rechten beeinträchtigt ist.**

(2) **Wenn ein Beschluss nur auf Antrag erlassen werden kann und der Antrag zurückgewiesen worden ist, steht die Beschwerde nur dem Antragsteller zu.**

(3) **Die Beschwerdeberechtigung von Behörden bestimmt sich nach den besonderen Vorschriften dieses oder eines anderen Gesetzes.**

FamFG § 59

Übersicht

	Rn.
1. Anwendungsbereich	1
2. Rechtsbeeinträchtigung nach § 59 Abs. 1	2
a) Betroffene Rechte	2
b) Beeinträchtigung des Rechts	4
3. Beschwerdeberechtigung in Betreuungs- und Unterbringungssachen	5
a) Betroffener	5
b) Verfahrenspfleger	6
c) Betreuer	7
d) Nahe Angehörige und Vertrauenspersonen	8
e) Andere Dritte	12
4. Beschwerdeberechtigung in Antragsverfahren (Abs. 2)	13
5. Beschwerdeberechtigung von Behörden (Abs. 3)	16
6. Beschwerdeberechtigung der Staatskasse	17

1. Anwendungsbereich

1 § 59 regelt – als Zulässigkeitsvoraussetzung für eine befristete Beschwerde nach § 58 – die **Beschwerdeberechtigung** des Beschwerdeführers, da im FamFG **nicht allen** Beteiligten (vgl. § 274 Rn 3 ff) oder Dritten der Rechtsweg eröffnet wird. Die §§ 303, 304 (für Betreuungssachen) und 335 (für Unterbringungssachen) enthalten Sondervorschriften, die unberührt bleiben und § 59 nur ausschließen, wenn die betroffenen Normen das anordnen. Fehlt die Beschwerdeberechtigung, ist die Beschwerde ohne weiteres als **unzulässig** nach § 68 Abs. 2 zu verwerfen. Abs. 1 regelt das Beschwerderecht im Amtsverfahren, Abs. 2 das im Antragsverfahren.

Zur **Abgrenzung** zwischen § 59 und §§ 303, 304, 335: Während die Vorschrift des § 59 ausschließlich die Beschwerdebefugnis bei Verletzung **eigener** Rechte betrifft (ohne allerdings das Recht ausschließen zu wollen, Beschwerde in **fremdem** Namen einzulegen, sofern eine **prozessuale** Befugnis zur Ausübung des Beschwerderechts besteht, BT-Drucksache 16/6308, 204), wird in §§ 303, 304, 335 vorrangig das Beschwerderecht unter dem Aspekt der Verfahrensstellung als möglicher – **Beteiligter** nach § 274 bzw. § 315 **ohne (zwingende) eigene Betroffenheit** geregelt. Eine Beschwerdeberechtigung kann sich daher sowohl aus § 59 als auch aus §§ 303, 304 oder 335 ergeben.

Grundsätzlich ist es zunächst möglich, Beschwerde **in eigenem Namen** einzulegen, wenn die Verletzung eigener Rechte gerügt wird. Daneben wird bestimmten Personen (Betreuer, Verfahrenspfleger, Vormund, gesetzlichem Vertreter usw.) das Recht eingeräumt, die Verletzung **fremder Rechte** zu rügen. Legt der Betreuer bzw. der Verfahrenspfleger Beschwerde nicht in eigenem sondern in fremdem Namen ein, so müssen die Rechte **des Betroffenen** verletzt sein. Zumeist fehlt eine genaue Bezeichnung, ob Beschwerde in eigenem oder in fremdem Namen eingelegt wird; in diesem Fall ist dies anhand der Beschwerdebegründung zu ermitteln (Keidel-Meyer-Holz Rn 24). Es ist eine Beschwerdeeinlegung sowohl in eigenem als auch in fremdem Namen möglich.

2. Rechtsbeeinträchtigung nach § 59 Abs. 1

a) Betroffene Rechte

Abs. 1 setzt voraus, dass der Beschwerdeführer in seinem **eigenen subjektiven materiellen Recht** beeinträchtigt ist. Das ist nur dann der Fall, wenn es sich um ein Recht handelt, das von der Rechtsordnung verliehen und von der Staatsgewalt geschützt ist, sei es privatrechtlicher oder öffentlich-rechtlicher Natur (BGH NJW 1997, 1855; BayObLG Rpfleger 2002, 424). Dies kann auch das informationelle Selbstbestimmungsrecht sein (OLG Saarbrücken FamRZ 2001, 651). Dieses Recht muss der betroffenen Person als ihr **eigenes Recht** materiell zustehen (Keidel-Meyer-Holz Rn 6). Die Norm bestimmt somit, dass es für die Beschwerdeberechtigung auf die Beeinträchtigung eigener **Rechte** ankommt. Eine Ausnahme wird nur angenommen, wenn jemandem die Berechtigung eingeräumt wird, ein fremdes Recht in eigenem Namen geltend zu machen (vgl. Rn 1). Der Begriff des (subjektiven) Rechts entspricht dem des § 7 Abs. 2 Nr. 1 (vgl. § 274 Rn 17).

Auf die **Beteiligtenstellung** (§§ 7, 274) in erster Instanz kommt es **nicht** an (hierauf kommt es indessen bei der Beschwerdeberechtigung nach §§ 303, 335 an). Mithin ist es nach § 59 unerheblich, ob der Beschwerdeberechtigte tatsächlich etwa als Kann-Beteiligter (vgl. § 274 Rn 11 ff) des erstinstanzlichen Verfahrens hinzugezogen war oder aufgrund seiner Rechtsbetroffenheit hätte hinzugezogen werden müssen. Umgekehrt ist ein Beteiligter im erstinstanzlichen Verfahren nicht beschwerdeberechtigt, wenn er vom Ergebnis der Entscheidung in seiner materiellen Rechtsstellung nicht betroffen ist (BT-Drucksache 16/6308, 204).

Lediglich **rechtlich geschützte Interessen**, seien sie wirtschaftlicher, rechtlicher, berechtigter, ideeller oder sozialer Art, werden in der Rechtsprechung (BGH NJW 1999, 3718; BGH NJW-RR 1991, 771; BayObLG Rpfleger 2003, 424) **nicht** als Rechte **anerkannt**, die ein Beschwerderecht begründen können. Ebenso ist es nicht ausreichend, wenn eine moralische Berechtigung oder eine sittliche Pflicht durch den Ausgang des Verfahrens berührt wird (BGH NJW 1999, 3718). Nicht genügend sind auch rein mittelbare Auswirkungen einer Entscheidung oder die lediglich tatsächlich „präjudizielle" Wirkung auf andere, gleich gelagerte Fälle (BT-Drucksache 16/6308 S. 178). Demgegenüber soll nach einem Teil der Literatur der Begriff des Rechts erweiternd auch rechtliche Interessen umfassen (Kissel, Der Rechtsschutz in der FG, S. 42, 105), was aber im Hinblick auf die eindeutige Rechtsprechung abzulehnen ist. Auch **Verfahrensrechte** sind grundsätzlich keine Rechte i. S. d. § 59, so dass die Verletzung des Rechts eines Beteiligten auf gesetz- und sachgemäße Behandlung seiner Angelegenheit für sich allein nicht ausreicht (BGH DNotZ 1996, 890; BayObLG FamRZ 1997, 1266; OLG Karlsruhe FamRZ 1998, 568; Keidel-Meyer-Holz Rn 7; a. A. OLG Bremen Rpfleger 1973, 58; OLG Düsseldorf BtPrax 1998, 80). Eine **Ausnahme** gilt lediglich dann, wenn eine **Verletzung des rechtlichen Gehörs** (Art. 103 GG) **oder des fairen Verfahrens** (Art. 19 Abs. 4 GG) vorliegt und eine **materielle Beeinträchtigung möglich** erscheint (Keidel-Meyer-Holz Rn 7); Fortschreibung der Rechtsprechung des BVerfG (FamRZ 2002, 532) zur Gewährung effektiven Rechtsschutzes.

FamFG § 59   Buch 1 Allgemeiner Teil

b) Beeinträchtigung des Rechts

4   Es ist ein **unmittelbarer** Eingriff in die Rechtsposition des Beschwerdeführers erforderlich. Dies ist dann der Fall, wenn Rechte durch den **Entscheidungssatz** (nicht nur seine Begründung, Bumiller/Harders Rn 7; Bassenge/Roth-Gottwald Rn 6) aufgehoben, beschränkt, gemindert oder deren Ausübung gestört oder erschwert werden (Bumiller/Harders Rn 6) oder auch nur die Verbesserung der Rechtsstellung vorenthalten wird (Prütting/Helms-Abramenko Rn 7). Gemeint ist hiermit **eine direkte Auswirkung** auf eigene materielle, nach öffentlichem oder privatem Recht geschützte Positionen im Sinne eines unmittelbaren nachteiligen Eingriffs auf die materielle Rechtsstellung des Beschwerdeführers (Keidel-Meyer-Holz Rn 9).

Maßgebender Zeitpunkt, zu dem die Beeinträchtigung vorliegen muss, ist der **Erlass der Entscheidung,** wobei sie zur Zeit der Einlegung der Beschwerde fortbestehen und bis zur **Beschwerdeentscheidung** andauern muss (Bassenge/Roth-Gottwald Rn. 7). Bei Wegfall der Beschwer im Laufe des Beschwerdeverfahrens vgl. § 62.

3. Beschwerdeberechtigung in Betreuungs- und Unterbringungssachen

a) Betroffener

5   Regelmäßig ist der **Betroffene** selbst beschwerdeberechtigt und zwar auch gegen die Aufhebung der Betreuung (BayObLG MDR 2001, 94; Prütting/Helms-Abramenko Rn 26) und selbst dann, wenn die Betreuerbestellung auf seinen „Antrag" erfolgt (OLG Hamm BtPrax 1995, 221; Damrau/Zimmermann § 69g FGG Rn 3; Dodegge/Roth Teil A Rn 186; differenzied Bienwald § 69g FGG Rn 13), unabhängig davon, ob nur auf Antrag oder auch von Amts wegen ein Betreuer hätte bestellt werden dürfen (**a. A.** Schreieder FGPrax 1996, 123). Der Betroffene ist auch bei Ablehnung der vom Betreuer beantragten Genehmigung nach § 1904 Abs. 1 BGB beschwerdeberechtigt, wenn er die Maßnahme für genehmigungspflichtig aber nicht für genehmigungsfähig hält (Keidel-Meyer-Holz Rn 76), ebenso gegen die Ablehnung der Entlassung des Betreuers. Verweigert das Betreuungsgericht eine **Genehmigung** eines **Rechtsgeschäfts**, das der Betreuer als gesetzlicher Vertreter für den Betroffenen abgeschlossen hat, so werden die subjektiven Rechte des Betroffenen verletzt; der Betreuer kann und muss in fremdem Namen Beschwerde einlegen (Keidel-Meyer-Holz Rn 91); bei Erteilung der Genehmigung besteht für den Betroffenen und für den Betreuer in der Regel kein Beschwerderecht (allerdings gelten die Ausführungen zum Antragsverfahren entsprechend, vgl. Rn 15). **Unterbringungssachen:** Dem Betroffenen steht gegen die Genehmigung der Unterbringung, nicht jedoch gegen die Ablehnung eines Antrags des Betreuers auf Genehmigung der geschlossenen Unterbringung ein Beschwerderecht zu (BayObLG BtPrax 2005, 70).

b) Verfahrenspfleger

6   Aufgrund seiner besonderen Stellung nach § 276 (vgl. § 276 Rn 18) kann der **Verfahrenspfleger** im Interesse des Betroffenen Beschwerde einlegen; das Gleiche ergibt sich ausdrücklich noch einmal aus § 303 Abs. 3 (vgl. § 303 Rn 10).

Soweit der Verfahrenspfleger jedoch in eigenen Rechten beeinträchtigt ist, kann er auch in eigenem Namen (**Abs. 1**) Beschwerde einlegen (z. B. im Verfahren auf Festsetzung der Vergütung nach §§ 277, 168; Prütting/Helms-Fröschle, § 303 Rn 36).

Unterbringungssachen: Der Verfahrenspfleger ist regelmäßig beschwerdeberechtigt. Keine Beschwerdebefugnis des Verfahrenspflegers besteht, wenn er das Rechtsmittel (erklärtermaßen) allein aufgrund des Wunsches des Betroffenen einlegt, selbst aber eine Fortdauer der Unterbringung befürwortet (LG Rostock Beschluss v. 16. 5. 2003, 2 T 189/03 – n. v.). Wird die Anordnung einer Unterbringung **aufgehoben**, ist der Verfahrenspfleger weder namens des Betroffenen noch im eigenen Namen zur Einlegung einer Beschwerde berechtigt (BayObLG BtPrax 2002, 165); entsprechendes gilt für die Versagung der betreuungsgerichtlichen Genehmigung der Unterbringung (Keidel-Meyer-Holz Rn 76; vgl. § 303 Rn 10). Der Verfahrenspfleger kann gegen die Genehmigung der Unterbringung nur in seiner verfahrensrechtlichen Funktion Beschwerde einlegen, nicht aber das dem Betroffenen persönlich zustehende Beschwerderecht ausüben (OLG Hamm BtPrax 2006, 190).

c) Betreuer

Der **Betreuer** bzw. der **Vorsorgebevollmächtigte** hat zunächst nach § 59 ein 7 eigenes Beschwerderecht bei **Beeinträchtigung eigener Rechte.** Eine solche ist anzunehmen, wenn ein ihm nachteiliger Eingriff in das ihm übertragene Betreueramt oder in die ihm daraus zustehenden Rechte vorliegt (Keidel-Budde § 303 Rn 5).

Daneben steht dem Betreuer und dem Vorsorgebevollmächtigten nach § 303 Abs. 4 das Recht zu, im Namen des Betroffenen Beschwerde einzulegen, wenn sein Aufgabenkreis betroffen ist (vgl. hierzu § 303 Rn 11; zur rechtlichen Einordnung Jurgeleit-Bučić, § 69g FGG Rn 55).

In folgenden **Fällen** kommt ein Beschwerderecht des **Betreuers** nach § 59 Abs. 1 (oder teilweise daneben bzw. teilweise nur nach § 303 Abs. 4) in Betracht: Auswahl als Betreuer und Zurückweisung der Bestellungsverweigerung nach § 1898 BGB; Ablehnung der Entlassung; Entlassung bei fortbestehender Betreuung (OLG Düsseldorf BtPrax 1998, 80); Entziehung oder Erweiterung einzelner Aufgabenkreise (BayObLG FamRZ 2004, 493); Vergütungsfestsetzung (§§ 292, 168); Entlassung eines Betreuers, wenn **zugleich** ein Vorsorgeüberwachungsbetreuer bestellt wird (KG BtPrax 2006, 39); Aufsichtsmaßnahmen nach § 1908i Abs. 1 i. V. m. § 1837 BGB; Entscheidungen zum Einwilligungsvorbehalt; der Betreuungsverein bei Entlassung des Vereinsbetreuers, der die Betreuung als Privatperson fortführen will (OLG Hamm FamRZ 2001, 253; BayObLG BtPrax 2005, 71). Dem vom Betroffenen vorgeschlagenen, aber vom Gericht nicht bestellten berufsmäßigen Betreuer steht ausnahmsweise ein eigenes Beschwerderecht nach § 59 zu, wenn ihm darin die generelle Eignung zur Führung von Betreuungen abgesprochen wird und deshalb konkret zu besorgen ist, dass die Entscheidung die faktische Wirkung eines Berufsverbots entfaltet (OLG München BeckRS 2008 77027).

Gegen die **Aufhebung der Betreuung** steht dem Betreuer (im Gegensatz zum Betroffenen) **kein** Beschwerderecht zu, da er keinen Anspruch auf Fortbestand der Betreuung hat und die Betreuung lediglich im Interesse des Betroffenen angeordnet wird (OLG Köln NJW-RR 1997, 708; OLG Düsseldorf BtPrax 1998, 80;

FamFG § 59 Buch 1 Allgemeiner Teil

OLG München BtPrax 2006, 33; BtPrax 2006, 108). Entsprechendes gilt für die Bestellung eines weiteren Betreuers für einen nicht den Aufgabenkreis dieses Betreuers betreffenden Bereich (BayObLG FamRZ 2002, 1590). Gegen die Aufhebung einer Entlassung des Betreuers durch das Landgericht steht dem durch das Betreuungsgericht bestellten neuen (**Nachfolge-**)Betreuer kein Beschwerderecht zu, da die Bestellung als Nachfolgebetreuer nicht rechtskräftig und damit nur vorläufiger Natur ist (OLG Zweibrücken FGPrax 2002, 25; OLG Düsseldorf BtPrax 1995, 108; OLG Stuttgart FamRZ 1996, 420; BayObLG BtPrax 2001, 86). Ebenso steht auch dem ehemaligen Berufsbetreuer gegen die Feststellung, dass der derzeitige Betreuer die Betreuung berufsmäßig führt, kein Beschwerderecht zu (Keidel-Meyer-Holz Rn 76).

Unterbringungssachen: Gegen die Ablehnung seines Antrags auf Unterbringung ist der Betreuer beschwerdeberechtigt.

d) Nahe Angehörige und Vertrauenspersonen

8   Auch bei nahen Angehörigen und Vertrauenspersonen (diese sind eigentlich nur Dritte) des Betroffenen kann sich die Beschwerdeberechtigung aus der eigenen Betroffenheit (§ 59 Abs. 1) aber auch aufgrund ihrer Verfahrensstellung (§ 303 Abs. 2; vgl. § 303 Rn 4-8) ergeben.

aa) Verletzung subjektiver Rechte von Angehörigen und Vertrauens-
9   **personen (Abs. 1).** Nach § 59 Abs. 1 können nahe Angehörige oder Vertrauenspersonen **nur** dann Beschwerde einlegen, wenn sie in eigenen Rechten verletzt wurden. Dies gilt auch im Verfahren der einstweiligen Anordnung (BayObLG BtPrax 2004, 111). Eine Verletzung eigener Rechte von Angehörigen nicht denkbar (Keidel-Budde § 303 Rn 11), zumindest werden sie regelmäßig nicht vorliegen (Sonnenfeld, BtPrax 2009, 169). Sicher ist, dass ein Beschwerderecht der Angehörigen/Vertrauenspersonen aufgrund eigener Rechtsverletzung nur schwer vorstellbar ist. Etwas anderes mag sich aus § 303 Abs. 2 (s. dort Rn 4-8) ergeben. Denkbar ist das sich aus Art. 6 GG ergebende Recht, trotz Eignung und Übernahmebereitschaft als näherer Angehöriger bei der Betreuerauswahl übergangen worden zu sein (Prütting/Helms-Fröschle, § 303 Rn 28). Auch der Ehegatte ist in eigenen Rechten verletzt, wenn seine Rechte aus Art. 6 GG verletzt sind; so namentlich bei Bestellung eines Betreuers mit dem Aufgabenkreis der Aufenthaltsbestimmung, Genehmigung der Sterilisation und Genehmigung der Veräußerung der Ehewohnung (Prütting/Helms-Fröschle, § 303 Rn 27). **Kein** Beschwerderecht wegen Verletzung **eigener** Rechte besteht (in dieser Rechtsprechung sind auch z. T. noch Rechtsgedanken aus dem bisher geltenden § 69g Abs. 1 FGG enthalten, der den nahen Angehörigen bei bestimmten Beschlussarten ein Beschwerderecht einräumte): für einen Elternteil gegen die betreuungsgerichtliche Weigerung, dem Betreuer eine **Weisung** zu erteilen (OLG München FG Rax 2009 226); für den Ehegatten gegen die Erteilung einer Genehmigung zum Scheidungsantrag (OLG München BtPrax 2006, 229; KG BtPrax 2006, 38) oder die Genehmigung der Teilungsversteigerung (LG Münster FamRZ 2003, 937), für die Schwester bei Ablehnung der Betreuerentlassung mit dem Ziel selbst Betreuerin zu werden (OLG Rostock FamRZ 2007, 235), gleiches gilt für die Tochter (OLG Zweibrücken Rpfleger 2003, 190) und für den nahen Angehörigen, wegen Zurückweisung der Entlassung des bisherigen Betreuers nach § 1908b Abs. 1 BGB (Keidel-Meyer-Holz Rn 76).

Beschwerdeberechtigte **§ 59 FamFG**

Rspr. zum bisherigen § 69g Abs. 1 FGG: Dem Ehepartner des Betreuten steht gegen die erstmalige Bestellung eines Ergänzungsbetreuers ein Beschwerderecht zu (OLG Köln BtPrax 2008, 177), ebenso der Tochter gegen die Betreuerauswahl bzw. die Geeignetheit des bestellten Betreuers (LG Nürnberg-Fürth FamRZ 2008, 90).

Unterbringungssachen: Die Tochter kann gegen die Unterbringung des Betroffenen keine Beschwerde nach § 59 einlegen (OLG Schleswig BeckRS 2001 30207077 und 30207085; BayObLG Beschluss v. 28. 10. 1999 AZ: 3Z BR 319/ 99 – n. v.).

bb) Tatsächlich hinzugezogene Angehörige/Vertrauenspersonen. In § 303 Abs. 2 Nr. 1 und Nr. 2 erfährt dieser Grundsatz des § 59 für bestimmte in § 303 Abs. 2 näher genannte **nahe Angehörige** und weitere Personen eine Einschränkung. Diese können auch ohne eigene Beeinträchtigung altruistisch Beschwerde einlegen (vgl. hierzu § 303 Rn 5-7). 10

Unterbringungssachen: Für nahe Angehörige und Vertrauenspersonen sehen § 335 Abs. 1 Nr. 1 (Angehörige) bzw. § 335 Abs. 1 Nr. 2 (Vertrauenspersonen) eine dem § 303 Abs. 2 entsprechende Regelung vor, so dass auf die Ausführungen unter Rn 9 und 10 verwiesen wird. Über § 335 Abs. 1 Nr. 3 erhält auch der Leiter der Einrichtung, in der der Betroffene lebt, ein Beschwerderecht. 11

e) Andere Dritte

Das Beschwerderecht von im Sinne des § 274 nicht beteiligter **Dritter** ist sehr eingeschränkt, weil durch die betreuungsrechtliche Maßnahme regelmäßig kein eigenes Recht von Dritten im Sinne des Abs. 1 verletzt wird. Ein Beschwerderecht von verwandten und nicht verwandten Dritten gegen Maßnahmen bzw. Entscheidungen des Betreuungsgerichts im Rahmen der Frage des Umgangs dieses Personenkreises mit einem Betreuten (§§ 1908i Abs. 1 S. 1 i. V. m. §§ 1837 bzw. 1632 BGB) scheitert daran, dass der betreffende Personenkreis kein subjektives Recht auf Besuch oder Umgang hat (BayObLG FamRZ 1993, 1223; OLG Zweibrücken NJW-RR 2003, 870). **Kein Beschwerderecht** haben auch der Lebensgefährte (OLG Karlsruhe BtPrax 2007, 258; OLG Schleswig FamRZ 2002, 987), der keine Vertrauensperson im Sinne des § 303 Abs. 2 Nr. 2 ist (vgl. dort Rn 5 und 7), der Testamentsvollstrecker gegen die Ablehnung der Entlassung des Betreuers (OLG München FamRZ 2007, 1571; OLG Schleswig FamRZ 2002, 987); der nach § 1897 Abs. 4, 5 Vorrangige (BGH NJW 1996, 1825) auch nicht derjenige, der in einer Betreuungsverfügung als Betreuer vorgeschlagen wurde (Keidel-Meyer-Holz Rn 76); der Kläger gegen Ablehnung der Betreuerbestellung für den Beklagten (BayObLG FamRZ 1998, 922). Dritten steht gegen die Erteilung oder Versagung einer betreuungsgerichtlichen Genehmigung grundsätzlich kein Beschwerderecht zu, weil sie weder ein Recht auf Erteilung noch auf Versagung haben (OLG Schleswig BtPrax 1994, 142). Entsprechendes gilt auf für die Weigerung des Betreuungsgerichts gegen den Betreuer mit Aufsichtsmaßnahmen vorzugehen (OLG Zweibrücken NJW-RR 2003, 870). Verwandte können dies auch nicht aus §§ 1591 ff BGB oder einem evtl. Erbrecht herleiten (BayObLG FamRZ 1995, 302). 12

Ausnahmsweise besteht ein Beschwerderecht bei Versagung der Genehmigung dann, wenn das Geschäft nicht genehmigungsfähig und der Dritte als Geschäftspartner durch den Anschein der Wirksamkeit des Geschäfts beeinträchtigt ist (OLG Hamm FamRZ 1984, 1036; Keidel-Meyer-Holz Rn 91). Anerkannt wird ein Beschwerderecht eines Dritten auch dann, wenn die Geltendmachung von Rechten gegen den Betroffenen in Frage steht und der Dritte daran ohne die Bestellung eines Betreuers wegen Geschäftsunfähigkeit des Betroffenen gehindert wäre (Keidel-Budde § 303 Rn 17).

Unterbringungssachen: Der Dritte ist in Unterbringungsverfahren nicht beschwerdeberechtigt.

Das Beschwerderecht des **Vorsorgebevollmächtigten**, der nach FGG als normaler Dritter galt, ist in Betreuungssachen in § 303 Abs. 4 (vgl. Rn 7 und § 303 Rn 12) und in Unterbringungssachen in § 335 Abs. 3 (vgl. § 335 Rn 5) geregelt.

4. Beschwerdeberechtigung in Antragsverfahren (Abs. 2)

13 Abs. 2 betrifft Entscheidungen, bei denen ein **Antrag** notwendige **Verfahrensvoraussetzung** ist (zu Antrags- und Amtsverfahren vgl. § 26 Rn 1). Nicht erfasst wird die Zurückweisung eines an das Gericht im Amtsverfahren gerichteten „Antrags", der lediglich die Bedeutung einer Anregung hat (OLG Hamm FamRZ 1966, 46; Keidel-Meyer-Holz Rn 38: Antrag nach § 1896 Abs. 1 S. 1). Das Antragserfordernis muss sich ausdrücklich aus dem Gesetz ergeben und nicht lediglich aus dessen Auslegung. Die Anwendung des § 59 Abs. 2 scheidet daher bei betreuungsgerichtlichen Genehmigungen nach §§ 1821, 1822 BGB (BGH NJW 1987, 1770) aus (Keidel-Meyer-Holz Rn 38). Zusätzlich zur Rechtsbeeinträchtigung des Beschwerdeführers muss hinzukommen, dass dieser den Antrag gestellt hat. Abs. 2 schränkt daher Abs. 1 ein (BGH FamRZ 2003, 1738; Keidel-Meyer-Holz Rn 39).

14 Wohl weil es sich bei den Antragsverfahren im engeren Sinn um streitige Verfahren nach FamFG handelt (vgl. Keidel-Sternal § 23 Rn 7 ff), zählen zu den echten Antragsverfahren nicht die Anträge bei **laufender Betreuung** (vgl. § 26 Rn 1) wie z.B. Anträge des Betreuers oder des Bevollmächtigten nach § 1906 Abs. 1, 4, 5 (**Unterbringung** usw.) bzw. § 1904 Abs. 1 und Abs. 2 BGB (**gefährlicher ärztlicher Eingriff**) bzw. Antrag des Betreuers nach § 1905 BGB (**Sterilisation**).

15 Abs. 2 setzt eine Antragszurückweisung voraus, die ganz oder teilweise erfolgen und auch Zwischenentscheidungen (z.B.: Aussetzung; § 21 Abs. 2) erfassen kann. Bei Zurückweisung allein aus verfahrensrechtlichen Gründen (fehlendes Antragsrecht, unwirksame Vertretung) genügt die in der Zurückweisung liegende formelle Beschwer (OLG Frankfurt NJW-RR 1997, 580; Keidel-Meyer-Holz Rn 37; Bassenge/Roth-Gottwald Rn 9). Ist durch das Gericht **antragsgemäß** entschieden worden und macht der Antragsteller z.B. geltend, er sei bei Antragstellung von falschen Voraussetzungen ausgegangen, so kann er, obwohl seinem Antrag stattgegeben worden ist, Beschwerde einlegen, wenn er materiell beschwert ist. Abs. 2 gilt hier nicht. Eine formelle Beschwer ist nach h. M. nicht erforderlich (OLG Düsseldorf FamRZ 1984, 497; Keidel-Meyer-Holz Rn 44 m. w. N. str.).

5. Beschwerdeberechtigung von Behörden (Abs. 3)

16 Die zuständige Betreuungsbehörde kann zunächst nach **Abs. 1** beschwerdeberechtigt sein, wenn ein ihr zustehendes Recht verletzt wird, insbesondere, wenn sie durch die Entscheidung an der Erfüllung der ihr auferlegten öffentlich-rechtlichen

Pflichten gehindert wird (Bumiller/Harders Rn 45; Keidel-Meyer-Holz Rn 64, 65). **Abs. 3** bestimmt die Beschwerdeberechtigung von Behörden und damit auch die der **Betreuungsbehörden**. Behörden haben danach nur dann ein Beschwerderecht, wenn ihnen im FamFG oder in einem anderen Gesetz ein solches eingeräumt wird. Aus Sicht des Betreuungs- und Unterbringungsrechts wird der Betreuungsbehörde **unabhängig** von einer Beeinträchtigung eigener Rechte spezialgesetzlich in § 303 Abs. 1 bzw. § 335 Abs. 4 (vgl. § 303 Rn 2-3 und § 335 Rn 7) eine besondere Beschwerdebefugnis zugewiesen, wenn sie zur Wahrnehmung öffentlicher Interessen anzuhören ist und sich an dem Verfahren beteiligen kann. In Betreuungs- und Unterbringungssachen hat die Betreuungsbehörde über § 274 Abs. 3 und § 315 Abs. 3 ein Beteiligungsrecht, aber keine Beteiligungspflicht. Die Beteiligtenstellung in erster Instanz ist aber **keine** notwendige Voraussetzung für das Beschwerderecht. Dadurch wird vermieden, dass sich Behörden nur zur Wahrung ihrer Beschwerdeberechtigung stets am Verfahren erster Instanz beteiligen. Die effektive Ausübung des Beschwerderechts wird dadurch gewährleistet, dass den Behörden die Endentscheidung unabhängig von ihrer Beteiligtenstellung mitzuteilen ist. **Unterbringungssachen:** Entgegen der bisherigen Auffassung in der Rechtsprechung (OLG Frankfurt BtPrax 2002, 43) steht der Betreuungsbehörde gegen die Aufhebung der **Unterbringung** ein Beschwerderecht zu (Keidel-Meyer-Holz Rn 59).

6. Beschwerdeberechtigung der Staatskasse

Vgl. hierzu § 304. **17**

§ 61 Beschwerdewert; Zulassungsbeschwerde

(1) **In vermögensrechtlichen Angelegenheiten ist die Beschwerde nur zulässig, wenn der Wert des Beschwerdegegenstandes 600 Euro übersteigt.**

(2) **Übersteigt der Beschwerdegegenstand nicht den in Absatz 1 genannten Betrag, ist die Beschwerde zulässig, wenn das Gericht des ersten Rechtszugs die Beschwerde zugelassen hat.**

(3) **Das Gericht des ersten Rechtszugs lässt die Beschwerde zu, wenn**
1. die Rechtssache grundsätzliche Bedeutung hat oder die Fortbildung des Rechts oder die Sicherung einer einheitlichen Rechtsprechung eine Entscheidung des Beschwerdegerichts erfordert und
2. der Beteiligte durch den Beschluss mit nicht mehr als 600 Euro beschwert ist.
Das Beschwerdegericht ist an die Zulassung gebunden.

1. Allgemeines

Diese Norm trifft Regelungen zur Statthaftigkeit von Beschwerden vermögensrechtlicher Art. Bei Streitigkeiten mit geringer wirtschaftlicher und rechtlicher Bedeutung ist die regelmäßige Beschränkung des Rechtswegs auf eine Instanz **1** grundsätzlich sinnvoll, was sich auch aus anderen Verfahrensordnungen (z.B. § 511 ZPO) ergibt.

2. Statthaftigkeit der Beschwerde (Abs. 1)

2   Abs. 1 beschränkt den Zugang zur Beschwerdeinstanz. Die Beschwerde ist bei vermögensrechtlichen Angelegenheiten erst bei einem Beschwerdegegenstand von mehr als **600 Euro** zulässig. Dies gilt bei **allen vermögensrechtlichen** Angelegenheiten (eine Ausnahme gibt es beim Versorgungsausgleich). Darunter versteht man solche, die entweder ein vermögensrechtliches Rechtsverhältnis betreffen oder zwar auf einem nicht vermögensrechtlichen Verhältnis beruhen, jedoch selbst eine vermögenswerte Leistung zum Gegenstand haben (Keidel-Meyer-Holz Rn 2). Der **Beschwerdegegenstand** ist der Teil der Beschwer, dessen Beseitigung die Beschwerde erstrebt, wobei es nur auf die Beschwer des jeweiligen **Beschwerdeführers** ankommt. Jede Beschwer ist gesondert zu berechnen (Bumiller/Harders Rn 2). Maßgeblich für den Zeitpunkt der Berechnung der Beschwer ist der Zeitpunkt des Erlasses der Entscheidung (Bumiller/Harders Rn 2). **Betreuungs- und Unterbringungssachen** sind, soweit sie den Richterbereich betreffen, in der Regel **nicht** vermögensrechtlicher Art und damit regelmäßig beschwerdefähig (Ausnahme z.B. Entscheidung über die Kostentragungspflicht eines Beteiligten/Dritten nach §§ 81 bzw. 307). Vermögensrechtliche Angelegenheiten kommen in Betreuungssachen vorwiegend in dem Bereich, über den der Rechtspfleger zu entscheiden hat (Vergütung, Auslagen usw.), vor. Zu beachten ist, dass – anders als bei den Kostenentscheidungen nach §§ 81, 307 (vgl. § 81 Rn 11) – sich bei Kostenentscheidungen nach § 85 der Beschwerdewert nicht nach § 61 sondern über § 104 ZPO nach § 567 Abs. 2 ZPO richtet (Mindestbeschwer in diesen Fällen 200 €; Prütting/Helms-Abramenko Rn 7).

Das Gesetz verzichtet im Gegensatz zur zuvor geltenden Rechtslage auf eine Sonderregelung für die Anfechtbarkeit von **Kosten-** und **Auslagenentscheidungen** (früher §§ 56g Abs. 5 bzw. 20a FGG). Für die Anfechtung dieser Entscheidungen sind §§ 58 ff einschlägig und damit ein Wert des Beschwerdegegenstands von 600 Euro erforderlich. Diese Angleichung beruht auf der Erwägung, dass es keinen wesentlichen Unterschied für die Beschwer eines Beteiligten ausmacht, ob er sich gegen eine Kosten- oder Auslagenentscheidung oder aber gegen eine ihn wirtschaftlich belastende Entscheidung in der Hauptsache wendet.

Bei teilweiser Abhilfe oder Rücknahme der Beschwerde kommt es auf die verbliebene Beschwerdesumme an (Bumiller/Harders Rn 2; Keidel-Meyer-Holz Rn 16; vgl. § 58 Rn 15).

3. Zulassungsbeschwerde (Abs. 2, Abs. 3)

3   Für Fälle, in denen die Beschwer des Beteiligten 600 Euro nicht übersteigt und demzufolge die Beschwerde nicht nach Abs. 1 statthaft ist, wird durch Abs. 2 dem **erstinstanzlichen** Richter oder Rechtspfleger die Möglichkeit eröffnet, die Beschwerde zuzulassen, wenn dies wegen **grundsätzlicher Bedeutung** der Rechtssache oder zur **Rechtsfortbildung** oder **Rechtsvereinheitlichung** (Abs. 3 Nr. 1) geboten erscheint.

4   **a) Grundsätzliche Bedeutung** hat eine Rechtssache dann, wenn dem Rechtsstreit eine über den Einzelfall hinausgehende **Bedeutung** zukommt und

sie eine klärungsbedürftige Rechtsfrage aufwirft, die sich in einer unbestimmten Vielzahl weiterer Fälle stellen kann. Auch das tatsächliche oder wirtschaftliche Gewicht einer Sache für den beteiligten Rechtsverkehr kann ein besonderes Interesse der Allgemeinheit an einer Entscheidung des Beschwerdegerichts begründen.

b) Rechtsfortbildung. Eine Beschwerdeentscheidung ist dann zur **Rechts-** 5 **fortbildung** erforderlich, wenn eine obergerichtliche Entscheidung der Rechtsfrage noch nicht erfolgt ist und daher Anlass besteht, diese Rechtsfrage einer Klärung zugänglich zu machen. Das heißt wenn der Einzelfall Veranlassung gibt, Leitsätze für die Auslegung von Gesetzesbestimmungen des materiellen oder des Verfahrensrechts aufzustellen oder Gesetzeslücken auszufüllen. Dazu besteht dann Anlass, wenn es für die Beurteilung typischer oder „verallgemeinerungsfähiger" Lebenssachverhalte an einer richtungsweisenden Orientierung ganz oder teilweise fehlt.

c) Vereinheitlichung des Rechts. Zur Sicherung einer **einheitlichen** 6 **Rechtsprechung** zählen die Fälle, in denen das Gericht des ersten Rechtszugs in einer Rechtsfrage von einer obergerichtlichen Entscheidung abweicht (Divergenz). Hierzu gehören auch Fälle, bei denen vermieden werden soll, dass „schwer erträgliche Unterschiede in der Rechtsprechung entstehen oder fortbestehen", wenn eine Frage noch nicht obergerichtlich entschieden ist, wobei es darauf ankommt, welche Bedeutung die angefochtene Entscheidung für die Rechtsprechung im Ganzen hat.

4. Bindung an die Zulassung durch das Gericht des ersten Rechtszugs (Abs. 3 S. 2)

Das Beschwerdegericht ist an die Wertung des Eingangsgerichts **gebunden**. 7 Die Beschwerde kann daher nicht mit der Begründung als unzulässig verworfen werden, das erstinstanzliche Gericht habe die Voraussetzungen für die Zulassung der Beschwerde zu Unrecht angenommen. Die Nichtzulassung der Beschwerde ist **nicht anfechtbar**. Entscheidet der Rechtspfleger über die Nichtzulassung, ist gegen diese Entscheidung nach § 11 RPflG die Erinnerung (vgl. § 58 Rn 16) gegeben. Über die Zulassung entscheidet das Gericht des ersten Rechtszugs von Amts wegen in seinem Beschluss, sofern es sich um eine vermögensrechtliche Streitigkeit handelt. Grundsätzlich ist auch die versehentlich unterlassene Nichtzulassung nicht nachholbar; allerdings kommt bei willkürlicher Nichtzulassung und Verletzung von Verfahrensgrundrechten eine Gegenvorstellung in Betracht (vgl. § 58 Rn 19; Keidel-Meyer-Holz Rn 36); eine außerordentliche Beschwerde (vgl. § 58 Rn 18) kann hier nicht zulässig sein, da nach der Wertung des Gesetzgebers das Beschwerdegericht nicht über die Zulassungsvoraussetzungen der Beschwerde entscheiden darf. Ist die Zulassung beschlossen worden, aber der Ausspruch versehentlich unterblieben, kann er im Wege der Berichtigung nachgeholt werden (Prütting/Helms-Abramenko Rn 18).

§ 62 Statthaftigkeit der Beschwerde nach Erledigung der Hauptsache

(1) **Hat sich die angefochtene Entscheidung in der Hauptsache erledigt, spricht das Beschwerdegericht auf Antrag aus, dass die Entscheidung des Gerichts des ersten Rechtszugs den Beschwerdeführer in seinen Rechten**

FamFG § 62

verletzt hat, wenn der Beschwerdeführer ein berechtigtes Interesse an der Feststellung hat.
(2) Ein berechtigtes Interesse liegt in der Regel vor, wenn
1. schwerwiegende Grundrechtseingriffe vorliegen oder
2. eine Wiederholung konkret zu erwarten ist.

1. Anwendungsbereich

1 § 62 regelt, unter welchen Voraussetzungen eine Entscheidung in FamFG-Sachen auch dann noch mit der Beschwerde angefochten werden kann, wenn sich der Verfahrensgegenstand nach Erlass der Entscheidung **erledigt** hat. Fällt nach Einleitung des Verfahrens durch Änderung der Sach- und Rechtslage der Verfahrensgegenstand (Beschwerdegrund) weg, erledigt sich die Hauptsache in dem Sinne, dass eine **Sach**entscheidung keine Rechtswirkungen mehr haben kann (BayObLG BtPrax 2002, 261). Das **Rechtsschutzinteresse** für eine Beschwerde ist damit nicht mehr vorhanden, da das ursprüngliche Beschwerdeziel des Beschwerdeführers entfallen ist und er durch die Entscheidung lediglich noch Auskunft über die Rechtslage erhalten kann, ohne dass damit noch eine wirksame Regelung getroffen werden könnte. Die Beschwerde wäre eigentlich unzulässig. Nach bisher geltendem Recht war eine Anfechtungsmöglichkeit nach Erledigung der Hauptsache nicht geregelt. Gleichwohl ging die jüngere verfassungsgerichtliche Rechtsprechung davon aus, dass im Einzelfall trotz Erledigung des ursprünglichen Rechtsschutzziels ein Bedürfnis nach einer gerichtlichen Entscheidung fortbestehen kann, wenn das Interesse des Betroffenen an der Feststellung der Rechtslage besonders geschützt ist (BVerfGE 104, 220=NJW 2002, 2456). § 62 greift diese Grundsätze auf und regelt nunmehr ausdrücklich die Anforderungen an ein Feststellungsinteresse des Beschwerdeführers (BT-Drucksache 16/6308 S. 205).

2. Erledigung der Hauptsache (Abs. 1)

2 Die Rechtmäßigkeit der Entscheidung, wenn sich die Hauptsache zwischenzeitlich nach Erlass der erstinstanzlichen Entscheidung erledigt hat, kann mit der Beschwerde nur in Frage gestellt werden, wenn ein **berechtigtes Interesse** des Beteiligten an dieser Feststellung besteht. Dies ist dann der Fall, wenn das Interesse des Beteiligten an der Feststellung der Rechtslage in **besonderer Weise schutzwürdig** ist (BVerfGE 104, 220=NJW 2002, 2456). In diesem Fall ist vom Beschwerdegericht festzustellen, dass die erstinstanzliche Entscheidung den Beschwerdeführer in seinen Rechten verletzt hat. Nur derjenige, der selbst in seinen Rechten verletzt ist (bzw. dessen Verfahrenspfleger) – nicht aber z.B. die Betreuungsbehörde –, kann den Feststellungsantrag nach Erledigung stellen (Keidel-Budde Rn 11), da es hier an der Grundrechtsverletzung fehlt (Prütting/Helms-Abramenko Rn 7).

3 Voraussetzung für die Feststellung ist ein entsprechender **Antrag** des Beschwerdeführers. Dieser Antrag kann auch mit dem Antrag auf Aufhebung der Unterbringung nach § 330 verbunden werden (Keidel-Budde Rn 5); in diesem Fall gibt es eine Hauptsacheentscheidung und die Feststellungsentscheidung. Es muss kein ausdrücklicher Antrag gestellt werden; das konkludente Begehren, die Rechtmäßigkeit der getroffenen Maßnahme überprüfen lassen zu wollen, ist ausreichend.

Liegt ein durch einen entsprechenden Antrag des Beschwerdeführers manifestiertes Interesse an der Feststellung nicht vor, ist die Sache dagegen nach den allgemeinen Regeln nach Erledigung der Hauptsache abzuschließen (BT-Drucksache 16/6308 S. 205). Das heißt, es ist grundsätzlich nur noch eine Entscheidung **über die Kosten** möglich und wenn das ursprüngliche Begehren nicht umgewandelt wird, ist die Beschwerde kostenpflichtig als unzulässig zurückzuweisen. Nach § 26 muss das Gericht durch Hinweis auf die sachgerechte Antragstellung hinwirken (BayObLG Beschluss v. 19. 7. 2000 AZ: 3Z BR 209/00 – n. v.).

Es kommt nicht darauf an, ob sich die Hauptsache vor oder nach der Einlegung der Beschwerde erledigt hat (Bumiller/Harders Rn 4). Der Feststellungsantrag kann auch schon mit der Beschwerdeeinlegung beim Amtsgericht gestellt werden, so dass er Gegenstand der Abhilfe nach § 68 Abs. 1 ist (Keidel-Budde Rn 6). Die Maßnahme muss **vollzogen** und nicht nur angeordnet sein (BayObLG FGPrax 2004, 307; Keidel-Budde Rn 12).

Die Beschwerdefrist bezüglich der ergangenen Unterbringungsmaßnahme darf noch **nicht abgelaufen** sein, da der Instanzenzug durch die Erledigung der Hauptsache nicht neu eröffnet wird (BayObLG, Beschluss v. 31. 7. 2002 AZ: 3Z BR 145/02 – n. v.).

3. Berechtigtes Feststellungsinteresse (Abs. 2)

In Abs. 2 werden in Anlehnung an die Verfassungsgerichtsrechtsprechung (NJW 2002, 2456) zwei **Regelfälle** des Vorliegens eines berechtigten Feststellungsinteresses aufgeführt. Ausgangspunkt ist, dass es sich um einen Sachverhalt handelt, in dem eine Maßnahme **befristet** ist oder sich sehr **schnell** sonst **erledigt** hat. Hinzu kommt, dass die Befristung einen Zeitraum umfasst bzw. die Erledigung in einer Zeit eintritt, innerhalb derer die gegen die gerichtliche Entscheidung eröffneten Instanzen kaum durchlaufen werden könnten.

a) Schwerwiegender Grundrechtseingriff (Abs. 2 Nr. 1)

Nach Abs. 2 Nr. 1 liegt ein berechtigtes Interesse in der Regel bei **schwerwiegenden Grundrechtseingriffen** (z.B. Unverletzlichkeit der **Wohnung, Freiheit**) vor. In den Fällen, in denen sich die direkte Belastung durch den Hoheitsakt regelmäßig auf eine relativ kurze Zeitspanne beschränkt, so dass der Beschwerdeführer eine Entscheidung des zuständigen Beschwerdegerichts vor Erledigung der Hauptsache regelmäßig kaum erlangen kann. Dies sind etwa die Fälle der Wohnungsdurchsuchung aufgrund richterlicher Anordnung, der erledigte polizeirechtliche Unterbindungsgewahrsam (vgl. BVerfGE 104 220, 233) sowie aus dem Bereich der FamFG-Verfahren die **vorläufige Unterbringung** psychisch auffälliger Personen (BVerfG, NJW 1998, 2432; vgl. hierzu auch Rn 7). Als schwerwiegender Grundrechtseingriff wird auch die Anordnung einer Betreuung (BVerfG NJW 2002, 206) und einer Kontrollbetreuung angesehen (BVerfG BtPrax 2009, 27).

b) Wiederholungsgefahr (Abs. 2 Nr. 2)

Ein berechtigtes Interesse an der Feststellung ist regelmäßig auch dann gegeben, wenn eine Wiederholung **konkret** zu erwarten ist, wenn die Entscheidung also einer Wiederholungsgefahr begegnet (BVerfGE 104, 220, 233).

FamFG § 63 Buch 1 Allgemeiner Teil

4. Betreuungs- und Unterbringungssachen

7   In reinen **Betreuungssachen** dürfte § 62 eine eher untergeordnete Rolle spielen (Jurgeleit-Bučić, § 69g FGG Rn 121). Dies gilt schon allein deswegen, weil von dieser Norm nur die Fälle erfasst sind, in denen eine Betreuerbestellung von vornherein befristet ist und die Befristung einen Zeitraum umfasst, innerhalb dessen die gegen die gerichtliche Entscheidung eröffneten Instanzen kaum durchlaufen werden könnten (Rn 4). Obwohl grundsätzlich auch die gerichtliche Bestellung eines Betreuers für den Betroffenen einen schwerwiegenden Grundrechtseingriff darstellen kann (BVerfG NJW 2002, 206; Schulte-Bunert/Weinreich-Unger Rn 13), bestehen deswegen Bedenken, weil die Änderung einer rechtsgestaltenden Entscheidung wie die der Bestellung eines Betreuers nicht zurückwirken kann. Es kann daher nicht Ziel eines Rechtsmittels sein, die Entscheidung über die Bestellung eines Betreuers rückwirkend aufzuheben und allein das Begehren, die **Kostenfolgen** der Betreuung abzuwenden, kann eine Feststellung der Rechtswidrigkeit der Anordnung der Betreuung nicht rechtfertigen, da insoweit besondere Kostenvorschriften (z.B. §§ 81, 307) bestehen (BayObLG BtPrax 2005, 30). Bei einem „erledigten" **Einwilligungsvorbehalt** gelten die Grundsätze der Erledigung insgesamt **nicht**, weil § 306 für das Ende des Einwilligungsvorbehalts Sonderregelungen trifft (vgl. die Kommentierung zu § 306; Jurgeleit-Bučić, § 69g FGG Rn 118). Allerdings wird dieser Vorschrift in (vor allem vorläufigen) **Unterbringungssachen** eine gewichtige Rolle zukommen, da die vorläufige Unterbringung für höchstens sechs Wochen angeordnet werden darf und innerhalb dieser relativ kurzen Zeit oft eine obergerichtliche Entscheidung über die Rechtmäßigkeit der Maßnahme nicht zu erzielen sein wird. Daneben kommen entsprechende Grundrechtseingriffe in Betreuungs- bzw. Unterbringungsverfahren bei der Durchsuchung bzw. beim Betreten der **Wohnung** (z.B. im Zusammenhang mit § 283 Abs. 3, 284 Abs. 3: Vorführung zur Untersuchung bzw. Unterbringung zur Gutachtenerstellung) und bei Eingriffen in die **körperliche Unversehrtheit** (namentlich bei Zwangsbehandlungen) in Betracht.

5. Rechtsmittel

8   Die den Feststellungsantrag zurückweisende Entscheidung des Beschwerdegerichts ist mit der nach § 70 Abs. 3 zulassungsfreien **Rechtsbeschwerde** anfechtbar (vgl. § 70 Rn 4; Keidel-Budde Rn 33).

6. Beschlussformel

„Es wird festgestellt, dass der/die im Beschluss des Amtsgerichts..... vom.... angeordnete ...... den Beschwerdeführer in seinen Rechten verletzt hat."

§ 63 Beschwerdefrist

(1) **Die Beschwerde ist, soweit gesetzlich keine andere Frist bestimmt ist, binnen einer Frist von einem Monat einzulegen.**

(2) **Die Beschwerde ist binnen einer Frist von zwei Wochen einzulegen, wenn sie sich gegen**

1. eine einstweilige Anordnung oder
2. einen Beschluss, der die Genehmigung eines Rechtsgeschäfts zum Gegenstand hat,

richtet.

(3) Die Frist beginnt jeweils mit der schriftlichen Bekanntgabe des Beschlusses an die Beteiligten. Kann die schriftliche Bekanntgabe an einen Beteiligten nicht bewirkt werden, beginnt die Frist spätestens mit Ablauf von fünf Monaten nach Erlass des Beschlusses.

1. Anwendungsbereich

§ 63 schafft die unbefristete (einfache) Beschwerde für die im FamFG geregelten Verfahren ab. Lediglich im Grundbuch- und Schiffsregisterwesen wird an der unbefristeten Beschwerde festgehalten. Die Bezeichnung lautet künftig: (befristete) **Beschwerde**. Die Unterscheidung zwischen sofortiger und einfacher Beschwerde ist weitestgehend (Ausnahme: z.B. unbefristete Beschwerde nach § 382 Abs. 4 bei Zwischenverfügungen in Registersachen und Rn 5) abgeschafft. Zu den **Übergangsregelungen** vgl. Einleitung Art.111 Rn 5. 1

2. Beschwerdefristen

Im FamFG sind – neben der in Rn 1 genannten ausnahmsweise statthaften Beschwerde und den in § 58 Rn 27 beschriebenen weiteren Rechtsbehelfen und der Rechtspflegererinnerung; vgl. § 58 Rn 15 ff – im Wesentlichen drei verschiedene Beschwerdearten vorgesehen. 2

a) Befristete Beschwerde nach § 63 Abs. 1 mit normaler Beschwerdefrist

Alle Beschwerden in Betreuungs- und Unterbringungssachen, mit Ausnahme der in Rn 4 und 5 genannten, sind (ebenso wie die sonstigen Beschwerden im FamFG) innerhalb **eines Monats** beim Eingangsgericht einzulegen. 3

b) Befristete Beschwerde nach § 63 Abs. 2 mit kurzer Beschwerdefrist

Ausnahmsweise beträgt die Beschwerdefrist nur **zwei Wochen** nämlich bei: 4
- Nr. 1: **einstweiligen** Anordnungen
- Nr. 2: Beschlüssen, die ein Rechtsgeschäft **genehmigen** (vgl. auch § 40 Abs. 2) oder die entsprechende Ablehnung (Keidel-Sternal Rn 14). Zum Rechtskräftigwerden dieser Beschlüsse im Verhältnis zur ebenfalls möglichen Sprungrechtsbeschwerde (§ 75) vgl. § 70 Rn 6.

c) Sofortige Beschwerde nach ZPO

Für anfechtbare **Zwischen- und Nebenentscheidungen** (vgl. im Einzelnen § 58 Rn 9, 13) sieht das FamFG die **sofortige** Beschwerde nach den Vorschriften der **Zivilprozessordnung** (§§ 567-572 ZPO) mit einer regelmäßigen Beschwerdefrist von lediglich **zwei Wochen** vor. Durch die kurze, 14-tägige Beschwerdefrist, den originären Einzelrichter sowie im Übrigen einem weitgehend entforma- 5 lisiertem Rechtsmittelverfahren ist es möglich, auch für diese nicht instanzbeendenden Beschlüsse einen effektiven und raschen Rechtsschutz zu gewähren, in dem neue Tatsachen und Beweismittel zu berücksichtigen sind.

3. Beginn der Beschwerdefrist (Abs. 3)

6 Abs. 3 (bisher § 22 Abs. 1 S. 2 FGG für die sofortige Beschwerde) bestimmt, dass für den Beginn der Frist eine **schriftliche Bekanntgabe** (vgl. § 288 Rn 9 u. 10) erfolgen muss; eine mündliche Bekanntgabe reicht nicht aus (Prütting/Helms-Abramenko Rn 11). Die Frist beginnt für jeden Beteiligten gesondert (Keidel-Sternal Rn 20). Soweit Bumiller (Bumiller/Harders Rn 8) die Auffassung vertritt, in Betreuungssachen würde die Beschwerdefrist wegen § 287 Abs. 1 mit der Bekanntgabe an den Betreuer beginnen, kann dieser Auffassung nicht zugestimmt werden. Eine dem § 69g Abs. 4 S. 2 FGG entsprechende Regelung fehlt im FamFG. Dies würde auch bei Zustellungsverzögerungen beim Betroffenen bedeuten, dass die Beschwerdefrist abgelaufen sein kann, noch bevor dem Betroffenen die Entscheidung zur Kenntnis gebracht wurde.

Die aufgrund § 41 Abs. 1 S. 2 erfolgte Zustellungserleichterung wird durch Abs. 3 wieder erheblich eingeschränkt, da der Lauf der Rechtsmittelfrist nur durch schriftliche Bekanntgabe nach § 15 Abs. 2 (Zustellung nach ZPO oder Aufgabe zur Post) in Gang gesetzt wird (vgl. § 288 Rn 9).

Die **Rechtskraft** (§ 45) der Entscheidung tritt mit Ablauf der Rechtsmittelfrist für den letzten Muss- bzw. tatsächlich hinzugezogenen Kann-Beteiligten (vgl. § 274 Rn 3 ff und 11 ff) ein. Das hat folgende Konsequenz: Wird unbeabsichtigt (ggf. weil unbekannt) ein Kann-Beteiligter (§ 274 Rn. 11 ff) am Verfahren nicht beteiligt und sodann von der Entscheidung in seinen Rechten beeinträchtigt, kann dieser nach § 59 Abs. 1 zwar Beschwerde einlegen, dies aber nur so lange, bis für den **letzten** Beteiligten die Beschwerdefrist abgelaufen ist (Bumiller/Harders Rn 6); für diesen gilt somit die Frist des Abs. 3 S. 2 nicht (a.A. Prütting/Helms-Abramenko Rn 7). Diese Einschränkung ist im Sinne der Rechtssicherheit hinzunehmen. Denn wenn dieser Beteiligte nach Ablauf der letzten Frist von der Entscheidung erfährt, kann er bei Vorliegen der Voraussetzungen im Übrigen **Wiedereinsetzung** in den vorigen Stand begehren, weil er die Rechtsmittelfrist schuldlos versäumte (§ 17).

7 Die Beschwerdefrist wird auch ohne Bekanntgabe spätestens **5 Monate** nach Erlass in Lauf gesetzt (Abs. 3 S. 2). Der Zeitpunkt des Erlasses einer Entscheidung ist in § 38 Abs. 3 S. 3 definiert.

4. Rechtsmittelbelehrung

8 Nach § 39 hat jede Entscheidung, also auch eine Zwischenentscheidung, eine Rechtsmittelbelehrung zu enthalten (vgl. § 286 Rn 12). Daher muss in der **Ausgangsentscheidung** sowohl über die kurze befristete (Rn 4), die normale befristete (Rn 3) als auch über die sofortige Beschwerde (Bumiller/Harders § 39 Rn 3; vgl. oben Rn 5) mit den jeweiligen Fristen belehrt werden. Zum Rechtskräftigwerden dieser Beschlüsse im Verhältnis zur ebenfalls möglichen Sprungrechtsbeschwerde (§ 75) vgl. § 70 Rn 6. Bei der Formulierung ist auch zu beachten, dass bei den FamFG-Beschwerden eine Einlegung nur beim Ausgangsgericht, also bei dem Gericht, das die angefochtene Entscheidung getroffen hat, eingelegt werden

Einlegung der Beschwerde § 64 FamFG

kann (§ 64 Abs. 1). Die **sofortige Beschwerde** nach ZPO (Rn 5), der z.B. die **Unterbringung** zur Vorbereitung eines **Gutachtens** nach § 284 Abs. 3 unterliegt, kann jedoch wegen § 569 Abs. 1 S. 1 ZPO sowohl beim Eingangsgericht, als auch beim Beschwerdegericht eingelegt werden, was in der Rechtsmittelbelehrung zu berücksichtigen ist.

Das Fehlen einer Rechtsmittelbelehrung oder deren Fehlerhaftigkeit hindert den Lauf der Beschwerdefrist nicht, es schafft aber einen Wiedereinsetzungsgrund nach § 17 Abs. 2 (KGR Berlin 2003, 290).

§ 64 Einlegung der Beschwerde

(1) **Die Beschwerde ist bei dem Gericht einzulegen, dessen Beschluss angefochten wird.**

(2) **Die Beschwerde wird durch Einreichung einer Beschwerdeschrift oder zur Niederschrift der Geschäftsstelle eingelegt. Die Einlegung der Beschwerde zur Niederschrift der Geschäftsstelle ist in Ehesachen und in Familienstreitsachen ausgeschlossen. Die Beschwerde muss die Bezeichnung des angefochtenen Beschlusses sowie die Erklärung enthalten, dass Beschwerde gegen diesen Beschluss eingelegt wird. Sie ist von dem Beschwerdeführer oder seinem Bevollmächtigten zu unterzeichnen.**

(3) **Das Beschwerdegericht kann vor der Entscheidung eine einstweilige Anordnung erlassen; es kann insbesondere anordnen, dass die Vollziehung des angefochtenen Beschlusses auszusetzen ist.**

1. Anwendungsbereich

§ 64 regelt die Förmlichkeiten der Beschwerdeeinlegung. Die Bestimmung 1 nimmt die Regelungen der §§ 21-24 FGG zum Teil auf.

2. Beschwerdeeinlegung beim zuständigen Gericht (Abs. 1)

Die Beschwerde kann nach Abs. 1 **nur** noch bei dem Gericht, dessen Entschei- 2 dung angefochten wird (judex a quo), eingelegt werden. Nicht mehr eingelegt werden kann die Beschwerde beim Beschwerdegericht. Diese Neuerung dient der Beschleunigung des Verfahrens. Für den Beschwerdeführer wird durch die Einführung einer **Rechtsmittelbelehrung** gemäß § 39 hinreichend Klarheit darüber geschaffen, bei welchem Gericht er sich gegen die erstinstanzliche Entscheidung wenden kann. Der **untergebrachte** Betroffene kann nach §§ 305, 336 Beschwerde auch bei dem Amtsgericht einlegen, in dessen Bezirk er untergebracht ist.

Ausreichend ist nach § 25 Abs. 2 die Erklärung zu Protokoll der Geschäftsstelle eines beliebigen Amtsgerichts. **Eingelegt** ist die Beschwerde dann allerdings erst mit Eingang des Protokolls beim Entscheidungsgericht. Hiernach richtet sich auch die **Fristwahrung**. Die bei einem **unzuständigen** Gericht – das auch nicht nach § 25 Abs. 2 zur Niederschrift berechtigt ist – zu Protokoll der Geschäftsstelle gegebene Beschwerdeeinlegung (z.B. beim Landgericht das für die Beschwerde selbst, nicht jedoch für die Beschwerdeeinlegung zuständig ist) ist **unwirksam**, selbst wenn sie noch innerhalb der Frist beim zuständigen Gericht eingeht (OLG München Rpfleger 2008, 192; Bumiller/Harders Rn 5).

3. Beschwerde (Abs. 2)

a) Beschwerdeeinlegung (S. 1)

3 Die Beschwerde wird durch Einreichung einer Beschwerdeschrift beim Ausgangsgericht oder zur Niederschrift der Geschäftsstelle eingelegt.

Eine **Beschwerdeschrift** muss schriftlich (auch per Fernschreiber, Telebrief, Telegramm, Telefax, Computerfax usw.) eingereicht werden. Sie ist erst eingereicht, wenn sie in die Verfügungsgewalt des Gerichts gelangt. Fristwahrend ist die rechtzeitige Einlegung in den **Nachtbriefkasten** oder in das **Postfach** eines Gerichts, auch wenn die Leerung erst nach Fristablauf erfolgt (Keidel-Sternal § 63 Rn 36).

Die Einreichung kann auch zu **Protokoll der Geschäftsstelle** (auch des Richters oder des Rechtspflegers; Keidel-Sternal Rn 18), des Gerichts, dessen Entscheidung angefochten wird, oder jedes anderen Amtsgerichts (vgl. Rn 2) erfolgen (§ 25). Ein Protokoll hat Ort und Datum, den Willen des Betroffenen, gegen eine bestimmte Entscheidung Beschwerde einzulegen und Unterschrift des Urkundsbeamten zu enthalten (Keidel-Sternal Rn 13). Nicht zwingend zur Wirksamkeit der Niederschrift erforderlich ist der Umstand, dass das Protokoll laut vorgelesen und genehmigt wurde oder die Unterschrift des **Betroffenen** (BayObLG BtPrax 2005, 70). Soweit in Abs. 2 S. 4 geregelt ist, dass die Beschwerde zu unterschreiben ist, kann damit nur die Beschwerde**schrift** gemeint sein, so dass hieraus **keine** Notwendigkeit der Unterschrift auch bei der Einreichung zu Protokoll der Geschäftsstelle gefolgert werden kann (Keidel-Sternal Rn 16; Prütting/Helms-Abramenko Rn 6). Da die Person, die das Rechtsmittel einlegt, bestimmbar sein muss, kann eine **telefonische** Beschwerdeeinlegung, die nach alter Rechtslage teilweise als ausreichend angesehen wurde, nicht erfolgen (OLG Frankfurt BtPrax 2001, 82; Keidel-Sternal Rn 14), selbst wenn der Urkundsbeamte hierzu bereit ist.

b) Inhalt der Beschwerde (S. 3)

4 Die Beschwerde muss die Bezeichnung des angefochtenen Beschlusses sowie die Erklärung enthalten, dass Beschwerde gegen diesen Beschluss eingelegt wird. Es muss somit bei großzügiger Auslegung der Beschwerdeführer, die angefochtene Entscheidung und das Anliegen einer Überprüfung derselben durch die höhere Instanz hinreichend klar erkennbar sein. Dieser Mindestinhalt wird als zumutbar angesehen, da jeder Beteiligte hierauf gem. § 39 im Rahmen der Rechtsmittelbelehrung hingewiesen wird (BT-Drucksache 16/6308 S. 206). Ein bestimmter **Antrag** muss nicht gestellt werden, ist jedoch zweckmäßig (Keidel-Sternal Rn 28). Eine **bedingte** Beschwerde ist nicht zulässig, wobei jedoch innerprozessuale Bedingungen – z.B. die, dass das Rechtsmittel eines anderen Beteiligten erfolglos bleibt – als zulässig angesehen werden (Keidel-Sternal Rn 21).

Die Beschwerde kann auf einen selbstständigen Teil der Entscheidung **beschränkt** werden; dies muss jedoch ausdrücklich und zweifelsfrei erklärt werden (BayObLG FamRZ 2001, 364). Die Auswahl des Betreuers ist nach dem Grundsatz der **Einheitsentscheidung** notwendiger Bestandteil der Betreuerbestellung. Eine isolierte Anfechtung ist nicht möglich, sondern die Beschwerde muss sich gegen die Bestellung des Betreuers richten (hierzu Damrau/Zimmermann § 1897 BGB Rn 53; OLG Hamm FamRZ 1989; 986; BayObLG FamRZ

Einlegung der Beschwerde § 64 FamFG

1993, 602; OLG Schleswig BtPrax 1994, 175). Die Beschwerde kann jedoch auf die **Auswahl** des Betreuers beschränkt werden (BGH FGPrax 1996, 107; OLG Zweibrücken BtPrax 2005, 74). Die Feststellung der Berufsmäßigkeit der Führung der Betreuung kann nicht isoliert Gegenstand einer Beschwerde sein (OLG Hamm BtPrax 2006, 187 und FamRZ 2001, 1482).

c) Unterschrift (S. 4)

S. 4 führt (neu) das Erfordernis ein, dass die Beschwerdeschrift entweder vom Beschwerdeführer selbst oder von seinem Bevollmächtigten zu unterschreiben ist (Ausnahme bei der Einlegung zu Protokoll der Geschäftsstelle, vgl. Rn 3). Bevollmächtigt werden können nur Rechtsanwälte und die in § 10 Abs. 2 genannten Personen. Lesbarkeit der Unterschrift ist nicht erforderlich; es genügt ein Schriftzug, der die Identität des Unterzeichners ausreichend kennzeichnet. Legt eine Behörde Beschwerde sein, so genügt die Unterschrift des beauftragten Sachbearbeiters (Keidel-Sternal Rn 32). Eine anwaltliche Verfahrensvollmacht "in Sachen Betreuung" befugt im Zweifel auch zur Vertretung in einem zivilrechtlichen Unterbringungsverfahren (OLG München BtPrax 2006, 80). Das Gericht hat die Frage einer wirksamen Vertretungsbefugnis des Verfahrensbevollmächtigten für den Betroffenen von Amts wegen (§ 26) aufzuklären, z.b. durch Aufgeben einer Vollmachtvorlage (BayObLG BtPrax 2005, 150).

4. Einstweilige Anordnungen des Beschwerdegerichts (Abs. 3)

Abs. 3 gibt dem Beschwerdegericht (nicht dem Ausgangsgericht) in seiner Vollbesetzung die Möglichkeit zu einstweiligen Anordnungen im Laufe des Beschwerdeverfahrens. Zulässig sind diese Maßnahmen erst, sobald das Beschwerdegericht mit der Sache befasst ist, also ab Eingang der Beschwerde dort (Keidel-Sternal Rn 60). Die Maßnahmen ergehen von Amts wegen durch das Beschwerdegericht; sie können aber auch beantragt/angeregt werden. Sie können ergehen, wenn für den Erlass einer einstweiligen Anordnung ein **dringendes** Bedürfnis besteht, das ein Abwarten der endgültigen Entscheidung nicht zulässt, und wenn eine Endentscheidung im Sinne der zunächst vorläufigen Maßregel **wahrscheinlich** ist (Keidel-Sternal Rn 59). Das Beschwerdegericht kann eigene vorläufige Maßnahmen mit eigenem Inhalt erlassen. Diese sind jedoch auf den beim Beschwerdegericht anhängigen Gegenstand beschränkt (Bumiller/Harders Rn 14). Namentlich genannt ist die **Aussetzung der Vollziehung** der angefochtenen Entscheidung (2. HS) z.B. der Unterbringung. Hier ist allerdings zu beachten, dass damit u. U. im Ergebnis schon endgültige Zustände geschaffen werden. Denn bei Aussetzung einer Unterbringung nach § 1906 BGB ist der ursprüngliche Beschluss verbraucht (OLG Hamm FGPrax 1999, 22), weshalb auch § 328 nur Regelungen für die Aussetzung der Unterbringung nach öffentlichem Recht trifft.

Da Abs. 3 dem Beschwerdegericht nur die Möglichkeit gibt, Verfügungen zu ändern, deren Wirkungen bereits **eingetreten** sind, darf es sie nach § 40 Abs. 2 noch nicht wirksamen Rechtsgeschäften **nicht** deren sofortigen Wirksamkeit anordnen (Keidel-Sternal Rn 58; a. A. Bumiller/Harders Rn 14). Das Beschwerdegericht darf auch keinen erst mit dem Rechtsmittel selbst erstrebten Zustand durch die einstweilige Anordnung herbeiführen (Keidel-Sternal Rn 62; BayObLG Rpfleger 2002, 312). Die vorläufigen Maßnahmen dürfen nur für die Zeit zwi-

FamFG § 68 Buch 1 Allgemeiner Teil

schen Eingang der Beschwerde beim Beschwerdegericht bis zur Schlussentscheidung getroffen werden. Das Beschwerdegericht kann zeitliche Begrenzungen treffen (Keidel-Sternal Rn 70).
Die **einstweilige** Anordnung des Beschwerdegerichts ist grundsätzlich **nicht** eigenständig **anfechtbar** (Prütting/Helms-Abramenko Rn 37).

§ 68 Gang des Beschwerdeverfahrens

(1) Hält das Gericht, dessen Beschluss angefochten wird, die Beschwerde für begründet, hat es ihr abzuhelfen; anderenfalls ist die Beschwerde unverzüglich dem Beschwerdegericht vorzulegen. Das Gericht ist zur Abhilfe nicht befugt, wenn die Beschwerde sich gegen eine Endentscheidung in einer Familiensache richtet.

(2) Das Beschwerdegericht hat zu prüfen, ob die Beschwerde an sich statthaft und ob sie in der gesetzlichen Form und Frist eingelegt ist. Mangelt es an einem dieser Erfordernisse, ist die Beschwerde als unzulässig zu verwerfen.

(3) Das Beschwerdeverfahren bestimmt sich im Übrigen nach den Vorschriften über das Verfahren im ersten Rechtszug. Das Beschwerdegericht kann von der Durchführung eines Termins, einer mündlichen Verhandlung oder einzelner Verfahrenshandlungen absehen, wenn diese bereits im ersten Rechtszug vorgenommen wurden und von einer erneuten Vornahme keine zusätzlichen Erkenntnisse zu erwarten sind.

(4) Das Beschwerdegericht kann die Beschwerde durch Beschluss einem seiner Mitglieder zur Entscheidung als Einzelrichter übertragen; § 526 der Zivilprozessordnung gilt mit der Maßgabe entsprechend, dass eine Übertragung auf einen Richter auf Probe ausgeschlossen ist.

1. Anwendungsbereich

1   Die Vorschrift regelt den Gang des Beschwerdeverfahrens. Zu den **Übergangsregelungen** vgl. Einleitung Art. 111 Rn 5.

2. Abhilfebefugnis des Eingangsgerichts und Vorlage (Abs. 1)

a) Abhilfe

2   Abs. 1 S. 1 1. HS gibt dem Ausgangsgericht bei jeder **Beschwerde** in Betreuungssachen das Recht und die Pflicht (Keidel-Sternal Rn 5), ihr abzuhelfen. Hierdurch wird dem Gericht der ersten Instanz die Gelegenheit eingeräumt, seine Entscheidung nochmals zu überprüfen und sie gegebenenfalls zeitnah zurückzunehmen oder zu korrigieren. Zuständig für die Abhilfe ist der Richter, gegen dessen Entscheidung sich die Beschwerde richtet; bei Beschwerde gegen eine Entscheidung des Rechtspflegers (§ 11 Abs. 1 RPflG) dieser. Die Abhilfe hängt allein davon ab, ob das untere Gericht die Beschwerde für **begründet** hält. Die Zulässigkeit der Beschwerde (a.A. Bumiller/Harders Rn 3; die Beschwerde muss statthaft sein) spielt daher im Abhilfeverfahren keine Rolle (Keidel-Sternal Rn 9). Die Kompetenz zur Prüfung der Zulässigkeit oder Statthaftigkeit der Beschwerde

liegt ausnahmslos beim **Beschwerdegericht**. Auch in Fällen, in denen die Beschwerde unzulässig oder unstatthaft ist, darf das Untergericht der in ihr enthaltenen Gegenvorstellung abhelfen (ablehnend Prütting/Helms-Abramenko Rn 6). Bei der Entscheidung über die Abhilfe sind neue Tatsachen und Beweise zu berücksichtigen, ggf. ist im Rahmen von § 26 vor der Entscheidung über die Abhilfe Beweis zu erheben oder weitere Ermittlungen zu tätigen.

Das Gericht kann wie folgt entscheiden: Bei vollständiger Abhilfe ist die Beschwerde damit erledigt. Wird ganz oder teilweise nicht abgeholfen, so ist die Beschwerde ganz bzw. soweit nicht abgeholfen wurde, dem Beschwerdegericht vorzulegen. Hält das Untergericht die angefochtene Entscheidung mit anderer Begründung für im Ergebnis richtig, so ist sie unter Darlegung der abweichenden Begründung in der Nichtabhilfeentscheidung dem Beschwerdegericht vorzulegen. Das Verschlechterungsverbot (vgl. § 69 Rn 6) gilt im Abhilfeverfahren nicht (Keidel-Sternal Rn 13). Die Nichtabhilfe ergeht durch **Beschluss** (§ 69 Abs. 3 i. V. m. § 38) und ist zu **begründen**, soweit sich die Beschwerde auf neue Tatsachen stützt oder die angefochtene Entscheidung keine Begründung enthält.

Eine Abhilfe ist **ausgeschlossen**, soweit sich die Beschwerde gegen eine Endentscheidung in einer **Familiensache** richtet (Abs. 1 S. 2). In Betreuungs- und Unterbringungssachen ist Abhilfe grundsätzlich zulässig.

b) Vorlage

Mit der Einführung der Verpflichtung zur unverzüglichen Vorlage an das Beschwerdegericht wird einerseits dem Grundsatz der Verfahrensbeschleunigung Rechnung getragen, andererseits dem erstinstanzlichen Gericht eine angemessene Überprüfungsfrist eingeräumt. Die Pflicht zur unverzüglichen Vorlage an das Beschwerdegericht besagt, dass das Gericht sich ohne schuldhaftes Zögern (§ 121 Abs. 1 BGB) darüber klar werden muss, ob es der Beschwerde abhilft oder nicht. Über Nichtabhilfe und Vorlage ist durch **Beschluss** zu entscheiden (§ 69 Abs. 3 i. V. m. § 38). Mit der Abgabe wird die Sache beim Beschwerdegericht anhängig (Devolutiveffekt; Bumiller/Harders Rn 3). Für die Beschwerde in Betreuungs- und Unterbringungssachen ist nach § 72 Abs. 1 S. 2 GVG das **Landgericht** zuständig. Wurde das Abhilfeverfahren nicht oder nur unvollständig durchgeführt, kann das Beschwerdegericht die Sache unter Aufhebung der Vorlageverfügung zurückgeben (Prütting/Helms-Abramenko Rn 12). 3

3. Zulässigkeitsprüfung des Beschwerdegerichts (Abs. 2)

Vom Beschwerdegericht ist die **Zulässigkeit** grundsätzlich **vorrangig** zu prüfen (a.A. Prütting/Helms-Abramenko Rn 16: gleichwertig aus verfahrensökonomischen Gründen). Das Beschwerdegericht prüft in diesem Stadium, ob die Beschwerde statthaft ist, in der gesetzlichen Form (§ 64) und innerhalb der gesetzlichen Frist (§ 63) eingelegt wurde. Weiter prüft das Beschwerdegericht, ob Beschwerdeberechtigung (§ 59 Abs. 1), Beschwerdeführungsbefugnis (Vertretungsbefugnis), Beschwer und ein Rechtsschutzinteresse des Beschwerdeführers vorliegen. Mit dieser Regelung wird klargestellt, dass der Amtsermittlungsgrundsatz sich uneingeschränkt auch auf die Prüfung der Zulässigkeitsvoraussetzungen erstreckt (BT-Drucksache 16/6308, 207). 4

Dieser Grundsatz der Vorrangigkeit der Zulässigkeit gilt jedoch **nicht** ausnahmslos. Ist eine Beschwerde jedenfalls **unbegründet**, hat ihre Zurückweisung

FamFG § 68

(als unbegründet) keine weitergehenden Folgen als ihre Verwerfung (als unzulässig). In diesem Fall kann die Zulässigkeit dahinstehen und unabhängig hiervon eine Sachentscheidung über die Beschwerde – Zurückweisung als unbegründet – ergehen (BGH NJW-RR 2005, 1346; zurückhaltend Keidel-Sternal Rn 84).

5   Ist die Beschwerde unzulässig, so ist sie durch zu begründenden Beschluss (§ 69 Abs. 3 i. V. m. § 38) zu **verwerfen**.

4. Begründetheitsprüfung des Beschwerdegerichts (Abs. 3)

a) Verfahren (S. 1)

6   Insgesamt finden für das Beschwerdeverfahren in **Betreuungssachen §§ 1-48** Anwendung: **Abschnitt 1** (§§ 1-22a) findet unmittelbare Anwendung. Abs. 3 S. 1 ordnet die Anwendbarkeit des **Abschnitts 2** (§§ 23-37) an und **Abschnitt 3** (§§ 38-48) wird in § 69 Abs. 3 für anwendbar erklärt. Es gilt somit u. a. der Amtsermittlungsgrundsatz (§ 26) und der Gang des Verfahrens hat dem der ersten Instanz zu entsprechen (§ 29 ff für Beweisaufnahme und § 32 ff für den Termin). Damit wird ausdrücklich klargestellt, dass das Beschwerdegericht in den Grenzen des Rechtsmittels vollständig an die Stelle der ersten Instanz tritt und die gleichen Befugnisse wie diese hat.

b) Absehen von Verfahrenshandlungen (S. 2)

7   Abweichend von S. 1 kann das Beschwerdegericht nach S. 2 von der Wiederholung solcher **Verfahrenshandlungen** absehen, die das Gericht der ersten Instanz bereits **umfassend** und **vollständig** durchgeführt hat. Nach pflichtgemäßem Ermessen kann auch von der erneuten Durchführung eines **Termins** oder einer mündlichen **Verhandlung** im Beschwerdeverfahren abgesehen werden. Das ist dann der Fall, wenn die Verfahrenshandlung (z.B. die Anhörung des Betroffenen) in erster Instanz bereits durchgeführt wurde und von einer erneuten Durchführung keine **zusätzlichen Erkenntnisse** zu erwarten sind (s. Rn 8). Wenn das Beschwerdegericht von der Wiederholung der Verfahrenshandlungen absehen will, hat es dies zu **begründen** (Bumiller/Harders Rn 7; BayObLG BtPrax 2001, 218). Bei Verletzung von zwingenden Verfahrensvorschriften ist das fehlerhafte Verfahren zu wiederholen (Keidel-Sternal Rn 57).

Im Einzelnen:

8   **aa) Anhörung des Betroffenen.** Die Anhörung ist vom Beschwerdegericht zu wiederholen, wenn das Amtsgericht verfahrenswidrig die Anhörung **unterlassen** hat oder die Anhörung verfahrenswidrig war (z.B. Gutachten wurde nicht vor der Anhörung überlassen, BayObLG NJW-RR 2005, 1314), sie schon längere **Zeit** zurückliegt (6 Monate sind zu lange; OLGR Köln 2007, 796), das Amtsgerichtsprotokoll oder die Beschlussgründe keinen ausreichenden persönlichen **Eindruck** (OLG Hamm FGPrax 2006, 230; BtPrax 1999, 238) vermitteln, neue **Tatsachen** vorgetragen oder zu erörtern sind (BayObLG BtPrax 2004, 197 und BtPrax 2003, 184) oder das Beschwerdegericht unter Aufhebung der Entscheidung des Amtsgerichts eine Betreuung oder einen Einwilligungsvorbehalt anordnen will oder sonst zu Lasten des Betroffenen abändern will (OLG Hamm FGPrax 2009, 135). **Ausnahmsweise** kann das Beschwerdegericht nach S. 2 von einer erneuten Anhörung absehen, wenn der Betroffene in 1. Instanz gehört worden ist, jedoch von einer erneuten Anhörung keine zusätzlichen Erkenntnisse für

eine **Sachaufklärung** zu gewinnen sind. Das ist z.B. der Fall, wenn es nur um Rechtsfragen geht oder wenn die Beschwerde als unzulässig verworfen werden soll. Die zu stellende Prognose wird im Hinblick auf die Möglichkeit der Veränderung des Zustands des Betroffenen regelmäßig die Wiederholung der Anhörung gebieten. Wenn der Betroffene in erster Instanz **beharrlich geschwiegen** hat und er sich trotz Aufforderung des Beschwerdegerichts nicht äußert, kann unter Umständen von einer eigenen Anhörung durch das Beschwerdegericht abgesehen werden (OLG München BtPrax 2005, 154). In **Unterbringungssachen** ist wegen der Schwere des freiheitsentziehenden Eingriffs die Wiederholung der persönlichen Anhörung des Betroffenen im Beschwerdeverfahren **in der Regel** geboten (BayObLG FamRZ 2001, 1646; FamRZ 2003, 1854; OLG Hamm BtPrax 2001, 212; Keidel-Sternal Rn 59), vor allem dann, wenn die Unterbringung für die gesetzlich zulässige Höchstdauer von zwei Jahren genehmigt werden soll (BayObLG NJW-RR 2005, 1314). Hier ist auch zu beachten, dass sich allein durch die Behandlung zwischen erstinstanzlicher Anhörung und der zweitinstanzlichen Entscheidung der Gesundheitszustand des Betroffenen verbessert haben könnte.

bb) Gutachten. Auf durch das Amtsgericht eingeholte Gutachten und vorgelegte ärztliche Zeugnisse kann sich das Beschwerdegericht dann stützen, wenn sie unter den Beteiligten unstreitig sind (BT-Drucks. 11/4528 S. 179) und sie im Hinblick auf Erstellungszeitpunkt, Qualifikation des Ausstellers und auf ihre inhaltlichen Anforderungen als ausreichende Grundlage zur Feststellung der erforderlichen Tatsachen dienen (§ 26; Damrau/Zimmermann § 20 FGG Rn 55). 9

cc) Anhörung von Beteiligten und Zeugen. Abs. 3 S. 2 gestattet das Absehen von erneuten Zeugenvernehmungen, wenn die Zeugenaussage ausreichend protokolliert ist und es auf den persönlichen Eindruck des Zeugen nicht ankommt, nichts Zusätzliches aufzuklären ist und gegen die Richtigkeit der Zeugenaussage weder etwas vorgebracht ist noch sich Bedenken aufdrängen (Damrau/Zimmermann § 20 FGG Rn 31). Entsprechendes gilt für die erneute Anhörung von Beteiligten. Regt allerdings ein beschwerdeberechtigter Angehöriger eine Anordnung der Betreuung an, so ist ihm auch im Beschwerdeverfahren rechtliches Gehör zu gewähren, wenn das Beschwerdegericht die Betreuungsanordnung wieder aufheben will (BayObLG BtPrax 2002, 270). 10

dd) Verfahrenspfleger. Der für die 1. Instanz in Betreuungs- und Unterbringungssachen bestellte **Verfahrenspfleger** bleibt dies auch im Beschwerdeverfahren, da sein Amt erst mit Rechtskraft der Entscheidung endet (§ 276 Abs. 5 bzw. § 317 Abs. 5). Wurde in erster Instanz kein Verfahrenspfleger bestellt und erachtet das Beschwerdegericht dies nach § 276 bzw. § 317 für erforderlich, kann er nur durch die **Kammer** selbst, nicht aber durch den Berichterstatter, bestellt werden, es sei denn, die Sache wurde auf den Einzelrichter nach Abs. 4 (s. Rn 12) übertragen. 11

5. Übertragung auf den Einzelrichter (Abs. 4)

Bisher war die Übertragung auf den Einzelrichter bereits nach § 30 Abs. 1 S. 3 FGG i. V. m. § 526 ZPO möglich. Der fakultative Einzelrichtereinsatz in der Beschwerdeinstanz ist künftig durch Abs. 4 nicht mehr nur auf die Zivilkammern am Landgericht beschränkt, sondern in allen Beschwerdesachen möglich. Dies 12

FamFG § 69 Buch 1 Allgemeiner Teil

betrifft grundsätzlich sowohl die Beschwerdezuständigkeit der Oberlandesgerichte und der Landgerichte als auch die Beschwerdezuständigkeit der Kammern für Handelssachen. Eine Übertragung auf den Einzelrichter ist möglich, wenn die angefochtene Entscheidung von einem Einzelrichter erlassen wurde, die Sache keine besonderen Schwierigkeiten tatsächlicher oder rechtlicher Art aufweist, die Rechtssache keine grundsätzliche Bedeutung hat und noch nicht darüber verhandelt wurde (§ 526 ZPO). Die **Übertragung** hat durch **Beschluss** der Kammer (bzw. beim OLG des Senats) zu erfolgen. Entscheidet der Einzelrichter ohne Übertragungsbeschluss, so kann die Entscheidung wegen fehlerhafter Besetzung angefochten werden. Die Übertragung des Beschwerdeverfahrens auf den Einzelrichter ist auch in **Betreuungs-** und **Unterbringungssachen** nicht ausgeschlossen (Keidel-Sternal Rn 96); dies kann nicht zum Gegenstand eines Rechtsmittelangriffs gemacht werden (§ 68 Abs. 4 i. V. m. § 526 Abs. 3 ZPO; BGH BtPrax 2008, 169; KG FamRZ 2008, 1976).

Die Übertragung auf den beauftragten Richter wurde nach FGG unter Bezugnahme auf § 69g Abs. 5 S. 2 FGG in bestimmten Fällen als zulässig angesehen (vgl. OLG Rostock BeckRS 2006 06041). Da jedoch § 68 Abs. 4 auf den Einzelrichter des § 526 ZPO (und nicht auf den vorbereitenden Richter des § 527 ZPO) verweist, wird künftig eine Zuweisung der Sache durch das Beschwerdegericht an eines seiner Mitglieder als Einzelrichter zur Vorbereitung der Entscheidung als **beauftragter Richter** nicht mehr möglich sein (Bumiller/Harders Rn 11). Unter den Voraussetzungen des § 526 Abs. 2 S. 1 ZPO, also bei wesentlicher Änderung der Verfahrenslage oder bei übereinstimmendem Antrag, kann die Kammer die Sache, die auf den Einzelrichter übertragen wurde, wieder übernehmen (**Rücknahme**).

13 Abs. 4 S. 1 2. HS. beschränkt die Übertragungsmöglichkeiten für Verfahren an den Landgerichten auf **Richter**, die auf **Lebenszeit** ernannt sind. Eine Entscheidung durch einen Richter auf Probe als Einzelrichter erscheint im Hinblick auf die Tragweite einer Beschwerdeentscheidung verfehlt (BT-Drucksache 16/6308, 208). Wechselt der Einzelrichter im Laufe des Beschwerdeverfahrens und ist der neue Richter einer im Sinne des Abs. 4 S. 1 2. HS. (also kein Richter auf Probe), so muss die Kammer das Verfahren wieder zurücknehmen (Keidel-Sternal Rn 106). Nach der Rückübernahme ist eine erneute Übertragung auf den Einzelrichter ausgeschlossen.

§ 69 Beschwerdeentscheidung

(1) **Das Beschwerdegericht hat in der Sache selbst zu entscheiden. Es darf die Sache unter Aufhebung des angefochtenen Beschlusses und des Verfahrens nur dann an das Gericht des ersten Rechtszugs zurückverweisen, wenn dieses in der Sache noch nicht entschieden hat. Das Gleiche gilt, soweit das Verfahren an einem wesentlichen Mangel leidet und zur Entscheidung eine umfangreiche oder aufwändige Beweiserhebung notwendig wäre und ein Beteiligter die Zurückverweisung beantragt. Das Gericht des ersten Rechtszugs hat die rechtliche Beurteilung, die das Beschwerdegericht der Aufhebung zugrunde gelegt hat, auch seiner Entscheidung zugrunde zu legen.**

(2) **Der Beschluss des Beschwerdegerichts ist zu begründen.**

Beschwerdeentscheidung § 69 FamFG

(3) **Für die Beschwerdeentscheidung gelten im Übrigen die Vorschriften über den Beschluss im ersten Rechtszug entsprechend.**

Übersicht

	Rn.
1. Anwendungsbereich	1
2. Sachentscheidung	2
a) Entscheidungsgrundlage	2
b) Entscheidungsmöglichkeiten	3
3. Entscheidung (Abs. 1)	4
a) Eigene Sachentscheidung (Abs. 1 S. 1)	4
b) Aufhebung und Zurückverweisung mangels Sachentscheidung (Abs. 1 S. 2)	7
c) Aufhebung und Zurückverweisung bei wesentlichem Verfahrensfehler (Abs. 1 S. 3)	8
4. Beschluss (Abs. 2 und 3)	13
a) Beschluss	13
b) Begründung	14
5. Beschlussformel	15

1. Anwendungsbereich

Die Vorschrift trifft Regelungen über die Entscheidungsmöglichkeiten des 1
Beschwerdegerichts und über Formalien der Beschwerdeentscheidung.

2. Sachentscheidung

a) Entscheidungsgrundlage

Das Beschwerdegericht entscheidet unter Berücksichtigung der ggf. neu 2
gewonnenen Erkenntnisse der Ermittlungen in zweiter Instanz (sei es aufgrund
der Wiederholung von Verfahrenshandlungen der ersten Instanz oder aufgrund
neuen schriftlichen Vorbringens) und des gesamten Akteninhalts, der bis zur Hinausgabe des Beschlusses eingeht; ggf. muss erneut beraten und beschlossen werden.

b) Entscheidungsmöglichkeiten

Das Gericht der 2. Instanz hat folgende Möglichkeiten der Entscheidung: 3
- **Verwerfung** (als unzulässig) nach § 68.
- **Zurückweisung** der Beschwerde (als unbegründet).
- (vollständige oder teilweise) **Aufhebung** der erstinstanzlichen Entscheidung und ggf. neue Sachentscheidung, falls erforderlich (Rn 4-6).
- Aufhebung und **Zurückverweisung** nach § 69 Abs. 1 S. 2 bei fehlender Sachentscheidung (Rn 7).
- Aufhebung und Zurückverweisung nach § 69 Abs. 1 S. 3 bei schweren Verfahrensmängeln (Rn 8).
- Entscheidung nach § 62, wenn sich das Beschwerdeverfahren in der Hauptsache erledigt.

FamFG § 69 Buch 1 Allgemeiner Teil

3. Entscheidung (Abs. 1)

a) Eigene Sachentscheidung (Abs. 1 S. 1)

4 S. 1 stellt klar, dass im Interesse der Verfahrensbeschleunigung das Beschwerdegericht grundsätzlich selbst abschließend in der Sache zu entscheiden hat. Dies kann entweder zur **Zurückweisung** der Beschwerde oder zur (vollständigen oder teilweisen) **Aufhebung** der erstinstanzlichen Entscheidung und ggf. zu einer Neuentscheidung des Beschwerdegerichts führen, die sich allerdings immer im Rahmen des **Verfahrensgegenstands** bewegen muss. Nur ausnahmsweise kann eine Zurückverweisung an das Vordergericht erfolgen (S. 2 und 3; Rn 7, 8).

Wird eine erstinstanzlich mit sofortiger Wirksamkeit angeordnete **Unterbringung** im Beschwerdeverfahren **aufgehoben**, wird die Beschwerdeentscheidung erst mit Rechtskraft wirksam, es sei denn, dass ihre sofortige Wirksamkeit angeordnet worden ist. Wenn somit das Beschwerdegericht nicht die sofortige Wirksamkeit des Aufhebungsbeschlusses anordnet, wird die Aufhebung der amtsgerichtlichen Anordnung erst mit Rechtskraft der landgerichtlichen Entscheidung wirksam (BayObLG FamRZ 2002, 909).

5 **aa) Abänderung der Entscheidung.** Grundsätzlich trifft das Beschwerdegericht unter **Aufhebung** der erstinstanzlichen Entscheidung **selbst** die vollständige neue und vollziehbare Entscheidung, soweit nicht eine ersatzlose Aufhebung geboten ist. Hiervon abzugrenzen sind die so genannten **Ausführungshandlungen**, die zur Ausführung der Beschwerdeentscheidung erforderlich sind. Diese obliegen allein dem **Amtsgericht**. Dazu zählen aus betreuungsrechtlicher Sicht insbesondere die Bestellung, Verpflichtung und die Entlassung des Verfahrenspflegers oder des Pflegers und die Verpflichtung des Betreuers (Keidel-Sternal Rn 10). Wird eine solche Ausführungshandlung erforderlich, so ist dies in der Beschwerdeentscheidung hinreichend deutlich zu machen. Wenn das hieran gebundene Erstgericht die Ausführungshandlung nach Weisung des Beschwerdegerichts durchführt, ist hiergegen keine Beschwerde mehr möglich (Bumiller/Harders Rn 8; Keidel-Sternal Rn 12). **Keine Ausführungshandlung** ist jedoch die **Betreuerbestellung**: Kommt das Beschwerdegericht anders als das Erstgericht zum Ergebnis, dass die Voraussetzungen für die **Bestellung** eines Betreuers vorliegen, dann muss in jedem Fall ein Betreuer im Wege der **Einheitsentscheidung** bestellt werden, denn die Anordnung einer Betreuung ohne gleichzeitige Bestellung des Betreuers ist nicht zulässig (BayObLG Beschluss v. 14. 4. 1994, 3Z BR 79/94 – n. v.; Keidel-Sternal Rn 10). Wird gegen die Entscheidung über einen **Betreuerwechsel** Beschwerde eingelegt, ist Gegenstand des Beschwerdeverfahrens die Auswahl des Betreuers. In diesem Fall ist das Beschwerdegericht befugt, auch eine neu benannte Person als Betreuer zu bestellen (BayObLG BtPrax 2000, 91).

6 **bb) Verschlechterungsverbot in der Beschwerdeentscheidung.** Grundsätzlich soll auch im FamFG-Verfahren der Beschwerdeführer davor **geschützt** sein, dass er auf sein eigenes Rechtsmittel hin, über die mit der angegriffenen Entscheidung vorhandene Beschwer hinaus, weiter beeinträchtigt wird (Verschlechterungsverbot; im Einzelnen sehr streitig; Keidel-Sternal Rn 18 ff sowie Bumiller/Harders Rn 5, 6). Dieser Grundsatz muss allerdings in **Amtsverfahren**, wie Betreuungs- und Unterbringungsverfahren, eine Einschränkung erfahren. In diesen Verfahren kann eine Schlechterstellung des Beschwerdeführers, ohne dass dies von einem anderen Beteiligten erstrebt wird, jedenfalls dann bejaht werden, wenn das **Wohl** des Betroffenen dies erfordert und sofern es sich im Rahmen des **Verfahrensgegenstands** hält (Keidel-Sternal Rn 21; Bumiller/Harders Rn 6). Das Verschlechterungsverbot bezieht sich nicht auf Verfahrensfragen, über die von Amts wegen zu befinden ist (OLG Brandenburg FamRZ 2008, 287).

In diesem Sinn als unzulässig wird daher bei **Betreuungssachen** angesehen, wenn das Beschwerdegericht auf die Beschwerde des Betroffenen hin den Aufgabenkreis der Betreuung erweitert (BayObLG FamRZ 1998, 922; BtPrax 1998, 110; FamRZ 1996, 1035) oder die Betreuervergütung auf Beschwerde des Betreuers hin herabsetzt (BGH BtPrax 2002, 75; Bumiller/Harders Rn 5). Bei **Unterbringungssachen** kann nicht – auf die Beschwerde des Betroffenen – durch eine andere Berechnungsweise der Dauer der Freiheitsentziehung die faktische Unterbringungsdauer durch die Beschwerdeentscheidung **verlängert** werden (OLG Hamm FamRZ 1998, 922).

Bei der **Kostenentscheidung** nach § 81 und der Geschäftswertfestsetzung ist eine Änderung zum Nachteil des Beschwerdeführers zulässig (Keidel-Sternal Rn 18; Bumiller/Harders Rn 5), da in diesem Fall die angefochtene Entscheidung von Amts wegen zu Ungunsten des Beschwerdeführers geändert werden kann.

b) Aufhebung und Zurückverweisung mangels Sachentscheidung (Abs. 1 S. 2)

Davon sind die Fälle erfasst, in denen sich das erstinstanzliche Gericht ausschließlich mit **Zulässigkeitsfragen** beschäftigt hat und eine Befassung in der Sache unterblieben ist. Ist die Zulässigkeitsfrage in erster Instanz richtig beurteilt worden oder ergibt sich die Unzulässigkeit aus anderen Gründen, ist die Beschwerde **zurückzuweisen**. Hätte hingegen über das Begehren des Beschwerdeführers in der Sache entschieden werden müssen, so ist **zurückzuverweisen**, auch wenn das Zulässigkeitshindernis erst während des Beschwerdeverfahrens behoben worden ist.

c) Aufhebung und Zurückverweisung bei wesentlichem Verfahrensfehler (Abs. 1 S. 3)

S. 3 eröffnet die Möglichkeit der Zurückverweisung ausschließlich bei Verstoß gegen eine **Verfahrensnorm**. Materiellrechtliche Fehler können nicht zur Zurückverweisung führen, selbst wenn es sich um grobe Fehler handelt und die erstinstanzlich gebotene Sachaufklärung vollständig unterblieben ist. Zur Kostenentscheidung durch das Gericht in erster Instanz nach Zurückverweisung vgl. Prütting/Helms-Abramenko Rn 20.

Trotz Vorliegens der Voraussetzungen des S. 3 kann das Beschwerdegericht nach seinem pflichtgemäßen **Ermessen** von einer Zurückverweisung **absehen** und selbst abschließend entscheiden (Keidel-Sternal Rn 15). Bei der Ermessensentscheidung zwischen Zurückverweisung und eigener Sachentscheidung hat das Beschwerdegericht abzuwägen, dass eine Zurückverweisung der Sache in aller Regel zu einer Verteuerung und Verzögerung der Verfahrensentscheidung und zu weiteren, den schützenswerten Interessen der Beteiligten entgegenstehenden Nachteilen führen kann (BGH MDR 2005, 921). Das Beschwerdegericht muss bei Ausübung des ihm eingeräumten Ermessens erkennen lassen, dass es den maßgeblichen Gesichtspunkt der Verfahrensökonomie in Betracht gezogen hat.

Folgende drei Voraussetzungen müssen **kumulativ** vorliegen:

9   aa) **Wesentlicher Verfahrensfehler.** Ein Verfahrensmangel ist dann **wesentlich**, wenn er so erheblich ist, dass das Verfahren keine **ordnungsgemäße Grundlage** für die Entscheidung darstellt. Die angefochtene Entscheidung muss auf dem Verfahrensfehler beruhen. Als schwere Verfahrensfehler werden die **absoluten Revisionsgründe** des § 547 ZPO angesehen, u.a. also, wenn das erkennende Gericht nicht **vorschriftsmäßig** besetzt war; wenn ein Richter entschieden hat, der kraft Gesetzes **ausgeschlossen** oder **befangen** war (BayObLG NJW-RR 2002, 1086); bei Verletzung der **Öffentlichkeit** oder wenn der erstinstanzliche Beschluss entgegen § 38 nicht **begründet** wurde (Keidel-Sternal Rn 14). Als schwerer Verfahrensfehler ist nicht jeder schwerwiegende Verfahrensverstoß zu sehen, sondern nur bei vollkommen **unzureichender Aufklärung** des Sachverhalts oder bei unerträglichen Ergebnissen, bei denen dem Beschwerdeführer faktisch eine Instanz entzogen würde.

Dies dürfte zu **bejahen** sein bei: Ablehnung einer Betreuung ohne weitere Ermittlungen unter Berufung auf ein zwei Jahre altes Gutachten (BayObLG FamRZ 2003, 1968); Betreuungsanordnung ohne ausreichendes **Gutachten** (OLG Hamm BtPrax 1999, 238); Unterbringung ohne Bestellung eines eigentlich erforderlichen **Verfahrenspflegers,** wenn der Betroffene zu einer Willensäußerung außerstande ist (OLG München Rpfleger 2005, 429); Unterbringung nach grob verfahrensfehlerhafter oder unterlassener **Anhörung** (BayObLG NJW-RR 2005, 1314).

10   bb) **Aufwändige Beweisaufnahme.** Eine Zurückverweisung ist nur zulässig, wenn zur Herbeiführung der Entscheidungsreife noch eine umfangreiche oder aufwändige Beweisaufnahme notwendig ist. Diese Entscheidung liegt im pflichtgemäßen, nachprüfbaren Ermessen des Beschwerdegerichts. Hiervon ist insbesondere nicht auszugehen, wenn nur ein Zeuge oder ein Sachverständiger zu vernehmen oder ein Sachverständigengutachten einzuholen ist (Keidel-Sternal Rn 14).

11   cc) **Antrag eines Beteiligten.** Nach Abs. 1 S. 3 letzter HS. ist eine Zurückverweisung nur zulässig, wenn diese (von mindestens einem Beteiligten) beantragt wird. Der Antrag kann hilfsweise gestellt werden (OLGR Frankfurt 2003, 388). Im **Umkehrschluss** bedeutet dies, dass, wenn sämtliche Beteiligten nichts Gegenteiliges äußern, das Beschwerdegericht auch bei wesentlichen Verfahrensmängeln abschließend entscheiden muss, selbst wenn dies eine umfangreiche und aufwändige Beweisaufnahme notwendig macht.

12   dd) **Bindung des erstinstanzlichen Gerichts (S. 4).** Nach Zurückverweisung ist das Ausgangsgericht unter Beachtung der rechtlichen Beurteilung des Beschwerdegerichts zur neuen Entscheidung verpflichtet (Abs. 1 S. 4). Es wird so an die der Aufhebung zugrunde liegende Rechtsauffassung des Beschwerdegerichts gebunden, auch wenn es diese für unrichtig hält. Nur die **rechtliche Beurteilung** des Beschwerdegerichts entfaltet die Bindungswirkung, nicht aber die Erfahrungssätze oder die zugrunde gelegten Tatsachen, auf denen die Beschwerdeentscheidung beruht. Daher hat das Beschwerdegericht auch in den Gründen der zurückverweisenden Entscheidung die notwendigen Richtlinien für die neue Entscheidung des Erstgerichts zu geben (Keidel-Sternal Rn 28). Gegen die daraufhin erfolgende Entscheidung des Erstgerichts ist erneut die Beschwerde gegeben, wobei dann das Beschwerdegericht auch an

Beschwerdeentscheidung **§ 69 FamFG**

seine in der Zurückverweisungsentscheidung aufgestellten Grundsätze gebunden ist (Selbstbindung des Rechtsmittelgerichts). Etwas anderes gilt nur, wenn sich inzwischen die Tatsachen verändert haben oder nicht dasselbe Verfahren erneut in die Rechtsmittelinstanz gelangt (Keidel-Sternal Rn 27). Das **Verschlechterungsverbot** (vgl. Rn 6) für den Beschwerdeführer gilt **nicht** für die Vorinstanz, wenn die Sache vom Beschwerdegericht zurückverwiesen wird (Keidel-Sternal Rn 28; Bumiller/Harders Rn 6; a.A. BGH NJW 1986, 1494 nach ZPO).

4. Beschluss (Abs. 2 und 3)

a) Beschluss

Abs. 3 erklärt den dritten Abschnitt des FamFG (§§ 38-48) für anwendbar **13** und stellt damit insbesondere klar, dass die Entscheidung durch Beschluss zu ergehen hat, der zu **begründen** (Abs. 2; entspricht § 25 FGG) und, sofern ein Rechtsmittel gegeben ist, mit einer **Rechtsmittelbelehrung** (§ 39) zu versehen ist. Der Beschluss hat eine **Beschlussformel** (mit **Kostenentscheidung** §§ 81, 84) zu enthalten, die ggf. einen Ausspruch über die Zulassung der Rechtsbeschwerde (nach § 70) einschließen muss. Die Wirksamkeit richtet sich nach § 40, die Bekanntgabe nach § 41. Auch im Beschwerdeverfahren kann eine Anhörungsrüge nach § 44 erhoben werden (vgl. die Kommentierung zu § 44).

b) Begründung

Die Begründung einer Beschwerdeentscheidung ist nach Abs. 2 ausnahmslos **14** erforderlich.
Die Gründe der Entscheidung müssen den **Sachverhalt**, über den entschieden wurde, vollständig und klar wiedergeben unter Ausführung der Argumente, aus denen eine Tatsache für erwiesen erachtet wurde oder nicht. Daneben muss die Begründung auch den festgestellten Sachverhalt ent- halten, d. h. eine Zusammenfassung der Erwägungen, auf denen die Entscheidung in tatsächlicher und rechtlicher Hinsicht beruht (Keidel-Sternal Rn 45). Folgt das Beschwerdegericht dem Untergericht im Ergebnis und in der Begründung, genügt es nicht, die Beschwerde „aus den zutreffenden Gründen der angefochte- nen Entscheidung" zurückzuweisen. Vielmehr muss die Begründung so ausführ- lich gehalten sein, dass ein mögliches Rechtsbeschwerdegericht feststellen kann, ob die Beweisunterlagen sachgemäß und erschöpfend geprüft wurden und ob das dem Beschwerdegericht zugestandene Ermessen ordnungsgemäß ausgeübt wurde (Keidel-Sternal Rn 46; BayObLG Beschluss v. 5. 6. 1996, 2 Z BR 100/95 − n. v.). Zu einer vollständigen Begründung gehört, dass aus ihr hervorgeht, dass die **wesentlichen** Behauptungen und Beweisangebote des Beschwerdeführers gewür- digt worden sind. Das ist dann **nicht** der Fall, wenn die Entscheidung den für festgestellt erachteten Sachverhalt gar nicht oder nur undeutlich erkennen lässt und es insbesondere an Tatsachen fehlt, die unter das Gesetz subsumiert werden können, so dass die Richtigkeit des gefundenen Ergebnisses vom Rechtsbeschwer- degericht nicht nachgeprüft werden kann (BayObLG FamRZ 1998, 1327).
Die Beschwerdeentscheidung muss z.B. auch eine Begründung darüber ent- halten, warum vom Grundsatz der Vorschrift des § 329 Abs. 2 S. 2 (bei **Unter-**

FamFG § 70 Buch 1 Allgemeiner Teil

bringungen mit einer Gesamtdauer von mehr als vier Jahren soll das Gericht keinen Sachverständigen bestellen, der den Betroffenen bisher behandelt oder begutachtet hat) abgewichen wurde (BayObLG BtPrax 2005, 68). Ergibt sich die entsprechende Sachkunde des **Gutachters** nicht ohne weiteres, so muss auch diese begründet werden (BayObLG FamRZ 1997, 901); das Gutachten darf nicht kritiklos übernommen werden (Keidel-Sternal Rn 48).

5. Beschlussformel

15 Verwerfung der Beschwerde (unzulässig):
„Die befristete Beschwerde des/der ...... vom ...... gegen den Beschluss des Amtsgerichts..... vom ...... wird verworfen. (Kosten nach §§ 81, 84)"
Zurückweisung der Beschwerde (unbegründet):
„Die befristete Beschwerde des/der ...... vom ...... gegen den Beschluss des Amtsgerichts..... vom ..... wird zurückgewiesen. (Kosten nach §§ 81, 84)"
Ersatzloses Stattgeben der Beschwerde:
„Auf die befristete Beschwerde des/der... vom ..... wird der Beschluss des Amtsgerichts.... vom ..... aufgehoben. (Kosten nach §§ 81, 84)."
Stattgeben der Beschwerde mit eigener Sachentscheidung::
„Auf die befristete Beschwerde des/der... vom ..... wird der Beschluss des Amtsgerichts.... vom..... wie folgt abgeändert: (anderweitige Sachentscheidung). (Kosten nach §§ 81, 84)."
Teilweise Stattgeben der Beschwerde:
„Auf die befristete Beschwerde des/der... vom ..... wird der Beschluss des Amtsgerichts.... vom..... aufgehoben, soweit .... Die weitergehende Beschwerde wird zurückgewiesen. (Kosten nach §§ 81, 84)."
Zurückverweisung:
„Auf die befristete Beschwerde des/der... vom ..... wird der Beschluss des Amtsgerichts.... vom ..... aufgehoben. Das Verfahren wird zur erneuten Bearbeitung und Entscheidung an das Amtsgericht .... zurückverwiesen, dem auch die Entscheidung über die Kosten der Beschwerde übertragen wird."
Bei allen Entscheidungen ist der Zusatz möglich:
„Die Rechtsbeschwerde wird zugelassen."

Unterabschnitt 2. Rechtsbeschwerde

§ 70 Statthaftigkeit der Rechtsbeschwerde

(1) **Die Rechtsbeschwerde eines Beteiligten ist statthaft, wenn sie das Beschwerdegericht oder das Oberlandesgericht im ersten Rechtszug in dem Beschluss zugelassen hat.**
(2) **Die Rechtsbeschwerde ist zuzulassen, wenn**
1. **die Rechtssache grundsätzliche Bedeutung hat oder**
2. **die Fortbildung des Rechts oder die Sicherung einer einheitlichen Rechtsprechung eine Entscheidung des Rechtsbeschwerdegerichts erfordert.**
Das Rechtsbeschwerdegericht ist an die Zulassung gebunden.
(3) **Die Rechtsbeschwerde gegen einen Beschluss des Beschwerdegerichts ist ohne Zulassung statthaft in**

1. Betreuungssachen zur Bestellung eines Betreuers, zur Aufhebung einer Betreuung, zur Anordnung oder Aufhebung eines Einwilligungsvorbehalts,
2. Unterbringungssachen und Verfahren nach § 151 Nr. 6 und 7 sowie
3. Freiheitsentziehungssachen.

In den Fällen des Satzes 1 Nr. 2 und 3 gilt dies nur, wenn sich die Rechtsbeschwerde gegen den Beschluss richtet, der die Unterbringung oder die freiheitsentziehende Maßnahme anordnet.

(4) Gegen einen Beschluss im Verfahren über die Anordnung, Abänderung oder Aufhebung einer einstweiligen Anordnung oder eines Arrests findet die Rechtsbeschwerde nicht statt.

§ 71 Frist und Form der Rechtsbeschwerde

(1) Die Rechtsbeschwerde ist binnen einer Frist von einem Monat nach der schriftlichen Bekanntgabe des Beschlusses durch Einreichen einer Beschwerdeschrift bei dem Rechtsbeschwerdegericht einzulegen. Die Rechtsbeschwerdeschrift muss enthalten:
1. die Bezeichnung des Beschlusses, gegen den die Rechtsbeschwerde gerichtet wird und
2. die Erklärung, dass gegen diesen Beschluss Rechtsbeschwerde eingelegt werde.

Die Rechtsbeschwerdeschrift ist zu unterschreiben. Mit der Rechtsbeschwerdeschrift soll eine Ausfertigung oder beglaubigte Abschrift des angefochtenen Beschlusses vorgelegt werden.

(2) Die Rechtsbeschwerde ist, sofern die Beschwerdeschrift keine Begründung enthält, binnen einer Frist von einem Monat zu begründen. Die Frist beginnt mit der schriftlichen Bekanntgabe des angefochtenen Beschlusses. § 551 Abs. 2 Satz 5 und 6 der Zivilprozessordnung gilt entsprechend.

(3) Die Begründung der Rechtsbeschwerde muss enthalten:
1. die Erklärung, inwieweit der Beschluss angefochten und dessen Aufhebung beantragt werde (Rechtsbeschwerdeanträge),
2. die Angabe der Rechtsbeschwerdegründe, und zwar
   a) die bestimmte Bezeichnung der Umstände, aus denen sich die Rechtsverletzung ergibt;
   b) soweit die Rechtsbeschwerde darauf gestützt wird, dass das Gesetz in Bezug auf das Verfahren verletzt sei, die Bezeichnung der Tatsachen, die den Mangel ergeben.

(4) Die Rechtsbeschwerde- und die Begründungsschrift sind den anderen Beteiligten bekannt zu geben.

§ 72 Gründe der Rechtsbeschwerde

(1) Die Rechtsbeschwerde kann nur darauf gestützt werden, dass die angefochtene Entscheidung auf einer Verletzung des Rechts beruht. Das Recht ist verletzt, wenn eine Rechtsnorm nicht oder nicht richtig angewendet worden ist.

FamFG § 72 Buch 1 Allgemeiner Teil

(2) **Die Rechtsbeschwerde kann nicht darauf gestützt werden, dass das Gericht des ersten Rechtszugs seine Zuständigkeit zu Unrecht angenommen hat.**
(3) **Die §§ 547, 556 und 560 der Zivilprozessordnung gelten entsprechend.**

1. Rechtsbeschwerdevorschriften

1 § 70 regelt die **Statthaftigkeit** der Rechtsbeschwerde. Die dritte Instanz soll im Grundsatz ausschließlich mit Fällen befasst werden, an deren Entscheidung ein allgemeines, über den Einzelfall hinausgehendes Interesse besteht. In § 71 werden **Form** und **Frist** der Rechtsbeschwerde und in § 72 die **Gründe**, auf denen eine Rechtsbeschwerde beruhen kann, geregelt.

Das FamFG hat die weitere Beschwerde zum Oberlandesgericht (bisher § 29 FGG) abgeschafft und durch die **zulassungsabhängige** Rechtsbeschwerde zum **Bundesgerichtshof** (§ 133 GVG) ersetzt. Die Rechtsbeschwerde ist von dem Beschwerdegericht zuzulassen, wenn nicht ausnahmsweise – wie bei Betreuungssachen – eine Rechtsbeschwerde zulassungsfrei möglich ist (vgl. Rn 4). Die **Rechtsbeschwerde** tritt an die Stelle der bisherigen **weiteren Beschwerde** und beseitigt auf diese Weise die zulassungsfreie dritte Instanz zur Überprüfung der erstinstanzlichen Entscheidung.

2. Statthaftigkeit der Rechtsbeschwerde

a) Ausdrückliche Zulassung (§ 70 Abs. 1)

2 Die Rechtsbeschwerde hängt gemäß Abs. 1, außer in den Fällen des Abs. 3, davon ab, dass sie vom OLG als Eingangsgericht oder vom Beschwerdegericht **zugelassen** worden ist. Über die Zulassung hat das **Beschwerdegericht** von Amts wegen zu entscheiden; eines entsprechenden Antrags der Beteiligten bedarf es nicht.

b) Zulassungsgründe (§ 70 Abs. 2)

3 Nach Abs. 2 ist die Rechtsbeschwerde nur bei Vorliegen der in den Nr. 1 und 2 genannten Voraussetzungen zuzulassen, wenn dies wegen grundsätzlicher Bedeutung der Rechtssache zur Rechtsfortbildung oder Rechtsvereinheitlichung geboten erscheint (vgl. § 61 Rn 3-6).

Das Rechtsbeschwerdegericht (BGH) ist an die Zulassung gebunden (Abs. 2 S. 2; vgl. § 61 Rn 7). Das Rechtsbeschwerdegericht hat somit bei zugelassener Rechtsbeschwerde in der Sache zu entscheiden, auch wenn seines Erachtens die Gründe für die Zulassung der Rechtsbeschwerde nicht vorliegen; es kann in diesem Fall den Weg des § 74a gehen (einstimmiger Zurückweisungsbeschluss: Keidel-Meyer-Holz Rn 42).

3. Zulassungsfreie Rechtsbeschwerde in Betreuungs- und Unterbringungssachen (§ 70 Abs. 3)

4 Abs. 3 gewährt die Verbesserung des Rechtsschutzes in bestimmten **Betreuungssachen** sowie in **Unterbringungs-** und **Freiheitsentziehungssachen**.

Rechtsbeschwerde **§ 72 FamFG**

Wenn durch gerichtliche Entscheidung in **höchstpersönliche Rechte** des Beteiligten eingegriffen wird oder freiheitsentziehende Maßnahmen angeordnet werden, steht mit **Abs. 3** eine weitere Überprüfungsinstanz ohne weitere Zulassungsvoraussetzungen zur Verfügung. Dieses wird durch die Einführung der zulassungsfreien Rechtsbeschwerde zum **Bundesgerichtshof** (§ 133 GVG) gewährleistet.

Danach ist in folgenden Fällen **ohne vorherige Zulassung** die Rechtsbeschwerde zum **BGH** möglich:
- Nr. 1: bei **Betreuungssachen** (i.S.d § 271 Nr. 1 und 2; vgl. § 271 Rn 3): u.a. Anordnung oder Aufhebung einer **Betreuung** oder eines **Einwilligungsvorbehalts**. Als Betreuungs- und nicht als Unterbringungssache im Sinne der Nr. 1 ist auch eine Unterbringung nach § 284 anzusehen (vgl. § 284 Rn 9; Prütting/Helms-Fröschle, § 284 Rn 17).
- Nr. 2: bei **Unterbringungssachen** (§ 312 Nr. 1-3): Das sind gerichtliche Maßnahmen, die die Anordnung oder Verlängerung von Unterbringungen nach § 1906 Abs. 1 BGB (§ 312 Nr. 1), von unterbringungsähnlichen Maßnahmen nach § 1906 Abs. 4 BGB (§ 312 Nr. 2) und von Unterbringungen nach den Landesgesetzen über die Unterbringung psychisch Kranker betreffen (§ 312 Nr. 3). Nicht erfasst sind die Ablehnungen oder Aufhebungen (§ 70 Abs. 3 S. 2).
- Nr. 3: bei **Freiheitsentziehungssachen** (nach § 415 ff).

Bei einstweiligen Anordnungen ist nach **Abs. 4** eine Rechtsbeschwerde **nicht** 5 **statthaft**. Eine gleichwohl erfolgte Zulassungsentscheidung entfaltet keine Wirkungen (Keidel-Meyer-Holz Rn 48; Prütting/Helms-Abramenko Rn 19).

4. Form und Frist der Rechtsbeschwerde (§ 71)

§ 71 regelt Frist, Form und Begründung der Rechtsbeschwerde. Einlegen (im Sinne einer Rechtsbeschwerdeberechtigung) kann die Rechtsbeschwerde derjenige, der durch die **Beschwerdeentscheidung beschwert** ist.

a) Frist (§ 71 Abs. 1 S. 1)

Die Rechtsbeschwerde ist binnen einer Notfrist (Keidel-Meyer-Holz Rn 5) von 6 **einem Monat** nach der schriftlichen Bekanntgabe (es kommt auf die tatsächliche, wirksame Bewirkung der Bekanntgabe an) des Beschlusses durch Einreichen einer Rechtsbeschwerdeschrift bei dem **Rechtsbeschwerdegericht** (BGH) einzulegen. Die Rechtsbeschwerde kann in Betreuungs- und Unterbringungssachen entgegen §§ 305, 336 **nicht** bei dem Amtsgericht eingelegt werden, in dessen Bezirk der Betroffene untergebracht ist. Dies stellt keine Verkürzung des Rechtsschutzes des Untergebrachten dar, da auch andere Betroffene die Beschwerde schriftlich durch einen beim BGH zugelassenen Rechtsanwalt einlegen müssen (Keidel-Meyer-Holz Rn 4). Der Gesetzgeber hat der Einlegung bei dem Rechtsbeschwerdegericht den Vorrang gegeben, weil allein dieses Gericht mit der Sachentscheidung befasst ist; eine **Abhilfebefugnis** des Beschwerdegerichts besteht – wie bereits nach bisheriger Rechtslage gemäß § 29 Abs. 3 FGG – **nicht** (BT-Drucksache 16/6308, 209). Vgl. i. Ü. zur Frist § 63 Rn 6.

Im Hinblick auf die nach § 75 zulässige **Sprungrechtsbeschwerde** (gegen einen Beschluss des Amtsgerichts in Betreuungssachen) stellt sich die Frage, welche Beschwerdefrist für Beschlüsse gilt, die Rechtsgeschäfte nach § 299 genehmigen.

FamFG § 72

Diese werden nach § 40 Abs. 2 erst mit Rechtskraft wirksam. Jedoch ist die Beschwerdefrist (§ 63 Abs. 2: 2 Wochen) und Sprungrechtsbeschwerdefrist (§ 71 Abs. 1: 1 Monat) unterschiedlich lang. In der Praxis wird die 2-wöchige Beschwerdefrist für die Rechtskraft der Genehmigung bereits als sehr beschwerlich empfunden, da viele Geschäftspartner bereits diesen Zeitraum als deutlich zu lange ansehen und sich nicht so lange an ein rechtsgeschäftliches Angebot gebunden sehen möchten. Daher ist es als praktisches Gebot anzusehen, die Sprungrechtsbeschwerdefrist in diesen Fällen auf 2 Wochen abzukürzen (ebenso Keidel-Meyer-Holz § 75 Rn 6) und dies als redaktionelles Versehen des Gesetzgebers zu werten. Denn jede andere Betrachtungsweise hätte zur Folge, dass eine Genehmigung eines Rechtsgeschäfts erst nach einem Monat rechtskräftig werden würde.

b) Form (§ 71 Abs. 1 S. 2-4)

7   Vgl. zum notwendigen Inhalt der Rechtsbeschwerdeschrift § 64 Rn 4. Sie muss unterschrieben sein (S. 3). Grundsätzlich kann sich der Betroffene in einem Verfahren vor dem **BGH** nicht selbst vertreten, sondern er muss sich, mit wenigen Ausnahmen, von einem dort **zugelassenen Rechtsanwalt** vertreten lassen (§ 10 Abs. 4 S. 1). In diesem Fall kann der Betroffene die Rechtsbeschwerdeschrift **nicht** selbst unterschreiben, sondern dies muss durch einen dort zugelassenen Rechtsanwalt geschehen. Zu den Vertretungsverhältnissen der Betreuungsbehörde vor dem BGH vgl. § 10 Abs. 4 S. 2.

Gemäß Abs. 1 S. 4 soll der Rechtsbeschwerdeschrift eine Ausfertigung oder beglaubigte Abschrift der angefochtenen Entscheidung beigefügt werden. Dies dient dazu, das Rechtsbeschwerdegericht möglichst frühzeitig über den Inhalt der angegriffenen Entscheidung zu informieren. Hierbei handelt es sich um eine reine **Ordnungsvorschrift**; deren Nichteinhaltung **keine prozessualen Nachteile** nach sich zieht (BT-Drucksache 16/6308, 209).

c) Begründungspflicht der Rechtsbeschwerde (§ 71 Abs. 2 und 3)

8   Abs. 2 führt für die Rechtsbeschwerde – im Gegensatz zum bisher geltenden § 29 FGG – eine Begründungspflicht ein. Die Begründungsfrist der Rechtsbeschwerde beträgt, wie bei der Einlegung der Rechtsbeschwerde, **einen Monat** (§ 71 Abs. 2 S. 1) ab schriftlicher Bekanntgabe des angefochtenen Beschlusses. Die Frist ist eine Notfrist und nach Maßgabe des § 551 Abs. 2 S. 5 und 6 ZPO auf Antrag verlängerbar.

Die Rechtsbeschwerdebegründung muss einen konkreten **Rechtsbeschwerdeantrag** enthalten (§ 71 Abs. 3 Nr. 1). Damit hat der Rechtsbeschwerdeführer künftig konkret zu bezeichnen, inwieweit die Beschwerdeentscheidung angefochten und ihre Abänderung beantragt wird. Es muss weiter im Einzelnen bezeichnet werden, aus welchen Umständen sich eine **Rechtsverletzung** ergibt und, soweit die Rechtsbeschwerde auf einen Verfahrensfehler gestützt wird, müssen die Tatsachen vorgetragen werden, aus denen sich der **Verfahrensmangel** ergibt (§ 71 Abs. 3 Nr. 2).

5. Gründe der Rechtsbeschwerde (§ 72)

9   Die Rechtsbeschwerde kann sich nur auf die in § 72 aufgeführten Gründe stützen, nämlich darauf, dass die angefochtene Entscheidung auf einer **Verletzung**

des **formellen oder materiellen Rechts** beruht. Das Recht ist verletzt, wenn eine Rechtsnorm **nicht** oder **nicht richtig** angewendet worden ist. Unter verletztem „Recht" im Sinne des § 72 Abs. 1 sind Gesetze im materiellen Sinn zu verstehen; neben förmlichen Bundes- und Landesgesetzen somit auch Rechtsverordnungen. Die Rechtsbeschwerde kann nur Erfolg haben, wenn die Entscheidung des Beschwerdegerichts auf der **Verletzung** des Rechts **beruht**. Das ist bei Verletzung **materieller Vorschriften** nur der Fall, wenn die Entscheidung ohne den Gesetzesverstoß im Ergebnis für den Rechtsbeschwerdeführer **günstiger** ausgefallen wäre. Eine solche Verletzung liegt vor, wenn das Beschwerdegericht eine auf den festgestellten Sachverhalt nach Maßgabe ihrer Tatbestandsmerkmale anzuwendende Norm nicht berücksichtigt hat, ebenso bei Interpretations- oder Subsumtionsfehlern oder bei Gültigkeitsirrtum (Keidel-Meyer-Holz Rn 6). Bei Verletzung von **Verfahrensrecht** genügt die Möglichkeit, dass das Beschwerdegericht ohne den Verfahrensfehler zu einem anderen Ergebnis gelangt wäre (Keidel-Meyer-Holz Rn 25). Ist die Entscheidung trotz der Rechtsverletzung aus anderen Gründen richtig, beruht sie nicht auf dieser. Ist ein Verfahrensfehler absoluter Revisionsgrund nach § 547 ZPO, wird seine Ursächlichkeit unwiderlegbar vermutet (Abs. 3; vgl. § 69 Rn 9). Das Vorbringen neuer Tatsachen und Beweise – also eine weitere **Tatsacheninstanz** – wird nicht eröffnet; eigene Ermittlungen sind daher grundsätzlich ausgeschlossen (BayObLG OLGRep 2003, 476). **Nicht** mit der Rechtsbeschwerde gerügt werden kann die **Zuständigkeit** des Ausgangsgerichts (§ 72 Abs. 2).

Abs. 3 erklärt neben § 547 ZPO auch §§ 556, 560 ZPO für entsprechend anwendbar. Gemäß **§ 556 ZPO** kann eine Verfahrensverletzung dann nicht mehr geltend gemacht werden, wenn der Rechtsbeschwerdeführer sein Rügerecht bereits zuvor nach § 295 ZPO verloren hat. Auf bestimmte Verfahrensvorschriften, wie z.B. auf das Recht auf den gesetzlichen Richter oder die Beachtung des Grundsatzes der Nichtöffentlichkeit kann der Betroffene allerdings nicht verzichten (Keidel-Meyer-Holz Rn 51). Die entsprechende Anwendung des **§ 560 ZPO** bewirkt, dass das Rechtsbeschwerdegericht an die tatsächlichen Feststellungen des Beschwerdegerichts über das Bestehen und den Inhalt lokalen und ausländischen Rechts gebunden ist.

Abschnitt 7. Kosten

§ 81 Grundsatz der Kostenpflicht

(1) **Das Gericht kann die Kosten des Verfahrens nach billigem Ermessen den Beteiligten ganz oder zum Teil auferlegen. Es kann auch anordnen, dass von der Erhebung der Kosten abzusehen ist. In Familiensachen ist stets über die Kosten zu entscheiden.**

(2) **Das Gericht soll die Kosten des Verfahrens ganz oder teilweise einem Beteiligten auferlegen, wenn**
1. **der Beteiligte durch grobes Verschulden Anlass für das Verfahren gegeben hat;**
2. **der Antrag des Beteiligten von vornherein keine Aussicht auf Erfolg hatte und der Beteiligte dies erkennen musste;**
3. **der Beteiligte zu einer wesentlichen Tatsache schuldhaft unwahre Angaben gemacht hat;**

FamFG § 81

4. der Beteiligte durch schuldhaftes Verletzen seiner Mitwirkungspflichten das Verfahren erheblich verzögert hat;
5. der Beteiligte einer richterlichen Anordnung zur Teilnahme an einer Beratung nach § 156 Abs. 1 Satz 4 nicht nachgekommen ist, sofern der Beteiligte dies nicht genügend entschuldigt hat.

(3) Einem minderjährigen Beteiligten können Kosten in Verfahren, die seine Person betreffen, nicht auferlegt werden.

(4) Einem Dritten können Kosten des Verfahrens nur auferlegt werden, soweit die Tätigkeit des Gerichts durch ihn veranlasst wurde und ihn ein grobes Verschulden trifft.

(5) Bundesrechtliche Vorschriften, die die Kostenpflicht abweichend regeln, bleiben unberührt.

1. Anwendungsbereich

a) Keine Pflicht des Betreuungsgerichts zur Entscheidung über die Gerichtskosten

1   Nach der früher durch das FGG geltenden Rechtslage (§ 13a FGG) musste das **Betreuungsgericht** in Betreuungs- und Unterbringungssachen keine **Kostenentscheidung** treffen, welche die Verpflichtung des Betroffenen regelte, ob und in welchem Umfang dieser die **Gerichtskosten** (Gebühren und Auslagen) zu tragen hatte. Eine allgemeine Verpflichtung des Gerichts zur Entscheidung über die Kosten (jedweder Art) folgt auch aus dem jetzt geltenden § 81 nicht. Trifft das Betreuungsgericht, wie in Betreuungs- und Unterbringungssachen üblich, keine Entscheidung über die Verteilung der Gerichtskosten, richtet sich diese unverändert nach den maßgeblichen Vorschriften der Kostenordnung. Nach § 81 kann das Betreuungsgericht bestimmen, dass die Kosten von einem von mehreren Beteiligten, von einem anderen Beteiligten oder einem Dritten zu erstatten sind (Keidel-Zimmermann Rn 3).

b) Betroffene Kosten

2   § 81 regelt – anders als der bisherige § 13a FGG, der nur die außergerichtlichen Kosten betraf – die „**Kosten des Verfahrens**". Diese setzen sich aus Gerichtskosten (Gebühren und Auslagen z.B. für Gutachteneinholung usw.) sowie den außergerichtlichen Kosten des Beteiligten (z.B. Kosten des Verfahrensbevollmächtigten, Fahrtkosten usw.) zusammen. Die Norm regelt allgemein, dass nicht nur die Erstattung der **außergerichtlichen Kosten** (wie bisher § 13a FGG) sondern auch die Verteilung der **Gerichtskosten** nach billigem Ermessen erfolgt.

c) Grundsatz

3   Üblicherweise trifft das Betreuungsgericht in Betreuungs- und Unterbringungssachen (vgl. Rn 4) **keine** Entscheidung über die Verteilung der **Gerichtskosten** und der **außergerichtlichen Kosten**. In diesem Fall richtet sich die Kostentragungspflicht für die **Gerichtskosten** in Betreuungs- und Unterbringungsverfahren nach den Vorschriften der KostO (z.B. § 92 Abs. 1 KostO); die **außergerichtlichen Kosten** trägt jeder Beteiligte selbst.

Grundsatz der Kostenpflicht § 81 FamFG

2. Kostenentscheidung im Betreuungs- und Unterbringungsverfahren

Im **Betreuungsverfahren** werden Kostenentscheidungen nach Abs. 1 bis 3 **4** nur ausnahmsweise getroffen, da Abs. 3 minderjährige Beteiligte betrifft und Abs. 1 und 2 für das streitige Verfahren mit mehreren Beteiligten (nach Abs. 1 S. 2 reicht ein Beteiligter; Keidel-Zimmermann Rn 28) passend sind. Da auch in Betreuungs- und Unterbringungsverfahren die Anwendung von Abs. 1 und 2 möglich ist, werden im Folgenden die Grundsätze **kursorisch** behandelt. Sofern in Betreuungs- und Unterbringungsverfahren eine Entscheidung über Kosten zu treffen ist, beruht diese in der Regel nicht auf Abs. 1 und 2 oder Abs. 4 (von Dritten verursachte Kosten) sondern auf § 307 bzw. § 337 (vgl. die diesbzgl. Kommentierungen). Wenn es eine Entscheidung trifft lautet diese wie folgt: "Kosten werden gem. § 81 Abs. 1 S. 2 nicht erhoben" und/oder "Die notwendigen Auslagen des Betroffenen werden nach § 307 der Staatskasse auferlegt".

3. Kostentragung nach Abs. 1 und 2

Abs. 1 S. 1 eröffnet dem Gericht die Möglichkeit, den **Beteiligten** (vgl. § 274) **5** die **Kosten des Verfahrens** nach billigem Ermessen aufzuerlegen, wodurch der Verfahrensausgang auch bei der Verteilung der gerichtlichen Kosten berücksichtigt werden kann. Gem. S. 2 kann das Gericht auch anordnen, dass von der Erhebung der Kosten abgesehen wird. Dies wird regelmäßig dann in Betracht kommen, wenn es nach dem Verlauf oder dem Ausgang des Verfahrens unbillig erscheint, die Beteiligten mit den Gerichtskosten zu belasten. Das Gericht kann auch, wie im Betreuungsrecht üblich, **keine** Kostenentscheidung treffen (vgl. Rn 3 und 4).

Ein Erstattungsanspruch für außergerichtliche Kosten nach Abs. 1 setzt voraus, dass wenigstens zwei **Beteiligte** i. S. d. § 274 am Verfahren tatsächlich teilgenommen und unterschiedliche Entscheidungen angestrebt haben. Das ist im Antragsverfahren dann der Fall, wenn der andere Beteiligte dem Antrag widerspricht, im Amtsverfahren dann, wenn entgegengesetzte Ziele erstrebt werden (Bumiller/Harders Rn 8). Ein **Rechtsschutzbedürfnis** fehlt allerdings, wenn ein Erstattungsberechtigter nicht mitgewirkt hat oder ihm keine erstattungsfähigen Kosten entstanden sind.

Beteiligte im Rechtssinne können neben rechtsfähigen Personen auch **Behör-** **6** **den** sein, soweit sie nicht nur Anregungen geben, sondern (z.B. über ein ausgeübtes Beschwerderecht) sich formell am Verfahren beteiligen (vgl. Keidel-Zimmermann Rn 36 ff.).

a) Kostentragung nach billigem Ermessen (Abs. 1)

Eine Auferlegung der Kosten auf einen Beteiligten eines Betreuungsverfahrens **7** kann nach Abs. 1 erfolgen. Im Betreuungsverfahren gilt, dass eine Erstattung außergerichtlicher Kosten generell **nicht** stattfindet. Vielmehr bedarf es im konkreten Einzelfall besonderer Gründe, die eine Abweichung von diesem Grundsatz rechtfertigen (BayObLG FamRZ 2004, 1602). Eine Auferlegung der Kosten nach Abs. 1 kommt daher in Betracht, wenn dies nach dem Ermessen des Gerichts aufgrund der besonderen Umstände des Einzelfalls der **Billigkeit** entspricht. So ist es angemessen bei Vergütungsfestsetzungsstreitigkeiten von berufsmäßigen

Kretz 475

FamFG § 81 Buch 1 Allgemeiner Teil

Betreuern, die Kosten der **Staatskasse** aufzuerlegen, wenn diese auch formell am Verfahren beteiligt ist (OLG München BtPrax 2007, 257; Keidel-Zimmermann Rn 39).

Wie auch im Fall der **Erledigung** der Hauptsache ist bei einer Verfahrensbeendigung ohne Sachentscheidung eine Billigkeitsentscheidung nach **dem bisherigen Verfahrensstand** – ohne weitere Ermittlungen und abschließende Prüfung schwieriger Rechtsfragen – zu beschließen (OLG München BtPrax 2009, 122). Dies gilt auch für erledigte Unterbringungsverfahren (OLG München BtPrax 2008, 77). Bei der **Zurücknahme** eines **Rechtsmittels** entspricht es regelmäßig der Billigkeit, dass der Antragsteller des Rechtsmittelverfahrens die einem anderen Beteiligten dadurch entstandenen Kosten erstattet. Es können jedoch besondere Umstände – wie Austragung eines Familienstreits – eine andere Beurteilung rechtfertigen (BayObLG FamRZ 2001, 1405; OLG Köln FGPrax 2005, 76). Daneben führt auch ein unbegründetes **Rechtsmittel** zur Kostenerstattungspflicht (§ 84).

b) Kostentragung wegen groben Verschuldens (Abs. 2)

8   Durch Abs. 2 wird das Ermessen des Gerichts aus Abs. 1 eingeschränkt. Einem Beteiligten eines Betreuungsverfahrens sollen die Kosten nach Abs. 2 auferlegt werden, namentlich wenn dieser Beteiligte durch **grobes** Verschulden Anlass für das Verfahren gegeben hat (**Nr. 1**); wenn er zu einer wesentlichen Tatsache **schuldhaft** unwahre Angaben gemacht hat (**Nr. 3**); wenn er durch **schuldhaftes** Verletzen seiner Mitwirkungspflichten das Verfahren erheblich verzögert hat (**Nr. 4**) oder wenn der Antrag des Beteiligten von vornherein keine Aussicht auf Erfolg hatte und der Beteiligte dies **erkennen** musste (**Nr. 2**).

Ein **grobes Verschulden** oder ein **schuldhaftes Verhalten** in diesem Sinn liegt vor, wenn eine ungewöhnlich große Sorgfaltsverletzung im Verfahren oder in Bezug auf den Verfahrensgegenstand gegeben ist (OLG Brandenburg FamRZ 1996, 496; LG Koblenz BtPrax 1998, 190). Ein grobes Verschulden verlangt daher Vorsatz oder in ungewöhnlich großem Maß eine Außerachtlassung der nach den Umständen erforderlichen Sorgfalt im Sinne einer Nichtbeachtung dessen, was jedem einleuchten muss (LG Berlin BtPrax 2008, 275). Dies kann in falschem, unzureichendem oder verspätetem Sachvortrag liegen (Keidel-Zimmermann Rn 53). Dazu gehören auch Sachverständigenkosten, die durch Nichtvorlage einer Vorsorgevollmacht – trotz Aufforderung durch das Gericht – entstanden sind (AG Sinzig FamRZ 2006, 146).

Ordnet das Betreuungsgericht die Erstattung von Kosten des Betroffenen an, so sind der Erstattungspflichtige und der Betroffene Gesamtschuldner nach § 5 KostO (Keidel-Zimmermann Rn 15).

4. Kostenauferlegung auf einen Dritten (Abs. 4)

9   Einem nicht am Verfahren beteiligten **Dritten** (vgl. § 274 zu den Beteiligten eines Verfahrens), wie Nachbarn, Altenheime, nicht beteiligte Verwandte, Behörden (Keidel-Zimmermann Rn 71), können nach billigem Ermessen die notwendigen Auslagen des Betroffenen und die Gerichtskosten auferlegt werden, wenn er die Tätigkeit des Gerichts **veranlasst** hat. Für Betreuungs- und Unterbringungssachen bestehen mit §§ 307 und 337 Sonderregelungen.

Eine Kostentragungspflicht besteht für den Dritten jedoch nur, wenn ihn ein **grobes Verschulden** trifft (vgl. Rn 8). Das wird dann der Fall sein, wenn falsche Tatsachenbehauptungen oder leichtfertige Übertreibungen bzw. entstellende Anregungen vorgenommen wurden. Dabei ist zu beachten, dass nicht das Mitverantwortungsgefühl Dritter durch ein Kostenrisiko gebremst werden soll. Die Beteiligung des Betreuers am Beschwerdeverfahren erfolgt grundsätzlich im Rahmen der Betreuertätigkeit. Weder der Betroffene noch der Betreuer können diese Kosten von dem im Beschwerdeverfahren zur Tragung der außergerichtlichen Kosten Verpflichteten erstattet verlangen (LG München I NJWE-FER 1999, 98).

5. Bundesrechtliche Vorschriften (Abs. 5)

Abs. 5 stellt klar, dass kostenrechtliche Sondervorschriften, wie z.B. die nach § 307 für Betreuungs- oder § 337 für Unterbringungssachen oder nach § 45 LwVG, von dieser Norm unberührt bleiben. **10**

6. Isolierte Anfechtbarkeit

Insbesondere aus Abs. 2 und der daraus resultierenden möglichen Abweichung der Sachentscheidung von der Kostenentscheidung folgt, dass die Kostenentscheidung in analoger Anwendung der §§ 58 ff mit der befristeten Beschwerde **isoliert** – und nicht nur zusammen mit der Hauptsacheentscheidung – **anfechtbar** ist (vgl. § 58 Rn 12; BT-Drucksache 16/6308, 168; Bumiller/Harders Rn 3; Keidel-Zimmermann Rn 81, 82; Prütting/Helms-Feskorn Rn 32); eine ausdrückliche gesetzliche Regelung im FamFG hierzu fehlt allerdings. **11**

Abschnitt 9. Verfahren mit Auslandsbezug

Unterabschnitt 2. Internationale Zuständigkeit

§ 104 Betreuungs- und Unterbringungssachen; Pflegschaft für Erwachsene

(1) **Die deutschen Gerichte sind zuständig, wenn der Betroffene oder der volljährige Pflegling**
1. **Deutscher ist oder**
2. **seinen gewöhnlichen Aufenthalt im Inland hat oder**
   Die deutschen Gerichte sind ferner zuständig, soweit der Betroffene oder der volljährige Pflegling der Fürsorge durch ein deutsches Gericht bedarf.
(2) **§ 99 Abs. 2 und 3 gilt entsprechend.**
(3) **Die Absätze 1 und 2 sind im Fall einer Unterbringung nach § 312 Nr. 3 nicht anzuwenden.**

1. Allgemeines

1 § 104 nimmt im Wesentlichen die Vorschriften der §§ 69e S. 1, 35b und 70 Abs. 4 FGG auf und trifft Regelungen im Bereich der **internationalen** Zuständigkeit in Betreuungs- und Unterbringungssachen. **Betreuungssachen** sind Verfahren nach § 271 – Betreuerbestellungs-, Einwilligungsvorbehaltsanordnungs- und Aufhebungsverfahren sowie sämtliche Verfahren nach §§ 1896 bis 1908i BGB, außer nach § 1906 BGB. **Unterbringungssachen** sind Verfahren nach § 312 Nr. 1 und 2, soweit sie Entscheidungen nach § 1906 Abs. 1-5 betreffen; **ausgenommen** ist jedoch nach **Abs. 3** die freiheitsentziehende Unterbringung eines Volljährigen nach den **Landesgesetzen** über die Unterbringung psychisch Kranker (§ 312 Nr. 3). Daneben gilt diese Vorschrift für alle **Pflegschaften** für Erwachsene (Keidel-Engelhardt Rn 1).

2. Internationale Zuständigkeit (Abs. 1)

2 Ein deutsches Betreuungsgericht ist in folgenden Fällen **international** zuständig, wobei die Zuständigkeiten **gleichrangig** (Bumiller/Harders § 99 Rn 4) und **nicht ausschließlich** sind:

a) Heimatzuständigkeit Nr. 1

Der Betroffene besitzt die deutsche Staatsbürgerschaft und lebt im Ausland; bei mehreren Staatsbürgerschaften ist nach Art. 5 Abs. 1 S. 2 EGBGB die deutsche maßgebend (Keidel-Engelhardt Rn 4); **oder**

b) Aufenthaltszuständigkeit Nr. 2

3 Der Betroffene hat seinen gewöhnlichen **Aufenthalt** im Inland. Ein schlichter Aufenthalt reicht dazu nicht aus (Keidel-Engelhardt Rn 5; zum Begriff des gewöhnlichen Aufenthalts vgl. § 272 Rn 4) **oder**

c) Fürsorgebedürfniszuständigkeit S. 2

4 Ergänzend dazu bestimmt S. 2 eine Zuständigkeit für Maßnahmen deutscher Gerichte, soweit der Betroffene einer **Fürsorge** bedarf (zum Begriff des Fürsorgebedürfnisses vgl. § 272 Rn 5).

3. Absehen von der Betreuungsanordnung und Abgabe (Abs. 2 i. V. m. § 99 Abs. 2 und 3)

Bei **Deutschen**, die im Ausland leben, gelten über § 99 besondere Regelungen:

a) Absehen von der Betreuungsanordnung (Abs. 2 i. V. m. § 99 Abs. 2)

5 Ist eine Zuständigkeit deutscher Gerichte gegeben, kann ausnahmsweise das deutsche Betreuungsgericht von einer **Betreuerbestellung** nach pflichtgemäßem Ermessen **absehen** (§ 99 Abs. 2), wenn in einem anderen Staat eine der deutschen

Betreuung gleichwertige Rechtseinrichtung anhängig ist – also der Schutz und die Vorteile in gleichem Maß gewährt werden (Bumiller/Harders Rn 9) – und vom deutschen Recht anerkannt wird und dies im Interesse des Betroffenen liegt (Keidel-Engelhardt Rn 7). Von **anderen Maßnahmen**, die im Rahmen der Fortführung der Betreuung getroffen werden müssen, kann das Gericht nicht absehen, wie sich aus der Verweisung auf die Anordnung einer Maßnahme ergibt. Die einmal angeordnete Betreuung ist fortzuführen, sofern nicht § 99 Abs. 3 (vgl. Rn 6) greift. Wird im Inland eine Betreuung angeordnet, wird eine im Ausland angeordnete für die deutsche Rechtsordnung unwirksam (Bumiller/Harders § 99 Rn 10; Keidel-Engelhardt Rn 7).

b) Abgabe an ein ausländisches Gericht (Abs. 2 i. V. m. § 99 Abs. 3)

Die **Abgabe** einer Betreuung an das **Gericht eines anderen Staates** sieht 6 § 99 Abs. 3 vor, auf den Abs. 2 verweist. Voraussetzung ist, dass sowohl das deutsche Gericht als auch das Gericht des anderen Staats zuständig ist und im Inland bereits eine Betreuung besteht. Die Entscheidung muss im **Interesse** des Betroffenen liegen. Der (oder die) Betreuer muss dieser Maßnahme **zustimmen** und der andere Staat muss sich – im Wege der Rechtshilfe – zur **Übernahme** bereit erklären. Wird die Zustimmung durch den Betreuer (bei mehreren durch einen von ihnen) verweigert, so entscheidet anstelle des Betreuungsgerichts das im Instanzenzug übergeordnete Landgericht (a.A. Keidel-Engelhardt Rn 9, wonach das Familiengericht – und damit in nächster Instanz das OLG – zuständig sein soll). Dessen Entscheidung ist **unanfechtbar**. Vor der Abgabe ist nach § 26 dem Betroffenen Gelegenheit zur Äußerung zu geben (Jürgens/Kröger/Marschner/ Winterstein Rn 315). Die Abgabe an das ausländische Gericht bewirkt die Beendigung der Betreuung, so dass bei einer eventuellen Rückgabe, diese erneut anzuordnen wäre (Bumiller/Harders § 99 Rn 12). Allerdings ist bei Abgabe ins Ausland der Betreuer nach Erfüllung der ihm nach § 1908i Abs. 1 S. 1 i. V. m. §§ 1890 ff BGB obliegenden Aufgaben (vgl. die entsprechende Kommentierung zu §§ 1890 ff BGB) ausdrücklich zu entlassen (Keidel-Engelhardt Rn 10). Vgl. aber Keidel-Budde § 272 Rn 5, der eine Abgabe an das ausländische Gericht ablehnt.

4. Rechtsmittel

Die Abgabe an ein ausländisches Gericht ist – ebenso wie die Abgabe nach 7 §§ 273, 4 – trotz des gesetzgeberischen Schweigens hierzu mit der – befristeten - **Beschwerde** (vgl. § 58 Rn 12) anfechtbar (s. Ausführungen zu § 273 Rn 14). Der Betreuer muss zwar der Abgabe zustimmen, bzw. seine Zustimmung wird unanfechtbar ersetzt (§§ 104 Abs. 2, 99 Abs. 3 S. 3), jedoch ist auch denkbar, dass der Betroffene oder dessen Verfahrenspfleger mit der Abgabe nicht einverstanden ist.

Buch 2 Verfahren in Familiensachen

Abschnitt 3. Verfahren in Kindschaftssachen

§ 168 Beschluss über Zahlungen des Mündels

(1) Das Gericht setzt durch Beschluss fest, wenn der Vormund, Gegenvormund oder Mündel die gerichtliche Festsetzung beantragt oder das Gericht sie für angemessen hält:
1. Vorschuss, Ersatz von Aufwendungen, Aufwandsentschädigung, soweit der Vormund oder Gegenvormund sie aus der Staatskasse verlangen kann (§ 1835 Abs. 4 und § 1835a Abs. 3 des Bürgerlichen Gesetzbuchs) oder ihm nicht die Vermögenssorge übertragen wurde;
2. eine dem Vormund oder Gegenvormund zu bewilligende Vergütung oder Abschlagszahlung (§ 1836 des Bürgerlichen Gesetzbuchs).

Mit der Festsetzung bestimmt das Gericht Höhe und Zeitpunkt der Zahlungen, die der Mündel an die Staatskasse nach den §§ 1836c und 1836e des Bürgerlichen Gesetzbuchs zu leisten hat. Es kann die Zahlungen gesondert festsetzen, wenn dies zweckmäßig ist. Erfolgt keine Festsetzung nach Satz 1 und richten sich die in Satz 1 bezeichneten Ansprüche gegen die Staatskasse, gelten die Vorschriften über das Verfahren bei der Entschädigung von Zeugen hinsichtlich ihrer baren Auslagen sinngemäß.

(2) In dem Antrag sollen die persönlichen und wirtschaftlichen Verhältnisse des Mündels dargestellt werden. § 118 Abs. 2 Satz 1 und 2 sowie § 120 Abs. 2 bis 4 Satz 1 und 2 der Zivilprozessordnung sind entsprechend anzuwenden. Steht nach der freien Überzeugung des Gerichts der Aufwand zur Ermittlung der persönlichen und wirtschaftlichen Verhältnisse des Mündels außer Verhältnis zur Höhe des aus der Staatskasse zu begleichenden Anspruchs oder zur Höhe der voraussichtlich vom Mündel zu leistenden Zahlungen, kann das Gericht ohne weitere Prüfung den Anspruch festsetzen oder von einer Festsetzung der vom Mündel zu leistenden Zahlungen absehen.

(3) Nach dem Tode des Mündels bestimmt das Gericht Höhe und Zeitpunkt der Zahlungen, die der Erbe des Mündels nach § 1836e des Bürgerlichen Gesetzbuchs an die Staatskasse zu leisten hat. Der Erbe ist verpflichtet, dem Gericht über den Bestand des Nachlasses Auskunft zu erteilen. Er hat dem Gericht auf Verlangen ein Verzeichnis der zur Erbschaft gehörenden Gegenstände vorzulegen und an Eides Statt zu versichern, dass er nach bestem Wissen und Gewissen den Bestand so vollständig angegeben habe, als er dazu imstande sei.

(4) Der Mündel ist zu hören, bevor nach Absatz 1 eine von ihm zu leistende Zahlung festgesetzt wird. Vor einer Entscheidung nach Absatz 3 ist der Erbe zu hören.

(5) Auf die Pflegschaft sind die Absätze 1 bis 4 entsprechend anzuwenden.

Beschluss über Zahlungen des Mündels § 168 FamFG

Übersicht

Rn.

1. Überblick 1
2. Anwendungsbereich 2
   a) Anspruchsteller/Anspruchsgegner 2
   b) Betroffene Ansprüche 3
3. Betreuervergütung, Aufwendungsersatz und pauschale Aufwandsentschädigung 4
4. Festsetzung der Vergütung, des Aufwendungsersatzes und pauschaler Aufwandsentschädigung im formlosen Verwaltungsverfahren (Abs. 1 S. 4) 5
5. Gerichtliches (förmliches) Festsetzungsverfahren (Abs. 1 S. 1) 6
   a) Zuständigkeit 6
   b) Verfahrensbeginn 7
   c) Gegenstand des Verfahrens der Festsetzung 11
   d) Dauer der Vergütungszeit 12
   e) Darlegung der Verhältnisse des Betroffenen (Abs. 2) und sonstige Darlegungen 13
6. Entscheidung des Gerichts 17
7. Grundsätze bei der Berufsbetreuer- bzw. der Berufsverfahrenspflegervergütung 18
   a) Vergütung des Berufsverfahrenspflegers 18
   b) Vergütung des Berufsvormunds 19
   c) Vergütung des Berufsbetreuers 19
8. Einwendungen im Vergütungsfestsetzungsverfahren 21
9. Entscheidung über die Rückgriffsansprüche des Staates (Abs. 3) . 24
10. Rechtsmittel 27
    a) Erinnerung 27
    b) Beschwerde 28
    c) Rechtsbeschwerde 29
    d) Anhörungsrüge 30
11. Änderungen der Festsetzung nach Rechtskraft 31
12. Zwangsvollstreckung 33

1. Überblick

Die Norm enthält die verfahrensrechtlichen Regelungen für die Festsetzung 1
von Ansprüchen nach den §§ 1835 ff BGB i. V. m. VBVG von Vormündern,
Pflegern (Abs. 5), **Verfahrenspflegern** (z.B. nach §§ 277, 318) und von **Betreuern** (§ 292) und sieht einen einheitlichen Instanzenzug bei der **gerichtlichen
Festsetzung** von **Aufwendungs- und Vergütungsansprüchen** gegen den
Mündel/Betreuten einerseits und gegen die Staatskasse andererseits vor (siehe dazu
Rn 3).

Grundsätzlich sieht § 168 zwei vollkommen verschiedene Arten der **Auszahlung** vor: Auszahlung aufgrund eines **formlosen Antrags** des Betreuers nach
Abs. 1 **S. 4** im **Verwaltungsweg** (vgl. Rn 5), wenn die Abrechnung der Vergütungs- und Aufwendungsersatzansprüche gegen die Staatskasse unproblematisch
ist. Im Hinblick auf die Fallpauschalen dürfte oder zumindest sollte das inzwischen
die Regel sein. Daneben kann der Betreuer **gerichtliche Festsetzung** nach
Abs. 1 **S. 1** verlangen (vgl. Rn 6 ff).

Kretz

FamFG § 168 Buch 2 Verfahren in Familiensachen

2. Anwendungsbereich

a) Anspruchsteller/Anspruchsgegner

2 § 168 regelt Ansprüche des Vormunds, Gegenvormunds, Pflegers, Gegenpflegers, Verfahrenspflegers für das Kind sowie in Betreuungs- und Unterbringungssachen Ansprüche des Betreuers, Gegenbetreuers, Verfahrenspflegers des Betroffenen, Betreuungsvereins und der Behörde, soweit ein Mitarbeiter des Vereins oder der Behörde zum Betreuer des Betroffenen bestellt worden ist (künftig insgesamt **Betreuer** genannt). Der Mitarbeiter selbst hat keinen eigenen Anspruch. **Anspruchsgegner** ist die Staatskasse oder der Betreute/Mündel.

b) Betroffene Ansprüche

3 Die Vorschrift erfasst insbesondere:
- Die Festsetzung von **Vergütungsansprüchen** (§ 1836 BGB) des Betreuers (Abs. 1 S. 1 **Nr.** 2) gegen die **Staatskasse** und gegenüber dem **Betreuten** (Jurgeleit-Bučić, § 56g FGG Rn 4). Das gilt auch für Ansprüche des Betreuers nach dem **Tod** des Betreuten (BayObLG FamRZ 2001, 866; Bauer in HK-BUR § 56g FGG, Rn 61) gegen die **Staatskasse** (BayObLG Rpfleger 2001, 419; OLG Frankfurt NJW 2004, 373; OLG Hamm JMBlNW 2003, 237) oder gegen den **Erben analog** (Abs. 1 Nr. 1 und Nr. 2), es sei denn, der Betreuer hat den Betreuten allein beerbt (OLG Thüringen FGPrax 2001, 22). Analog §§ 1835a, 1836 e Abs. 1 BGB gelten jedoch die dort genannten Haftungsbegrenzungen (OLG Frankfurt NJW 2004, 373; OLG Schleswig MDR 2004, 576). Somit darf der Betreuer, der beim vermögenden Betreuten die Vermögenssorge inne hatte, da die Betreuung mit dem Tod endet, den Aufwendungsersatz (§ 1835 BGB) und die Aufwandsentschädigung (§ 1835a BGB) nicht mehr aus dem Vermögen des Betroffenen entnehmen; es bedarf hier ausnahmsweise einer gerichtlichen Festsetzung (Jurgeleit-Bučić, § 56g FGG Rn 18).
- Die Festsetzung von **Aufwendungsersatz** (§ 1835 BGB) und pauschaler **Aufwandsentschädigung** (§ 1835a BGB; Abs. 1 S. 1 Nr. 1) gegen die Staatskasse und den Betreuten. **Ausgenommen** sind die Fälle des vermögenden Betreuten, wenn der Betreuer auch die Vermögenssorge innehat. In diesem Fall kann sich der Betreuer aus dem Vermögen des Betreuten direkt befriedigen (§ 1835 Rn 17; Jurgeleit-Bučić, § 56g FGG Rn 4; Keidel-Engelhardt Rn 2); einer gerichtlichen Bewilligung für die Geltendmachung oder zur Entnahme aus dem Vermögen des Mündels bedarf es dann nicht (BayObLG BtPrax 1995, 227). Bei Streit über Grund und Höhe des Aufwendungsersatzes muss dieser vor dem **Prozessgericht** geltend gemacht werden (OLG Köln NJWE-FER 1998, 152; Keidel-Engelhardt Rn 35); eine Festsetzung durch das Betreuungsgericht ist nicht zulässig.
- Die Festsetzung von **Regressansprüchen** der Staatskasse nach §§ 1836 c bis 1836 e BGB gegen den Mündel, Betreuten bzw. gegen dessen Erben (Abs. 3).

3. Betreuervergütung, Aufwendungsersatz und pauschale Aufwandsentschädigung

4 **Grundsätze:** Bei der Festsetzung des zu zahlenden Geldbetrags ist streng zwischen **Aufwendungen** (dann §§ 1835, 1835a BGB) und **Vergütung** (dann § 1836

Beschluss über Zahlungen des Mündels § 168 FamFG

BGB ggf. i. V. m. VBVG) zu unterscheiden. Soweit nicht Aufwendungsersatz oder pauschale Aufwandsentschädigung (§§ 1835, 1835a BGB) sondern **Vergütung** (§ 1836 BGB i. V. m. VBVG) im Festsetzungsverfahren begehrt wird, kann dies grundsätzlich nur vom **Berufs**betreuer verlangt werden, denn in der Regel soll die Betreuung ehrenamtlich erfolgen (d.h. zwar gegen Ersatz der angefallenen Aufwendungen aber nicht gegen Vergütung). Von einer Vergütungspflicht bei der Führung der Betreuung ist daher nur auszugehen, wenn **bei Anordnung** der Betreuung nach § 286 Abs. 1 Nr. 4 die Feststellung getroffen wurde, dass die Betreuung berufsmäßig geführt wird. In diesem Fall bestimmt sich die Vergütung nach § 3, sowie nach §§ 4 und 5 VBVG; der Betreuer erhält aufwandsunabhängig eine **Fallpauschale**. Danach kann der Betreuer i. d. R. für die Betreuung eine Fallpauschale verlangen, die einerseits von seiner beruflichen Qualifikation (Stundensatzhöhe, § 4 VBVG) und andererseits von der Art und bisherigen Dauer der Betreuung (§ 5 VBVG) abhängt. Abhängig vom Stundensatz und der Art der Betreuung ergibt sich dadurch die jeweilige Fallpauschale (vgl. im Einzelnen die Kommentierungen zu §§ 4, 5 VBVG u. § 292). Nach § 6 VBVG sind der Sterilisationsbetreuer nach § 1899 Abs. 2 und der Verhinderungsbetreuer nach § 1899 Abs. 4 BGB (vgl. § 1899 Rn 6) **nicht** nach der Fallpauschale sondern nach Stunden zu vergüten. Ausnahmsweise kann auch dem **ehrenamtlichen** Betreuer bei vermögenden Betreuten aus besonderen Gründen eine Vergütung zugebilligt werden (§ 1836 Abs. 2 BGB; vgl. § 1836 Rn 7ff), in diesem Fall erfolgt eine Abrechnung nach den tatsächlich geleisteten Stunden.

4. Festsetzung der Vergütung, des Aufwendungsersatzes und pauschaler Aufwandsentschädigung im formlosen Verwaltungsverfahren (Abs. 1 S. 4)

§ 168 Abs. 1 S. 4 eröffnet in **einfach** gelagerten Fällen, soweit nicht vom 5 Betreuer die gerichtliche Festsetzung (nach Abs. 1 S. 1) beantragt wird, die Auszahlung der **Vergütung** und/oder des **Aufwendungsersatzes** bzw. der Aufwandspauschale nach §§ 1835, 1835a BGB ohne förmliches Beschlussverfahren durch den **Urkundsbeamten der Geschäftsstelle** –Anweisungsstelle–. Bei nicht vermögenden Betreuten, wenn also der Anspruch gegen die **Staatskasse** gerichtet wird, sind die Vorschriften des Gesetzes über die Entschädigung von Zeugen und Sachverständigen (JVEG) nach Abs. 1 S. 4 **sinngemäß** anzuwenden. Das bedeutet, dass auf einen formlosen Antrag hin der geltend gemachte Betrag durch den Kostenbeamten (Urkundsbeamten der Geschäftsstelle) geprüft und zur Auszahlung angewiesen werden kann (Jurgeleit-Bučić, § 56g FGG Rn 7). Das Verwaltungsverfahren bietet sich vor allem in den Fällen der **Fallpauschalen** nach §§ 4, 5 VBVG bei Berufsbetreuern an, da hier die Vergütungshöhe in der Regel schematisch zu bestimmen ist.

Gegen eine Auszahlung im Verwaltungsverfahren kann derjenige, der mit der Höhe der Auszahlung nicht einverstanden ist, lediglich mit einem Antrag auf Festsetzung nach § 168 Abs. 1 S. 1 (vgl. Rn 6 ff) vorgehen. Die Beschwerde gemäß § 4 Abs. 3 JVEG ist unstatthaft (Bauer in HK-BUR, § 56 g FGG Rn 30; BayObLG BtPrax 1999, 195, 196; Gregersen, BtPrax 1999, 16, 17; Keidel-Engelhardt Rn 4). Die Anweisung des Auszahlungsbetrags durch den Kostenbeamten wird wirkungslos (Jurgeleit-Bučić, § 56g FGG Rn 9; Keidel-Engelhardt Rn 5), wenn der Betreuer einen Festsetzungsantrag nach Abs. 1 S. 1 stellt und ggf. hiergegen ein

FamFG § 168 Buch 2 Verfahren in Familiensachen

Rechtsmittel ergreift. Die Festsetzung des Anweisungsbeamten kann im gerichtlichen Festsetzungsverfahren über- oder unterschritten werden (Keidel-Engelhardt Rn 5). Im Falle der Unterschreitung kommt ein Regress der Staatskasse gegen den Betreuer in Betracht; der Vertrauensgrundsatz hindert eine Unterschreitung der formlosen Auszahlung im Verwaltungsweg allerdings dann, wenn eine Abwägung ergibt, dass dem Vertrauen des Berufsbetreuers auf die Beständigkeit der eingetretenen Vermögenslage gegenüber dem öffentlichen Interesse an der Wiederherstellung einer dem Gesetz entsprechenden Vermögenslage **Vorrang** einzuräumen ist (OLG Köln FGPrax 2006, 116).

5. Gerichtliches (förmliches) Festsetzungsverfahren (Abs. 1 S. 1)

a) Zuständigkeit

6 Für die Festsetzung der in Abs. 1 genannten Ansprüche ist das **erstinstanzliche Gericht** des jeweiligen Verfahrens (Betreuungs- oder Familiengericht) zuständig. Es entscheidet der **Rechtspfleger** (für Betreuungssachen: § 3 Nr. 2b RPflG). Im Hinblick darauf, dass das Festsetzungsverfahren nicht eigenständig, sondern Teil des Ursprungsverfahrens ist, folgt die örtliche Zuständigkeit aus der zugrunde liegenden Vormundschaft, Betreuung, betreuungsrechtlichen Zuweisungssache, Familiensache. Nach Abgabe des Verfahrens nach § 273 ist das Gericht zuständig, welches das Verfahren übernommen hat (BayObLG BtPrax 1997, 114; Keidel-Engelhardt Rn 7).

b) Verfahrensbeginn

7 Die Festsetzung der Ansprüche erfolgt auf **Antrag** oder **von Amts wegen**.

8 **aa) Verfahren von Amts wegen.** Dieses ist zulässig, wenn es das Gericht für angemessen hält. Denkbar ist dies, wenn Anlass zu der Annahme besteht, dass die Entschädigung durch die Anweisungsstelle unrichtig berechnet ist, die Staatskasse eine Festsetzung anregt (Keidel-Engelhardt Rn 8) oder nach dem Tod des Betreuten (Bumiller/Harders Rn 27). In Ausnahmefällen, z.B. wenn der Betreuer unverschuldet durch Krankheit an der Geltendmachung verhindert ist, kann ein Verfahren auch dann von Amts wegen einzuleiten sein, wenn aufgrund Zeitablaufs das Erlöschen des Vergütungsanspruches droht (15 Monate nach §§ 1835, 1836 BGB i.V.m. § 2 VBVG; vgl. Rn 21).

9 **bb) Antragsverfahren.** I. d. R. wird das Festsetzungsverfahren auf Antrag eingeleitet. Antragsberechtigt sind Vormund, Gegenvormund, Pfleger, Betreuer sowie Mündel und Betreuter. Die Staatskasse kann ein Amtsverfahren anregen (vgl. Rn 8). Der Antrag muss inhaltlich ausreichend bestimmt und detailliert sein. Die Angaben sind glaubhaft zu machen.

10 **cc) Weiteres Verfahren.** Die für die Festsetzung **erheblichen Tatsachen** sind von Amts wegen (§ 26) zu ermitteln. Soll gegen den Betreuten (bzw. dessen Erben) eine von ihm zu leistende Zahlung festgesetzt werden, muss er gehört werden (**Abs. 4**). Dies kann unterbleiben, wenn das Gericht nach Abs. 2 S. 3 von einer Inanspruchnahme absehen will (BT-Drucksache 13/7158, 57). Eine schriftliche **Anhörung** kann genügen. Das setzt jedoch voraus, dass der Betroffene in der Lage ist, auf schriftliche Anfragen in angemessener Weise (schriftlich, telefonisch

oder durch persönliche Vorsprache) zu antworten. Andernfalls wird auf eine mündliche Anhörung nicht verzichtet werden können. Nach § 274 Abs. 4 Nr. 2 ist zu prüfen, ob der Vertreter der **Staatskasse** als sog. Kann-Beteiligter (vgl. § 274 Rn 14) am Kostenfestsetzungsverfahren zu beteiligten ist. Dies dürfte immer dann der Fall sein, wenn die Auszahlung der Betreuervergütung aus der Staatskasse erfolgen soll.

Ein **Verfahrenspfleger** ist zu bestellen, wenn der Betreute (insbes. im Hinblick auf die wirtschaftliche Bedeutung und die umfassende Sachverhaltswürdigung bei komplexeren Abrechnungen oder bei Einschätzungsfragen) die Reichweite eines Antrags nicht erfassen und sich zu ihm nicht äußern kann (BayObLG FamRZ 2004, 1231; OLG Karlsruhe FamRZ 2003, 405; OLG Frankfurt BtPrax 1997, 201; Keidel-Engelhardt Rn 13).

Da der Festsetzungsbeschluss eine Endentscheidung ist, die durch Beschwerde innerhalb eines Monats anfechtbar ist (§ 63), wird mit ihr eine Frist im Sinne des § 15 Abs. 1 in Lauf gesetzt. Die **Bekanntgabe** des Beschlusses erfolgt mithin nach den allgemeinen Vorschriften über die Bekanntgabe von Dokumenten gemäß § 15 Abs. 2 (vgl. § 288 Rn 9 ff).

c) Gegenstand des Verfahrens der Festsetzung

Vgl. hierzu Rn 3. **11**

d) Dauer der Vergütungszeit

Ansprüche des Betreuers entstehen grundsätzlich nur für die Zeit seiner **wirk-** **12** **samen Bestellung.** Die Bestellung wird wirksam (§ 287) mit der Bekanntgabe (vgl. § 288) an den Betreuer. Sie endet mit dem Ende der Betreuung. Nur ausnahmsweise sind (Not-) Geschäftsführungen nach dem Tod des Betreuten vergütungsfähig. Werden bei der Betreuerbestellung Vorschriften des formellen und/oder materiellen Rechts verletzt, so führt dies nur ausnahmsweise zur Unwirksamkeit gerichtlicher Entscheidungen (Keidel-Engelhardt Rn 14; BayObLG FGPrax 1997, 67). Der Bestellte bleibt bis zur Aufhebung seiner Bestellung zur Wahrnehmung der in seinen Aufgabenkreis fallenden Tätigkeiten berechtigt und verpflichtet. Grundlage des Vergütungsanspruchs ist allein die **Mühewaltung,** die weder durch Mängel bei der Bestellung (formell- oder materiell-rechtlich) des Berechtigten noch durch die nachträgliche Aufhebung wegen dieser Mängel beseitigt wird (vgl. BayObLG 1959, 328; FGPrax 1997, 67; OLG Naumburg FamRZ 1994, 1335; Damrau/Zimmermann, § 1836 BGB Rn 12; Keidel-Engelhardt Rn 14). Dies gilt sowohl für Ansprüche gegen die Landeskasse als auch für solche aus dem Vermögen des Betroffenen (BayObLG FGPrax 1997, 67).

e) Darlegung der Verhältnisse des Betroffenen (Abs. 2) und sonstige Darlegungen

Beim förmlichen Festsetzungsverfahren nach Abs. 1 S. 1 sollen vom Antragstel- **13** ler gemäß Abs. 2 S. 1 die persönlichen und wirtschaftlichen **Verhältnisse** des Betreuten dargestellt werden. Aufgrund der dargelegten und glaubhaft gemachten Angaben prüft das Gericht gem. §§ 1836c bis 1836e BGB die wirtschaftliche **Leistungsfähigkeit** des Betreuten. Davon hängt ab, ob ein Anspruch gegen die Staatskasse besteht (wenn der Betroffene mittellos ist; vgl. § 1836d BGB) oder ob ggf. ein Regress gegen den Betreuten möglich ist bzw. Ratenzahlungen zu erfolgen haben (Jurgeleit-Bučić, § 56g FGG Rn 13). Das Gericht hat die dem Anspruch zugrunde liegenden Tatsachen und damit die persönlichen und wirtschaftlichen Verhältnisse selbst **von Amts wegen** nach § 26 zu ermitteln. Das befreit jedoch den Antragsteller nicht davon, die ihm bekannten Verhältnisse dem Gericht mitzuteilen. Das Gericht wirkt, soweit notwendig, auf die sachgerechte Ergänzung des Antrags hin. Insbesondere, wenn dem Antragsteller die Vermögenssorge nicht zusteht oder im Fall der Verfahrenspflegschaft, kommt der Amtsermittlung entscheidende Bedeutung zu.

Damit das Gericht die notwendigen Erkenntnisse **vom Betreuten** erlangt, verweist Abs. 2 S. 2 auf § 118 Abs. 2 S. 1 u. 2 ZPO. Diese lauten:

> (2) Das Gericht kann verlangen, dass der Antragsteller seine tatsächlichen Angaben glaubhaft macht. Es kann Erhebungen anstellen, insbesondere die Vorlegung von Urkunden anordnen und Auskünfte einholen.

14 Handelt es sich um einen Vergütungsantrag, kann es notwendig sein, die **Qualifikation** in Form von Fachkenntnissen und Ausbildung des Anspruchstellers näher darzulegen (vgl. hierzu die Erläuterungen zu §§ 3, 4 VBVG).

15 Eine Erleichterung der Entscheidung des Gerichts sieht **Abs. 2 S. 3** für den Fall vor, dass sich der Anspruch gegen die **Staatskasse** richtet und sich die Prüfung zugunsten des Betroffenen auswirkt. Eine detaillierte Überprüfung braucht das Gericht dann nicht vorzunehmen, wenn es nach seiner freien Überzeugung aufgrund der ihm vorliegenden Erkenntnisse zu dem Ergebnis kommt, dass der Aufwand zur Ermittlung der persönlichen und wirtschaftlichen Verhältnisse des Mündels/Betreuten **außer Verhältnis** zur Höhe des aus der Staatskasse zu begleichenden Anspruchs oder zur Höhe der vom Mündel/Betreuten voraussichtlich zu leistenden Zahlung steht. In diesem Fall kann von der Festsetzung der vom Betroffenen zu leistenden Zahlung **abgesehen** und der Betreuer aus der Staatskasse vergütet werden. Eine solche pauschalierte Betrachtungsweise ist jedoch nur dann zulässig, wenn bei realistischer Einschätzung der Gegebenheiten der Prüfungsaufwand höher ist als ein mögliches Ergebnis.

16 Der **Berufsbetreuer** ist in der Regel aufwandsunabhängig mit einer Fallpauschale (vgl. Rn 4) zu vergüten. Ist **ausnahmsweise** eine Abrechnung nach Stunden möglich (z.B. beim Berufsverfahrenspfleger nach § 277 usw.; vgl. Rn 4), ist eine Darstellung des Umfangs und der Schwierigkeit der Geschäfte unverzichtbar (nach § 1836 Abs. 2 BGB beim ehrenamtlichen Betreuer, bzw. nach § 3 Abs. 3 VBVG für die berufsmäßige Führung). Nicht abgerechnet werden kann der Zeitaufwand für die Erstellung der **Vergütungsrechnung**. Es empfiehlt sich, den Zeitaufwand zu erfassen, die einzelnen Zeiteinheiten mit Stichworten zur geleisteten Arbeit zu versehen und ebenso bei jeder Zeiteinheit die Aufwendungen wie Telefon-, Fahrtkosten u. ä. festzuhalten (vgl. dazu Kierig/Kretz, Formularbuch Betreuungsrecht 2. A. S. 288). Diese Anforderungen müssen auch von einem mit **EDV** erstellten Nachweis erfüllt werden (LG Traunstein BtPrax 1998, 193). Bei derartigen Zusammenstellungen erfolgt durch das Gericht eine **Plausibilitätsprüfung** der in Ansatz gebrachten Stunden, die sich im Wesentlichen auf die Kontrolle von Verstößen gegen Denkgesetze oder auf missbräuchliche, offensichtlich überzogene oder sachlich völlig ungerechtfertigte Forderungen beschränkt (BayObLG FamRZ 1996, 1171; LG Oldenburg FamRZ 1997, 947). Einer Schätzung durch das Gericht sind daher enge Grenzen gesetzt. Eine willkürliche Kürzung von angesetzten Stunden ist nicht zulässig (LG Frankfurt/Main BtPrax 1999, 115). Unterlaufen dem Anspruchsteller bei Abfassung der Abrechnung Fehler, so

führt das allein nicht zu seiner Entlassung, wenn die Fehler auf mangelnder Sorgfalt beruhen. Sie sind aber, soweit möglich, zu vermeiden (LG Leipzig FamRZ 1999, 1614).

6. Entscheidung des Gerichts

Das Gericht kann im förmlichen Festsetzungsverfahren folgende, in der Regel 17 mit Begründung (§ 38 Abs. 3) zu versehende, Entscheidungen treffen (Bumiller/ Harders Rn 31):
- Im Fall des Abs. 1 S. 1 hinsichtlich der dort genannten Ansprüche: Festsetzungsbeschluss gegen den **Betreuten** (Erben) oder gegen die **Staatskasse**.
- Unter den Voraussetzungen des Abs. 2 S. 3: **Absehen** von einer Festsetzung.
- Zusammen mit der Festsetzung oder auch gesondert: **Höhe** und **Zeitpunkt** der Zahlungen, die der Betreute an die Staatskasse nach § 1836e BGB zu leisten hat (Regress gegen den Betreuten).
- Nach dem **Tod** des Betreuten: Das Gericht bestimmt die Höhe und den Zeitpunkt der Zahlungen, die der Erbe des Betreuten nach § 1836e BGB an die Staatskasse zu leisten hat (Regress gegen den Erben; Abs. 3).

7. Grundsätze bei der Berufsbetreuer- bzw. der Berufsverfahrenspflegervergütung

a) Vergütung des Berufsverfahrenspflegers

Vgl. hierzu die Kommentierung zu § 277; Abrechnung nach Stunden. 18

b) Vergütung des Berufsvormunds

Dieser erhält den tatsächlichen Zeitaufwand (§ 1836 Abs. 1 S. 3 BGB i. V. m. VBVG) zzgl. Umsatzsteuer und Aufwendungsersatz ersetzt.

c) Vergütung des Berufsbetreuers

Die Vergütung des Berufsbetreuers ergibt sich aus § 1836 BGB i. V. m. VBVG, insbesondere aus §§ 4 ff vgl. oben Rn 4.

Im Einzelnen zur Berufsbetreuervergütung: Da eine Betreuervergütung 19 eine **wirksame** und bekannt gemachte Betreuerbestellung voraussetzt, kann ein neu bestellter Betreuer erst ab (nachgewiesener schriftlicher oder telefonischer) **Bekanntmachung** der Bestellung Vergütung verlangen (OLG München, BtPrax 2008, 260; OLG Hamm FGPrax 2006, 161). Endet die Bestellung eines ehrenamtlichen **vorläufigen** Betreuers durch Zeitablauf und wird einige Zeit später (2 Monate) endgültig ein Berufsbetreuer bestellt, so kann dieser für die Bemessung seiner Vergütung den erhöhten Stundenansatz der Anfangsbetreuung beanspruchen (OLG Frankfurt Beschluss v. 28. 5. 2009 AZ: 20 W 24/09; OLG Zweibrücken FGPrax 2006, 121 für 9 Monate). Für den Zeitraum einer Tätigkeit nach Ablauf einer **vorläufigen** Betreuerbestellung bis zum Wirksamwerden der endgültigen Betreuerbestellung kann eine **Betreuervergütung nicht** festgesetzt werden, denn Gegenstand eines Festsetzungsverfahrens können nur Ansprüche auf Aufwendungsersatz und Vergütung für eine Betreuertätigkeit **nach Wirksamwerden** der Betreuerbestellung sein (OLG Hamm NJW-RR 2006, 1299). Für die Einordnung in die jeweiligen **Zeitraster** des § 5 VBVG ist auf die **erstmalige** Begründung des Betreuungsverhältnisses abzustellen; dies gilt auch dann, wenn zunächst ein ehrenamtlicher Betreuer bestellt war und sodann ein Wechsel zu einem Berufsbetreuer erfolgte (OLG Frankfurt BtPrax 2007, 136). Eine Erweiterung der Aufgabenkreise im Rahmen des Betreuerwechsels rechtfertigt es nicht, den zweiten Betreuer so zu behandeln, als ob es sich bei seiner Betreuung um eine Erstbetreuung handle (OLG Stuttgart FGPrax 2007, 131). Die Tätigkeit eines als Berufsbetreuer bestellten **Rechtsanwalts** in einem **Strafverfahren** ist grundsätzlich nur dann vergütungsfähig, wenn diese Tätigkeit als Aufgabenkreis der Betreuung besonders bestimmt worden ist (OLG Hamm NJW 2006, 1144). Ebenso wie der Rechtsanwalt als Verfahrenspfleger (vgl. § 277 Rn 5) kann auch der **Rechtsanwalt** als Berufsbetreuer seine Aufwendungen nach § 1836 Abs. 3 i. V. m. VBVG nach RVG geltend machen, wenn auch ein nicht anwaltlicher Betreuer einen Rechtsanwalt hinzugezogen hätte; also bei **anwaltsspezifischer Tätigkeit** (z.B. BGH BtPrax 2007, 126; OLG Hamm FamRZ 2007, 1186). Zur Beurteilung der **Mittellosigkeit** des Betroffenen ist auf dessen Vermögenslage zum **Zeitpunkt** der letzten Tatsacheninstanz abzustellen (OLG Zweibrücken FGPrax 2005, 264). Wenn das Betreuungsverfahren mit dem **Tod** des Betroffenen endete, ist die Tätigkeit des Berufsbetreuers **zeitanteilig** nur bis zum Todestag zu vergüten (OLG München BtPrax 2006, 233).

20 **Vergütungsrechtliche Risiken:** Die insofern **konstitutive** Feststellung der **berufsmäßigen** Führung der Betreuung bzw. der Verfahrenspflegschaft kann zwar nachträglich – d.h. nicht bei Betreuer- bzw. Verfahrenspflegerbestellung – getroffen werden (OLG Frankfurt BtPrax 2003, 181), jedoch wird die Auffassung vertreten, dass Vergütung erst ab dem Zeitpunkt gewährt werden kann, ab dem der Nachtragsbeschluss **wirksam** wird (Keidel-Budde § 277 Rn 5; OLG Brandenburg FamRZ 2009, 1169 für Verfahrenspfleger); d.h. wenn dieser dem Betreuer/Verfahrenspfleger bekannt gegeben wird. Etwas anderes kommt allenfalls in Betracht, wenn die Auslegung oder ggf. eine Berichtigung des ursprünglichen Beschlusses ergibt, dass die Betreuung von Anfang an als berufsmäßig geführt gelten sollte (OLG Hamm BtPrax 2008, 136). Ist die Feststellung versehentlich unterblieben, so ist die Nachholung mit Rückwirkung auf den Zeitpunkt der Bestellung möglich (**für Betreuer**: OLG Frankfurt BtPrax 2003, 181; **für Verfahrenspfleger**: OLG Karlsruhe NJWE-FER 2001, 312; OLG Dresden FamRZ 2003, 935, OLG Brandenburg FamRZ 2004, 1403). Diese Meinung, dass Vergütung erst ab Wirksamkeit gewährt werden kann, ist unbillig; insbesondere in offensichtlichen Fällen kann sie zu ungerechten Ergebnissen zum Nachteil des Berufsbetreuers führen. Im Hinblick darauf, dass die Rechtsprechung in diesem Bereich nicht einheitlich ist und der Betreuer darauf angewiesen ist, dass das Gericht ausnahmsweise Rückwirkung annimmt, ist dem Betreuer ebenso wie dem Verfahrenspfleger **dringend** anzuraten, ggf. im Wege der Berichtigung des Beschlusses darauf hinzuwirken, dass die Berufsmäßigkeit **vor** Aufnahme der entsprechenden Tätigkeit festgestellt wird.

8. Einwendungen im Vergütungsfestsetzungsverfahren

21 Materiell-rechtliche **Einwendungen** und **Einreden** sind im Vergütungsfestsetzungsverfahren differenziert zu behandeln: Soweit §§ 1835 ff BGB i. V. m. VBVG gesetzliche **Ausschlussfristen** vorsehen (z.B. Erlöschen des Vergütungsanspru-

ches nach 15 Monaten; § 1836 Abs. 1 S. 3 i.V.m. § 2 VBVG), sind diese von Amts wegen zu beachten. Die Anmeldung einer Betreuervergütung wahrt die Ausschlussfrist des § 2 S. 1 VBVG nur in der Höhe, in welcher der Vergütungsanspruch auch tatsächlich geltend gemacht wird. Dabei ist eine Bezifferung hinsichtlich der Pauschalvergütung der §§ 4 und 5 VBVG nicht erforderlich; jedoch die Mitteilung der für die Bemessung maßgebenden Tatsachen. Nach Fristablauf ist eine über die Anmeldung hinausgehende Nachforderung ausgeschlossen (OLG Hamm BtPrax 2009, 130). Nach Fristablauf ist auch Wiedereinsetzung in den vorigen Stand ausgeschlossen (BayObLG FGPrax 2004, 77). Eines Hinweises an den Berufsbetreuer durch das Gericht (OLG Dresden FamRZ 2004, 137) oder einer Aufforderung, einen Vergütungsantrag zu stellen, bedarf es nicht. Nach Fristablauf erlischt der Vergütungsanspruch (Keidel-Engelhardt Rn 18). Zum Aufwendungsersatzanspruch nach § 1835 BGB s. dort Rn 18; zum Vergütungsanspruch nach § 1836 BGB s. § 2 VBVG; zum Anspruch nach § 1835 a BGB s. dort Rn 5. Hatte ein Betreuer im **Voraus** Abschlagszahlungen beantragt, die festgesetzt und aus dem Vermögen des Betroffenen entnommen wurden, hat er damit in dieser Höhe seine Ansprüche nach § 2 VBVG geltend gemacht. Ergibt sich bei der endgültigen Vergütungsfestsetzung, dass die entnommene Abschlagszahlung die festgesetzte Vergütung übersteigt, ist der Betreuer zur **Rückzahlung** des übersteigenden Betrags im Festsetzungsbeschluss aufzufordern (BayObLG FamRZ 2003, 1221 unter Hinweis auf § 1837 Abs. 2 BGB).

Grundsätzlich bleibt dagegen im Vergütungsfestsetzungsverfahren der Einwand **unberücksichtigt**, der Vormund/Betreuer habe seine Aufgaben **mangelhaft** wahrgenommen (z.B. unberechtigte Ansprüche anerkannt, die Vermögensverwaltung falsch durchgeführt, gerichtliche Verfahren falsch betrieben, pflichtwidrig notwendiges Tätigwerden unterlassen: BayObLG FamRZ 1999, 1591, 1592; Keidel-Engelhardt Rn 21). Beantragt der Betreute den Erlass der Vergütung, die Aufrechnung, z.B. mit einem Schadensersatzanspruch oder ein Zurückbehaltungsrecht, kann dies allein vor dem **Zivilgericht** geltend gemacht werden (BayObLG FamRZ 1999, 1591, 1592; KG FGPrax 2007, 272). Im Verfahren über die Betreuervergütung wird eine streitige Gegenforderung des Betreuten nicht berücksichtigt. Vielmehr kann der Betreute einen etwaigen Schadensersatzanspruch gegen den Betreuer im Wege der Vollstreckungsgegenklage (§ 767 ZPO) gegen den Festsetzungsbeschluss, der einen Vollstreckungstitel darstellt (vgl. Rn 33), geltend machen (OLG Celle Beschluss v. 19. 12. 2003 AZ: 21 W 18/03). Handelt jedoch der Anspruchsteller außerhalb seiner Befugnisse (z.B. **Straftaten**) oder werden nutzlose Tätigkeiten allein mit dem Ziel erbracht, unberechtigte Ansprüche zu begründen, kann dies ausnahmsweise im Vergütungsfestsetzungsverfahren zu berücksichtigen sein (BayObLG NJW 1988, 1919; BayObLG FamRZ 1994, 779; OLG Hamm BtPrax 2007, 134). Ebenso ist die Einrede der **Verjährung** zu berücksichtigen, da sonst für den Betreuer ein Vollstreckungstitel geschaffen würde, obwohl der Anspruch materiell nicht durchsetzbar ist (BayObLG FamRZ 2000, 1455; Keidel-Engelhardt Rn 19). 22

Ist **ausnahmsweise** eine Abrechnung nach Stunden zulässig (vgl. Rn 4) und wendet der Betreute ein, der in Ansatz gebrachte Zeitaufwand sei zur pflichtgemäßen Erfüllung der Aufgaben des Betreuers **nicht notwendig** gewesen, so kann das Gericht grundsätzlich nicht darauf verzichten zu prüfen, ob die einzelnen Tätigkeiten nötig waren (Keidel-Engelhardt Rn 20). Eine Zweckmäßigkeitsprüfung darf das Gericht jedoch nicht vornehmen, da es allein darauf ankommt, welche Tätigkeiten der Vormund/Betreuer aus seiner Sicht zur pflichtgemäßen 23

FamFG § 168　　　　Buch 2 Verfahren in Familiensachen

Wahrnehmung seiner Aufgaben für erforderlich halten durfte (BayObLG BtPrax 1999, 1591).

9. Entscheidung über die Rückgriffsansprüche des Staates (Abs. 3)

24　Soweit die Staatskasse an den Vormund/Betreuer/Verfahrenspfleger Zahlungen erbracht hat, gehen deren Ansprüche gegen den Betroffenen/Betreuten auf die Staatskasse im Wege des gesetzlichen **Forderungsübergangs** über (§ 1836e Abs. 1 BGB). Wenn das Gericht feststellt, dass der Betroffene für die dem Betreuer ausgezahlten Beträge regresspflichtig ist, sind vom Betroffenen die in Erfüllung dieser Ansprüche an die Landeskasse zu leistenden Zahlungen über Abs. 2 S. 2 nach Maßgabe von § 120 Abs. 2, 3 und 4 S. 1 und 2 ZPO zu erbringen. Diese Vorschrift lautet:

> (2) Die Zahlungen sind an die Landeskasse zu leisten, im Verfahren vor dem Bundesgerichtshof an die Bundeskasse, wenn Prozesskostenhilfe in einem vorherigen Rechtszug nicht bewilligt worden ist.
> (3) Das Gericht soll die vorläufige Einstellung der Zahlungen bestimmen,
> 1. wenn abzusehen ist, dass die Zahlungen der Partei die Kosten decken;
> 2. wenn die Partei, ein ihr beigeordneter Rechtsanwalt oder die Bundes- oder Landeskasse die Kosten gegen einen anderen am Verfahren Beteiligten geltend machen kann.
> (4) Das Gericht kann die Entscheidung über die zu leistenden Zahlungen ändern, wenn sich die für die Prozesskostenhilfe maßgebenden persönlichen und wirtschaftlichen Verhältnisse wesentlich geändert haben; eine Änderung der nach § 115 Abs. 1 Satz 3 Nr. 1 Buchstabe b und Nr. 2 maßgebenden Beträge ist nur auf Antrag und nur dann zu berücksichtigen, wenn sie dazu führt, dass keine Monatsrate zu zahlen ist. Auf Verlangen des Gerichts hat sich die Partei darüber zu erklären, ob eine Änderung der Verhältnisse eingetreten ist.

25　**Rückgriffsansprüche** des Staates setzen die Feststellung der nach § 1836c BGB zu bestimmenden **Leistungsfähigkeit** des Betroffenen voraus (BayObLG FamRZ 2000, 562). Diese hat in drei Schritten zu erfolgen (BayObLG FamRZ 2000, 562):
1. über welches Einkommen verfügt der Betroffene (vgl. § 1836c BGB Rn 2 ff),
2. wird die maßgebende Einkommensgrenze überschritten (vgl. § 1836c BGB Rn 8 ff) und
3. inwieweit ist es dem Betroffenen zuzumuten, den die Einkommensgrenze übersteigenden Anteil seines Einkommens für die Kosten der Betreuung einzusetzen (vgl. § 1836c BGB Rn 11).

Maßstab für die zuletzt vorzunehmende **Zumutbarkeitsabwägung,** in welchem Umfang der Betroffene in Anspruch genommen werden kann, ist der in § 84 Abs. 1 S. 1 BSHG (s. Anhang zu § 1836 c) verwandte unbestimmte Rechtsbegriff „in angemessenem Umfang". Abzustellen ist auf die dem Tatrichter vorbehaltene Feststellung der Verhältnisse des Einzelfalls, für deren Auslegung und Anwendung S. 2 des § 84 Abs. 2 BSHG (beispielhaft) Kriterien enthält (BayObLG FamRZ 2000, 562; s. auch § 1836 c BGB Rn 11). Die Möglichkeit einer erleichterten Entscheidung des Gerichts durch Absehen von einer detaillierten Prüfung gilt unter den Voraussetzungen des Abs. 2 S. 3 auch im Fall des Regresses (vgl. oben Rn 15; Keidel-Engelhardt Rn 25).

Rückgriffsansprüche der Staatskasse gegen den/die Erben. Nach dem 26
Tod des Betreuten endet die Betreuung. Noch nicht beglichene Ansprüche des
Betreuers werden zu Nachlassverbindlichkeiten und die Betreuervergütung ist
analog Abs. 1 S. 1 gegen die Staatskasse oder gegen den Erben festzusetzen.
Abs. 3 regelt die Festsetzung der Zahlungen, für die der **Erbe** aufgrund der als
Nachlassverbindlichkeit (§ 1967 BGB) zu behandelnden Ansprüche nach
§§ 1835 ff BGB aus – an die Staatskasse gem. § 1836e BGB – übergeleitetem Recht
haftet (hierzu § 1836e Rn 5 f). Zu berücksichtigen sind die Haftungsbeschränkungen nach § 1836e Abs. 1 S. 3 BGB (OLG Brandenburg FGPrax 2003, 220). Im
Verfahren ist der Erbe zu hören (Keidel-Engelhardt Rn 32). Nach Abs. 3 S. 2 ist
der Erbe verpflichtet, dem Gericht Auskunft über den Bestand des Nachlasses zu
erteilen. Das Gericht wird das Nachlassverzeichnis aus der Nachlassakte beiziehen
oder das letzte Vermögensverzeichnis des Vormunds/Betreuers überprüfen. Das
Gericht kann ein Nachlassverzeichnis verlangen und sich ggf. die darin enthaltenen Angaben eidesstattlich versichern lassen (S. 3).

10. Rechtsmittel

a) Erinnerung

Übersteigt der Beschwerdewert 600 Euro (§ 61 Abs. 1) **nicht**, so ist gegen den 27
Festsetzungsbeschluss des Gerichts allein die befristete **Erinnerung** des § 11 Abs. 2
S. 1 RPflG statthaft (vgl. § 15 RPflG Rn 11); es sei denn, der Rechtspfleger hat
die befristete Beschwerde nach § 58 Abs. 1 wegen grundsätzlicher Bedeutung
zugelassen (OLG Hamm FGPrax 2000, 66; Keidel-Engelhardt Rn 33; a. A. LG
Passau BtPrax 1999, 158: allein der Richter kann zulassen). Die Zulassung kann
nur unter trägen Voraussetzungen nachträglich durch den Rechtspfleger erfolgen
(vgl. hierzu § 61 Rn 7; a.A. OLG Zweibrücken FGPrax 2005, 216: Zulassung
nachholbar). Hilft der Rechtspfleger der Erinnerung nach § 11 Abs. 2 S. 3 RPflG
nicht ab, legt er die Sache dem Richter vor. Dieser entscheidet nach vollumfänglicher Überprüfung abschließend, d.h. ohne Rechtsmittelmöglichkeit, es sei denn,
dass der Richter seinerseits die Beschwerde wegen der grundsätzlichen Bedeutung
zulässt (OLG Hamm FGPrax 2000, 66). Die Beschwerde können sowohl der
Rechtspfleger als auch – im Erinnerungsverfahren – der Amtsrichter zulassen
(BayObLG FamRZ 2001, 378). Zu den Zulassungsvoraussetzungen: § 61 Abs. 3.
Von **grundsätzlicher** Bedeutung ist eine Rechtssache, wenn es um die Fortbildung des Rechts oder die wirtschaftliche Bedeutung für die Allgemeinheit geht
(vgl. § 61 Rn 3ff). Die Nichtzulassung der Beschwerde ist unanfechtbar. Eine
Verschlechterung (d. h. Herabsetzung) zum Nachteil des Erinnerungs-/Beschwerdeführers ist unzulässig (BayObLG FamRZ 1997, 185; KG FamRZ 1986, 1016).
Beschwerdeberechtigt nach § 59 Abs. 1 sind die Zahlungspflichtigen, der Erbe
bzw. Vergütungsberechtigte einschließlich der Staatskasse.

b) Beschwerde

Übersteigt der Beschwerdewert 600 Euro (Bumiller/Harders Rn 34) oder lässt 28
das Amtsgericht (Richter/Rechtspfleger) die befristete Beschwerde (§ 58 Abs. 1)
zu, ist gegen den Festsetzungsbeschluss des Rechtspflegers die Beschwerde binnen
eines Monats ab Bekanntgabe (§ 63) statthaft. Über die Zulassung entscheidet
das Gericht des ersten Rechtszugs von Amts wegen in seinem Beschluss. Zur

FamFG § 168 Buch 2 Verfahren in Familiensachen

Nachholbarkeit einer unterbliebenen Zulassung vgl. § 61 Rn 7 (zum vergleichbaren § 511 ZPO: BGH NJW 2004, 2389). Weder ist eine Anfechtung der Nichtzulassung möglich noch eine Nachholung der Zulassung durch das Beschwerde- oder Rechtsbeschwerdegericht (BayObLG FamRZ 1999, 1590; OLG Zweibrücken BtPrax 1999, 156; OLG Brandenburg BtPrax 2000, 128; vgl. § 61 Rn 7 und § 58 Rn 18). Aus Gründen des Vertrauensschutzes kann von der Zulassungsvoraussetzung abgesehen werden, wenn entweder das Rechtsmittelverfahren bereits anhängig ist (BayObLG FamRZ 1999, 1590, 1591; OLG Hamm BtPrax 1999, 197; a. A. OLG Düsseldorf FamRZ 1999, 1592).

c) Rechtsbeschwerde

29 Die Rechtsbeschwerde (gegen die Beschwerdeentscheidung) ist statthaft, wenn sie das Beschwerdegericht **zugelassen** hat (es handelt sich bei der Vergütungsfestsetzung nicht um eine zulassungsfreie Rechtsbeschwerdesache im Sinne des § 70 Abs. 3). Hat das Beschwerdegericht, das von Amts wegen über die Zulassung zu entscheiden hat, eine solche unterlassen, gilt die Rechtsbeschwerde als nicht zugelassen, woran das Rechtsbeschwerdegericht gebunden ist. Eine Zulassung erfolgt nach § 70 Abs. 2, wenn die Sache grundsätzliche Bedeutung hat oder eine Zulassung zur Rechtsfortbildung oder zur Sicherung einer einheitlichen Rechtsprechung erforderlich ist. Eine Beschränkung der Zulassung auf einen abtrennbaren Teil des Festsetzungsverfahrens oder ein Verteidigungsmittel, das einen abtrennbaren Teil betrifft, ist zulässig (OLG Schleswig BtPrax 2001, 259). Ein absoluter Rechtsbeschwerdegrund, der zur Aufhebung der Beschwerdeentscheidung führen kann, liegt darin, dass das LG keinen Verfahrenspfleger bestellt hat, obwohl dem zur Äußerung unfähigen Betreuten bereits erstinstanzlich kein Verfahrenspfleger zur Stellungnahme zum Vergütungsantrag des Betreuers bestellt worden ist (BayObLG FamRZ 2004, 1231).

d) Anhörungsrüge

30 § 44 regelt bei Verletzung **rechtlichen Gehörs** eine instanzwahrende **Abhilfemöglichkeit** unanfechtbarer Entscheidungen. Wurde dieses Verfahrensgrundrecht verletzt, kann bei unanfechtbaren Beschlüssen die Rüge erhoben werden. Im Übrigen dürfte bei Verstoß gegen das Willkürverbot und andere Prozessgrundrechte nach wie vor die **außerordentliche Beschwerde** zulässig sein. Der Gesetzgeber hat sich bei der Schaffung der Anhörungsrüge auf den Gesetzgebungsauftrag – Rechtsmittel bei Verletzung des rechtlichen Gehörs – beschränkt und keine abschließende Regelung für alle außerordentlichen Beschwerden treffen wollen (vgl. § 44 Rn 7).

11. Änderungen der Festsetzung nach Rechtskraft

31 Hat das Gericht über einen Festsetzungsantrag rechtskräftig entschieden, so ist eine erneute **Überprüfung** dieser Entscheidung unter denselben Beteiligten über denselben Verfahrensgegenstand unzulässig. Dies folgt daraus, dass Entscheidungen über die Bewilligung oder Ablehnung einer Vergütung oder Aufwandsentschädigung der materiellen Rechtskraft im Sinne des § 322 ZPO zugänglich sind, da sie im Regelfall auf Antrag ergehen und Streitverfahren der freiwilligen Gerichtsbarkeit sehr ähnlich sind (BayObLG FamRZ 1988, 1055; Keidel-Engelhardt Rn 22).

Ausnahmsweise tritt diese **Sperrwirkung** der materiellen Rechtskraft **nicht** ein, wenn der Vergütungsantrag des Betreuers gegen die Staatskasse mangels Mittellosigkeit abgewiesen worden ist, sich jedoch nach Festsetzung gegen den Betroffenen bzw. Erben herausstellt, dass der Betroffene bzw. sein Nachlass von Anfang an oder wegen veränderter Umstände nicht oder nicht mehr über ausreichendes Vermögen verfügt, um den Vergütungsanspruch zu erfüllen (OLG Frankfurt FGRax 2009, 160). Da beide Entscheidungen nur inter pares (Betreuer-Staatskasse einerseits und Betreuer-Betroffener andererseits: BayObLG FamRZ 2001, 377) wirken, würde dies sonst zur Folge haben, dass der Betreuer **ohne Vergütung** bliebe, was der staatlichen Beauftragung widerspricht. Der **Zweitantrag** gegen die Staatskasse ist jedoch nur zulässig, wenn die fehlende Durchsetzbarkeit des Anspruchs gegen das vorrangig haftende private Vermögen nicht auf Gründen beruht, die der Betreuer zu vertreten hat (BayObLG FamRZ 2004, 305).

Bei einer **wesentlichen Änderung** der Verhältnisse (Verbesserung od. Verschlechterung) kann das Gericht seine Entscheidung über den entsprechend anwendbaren § 120 ZPO – ebenso wie im Rahmen der Prozesskostenhilfe – abändern (Ratenzahlung anordnen, Raten herauf- bzw. herabsetzen od. entfallen lassen). Ein Antragserfordernis zur Herabsetzung sieht § 120 Abs. 1 2. HS. ZPO nur für den Fall der Änderung der Freibeträge vor. Im Hinblick darauf, dass § 120 Abs. 4 S. 3 ZPO bewusst nicht für anwendbar erklärt worden ist (BT-Drucks. 13/7158, 35), ist eine Abänderung nicht schon nach vier sondern erst mit Ablauf der **Zehnjahresfrist** des § 1836e S. 2 BGB – gerechnet vom Ablauf des Jahres an, in dem die Staatskasse die Zahlungen erbracht hat – ausgeschlossen (Bumiller/Harders Rn 33). 32

12. Zwangsvollstreckung

Der Festsetzungsbeschluss ist ein **Vollstreckungstitel**. Hieraus findet die Zwangsvollstreckung nach den Vorschriften der ZPO statt (§ 95 Abs. 1 Nr. 1, Abs. 2; Bumiller/Harders Rn 31; Keidel-Engelhardt Rn 34; Prütting/Helms-Stößer Rn 16). Das gilt insbesondere für die Festsetzung der Betreuervergütung gegen den vermögenden Betreuten/Erben. Sofern der Betreute/Erbe den festgesetzten Betrag nicht zahlt, kann der Betreuer die Zwangsvollstreckung betreiben. Zur Vollstreckung aus diesem Titel ist eine Vollstreckungsklausel erforderlich (AG Essen FamRZ 2008, 1977) 33

Buch 3 Verfahren in Betreuungs- und Unterbringungssachen

Abschnitt 1. Verfahren in Betreuungssachen

§ 271 Betreuungssachen

Betreuungssachen sind
1. Verfahren zur Bestellung eines Betreuers und zur Aufhebung der Betreuung,
2. Verfahren zur Anordnung eines Einwilligungsvorbehalts sowie
3. sonstige Verfahren, die die rechtliche Betreuung eines Volljährigen (§§ 1896 bis 1908i des Bürgerlichen Gesetzbuchs) betreffen, soweit es sich nicht um eine Unterbringungssache handelt.

1. Anwendungsbereich

1 In § 271 werden erstmalig die Betreuungssachen, die im zuvor geltenden FGG nicht näher beschrieben worden waren, definiert. Für Betreuungssachen (§ 271) finden §§ 271 bis 311, für Unterbringungssachen (vgl. § 312 Rn 1 ff) §§ 312 bis 339 Anwendung.

Zu den **Übergangsregelungen** vgl. Einleitung Art. 111

2. Betreuungssachen

2 Die überwiegende Zahl der Verfahrensvorschriften bezieht sich auf die Bestellung eines Betreuers und die Anordnung eines Einwilligungsvorbehalts. Diese Verfahrensgegenstände sind nach Auffassung des Gesetzgebers von besonderer Bedeutung und werden daher an erster Stelle genannt.

3 Betreuungssachen sind nach **Nr. 1** Verfahren über die **Bestellung** eines Betreuers und die **Aufhebung** der Betreuung sowie nach **Nr. 2** Verfahren auf Anordnung eines Einwilligungsvorbehalts (§ 1903 BGB).

Darunter fallen u.a. folgende **Verfahren**:
- Anordnung (§§ 278 ff), Verlängerung (§ 295), Erweiterung (§ 293) und Einschränkung/Aufhebung (§ 294) von Betreuungsmaßnahmen und des Einwilligungsvorbehalts (§ 1908d BGB),
- Bestellung eines weiteren Betreuers (§§ 1899 BGB; 296 FamFG),
- Entlassung des alten und/oder Bestellung eines neuen Betreuers (§ 296),
- sämtliche einstweilige Anordnungen (§§ 300 ff) in den genannten Betreuungssachen (vgl. § 300 Rn 2).

4 Betreuungssachen sind ferner gemäß **Nr. 3** Verfahren über die rechtliche Betreuung von Volljährigen, wie sie im BGB in Buch 4 Abschnitt 3 Titel 2, d.h. §§ 1896 bis 1908i BGB, beschrieben werden; u.a.:
- Verfahren bzw. Genehmigungen nach §§ 1904, 1905 und 1907 BGB (nicht nach § 1906 BGB, hierfür sehen §§ 312 ff gesonderte Regelungen vor; vgl. Rn 5),

Örtliche Zuständigkeit **§ 272 FamFG**

- Entscheidungen nach § 1908 i Abs. 1 S. 1 i.V.m. §§ 1821, 1822 Nr. 1 bis 4, 6 bis 13, §§ 1823, 1825 BGB,
- Verfahren über die Festsetzung von Aufwendungsersatz und Vergütung des Betreuers (§§ 292, 168; Keidel-Budde Rn 4) oder des Verfahrenspflegers (§§ 277, 168),
- Anordnung über die Erstellung eines Betreuungsplans nach § 1901 Abs. 4 BGB (Prütting/Helms-Fröschle Rn 7),
- sämtliche einstweilige Anordnungen (§§ 300 ff) in den entsprechenden Betreuungssachen (vgl. § 300 Rn 2).

Aufgrund der Ausnahmeregelung im letzten Halbsatz der Nr. 3 sind Verfahren 5
über die **Unterbringung** des Betreuten nach § 1906 Abs. 1 bis 5 BGB und Verfahren nach § 1846 BGB, wenn durch diese eine Unterbringungsmaßnahme getroffen werden soll (§ 334), keine **Betreuungssachen**. Für diese gilt das Verfahren in Unterbringungssachen (§§ 312 ff).

§ 272 Örtliche Zuständigkeit

(1) **Ausschließlich zuständig ist in dieser Rangfolge:**
1. **das Gericht, bei dem die Betreuung anhängig ist, wenn bereits ein Betreuer bestellt ist;**
2. **das Gericht, in dessen Bezirk der Betroffene seinen gewöhnlichen Aufenthalt hat;**
3. **das Gericht, in dessen Bezirk das Bedürfnis der Fürsorge hervortritt;**
4. **das Amtsgericht Schöneberg in Berlin, wenn der Betroffene Deutscher ist.**

(2) **Für einstweilige Anordnungen nach § 300 oder vorläufige Maßregeln ist auch das Gericht zuständig, in dessen Bezirk das Bedürfnis der Fürsorge bekannt wird. Es soll die angeordneten Maßregeln dem nach Absatz 1 Nr. 1, 2 oder Nr. 4 zuständigen Gericht mitteilen.**

Übersicht

	Rn.
1. Anwendungsbereich	1
2. Örtliche Zuständigkeit für Betreuungssachen	2
a) Zuständigkeit nach Abs. 1 Nr. 1: Betreuerbestellung	3
b) Zuständigkeit nach Abs. 1 Nr. 2: gewöhnlicher Aufenthalt	4
c) Zuständigkeit nach Abs. 1 Nr. 3: Fürsorgebedürfnis	5
d) Auffangzuständigkeit nach Abs. 1 Nr. 4	6
3. Örtliche Zuständigkeit für Eilmaßnahmen (Abs. 2)	7
4. Zeitpunkt	11
5. Sachliche, funktionale, internationale Zuständigkeit	12
6. Proberichter	13
7. Sondervorschriften	14
8. Sondervorschriften für Baden-Württemberg	15

1. Anwendungsbereich

§ 272 trifft Regelungen zur **örtlichen** Zuständigkeit. Zur internationalen, sach- 1
lichen und funktionalen Zuständigkeit vgl. Rn 12.

FamFG § 272   Buch 3 Verf. in Betreuungs- u. Unterbringungssachen

Zur örtlichen Zuständigkeit sind zunächst im Allgemeinen Teil in § 2 Regelungen getroffen. § 272 (zuvor § 65 Abs. 1 bis 4 FGG) regelt die örtliche Zuständigkeit speziell für Betreuungssachen, die in § 271 gesetzlich definiert sind (vgl. § 271 Rn 2 ff). Nicht in § 272 aufgenommen wurde die Anknüpfung an eine Erstbefassung des Gerichts, da diese bereits in § 2 Abs. 1 enthalten ist.
Für Verfahren nach § 1906 BGB bzw. §§ 1906 i.V.m. 1846 BGB enthält § 313 eine Sonderregelung.

2. Örtliche Zuständigkeit für Betreuungssachen

2   **Abs. 1** schafft eine ausschließliche örtliche Zuständigkeit und gleichzeitig eine verbindliche Rangfolge mehrerer potentiell zuständiger Gerichte.

a) Zuständigkeit nach Abs. 1 Nr. 1: Betreuerbestellung

3   Zunächst ist örtlich nach **Abs. 1 Nr. 1** das Gericht zuständig, bei dem die Betreuung anhängig ist, wenn bereits ein Betreuer bestellt ist (Fortdauer der örtlichen Zuständigkeit). Ist für den Betroffenen bereits ein **Betreuer** bestellt, bleibt das Gericht, bei dem die Betreuung anhängig ist, auch für alle weiteren, die Betreuung betreffenden Angelegenheiten zuständig, um die Erkenntnisse des mit der Betreuung befassten Gerichts verwerten zu können. Es kommt entscheidend auf den Zeitpunkt der Betreuerbestellung (Bumiller/Harders Rn 4) und nicht allein auf die Anhängigkeit des Betreuungsverfahrens an (Keidel-Budde Rn 2). Bestellt ist ein Betreuer schon dann, wenn der Beschluss erlassen ist, nicht erst, wenn er nach § 287 wirksam (Prütting/Helms-Fröschle Rn 15; Damrau/Zimmermann § 65 FGG Rn 18) oder nach § 288 bekannt gegeben worden ist. Trifft ein örtlich **unzuständiges** Betreuungsgericht, in dessen Bezirk das Bedürfnis der Fürsorge bekannt wurde (**Abs. 2**), nicht lediglich Eilmaßnahmen, sondern bestellt endgültig einen Betreuer, wird es allein hierdurch aufgrund Abs. 1 Nr. 1 für weitere, die Betreuung betreffende Verrichtungen zuständig (OLG München BtPrax 2007, 267). In diesem Fall besteht jedoch die Möglichkeit der Abgabe, sofern die Voraussetzungen hierfür (§§ 4, 273) gegeben sind.

b) Zuständigkeit nach Abs. 1 Nr. 2: gewöhnlicher Aufenthalt

4   Ist noch kein Betreuer bestellt, richtet sich die örtliche Zuständigkeit regelmäßig zunächst nach **Abs. 1 Nr. 2**. Der gewöhnliche Aufenthalt des Betroffenen im Inland begründet, ohne Rücksicht auf die Staatsangehörigkeit, die örtliche Zuständigkeit nach Nr. 2.
Die Begründung eines **gewöhnlichen Aufenthalts** ist ein rein tatsächlicher Vorgang, der im Gegensatz zu der des Wohnsitzes, keinen rechtsgeschäftlichen Begründungswillen voraussetzt. Er befindet sich dort, wo der Betroffene für längere Zeit den tatsächlichen **Mittelpunkt der Lebensführung** hat; es kommt somit darauf an, an welchem Ort der Betroffene den Schwerpunkt seiner Bindungen hat (Keidel-Budde Rn 3). Er fehlt bei „schlichtem Aufenthalt" (Bumiller/Harders Rn 5), während der Durchreise und vorübergehender Anwesenheit (z. B. bei kurzen Reisen, kurzen Auslandsarbeit, kürzerer Klinikaufenthalt, kürzerer Strafhaft). Während ein erst kurzer Aufenthalt ausreicht, wenn er **auf Dauer** angelegt ist, wird regelmäßig kein gewöhnlicher Aufenthalt begründet, wenn er von vornherein nur als vorübergehend, wenn auch für längere Zeit, angelegt ist

(z.b. Internatsaufenthalt: BGH FamRZ 1975, 272/273; Wehrdienst: OLG Hamm FamRZ 1989, 1331, Rehabilitationsklinikaufenthalt: BayObLG Rpfleger 1993, 63; OLG Karlsruhe FamRZ 1996, 1341; OLG Stuttgart FamRZ 1997, 438). **Anders** kann es sein, wenn bei mehrjährigem Klinikaufenthalt lediglich eine abstrakte, jedoch keine konkrete, Rückführungsmöglichkeit besteht (BayObLG BtPrax 2003, 132). Das zwangsweise Verbringen oder Verbleiben (z.b. Strafhaft, Untersuchungshaft, Unterbringung in einem psychiatrischen Krankenhaus) begründet nicht ohne weiteres einen gewöhnlichen Aufenthalt an dem jeweiligen Ort (OLG Köln FamRZ 1996, 946). Jedoch kann dies nicht gelten, wenn die betroffene Person keinen anderen **Daseinsmittelpunkt** als den Ort der zwangsweisen Unterbringung hat, etwa weil die frühere Wohnung/der Heimplatz aufgegeben wurde (OLG Stuttgart FamRZ 1997, 438; OLG München BtPrax 2007, 29). Ausnahmsweise sind auch mehrere gewöhnliche Aufenthalte denkbar (KG FamRZ 1983, 603). Wenn ein Betreuer ohne festen Wohnsitz seinen Lebensmittelpunkt ohne Rückkehrabsicht in eine andere Stadt verlagert, kann das Betreuungsverfahren an das dortige Betreuungsgericht abgegeben werden (OLG Köln FGPrax 2006, 162).

c) Zuständigkeit nach Abs. 1 Nr. 3: Fürsorgebedürfnis

Ist kein Betreuer bestellt und hat der Betroffene im **Inland** auch keinen 5 gewöhnlichen Aufenthalt oder führen die Ermittlungen nicht zur Feststellung eines inländischen Aufenthalts (spätere Feststellung lässt die Zuständigkeit unberührt), ist das Gericht zuständig in dem ein **Fürsorgebedürfnis** hervortritt. Das ist dort der Fall, wo das tatsächliche Regelungsbedürfnis der konkreten Betreuungsmaßnahme entsteht z.B.: in Grundstücksangelegenheiten der Gerichtsbezirk, in dem das Grundstück liegt; in anderen Vermögensangelegenheiten der Ort, an dem eine Angelegenheit zu regeln ist (Geschäft, Fabrik); in personensorgerechtlichen Fragen der tatsächliche Aufenthaltsort (Krankenhaus, Unterbringungsanstalt; vorübergehendes Wohnen bei Bekannten mit der Absicht neuer Wohnsitzbegründung, wenn Betreuerbestellung zu prüfen ist; BT-Drucksache 11/4528, 169; BayObLG Rpfleger 1996, 287). Zur Begründung der Zuständigkeit genügt es bereits, dass das Bestehen eines Fürsorgebedürfnisses möglich ist (Prütting-Helms-Fröschle Rn 9).

d) Auffangzuständigkeit nach Abs. 1 Nr. 4

Fehlt eine Zuständigkeit nach den Nummern 1 bis 3, so ist für Deutsche (die 6 Regelung gilt nicht für Ausländer) das **Amtsgericht Schöneberg** zuständig. Die Regelung betrifft im wesentlichen Deutsche, die im Ausland leben (Keidel-Budde Rn 5). Zur Abgabemöglichkeit vgl. § 273 Rn 13 (KG FGPrax 1995, 61 zur alten Rechtslage).

3. Örtliche Zuständigkeit für Eilmaßnahmen (Abs. 2)

Neben dem nach Abs. 1 zuständig bleibenden Amtsgericht begründet Abs. 2 7 (bisher § 65 Abs. 5 FGG) für Eilmaßnahmen eine weitere Zuständigkeit des Gerichts, in dessen Bezirk ein **Fürsorgebedürfnis** (vgl. Rn 5) *bekannt wird*:
- **Einstweilige Anordnungen** nach § 300; hierzu gehören auch ohne ausdrückliche gesetzliche Nennung einstweilige Anordnungen bei gesteigerter Dring-

FamFG § 272 Buch 3 Verf. in Betreuungs- u. Unterbringungssachen

lichkeit nach § 301, die lediglich ein Unterfall der einstweiligen Anordnung ohne gesteigerte Dringlichkeit sind sowie sämtliche einstweiligen Anordnungen nach § 49, in den dem Betreuungsgericht zugewiesenen Verfahren (Keidel-Budde Rn 6):
- Vorläufige Maßregeln gegen **Ausländer** (EGBGB Art. 24 Abs. 3),
- Einstweilige Maßregeln nach § 1908i Abs. 1 S. 1 i. V. m. **§ 1846 BGB**.

Der Ort, an dem das Fürsorgebedürfnis bekannt wird, kann auch dort sein, wo sich der Betroffene zur Zeit der Gutachtenerstattung befindet (BayObLG FamRZ 1996, 304 und 485).

Das Fürsorgebedürfnis muss *bekannt werden*. Nach der amtlichen Begründung ist in der Verwendung des Begriffs kein Unterschied zum alten § 65 Abs. 5 FGG zu sehen, der vorausssetzte, dass das Bedürfnis der Fürsorge *hervortritt*. Damit ist klargestellt, dass auch die Voraussetzungen des § 272 Abs. 1 Nr. 3 und Abs. 2 trotz verschiedener Wortwahl – bekannt werden/hervortreten – identisch sind (so auch Prütting/Helms-Fröschle Rn 21).

8 Die Zuständigkeit des Gerichts am vorübergehenden Aufenthaltsort für Eilmaßnahmen ist nur **subsidiär** (Keidel-Budde Rn 7). Sie tritt neben die bestehen bleibende allgemeine Zuständigkeit der Gerichte nach Abs. 1. Eine vorrangige Zuständigkeit des Eilgerichts auch für das Hauptsacheverfahren ergibt sich weder aus einer zwischenzeitlichen Änderung des gewöhnlichen Aufenthaltsorts, noch daraus, dass das Eilgericht als erstes Gericht mit der Sache befasst war (OLG Hamm NJW-RR 2007, 157). Anders allerdings, wenn das Eilgericht nicht nur Eilmaßnahmen, sondern auch weitere Maßnahmen, wie die Bestellung eines endgültigen Betreuers, trifft; vgl. Rn 3.

Das Eilgericht darf jedoch die Maßnahmen **nicht** im Hinblick auf die parallel bestehende Zuständigkeit des Hauptsachegerichts ablehnen, wenn sich das Fürsorgebedürfnis ergibt (Keidel-Budde Rn 7).

Die Zuständigkeit nach Abs. 2 endet mit **Wegfall** des Fürsorgebedürfnisses (die erforderliche vorläufige Maßnahme ist getroffen: BayObLG Rpfleger 1996, 454) oder dem Tätigwerden des zuständigen Gerichts oder wenn das Fürsorgebedürfnis aus anderen Gründen entfallen ist (OLG Hamm NJW-RR 2007, 157). Die Maßnahme der Bestellung eines vorläufigen Betreuers ist erst dann abgeschlossen, wenn der Betroffene **angehört** (im Fall des § 300 vor Erlass und im Fall des § 301 unverzüglich nach Erlass der einstweiligen Anordnung) wurde und wenn der Betreuer gemäß § 289 auch mündlich **verpflichtet** wurde und ihm der nach § 290 vorgeschriebene Betreuer**ausweis** ausgehändigt wurde (OLG Frankfurt FGPrax 2004, 287). Das Eilgericht hat sodann, dem nach Abs. 1 allgemein zuständigen Gericht, den Vorgang zu übersenden. Letzteres ist verpflichtet, das Verfahren fortzuführen (OLG Hamm NJW-RR 2007, 157). Für ein Abgabeverfahren nach §§ 4, 273 ist kein Raum. Mit der Vornahme abweichender Regelungen des hauptzuständigen Gerichts, wozu auch die Möglichkeit der Abänderung nach § 48 gehört, werden die Maßregeln des Eilgerichts gegenstandslos (Bumiller/Harders Rn 11). Unter mehreren nach Abs. 2 zuständigen Gerichten wird das zuständig, welches zuerst in der Sache tätig geworden ist (§ 2).

9 Zur Entscheidung über die **Beschwerde** gegen eine Verfügung des Eilgerichts ist das diesem übergeordnete Gericht zuständig. Hat allerdings das hauptzuständige Gericht die Sache zur Fortführung **übernommen** und die Verfügung des Eilgerichts aufrechterhalten, ist für die Beschwerde das Landgericht, das dem Hauptgericht übergeordnet ist, zuständig (Damrau/Zimmermann § 65 FGG Rn 26; Bumiller/Harders Rn 12).

Kretz

Örtliche Zuständigkeit **§ 272 FamFG**

Nach Abs. 2 S. 2 soll das aufgrund des Fürsorgebedürfnisses tätig gewordene **10** Gericht das nach Abs. 1 Nr. 1, 2 oder 4 zuständige Gericht über eine Eilmaßnahme unterrichten.

4. Zeitpunkt

Für die Beurteilung der Zuständigkeit kommt es auf den Zeitpunkt an, zu dem **11** das Gericht (erstmals) mit der Angelegenheit befasst wird. Das ist im Antragsverfahren der Zeitpunkt in dem ein Antrag oder eine Anregung bei Gericht eingeht, im Amtsverfahren die amtliche Kenntnis von tatsächlichen Umständen, die ergeben, dass das Gericht tätig werden muss (Keidel-Budde Rn 1). Eine einmal begründete Zuständigkeit bleibt bestehen, auch wenn sich ihre tatsächlichen Voraussetzungen ändern, wobei dies dann zur Abgabe des Verfahrens nach §§ 4, 273 führen kann (OLG Brandenburg FamRZ 1998, 109).

5. Sachliche, funktionale, internationale Zuständigkeit

Die **sachliche** Zuständigkeit des Amtsgerichts (Betreuungsgericht) ergibt sich **12** aus § 23a Abs. 1 Nr. 2 und Abs. 2 Nr. 1, § 23c Abs. 1 GVG. Die **funktionale** Zuständigkeit innerhalb des Gerichts für Betreuungssachen und betreuungsrechtliche Zuweisungssachen (vgl. Rn 14 und § 340 Rn 2-4) ergibt sich aus dem RPflG: aus § 15 Abs. 1 Nr. 1-9 RPflG ergibt sich in diesem Bereich die funktionale Zuständigkeit des Richters (vgl. § 15 RPflG Rn 13 ff), aus § 3 Nr. 2b RPflG die des Rechtspflegers (vgl. § 15 RPflG Rn 35 ff). Zur Sonderregelung im württembergischen Raum vgl. § 15 RPflG Rn 58 f. Die **internationale** Zuständigkeit wird in § 104 ggf. i.V.m. § 99 Abs. 2 und 3 (vgl. § 104 Rn 2-6) geregelt.

6. Proberichter

Wie bisher nach § 65 Abs. 6 FGG darf auch künftig ein Richter auf Probe **13** im ersten Jahr nach seiner Ernennung Geschäfte des Betreuungsrichters nicht wahrnehmen (§ 23c Abs. 2 S. 2 GVG), um in dem sensiblen Bereich der Betreuungssachen ein Mindestmaß an beruflicher Erfahrung sicherzustellen.

7. Sondervorschriften

Das Betreuungsgericht des § 272 ist über § 341 auch für Betreuerbestellungen **14** in betreuungsrechtlichen Zuweisungssachen (vgl. § 340) zuständig, also z.B. in den gesetzlich geregelten Sonderfällen, in denen zur Fortführung des jeweiligen behördlichen oder gerichtlichen Verfahrens eine Betreuerbestellung erforderlich wird (z.B. § 16 Abs. 2 VwVfG; § 81 Abs. 2 AO; § 15 Abs. 2 SGB X; § 85 Abs. 2 WDO; § 207 Abs. 1 BauGB; § 20 Abs. 6 WPO; § 119 Abs. 1 FlurbG). Vgl. die Kommentierung zu § 341.

8. Sondervorschriften für Baden-Württemberg

Zur Zuständigkeit der Amtsnotare im **württembergischen** Landesteil vgl. **15** § 15 RPflG Rn 58, 59.

Kretz

§ 273 Abgabe bei Änderung des gewöhnlichen Aufenthalts

Als wichtiger Grund für eine Abgabe im Sinne des § 4 Satz 1 ist es in der Regel anzusehen, wenn sich der gewöhnliche Aufenthalt des Betroffenen geändert hat und die Aufgaben des Betreuers im Wesentlichen am neuen Aufenthaltsort des Betroffenen zu erfüllen sind. Der Änderung des gewöhnlichen Aufenthalts steht ein tatsächlicher Aufenthalt von mehr als einem Jahr an einem anderen Ort gleich.

1. Vergleich zum FGG

1 § 273 übernimmt den bisherigen § 65a Abs. 1 S. 2 FGG. § 65a Abs. 1 S. 1 und Abs. 2 FGG ist wegen der Anordnungen über die Abgabe an ein anderes Gericht im Allgemeinen Teil (§ 4) obsolet.

Die bisher in § 65a Abs. 1 S. 3 FGG vorgesehene Möglichkeit, das nur einen Betreuer betreffende Verfahren bei Vorliegen eines wichtigen Grundes abzugeben, wenn **mehrere Betreuer** für unterschiedliche Aufgabenkreise bestellt sind, wurde in § 273 nicht übernommen. Zwar ist denkbar, dass eine Aufspaltung des Verfahrens im Einzelfall vertretbar erscheint; wenn etwa im Fall eines Umzugs des Betroffenen seine vermögensrechtlichen Angelegenheiten weiterhin an seinem bisherigen Aufenthaltsort geregelt werden können. Die Gefahr widerstreitender Entscheidungen gebietet jedoch auch hier eine Konzentration des Betreuungsverfahrens bei einem einzigen Gericht (BT-Drucksache 16/6308, 264). Die Abgabe an ein **ausländisches** Betreuungsgericht ist in § 104 i.V.m. § 99 Abs. 3 geregelt (vgl. § 104 Rn 6).

2. Voraussetzungen der (nicht bindenden) Abgabe nach §§ 4, 273

a) Allgemeines

2 Da auch der Allgemeine Teil des FamFG für die Betreuungssachen gilt, ist für die Abgabe eines Verfahrens zunächst § 4 einschlägig. Dieser regelt die **nicht bindende** Abgabe einer Sache an ein anderes Gericht bei nach wie vor bestehender Zuständigkeit des angerufenen Gerichts (§ 3 regelt daneben die bindende Abgabe unter bestimmten Voraussetzungen). Grundsätzlich wird die einmal begründete örtliche Zuständigkeit durch den nachträglichen Wegfall der sie begründenden Umstände nicht berührt (§ 2 Abs. 2). Gleichwohl können Umstände vorliegen, die eine nicht bindende Abgabe an ein anderes Gericht nahe legen:

b) Wichtiger Grund

3 § 4 S. 1 knüpft an den bisherigen § 46 Abs. 1 FGG an, der über § 65a FGG auch seither schon für das Betreuungsrecht Geltung hatte. Die Vorschrift sieht die Möglichkeit vor, ein Betreuungsverfahren unter bestimmten Voraussetzungen an ein anderes Gericht abzugeben, wenn die beiden Gerichte sich über die Abgabe verständigen. Voraussetzung für die Abgabe bleibt unverändert das Vorliegen eines **wichtigen Grundes**. Ein solcher liegt vor, wenn durch die Abgabe unter besonderer Berücksichtigung der **Interessen des Betroffenen** eine zweckmäßigere

und leichtere Führung der Betreuung ermöglicht wird (für den Fall der Vermögenssorge OLG Celle FamRZ 1993, 220, 221). Soweit eine ausdrückliche gesetzliche Regelung für den wichtigen Grund nicht vorhanden ist, können die von der Rechtsprechung entwickelten Kriterien für das Vorliegen eines wichtigen Grundes unverändert Anwendung finden (BT-Drucks. 16/6308, 176). Ausnahmsweise kann daher auch der **Aufenthaltswechsel** des Betreuten **für sich allein als wichtiger Grund** ausreichen, jedoch nur dann, wenn die Interessen des Betreuten eine Abgabe des Verfahrens nahe legen oder das Gericht am Aufenthaltsort des Betreuten in Wahrnehmung seiner Aufgaben die Betreuung zweckmäßiger und leichter führen kann (OLG Celle FamRZ 1993, 221).

In § 273 wird in Auslegung der §§ 4 und 5 ein **Regelfall** des „wichtigen Grundes" für den Bereich des Betreuungsrechts gesetzlich festgelegt (Prütting/Helms-Fröschle Rn 4):

aa) Wichtiger Grund nach § 273. Nach § 273 S. 1 ist der **Regelfall** eines 4 wichtigen Grundes im Sinne des § 4 S. 1 gegeben, wenn sich der gewöhnliche Aufenthalt (vgl. § 272 Rn 4) des Betreuten geändert hat **und** die Aufgaben des Betreuers im Wesentlichen am neuen Aufenthaltsort des Betreuten zu erfüllen sind (vgl. Rn 5). Beide Voraussetzungen müssen **kumulativ** vorliegen (vgl. BayObLG NJW 1992, 1243, 1244; LG Stade Rpfleger 1992, 157; Bienwald § 65a FGG Rn 9). Das wird häufig bei der Personensorge des Betreuers der Fall sein (Bauer in HK-BUR § 65 a FGG Rn 23; OLG Brandenburg FGPrax 1997, 186).

§ 273 S. 2 führt als weiteren **Regelfall** – neben dem Wechsel des **gewöhnlichen** Aufenthalts – einen **tatsächlichen** Aufenthalt von **mehr als einem Jahr** an einem anderen Ort ein. Damit soll das Gericht von der Prüfung der Frage **befreit** werden, ob z.B. bei einem Klinkaufenthalt von mehr als einem Jahr der Betroffene dort seinen **Lebensmittelpunkt** begründet hat, was bei einem Aufenthaltswechsel Voraussetzung wäre (BT-Drucks. 15/2494 S. 40). Allerdings reicht **allein** der tatsächliche Aufenthalt des Betroffenen von mehr als einem Jahr im Bezirk eines anderen Gerichts zur Abgabe der Sache **nicht** aus; hinzukommen muss auch hier, dass die Aufgaben des Betreuers im Wesentlichen am **neuen Aufenthaltsort** zu erfüllen sind (vgl. Rn 5; OLG Schleswig BtPrax 2006, 37).

bb) Aufgaben des Betreuers im Wesentlichen am neuen Aufenthaltsort.
Auch die Interessen des Betreuers an einer möglichst einfachen, förderlichen und 5 kostensparenden Führung der Geschäfte sind in eine Gesamtabwägung einzubeziehen (BayObLG FamRZ 1997, 439; OLG Köln FamRZ 1998, 840; OLGR Celle 2003, 349), soweit dadurch die Belange des Betroffenen nicht beeinträchtigt werden. Ein wichtiger Grund ist der persönliche Kontakt des Betroffenen zum Betreuungsgericht (Bumiller/Harders Rn 7) oder wenn der Betreuer mit beachtlichen Gründen widerspricht (Prütting/Helms-Fröschle Rn 12). Die Abgabe an ein Gericht kann erfolgen, das Vermögen sich am Wohnsitz des Betreuers befindet, der ausschließlich die Vermögenssorge hat (BayObLG FGPrax 1998, 56) oder an den Ort des Nachlasses. Die Interessen der beteiligten Gerichte sind nur insoweit von Bedeutung, ob das entscheidende Gericht mit den örtlichen Verhältnissen vertraut sein muss und inwieweit der persönliche Kontakt zum Betroffenen erforderlich ist (BayObLG FamRZ 1997, 439; Keidel-Budde Rn 4). Der personale Bezug der Betreuung und die Anhörungspflicht des Gerichts, die Notwendigkeit der örtlichen Ermittlungen und die Beteiligung Dritter erfordert das Tätigwerden des Übernahmegerichts.

FamFG § 273 Buch 3 Verf. in Betreuungs- u. Unterbringungssachen

Allerdings kann Abgabe des Betreuungsverfahrens an das "neue" Wohnortgericht ohne Hinzutreten aktueller Gründe unzulässig sein, wenn seit dem Umzug des Betroffenen eine längere Zeit (9 Jahre) vergangen sind, in denen das Betreuungsverfahren beanstandungsfrei am bisherigen Wohnortgericht weitergeführt wurde (LG Lüneburg BtPrax 2007, 265; differenzierter BayObLG FamRZ 2004, 736 bei ca. 5 Jahren).

6 Die zur Übernahme verpflichtenden Umstände müssen zum **Zeitpunkt** der Entscheidung vorliegen. Dabei reicht es aus, wenn durch das Abgabegericht hinreichend sicher die zukünftigen Veränderungen (z.B. Betreuerwechsel) festgestellt werden (OLG Karlsruhe FamRZ 1994, 450; OLG Zweibrücken Rpfleger 1992, 483; OLG Oldenburg Beschluss v. 9. 12. 1993 – 5 AR 30/93 – n. v.; OLG Schleswig Rpfleger 1992, 226, 92, 483; LG Essen Beschluss v. 30. 6. 1993 – 14 OH 7/93 – n. v.).

c) Anhörung

7 Nach § 4 S. 2 sollen die Beteiligten vor der Abgabe **angehört** werden. Dem Gericht wird es durch die Soll-Vorschrift ermöglicht, in besonders eiligen Fällen oder in solchen, in denen eine Anhörung nur mit einem zu einer Verfahrensverzögerung führenden Zeitaufwand möglich ist, von einer Anhörung abzusehen. Derartige Situationen werden vor allem in eiligen Unterbringungs- und Betreuungssachen auftreten, in denen rasch Entscheidungen getroffen werden müssen oder in denen die Beteiligten nicht in der Lage sind, sich zu äußern (BT-Drucksache 16/6308, 176).

Die **Anhörung der Beteiligten** ist an keine bestimmte Form gebunden. Die Möglichkeit zur **schriftlichen** Äußerung unter Fristsetzung reicht aus. Beteiligte sind jedenfalls der Betroffene und der Betreuer. Hat der Betroffene einen Verfahrenspfleger nach § 276, ist auch diesem Gelegenheit zur Äußerung zu geben, da dieser die Rechte des Betroffenen wahrnimmt (Bumiller/Harders § 4 Rn 10; Damrau/Zimmermann § 65a FGG Rn 10; Bauer in HK-BUR § 65 a FGG, Rn 14). Eine Bestellung eines Verfahrenspflegers für das Abgabeverfahren ist nicht erforderlich (BayObLG FamRZ 2000, 1443). Dies gilt auch dann, wenn der geistige Zustand des Betroffenen eine Verständigung zur Abgabefrage nicht zulässt (BayObLG MDR 1998, 540; OLG Zweibrücken FamRZ 1993, 351; Bumiller/Harders § 4 Rn 10; Bienwald § 65 a FGG Rn 22; a. A. Bauer in HK-BUR § 65 a FGG Rn 34). Die Zustimmung des Betreuers (falls schon einer bestellt ist) zur Abgabe ist nicht erforderlich; ein Widerspruchsrecht des Betroffenen besteht ebenfalls nicht. Ein sachlicher Grund für ein solches fehlt nämlich, wenn im Übrigen die Abgabevoraussetzungen vorliegen und den Interessen des Betreuers und des Betroffenen durch seine Anhörung Rechnung getragen wurde. Denn Betreuer und Betroffener haben über § 4 S. 2 im Rahmen der Anhörung Gelegenheit, sich dazu zu äußern, ob aus ihrer Sicht ein wichtiger Grund für eine Abgabe vorliegt. Gegebenenfalls steht ihnen auch die Überprüfung der Abgabeentscheidung im Beschwerdeweg offen (BT-Drucksache 16/6308, 176). Auch wenn der Gesetzgeber das Zustimmungserfordernis des Betreuers zur Abgabe aufgehoben hat, folgt aus dem Anhörungserfordernis, dass die vom Betreuer/Betroffenen im Rahmen der Anhörung hervorgebrachten Bedenken vom abgebenden Gericht gewürdigt werden müssen (LG Berlin Beschluss v. 8. 2. 2007 – 84 AR 4/07 – n. v.).

d) Übernahmebereitschaft

Weitere Abgabevoraussetzung ist die **Übernahmebereitschaft** des annehmenden Gerichts, welches verpflichtet ist, diese formlos zu erklären, wenn nach dessen Überzeugung ein wichtiger Grund vorliegt (BayObLG FamRZ 1994, 1189; Bumiller/Harders Rn 7). Bei Übernahmeverweigerung trotz Vorliegen eines wichtigen Grunds, kommt § 5 Abs. 1 Nr. 5 zur Anwendung (Keidel-Budde Rn 7; vgl. Rn 12). Zur Anhörung des Übernahmegerichts sind regelmäßig die Akten an dieses zu übersenden. Eine telefonische Anhörung reicht nur dann aus, wenn der übernehmende Richter in Kenntnis der maßgeblichen Umstände zu einer Erklärung bereit ist (BayObLG Beschluss vom 3. 9. 2003 – 3Z AR 32/03 – n. v.). Eine „Rückgabe" nach Veränderung der Verhältnisse ist möglich. Sobald das neue Gericht in dieser Sache tätig wird, ist die Übernahme vollzogen (Bumiller/Harders § 4 Rn 8).

e) Abgabereife

Vor einer Abgabe des Betreuungsverfahrens hat das abgebende Gericht grundsätzlich **alle Verfügungen** zu treffen, die im Zeitpunkt der Abgabe von Amts wegen oder auf Antrag ergehen müssen (BayObLG FamRZ 1994, 1189 für die Abrechnung; betreuungsgerichtliche Genehmigungen; OLG Karlsruhe FamRZ 1994, 449). Entscheidend für die Frage, welche Verfügungen noch zu treffen sind, ist der Zeitpunkt der Abgabeentscheidung des bisher zuständigen Gerichts, nur dann, wenn ihr eine Anhörung des übernehmenden Gerichts vorausgegangen ist (OLG München Beschluss v. 6. 6. 2005 – 33 AR 16/05). Auch wenn die Betreuerbestellung mit der Bekanntgabe an den Betreuer wirksam wird (§ 287), ist der Vorgang der Betreuerbestellung erst abgeschlossen (und das Verfahren abgabereif), wenn der Betreuer mündlich verpflichtet und ihm der Betreuerausweis ausgehändigt ist (OLG Frankfurt, FGPrax 2004, 287).
Dieser Grundsatz der Abgabereife gilt nicht ausnahmslos. Vielmehr richtet sich die Abgabereife nach Zweckmäßigkeitsgesichtspunkten wie Entscheidungsreife, Ermittlungsstand, Bedeutung und Notwendigkeit der persönlichen Anhörung, wenn es um Aufhebung der Betreuung, Verlängerung und Betreuerwechsel geht (BayObLG FamRZ 1997, 439; 1996, 511; OLG Karlsruhe a.a.O., 449; OLG Stuttgart BWNotZ 2006, 39; OLG Schleswig FGPrax 2005, 159). Die vollzogene Abgabe hat zur Folge, dass das nunmehr zuständige Gericht auch für noch nicht abgerechnete Vergütungen vor Abgabe zuständig ist (OLG Karlsruhe FamRZ 1998, 1056; vgl. § 168 Rn 6). So geht das objektive Interesse des Betroffenen daran, dass ein ortsnahes Gericht die Betreuung führt, regelmäßig dem Interesse des übernehmenden Gerichts vor, keine Aufgaben übernehmen zu müssen, die ein anderes Gericht erledigen könnten (Keidel-Budde, Rn 5).
Auch ein ohne hinreichenden Grund eingeleitetes Betreuungsverfahren kann an das Gericht am Hauptwohnsitz des Betroffenen abgegeben werden, um dem Betroffenen die bessere Wahrnehmung seiner verfahrensmäßigen Rechte zu ermöglichen (KGR Berlin 2005, 563).

3. Bindungswirkung

Grundsätzlich ist die Abgabe nach §§ 4, 273 nicht bindend (BT-Drucksache 16/6308 S. 175). Wenn jedoch ein Betreuungsgericht die Betreuungssache aus wichti-

FamFG § 273 Buch 3 Verf. in Betreuungs- u. Unterbringungssachen

gen Gründen an ein anderes Betreuungsgericht abgibt und sich das abgebende und übernehmende Gericht über die Übernahme einig sind, ist diese Entscheidung für das andere Gericht **ohne weiteres bindend** (OLG Naumburg FamRZ 2008, 1658). Für eine Entscheidung nach § 5 ist danach kein Raum mehr, da gemäß § 5 Abs. 1 Nr. 5 eine Zuständigkeitsbestimmung nur bei **Uneinigkeit** der Gerichte erfolgen kann.

4. Funktionale Zuständigkeit beim Gericht

11 Zuständig für die Abgabe des Verfahrens, die Übernahme und die Vorlage eines Abgabestreits an das Obergericht ist der **Richter**, soweit im Zeitpunkt der Abgabe ein Verfahren anhängig ist, für das der Richter zuständig ist oder konkreter Anlass zu einer richterlichen Maßnahme besteht. Im Übrigen ist nach h.M. der **Rechtspfleger** zuständig (OLG Hamm Rpfleger 1993, 388 und FamRZ 1994, 449; OLG Düsseldorf FamRZ 1994, 1190; OLG Zweibrücken FGPrax 2005, 216; FGPrax 2008, 210; OLG Köln FamRZ 2001, 939; FGPrax 2006, 72; Klüsener FamRZ 1993, 986 und § 15 RPflG Rn 30; mit ausführlicher Begründung und weiteren Nachweisen; Keidel-Sternal § 4 Rn 34; Prütting/Helms-Fröschle Rn 16; Arnold/Meyer-Stolte/Rellermeyer/Hinzen § 15 RPflG Rn 37; a.A. – Richter ist immer zuständig – BayObLG FamRZ 1993, 449; OLG Frankfurt FGPrax 2007, 119; OLG München FamRZ 2008, 920; KG FamRZ 1996, 1340; Bumiller/Harders § 272 Rn 15 und § 273 Rn 16).

5. Entscheidung des übergeordneten Gerichts zur Bestimmung der örtlichen Zuständigkeit; § 5

12 Der Hauptfall der Vorlage an das übergeordnete Gericht zur Bestimmung der örtlichen Zuständigkeit dürfte in Betreuungssachen § 5 Abs. 1 Nr. 5 sein, wenn sich die beiden Gerichte **nicht** über den wichtigen Grund **einigen** können. Das gemeinschaftliche obere Gericht entscheidet bei **Abgabestreit** der beteiligten Gerichte, nachdem das die Entscheidung anrufende Gericht das andere Gericht gehört hat.

Bei Meinungsverschiedenheiten zwischen zwei Amtsgerichten, die im Bezirk desselben Landgerichts liegen, ist dieses zuständig. Liegen die beiden Amtsgerichte in den Bezirken von verschiedenen Landgerichten desselben Oberlandesgerichts, ist dieses zuständig. Bei zwei Amtsgerichten, die im Bezirk verschiedener Oberlandesgerichte liegen, ist das Oberlandesgericht zur Entscheidung berufen, in dessen Bezirk das Amtsgericht liegt, das mit der Sache **zuerst** befasst war (§ 5 Abs. 2). Für eine Bestimmung ist kein Raum mehr, wenn die Abgabe vollzogen ist (vgl. Rn 8 a.E.; Bumiller/Harders § 5 Rn 18). Die Entscheidung des Oberlandesgerichts wird mit der Bekanntmachung an das Gericht, das übernehmen soll, wirksam. Ab diesem Zeitpunkt ändert sich auch die Zuständigkeit des zur Entscheidung berufenen Beschwerdegerichts – das, dem neu bestimmten Gericht übergeordnete Beschwerdegericht ist fortan zuständig – unabhängig davon, wer die angefochtene Entscheidung traf (Bumiller/Harders § 5 Rn 21). Zur Bestimmung des örtlich zuständigen Gerichts vgl. auch Schreieder, FamRZ 1998, 203.

Die Entscheidung des Obergerichts selbst ist **unanfechtbar** (§ 5 Abs. 3).

Beteiligte § 274 FamFG

6. Abgabe durch das AG Schöneberg

Ist das Amtsgericht Schöneberg zuständig, kann auch dieses das Verfahren aus 13
wichtigem Grund (**nicht bindend**) abgeben. Früher folgte die bindende Abgabe
ausdrücklich aus der Verweisung des § 65a Abs. 1 S. 1 auf § 36 Abs. 2 S. 2 i. V. m.
§ 65 Abs. 3 FGG. In § 152 FamFG – Nachfolger des § 36 FGG, bei dem früher
die bindende Abgabemöglichkeit des Amtsgerichts Schöneberg an ein anderes
Gericht geregelt war –, fehlt die ausdrückliche Regelung, ebenso wie im Allgemeinen Teil des FamFG. Jedoch kann aus der amtlichen Begründung des – insofern mit § 273 inhaltsgleichen – § 187 FamFG (BT-Drucksache 16/6308, 247),
welcher die örtliche Zuständigkeit für das Adoptionsverfahren regelt, entnommen
werden, dass sich die Abgabemöglichkeit des Amtsgerichts Schöneberg nach § 4
FamFG richtet (so auch Bumiller/Harders § 272 Rn 8); das übernehmende
Gericht muss somit Übernahmebereitschaft erklären. Vor der Abgabe ist auch in
diesem Fall den Beteiligten nach § 4 S. 2 Gelegenheit zur Äußerung zu geben
(Bumiller/Harders Rn 8).

7. Rechtsmittel

Gegen die Abgabe und die Ablehnung der Abgabe des Betreuungsgerichts nach 14
§§ 273, 4 ist in analoger Anwendung der §§ 58 ff die – befristete - **Beschwerde**
zulässig (a.A. Bumiller/Harders Rn 14; Keidel-Sternal Rn 51: unanfechtbar).
Zwar wird eine solche nicht ausdrücklich zugelassen, was nach § 58 Abs. 2 erforderlich wäre. Sie ergibt sich aus Sinn und Zweck, denn auch der Gesetzgeber ist
in der Gesetzesbegründung von einer Überprüfbarkeit in der Beschwerde ausgegangen (BT-Drucksache 16/6308, 176). Denn lediglich die Möglichkeit der
Überprüfung der Abgabeentscheidung im Rahmen der Überprüfung der Hauptsache (so Bumiller/Harders Rn 14; Keidel-Sternal Rn 51) ist problematisch. Eine
Abgabe muss nämlich nicht im Zusammenhang mit einer Hauptsache erfolgen
(genau das Gegenteil ist der Fall: vgl. Rn 9), so dass die Abgabe möglicherweise
jahrelang nicht durch ein Obergericht überprüft werden kann bzw. derjenige,
der mit der Abgabe nicht einverstanden ist, z.B. eine Aufhebung der Betreuung
beantragen müsste, um eine anfechtbare Hauptsacheentscheidung zu erwirken.

§ 274 Beteiligte

(1) **Zu beteiligen sind**
1. **der Betroffene,**
2. **der Betreuer, sofern sein Aufgabenkreis betroffen ist,**
3. **der Bevollmächtigte im Sinne des § 1896 Abs. 2 Satz 2 des Bürgerlichen Gesetzbuchs, sofern sein Aufgabenkreis betroffen ist.**

(2) **Der Verfahrenspfleger wird durch seine Bestellung als Beteiligter zum Verfahren hinzugezogen.**

(3) **Die zuständige Behörde ist auf ihren Antrag als Beteiligte in Verfahren über**
1. **die Bestellung eines Betreuers oder die Anordnung eines Einwilligungsvorbehalts,**

Kretz 505

FamFG § 274

2. Umfang, Inhalt oder Bestand von Entscheidungen der in Nummer 1 genannten Art hinzuzuziehen.

(4) Beteiligt werden können
1. in den in Absatz 3 genannten Verfahren im Interesse des Betroffenen dessen Ehegatte oder Lebenspartner, wenn die Ehegatten oder Lebenspartner nicht dauernd getrennt leben, sowie dessen Eltern, Pflegeeltern, Großeltern, Abkömmlinge, Geschwister und eine Person seines Vertrauens,
2. der Vertreter der Staatskasse, soweit das Interesse der Staatskasse durch den Ausgang des Verfahrens betroffen sein kann.

Übersicht

	Rn.
1. Neuer Beteiligtenbegriff	1
2. Beteiligte nach §§ 7 i.V.m. 274	3
a) Muss-Beteiligte aufgrund gesetzlicher Regelung (§ 7 Abs. 2 Nr. 2)	3
b) Kann-Beteiligte kraft Hinzuziehung nach § 7 Abs. 3	11
3. Weitere Beteiligte nach § 7	15
a) Beteiligter kraft Antragstellung (§ 7 Abs. 1)	16
b) Beteiligung des unmittelbar Betroffenen (§ 7 Abs. 2 Nr. 1)	17
4. Folgen der Nichtbeteiligung	19

1. Neuer Beteiligtenbegriff

1 Das FGG nahm bisher zwar verschiedentlich auf den Begriff des „Beteiligten" Bezug, es fehlte jedoch bislang an einer allgemeinen Definition, wer im Verfahren der freiwilligen Gerichtsbarkeit zu beteiligen ist.

Die bislang in der freiwilligen Gerichtsbarkeit herrschende Auffassung unterschied zwischen **formell** und **materiell** Beteiligten. Am Verfahren **materiell** beteiligt waren danach solche Personen, deren Rechte und Pflichten durch das Verfahren und durch die darin zu erwartende oder getroffene Entscheidung unmittelbar betroffen sein konnten (Keidel-Zimmermann § 7 Rn 4 m.w.N.; BT-Drucksache 16/6308, 177). **Formell** am Verfahren beteiligt war, wer zur Wahrnehmung nicht notwendig eigener Interessen auf Antrag am Verfahren teilnahm oder zu diesem als Folge der amtswegigen Ermittlungen des Gerichts (§ 12 FGG) hinzugezogen wurde (BT-Drucksache 16/6308, 177; Keidel-Zimmermann § 7 Rn 5). Daher war bisher davon auszugehen, dass derjenige, der als **materiell** Beteiligter am Verfahren teilnahm, allein deshalb auch die Rechtsstellung als **formell** Beteiligter erhielt.

2 Die neue gesetzliche Regelung des **Beteiligtenbegriffs** in § 7 ist ein Kernstück der Reform der freiwilligen Gerichtsbarkeit; sie soll dazu beitragen, der freiwilligen Gerichtsbarkeit ein modernes und klar strukturiertes Verfahrensrecht zu geben (BT-Drucksache 16/6308, 177). Die gesetzliche **Systematik** zur Feststellung, wer an einem Verfahren zu beteiligen ist oder beteiligt werden kann, ist so aufgebaut, dass entweder in § 7 im Allgemeinen Teil **abstrakt** der Beteiligte genannt wird, der dann – bezogen auf das Betreuungsrecht – in § 274 näher **konkretisiert** wird – s.u. Rn 3 ff – oder dass sich die Beteiligung direkt aus § 7 ergibt – s.u. Rn 15 ff.

2. Beteiligte nach §§ 7 i.V.m. 274

a) Muss-Beteiligte aufgrund gesetzlicher Regelung (§ 7 Abs. 2 Nr. 2)

Nach § 7 Abs. 2 Nr. 2 sind bestimmte Personenkreise zwingend am Verfahren 3
zu beteiligen, wenn dies entweder aufgrund von Vorschriften der Bücher 2 bis 8
des FamFG oder aufgrund anderer Gesetze mit Bezug zu dem Verfahren der
freiwilligen Gerichtsbarkeit gesetzlich vorgesehen ist.
§ 7 **Abs. 4** gewährleistet das rechtliche Gehör der Personen, die nach Abs. 2
ein Antragsrecht haben. Durch die Mitteilung, dass ein Verfahren eingeleitet ist,
und die Belehrung über ihr Antragsrecht erhalten sie die Möglichkeit, einen
Antrag auf Hinzuziehung zum Verfahren zu stellen. § 7 Abs. 5 regelt das Verfahren,
wenn das Gericht einen Antrag auf Beteiligung nach Abs. 2 zurückweist.
Muss-Beteiligte nach § 7 Abs. 2 Nr. 2 in **betreuungsrechtlicher Hinsicht**
sind folgende **Beteiligte nach § 274 Abs. 1 bis 3**:

aa) Muss-Beteiligte nach § 274 Abs. 1. § 274 **Abs. 1** enthält im Sinne des 4
§ 7 Abs. 2 Nr. 2 (vgl. Rn 3) eine Aufzählung der **Muss-Beteiligten**, also derjenigen, die in jedem Fall von Amts wegen als Beteiligte zum Verfahren hinzuziehen sind. Die obligatorische Beteiligung nach § 7 Abs. 2 Nr. 1 (vgl. Rn 17 f) bleibt
von den Regelungen in Abs. 1 **unberührt**. Da die in § 274 Abs. 1 aufgeführten
Personen in einem Betreuungsverfahren in ihren Rechten betroffen sein können,
kann sich die Notwendigkeit ihrer Hinzuziehung **zugleich** aus § 7 Abs. 2 Nr. 1
ergeben (BT-Drucksache 16/6308, 264).

α) **Betroffener (§ 274 Abs. 1 Nr. 1).** Zwingend nach § 274 Abs. 1 Nr. 1 zu 5
beteiligen ist zunächst der **Betroffene**, dessen Beteiligtenstellung sich **daneben**
auch noch aus § 7 Abs. 2 Nr. 1 herleitet.

β) **Betreuer und Bevollmächtigter (§ 274 Abs. 1 Nr. 2 und 3).** Der 6
Betreuer bzw. der **Bevollmächtigte** ist nach § 274 Abs. 1 Nr. 2 bzw. Nr. 3 nur
zu beteiligen, soweit sein Aufgabenkreis betroffen ist. Seine Beteiligung ist somit
nur in bestimmten Fällen **zwingend**. Das gilt auch für den **Gegenbetreuer**
(Prütting/Helms-Fröschle Rn 21). Diese Einschränkung kann beispielsweise dann
zum Tragen kommen, wenn mehrere Betreuer bzw. Bevollmächtigte für verschiedene Aufgabenkreise bestellt wurden, und im Verfahren der einem bestimmten
Betreuer zugewiesene Aufgabenkreis nicht berührt ist. § 274 **Abs. 1 Nr. 2** erfasst
auch die Erweiterung oder Einschränkung des Aufgabenkreises eines Betreuers
und die Aufhebung, denn auch in diesem Fall ist sein Aufgabenkreis betroffen
(Keidel-Budde Rn 3; Prütting/Helms-Fröschle Rn 19). Die Beteiligung eines
künftigen Betreuers, dessen mögliche Bestellung den Gegenstand des Verfahrens
bildet, folgt bereits aus § 7 Abs. 2 Nr. 1 (vgl. Rn 17 f). Seine Beteiligung kann
etwa erforderlich sein, wenn die Notwendigkeit einer Betreuerbestellung bereits
feststeht und sich die Betreuerauswahl auf eine bestimmte Person konzentriert
(BT-Drucksache 16/6308, 264; a.A: Keidel-Budde Rn 5).

Ist der **Bevollmächtigte** durch ein **Betreuungsverfahren** z.B. durch drohenden Widerruf seiner Bevollmächtigung oder durch die Bestellung eines Kontrollbetreuers nach § 1896 Abs. 3 BGB in seinen Rechten betroffen, ist er unter diesen
Voraussetzungen ebenfalls zwingend zu beteiligen (Keidel-Budde Rn 4). Auch
kann der Bevollmächtigte dann Beteiligter eines Betreuungsverfahrens sein, wenn

FamFG § 274 Buch 3 Verf. in Betreuungs- u. Unterbringungssachen

er etwa als Bevollmächtigter die **betreuungsgerichtliche Genehmigung** zu einem schwerwiegenden Gesundheitseingriff nach § 1904 Abs. 1 und 2 (vgl. § 1904 Rn 5 ff und 9 ff) oder zu einer Unterbringung nach § 1906 Abs. 5 BGB (vgl. § 1906 Rn 27 ff) braucht.

7   bb) **Verfahrenspfleger als Muss-Beteiligter (§ 274 Abs. 2).** § 274 **Abs. 2** regelt die Beteiligtenstellung des **Verfahrenspflegers**. Sofern ein solcher nach § 276 Abs. 1 im Interesse des Betroffenen bestellt wird, ist er **zugleich** Beteiligter. § 274 Abs. 2 ordnet an, dass der Verfahrenspfleger bereits mit dem Akt seiner Bestellung, sofern diese nach § 276 erforderlich ist, zum Beteiligten wird. Er hat damit eine Sonderstellung im Bereich der Beteiligten. **Ein weiterer Hinzuziehungs- oder Beteiligungsakt ist nicht notwendig.**

Mit seiner Bestellung und damit gleichzeitigen Hinzuziehung zum Verfahren erhält der Verfahrenspfleger alle Rechte und Pflichten eines Beteiligten, etwa ein Akteneinsichtsrecht nach § 13 oder eine Mitwirkungspflicht im Sinne des § 27. Ausgenommen ist nach § 276 Abs. 7 jedoch seine Pflicht zur Kostentragung. Weiterhin steht dem Verfahrenspfleger nach § 303 Abs. 3, wie bislang, im Interesse des Betroffenen ein Recht zur Beschwerde zu. Die Rechtsstellung des Verfahrenspflegers nach FamFG entspricht im Wesentlichen der des FGG. Der Verfahrenspfleger soll die Belange des Betroffenen im Verfahren wahren. Er hat seinen Willen zu beachten, ist aber nicht an seine Weisungen gebunden, sondern hat die objektiven Interessen des Betroffenen wahrzunehmen. Er ist ein Pfleger eigener Art (BT-Drucksache 16/6308, 265; vgl. weiter hierzu § 276 Rn 18).

8   cc) **Betreuungsbehörde als Muss-Beteiligte (§ 274 Abs. 3).** § 274 Abs. 3 regelt die Beteiligung der **Betreuungsbehörde**. Die Beteiligung der Behörde erfolgt **nicht von Amts wegen**. Sie ist lediglich dann zum Verfahren hinzuzuziehen, wenn sie es beantragt. **Dann ist ihre Hinzuziehung jedoch obligatorisch.** Durch das Antragserfordernis sollen unnötige Beteiligungen und dadurch bedingte Zustellungen, Anhörungen oder sonstige Verfahrenshandlungen vermieden werden. Von dieser Vorschrift unberührt bleibt jedoch die im Rahmen der Amtsermittlung des Gerichts nach § 26 bestehende Pflicht, die zuständige Behörde anzuhören, wenn dies im Einzelfall geboten erscheint (BT-Drucksache 16/6308, 265). Die Behörde hat somit die Wahl, ob sie nur im Rahmen der Anhörung am Verfahren teilnehmen will oder als Beteiligte aktiv am Verfahren mitwirkt. Stellt die Betreuungsbehörde einen Antrag auf Beteiligung, hat das Gericht gemäß § 7 Abs. 2 Nr. 2 ihre Hinzuziehung zu veranlassen; ein Ermessensspielraum besteht hier nicht. Die Betreuungsbehörde hat dann alle Verfahrensrechte, kann allerdings auch mit Verfahrenskosten belastet werden. Das Beschwerderecht besteht für die Behörden allerdings unabhängig von der Beteiligung in der ersten Instanz (§ 303 Abs. 1). Damit soll vorsorglichen Beteiligungen zur Rechtswahrung vorgebeugt werden (BT-Drucksache 16/6308, 179).

Das Vorgesagte gilt für folgende Entscheidungsarten:

9   Nach § 274 Abs. 3 **Nr. 1** wird die Betreuungsbehörde auf ihren Antrag hin – entsprechend dem bisherigen § 69g Abs. 1 FGG – in Verfahren zur **Bestellung eines Betreuers** und zur **Anordnung eines Einwilligungsvorbehalts** beteiligt.

10 Ebenfalls zu beteiligen ist die Betreuungsbehörde nach ihrem entsprechenden Antrag (bisheriger § 69i Abs. 3, 5 u. 8 FGG) nach § 274 Abs. 3 **Nr. 2** bei Entscheidungen über Umfang, Inhalt und Bestand der Bestellung eines Betreuers und die Anordnung eines Einwilligungsvorbehalts.

Dies sind unter anderem:

Beteiligte **§ 274 FamFG**

- Aufhebung und Verlängerung der Betreuung und/oder des Einwilligungsvorbehalts
- Einschränkung und Erweiterung des Aufgabenkreises des Betreuten und/oder des Kreises der einwilligungsbedürftigen Willenserklärungen
- die Entlassung des alten und/oder Bestellung eines neuen Betreuers
- die Bestellung eines weiteren Betreuers

Als Entscheidung über Umfang, Inhalt und Bestand der Bestellung eines Betreuers und die Anordnung eines Einwilligungsvorbehalts kommen grundsätzlich weitere Verfahrensgegenstände in Betracht (BT-Drucksache 16/6308, 265).

b) Kann-Beteiligte kraft Hinzuziehung nach § 7 Abs. 3

§ 7 Abs. 3 regelt im Allgemeinen Teil abstrakt die Beteiligtenstellung von Personen, die das Gericht von Amts wegen oder auf Antrag zum Verfahren hinzuziehen **kann** (Kann-Beteiligte kraft Hinzuziehung). Diese Beteiligten werden nicht durch eine Generalklausel, sondern ausschließlich durch abschließende Aufzählung in den Büchern 2 bis 8 des FamFG und in anderen Gesetzen mit Bezug zu dem Verfahren der freiwilligen Gerichtsbarkeit definiert (vgl. unten Rn 12 ff). Das Gericht kann nach § 7 Abs. 3 von Amts wegen eine Person hinzuziehen. Die Person kann aber auch einen Antrag auf Hinzuziehung nach § 7 Abs. 3 stellen. Das Gericht muss diesem Antrag nicht entsprechen. Die Zurückweisung der Hinzuziehung erfolgt durch Beschluss (§ 7 Abs. 5). Gegen eine Ablehnung des Antrags (Zwischenentscheidung, vgl. § 58 Rn 8) ist nach § 7 Abs. 5 S. 2 die **sofortige Beschwerde** nach §§ 567 bis 572 ZPO zulässig (vgl. § 58 Rn 9 u. 13).

§ 7 Abs. 4 gewährleistet das rechtliche Gehör für den in § 7 Abs. 3 genannten Personenkreis. Durch die Mitteilung, dass ein Verfahren eingeleitet ist und Belehrung über ihr Antragsrecht, soll ihnen die Möglichkeit eröffnet werden, einen Antrag auf Hinzuziehung zu dem Verfahren zu stellen.

Kann-Beteiligte nach § 7 Abs. 3 in **betreuungsrechtlicher Hinsicht** sind folgende **Beteiligte nach § 274 Abs. 4**:

Der in **§ 274 Abs. 4** genannte Personenkreis bezieht sich auf § 7 Abs. 3 und beschreibt den Kreis von Personen, der als Beteiligte hinzugezogen werden **kann**. Das sind Personen, die nicht oder nicht zwingend in ihren Rechten betroffen werden, deren Hinzuziehung jedoch geboten sein kann, weil sie etwa als Angehörige ein **schützenswertes ideelles Interesse** haben. Einem Antrag auf Hinzuziehung der hier genannten Personen muss das Gericht jedoch **nicht** entsprechen (vgl. Rn 11).

Nach **§ 274 Abs. 4 Nr. 1** können bestimmte **Angehörige und Vertraute** des Betroffenen in seinem Interesse beteiligt werden. Das sind: **Ehegatte oder Lebenspartner**, wenn die Ehegatten oder Lebenspartner nicht dauernd getrennt leben, sowie dessen – gemeint ist der Betroffene – **Eltern, Pflegeeltern** (vgl. § 303 Rn 5)**, Großeltern, Abkömmlinge, Geschwister und eine Person seines Vertrauens.**

Es handelt sich um eine **altruistische Beteiligung**. Es soll vermieden werden, dass **Verwandte** ohne ein Betroffensein in eigenen Rechten auch dann Einfluss auf das Verfahren nehmen können, wenn dies den Interessen des Betroffenen zuwiderläuft. Das Interesse des Betroffenen ist aus seiner Sicht zu beurteilen. Seine Wünsche und Belange hat das Gericht damit schon zum Zeitpunkt der Beteiligung der Verwandten zu berücksichtigen (BT-Drucksache 16/6308, 265). Hierunter ist nicht das tatsächlich erklärte Interesse des Betroffenen, sondern sein

FamFG § 274 Buch 3 Verf. in Betreuungs- u. Unterbringungssachen

wohlverstandenes Inderesse zu verstehen (Keidel-Budde Rn 10). Denn anders als nach der bisherigen Regelung in § 68a Satz 3 FGG kann der Betroffene einer Anhörung seiner Angehörigen **nicht mehr widersprechen**, sobald sie zum Verfahren hinzugezogen wurden (vgl. § 279 Rn 2). Ihnen ist als Beteiligte des Verfahrens auch der Beschluss nach § 288 **bekannt zu geben** (vgl. § 288 Rn 3). Läuft der subjektive Wille des Betroffenen jedoch seinen objektiven Interessen zuwider und liegen keine erheblichen Gründe vor, die gegen eine Hinzuziehung der Verwandten sprechen, kommt deren Beteiligung ausnahmsweise gegen den – insofern unbeachtlichen – Willen des Betroffenen in Betracht. Hierbei muss jedoch – wie immer wenn im Betreuungsrecht der entgegenstehende Wille des Betroffenen überwunden werden soll – dessen **freie Willensbestimmung** ausgeschlossen sein.

Die Hinzuziehung der Angehörigen des Betroffenen unabhängig von ihrem Betroffensein in eigenen Rechten ist nur in Verfahren über die in § 274 Abs. 3 genannten Gegenstände (vgl. Rn 9, 10) möglich. Durch die Privilegierung und das Beschwerderecht ohne eigene Rechtsverletzung (vgl. § 59 Rn 9-11 u. unten Rn 19) wird eine Kongruenz zwischen erster und zweiter Instanz geschaffen und sichergestellt, dass die Angehörigen in diesen Verfahren bereits vom Erstgericht beteiligt werden können (BT-Drucksache 16/6308 S. 266).

Im Interesse des Betroffenen kann auch eine **Person seines Vertrauens** am Verfahren beteiligt werden. Diese Regelung ermöglicht es dem Gericht, im Einzelfall auch entfernte Angehörige, einen getrennt lebenden Ehegatten oder Lebensgefährten sowie sonstige Personen hinzuzuziehen, wenn sie mit dem Betroffenen eng verbunden sind.

14 § 274 **Abs. 4 Nr. 2** nennt weiter den **Vertreter der Staatskasse** als fakultativen Beteiligten im Sinne des § 7 Abs. 3. Er verfolgt fiskalische Interessen. Seine Hinzuziehung kommt nur in Betracht, wenn die **Belange der Staatskasse** betroffen sein **können**. Auf diese Weise wird das dem Gericht eingeräumte Ermessen konkretisiert. Unnötige Beteiligungen und damit verbundener zusätzlicher Verfahrensaufwand werden nach Auffassung des Gesetzgebers vermieden (BT-Drucksache 16/6308, 266). Die Belange der Staatskasse dürften jedenfalls bei Vorliegen der Voraussetzungen des § 304 betroffen sein, wenn dem Vertreter der Staatskasse ein Beschwerderecht eingeräumt wird: bei der Abrechnungserstellung selbst und wenn anstatt eines Berufsbetreuers auch ein ehrenamtlicher Betreuer in Betracht käme (vgl. weitere Beispiele in § 304 Rn 2; Keidel-Budde Rn 14; Bumiller/Harders Rn 11). Hier ist jedoch anzumerken, dass in einem nicht unerheblichen Teil der Verfahren, in denen ein **Berufsbetreuer** bestellt wird, die Betroffenen mittellos sind. Hier muss – streng genommen – in jedem Fall auch der Vertreter der Staatskasse bereits bei der Betreuerbestellung hinzugezogen werden, denn in diesen Fällen sind immer die Belange der Staatskasse betroffen, da jedenfalls die Betreuervergütung aus der Staatskasse zu tragen ist. Entsprechendes gilt in Verfahren zur **Unterbringungsgenehmigung** bei einem mittellosen Betroffenen. Dies wird zu einer erheblichen Ausweitung der Beteiligung der Staatskasse und damit zu einer weiteren **Formalisierung** und Verlängerung eines nicht unerheblichen Teils der Betreuungsverfahren führen. Da das Gericht jedoch ein Ermessen zur Beteiligung des Vertreters der Staatskasse hat, kann es in diesem Zusammenhang die Beteiligung der Staatskasse auf die tatsächlich und rechtlich zweifelhaften Fälle beschränken (Keidel-Budde Rn 14).

3. Weitere Beteiligte nach § 7

Sofern sich die Beteiligung nicht bereits aus §§ 274 i.V.m. 7 Abs. 2 Nr. 2 und **15** Abs. 3 ergibt, kann sich eine Beteiligtenstellung auch direkt aus § 7 Abs. 1 oder § 7 Abs. 2 Nr. 1 ergeben.

a) Beteiligter kraft Antragstellung (§ 7 Abs. 1)

Nach § 7 **Abs. 1** ist kraft Gesetzes der **Antragsteller** an einem Verfahren betei- **16** ligt. **Antragsteller** ist, soweit es sich um **Antragsverfahren** handelt, wer die verfahrenseinleitende Erklärung (§ 23) abgibt (vgl. § 26 Rn 1). Wer einen Antrag stellt, wird in den meisten Fällen antragsbefugt und durch die ergehende Entscheidung in eigenen materiellen Rechten betroffen sein (vgl. näher hierzu § 59 Rn 13-15). Ist dies ausnahmsweise nicht der Fall, muss der Antrag gleichwohl beschieden werden (BT-Drucksache 16/6308 S. 178). Schon deswegen ist es erforderlich, dass der Antragsteller in jedem Fall am Verfahren als Beteiligter teilnimmt.

b) Beteiligung des unmittelbar Betroffenen (§ 7 Abs. 2 Nr. 1)

Nach § 7 Abs. 2 **Nr. 1** ist derjenige, dessen Recht durch das Verfahren unmittel- **17** bar betroffen wird, zwingend am Verfahren zu beteiligen. Entscheidend ist, dass der Gegenstand des Verfahrens **ein Recht des zu Beteiligenden unmittelbar betrifft**. Nahe Angehörige – nur **Eltern, Kinder und Ehegatten** – sind in ihren eigenen subjektiven Rechten aus Art. 6 GG verletzt, wenn sie im Betreuerauswahlverfahren selbst die Betreuerbestellung anstreben, denn Art. 6 GG gewährt den engsten Familienangehörigen ein eigenes subjektives Recht im Betreuungsverfahren (Prütting/Helms-Fröschle Rn 14).

Einer Prognose, ob es voraussichtlich zu einem rechtsbeeinträchtigenden Verfahrensausgang kommt, bedarf es nicht. Denn eine solche Prognose ist zu Beginn des Verfahrens häufig auch noch gar nicht möglich. Es genügt, wenn das Verfahren **darauf gerichtet ist**, eine unmittelbare Beeinträchtigung eines Rechts des zu Beteiligenden zu bewirken.

Mit dem Kriterium der **Unmittelbarkeit** stellt die Regelung klar, dass eine Beteiligung nur dann zu erfolgen hat, wenn **subjektive Rechte** des Einzelnen betroffen sind. Gemeint ist hiermit **eine direkte Auswirkung** auf eigene materielle, nach öffentlichem oder privatem Recht geschützte Positionen. Der Begriff des (subjektiven) Rechts entspricht dem des § 59 Abs. 1 (vgl. § 59 Rn 2-3). Betroffen sein muss ein Recht des Beteiligten, das von der Rechtsordnung anerkannt oder verliehen und von der Staatsgewalt geschützt wurde, sei es privatrechtlicher oder öffentlich-rechtlicher Natur (BGH NJW 1997, 1855; BayObLG Rpfleger 2002, 424). Dieses Recht muss der betroffenen Person als sein eigenes Recht materiell zustehen. Mit umfasst werden auch Anwartschaften (OLG Hamm OLGZ 1969, 410). Es genügt nicht, dass lediglich rechtlich geschützte Interessen – seien sie **ideeller, sozialer oder wirtschaftlicher Art** oder aufgrund einer moralischen Berechtigung oder einer sittlichen Pflicht begründet – durch den Ausgang des Verfahrens berührt werden (BGH NJW 1999, 3718). Nicht ausreichend sind auch rein mittelbare Auswirkungen einer Entscheidung oder die lediglich tatsächlich „präjudizielle" Wirkung auf andere, gleich gelagerte Fälle (BT-Drucksache 16/6308 S. 178). Nach § 7 Abs. 2 Nr. 1 ist die **Staatskasse** (neben der fakultativen Beteiligung nach § 274 Abs. 4 Nr. 2; vgl. Rn 14) dann zwingend zu beteiligen, wenn im

Kretz

FamFG § 275 Buch 3 Verf. in Betreuungs- u. Unterbringungssachen

Verfahren nach §§ 292 Abs. 1, 168 über die förmliche Festsetzung einer aus der Staatskasse zu erstattenden Vergütung zu entscheiden ist (Keidel-Budde Rn 5).

18 Auch **Verfahrensrechte** sind grundsätzlich keine Rechte i. S. d. § 7 Abs. 2 Nr. 1, so dass die Verletzung des Rechts einer Person auf gesetz- und sachgemäße Behandlung ihrer Angelegenheit für sich allein nicht ausreicht, eine Beteiligtenstellung nach Nr. 1 zu begründen (BGH DNotZ 1996, 890; BayObLG FamRZ 1997, 1266; OLG Karlsruhe FamRZ 1998, 568; Keidel-Meyer-Holz § 59 Rn 7; a.A. OLG Bremen Rpfleger 1973, 58; OLG Düsseldorf BtPrax 1998, 80). Eine Ausnahme ist – in Fortschreibung der Rechtsprechung des BVerfG (FamRZ 2002, 532) zur Gewährung effektiven Rechtsschutzes – lediglich dann gegeben, wenn eine Verletzung des rechtlichen Gehörs (Art. 103 GG) oder des fairen Verfahrens (Art. 19 Abs. 4 GG) vorliegt und eine materielle Beeinträchtigung möglich erscheint (Keidel-Meyer-Holz § 59 Rn 7).

Mit dem Begriff des **unmittelbar Betroffenen** knüpft der Gesetzgeber an den ehemaligen § 20 FGG (Beschwerdeberechtigung) an und erweitert den Anwendungsbereich. § 20 FGG setzte voraus, dass der Beschwerdeführer in seinem eigenen (subjektiven materiellen) Recht (unmittelbar) **beeinträchtigt** war. Diese Voraussetzung wird beim Beteiligtenbegriff von einer Beeinträchtigung erweitert auf **eine direkte Auswirkung** auf das subjektive Recht, das lediglich „betroffen" sein muss.

4. Folgen der Nichtbeteiligung

19 Ist ein Beteiligter zu Unrecht am Verfahren nicht beteiligt worden, so hat er allein aus diesem Grund ein **Beschwerderecht**, es kommt nicht darauf an, ob dieser durch die Entscheidung in seinen Rechten verletzt wird. Ausnahmsweise, wenn es sich um eine unanfechtbare Entscheidung handelt, begründet die Nichthinzuziehung eine **Anhörungsrüge** (§ 44; Bumiller/Harders § 7 Rn 36; Keidel-Sternal Rn 20).

§ 275 Verfahrensfähigkeit

In Betreuungssachen ist der Betroffene ohne Rücksicht auf seine Geschäftsfähigkeit verfahrensfähig.

Übersicht

	Rn.
1. Verfahrensfähigkeit nach § 9	1
2. Anwendungsbereich des § 275	3
3. Verfahrensfähigkeit in anderen Verfahren	7
a) Zivilrechtsstreit	7
b) Öffentliches Recht	15

1. Verfahrensfähigkeit nach § 9

1 § 9 regelt die Verfahrensfähigkeit allgemein. § 275 bestimmt die Verfahrensfähigkeit des geschäfts**un**fähigen Betroffenen. Diese Vorschrift entspricht dem bisherigen § 66 FGG.

Verfahrensfähigkeit § 275 FamFG

Verfahrensfähigkeit ist die Fähigkeit, selbst oder durch einen selbst gewählten Vertreter in einem Verfahren als Beteiligter aufzutreten und Rechte im Verfahren auszuüben. Fehlt es an der Verfahrensfähigkeit, so sind regelmäßig die vorgenommenen Verfahrenshandlungen unwirksam.
Verfahrensfähig kann nur sein, wer auch beteiligtenfähig ist.
§ 9 Abs. 1 Nr. 1 bestimmt, dass die nach bürgerlichem Recht voll Geschäftsfähigen verfahrensfähig sind. Die Geschäftsfähigkeit richtet sich nach §§ 2 und 104 ff BGB. Es darf weder eine Pflegschaft gemäß §§ 1911, 1913 BGB vorliegen noch im Verfahren ein Prozesspfleger gemäß § 57 ZPO bestellt sein. 2
§ 9 Abs. 1 Nr. 2 regelt, dass auch die nach bürgerlichem Recht beschränkt Geschäftsfähigen verfahrensfähig sind, soweit sie nach bürgerlichem Recht als geschäftsfähig (§§ 112, 113 BGB) oder nach öffentlichem Recht als handlungsfähig angesehen werden.
§ 9 Abs. 1 Nr. 3 trägt u.a. den Besonderheiten der betreuungs- und unterbringungsrechtlichen Verfahren Rechnung; gem. §§ 275 (vgl. Rn 3 ff), 316 ist der Betroffene in diesen Verfahren stets verfahrensfähig.
Nach **§ 9 Abs. 2** handeln grundsätzlich für den **nicht Verfahrensfähigen** die nach bürgerlichem Recht dazu befugten Personen.

2. Anwendungsbereich des § 275

In § 275 wird in betreuungsrechtlicher Hinsicht die Verfahrensfähigkeit i.S.d. § 9 Abs. 1 Nr. 3 gesetzlich bestimmt. Um die Rechtsposition des Betroffenen im Verfahren zu stärken und ihn nicht lediglich als bloßes **Verfahrensobjekt** zu behandeln, stellt § 275 ausdrücklich klar, dass (wie bisher schon nach § 66 FGG) der Betroffene in allen Betreuungssachen (s. § 271) – sowohl bei der Einrichtung, Veränderung, Verlängerung und Anfechtung der Betreuung oder des Einwilligungsvorbehalts, aber z.B. auch bei Auswahl, Entlassung und Vergütung des Betreuers – verfahrensfähig ist und daher auch in solchen Fällen die Frage der **Geschäftsfähigkeit** keine Bedeutung hat. 3

Der Betroffene kann selbst **Anträge** stellen, sämtliche Angriffs- und Verteidigungsmittel vorbringen, Richter und Sachverständige ablehnen, Prozesskostenhilfe beantragen, Wiedereinsetzung begehren, Rechtsmittel selbst einlegen, Bekanntmachungen (§ 40) und Gerichtspost entgegennehmen. Er muss auch selbst angehört werden und ihm selbst muss das nach § 280 eingeholte Gutachten zur Kenntnis gebracht werden (Keidel-Budde Rn 3). 4

Die Fragen, ob § 275 auch ermöglicht, z.B. einem Rechtsanwalt unabhängig von der Geschäftsfähigkeit **Verfahrensvollmacht** zu erteilen (**bejahend**: Keidel-Budde Rn 3; OLG Schleswig FamRZ 2007, 1126; BayObLG FamRZ 2002, 764; Schulte-Bunert/Weinreich-Rausch Rn 5; **verneinend**: BayObLG BtPrax 2004, 15 – es muss eine dem Vollmachtgeber zuzurechnende Willenserklärung vorliegen –; OLG Saarbrücken FGPrax 1999, 178 – es muss ein "natürlicher Wille" vorliegen –) sowie diesbezüglich einen wirksamen **Anwaltsvertrag** abzuschließen (LG Saarbrücken Beschluss v. 7. 12. 2004, – 5 T 581/04 – n. v.) werden unterschiedlich beantwortet. Obwohl § 275 eine **rein formelle Vorschrift** ist, die in der Regel keine Auswirkungen auf die materielle Rechtslage hat, muss im Sinne der Rechtsklarheit und des optimalen Rechtsschutzes des Betroffenen, der Auffassung der Vorzug gegeben werden, die von der Fähigkeit zur Vollmachtserteilung ausgeht. Für Verfahrensvollmachtserteilungen in **betreuungsrechtlichen** Verfah-

FamFG § 275 Buch 3 Verf. in Betreuungs- u. Unterbringungssachen

ren kommt es somit entsprechend der h. A. auf die Geschäftsfähigkeit des Betroffenen **nicht** an.

5 Der Betroffene ist auch nicht gehindert, Handlungen vorzunehmen, die möglicherweise nachteilig für ihn sind, wie die selbstständige Erklärung von **Rücknahme** oder **Verzicht** von Rechtsmitteln (Keidel-Budde Rn 4; Bassenge/Roth Rn 2; Schulte-Bunert/Weinreich-Rausch Rn 6; a.A. Damrau/Zimmermann § 66 FGG Rn 4). Auch wenn mit der Verfahrensfähigkeit eine Verschlechterung der Rechtsstellung dadurch einhergeht, dass nachteilige Verfahrenshandlungen vorgenommen werden können, rechtfertigt dies nicht eine Differenzierung zwischen nachteiligen und nicht nachteiligen Verfahrenshandlungen; auch wenn die Regelung des § 275 Schutzfunktion haben soll. Dem kann auch ausreichend durch eine evtl. Verfahrenspflegerbestellung nach § 276 Rechnung getragen werden (so richtig Keidel-Budde Rn 4; OLG Hamm Rpfleger 1990, 510; Bauer in HK-BUR § 66 FGG Rn 8; kritisch Damrau/Zimmermann § 66 FGG Rn 3).

6 Wird dem Betroffenen nach § 276 ein **Verfahrenspfleger** bestellt, so bleiben die von ihm selbst vorgenommenen Verfahrenshandlungen wirksam, auch wenn sie denen des Pflegers widersprechen sollten. **Widersprechende Verfahrenshandlungen** beider behandelt das Gericht 1. Instanz wie solche von mehreren Beteiligten. Widersprechende Rechtsmittel sind jeweils selbstständig zu prüfen (vgl. § 276 Rn 18; BGH FGPrax 1996, 1825; Bumiller/Harders Rn 5). Der Betroffene kann nicht ein Rechtsmittel des Verfahrenspflegers, dieser nicht ein Rechtsmittel des Betroffenen zurücknehmen (Damrau/Zimmermann § 66 FGG Rn 20; Schulte-Bunert/Weinreich-Rausch § 276 Rn 17; a. A. Bienwald § 67 FGG Rn 17). Legt der Verfahrenspfleger des Betroffenen Beschwerde ein, so hat er im Zweifel nur das ihm in dieser Funktion, nicht aber das dem Betroffenen persönlich zustehende Beschwerderecht ausgeübt (OLG Hamm BtPrax 2006, 190).

3. Verfahrensfähigkeit in anderen Verfahren

a) Zivilrechtsstreit

7 **Vorschriften der ZPO:**

§ 51 ZPO Prozessfähigkeit; gesetzliche Vertretung; Prozessführung
(1) Die Fähigkeit einer Partei, vor Gericht zu stehen, die Vertretung nicht prozessfähiger Parteien durch andere Personen (gesetzliche Vertreter) und die Notwendigkeit einer besonderen Ermächtigung zur Prozessführung bestimmt sich nach den Vorschriften des bürgerlichen Rechts, soweit nicht die nachfolgenden Paragraphen abweichende Vorschriften enthalten.
(2) Das Verschulden eines gesetzlichen Vertreters steht dem Verschulden der Partei gleich.
(3) Hat eine nicht prozessfähige Partei, die eine volljährige natürliche Person ist, wirksam eine andere natürliche Person schriftlich mit ihrer gerichtlichen Vertretung bevollmächtigt, so steht diese Person einem gesetzlichen Vertreter gleich, wenn die Bevollmächtigung geeignet ist, gemäß § 1896 Abs. 2 Satz 2 des Bürgerlichen Gesetzbuchs die Erforderlichkeit einer Betreuung entfallen zu lassen.
§ 52 ZPO Umfang der Prozessfähigkeit
(1) Eine Person ist insoweit prozessfähig, als sie sich durch Verträge verpflichten kann.
(2) (aufgehoben)

Verfahrensfähigkeit **§ 275 FamFG**

§ 53 ZPO Prozessunfähigkeit bei Betreuung oder Pflegschaft
Wird in einem Rechtsstreit eine prozessfähige Person durch einen Betreuer oder Pfleger vertreten, so steht sie für den Rechtsstreit einer nicht prozessfähigen Person gleich.

Soweit der Betreute **geschäftsunfähig** und daher prozessunfähig i. S. d. § 52 ZPO i. V. m. §§ 105, 104 Nr. 2 BGB ist, kann für ihn **im Zivilprozess** nur ein gesetzlicher Vertreter oder ein Bevollmächtigter handeln. Lediglich in Betreuungssachen ist der Geschäftsunfähige gleichwohl verfahrensfähig (§ 275; vgl. Rn 3 ff). 8

Die durch einen Betreuer vertretene Partei eines Zivilprozesses kann nur durch den Betreuer, nicht aber selbst, wirksam eine **Prozesshandlung** vornehmen (LG Hannover FamRZ 1998, 380).

Bisher war allerdings umstritten, ob eine Vollmacht eines Geschäftsunfähigen sich auf eine zivilgerichtliche Vertretung erstrecken konnte (verneinend BayObLG FamRZ 1998, 920; a. A. LG Konstanz Urteil v. 30 12.1999, - 3 O 114/99 – n. v.). Durch § 51 Abs. 3 ZPO wird nunmehr klargestellt, dass durch **wirksame schriftliche** Vollmacht die Bestellung eines Betreuers entbehrlich wird, wenn der Bevollmächtigte ebenso gut wie ein Betreuer die gerichtliche Vertretung wahrnehmen kann. Mit dem Erfordernis der Wirksamkeit der Vollmacht wird auf die **Geschäftsfähigkeit** zum Zeitpunkt der Vollmachterteilung abgestellt (BT-Drucks. 15/2494 S. 62). Die Vollmacht muss konkret die gerichtliche Vertretung umfassen und diese auch bezwecken, um i. S. v. § 1896 Abs. 2 S. 2 BGB die Notwendigkeit einer Betreuerbestellung entfallen zu lassen. Damit muss der Betroffene bei Mandats- bzw. Vollmachtserteilung **geschäftsfähig** sein (anders beim betreuungsrechtlichen Verfahren; vgl. Rn 4)

Ob diese Voraussetzungen vorliegen, prüft das **Prozessgericht** (Zivilgericht) von Amts wegen und macht ggf. gemäß § 22a (vgl. die Kommentierung zu § 22a) gegebenenfalls dem Betreuungsgericht Mitteilung, das dann seinerseits die Voraussetzungen einer Betreuerbestellung prüft.

Im Umfang des **Einwilligungsvorbehalts** i. S. d. § 1903 BGB ist der Betreute unabhängig von dem Wirksamwerden von Verträgen aufgrund Genehmigung **prozessunfähig** (Musielak-Werth § 52 Rn 4). Besteht eine Betreuung mit Einwilligungsvorbehalt für den Aufgabenkreis "gerichtliche Auseinandersetzungen", ist der Betreute, auch wenn er geschäftsfähig ist, insoweit nicht prozessfähig (BGH FPR 2002, 460). 9

Eine **beschränkte** Prozessfähigkeit i. S. d. § 52 ZPO kann sich bei einem geschäftsfähigen Betreuten ergeben, auch soweit für ihn ein Einwilligungsvorbehalt angeordnet worden ist. Über §§ 112, 113 BGB ist jedoch eine gegenständlich beschränkte Geschäftsfähigkeit und damit Prozessfähigkeit des Betreuten möglich, nicht jedoch bei Angelegenheiten des täglichen Lebens (vgl. Bork MDR 1991, 97, 97).

Demgegenüber ist der **geschäftsfähige** Betreute, für den kein Einwilligungsvorbehalt angeordnet ist, **voll prozessfähig**, sofern keine Einschränkung aus **§ 53 ZPO** erfolgt. 10

Die aus dem materiellen Recht folgende Möglichkeit des konkurrierenden Handelns des geschäftsfähigen Betreuten und des Betreuers (vgl. dazu § 1902 BGB Rn 4 und 5) wird durch § 53 ZPO **verfahrensrechtlich** ausgeschlossen. Seine materiell-rechtlichen Befugnisse werden dadurch nicht beschränkt.

Im Interesse einer sachgemäßen und einheitlichen Prozessführung verliert der **Vertretene** mit dem **Eintritt** des gesetzlichen Vertreters in den Prozess seine

FamFG § 275 Buch 3 Verf. in Betreuungs- u. Unterbringungssachen

Prozessfähigkeit (§ 53 ZPO), auch wenn der Vertretene dem widerspricht. Unter **Eintritt** in den Prozess ist zu verstehen, dass der Betreuer das Verfahren **tatsächlich** aufnimmt. Wenn sich der Betreuer in dem Rechtsstreit mit Hinweis auf seine Bestellung zwar meldet, aber keine Prozesserklärung abgibt und nicht erklärt, dass er den Prozess im eigenen Namen oder im Namen des Betreuten führe, treten die Wirkungen des § 53 ZPO nicht ein (BVerwG Beschluss v. 10. 10. 1994, – 3 B 48/93 – n. v.). Die Prozesshandlung des Betreuers hat Vorrang (BGH NJW 1988, 51). **Vor dem Eintritt** des Betreuers in den Zivilprozess bleibt der Betroffene prozessfähig (BFH DB 1983, 320). Zuvor vorgenommene Zustellungen und Verfahrenshandlungen bleiben wirksam (LG Berlin Urteil v. 14. 2. 2002, – 51 S 404/01 – n. v.). Das ist im Hinblick auf Prozesse oder Zwangsvollstreckungsmaßnahmen, von denen der gesetzliche Vertreter nichts weiß, zwar nicht unproblematisch, aber im Interesse der Rechtsklarheit hinzunehmen.

§ 455 ZPO Prozessunfähige
(1) Ist eine Partei nicht prozessfähig, so ist vorbehaltlich der Vorschrift im Absatz 2 ihr gesetzlicher Vertreter zu vernehmen. Sind mehrere gesetzliche Vertreter vorhanden, so gilt § 449 entsprechend.

(2) Minderjährige, die das 16. Lebensjahr vollendet haben, können über Tatsachen, die in ihren eigenen Handlungen bestehen oder Gegenstand ihrer Wahrnehmung gewesen sind, vernommen und auch nach § 452 beeidigt werden, wenn das Gericht dies nach den Umständen des Falls für angemessen erachtet. Das gleiche gilt für eine prozessfähige Person, die in dem Rechtsstreit durch einen Betreuer oder Pfleger vertreten wird.

11 Im Rahmen der Regelung der Beweisaufnahme durch **Parteivernehmung** im Zivilprozess betrifft § 455 ZPO die nicht prozessfähige Partei.

Nach § 455 Abs. 1 ZPO ist anstelle der prozessunfähigen Person (§ 52 ZPO) nicht diese selbst, sondern der gesetzliche Vertreter als Partei zu vernehmen. Gleichbehandelt wird der von einem Betreuer im Prozess vertretene Betreute, dessen Geschäftsunfähigkeit nach § 53 ZPO unterstellt wird. Der Betreute kann dann Zeuge sein.

12 Ausnahmsweise kann das Gericht jedoch nach pflichtgemäßem Ermessen den **Prozessunfähigen** als Partei selbst vernehmen. Das gilt nach § 455 Abs. 2 ZPO auch für den – nach § 53 ZPO unterstellt – prozessunfähigen Betreuten. Im Hinblick auf die abgeschaffte Gebrechlichkeitspflegschaft verbleiben für die **Pflegschaft** lediglich z. B. die Abwesenheitspflegschaft oder die Pflegschaft für unbekannte Beteiligte. Die Vorschrift bleibt in diesem Fall auf Anwendungsfälle beschränkt, in denen der Abwesende wieder auftaucht, jedoch die Pflegschaft noch nicht aufgehoben ist (BT-Drucks. 11/4528 S. 167).

13 Ein Schuldner, für den ein Betreuer bestellt worden ist, bleibt grundsätzlich zur Abgabe der **eidesstattlichen Versicherung** verpflichtet, sofern der Betreuer nicht in das Verfahren eingetreten ist (AG Hassfurt DGVZ 2003, 46). Selbst wenn der unter Betreuung stehende Schuldner selbst noch verfahrensfähig ist, kann der Gläubiger die Abgabe der eidesstattlichen Versicherung durch den (auch) für den Bereich Vermögenssorge bestellten Betreuer verlangen, wenn dieser, z.B. durch die Ladung und die Abgabe von Erklärungen, in das Verfahren eingetreten ist (LG Osnabrück DGVZ 2005, 128).

14 Steht in einem **insolvenzrechtlichen Verfahren** der Geschäftsführer einer GmbH unter Betreuung, ist der Betreuer nicht zur Stellung eines (Eigen-)Insol-

Verfahrensfähigkeit § 275 FamFG

venzantrags über das Vermögen der GmbH berechtigt (AG Göttingen DZWIR 2004, 130).

b) Öffentliches Recht

aa) Verwaltungs-, Sozialverwaltungs- und Finanzverfahren sowie Verwaltungsgerichts- und Finanzgerichtsverfahren. Durch das Betreuungsgesetz wurde eine einheitliche Regelung der **Verfahrensfähigkeit** in § 12 Abs. 2 VwVfG (Verwaltungsverfahren), § 11 Abs. 2 SGB X (Sozialverwaltungsverfahren), § 58 Abs. 3 FGO (Finanzgerichtsverfahren), § 62 Abs. 2 VwGO (Verwaltungsgerichtsverfahren), § 79 Abs. 2 AO (Finanzgerichtsverfahren) eingeführt, die folgenden Wortlaut hat: 15

> Betrifft ein Einwilligungsvorbehalt nach § 1903 des Bürgerlichen Gesetzbuchs den Gegenstand des Verfahrens, so ist ein geschäftsfähiger Betreuter nur insoweit zur Vornahme von Verfahrenshandlungen fähig, als er nach den Vorschriften des bürgerlichen Rechts ohne Einwilligung des Betreuers handeln kann oder durch Vorschriften des öffentlichen Rechts als handlungsfähig anerkannt ist.

Sämtliche Bestimmungen gehen im jeweiligen Abs. 1 davon aus, dass jeder Volljährige verfahrensfähig ist, wenn er nicht in natürlichem Sinne **geschäftsunfähig** ist (§ 104 Nr. 2 BGB). Die oben wiedergegebenen Regelungen erfassen damit ausschließlich den **geschäftsfähigen Volljährigen**, für den ein Betreuer bestellt worden ist. Sämtliche Verfahrensgesetze enthalten Verweisungen auf § 53 ZPO, womit zunächst sichergestellt ist, dass widersprechende Erklärungen des Betreuers und des Betreuten in Verfahren vermieden werden (vgl. Rn 10).

Für das Verwaltungs-, Sozialverwaltungs- und Finanzverfahren ebenso wie für das Verwaltungsgerichts- und Finanzgerichtsverfahren gilt somit: Ist ein **Einwilligungsvorbehalt** angeordnet (§ 1903 BGB), der den Gegenstand des Verfahrens erfasst, so führt dies dazu, dass zum Schutz des Betroffenen etwa von ihm vorgenommene Verfahrenshandlungen **unwirksam** sind. 16

Trotz bestehenden Einwilligungsvorbehalts bleibt der Betreute jedoch in dem Umfang **handlungsfähig**, in dem er keine Einwilligung des Betreuers braucht oder nach öffentlichem Recht seine Handlungen wirksam sind. Handlungsfähigkeit nach § 1903 Abs. 3 S. 2 BGB im Rahmen **geringfügiger Angelegenheiten** des täglichen Lebens dürfte jedoch nicht zu einer partiellen Handlungsfähigkeit führen, da die Angelegenheiten der genannten Verfahren nicht als „geringfügige" Angelegenheiten anzusehen sein dürften. 17

bb) Sozialgerichtliches Verfahren.

> **§ 72 SGG [Bestellung eines besonderen Vertreters]**
> (1) Für einen nicht prozessfähigen Beteiligten ohne gesetzlichen Vertreter kann der Vorsitzende bis zum Eintritt eines Vormunds, Betreuers oder Pflegers für das Verfahren einen besonderen Vertreter bestellen, dem alle Rechte, außer dem Empfang von Zahlungen, zustehen.
> (2) Die Bestellung eines besonderen Vertreters ist mit Zustimmung des Beteiligten oder seines gesetzlichen Vertreters auch zulässig, wenn der Aufenthaltsort eines Beteiligten oder seines gesetzlichen Vertreters vom Sitz des Gerichts weit entfernt ist.

Ergibt sich im sozialgerichtlichen Verfahren, dass ein nicht gesetzlich vertretener Beteiligter – d.h. ein Beteiligter, der nicht durch einen Betreuer vertreten ist – 18 seit einem Zeitpunkt, der **vor** der Rechtshängigkeit des Verfahrens liegt (andernfalls gelten nach wohl h. M. §§ 202 SGG, 241 und ggf. 246 ZPO; zweifelnd LSG Sachsen 18. 1. 2008 – L 3 B 434/06 AS-ER m. w. N.), prozessunfähig ist oder haben sich Zweifel an seiner Prozessfähigkeit unter Ausschöpfung aller erdenklichen Beweismittel nicht ausräumen lassen (Meyer-Ladewig, § 72 Rn 2), ist er wie ein Prozessunfähiger zu behandeln. In diesem Fall kann (i. S. v. Befugnis, nicht von Ermessen) der Vorsitzende für ihn bis zum Eintritt eines Vormunds, Betreuers oder Pflegers nach § 72 Abs. 1 SGG einen **besonderen Vertreter** bestellen (vgl. BSGE 91, 146 = NZS 2004, 501 m. w. N.). Die Entscheidung ergeht – nach Anhörung des Betroffenen (BSG NJW 1994, 215) zur Bestellung als solcher, wie auch zur Person des besonderen Vertreters – durch Beschluss. Dieser Beschluss ist dem Betreuungsgericht zur Kenntnis zu geben (vgl. § 22a FamFG; das Unterlassen der Mitteilung stellt keinen Verfahrensfehler dar, vgl. BSG SozR 1500 § 160 Nr. 37). Dem besonderen Vertreter stehen alle **Verfahrensrechte** zu, außer dem Empfang von Zahlungen.

cc) Asylverfahren.

§ 12 AsylVfG [Handlungsfähigkeit Minderjähriger]
(1) Fähig zur Vornahme von Verfahrenshandlungen nach diesem Gesetz ist auch ein Ausländer, der das 16. Lebensjahr vollendet hat, sofern er nicht nach Maßgabe des Bürgerlichen Gesetzbuchs geschäftsunfähig oder im Falle seiner Volljährigkeit in dieser Angelegenheit zu betreuen und einem Einwilligungsvorbehalt zu unterstellen wäre.
(2) ...

19 Grundsätzlich geht § 12 AsylVfG von der Verfahrensfähigkeit (=Handlungsfähigkeit) des Betroffenen aus. Die Vorschrift regelt sowohl die aktive als auch die passive Verfahrenshandlungsfähigkeit (Renner Ausländerrecht § 12 AsylVfG Rn3). Für das AsylVfG beginnt die Verfahrenshandlungsfähigkeit mit Vollendung des 16. Lebensjahres; Geschäftsunfähigkeit u. Betreuungsbedürftigkeit richten sich allein nach §§ 104 ff BGB. Eine Verfahrensfähigkeit des Betroffenen fehlt daher dann, wenn dieser entweder nach deutschem Recht **geschäftsunfähig** wäre oder im Falle der Volljährigkeit wegen seiner Krankheit oder Behinderung nach deutschem Recht unter **Betreuung** gestellt werden müsste und gleichzeitig ein Einwilligungsvorbehalt für das Asylverfahren anzuordnen wäre. Die Tatsache, dass das Gesetz den Konjunktiv verwendet, erklärt sich daraus, dass nach Art. 7 EGBGB die Rechtsfähigkeit und Geschäftsfähigkeit eines Menschen dem Recht des Staates unterliegen, dem der Betroffene angehört. Über Art. 24 Abs. 1 EGBGB gilt dies auch für die Entstehung, Änderung und das Ende einer Betreuung (bzw. einer Vormundschaft od. Pflegschaft oder eines vergleichbaren Rechtsinstituts). Die Handlungsfähigkeit bestimmt sich jedoch im Gegensatz dazu nach deutschem Recht.

Handlungsunfähig (u. damit verfahrensunfähig im AsylVfG) sind unter 16 Jahre alte Ausländer und außerdem solche, die im Falle der Volljährigkeit in dieser Angelegenheit zu betreuen **und** einem Einwilligungsvorbehalt zu unterstellen wären. Sie bedürfen der Vertretung durch ihren gesetzlichen Vertreter (Eltern bzw. Betreuer, Pfleger). Ist ein gesetzlicher Vertreter nicht vorhanden oder im Bundesgebiet nicht erreichbar, ist auf Ersuchen der Behörde vom Betreuungsgericht ein geeigneter Vertreter zu bestellen (§ 16 VwVfG).

§ 276 Verfahrenspfleger

(1) Das Gericht hat dem Betroffenen einen Verfahrenspfleger zu bestellen, wenn dies zur Wahrnehmung der Interessen des Betroffenen erforderlich ist. Die Bestellung ist in der Regel erforderlich, wenn
1. von der persönlichen Anhörung des Betroffenen nach § 278 Abs. 4 in Verbindung mit § 34 Abs. 2 abgesehen werden soll oder
2. Gegenstand des Verfahrens die Bestellung eines Betreuers zur Besorgung aller Angelegenheiten des Betroffenen oder die Erweiterung des Aufgabenkreises hierauf ist; dies gilt auch, wenn der Gegenstand des Verfahrens die in § 1896 Abs. 4 und § 1905 des Bürgerlichen Gesetzbuchs bezeichneten Angelegenheiten nicht erfasst.

(2) Von der Bestellung kann in den Fällen des Absatzes 1 Satz 2 abgesehen werden, wenn ein Interesse des Betroffenen an der Bestellung des Verfahrenspflegers offensichtlich nicht besteht. Die Nichtbestellung ist zu begründen.

(3) Wer Verfahrenspflegschaften im Rahmen seiner Berufsausübung führt, soll nur dann zum Verfahrenspfleger bestellt werden, wenn keine andere geeignete Person zur Verfügung steht, die zur ehrenamtlichen Führung der Verfahrenspflegschaft bereit ist.

(4) Die Bestellung eines Verfahrenspflegers soll unterbleiben oder aufgehoben werden, wenn die Interessen des Betroffenen von einem Rechtsanwalt oder einem anderen geeigneten Verfahrensbevollmächtigten vertreten werden.

(5) Die Bestellung endet, sofern sie nicht vorher aufgehoben wird, mit der Rechtskraft der Endentscheidung oder mit dem sonstigen Abschluss des Verfahrens.

(6) Die Bestellung eines Verfahrenspflegers oder deren Aufhebung sowie die Ablehnung einer derartigen Maßnahme sind nicht selbständig anfechtbar.

(7) Dem Verfahrenspfleger sind keine Kosten aufzuerlegen.

Übersicht

	Rn.
1. Anwendungsbereich	1
2. Voraussetzungen für die Verfahrenspflegerbestellung	2
3. Absehen von der Verfahrenspflegerbestellung (Abs. 2)	7
4. Weitere zwingende Fälle der Verfahrenspflegerbestellung	9
5. Bestellungsverfahren	11
6. Auswahl des Verfahrenspflegers	15
a) Vorrang des ehrenamtlichen Verfahrenspflegers (Abs. 3)	16
b) Ausreichende Vertretung (Abs. 4)	17
7. Stellung des Verfahrenspflegers	18
8. Wirksamwerden und Ende der Verfahrenspflegschaft (Abs. 5)	19
9. Rechtsmittel (Abs. 6)	20
10. Kostentragung (Abs. 7)	21
11. Beschlussformel	22

1. Anwendungsbereich

1 § 276 sieht die Möglichkeit der Bestellung eines Verfahrenspflegers für **alle Verfahren** nach den §§ 1896 bis 1905, 1907 bis 1908i BGB vor. § 276 findet auch Anwendung, wenn erst im Beschwerdeverfahren ein Verfahrenspfleger bestellt wird. Für Unterbringungen (z.B. nach § 1906 BGB) enthält § 317 eine Sonderregelung.
Abs. 1 bis 4 entsprechen weitgehend dem bisherigen § 67 Abs. 1 S. 1-7 FGG. § 67 Abs. 1 S. 5 FGG ist nunmehr in § 297 Abs. 5 geregelt.

Zur Terminologie ist anzumerken, dass in §§ 67 und 70b FGG noch vom „Pfleger für das Verfahren" gesprochen wurde, während – ohne jede inhaltliche Änderung – in §§ 276 und 317 FamFG nunmehr der bereits vorherrschende allgemeine Sprachgebrauch des „Verfahrenspflegers" gesetzlich übernommen wurde.

2. Voraussetzungen für die Verfahrenspflegerbestellung

2 **Allgemeines.** Nach Abs. 1 S. 1 bestellt das Gericht nach pflichtgemäßem Ermessen einen Verfahrenspfleger, wenn eine Gesamtabwägung aller Umstände des konkreten Falls ergibt, dass aufgrund des Grads der Krankheit bzw. der Behinderung des Betroffenen einerseits und der Bedeutung des jeweiligen Verfahrensgegenstands andererseits, eine Verfahrenspflegerbestellung zur Wahrnehmung der Interessen des Betroffenen erforderlich ist. Dem Betroffenen soll dort, wo er infolge seiner Erkrankung seine Interessen nicht mehr angemessen wahrnehmen kann, eine Person zur Seite gestellt werden, die aus der objektiven Sicht eines Dritten dafür Sorge trägt, dass die Vorstellungen und Interessen des Betroffenen in dem Verfahren zur Geltung gebracht werden (Keidel-Budde Rn 2). Grundsätzlich ist die Bestellung eines Verfahrenspflegers **nicht erforderlich**, wenn sich der Betroffene verständlich und nachdrücklich äußern kann (BayObLG FamRZ 1993, 348; OLG Oldenburg FamRZ 1996, 757), was sich z.B. aus der Einreichung von Eingaben zu den Akten oder dem Eindruck aus einem anderen Anhörungstermin ergeben kann (OLG Hamm bei Dodegge NJW 1993, 23, 56). Mangels weiterer Umstände kann ein Verfahrenspfleger auch dann nicht erforderlich sein, wenn es um die Bestellung eines Betreuers auf Antrag eines nur körperlich Behinderten geht, wenn beim Betroffenen nur leichte psychische Krankheiten oder seelische Behinderungen bestehen oder im Rahmen von Genehmigungsverfahren von überschaubaren Rechtsgeschäften bei anhängiger Betreuung (Jürgens/Kröger/Marschner/Winterstein Rn 352).

3 Ist aber umgekehrt der Betroffene **nicht** in der Lage, seine Interessen und Rechte im Verfahren ausreichend wahrzunehmen oder besteht die Gefahr eines **Interessenkonflikts** zwischen Betreuer und Betroffenen, so muss ihm – ggf. gegen seinen Willen – ein Pfleger bestellt werden. Das wird in der Regel der Fall sein, wenn der Betroffene **nicht in der Lage ist, seinen Willen** kundzutun oder die Anhörung ergibt, dass er nicht ansprechbar ist (BayObLG FamRZ 1993, 602 für Auswahl im Rahmen d. Erstbestellung; OLG Hamm FamRZ 1993, 988, Auswahl des Betreuers bei Gefahr d. Interessenkollision bei Wahrnehmung vermögensrechtlicher Interessen und bestehender familiärer Bindung; BayObLG FamRZ 1993, 491; FamRZ 1997, 1358; FamRZ 2003, 786 [einschränkend] bei

Entlassung des Betreuers; LG Lübeck BtPrax 1993, 211 für Genehmigung einer Hypothekenbestellung. OLG Zweibrücken FGPrax 1998, 57; KG BtPrax 2008, 265 bei Betreuerwechsel; KG FamRZ 1996, 1362; OLG Frankfurt FGPrax 1997, 109, BayObLG FamRZ 2004, 1231; OLG Karlsruhe FamRZ 2003, 405 für d. Vergütungsfestsetzungsverfahren; OLG Hamm DAVorm 1997, 135 zur Aufhebung d. Betreuung; OLG Oldenburg NJW-RR 2003, 587 für das Verf. bei Wohnraumkündigung; OLG Naumburg FamRZ 2007, 1688 für das teilweise Entziehen des Aufgabenkreises des Betreuers; OLG München BtPrax 2006, 35 bei Nichtbekanntgabe des Gutachtens). Derjenige, der nur **vordergründig** in der Lage scheint, seine Verfahrensrechte wahrzunehmen, braucht einen Verfahrenspfleger. Das ist namentlich der Fall, wenn sich der Betroffene mit **ausufernden Eingaben** am Verfahren „beteiligt", ohne jedoch sich mit den eigentlich relevanten Gesichtpunkten auseinander zu setzen (Keidel-Budde Rn 3). Eine Verfahrenspflegerbestellung ist u.a. auch erforderlich, wenn die **Sprachkenntnisse** des Betroffenen nicht ausreichen, um eine von Sprachschwierigkeiten unbeeinträchtigte Wahrnehmung seiner Interessen zu gewährleisten (KG BtPrax 2008, 42).

Zur Notwendigkeit der Verfahrenspflegerbestellung beim **erkennbar nicht ansprechbaren Betroffenen** vgl. Rn 7-8.

Regelfälle der Verfahrenspflegerbestellung nach Abs. 1: Abs. 1 S. 2 führt 4 zwei Fallgruppen auf, in denen – i. d. R. – ein Verfahrenspfleger **zwingend** zu bestellen ist.

Soll wegen erheblicher Gesundheitsgefährdung oder Verständnisunfähigkeit 5 (§ 278 Abs. 4 i.V.m. § 34 Abs. 2) von der **persönlichen Anhörung** des Betroffenen abgesehen werden, so ist nach **Nr. 1** zur Sicherstellung des rechtlichen Gehörs ein Verfahrenspfleger zu bestellen. Das muss auch gelten, ohne dass dies im Gesetzestext Niederschlag gefunden hat, wenn von der Bekanntmachung der Entscheidungsgründe (§ 288 Abs. 1) oder des Inhalts des Gutachtens (OLG München BtPrax 2006, 35) abgesehen werden soll. Bei einem durch § 278 Abs. 4 gedeckten Absehen von einer Anhörung ist ein Verfahrenspfleger zu bestellen, der die Rechte des Betroffenen wahrnehmen soll. Das gilt in allen Verfahren nach §§ 1896 bis 1908i BGB (außer für Verfahren nach § 1906 BGB, für die nach § 317 eine besondere Regelung gilt) – z.B. auch für das Verfahren zur Genehmigung einer **Wohnungskündigung** nach § 1907 BGB (LG Stendal Beschluss v. 18. 12. 2006 – 25 T 211/06 – n. v.). Liegen die Voraussetzungen des § 278 Abs. 4 nicht vor, kann die aus diesem Grund erfolgte Bestellung eines Verfahrenspflegers, die Pflicht zur persönlichen Anhörung und zur Verschaffung eines unmittelbaren Eindrucks nicht ersetzen (BayObLG BeckRS 2001 30227394).

Ist Gegenstand des Verfahrens die Bestellung eines Betreuers für **alle Angelegenheiten,** – auch wenn Post- und Fernmeldeverkehr (§ 1896 Abs. 4 BGB) und Sterilisation (§ 1905 BGB) damit nicht erfasst werden – oder die Erweiterung des Aufgabenkreises hierauf, so liegt darin wegen der möglichen Folgen (u.a. Ausschluss d. Wahlrechts) ein Eingriff, der die Verfahrenspflegerbestellung zwingend erforderlich macht (**Nr. 2**). Die Bestellung eines Verfahrenspflegers für einen geschäftsunfähigen Betroffenen im Beschwerdeverfahren ist regelmäßig geboten, wenn die bestehende Betreuung auf einzeln **aufgezählte** Angelegenheiten erweitert werden soll, die dem Umfang einer Betreuung für alle Angelegenheiten entsprechen (OLG München, Rpfleger 2005, 429).

FamFG § 276   Buch 3 Verf. in Betreuungs- u. Unterbringungssachen

3. Absehen von der Verfahrenspflegerbestellung (Abs. 2)

7   Nach **Abs. 2** kann von einer Verfahrenspflegerbestellung abgesehen werden, wenn ein Regelfall des Abs. 1 S. 2 Nr. 1 od. 2 (vgl. Rn 5-6) vorliegt und **gleichzeitig** ein Interesse des Betroffenen an der Verfahrenspflegerbestellung offensichtlich nicht besteht.
Ein Interesse des Betroffenen an der Verfahrenspflegerbestellung besteht – nach dem Willen des Gesetzgebers - **offensichtlich nicht**, wenn der Betroffene nach dem unmittelbaren Eindruck des Gerichts offenkundig nicht in der Lage ist, seinen Willen kundzutun (BT-Drucksache 13/7158 S. 36). Grundsätzlich kann nur durch **richterlichen Augenschein** festgestellt werden, ob der Betroffene nicht in der Lage ist, seinen Willen kundzutun (KG BtPrax 2008, 38). Von der Bestellung eines Verfahrenspflegers nach § 276 FamFG für **erkennbar unansprechbare** Betroffene soll ausnahmsweise dann abgesehen werden können, wenn ein Interesse des Betroffenen hieran offensichtlich nicht besteht; die Nichtbestellung ist aber zu begründen (Abs. 2 S. 2). Dies wird zu Recht als zumindest **bedenklich** (Keidel-Budde Rn 5 zeigt die verfassungsrechtlichen Bedenken auf; Schulte-Bunert/Weinreich-Rausch Rn 8) angesehen, da gerade der unansprechbare Betroffene nicht in der Lage ist, seine **verfassungsmäßigen Rechte** selbst wahrzunehmen. Trotz dieser verfassungsrechtlichen Bedenken hat die Praxis diese Norm dankbar angenommen und die Zahl der Entscheidungen in **Betreuungs**sachen, in denen ein Verfahrenspfleger bestellt wurde, wenn der Betroffene erkennbar nicht ansprechbar war, ist seit Einführung dieser Norm im Jahre 1998 (damals noch § 67 Abs. 1 FGG) deutlich zurückgegangen.

8   Abs. 2 ist unmittelbar nur für Abs. 1 S. 2 Nr. 1 u. 2 anwendbar. In allen anderen (nicht von Nr. 1 u. 2 erfassten) Fällen kann beim **nicht ansprechbaren** Betroffenen von der Verfahrenspflegerbestellung abgesehen werden, wenn dies **zur Wahrnehmung der Interessen des Betroffenen nicht erforderlich** ist (Abs. 1 S. 1; vgl. Rn 2). Im Sinne eines Erst-Recht-Schlusses ist anzunehmen, dass auch dann, wenn ein Interesse des Betroffenen an der Verfahrenspflegerbestellung nach Abs. 2 offensichtlich nicht besteht (vgl. Rn 7), – erst recht – in den Fällen des **Abs. 1 S. 1** von einer Verfahrenspflegerbestellung abgesehen werden kann.
Wurde in erster Instanz rechtswidrig, d.h. entgegen Abs. 1 S. 1 bzw. ohne Vorliegen der Voraussetzungen des Abs. 2 von der Verfahrenspflegerbestellung abgesehen, so kann dies durch eine Bestellung in zweiter Instanz, jedenfalls in den Fällen des § 62 (Erledigung der Hauptsache in der Beschwerdeinstanz), nicht mehr geheilt werden (KG BtPrax 2008, 42).

4. Weitere zwingende Fälle der Verfahrenspflegerbestellung

9   Nach § 297 Abs. 5 ist zwingend ein Verfahrenspfleger zu bestellen, wenn Gegenstand des Verfahrens die Genehmigung einer Einwilligung des Betreuers in eine **Sterilisation** des Betroffenen nach § 1905 Abs. 2 BGB ist und der Betroffene nicht von einem Rechtsanwalt oder von einem anderen geeigneten Verfahrensbevollmächtigten vertreten wird (vgl. zu letzterem Rn 17 sowie § 297 Rn 8).

10   In Verfahren, deren Gegenstand die betreuungsgerichtliche Genehmigung zu der Entscheidung des Betreuers **gegen** eine **lebenserhaltende oder -verlängernde Behandlung** des Patienten ist (§ 1904 Abs. 2 BGB), muss dem Betreuten

Verfahrenspfleger § 276 FamFG

ebenfalls zwingend ein Verfahrenspfleger bestellt werden (§ 298 Abs. 3; vgl. § 298 Rn 11; OLG Karlsruhe BtPrax 2004, 202).

5. Bestellungsverfahren

Zuständig ist das Gericht, das über die Betreuungsmaßnahme entscheidet. 11
Funktionell zuständig ist der Richter; in seinem Zuständigkeitsbereich (Keidel-Budde Rn 10) und in den Fällen des § 1896 Abs. 3 BGB der Rechtspfleger (vgl. § 15 RPflG Rn 31, 36); im Beschwerdeverfahren das Beschwerdegericht in der vollständig besetzten Kammer (BayObLG FamRZ 1999, 874); der ersuchte Richter darf im Wege der Rechtshilfe keine Zwischenentscheidungen, wie die Verfahrenspflegerbestellung, erlassen.

Verfahren: Zeichnet sich bei oder nach den Anfangsermittlungen des Gerichts 12
bzw. bei oder nach Einleitung eines Verfahrens in Betreuungssachen jedweder Art (vgl. § 271 Rn 2 ff) eine Fortführung des Verfahrens ab, so ist der Verfahrenspfleger so **rechtzeitig** zu bestellen, dass er vor Entscheidung des Gerichts die ihm im Rahmen seiner Stellung im Verfahren zukommenden Rechte (vgl. Rn 18) rechtzeitig geltend machen kann (Keidel-Budde Rn 9); jedenfalls aber **vor** Erlass einer einstweiligen Anordnung (OLG München BeckRS 2006 07913) nach § 300 (Ausnahme bei einstweiliger Anordnung „bei gesteigerter Dringlichkeit" nach § 301). Vor Bestellung des Verfahrenspflegers ist grundsätzlich dem Betroffenen (Ausnahme konsequent: Abs. 1 S. 2 Nr. 1, hierzu Damrau/Zimmermann § 67 FGG Rn 12) im Hinblick auf Vorschläge zur Person und mögliche Anwaltsvertretung **rechtliches Gehör** zu gewähren. Das gilt auch für den Verfahrenspfleger selbst wegen möglicher Ablehnung des Amts.

Entscheidung: Bei der zu treffenden Entscheidung handelt es sich um eine die 13
Instanz nicht abschließende **Zwischenentscheidung**. Die Praxis bedient sich hierzu in der Regel eines Beschlusses, was aber nicht zwingend ist (Keidel-Budde Rn 10). Mit der Bestellung ist **gleichzeitig**, falls dies ausnahmsweise angeordnet wird (vgl. Rn 16), auszusprechen, dass die Verfahrenspflegschaft berufsmäßig geführt wird und ggf., falls ein Rechtsanwalt bestellt wird, dass dessen Tätigkeiten anwaltsspezifisch sind (zu den vergütungsrechtlichen **Konsequenzen** vgl. § 277 Rn 5; zu den vergütungsrechtlichen **Risiken**, wenn die Berufsmäßigkeit – versehentlich – nicht **bei** Bestellung des Verfahrenspflegers festgestellt wird vgl. § 168 Rn 20).

Sofern ein Verfahrenspfleger nach **Abs. 1** im Interesse des Betroffenen bestellt 14
wird, ist er **zugleich** Beteiligter. § 274 Abs. 2 ordnet an, dass der Verfahrenspfleger bereits mit dem Akt seiner Bestellung zum Beteiligten wird. Damit kann der Verfahrenspfleger vor eigener Kenntnis Beteiligter eines Verfahrens werden. **Ein weiterer Hinzuziehungs- oder Beteiligungsakt ist nicht notwendig.** Die Bestellung wird ihm gegenüber wirksam mit der Bekanntmachung des Beschlusses (§ 40).

6. Auswahl des Verfahrenspflegers

Das Gericht wählt nach pflichtgemäßem Ermessen, das durch die Abs. 3 u. 4 15
konkretisiert wird, die Person des Verfahrenspflegers aus. Das kann ein Sozialarbeiter, eine im Umgang mit psychisch Kranken besonders erfahrene Person, ein Rechtsanwalt, ein Familienangehöriger usw. sein. Im Übrigen kann der personale

FamFG § 276 Buch 3 Verf. in Betreuungs- u. Unterbringungssachen

Bezug bereits frühzeitig häufig eher von einem anderen Personenkreis als professionellen Verfahrenspflegern geleistet werden.

Die Bestellung des Betreuers auch zum Verfahrenspfleger ist mit deren Stellung **unvereinbar**; jedoch führt dies nicht zur Unwirksamkeit der Bestellung (OLG Naumburg BeckRS 2001 30206623). Die Unvereinbarkeit beider Ämter ergibt sich vor allem im Hinblick auf Abs. 5 (vgl. Rn 19), nach welchem nach neuer Rechtslage die Verfahrenspflegerbestellung nicht mehr mit der Wirksamkeit der die Instanz beendenden Entscheidung endet (a.A. wohl Keidel-Budde Rn 8, der lediglich auf die Möglichkeit d. Interessenkollision hinweist). Auch im Verfahren auf **Aufhebung der Betreuung** kann nicht der Betreuer gleichzeitig zum Verfahrenspfleger bestellt werden, da dieser im Hinblick auf die Notwendigkeit zur (objektiven) Interessenwahrnehmung des Betreuten in diesem Verfahren zur Frage, ob die Betreuung noch fortbestehen soll oder Bedenken gegen die Person des Betreuers bestehen, als ungeeignet angesehen werden muss (BayObLG FamRZ 1994, 780).

a) Vorrang des ehrenamtlichen Verfahrenspflegers (Abs. 3)

16 Um sicherzustellen, dass das Betreuungsgericht unter Wahrung dieser Grundsätze und zur Entlastung der Staatskasse vorrangig Verfahrenspfleger auswählt, die das Amt nicht berufsmäßig führen, verweist Abs. 3 auf das Subsidiaritätsprinzip. Dabei sollten **Rechtsanwälte** nur insoweit bestellt werden, als es auf deren Sachkunde bzw. speziellen Rechtskenntnisse ankommt (zur Vergütung vgl. § 277 Rn 5; wie hier Keidel-Budde Rn 8; a. A. Aufgabenbereich des Verfahrenspflegers ist typische anwaltliche Tätigkeit: OLG Celle BtPrax 1994, 327; OLG Köln Rpfleger 1997, 65; die Entscheidungen stammen jedoch aus einer Zeit, in der das Subsidiaritätsprinzip noch nicht gesetzlich normiert war; differenziert Bauer in HK-BUR § 67 FGG Rn 21). Auch ein **Verein** kann – allerdings nur in Ausnahmefällen – zum Verfahrenspfleger bestellt werden. Eine Bestellung einer **Behörde** als Verfahrenspfleger ist zwar nicht ausgeschlossen, aber wegen ihrer Verfahrensstellung und der damit verbundenen Funktionsvermengung außerordentlich problematisch, weshalb davon abzuraten ist (Keidel-Budde Rn 8; nach LG Stuttgart BWNotZ 1996, 14 ist die Behörde als Verfahrenspfleger ausgeschlossen; zum Auswahlproblem in der Praxis Grell Rpfleger 1993, 321).

b) Ausreichende Vertretung (Abs. 4)

17 Grundsätzlich soll die Bestellung eines Verfahrenspflegers unterbleiben bzw. aufgehoben werden, wenn der Betroffene von einem Rechtsanwalt oder von einem anderen geeigneten **Verfahrensbevollmächtigten** (zur Frage d. Wirksamkeit d. Vollmachtserteilung im Betreuungsverfahren trotz Geschäftsunfähigkeit vgl. § 275 Rn 4) vertreten wird, wenn nicht ausnahmsweise der Betroffene durch ständig wechselnde Beauftragung von Rechtsanwälten oder durch wechselnde Weisungen an Bevollmächtigte das Verfahren behindert (Keidel-Budde Rn 7). Ordnet das Gericht im Wege der **Verfahrenskostenhilfe** dem Betroffenen einen Rechtsanwalt bei, ist die Verfahrenspflegerbestellung mit Wirkung ex nunc aufzuheben. Das gilt auch dann, wenn dem Betroffenen ein Anwalt als Verfahrenspfleger bestellt war, der nunmehr im Wege der Verfahrenskostenhilfe im Auftrag des Betroffenen beigeordnet werden soll (Damrau/Zimmermann § 67 FGG Rn 8). Der Auftrag des Betroffenen wird im Hinblick auf möglichen Missbrauch (Vergütungshöhe!) genau zu prüfen sein.

Der Betroffene kann auf die Bestellung eines Verfahrenspflegers nicht **verzichten**. Sind die Voraussetzungen nämlich erfüllt, wird er häufig nicht in der Lage sein, die Tragweite der Verfahrenshandlung zu erkennen. Darüber hinaus ist § 276 im Hinblick auf seine Schutzfunktion zwingend (vgl. OLG Hamm Rpfleger 1990, 510 zum Rechtsmittelverzicht im Falle einer Verfahrenspflegerbestellung!).

7. Stellung des Verfahrenspflegers

Es handelt sich um einen **Pfleger eigener Art**, auf den die Vorschriften des BGB 18 nicht ohne Weiteres anwendbar sind, und – wie § 274 Abs. 2 klarstellt – um einen Beteiligten des Betreuungsverfahrens. Er ist ein **Beteiligter kraft Amtes**, der fremde Rechte in eigenem Namen geltend macht (Prütting/Helms-Fröschle Rn 13 u. § 274 Rn 29). Er ist von Weisungen des Gerichts unabhängig, nur den **objektiven Interessen** des Betroffenen verpflichtet und braucht daher auch den Willensvorrang des Betroffenen nicht zu beachten und ist auch an Weisungen und Wünsche des Betroffenen nicht gebunden. Er entscheidet daher selbstständig und eigenverantwortlich, ob er eine Verfahrenshandlung durchführt. In diesem Rahmen soll der Verfahrenspfleger auch Anliegen des Betroffenen vor Gericht vorbringen, soweit er sie mit seinen – des Betroffenen – objektiven Interessen für vereinbar hält (LG Rostock NJOZ 2003, 2913). Er ist wie der Betroffene am Verfahren zu **beteiligen**. Er hat daher z.B. ein Akteneinsichtsrecht nach § 13 oder eine Mitwirkungspflicht im Sinne des § 27. Weiterhin steht dem Verfahrenspfleger nach § 303 Abs. 3 im Interesse des Betroffenen ein Recht zur Beschwerde zu; vgl. hierzu § 59 Rn 6 und § 303 Rn 10. Die Funktion des Verfahrenspflegers besteht darin, den Betroffenen **im Verfahren** zu begleiten, seine Interessen zu erkennen und diese im Verfahren zur Geltung zu bringen; darüber hinausgehende Ermittlungen oder Vermittlungsversuche sind nicht seine Aufgabe (OLG Schleswig SchltA 2000, 138). Er kann im Verfahren Anträge stellen, Zustellungen entgegennehmen, das Recht auf Gehör ausüben, selbst Rechtsmittel einlegen; er ist über den Verfahrensverlauf zu unterrichten, ihm ist das Sachverständigengutachten in Abschrift zuzuleiten (Damrau/Zimmermann § 67 FGG Rn 17, 18), er ist vom Gericht zur persönlichen Anhörung des Betroffenen zu laden (BayObLG FamRZ 2002, 629). Wird der Verfahrenspfleger erst am Tag vor der Anhörung geladen und wendet er im Hinblick auf die Kurzfristigkeit Verhinderung ein und wird hierauf nicht Rücksicht genommen, stellt dies grundsätzlich eine Verweigerung des rechtlichen Gehörs dar (OLGR Naumburg 2002, 468). Nach § 1897 Abs. 4 BGB verbindliche Vorschläge kann er jedoch nicht machen (OLG Hamm FGPrax 1996, 183). Aus seiner Verfahrensstellung ergibt sich, dass er auch Handlungen vornehmen kann, die denen des Betroffenen widersprechen. Bei Einlegung sich widersprechender Rechtsmittel ist über diese jeweils eigenständig zu entscheiden (vgl. § 275 Rn 6), wobei bei rechtsgestaltenden Entscheidungen (z.B. Genehmigung nach § 1907 BGB) einheitliche Entscheidungen des Beschwerdegerichts ergehen müssen (Bumiller/Harders Rn 2). Vgl. zu sich **widersprechenden** Handlungen von Betroffenem und Verfahrenspfleger § 275 Rn 6.

8. Wirksamwerden und Ende der Verfahrenspflegschaft (Abs. 5)

Die Verfahrenspflegschaft wird mit der Bekanntgabe an den Verfahrenspfleger 19 wirksam (§ 40 Abs. 1). Sie endet, anders als bisher nach § 67 Abs. 2 FGG, nicht

FamFG § 276 Buch 3 Verf. in Betreuungs- u. Unterbringungssachen

mehr mit Wirksamwerden der instanzabschließenden Entscheidung über die einzelne Betreuungsmaßnahme, sondern, wie **Abs. 5** regelt, mit der **Rechtskraft der Endentscheidung**, sofern sie nicht vom Gericht früher aufgehoben wird. Das ist eine grundlegende Neuerung des FamFG gegenüber dem FGG, das diese Konstruktion bislang nur für die Verfahrenspflegschaft bei Unterbringungen (§ 70b Abs. 4 FGG) kannte. Die Verfahrenspflegerbestellung erfolgt also **nicht** mehr für jede Instanz **gesondert**.

Diese zeitliche Begrenzung des § 67 Abs. 2 FGG war nach dem FGG erforderlich, denn das Rechtsmittel der Beschwerde war grundsätzlich nicht befristet. Das Ende der Bestellung zum Verfahrenspfleger musste bereits deshalb feststehen, um dem Verfahrenspfleger die Geltendmachung einer etwaigen Vergütung oder eines Aufwendungsersatzes ab einem bestimmten Zeitpunkt zu ermöglichen. Da das Rechtsmittel der Beschwerde nunmehr gemäß §§ 58, 63 grundsätzlich befristet ist, bedarf es keiner zeitlichen Begrenzung der Bestellung zum Verfahrenspfleger mehr. Im **Beschwerdeverfahren** und im **Rechtsbeschwerdeverfahren** ist es fortan nicht notwendig, einen Verfahrenspfleger in einem gesonderten Beschluss erneut zu bestellen. Unter Vergütungsgesichtspunkten kann es jedoch, weil der Verfahrenspfleger regelmäßig nicht beim Rechtsbeschwerdegericht (BGH) postulationsfähig ist, zweckmäßig sein, einen dort zugelassenen Rechtsanwalt zum Verfahrenspfleger bestellen zu lassen (vgl. Keidel-Budde Rn 11).

Daneben endet die Verfahrenspflegschaft mit deren Aufhebung (Bumiller/Harders Rn 12; z.B. bei ausreichender Vertretung nach Abs. 4) oder wenn das Verfahren sonst endet (Antrags- od. Beschwerderücknahme usw.). Die Verfahrenspflegschaft endet jedoch jedenfalls im Beschwerdeverfahren wegen § 62 nicht mit der Erledigung der Hauptsache.

9. Rechtsmittel (Abs. 6)

20 Abs. 6 ordnet generell an, dass eine Entscheidung über die Bestellung eines Verfahrenspflegers einschließlich deren Ablehnung **nicht** selbstständig anfechtbar ist. Diese durch das FamFG neu getroffene Regelung entspricht insofern höchstrichterlicher Rechtsprechung (BGH BtPrax 2003, 266) vor dem Inkrafttreten des FamFG. Die Aufhebung oder die Ablehnung einer Verfahrenspflegerbestellung, stellen den Rechtszug nicht abschließende **Zwischenentscheidungen** dar. Sie greifen – wie auch die Bestellung des Verfahrenspflegers selbst – nicht in einem Maße in die Rechtssphäre des Betroffenen ein, das ihre selbstständige Anfechtbarkeit notwendig macht (BGH BtPrax 2003, 266; BayObLG FamRZ 1993, 1106). Wie jede Zwischenentscheidung ist die Bestellung, Ablehnung und Aufhebung der Verfahrenspflegerbestellung nach § 58 Abs. 2 zusammen mit der Endentscheidung anfechtbar (vgl. § 58 Rn 8, 10; Bumiller/Harders Rn 15; Keidel-Budde Rn 14; a.A. Keidel an anderer Stelle: Keidel-Meyer-Holz, § 58 Rn 106).

Hat der Rechtspfleger entschieden, ist im Hinblick auf Art. 19 Abs. 4 GG die befristete Erinnerung nach § 11 Abs. 2 RPflG zulässig (BayObLG Rpfleger 2003, 19).

10. Kostentragung (Abs. 7)

21 In **Abs. 7** ist geregelt, dass der Verfahrenspfleger **nicht mit Verfahrenskosten** belegt werden darf. Das ist sachgerecht, da er allein im Interesse des Betroffenen

tätig wird und dessen Rechte wahrnimmt. Verursacht ein Verfahrenspfleger im Einzelfall wider Erwarten nicht gerechtfertigte Kosten, kann das Gericht reagieren und ihn als Pfleger entlassen (BT-Drucksache 16/6308 S. 266). Damit ist es ausgeschlossen, dass dem Verfahrenspfleger nach §§ 81, 84 die Kosten eines erfolglos eingelegten Rechtsmittels auferlegt werden (Keidel-Budde Rn 15).

Zu seinen **eigenen Vergütungsansprüchen** vgl. § 277.

11. Beschlussformel

„Für den Betroffenen wird .... zum Verfahrenspfleger bestellt. Ggf. (nur ausnahmsweise): Die Führung der Verfahrenspflegschaft erfolgt berufsmäßig. Ggf. (bei Rechtsanwälten, allerdings nur in bestimmten Fällen; vgl. § 277 Rn 5): Die Führung der Verfahrenspflegschaft erfolgt berufsmäßig mit der Maßgabe, dass die Tätigkeit des Rechtsanwalts .... anwaltsspezifisch ist."

22

§ 277 Vergütung und Aufwendungsersatz des Verfahrenspflegers

(1) **Der Verfahrenspfleger erhält Ersatz seiner Aufwendungen nach § 1835 Abs. 1 bis 2 des Bürgerlichen Gesetzbuchs. Vorschuss kann nicht verlangt werden. Eine Behörde oder ein Verein erhält als Verfahrenspfleger keinen Aufwendungsersatz.**

(2) **§ 1836 Abs. 1 und 3 des Bürgerlichen Gesetzbuchs gilt entsprechend. Wird die Verfahrenspflegschaft ausnahmsweise berufsmäßig geführt, erhält der Verfahrenspfleger neben den Aufwendungen nach Absatz 1 eine Vergütung in entsprechender Anwendung der §§ 1, 2 und 3 Abs. 1 und 2 des Vormünder- und Betreuervergütungsgesetzes.**

(3) **Anstelle des Aufwendungsersatzes und der Vergütung nach den Absätzen 1 und 2 kann das Gericht dem Verfahrenspfleger einen festen Geldbetrag zubilligen, wenn die für die Führung der Pflegschaftsgeschäfte erforderliche Zeit vorhersehbar und ihre Ausschöpfung durch den Verfahrenspfleger gewährleistet ist. Bei der Bemessung des Geldbetrags ist die voraussichtlich erforderliche Zeit mit den in § 3 Abs. 1 des Vormünder- und Betreuervergütungsgesetzes bestimmten Stundensätzen zuzüglich einer Aufwandspauschale von drei Euro je veranschlagter Stunde zu vergüten. In diesem Fall braucht der Verfahrenspfleger die von ihm aufgewandte Zeit und eingesetzten Mittel nicht nachzuweisen; weitergehende Aufwendungsersatz- und Vergütungsansprüche stehen ihm nicht zu.**

(4) **Ist ein Mitarbeiter eines anerkannten Betreuungsvereins als Verfahrenspfleger bestellt, stehen der Aufwendungsersatz und die Vergütung nach den Absätzen 1 bis 3 dem Verein zu. § 7 Abs. 1 Satz 2 und Abs. 3 des Vormünder- und Betreuervergütungsgesetzes sowie § 1835 Abs. 5 Satz 2 des Bürgerlichen Gesetzbuchs gelten entsprechend. Ist ein Bediensteter der Betreuungsbehörde als Verfahrenspfleger für das Verfahren bestellt, erhält die Betreuungsbehörde keinen Aufwendungsersatz und keine Vergütung.**

(5) **Der Aufwendungsersatz und die Vergütung des Verfahrenspflegers sind stets aus der Staatskasse zu zahlen. Im Übrigen gilt § 168 Abs. 1 entsprechend.**

FamFG § 277 Buch 3 Verf. in Betreuungs- u. Unterbringungssachen

1. Vergleich zum FGG

1   Diese Vorschrift entspricht dem seit Inkrafttreten des Zweiten Gesetzes zur Änderung des Betreuungsrechts vom 21. April 2005 (BGBl I, S. 1073) bisher geltenden § 67a FGG und regelt die Vergütung und den Aufwendungsersatz des **Verfahrenspflegers**. Der Verweis in der bisherigen Regelung des § 67a Abs. 5 FGG auf § 56g Abs. 1 FGG über die gerichtliche Festsetzung der Vergütung wurde in Abs. 5 durch den Verweis auf § 168 Abs. 1 ersetzt, welcher dem bisherigen § 56g Abs. 1 FGG entspricht.

2. Zahlungspflicht der Staatskasse, Abs. 5 S. 1

2   Um die Ansprüche des Verfahrenspflegers sicherzustellen, ist Schuldner des Aufwendungsersatzes und der Vergütung die **Landeskasse**. Diese kann die gezahlten Beträge als Verfahrensauslagen gemäß §§ 93 a Abs. 2, 137 Abs. 1 Nr. 16 KostO von dem Betroffenen zurückfordern, soweit er i. S. v. § 1836 c BGB leistungsfähig ist und keine Nichterhebung nach § 96 KostO (Antragsablehnung) oder § 131 Abs. 7 KostO (begründete Beschwerde) erfolgt.

3. Umfang der Vergütung und des Aufwendungsersatzes

3   Bei der Festsetzung des an den Verfahrenspfleger zu zahlenden Geldbetrags ist streng zwischen **Aufwendungen** wie Telefon- oder Fahrtkosten usw. (dann § 1835 BGB) und **Vergütung** (dann § 1836 BGB ggf. i.V.m. VBVG) zu unterscheiden. Der Verfahrenspfleger kann einerseits Ersatz seiner **Aufwendungen** gemäß §§ 277 **Abs. 1 S. 1**, 1835 Abs. 1-2 BGB erhalten; andererseits erhält er bei **berufsmäßiger** Führung der Verfahrenspflegschaft, die nach § 276 Abs. 3 nur ausnahmsweise angeordnet werden soll, gem. **Abs. 2 S. 2** neben den Aufwendungen eine **Vergütung** in entsprechender Anwendung der §§ 1-3 Abs. 1 u. 2 VBVG.

a) Aufwendungsersatz für ehrenamtliche und Berufsverfahrenspfleger (Abs. 1)

4   Der Verfahrenspfleger kann, gleichgültig, ob ehrenamtlich oder berufsmäßig tätig, Ersatz seiner **Aufwendungen** nach Maßgabe des § 1835 Abs. 1-2 BGB verlangen. Die Kosten einer Haftpflichtversicherung kann der **berufsmäßige** Pfleger nicht verlangen (§ 1835 Abs. 2 S. 2 BGB). Bei **Amts- und Vereinspflegschaft** ist Aufwendungsersatz generell ausgeschlossen. Vgl. insofern die Kommentierung zu § 1835 BGB. Der Verfahrenspfleger kann keinen Vorschuss auf Aufwendungen verlangen (Abs. 1 S. 2).

5   Wird ein **Rechtsanwalt** als Verfahrenspfleger tätig, ist es ihm grundsätzlich verwehrt, Gebühren nach dem **RVG** als **Vergütung** zu verlangen, denn auch Rechtsanwälte, die Verfahrenspflegschaften nach § 276 übernommen haben, sind danach grundsätzlich auf eine Vergütung nach diesen Vorschriften zu verweisen, zumal das RVG für eine Tätigkeit als Verfahrenspfleger nicht gilt (§ 1 Abs. 2 S. 1 RVG). Entsprechendes gilt grundsätzlich unter dem Aspekt des **Aufwendungsersatzes** (BayObLGZ 2002, 11 zur Rechtslage nach BVormVG). Denn nach § 1 Abs. 2 S. 2 RVG bleibt **§ 1835 Abs. 3 BGB** unberührt. Nach dieser Vorschrift

gelten als Aufwendungen des Vormunds oder Gegenvormunds auch solche Dienste, die zu seinem Gewerbe oder seinem Beruf gehören. Zwar betreffen die §§ 1 Abs. 1 S. 2 RVG, 1835 Abs. 3 BGB nur den Vormund. Der für die Entschädigung der Verfahrenspfleger einschlägige § 277 enthält eine Verweisung auf den Abs. 3 des § 1835 BGB gerade **nicht**. Allerdings war auch schon unter der Geltung der BRAGO, die in § 1 Abs. 2 eine mit § 1 Abs. 2 RVG identische Aufzählung enthielt, anerkannt, dass § 1835 Abs. 3 BGB auf weitere in § 1 Abs. 2 BRAGO genannte mögliche Einsatzbereiche von Rechtsanwälten anzuwenden sei; wie etwa für Insolvenzverwalter, Nachlassverwalter, Testamentsvollstrecker oder den Liquidator (vgl. die Hinweise in BVerfG FamRZ 2000, 1280, und FamRZ 2000, 1284, jeweils m. w. N.). Denn es sind Fallkonstellationen denkbar, in denen auch ein Berufsverfahrenspfleger einen Rechtsanwalt hinzugezogen hätte, dessen Gebühren er als Aufwendungen, die er für die Verfahrenspflegschaft tätigte, wieder ersetzt verlangen könnte. Daher kann nach heutiger **h.M.** (OLG München BtPrax 2008, 219; OLG Schleswig NJW-RR 2009, 79; LG Münster FamRZ 2008, 1659; OLGR Frankfurt 2006, 131; OLG Düsseldorf FamRZ 2008, 76; Prütting/Helms-Fröschle Rn 58; a.A. AG Sinzig FamRZ 2007, 1585; LG Duisburg Beschluss v. 15. 5. 2006 – 12 T 73/06) der Rechtsanwalt seine eigenen Rechtsanwaltsgebühren dann nach § 1835 Abs. 3 BGB als **Aufwendungsersatz** in Form von Vergütung nach **RVG** verlangen, wenn der konkrete Fall **vertiefte spezifische Rechtskenntnisse** erfordert und deshalb ein anderer, im Betreuungsrecht erfahrener und beruflich tätiger Verfahrenspfleger der höchsten Vergütungsstufe einen Rechtsanwalt hinzugezogen hätte (Keidel-Budde Rn 9-11; vgl. zum alten Recht BVerfG FamRZ 2000, 1280; BayObLG NJW-RR 2003, 1372; OLG Frankfurt MJOZ 2005, 3616). Gleiches gilt, wenn bereits der **Bestellungsbeschluss Hinweise auf anwaltliche oder anwaltsspezifische Tätigkeiten** enthält (Damrau/Zimmermann § 67 FGG Rn 36) oder dem Rechtsanwalt bei der Bestellung mitgeteilt worden sind (BayObLG FGPrax 2002, 68). Es ist daher, falls dies vom Entscheidungsträger gewünscht wird, **ratsam**, dies gleich bei Bestellung des Verfahrenspflegers auszusprechen (vgl. § 276 Rn 22). In diesem Fall entfällt nämlich eine gesonderte Prüfung im Kostenfestsetzungsverfahren, da sich der Rechtsanwalt auf diese Feststellung verlassen darf (OLG Schleswig NJW-RR 2009, 79).

Die Abrechnung nach RVG unterliegt jedoch den **Fristen** des § 1836 BGB i.V.m. § 2 VBVG und hat daher innerhalb von 15 Monaten zu erfolgen. Für den Beginn der Ausschlussfrist des § 2 VBVG wird allein auf das **Entstehen** des Ersatzanspruchs abgestellt. Dementsprechend ist es für den Fristbeginn unerheblich, wann der Anspruch auf Vergütung bzw. Aufwendungsersatz fällig wird oder wann es dem Ersatzberechtigten erstmals möglich oder zumutbar ist, seinen Anspruch darzulegen und zu beziffern (LG Münster FamRZ 2008, 1659).

b) Vergütung des Berufsverfahrenspflegers (Abs. 2)

Der Verfahrenspfleger erhält neben den Aufwendungen eine **Vergütung,** wenn **6** **bei** seiner Bestellung festgestellt wird, dass die Pflegschaft **berufsmäßig** geführt wird (**Abs. 2** i. V. m. § 1836 Abs. 1 BGB). Die insofern konstitutive Feststellung kann nachträglich getroffen werden (Prütting/Helms-Fröschle Rn 27; zu den **vergütungsrechtlichen** Risiken, wenn die Berufsmäßigkeit (versehentlich) nicht bei Bestellung des Verfahrenspflegers festgestellt wird vgl. § 168 Rn 2).

In welcher Höhe eine Vergütung gezahlt wird, richtet sich aufgrund Abs. 2 S. 2 nach §§ 1, 2 u. 3 Abs. 1 u. 2 VBVG, womit die Anwendbarkeit von § 1835

FamFG § 277 Buch 3 Verf. in Betreuungs- u. Unterbringungssachen

Abs. 3 BGB grundsätzlich ausgeschlossen ist (vgl. jedoch Rn 5 für Rechtsanwälte als Verfahrenspfleger). Die Höhe der Vergütung bestimmt sich nach **Zeitaufwand** und **Stundensatz** zzgl. Umsatzsteuer (§ 3 Abs. 1 VBVG). Vergütungsfähig ist nur die Tätigkeit, die sich im Rahmen des Aufgabenkreises der Verfahrenspflegschaft hält (Keidel-Budde Rn 7). Die Höhe des Stundensatzes bemisst sich nach den für die Führung der Pflegschaftsgeschäfte nutzbaren Fachkenntnissen des Pflegers sowie nach dem Umfang und den Schwierigkeiten der Pflegschaftsgeschäfte (Bumiller/Harders Rn 5); nach Keidel (Keidel-Budde Rn 6) ist dies immer der Höchstsatz. Die Abrechnung der Vergütung hat nach § 1835 BGB – genau wie die der Aufwendungen – innerhalb von 15 Monaten zu erfolgen.

4. Zahlung eines festen Geldbetrags

7   Anstelle von Aufwendungsersatz **und** Vergütung kann das Betreuungsgericht dem Verfahrenspfleger nach Einzelabrechnung eine Individualpauschale in Form eines **festen Geldbetrags** zubilligen, wenn die für die Führung der Pflegschaftsgeschäfte erforderliche Zeit vorhersehbar und ihre Ausschöpfung durch den Pfleger gewährleistet ist. Damit wird der Einzelnachweis der aufgewandten Zeit entbehrlich. Andererseits trägt der Verfahrenspfleger das Risiko, wenn sich später ein höherer Zeitaufwand herausstellt, diesen nicht mehr abrechnen zu können **(Abs. 3)**. Der Pauschbetrag wird durch Multiplikation des veranschlagten Zeitaufwands mit dem nach § 3 Abs. 1 VBVG anzuwendenden Stundensatz zuzüglich einer Aufwandspauschale von 3 € je veranschlagter Stunde berechnet (Keidel-Budde Rn 7).

5. Sonderregelungen bei Vereins- und Behördenpfleger

8   Durch **Abs. 4 Satz 1** wird dem Betreuungsverein selbst, und nicht seinem Mitarbeiter, ein Vergütungs- bzw. Aufwendungsersatzanspruch zugebilligt. Dies gilt jedoch nicht für die Betreuungsbehörde, wenn für sie ein Bediensteter tätig wird.

6. Das Verfahren zur Festsetzung der Vergütung, § 168

9   Gemäß § 277 **Abs. 5 S. 2** ist betreffend Aufwendungsersatz und Vergütung § 168 entsprechend anzuwenden. Bezüglich des Vergütungsfestsetzungsverfahrens wird auf die Kommentierung zu § 168 hingewiesen.

7. Rechtsmittel

10   Der Beschluss zur Festsetzung von Aufwendungen und Vergütung ist grundsätzlich mit der befristeten **Beschwerde** anfechtbar (§ 61). Einer Bezugnahme auf den bisher geltenden § 56g Abs. 5 FGG und der darin geregelten Anfechtbarkeit der gerichtlichen Festsetzung bedarf es nicht mehr, da die neue Regelung eine Begrenzung des Beschwerderechts des Verfahrenspflegers nicht vorsieht. Die betragsmäßige Beschränkung der **Beschwerdemöglichkeit** folgt aus § 61 Abs. 1; ein Festsetzungsbeschluss ist nur anfechtbar, wenn die Beschwer 600 € übersteigt. Gem. § 61 Abs. 3 ist jedoch die Zulassung der Beschwerde (durch das Betreuungs-

gericht) wegen **grundsätzlicher Bedeutung, Fortbildung des Rechts oder Sicherung** einer einheitlichen Rechtsprechung auch bei einem Beschwerdewert bis 600 € möglich (BT-Drucksache 16/6308 S. 266; vgl. § 61 Rn 3-6 und § 168 Rn 27). In diesem Fall ist die Beschwerde vom Betreuungsgericht zuzulassen.

Wird der Verfahrenspfleger erst vom **Landgericht** als Beschwerdegericht bestellt, und wurde die Vergütung vom Landgericht festgesetzt, so ist diese Erstentscheidung durch befristete Beschwerde zum OLG anzufechten, sofern die übrigen Beschwerdevoraussetzungen vorliegen (§ 119 Abs. 1 Nr. 2 GVG; Prütting/Helms-Fröschle Rn 72).

Kein Beschwerderecht des Verfahrenspflegers besteht allerdings gegen die Nichtfeststellung der **Berufsmäßigkeit** der Verfahrenspflegschaft (vgl. Rn 6). Da schon die Nicht-/Bestellung zum Verfahrenspfleger als Zwischenentscheidung nach § 276 Abs. 6 nicht anfechtbar ist, muss dies erst Recht für die entsprechende Feststellung der Berufsmäßigkeit gelten (Keidel-Budde Rn 5). Gleiches gilt für die Feststellung, dass ein Rechtsanwalt nicht im Rahmen seiner **Berufsausübung** bestellt wird (vgl. Rn 5; zur bisher geltenden Rechtslage: OLG Köln FamRZ 2004, 715). Der Verfahrenspfleger kann allenfalls die Übernahme der Verfahrenspflegschaft ablehnen. Wegen dieser grundsätzlichen Unanfechtbarkeit habe die **Staatskasse** und der **Betroffene** ebenfalls kein Beschwerderecht gegen die Feststellung der **Berufsmäßigkeit** des Verfahrenspflegers.

§ 278 Anhörung des Betroffenen

(1) **Das Gericht hat den Betroffenen vor der Bestellung eines Betreuers oder der Anordnung eines Einwilligungsvorbehalts persönlich anzuhören. Es hat sich einen persönlichen Eindruck von dem Betroffenen zu verschaffen. Diesen persönlichen Eindruck soll sich das Gericht in dessen üblicher Umgebung verschaffen, wenn es der Betroffene verlangt oder wenn es der Sachaufklärung dient und der Betroffene nicht widerspricht.**

(2) **Das Gericht unterrichtet den Betroffenen über den möglichen Verlauf des Verfahrens.** In geeigneten Fällen hat es den Betroffenen auf die Möglichkeit der Vorsorgevollmacht, deren Inhalt sowie auf die Möglichkeit ihrer Registrierung bei dem zentralen Vorsorgeregister nach § 78a Abs. 1 der Bundesnotarordnung hinzuweisen. **Das Gericht hat den Umfang des Aufgabenkreises und die Frage, welche Person oder Stelle als Betreuer in Betracht kommt, mit dem Betroffenen zu erörtern.**

(3) **Verfahrenshandlungen nach Absatz 1 dürfen nur dann im Wege der Rechtshilfe erfolgen, wenn anzunehmen ist, dass die Entscheidung ohne eigenen Eindruck von dem Betroffenen getroffen werden kann.**

(4) **Soll eine persönliche Anhörung nach § 34 Abs. 2 unterbleiben, weil hiervon erhebliche Nachteile für die Gesundheit des Betroffenen zu besorgen sind, darf diese Entscheidung nur auf Grundlage eines ärztlichen Gutachtens getroffen werden.**

(5) **Das Gericht kann den Betroffenen durch die zuständige Behörde vorführen lassen, wenn er sich weigert, an Verfahrenshandlungen nach Absatz 1 mitzuwirken.**

FamFG § 278 Buch 3 Verf. in Betreuungs- u. Unterbringungssachen

Übersicht

	Rn.
1. Anwendungsbereich	1
2. Verfahrenshandlungen nach Abs. 1	2
3. Verfahrenshandlungen nach Abs. 2	6
4. Weitere Verfahrenshandlungen bei der Anhörung	9
5. Zeitpunkt und Umfang der Anhörung	10
6. Anhörung im Wege der Rechtshilfe (Abs. 3)	13
7. Unterbleiben der Anhörung (Abs. 4)	16
8. Vorführung des Betroffenen (Abs. 5)	17
9. Anwesenheit Dritter bei der Anhörung; Öffentlichkeit	19
10. Rechtsmittel	23
11. Beschlussformel	24

1. Anwendungsbereich

1   Die Anhörung des Betroffenen ist zunächst im Allgemeinen Teil (§ 34) geregelt. Für die Anhörungen in **Betreuungssachen** gilt: § 278 regelt nur die Verfahren, die die **Betreuerbestellung** (§ 1896 Abs. 1 S. 1 BGB) und die Anordnung eines **Einwilligungsvorbehalts** (§ 1903 Abs. 1 S. 1 BGB) zum Gegenstand haben. Durch Verweisung auf die Verfahrensnormen der Erstbestellung findet § 278 Anwendung, z.B. bei Verfahren nach § 293 (Erweiterung der Betreuung und des Kreises der einwilligungsbedürftigen Willenserklärungen) und nach § 295 (Verlängerung der Betreuung und des Kreises der einwilligungsbedürftigen Willenserklärungen). Sondervorschriften zur Anhörungspflicht des Betroffenen enthalten § 296 (Entlassung und Neubestellung des Betreuers), § 297 (Sterilisation), § 298 (Maßnahmen nach § 1904 BGB), § 299 (Verfahren nach § 1908i Abs. 1 S. 1 BGB und nach § 1907 BGB) und § 319 (Unterbringungssachen).

Im Übrigen gelten für Art, Form und Umfang der **Anhörung** des Betroffenen Art. 103 Abs. 1 GG und § 26. Über die Anhörung des Betroffenen ist ein Vermerk (**Protokoll**) nach § 28 Abs. 4 zu fertigen (vgl. § 319 Rn 5, 6). Die Anhörung erfolgt **nichtöffentlich** (vgl. Rn 19 ff und § 319 Rn 7).

2. Verfahrenshandlungen nach Abs. 1

2   Gem. Abs. 1 S. 1 klärt das Gericht **vor der Bestellung eines Betreuers** oder **der Anordnung eines Einwilligungsvorbehalts** den Sachverhalt dadurch auf, dass es den Betroffenen **persönlich** (mündlich) **anhört** und nach Abs. 1 S. 2 sich durch Inaugenscheinnahme von dem Betroffenen einen **persönlichen Eindruck** verschafft. Eine Übertragung durch Kamera/Mikrofon ist wegen der fehlenden Unmittelbarkeit wohl nicht zulässig (Prütting/Helms-Fröschle, Rn 11). § 68 FGG sprach hier noch von einem unmittelbaren Eindruck; hierdurch soll jedoch keine Änderung der Rechtslage geschaffen werden (BT-Drucksache 16/6308, 267). Die Anhörung **und** Verschaffung eines persönlichen Eindrucks durch das Gericht konkretisieren die Amtsermittlungspflicht des Gerichts nach § 26. Sie bilden eigene Erkenntnisquellen und gehen damit über die Pflicht zur Gewährung rechtlichen Gehörs nach Art. 103 GG hinaus (vgl. § 26 Rn 2). LG Kleve (FamRZ 2009, 1245) ist auch in den an sich zulässigen Fällen der Anhörung im Wege der Rechtshilfe bei einstweiliger Anordnung (§§ 301, 302) der Auffassung, dass es für

den Richter zumutbar ist, einen eine Stunde entfernten Ort aufzusuchen; tut er das nicht und bedient sich eines **ersuchten Richters**, ist die betreuungsgerichtliche Genehmigung der Unterbringung mangels Einholung eines persönlichen Eindrucks rechtswidrig und daher aufzuheben.

Abs. 1 S. 3 regelt den Ort, an dem sich das Gericht den persönlichen Eindruck 3 zu verschaffen hat. Ob dies in der **üblichen Umgebung** des Betroffenen (z. B. Wohnung, Krankenhaus, Altenheim) oder im Gerichtsgebäude geschieht, entscheidet das Gericht nach pflichtgemäßem Ermessen („soll") im Rahmen einer Gesamtabwägung von Zweckmäßigkeit (Schwierigkeiten für den Betroffen zu Gericht zu erscheinen), dessen Verlangen und im Hinblick auf die Frage, welche Erkenntnisse das Gericht von der Persönlichkeit, dem sozialen Umfeld und den eigenen Angelegenheiten des Betroffenen erwarten kann. Die **Notwendigkeit zur eigenen Sachverhaltsaufklärung** des Gerichts wird daher häufig die Anhörung in der üblichen Umgebung des Betroffenen verlangen. Hat das Gericht davon abgesehen, den Betroffenen in seiner üblichen Umgebung anzuhören, so muss es diesen Ermessensgebrauch im Beschluss begründen (Keidel-Budde Rn 4).

Widerspricht jedoch der Betroffene der Anhörung in seiner üblichen Umge- 4 bung, so hat sie dort zu unterbleiben. Über den Widerspruch braucht weder belehrt zu werden, noch ist er befristet. Er muss auch vom Betroffenen nicht begründet werden; er kann sogar konkludent erklärt werden. Die Einschränkung der Amtsermittlung vor Ort im Hinblick auf den Schutz der Intimsphäre des Betroffenen kann dazu führen, dass in Grenzfällen eine Betreuung nicht angeordnet werden kann (Damrau/Zimmermann § 68 FGG Rn 11).

Die Nichtbeachtung des **Abs. 1** ist ein Verfahrensfehler, der das Beschwerdegericht in aller Regel zur Aufhebung der Entscheidung nötigt (BayObLG Rpfleger 1993, 339, 340; OLG Hamm FGPrax 1996, 183).

Die Anhörung wird sich im Allgemeinen mit folgenden Fragen zu befassen 5 haben:
- Erforderlichkeit der Betreuungsmaßnahme (u. a. Defizite des Betreuten, welche Angelegenheiten kann der Betroffene nicht mehr besorgen, Auswahl eines Betreuers, Bestehen einer Vollmacht, welche Hilfen stehen zur Verfügung),
- die Feststellung der zu beteiligenden Dritter im Sinne des § 279,
- ist ein Verfahrenspfleger zu bestellen; ggf. wen wünscht sich der Betroffene,
- welche Vorschläge, Wünsche oder Vorstellungen hat der Betroffene zur Person des Betreuers (Keidel-Budde Rn 8; Coeppicus FamRZ 1991, 892 ff; Damrau/Zimmermann § 68 FGG Rn 18 ff.; KG FGPrax 1995, 110).

Zu den weiteren Verfahrenshandlungen und Mitteilungen bei der Anhörung vgl. Rn 9.

3. Verfahrenshandlungen nach Abs. 2

Abs. 2 S. 1 verpflichtet das Gericht, den Betroffenen über den möglichen 6 **Verlauf des Verfahrens** zu unterrichten. Weder Form noch Zeitpunkt sind gesetzlich festgelegt, um dem Gericht die Möglichkeit zu geben, den Besonderheiten des Einzelfalls Rechnung zu tragen. Regelmäßig wird dies möglichst frühzeitig und persönlich zu geschehen haben. Der Verfahrensgang ist häufig mit Blick auf den Zustand des Betroffenen schriftlich kaum zu vermitteln.

Nach **Abs. 2 S. 2** soll in geeigneten Fällen auf die Möglichkeit einer **Vorsorge-** 7 **vollmacht** und deren Inhalt hingewiesen werden. Damit kann nur gemeint sein,

FamFG § 278 Buch 3 Verf. in Betreuungs- u. Unterbringungssachen

dass ein möglicher Inhalt besprochen wird. Es bleibt dem Betroffenen dann selbst überlassen, ggf. nach fachkundiger Beratung dazu berufener Stellen und Institutionen, über das Ob und Wie der Ausgestaltung zu entscheiden. Das Gericht hat bei diesem Gespräch auch auf die Möglichkeit der **Registrierung** der Vorsorgevollmacht bei dem zentralen Vorsorgeregister nach § 78a Abs. 1 der Bundesnotarordnung hinzuweisen. Diese Verfahrenshandlung kann durch den ersuchten Richter erfolgen (Bumiller/Harders Rn 8).

8 **Abs. 2 S. 3** ist aus der bisherigen Regelung in § 68 Abs. 5 FGG hervorgegangen, welcher das sog. **Schlussgespräch** regelte. Die Neuregelung **verzichtet** auf eine gesonderte Bestimmung über **das Schlussgespräch**. Soweit das Schlussgespräch nach bisherigem § 68 Abs. 5 FGG der Gewährung rechtlichen Gehörs diente und sicherstellen sollte, dass das Ergebnis der Ermittlungen (durch Anhörungen, Gutachtenseinholung usw.) vor Erlass einer Entscheidung dem Betroffenen mitgeteilt wird, ergeben sich diese Anforderungen bereits aus § 37 Abs. 2 und § 34 Abs. 1. Im Einzelfall kann die Sachverhaltsaufklärungspflicht (§ 26) einen gesonderten Termin in Form eines Schlussgesprächs zur Erörterung der gewonnenen Erkenntnisse erforderlich machen (zum zweckmäßigen Zeitpunkt der Anhörung vgl. Rn 10). Die Regelung eines Schlussgesprächs in **einem eigenen Verfahrensabschnitt** war daher **verzichtbar**. Dieses konnte auch nach bisherigem § 68 Abs. 5 S. 2 FGG in einem Termin mit der Anhörung und Verschaffung eines persönlichen Eindrucks erfolgen. Das entsprach auch der weit überwiegenden Handhabung in der Praxis.

Nach **Abs. 2. S. 3** müssen bei der Anhörung des Betroffenen die Frage, welcher **Umfang** des Aufgabenkreises und welche **Person** oder Stelle als Betreuer konkret in Betracht kommt, besprochen werden.

4. Weitere Verfahrenshandlungen bei der Anhörung

9 Weiter sind dem Betroffenen das **Ergebnis der Ermittlungen** (evtl. Anhörungen/Stellungnahmen Dritter [§ 279], Gutachteneinholung [§ 280] usw.), soweit hiervon nicht aus gewichtigen Gründen abgesehen werden soll, bei der Anhörung bekannt zu geben. Diese Pflicht ergibt sich aus § 37 Abs. 2. In Betreuungssachen ist es grundsätzlich erlaubt, rechtliches Gehör durch Übersendung von Anhörungsprotokollen, Sachverständigengutachten usw. zu gewähren. Grundsätzlich müssen Sachverständigengutachten und andere Ermittlungsergebnisse (BayObLG BtPrax 1994, 29) in vollem Umfang auch an den Betroffenen herausgegeben werden; die Übersendung an den Verfahrenspfleger allein genügt nicht, wenn nicht die Voraussetzungen des **Abs. 4** gegeben sind (vgl. Rn 16; BayObLG FamRZ 1994, 1059). Dennoch muss das **Ergebnis der Ermittlungen** mit dem Betroffenen bei der Anhörung nach § 37 Abs. 2 auch mündlich **erörtert** werden.

5. Zeitpunkt und Umfang der Anhörung

10 Wenn all diese Inhalte – Verschaffung des persönlichen Eindrucks, Anhörung zur Fragenerörterung nach Abs. 1 und Abs. 2 S. 3 sowie die **Mitteilung der Ermittlungen** (die durch Anhörungen, Gutachteneinholung usw. erlangt wurden) – in **einem einzigen** Anhörungstermin vermittelt werden sollen, erscheint es zweckmäßig, dass die Anhörung des Betroffenen eher **am Ende** des Betreuungsverfahrens erfolgt (im Einzelfall kann § 26 auch eine Anhörung zu Beginn

des Betreuungsverfahrens erforderlich machen; vgl. hierzu BGH BtPrax 2007, 167). Problematisch erscheint eine einzige Anhörung gegen Ende des Betreuungsverfahrens vor dem Hintergrund, dass in diesem Fall der Betroffene nicht frühzeitig auf das Betreuungsverfahren z.B. auf die Wahl des Betreuers Einfluss nehmen kann. Unter diesem Aspekt ist es im Regelfall angebracht (aber auch ausreichend), den Betroffenen zu Beginn des Betreuungsverfahrens (in geeigneten Fällen ggf. schriftlich) über die Einleitung des Verfahrens und den Verfahrensverlauf zu informieren, um nach Durchführung der ersten Ermittlungen einen umfassenden Anhörungstermin abhalten zu können. Die Anhörung muss **im** Betreuungsverfahren erfolgen; der Eindruck, den der Betreuungsrichter vor Einleitung des Betreuungsverfahrens, z.B. in seiner Eigenschaft als Familienrichter anlässlich eines Termins von dem Betroffenen gewonnen hat, kann die gem. **Abs. 1** erforderliche Anhörung nicht ersetzen (OLG Köln BeckRS 2007, 13051).

Das Gericht muss, wenn die Anhörung in **einem** Termin erfolgt, **zusammenfassend** 11
- in einem **ersten Schritt** Alternativen einer Betreuung (Vorsorgevollmachten), die Frage der Verfahrenspflegerbestellung, mögliche (weitere) Ermittlungen, den Verlauf des Verfahrens usw. (vgl. im Einzelnen Rn 5-7) mit dem Betroffenen besprechen
- und **sodann** das Ergebnis der Anhörung in Form seines persönlichen Eindrucks, das Sachverständigengutachten oder ärztliche Zeugnis, mögliche weitere Ermittlungen und Stellungnahmen Dritter, den Umfang des Aufgabenkreises, die Frage, welche Person oder Stelle als Betreuer vorgesehen ist usw. (vgl. im Einzelnen Rn 8-9) mit dem Betroffenen mündlich erörtern.

Die Anhörung hat jedenfalls dann in diesem Umfang zu erfolgen, soweit dies zur Gewährung des rechtlichen Gehörs oder zur Sachaufklärung **erforderlich** ist (Maßstab: § 26 Amtsermittlung), was regelmäßig der Fall sein wird, wenn der Betroffene konkrete Einwendungen gegen die tatsächlichen Grundlagen des Sachverständigengutachtens erhebt (BayObLG FamRZ 1994, 1059). Das Gutachten muss dem Betroffenen zuvor rechtzeitig übersandt werden (OLG Düsseldorf BtPrax 1996, 188; OLG Schleswig BtPrax 2008, 43; OLG Frankfurt FamRZ 2008, 1477). Rechtzeitig bedeutet, dass der Betroffene vor der Anhörung Gelegenheit hat, sich mit dem Gutachten des Sachverständigen auseinander zu setzen. Regelmäßig dürfte der Betroffene im ersten Anhörungstermin durch die Erstattung des mündlichen Gutachtens ohne vorherige Ankündigung überfordert sein (KG BtPrax 2008, 38). Unter den Voraussetzungen des **Abs. 4** kann **ausnahmsweise** von der Bekanntmachung des Inhalts des Gutachtens wegen abgesehen werden (vgl. Rn 16; OLG München Rpfleger 2006, 16). In diesem Fall muss dem Betroffenen allerdings ein Verfahrenspfleger bestellt werden (§ 276).

Stellt sich bei der Anhörung/Erörterung noch weiterer Ermittlungsbedarf 12 heraus, so gebietet § 26 die Durchführung dieser Ermittlungen. Das Ergebnis ist sodann erneut mit dem Betroffenen in einer weiteren Anhörung zu erörtern (rechtliches Gehör nach § 37 Abs. 2).

6. Anhörung im Wege der Rechtshilfe (Abs. 3)

Verfahrenshandlungen nach Abs. 1 dürfen grundsätzlich nicht im Wege der 13 Rechtshilfe erfolgen. Ausnahmsweise darf das erkennende Gericht von einer eigenen persönlichen Anhörung und der Verschaffung des persönlichen Eindrucks

FamFG § 278 Buch 3 Verf. in Betreuungs- u. Unterbringungssachen

absehen und einen **ersuchten Richter** beauftragen, wenn anzunehmen ist, dass das Gericht die Entscheidung ohne eigenen Eindruck vom Betroffenen treffen kann. Daraus wird das Schluss gezogen, dass es, anders als nach dem bisher geltenden § 68 Abs. 1 FGG, auch beim **kommunikationsfähigen** Betroffene ausreichend ist, wenn das Gericht aufgrund der **protokollierten Feststellungen** des ersuchten Richters eine Endentscheidung treffen kann (Prütting/Helms-Fröschle, Rn 27). Damit sind die Fälle der Rechtshilfe nicht mehr auf atypische Fälle (z.B. wenn der Betroffene bewusstlos in einer weit entfernten Klinik liegt und der ersuchte Richter dem erkennenden Richter den Zustand des Betroffenen einfach vermitteln kann) beschränkt (a.A. Keidel-Budde Rn 6).

Geht es um die erstmalige Anordnung einer Betreuung, bei der der persönliche Eindruck von der betroffenen Person zentrale Bedeutung hat und zwar sowohl für die Erforderlichkeit der Betreuung als auch für die Bestimmung der Aufgabenkreise und für die Auswahl des Betreuers, stellt sich ein **Rechtshilfeersuchen** des zuständigen Betreuungsgerichts auf Anhörung des Betroffenen als Fehlgebrauch des eingeräumten Ermessens dar (OLG Stuttgart BWNotZ 2007, 39). Der ersuchte Richter seinerseits ist allerdings **nicht berechtigt**, mit der Begründung, die Voraussetzung des **Abs. 3** läge nicht vor, das Ersuchen abzulehnen (BayObLG FamRZ 1993, 450, 460; OLG Frankfurt FamRZ 1993, 1221, 1222; OLG Hamm FGPrax 1996, 183; Keidel-Budde Rn 6). Der Antrag darf von dem ersuchten Gericht nur verweigert werden, wenn das Rechtshilfeersuchen offensichtlich rechtsmissbräuchlich ist (OLG Köln FamRZ 2004, 818). In einer Betreuungssache darf ein Rechtshilfeersuchen um Anhörung des Betroffenen an seinem **Zweitwohnsitz** nicht als **unzweckmäßig** abgelehnt werden, z.B. mit der Begründung, das ersuchende Gericht könne den Betroffenen ebenso gut zur Anhörung an seinem Hauptwohnsitz vorladen (OLG München BtPrax 2005, 199).

Wenn der Betroffene sich **nicht mehr** im Bezirk des ersuchten Gerichts aufhält, hat sich die Sache verfahrensmäßig überholt und damit erledigt. Das ersuchte Gericht ist nicht mehr in der Lage, dem Rechtshilfeersuchen zu entsprechen und kann die Sache ohne weiteres dem ersuchenden Gericht **zurücksenden** (BayObLG FamRZ 2005, 640).

14 Wenn der Betroffene sich nicht nur vorübergehend im **Ausland** aufhält, erfolgen die Verfahrenshandlungen nach **Abs. 1** im Wege der internationalen Rechtshilfe. Zur Abgabe des Verfahrens an ein ausländisches Gericht vgl. § 104 Rn 6.

15 Für **Beschwerdeverfahren** gelten Verfahrenshandlungen nach Abs. 1 S. 1 entsprechend (vgl. § 68 Abs. 3 S. 1 dort Rn 6 ff). Die Anhörung des Betroffenen darf nicht – anders als früher in § 69g Abs. 5 S. 2 FGG geregelt – durch **den beauftragten Richter** (einer Beschwerdekammer) erfolgen, denn § 68 Abs. 4 verweist nur auf § 526 ZPO (Einzelrichter) und nicht auf § 527 ZPO (vorbereiteter Einzelrichter; vgl. § 68 Rn 12, 13; Keidel-Budde § 68 Rn 110; **a.A.** wohl Bumiller/Harders Rn 7: Anhörung „*soll nicht*" durch den beauftragten Richter erfolgen u. die Rechtsprechung zur Rechtlage nach FGG: z.B. OLGR Rostock 2006, 729 und BayObLG BtPrax 2005, 75). Im Übrigen kann das Beschwerdegericht von einer **erneuten** Anhörung absehen, wenn die des Betreuungsgerichts vor nicht allzu langer Zeit erfolgte und von ihr keine zusätzlichen Erkenntnisse zu erwarten sind (Bumiller/Harders Rn 7).

7. Unterbleiben der Anhörung (Abs. 4)

Während das Gericht nicht davon absehen kann, sich einen **persönlichen** 16 **Eindruck** von dem Betroffenen nach **Abs. 1** zu verschaffen (Keidel-Budde Rn 3), sieht das Gesetz in zwei Fällen das **Unterbleiben** der persönlichen **Anhörung** vor:

Sind aufgrund eines eingeholten ärztlichen **Gutachtens** (ärztliches Zeugnis oder/und Attest reichen **nicht**) erhebliche **gesundheitliche Nachteile** für den Betroffenen zu besorgen, kann von der persönlichen Anhörung abgesehen werden (§§ 34 Abs. 2 i.V.m. 278 Abs. 4). Es muss die Gefahr einer schwerwiegenden, insbesondere irreversiblen oder lebensgefährlichen gesundheitlichen Beeinträchtigung bestehen (Keidel-Budde Rn 9), die konkret darzulegen ist. In diesem Fall wird sich das Gericht aber grundsätzlich einen **persönlichen Eindruck** vom Betroffenen verschaffen müssen. Dies kann jedoch nicht ausnahmslos gelten, wenn nämlich allein die Kontaktaufnahme durch das Gericht schon mit diesen Nachteilen verbunden ist; in diesem Fall kann auf die Verschaffung eines persönlichen Eindrucks verzichtet werden (Prütting/Helms-Fröschle, Rn 35).

Weiterhin dann, wenn das Gericht aufgrund seines eigenen von ihm gewonnenen **persönlichen Eindrucks**, wobei bei Zweifeln das Gericht einen Sachverständigen zuziehen wird (was allerdings nicht zwingend ist), der Betroffene nicht in der Lage ist, seinen Willen kundzutun (**§ 34 Abs. 2**). Grundsätzlich kann nur durch **richterlichen Augenschein** festgestellt werden, ob die persönliche Anhörung unterbleiben kann, weil der Betroffene nicht in der Lage ist, seinen Willen kundzutun (KG BtPrax 2008, 38).

Sofern in den Unterfällen a) oder b) ein Gutachten eingeholt wird, gilt § 29 (Strengbeweis; BT-Drucksache 16/6308, 267). Dieses Gutachten sollte im Rahmen und unter den Voraussetzungen des Gutachtens nach § 280 erstellt werden (Keidel-Budde Rn 9).

In jedem Fall ist das Absehen von der Anhörung in der Entscheidung konkret zu begründen, um der Beschwerdeinstanz eine Überprüfung zu ermöglichen. Ist die Anhörung vor Abschluss des Verfahrens möglich, kann sich die Notwendigkeit der Nachholung aus § 26 FamFG, Art. 103 Abs. 1 GG ergeben.

Bei einem durch **Abs. 4** gedeckten Absehen von einer Anhörung ist ein Verfahrenspfleger zu bestellen (vgl. § 276 Rn 5), der die Rechte des Betroffenen wahrnehmen soll. Liegen jedoch die Voraussetzungen des Abs. 4 nicht vor, kann die gleichwohl aus diesem Grund erfolgte Bestellung eines Verfahrenspflegers die Pflicht zur persönlichen Anhörung und zur Verschaffung eines persönlichen Eindrucks nicht ersetzen (BayObLG BeckRS 2001 30227394).

8. Vorführung des Betroffenen (Abs. 5)

Das Gesetz enthält keine nähere Regelung der Voraussetzung der zwangsweisen 17 Vorführung des Betroffenen im Falle der Weigerung, an Verfahrenshandlungen nach Abs. 1 (persönliche Anhörung und persönlicher Eindruck) mitzuwirken. Der Grundsatz der Verhältnismäßigkeit erfordert jedoch, dass ausreichend **Anknüpfungstatsachen** vorliegen, die eine solche Maßnahme als Eingriff in das Persönlichkeitsrecht des Betroffenen rechtfertigen. Er muss daher zuvor schon einmal geäußert/gezeigt haben, dass er nicht mitwirken wird. Von einer Nichtmit-

FamFG § 278 Buch 3 Verf. in Betreuungs- u. Unterbringungssachen

wirkung ist auszugehen, wenn der Betroffene trotz nachgewiesener Ladung zum Anhörungstermin nicht erscheint bzw. der Anhörungsperson den Zutritt zu seiner Wohnung verweigert. Die Vorführung nach Abs. 5 wird nicht durch den Gerichtsvollzieher sondern durch die zuständige Fachbehörde (§ 1 BtBG) durchgeführt. Keinen Eingang in die Neuregelung hat § 68 Abs. 4 FGG gefunden. Die Möglichkeit der Hinzuziehung eines Sachverständigen zum Anhörungstermin gem. dem bisherigen § 68 Abs. 4 S. 1 FGG ist entbehrlich. Da nach § 280 Abs. 2 der Sachverständige den Betroffenen persönlich zu untersuchen und zu befragen hat und außerdem für die Einholung eines Sachverständigengutachtens nach dieser Vorschrift das Strengbeweisverfahren gilt, kann das Gericht den Sachverständigen schon zum Anhörungstermin bestellen. Der bisherige § 68 Abs. 4 S. 2 FGG, der die Möglichkeit der Anwesenheit einer Vertrauensperson des Betroffenen regelte, ist im Hinblick auf § 12 entbehrlich, denn der Betroffene kann jederzeit mit einer ihm vertrauten Person als Beistand erscheinen.

Wenn es sich bei dem Betroffenen um einen **Rechtsanwalt** handelt und das Verfahren auf Bestellung eines Betreuers nur dem Zwecke dient, die Durchführung eines **anwaltsgerichtlichen** Verfahrens zu ermöglichen, kann die **Anhörung durch Vorführung nicht erzwungen** werden. Denn nach § 117 BRAO darf ein Rechtsanwalt zur Durchführung eines solchen Verfahrens weder vorläufig festgenommen noch verhaftet oder vorgeführt werden. Er kann auch nicht zur Vorbereitung eines Gutachtens über seinen psychischen Zustand in ein psychiatrisches Krankenhaus verbracht werden. Die sich hieraus ergebenden Nachteile einer gerichtlichen Entscheidung ohne persönliche Anhörung und auf Gutachtenbasis nach Aktenlage werden dafür in Kauf genommen (OLG Stuttgart FGPrax 2007, 47).

Funktional zuständig für die Anordnung der Vorführung ist immer der Richter, auch wenn es um die Durchsetzung einer Anhörung geht, für die der Rechtspfleger zuständig ist (Keidel-Budde Rn 10).

Führt die Betreuungsbehörde auf Ersuchen des Gerichts einen Betroffenen zur gerichtlichen Anhörung vor, so sind ihr die hierdurch entstandenen **Kosten aus der Staatskasse** zu ersetzen. Wird die Betreuungsbehörde im Rahmen des Ersuchens ermächtigt, auch gegen den Willen des Betroffenen dessen Wohnung zu öffnen, kann sie auch die Kosten eines Schlüsseldienstes ersetzt verlangen (OLG Köln BeckRS 2004 11549; a.A. für d. Vorführung des Betroffenen zur Begutachtung LG Freiburg [Breisgau] Beschluss v. 14. 10. 2002 – 4 T 212/02 – n.v.).

18 Anders als im § 283 Abs. 3 S. 1 u. Abs. 2 **fehlt** in **Abs. 5** das Erfordernis einer richterlichen Ermächtigung, die **Wohnung** des Betroffenen ggf. gegen seinen Willen zu betreten – Art 13 Abs. 2 GG (**Richtervorbehalt**) und **Gewalt** anzuwenden. Wieso dies in **Abs. 5** nicht ebenfalls geregelt wurde, ist nicht nachvollziehbar. Jedenfalls kann unter Zugrundelegung des Rechtsgedankens des vergleichbaren § 283 Abs. 3 u. Abs. 2 die Betreuungsbehörde ermächtigt werden, **Gewalt** anzuwenden und die **Wohnung** zu betreten (Keidel-Budde Rn 11; a.A. Prütting/Helms-Fröschle, Rn 40: Vorführung hat zu unterbleiben). An dieser Stelle ist auf den Beschluss des **BVerfG** vom 21. 8. 2009 (FamRZ 2009, 1814 m. Anm. Leibold S. 1984) zum Betreten einer Wohnung ohne gesetzliche Ermächtigungsgrundlage hinzuweisen (im konkreten Fall noch nach alter Rechtslage zur Vorführung zur Begutachtung nach § 68b Abs. 3 S. 1 FGG). Hier hat das BVerfG das Betreten der Wohnung eines Betroffenen wegen Verstoßes gegen Art 13 GG als verfassungswidrig angesehen, da § 68b Abs. 3 S. 1 FGG (der insofern dem Wortlaut dem § 278 Abs. 5 entspricht) für die Erlaubnis zu einer Durchsuchung

keine Rechtsgrundlage dargestellt habe. Weder der Wortlaut der Vorschrift, der allein von einer Vorführung spreche, noch die Entstehungsgeschichte würden erkennen lassen, dass vom Regelungszweck ein Eingriff in die durch Art. 13 Abs. 1 GG geschützte Wohnung umfasst sein soll. Allerdings lässt die entsprechende Regelung in den vergleichbaren §§ 283 Abs. 3 S. 1 und § 284 Abs. 3 S. 1 den Schluss zu, dass ein solches Betretensrecht bei nicht mitwirkungsbereiten Betroffenen immer gegeben sein soll. Anders als beim früheren § 68b Abs. 3 FGG handelt es sich bei dem Nichtverweis in § 278 Abs. 5 auf § 283 Abs. 3 daher um ein redaktionelles Versehen des Gesetzgebers.

9. Anwesenheit Dritter bei der Anhörung; Öffentlichkeit

Ausgangspunkt des FamFG ist, dass die freiwillige Gerichtsbarkeit neben der streitigen Zivilgerichtsbarkeit und der Strafgerichtsbarkeit eigenständiger Bestandteil der ordentlichen Gerichtsbarkeit ist und dass die Vorschriften des **GVG für die freiwillige Gerichtsbarkeit unmittelbar** gelten. 19

Nach § 170 GVG ist die Anhörung grundsätzlich **nicht öffentlich** (Prütting/Helms-Fröschle, Rn 15). Die bisherige Regelung des § 68 Abs. 4 S. 3 FGG, nach der in Betreuungs- und Unterbringungssachen auf Verlangen des Betroffenen einer **Person seines Vertrauens** die Anwesenheit zu gestatten ist, ist nunmehr in § 170 Abs. 1 S. 3 GVG geregelt. Andere Personen dürfen nach pflichtgemäßem Ermessen des Gerichts teilnehmen, sofern der Betroffene nicht widerspricht § 170 Abs. 1 S. 2 GVG. Damit kann der Betroffene auch verhindern, dass sonstige **Beteiligte** des Verfahrens (vgl. § 274), auch der (künftige) **Betreuer**, an der Anhörung teilnehmen (Keidel-Budde Rn 5). Das Gericht kann die Anwesenheit von Personen – mit Zustimmung des Betroffenen – zu **Ausbildungszwecken** zulassen. 20

Es steht im pflichtgemäßem Ermessen des Gerichts, wann es den von ihm ausgewählten (od. mehrere) **Sachverständigen** hinzuzieht. Im Interesse sachgerechter Ermittlungen kann es geboten sein, den Sachverständigen in einem sehr frühen Verfahrensstadium und/oder der Anhörung hinzuzuziehen (Bienwald § 68 FGG Rn 27). Dies ist auch gegen den Willen des Betroffenen möglich, da der Sachverständige vom Gericht bestellt wird und damit keine andere Person i. S. d. § 170 Abs. 1 S. 2 GVG ist. 21

Der **Verfahrenspfleger/Bevollmächtigte** hat infolge seiner Verfahrensstellung als Beteiligter **besonderer Art** ein Anwesenheitsrecht auch gegen den Widerspruch des Betroffenen, da er sonst seine Aufgabe nicht wahrnehmen kann (Keidel-Budde Rn 5). Er ist keine andere Person i. S. d. § 170 Abs. 1 S. 2 GVG. Bei unfreiwilliger Abwesenheit des Verfahrenspflegers ist die Anhörung zu vertagen oder auf Verlangen zu wiederholen (BayObLG Rpfleger 2002, 24; zur Stellung des Verfahrenspfleger vgl. die Kommentierung zu § 276; insbes. Rn 18). 22

10. Rechtsmittel

Die Anordnung der Anhörung und die Androhung der Vorführung, die nicht mehr zwingend ist, ebenso wie ihre Anordnung sind **nicht anfechtbar** (Keidel-Budde Rn 11; zur nach früherem Recht geltenden gegenteiligen Rechtsprechung, die aus § 68 Abs. 3 FGG folgte, vgl. BayObLG FamRZ 1997, 1568; LG Berlin BtPrax 1999, 112). Der anderen Auffassung, dass § 33 Abs. 3 S. 5 entsprechend anwendbar sei und dass somit die sofortige Beschwerde eröffnet sei (Prütting/ 23

FamFG § 279 Buch 3 Verf. in Betreuungs- u. Unterbringungssachen

Helms-Fröschle, Rn 42), ist abzulehnen, da hier § 58 Abs. 2 klar regelt, dass eine Zwischenentscheidung nur im Zusammenhang mit der Hauptentscheidung anfechtbar ist. Zu der Ausnahme vgl. § 58 Rn 11 u. § 280 Rn 23. Zur Möglichkeit der Anfechtung einer unanfechtbaren Zwischenentscheidung mittels **Verfassungsbeschwerde** vgl. § 58 Rn 22.

11. Beschlussformel

24 „Der/Die Betroffene ..... ist zu seiner/ihrer persönlichen Anhörung und/oder zur Schaffung eines persönlichen Eindrucks zur Prüfung der Notwendigkeit der Anordnung einer Betreuung (bzw. eines Einwilligungsvorbehalts usw.) durch die Betreuungsbehörde .... dem Betreuungsgericht..... vorzuführen. (Hinweis: Der Beschluss ist unanfechtbar, sofortige Wirksamkeit muss nicht angeordnet werden.)
Termin zur Anhörung des Betroffenen wird bestimmt auf: _____, _____ Uhr, im Gerichtsgebäude....
Ggf.: Der Betreuungsbehörde .... wird gestattet, bei der Vorführung Gewalt anzuwenden. Die Betreuungsbehörde .... ist befugt, hierbei erforderlichenfalls um die Unterstützung der polizeilichen Vollzugsorgane nachzusuchen.
Ggf.: Der Betreuungsbehörde .... und den diese unterstützenden polizeilichen Vollzugsorganen wird gestattet, die Wohnung des/der Betroffenen zum Zwecke der Vorführung auch gegen dessen/deren Willen zu betreten und sich ggf. gewaltsam Zutritt hierzu zu verschaffen."

§ 279 Anhörung der sonstigen Beteiligten, der Betreuungsbehörde und des gesetzlichen Vertreters

(1) Das Gericht hat die sonstigen Beteiligten vor der Bestellung eines Betreuers oder der Anordnung eines Einwilligungsvorbehalts anzuhören.

(2) Das Gericht hat die zuständige Behörde vor der Bestellung eines Betreuers oder der Anordnung eines Einwilligungsvorbehalts anzuhören, wenn es der Betroffene verlangt oder es der Sachaufklärung dient.

(3) Auf Verlangen des Betroffenen hat das Gericht eine ihm nahestehende Person anzuhören, wenn dies ohne erhebliche Verzögerung möglich ist.

(4) Das Gericht hat im Fall einer Betreuerbestellung oder der Anordnung eines Einwilligungsvorbehalts für einen Minderjährigen (§ 1908a des Bürgerlichen Gesetzbuchs) den gesetzlichen Vertreter des Betroffenen anzuhören.

1. Anwendungsbereich

1 Gegenstand der Regelung sind die Verfahren, die die **Betreuerbestellung** oder die Anordnung eines **Einwilligungsvorbehalts** betreffen. Durch Verweisung auf die Verfahrensnormen der Erstbestellung findet § 279 Anwendung, z.B. bei Verfahren nach § 293 (Erweiterung der Betreuung und des Kreises der einwilligungsbedürftigen Willenserklärungen) und nach § 295 (Verlängerung der Betreuung und des Kreises der einwilligungsbedürftigen Willenserklärungen). Für entsprechend anwendbar erklärt ist diese Norm in Verfahren nach § 294 (Aufhebung der Betreuung und des Einwilligungsvorbehalts) und nach § 296 (Entlassung des

Betreuers). Eigene Anhörungsvorschriften für Dritte befinden sich in § 297 (Sterilisation), § 298 (Maßnahmen nach § 1904 BGB) und § 320 (Unterbringungssachen). Darin wird jeweils bestimmt, in welchem Umfang die zuständige Behörde und Dritte in dem genannten Verfahren zur Sachaufklärung zu hören sind.
Die Anhörungen sind **Auskunftsmittel**, keine Beweisaufnahmen. Die Angehörten sind keine Zeugen und zur Äußerung nicht verpflichtet (soweit sich aus anderen Vorschriften nichts anderes ergibt, vgl. § 8 BtBG). Da eine bestimmte Form nicht vorgeschrieben ist, steht es im pflichtgemäßen Ermessen des Gerichts, ob es mündlich in einem Termin, **schriftlich** (KG FGPrax 1995, 110) oder in sonstiger Weise (Keidel-Budde Rn 2), sogar **telefonisch** (Prütting/Helms-Fröschle Rn 8) anhört. Soll den zu beteiligenden Personen keine Gelegenheit zur Äußerung gegeben werden, ist dies in der Endentscheidung oder in einer gesondert ergehenden Entscheidung zu begründen (OLG Hamm Rpfleger 1993, 338). Die Anhörung kann ggf. im Wege der **Rechtshilfe** erfolgen; Grenze: § 26 (Prütting/Helms-Fröschle Rn 31).

2. Anhörung der Beteiligten

Abs. 1 ordnet die Anhörung der zum Verfahren **hinzugezogenen Beteiligten** im Sinne des § 274 (vgl. zum Beteiligtenbegriff d. Kommentierung in § 274) an. Das sind die Muss-Beteiligten (vgl. § 274 Rn 3-10) außer dem Betroffenen – für ihn gilt § 278 – und die tatsächlich hinzugezogenen Kann-Beteiligten (vgl. § 274 Rn 11-14). Dieses Erfordernis folgt bereits aus Art. 103 GG. Die Regelung erfasst auch die Anhörung der Vertrauensperson sowie von Angehörigen des Betroffenen, sofern sie als Kann-Beteiligte nach § 274 Abs. 4 Nr. 1 oder der allgemeinen Vorschrift des § 7 Abs. 2 Nr. 1 zum Verfahren hinzugezogen wurden. Ein **Widerspruchsrecht** (bislang in § 68a Satz 3 FGG geregelt) des Betroffenen gegen eine Anhörung eines Angehörigen besteht **nicht** mehr. Ist eine Person beteiligt, ist sie auch anzuhören. Das Gericht muss daher die **fakultative Beteiligung** eines Verwandten nach § 274 Abs. 4 Nr. 1 zunächst sorgfältig prüfen. Die Verwandten können, sofern sie nicht in eigenen Rechten betroffen sind, nur **im Interesse** des Betroffenen beteiligt werden. Bei der Beurteilung des Interesses des Betroffenen muss das Gericht – mit Einschränkungen – grundsätzlich dessen Willen beachten (vgl. § 274 Rn 13). Widerspricht der Betroffene der Hinzuziehung eines Kann-Beteiligten (vgl. § 274 Rn 11 ff), so ist von dieser abzusehen, es sei denn, es sprechen schwerwiegende Gründe dafür (Bumiller/Harders Rn 2).

Das Gericht kann bei Nichterreichbarkeit eines Beteiligten oder dessen krankheitsbedingter Verhinderung die Anhörung unterlassen. Stützt sich das Sachverständigengutachten auf Äußerungen naher Angehöriger und wird im Verfahren erkennbar, dass diese solche Äußerungen bestreiten, **muss** Gelegenheit zur Äußerung gegeben, möglicherweise sogar persönlich angehört werden (BayObLG FamRZ 1994, 1060, 1061: sonst Verstoß gegen Art. 103 GG, § 26 FamFG).

3. Anhörung der zuständigen Behörde (Abs. 2)

Die zuständige Behörde (die Zuständigkeit richtet sich nach §§ 1 ff BtBG) ist in den Fällen des § 274 Abs. 3 anzuhören, wenn sie eine **Beteiligung** beantragt

FamFG § 279 Buch 3 Verf. in Betreuungs- u. Unterbringungssachen

(vgl. § 274 Rn 8-10). Die Behörde ist nach § 274 Abs. 3 **Beteiligter**, sofern sie dies beantragt und hat dann ein Antragsrecht und, unabhängig von der Beteiligung, ein Beschwerderecht.

4   Unabhängig von der Beteiligung ist die Anhörung der Behörde zwingend geboten, wenn (**Abs. 2**)
a) der Betroffene dies schriftlich oder mündlich verlangt oder
b) es der Sachaufklärung (§ 26) dient.

Dies wird im Hinblick auf die möglichen Erkenntnisquellen der Behörde bei Auswahl des Betreuers und Feststellung des sozialen Umfelds regelmäßig der Fall sein (vgl. § 8 BtBG). Eine Verpflichtung der Behörde zur Sachaufklärung folgt daraus nicht; wohl trifft sie eine allgemeine Unterstützungspflicht bei einem konkreten Ersuchen nach § 8 BtBG. Vertrauliche Informationen der Behörde oder solcher Personen, die Vertraulichkeit verlangen, sind unverwertbar. Bestrittene wesentliche Tatsachenbehauptungen müssen im strengen Beweis aufgeklärt werden (Damrau/Zimmermann § 68a FGG Rn 5, 6). Durch die tatsächliche Anhörung wird die Behörde allerdings **nicht** zur Beteiligten nach § 274 Abs. 3; diese Stellung nimmt die Behörde erst dann ein, wenn sie ihre Hinzuziehung beantragt (Keidel-Budde Rn 4).

4. Anhörung einer Vertrauensperson des Betroffenen (Abs. 3)

5   Vertrauenspersonen (ebenso wie die näheren Verwandten) sind regelmäßig bereits nach Abs. 1 anzuhören, wenn sie nach § 274 Abs. 4 Nr. 1 als Kann-Beteiligte zum Verfahren hinzugezogen wurden (vgl. § 274 Rn 11 ff).

Der Betroffene kann nach **Abs. 3** die Anhörung einer (od. mehrerer) ihm nahe stehender Person verlangen. Dies können auch die in § 274 Abs. 4 Nr. 1 genannten Verwandten sein, wenn sie im Einzelfall nicht als Beteiligte zum Verfahren hinzugezogen wurden und daher von Abs. 1 nicht erfasst werden. Das Gericht hat nach pflichtgemäßem Ermessen zu prüfen, ob die Anhörung dieser Personen das Verfahren verzögert. Im Rahmen dieser Ermessensentscheidung ist auch die Möglichkeit einer einstweiligen Anordnung nach § 300 zu prüfen (Prütting/Helms-Fröschle Rn 23), so dass möglicherweise erst die Verfahrensverzögerung von **mehreren Wochen** die Ablehnung der Anhörung einer Vertrauensperson rechtfertigen kann (Keidel-Budde Rn 5). Die Ablehnung des Antrags wegen erheblicher zeitlicher Verzögerung ist im Beschluss zu begründen. Das Gericht wird abwägen müssen, ob die Anhörung der Person die Verzögerung des Verfahrens, die damit regelmäßig einhergeht, rechtfertigt. Je schwieriger diese Person erreichbar ist, umso gewichtiger müssen die durch die weiteren Ermittlungen erwarteten Ergebnisse sein. Der Antrag auf Anhörung eines einfach erreichbaren Dritten dürfte unter dem Aspekt der zeitlichen Verzögerung im Hinblick auf den Amtsermittlungsgrundsatz (§ 26) nur schwer zurückzuweisen sein (Bumiller/Harders Rn 4). Ob eine solche Anhörung zweckmäßig ist, ist nur im Rahmen der Verzögerung zu prüfen. Eine vollkommen unsinnige Anhörung einer dritten Person ist jedoch nicht durchzuführen, auch wenn sie keinerlei Verfahrensverzögerung verursacht.

5. Anhörung des gesetzlichen Vertreters (Abs. 4)

Im Falle des § 1908 a BGB – wenn für einen 17-jährigen Minderjährigen bei 6
Erreichen des 18. Lebensjahr eine Betreuung eingerichtet werden soll – hat das
Gericht dem nach den Vorschriften des Familienrechts zu bestimmenden gesetzlichen Vertreters, der nicht Beteiligter ist, Gelegenheit zur Äußerung zu geben.

§ 280 Einholung eines Gutachtens

(1) **Vor der Bestellung eines Betreuers oder der Anordnung eines Einwilligungsvorbehalts hat eine förmliche Beweisaufnahme durch Einholung eines Gutachtens über die Notwendigkeit der Maßnahme stattzufinden.** Der Sachverständige soll Arzt für Psychiatrie oder Arzt mit Erfahrung auf dem Gebiet der Psychiatrie sein.

(2) **Der Sachverständige hat den Betroffenen vor der Erstattung des Gutachtens persönlich zu untersuchen oder zu befragen.**

(3) **Das Gutachten hat sich auf folgende Bereiche zu erstrecken:**
1. das Krankheitsbild einschließlich der Krankheitsentwicklung,
2. die durchgeführten Untersuchungen und die diesen zugrunde gelegten Forschungserkenntnisse,
3. den körperlichen und psychiatrischen Zustand des Betroffenen,
4. den Umfang des Aufgabenkreises und
5. die voraussichtliche Dauer der Maßnahme.

Übersicht

	Rn.
1. Anwendungsbereich	1
2. Notwendigkeit eines Sachverständigengutachtens (Abs. 1 S. 1)	2
3. Auswahl des Sachverständigen (Abs. 1 S. 2)	4
4. Gerichtliche Entscheidung über die Einholung des Gutachtens	5
5. Ärztliche Untersuchung (Abs. 2)	6
6. Inhalt und Umfang des Gutachtens (Abs. 3)	9
7. Obergutachten	19
8. Ärztliche Schweigepflicht und Verwertungsverbot	20
a) Ärztliches Gutachten	21
b) Ärztliches Zeugnis (§ 281)	22
9. Rechtsmittel	23

1. Anwendungsbereich

§ 280 (bisher § 68b FGG) erfasst die Notwendigkeit der Gutachteneinholung 1
bei **Betreuerbestellung** (§ 1896 Abs. 1 BGB – nicht notwendig ihre Ablehnung:
hier gilt § 26) und bei Anordnung eines **Einwilligungsvorbehalts** (§ 1903 Abs. 1
S. 1 BGB).

§ 280 ist **entsprechend** anwendbar bei Verfahren nach § 293 (Erweiterung der
Betreuung und des Kreises der einwilligungsbedürftigen Willenserklärungen) und
nach § 295 (Verlängerung der Betreuung und des Kreises der einwilligungsbedürftigen Willenserklärungen). Soweit keine **Sondervorschriften** in § 297 (Sterilisation), § 298 (Maßnahmen nach § 1904 BGB) und § 321 (Unterbringungssachen)

FamFG § 280 Buch 3 Verf. in Betreuungs- u. Unterbringungssachen

bestehen, bestimmt sich die Notwendigkeit der Einholung eines Gutachtens oder ärztlichen Zeugnisses nach § 26. In diesen Verfahren – insbesondere im Verfahren über einen Antrag auf **Aufhebung** der Betreuung – ist nach § 26 erneut ein Gutachten einzuholen, wenn die Erstellung des letzten Gutachtens lange zurückliegt (mehr als ein Jahr) oder eine erhebliche Veränderung dessen Tatsachengrundlage nahe liegt (BayObLG FamRZ 2003, 115).

2. Notwendigkeit eines Sachverständigengutachtens (Abs. 1 S. 1)

2   Abs. 1 S. 1 zwingt das Gericht grundsätzlich beim Betreuungs- und Einwilligungsvorbehaltsanordnungsverfahren ein **Gutachten** einzuholen (zu den Anforderungen an ein **ärztliches Zeugnis**, vgl. § 281 Rn 6 und § 300 Rn 7). Diese Norm ist eine Konkretisierung des Amtsermittlungsgrundsatzes (§ 26). Ein Verstoß dagegen ist ein Verfahrensfehler. Es ist ebenso ein Verfahrensmangel, wenn sich das Gericht auf ein **älteres Gutachten** bezieht (BayObLG FamRZ 2003, 1968).

3   Förmliche Beweisaufnahme. Abs. 1 stellt klar, dass die Einholung eines Sachverständigengutachtens durch **förmliche Beweisaufnahme** erfolgt (§ 30). Danach gelten die Vorschriften der ZPO über den Beweis durch Sachverständige entsprechend (**Strengbeweis**). Das war bereits nach bisher geltendem Recht grundsätzlich der Fall. Eine entsprechende Anwendung der ZPO erfordert keine schematische Übertragung aller Beweisregelungen und -grundsätze, sondern es verbleibt Spielraum im Einzelfall. So wird beispielsweise eine im Zivilprozess übliche mündliche Erörterung des Sachverständigengutachtens auf das Betreuungsverfahren nicht ohne weiteres übertragbar sein (BT-Drucksache 16/6308, 268). Diese Auffassung wird von Teilen der Literatur nicht geteilt, die die Regeln der ZPO für stringent anwendbar hält und z.B. vorschlägt, die Gutachtenserstellung in Form eines Beweisbeschlusses anzuordnen (Keidel-Budde Rn 4; vgl. hierzu Rn 5). Diese Handhabung würde jedoch das Verfahren unnötig aufblähen und zu überflüssigem Formalismus führen.

3. Auswahl des Sachverständigen (Abs. 1 S. 2)

4   Die **Auswahl** des Sachverständigen steht im **pflichtgemäßen Ermessen** des Gerichts. Auch im Falle der Bestellung von Kliniken und Institutionen ist eine bestimmte natürliche Person festzulegen (Damrau/Zimmermann § 68b FGG Rn 7 m. w. N.; Prütting/Helms-Fröschle Rn 17); eine Forderung, die allerdings durch die Praxis mancher Kliniken, eine Gutachtenstelle zu unterhalten, die ihrerseits die Gutachtenaufträge intern zuteilt, zuweilen praktischen Schwierigkeiten begegnen dürfte. Hier muss dennoch ein bestimmter Sachverständiger (Keidel-Budde Rn 6) genannt werden (z.B. der Chefarzt), der dann, falls dies vom Richter gestattet wird, die Gutachtenserstellung delegieren kann.

Bei Beauftragung des **behandelnden** Stationsarztes können Probleme im Zusammenhang mit der **ärztlichen Schweigepflicht** entstehen (vgl. im Einzelnen Rn 20-22).

Die **Qualifikation** des Sachverständigen ist durch **Abs. 1 S. 2** geregelt (vgl. im Einzelnen Schulte-Bunert/Weinreich-Eilers Rn 24ff). Der Sachverständige soll, was bisher nicht geregelt – aber wohl selbstverständlich – war, ein **Arzt** sein. Er soll Arzt für **Psychiatrie** oder Arzt **mit Erfahrung** auf dem Gebiet der Psychiatrie sein. Wen das Gericht konkret bestellt, wird in der Regel davon abhängen, welcher Art die Krankheit oder Behinderung des Betroffenen ist. **Abs. 1 S. 2** enthält eine **Sollvorschrift**. Im Falle von **psychischen** Erkrankungen haben medizinische Gesichtspunkte für die Prognose des Verlaufs der Krankheit und der Rehabilitation jedenfalls bei Fehlen zeitnaher früherer Erkenntnisse qualifizierter Art (auch wenn die Diagnose nicht der wesentliche, sondern nur ein Teil des Gutachtens ist) eine schwerwiegende Bedeutung. Daher sollen nach dem Willen des Gesetzgebers regelmäßig **Fachärzte für Psychiatrie** oder Neurologie sowie Spezialisten auf diesen Gebieten (Geronto-Psychiater) bestellt werden (Bassenge/Roth Rn 8, BayObLG BtPrax 2002, 37). Es kann auch ein öffentlich bestellter **Amtsarzt** mit **psychiatrischer Vorbildung** zugezogen werden. Handelt es sich bei dem Sachverständigen nicht um einen Facharzt auf dem entsprechenden Gebiet (OLGR Zweibrücken 2005, 437; OLG Schleswig BtPrax 2007, 227) oder um einen Assistenzarzt oder Sachverständigen in der Facharztausbildung (BayObLG FamRZ 1993, 352), hat das Gericht den **Umfang der Erfahrungen** des Arztes auf diesem Gebiet zu klären und in der Entscheidung darzulegen (Keidel-Budde Rn 6). Bei psychisch, geistig bzw. seelisch kranken Personen ist ein Gutachten eines Allgemeinmediziners regelmäßig nicht ausreichend (OLG Schleswig BtPrax 2007, 227). Im Falle festgestellter körperlicher Behinderungen könnte auch ein Psychologe oder Facharzt geeignet sein, der sich auf diese Behinderung spezialisiert hat.

Soweit Anregungen zu Betreuungsmaßnahmen von Privatpersonen und Einrichtungen bzw. Stellen vorgelegt werden, sind dies zunächst **Privatgutachten**. Der Aussteller kann zwar mit der Begutachtung beauftragt werden, davon sollte unter Objektivitätsgesichtspunkten jedoch regelmäßig Abstand genommen werden (zur möglichen Schweigepflichtsverletzung vgl. Rn 20-22).

4. Gerichtliche Entscheidung über die Einholung des Gutachtens

Das **Gericht** muss ein Gutachten einholen. Soweit nicht die Voraussetzungen des § 282 vorliegen, bedeutet dies, dass das Betreuungsgericht die Erstattung des Gutachtens veranlasst, dabei die Tatsachen bezeichnet, sowie den Gutachter nach pflichtgemäßem Ermessen selbst auswählt und dem Betroffenen vor der Gutachtenerstellung bekannt gibt (KG FamRZ 2007, 81). Holt das Betreuungsgericht nach § 280 ein Gutachten ein, hat es zuvor den Betroffenen hierüber sowie über die Person des Sachverständigen in Kenntnis zu setzen (KG BtPrax 2007, 137 und BtPrax 2008, 38). Die Gutachtenserstellung muss nicht in Form eines Beweisbeschlusses ergehen, sie kann formlos angeordnet werden (**a. A.** Keidel-Budde Rn 4)

5. Ärztliche Untersuchung (Abs. 2)

Gemäß Abs. 2 hat der Sachverständige den Betroffenen selbst zu **untersuchen** oder zu **befragen**. Untersuchung erfordert einen persönlichen Kontakt zwischen dem Gutachter und dem Betroffenen und darf nur in einem zeitlich geringen

Abstand vor der Erstattung liegen (OLG Brandenburg FamRZ 2001, 40; Keidel-Budde Rn 8). Ergänzende Untersuchungen (z.B. EEG, Labor), die keinen persönlichen Eindruck voraussetzen, können Dritte vornehmen. Der Sachverständige kann sich Hilfskräfte bedienen, die er im Gutachten namhaft zu machen hat und deren Tätigkeitsumfang er angeben muss (OLG Brandenburg FamRZ 2001, 40). Eine **Begutachtung nach Aktenlage** genügt auch dann nicht, wenn das Gericht von der Erforderlichkeit einer Betreuung durch die persönliche Anhörung überzeugt ist (OLG Brandenburg FamRZ 2001, 40). Dem Betroffenen muss bekannt gegeben werden, dass die Befragung/Untersuchung im Rahmen eines ärztlichen Gutachtens erfolgt (Keidel-Budde Rn 8). Weigert sich der Betroffene am Gutachten mitzuwirken, darf kein Gutachten nach Aktenlage erstellt werden. Es müssen Maßnahmen nach §§ 283, 284 (Vorführung oder Unterbringung zur Begutachtung) ergriffen werden (OLG Köln FamRZ 2006, 505). Entsprechendes gilt, wenn eine Untersuchung mangels Kooperationsbereitschaft nicht möglich ist, auch wenn der Sachverständige den Betroffenen kurz befragen konnte (OLG Köln FamRZ 2001, 310). Werden im Gutachten Tatsachenfeststellungen aufgrund eigener Ermittlungen getroffen (Befragung durch dritte Personen), so sind die Quellen (hier Zeugen) zu benennen, um dem Gericht eine ausreichende Grundlage für die von ihm vorzunehmende Beweiswürdigung zu geben.

Das Gutachten ist grundsätzlich **schriftlich** zu erstatten und lediglich im **Ausnahmefall** mündlich. Wird ausnahmsweise ein mündliches Gutachten eingeholt, so hat dieses in Anwesenheit des Betroffenen zu geschehen oder – wenn dies aus gesundheitlichen Belangen nicht möglich ist – in Anwesenheit eines bestellten Verfahrenspflegers (OLG Schleswig BtPrax 2008, 43); es muss nach § 29 Abs. 3 vollständig protokolliert werden (Keidel-Budde Rn 9). Wird nicht der Arzt, der das schriftliche Gutachten erstattet hat, sondern ein anderer Arzt mündlich angehört, stellt dies eine völlig neue Begutachtung dar (OLG Naumburg BeckRS 2001 30206623).

Ergänzungsgutachten sind nach vorheriger Absprache mit dem Gericht möglich.

7 Sind z. B. zum sozialen Umfeld weitere **Ermittlungen** erforderlich, wird der Gutachter beim Gericht entsprechende Untersuchungen anregen. Vernehmungen von Zeugen zu strittigen, bedeutenden Fragen sollte der Gutachter dem Gericht überlassen, um ihm seinen unmittelbaren eigenen Eindruck und den ausreichenden Einfluss auf den Verlauf des Verfahrens zu gewährleisten (so Jürgens/Kröger/Marschner/Winterstein Rn 382). Nicht Gegenstand des Gutachtens ist regelmäßig die Frage der **Geschäftsfähigkeit** des Betroffenen, es sei denn, es werden ausdrücklich Ausführungen dazu vom Gericht gewünscht.

8 Im Rahmen der zur Begutachtung notwendigen Untersuchung sind **körperliche Eingriffe** gegen den Willen des Betroffenen nicht zulässig. Eine Mitwirkung, z. B. in Form der Beantwortung von Fragen oder Teilnahme an Tests, kann nicht erzwungen werden. In diesem Fall sieht das Gesetz ggf. Maßnahmen nach § 284 vor, wenn durch die Weigerung eine Gutachtenerstellung nicht möglich ist.

6. Inhalt und Umfang des Gutachtens (Abs. 3)

9 Die Ausführungen des Sachverständigen in seinem Gutachten müssen so gehalten sein, dass sie eine verantwortliche richterliche Prüfung auf ihre wissenschaftliche Fundierung, Logik und Schlüssigkeit zulassen (OLG Zweibrücken BeckRS

2005 02270). Das Gutachten muss konkrete Tatsachen benennen, aus denen sich Art und Umfang der Schlussfolgerungen ergeben (OLG München BtPrax 2006, 36). Unzureichend sind ärztliche Stellungnahmen in Form einer Zusammenfassung des Ergebnisses der ärztlichen Beurteilung ohne nähere Darstellung der Befunderhebung (Keidel-Budde Rn 10). Kann das Gericht die vom Sachverständigen vorgegebenen Schlussfolgerungen nicht nachvollziehen, so hat es diesen Zweifeln im Wege der Amtsermittlung nachzugehen.

Neu geregelt ist in **Abs. 3** ein **Fragenkatalog**, mit dem sich das Gutachten (mindestens) auseinanderzusetzen hat. Diese Klarstellung des Gesetzgebers ist zu begrüßen. Das sind im Einzelnen:

- Das Gutachten muss sich mit dem **Krankheitsbild**, einschließlich der **Krankheitsentwicklung**, befassen (Nr. 1); es muss also genaue Angaben darüber enthalten, welche Krankheit (Diagnose) beim Betroffenen vorliegt (Grad der Ausprägung und der Krankheit/Behinderung) und wie sich deren Verlauf gestaltet hat und gestalten wird (Prognose und ggf. Pflegeplan). Soweit Fremdanamnese erfolgte, ist diese als solche kenntlich zu machen, sofern hierauf auch die Überzeugungsbildung des Arztes beruht. Hilfreich – allerdings nicht zwingend – ist die Einordnung dieser Krankheit in eine der in § 1896 Abs. 1 BGB genannten Krankheiten/Behinderungen. 10
- Es müssen die durchgeführten **Untersuchungen** und die diesen zugrunde gelegten Forschungserkenntnisse offen gelegt werden (Nr. 2). 11
- Das Gutachten muss Angaben über den **körperlichen und psychiatrischen Zustand** des Betroffenen enthalten (Nr. 3), die der Arzt aufgrund der Untersuchungen und Befragungen festgestellt hat. Hierzu gehören auch Ausführungen darüber, welche normalerweise vorhandenen physischen, psychischen oder geistigen Strukturen und Fähigkeiten beeinträchtigt oder verloren gegangen sind bzw. welche funktionellen Einschränkungen bestehen (z. B. Störungen der Merkfähigkeit, der Gehfähigkeit, des Antriebs, Einschränkungen des sozialen Kontakts und der Beziehungsfähigkeit). 12
- Weiterhin gehören zum Mindestumfang der Begutachtung Ausführungen zum **Umfang** des Aufgabenkreises der Betreuung bzw. des Einwilligungsvorbehalts (Nr. 4). Es müssen daher die Auswirkungen auf die Fähigkeit des Betroffenen, seine Angelegenheiten zu besorgen aufgeführt werden (dies setzt voraus, dass der Gutachter die Angelegenheiten des Betroffenen kennt). Zum Inhalt eines Gutachtens gehört auch der Hinweis auf für den Sachverständigen erkennbare mögliche Alternativen zur Betreuung bzw. zum Einwilligungsvorbehalt durch Einschaltung von Verwandten, Nachbarn, Pflegediensten, finanziellen Hilfen oder Erteilung einer Vollmacht. 13
- Auch muss das Gutachten eine **Prognose** zur voraussichtlichen **Dauer** der Maßnahme (Nr. 5) unter Berücksichtigung von Rehabilitationsmaßnahmen enthalten. 14
- Falls Anhaltspunkte für entsprechende Feststellungen bestehen, insbesondere, wenn die Maßnahme gegen den Willen des Betroffenen erfolgen soll, ist auch zur Frage **des Ausschlusses der freien Willensbestimmung** Stellung zu nehmen (OLG München BtPrax 2005, 231; Keidel-Budde Rn 5; Prütting/Helms-Fröschle Rn 26). Feststellungen hierzu setzen konkrete Ausführungen zu den tatsächlichen Auswirkungen der Erkrankung beim Betroffenen voraus. 15
- Beim **Einwilligungsvorbehalt** muss das Gutachten Feststellungen zu den Voraussetzungen des § 1903 BGB (vgl. § 1903 BGB Rn 2 ff) enthalten, insbesondere über die krankheitsbedingte Gefahr für Vermögen oder die Person des 16

Betroffenen (Keidel-Budde Rn 5). Für den Fall, dass ein **Einwilligungsvorbehalt** im Bereich der Gesundheitssorge angeordnet werden soll (Zulässigkeit eines solchen ist streitig), hat sich das Gutachten auch mit der Frage der **Einwilligungsfähigkeit** in ärztliche Maßnahme auseinander zu setzen (Bumiller/ Harders Rn 6).

17 - Nicht zwingend vom Gesetzgeber vorgesehen, aber dennoch **unabdingbar** für den Inhalt eines Gutachtens sind – bei Anhaltspunkten – Ausführungen darüber, ob die **Anhörung** des Betroffenen (§ 278 Abs. 4) oder die **Bekanntgabe** der Entscheidungsgründe (§ 288 Abs. 1) unterbleiben soll, um erhebliche **Nachteile für die Gesundheit** des Betroffenen zu vermeiden. In diesem Fall sollte das Gutachten zu den konkreten gesundheitlichen Nachteilen des Betroffenen Stellung nehmen (OLG München BtPrax 2006, 35). Bei Anhaltspunkten sind auch Ausführungen dazu zu machen, ob bei Mitteilung des Beschlusses an andere Stellen, die dem Betroffenen bekanntzugeben sind (§ 308 Abs. 3 Nr. 2), erhebliche **Nachteile für die Gesundheit** des Betroffenen zu besorgen sind. In all diesen Fällen müsste dem Betroffenen allerdings ein **Verfahrenspfleger** bestellt werden (§ 276).

18 Das Gutachten ist dem Betroffenen in vollem Wortlaut (Keidel-Budde Rn 11) **rechtzeitig** vor der Anhörung zur Kenntnis zu geben (OLG Schleswig BtPrax 2008, 43). Es kann jedoch **ausnahmsweise** von der Bekanntmachung des Inhalts wegen der Voraussetzungen des § 278 Abs. 4 bzw. des § 288 Abs. 1 abgesehen werden (vgl. Rn 17; OLG München BtPrax 2006, 35).

7. Obergutachten

19 Die Anordnung, durch einen anderen Sachverständigen ein neues Gutachten (Obergutachten) erstatten zu lassen, liegt im pflichtgemäßen Ermessen des Gerichts. Sie kommt grundsätzlich nur bei besonders schwierigen Fragen oder groben Mängeln vorliegender Gutachten in Betracht; ferner bei Zweifeln an der Sachkunde der bisherigen Gutachter, wenn deren Gutachten von unzutreffenden tatsächlichen Voraussetzungen ausgehen oder Widersprüche enthalten oder wenn ein neuer Sachverständiger über Forschungsmittel verfügt, die denen des früheren überlegen sind (BayObLG FamRZ 1998, 921).

8. Ärztliche Schweigepflicht und Verwertungsverbot

20 In der letzten Zeit kam vermehrt die Diskussion über die ärztliche Schweigepflicht des behandelnden Arztes insbesondere bei der Unterbringung, aber auch bei anderen Verfahrensgegenständen auf. Die Verletzung der ärztlichen Schweigepflicht führt zu einem Verwertungsverbot des Gutachtens. Sofern allerdings der einwilligungsfähige Betroffene oder der **Betreuer**, dem die **Gesundheitssorge** übertragen wurde, **den Arzt** von der Schweigepflicht **entbindet**, kann das Attest/ Gutachten der Entscheidung zugrunde gelegt werden (Prütting/Helms-Fröschle Rn 21; Schulte-Bunert/Weinreich-Eilers Rn 76). Von einer Entbindung des Arztes von der Schweigepflicht kann jedenfalls dann ausgegangen werden, wenn der Betreuer, dem die Gesundheitssorge übertragen ist, selbst das ärztliche Attest vorlegt.

a) Ärztliches Gutachten

Grundvoraussetzung für alle Fallgestaltungen ist zunächst, dass dem Betroffenen die Gutachterbestellung (inklusive der Person des Gutachters) und der Gutachtenumfang zur Gewährung rechtlichen Gehörs mitgeteilt wurde; denn allein ein Verstoß hiergegen würde ein Verwertungsverbot begründen (KG BtPrax 2007, 137). Soweit der Arzt vom Betreuungsgericht beauftragt wurde, ist die Verwertung des Gutachtens, das aufgrund einer in Kenntnis des Auftrags erfolgten persönlichen Untersuchung und Befragung des Sachverständigen erstattet wurde, unproblematisch. Nicht unter dem Aspekt der Verletzung der Schweigepflicht zu beanstanden ist ebenfalls ein Gutachten, das das Gericht vom **behandelnden** Arzt eines **untergebrachten** Betroffenen erhebt, wenn der Arzt dem Gericht über die in der aktuellen Unterbringung getroffenen Befunde berichtet und nicht darüber hinaus der ärztlichen Schweigepflicht unterliegende Kenntnisse als behandelnder Arzt verwertet (KG FamRZ 2009, 1517). Wird **allerdings** der behandelnde Arzt als Sachverständiger bestellt, sind bei der Behandlung erhobene Befunde nur dann verwertbar, wenn der Betroffene oder der Betreuer den Sachverständigen von der ärztlichen Schweigepflicht entbunden hat (KG BtPrax 2007, 137). Der Sachverständige ist nicht befugt, auf Kenntnisse als behandelnder Arzt zurückzugreifen; insoweit ist er Zeuge und unterliegt der ärztlichen Schweigepflicht (KG BtPrax 2008, 38). Ohne eine wirksame Zustimmung des Betreuten/Betreuers dürfen Erkenntnisse, die bei einer früheren, vor der gutachterlichen Bestellung liegenden ärztlichen Behandlung gewonnen wurden, **nicht verwertet** werden. In diesem Fall müsste die Untersuchung nach gerichtlicher Bestellung des Sachverständigen wiederholt werden (Keidel-Budde Rn 6). Im Hinblick auf diese Einschränkungen sollte – sowohl im Interesse des Betroffenen, aber auch des behandelnden Arztes – unbedingt darauf **verzichtet** werden, dass der behandelnde Arzt ein Gutachten für den Betroffenen erstellt.

b) Ärztliches Zeugnis (§ 281)

Entsprechendes gilt für ärztliche Atteste; insbesondere für solche, die der behandelnde Arzt ausstellt. Diese strenge Auslegung der Vorschriften wird die Praxis vor allem im Bereich der einstweiligen Anordnungen vor erhebliche Probleme stellen, denn ein nicht unerheblicher Teil der vorgelegten Atteste stammen vom (behandelnden) Hausarzt. Grundsätzlich muss bei diesen auch die ärztliche Schweigepflicht des behandelnden Arztes beachtet werden und steht ggf. einer Verwertbarkeit entgegen. Etwas anderes kann allenfalls bei **Gefahr im Verzug** gelten, wenn das Attest des behandelnden Arztes im Rahmen des § 300, 301 – einstweilige Anordnung – verwendet werden soll; hier mag ein Rechtfertigungs- oder Entschuldigungsgrund vorliegen, der u.U. die Verwertung des Attestes möglich machen kann. Dies bedarf jedoch einer Einzelfallprüfung.

9. Rechtsmittel

Die Entscheidung des Gerichts über die Anordnung eines Sachverständigengutachtens und die Auswahl der Person des Sachverständigen kann als **Zwischenverfügung** grundsätzlich nach § 58 Abs. 2 nicht gesondert, sondern nur zusammen mit der Hauptentscheidung **angefochten** werden (BayObLG FamRZ 1993, 1106; FGPrax 2001, 78; FamRZ 2003, 189; OLG Hamm FamRZ 1989, 542,

FamFG § 281 Buch 3 Verf. in Betreuungs- u. Unterbringungssachen

543; OLG Stuttgart FGPrax 2003, 72; BGH BtPrax 2008, 120; vgl. § 58 Rn 11; a.A. vor der höchstrichterlichen Entscheidung KG BtPrax 2001, 42; BtPrax 2002, 78). Nach der Wertung des Gesetzgebers in § 58 Abs. 2 sind Zwischenentscheidungen nur anfechtbar, wenn das Gesetz dies ausdrücklich zulässt, was in § 280 gerade nicht erfolgt (vgl. § 58 Rn 8, 11).

Dennoch müssen unzulässige Untersuchungsmaßnahmen (vgl. Rn 8) mit der Beschwerde anfechtbar sein (vgl. § 58 Rn 12 Zweifelsfälle). Ausnahmsweise kann darüber hinaus eine Zwischenentscheidung dann mit der Beschwerde angegriffen werden, wenn die Anordnung objektiv willkürlich, d.h. in so krassem Maße rechtsfehlerhaft ist, dass sie unter Berücksichtigung des Schutzzwecks von Art. 3 Abs. 1 und 103 Abs. 1 GG nicht mehr verständlich erscheint (BGH BtPrax 2007, 167; vgl. § 58 Rn 11, 12 u. 18 ff sowie § 283 Rn 6; a.A. Keidel-Budde Rn 7 und Prütting/Helms-Fröschle Rn 33, die auch in diesem Fällen von einer Unanfechtbarkeit ausgehen).

Zur Möglichkeit der Anfechtung einer unanfechtbaren Zwischenentscheidung mittels **Verfassungsbeschwerde** vgl. § 58 Rn 22.

§ 281 Ärztliches Zeugnis; Entbehrlichkeit eines Gutachtens

(1) **Anstelle der Einholung eines Sachverständigengutachtens nach § 280 genügt ein ärztliches Zeugnis, wenn**
1. **der Betroffene die Bestellung eines Betreuers beantragt und auf die Begutachtung verzichtet hat und die Einholung des Gutachtens insbesondere im Hinblick auf den Umfang des Aufgabenkreises des Betreuers unverhältnismäßig wäre oder**
2. **ein Betreuer nur zur Geltendmachung von Rechten des Betroffenen gegenüber seinem Bevollmächtigten bestellt wird.**
(2) § 280 Abs. 2 gilt entsprechend.

1. Ärztliches Zeugnis statt Gutachten (Abs. 1)

1   Grundsätzlich ist ein Gutachten bei Betreuerbestellung und bei der Anordnung eines Einwilligungsvorbehalts einzuholen. Ausnahmsweise reicht für den Fall der **Erst-Betreuerbestellung** die Vorlage eines ärztlichen Zeugnisses nach § 281 in folgenden Fällen aus:

a) Eigenbetreuungsantrag (Nr. 1)

Sofern der Betroffene selbst einen Antrag auf Betreuung (gilt nicht für den Eigenantrag auf Anordnung eines Einwilligungsvorbehalts; Keidel-Budde Rn 6) stellt, ist unter bestimmten weiteren Voraussetzungen die Vorlage eines Gutachtens entbehrlich, soweit nicht § 26 etwas anderes gebietet:

2   Eigene Antragstellung des Betroffenen, wobei ein Antrag im Sinne des Gesetzes nur vorliegt, wenn er vom Willen des Betroffenen getragen wird. Die weitergehende Feststellung der Geschäftsfähigkeit ist dazu nicht erforderlich (Keidel-Budde Rn 4; a.A. Damrau/Zimmermann § 68 FGG Rn 12, MK-Schwab § 1896 Rn 117). Das Gericht muss sich aber zumindest davon überzeugen, dass der Betroffene die Tragweite seines Antrags und die sich daraus ergebenden Konsequenzen überschauen kann. Im Hinblick auf die Voraussetzung cc) (Rn 4), muss der Betroffene bei der Antragstellung auch den Umfang (Aufgabenkreis) der bean-

Kretz

Ärztliches Zeugnis; Entbehrlichkeit eines Gutachtens § **281 FamFG**

tragten Betreuung angeben. Stellt das Gericht fest, dass weitere Aufgabenkreise erforderlich sind, ist Nr. 1 nicht einschlägig und es muss ein Gutachten nach § 280 eingeholt werden.

Der Betroffene verzichtet auf Begutachtung. Zu den Anforderungen an den **3** Verzicht gilt das unter Rn 2 Gesagte, d.h. er muss vom Willen des Betroffenen getragen sein. Hatte der Betroffene ursprünglich auf eine Begutachtung verzichtet, so ist nach § 294 Abs. 2 ein Gutachten dann einzuholen (nachzuholen), wenn ein Antrag des Betroffenen auf Einschränkung oder Aufhebung der Betreuung erstmalig abgelehnt werden soll. Dieses Gutachten kann nicht das Gutachten nach § 282 sein, welches der Betroffene nach § 281 als ärztliches Attest vorlegte (KG FamRZ 2007, 81; vgl. § 282 Rn 7).

Die Einholung des Gutachtens ist im Hinblick auf den Umfang des Aufgaben- **4** kreises des Betreuers unverhältnismäßig. Das wird regelmäßig nur dann der Fall sein, wenn nur konkrete Einzelpunkte Gegenstand der Betreuung sind und eine Gesamtabwägung der objektiven Interessen des Betreuten die Bedeutung des Aufgabenkreises als relativ gering erscheinen lässt (Keidel-Budde Rn 5).

b) Betreuer nach § 1896 Abs. 3 BGB (Nr. 2)

Soll der Betreuer nur zur Geltendmachung von Rechten des Betroffenen **5** gegenüber seinem Bevollmächtigten bestellt werden, ist der Eingriff in die Rechte des Betroffenen so gering (dem Betreuer obliegen lediglich Kontrollfunktionen gegenüber dem Bevollmächtigten), dass ein ärztliches Attest ausreichend ist (BT-Drucksache 11/4528 S. 174).

2. Anforderungen an das ärztliche Zeugnis

Das ärztliche **Zeugnis** (vgl. auch § 300 Rn 7) unterscheidet sich vom Sachver- **6** ständigengutachten nicht nur durch seinen Inhalt – es muss die für die Entscheidung **erheblichen Gesichtspunkte** (allerdings in verkürzter Form; vgl. hierzu § 280 Rn 10 ff) enthalten (BT-Drucks. 11/4528 S. 174) – sondern auch in der Art seiner Einführung (z.B. Verwertung der Stellungnahme des Gesundheitsamts, das Betreuung anregt) ins Verfahren und seiner verfahrensrechtlichen Bewertung. Das Attest darf sich nicht auf die Wiedergabe von Ergebnissen beschränken, sondern muss die Anknüpfungstatsachen – wie Angaben zum Sachverhalt, zur Vorgeschichte, zu Art und Ausmaß der psychischen Erkrankung oder Störung und ggf. dazu, ob der Betroffene aufgrund seiner Erkrankung seinen Willen nicht frei bestimmen kann (Keidel-Budde § 300 Rn 4) – nennen. Sofern der Betroffene das Attest vorlegt, bestimmt er durch die Vorlage den Aussteller und dessen Qualifikation. Das Gericht kann jedoch auch nach § 26 selbst ein ärztliches Attest einholen. Das Attest muss **nicht** zwingend **schriftlich** verfasst werden (Prütting/Helms-Fröschle Rn 17); in diesem Fall muss sich aber der wesentliche Inhalt aus einem gerichtlichen Protokoll ergeben.

Durch den Verweis auf § 280 Abs. 2 stellt **Abs. 2** klar, dass das ärztliche Attest **7** **zumindest** auf einer – zeitnahen – **persönlichen** Untersuchung oder Befragung des Betroffenen (OLG Hamm BtPrax 1999, 238) durch den Arzt, der das Attest ausstellte, beruhen muss (vgl. § 280 Rn 6). Es ist daher unerlässlich, im Attest den Zeitpunkt der Untersuchung anzugeben. Eine telefonische Befragung durch den Arzt ist nicht ausreichend (OLG Frankfurt FamRZ 2005, 303). Das Attest muss auch Ausführungen zur Notwendigkeit einer Betreuerbestellung ebenso wie zum

Umfang und zur voraussichtlichen Dauer der Maßnahme enthalten (Keidel-Budde Rn 1).

3. Ärztliche Schweigepflicht und Verwertungsverbot

8 Vgl. hierzu § 280 Rn 20-22.

§ 282 Vorhandene Gutachten des Medizinischen Dienstes der Krankenversicherung

(1) Das Gericht kann im Verfahren zur Bestellung eines Betreuers von der Einholung eines Gutachtens nach § 280 Abs. 1 absehen, soweit durch die Verwendung eines bestehenden ärztlichen Gutachtens des Medizinischen Dienstes der Krankenversicherung nach § 18 des Elften Buches Sozialgesetzbuch festgestellt werden kann, inwieweit bei dem Betroffenen infolge einer psychischen Krankheit oder einer geistigen oder seelischen Behinderung die Voraussetzungen für die Bestellung eines Betreuers vorliegen.

(2) Das Gericht darf dieses Gutachten einschließlich dazu vorhandener Befunde zur Vermeidung weiterer Gutachten bei der Pflegekasse anfordern. Das Gericht hat in seiner Anforderung anzugeben, für welchen Zweck das Gutachten und die Befunde verwendet werden sollen. Das Gericht hat übermittelte Daten unverzüglich zu löschen, wenn es feststellt, dass diese für den Verwendungszweck nicht geeignet sind.

(3) Kommt das Gericht zu der Überzeugung, dass das eingeholte Gutachten und die Befunde im Verfahren zur Bestellung eines Betreuers geeignet sind, eine weitere Begutachtung ganz oder teilweise zu ersetzen, hat es vor einer weiteren Verwendung die Einwilligung des Betroffenen oder des Pflegers für das Verfahren einzuholen. Wird die Einwilligung nicht erteilt, hat das Gericht die übermittelten Daten unverzüglich zu löschen.

(4) Das Gericht kann unter den Voraussetzungen der Absätze 1 bis 3 von der Einholung eines Gutachtens nach § 280 insgesamt absehen, wenn die sonstigen Voraussetzungen für die Bestellung eines Betreuers zur Überzeugung des Gerichts feststehen.

1. Allgemeines

1 Bei Einleitung eines **Betreuungsverfahrens** steht das Betreuungsgericht häufig vor der Schwierigkeit, sich allein aufgrund der aus der Anregung ergebenden Erkenntnisse **kein** ausreichendes Bild darüber verschaffen zu können, welche weiteren Erkenntnisse und Ermittlungen – bzw. welche Begutachtung eines Sachverständigen welcher Fachrichtung – notwendig sein werden, um die Frage u.a. der Betreuungsbedürftigkeit abschließend klären zu können. § 282, der dem bisherigen § 68b Abs. 1a FGG entspricht, will dem Betreuungsgericht sowie dem beauftragten Sachverständigen durch Verwertung von Vorgutachten bzw. Gutachten aus anderen behördlichen Verfahren die Verschaffung dieser Kenntnisse ermöglichen (BT-Drs 15/2494 S. 41). Auf eine wiederholte Begutachtung soll verzichtet

werden **können**, wenn in einem Gutachten zur **Pflegeversicherung** bereits zu in Betreuungsverfahren klärungsbedürftigen Fragen Aussagen enthalten sind. Hier soll Abs. 1 dem Betreuungsrichter helfen, frühzeitig durch **Verwendung bereits bestehender Gutachten** über den Betroffenen Erkenntnisse zu gewinnen, um die Einholung kostenintensiver Gutachten unter falscher oder unvollständiger Fragestellung zu vermeiden und dem Betroffenen u.U. unnötige Untersuchungen bzw. Begutachtungen zu ersparen. Das Betreuungsgericht wird dadurch **nicht** von seiner eigenverantwortlichen Prüfungspflicht **entbunden**.

§ 282 findet auf die besonders einschneidende Anordnung eines **Einwilligungsvorbehalts** keine Anwendung. Zu Recht zweifelt Keidel (Keidel-Budde Rn 1) die praktische Relevanz dieser Vorschrift an.

2. Absehen von der Einholung eines Gutachtens; Abs. 1

Abs. 1 gibt dem Gericht die Möglichkeit, von der Einholung eines Gutachtens nach § 280 abzusehen, soweit durch die Verwendung eines bestehenden ärztlichen Gutachtens festgestellt werden kann, inwieweit bei dem Betroffenen infolge einer psychischen Krankheit oder einer geistigen oder seelischen Behinderung die Voraussetzungen für eine Betreuerbestellung vorliegen. Damit wird vermieden, dass das Gericht u.U. eine Anhörung ohne ausreichende Vorkenntnisse der Erkrankung vornehmen muss bzw. bei der Frage der Verfahrenspflegerbestellung keine ausreichenden Erkenntnisse hat (BT-Drucks. 15/4874 S. 65). Während der ursprüngliche Entwurf (BT-Drucks. 15/2494 S. 41, 42) noch die Verwertung verschiedener Gutachten vorsah, werden nunmehr nur noch **Gutachten aus der Pflegeversicherung** erfasst, da in der Regel nur sie für die Beurteilung der Betreuungsbedürftigkeit ausreichend aussagekräftig sind.

Die **Pflegekassen** haben gemäß **§ 18 SGB XI** durch den **Medizinischen Dienst** der Krankenversicherung (§ 275 ff SGB V) prüfen zu lassen, ob die Voraussetzungen der Pflegebedürftigkeit erfüllt sind. Pflegebedürftig im Sinne des § 14 Abs. 1 SGB XI sind Personen, die wegen einer körperlichen, geistigen oder seelischen Krankheit oder Behinderung für die gewöhnlichen oder regelmäßig wiederkehrenden Verrichtungen im Ablauf des täglichen Lebens, auf Dauer bzw. voraussichtlich für mindestens sechs Monate, in erheblichem oder höherem Maße der Hilfe bedürfen. Als Krankheiten und Behinderungen werden u.a. Störungen des Zentralnervensystems wie Antriebs-, Gedächtnis- oder Orientierungsstörungen sowie endogene Psychosen, Neurosen oder geistige Behinderungen definiert. Die bei der Prüfung der Pflegebedürftigkeit des Betroffenen gewonnenen Erkenntnisse kann der Betreuungsrichter unter gewissen Voraussetzungen **verwerten**. Denn auch § 1896 Abs. 1 BGB setzt als Ursache, dass jemand seine Angelegenheiten ganz oder teilweise nicht mehr besorgen kann, eine psychische Krankheit oder eine körperliche, geistige oder seelische Behinderung voraus. Insoweit **überschneiden** sich die Prüfungen. Anforderungen, Inhalt und Ausgestaltung der Begutachtung sind von den Grundsätzen des Betreuungsrechts nicht verschieden.

3. Gerichtliche Anforderung des Gutachtens (Abs. 2)

Abs. 2 S. 1 gibt dem Betreuungsgericht das Recht, das von der Pflegekasse in Auftrag gegebene Gutachten einschließlich der vom Medizinischen Dienst erhobenen Befunde anzufordern. Dem Betroffenen gegenüber ist die Pflegekasse

FamFG § 282 Buch 3 Verf. in Betreuungs- u. Unterbringungssachen

zur Übermittlung gemäß § 94 Abs. 2 SGB XI berechtigt, da diese in seinem Interesse zur Vermeidung weiterer Begutachtungen erfolgt und die Verwertung nach Abs. 3 seiner Zustimmung bedarf. Der Betroffene muss zunächst über die Beiziehung nicht informiert werden; dies geschieht erst (Keidel-Budde Rn 4), wenn das Gericht die Eignung nach Abs. 3 bejaht.

4 **Abs. 2 S. 2** verlangt von dem Gericht bei seiner Anforderung die **Angabe** des **Verwendungszwecks**. Das soll sicherstellen, dass das übersandte Gutachten nur zur Prüfung der Betreuerbestellung und keinen anderen Zwecken dient.

4. Eignung des Gutachtens (Abs. 3)

5 Nach Übermittlung des Gutachtens stellt das Gericht nach pflichtgemäßem Ermessen in einem ersten Prüfungsschritt fest, ob die in Form von Gutachten oder Befunden übermittelten Daten (elektronische, Abschriften oder Kopien) nach seiner Beurteilung für die Prüfung der Voraussetzungen einer Betreuerbestellung **geeignet** sind (Abs. 3 S. 1 1. HS). Will das Gericht diese Gutachten und Befunde verwenden, bedarf es zur weiteren Verwertung der **Einwilligung** des **Betroffenen** oder eines **Verfahrenspflegers** (Abs. 3 S. 1 2. HS; kritisch zur Einwilligung des Verfahrenspflegers Bumiller/Harders Rn 2; Keidel-Budde Rn 3). Dem nicht einwilligungsfähigen Betroffenen muss zur Prüfung der Erteilung der Einwilligung ein Verfahrenspfleger bestellt werden, dessen Einwilligung die des Betroffenen ersetzt. Ihm ist zur Entscheidungsfindung Einsicht in die angeforderten Befunde und das Gutachten, aber auch in die übrige Akte, zu gewähren (**Abs. 3 S. 1**).

Die Verwertung eines ggf. auch **älteren Vorgutachtens** führt nicht zu unrichtigen Entscheidungen. Zwar lässt § 293 Abs. 2 Nr. 1 bei der Erweiterung des Aufgabenkreises des Betreuers den Verzicht auf eine nochmalige Begutachtung dann zu, wenn das Gutachten nicht älter als sechs Monate ist, jedoch ist diese Vorschrift hier nicht anwendbar. Die Möglichkeit des § 293 ist umfassend und an formale Kriterien geknüpft und unterscheidet nicht danach, ob sich aus dem Gutachten, auf das die Bestellung des Betreuers gestützt wurde, ein konkretes Krankheitsbild entnehmen lässt, das unverändert fortbestehen wird. Bei **irreversiblen Krankheitsbildern** bedarf es jedoch nicht einer nochmaligen medizinischen Diagnose. In diesem Fall können auch ältere Gutachten der Pflegeversicherung verwertet werden (BT-Drucksache 15/2494 S. 42). Aber auch hier ist § 26 zu beachten.

6 Stellt das Gericht fest, dass die übermittelten Gutachten oder Befunde für die Prüfung der Voraussetzungen einer Betreuerbestellung **ungeeignet** sind (Abs. 2 S. 3) oder hat der Betroffene oder der Verfahrenspfleger seine Zustimmung **verweigert** (Abs. 3 S. 2), hat es diese unverzüglich zu **löschen**. Damit wird vermieden, dass solche für das Verfahren unnütze Daten weiter Teil der Akten bleiben und u.U. Dritten zugänglich werden.

Aus der **verweigerten Zustimmung** des Betroffenen bzw. des Verfahrenspflegers folgt für das Gericht ein **Verwertungsverbot** der erhobenen Daten (BT-Drucks. 15/4874 S. 65) und die Pflicht zur Rückgabe der in Papierform übermittelten Originale.

5. Verwertung des Gutachtens (Abs. 4)

Nach **Abs. 4** hat das Gericht – bei Vorliegen der sonstigen Voraussetzungen – 7
die Möglichkeit (es steht im Ermessen des Gerichts) auf eine Begutachtung zu verzichten bzw. von der Einholung weiterer Gutachten abzusehen, wenn aufgrund seiner weiteren Ermittlungen und Erkenntnisse und nach Anhörung des Betroffenen eine **zweifelsfreie** Überzeugungsbildung zu den gesamten Voraussetzungen der Betreuerbestellung möglich ist. Soll das Gutachten der Betreuerbestellung nicht nur teilweise sondern **ganz** zugrunde gelegt werden, so muss es durch einen den Anforderungen des § 280 entsprechenden Sachverständigen erstellt worden sein (Keidel-Budde Rn 2).

Hatte der Betroffene bei Eigenbetreuungsantrag ursprünglich nach § 281 auf eine Begutachtung verzichtet, so dass nur ein **ärztliches Attest** eingeholt worden war, ist nach § 294 Abs. 2 ein Gutachten dann einzuholen (nachzuholen), wenn ein Antrag des Betroffenen auf Einschränkung oder Aufhebung der Betreuung erstmalig abgelehnt werden soll. Dieses Gutachten kann nicht das Gutachten nach § 282 sein, welches der Betroffene nach § 281 als ärztliches Attest vorlegte (KG FamRZ 2007, 81).

Ist das Gericht im Verfahren auf Bestellung eines Betreuers und nach der mündlichen Erläuterung nicht von der Richtigkeit der Gutachten überzeugt, dann muss 8
es ein weiteres Gutachten in Auftrag geben, wenn es nicht seine eigene überlegene Sachkunde nachprüfbar darlegt (BayObLG FamRZ 1994, 720 für Zweifel am Vorliegen einer Erkrankung). Liegen in dem Gutachten der Pflegeversicherung medizinische Diagnosen vor, die der Betreuungsrichter selbst oder unter Beiziehung von sachverständiger Hilfe seiner Entscheidung zugrunde legen kann, entfällt damit **nicht zwangsläufig** jede weitere Begutachtung. Möglicherweise sind ergänzende gutachtliche Feststellungen erforderlich. Der Betreuungsrichter soll jedoch – das ist der Sinn des § 282 – nicht gehalten sein, ein weiteres Gutachten einzuholen, wenn er sich unter Ausschöpfung seiner Ermittlungsmöglichkeiten eine Überzeugung von der Erforderlichkeit der Bestellung eines Betreuers auf diesem Wege bilden konnte (BT-Drucksache 15/2494 S. 42).

§ 283 Vorführung zur Untersuchung

(1) **Das Gericht kann anordnen, dass der Betroffene zur Vorbereitung eines Gutachtens untersucht und durch die zuständige Behörde zu einer Untersuchung vorgeführt wird. Der Betroffene soll vorher persönlich angehört werden.**

(2) **Gewalt darf die Behörde nur anwenden, wenn das Gericht dies auf Grund einer ausdrücklichen Entscheidung angeordnet hat. Die zuständige Behörde ist befugt, erforderlichenfalls die Unterstützung der polizeilichen Vollzugsorgane nachzusuchen.**

(3) **Die Wohnung des Betroffenen darf ohne dessen Einwilligung nur betreten werden, wenn das Gericht dies auf Grund einer ausdrücklichen Entscheidung angeordnet hat. Bei Gefahr im Verzug findet Satz 1 keine Anwendung.**

FamFG § 283 Buch 3 Verf. in Betreuungs- u. Unterbringungssachen

1. Vorführung (Abs. 1)

1   Ist der Betroffene nicht bereit, beim Sachverständigen zur Untersuchung zu erscheinen und wird der Sachverständige im Rahmen einer richterlichen Anhörung in seiner Gegenwart keinen ausreichenden Eindruck gewinnen können, so ist bei ausreichenden Anknüpfungstatsachen (Verhältnismäßigkeitsgrundsatz) die zwangsweise **Vorführung** des Betroffenen gerechtfertigt. Die Vorführung zur Untersuchung kann angeordnet werden, wenn der Betroffene nicht bereits freiwillig zum Untersuchungstermin erscheint. Im Gegensatz zur Untersuchung selbst (vgl. § 280 Rn 8) kann sie gegen den Willen des Betroffenen erfolgen. Die Vorführung muss zur Schonung des Betroffenen durch die nach BtBG zuständige **Fachbehörde** (nicht den Gerichtsvollzieher) vorgenommen werden. Es ist anzunehmen, dass diese über hinreichend geschultes Personal verfügt (BT-Drucksache 16/6308 S. 268). Abs. 1 gestattet lediglich die Organisation des Transports, da die Gewalt, also das physische Überwinden körperlichen Widerstands, nach Abs. 2 zusätzlich anzuordnen ist (Prütting/Helms-Fröschle Rn 5).

Die Norm gilt – anders als der bisherige § 68b Abs. 3 FGG – für **alle** Betreuungsverfahren im Sinne des § 271 (vgl. dort Rn 2-4), für die eine Gutachtenerstellung erforderlich ist (Keidel-Budde Rn 1; differenzierend Prütting/Helms-Fröschle Rn 2).

Ausnahmsweise darf der Betroffene, wenn es sich um einen **Rechtsanwalt** handelt und das Verfahren auf Bestellung eines Betreuers nur dem Zweck dient, die Durchführung eines **anwaltsgerichtlichen** Verfahrens zu ermöglichen, **nicht** zur Vorbereitung eines Gutachtens über seinen psychischen Zustand zwangsweise **in ein psychiatrisches Krankenhaus** verbracht werden. Denn nach § 117 BRAO darf ein Rechtsanwalt zur Durchführung eines solchen Verfahrens weder vorläufig festgenommen noch verhaftet oder vorgeführt werden. Die sich hieraus ergebenden Nachteile einer gerichtlichen Entscheidung ohne persönliche Anhörung und auf Gutachtenbasis nach Aktenlage werden dafür in Kauf genommen (OLG Stuttgart FGPrax 2007, 47).

2   Zur Sicherung der Verfahrensrechte des Betroffenen **soll** dieser vor der Vorführung **persönlich angehört** werden (Abs. 1 S. 2). Häufig wird sich jedoch der Betroffene, der sich nicht freiwillig zum Sachverständigen begibt, auch weigern, an einer richterlichen Anhörung teilzunehmen. Im Fall der **Verweigerung** der vorherigen **persönlichen Anhörung** durch den Betroffenen, kann das Gericht dem Betroffenen auch schriftlich vor Augen führen, welche Konsequenzen – nämlich Vorführung – seine Weigerung der Kontaktaufnahme hat (Keidel-Budde Rn 3). Eine Anhörung kann beim nicht mitwirkungsbereiten Betroffenen **unterbleiben** (Soll-Vorschrift), wenn das Gericht die Zwangsmaßnahmen für unverhältnismäßig hält oder wenn zu befürchten ist, dass sich der Betroffene bei Ankündigung der Vorführung entzieht (Prütting/Helms-Fröschle Rn 11). Unterbleibt die Anhörung, muss das Gericht vor der Vorführungsanordnung sonstige Feststellungen treffen, die die Annahme der Betreuungsbedürftigkeit des Betroffenen rechtfertigen können (vgl. Rn 6).

2. Anwendung von Gewalt (Abs. 2)

3   Abs. 2 S. 1 regelt, dass die Anwendung von Gewalt in jedem Fall **einer Entscheidung des Gerichts** bedarf. Die Unterstützung durch **polizeiliche Voll-**

zugsorgane nach **Abs. 2 S. 2** ist nur als **ultima ratio** zulässig (BT-Drucksache 16/6308 S. 268).

3. Betreten der Wohnung (Abs. 3)

Mit **Abs. 3 S. 1** wurde zum einen der verfassungsrechtlichen Forderung nach einer Ermächtigungsgrundlage für das Öffnen und Betreten einer Wohnung, dem auch das BVerfG in seinem Beschluss v. 21. 8. 2009 (FamRZ 2009, 1814) Ausdruck verliehen hat, Rechnung getragen. Zum anderen wurde das – ebenfalls verfassungsrechtliche – Erfordernis einer richterlichen Ermächtigung, die Wohnung des Betroffenen ggf. **gegen seinen Willen** zu betreten, neu aufgenommen. Die Norm trägt dem Gesetzesvorbehalt des Art 13 Abs. 2 GG Rechnung. Wieso dies jedoch nicht in § 278 Abs. 5 (zwangsweise Vorführung des Betroffenen zur Anhörung; vgl. § 278 Rn 18) ebenfalls geschehen ist, ist nicht nachvollziehbar. Bei Gefahr im Verzug kann auch ohne richterliche Ermächtigung die Wohnung betreten werden (**Abs. 3 S. 2**). Die Durchsuchung der Wohnung eines **Dritten**, bei dem sich der Betroffene lediglich aufhält, ohne dort zu wohnen, ist nicht zulässig; ggf. muss eine Herausgabeverfügung nach §§ 1908i i.V.m. 1632 Abs. 1 BGB erwirkt werden (Prütting/Helms-Fröschle Rn 18).

4. Rechtsmittel

Bislang war die Anordnung nach § 68b Abs. 3 FGG, dessen Nachfolger § 283 ist, aufgrund ausdrücklicher Regelung in § 68b Abs. 3 S. 2 **unanfechtbar**. Der ursprünglich vom Gesetzgeber vorgesehene § 283 Abs. 1 S. 2, der die **Un**anfechtbarkeit der Vorführungsanordnung ausdrücklich regeln sollte, war, was der Gesetzgeber konsequent erkannt hat, wegen § 58 Abs. 2 unnötig und entfiel daher. Da es sich bei der Vorführungsanordnung um eine **Zwischenentscheidung** handelt (vgl. § 58 Rn 8 ff), weil mit dieser Entscheidung der Verfahrensgegenstand weder ganz noch teilweise erledigt wird (§ 38 Abs. 1 S. 1), ist diese **nicht** bzw. nach § 58 Abs. 2 nur zusammen mit der Hauptentscheidung **anfechtbar** (BT-Drucksache 16/6308 S. 203; a.A. Prütting/Helms-Fröschle Rn 22). Neben- und Zwischenentscheidungen sind nur dann anfechtbar, wenn dies im Gesetz ausdrücklich bestimmt ist (BT-Drucksache 16/6308 S. 166). Die Unanfechtbarkeit ergibt sich auch aus einem Umkehrschluss aus § 284 Abs. 3 S. 2, in dem gegen die Zwischenentscheidungen der §§ 284 Abs. 1 und 2 die sofortige Beschwerde ausdrücklich zugelassen wurde.

Die **Unanfechtbarkeit** der Zwischenentscheidung gilt nicht nur für die Anordnung nach Abs. 1 sondern auch für die Anordnungen nach Abs. 2 u. 3 (Keidel-Budde Rn 4). Die Vorführungsanordnung ist somit auch unanfechtbar, wenn sie mit der Gestattung der Inanspruchnahme der **Unterstützung der Polizei** und des **Betretens der Wohnung** zum Zweck der Vorführung verbunden ist (BayObLG FamRZ 1994, 1190; BtPrax 2002, 215; OLG Hamm FamRZ 1997, 440; **a. A.** OLG Celle FamRZ 2007, 167 unter Geltung der alten Rechtslage).

Der Grundsatz der Unanfechtbarkeit in diesem Bereich wurde durch den **BGH** im Jahre 2007 (BtPrax 2007, 167; so auch LG Saarbrücken Beschluss v. 7. 1. 2009 – BeckRS 2009 08055) eingeschränkt. Der Betroffene kann die gerichtliche Anordnung, sich psychiatrisch untersuchen zu lassen, jedenfalls dann mit der Beschwerde angreifen, wenn die Anordnung **objektiv willkürlich**, d.h. in so

FamFG § 284 Buch 3 Verf. in Betreuungs- u. Unterbringungssachen

krassem Maße **rechtsfehlerhaft** ist, dass sie unter Berücksichtigung des Schutzzwecks von Art. 3 Abs. 1 und 103 Abs. 1 GG nicht mehr verständlich erscheint. In solchen Fällen wurde nach alter Rechtslage die Anwendbarkeit des § 68b Abs. 3 S. 2 FGG verneint. Ein solcher krasser Ausnahmefall liegt nach Auffassung des BGH grundsätzlich vor, wenn das Betreuungsgericht die psychiatrische Untersuchung eines Betroffenen anordnet, **ohne diesen vorher persönlich gehört** oder **sonstige Feststellungen**, die die Annahme der Betreuungsbedürftigkeit des Betroffenen rechtfertigen könnten, getroffen zu haben. Dieser Forderung des BGH trägt Abs. 1 S. 2 durch das Erfordernis der persönlichen Anhörung des Betroffenen vor der Vorführungsanordnung Rechnung. Die Rechtsprechung des BGH lässt sich nach der hier vertretenen Auffassung auch auf das neue Recht anwenden (a.A. wohl Keidel-Budde Rn 4). Denn es handelt sich nicht um ein ordentliches Rechtsmittel sondern um eine **außerordentliche** Beschwerde, aufgrund derer auch bei Unanfechtbarkeit der Entscheidung eine Überprüfung der Entscheidung erfolgen kann (vgl. § 58 Rn 11, 12 und 18 ff). Zur Möglichkeit der Anfechtung einer unanfechtbaren Zwischenentscheidung mittels **Verfassungsbeschwerde** vgl. § 58 Rn 22.

5. Beschlussformel

7 „Der/Die Betroffene ..... ist zur Vorbereitung der Gutachtenerstellung zur Prüfung der Notwendigkeit der Anordnung einer Betreuung (bzw. eines Einwilligungsvorbehalts usw.) durch Dr. .... ärztlich zu untersuchen. Hierzu ist er/sie durch die Betreuungsbehörde .... vorzuführen.

(Hinweis: Der Beschluss ist unanfechtbar, sofortige Wirksamkeit muss nicht angeordnet werden.)

Ggf.: Der Betreuungsbehörde .... wird gestattet, bei der Vorführung Gewalt anzuwenden. Die Betreuungsbehörde .... ist befugt, hierbei erforderlichenfalls um die Unterstützung der polizeilichen Vollzugsorgane nachzusuchen.

Ggf.: Der Betreuungsbehörde .... und den diese unterstützenden polizeilichen Vollzugsorganen wird gestattet, die Wohnung des/der Betroffenen zum Zwecke der Vorführung auch gegen dessen/deren Willen zu betreten und sich ggf. gewaltsam Zutritt hierzu zu verschaffen."

§ 284 Unterbringung zur Begutachtung

(1) **Das Gericht kann nach Anhörung eines Sachverständigen beschließen, dass der Betroffene auf bestimmte Dauer untergebracht und beobachtet wird, soweit dies zur Vorbereitung des Gutachtens erforderlich ist. Der Betroffene ist vorher persönlich anzuhören.**

(2) **Die Unterbringung darf die Dauer von sechs Wochen nicht überschreiten. Reicht dieser Zeitraum nicht aus, um die erforderlichen Erkenntnisse für das Gutachten zu erlangen, kann die Unterbringung durch gerichtlichen Beschluss bis zu einer Gesamtdauer von drei Monaten verlängert werden.**

(3) **§ 283 Abs. 2 und 3 gilt entsprechend. Gegen Beschlüsse nach den Absätzen 1 und 2 findet die sofortige Beschwerde nach den §§ 567 bis 572 der Zivilprozessordnung statt.**

1. Unterbringung zur Vorbereitung des Gutachtens (Abs. 1)

Ist ohne Beobachtung für eine gewisse Zeit eine Gutachtenerstattung nicht 1
möglich oder weigert sich der Betroffene, an einer Untersuchung mitzuwirken
und kann deswegen das Gutachten nicht erstattet werden (vgl. § 280 Rn 8),
kann das Gericht die zeitlich befristete Unterbringung und **Beobachtung** (keine
Zwangsuntersuchung!) des Betroffenen anordnen (**Abs. 1**; entspricht dem früheren § 68b Abs. 4 FGG). Voraussetzung für eine Unterbringung zur Begutachtung
ist ein **konkreter Verdacht** auf die Betreuungsbedürftigkeit des Betroffenen (BayObLG FamRZ 2006, 289). Ebenso wie § 283 gilt auch § 284 für alle Betreuungsverfahren im Sinne des § 271, die ein Gutachten voraussetzen (Keidel-Budde
Rn 1).

Der Betroffene darf während dieser Zeit **nicht** gegen seinen Willen **untersucht**
werden; er kann auch nicht zur Mitwirkung an der Untersuchung gezwungen
werden (Keidel-Budde Rn 9). Er darf **nur beobachtet** werden und der Sachverständige muss sein Gutachten aus diesen Beobachtungen erstellen (Prütting/
Helms-Fröschle Rn 8). Eine (andere) Behandlung gegen den Willen des Betroffenen darf in dieser Zeit nicht erfolgen, wenn der Betroffene ausschließlich nach
§ 284 (und nicht auch nach öffentlich-rechtlichen Vorschriften oder nach §§ 1906,
1846 BGB) untergebracht ist.

Vor der Unterbringung zur Beobachtung hat eine schriftliche oder persönliche 2
Anhörung des **Sachverständigen** dazu, **ob** und für welche **Dauer** eine
Beobachtung erforderlich ist, zu erfolgen. Hierzu muss eine sachverständige Stellungnahme zu den sachlichen Voraussetzungen der Unterbringung nach § 284
erfolgen (Keidel-Budde Rn 3). Zweckmäßigerweise sollte diese Stellungnahme
von dem Sachverständigen abgegeben werden, der später das Gutachten erstellen
soll bzw. der mit der Gutachtenerstellung beauftragt ist. Der Sachverständige muss
insbesondere dazu Stellung nehmen, ob **deutliche Anhaltspunkte** für eine
Erkrankung bei dem Betroffenen bestehen, die im Rahmen der abschließenden
Entscheidung zu einer Betreuerbestellung (usw.) führen kann (Keidel-Budde
Rn 5). Die Anordnung einer Unterbringung zur Beobachtung setzt daher **deutliche Anzeichen** für eine Krankheit/Behinderung des Betroffenen und eine damit
einhergehende Beeinträchtigung der Lebensbewältigungskompetenz voraus.

Ebenso ist der Betroffene selbst vorher zu dieser Maßnahme **anzuhören**. 3
Anders als bei der Anhörungsvorschrift des § 283 Abs. 1 S. 2 handelt es sich bei
der des Abs. 1 S. 2 um eine **zwingende Vorschrift** („**ist** vorher persönlich anzuhören"). Für diese gilt § 278 Abs. 1, 3 und 5, sowie § 34 Abs. 2 entsprechend
(Keidel-Budde Rn 2). Im Fall der **Verweigerung der vorherigen Anhörung**
durch den Betroffenen, kann nach der hier vertretenen Auffassung auch **Zwang**
nach § 278 Abs. 5 ebenso wie nach Abs. 3 S. 1 i. V. m. § 283 Abs. 2 und 3 (vgl.
§ 283 Rn 3-4) angeordnet werden, da die Verweisung in Abs. 3 S. 1 auf § 283
Abs. 2 und 3 auf die Durchsetzung des Abs. 1 insgesamt – nicht nur auf die
dort genannte Unterbringung sondern auch auf die in Abs. 1 S. 2 angeordneten
Anhörung – abzielt (a.A Prütting/Helms-Fröschle Rn 6).

2. Kosten der Unterbringung

Grundsätzlich sind die Kosten der Unterbringung **Auslagen des Sachverstän-** 4
digen (Erstattung der Kosten des stationären Aufenthalts sind Aufwendungen des

FamFG § 284 Buch 3 Verf. in Betreuungs- u. Unterbringungssachen

Sachverständigen nach §§ 8 Abs. 1 Nr. 4, 12 JVEG), weil er die Beobachtung allein für seine Gutachtenerstellung braucht. Auch wenn die Unterbringung eines Betroffenen in einem Psychiatrischen Krankenhaus zur Vorbereitung eines Gutachtens richterlich angeordnet wird, so kommt die Erstattung der Kosten nach §§ 8 Abs. 1 Nr. 4, 12 JVEG nur dann in Betracht, wenn der Aufenthalt ausschließlich der Begutachtung diente. Sind daneben auch medizinische Gründe gegeben, die einen stationären Krankenhausaufenthalt zur Erkennung oder Behandlung einer Krankheit erfordern, so wird die Leistungspflicht der Krankenkasse bzw. des Sozialhilfeträgers durch die richterliche Anordnung der Unterbringung nicht ausgeschlossen (OLG Frankfurt FGPrax 2008, 275; Prütting/Helms-Fröschle Rn 20).

3. Dauer der Unterbringung (Abs. 2)

5   Die Unterbringung ist auf maximal **6 Wochen** befristet, mit Verlängerungsmöglichkeit auf eine Gesamtdauer von 3 Monaten. Bei der Verlängerungsentscheidung sind die förmlichen Voraussetzungen wie bei der Erstunterbringung (persönliche Anhörung des Betroffenen und sachverständige Stellungnahme, vgl. Rn 2-3) einzuhalten (Keidel-Budde Rn 7).

4. Entscheidung des Gerichts

6   Da es sich um eine Freiheitsentziehung handelt, ist der Richter für diese Entscheidung zuständig, die in Form eines **Beschlusses**, welcher zu begründen ist, ergeht (§ 38). Die Maßnahme (Unterbringung) wird **angeordnet** und nicht genehmigt. Es ist ebenso die (Höchst-)**Dauer**, der **Ort** und der **Zweck** der Unterbringung genau zu bezeichnen (Keidel-Budde Rn 6). Die Höchstdauer muss nicht ausgeschöpft werden, wenn vorher eine Begutachtung möglich ist. Ggf. ist der Unterbringungsbeschluss nach § 330 aufzuheben (Prütting/Helms-Fröschle Rn 12).

Der Beschluss ist mit einer **Rechtsmittelbelehrung** nach § 39 zu versehen; hier hat eine Rechtsmittelbelehrung für eine „sofortige Beschwerde" nach §§ 567 bis 572 ZPO zu erfolgen (**zwei**wöchige Frist!); vgl. Rn 9.

5. Ultima ratio

7   § 284 findet nur Anwendung, wenn mildere ärztliche Maßnahmen, insbesondere eine Vorführung zur Untersuchung oder zum Erörterungstermin (§ 283), gescheitert sind und der Betroffene nach wie vor seine Mitwirkung zur Untersuchung verweigert (Jürgens/Kröger/Marschner/Winterstein Rn 395). Wegen der Schwere des Grundrechtseingriffs muss bei jeder Entscheidung nach § 284 eine **strenge Verhältnismäßigkeitsabwägung** erfolgen. Es müssen vorher sämtliche Möglichkeiten der Kontaktaufnahme durch den Sachverständigen ausgeschöpft worden sein (Keidel-Budde Rn 4). Danach kommt eine Unterbringung nur dann in Betracht, wenn die Nachteile, die ohne Unterbringung und Untersuchung im klinischen Rahmen entstehen würden (wie die Nichtanordnung der Betreuung ohne weitere betreuungsgerichtliche Ermittlungen), die Schwere der Freiheitsentziehung deutlich **überwiegen** (AG Obernburg FamRZ 2008, 1559; LG München I FamRZ 2007, 2008; BayObLG BtPrax 2002, 215; OLG Saarbrücken

Unterbringung zur Begutachtung § 284 FamFG

BeckRS 2005 01473). Eine Unterbringungsanordnung kann sich an eine Vorführungsanordnung nach § 283 unmittelbar anschließen, wenn sich der Betroffene auch bei der Vorführung nicht kooperationsbereit zeigt (Keidel-Budde Rn 4).

6. Durchsetzung (Abs. 3 S. 1)

Durch den Verweis in Abs. 3 S. 1 auf § 283 Abs. 2 und 3 wird klargestellt, dass **8** sowohl die Anwendung von **Gewalt** als auch das **Betreten der Wohnung** des sich weigernden Betroffenen richterlich angeordnet werden können. Die **richterliche Anordnung** dieser Gewaltmittel bezieht sich auf die Durchsetzung der Unterbringungsanordnung und lässt konkret die **zwangsweise Zuführung** zur Unterbringung und ein **Betretensrecht** der Wohnung des Betroffenen zur Erreichung dieses Zwecks zu (vgl. § 283 Rn 3-4).

7. Rechtsmittel (Abs. 3 S. 2)

Nach Abs. 3 S. 2 ist die **Unterbringungsanordnung** und die **Anordnung** **9** **der Verlängerung** der Unterbringung selbstständig mit der **sofortigen Beschwerde** nach **ZPO** (§§ 567 bis 572 ZPO) anfechtbar. Als Zwischenentscheidung (vgl. § 58 Rn 8 ff), mit der der Verfahrensgegenstand weder ganz noch teilweise erledigt wird (§ 38 Abs. 1 S. 1), ist die Unterbringung nur deswegen selbstständig anfechtbar, weil das Gesetz in § 284 Abs. 3 S. 2 die Anfechtbarkeit ausdrücklich zulässt (§ 58 Abs. 2; vgl. § 58 Rn 9). Dies gilt **nicht** für die Maßnahmen zur zwangsweisen Durchsetzung der Unterbringung nach Abs. 3 i. V. m. § 283 Abs. 2 und 3 (vgl. Rn 8 und § 283 Rn 5); diese sind unanfechtbar. Zur Unanfechtbarkeit der Anordnung der Gutachteneinholung vgl. § 280 Rn 23. Gegen die Beschwerdeentscheidung findet die **zulassungsfreie Rechtsbeschwerde** statt, da es sich um eine **Betreuungssache** nach § 70 Abs. 3 Nr. 1 (keine Unterbringungssache nach Nr. 2) handelt (vgl. § 70 Rn 4; Prütting/Helms-Fröschle Rn 17).

8. Beschlussformel

10 „Der Betroffene wird für die Dauer von längstens .... Wochen/Tagen zur Vorbereitung der Erstattung eines Sachverständigengutachtens zur Prüfung der Frage der Notwendigkeit der Anordnung einer Betreuung (bzw. eines Einwilligungsvorbehalts usw.) in folgender Einrichtung **untergebracht**:_____ und dort zu diesem Zweck **beobachtet**. Der Leiter der Einrichtung hat die Unterbringung nach Zweckerreichung – Vorbereitung der Gutachtenerstattung – unverzüglich zu beenden und die Beendigung dem Gericht mitzuteilen. Die Entscheidung ist sofort wirksam.
 Ggf.: Der Betreuungsbehörde .... wird gestattet, bei der Durchführung der Unterbringung Gewalt anzuwenden. Die Betreuungsbehörde ... ist befugt, hierbei erforderlichenfalls um die Unterstützung der polizeilichen Vollzugsorgane nachzusuchen.
 Ggf.: Der Betreuungsbehörde .... und den diese unterstützenden polizeilichen Vollzugsorganen wird gestattet, die Wohnung des/der Betroffenen zum Zwecke der Durchführung der Unterbringung auch gegen dessen/deren Willen zu betreten und sich ggf. gewaltsam Zutritt hierzu zu verschaffen."
 Der Beschluss ist mit einer **Rechtsmittelbelehrung** (sofortige Beschwerde nach ZPO) zu versehen.

FamFG § 285 Buch 3 Verf. in Betreuungs- u. Unterbringungssachen

§ 285 Herausgabe einer Betreuungsverfügung oder der Abschrift einer Vorsorgevollmacht

In den Fällen des § 1901a des Bürgerlichen Gesetzbuchs erfolgt die Anordnung der Ablieferung oder Vorlage der dort genannten Schriftstücke durch Beschluss.

1. Allgemeines

1 § 285 ist aus dem bisherigen § 69e Abs. 1 S. 2 und 3 FGG hervorgegangen.
Bei dieser Vorschrift handelt es sich um eine gerichtliche Anordnung mit vollstreckbarem Inhalt auf Vornahme bestimmter Handlungen (prozessuale Mitwirkungspflichten bestimmter Personen). Die Durchsetzung dieser Mitwirkungspflichten bedarf der Zwangsmittel, die in § 35 (früher § 33 FGG) geregelt sind. Funktionell ist derjenige am Gericht **zuständig** (Richter/Rechtspfleger), der für das konkrete Verfahren zuständig ist (Schulte-Bunert/Weinreich-Rausch Rn 3)

2. Anwendungsbereich

a) Gesetzgeberische Intention

2 § 1901a BGB, auf den sich § 285 nach seinem Wortlaut bezieht, betraf ursprünglich die **Betreuungsverfügungen** und die **Vorsorgevollmachten**. Durch eine Gesetzesänderung kurz vor dem Inkrafttreten des FGG-Reformgesetzes (vgl. BR-Drucksache 593/09) hat der Gesetzgeber nunmehr ganz neu die **Patientenverfügung** (vgl. § 1901a BGB) gesetzlich geregelt. Dadurch wurde kurzfristig aus dem ehemaligen § 1901a BGB der § 1901c BGB. Die Betreuungsverfügung und die Vorsorgevollmacht werden jetzt in § 1901c BGB geregelt, ohne dass diese Änderung in § 285 nachvollzogen worden ist. Dies wird daher für ein redaktionelles Versehen des Gesetzgebers gehalten, da sich die Begründung des § 285 eindeutig auf **Betreuungsverfügung** und **Vorsorgevollmacht** bezieht. § 285 ist daher so zu lesen, dass ein Verweis auf **§ 1901c BGB** erfolgt. Eine **Patientenverfügung** ist nicht als Unterfall der Betreuungsverfügung anzusehen; eine Herausgabe derselben hat damit nicht nach § 285 zu erfolgen.

b) Betreuungsverfügung und Vorsorgevollmacht

3 § 1901c BGB, auf den § 285 verweist (vgl. hierzu Rn 2), sieht eine unverzügliche Ablieferungspflicht des Besitzers einer **Betreuungsverfügung oder Vorsorgevollmacht** vor, nachdem er von der Einleitung eines Verfahrens über die Bestellung eines Betreuers Kenntnis erlangt hat.
Als **Betreuungsverfügung** wird nach dem Gesetz eine Willensäußerung verstanden, in der Vorschläge für die Auswahl des Betreuers oder Wünsche zur Wahrnehmung der Betreuung geäußert werden (vgl. § 1901c BGB Rn 2 ff). Eine **Vorsorgevollmacht** im engeren Sinne liegt dann vor, wenn eine Vollmacht für den Fall der **Betreuungsbedürftigkeit** erteilt worden ist (vgl. im Einzelnen dazu § 1901c BGB Rn 9 ff). Eine Ablieferungspflicht kommt bei der **Vollmachtsurkunde** nicht in Frage, da sich der Bevollmächtigte mit Hilfe des Originals der Vollmacht im Rechtsverkehr legitimieren muss. Stattdessen ist die Pflicht statuiert,

das Betreuungsgericht zu unterrichten (§ 1901c S. 2 BGB) und auf dessen Verlangen eine Abschrift vorzulegen (§ 1901c S. 3 BGB).

3. Ablieferung von Betreuungsverfügungen und Abschriften einer Vorsorgevollmacht

Nach 285 ist in einem **Beschluss** anzuordnen, dass die betreffende Person (auch ein nicht am Verfahren Beteiligter), in deren Besitz das Gericht die entsprechende Urkunde wähnt, diese abzuliefern bzw. vorzulegen hat. Bei der Betreuungsverfügung ist dies die **Ablieferung** des **Originals** der Urkunde, bei der Vorsorgevollmacht ist dies nach § 1901c S. 3 BGB die **Vorlage** einer **Abschrift** (vgl. Rn 3).

Es können zur Durchsetzung des Beschlusses, der eine Handlung anordnet, Zwangsmittel nach § 35 Abs. 1-3 bzw. 4 verhängt werden (Keidel-Budde Rn 1). Vor Verhängung des Zwangsmittels ist nach § 35 Abs. 2 – möglichst gleich mit der gerichtlichen Entscheidung – auf die **Folgen des Zuwiderhandelns hinzuweisen**. Neben der Festsetzung von **Zwangsgeld** nach § 35 Abs. 1 S. 1 (höchstens 25.000 €; § 35 Abs. 3 FamFG, Art 6 Abs. 1 EGStGB) besteht gemäß § 35 Abs. 1 S. 2 auch die Möglichkeit der Anordnung von **Zwangshaft**.

Daneben verbleibt die Verfahrensweise nach § 35 Abs. 4. Danach kann das Gericht zur Vollstreckung einer Anordnung auf Herausgabe oder Vorlage einer Sache **neben** oder **anstelle** einer Maßnahme nach §§ 35 Abs. 1-3 FamFG die in §§ 883, 886, 887 ZPO vorgesehenen Maßnahmen anordnen. Nach §§ 35 Abs. 4 FamFG i. V. m § 883 ZPO kann die Herausgabe des Schriftstücks durch den Gerichtsvollzieher vollstreckt werden (Bumiller/Harders Rn 2). Bestreitet derjenige, in dessen Besitz eine Betreuungsverfügung oder Vorsorgevollmacht vermutet wird, den Besitz, so kann das Betreuungsgericht den Betreffenden zur Abgabe einer **eidesstattlichen Versicherung** darüber auffordern, dass er die Verfügung nicht habe und auch nicht wisse, wo sie sich befinde (§ 35 Abs. 4 FamFG, § 883 Abs. 2 ZPO; vgl. im Einzelnen Bienwald § 69e FGG Rn 43 ff. und Keidel-Zimmermann § 35 Rn 52 ff; Prütting/Helms-Fröschle Rn 5).

4. Rechtsmittel

Die Anordnung der Herausgabe nach § 285 ist als Endentscheidung nach § 58 Abs. 1 mit der **befristeten Beschwerde** anfechtbar (Keidel-Zimmermann § 35 Rn 65; a.A: Prütting/Helms-Fröschle Rn 8: unanfechtbare Zwischenentscheidung). Dies gilt auch für die Ablehnung der Anordnung der Herausgabe. Gegen die Festsetzung der Zwangsmittel ist nach § 35 Abs. 5 die **sofortige Beschwerde** nach §§ 567 ff ZPO zulässig; dieses Rechtsmittel hat aufschiebende Wirkung (Keidel-Zimmermann § 35 Rn 66).

5. Beschlussformel

„Dem ..... wird aufgegeben, das Original der Betreuungsverfügung des .... vom ...... (bzw. eine Abschrift einer Vorsorgevollmacht des .... vom .....) an das Betreuungsgericht ..... bis zum ...... herauszugeben. Für den Fall der Zuwiderhandlung wird dem .... bereits jetzt ein Zwangsgeld bis zu ... € (höchstens 25.000,00 €), ersatzweise Zwangshaft bis zu sechs Monaten angedroht."

FamFG § 286 Buch 3 Verf. in Betreuungs- u. Unterbringungssachen

§ 286 Inhalt der Beschlussformel

(1) Die Beschlussformel enthält im Fall der Bestellung eines Betreuers auch
1. die Bezeichnung des Aufgabenkreises des Betreuers;
2. bei Bestellung eines Vereinsbetreuers die Bezeichnung als Vereinsbetreuer und die des Vereins;
3. bei Bestellung eines Behördenbetreuers die Bezeichnung als Behördenbetreuer und die der Behörde;
4. bei Bestellung eines Berufsbetreuers die Bezeichnung als Berufsbetreuer.

(2) Die Beschlussformel enthält im Fall der Anordnung eines Einwilligungsvorbehalts die Bezeichnung des Kreises der einwilligungsbedürftigen Willenserklärungen.

(3) Der Zeitpunkt, bis zu dem das Gericht über die Aufhebung oder Verlängerung einer Maßnahme nach Absatz 1 oder Absatz 2 zu entscheiden hat, ist in der Beschlussformel zu bezeichnen.

1. Anwendungsbereich

1 Welchen notwendigen Inhalt eine Entscheidung im Falle einer Betreuerbestellung oder einer Anordnung eines Einwilligungsvorbehalts (ggf. auch im Falle der einstweiligen Anordnung nach § 300) haben muss, bestimmt § 286; für zweitinstanzliche Entscheidungen folgt das aus § 69; in Unterbringungssachen gilt § 323. § 286 entspricht im Wesentlichen § 69 FGG.

2. Beschlussbestandteile

2 Jede Entscheidung im Betreuungsrecht, die den Verfahrensgegenstand ganz oder teilweise erledigt (Endentscheidung), ergeht – wie bisher auch – durch **Beschluss** (§ 38 FamFG).

An der Entscheidungsformel bzw. der Entscheidung ändert sich im Vergleich zum bisher geltenden Recht durch das FamFG nichts Wesentliches. Teilweise hat der Gesetzgeber Beschlussbestandteile ausdrücklich gesetzlich geregelt, welche die Praxis im Betreuungsbereich auch bisher schon – zumindest weitestgehend – in den Beschluss aufgenommen hat. Die ausdrückliche Normierung war zumindest teilweise zur Schaffung von Rechtsklarheit erforderlich.

3. Beschlusseinleitung nach § 38 Abs. 2

3 Zunächst ergeben sich aus dem Allgemeinen Teil (§ 38) einige Bestandteile der Entscheidung. So folgt aus § 38 Abs. 2 Nr. 1-3, dass der Beschluss ein **Rubrum** (Bezeichnung der **Beteiligten**, deren – gesetzlicher – Vertreter und Bevollmächtigte, die Gerichtsbezeichnung und die mitwirkenden Richter) und eine **Beschlussformel** zu enthalten hat. Der **Betroffene** ist mit Vor- und Zuname, Geburtsdatum und -ort, Wohn- oder Aufenthaltsort zu bezeichnen. Es ist sachgerecht, die Beteiligten auch mit ihrer Stellung im Verfahren (z.B. Betreuer, Verfahrenspfleger usw.) zu bezeichnen.

4. Beschlussbestandteile nach § 286

a) Beschlussformel bei Betreuerbestellung (Abs. 1)

Welchen weiteren Inhalt eine **Beschlussformel** nach § 38 Abs. 2 Nr. 3 im 4
Falle der **Betreuerbestellung** haben muss, ergibt sich aus Abs. 1.
Bei der **Betreuerbestellung** hat die Beschlussformel nach § 286 Abs. 1 **Nr. 1** 5
die Bezeichnung des **Betreuers** (Vor- und Nachname, Geburtsdatum und -ort
sowie Anschrift) und seines Aufgabenkreises möglichst konkret unter Wahrung
des Erforderlichkeitsgrundsatzes zu enthalten (vgl. dazu § 1896 Rn 15 ff.; Keidel-
Budde Rn 3). Ist kein Aufgabenkreis genannt, so ist die Betreuung nicht wirksam
angeordnet (Prütting/Helms-Fröschle Rn 8).

Wird ein **Vereins- oder Behördenbetreuer** bestellt, muss zusätzlich die 6
Bezeichnung als „Vereinsbetreuer" oder „Behördenbetreuer" sowie die Angabe
des Vereins oder der Behörde erfolgen (Abs. 1 **Nr. 2 und 3**). Im Vergütungsverfahren werden die bereits im Rahmen der Bestellung nach § 1897 Abs. 2 BGB zu
prüfenden Voraussetzungen eines Vereins- oder Behördenbetreuers nicht nochmals geprüft oder in Frage gestellt (KG Rpfleger 2006, 398; LG Koblenz FamRZ
2001, 303).

Neu ist die Regelung des § 286 Abs. 1 **Nr. 4**, nach der schon bei der Anordnung 7
der Betreuung festzulegen ist, dass der Betreuer als **Berufsbetreuer** bestellt wird.
Die für einen Vergütungsanspruch konstitutive Feststellung der berufsmäßigen
Betreuung muss das Gericht nach § 1836 Abs. 1 S. 2 BGB i.V.m. § 1 Abs. 1 S. 1
VBVG **bereits bei der Bestellung** des Betreuers treffen; was nun sichergestellt
wird. Zu den **vergütungsrechtlichen** Risiken, wenn die Berufsmäßigkeit (versehentlich) nicht **bei** Bestellung des Betreuers festgestellt wird vgl. § 168 Rn 20.

b) Beschlussformel bei der Anordnung eines Einwilligungsvorbehalts (Abs. 2)

Welchen weiteren Inhalt eine **Beschlussformel** nach § 38 Abs. 2 Nr. 3 im 8
Falle der **Anordnung eines Einwilligungsvorbehalts** haben muss, ergibt sich
aus Abs. 2.

Bei Anordnung eines **Eigenwilligungsvorbehalts** ist der Kreis der einwilligungsbedürftigen Willenserklärungen unter Berücksichtigung des Erforderlichkeitsgrundsatzes konkret zu bezeichnen. Soll der Vorbehalt auch geringfügige
Angelegenheiten erfassen, ist dies im Tenor aufzunehmen (Keidel-Budde Rn 6).

c) Zeitpunkt der Überprüfung (Abs. 3)

In den Tenor der Entscheidung sowohl über die Betreuerbestellung als auch 9
über den Einwilligungsvorbehalt ist auch der **Überprüfungszeitpunkt**, der
längstens 7 Jahre nach **Erlass** der Entscheidung liegen darf (§ 294 Abs. 3; bei
Verlängerung: § 295 Abs. 2), aufzunehmen (BayObLG BtPrax 2005, 69). Bei
schubförmig verlaufenden Erkrankungen muss die Frist den Krankheitsverlauf
berücksichtigen (BayObLG BtPrax 1995, 68). Die Betreuung darf nur für den
Zeitraum angeordnet werden, für welchen sie nach den zum Zeitpunkt der
Anordnung vorliegenden Erkenntnissen unbedingt **erforderlich** ist (OLGR Köln
1998, 73). Die Betreuung endet nicht mit Ablauf der bestimmten Frist. Diese
Frist besagt nur, dass das Betreuungsgericht in angemessener Zeit vor Ablauf der

Frist über die Aufhebung oder Verlängerung zu entscheiden hat (BayObLG BtPrax 2005, 69); weitergehende Rechtsfolgen hat die Frist nicht (OLG Naumburg BeckRS 2003 30322819; a.A. LG Frankfurt FamRZ 2003, 185, wenn mehrere Jahre nach Ablauf nicht über die Verlängerung der Betreuung entschieden wurde). Ein Verstoß gegen Abs. 3 führt nicht zur Beendigung der Maßnahme (BayObLG BtPrax 1998, 110 f). Bei fehlerhafter oder fehlender Angabe des Zeitpunkts gilt die Höchstfrist des § 295 Abs. 2 (Keidel-Budde Rn 7). Fehlen die notwendigen Angaben im Tenor und in der Begründung, so ist die Entscheidung fehlerhaft und **anfechtbar**, aber nicht unwirksam.

d) Kostenentscheidung

10 Im Hinblick auf § 92 Abs. 1 KostO entfällt regelmäßig eine **Kostenentscheidung** (Prütting/Helms-Fröschle Rn 22). Eine Anordnung der Auslagenerstattung kann u.U. in den Fällen des § 307 (vgl. § 81 Rn 3, 4 und Kommentierung zu § 307) in Betracht kommen; ausnahmsweise kann auch eine Kostenentscheidung nach § 81 Abs. 2 oder 4 (vgl. § 81 Rn 8, 9) ergehen.

5. Weiterer Beschlussinhalt nach §§ 38, 39

11 § 38 Abs. 3 bestimmt, dass ein Beschluss zwingend zu **begründen** ist (bisher § 69 Abs. 2 FGG). Es kann auch in Ausnahmefällen nicht von einer Begründung abgesehen werden (§ 38 Abs. 5 Nr. 3). Die Begründung muss die Tatbestandsvoraussetzungen im jeweiligen Einzelfall durch die Angabe von Tatsachen konkret nachvollziehbar machen (OLG München BtPrax 2006, 36). Die Verwendung von Textbausteinen für die Begründung ist zulässig; sie sollten jedoch durch einige kurze fall- und personenbezogene Ausführungen ergänzt werden (Keidel-Budde Rn 9).

Der Beschluss ist auch im Fall der Ablehnung einer Maßnahme zu begründen. Eine Ablehnung in diesem Sinne liegt nur vor, wenn die am Verfahren Beteiligten im Zeitpunkt der Entscheidung noch ein Interesse an der Bescheidung haben.

Das Fehlen einer Begründung stellt zwar einen Verfahrensmangel dar, der den Beschluss anfechtbar macht, setzt aber – anders als nach bisheriger Rechtslage – die Beschwerdefrist in Lauf (Keidel-Budde Rn 9).

12 In den Beschluss ist eine **Rechtsmittelbelehrung** aufzunehmen (§ 39; früher § 69 Abs. 1 Nr. 6 FGG). Hierbei ist zu beachten, dass unabhängig vom Entscheidungsgegenstand die Beschwerdefrist nach FamFG regelmäßig **einen Monat** (§ 63 Abs. 1) und bei Beschwerden gegen einstweilige Anordnungen und Genehmigungen von Rechtsgeschäften **zwei Wochen** (§ 63 Abs. 2) beträgt (zum Spannungsverhältnis zwischen Rechtsbeschwerdefrist und Sprungrechtsbeschwerdefrist bei Beschlüssen, die ein Rechtsgeschäft genehmigen vgl. § 70 Rn 6). Weiter kann die Beschwerde nach § 64 Abs. 1 nur noch bei dem Gericht eingelegt werden kann, dessen Entscheidung angefochten wird (vgl. hierzu § 64 Rn 2).

Das Fehlen der Rechtsmittelbelehrung führt anders als nach bisheriger Rechtslage **nicht** dazu, dass die etwaige Rechtsmittelfrist nicht in Lauf gesetzt wird (OLG Rostock BeckRS 2005 30349536). Vielmehr hat der Gesetzgeber in § 17 Abs. 2 geregelt, dass bei fehlender/unzutreffender/fehlerhafter Rechtsmittelbelehrung – widerlegbar – ein **Wiedereinsetzungsgrund** vermutet wird.

Der Beschluss ist nach § 38 Abs. 3 S. 2 vom Entscheidungsträger zu **unter-** 13
schreiben. Schließlich ist nach S. 3 das Datum des Erlasses des Beschlusses (Bekanntgabe durch Verlesen der Beschlussformel) auf dem Beschluss zu vermerken. Soll der Beschluss den Beteiligten nur schriftlich nach § 41 Abs. 1 bekannt gegeben werden, ist die Übergabe des fertig abgefassten und unterschriebenen Beschlusses an die Geschäftsstelle zur Veranlassung der Bekanntgabe der für den Erlass maßgebliche Zeitpunkt.

Hat das Gericht die **sofortige Wirksamkeit** eines Beschlusses angeordnet, so ist nach § 287 Abs. 2 S. 3 der **Zeitpunkt der sofortigen Wirksamkeit** auf dem Beschluss zu vermerken. Vgl. hierzu § 287 Rn 8.

6. Rechtsmittel

Als Endentscheidung im Sinne des § 38 Abs. 1 S. 1 ist die Entscheidung über 14
die Anordnung der Betreuung oder des Einwilligungsvorbehalts sowie deren Ablehnung mit der befristeten **Beschwerde** nach §§ 58 ff anfechtbar.

7. Beschlussformel

„Für .... wird .... zum Betreuer – ggf. als Vereinsbetreuer/als Behördenbetreuer / 15
als Berufsbetreuer – bestellt. Der Aufgabenkreis umfasst:.....Das Gericht wird spätestens bis zum... über eine Aufhebung oder Verlängerung der Betreuung entscheiden. Ggf.: Die Entscheidung ist sofort wirksam"

§ 287 Wirksamwerden von Beschlüssen

(1) **Beschlüsse über Umfang, Inhalt oder Bestand der Bestellung eines Betreuers, über die Anordnung eines Einwilligungsvorbehalts oder über den Erlass einer einstweiligen Anordnung nach § 300 werden mit der Bekanntgabe an den Betreuer wirksam.**

(2) Ist die Bekanntgabe an den Betreuer nicht möglich oder ist Gefahr im Verzug, kann das Gericht die sofortige Wirksamkeit des Beschlusses anordnen. In diesem Fall wird er wirksam, wenn der Beschluss und die Anordnung seiner sofortigen Wirksamkeit
1. dem Betroffenen oder dem Verfahrenspfleger bekannt gegeben werden oder
2. der Geschäftsstelle zum Zweck der Bekanntgabe nach Nummer 1 übergeben werden.

Der Zeitpunkt der sofortigen Wirksamkeit ist auf dem Beschluss zu vermerken.

(3) **Ein Beschluss, der die Genehmigung nach § 1904 Absatz 2 des Bürgerlichen Gesetzbuchs zum Gegenstand hat, wird erst zwei Wochen nach Bekanntgabe an den Betreuer oder Bevollmächtigten sowie an den Verfahrenspfleger wirksam.**

1. Anwendungsbereich

1 § 287, der aus § 69a Abs. 3 FGG hervorgegangen ist, ist eine Sondervorschrift gegenüber § 40 (bisher § 16 FGG) für das **Wirksamwerden** von Entscheidungen in Betreuungssachen. Nach der Grundregel des § 40 Abs. 1 werden Beschlüsse zunächst mit der **Bekanntgabe an den Beteiligten**, für welchen sie ihrem wesentlichen Inhalt nach bestimmt sind, wirksam. Abweichend hiervon regelt § 287 das Wirksamwerden von Beschlüssen in Betreuungssachen.

2. Wirksamwerden von Entscheidungen (Abs. 1)

2 Nach **Abs. 1** werden bestimmte Beschlüsse in Betreuungssachen mit der **Bekanntgabe an den Betreuer** (vgl. zur Bekanntgabe § 288) wirksam, da dieser erst ab diesem Zeitpunkt seine Aufgaben wahrnehmen kann. Von der Bekanntgabe an den Betroffenen selbst als Voraussetzung des Wirksamwerdens ist deswegen abgesehen worden, weil im Falle seiner schweren Krankheit und Behinderung Zweifel an dem Eintritt der Wirksamkeit entstehen könnten (BT-Drucks. 11/4528 S. 175; kritisch zu diesem Argument Keidel-Budde Rn 3). Ungeachtet der Frage der Wirksamkeit müssen die Beschlüsse auch an den Betroffenen bekannt gegeben werden (vgl. § 288 Rn 4; OLG München BtPrax 2007, 180).

Die Bekanntgabe an den Betreuer muss nicht zwingend schriftlich erfolgen; sie kann auch telefonisch durch den Richter gegenüber dem Betreuer geschehen (§ 41 Abs. 2; vgl. § 288 Rn 11). Eine Betreuervergütung setzt eine wirksame und damit bekannt gemachte Bestellung voraus. Ein neu bestellter Betreuer kann daher erst ab (nachgewiesener schriftlicher oder telefonischer) **Bekanntgabe der Bestellung** – die auch vor dem Zeitpunkt liegen kann, zu dem die Entscheidung und die Anordnung ihrer sofortigen Wirksamkeit der Geschäftsstelle des Gerichts zum Zwecke der Bekanntgabe übergeben wurde – **Vergütung** verlangen (OLG München BtPrax 2008, 260).

a) Betroffene Beschlüsse

3 Nur Beschlüsse über **Umfang, Inhalt oder Bestand** der Bestellung eines Betreuers, über die Anordnung eines **Einwilligungsvorbehalts** (vgl. hierzu § 274 Rn 10) oder über den Erlass einer **einstweiligen Anordnung** nach § 300 (bzw. § 301 bei gesteigerter Dringlichkeit) werden mit der Bekanntgabe an den Betreuer wirksam. Die Genehmigung der **Einwilligung in den Abbruch einer lebenserhaltenden Maßnahme** nach § 1904 **Abs. 2** (gegenüber einem Betreuer bzw. einem Bevollmächtigten) wird erst **zwei Wochen** nach Bekanntgabe an den Betreuer bzw. Bevollmächtigten (und den Verfahrenspfleger) wirksam (Abs. 3; vgl. Rn 9, 10), denn die Einwilligung ist eine Willenserklärung des Betreuers/Bevollmächtigten selbst. Die Genehmigung richtet sich an ihn (BT-Drucksache 16/6308 S. 269).

b) Andere Beschlüsse

4 Alle anderen, nicht unter § 287 fallenden Beschlüsse (z.B. betreuungsgerichtliche Genehmigungen in gefährliche Gesundheitseingriffe nach § 1904 **Abs. 1**) werden, soweit in §§ 271 ff keine Sonderregelung getroffen wurde, nach § 40 Abs. 1 wirksam (Keidel-Budde Rn 2).

Soweit ein **Rechtsgeschäft** gerichtlich zu **genehmigen** ist (**Rechtspflegerzuständigkeit**), wird der Beschluss nach § 40 Abs. 2 nunmehr erst mit **Rechtskraft** wirksam, was auch in der Entscheidung **auszusprechen** ist. Nach der Entscheidung des BVerfG vom 18. 1. 2000 (BVerfGE 101, 397, 407 = FamRZ 2000, 731) waren die bisher geltenden §§ 62, 55 FGG mit Art. 19 Abs. 4 GG insoweit unvereinbar, als den in ihren Rechten Betroffenen jede Möglichkeit verwehrt wurde, Entscheidungen des Rechtspflegers der Prüfung durch den Richter zu unterziehen. Die Regelung des § 40 Abs. 2 räumt diese Überprüfungsmöglichkeit nunmehr ein, indem die Wirksamkeit der Entscheidung erst mit Rechtskraft eintritt. Dies sah der Gesetzgeber als effizienter an als die derzeit in der Praxis vorherrschende Lösung, vor Erlass der Entscheidung zunächst einen **Vorbescheid** zu erlassen und den Beteiligten Gelegenheit zu geben, diesen Vorbescheid anzufechten (BT-Drucksache 16/6308 S. 196). Diese Lösung wirft allerdings **praktische Probleme** auf, denn ein Geschäftspartner, der ein genehmigungsbedürftiges Rechtsgeschäft im Sinne des § 40 Abs. 2 abschließen will, muss künftig – mindestens – zwei Wochen auf die Rechtskraft der Entscheidung warten, sofern kein Rechtsmittelverzicht ausgesprochen wird. Viele Geschäftspartner (z.B. Banken, die ein bestimmtes Verzinsungsangebot machen) werden daher möglicherweise Abstand von einem solchen Rechtsgeschäft nehmen. Zum Spannungsverhältnis zwischen Rechtsbeschwerdefrist und Sprungrechtsbeschwerdefrist bei Beschlüssen, die ein Rechtsgeschäft genehmigen vgl. § 70 Rn 6.

Unabhängig davon wird es auch künftig sicherlich bei der Praxis der Betreuungsgerichte bleiben, eine betreuungsgerichtliche Genehmigung **in Aussicht** zu stellen. Auch dies war und ist ein effizientes Mittel, um eine im diesem Bereich oft schnell und einigermaßen vorhersehbar erforderliche Genehmigung des Betreuungsgerichts (z.B. beim Grundstückskauf nach § 1821 BGB oder beim gerichtlichen Vergleich nach § 1822 Nr. 12 BGB) anzukündigen.

Für die **Sterilisation** wird in § 297 Abs. 7, für die Unterbringung in § 325 eine Sonderregelung zum Wirksamwerden getroffen.

3. Sofortige Wirksamkeit von Entscheidungen (Abs. 2)

a) Anordnung der sofortigen Wirksamkeit

Ausnahmsweise wird der Zeitpunkt des Wirksamwerdens auf die Übergabe der Entscheidung an die Geschäftsstelle vorverlegt, wenn
- eine Bekanntgabe an den Betreuer nicht möglich ist (Betreuer ist verstorben, verreist, entlassen, unbekannt verzogen) **oder**
- Gefahr im Verzuge vorliegt
- **und** das Gericht jeweils die **sofortige Wirksamkeit** der Entscheidung nach pflichtgemäßem Ermessen anordnet. Dazu ist innerhalb der Entscheidung oder durch besonderen Beschluss konkret zu **begründen**, warum in dem Aufschub der Wirksamkeit eine **Interessengefährdung** des Betroffenen liegen würde (Keidel-Budde Rn 4).

Die Anordnung ist ebenso wie die Ablehnung nicht isoliert anfechtbar (Keidel-Budde Rn 4). Das Beschwerdegericht kann die sofortige Wirksamkeit der Entscheidung anordnen, wenn dies durch das Betreuungsgericht noch nicht geschehen ist. Ebenso kann es auch die Vollziehung der einstweiligen Anordnung aussetzen (§ 64 Abs. 3).

b) Eintritt der sofortigen Wirksamkeit bei gerichtlicher Anordnung (Abs. 2 S. 2)

aa) Bei Bekanntgabe an Betroffenen oder Verfahrenspfleger (Nr. 1).

6 Zur Erleichterung der Handhabung durch das Gericht (im Falle des Erlasses eines Beschlusses in einem Heim oder Krankenhaus) sieht das Gesetz das Wirksamwerden der für sofort wirksam erklärten Entscheidung nach **Nr. 1** durch **Bekanntgabe an den Betroffenen oder den Verfahrenspfleger** vor. Ob der Betroffene die Bekanntgabe verstehen muss, ist zweifelhaft (Bienwald § 69 a FGG Rn 2), aber zu verneinen, da es auch in den sonstigen Fällen der Bekanntgabe des Beschlusses auf das Verständnis des Betroffenen nicht ankommt. Die Bekanntgabe des Beschlusses richtet sich nach **§ 41**. Nach § 41 Abs. 2 kann die Entscheidung auch durch Verlesen der Beschlussformel, d.h. diese muss **schriftlich** vorliegen, bekannt gegeben werden. Die Entscheidung muss auch bei mündlicher Bekanntgabe den Beteiligten nachträglich **schriftlich** bekannt gegeben werden. Die schriftliche Bekanntgabe erstreckt sich auf den vollständigen Beschluss, einschließlich der Gründe (BT-Drucksache 16/6308, 197). Die nach bisherigem Recht bestehende Möglichkeit, Entscheidungen **mündlich** zu erlassen und gleichzeitig bekannt zu geben, wurde durch das FamFG beseitigt (Keidel-Budde Rn 5).

7 **bb) Bei Übergabe an die Geschäftsstelle (Nr. 2).** Daneben wird die Entscheidung nach **Nr. 2** bei entsprechender Anordnung in dem Zeitpunkt wirksam, zu dem die vollständig geschriebene und unterschriebene Entscheidung des Richters zur **Geschäftsstelle** gelangt (Übergabe). Der Vermerk dazu kann sowohl von der Geschäftsstelle als auch vom Richter (Eildienst, Dienstschluss, Beschlüsse, die nicht im Gericht erlassen werden) vorgenommen werden (Rink FamRZ 1992, 1013; a.A. Bumiller/Harders Rn 3, die die Auffassung vertritt, dass dies nur durch die Geschäftsstelle geschehen kann).

8 Der Gesetzgeber regelt in Abs. 2 **S. 3** ausdrücklich, dass der **Zeitpunkt der sofortigen Wirksamkeit** (nach S. 2 Nr. 1 oder Nr. 2) auf dem Beschluss zu vermerken ist. Im vergleichbaren § 69a FGG war lediglich geregelt, dass „dieser Zeitpunkt" auf dem Beschluss zu vermerken war. Im Hinblick hierauf dürfte in diesem Zusammenhang für Nr. 2 anzuraten sein, künftig nicht mehr – wie wohl in der Praxis sehr verbreitet – den Eingang auf der Geschäftsstelle, sondern in Anpassung an den Gesetzestext den (zeitlich damit zusammenfallenden) **Zeitpunkt der sofortigen Wirksamkeit** auf dem Beschluss zu vermerken.

4. Wirksamwerden von Entscheidungen nach § 1904 Abs. 2 BGB (Abs. 3)

a) Betreuungsgerichtliche Genehmigung bei Abbruch lebenserhaltender Maßnahmen

9 § 1904 Abs. 2 BGB regelt **neu** die **gerichtliche Genehmigungspflicht** von Entscheidungen des **Betreuers** und des **Bevollmächtigten**, wenn dieser aufgrund einer Patientenverfügung nach § 1901a Abs. 1 BGB (vgl. § 1901a Rn 4 ff) in bestimmte medizinisch angezeigte Maßnahmen entsprechend dem mutmaßlichen Willen des Betreuten nicht einwilligen oder eine früher erteilte Einwilligung

widerrufen will. § 1904 Abs. 2 BGB entspricht insofern der Grundsatzentscheidung des BGH v. 17. 3. 2003 (BtPrax 2003, 123 = FamRZ 2003, 748 = FG Rax 2003, 161 m. Anm. Meier). Erfasst sind Entscheidungen des Betreuers über die Nichteinwilligung oder den Widerruf der Einwilligung, wenn das Unterbleiben oder der Abbruch der Maßnahme die **begründete Gefahr des Todes** oder des Eintritts schwerer und länger dauernder **Schäden** des Betreuten in sich birgt. Das können u.a. eine Nichteinwilligung oder ein Widerruf der Einwilligung des Betreuers in ärztlich indizierte Maßnahmen, wie Operation, künstliche Flüssigkeits- und Nahrungszufuhr, die z.b. durch die Speiseröhre (Magensonde) oder Bauchdecke (PEG) in den Magen oder intravenös erfolgt, maschinelle Beatmung, Dialyse, Bekämpfung einer zusätzlich auftretenden Krankheit (Lungenentzündung, Infektion u.a.) sowie Maßnahmen der Reanimation sein (BT-Drucksache 16/8442 S. 18). Vgl. hierzu im Einzelnen § 1904 BGB Rn 10 ff.

b) Regelung des Abs. 3

In **Abs.** 3 wird von dem allgemeinen Grundsatz in Verfahren der Freiwilligen 10
Gerichtsbarkeit, wonach die Verfügung des Gerichts mit Bekanntgabe an den jeweiligen Beteiligten (§ 40) bzw. in bestimmten Betreuungsverfahren an den Betreuer (vgl. Rn 3-4) wirksam wird, insofern abgewichen, als die Wirksamkeit der Genehmigung des Betreuungsgerichts nach § 1904 Abs. 2 BGB erst **zwei Wochen** nach **Bekanntgabe** (§ 41; vgl. § 288 Rn 9 ff) an den Betreuer oder Bevollmächtigten **und** den Verfahrenspfleger eintritt. Da die bei einer Genehmigung des Gerichts in den Abbruch oder die Nichteinleitung lebenserhaltender oder -verlängernder Maßnahmen gebotenen ärztlichen Handlungen regelmäßig nicht reversibel sind, kann nur so ein effektiver Rechtsschutz für die am Verfahren formell und materiell Beteiligten gewährleistet werden (BT-Drucksache 16/8442 S. 19). Die Frist des § 287 Abs. 3 wird erst durch die kumulative Bekanntgabe der Entscheidung sowohl an den Betreuer bzw. den Bevollmächtigten und den nach § 298 Abs. 3 zwingend zu bestellenden Verfahrenspfleger des Betroffenen in Lauf gesetzt (Keidel-Budde Rn 6).

§ 288 Bekanntgabe

(1) **Von der Bekanntgabe der Gründe eines Beschlusses an den Betroffenen kann abgesehen werden, wenn dies nach ärztlichem Zeugnis erforderlich ist, um erhebliche Nachteile für seine Gesundheit zu vermeiden.**

(2) **Das Gericht hat der zuständigen Behörde den Beschluss über die Bestellung eines Betreuers oder die Anordnung eines Einwilligungsvorbehalts oder Beschlüsse über Umfang, Inhalt oder Bestand einer solchen Maßnahme stets bekannt zu geben. Andere Beschlüsse sind der zuständigen Behörde bekannt zu geben, wenn sie vor deren Erlass angehört wurde.**

1. Anwendungsbereich

Wem ein Beschluss in Betreuungssachen auf welche Art bekannt zu geben 1
ist, ist im Allgemeinen Teil in § 41, ergänzt durch die Sonderregelung für das Betreuungsrecht (§ 288), geregelt.

2. Adressaten der Bekanntgabe

a) Bekanntgabe von Entscheidungen an die Beteiligten (§ 41 Abs. 1)

2   Nach § 41 Abs. 1 sind **alle Endentscheidungen** (vgl. § 38 Abs. 1), die im Rahmen eines Betreuungsverfahrens ergehen, bekannt zu geben.

3   Die Entscheidung ist **allen Beteiligten** bekannt zu geben (§ 41 Abs. 1 S. 1). Wer Beteiligter (vgl. zum Beteiligtenbegriff § 274 Rn 3 ff) ist, ergibt sich allgemein aus § 7 sowie aus § 274 für Betreuungssachen bzw. aus § 315 FamFG für Unterbringungssachen. Die Entscheidung ist **allen** am Verfahren Beteiligten, ob es **Muss-** (vgl. § 274 Rn 3-8) oder tatsächlich hinzugezogene **Kann-**Beteiligte (vgl. § 274 Rn 11-14) sind, bekannt zu geben. Im Hinblick auf die **Vertraulichkeit** des Verfahrens und schützenswerter Interessen des Betroffenen sowie auf die Prozessökonomie hat das Gericht somit **vor** Beteiligung der **Kann-Beteiligten** (i.S.d. §§ 7 Abs. 3 und 274 Abs. 4; vgl. § 274 Rn 11-14) eine **sorgfältige Interessenabwägung** zu treffen, da nach der Entscheidung über die Zulassung der Kann-Beteiligung einer Person kein Ermessen mehr über die Bekanntgabe der Entscheidung besteht.

4   Aus §§ 40 Abs. 1, 41 Abs. 1 folgt, was früher im § 69a Abs. 1 S. 1 FGG geregelt war, dass der Beschluss **in jedem Fall dem Betroffenen** als **Subjekt des Verfahrens** bekannt zu geben ist, selbst wenn er ihn in seinem Sinngehalt nicht erfassen kann (Schutzfunktion!). Dies erfolgt unabhängig davon, ob er einen Verfahrenspfleger hat (BayObLG NJW RR 2001, 583; OLG München BtPrax 2007, 180). Hat der Betroffene einen **Verfahrensbevollmächtigten** bestellt, so ist nach § 172 Abs. 1 ZPO – in Abänderung der bisherigen Rechtlage – **nur** diesem zuzustellen (Keidel-Budde Rn 3; Prütting/Helms-Fröschle Rn 5); allerdings empfiehlt es sich aus Gründen des fairen Verfahrens, die Entscheidung auch dem Betroffenen formlos zu übermitteln. Davon wird nur bei nicht anfechtbaren Zwischenentscheidungen abgesehen werden können, wenn ein Verfahrensbevollmächtigter bzw. Verfahrenspfleger bestellt ist sowie in solchen Zwischenverfahren, an denen er nicht beteiligt ist (z. B. § 380 ZPO, §§ 29, 30).

Weiter folgt sowohl aus § 41 Abs. 1 als auch aus der besonderen Stellung des Verfahrenspflegers (vgl. § 276 Rn 18), dass der Beschluss dem **bestellten Verfahrenspfleger** bekannt zu geben ist. Eine Bekanntgabepflicht an den **Betreuer** ergibt sich – neben § 41 Abs. 1 – auch aus § 287 für die dort genannten Entscheidungen (vgl. § 287 Rn 3).

b) Absehen von der Bekanntgabe der Entscheidungsgründe (Abs. 1)

5   Das Gericht hat nach **Abs. 1** nach pflichtgemäßem **Ermessen** zu prüfen, ob es von der Bekanntgabe der Entscheidungs**gründe** – nicht der Beschluss**formel** (Prütting/Helms-Fröschle Rn 9) – an den **Betroffenen** absieht, wenn erhebliche Nachteile für die Gesundheit des Betroffenen zu erwarten sind (bisher § 69a Abs. 1 S. 2 FGG). Von der Bekanntgabe der Entscheidungsgründe an den Betroffenen darf in Betreuungsverfahren nur in enge begrenzten Ausnahmefällen abgesehen werden. Es hat eine sorgfältige Abwägung zwischen dem Recht des Betroffenen, die Gründe der Entscheidung zu erfahren, und der Rücksichtnahme auf seine Gesundheit zu erfolgen (Keidel-Budde Rn 5). Die Befürchtung des behördlichen

Bekanntgabe § 288 FamFG

Sachverständigen, das Vertrauensverhältnis des Betreuten zum sozial-psychiatrischen Dienst könne gestört werden, reicht hierzu nicht aus (OLG Frankfurt BtPrax 2003, 222).

Das dazu einzuholende ärztliche Zeugnis oder ärztliche Gutachten muss eine detaillierte Begründung enthalten, welche konkreten Beeinträchtigungen entstehen können, die über das Maß dessen hinausgehen, was allgemein mit der Bekanntgabe von gerichtlichen Entscheidungen verbunden ist; wobei bloße zusätzliche Schwierigkeiten (Zittern usw.) nicht ausreichen (OLG Frankfurt BtPrax 2003, 271). Die Entscheidung über die Nichtbekanntgabe ergeht zusammen mit der Hauptsacheentscheidung oder durch gesonderten Beschluss. Sie ist zu begründen. Sie ist **Teil** der instanzabschließenden Entscheidung und ebenso wie diese selbstständig mit der befristeten **Beschwerde anfechtbar** (Keidel-Budde Rn 5; BayObLG NJW RR 2001, 583). Im Beschwerdeverfahren entscheidet die voll besetzte Kammer über die Voraussetzungen des Abs. 1 (Bassenge/Roth Rn 2).

c) Bekanntgabe an die zuständige Behörde (Abs. 2)

Der nach den §§ 1 ff BtBG zuständigen Behörde sind nach Abs. 2 S. 1 – unabhängig davon, ob sie sich tatsächlich am Betreuungsverfahren nach § 274 Abs. 3 beteiligte – folgende Entscheidungen bekannt zu geben (bisher z.T. in § 69a Abs. 2 FGG geregelt): 6
- alle Entscheidungen, durch die ein Betreuer bestellt oder ein Einwilligungsvorbehalt angeordnet wird, um sie in die Lage zu versetzen, die ihr gestellten Aufgaben zu erfüllen;
- alle Beschlüsse über **Umfang, Inhalt oder Bestand** einer **Betreuung** oder eines **Einwilligungsvorbehalts** (vgl. hierzu § 274 Rn 10).

Gegen diese Entscheidungen steht der Behörde gemäß § 303 Abs. 1 ein Beschwerderecht zu. Dies gilt auch für die Betreuung, die auf Antrag des Betroffenen eingerichtet wurde (Bumiller/Harders Rn 4). Obwohl vom Wortlaut der Norm die **ablehnende** Betreuungs- oder Einwilligungsvorbehaltsentscheidung nicht erfasst ist, sind sie nach Sinn und Zweck der Vorschrift auch diese der Betreuungsbehörde bekannt zu geben, da sie ein Beschwerderecht gegen diese Entscheidungen hat (Keidel-Budde Rn 1).

Andere als die in Rn 6 aufgeführten Entscheidungen sind der Behörde nach Abs. 2 S. 2 nur dann bekannt zu geben, soweit die Behörde am Verfahren **beteiligt** war. 7

d) Bekanntgabe an den Rechtsinhaber (§ 41 Abs. 3)

Nach § 41 Abs. 3 müssen Beschlüsse, die die **Genehmigung eines Rechtsgeschäfts** zum Gegenstand haben, auch demjenigen bekannt gegeben werden, für den das Rechtsgeschäft genehmigt werden soll (**Rechtsinhaber**; vgl. BVerfGE 101, 397, 406=FamRZ 2000, 731). 8

3. Form der Bekanntgabe

Soweit der bekannt zu gebende Beschluss eine – nach § 63 mit der befristeten Beschwerde anfechtbare – Endentscheidung ist, wird mit ihr eine Frist, nämlich die Beschwerdefrist, im Sinne des § 15 Abs. 1 in Lauf gesetzt. Jeder anfechtbare 9

FamFG § 288 Buch 3 Verf. in Betreuungs- u. Unterbringungssachen

Beschluss ist nach § 63 Abs. 3 somit **schriftlich** bekannt zu geben. Die Bekanntgabe des Beschlusses erfolgt mithin nach den allgemeinen Vorschriften über die Bekanntgabe von Dokumenten gemäß § 15 Abs. 2. Das Gericht kann danach grundsätzlich **nach freiem Ermessen** wählen zwischen:
 a) der **förmlichen Zustellung** nach der Zivilprozessordnung (§§ 166-195 ZPO) und
 b) der **Aufgabe zur Post**. Gibt der Urkundsbeamte der Geschäftsstelle das Schriftstück unter der Anschrift des Adressaten zur Post, so gilt das Schriftstück **drei Tage** nach der Aufgabe als bekannt gegeben. Der Tag der Aufgabe zählt nicht mit. Dies wird so bewirkt, dass der **Urkundsbeamte** der Geschäftsstelle in der Akte vermerkt, wann der Brief in den gerichtsinternen Postabtrag gelangte. Da es nach dem Willen des Gesetzgebers auf die Aufgabe zur Post ankommt (und nicht, wann das Schriftstück aus dem Machtbereich der Geschäftsstelle gelangte), ist es für eine wirksame Bekanntgabe unumgänglich, dass auch der für den Postausgang zuständige **Wachtmeister** oder Gerichtsmitarbeiter bestätigt, wann das Schriftstück zur Post gelangte. Diese Bestätigung muss zu der Gerichtsakte gelangen. Ob das eine wesentliche Erleichterung in der täglichen Praxis im Vergleich zur Zustellung nach ZPO ist, erscheint fraglich. Im Fall der Zustellung durch Aufgabe zur Post ist dem Betroffenen die **Glaubhaftmachung** – z.B. eigene eidesstattliche Versicherung – möglich, dass er die Entscheidung entweder gar nicht oder aber nach dem fingierten Zeitpunkt erhalten hat.

10 Das nach § 15 Abs. 2 eingeräumte Ermessen, zwischen Aufgabe zur Post und förmlicher Zustellung nach ZPO wählen zu dürfen, **schränkt** § 41 Abs. 1 **S. 2 ein**. Soweit es sich bei der bekannt zu gebenden Entscheidung um einen nach § 41 Abs. 1 S. 2 anfechtbaren Beschluss (z. B. eine Endentscheidung nach § 38 Abs. 1; vgl. § 286 Rn 2) handelt, ist nur demjenigen nach ZPO **zuzustellen**, dessen erklärtem Willen der Beschluss **nicht** entspricht. Darin ist die deutliche Einschränkung des **Zustellungs**erfordernisses (nicht aber des Bekanntgabeerfordernisses) zu sehen. Damit soll das schützenswerte Interesse des **Beteiligten**, dessen Anliegen mit der Entscheidung nicht entsprochen wird, hinreichend gewahrt werden. Nur diesem muss zwingend **nach ZPO** zugestellt werden, wodurch eine Überfrachtung mit formalen Anforderungen in den Fällen vermieden werden soll, in denen es keine Anhaltspunkte dafür gibt, dass der Beschluss dem Anliegen eines Beteiligten zuwider läuft.

Schließlich ist darauf hinzuweisen, dass eine wirksame Bekanntgabe durch eine **formlose Mitteilung** – etwa durch einfache Übersendung mit der Post –, entsprechend dem bisher geltenden § 16 Abs. 2 Satz 2 FGG für einen anfechtbaren Beschluss d.h. für **jede** Endentscheidung, künftig nicht mehr möglich sein wird, weil erst mit der **schriftlichen Bekanntgabe** (s.o. Rn 9 und § 63 Rn 6) des Beschlusses der Lauf der **Rechtsmittelfrist** beginnt (§ 63 Abs. 3). In § 41 Abs. 1 S. 2 mag daher einerseits das Zustellungserfordernis nach ZPO eingeschränkt worden sein. Auf der anderen Seite wird jedoch jeder anfechtbare Beschluss, der nicht **schriftlich** auf die unter Rn 9 beschriebene Weise nach § 15 Abs. 2 bekannt gegeben wurde, zunächst nicht in Rechtskraft erwachsen können. Die Handhabung in der Praxis wird zeigen, ob hieraus eine Zustellungs- bzw. Postaufgabeflut im Betreuungsrecht folgt oder ob die Betreuungsgerichte das (teilweise recht geringe) Risiko mangelnder Rechtskrafterlangung eingehen werden. In § 63 Abs. 3 S. 2 ist jedenfalls geregelt, dass, wenn eine Zustellung nicht bewirkt wurde, die Rechtmittelfrist jedenfalls fünf Monate nach Erlass des Beschlusses zu laufen beginnt.

Verpflichtung des Betreuers § 289 FamFG

c) Schließlich kann einem **Anwesenden** nach § 41 **Abs.** 2 die Entscheidung 11 auch durch **Verlesen** der (schriftlich vorliegenden) Beschlussformel bekannt gegeben werden. In diesem Fall muss die schriftliche Begründung unverzüglich nachgeholt werden und der Beschluss ist in seiner Gesamtheit noch einmal schriftlich bekannt zu geben (§ 41 Abs. 2 S. 4). Zur Frage, ob der Betroffene die Beschlussformel verstehen muss, vgl. § 287 Rn 6.

§ 289 Verpflichtung des Betreuers

(1) Der Betreuer wird mündlich verpflichtet und über seine Aufgaben unterrichtet. Das gilt nicht für Vereinsbetreuer, Behördenbetreuer, Vereine, die zuständige Behörde und Personen, die die Betreuung im Rahmen ihrer Berufsausübung führen, sowie nicht für ehrenamtliche Betreuer, die mehr als eine Betreuung führen oder in den letzten zwei Jahren geführt haben.

(2) In geeigneten Fällen führt das Gericht mit dem Betreuer und dem Betroffenen ein Einführungsgespräch.

1. Verpflichtung und Unterrichtung (Abs. 1 S. 1)

a) Verpflichtung nach Abs. 1 S. 1 1. HS

Das Betreueramt beginnt mit dem **Wirksamwerden** der Bestellungsentschei- 1 dung nach § 287 (vgl. § 287 Rn 2). Die **Verpflichtung** des Betreuers nach **Abs.** 1 (ehemaliger § 69b Abs. 1 FGG) ist damit nicht konstitutiv für die Bestellung (Damrau/Zimmermann § 69 b FGG Rn 1; Jürgens/Kröger/Marschner/Winterstein Rn 413; Bassenge/Roth Rn 2) und wird durch den **Rechtspfleger** (§§ 3 Nr. 2 b, 15 Abs. 1 RPflG) mündlich, im Sinne von persönlich (Schriftform ist ausgeschlossen), und im Übrigen formfrei vorgenommen. Damit ist gemeint, dass nicht mehr als ein Handschlag erforderlich ist. Eine fernmündliche Verpflichtung ist nicht denkbar (KG Rpfleger 1995, 68, 69; Bumiller/Harders Rn 3; Keidel-Budde Rn 3; a. A. Bienwald § 69 b FGG Rn 5; Damrau/Zimmermann § 69b FGG Rn 1). Es sollte in jedem Fall der persönliche Kontakt zum Gericht gewährleistet sein (sonst bestehen Probleme mit Identität und Unterrichtung). Eine **Vertretung** des Betreuers bei der Verpflichtung ist wegen des höchstpersönlichen Charakters dieser Handlung ausgeschlossen. Bei weiten Anfahrtswegen des Betreuers ist eine Verpflichtung durch das Rechtshilfegericht möglich (Prütting/Helms-Fröschle Rn 9).

Auch wenn die Betreuerbestellung mit der Bekanntgabe an den Betreuer wirksam wird, ist der Vorgang der Betreuerbestellung erst abgeschlossen (und das Verfahren abgabereif im Sinne des § 273; vgl. dort Rn 9), wenn der Betreuer mündlich verpflichtet und ihm der Betreuerausweis ausgehändigt ist (OLG Frankfurt FGPrax 2004, 287).

b) Unterrichtung nach Abs. 1 S. 1 2. HS

Die **Unterrichtung** des Betreuers durch den Rechtspfleger soll sicherstellen, 2 dass er über die Rolle als gesetzlicher Vertreter und über seine Rechte und Pflichten ausreichend informiert ist, um sein Betreueramt in ausreichendem Maße wahrnehmen zu können. Aus dem Sinn und Zusammenhang der Regelung können

FamFG § 289 Buch 3 Verf. in Betreuungs- u. Unterbringungssachen

nur in Einzelfällen die Übergabe von Formblättern ausreichend sein, da auch die Praxis lehrt, dass diese in sich schwer verständlich, wenn auch juristisch perfekt formuliert sind, und selten einem konkreten Einzelfall gerecht werden (Keidel-Budde Rn 4; Jürgens/Kröger/Marschner/Winterstein Rn 414 mit beispielhafter Auflistung notwendiger Aufklärungspunkte).

2. Entbehrlichkeit der Verpflichtung und Unterrichtung für Berufsbetreuer usw. (Abs. 1 S. 2)

3   Für Berufsbetreuer (Bestellung muss als Berufsbetreuer i.S.d. § 286 Abs. 1 Nr. 4 erfolgen; Keidel-Budde Rn 2), Vereinsbetreuer, Behördenbetreuer, Vereine, die zuständige Behörde sowie für erfahrene ehrenamtliche Betreuer (bei mehr als einer Betreuung) sieht Abs. 1 S. 2 keine mündliche Verpflichtung oder Unterrichtung vor, da sie dieser aufgrund ihrer Tätigkeit nicht bedürfen. Rechtsanwälte werden von dieser Regelung nur erfasst, soweit sie die Betreuung **berufsmäßig** führen (BT-Drucksache 16/6308, 269).

3. Einführungsgespräch (Abs. 2)

4   Um die Basis für eine vertrauensvolle Zusammenarbeit zwischen Betroffenem, Betreuer und Gericht zu schaffen, z. B. Besprechung bei veränderten rechtlichen Situationen oder zu erwartenden Schwierigkeiten (BT-Drucks. 11/528 S. 176), führt der Rechtspfleger (§§ 3 Nr. 2 b, 15 Abs. 1 RPflG) mit den eben genannten Personen **in geeigneten Fällen** ein Einführungsgespräch (Abs. 2).

5   Wann ein **geeigneter Fall** anzunehmen ist, hat das Gericht nach pflichtgemäßem Ermessen zu prüfen, wobei bei der Gesamtabwägung auf die konkreten Umstände des Einzelfalls abzustellen ist, wie Verständigungsmöglichkeiten mit dem Betroffenen, Umfang und Bedeutung der einzelnen Aufgaben, die der Betreuer übernehmen soll. Ist mit dem Betroffenen ein verständiges Gespräch möglich und sind vom Betreuer bedeutsame Aufgaben zu erfüllen, liegt, sofern das nicht bei der Anhörung des Betroffenen vermittelt werden konnte, ein Einführungsgespräch nach Abs. 2 nahe. Ein Einführungsgespräch ist notwendig, wenn gleich zu Beginn der Betreuung Fragen auftreten, die für die Wahrnehmung der Angelegenheiten des Betroffenen von grundlegender Bedeutung sind (Keidel-Budde Rn 6). Dabei wird es auch darauf ankommen, welchen Verlauf ein durch den Richter vorgenommenes Schlussgespräch genommen hat. Es ist zwar denkbar, aus ökonomischen Gründen die Verpflichtung nach Abs. 1 mit dem Einführungsgespräch nach Abs. 2 zu verknüpfen. Im Hinblick auf die damit verbundene Unterrichtung des Betreuers und den Inhalt des dazu Erforderlichen wird es jedoch häufig zweckmäßig sein, das Einführungsgespräch nachzuschalten. Ein Einführungsgespräch ist regelmäßig nicht erforderlich, wenn ein Bekannter oder Verwandter zum Betreuer bestellt wird (Bumiller/Harders Rn 6).

4. Rechtsmittel

6   Die Anordnung nach Abs. 1 und Abs. 2 sind für den Betreuer mit der befristeten Beschwerde nach § 58 Abs. 1 anfechtbar, da es sich insofern um Endentscheidungen handelt (Prütting/Helms-Fröschle Rn 17).

Bestellungsurkunde § 290 FamFG

§ 290 Bestellungsurkunde

Der Betreuer erhält eine Urkunde über seine Bestellung. Die Urkunde soll enthalten:
1. die Bezeichnung des Betroffenen und des Betreuers;
2. bei Bestellung eines Vereinsbetreuers oder Behördenbetreuers diese Bezeichnung und die Bezeichnung des Vereins oder der Behörde;
3. den Aufgabenkreis des Betreuers;
4. bei Anordnung eines Einwilligungsvorbehalts die Bezeichnung des Kreises der einwilligungsbedürftigen Willenserklärungen;
5. bei der Bestellung eines vorläufigen Betreuers durch einstweilige Anordnung das Ende der einstweiligen Maßnahme.

Urkunde über Betreuerbestellung

Um sich im Rechtsverkehr ausweisen zu können, erhält der Betreuer bei der Verpflichtung (§ 289 Abs. 1) durch den Rechtspfleger (§§ 3 Nr. 2b, 15 Abs. 1 RPflG) eine **Bestellungsurkunde** (Betreuerausweis) mit dem Inhalt des § 290 (ehemals § 69b Abs. 2 FGG), die keine Rechtsscheinwirkungen über die Wirksamkeit der Bestellung und das Fortbestehen des Amts entfaltet (Keidel-Budde Rn 1; Prütting/Helms-Fröschle Rn 13) und im Falle der Aufhebung der Betreuung zurückzugeben (§ 1908b; Abs. 1 i. V. m. § 1893 Abs. 2 BGB), bei Änderung des Aufgabenkreises zu berichtigen ist. 1

In der Bestellungsurkunde ist aufzuführen: 2
- der **Betroffene** und der **Betreuer**;
- bei Bestellung als Vereinsbetreuer bzw. Behördenbetreuer: Diese Bezeichnung und die Bezeichnung des Vereins oder der Behörde;
- die **Aufgabenkreise** des Betreuers;
- bei Anordnung eines Einwilligungsvorbehalts: Die Bezeichnung des Kreises der einwilligungsbedürftigen Willenserklärungen;
- bei der Bestellung eines **vorläufigen** Betreuers durch einstweilige Anordnung: Das **Ende** der einstweiligen Maßnahme. Nach dem Gesetzeswortlaut ist nicht anzugeben das Ende eines mittels einstweiliger Anordnung erlassenen Einwilligungsvorbehalts. **Nicht** anzugeben ist ferner der Zeitpunkt, zu dem das Gericht über eine Aufhebung oder Verlängerung der **endgültigen** Betreuung oder des Einwilligungsvorbehalts entscheidet.

Sind **mehrere** Betreuer bestellt, so sind folgende Besonderheiten zu beachten: 3
Bei geteilter Mitbetreuung (jeder Betreuer ist gesondert für verschiedene Bereiche zum Betreuer bestellt; § 1899 Abs. 1 BGB) erhält jeder Betreuer eine Bestellungsurkunde, in der die ihm zugewiesenen Aufgabenkreise genannt sind. Bei gemeinschaftlicher Mitbetreuung (§ 1899 Abs. 3 BGB) erhält auch jeder Betreuer eine Bestellungsurkunde, jedoch ist der andere Betreuer und die gemeinschaftliche oder alleinige Verfügungsbefugnis – je nachdem, was das Gericht anordnete – aufzuführen (Keidel-Budde Rn 3; Prütting/Helms-Fröschle Rn 8).

Weichen Bestellungsurkunde und Entscheidung voneinander ab, ist letztere 4 maßgebend. Gegen die die Berichtigung (der unrichtigen Urkunde) ablehnende Entscheidung ist die **Erinnerung** gemäß § 11 RPflG gegeben.

Kretz

FamFG § 291 Buch 3 Verf. in Betreuungs- u. Unterbringungssachen

§ 291 Überprüfung der Betreuerauswahl

Der Betroffene kann verlangen, dass die Auswahl der Person, der ein Verein oder eine Behörde die Wahrnehmung der Betreuung übertragen hat, durch gerichtliche Entscheidung überprüft wird. Das Gericht kann dem Verein oder der Behörde aufgeben, eine andere Person auszuwählen, wenn einem Vorschlag des Betroffenen, dem keine wichtigen Gründe entgegenstehen, nicht entsprochen wurde oder die bisherige Auswahl dem Wohl des Betroffenen zuwiderläuft. § 35 ist nicht anzuwenden.

1. Auswahl des Betreuungswahrnehmers (S. 1)

1   Ist ein **Betreuungsverein** oder die **Betreuungsbehörde** selbst zum Betreuer bestellt worden (§ 1900 BGB), dann haben diese zunächst gemäß § 1900 Abs. 2 u. 4 BGB bei der Auswahl der Person, welche die Betreuung für sie wahrnehmen soll, ohne Mitwirkung des Betreuungsgerichts den **Vorschlägen** des Betroffenen zu entsprechen, soweit dem nicht gewichtige Gründe entgegenstehen. Der Verein bzw. die Behörde teilen dem Gericht und dem Betreuten die ausgewählte Person mit.

2   Um dem Betreuten einen verfahrensrechtlich abgesicherten Einfluss auf die Auswahl zu ermöglichen, kann er nach **S. 1 gerichtliche Entscheidung** beantragen, wenn er mit der Auswahl dieser Person nicht einverstanden ist.

Dieser, nicht an eine Frist gebundene Antrag des Betroffenen, der in dem Wunsch, eine andere Person zu erhalten, liegen und von ihm selbst oder seinem Verfahrenspfleger, der eigens für dieses vom Bestellungsverfahren gesondertes Verfahren bestellt wurde (Prütting/Helms-Fröschle Rn 4, 8), gestellt werden kann, richtet sich gegen den Verein bzw. die Behörde und wird durch den Richter (bei § 1896 Abs. 3 BGB durch den Rechtspfleger) entschieden. Das Verfahren richtet sich nach § 26, nicht nach § 296, da es nicht um die Bestellung eines neuen Betreuers geht (Bassenge/Roth Rn 2; Keidel-Budde Rn 4). Da der Verein bzw. die Behörde selbst zum Betreuer bestellt wurde, ist derjenige, der bisher die Betreuung wahrgenommen hat, nicht am Verfahren beteiligt (§§ 7, 274) und nicht beschwerdeberechtigt (§§ 59, 303).

2. Auswahl des Betreuungswahrnehmers (S. 2)

3   Das Gericht – Richter bzw. Rechtspfleger, je nachdem, wer im Bestellungsverfahren zuständig war – hat in der Regel den Vorstellungen des Betroffenen zu entsprechen, soweit nicht wichtige Gründe entgegenstehen (Keidel-Budde Rn 1; Prütting/Helms-Fröschle Rn 10). Wenn damit dem Wunsch des Betroffenen gefolgt werden kann oder wenn die bisherige Auswahl dem Wohl des Betroffenen zuwiderlief (Jurgeleit-Bučić, § 69c FGG Rn 4), kann das Gericht dem Verein bzw. der Behörde **aufgeben**, eine andere Person auszuwählen, jedoch nicht die Auswahl eines anderen oder gar eines bestimmten Mitarbeiters nach § 35 erzwingen **(S. 3)**. Falls die entsprechenden Voraussetzungen vorliegen, kann der Verein oder die Behörde allenfalls nach § 1908b BGB entlassen werden (Keidel-Budde Rn 4).

3. Rechtsmittel

Die Zurückweisung des Antrags kann vom Betroffenen bzw. seinem Verfahrens- 4
pfleger, die Antragsstattgabe vom Verein/Behörde jeweils mit der befristeten
Beschwerde nach § 58 Abs. 1 angefochten werden. Die Rechtsbeschwerde ist
zulassungsgebunden (Prütting/Helms-Fröschle Rn 15).

§ 292 Zahlungen an den Betreuer

(1) **In Betreuungsverfahren gilt § 168 entsprechend.**

(2) **Die Landesregierungen werden ermächtigt, durch Rechtsverordnung für Anträge und Erklärungen auf Ersatz von Aufwendungen und Bewilligung von Vergütung Formulare einzuführen. Soweit Formulare eingeführt sind, müssen sich Personen, die die Betreuung im Rahmen der Berufsausübung führen, ihrer bedienen und sie als elektronisches Dokument einreichen, wenn dieses für die automatische Bearbeitung durch das Gericht geeignet ist. Andernfalls liegt keine ordnungsgemäße Geltendmachung im Sinne von § 1836 Abs. 1 Satz 2 des Bürgerlichen Gesetzbuchs in Verbindung mit § 1 des Vormünder- und Betreuungsvergütungsgesetzes vor. Die Landesregierungen können die Ermächtigung nach Satz 1 durch Rechtsverordnung auf die Landesjustizverwaltungen übertragen.**

1. Anwendungsbereich

Die Norm betrifft die **Betreuervergütung** (bisher § 69e FGG). 1

2. Die Regelung der Betreuervergütung

Die Vorschrift verweist in Abs. 1 auf die Verfahrensregelung zur Festsetzung 2
von Vergütung und Aufwendungsersatz von Vormündern, Pflegern usw. (§ 168;
bisher § 56g FGG). Auf die diesbezügliche Kommentierung zu § 168 wird in
vollem Umfang Bezug genommen.

Abs. 2 findet nur auf den **Berufsbetreuer**, nicht aber auf den Berufsvormund 3
und Verfahrenspfleger, Anwendung. Soweit Vordrucke im Sinne des Abs. 2 eingeführt sind, müssen sich die Berufsbetreuer dieser bedienen; ansonsten wird die
15-monatige Frist des § 1836 Abs. 1 S. 3 BGB i.V.m § 2 VBVG nicht gewahrt.
Die Regelungen in den §§ 1-3 des VBVG sind über die materiell-rechtliche Verweisung in den §§ 1908i, 1836 Abs. 1 BGB auch für das Betreuungsgericht maßgeblich. Die Vordrucke sind bisher in einigen Bundesländern zwar gesetzgeberisch vorgesehen, aber in **keinem** Bundesland eingeführt (Stand Ende 2009; Keidel-Budde Rn 3; Prütting/Helms-Fröschle Rn 11).

§ 293 Erweiterung der Betreuung oder des Einwilligungsvorbehalts

(1) **Für die Erweiterung des Aufgabenkreises des Betreuers und die Erweiterung des Kreises der einwilligungsbedürftigen Willenserklärungen**

FamFG § 293 Buch 3 Verf. in Betreuungs- u. Unterbringungssachen

gelten die Vorschriften über die Anordnung dieser Maßnahmen entsprechend.

(2) Einer persönlichen Anhörung nach § 278 Abs. 1 sowie der Einholung eines Gutachtens oder ärztlichen Zeugnisses (§§ 280 und 281) bedarf es nicht,
1. wenn diese Verfahrenshandlungen nicht länger als sechs Monate zurückliegen oder
2. die beabsichtigte Erweiterung nach Absatz 1 nicht wesentlich ist.

Eine wesentliche Erweiterung des Aufgabenkreises des Betreuers liegt insbesondere vor, wenn erstmals ganz oder teilweise die Personensorge oder eine der in § 1896 Abs. 4 oder den §§ 1904 bis 1906 des Bürgerlichen Gesetzbuchs genannten Aufgaben einbezogen wird.

(3) Ist mit der Bestellung eines weiteren Betreuers nach § 1899 des Bürgerlichen Gesetzbuchs eine Erweiterung des Aufgabenkreises verbunden, gelten die Absätze 1 und 2 entsprechend.

1. Anwendungsbereich

1   Klarer als in der Struktur des FGG (früher § 69i Abs. 1-3 FGG) werden durch das FamFG die Verfahrensvorschriften für einzelne (Änderungs-)Entscheidungen, die im Laufe eines Betreuungsverfahrens erforderlich werden können, in den §§ 293 ff geregelt. § 293 trifft Verfahrensregelungen für die (nachträgliche) **Erweiterung** der Aufgabenkreise des **Betreuers**, mit und ohne Betreuerwechsel oder des Kreises der **einwilligungsbedürftigen Willenserklärungen**. Die Erweiterung des Aufgabenkreises bildet einen besonderen Verfahrensgegenstand, über den das Betreuungsgericht – und nicht z.B. das Beschwerdegericht im Rahmen einer Beschwerdeentscheidung (BayObLG FamRZ 1996, 1035) – durch den Funktionsträger entscheidet, welcher für die erstmalige Anordnung zuständig war (Keidel-Budde Rn 1; Jurgeleit-Bučić, § 69i FGG Rn 2).

2. Erweiterung des Aufgabenkreises des Betreuers oder des Kreises der einwilligungsbedürftigen Willenserklärungen (Abs. 1 und 2)

a) Entsprechende Anwendung der Verfahrensvorschriften für die Erstbestellung

2   § 1908d Abs. 3 BGB erklärt die **materiell-rechtlichen** Vorschriften über die Bestellung eines Betreuers für die **Erweiterung** des Aufgabenkreises des Betreuers oder des Kreises der einwilligungsbedürftigen Willenserklärungen für entsprechend anwendbar. Dementsprechend zieht § 293 die verfahrensrechtlichen Konsequenzen daraus und erklärt grundsätzlich **alle verfahrensrechtlichen** Vorschriften der Erstbetreuerbestellung für die **Erweiterung** des Aufgabenkreises des Betreuers oder des Kreises der einwilligungsbedürftigen Willenserklärungen für entsprechend anwendbar (**Abs. 1**). §§ 272-277 und 288 sind als **allgemeine** Vorschriften des Betreuungsverfahrens anwendbar (Prütting/Helms-Fröschle Rn 5). Aufgrund der Verweisung ist weiterhin grundsätzlich zumindest der Betroffene persönlich anzuhören (§ 278) und den Beteiligten rechtliches Gehör zu gewähren

Erweiterung Betreuung oder Einwilligungsvorbehalt § 293 FamFG

(§ 279) sowie ein ärztliches Gutachten/Attest (§§ 280, 281) einzuholen, soweit sich nicht aus § 26 die Notwendigkeit weiterer Verfahrenshandlungen ergibt. Bei Vorliegen der Voraussetzungen des § 300 bzw. § 301 kann eine vorläufige Erweiterung auch im Wege einer **einstweiligen Anordnung** ergehen (Jurgeleit-Bučić, § 69i FGG Rn 10).

b) Verfahrenserleichterungen (Abs. 2)

Nach **Abs. 2** kann bei der Erweiterung der Betreuung oder des Einwilligungs- 3 vorbehalts (Prütting/Helms-Fröschle Rn 22) von der Wiederholung folgender Verfahrenshandlungen abgesehen werden, sofern auch die Voraussetzungen von Rn 4 ff gegeben sind:
- von der **persönlichen** Anhörung des Betroffenen in seiner üblichen Umgebung und dessen Unterrichtung über den Verfahrensverlauf (§ 278; vgl. § 278 Rn 2 ff, 6 ff) **und**
- von der Einholung eines **ärztlichen Gutachtens**/Zeugnisses (§§ 280, 281).

Die Notwendigkeit der Wiederholung der einzelnen Verfahrenshandlungen kann sich jedoch aus dem Amtsermittlungsgrundsatz (§ 26) ergeben.

Nicht verzichtet hat der Gesetzgeber allerdings auf die Pflicht, dem Betroffenen zum veränderten Umfang der Betreuung oder des Einwilligungsvorbehalts **rechtliches Gehör** zu gewähren, da sich diese Pflicht aus § 34 Abs. 1 Nr. 1 ergibt (BT-Drucksache 16/6308 S. 269). Dem Betroffenen und dem Verfahrenspfleger kann in diesem Fall jedoch auch **schriftlich** rechtliches Gehör gewährt werden (BT-Drucksache 13/7158 S. 39 f).

Der Gesetzgeber hat zwar in den Fällen des Abs. 2 auf die Anhörung des Betroffenen und auf die Gutachteneinholung verzichtet. **Nicht** verzichtet – jedenfalls nicht ausdrücklich – hat er auf § 279, so dass den **Beteiligten** (§ 274) – ggf. **schriftlich** – rechtliches Gehör zu gewähren ist. Die ursprüngliche Gesetzesänderung erfolgte aufgrund des Betreuungsgesetzes (1992). Es wurde bisweilen die Auffassung (Bassenge/Roth Rn 1 und Vorauflage) vertreten, es ergebe sich aus der Begründung des Gesetzes (BT-Drucks. 11/4528 S. 23, 180, 217, 233; 11/6969 S. 82), dass auch auf die Wiederholung der Anhörung Dritter verzichtet werden sollte. Der Gesetzgeber hat nach mehreren Gesetzesänderungen nun auch das neue FamFG nicht zu einer entsprechenden Klarstellung oder Ergänzung der verzichtbaren Normen genutzt, so dass entsprechend dem klaren Gesetzeswortlaut davon auszugehen ist, dass die Gewährung rechtlichen Gehörs **sämtlicher Beteiligter wiederholt** werden muss.

c) Absehen von Verfahrenshandlungen

In folgenden **beiden Fällen** kann nach **Abs. 2** von den in Rn 3 genannten 4 Verfahrenshandlungen **abgesehen** werden:

aa) Nr. 1: Wenn die oben genannten Verfahrenshandlungen nicht länger als **6** 5 **Monate** zurückliegen. Zwar gebietet der reine Gesetzestext in Verbindung mit dem Willen des Gesetzgebers eine Wiederholung der Anhörung innerhalb der 6 Monate auch dann nicht, wenn es sich um eine **wesentliche Erweiterung** der Betreuung oder des Einwilligungsvorbehalts handelt (der Gesetzgeber wollte die Praxis von hohem Verfahrensaufwand entlasten; BT-Drucksache 13/7158 S. 39, 40). Allerdings muss der Richter sorgfältig prüfen, ob § 26 diese Verfahrenshandlungen im Falle einer **wesentlichen** Veränderung der Verhältnisse, zu der der

FamFG § 293 Buch 3 Verf. in Betreuungs- u. Unterbringungssachen

Betroffene nicht angehört worden ist und worauf sich das Sachverständigengutachten nicht erstreckte, gebietet (Keidel-Budde Rn 4; Bumiller/Harders Rn 7). Daher ist sicherlich von der Vorschrift des Abs. 2 Nr. 1 insbesondere bei wesentlicher Erweiterung der Betreuung sehr zurückhaltend Gebrauch zu machen. Wenn die innerhalb der kurzen Zeit zu wiederholenden Verfahrenshandlungen nicht durch den nunmehr zur Entscheidung berufenen Richter durchgeführt wurden, liegt ebenfalls eine Wiederholung der Verfahrenshandlung aufgrund § 26 nahe.

Zur Fristberechnung: es kommt für den Beginn der Frist auf die tatsächliche frühere Verfahrenshandlung an (Durchführung der richterlichen Anhörung bzw. Untersuchungsdatum, Prütting/Helms-Fröschle Rn 13); für das Ende der 6-Monatsfrist ist der Erlass des Erweiterungsbeschlusses maßgebend (Keidel-Budde Rn 5).

6 bb) **Nr. 2**: Bei **unwesentlicher Erweiterung** der Betreuung bzw. des Einwilligungsvorbehalts.

Abs. 2. S. 2 bezeichnet, ohne dass damit eine abschließende Aufzählung verbunden ist, Regelbeispiele für **wesentliche** Erweiterungen:
- Einbeziehung der **Personensorge** (ganz oder teilweise). Zur Personensorge gehören u.a. die Gesundheitssorge und das Aufenthaltsbestimmungsrecht (KG Berlin BtPrax 2005, 153; vgl. § 1896 BGB Rn 24) sowie Fragen zum Umgang usw..
- Einbeziehung der Kontrolle von **Post-** und Fernmeldeverkehr (§ 1896 Abs. 4 BGB);
- Einbeziehung von ärztlichen **Eingriffen** (§ 1904 BGB), der **Sterilisation** (§ 1905 BGB) und von freiheitsentziehender **Unterbringung** bzw. freiheitsbeschränkenden Maßnahmen (§ 1906 BGB).

Die gesetzgeberische Wertung zeigt, dass es auf die **Eingriffsintensität** ankommt (Keidel-Budde Rn 3). Daher wird auch die Einbeziehung der gesamten **Vermögenssorge**, bei bisher lediglich bestehender Personensorge, in jedem Fall wesentlich sein. Wird der Aufgabenkreis eines Betreuers, welcher bisher u.a. für die Aufgabenbereiche Aufenthaltsbestimmung und Gesundheitsfürsorge bestellt war, um den Bereich Regelung des **Umgangs mit Familienangehörigen** erweitert, handelt es sich um eine wesentliche Erweiterung des bisherigen Aufgabenkreises (BayObLG BtPrax 2003, 38). Im Übrigen wird sich die Frage einer wesentlichen Erweiterung nur nach der inhaltlichen Änderung der Rechtsstellung des Betreuers gegenüber dem Betreuten beantworten lassen. Im Falle der Notwendigkeit mehrerer unwesentlicher Erweiterungen ist in die Abwägung die Wahrung der Verfahrensgarantien des Abs. 1 mit einzubeziehen (vgl. dazu Bienwald, § 69i FGG Rn 10).

3. Bestellung eines weiteren Betreuers (Abs. 3)

a) Weiterer Betreuer und neue Aufgabenkreise

7 Ist mit der Bestellung eines weiteren Betreuers gleichzeitig die **Erweiterung des Aufgabenkreises** verbunden, so findet Abs. 1 und 2 Anwendung. Dies führt dazu, dass auch in diesem Bereich danach differenziert werden muss, ob es sich um eine wesentliche Erweiterung des Aufgabenkreises handelt (dann gelten die Vorschriften über die Erstbestellung, §§ 278 ff) oder um eine unwesentliche (dann sind Verfahrensvereinfachungen möglich; vgl. dazu Rn 3-6).

Erweiterung Betreuung oder Einwilligungsvorbehalt **§ 293 FamFG**

Da die Bestellung eines weiteren Betreuers mit einer Erweiterung des Aufgabenkreises in aller Regel nur stattfinden wird, wenn die Erweiterung wesentlich ist, wird auf Verfahrenshandlungen nach §§ 278, 280 und 281 nicht verzichtet werden können (Bienwald, § 69 i FGG Rn 30). In diesem Fall sind auch hinsichtlich der Betreuerauswahl, wie bei einer Erstentscheidung, die Grundsätze des § 1897 BGB zu beachten (OLG Frankfurt BeckRS 2006 11557).

b) Weiterer Betreuer ohne neue Aufgabenkreise

Wenn ein weiterer Betreuer bestellt wird, ohne dass es gleichzeitig zu einer **Erweiterung des Aufgabenkreises** kommt, fehlt hierfür eine eindeutige gesetzliche Regelung, so dass im Zweifel die allgemeinen Vorschriften Anwendung finden (Keidel-Budde Rn 7; Prütting/Helms-Fröschle Rn 28). In diesem Fall schreibt das Gesetz lediglich die entsprechende Anwendung des § 279 (**Anhörung** der zuständigen Behörde, naher Angehöriger und sonstiger Beteiligter) und die persönliche Anhörung des Betroffenen vor, wenn dieser nicht einverstanden ist. Im Übrigen ist dem Betroffenen lediglich rechtliches Gehör – nicht notwendigerweise mündlich – zu gewähren. § 278 gilt nicht (BayObLG BtPrax 1998, 32, 33; FamRZ 2002, 1656); daneben finden auch §§ 280, 281 (Gutachten bzw. ärztliches Zeugnis) keine Anwendung. 8

Diese Alternative wird hauptsächlich im Falle der Bestellung eines **Ergänzungs- oder Verhinderungsbetreuers** i.S.d. § 1899 Abs. 4 BGB (OLG Zweibrücken FGPrax 1999, 182) zur Anwendung kommen (zu Begriff und Inhalt vgl. § 1899 BGB Rn 6). Bei der Auswahl des Ergänzungsbetreuers sind die Grundsätze des § 1897 BGB zu beachten (OLG Zweibrücken FGPrax 1999, 182). Denkbar ist dies auch in den Fällen der nachträglich angeordneten (gemeinschaftlichen oder einzelvertretungsberechtigten) Mitbetreuung (§ 1899 Abs. 1, 3 BGB; vgl. § 1899 Rn 2 ff) oder wenn für den Betroffenen ein weiterer Betreuer unter Aufteilung des bisherigen, einem anderen Betreuer zugewiesenen Aufgabenkreises, bestellt wird (BayObLG BtPrax 2002, 271). In diesem Fall liegt in dieser Maßnahme eine Teilentlassung des bisherigen Betreuers verbunden mit der Bestellung eines weiteren Betreuers. Nicht hierher gehört der Vollmachts- oder Kontrollbetreuer (§ 1896 Abs. 3; vgl. § 1896 Rn 36), der den Bevollmächtigten überwachen soll; denn hierbei handelt es sich um eine (Erst-)Betreuerbestellung mit verfahrensrechtlichen Besonderheiten (§ 1896 Rn 38; a.A. wohl Bumiller/Harders Rn 5).

Nach welchen Vorschriften ein **Gegenbetreuer** i. S. d. §§ 1908 i, 1792, 1799 BGB (zu Begriff und Inhalt vgl. § 1792 BGB Rn 2ff) zu bestellen ist, ist streitig: Die herrschende Meinung (Schwab FamRZ 1990, 682, 689; 1992, 493, 500; BayObLG FamRZ 1994, 325 f; Damrau/Zimmermann § 69f FGG Rn 14, 15, Keidel-Budde Rn 6, Jurgeleit-Bučić, § 69i FGG Rn 23; a.A. Bienwald, § 69i FGG Rn 32) wendet zurecht hierfür nicht § 293 Abs. 3 i.V.m. Abs. 1 und 2 sondern die allgemeinen Vorschriften an, da die Vorschriften der Erstbestellung auf dieses Verfahren, wie die Anwendung des § 280 zeigt, nicht passen. Da der Gegenbetreuer in Wirklichkeit kein Betreuer und kein gesetzlicher Vertreter des Betreuten, sondern ein Überwacher ist (vgl. § 1899 BGB Rn 7), sind gerade deswegen auf die Gegenbetreuerbestellung nicht die Vorschriften der Erstbestellung der §§ 271 ff sinngemäß anzuwenden. 9

Für die Bestellung des **Gegen-** und **Ergänzungsbetreuers** ist grundsätzlich der **Richter** nach § 15 Abs. 1 Nr. 1 RPflG zuständig, da dort keine Ausnahme

Kretz

vom Richtervorbehalt vorgesehen ist (vgl. § 15 RPflG Rn 16 auch zu den Ausnahmen; a. A. LG Bonn Rpfleger 1993, 233).

4. Rechtsmittel

10 Als Endentscheidung im Sinne des § 38 Abs. 1 S. 1 ist die Entscheidung über die Erweiterung der Betreuung oder des Einwilligungsvorbehalts und die Bestellung eines weiteren Betreuers sowie der jeweiligen Ablehnung mit der befristeten **Beschwerde** nach §§ 58 ff anfechtbar.

5. Beschlussformel

11 „Die Betreuung wird erweitert. Die Betreuung umfasst künftig auch den/die folgenden Aufgabenkreis/e:......... Das Gericht wird spätestens bis zum...... über eine Aufhebung oder (weitere) Verlängerung der Betreuung entscheiden. Ggf.: Die Entscheidung ist sofort wirksam."
Bei Erweiterung nach **Abs. 3** mit weiterem Betreuer:
„Für .... wird .... zum **weiteren** Betreuer – ggf. als Vereinsbetreuer/als Behördenbetreuer /als Berufsbetreuer – bestellt. Der Aufgabenkreis dieses Betreuers umfasst:...... Ggf.: Der Betreuer ist allein vertretungsberechtigt oder Für den Aufgabenkreis .... sind beide Betreuer gemeinschaftlich vertretungsberechtigt. Das Gericht wird spätestens bis zum... über eine Aufhebung oder Verlängerung der Betreuung entscheiden. Ggf.: Die Entscheidung ist sofort wirksam."

§ 294 Aufhebung und Einschränkung der Betreuung oder des Einwilligungsvorbehalts

(1) Für die Aufhebung der Betreuung oder der Anordnung eines Einwilligungsvorbehalts und für die Einschränkung des Aufgabenkreises des Betreuers oder des Kreises der einwilligungsbedürftigen Willenserklärungen gelten die §§ 279 und 288 Abs. 2 Satz 1 entsprechend.

(2) Hat das Gericht nach § 281 Abs. 1 Nr. 1 von der Einholung eines Gutachtens abgesehen, ist dies nachzuholen, wenn ein Antrag des Betroffenen auf Aufhebung der Betreuung oder Einschränkung des Aufgabenkreises erstmals abgelehnt werden soll.

(3) Über die Aufhebung der Betreuung oder des Einwilligungsvorbehalts hat das Gericht spätestens sieben Jahre nach der Anordnung dieser Maßnahmen zu entscheiden.

1. Anwendungsbereich

1 § 294 findet bei der **Aufhebung** und der **Einschränkung** der Betreuung oder des Einwilligungsvorbehalts Anwendung (bisher § 69i Abs. 3 FGG). Ebenso werden Regelungen zur Höchstdauer der Betreuung und des Einwilligungsvorbehalts (zuvor § 69 Abs. 1 Nr. 5 FGG) sowie für den Fall getroffen, dass zunächst von der Gutachteneinholung abgesehen worden war (ehemals § 69i Abs. 4 FGG).

2. Aufhebung und Einschränkung der Betreuung oder des Einwilligungsvorbehalts (Abs. 1)

a) Betroffene Verfahren

Abs. 1 sieht für vier Verfahren des § 1908d BGB **Verfahrenserleichterungen** 2 vor, nämlich:
- Aufhebung der Betreuung (§ 1908d Abs. 1 S. 1 BGB),
- Einschränkung des Aufgabenkreises des Betreuers (§ 1908d Abs. 1 S. 2 BGB),
- Aufhebung des Einwilligungsvorbehalts (§ 1908d Abs. 4 i.V.m. Abs. 1 S. 1 BGB),
- Einschränkung des Kreises der einwilligungsbedürftigen Willenserklärungen (§ 1908d Abs. 4 i.V.m. Abs. 1 S. 2 BGB)

b) Verfahrenshandlungen

Danach sind lediglich folgende Vorschriften zwingend zu beachten: 3
- § 279 (**Anhörung** der Beteiligten, z.B. der zuständigen Behörde, naher Angehöriger, Vertrauensperson)
- § 288 Abs. 2 S. 1 (**Bekanntmachung** der Entscheidung an die zuständige Behörde)

Damit kann bei beabsichtigter Einschränkung oder Aufhebung grundsätzlich 4 von einer erneuten **persönlichen** Anhörung des Betroffenen nach § 278 und von einer erneuten **Begutachtung** (§ 280) bzw. Einholung eines ärztlichen Zeugnisses (§ 281) abgesehen werden. Das Verfahren bestimmt sich ansonsten nach den **allgemeinen** Betreuungsvorschriften und nach §§ 272-277 (Keidel-Budde Rn 1; Prütting/Helms-Fröschle Rn 8). Die Pflicht zur Gewährung des rechtlichen Gehörs des Betroffenen – das auch schriftlich gewährt werden kann – ergibt sich aus § 34 Abs. 1 Nr. 1 (Prütting/Helms-Fröschle Rn 13). Im Hinblick auf § 26 kann sich jedoch eine Pflicht zur **persönlichen** Anhörung (vgl. OLG Karlsruhe FamRZ 1994, 449; OLG Zweibrücken BtPrax 1998, 150; Bumiller/Harders Rn 1) und zur Einholung eines **Sachverständigengutachtens** (z.B., wenn ein entsprechendes zeitnahes Gutachten nicht vorliegt) ergeben. Die persönliche **Anhörung** kann, wenn der Betroffene nicht mitwirkt, nach § 34 Abs. 3 unterbleiben. Auch wenn das Gericht die entsprechenden Verfahrenshandlungen nach § 26 für erforderlich hält, ist aus Verhältnismäßigkeitsgründen die Anwendung der Zwangsmittel nach §§ 283, 284 bzw. nach § 278 Abs. 5 nicht gerechtfertigt, was sich auch nicht aus der Schutzfunktion der Betreuung ergibt (Prütting/Helms-Fröschle Rn 14; a.A: Keidel-Budde Rn 3; Damrau/Zimmermann § 68b Rn 2; OLG Frankfurt NJW 1992, 1395 zur Anordnung der psychiatrischen Untersuchung des Betroffenen zur Vorbereitung einer Entscheidung über die Aufhebung der Betreuung gegen seinen Willen).

c) Gericht will Betreuung nicht aufheben

Es bestehen keine besonderen verfahrensrechtlichen Vorschriften für den Fall, 5 dass das Gericht die Betreuung – z.B. bei Antrag des Betreuten auf Aufhebung der Betreuung – **nicht aufheben** will. Insbesondere sind die Regelungen des § 294 Abs. 1 insoweit **nicht** anzuwenden, da diese Norm nur Anwendung findet, wenn das Betreuungsgericht dem Antrag bzw. der Anregung auf Aufhebung der

FamFG § 294 Buch 3 Verf. in Betreuungs- u. Unterbringungssachen

Betreuung entsprechen will (BayObLG FGPrax 1995, 52). Für den Umfang der Ermittlungen des Tatsachenrichters gilt § 26 (vgl. BayObLG FamRZ 1998, 323; FamRZ 1994, 1602; OLG München NJW-RR 2006, 512; OLG Hamm NJWE-FER 2001, 326). Wenn ein zeitnahes Gutachten nicht vorliegt oder eine erhebliche Veränderung seiner Tatsachengrundlage nahe liegt, ist es im Rahmen des Grundsatzes der Amtsermittlung erforderlich, dass zur Entscheidung über die Aufhebung der Betreuung ein solches Gutachten eingeholt (Keidel-Budde Rn 3; BayObLG FamRZ 2003, 115) und dass der Betroffene erneut persönlich angehört wird. Lag jedoch die letzte Entscheidung erst kurz (z.B. zwei Monate) zurück, kann der Antrag grundsätzlich ohne weitere Ermittlungen zurückgewiesen werden (BayObLG FamRZ 1998, 323).

3. Nachholung der Begutachtung im Falle des § 281 Abs. 1 Nr. 1 (Abs. 2)

6   Ausgangspunkt des Abs. 2 ist, dass der Betroffene selbst die Bestellung eines Betreuers beantragt hatte und im Hinblick auf § 281 Abs. 1 Nr. 1 das Gericht sich ursprünglich mit einem ärztlichen Attest statt eines Sachverständigengutachtens begnügt hatte. Beantragt in diesem Fall der wegen einer psychischen Krankheit oder geistigen oder seelischen Behinderung betreuungsbedürftige Betroffene erstmals die **Aufhebung** der Betreuerbestellung oder die **Einschränkung** des Aufgabenkreises des Betreuers, so kann das Betreuungsgericht diesen Antrag nur ablehnen, wenn es ein Sachverständigengutachten nach § 280 eingeholt hat. Ein etwa vom Betroffenen oder sonstigen Angehörigen bei der Bestellung vorgelegtes ärztliches Attest, das den Anforderungen eines ärztlichen Gutachtens möglicherweise entspricht, ist nicht ausreichend. Es ist grundsätzlich erforderlich, dass das **Gericht** die Erstattung des Gutachtens veranlasst, dabei die Tatsachen bezeichnet, auf deren Feststellung es für die Beurteilung der Notwendigkeit der Betreuerbestellung nach § 1896 BGB maßgeblich ankommt, sowie den Gutachter nach pflichtgemäßem Ermessen selbst auswählt und dem Betroffenen vor der Gutachtenerstellung bekannt gibt (KG FamRZ 2007, 81).

7   Das bedeutet aber umgekehrt: Wenn im Zeitpunkt des Aufhebungsantrags keine ausreichenden Anhaltspunkte für ein Fortbestehen der Betreuerbestellung vorliegen, kann von einer Begutachtung abgesehen werden (vgl. § 1908d Rn 3; s. auch Dodegge/Roth Teil A Rn 172, der das Betreuungsgericht zur generellen Gutachteneinholung verpflichten will).

8   Die Pflicht zur Nachholung der Begutachtung gilt nur für die erstmalige Antragsablehnung. Die Notwendigkeit der Gutachteneinholung in weiteren Verfahren richtet sich nach § 26 (BT-Drucks. 11/4528 S. 180). Jedoch wird sich die Pflicht zur persönlichen Anhörung des Betroffenen jedenfalls dann auch aus § 26 ergeben, wenn das Gutachten den Betreuungsbedarf bejaht (Keidel-Budde Rn 4).

4. Höchstdauer der Betreuung und des Einwilligungsvorbehalts (Abs. 3)

9   Die Höchstdauer der Betreuung und des Einwilligungsvorbehalts beträgt 7 Jahre. Die Frist ist jedoch grundsätzlich unter Berücksichtigung der voraussichtli-

chen Betreuungsbedürftigkeit zu bestimmen; bei schubförmig verlaufenden psychischen Krankheiten muss die Überprüfungsfrist unter Berücksichtigung des bisherigen Verlaufs der Krankheit festgelegt werden (BayObLG BtPrax 1995, 68). Diese Frist ist nach § 286 Abs. 3 (vgl. § 286 Rn 9) in die Beschlussformel aufzunehmen. Zur Beendigung der Betreuung nach Ablauf der Frist bzw. zu den Problemen bei Falsch-/Nichtangabe der Betreuungs(höchst)dauer in der Beschlussformel vgl. § 286 Rn 9.

5. Rechtsmittel

Als Endentscheidung im Sinne des § 38 Abs. 1 S. 1 ist die Entscheidung über die Aufhebung oder Einschränkung der Betreuung oder des Einwilligungsvorbehalts sowie der jeweiligen Ablehnung mit der befristeten **Beschwerde** nach §§ 58 ff anfechtbar. 10

6. Beschlussformel

„Die Betreuung wird aufgehoben." bzw. „Die Betreuung wird eingeschränkt. Die Betreuung umfasst künftig nur noch den/die Aufgabenkreis/e:..... Ggf.: Das Gericht wird spätestens bis zum... über eine Aufhebung oder (weitere) Verlängerung der Betreuung entscheiden. Ggf.: Die Entscheidung ist sofort wirksam." 11

§ 295 Verlängerung der Betreuung oder des Einwilligungsvorbehalts

(1) **Für die Verlängerung der Bestellung eines Betreuers oder der Anordnung eines Einwilligungsvorbehalts gelten die Vorschriften über die erstmalige Anordnung dieser Maßnahmen entsprechend. Von der erneuten Einholung eines Gutachtens kann abgesehen werden, wenn sich aus der persönlichen Anhörung des Betroffenen und einem ärztlichen Zeugnis ergibt, dass sich der Umfang der Betreuungsbedürftigkeit offensichtlich nicht verringert hat.**

(2) Über die Verlängerung der Betreuung oder des Einwilligungsvorbehalts hat das Gericht spätestens sieben Jahre nach der Anordnung dieser Maßnahmen zu entscheiden.

1. Anwendungsbereich

§ 295 betrifft die **Verlängerung** der Betreuung und des Einwilligungsvorbehalts (ehemals § 69i Abs. 6 FGG). Wenn Verlängerung und Erweiterung zusammenfallen, sind § 295 und 293 nebeneinander anwendbar. Im Fall der Verlängerung und Einschränkung findet lediglich der weiterreichende § 295 und nicht auch § 294 Anwendung (Prütting/Helms-Fröschle Rn 2). Im Übrigen gelten für das Verfahren die **allgemeinen** Vorschriften des Betreuungsverfahrens (§§ 272-277). 1

2. Verlängerung von Betreuungsmaßnahmen und des Einwilligungsvorbehalts (Abs. 1)

2   Als Folge der gebotenen regelmäßigen **Überprüfung** finden über Abs. 1 S. 1 die Vorschriften über die **Erstbestellung** (§§ 278 ff) bei den Verfahren über die Verlängerung der Betreuerbestellung oder der Anordnung eines Einwilligungsvorbehalts Anwendung (ausdrücklich für Verfahrenspflegerbestellung und persönliche Anhörung: BayObLG FamRZ 1999, 873). Dies bedeutet, dass das Gericht bei der Verlängerung der Betreuung, da es sich um eine Einheitsentscheidung handelt, nicht nur die Grundlagen der Betreuungsbedürftigkeit neu zu überprüfen hat, sondern auch hinsichtlich der Betreuerauswahl – wie bei einer Erstentscheidung – die Grundsätze des § 1897 BGB zu beachten sind (vgl. OLG Zweibrücken BtPrax 2002, 87; BayObLG BtPrax 2002, 165; OLG Frankfurt BeckRS 2006 11557 und 882; Prütting/Helms-Fröschle Rn 7). Dem Vorschlag des Betreuten (§ 1897 Abs. 4 BGB) ist daher ggf. auch im Rahmen des Verlängerungsverfahrens Rechnung zu tragen.

Das Betreuungsgericht hat mit **Verlängerung** einer laufenden Betreuung über deren Fortbestand nur dann zu entscheiden, wenn ein **besonderer Anlass** hierzu besteht. Dieser Anlass kann ein Antrag des Betroffenen auf Aufhebung der Betreuung bilden; es können aber auch neue Tatsachen sein, die dem Betreuungsgericht zur Kenntnis gelangen und darauf hindeuten, dass die Voraussetzungen für die Bestellung eines Betreuers weggefallen sein könnten; schließlich gibt das Herannahen des nach § 294 Abs. 3 bzw. 295 Abs. 2 festgesetzten Zeitpunkts Anlass, über die Aufhebung oder Verlängerung der Maßnahme zu entscheiden (BayObLG BtPrax 2005, 69).

3   Abs. 1 S. 2 erlaubt das Absehen von der Einholung eines erneuten **Gutachtens,** wenn die persönliche **Anhörung** (§ 278) und ein ärztliches **Zeugnis** (§ 281) ergeben, dass sich der Umfang der Betreuungsbedürftigkeit **offensichtlich** nicht geändert hat.

Mit dem Wort „offensichtlich" soll zum Ausdruck kommen, dass das bisherige Ermittlungsergebnis durch das Gericht **keine Zweifel** am Fortbestehen der Betreuung im bisherigen Umfang ergeben hat (Keidel-Budde Rn 2). Geht das aktuelle ärztliche Zeugnis **bei entsprechenden Anhaltspunkten** auf die Frage einer zwischenzeitlichen **Besserung des Gesundheitszustands** nicht ein, kann nicht davon ausgegangen werden, dass sich der Umfang der Betreuungsbedürftigkeit offensichtlich nicht verringert habe (BayObLG BtPrax 2004, 148). Die Qualifikation des Ausstellers des ärztlichen Zeugnisses muss der des Gutachters nach § 280 Abs. 1 S. 2 entsprechen (vgl. dazu § 280 Rn 4). Dieser muss vor Erstellung des Zeugnisses – im Hinblick darauf, dass die Verfahrensgarantien der Erstbestellung erhalten bleiben sollen – den Betroffenen **zeitnah persönlich** untersucht und befragt haben (§ 26; OLG Hamm BtPrax 1999, 238; Keidel-Budde Rn 2). Zur **Unterscheidung** zwischen Gutachten und ärztlichem Zeugnis vgl. § 281 Rn 6. Zu den Anforderungen an den – verkürzten – Inhalt eines ärztlichen Attests vgl. § 281 Rn 6 i.V.m. § 280 Rn 10 ff. Das ärztliche Zeugnis muss in verkürzter Form die endscheidungserheblichen Gesichtspunkte (Sachverhalt, Untersuchungsergebnisse, Beurteilung und evtl. fehlende freie Willensbestimmung) darstellen. Liegt die Begutachtung längere Zeit zurück und nimmt sie zur Fähigkeit des Betroffenen, seinen Willen frei zu bestimmen, nicht Stellung, kann die Einholung eines Sachverständigengutachtens nach § 26 erforderlich sein (OLG Hamm a. a. O. 239). Kommt neben der Verlängerung gleichzeitig eine Erweiterung des Aufgabenkreises in Betracht, so findet § 293 Anwendung. Abs. 1 S. 2 soll nach einer Meinung keine Anwendung finden, wenn sich der Betreuungsbedarf verringert (Prütting/Helms-Fröschle Rn 11). Dies erscheint jedoch nur nachvollziehbar, wenn sich aufgrund der Besserung des Gesundheitszustands des Betroffenen im Betreuungsbedarf Änderungen ergeben. Fällt beispielsweise ein Bereich weg, weil hierfür kein Bedarf mehr besteht, ist Abs. 1 S. 2 nach der Intension des Gesetzes selbstverständlich anwendbar.

3. Höchstdauer der Betreuung und des Einwilligungsvorbehalts (Abs. 2)

Die Höchstdauer der Betreuung und des Einwilligungsvorbehalts beträgt 7 Jahre (§ 294 Abs. 3). Dementsprechend regelt § 295 die Höchstfrist von ebenfalls 7 Jahren, nach deren Ablauf spätestens über eine (weitere) **Verlängerung** der Betreuung zu entscheiden ist. Diese Frist ist nach § 286 Abs. 3 (vgl. § 286 Rn 9) in die Beschlussformel aufzunehmen. Zur Beendigung der Betreuung nach Ablauf der Frist bzw. zu den Problemen bei Falsch-/Nichtangabe der Betreuungs(höchst)dauer in der Beschlussformel vgl. § 286 Rn 9. 4

4. Rechtsmittel

Als Endentscheidung im Sinne des § 38 Abs. 1 S. 1 ist die Entscheidung über die Verlängerung der Betreuung oder des Einwilligungsvorbehalts sowie deren Ablehnung mit der befristeten **Beschwerde** nach §§ 58 ff anfechtbar. 5

5. Beschlussformel

„Die Betreuung wird verlängert. Das Gericht wird spätestens bis zum...... über eine Aufhebung oder weitere Verlängerung der Betreuung entscheiden. Ggf.: Die Entscheidung ist sofort wirksam." 6

§ 296 Entlassung des Betreuers und Bestellung eines neuen Betreuers

(1) Das Gericht hat den Betroffenen und den Betreuer persönlich anzuhören, wenn der Betroffene einer Entlassung des Betreuers (§ 1908b des Bürgerlichen Gesetzbuchs) widerspricht.

(2) **Vor der Bestellung eines neuen Betreuers (§ 1908c des Bürgerlichen Gesetzbuchs) hat das Gericht den Betroffenen persönlich anzuhören. Das gilt nicht, wenn der Betroffene sein Einverständnis mit dem Betreuerwechsel erklärt hat. § 279 gilt entsprechend.**

1. Anwendungsbereich

§ 296 regelt das Verfahren bei **Entlassung** und **Neubestellung** eines Betreuers (bisher § 69i Abs. 7, 8 FGG). Geht mit einer Entlassung und Neubestellung eine 1

Verlängerung einher, ist § 295, bei **Erweiterung** der Betreuung ist § 293 für das Verfahren einschlägig (Prütting/Helms-Fröschle Rn 4).

2. Widerspruch des Betroffenen gegen Entlassung des Betreuers (Abs. 1)

a) Verfahren bei Entlassung

2   Das Verfahren nach § 1908b BGB auf **Entlassung** eines Betreuers (vgl. § 1908d Rn 2 ff) richtet sich zunächst nach den **allgemeinen** Betreuungsvorschriften §§ 272-277 und den Vorschriften des Allgemeinen Teils (Keidel-Budde Rn 1). §§ 280 bis 284 sind nicht anwendbar (Prütting/Helms-Fröschle Rn 23); das weiterer Verfahren richtet sich nach § 26. Nur wenn der Betroffene der Entlassung des Betreuers widerspricht ergibt sich aus Abs. 1 eine Besonderheit. Das Gericht hat dem Betroffenen zunächst rechtliches Gehör – z.B. schriftlich – zu gewähren. Widerspricht der Betroffene der Entlassung, so bestimmt S. 1 die **persönliche Anhörung** des **Betroffenen** und des **Betreuers**, um dem Gericht einen persönlichen Eindruck zu verschaffen und Kommunikationsschwierigkeiten unter den Beteiligten leichter feststellen und beheben zu können. Mit dem Erfordernis der persönlichen Anhörung des Betroffenen wird **nicht** auf § 278 verwiesen, denn dieser regelt die Anhörung vor einer Betreuerbestellung oder der Anordnung eines Einwilligungsvorbehalts und ist damit weder inhaltlich noch im Falle der fehlenden Mitwirkung des Betroffenen bei einer Entlassung des Betreuers anwendbar (Prütting/Helms-Fröschle Rn 9). Deshalb wird bewusst auch auf eine allgemeine Verweisung auf § 278 (z.B. Vorführungsmöglichkeit nach Abs. 5; a.A. LG Essen NJWE-FER 1999, 59; Jurgeleit-Bučić, § 69i FGG Rn 32 schlägt Vorführung nach § 33 Abs. 3 FamFG vor) und insbesondere auf die Verweisung auf Abs. 3 verzichtet (Unzulässigkeit des ersuchten Richters; Keidel-Budde Rn 2). Die Anhörung des Betroffenen kann durch den **ersuchten** Richter vorgenommen werden (BayObLG FamRZ 1993, 1225), wenn für das Gericht der persönliche Eindruck **nicht** entscheidungserheblich ist (BayObLG BtPrax 1997, 200; OLG Frankfurt BeckRS 2003 08800; Bumiller/Harders Rn 3; Bienwald, § 69i FGG Rn 42) und die Entscheidung ohne eigenen Eindruck von dem Betroffenen getroffen werden kann. Für die Durchführung der Anhörung ist § 34 anwendbar, so dass unter den Voraussetzungen des § 34 Abs. 3 eine Entscheidung ohne Anhörung des Betroffenen möglich ist (Keidel-Budde Rn 2; Prütting/Helms-Fröschle Rn 7). § 34 findet auch für die persönliche Anhörung des Betreuers Anwendung, die ebenfalls nicht gesetzlich geregelt ist (BayObLG FamRZ 1993, 1226).

Bei Fällen, in denen der Betroffene auf die schriftliche Anfrage **nicht reagiert** (das Gesetz spricht lediglich von **Widerspruch** durch den Betroffenen), ist danach zu differenzieren, ob der Betroffene noch zu einer Kundgabe seines natürlichen Willens in der Lage ist oder nicht. Jedenfalls muss sich das Gericht nach § 26 durch einen persönlichen Eindruck Gewissheit über den (Nicht-)Widerspruch des Betroffenen verschaffen. Die Frage hat jedoch wenig praktische Relevanz, weil die Neubestellung eines Betreuers, die regelmäßig mit der Entlassung verbunden sein dürfte, ein aktives Tun – Einverständnis – erfordert (vgl. Rn 6). Wenn der Betroffene nicht mehr in der Lage ist, seinen Willen kundzutun, ist dafür auch in diesem Verfahren ein **Verfahrenspfleger** zu bestellen (KG BtPrax 2008, 265); dessen Widerspruch zwingt das Betreuungsgericht jedoch nicht zur persönlichen Anhörung des Betroffenen (Prütting/Helms-Fröschle Rn 11). Widerspricht der Betroffene der Entlassung des Betreuers erst im Beschwerdeverfahren (was auch durch die Beschwerdeeinlegung zum Ausdruck kommen kann), hat das Landgericht den Betroffenen grundsätzlich **persönlich** zu hören, wenn das Amtsgericht hiervon abgesehen hat (BayObLG BtPrax 2001, 37; Keidel-Budde Rn 1).

b) Erhebliche Nachteile für die Gesundheit

Sind erhebliche Nachteile für die Gesundheit des Betroffenen zu besorgen oder ist der Betroffene offensichtlich verständigungsunfähig, kann die persönliche Anhörung unterbleiben (§ 34 Abs. 2), es muss ihm jedoch grundsätzlich ein Verfahrenspfleger bestellt werden (BayObLG Rpfleger 1993, 491). 3

c) Einstweilige Anordnung

Nach § 300 Abs. 2 kann ein Betreuer im Wege der einstweiligen Anordnung bei Vorliegen der Voraussetzungen (vgl. § 300 Rn 11) entlassen werden. 4

3. Bestellung eines neuen Betreuers (Abs. 2)

Wenn der Betreuer stirbt oder entlassen wird, ist nach § 1908c BGB ein neuer Betreuer zu bestellen. Wie schon im Falle des Abs. 1 sieht auch hier das Gesetz eine **persönliche Anhörung** vor, ohne auf § 278 zu verweisen (vgl. Rn 2; a. A. für § 278 Abs. 5 BayObLG BtPrax 1994, 171). Damit sind Zwangsmaßnahmen nach § 278 Abs. 5 ausgeschlossen. Im Falle der Verweigerung der Mitwirkung an der persönlichen Anhörung gilt § 34 Abs. 3; die persönliche Anhörung kann unterbleiben (Prütting/Helms-Fröschle Rn 16). Das gilt auch für den Fall, dass der Betroffene dem neuen Betreuer zunächst durch Einverständnisverweigerung widersprochen hat und dann am weiteren Verfahren nicht mehr mitwirkt. Abs. 2 findet auch Anwendung, wenn ein Betreuer zunächst im Wege der **einstweiligen Anordnung** bestellt wurde und bei der endgültigen Betreuung ein Betreuerwechsel vollzogen wird (Bumiller/Harders Rn 4). Nach § 26 entscheidet sich, wo angehört werden kann und ob Rechtshilfe ausreicht (Bassenge/Roth Rn 7). 5

Wenn der Betroffene – Verfahrenspfleger reicht nicht (Prütting/Helms-Fröschle Rn 14) – sein **Einverständnis** mit dem Betreuerwechsel erklärt (**Abs. 2 S. 2.**), entfällt das Erfordernis einer persönlichen Anhörung. Es bedarf jedoch im Hinblick auf die Bedeutung der Person des Betreuers der **konkreten** Zustimmung des Betroffenen zu **dieser** Person (OLG Schleswig FGPrax 2007, 269; Bumiller/Harders Rn 6). Bloßes Schweigen genügt regelmäßig nicht (Jurgeleit-Bučić, § 69i FGG Rn 38; Prütting/Helms-Fröschle Rn 11). Die Zustimmung kann auch durch eine dritte Person übermittelt werden (Keidel-Budde Rn 4). Aus den Umständen kann sich ergeben, dass Zweifel an der schriftlichen Erklärung angebracht sind (Beeinflussung des Betroffenen; Bedenken zur Äußerungsfähigkeit). Dann folgt die Pflicht zur persönlichen Anhörung aus § 26 (Keidel-Budde Rn 4). 6

Von einer Anhörung kann bei Vorliegen der Voraussetzungen des § 34 Abs. 2 abgesehen werden (vgl. Rn 3).

Daneben wird § 279 (**Anhörung** von Dritten wie der zuständigen Behörde, naher Angehöriger und Vertrauenspersonen) für entsprechend anwendbar erklärt (**Abs. 2 S. 3**). 7

4. Rechtsmittel

8   Als Endentscheidung im Sinne des § 38 Abs. 1 S. 1 ist die Entscheidung über die Entlassung und/oder Neubestellung eines Betreuers sowie der jeweiligen Ablehnung mit der befristeten **Beschwerde** nach §§ 58 ff anfechtbar.

5. Beschlussformel

9   Entlassung nach **Abs. 1**:
Der bisherige Betreuer ..... wird entlassen. Ggf.: Die Entscheidung ist sofort wirksam."
Neubestellung nach **Abs. 2**:
..... wird zum neuen Betreuer – ggf. als Vereinsbetreuer/als Behördenbetreuer/als Berufsbetreuer – bestellt. Ggf.: Die Entscheidung ist sofort wirksam."
Entlassung und Neubestellung nach **Abs. 1** und **Abs. 2**:
Der bisherige Betreuer ..... wird entlassen und statt seiner ...... zum neuen Betreuer – ggf. als Vereinsbetreuer/als Behördenbetreuer/als Berufsbetreuer – bestellt. Ggf.: Die Entscheidung ist sofort wirksam."

§ 297 Sterilisation

(1) Das Gericht hat den Betroffenen vor der Genehmigung einer Einwilligung des Betreuers in eine Sterilisation (§ 1905 Abs. 2 des Bürgerlichen Gesetzbuchs) persönlich anzuhören und sich einen persönlichen Eindruck von ihm zu verschaffen. Es hat den Betroffenen über den möglichen Verlauf des Verfahrens zu unterrichten.

(2) Das Gericht hat die zuständige Behörde anzuhören, wenn es der Betroffene verlangt oder es der Sachaufklärung dient.

(3) Das Gericht hat die sonstigen Beteiligten anzuhören. Auf Verlangen des Betroffenen hat das Gericht eine ihm nahestehende Person anzuhören, wenn dies ohne erhebliche Verzögerung möglich ist.

(4) Verfahrenshandlungen nach den Absätzen 1 bis 3 können nicht durch den ersuchten Richter vorgenommen werden.

(5) Die Bestellung eines Verfahrenspflegers ist stets erforderlich, sofern sich der Betroffene nicht von einem Rechtsanwalt oder einem anderen geeigneten Verfahrensbevollmächtigten vertreten lässt.

(6) Die Genehmigung darf erst erteilt werden, nachdem durch förmliche Beweisaufnahme Gutachten von Sachverständigen eingeholt sind, die sich auf die medizinischen, psychologischen, sozialen, sonderpädagogischen und sexualpädagogischen Gesichtspunkte erstrecken. Die Sachverständigen haben den Betroffenen vor Erstattung des Gutachtens persönlich zu untersuchen oder zu befragen. Sachverständiger und ausführender Arzt dürfen nicht personengleich sein.

(7) Die Genehmigung wird wirksam mit der Bekanntgabe an den für die Entscheidung über die Einwilligung in die Sterilisation bestellten Betreuer und
1. an den Verfahrenspfleger oder

Sterilisation **§ 297 FamFG**

2. den Verfahrensbevollmächtigten, wenn ein Verfahrenspfleger nicht bestellt wurde.

(8) Die Entscheidung über die Genehmigung ist dem Betroffenen stets selbst bekannt zu machen. Von der Bekanntgabe der Gründe an den Betroffenen kann nicht abgesehen werden. **Der zuständigen Behörde ist die Entscheidung stets bekannt zu geben.**

1. Anwendungsbereich

§ 297 regelt den Gang des Verfahrens, das die Genehmigung der Einwilligung eines Betreuers in eine **Sterilisation** nach § 1905 Abs. 2 BGB zum Gegenstand hat. Die entsprechenden Vorschriften waren im FGG an unterschiedlichen Stellen geregelt; § 297 führt sie nun zusammen und schafft nunmehr, ohne Bezugnahme auf andere Normen, eigenständige Verfahrensvorschriften für die Sterilisation. Die Übersichtlichkeit der zahlreichen formellen Voraussetzungen wird durch diese Zusammenfassung deutlich erhöht. Die Vorschriften der §§ 278 ff für die Erstbetreuerbestellung sind nicht anwendbar (Keidel-Budde Rn 3). Die Vorschriften der **allgemeinen** Betreuungsvorschriften (§§ 272-277) finden Anwendung.

Der „normale" Betreuer kann nicht über die Einwilligung in die Sterilisation entscheiden; hierzu bedarf es, sofern die Notwendigkeit eines solchen Eingriffs im Raum steht, eines gesondert und einzig zu diesem Zweck bestellten **Sterilisationsbetreuers**. Es ist also zu unterscheiden zwischen dem Verfahren zur **Bestellung** eines Sterilisationsbetreuers einerseits (Bestellung eines neuen Betreuers unter Erweiterung des Aufgabenkreises; § 293) und dem zur **Einwilligung** in die Sterilisation andererseits (§ 297). Da jedoch der Gesetzgeber zu diesen beiden Verfahren keine weiteren Vorgaben macht, können sie gleichzeitig geführt werden (Prütting/Helms-Fröschle Rn 2). Das Gericht ist also nicht daran gehindert, im Rahmen der Bestellung eines Sterilisationsbetreuers gleichzeitig festzustellen, ob auch die Voraussetzungen für die Sterilisation selbst vorliegen (Keidel-Budde Rn 1). Zwar ist es nicht ausgeschlossen, dass eine einheitliche Entscheidung über beide Verfahrensgegenstände ergeht, dies setzt jedoch zwingend voraus, dass vom – noch nicht bestellten – Sterilisationsbetreuer auch bereits ein Antrag auf betreuungsgerichtliche Genehmigung der Sterilisation, für den Fall seiner gerichtlichen Bestellung, vorliegt oder zumindest im Raume steht.

In Betracht kommen nicht nur weibliche, sondern auch männliche Betroffene (Keidel-Budde Rn 1). Die Schwangerschaft (§ 1905 Abs. 1 Nr. 3 BGB) muss nicht dem Betroffenen selbst drohen, allerdings müssen die infolge der Schwangerschaft drohenden Gefahren (§ 1905 Abs. 1 Nr. 4 BGB) dem Betroffenen drohen.

2. Verfahrensgarantien

Für die Genehmigung einer Einwilligung eines Betreuers in eine Sterilisation gelten, wie schon nach bisherigem FGG, die **strengsten** Verfahrensgarantien des Betreuungsrechts (BT-Drucksache 11/4528 S. 177). Durch das Erfordernis verschiedenster Voraussetzungen soll ein leichtfertiger Umgang mit der Sterilisation verhindert werden und dem Umstand eines derart schwerwiegenden, i.d.R. nicht rückgängig zu machenden körperlichen Eingriffs Rechnung getragen werden. Es soll an dieser Stelle lediglich angemerkt werden, dass der Abbruch lebenserhaltender Maßnahmen nach § 1904 Abs. 2 BGB bei weitem nicht derart umfangreiche

Verfahrensgarantien (§ 298) beinhaltet. Dies wird mit der Eile, die regelmäßig bei den Entscheidungen nach § 1904 Abs. 2 BGB geboten ist, begründet (Prütting/ Helms-Fröschle § 297 Rn 28)
Das Gesetz sieht folgende Verfahrenshandlungen vor:

a) Anhörung des Betroffenen (Abs. 1)

3   Die persönliche Anhörung des Betroffenen durch das Gericht ist gesetzlich vorgeschrieben, um sich einen unmittelbaren Eindruck von dem Betroffenen (vgl. § 278 Rn 2) – insbesondere dazu, ob dieser in eine Sterilisation einwilligen kann – zu verschaffen. Dabei ist er über den möglichen Verlauf des Verfahrens (vgl. § 278 Rn 6) zu unterrichten. Der Gesetzgeber sagt nichts dazu, wo die Anhörung – übliche Umgebung – stattzufinden hat; der Ort der Anhörung bestimmt sich nach § 26. § 297 sieht keine Möglichkeit der zwangsweisen Vorführung vor, wenn der Betroffene nicht freiwillig an der Anhörung teilnimmt. Eine die Sterilisation genehmigende Entscheidung kann nicht ohne persönlichen Eindruck des Gerichts ergehen; § 34 Abs. 3 findet keine Anwendung. Die Nichtmitwirkung im Verfahren nach § 297 ist als Ausdruck des der Sterilisation entgegenstehenden Willens i.S.d. § 1905 Abs. 1 Nr. 1 BGB zu sehen (Prütting/Helms-Fröschle Rn 13), weshalb in diesem Fall ohne weiteres und ohne Verschaffung eines persönlichen Eindrucks die gerichtliche Genehmigung abgelehnt werden kann. Da für die Frage der Erweiterung des Aufgabenkreises zur Bestellung eines Sterilisationsbetreuers über § 293 Abs. 1 i.V.m. § 278 Abs. 5 eine Vorführung möglich ist, wird es als sachgerecht angesehen (Keidel-Budde Rn 4), beide Anhörungen – die zur Bestellung des Sterilisationsbetreuers und die zur Genehmigung des Eingriffs – zusammenzulegen. Allerdings ist darauf hinzuweisen, dass jemand, der nicht freiwillig an der Anhörung teilnimmt und vorgeführt werden muss, sich wohl in den seltensten Fällen freiwillig auf eine Sterilisation einlassen wird. Es ist aber Grundvoraussetzung für den Eingriff der Sterilisation (§ 1905 Abs. 1 Nr. 1 BGB), dass die Sterilisation dem Willen des Betroffenen nicht widerspricht.

b) Beteiligung der Behörde (Abs. 2)

4   Weiterhin hat das Gericht der zuständigen Behörde (§§ 1 ff BtBG), wenn es der Betroffene verlangt oder es der Sachaufklärung dient – letzteres wird die Regel sein – Gelegenheit zur **Äußerung** zu geben (vgl. § 279 Rn 4).

c) Hinzuziehung von Beteiligten und Vertrauenspersonen (Abs. 3)

5   Über Abs. 3 erhalten sämtliche Muss- (vgl. § 274 Rn 3 ff) und Kann-Beteiligte (vgl. § 274 Rn 11 ff), wie Betreuer, Verfahrenspfleger, nahe **Angehörige** usw. Gelegenheit zur (ggf. schriftlichen) Äußerung. Der Betroffene kann nach **Abs. 3** die Anhörung einer ihm **nahe stehenden Person** (oder mehrerer) verlangen. Das Gericht hat nach pflichtgemäßem Ermessen zu prüfen, ob die Anhörung dieser Personen das Verfahren verzögert (vgl. § 279 Rn 5). Weitere Anhörungspflichten können sich aus § 26 ergeben.

d) Rechtshilfe (Abs. 4)

6   Die in a) bis c) genannten Verfahrenshandlungen dürfen **nicht** durch den ersuchten Richter vorgenommen werden. Etwas anderes mag gelten, wenn die

Sterilisation **§ 297 FamFG**

Verfahrenshandlung im Ausland vorzunehmen ist (Prütting/Helms-Fröschle Rn 21).

e) Verfahrenspfleger (Abs. 5)

Die Bestellung eines Verfahrenspflegers ist zwingend vorgeschrieben, wenn 7
Gegenstand des Verfahrens die Genehmigung einer Einwilligung des Betreuers in eine **Sterilisation** des Betroffenen nach § 1905 Abs. 2 BGB ist. Auf das Vorliegen der Voraussetzungen des §§ 276 Abs. 1 oder 2 kommt es damit nicht an (Prütting/ Helms-Fröschle Rn 25).

Grundsätzlich soll die Bestellung eines Verfahrenspflegers unterbleiben bzw. 8
aufgehoben werden, wenn der Betroffene von einem Rechtsanwalt oder von einem anderen geeigneten **Verfahrensbevollmächtigten** vertreten wird und nicht ausnahmsweise der Betroffene durch ständig wechselnde Beauftragung von Rechtsanwälten oder durch wechselnde Weisungen an Bevollmächtigte das Verfahren behindert. Ordnet das Gericht im Wege der **Verfahrenskostenhilfe** dem Betroffenen einen Rechtsanwalt bei, ist die Verfahrenspflegerbestellung mit Wirkung ex nunc (ab dem Zeitpunkt der Entscheidung) aufzuheben. Das gilt auch dann, wenn dem Betroffenen ein Anwalt als Verfahrenspfleger bestellt war, der nunmehr im Wege der Verfahrenskostenhilfe im Auftrag des Betroffenen beigeordnet werden soll (Damrau/Zimmermann § 69d FGG Rz 8). Der Auftrag des Betroffenen wird im Hinblick auf möglichen Missbrauch (Vergütungshöhe!) genau zu prüfen sein.

Der Betroffene kann auf die Bestellung eines Verfahrenspflegers nicht **verzichten**. Sind nämlich die Voraussetzungen erfüllt, wird er häufig nicht in der Lage sein, die Tragweite der Prozesshandlung zu erkennen. Darüber hinaus ist Abs. 5 im Hinblick auf seine Schutzfunktion zwingend (vgl. OLG Hamm Rpfleger 1990, 510 zum Rechtsmittelverzicht im Falle einer Verfahrenspflegerbestellung).

f) Gutachteneinholung (Abs. 6)

Der Gesetzgeber schreibt – einmalig im Betreuungsverfahren – die Einholung 9
von mindestens **zwei Sachverständigengutachten** (BT-Drucksache 11/4528, 177) vor. Zwar schreibt die Norm nicht ausdrücklich (mindestens) zwei Gutachten vor; so ist es theoretisch denkbar, aber sehr unwahrscheinlich, dass ein Sachverständiger in allen 5 Fachbereichen (s. nachfolgend) besondere Kenntnisse aufweist. Die Gutachten sind nach § 30 Abs. 2 im **Strengbeweisverfahren** einzuholen und haben sich auf folgende **fünf** Gesichtspunkte zu erstrecken:

- **medizinische**: Kann einer Methode, die die Rückgängigmachung zulässt, der Vorzug gegeben werden? Drohende Schwangerschaft?
- **psychologische**: Einwilligungsfähigkeit des Betroffenen? Deren Dauer? Notlagensituation? Mögliche Beeinträchtigung des psychisch-seelischen und körperlichen Gesundheitszustands durch Schwangerschaft bzw. durch die mögliche Trennung vom Kind (Jurgeleit-Bučić, § 69d FGG Rn 40)? Wie schwerwiegend sind die möglichen Gesundheitsbeeinträchtigungen?
- **soziale**: Beurteilung der Gesamtsituation; familiäre und finanzielle Verhältnisse; Wohnsituation; Ausbildungsstand; allgemeine Lebenssituation?
- **pädagogische**: Prognose über Entwicklungsmöglichkeit und Lebensperspektive des Betroffenen? Notlagensituation?
- **sexualpädagogische**: Kann der Betroffene – z.B. nach therapeutischen Maßnahmen – in die Lage versetzt werden, Schwangerschaft auf andere Weise, als

FamFG § 297 Buch 3 Verf. in Betreuungs- u. Unterbringungssachen

durch Sterilisation (z.B. durch Pille, Kondome) zu verhüten? (so Damrau/ Zimmermann, § 69 d FGG Rn 18–20; Jurgeleit-Bučić, § 69d FGG Rn 40). Die Sachverständigen sind verpflichtet, den Betroffenen vor Erstattung ihrer Gutachten persönlich zu **untersuchen** und zu **befragen** (Abs. 6 **S. 2**). Die Auswahl des Sachverständigen nimmt das Gericht nach pflichtgemäßem Ermessen vor. Im Hinblick darauf, dass ein Gutachter nicht alle gesetzlich aufgeführten Gesichtspunkte erfüllen kann, ist die **Qualifikation** des Sachverständigen gesetzlich nicht festgelegt und hängt von der Fallgestaltung ab. Oft werden ein **sexualpädagogischer** und daneben ein **psychiatrischer** Gutachter in Betracht kommen.

Sachverständiger und **ausführender Arzt** dürfen zur Vermeidung von Interessenkonflikten nicht personengleich sein (Abs. 6 **S. 3**).

Bei Weigerung der Begutachtung kommen **keine** Zwangsmittel nach §§ 283, 284 in Betracht (Keidel-Budde Rn 8; a. A. Jurgeleit-Bučić, 69d FGG Rn 42).

g) Wirksamkeit (Abs. 7)

10 Für den Fall der Genehmigung der Einwilligung des Betreuers in eine **Sterilisation** (§ 1905 Abs. 2 BGB) wird die Entscheidung erst mit der **Bekanntmachung** an den **Verfahrenspfleger** oder **Verfahrensbevollmächtigten** (im Falle des Abs. 5 2. HS) sowie an den für die Entscheidung über die Einwilligung einer Sterilisation bestellten (besonderen) **Betreuer** (Sterilisationsbetreuer) **wirksam**. Entscheidend ist die **letzte** Zustellung (OLG Düsseldorf FGPrax 1996, 22). Da man diesen Zeitpunkt nur aus den Gerichtsakten ersehen kann, sollte das Betreuungsgericht ihn den Beteiligten formlos mitteilen.

h) Bekanntgabe (Abs. 8)

11 Die Entscheidung wird zwar erst mit der Bekanntgabe an den **Verfahrenspfleger** oder **Verfahrensbevollmächtigten** (im Falle des Abs. 5 2. HS) sowie an den besonders bestellten **Betreuer** wirksam (vgl. Rn 10), sie ist jedoch nach Abs. 8 dem **Betroffenen** selbst (unabhängig davon, ob er einen Verfahrensbevollmächtigten hat) und der zuständigen **Behörde** bekannt zu geben, auch wenn diese nach Abs. 2 nicht am Verfahren beteiligt war. Die Sterilisation selbst darf jedoch frühestens **zwei Wochen** nach Wirksamkeit der Genehmigung durchgeführt werden (§ 1905 Abs. 2 S. 2 BGB; vgl. Rn 12). Es wurde somit nicht an die Rechtskraft der Entscheidung angeknüpft, so dass der Rechtsmittelführer gleichzeitig mit der Einlegung des Rechtsmittels auch die Aussetzung der Wirksamkeit der Genehmigung nach § 64 Abs. 3 beantragen sollte, damit nicht Erledigung eintritt (vgl. Rn 12; Keidel-Budde Rn 10). Für die Feststellung der Rechtswidrigkeit besteht wegen des schweren Grundrechtseingriffs nach § 62 Abs. 2 Nr. 1 (vgl. § 62 Rn 5) ein Feststellungsinteresse, auch wenn der Eingriff bereits durchgeführt ist (OLG Düsseldorf FGPrax 1996, 22).

Nach Abs. 8 S. 2 muss der Beschluss dem Betroffenen immer mit Gründen bekannt gegeben werden; § 288 Abs. 1 findet keine Anwendung.

Willigt der Sterilisationsbetreuer, dem der Genehmigungsbeschluss (noch) **nicht** vorliegt, in die Sterilisation ein, so ist diese Genehmigung – unheilbar – unwirksam (Bumiller/Harders Rn 11).

3. Rechtsmittel

Als Endentscheidung im Sinne des § 38 Abs. 1 S. 1 ist die betreuungsgerichtliche Genehmigung der Sterilisation sowie deren Ablehnung mit der befristeten **Beschwerde** nach §§ 58 ff anfechtbar. Die Beschwerdefrist beträgt nach § 63 Abs. 1 einen Monat (Prütting/Helms-Fröschle Rn 42). Im Hinblick auf die 2-Wochenfrist des § 1905 Abs. 2 S. 2 BGB erscheint dies bedenklich, denn die Durchführung der Sterilisation darf vor Rechtskraft erfolgen. Es ist daher dringend zu raten, in jedem Fall die Rechtskraft der Entscheidung abzuwarten, auch wenn nach materiellen Vorschriften eine Durchführung des Eingriffs schon zulässig wäre.

12

4. Beschlussformel

„Dem Betreuer/Der Betreuerin (Bevollmächtigten)...... wird die betreuungsgerichtliche Genehmigung zu seiner/ihrer Einwilligung in die Sterilisation des/der..... erteilt."

13

§ 298 Verfahren in Fällen des § 1904 des Bürgerlichen Gesetzbuchs

(1) **Das Gericht darf die Einwilligung eines Betreuers oder eines Bevollmächtigten in eine Untersuchung des Gesundheitszustands, eine Heilbehandlung oder einen ärztlichen Eingriff (§ 1904 Absatz 1 des Bürgerlichen Gesetzbuchs) nur genehmigen, wenn es den Betroffenen zuvor persönlich angehört hat. Das Gericht soll die sonstigen Beteiligten anhören. Auf Verlangen des Betroffenen hat das Gericht eine ihm nahestehende Person anzuhören, wenn dies ohne erhebliche Verzögerung möglich ist.**
(2) Das Gericht soll vor der Genehmigung nach § 1904 Absatz 2 des Bürgerlichen Gesetzbuchs die sonstigen Beteiligten anhören.
(3) Die Bestellung eines Verfahrenspflegers ist stets erforderlich, wenn Gegenstand des Verfahrens eine Genehmigung nach § 1904 Absatz 2 des Bürgerlichen Gesetzbuchs ist.
(4) **Vor der Genehmigung ist ein Sachverständigengutachten einzuholen.** Der Sachverständige soll nicht auch der behandelnde Arzt sein.

1. Anwendungsbereich

Bestimmte ärztliche Eingriffe, in die der **Betreuer** oder der **Bevollmächtigte** einwilligt, bedürfen nach § 1904 BGB der betreuungsgerichtlichen Genehmigung. § 298 bestimmt, welche Verfahrensvorschriften zu beachten sind, wenn es sich um Verfahren über die Genehmigung der Einwilligung eines Betreuers oder eines Bevollmächtigten in eine Untersuchung des Gesundheitszustands, eine Heilbehandlung oder einen ärztlichen Eingriff nach **§ 1904 Abs. 1 BGB** handelt. Entsprechendes gilt bei Verfahren über die Genehmigung der Nichteinwilligung oder des Widerrufs der Einwilligung des Betreuers oder Bevollmächtigten in eine Untersuchung des Gesundheitszustands, eine Heilbehandlung oder einen ärztlichen Eingriff nach **§ 1904 Abs. 2 BGB (Abbruch lebenserhaltender Maßnahmen)**.

1

FamFG § 298 Buch 3 Verf. in Betreuungs- u. Unterbringungssachen

Beide Verfahren nach § 1904 Abs. 1 und 2 BGB sind **Amtsverfahren** (§ 26 Rn 1); sie setzen keinen Antrag voraus. Allerdings muss für Entscheidungen nach Abs. 1 der Betreuer in die ärztliche Maßnahme bereits eingewilligt haben; gerichtliche Entscheidungen nach Abs. 2 können auch von dritter Seite z.B. durch den Arzt oder von Amts wegen herbeigeführt werden, etwa wenn der Betreuer die Behandlung abbricht (Keidel-Budde Rn 1) oder nicht in die lebenserhaltende Behandlung einwilligt.

2. Verfahren bei Genehmigungen nach § 1904 Abs. 1 BGB; ärztliche Heileingriffe (Abs. 1)

2   **Abs. 1** betrifft die gerichtliche Genehmigung der Einwilligung eines Betreuers oder eines Bevollmächtigten in eine – gefährliche – Untersuchung des Gesundheitszustands, eine Heilbehandlung oder einen **ärztlichen Eingriff** nach § **1904 Abs. 1 BGB**. Zunächst sind die **allgemeinen** Betreuungsvorschriften zu beachten (§§ 272-277).

Hier hat das Betreuungsgericht (funktional der Richter) folgende **Verfahrensvoraussetzungen** zu beachten:

a) Anhörung des Betroffenen

3   Nach Abs. 1 S. 1 ist der **Betroffene persönlich** anzuhören. § 298 sieht keine Möglichkeit der zwangsweisen Vorführung vor, weshalb §§ 33, 34 Abs. 3 Anwendung finden (Keidel-Budde Rn 2; Prütting/Helms-Fröschle Rn 6). Dies hat zur Folge, dass eine Anhörung im Ergebnis unterbleiben kann, wenn der Betroffene nicht freiwillig mitwirkt (§ 34 Abs. 3).

b) Hinzuziehung von Beteiligten und Vertrauenspersonen (Abs. 1 S. 2 und 3)

4   Über Abs. 1 S. 2 erhalten sämtliche Muss- (vgl. § 274 Rn 3 ff) und Kann-Beteiligte (vgl. § 274 Rn 11 ff), wie Betreuer, Verfahrenspfleger, nahe **Angehörige** usw., Gelegenheit zur (ggf. schriftlichen) Äußerung. Der Betroffene kann nach **Abs. 1 S. 3** die Anhörung einer (oder mehrerer) ihm **nahe stehender Person** verlangen. Das Gericht hat nach pflichtgemäßem Ermessen zu prüfen, ob die Anhörung dieser Personen das Verfahren verzögert (vgl. § 279 Rn 5). Weitere Anhörungspflichten können sich aus § 26 ergeben.

c) Sachverständigengutachten (Abs. 4)

5   Vor der gerichtlichen Genehmigung hat das Gericht ein Gutachten einzuholen, das sich zur Frage der **Erforderlichkeit** und Gefährlichkeit des Eingriffs einerseits, und der Einwilligungsfähigkeit des Betroffenen andererseits zu äußern hat (OLG Frankfurt BtPrax 2002, 84; OLG Karlsruhe BtPrax 2002, 79). Es muss Aufschluss geben über das mit der Behandlung verbundene konkrete **Risiko** eines gesundheitlichen Schadens, über den Grad der Wahrscheinlichkeit des Schadenseintritts und darüber, welcher **Erfolg** mit der Heilbehandlung erzielt werden kann (LG Saarbrücken Beschluss v. 23. 3. 2009 – 5 T 100/09). Die Auswahl des Sachverständigen, der im Hinblick auf die Art der Eingriffe in der Regel ein **Arzt** sein wird, trifft das Gericht nach pflichtgemäßem Ermessen. Zur Wahrung der Unabhängig-

keit **sollen** Sachverständiger und ausführender Arzt **in der Regel nicht** personengleich sein (Abs. 4 S. 2). Das Absehen von dem vorgesehenen Verbot der Personenidentität zwischen Sachverständigem und behandelndem Arzt ist jedoch nur dann gerechtfertigt, wenn damit eine Eilentscheidung des Betreuers nach § 1904 Abs. 1 S. 2 BGB vermieden wird (Keidel-Budde Rn 3; Bumiller/Harders Rn 5; krit. Bienwald § 69d FGG Rn 20). Die Notwendigkeit der persönlichen Untersuchung und Befragung durch den Sachverständigen richtet sich nach § 26, dies wird aber im Hinblick auf die Schwere der Eingriffe grundsätzlich erforderlich sein (Ausnahmen nur in atypischen Fällen).

d) Weiteres Verfahren

Beim einwilligungsunfähigen Betroffenen, den § 1904 Abs. 1 BGB immer 6
voraussetzt, ist dem Betroffenen regelmäßig ein Verfahrenspfleger zu bestellen. Die gerichtliche Entscheidung wird nach § 40 Abs. 1 mit Bekanntgabe an den Betreuer/Bevollmächtigten wirksam (Keidel-Budde Rn 4).

3. Verfahren bei Genehmigungen nach § 1904 Abs. 2 BGB (Abbruch lebenserhaltender Maßnahmen; § 298 Abs. 2 FamFG)

Betreuungsgerichtliche Genehmigung bei Abbruch lebenserhaltender 7
Maßnahmen: § 1904 Abs. 2 BGB regelt – wie in der Grundsatzentscheidung des BGH v. 17. 3. 2003 gefordert (BtPrax 2003, 123) – **neu** die **gerichtliche Genehmigungspflicht** von Entscheidungen des **Betreuers** und des **Bevollmächtigten** (str.; so auch Schulte-Bunert/Weinreich-Unger Rn 15 m.w.N.), wenn dieser in bestimmte medizinisch angezeigte Maßnahmen entsprechend dem mutmaßlichen Willen des Betreuten (vgl. § 1901a Rn 16 ff) nicht einwilligen oder eine früher erteilte Einwilligung widerrufen will. Erfasst sind Entscheidungen des Betreuers über die Nichteinwilligung oder den Widerruf der Einwilligung, wenn das Unterbleiben oder der Abbruch der Maßnahme die **begründete Gefahr des Todes** oder des Eintritts schwerer und länger dauernder **Schäden** des Betreuten in sich birgt. Das können u.a. eine Nichteinwilligung oder ein Widerruf der Einwilligung des Betreuers in ärztlich indizierte Maßnahmen wie z.B. eine Operation, künstliche Flüssigkeits- und Nahrungszufuhr, die z.B. durch die Speiseröhre (Magensonde) oder Bauchdecke (PEG) in den Magen oder intravenös gegeben wird, maschinelle Beatmung, Dialyse, Bekämpfung einer zusätzlich auftretenden Krankheit (Lungenentzündung, Infektion u.a.) sowie Maßnahmen der Reanimation sein (BT-Drucksache 16/8442 S. 18). Vgl. hierzu im Einzelnen § 1904 Rn 10.

Wird eine Genehmigung **erteilt**, wird die – für die Dauer des Verfahren durchgeführte – Weiterbehandlung rechtwidrig und ist zu beenden. Wird die Genehmigung **verweigert**, wird dadurch zugleich die Einwilligung des Betreuers zur Weitebehandlung ersetzt (Prütting/Helms-Fröschle Rn 35).

Hier hat das Betreuungsgericht (funktional der Richter) folgende **Verfahrens-** 8
voraussetzungen zu beachten:

Anhörung des Betroffenen: Aus dem aktuellen Gesetzeswortlaut ergibt sich 9
nicht, dass der Betroffene persönlich angehört werden müsste! Denn die persönlichen Anhörungsvorschriften in Abs. 1 beziehen sich nur auf Genehmigungen

nach §1904 Abs. 1 BGB. Nach Abs. 2 sind lediglich die „sonstigen Beteiligten" anzuhören, damit ist jedoch nicht auch der Betroffene gemeint, denn hiergegen spricht der Wortsinn und auch Wortlaut des § 298 Abs. 1.

Allerdings handelt es sich hierbei um ein **redaktionelles Versehen** des Gesetzgebers (so auch Keidel-Budde Rn 6; Prütting/Helms-Fröschle Rn 31; Schulte-Bunert/Weinreich-Rausch Rn 14: Arg. aus Abs. 1). Es ergibt sich aus den Gesetzesmaterialien, dass auch der Betroffene zwingend angehört werden muss – hiervon ging auch die BT-Drucksache 16/8442 S. 5 (erste Initiative) stillschweigend aus –, denn unter der Geltung des FGG wäre der Betroffene nach § 69d Abs. 1 persönlich anzuhören gewesen. Aus der „Beschlussempfehlung und Bericht des Rechtsausschusses" (BT-Drucksache 16/13314 S. 21) ergibt sich, dass der Gesetzgeber hier nur die Neuerungen, die durch das FamFG veranlasst waren – ohne inhaltliche Änderung zur BT-Drucksache 16/8442 S. 5 – treffen wollte.

Der Betroffene ist daher zwingend **persönlich anzuhören**, und das Gericht hat sich einen persönlichen Eindruck vom Betroffenen zu verschaffen, was sich auch aus **§ 34 Abs. 1** (nach Keidel-Budde Rn 6 aus § 26) ergibt.

10 **Anhörung des sonstigen Beteiligten (Abs. 2):** Über Abs. 2 erhalten sämtliche Muss- (vgl. § 274 Rn 3 ff) und Kann-Beteiligte (vgl. § 274 Rn 11 ff), wie Betreuer, Verfahrenspfleger usw. Gelegenheit zur (ggf. schriftlichen) Äußerung (kritisch Keidel-Budde Rn 7). Die Anhörung von nahe stehenden Personen (wie in Abs. 1 S. 3), auf Verlangen des Betroffenen, ist nicht vorgesehen. Angehörige und Vertrauenspersonen, die sich aus der Patientenverfügung ergeben und nicht unter den Beteiligtenbegriff fallen, müssen als Zeugen im Strengbeweis vernommen werden (Keidel-Budde Rn 7). Weitere Anhörungspflichten können sich aus § 26 ergeben.

11 **Verfahrenspflegerbestellung (Abs. 3):** Die Bestellung eines Verfahrenspflegers ist zwingend vorgeschrieben, wenn Gegenstand des Verfahrens der Abbruch lebenserhaltender Maßnahmen im Sinne des § 1904 Abs. 2 BGB sind.

12 **Einholung eines Gutachtens (Abs. 4):** Es ist ein Gutachten zu verschiedenen Fragen einzuholen. Insbesondere: War der Betroffene zum Zeitpunkt seiner Patientenverfügung einwilligungsfähig? Treffen die in der Patientenverfügung getroffenen Festlegungen auf die aktuelle Lebens- und Behandlungssituation zu? Wie sind die Art und der Verlauf der Erkrankung? Ist die Behandlungsmaßnahme medizinisch angezeigt und besteht die begründete Gefahr, dass der Betreute aufgrund des Unterbleibens oder des Abbruchs der Maßnahme stirbt oder einen schweren, länger dauernden gesundheitlichen Schaden erleidet?

Liegt keine schriftliche Patientenverfügung im Sinne des § 1901a Abs. 1 BGB vor und muss der mutmaßliche Wille des Betroffenen erforscht werden (vgl. § 1901a Abs. 2 BGB), so muss das Gutachten auch dazu Stellung nehmen, welche Leiden der Betroffene bei Durchführung der Maßnahme durchleben müsste (Keidel-Budde Rn 9). Vgl. i.Ü. zur Person des Gutachters Rn 5.

Die Entscheidung wird nach § 287 Abs. 3 (vgl. § 287 Rn 10) zwei Wochen nach Bekanntgabe wirksam (kritisch hierzu Prütting/Helms-Fröschle Rn 36)

4. Rechtsmittel

13 Die Entscheidungen nach § 1904 Abs. 1 und 2 BGB (sowie die entsprechenden ablehnenden Entscheidungen) sind als Endentscheidungen im Sinne des § 38 Abs. 1 S. 1 mit der befristeten **Beschwerde** anfechtbar. Die Beschwerdefrist beträgt nach § 63 Abs. 1 einen Monat. Nicht beschwerdeberechtigt sind allerdings die **Angehörigen** und Vertrauenspersonen, da ihnen nach § 303 kein eigenes Beschwerderecht zusteht (Keidel-Budde Rn 11). Der **Betreuer**/Bevollmächtigte hat nur für die Ablehnung nicht aber für die Erteilung der Genehmigungen nach § 1904 Abs. 1 und 2 BGB ein Beschwerderecht. Denn ihm fehlt das Rechtsschutzbedürfnis, weil er die Einwilligung in den Gesundheitseingriff bzw. den Abbruch der lebenserhaltenden Maßnahmen nur zurücknehmen muss.

Der **Verfahrenspfleger** kann gegen eine Genehmigung mit eigenem Rechtsmittel vorgehen (Prütting/Helms-Fröschle Rn 22). Bezüglich der Versagung/Ablehnung muss das Gleiche gelten, jedenfalls ergibt sich ein solches Recht aus § 303 Abs. 3 (a.A. Keidel-Budde, § 303 Rn 3). Eine Beschwerde mit dem Ziel der Erteilung einer betreuungsgerichtlichen Genehmigung ist nur so lange für den Verfahrenspfleger möglich, als der Betreuer/Bevollmächtigte seine Einwilligung in die ärztliche Maßnahme bzw. in den Abbruch derselben aufrecht erhält (Prütting/Helms-Fröschle Rn 22; Keidel-Budde Rn 11).

5. Beschlussformel

Abs.1: „Dem Betreuer/Der Betreuerin (Bevollmächtigten)...... wird die betreuungsgerichtliche Genehmigung zu seiner/ihrer Einwilligung in .... (ärztliche Maßnahme möglichst genau bezeichnen) des/der.....(Name d. Betreuten) erteilt." 14

Abs.2: „Dem Betreuer/Der Betreuerin (Bevollmächtigten)...... wird die betreuungsgerichtliche Genehmigung (bei **Nichtaufnahme** der Behandlung) in seine/ihre Nichteinwilligung in folgende ärztliche Maßnahme **bzw**.(bei **Abbruch** der Behandlung) in seinen/ihren Widerruf der Einwilligung in folgende ärztliche Maßnahme ...... (verweigerte ärztliche Maßnahme möglichst genau bezeichnen) bei..... (Name d. Betreuten) erteilt."

§ 299 Verfahren in anderen Entscheidungen

Das Gericht soll den Betroffenen vor einer Entscheidung nach § 1908i Abs. 1 Satz 1 in Verbindung mit den §§ 1821, 1822 Nr. 1 bis 4, 6 bis 13 sowie den §§ 1823 und 1825 des Bürgerlichen Gesetzbuchs persönlich anhören. Vor einer Entscheidung nach § 1907 Abs. 1 und 3 des Bürgerlichen Gesetzbuchs hat das Gericht den Betroffenen persönlich anzuhören.

1. Anwendungsbereich

§ 299 (früher § 69d Abs. 1 FGG) bestimmt, welche Verfahrensvorschriften bei der Erteilung von betreuungsgerichtlichen **Genehmigungen**, die i.d.R. in den Zuständigkeitsbereich des Rechtspflegers fallen, zu beachten sind. Es gelten zunächst die allgemeinen Betreuungsvorschriften (§§ 272-277; Prütting/Helms-Fröschle, Rn 8). 1

Die Vorschrift findet nur für die **Erteilung**, nicht aber für die **Ablehnung** der begehrten Genehmigung Anwendung (Keidel-Budde Rn 1); für die Ablehnung sind die allgemeinen Vorschriften zur Gewährung rechtlichen Gehörs anzuwenden (§§ 26, 28, 33, 34).

2. Persönliche Anhörung des Betroffenen bei Genehmigungen

a) Anhörung des Betroffenen

2   Vor bestimmten, im Einzelnen aufgeführten vermögensrechtlichen Entscheidungen des Betreuungsgerichts (S. 1) **soll** das Gericht den Betroffenen **persönlich anhören.** § 278 gilt für die Anhörung nicht (Prütting/Helms-Fröschle, Rn 15). Der Katalog des S. 1 ist nicht abschließend (BT-Drucksache 16/6308 S. 270 und BT-Drucksache 11/4528 S. 176; a.A. wohl Keidel-Budde Rn 1). In den nicht aufgeführten Fällen kann sich eine Pflicht zur persönlichen Anhörung auch aus § 26 ergeben. Die Aufwandsentschädigung darf die Betreuungsperson unmittelbar **ohne Einschaltung** des Betreuungsgerichts einem etwa vorhandenen Vermögen des Betreuten entnehmen (BT-Drucks. 11/6949, 87).

3   aa) Satz 1. Im Falle der Genehmigung der in S. 1 genannten Fälle **soll** der Betroffene angehört werden. Im Hinblick auf den Verlauf des Gesetzgebungsverfahrens bezeichnet hier das Wort „**soll**" ein **Regel-Ausnahme-Verhältnis** zu Gunsten der persönlichen Anhörung. Wobei gegenüber der zwingenden Anhörung eine vorsichtige Lockerung der Anforderungen gewollt war, ohne diese im Einzelnen festzulegen und unter Beachtung der Tatsache, dass mit dem Begriff „**soll**" im Verfahrensrecht allgemein eine verstärkte Pflicht zur Durchführung bezeichnet wird.

4   Von einer Anhörung wird nur **Abstand** genommen werden können,
- wenn im Hinblick auf die objektive Bedeutung der vermögensrechtlichen Entscheidung, der Betroffene absehbar zur **Entscheidungsfindung** (nicht notwendig Sachverhaltsaufklärung) nicht beitragen kann (a. A. bezüglich der Sachaufklärung Bassenge/Roth Rn 3). Die Anhörung wäre sonst eine reine Formalie, die ihre Berechtigung lediglich bei Anordnung einer Betreuung oder eines Einwilligungsvorbehalts hat;
- wenn im Falle einer **Verfahrenspflegerbestellung** – was bei vermögensrechtlichen Angelegenheiten häufig der Fall sein wird – diese mit Rücksicht darauf erfolgt ist, dass sich der Betroffene zu dem vorliegenden Fragenkreis nur schwer artikulieren (Gegensatz: ihn rechtlich einschätzen) kann.

5   bb) Satz 2. Ohne Ausnahmemöglichkeit hat das Gericht vor Entscheidungen nach § 1907 Abs. 1, 3 BGB, den Betroffenen persönlich anzuhören.

6   cc) Absehen von der Anhörung nach § 34 Abs. 2. Von der persönlichen Anhörung kann sowohl in den Fällen des S. 1 als auch in denen des S. 2 nach § 34 Abs. 2 abgesehen werden, wenn
- erhebliche **Nachteile** für die Gesundheit des Betroffenen zu besorgen sind oder
- der Betroffene offensichtlich nicht in der Lage ist, seinen **Willen** kundzutun.

Soweit sich das Gericht aufgrund zeitnaher Erkenntnisse in vorangegangenen Verfahren (frühere richterliche Anhörungen, frühere Gutachten oder aufgrund sonstiger formloser Ermittlungen) eine ausreichende **Entscheidungsgrundlage** verschaffen kann (wobei der Rechtspfleger auch auf richterliche Anhörungsprotokolle zurückgreifen kann), kann eine persönliche Anhörung unterbleiben. Das Ergebnis ist in jedem Fall schriftlich niederzulegen, um der Beschwerdeinstanz eine Überprüfung zu ermöglichen.

b) Funktionale Zuständigkeit

Zur Entscheidung ist in den in § 299 genannten Fällen der Rechtspfleger berufen. Mangels Verweisung auf § 278 ist die Durchführung der Anhörung durch den ersuchten Rechtspfleger möglich (OLG Karlsruhe FamRZ 1994, 638). Die Hinzuziehung eines Sachverständigen oder anderer Personen entscheidet sich nach § 26 (OLG Saarbrücken FamRZ, 2001, 651; Keidel-Budde Rn 3) und hängt insbesondere im Falle des § 1907 BGB von den Einzelumständen ab (Prütting/Helms-Fröschle, Rn 18).

3. Weitere Verfahrensvorschriften

Die Wirksamkeit des Beschlusses, der ein Rechtsgeschäft genehmigt, richtet sich nach § 40 Abs. 2; dieser wird somit erst mit Rechtskraft wirksam. Der Beschluss ist mit der **befristeten Beschwerde** (§ 58) anfechtbar. Nach § 63 Abs. 2 beträgt die Beschwerdefrist lediglich **zwei Wochen**, wenn durch den Beschluss ein Rechtsgeschäft genehmigt wird; in allen anderen Fällen (z.B. bei Ablehnung der Genehmigung) dauert die Beschwerdefrist nach § 63 Abs. 1 einen Monat. Zum **Spannungsverhältnis** zwischen Rechtsbeschwerdefrist und Sprungrechtsbeschwerdefrist bei Beschlüssen, die ein Rechtsgeschäft genehmigen vgl. § 70 Rn 6.

§ 300 Einstweilige Anordnung

(1) **Das Gericht kann durch einstweilige Anordnung einen vorläufigen Betreuer bestellen oder einen vorläufigen Einwilligungsvorbehalt anordnen, wenn**
1. **dringende Gründe für die Annahme bestehen, dass die Voraussetzungen für die Bestellung eines Betreuers oder die Anordnung eines Einwilligungsvorbehalts gegeben sind und ein dringendes Bedürfnis für ein sofortiges Tätigwerden besteht,**
2. **ein ärztliches Zeugnis über den Zustand des Betroffenen vorliegt,**
3. **im Fall des § 276 ein Verfahrenspfleger bestellt und angehört worden ist und**
4. **der Betroffene persönlich angehört worden ist.**

Eine Anhörung des Betroffenen im Wege der Rechtshilfe ist abweichend von § 278 Abs. 3 zulässig.

(2) **Das Gericht kann durch einstweilige Anordnung einen Betreuer entlassen, wenn dringende Gründe für die Annahme bestehen, dass die Voraussetzungen für die Entlassung vorliegen und ein dringendes Bedürfnis für ein sofortiges Tätigwerden besteht.**

1. Anwendungsbereich

a) Selbstständiges Verfahren

Das Verfahren für die einstweilige Anordnung (früher § 69f FGG) ist zunächst im Allgemeinen Teil (§§ 49 ff) geregelt. Eine Neuerung des Verfahrens zum Erlass einer einstweiligen Anordnung folgt aus **§ 51 Abs. 3**. Nach dem bisher geltenden

FamFG § 300 Buch 3 Verf. in Betreuungs- u. Unterbringungssachen

FGG war nach allgemeinem Verständnis das Eilverfahren auch in Betreuungssachen hauptsacheabhängig (als Zwischenentscheidung im Rahmen eines Hauptsacheverfahrens). Dies bedeutete, dass die einstweilige Anordnung als vorläufige Regelung durch eine endgültige Maßnahme in einem von Amts wegen einzuleitenden Hauptsacheverfahren zu ersetzen war. Nunmehr ist die einstweilige Anordnung auch bei Anhängigkeit der Hauptsache als ein **selbstständiges Verfahren** zu sehen. Die verfahrensmäßige Selbstständigkeit ist die Konsequenz aus der in § 51 Abs. 3 geregelten Hauptsacheunabhängigkeit der einstweiligen Anordnung. Falls das Betreuungsgericht in der Folge kein Hauptsacheverfahren von Amts wegen einleitet, kann der Betroffene nach § 52 Abs. 1 dessen Durchführung erzwingen (a.A. wohl Bumiller/Harders Rn 3, die die Auffassung vertritt, dass die Beteiligten das Hauptsacheverfahren nach § 24 anregen könnten). Die Prüfung der Erforderlichkeit eines Hauptsacheverfahrens in Betreuungssachen hat jedoch auch ohne Antrag des Betroffenen nach § 26 von Amts wegen zu erfolgen (Prütting/Helms-Fröschle Rn 48).

Zu den **Übergangsregelungen** vgl. Einleitung Art.111 Rn 6.

b) Betroffene Verfahren

2 § 300 regelt die **betreuungsrechtlichen** Besonderheiten der einstweiligen Anordnung. Diese kann in folgenden, nicht abschließend aufgezählten **Betreuungssachen** (vgl. § 271) ergehen (für Unterbringungssachen finden sich Regelungen in §§ 331 ff):
- **Bestellung** eines vorläufigen Betreuers oder Anordnung eines vorläufigen Einwilligungsvorbehalts (Abs. 1),
- Vorläufige **Erweiterung** (§ 293) des Aufgabenkreises eines Betreuers sowie des bestehenden Kreises der einwilligungsbedürftigen Willenserklärungen oder **Verlängerung** der Betreuung (§ 295; die diesbezügliche Erforderlichkeit stellt Jurgeleit-Bučić, § 69f FGG Rn 2 in Frage).
- Vorläufige Bestellung eines **weiteren** Betreuers mit und ohne Erweiterung des Aufgabenkreises (§ 293 Abs. 3),
- Vorläufige **Aufhebung** oder **Einschränkung** der Betreuung oder des Kreises der einwilligungsbedürftigen Willenserklärungen bei schon bestehendem Einwilligungsvorbehalt (§ 294; Bumiller/Harders Rn 1),
- Vorläufige **Entlassung** eines Betreuers (Abs. 2),
- Vorläufige **Neubestellung** eines Betreuers (§ 296 Abs. 2; Schulte-Bunert/Weinreich-Rausch Rn 3).

c) Arten der einstweiligen Anordnung; gesteigerte Dringlichkeit

3 Der früher geltende § 69f FGG kannte zwei Arten der einstweiligen Anordnung: die „gewöhnliche einstweilige Anordnung" nach § 69f Abs. 1 Nr. 1 FGG und die so genannte „eilige einstweilige Anordnung" gemäß § 69f Abs. 1 S. 4 und 5 FGG. Das FamFG unterscheidet nunmehr zwischen der einstweiligen Anordnung (§ 300) und der einstweiligen Anordnung „bei gesteigerter Dringlichkeit" (§ 301; vgl. die dortige Kommentierung). Damit sollte lediglich die Übersichtlichkeit des Gesetzes ohne inhaltliche Änderung erhöht werden (BT-Drucksache 16/6308 S. 271).

Einstweilige Anordnung § 300 FamFG

Neben der einstweiligen Anordnung nach § 300 sind **vorläufige Maßnahmen** des Betreuungsgerichts nach § 1908i Abs. 1 S. 1 i.V.m. § 1846 BGB möglich (vgl. Rn 14).

2. Voraussetzungen einer einstweiligen Anordnung nach § 300

Grundsätzlich müssen zum Erlass einer einstweiligen Anordnung folgende Voraussetzungen **kumulativ** erfüllt sein: 4

a) Voraussichtlicher Handlungsbedarf (Abs. 1 Nr. 1 1. HS)

Es müssen **dringende Gründe** im Sinne einer **erheblichen Wahrscheinlichkeit** aufgrund konkreter Umstände (BayObLG BtPrax 1997, 197; FamRZ 1999, 1611; BayObLG BeckRS 2004 11014; OLG München R + P 2007, 195) für die Annahme bestehen, dass die Bestellungs-/Änderungsvoraussetzungen für die in Rn 2 genannten Verfahren vorliegen. Das Vorliegen der entsprechenden Voraussetzungen muss glaubhaft erscheinen (Keidel-Budde Rn 2). Auch bei der Bestellung eines vorläufigen Betreuers hat das Betreuungsgericht zu prüfen, ob der Betroffene seinen Willen frei bestimmen kann (BayObLG FamRZ 1999, 1611; Keidel-Budde Rn 2). 5

b) Sofortiges Tätigwerden (Abs. 1 Nr. 1 2. HS)

Die „gewöhnliche" Eilbedürftigkeit im Sinne einer nicht gesteigerten Dringlichkeit wird in § 300 Abs. 1 Nr. 1 mit einem „dringenden Bedürfnis für ein sofortiges Tätigwerden" beschrieben. Nach dem Willen des Gesetzgebers ist mit dieser abweichenden Formulierung eine inhaltliche Neuausrichtung im Vergleich zur bisherigen Regelung des § 69f Abs. 1 Nr. 1 FGG (mit dem Aufschub der Maßnahme wäre „Gefahr verbunden") nicht gewollt (BT-Drucksache 16/6308 S. 271). Mit dem Aufschub müsste somit aufgrund konkreter Umstände (BayObLG FamRZ 1999, 1611) eine **Gefahr für den Betroffenen** verbunden sein, deren Abwendung hinsichtlich der bestimmten Aufgabenkreise (bei der Betreuerbestellung bzw. -änderung) keinen Aufschub duldet (OLGR Schleswig 2005, 471; Keidel-Budde Rn 3). Die Gefahr muss in überschaubarer Zukunft **hinreichend wahrscheinlich** oder wegen der Unberechenbarkeit des Betroffenen zwar unvorhersehbar – aufgrund besonderer Umstände aber **jederzeit zu erwarten** – sein (OLG Schleswig R + P 2006, 145). Dabei reicht nach dem Grundsatz der Verhältnismäßigkeit nicht irgendeine Gefahr aus. Vielmehr rechtfertigt nur eine Gefahr eine einstweilige Anordnung, die bei Abwägung der zu erwartenden Nachteile für den Betreuten bei Unterbleiben der Betreuungsmaßnahme mit den mit der Betreuungsmaßnahme verbundenen Einschränkungen des Betroffenen das sofortige Tätigwerden des Betreuungsgerichts erfordert. Trotz fehlender Krankheitseinsicht ist bei einem psychisch Kranken eine einstweilige Anordnung nicht erforderlich, wenn **konkrete Gefahren**, die keinen Aufschub dulden, nicht ersichtlich sind (OLG Oldenburg NdsRpfl 2003, 387). Bei einem **vorläufigen Einwilligungsvorbehalt** ist es nicht ausreichend, wenn zwar eine dem Vermögen drohende Gefahr nicht ausgeschlossen werden kann, jedoch konkrete Anhaltspunkte für eine Realisierung der potenziellen Gefahr fehlen (LG Marburg FamRZ 2005, 549). Zum Schutz des Betroffenen kann trotz Vorliegens einer General- und 6

FamFG § 300 Buch 3 Verf. in Betreuungs- u. Unterbringungssachen

Vorsorgevollmacht ein **vorläufiger Einwilligungsvorbehalt** angeordnet werden, wenn die Wirksamkeit der Vollmacht wegen Zweifeln an der Geschäftsfähigkeit des Betroffenen unklar ist und die konkrete Gefahr besteht, dass ohne Einwilligungsvorbehalt vermögensrechtliche Transaktionen zum Nachteil des Betroffenen vorgenommen werden (BayObLG FamRZ 2004, 1814). Gegen einen Eilbedarf spricht der Umstand, dass die einstweilige Anordnung **nicht** sofort **vollzogen** wird (Zuwarten von einem Monat; OLG Köln FGPrax 2006, 232).

Diese Voraussetzungen bedürfen keines vollen Beweises im Sinne des Strengbeweises; **Glaubhaftmachung** reicht aus (BayObLG FamRZ 1997, 1288; BtPrax 2004, 159).

c) Ärztliches Zeugnis (Abs. 1 Nr. 2)

7 Dem Gericht muss ein **ärztliches** Zeugnis (zu den Anforderungen vgl. § 281 Rn 6, 7) über den Zustand des Betroffenen vorliegen. Dabei ist aus dem Sinn der Regelung zu fordern, dass sich das ärztliche Zeugnis auch zur **Notwendigkeit der Betreuung** äußert (BT-Drucks. 11/4528 S. 178) und sich nicht in einer Beschreibung des **Zustands** des Betroffenen erschöpfen kann. Aus dem ärztlichen Zeugnis müssen sich somit die **dringenden Gründe** ergeben, die eine sofortige Betreuerbestellung bzw. –änderung oder Anordnung eines Einwilligungsvorbehalts erforderlich machen. Das ärztliche Zeugnis sollte sich auch zum **Eilbedarf** und zur voraussichtlichen **Dauer** der vorläufigen Maßnahme äußern. Ein Gutachten wird jedoch nicht gefordert (zum Unterschied zwischen ärztlichem Zeugnis und Gutachten vgl. § 281 Rn 6, 7). Auch wenn das Gesetz als Aussteller lediglich einen Arzt vorsieht und eine Untersuchung durch den Arzt grundsätzlich nicht vorgeschrieben ist, so führt die Anwendung des § 26 dazu, dass regelmäßig die Anforderungen des § 280 zu erfüllen sein werden (BayObLG FamRZ 1999, 1611; OLG Köln FGPrax 2006, 232; Prütting/Helms-Fröschle Rn 38), was die Qualifikation des Sachverständigen (OLG Zweibrücken BtPrax 2003, 80; vgl. § 280 Rn 4; a.A: Schulte-Bunert/Weinreich-Rausch Rn 7) und die Einhaltung seines Verfahrens (eigene Untersuchung und Befragung; vgl. § 280 Rn 6; Keidel-Budde Rn 4; a.A. Bassenge/Roth Rn 5) betrifft. Eine telefonische Befragung durch den Arzt ist nicht ausreichend (OLG Frankfurt FamRZ 2005, 303). In seltenen Ausnahmefällen können die Ermittlungen und die Sachkunde des Gerichts aufgrund seiner Erfahrung und die Eindeutigkeit des Sachverhalts dazu führen, dass für die einstweilige Anordnung geringere Anforderungen ausreichen. So wird ausnahmsweise in dringenden Eilfällen das ärztliche Attest eine Allgemeinmediziners, nicht aber das eines Orthopäden, als ausreichend angesehen (Prütting/Helms-Fröschle § 281 Rn 14). Aus einem sehr nahe liegenden **praktischen** Bedürfnis heraus werden daher von den Richtern, vor allem in besonders eiligen Fällen, zumeist auch die – wesentlich schneller verfügbaren – **hausärztlichen** Atteste herangezogen. Diese müssen jedoch zumindest auf einer zeitnahen persönlichen Untersuchung beruhen (Jurgeleit-Bučić, § 69f FGG Rn 7). Grundsätzlich muss bei diesen jedoch die **ärztliche Schweigepflicht** des behandelnden Arztes beachtet werden, was ggf. einer Verwertbarkeit entgegen stehen kann (vgl. § 280 Rn 20-22; vgl. KG BtPrax 2007, 137, 2008, 38 und FamRZ 2009, 1517), wenn nicht die Erstellung bzw. die Verwertung des hausärztlichen Attests **strafrechtlich gerechtfertigt oder entschuldigt** ist, weil dem Betroffenen ansonsten Gefahr für Leib und Leben drohen würde. Auch sofern der Betroffene oder der Betreuer,

Einstweilige Anordnung § 300 FamFG

dem die Gesundheitssorge übertragen wurde, den Arzt von der Schweigepflicht **entbindet**, kann das Attest der einstweiligen Anordnung zugrunde gelegt werden.

d) Verfahrenspfleger (Abs. 1 Nr. 3)

Es muss vor Erlass der einstweiligen Anordnung ein **Verfahrenspfleger** bestellt 8 sein, soweit dies nach § 276 erforderlich ist. Diesem muss vor Erlass der einstweiligen Anordnung rechtliches Gehör – ggf. schriftlich (Keidel-Budde Rn 5) – gewährt werden. Eine Verfahrenspflegerbestellung ist u.a. erforderlich, wenn die Sprachkenntnisse des Betroffenen nicht ausreichen, um eine unbeeinträchtigte Wahrnehmung seiner Interessen zu gewährleisten (KG BtPrax 2008, 42).

e) Vorherige persönliche Anhörung des Betroffenen (Abs. 1 Nr. 4)

Vor Erlass der einstweiligen Anordnung (ohne gesteigerte Dringlichkeit) muss 9 der **Betroffene persönlich angehört** werden, damit das Gericht eine ausreichende Grundlage für seine Entscheidung hat. Die Durchführung und der Umfang der persönlichen Anhörung ergeben sich aus § 278. Das Gericht muss sich insbesondere einen persönlichen Eindruck vom Betroffenen verschaffen und den Betroffenen vom Verfahrensverlauf unterrichten; wobei es auch gehalten ist, den Umfang der Betreuung und die Frage, welche Person als Betreuer in Betracht kommt, mit dem Betroffenen zu erörtern (§ 278 Abs. 2). Dem Gericht stehen gegen den nicht mitwirkungsbereiten Betroffenen die Zwangsmittel nach § 278 Abs. 5 (Vorführung) zur Verfügung (Keidel-Budde Rn 6). Vgl. hierzu insgesamt die Kommentierung zu § 278.

Die Anhörung kann abweichend zum Hauptverfahren durch den **ersuchten Richter** erfolgen. LG Kleve (FamRZ 2009, 1245) ist auch in den an sich zulässigen Fällen der Anhörung im Wege der Rechtshilfe bei einstweiliger Anordnung (§§ 300, 301) der Auffassung, dass es für den Richter zumutbar ist, einen eine Stunde entfernten Ort aufzusuchen. Tut er das nicht und bedient sich eines **ersuchten Richters**, ist die betreuungsgerichtliche Genehmigung der Unterbringung mangels Einholung eines **persönlichen Eindrucks** rechtswidrig und daher aufzuheben. Das Rechtshilfeersuchen, den Betroffenen vor Anordnung einer vorläufigen Maßnahme persönlich anzuhören, darf grundsätzlich vom ersuchten Richter nicht abgelehnt werden (BayObLG NJOZ 2004, 2918; BayObLG FamRZ 2000, 1444 und 1998, 841). Soweit erhebliche Nachteile für die Gesundheit des Betroffenen zu befürchten sind oder wenn er offensichtlich nicht in der Lage ist, seinen Willen kundzutun (**§ 34 Abs. 2**), kann von seiner persönlichen Anhörung abgesehen werden. In diesem Fall ist ihm ein Verfahrenspfleger zu bestellen (§ 276 Rn 5) und dieser ist nach Abs. 1 Nr. 3 anzuhören. Das Gebot der **vorherigen** persönlichen Anhörung des Betroffenen wird **verletzt**, wenn das Amtsgericht des Wohnsitzes des Betroffenen ohne Anhörung die geschlossene Unterbringung im Wege der einstweiligen Anordnung genehmigt und sich darauf beschränkt, das Amtsgericht, in dessen Bezirk die Unterbringung vollzogen werden soll, um die nachträgliche Anhörung des Betroffenen (§ 301) zu ersuchen, die dann erst nach 9 Tagen durchgeführt wird (OLG Hamm BtPrax 2008, 37). Daraus würde streng genommen die Pflicht des Richters, einen mehrere hundert Kilometer entfernt untergebrachten Betroffenen selbst anzuhören, folgen. Dies kann jedoch nicht Sinn der Vorschrift sein, die ausdrücklich die Anhörung durch

FamFG § 300 Buch 3 Verf. in Betreuungs- u. Unterbringungssachen

den ersuchten Richter – auch die nachträgliche nach § 301 –, die immer mit einer gewissen Zeitverzögerung verbunden ist, gestattet.

f) Weitere Beteiligte

10 Im Eilverfahren müssen weitere Personen wie z.B. die Angehörigen oder die Betreuungsbehörde nicht angehört werden. Im Einzelfall kann dies jedoch nach § 26 durch den Amtsermittlungsgrundsatz geboten sein. In der Regel bleibt jedoch die Beteiligung erforderlichenfalls dem Hauptsacheverfahren vorbehalten.

3. Entlassung eines Betreuers (Abs. 2)

11 Bereits im Wege der einstweiligen Anordnung kann ein (vorläufiger) Betreuer entlassen werden, wenn
- eine **erhebliche Wahrscheinlichkeit** besteht, dass die Eignung des Betreuers, die Angelegenheit des Betreuten zu besorgen, nicht mehr gewährleistet ist oder ein anderer wichtiger Grund für seine Entlassung vorliegt (§ 1908b BGB; das Vorliegen des Entlassgrundes muss glaubhaft erscheinen; Keidel-Budde Rn 10) und
- ein dringendes Bedürfnis für ein **sofortiges Tätigwerden** besteht (mit dem Aufschub der Maßnahme wäre „Gefahr" für den Betroffenen verbunden; vgl. Rn 6). Das ist z. B. der Fall, wenn der Betreuer eine Maßnahme ankündigt, vorbereitet oder fortzusetzen gedenkt, die mit einer Gefahr für die Person oder das Vermögen des Betroffenen verbunden ist und er auf andere Weise, insbesondere durch Aufsichtsmaßnahmen des Gerichts, nicht von seinem Vorhaben abgehalten werden kann (BT-Drucksache 11/4528 S. 178). Das kann auch dann der Fall sein, wenn der Betreuer selbst psychisch krank und als Betreuer aus diesem Grund nicht geeignet ist (BayObLGR 2005, 382) und
- eine vorherige **Anhörung** des Betroffenen bzw. Verfahrenspflegers und des Betreuers stattgefunden hat, sofern dies vorher noch möglich ist und soweit dadurch nicht eine Zweckvereitelung der Maßnahme eintritt. Diese Notwendigkeit der vorherigen Anhörung ergibt sich nicht aus dem Besonderen Teil des FamFG sondern aus §§ 26, 34 Abs. 1 FamFG i. V. m. Art 103 Abs. 1 GG. Ausnahmsweise ist bei Gefahr im Verzug auch ein **Absehen** von der vorherigen Anhörung möglich. In diesem Fall ist diese unverzüglich nachzuholen (Keidel-Budde Rn 10).

Abs. 2 spricht nur von der vorläufigen **Entlassung** des Betreuers nach § 1908b BGB; gemeint ist auch die in der Regel damit verbundene **Neubestellung** eines vorläufigen Betreuers nach § 1908c BGB (so auch Keidel-Budde Rn 11).

Da es sich um eine vorläufige Maßnahme handelt, muss danach das **endgültige** Entlass- und Neubestellungsverfahren nach § 296 mit den entsprechenden Verfahrensgarantien durchgeführt werden. Auch wenn schon ein vorläufiger Betreuer bestellt ist, muss die Auswahlentscheidung nach § 1897 BGB im Rahmen der Hauptsacheentscheidung nachgeholt werden (Keidel-Budde Rn 11). Für die nachzuholende Anhörung gilt das zu § 296 Gesagte (vgl. § 296 Rn 2, 6).

4. Entscheidung des Gerichts

12 Die **örtliche** Zuständigkeit ergibt sich aus § 272 Abs. 1 und daneben auch aus § 272 Abs. 2 (vgl. Kommentierung zu § 272). Funktional ergibt sich die gerichtsin-

terne Zuständigkeit (Richter oder Rechtspfleger) nach den Hauptsachezuständigkeiten. Grundsätzlich entscheidet das **Amtsgericht**, Betreuungsgericht. Ist das Hauptsacheverfahren in der Beschwerdeinstanz anhängig, entscheidet das Landgericht insoweit in **erster Instanz** (Prütting/Helms-Fröschle Rn 23).

Die Entscheidung ergeht nach § 286 durch zu begründenden Beschluss (§ 38 Abs. 3) ohne Kostenentscheidung (vgl. zum Inhalt und der Form die Kommentierung zu § 286). Zweckmäßigerweise sollte die sofortige Wirksamkeit angeordnet werden (§ 287 Abs. 2).

Der Beschluss wird regelmäßig nach §§ 40, 287 Abs. 1 mit Bekanntgabe an den Betreuer wirksam, es sei denn, es wurde die sofortige Wirksamkeit angeordnet (§ 287 Abs. 2). Die Bekanntgabe richtet sich nach §§ 41, 288 (vgl. die Kommentierung zu § 288).

Die einstweilige Anordnung kann nach § 54 Abs. 1 abgeändert werden; nicht jedoch nach Einlegung eines Rechtsmittels (§ 54 Abs. 4). Die sich an die einstweilige Anordnung anschließende Hauptsacheentscheidung ersetzt die vorläufige Maßnahme vollständig (§ 56 Abs. 1), auch wenn die Aufgabenkreise der vorläufigen und der endgültigen Betreuung nicht übereinstimmen (Keidel-Budde Rn 8).

Zur Vorgehensweise des nur nach § 272 Abs. 2 zuständigen Eilgerichts nach Erlass der einstweiligen Anordnung vgl. § 272 Rn 8.

5. Rechtsmittel

- Bei Bestellung eines vorläufigen **Betreuers** bzw. Aufgabenkreiserweiterung 13 sowie bei Ablehnung einer solchen einstweiligen Anordnung,
  - falls der Rechtspfleger tätig wurde (§ 1896 Abs. 3 BGB): **Erinnerung** nach § 11 RPflG,
  - falls der Richter tätig wurde: befristete **Beschwerde** nach § 58 Abs. 1.
- Im Falle der **Entlassung** und der Ablehnung der Entlassung eines Betreuers befristete **Beschwerde** nach § 58 Abs. 1 (Keidel-Budde Rn 11); falls der Rechtspfleger tätig wurde (§ 1896 Abs. 3 BGB) **Erinnerung** nach § 11 RPflG.
- Bei Anordnung eines vorläufigen **Einwilligungsvorbehalts** bzw. Erweiterung des Kreises der einwilligungsbedürftigen Willenserklärungen sowie bei Ablehnung solcher Maßnahmen: befristete **Beschwerde** nach § 58 Abs. 1.
- Zu beachten ist jeweils, dass die **Beschwerdefrist** bei **Erlass** der einstweiligen Anordnung nach § 63 Abs. 2 Nr. 1 **zwei Wochen**, bei deren **Ablehnung** nach § 63 Abs. 1 einen Monat beträgt (Keidel-Budde Rn 9).
- Nach § 70 Abs. 4 ist die Rechtsbeschwerde ebenso wie die Sprungrechtsbeschwerde (§ 75) ausgeschlossen.

6. Einstweilige Anordnung nach § 1846 BGB

Auch **ohne** Bestehen eines Betreuungsverhältnisses kann eine einstweilige 14 Maßnahme nach § 1908i Abs. 1 S. 1 i.V.m. § 1846 BGB getroffen werden; ebenso, wenn ein Betreuer kurzfristig verhindert oder **nicht erreichbar** ist. Da für Unterbringungsverfahren, die aufgrund des § 1846 BGB ergehen, die Sondervorschrift der §§ 331-333 gilt und §§ 300, 301 einen weiten Kreis von Dringlichkeitsfällen abdecken, bleiben als Anwendungsbereich dieser Vorschrift nur kurzfristig zu regelnde ganz besondere Ausnahmefälle (vgl. dazu Wiegand FamRZ 1981, 1022, 1024; Keidel-Budde Rn 12). In diesem Fall hat das Gericht, falls noch kein

FamFG § 301   Buch 3 Verf. in Betreuungs- u. Unterbringungssachen

Betreuer bestellt ist, unverzüglich einen vorläufigen Betreuer zu bestellen, der die betreuungsgerichtliche Maßnahme durch eine eigene ersetzt (BGH BtPrax 2002, 162; OLGR München 2006, 26). In diesen Fällen finden nicht die Vorschriften der §§ 300, 301, sondern die Vorschriften aus dem **Allgemeinen Teil** zur einstweiligen Anordnung Anwendung (§§ 49-57; Keidel-Budde Rn 13). So ist insbesondere keine vorherige persönliche Anhörung vorgesehen (§ 51 Abs. 2 S. 2); diese kann jedoch nach § 26 geboten sein.

Zur vorläufigen Unterbringung durch das Betreuungsgericht selbst vgl. § 334 Rn 2 ff.

7. Beschlussformel

15 Betreuungsanordnung:
„Im Wege der einstweiligen Anordnung wird für .... Herr/Frau .... zum vorläufigen Betreuer – ggf. als Vereinsbetreuer/als Behördenbetreuer/als Berufsbetreuer – bis zum ...... bestellt. Der Aufgabenkreis umfasst:..... In der Regel: Die Entscheidung ist sofort wirksam."

Aufhebung/Verlängerung:
„Im Wege der einstweiligen Anordnung wird die Betreuung vorläufig verlängert (bzw. aufgehoben). Bei Verlängerung: Diese Maßnahme ist bis zum ...... befristet. In der Regel: Die Entscheidung ist sofort wirksam."

Erweiterung/Einschränkung:
„Im Wege der einstweiligen Anordnung wird die Betreuung vorläufig eingeschränkt (bzw. erweitert). Zum Aufgabenkreis des Betreuers gehört künftig nicht mehr (bzw. auch):..... Diese Maßnahme ist bis zum ...... befristet. In der Regel: Die Entscheidung ist sofort wirksam."

Betreuerentlassung/Neubestellung:
„Im Wege der einstweiligen Anordnung wird der bisherige Betreuer...... vorläufig entlassen und für ihn/sie Herr/Frau .... zum vorläufigen Betreuer – ggf. als Vereinsbetreuer/als Behördenbetreuer/als Berufsbetreuer – bis zum ...... bestellt. In der Regel: Die Entscheidung ist sofort wirksam."

§ 301 Einstweilige Anordnung bei gesteigerter Dringlichkeit

(1) **Bei Gefahr im Verzug kann das Gericht eine einstweilige Anordnung nach § 300 bereits vor Anhörung des Betroffenen sowie vor Anhörung und Bestellung des Verfahrenspflegers erlassen. Diese Verfahrenshandlungen sind unverzüglich nachzuholen.**

(2) **Das Gericht ist bei Gefahr im Verzug bei der Auswahl des Betreuers nicht an § 1897 Abs. 4 und 5 des Bürgerlichen Gesetzbuchs gebunden.**

1. Anwendungsbereich

1   § 301 regelt die „eilige einstweilige Anordnung" (ehemals § 69f Abs. 1 S. 4 FGG), die in Fällen **gesteigerter Dringlichkeit** (vgl. § 300 Rn 3) unter erleichterten Voraussetzungen erlassen werden kann. Mit dem Begriff der gesteigerten Dringlichkeit (anstatt der zuvor von Literatur und Rechtsprechung so genannten „eiligen einstweiligen Anordnung") wollte der Gesetzgeber lediglich die Übersichtlichkeit des Gesetzes ohne inhaltliche Änderung erhöhen (BT-Drucksache 16/6308, 271). Die einstweilige Anordnung nach § 301 ist ein Unterfall derje-

nigen nach § 300, so dass auch dann, wenn der Gesetzgeber von einer einstweiligen Anordnung nach § 300 spricht (z.B. in § 272 Abs. 2) immer auch die einstweilige Anordnung nach § 301 gemeint ist.

Das einstweilige Anordnungsverfahren ist, wie das Hauptsacheverfahren, ein selbstständiges Verfahren (vgl. § 300 Rn 1). Vgl. zu den betroffenen Verfahren § 300 Rn 2.

Zu den **Übergangsregelungen** vgl. Einleitung Art. 111 Rn 6.

2. Voraussetzungen einer einstweiligen Anordnung bei gesteigerter Dringlichkeit:

a) Voraussetzungen nach § 300

Zunächst müssen folgende, in § 300 bereits genannte, Voraussetzungen vorliegen: 2
- **Voraussichtlicher Handlungsbedarf (§ 300 Abs. 1 Nr. 1 1. HS)**. Vgl. § 300 Rn 5.
- **Sofortiges Tätigwerden (Abs. 1 Nr. 1 2. HS)**. Vgl. § 300 Rn 6.
- **Ärztliches Zeugnis (§ 300 Abs. 1 Nr. 2)**.. Vgl. § 300 Rn 7.

b) Gesteigerte Dringlichkeit nach § 301

Eine einstweilige Anordnung **bei gesteigerter Dringlichkeit** darf nur ergehen, wenn im Hinblick auf die **drohenden erheblichen Nachteile** für den Betroffenen von der vorherigen Vornahme bestimmter Verfahrenshandlungen abgesehen werden muss. Wenn also die vorherige Anhörung des Betroffenen und/oder die Verfahrenspflegerbestellung bzw. -anhörung wegen der mit der Durchführung dieser Handlungen unweigerlich verbundenen **zeitlichen Verzögerung** der Eilentscheidung zur (weiteren) **Gefährdung** des Betroffenen führen würde, kann auf diese Verfahrenshandlungen (vorerst) verzichtet werden. Der Erlass der einstweiligen Anordnung muss zur Abwendung einer nachhaltigen Gefährdung des Wohls des Betroffenen so **dringend** erforderlich sein, dass nicht einmal die Durchführung einer persönlichen Anhörung des Betroffenen und die Bestellung und die Anhörung eines Verfahrenspflegers abgewartet werden kann (Keidel-Budde Rn 1). 3

c) Zeitliche Verschiebung der Verfahrenshandlungen

§ 301 schränkt bei Gefahr im Verzuge die Verfahrensgarantien ein. Unter den in Rn 2 und 3 genannten Voraussetzungen können vor der Eilentscheidung sowohl die Anhörung des Betroffenen (vgl. § 300 Rn 9) als auch die vorherige Bestellung des Verfahrenspflegers sowie dessen Anhörung (vgl. § 300 Rn 8) unterbleiben. Das Unterlassen der vorherigen Anhörung ist im Beschluss durch **konkrete** Tatsachen **zu begründen**. Die Formulierung im Beschluss, die Anhörung des Betroffenen sei „wegen der Eilbedürftigkeit vor Erlass der Entscheidung nicht möglich", ist nicht ausreichend (OLG München BeckRS 2005, 12822). 4

Wurde von der Durchführung bestimmter Verfahrenshandlungen abgesehen, sind diese, soweit sie nicht ausnahmsweise entbehrlich sind, **unverzüglich** – das heißt ohne schuldhaftes Zögern (weniger eilige Dienstgeschäfte sind zurückzustellen BVerfG, NJW 1982, 691) – nachzuholen. Der Gesetzgeber verzichtet damit nicht ersatzlos auf die in Art. 103 Abs. 1 GG verfassungsrechtlich garantierten

FamFG § 302 Buch 3 Verf. in Betreuungs- u. Unterbringungssachen

Rechte des Betroffenen; er **verschiebt** sie nur zeitlich. Hier macht es bei Heranziehung des **Art. 104 Abs. 3 GG** einen Unterschied, ob mit der einstweiligen Anordnung eine Unterbringung verbunden ist. In **Betreuungssachen** ist die Anhörung so rasch wie möglich und in jedem Fall nachzuholen, bevor nach Eingang einer Beschwerde über die Abhilfe entschieden und die Sache dem Landgericht vorgelegt wird (OLG Frankfurt FamRZ 2003, 964).

Im Fall der **Unterbringung** wird die Auffassung vertreten, dass die Anhörung spätestens am Tag nach der Festnahme nachzuholen ist (vgl. hierzu § 332 Rn 3; LG Kleve Beschluss v. 12. 3. 2009 – 4 T 67/09 – n. v.). Nach anderer Ansicht kann bei Unterbringungen ggf. bis zum nächsten Werktag zugewartet werden (BayObLG, FamRZ 2001, 578; Keidel-Budde § 332 Rn 2). Nach Auffassung des BVerfG hat die Nachholung der Anhörung jedenfalls so bald als möglich zu erfolgen (FamRZ 2007, 1627); 5 Tage sind zu lange (KG BtPrax 2008, 38); 9 Tage sind auch dann zu lange, wenn die Zeitverzögerung durch die Versendung der Akte im Wege der Rechtshilfe verursacht wird (OLG Hamm BtPrax 2008, 37).

Die Missachtung dieser Verfahrensgarantie zwingt zur **Aufhebung** der Entscheidung, weil ansonsten die Einhaltung der elementaren Verfahrensrechte des Betreuten nicht ausreichend gewährleistet ist. Eine nicht (unverzüglich) nachgeholte Anhörung macht die Entscheidung nicht unwirksam aber anfechtbar.

d) Weitere Verfahrenserleichterungen

5   Können die entsprechenden Verfahrenshandlungen nicht vorher durchgeführt werden (gemeint sind damit nicht nur die des Abs. 1, sondern auch – nach Sinn und Zweck dieser Vorschrift – eine Auswahl des Betreuers entsprechend den Grundsätzen des § 1897 BGB; so auch Prütting/Helms-Fröschle Rn 5), sieht Abs. 2 Erleichterungen für die Auswahl des vorläufigen Betreuers im Hinblick auf Vorschläge des Betroffenen (§ 1897 Abs. 4) unter Berücksichtigung bestimmter Bindungen des Betroffenen vor (§ 1897 Abs. 5 BGB; vgl. LG Regensburg FamRZ 1993, 597). Das Gericht ist nicht verpflichtet, bei einer nach Abs. 2 abweichend zu § 1897 Abs. 4 oder 6 BGB getroffenen Bestellung eines vorläufigen Betreuers **nach** Wegfall der Gefahr im Verzug den Prüfungsmaßstab für dessen Auswahl zu ändern (BayObLG BtPrax 2004, 111; Prütting/Helms-Fröschle Rn 11; a.A. Keidel-Budde Rn 3).

3. Rechtsmittel

6   Vgl. § 300 Rn 13.

§ 302 Dauer der einstweiligen Anordnung

> Eine einstweilige Anordnung tritt, sofern das Gericht keinen früheren Zeitpunkt bestimmt, nach sechs Monaten außer Kraft. Sie kann jeweils nach Anhörung eines Sachverständigen durch weitere einstweilige Anordnungen bis zu einer Gesamtdauer von einem Jahr verlängert werden.

§ 302 FamFG

1. Anwendungsbereich

Vgl. zu den betroffenen Verfahren § 300 Rn 2. 1

2. Dauer der einstweiligen Anordnung (Abs. 2)

a) Anordnungsdauer

Die einstweilige Anordnung bzgl. Betreuerbestellung und Anordnung eines 2
Einwilligungsvorbehalts usw. (vgl. zu den betroffenen Verfahren § 300 Rn 2) tritt – gerechnet ab ihrem Wirksamwerden (vgl. § 287; Keidel-Budde Rn 2) – nach spätestens **6 Monaten** außer Kraft. In § 302 ist jetzt – im Gegensatz zum bisherigen Gesetzeswortlaut in § 69f Abs. 2 – ausdrücklich geregelt, dass die einstweilige Anordnung nach einer bestimmten Höchstdauer außer Kraft tritt, auch wenn das Gericht keine Höchstdauer festgelegt hat (Prütting/Helms-Fröschle Rn 6). Falls eine kürzere Dauer als sechs Monate angeordnet ist, dann tritt die Eilentscheidung vorher außer Kraft. Das gleiche gilt, wenn sie vorher aufgehoben wird (§ 48) oder die Hauptsacheentscheidung wirksam wird (OLG Karlsruhe FamRZ 1998, 568; Prütting/Helms-Fröschle Rn 4), die die vorläufige Entscheidung ersetzt (§ 56 Abs. 1). Einer ausdrücklichen Aufhebung bedarf es in diesem Fall nicht. Auch nach bisheriger Rechtsauffassung wurde davon ausgegangen, dass die einstweilige Anordnung – anders als die endgültige Betreuung – nach Ablauf der Frist von selbst endet (BayObLG FamRZ 1994, 1190). Diese ausdrückliche Bestimmung der Beendigung ist erforderlich, denn eine einstweilige Anordnung würde in diesen Verfahren sonst gemäß § 56 Abs. 1 bis zum Wirksamwerden einer anderen Regelung gelten. Da der Erlass einer einstweiligen Anordnung in Betreuungssachen jedoch unter erleichterten Voraussetzungen möglich ist, soll das Gericht nach einer bestimmten Zeit aufgrund erneuter Prüfung gezwungen sein, eine neue Entscheidung zu erlassen (BT-Drucksache 16/6308, 608).

Einer Aufhebung der einstweiligen Anordnung eines **Einwilligungsvorbehalts** bedarf es allerdings, wenn endgültig ein Einwilligungsvorbehalt angeordnet wird. Diese einstweilige Anordnung kann auch danach noch angefochten werden und es tritt keine Erledigung ein. Dies folgt aus dem Interesse des Betroffenen, die einstweilige Anordnung beseitigt zu sehen, weil damit rückwirkend die mit dem Einwilligungsvorbehalt verbundenen Beschränkungen entfallen und von ihm, oder ihm gegenüber vorgenommene Rechtsgeschäfte wirksam bleiben (vgl. § 306; s. auch OLG Hamm FamRZ 1993, 722; BayObLG BtPrax 1997, 198; FamRZ 2004, 1814).

b) Verlängerung

Sie ist (möglicherweise mehrmals) bis zu einer Gesamtdauer von **einem Jahr** 3
zulässig. Der Gesamtzeitraum ist mit Beginn der Frist durch die erstmalige einstweilige Anordnung zu berechnen (Keidel-Budde Rn 3). Bei der Verlängerung muss eine Höchstdauer angegeben werden, damit die zulässige Gesamtdauer nicht überschritten wird.

Sie erfolgt im Rahmen eines erneuten Verfahrens nach § 300 bzw. § 301 (neue einstweilige Anordnung; Prütting/Helms-Fröschle Rn 10) mit der Maßgabe, dass statt des ärztlichen Zeugnisses nunmehr die **Anhörung eines Sachverständigen** erforderlich ist, auch wenn die erste einstweilige Anordnung nicht für sechs Monate angeordnet war (Prütting/Helms-Fröschle Rn 12). Der Sachverständige hat die Voraussetzungen der Notwendigkeit des Fortbestehens einer einstweiligen Anordnung darzutun. Der anzuhörende Sachverständige muss über die in § 280 Abs. 1 geforderte Qualifikation (Arzt für Psychiatrie oder mit Erfahrung auf dem Gebiet der Psychiatrie) verfügen. Die Form der Anhörung des Sachverständigen ist nicht vorgeschrieben und richtet sich nach § 26. Sie muss dem Umstand Rechnung tragen, dass bereits 6 Monate verstrichen sind und kann daher nicht fernmündlich oder ohne persönliche Untersuchung erfolgen (Keidel-Budde Rn 4).

c) Tätigkeiten des Betreuers nach Fristablauf

4   Ungeachtet dessen, dass der Betroffene in der Zeit nach Ablauf der **vorläufigen** Betreuung, bis zum Wirksamwerden der Anordnung der **endgültigen** Betreuung ohne gesetzlichen Vertreter ist, kann für eine Tätigkeit im Zeitraum nach Ablauf der Befristung einer vorläufigen Betreuerbestellung bis zum Wirksamwerden der endgültigen Betreuerbestellung eine **Betreuervergütung nicht** festgesetzt werden, da Gegenstand eines Festsetzungsverfahrens nur Ansprüche auf Aufwendungsersatz und Vergütung für eine Betreuertätigkeit **nach Wirksamwerden** der Betreuerbestellung sein können (vgl. § 168 Rn 12; OLG Hamm NJW-RR 2006, 1299; Keidel-Budde Rn 5).

§ 303 Ergänzende Vorschriften über die Beschwerde

(1) **Das Recht der Beschwerde steht der zuständigen Behörde gegen Entscheidungen über**
1. **die Bestellung eines Betreuers oder die Anordnung eines Einwilligungsvorbehalts,**
2. **Umfang, Inhalt oder Bestand einer in Nummer 1 genannten Maßnahme**
zu.

(2) **Das Recht der Beschwerde gegen eine von Amts wegen ergangene Entscheidung steht im Interesse des Betroffenen**
1. **dessen Ehegatten oder Lebenspartner, wenn die Ehegatten oder Lebenspartner nicht dauernd getrennt leben, sowie den Eltern, Großeltern, Pflegeeltern, Abkömmlingen und Geschwistern des Betroffenen sowie**
2. **einer Person seines Vertrauens**
zu, wenn sie im ersten Rechtszug beteiligt worden sind.

(3) **Das Recht der Beschwerde steht dem Verfahrenspfleger zu.**

(4) **Der Betreuer oder der Vorsorgebevollmächtigte kann gegen eine Entscheidung, die seinen Aufgabenkreis betrifft, auch im Namen des Betroffenen Beschwerde einlegen. Führen mehrere Betreuer oder Vorsorgebevollmächtigte ihr Amt gemeinschaftlich, kann jeder von ihnen für den Betroffenen selbständig Beschwerde einlegen.**

1. Anwendungsbereich

1   § 303 (bisher zum Teil § 69g FGG) enthält Sonderregelungen über die **Beschwerdebefugnis** in **Betreuungssachen** und ergänzt und erweitert damit

Ergänzende Vorschriften über die Beschwerde § 303 FamFG

die Regelungen des Allgemeinen Teils über die Beschwerdeberechtigung insbesondere nach § 59 Abs. 1.

Während die Vorschrift des § 59 Abs. 1 ausschließlich die Beschwerdebefugnis bei Verletzung **eigener** Rechte betrifft, wird in §§ 303, 304 das Beschwerderecht vorrangig unter dem Aspekt der Verfahrensstellung als **Beteiligter** oder als möglicher Beteiligter (wie z.B. bei der Behörde) nach § 274 **ohne zwingende eigene Betroffenheit** geregelt (vgl. § 59 Rn 1). Eine Beschwerdeberechtigung kann sich daher sowohl aus § 59 als auch aus §§ 303, 304 ergeben. Das − erweiterte − Beschwerderecht in Unterbringungssachen ist entsprechend dem § 303 in § 335 geregelt.

Das Beschwerderecht des **Betroffenen** wird in § 303 nicht noch einmal genannt, weil sich dieses bereits aus § 59 Abs. 1 ergibt (vgl. § 59 Rn 5).

2. Beschwerderecht der Behörde (Abs. 1)

a) Vergleich zur bisherigen Rechtslage

Der zuständigen Behörde wird auch nach § 303 Abs. 1 **ohne eigene Betrof-** 2 **fenheit** bei den Entscheidungen des Betreuungsgerichts eine Beschwerdebefugnis eingeräumt, bei denen ihr auch bisher nach § 69g Abs. 1 FGG und § 69i Abs. 3, 5 und 8 FGG ein Recht zur Beschwerde zugestanden hat. Allerdings kann − in Erweiterung der bisherigen Rechtslage − die zuständige Behörde nach Abs. 1 auch Beschwerde einlegen, wenn die Entscheidung nicht von Amts wegen, sondern **auf Antrag** des Betroffenen ergangen ist. Ihr steht damit neu ein Beschwerderecht auch gegen den Willen des Betroffenen zu. Somit hat die Betreuungsbehörde auch ein Beschwerderecht bei Betreuerbestellung **auf Antrag** des Betroffenen oder **Entlassung** des bisherigen Betreuers (vgl. Rn 3; BT-Drucksache 16/6308 S. 265).

Die Betreuungsbehörde hat -**unabhängig** von Abs. 1- ein Beschwerderecht nach § 59 Abs. 1, wenn sie in ihren subjektiven Rechten verletzt ist (Bumiller/Harders § 59 Rn 45; vgl. § 59 Rn 16).

b) Betroffene Entscheidungen (Abs. 1)

Die Betreuungsbehörde hat ungeachtet eigener Betroffenheit ein Beschwerde- 3 recht, sofern es um die Betreuerbestellung oder die Anordnung eines Einwilligungsvorbehalts bzw. um deren Umfang, Inhalt oder Bestand geht. Dabei handelt es sich **u. a.** um folgende gerichtliche Entscheidungen (vgl. § 274 Rn 9-10):
- Bestellung eines Betreuers (§ 1896 Abs. 1 BGB), ebenso eines vorläufigen Betreuers durch einstweilige Anordnung (BayObLG FamRZ 2004, 978; Bassenge/Roth Rn 3), auch auf Antrag des Betroffenen (Keidel-Budde Rn 10),
- Bestellung eines neuen Betreuers nach § 1908c BGB,
- Bestellung eines weiteren Betreuers,
- Bestellung eines Gegenbetreuers,
- **Entlassung** eines Betreuers (§ 1908b BGB; **neu** vgl. BT-Drucksache 16/6308 S. 265),
- Erweiterung des Aufgabenkreises des Betreuers (§ 1908d Abs. 3 BGB),
- Ablehnung der Bestellung eines Betreuers (§ 1896 BGB),
- Aufhebung der Betreuung (§ 1908d Abs. 1 BGB),
- Einschränkung des Aufgabenkreises des Betreuers (§ 1908d Abs. 1 BGB),

Kretz

- Anordnung oder Ablehnung eines Einwilligungsvorbehalts (§ 1903 BGB), auch eines vorläufigen Einwilligungsvorbehalts durch einstweilige Anordnung (s.o. bei Betreuerbestellung),
- Erweiterung des Kreises der einwilligungsbedürftigen Aufgaben (§ 1908d Abs. 4, 3 BGB),
- Aufhebung eines Einwilligungsvorbehalts (§ 1908d Abs. 4, 1 BGB),
- Einschränkung des Kreises der einwilligungsbedürftigen Aufgaben (§ 1908d Abs. 4, 1 BGB).

Die **Auswahl** des Betreuers ist, nach dem Grundsatz der Einheitsentscheidung, notwendiger Bestandteil der Betreuerbestellung. Eine isolierte Anfechtung ist nicht möglich, sondern die Beschwerde muss sich gegen die Betreuerbestellung an sich richten (§§ 58, 59, 303; hierzu Damrau/Zimmermann § 1897 Rn 53; OLG Hamm FamRZ 1989; 986; BayObLG FamRZ 1993, 602; OLG Schleswig BtPrax 1994, 175). Die Beschwerde kann jedoch auf die **Auswahl des Betreuers** beschränkt werden (BGH FGPrax 1996, 107). Macht die Betreuungsbehörde von dieser **Beschränkungsmöglichkeit** Gebrauch und wendet sie sich damit nicht mehr gegen die unselbstständige Anordnung der Betreuerbestellung, so verliert sie damit nicht etwa ihr Beschwerderecht, das sich nach wie vor gegen die Betreuerbestellung im Sinne des Gesetzes richtet. Von der Gesetzestechnik her wäre eine solche Einschränkung des Beschwerderechts besonders auszusprechen gewesen. Im Hinblick auf die Erweiterung des beschwerdeberechtigten Personenkreises und im Hinblick auf ihre besondere Bedeutung in Betreuungssachen wäre es unverständlich, wenn einerseits, unabhängig von einem Eigeninteresse, ein eigenes Beschwerderecht eingeräumt wird, welches andererseits dann wieder eingeschränkt werden soll, wenn Auswahlinteressen, die in § 1897 BGB ihren besonderen Niederschlag gefunden haben, gerade unberücksichtigt bleiben sollen (BGH FGPrax 1996, 107; OLG Düsseldorf FamRZ 1994, 451; OLG Hamm FamRZ 1996, 1372). Die Feststellung der **berufsmäßigen** Führung der Betreuung kann – wie bei der Staatskasse (vgl. § 304 Rn 2) – isolierter Gegenstand einer Beschwerde sein. Die Beschwerdebefugnis der Betreuungsbehörde gem. Abs. 1 umfasst auch das Recht, die **Auswahlentscheidung** der Vorinstanz mit dem Ziel angreifen zu können, die Tätigkeitsaufnahme der ausgewählten Person speziell in ihrer Eigenschaft als Berufsbetreuer zu verhindern (OLG Hamm BtPrax 2006, 187).

Der Antrag auf Aufhebung der Betreuung enthält auch den Antrag auf **Entlassung** des Betreuers. Deshalb umfasst die Beschwerdeberechtigung der Behörde auch einen Hilfsantrag auf Entlassung des Betreuers (BayObLG FamRZ 1994, 324 für nahe Angehörige).

Abs. 1 findet analoge Anwendung auf die Beschwerdeberechtigung in einem Verfahren auf Bestellung eines **Gegenbetreuers**, unabhängig davon, wie die Gegenbetreuung sonst rechtlich einzuordnen ist (BayObLG FamRZ 1994, 325). Die Behöre hat kein geschütztes Recht auf Feststellung der Rechtswidrigkeit nach **Erledigung** der Hauptsache der Beschwerde (§ 62; Keidel-Budde § 62 Rn 11).

3. Beschwerderecht naher Angehöriger und Vertrauenspersonen (Abs. 2)

a) Vergleich zur bisherigen Rechtslage

4   Nach dem bisher geltenden § 69g Abs. 1 FGG konnten die nahen Angehörige nur bei bestimmten betreuungsgerichtlichen Entscheidungen Beschwerde einle-

Ergänzende Vorschriften über die Beschwerde § 303 FamFG

gen. Dies hat sich jetzt geändert. Nach § 303 Abs. 2 Nr. 1 können die dort genannten Angehörigen (nach Nr. 2 auch die Vertrauensperson) **ohne eigene Betroffenheit** gegen **jede** betreuungsgerichtliche Entscheidung (a.A. Keidel-Budde Rn 12: nur die in Abs. 1 genannten Entscheidungen sind gemeint; diese Einschränkung gibt aber der Gesetzestext und die gesetzgeberische Begründung nicht her; a.A. diesbezüglich auch Bumiller/Harders Rn 5: die Ablehnung der Entlassung des Betreuers nach § 1908b BGB wird nicht von § 303 erfasst) im **Amts**verfahren Beschwerde einlegen, wenn die unter Rn 5 genannten weiteren Voraussetzungen vorliegen. Die bisherige **Rechtsprechung** zur Versagung von Beschwerderechten von Angehörigen, die nicht selbst betroffen sind, ist wegen dieser Erweiterung daher nur noch **zum Teil** einschlägig.

Bei nahen Angehörigen und Vertrauenspersonen des Betroffenen kann sich **daneben** die Beschwerdeberechtigung aus der eigenen Betroffenheit (§ 59 Abs. 1; vgl. § 59 Rn 9) ergeben, die jedoch nur schwer vorstellbar ist.

b) Tatsächlich hinzugezogene Angehörige in Betreuungssachen

In § 303 Abs. 2 Nr. 1 erfährt der Grundsatz des § 59 Abs. 1, dass Beschwerde 5 nur bei eigener Rechtsverletzung eingelegt werden kann, für bestimmte in Abs. 2 genauer benannte **nahe Angehörige** eine deutliche Einschränkung. Angehörige sind Kann-Beteiligte nach § 274 Abs. 4 (vgl. § 274 Rn 11 ff). Sie müssen nicht am Verfahren beteiligt werden. Im **Amtsverfahren** steht den Angehörigen im Interesse des Betroffenen – **ohne eigene Betroffenheit** – dann ein Recht zur Beschwerde zu, wenn sie im Sinne des § 7 Abs. 3 i.V.m. § 274 Abs. 4 in erster Instanz **tatsächlich** am Verfahren beteiligt wurden. Dadurch sollen altruistische Beschwerden solcher Angehöriger vermieden werden, die am Verfahren erster Instanz kein Interesse gezeigt haben. Dies zeigt andererseits die Bedeutung der richterlichen Entscheidung, einen Angehörigen am Verfahren zu beteiligen oder nicht. Die Beteiligung erfolgt nur im Interesse des Betroffenen (vgl. § 274 Rn 13). Ein Angehöriger kann nach § 7 Abs. 3 i.V.m. § 274 Abs. 4 den Antrag stellen, am Verfahren beteiligt zu werden. Den ablehnenden Beschluss kann er mit der sofortigen Beschwerde angreifen (§ 7 Abs. 5). Bedenklich erscheint in diesem Zusammenhang, dass das Beschwerderecht nur an die tatsächliche Beteiligung geknüpft wird, selbst wenn diese **verfahrensfehlerhaft** unterblieb oder der Angehörige im Verlauf des erstinstanzlichen Verfahrens noch **nicht bekannt** war. Diesem Angehörigen bleibt nur der Antrag auf nachträgliche Änderung oder Aufhebung der Betreuung (§ 294 oder 48 Abs. 1), denn für dieses neue Verfahren könnte er einen rechtsmittelfähigen Hinzuziehungsantrag stellen und wäre bei Ablehnung seines Antrags beschwerdeberechtigt (Keidel-Budde Rn 16).

§ 303 Abs. 2 Nr. 1 gilt **nicht** für Antragsverfahren (vgl. § 26 Rn 1). Wurde daher eine Betreuung auf **Antrag** des Betroffenen nach § 1896 Abs. 1 S. 3 BGB eingerichtet, schließt dies eine Beschwerde privilegierter Angehöriger hiergegen aus (OLG München BtPrax 2008, 173; Prütting/Helms-Fröschle Rn 23).

Nur der in § 303 Abs. 2 Nr. 1 abschließend aufgeführte, tatsächlich hinzugezogene Personenkreis ist beschwerdeberechtigt:
- der **Ehegatte** des Betroffenen während der Dauer der Ehe bis zum dauerhaften Getrenntleben; gleichgestellt ist der **Lebenspartner** i. S. v. § 1 LPartG. Auf **Lebensgefährten** oder **Verlobte**, die mit dem Betreuten eheähnlich zusammenleben, findet die Vorschrift keine (analoge) Anwendung (OLG Schleswig

FamRZ 2002, 987; OLG Karlsruhe BtPrax 2007, 258); allerdings können diese eine Vertrauensperson nach Abs. 2 **Nr. 2** (vgl. Rn 7) sein.
- bestimmte **Verwandte**, nämlich Abkömmlinge, Eltern, Großeltern, Pflegeeltern und Geschwister des Betroffenen. **Pflegeeltern** sind gesetzlich nicht definiert; vgl. hierzu Palandt-Diederichsen, BGB 68. Auflage, vor § 1626, 17 zur Familienpflege i.S.d. §§ 1630, 1632 BGB. Pflegeeltern sind diejenigen Personen, in deren dauerhafter Obhut sich das (minderjährige) Pflegekind im Rahmen der Familienpflege aufhält und die das Kind in familienähnlicher Weise im eigenen Haushalt betreuen und erziehen (Prütting/Helms-Fröschle § 303 Rn 44). Pflegeeltern haben nur bei Betreuungen nach § 1908a BGB (vorsorgliche Betreuerbestellung für einen 17-Jährigen) ein Beschwerderecht (Keidel-Budde Rn 14).

6   Die oben genannten Angehörigen, die auch hinzugezogen wurden, sind ohne eigene Rechtsbeeinträchtigung **im eigenen Namen**, allerdings **im Interesse** des Betroffenen, beschwerdeberechtigt. Im Interesse des Betroffenen bedeutet nicht, dass die Beschwerde dem erklärten Willen des Betroffenen entsprechen muss; sie kann sogar gegen seinen ausdrücklich erklärten Willen erfolgen. Damit werden aber Rechtsmittel ausgeschlossen, mit denen der nahe Angehörige ausschließlich eigene Interessen verfolgt, er muss zumindest auch die des Betroffenen **mit**verfolgen (Keidel-Budde Rn 15).

c) Vertrauenspersonen in Betreuungssachen

7   Entsprechendes gilt über § 303 Abs. 2 Nr. 2 auch für die tatsächlich im **Interesse** des Betroffenen hinzugezogenen **Vertrauenspersonen** des Betroffenen, die aufgrund der tatsächlichen Verbundenheit zu dem Betroffenen beteiligt wurden.

d) Angehörige und Vertrauenspersonen in Unterbringungssachen

8   § 335 Abs. 1 Nr. 1 (Angehörige) bzw. § 335 Abs. 1 Nr. 2 (Vertrauenspersonen) sieht dem § 303 Abs. 2 entsprechende Regelungen vor, so dass diesbezüglich auf die Ausführungen unter Rn 5-6 und auf § 335 Rn 6 verwiesen wird. Über § 335 Abs. 1 Nr. 3 erhält auch der Leiter der Einrichtung, in der der Betroffene lebt, ein Beschwerderecht.

4. Beschwerderecht für andere als in Abs. 2 genannte Dritte

9   Das Beschwerderecht für nicht beteiligte **Dritte** bestimmt sich ausschließlich nach § 59 Abs. 1 (vgl. § 59 Rn 12-13; Keidel-Budde Rn 17).

5. Beschwerderecht des Verfahrenspflegers (Abs. 3)

10 Auch der Verfahrenspfleger kann – wie der Betreuer – bei Verletzung eigener Rechte nach § 59 Abs. 1 Beschwerde einlegen (vgl. § 59 Rn 7; das sind vorrangig Verfahren nach § 277: Festsetzung der Vergütung).

Nach Abs. 3 kann der Verfahrenspfleger darüber hinaus aufgrund seiner besonderen Rechtsstellung (vgl. § 276) im eigenen Namen im Interesse des Betroffenen Beschwerde einlegen (Prütting/Helms-Fröschle Rn 31), so weit der Betroffene selbst beschwert ist (das ist er auch durch die ungerechtfertigte Aufhebung der

Betreuung; OLG München FamRZ 2007, 743). An den tatsächlichen Wunsch des Betroffenen ist er nicht gebunden. Die Beschwerdebefugnis des Verfahrenspflegers ist auf den Umfang der **Beschwer des Betroffenen** durch die angefochtene Entscheidung beschränkt; er kann also nur in dem Umfang Beschwerde einlegen, wie es der Betroffene selbst auch kann (Keidel-Budde Rn 4; vgl. hierzu § 59 Rn 5, 17). Aufgrund der dem Verfahrenspfleger in § 274 Abs. 2 zugewiesenen umfassenden **Rechtsstellung** kann dieser gegen die Ablehnung oder Aufhebung einer Betreuung (§ 1896 BGB) oder eines Einwilligungsvorbehalts (§ 1903 BGB) sowie gegen die Ablehnung/Aufhebung von gerichtlichen Genehmigungen nach §§ 1904 und 1905 BGB Beschwerde einlegen (vgl. Prütting/Helms-Fröschle § 298 Rn 22 für die Betreuung; a.A. Keidel-Budde Rn 4). Etwas anderes gilt für die Genehmigung der Unterbringung nach § 1906 BGB: Der Wille des Betreuten kann nicht einerseits der Freiheitsentziehung entgegenstehen und andererseits kann der Betreute nicht gegen die versagte Unterbringung Beschwerde einlegen (vgl. § 59 Rn 6). Hier scheidet ein Beschwerderecht des Betreuten – und damit des Verfahrenspflegers – aus. Der Verfahrenspfleger kann die Feststellung der Rechtswidrigkeit nach **Erledigung** der Hauptsache (§ 62) im Interesse des Betroffenen begehren (Keidel-Budde § 62 Rn 11). Das Beschwerderecht des Verfahrenspflegers besteht unabhängig vom Beschwerderecht des Betroffenen (Bork/Jakoby/Schwab-Heiderhoff Rn 11).

6. Beschwerderecht des Betreuers und des Bevollmächtigten (Abs. 4)

Zum Beschwerderecht des Betreuers im eigenen Namen nach § 59 Abs. 1 vgl. § 59 Rn 6.

Der Betreuer kann im Namen des Betroffenen nach § 303 Abs. 4 (als Verfahrensstandschafter) oder im eigenen Namen nach § 59 Abs. 1 Beschwerde einlegen (Prütting/Helms-Fröschle Rn 41). Die in Abs. 4 S. 1 genannte Beschwerdebefugnis des Betreuers im Namen des Betreuten folgt bereits aus seiner umfassenden Vertretungsbefugnis nach § 1902 BGB. S. 1 ist daher für den Betreuer deklaratorischer Natur (BT-Drucksache 16/6308 S. 272; Jurgeleit-Bučić, § 69g FGG Rn 56; Keidel-Budde Rn 6; Bork/Jakoby/Schwab-Heiderhoff Rn 13). Zu den weiteren Einzelheiten vgl. § 59 Rn 6. Das Beschwerderecht des Betreuers nach § 304 Abs. 4 ist im Ergebnis nichts anderes als das Recht, den Betroffenen im Beschwerdeverfahren zu vertreten (Einlegung der Beschwerde im Namen des Betroffenen). Dies setzt voraus, dass die Entscheidung den **Aufgabenkreis** des Betreuers unmittelbar betrifft (OLG Schleswig FGPrax 2005, 214). Dies ist weit auszulegen, so dass auch Folgeentscheidungen und Erweiterungen bzw. Einschränkungen des Aufgabenkreises betroffen sind (Keidel-Budde Rn 6). Im Namen des Betreuten kann ein Betreuer allerdings nur solange Beschwerde einlegen, wie die Betreuung noch besteht (also nicht im Falle ihrer Aufhebung BayObLG FamRZ 1994, 1189; Prütting/Helms-Fröschle Rn 38; Schulte-Bunert/Weinreich-Rausch Rn 9; a.A: wohl Bork/Jakoby/Schwab-Heiderhoff Rn 14 für den Fall der Entlassung des Betreuers); anders ist möglicherweise das Beschwerderecht nach § 59 Abs. 1 zu beurteilen.

Nach S. 2 kann auch bei einer gemeinschaftlichen Mitbetreuung (§ 1899 Abs. 3 BGB) jeder Betreuer **selbstständig** im Namen des Betroffenen Beschwerde einlegen. Die Fälle des § 1899 Abs. 1, 2 und 4 BGB (Betreuer für verschiedene Berei-

FamFG § 304 Buch 3 Verf. in Betreuungs- u. Unterbringungssachen

che, Sterilisationsbetreuer und Verhinderungsbetreuer) werden von Abs. 4 S. 2 nicht erfasst (OLG Hamm FamRZ 2001, 314).

12 Im Gegensatz zur bisherigen Rechtslage hat nun auch zur Stärkung seiner Rechtsposition der **Vorsorgebevollmächtigte** im gleichen Umfang wie der Betreuer (Rn 11) nach Abs. 4 ein ausdrückliches Beschwerderecht. Damit ist die gegenteilige Rechtsprechung zum bisherigen Recht (OLG Stuttgart FGPrax 1995, 87; BayObLG FGPrax 2003, 171; BayObLG BeckRS 2003 30330692) **obsolet.** Genau wie nach Entlassung des Betreuers besteht **kein** Beschwerderecht des Vorsorgebevollmächtigten mehr, nachdem die Vorsorgevollmacht durch einen gerichtlich bestellten Kontrollbetreuer widerrufen wurde (OLG Frankfurt FamRZ 2009, 911 nach alter Rechtslage). Der Vorsorgebevollmächtigte hat jedoch ein Beschwerderecht, wenn sein Aufgabenkreis durch Bestellung eines Vollmachts- oder Kontrollbetreuers nach § 1896 Abs. 3 BGB (vgl. § 1896 Rn 36) tangiert wird (Keidel-Budde Rn 8). Ist gerade streitig, ob die Vollmacht wirksam ist und damit auch, ob dem Vorsorgebevollmächtigte ein Beschwerderecht zusteht, kann dieser Umstand erst vollständig bei der Begründetheit der Beschwerde geklärt werden. Hier genügt für die Zulässigkeit der Beschwerde die schlüssige Behauptung des Vorsorgebevollmächtigten, er sei wirksam bevollmächtigt.

§ 304 Beschwerde der Staatskasse

(1) Das Recht der Beschwerde steht dem Vertreter der Staatskasse zu, soweit die Interessen der Staatskasse durch den Beschluss betroffen sind. Hat der Vertreter der Staatskasse geltend gemacht, der Betreuer habe eine Abrechnung falsch erteilt oder der Betreute könne anstelle eines nach § 1897 Abs. 6 des Bürgerlichen Gesetzbuchs bestellten Betreuers durch eine oder mehrere andere geeignete Personen außerhalb einer Berufsausübung betreut werden, steht ihm gegen einen die Entlassung des Betreuers ablehnenden Beschluss die Beschwerde zu.

(2) Die Frist zur Einlegung der Beschwerde durch den Vertreter der Staatskasse beträgt drei Monate und beginnt mit der formlosen Mitteilung (§ 15 Abs. 3) an ihn.

1. Anwendungsbereich

1 § 304 (bisher § 69g Abs. 1 S. 2 FGG) enthält Sonderregelungen über die **Beschwerdebefugnis** der Staatskasse in **Betreuungssachen**.
Die Staatskasse kann bereits nach § 59 bei Verletzung **eigener** Rechte ein Beschwerderecht haben (a.A Prütting/Helms-Fröschle, § 274 Rn 55: Staatskasse hat keine eigenen zu verletzenden Rechte). In § 304 ist das Beschwerderecht der Staatskasse für bestimmte weitere Fälle geregelt.

2. Interessen der Staatskasse (Abs. 1 S. 1)

2 Nach § 274 Abs. 4 Nr. 2 ist der Vertreter der Staatskasse am Verfahren zu beteiligen, wenn die Interessen der Staatskasse betroffen sind (vgl. § 274 Rn 14). Dementsprechend wird diesem bei entsprechender Betroffenheit der Interessen der Staatskasse auch ein Beschwerderecht eingeräumt. Das ist dann der Fall, wenn die getroffene Entscheidung einen **Einfluss** auf die wirtschaftlichen Interessen

der Staatskasse hat. Damit wurde das Beschwerderecht der Staatskasse erheblich ausgeweitet (vgl. § 274 Rn 14). Die Staatskasse hat immer ein Beschwerderecht, wenn sie unmittelbar zur Zahlung verpflichtet wird (Prütting/Helms-Fröschle Rn 16). Der **Staatskasse** wird durch Abs. 1 **S. 1** in folgenden Fällen ein **Beschwerderecht** eingeräumt (Keidel-Budde Rn 1):
Vertreter der Staatskasse wendet sich gegen die erstmalige Bestellung eines Berufsbetreuers (a.A. nach altem Recht: OLG Schleswig BtPrax 1999, 155) oder gegen die mit der Betreuerbestellung verbundene Feststellung, der Betreuer führe sein Amt berufsmäßig (a.A. nach altem Recht: OLG Frankfurt FamRZ 2004, 122; OLG Hamm BtPrax 2006, 187; FGPrax 2001, 18; BtPrax 2000, 265; BayObLG BtPrax 2001, 204) oder gegen die Erweiterung des Aufgabenkreises (a.A. nach altem Recht: OLG Frankfurt BtPrax 2004, 115). Ebenso hat der Vertreter der Staatskasse aufgrund Abs. 1 S. 1 im Vergütungsfestsetzungsverfahren nach §§ 292, 168 ein Beschwerderecht bzgl. der Feststellung der Mittellosigkeit (Keidel-Budde Rn 1) und wenn die vergütungsrechtlichen Vorschriften des § 1899 Abs. 1 S. 3 BGB und §§ 1908i i.V.m. § 1836 Abs. 1 S. 2 BGB verletzt wurden.

3. Besondere Fälle des Beschwerderechts (Abs. 1 S. 2)

Abs. 1 S. 2 begründet ein Beschwerderecht der Staatskasse, wenn das Betreuungsgericht einem konkreten Vorschlag nicht nachkommt, anstelle des Berufsbetreuers könne eine andere – geeignete Person(en) bestellt werden, die kein Berufsbetreuer ist (§ 1897 Abs. 6 S. 1 BGB; LG Koblenz FamRZ 2002, 1509; LG Saarbrücken BtPrax 2001, 88). 3

Die Staatskasse erhält ferner nach S. 2 ein Beschwerderecht, wenn das Betreuungsgericht den Entlassungsantrag der Staatskasse ablehnt, weil ein Betreuer vorsätzlich falsch (§ 1908b Abs. 1 S. 2) zulasten der Staatskasse abgerechnet hat.

4. Fristen (Abs. 2)

Abs. 2 stellt sicher, dass die Bezirksrevisoren ihre bisherige Praxis beibehalten und in regelmäßigen Abständen Revisionen vornehmen können. Der Lauf der Beschwerdefrist beginnt ihnen gegenüber daher in Abweichung zu § 63 Abs. 3 mit ihrer **tatsächlichen Kenntnisnahme** der Entscheidung (formlose Mitteilung an Vertreter der Staatskasse ist ausreichend). Die Frist beträgt **drei Monate**. Nach dieser Zeitspanne tritt Rechtskraft ein. 4

§ 305 Beschwerde des Untergebrachten

Ist der Betroffene untergebracht, kann er Beschwerde auch bei dem Amtsgericht einlegen, in dessen Bezirk er untergebracht ist.

Beschwerde des untergebrachten Betroffenen

In Erweiterung des § 64 Abs. 1 kann der **untergebrachte Betroffene** im Interesse einer erleichterten Rechtsverfolgung nicht nur bei dem Gericht, dessen Entscheidung angefochten wird, **fristwahrend** Beschwerde einlegen, sondern auch bei dem **Amtsgericht**, in dessen Bezirk er nach § 1906 BGB oder nach

FamFG § 306 Buch 3 Verf. in Betreuungs- u. Unterbringungssachen

den Landesgesetzen über die Unterbringung psychisch Kranker (§ 312 Nr. 3) **untergebracht** ist. Dies gilt nicht bei strafrechtlicher Freiheitsentziehung (vgl. BGH NJW 1965, 1182) oder Freiheitsentziehung nach § 415. Dieser Umstand des erweiterten Beschwerderechts ist in der Rechtsmittelbelehrung nach § 39 aufzuführen (Keidel-Budde Rn 2). Die Beschwerde kann sich gegen jede Art von Entscheidungen in **Betreuungssachen** nach §§ 271 ff – nicht nur Freiheitsentziehungen – richten (BT-Drucks. 11/4528 S. 179; Schulte-Bunert/Weinreich-Rausch Rn 2). Ausgeschlossen ist eine Beschwerdeeinlegung beim Landgericht statt beim Amtsgericht des Unterbringungsortes (BayObLG bei Göhrke, Rpfleger 1981, 280/281). Die Erweiterung der Zuständigkeit gilt nur für den Betroffenen, nicht auch für den Betreuer, Verfahrenspfleger oder Verfahrensbevollmächtigten (Keidel-Budde Rn 2).

Die zusätzliche Einlegungszuständigkeit gilt **nicht** für die **Rechtsbeschwerde** nach § 70 (Keidel-Budde Rn 2; Keidel-Meyer-Holz § 71 Rn 4).

§ 306 Aufhebung des Einwilligungsvorbehalts

Wird ein Beschluss, durch den ein Einwilligungsvorbehalt angeordnet worden ist, als ungerechtfertigt aufgehoben, bleibt die Wirksamkeit der von oder gegenüber dem Betroffenen vorgenommenen Rechtsgeschäfte unberührt.

1. Anwendungsbereich

1 § 306 bestimmt, dass materiell-rechtlich ein **Rechtsgeschäft,** das von oder gegenüber dem Betroffenen vorgenommen worden ist, wirksam bleibt, obwohl eine Entscheidung, durch die ein Einwilligungsvorbehalt – auch ein vorläufiger (§§ 1903 BGB, 300, 301 FamFG) – angeordnet worden ist, durch ein Rechtsmittelgericht als von Anfang an ungerechtfertigt aufgehoben wird. Diese Norm hat somit keinen verfahrensrechtlichen sondern nur materiell-rechtlichen Charakter (Keidel-Budde Rn 1; Jurgeleit-Bučić, § 69h FGG Rn 1).

2. Rechtsfolgen der Aufhebung eines Einwilligungsvorbehalts

a) Aufhebung des Einwilligungsvorbehalts

2 Voraussetzung dafür ist die **rückwirkende** Aufhebung des Einwilligungsvorbehalts durch das Rechtsmittelgericht (Beschwerdegericht) als **von Anfang** an ungerechtfertigt. Denkbar ist auch die Aufhebung durch Abhilfe oder nach § 48 Abs. 2 (Prütting/Helms-Fröschle Rn 4). Eine Aufhebung des Einwilligungsvorbehalts nach § 1908d Abs. 4 BGB fällt nicht unter § 306 (vgl. Rn 4 a.E.).

Die Aufhebungsentscheidung muss ausdrücklich **feststellen**, dass die sachlichen Voraussetzungen der Anordnung eines Einwilligungsvorbehalts zum Zeitpunkt des Erlasses der Entscheidung (**rückwirkend**) ungerechtfertigt nicht vorlagen (Keidel-Budde Rn 3). Dagegen genügt **nicht** eine Aufhebung, die ihren Grund in Verfahrensfehlern (z. B.: Rechtspfleger statt Richter war tätig oder der Kreis der einwilligungsbedürftigen Willenserklärungen ist nicht hinreichend genau bestimmt; Jurgeleit-Bučić, § 69h FGG Rn 4; differenzierend Prütting/Helms-Fröschle Rn 10) oder in **nachträglich** veränderten Umständen (keine Rückwirkung; §§ 1903 Abs. 4, 1901 Abs. 5 BGB; Keidel-Budde Rn 2; Prütting/Helms-Fröschle Rn 9) hat.

Der vollständigen Aufhebung der Anordnung des Einwilligungsvorbehalts steht 3
die Beschränkung des Kreises der einwilligungsbedürftigen Willenserklärungen gleich (Teilaufhebung, so Damrau/Zimmermann § 69h FGG Rn 2).

b) Wirkungen der Aufhebung

Eine Aufhebungsentscheidung nach § 306 hat folgende Wirkungen: 4
- Rechtsgeschäfte, die der **Betroffene** zwischen Anordnung und Aufhebung vorgenommen hat oder ihm gegenüber vorgenommen wurden, sind wirksam (keine Unwirksamkeit nach §§ 1903, 107, 108 BGB), sofern sie nicht nach § 105 BGB (Geschäftsunfähigkeit) unwirksam sind (Keidel-Budde Rn 5).
- Rechtsgeschäfte, die der **Betreuer** namens des Betreuten in diesem Zeitraum vorgenommen hat, sind wirksam und verpflichten den Betreuten (§ 47).
- Bei **widersprechenden** Rechtsgeschäften hat nicht automatisch das Geschäft Vorrang, das der Betreuer abschloss. Bei **Verfügungen** hat die frühere Vorrang; **Verpflichtung**sgeschäfte werden so behandelt, als wenn eine Person widersprechende Verpflichtungen eingeht: die eine wird erfüllt, die andere wird über Schadensersatz abgewickelt (Damrau/Zimmermann § 69h FGG Rn 5 m. w. N. zum Meinungsstand). Ist der Betroffene danach schadensersatzpflichtig, richtet sich die Amtspflichtverletzung des Staates nach § 839 Abs. 1, 3 BGB (Damrau/Zimmermann a. a. O. Rn 5).
- Hebt das Betreuungsgericht nach § 1908d Abs. 4 i. V. m. Abs. 1 BGB („normale" Aufhebung der Entscheidung) den Einwilligungsvorbehalt auf, so wirkt diese Entscheidung **nur für die Zukunft**. § 306 ist insoweit auf diesen Fall nicht anwendbar (BT-Drucks. 11/4528 S. 180).

§ 307 Kosten in Betreuungssachen

In Betreuungssachen kann das Gericht die Auslagen des Betroffenen, soweit sie zur zweckentsprechenden Rechtsverfolgung notwendig waren, ganz oder teilweise der Staatskasse auferlegen, wenn eine Betreuungsmaßnahme nach den §§ 1896 bis 1908i des Bürgerlichen Gesetzbuchs abgelehnt, als ungerechtfertigt aufgehoben, eingeschränkt oder das Verfahren ohne Entscheidung über eine solche Maßnahme beendet wird.

1. Anwendungsbereich

§ 307 (ehemals § 13a Abs. 2 FGG) geht von dem Grundsatz aus, dass in Betreu- 1
ungssachen keine Pflicht zur Entscheidung über die Kosten des Verfahrens besteht (vgl. hierzu § 81 Rn 1-4). Kosten des Verfahrens sind die **Gerichtskosten**, also die Gerichtsgebühren und Auslagen z.B. für Gutachteneinholung usw., sowie die **außergerichtlichen Kosten** des Beteiligten, also die Kosten für den Verfahrensbevollmächtigten, Fahrtkosten usw. In diesem Fall richten sich die Gerichtskosten nach der KostO, die außergerichtlichen Kosten trägt der Beteiligte, bei dem die Kosten angefallen sind. In § 337 werden die Kosten in Unterbringungssachen geregelt.

FamFG § 307 Buch 3 Verf. in Betreuungs- u. Unterbringungssachen

2. Tragung der Auslagen des Betroffenen in Betreuungssachen

a) Auferlegung auf die Staatskasse

2   Nur in seltenen Ausnahmefällen sind in Betreuungssachen erstattungspflichtige Verfahrensgegner im Sinne des § 81 vorhanden (so z.b. in den gesetzlich geregelten Sonderfällen der Antragsberechtigung einer Spezialbehörde; weitere Beispiele vgl. Keidel-Budde Rn 1). Deswegen trifft § 307 eine Sonderregelung über die Tragung der Auslagen des Betroffenen. In bestimmten Fällen kommt die Auferlegung dieser Auslagen auf die **Staatskasse** in Betracht.

b) Betroffene Entscheidungen

3   § 307 erfasst sämtliche Betreuungsentscheidungen und die Folgeentscheidungen nach §§ 1896 bis 1908i BGB (Keidel-Budde Rn 2); die noch für § 13a FGG vertretene Auffassung, dass nur Grundentscheidungen betroffen sind, somit weder die Anordnung einer Ergänzungsbetreuung noch die Genehmigung eines Grundstücksgeschäfts (OLG Karlsruhe FamRZ 1997, 1547; OLG Düsseldorf FamRZ 2000, 248) ausreichend seien, ist im Hinblick auf die Gesetzesmaterialien nicht mehr haltbar (Keidel-Budde Rn 2; Prütting/Helms-Fröschle Rn 3). Die Norm erfasst auch einstweilige Anordnungen (Prütting/Helms-Fröschle Rn 9).

Wendet sich ein Betroffener mit seinem Rechtsmittel nicht nur gegen die Bestellung, sondern auch gegen die Auswahl eines Betreuers und hat er nur im letzten Punkt Erfolg, kommt die Auferlegung seiner notwendigen Auslagen auf die Staatskasse nur dann in Betracht, wenn insoweit **ausscheidbare** Kosten angefallen sind (BayObLG FamRZ 2003, 1128).

Die Anordnung der Vorführung des Betroffenen zur ärztlichen Untersuchung ist einer Betreuungsmaßnahme im Sinne des § 307 gleichwertig, so dass eine analoge Anwendung dieser Vorschrift geboten ist (LG Saarbrücken BeckRS 2009 08056). Wurde dem Betroffenen für die Beschwerde gegen die Bestellung eines Betreuers **Verfahrenskostenhilfe** ohne Raten gewährt, ist bei (teilweisem) Erfolg seines Rechtsmittels kein Raum für eine – positive oder ablehnende – Entscheidung über die Auferlegung notwendiger Auslagen zur zweckentsprechenden Rechtsverfolgung auf die Staatskasse (OLG München BtPrax 2006, 150; Prütting/Helms-Fröschle Rn 7). Etwas anderes gilt bei Verfahrenskostenhilfe mit Raten; hier ist an die Aufhebung der Ratenzahlung zu denken (Keidel-Budde Rn 5).

c) Voraussetzungen

4   Die Vorschrift ermöglicht die Auferlegung der Kosten auf die Staatskasse unter folgenden Voraussetzungen: Eine Betreuungsmaßnahme (i.S.d. Rn 3) nach den §§ 1896 bis 1908i BGB wird
- **abgelehnt**. Ausnahme: der Betroffene hat die Maßnahme selbst verschuldet (Damrau/Zimmermann § 13a FGG Rn 19),
- als von Anfang an (BT-Drucks. 11/4528 S. 95) ungerechtfertigt **aufgehoben**. Das gilt auch bei verfahrensfehlerhaftem Zustandekommen der Betreuerbestellung (OLG Zweibrücken FamRZ 2003, 1126) oder wenn die Tatsachen, die zur Aufhebung führen, erst nachträglich bekannt werden (Keidel-Budde Rn 3),

- als von Anfang an ungerechtfertigt **eingeschränkt**, wobei unwesentliche Einschränkungen regelmäßig keine Kostenerstattung auslösen (Damrau/Zimmermann § 13a FGG Rn 21),
- ohne Entscheidung über eine Maßnahme **beendet**. In Betreuungssachen kann das Gericht nach § 307 die Auslagen des Betroffenen – soweit sie zur zweckentsprechenden Rechtsverfolgung notwendig waren – dann ganz oder teilweise der Staatskasse auferlegen, wenn sich die Hauptsache **erledigt** hat (OLG München BtPrax 2009, 122; Prütting/Helms-Fröschle Rn 12). Allerdings ist auf Folgendes hinzuweisen: Mit der endgültigen Betreuerbestellung (BayObLG BtPrax 1994, 61) oder mit der Verlängerung der vorläufigen Betreuung (BayObLG BtPrax 1994, 98) erledigt sich die Hauptsache des Beschwerdeverfahrens bzgl. der einstweiligen Anordnung. In diesen Fällen ist regelmäßig kein Raum für eine Entscheidung nach §§ 81 bzw. 307 (BayObLG FamRZ 2004, 1602 zu § 13a FGG; a.A. Keidel-Budde Rn 3). Etwas anderes gilt allenfalls dann, wenn der Betroffene – in Form einer Hauptsacheentscheidung – nach § 52 Abs. 1 verlangt, dass über die Erstattung der ihm entstandenen Auslagen entschieden wird.

Das Gericht entscheidet grundsätzlich nach pflichtgemäßem **Ermessen** in den 5 letzten beiden in Rn 4 genannten Fällen. In den ersten beiden Fällen besteht jedoch entgegen dem Wortlaut des Gesetzes kein Ermessen, da eine Differenzierung danach, wann in diesen Fällen eine Erstattung stattfinden soll und wann nicht, nicht denkbar ist und es auf die Vermögenslage des Beteiligten nicht ankommen kann. Es kommt nicht darauf an, ob das Verfahren auf Antrag oder von Amts wegen eingeleitet wurde (Bumiller/Harders Rn 2). Im Übrigen sieht die Rechtsordnung in vergleichbaren Fällen (z. B. § 91 ZPO und § 467 StPO) Kostenerstattungspflicht vor (Damrau/Zimmermann § 13a FGG Rn 23).

Erstattet werden die notwendigen Auslagen des Betroffenen. Trotz fehlender 6 Verweisung auf § 91 Abs. 2 ZPO werden die Anwaltskosten regelmäßig notwendig sein (Keidel-Budde Rn 5). Neben den Kosten für einen **Rechtsanwalt** erfasst das auch die im Verfahren von dem Betroffenen gezahlten **Gerichtskosten** einschließlich **Sachverständigen-** und Zeugenentschädigung. Eine Erstattungspflicht besteht hingegen **nicht** hinsichtlich der vom Betroffenen entrichteten Beträge für Vergütung und Aufwendungsersatz des Betreuers sowie für die gerichtlichen Jahresgebühren der Betreuung (OLG München FamRz 2009, 1943; BtPrax 2006, 32). Das Gericht kann also einerseits entscheiden, die Kosten nach § 81 Abs. 1 S. 2 nicht zu erheben und/oder die notwendigen Auslagen des Betroffenen nach § 307 der Staatskasse aufzuerlegen (vgl. § 81 Rn 4).

3. Isolierte Anfechtbarkeit

Zur isolierten Anfechtbarkeit vgl. § 81 Rn 11. 7

§ 308 Mitteilung von Entscheidungen

(1) Entscheidungen teilt das Gericht anderen Gerichten, Behörden oder sonstigen öffentlichen Stellen mit, soweit dies unter Beachtung berechtigter Interessen des Betroffenen erforderlich ist, um eine erhebliche Gefahr für das Wohl des Betroffenen, für Dritte oder für die öffentliche Sicherheit abzuwenden.

FamFG § 308 Buch 3 Verf. in Betreuungs- u. Unterbringungssachen

(2) Ergeben sich im Verlauf eines gerichtlichen Verfahrens Erkenntnisse, die eine Mitteilung nach Absatz 1 vor Abschluss des Verfahrens erfordern, hat diese Mitteilung über die bereits gewonnenen Erkenntnisse unverzüglich zu erfolgen.

(3) Das Gericht unterrichtet zugleich mit der Mitteilung den Betroffenen, seinen Verfahrenspfleger und seinen Betreuer über Inhalt und Empfänger der Mitteilung.
Die Unterrichtung des Betroffenen unterbleibt, wenn
1. der Zweck des Verfahrens oder der Zweck der Mitteilung durch die Unterrichtung gefährdet würde,
2. nach ärztlichem Zeugnis hiervon erhebliche Nachteile für die Gesundheit des Betroffenen zu besorgen sind oder
3. der Betroffene nach dem unmittelbaren Eindruck des Gerichts offensichtlich nicht in der Lage ist, den Inhalt der Unterrichtung zu verstehen.
Sobald die Gründe nach Satz 2 entfallen, ist die Unterrichtung nachzuholen.

(4) Der Inhalt der Mitteilung, die Art und Weise ihrer Übermittlung, ihr Empfänger, die Unterrichtung des Betroffenen oder im Fall ihres Unterbleibens deren Gründe sowie die Unterrichtung des Verfahrenspflegers und des Betreuers sind aktenkundig zu machen.

1. Anwendungsbereich

1 §§ 308-310 regeln die Mitteilungs**pflicht** des Betreuungsgerichts an andere Stellen, während § 311 die Übermittlung dem gerichtlichen – pflichtgemäßen – Ermessen überlässt (Keidel-Budde Rn 2). § 308 entspricht im Wesentlichen dem bisher geltenden § 69k FGG (Notwendigkeit dieser Norm: BVerfG NJW 1984, 419) und regelt die allgemeinen Mitteilungspflichten des Bertreuungsgerichts. Dieses hat an im Einzelnen aufgeführte Adressaten Entscheidungen in Betreuungssachen mitzuteilen. Von dieser gesetzlichen **Mitteilungspflicht** werden **alle Entscheidungen** in Betreuungssachen (also auch einstweilige Anordnungen, Änderungsentscheidungen und betreuungsgerichtliche Genehmigungen) erfasst. Eine Nachberichtspflicht ist gesetzlich nicht vorgesehen worden. Für Mitteilungen in **Unterbringungssachen** verweist § 338 auf §§ 308 ff.

In §§ 308-311 werden Mitteilungsrechte und -pflichten für die Betreuungsgerichte an andere Stellen geschaffen, während § 22a verschiedene öffentliche Stellen verpflichtet bzw. berechtigt u.a. an das Betreuungsgericht Informationen über deren Verfahren weiterzuleiten.

2. Mitteilungspflicht, Abs. 1

a) Adressat der Mitteilung

2 Die Mitteilungen können nur gegenüber anderen **Gerichten**, **Behörden** und sonstigen **öffentlichen Stellen** erfolgen. Ausgeschlossen sind danach private Personen, Einrichtungen oder privatrechtlich organisierte Institutionen (deshalb auch nicht der anerkannte Betreuungsverein, sofern er nicht Verfahrensbeteiligter ist). Soweit Banken und Sparkassen öffentlich-rechtlich organisiert sind, handelt es

sich bei ihnen gleichwohl nicht um eine öffentliche Stelle im Sinne des Gesetzes, da sie den Privatbanken gleichzubehandeln sind (Damrau/Zimmermann § 69k FGG Rn 13). Die Mitteilung der Entscheidung ist nur zulässig, wenn sie der Erfüllung der den Empfängern obliegenden gesetzlichen Aufgaben dient (Bumiller/Harders Rn 3).

Soweit keine Mitteilungspflicht nach § 308 besteht, kann sich ein Auskunfts- und Akteneinsichtsrecht aus § 13 ergeben.

b) Mitteilungszweck

Mitteilungen sind nur zulässig, um folgende, im Gesetz abschließend aufgeführte Zwecke zu erreichen: 3
- Abwendung einer erheblichen **Gefahr** für das Wohl des **Betroffenen**. Das 4 kann vorliegen, wenn sich aus dem Betreuungsverfahren ergibt, dass wahrscheinlich **Schuldunfähigkeit**, Geschäftsunfähigkeit, Prozessunfähigkeit des Betroffenen vorliegt, die ansonsten zu seinen Lasten unberücksichtigt bliebe. Damit können die gewonnenen Ergebnisse auch in anderen Verfahren genutzt werden (Keidel-Budde Rn 5).
- Abwendung einer erheblichen **Gefahr** für **Dritte**. Sie kann darin liegen, dass 5 der Betroffene gewalttätig ist und beabsichtigt, bestimmte Personen als vermeintliche Feinde zu verletzen oder zu töten, oder wenn anzunehmen ist, dass der Betroffene im Rahmen seiner beruflichen Tätigkeit (z.b. als Arzt, Apotheker, Krankenpfleger, Polizist, Rechtsanwalt, Notar, vgl. hierzu § 54 Abs. 1 Nr. 1 BNotO und Rn 11) Dritte erheblich schädigt. Dem **Standesamt** ist Mitteilung zu machen, wenn Gefahr für den heiratswilligen Partner eines geschäftsunfähigen und damit eheunfähigen Betroffenen dadurch droht, dass die Schließung einer Ehe nach §§ 1304, 1314 Abs. 1 BGB aufhebbar ist (BT-Drucks. 11/4528 S. 182). Obwohl die Bestellung eines Betreuers für sich gesehen auf die elterliche Sorge keine Auswirkungen hat, ist die Mitteilung an das **Jugendamt** denkbar, wenn ein sorgeberechtigter Elternteil unter Betreuung gestellt wird (LG Rostock BtPrax 2003, 233).
- Abwendung einer erheblichen **Gefahr** für die **öffentliche Sicherheit**. Diese 6 kann daraus folgen, dass der Betroffene Inhaber eines Führerscheins, Waffenscheins oder Jagdscheins ist und die **konkrete** und **ernstliche** Gefahr besteht, dass er durch sein Kraftfahrzeug oder eine Waffe andere schädigt (BT-Drucks. 11/4528 182).

c) Erforderlichkeit

Auch wenn die Mitteilung der Entscheidung den genannten Empfängern zur 7 Erfüllung der ihnen obliegenden Aufgaben dient, bedarf es gleichwohl einer Gesamtabwägung nach dem Grundsatz der **Verhältnismäßigkeit**, ob das öffentliche Interesse an der Aufgabenerfüllung dem berechtigten Interesse des Betroffenen nach informationeller Selbstbestimmung überwiegt.

d) Entscheidung

Liegen die Mitteilungsvoraussetzungen vor, so entscheidet das Betreuungsgericht nach **Rechtskraft** (Keidel-Budde Rn 3) der Entscheidung (Ausnahme Abs. 2; vgl. Rn 9), ob der Tenor und/oder die Entscheidungsgründe oder die Entscheidung des Betreuungsgerichts oder auch die des Beschwerdegerichts mit- 8

FamFG § 308 Buch 3 Verf. in Betreuungs- u. Unterbringungssachen

geteilt wird. Der Umfang der Mitteilung richtet sich nach dem, was zur Gefahrenabwehr im Interesse des Betroffenen erforderlich ist. **Funktionell** ist der Richter zuständig, der bei der Anordnung von Bertreuungsmaßnahmen nach § 15 RPflG zuständig ist, der Rechtspfleger für die ihm nach § 3 Nr. 2b RPflG zugewiesenen Sachen; hierbei handelt es sich nicht um Maßnahmen der Justizverwaltung (BT-Drucksache 13/4709 S. 27).

3. Mitteilungen vor Abschluss des Verfahrens (Abs. 2)

9   Zeigen sich schon vor Abschluss des betreuungsgerichtlichen Verfahrens **Erkenntnisse,** die eine Mitteilung nach Abs. 1 erforderlich machen, so hat das Gericht diese **unverzüglich** vorzunehmen. Im Hinblick darauf, dass das Betreuungsgericht in diesem Fall Erkenntnisse weiterleitet, die für eine Entscheidung von Bedeutung sein können, ist dies nur zu verantworten, wenn es sich dabei um **gesicherte Erkenntnisse** handelt, die einen Eingriff in das informationelle Selbstbestimmungsrecht rechtfertigen. Es hat vor allem eine Verhältnismäßigkeitsprüfung stattzufinden. Die Erkenntnisse müssen eine solche Bedeutung für die genannten Stellen haben können, dass es nicht gerechtfertigt ist, mit der Mitteilung bis zum Verfahrensabschluss zu warten (Keidel-Budde Rn 8).

4. Unterrichtungspflicht (Abs. 3 und 4)

10   Über Inhalt und Adressat der Mitteilung muss das Betreuungsgericht zugleich mit der Mitteilung den **Betroffenen,** seinen **Verfahrenspfleger** und seinen **Betreuer** unterrichten, um diesen die Möglichkeit zu geben, rechtzeitig initiativ zu werden, bevor Behörden und Stellen Maßnahmen ergreifen. Ausnahmsweise kann von der Unterrichtung des Betroffenen (nicht des Betreuers bzw. Verfahrenspflegers) abgesehen werden bei:
- befürchteter Zweckverfehlung (Nr. 1),
- Gesundheitsgefährdung des Betroffenen (Nr. 2),
- Unterrichtungsunfähigkeit des Betroffenen (Nr. 3).
In diesem Fall besteht jedoch eine **Nachholpflicht,** sobald die entsprechenden Gründe entfallen sind (Abs. 3 Satz 3).

11   Abs. 4 bestimmt, was aktenkundig zu machen ist.
Besondere Berufsgruppen.

§ 54 BNotO [Vorläufige Amtsenthebung]
(1) Der Notar kann von der Aufsichtsbehörde vorläufig seines Amtes enthoben werden,
1. wenn das Betreuungsgericht der Aufsichtsbehörde eine Mitteilung nach § 308 des Gesetzes über das Verfahren in Familiensachen und in den Angelegenheiten der freiwilligen Gerichtsbarkeit gemacht hat;

12   Hat das Betreuungsgericht nach verantwortlicher Abwägung nach § 308 der für Notare zuständigen **Aufsichtsbehörde** (Präsident des Landgerichts) Mitteilung über die Einrichtung einer Betreuung gemacht, so wird dies in aller Regel Anlass sein – bei Vorliegen einer entsprechenden Krankheit oder Behinderung des Notars, die sich auf seine Arbeitstätigkeit auswirkt – ihn vorläufig des Amtes zu entheben.

Besondere Mitteilungen § 309 FamFG

5. Rechtmittel

Die Anfechtbarkeit einer Miteilung nach dem System des FamFG ist rechtlich 13
problematisch, da es sich bei einer derartigen Mitteilung nicht um eine Endentscheidung handelt, die nach § 58 Abs. 1 anfechtbar ist. Wegen der Subsidiarität der §§ 22, 23 EGGVG, finden auch diese Normen keine Anwendung (Keidel-Budde Rn 14; Prütting/Helms-Fröschle Rn 24). Wegen der Schwere des Grundrechtseingriffs bei zu Unrecht erfolgter Mitteilung – Eingriff in das informationelle Selbstbestimmungsrecht – muss jedoch eine befristete **Beschwerde** in entsprechender Anwendung der §§ 58 ff zulässig sein (vgl. § 58 Rn 12; indifferent Keidel-Budde Rn 14; a.A: Prütting/Helms-Fröschle Rn 24; Schulte-Bunert/Weinreich-Eilers Rn 41).

§ 309 Besondere Mitteilungen

(1) **Wird beschlossen, einem Betroffenen zur Besorgung aller seiner Angelegenheiten einen Betreuer zu bestellen oder den Aufgabenkreis hierauf zu erweitern, so hat das Gericht dies der für die Führung des Wählerverzeichnisses zuständigen Behörde mitzuteilen. Das gilt auch, wenn die Entscheidung die in § 1896 Abs. 4 und § 1905 des Bürgerlichen Gesetzbuchs bezeichneten Angelegenheiten nicht erfasst. Eine Mitteilung hat auch dann zu erfolgen, wenn eine Betreuung nach den Sätzen 1 und 2 auf andere Weise als durch den Tod des Betroffenen endet oder wenn sie eingeschränkt wird.**

(2) **Wird ein Einwilligungsvorbehalt angeordnet, der sich auf die Aufenthaltsbestimmung des Betroffenen erstreckt, so hat das Gericht dies der Meldebehörde unter Angabe des Betreuers mitzuteilen. Eine Mitteilung hat auch zu erfolgen, wenn der Einwilligungsvorbehalt nach Satz 1 aufgehoben wird oder ein Wechsel in der Person des Betreuers eintritt.**

1. Mitteilung an das Wahlamt, Abs. 1

§ 309 entspricht im Wesentlichen dem bisher geltenden § 69l FGG und regelt 1
eine spezielle Mitteilungspflicht des Betreuungsgerichts gegenüber der für die Führung des Wählerverzeichnisses zuständigen Behörde (Wahlamt). Im Hinblick darauf, dass die in § 309 Abs. 1 S. 1 und 2 genannten Personen nach § 13 BWahlG vom **Wahlrecht** ausgeschlossen sind, muss das Betreuungsgericht eine entsprechende Mitteilung an das Wahlamt machen. Liegen die Voraussetzungen für eine Mitteilung vor, hat das Betreuungsgericht **kein Ermessen** (Bumiller/Harders Rn 2; Keidel-Budde § 308 Rn 1).

Nach richtiger Auffassung muss sich aus Gründen der **Rechtsklarheit** aus dem 2
Tenor der betreuungsgerichtlichen Entscheidung ergeben (damit den Wahlbehörden ermöglicht wird, bereits daraus zu ersehen, ob die Voraussetzungen für den Wegfall des Wahlrechts vorliegen), dass sich der Aufgabenkreis des Betreuers auf **alle** Angelegenheiten des Betreuten erstreckt (LG Saarbrücken BeckRS 2010 00242 Schulte-Bunert/Weinreich-Eilers Rn 8, 12; Bork/Jakoby/Schwab-Heiderhoff Rn 5). Denn die Aufgabenkreisbeschreibung lässt keine zwingenden Schlüsse auf die Wahlfähigkeit zu (vgl. dazu Keidel-Budde Rn 2; Bienwald § 69 l FGG

Kretz 629

FamFG § 309 Buch 3 Verf. in Betreuungs- u. Unterbringungssachen

Rn 6; LG Zweibrücken BtPrax 1999, 244: „alle" ist subjektiv zu verstehen, so dass es bei Zweifeln notwendig sei, beim Betreuungsgericht nachzufragen). Dennoch ist der Auffassung, dass eine Betreuung auch dann für alle Angelegenheiten angeordnet ist, wenn die einzeln **aufgezählten** Angelegenheiten dem Umfang einer Betreuung für alle Angelegenheiten entsprechen (OLG München Rpfleger 2005, 429), in keinem Fall der Vorzug zu geben (a.A. Prütting/Helms-Fröschle Rn 7). Zwar spricht der Wortlaut des § 309, der – anders als noch § 69l FGG – nicht mehr hervorhebt, dass die Totalbetreuung „ausweislich der Entscheidung" angeordnet wurde, gegen diese Auffassung. Zur Schaffung von Rechtsklarheit muss jedoch immer eine entsprechende **Klarstellung** in die Beschlussformel aufgenommen werden, falls der Richter durch die Einzelaufzählung eine Betreuung für alle Angelegenheiten anordnen will (Keidel-Budde Rn 2). Denn nur der Richter weiß, ob er mit dieser Entscheidung eine Allbetreuung anordnen wollte, wobei klar ist, dass das Wahlamt in eigener Zuständigkeit über die Eintragung entscheidet. Die Übersendung der Mitteilung an das Wahlamt ist ein Indiz dafür, dass jedenfalls der zuständige Richter seinerseits von der Anordnung einer Totalbetreuung ausging (LG Saarbrücken BeckRS 2010 00242).

3 Unter den Voraussetzungen des S. 3 hat eine Mitteilung an das Wahlamt zu erfolgen, weil in diesen Fällen das Wahlrecht wieder auflebt.

4 Die Auffassung, dass die Mitteilung an das Wahlamt dem Betroffenen, Betreuer oder Verfahrenspfleger **nicht** mitgeteilt wird, da es sich um eine zwingende Rechtsfolge handelt (Bumiller/Harders Rn 4; Keidel-Budde Rn 5), erscheint bedenklich. Selbst wenn es sich um eine zwingende Rechtsfolge handelt, muss hierüber der Betroffene aus Gründen der Fairness in Kenntnis gesetzt werden.

2. Mitteilung an die Meldebehörde (Abs. 2)

5 Umfasst ein **Einwilligungsvorbehalt** (§ 1903 BGB) auch den Aufgabenkreis **Aufenthaltsbestimmung**, so ist dies der Meldebehörde mitzuteilen. Die Zulässigkeit des Einwilligungsvorbehalts im Bereich der Aufenthaltsbestimmung ist umstritten, da die Aufenthaltsbestimmung selbst ein Realakt ist, der durch die tatsächliche Durchführung der entsprechenden Handlung (Bestimmung des konkreten Ortes, an dem man sich gerade aufhält) ausgeübt wird. Dennoch sind auch rechtsgeschäftliche Willenserklärungen in diesem Zusammenhang denkbar, weshalb ein solcher Einwilligungsvorbehalt nicht gänzlich ausgeschlossen ist. Der Meldebehörde ist neben den persönlichen Daten des Betroffenen der Umstand des entsprechenden Einwilligungsvorbehalts mitzuteilen. Der Vor- und Familienname, die Anschrift, der akademische Grad und der Tag der Geburt (bei den letzten beiden Angaben zweifelnd Keidel-Budde Rn 4) des **Betreuers** müssen ebenfalls mitgeteilt werden. Die Kenntnis der Tatsachen ist für die Meldebehörde von Bedeutung, um eine rechtmäßige An- und Abmeldung überprüfen zu können (Keidel-Budde Rn 4). S. 2 erstreckt die Mitteilungspflicht auch auf die Aufhebung des Einwilligungsvorbehalts und den Betreuerwechsel.

3. Rechtsmittel

6 Vgl. § 308 Rn 13

§ 310 Mitteilungen während einer Unterbringung

Während der Dauer einer Unterbringungsmaßnahme hat das Gericht dem Leiter der Einrichtung, in der der Betroffene untergebracht ist, die Bestellung eines Betreuers, die sich auf die Aufenthaltsbestimmung des Betroffenen erstreckt, die Aufhebung einer solchen Betreuung und jeden Wechsel in der Person des Betreuers mitzuteilen.

1. Anwendungsbereich

§ 310 entspricht im Wesentlichen dem bisher geltenden § 69m FGG und behandelt Mitteilungspflichten des Betreuungsgerichts an den Leiter der Einrichtung, in der ein Betroffener untergebracht ist. Die Norm gilt unabhängig davon, ob es sich um eine **zivilrechtliche** oder eine **öffentlich-rechtliche Unterbringung** handelt (Keidel-Budde Rn 1). Die Mitteilung ist zwingend, falls die Voraussetzungen vorliegen (Keidel-Budde § 308 Rn 1)

§ 310 ist nur einschlägig, wenn für den Betroffenen eine Betreuung mit dem Aufgabenkreis der **Aufenthaltsbestimmung** angeordnet oder um diesen Bereich erweitert wird und der Betroffene untergebracht ist. In diesem Fall sind bestimmte Umstände – nämlich die Betreuerbestellung, die Aufhebung oder Einschränkung der Betreuung um den Bereich der Aufenthaltsbestimmung und jeder Wechsel in der Person des Betreuers – dem Anstaltsleiter mitzuteilen.

1

2. Normzweck

Durch die Mitteilung der genannten Umstände soll der **Leiter** einer Einrichtung in die Lage versetzt werden zu prüfen, ob bei einer zivilrechtlichen Unterbringung der Betreuer noch zur Unterbringung berechtigt ist. Im Rahmen einer öffentlich-rechtlichen Unterbringung ist dies für ihn zur Abwicklung der Unterbringungsmaßnahme, aber auch zur sachgerechten Behandlung des Betroffenen erforderlich (Jürgens/Kröger/Marschner/Winterstein Rn 479); z.B. bei der vorbereitenden Entlassung aufgrund Aufenthaltsbestimmungsrechts durch den Betreuer oder bei der Umwandlung der Unterbringung aufgrund öffentlichrechtlicher Maßnahmen. Es erfolgt hier nicht die vollständige Mitteilung der Entscheidung, sondern nur die Mitteilung des **Entscheidungstenors**.

2

§ 311 Mitteilungen zur Strafverfolgung

Außer in den sonst in diesem Gesetz, in § 16 des Einführungsgesetzes zum Gerichtsverfassungsgesetz sowie in § 70 Satz 2 und 3 des Jugendgerichtsgesetzes genannten Fällen, darf das Gericht Entscheidungen oder Erkenntnisse aus dem Verfahren, aus denen die Person des Betroffenen erkennbar ist, von Amts wegen nur zur Verfolgung von Straftaten oder Ordnungswidrigkeiten anderen Gerichten oder Behörden mitteilen, soweit nicht schutzwürdige Interessen des Betroffenen an dem Ausschluss der Übermittlung überwiegen. § 308 Abs. 3 und 4 gilt entsprechend.

FamFG Vor § 312 FamFG

1. Anwendungsbereich

1 Die ursprünglich durch das Justizmitteilungsgesetz noch in das FGG eingefügte Vorschrift des heutigen § 311 (zuvor § 69 n FGG) gibt dem Betreuungsgericht nach S. 1 die Möglichkeit, im Rahmen einer **Ermessensentscheidung** (anders die §§ 308-310, hier Mitteilungspflicht) zur Verfolgung von **Straftaten und Ordnungswidrigkeiten** Mitteilungen an Gerichte und Behörden zu machen. Im Rahmen einer **Interessenabwägung** ist zu prüfen, ob die schutzwürdigen Interessen des Betroffenen überwiegen. Betroffener im Sinne des § 311 ist (anders als im Sinne des EGGVG) der Betreute oder zu Betreuende, nicht der von der Mitteilung Betroffene (BT-Drucksache 13/4709 S. 31, Keidel-Budde Rn 2).

2. Mitteilung an andere Stellen

2 Personenbezogene Daten können nach S. 1 außerhalb des § 311 in folgenden Fällen mitgeteilt werden:
- nach § 16 EGGVG bei **Auslandsberührung** (direkt an ausländische öffentliche Stellen oder über zwischenstaatliche Stellen),
- nach § 70 S. 2 und 3 des JGG im **Jugendgericht**sverfahren und
- in den Fällen der §§ 308-310

3. Mitteilung von Daten nach § 311

3 Die Daten dürfen – abgesehen von den in Rn 2 genannten Fällen – nur zur Verfolgung von **Straftaten** und **Ordnungswidrigkeiten** übermittelt werden (im Ermessen des Gerichts), soweit nicht **schutzwürdige Interessen** des Betroffenen an dem Ausschluss der Übermittlung überwiegen. Betreffen die Erkenntnisse strafbares oder ordnungswidriges Verhalten **anderer Personen**, ist danach die Mitteilung regelmäßig zulässig (Keidel-Budde Rn 2).

4. Verfahrensrecht

4 Bezüglich der **Unterrichtungspflicht** und der Form des Aktenkundigmachens erklärt S. 2 § 308 Abs. 3 und 4 für entsprechend anwendbar (vgl. dort Rn 10-12). Zur **Anfechtbarkeit** vgl. § 308 Rn. 13 (a.A. Prütting/Helms-Fröschle Rn 19: Entscheidung ist nach §§ 23 ff EGGVG anfechtbar).

Abschnitt 2. Verfahren in Unterbringungssachen

Vor § 312 FamFG

1 In §§ 312 ff. wird das Verfahren in Unterbringungssachen geregelt. Daneben sind die allgemeinen Vorschriften des FamFG anwendbar. Bei der Gestaltung des Unterbringungsverfahrens ist auf Grund des mit der Freiheitsentziehung verbundenen Grundrechtseingriffs den Rechten der Betroffenen im besonderen Maß Rechnung zu tragen. Die Regelungen betreffen die zivilrechtliche Unterbringung

Vor § 312 FamFG

nach § 1906 BGB sowie die öffentlich-rechtliche Unterbringung nach Landesrecht.

Die Psychischkranken- und Unterbringungsgesetze der Länder im Überblick

- Baden-Württemberg
  1. Gesetz über die Unterbringung psychisch Kranker (Unterbringungsgesetz – UBG) vom 11. 4. 1983 i. d. F. v. 2. 12. 1991 (GBl. 1991 794), zuletzt geändert durch Gesetz vom 4. 5. 2009 (GBl. S.195).
- Bayern
  2. Gesetz über die Unterbringung psychisch Kranker und deren Betreuung (Unterbringungsgesetz – UnterbrG) v. 20. 4. 1982 i. d. F. v. 5. 4. 1992 (GVBl. 61 ff.), zuletzt geänd. durch G. v. 22. 12. 2009 (GVBl. S. 640).
- Berlin
  3. Gesetz für psychisch Kranke (Psych KG) v. 8. 3. 1985 (GVBl. S. 586), geänd. durch Art. II G z. Ausführung des BetreuungsG und zur Anpassung des Landesrechts v. 17. 3. 1994 (GVBl. S. 86, 87).
- Brandenburg
  4. Gesetz über Hilfen und Schutzmaßnahmen sowie über den Vollzug gerichtlich angeordneter Unterbringung für psychisch Kranke (Brandenburgisches Psychisch-Kranken-Gesetz – Bbg PsychKG) v. 13. 5. 2009 (GVBl. I 134).
- Bremen
  5. Gesetz über Hilfen und Schutzmaßnahmen bei psychischen Krankheiten (PsychKG) v. 19. 12. 2000 (GBl. S. 471) i. d. F. v. 2. 12. 2003 (GBl. S. 389, 390), zuletzt geändert durch Gesetz v. 23. 6. 2009 (GBl. 233)
- Hamburg
  6. Hamburgisches Gesetz über Hilfen und Schutzmaßnahmen bei psychischen Krankheiten (HmbPsychKG) v. 27. 9. 1995 (GVBl. S. 235), zuletzt geändert durch Gesetz v. 17. 2. 2009 (GVBl. 29).
- Hessen
  7. Gesetz über die Entziehung der Freiheit geisteskranker, geistesschwacher, rauschgift- oder alkoholsüchtiger Personen v. 19. 5. 1952 u. a. geändert durch Ges. v. 15. 7. 1997 (GVBl. 04, 225).
- Mecklenburg-Vorpommern
  8. Gesetz über Hilfen und Schutzmaßnahmen für psychisch Kranke (Psychischkrankengesetz – PsychKG M-V) v. 13. 4. 2000, zuletzt geändert durch Gesetz v. 23. 5. 2006 (GVBl. 2127-2).
- Niedersachsen
  9. Niedersächsisches Gesetz über Hilfen und Schutzmaßnahmen für psychisch Kranke (Nds. PsychKG) v. 16. 6. 1997 (GVBl. S. 272), zuletzt geändert durch Gesetz v. 25. 1. 2007 (GVBl. 50).
- Nordrhein-Westfalen
  10. Gesetz über Hilfen und Schutzmaßnahmen bei psychischen Krankheiten (PsychKG) v. 17. 12. 1999 (GV. NRW. 1999 S. 662), zuletzt geändert durch Gesetz v. 8. 12. 2009 (GV.NRW. 727).

- Rheinland-Pfalz
  11. Landesgesetz für psychisch kranke Personen (PsychKG) v. 17. 11. 1995 (GVBl. S. 473), geänd. durch G . v. 22. 12. 2009 (GVBl. S. 413).
- Saarland
  12. Gesetz Nr. 1301 über die Unterbringung psychisch Kranker (Unterbringungsgesetz – UBG) v. 11. 11. 1992 (Amtsbl. S. 1271), zuletzt geändert durch Gesetz v. 21. 11. 2007 (Amtsblatt 2393).
- Sachsen
  13. Sächsisches Gesetz über die Hilfen und die Unterbringung bei psychischen Krankheiten (Sächs. PsychKG) v. 10. 10. 2007 (GVBl. 422), zuletzt geänd. durch Gesetz v. 8. 12. 2008 GVBl. 940.
- Sachsen-Anhalt
  14. Gesetz über Hilfen für psychisch Kranke und Schutzmaßnahmen des Landes Sachsen-Anhalt (PsychKG LSA) v. 30. 1. 1992 (GVBl. LSA S. 88), zuletzt geändert durch Gesetz v. 14. 2. 2008 (GVBl. 58).
- Schleswig-Holstein
  15. Gesetz zur Hilfe und Unterbringung psychisch kranker Menschen (Psychisch-Kranken-Gesetz – PsychKG) v. 14. 1. 2000 (GVOBl. Schl.-H. S. 106), zuletzt geändert durch Gesetz v. 24. 9. 2009 (GVOBl. Sch.-H. S. 633).
- Thüringen
  16. Thüringer Gesetz zur Hilfe und Unterbringung psychisch Kranker (Thür PsychKG) v. 5. 2. 2009 (GVBl. 10).

§ 312 Unterbringungssachen

Unterbringungssachen sind Verfahren, die
1. **die Genehmigung einer freiheitsentziehenden Unterbringung eines Betreuten (§ 1906 Abs. 1 bis 3 des Bürgerlichen Gesetzbuchs) oder einer Person, die einen Dritten zu ihrer freiheitsentziehenden Unterbringung bevollmächtigt hat (§ 1906 Abs. 5 des Bürgerlichen Gesetzbuchs),**
2. **die Genehmigung einer freiheitsentziehenden Maßnahme nach § 1906 Abs. 4 des Bürgerlichen Gesetzbuchs oder**
3. **eine freiheitsentziehende Unterbringung eines Volljährigen nach den Landesgesetzen über die Unterbringung psychisch Kranker**
betreffen.

1. Anwendungsbereich der §§ 312 – 339

Die Vorschrift ersetzt § 70 Abs.1 FGG. Unterbringungssachen i. S. d. §§ 312 ff. sind:

a) Die zivilrechtlichen Unterbringungsmaßnahmen (Satz 1 Nr. 1 und 2)

1   Dazu gehören:
2   • Die Verfahren der Genehmigung der **Unterbringung** eines **Betreuten** durch den Betreuer nach § 1906 Abs. 1 bis 3 BGB sowie eines Betroffenen durch den

Bevollmächtigten bei Vorliegen einer entsprechenden Vollmacht nach § 1906 Abs. 5 BGB (Nr.1). Damit werden erfasst: die **vorherige** Genehmigung auf Antrag des Betreuers oder Bevollmächtigten (§ 1906 Abs. 2 S. 1 BGB), die **nachträgliche** Genehmigung einer Unterbringung durch den Betreuer oder Bevollmächtigten (§ 1906 Abs. 2 S. 2 1. Halbsatz), die **Verlängerung** der Unterbringungsmaßnahme nach § 329 Abs. 2 sowie die **Aufhebung** der Unterbringungsmaßnahme durch das Gericht nach Wegfall ihrer Voraussetzungen (§ 1906 Abs. 3 BGB i. V. m. § 330; s. dazu § 330 Rn 1–3).

Vorläufige Unterbringungsmaßnahmen durch das Betreuungsgericht selbst nach § 1908 i Abs. 1 S. 1 i. V. m. § 1846 BGB werden von § 312 nicht unmittelbar erfasst (zu den Voraussetzungen vgl. § 334 Rn 15 ff.). Über § 334 erhalten sie jedoch den Charakter von Unterbringungsmaßnahmen i. S. d. § 312 (Keidel-Budde § 312 Rn 2).

• Die Genehmigung einer **unterbringungsähnlichen Maßnahme** nach 3 § 1906 Abs. 4 BGB durch Betreuer oder Bevollmächtigten (Nr. 2). § 1906 Abs. 1 bis 3 BGB gilt entsprechend, wenn dem Betroffenen, der sich in einer Anstalt, einem Heim oder einer sonstigen Einrichtung befindet, ohne untergebracht zu sein, durch mechanische Vorrichtungen, Medikamente oder auf andere Weise über einen längeren Zeitraum oder regelmäßig die Freiheit entzogen werden soll (hierzu § 1906 BGB Rn 30 ff.). Auch insoweit ist ein Antrag des Betreuers bzw. Bevollmächtigten erforderlich (BVerfG NJW 2009, 1803).

• Nicht mehr zu den Unterbringungssachen nach § 312 gehört das Verfahren der Genehmigung der **Unterbringung eines Kindes** nach § 1631b BGB. Dieses zählt nunmehr zu den Kindschaftssachen nach § 151 Nr. 6, für die die Familiengerichte zuständig sind. Insoweit bestehen besondere Verfahrensvorschriften nach § 167 unter Verweisung auf §§ 312 ff.

b) Die öffentlich-rechtliche Unterbringung (Nr. 3)

In den Anwendungsbereich der §§ 312 ff. sind auch die Anordnungen einer 4 freiheitsentziehenden Unterbringung nach den Landesgesetzen über die Unterbringung psychisch Kranker einbezogen, soweit sie Volljährige betreffen. Bei der Unterbringung Minderjähriger handelt es sich auch insoweit nunmehr um eine Kindschaftssache mit Zuständigkeit des Familiengerichts (§ 151 Nr. 7).

Alle Bundesländer haben ein **Landesgesetz** über die Unterbringung psychisch 5 Kranker erlassen (vgl. dazu den Überblick vor § 312 sowie die Kommentierung bei Marschner/Volckart/Lesting Teil B).

Die verschiedenen Landesgesetze regeln sowohl die materiellen Voraussetzun- 6 gen, unter denen eine Freiheitsentziehung zulässig ist, als auch verfahrensrechtliche Fragen. Soweit es allein um die materiell-rechtlichen Voraussetzungen geht, lässt die bundesrechtliche Regelung des FamFG diese unberührt (OLG Frankfurt BtPrax 1992, 70 zum hessischen Freiheitsentziehungsgesetz: keine Unterbringung allein unter dem Gesichtspunkt der Krankenfürsorge). Im Vordergrund der landesrechtlichen Regelungen stehen die Gesichtspunkte der Gefahrenabwehr sowie der Krisenintervention bei psychisch kranken Menschen.

In verfahrensrechtlicher Hinsicht ist zu differenzieren:

• soweit es um die **Einleitung** des **verwaltungsrechtlichen** Unterbringungs- 7 verfahrens im Vorfeld des Gerichtsverfahrens geht, bleibt es ebenfalls bei der landesrechtlichen Regelung. Dies bedeutet, dass die nach Landesrecht zuständigen Behörden und Stellen tätig werden müssen und insbesondere die nach Landesrecht

FamFG § 313 Buch 3 Verf. in Betreuungs- u. Unterbringungssachen

für die Verwaltung vorgesehenen vorläufigen Unterbringungsmaßnahmen zu treffen haben (OLG Frankfurt NJW 1992, 1395, BayObLG FamRZ 1992, 1221).

8 • § 312 Ziff. 3 FGG erfasst damit allein das **gerichtliche** Unterbringungsverfahren bei der öffentlich-rechtlichen Unterbringung. Das Gericht wird jedoch nur auf Antrag, der zwingende Verfahrensvoraussetzung ist, tätig. Soweit vorläufige Maßnahmen nach § 331 ff. auch von Amts wegen möglich sein sollen (so OLG Frankfurt NJW 1992, 1395, 1396; BayObLG NJW 1992, 2709; FamRZ 2000, 566), ist dies durch die Regelung des § 51 Abs. 1 S. 1 überholt. Unberührt davon bleibt die Möglichkeit, von Amts wegen nach § 334 vorzugehen, soweit dessen Voraussetzungen vorliegen (vgl. dazu § 334 Rn 1 ff.; Marschner/Volckart/Lesting vor § 312 Rn 7). Dies ist nur im Rahmen der Selbstgefährdung möglich. Form und Inhalt des Antrages sowie die Antragsberechtigung regelt das Landesrecht (Marschner/Volckart/Lesting B 85 ff.).

9 • Im Übrigen sind die landesrechtlichen Verfahrensvorschriften aller Bundesländer betreffend das gerichtliche Verfahren an das FamFG anzupassen..

10 Zum Verhältnis zivilrechtlicher zu öffentlich-rechtlicher Unterbringung s. § 1906 Rn 48.

11 §§ 312 ff. finden keine Anwendung auf Freiheitsentziehungssachen nach §§ 415 ff. (insbesondere Abschiebungshaft sowie polizeilicher Gewahrsam, hierzu Marschner/Volckart/Lesting Kap. E und F) sowie Unterbringungen nach dem Strafgesetzbuch (§§ 63, 64, 66 StGB) und der Strafprozessordnung (§ 81 StPO).

2. Sachliche Zuständigkeit

12 Für alle Unterbringungssachen nach §§ 312 ff. sind die **Betreuungsgerichte** bei den Amtsgerichten zuständig (§ 23c GVG). Die Bundesländer können durch Rechtsverordnung Angelegenheiten der freiwilligen Gerichtsbarkeit und damit Betreuungs- und Unterbringungssachen einem Amtsgericht für den Bezirk mehrerer Amtsgerichte zuweisen (§23d GVG).

§ 313 Örtliche Zuständigkeit

(1) **Ausschließlich zuständig für Unterbringungssachen nach § 312 Nr. 1 und 2 ist in dieser Rangfolge:**
1. **das Gericht, bei dem ein Verfahren zur Bestellung eines Betreuers eingeleitet oder das Betreuungsverfahren anhängig ist;**
2. **das Gericht, in dessen Bezirk der Betroffene seinen gewöhnlichen Aufenthalt hat;**
3. **das Gericht, in dessen Bezirk das Bedürfnis für die Unterbringungsmaßnahme hervortritt;**
4. **das Amtsgericht Schöneberg in Berlin, wenn der Betroffene Deutscher ist.**

(2) **Für einstweilige Anordnungen oder einstweilige Maßregeln ist auch das Gericht zuständig, in dessen Bezirk das Bedürfnis für die Unterbringungsmaßnahme bekannt wird. In den Fällen einer einstweiligen Anordnung oder einstweiligen Maßregel soll es dem nach Absatz 1 Nr. 1 oder Nr. 2 zuständigen Gericht davon Mitteilung machen.**

(3) **Ausschließlich zuständig für Unterbringungen nach § 312 Nr. 3 ist das Gericht, in dessen Bezirk das Bedürfnis für die Unterbringungsmaß-**

Örtliche Zuständigkeit § 313 FamFG

nahme hervortritt. Befindet sich der Betroffene bereits in einer Einrichtung zur freiheitsentziehenden Unterbringung, ist das Gericht ausschließlich zuständig, in dessen Bezirk die Einrichtung liegt.

(4) Ist für die Unterbringungssache ein anderes Gericht zuständig als dasjenige, bei dem ein die Unterbringung erfassendes Verfahren zur Bestellung eines Betreuers eingeleitet ist, teilt dieses Gericht dem für die Unterbringungssache zuständigen Gericht die Aufhebung der Betreuung, den Wegfall des Aufgabenbereiches Unterbringung und einen Wechsel in der Person des Betreuers mit. Das für die Unterbringungssache zuständige Gericht teilt dem anderen Gericht die Unterbringungsmaßnahme, ihre Änderung, Verlängerung und Aufhebung mit.

1. Anwendungsbereich

Die Vorschrift über die örtliche Zuständigkeit ersetzt § 70 Abs. 2, 5 und 7 FGG 1
und regelt die örtliche Zuständigkeit bei zivilrechtlicher und öffentlich-rechtlicher Unterbringung in Ergänzung des § 2. Nach § 2 Abs. 2 bleibt die einmal begründete örtliche Zuständigkeit grundsätzlich erhalten (zur Abgabemöglichkeit siehe § 314).

2. Örtliche Zuständigkeit bei zivilrechtlicher Unterbringung (Abs. 1)

Für die zivilrechtliche Unterbringung nach § 312 Nr. 1 und 2 ist grundsätzlich 2
das Gericht örtlich zuständig, bei dem ein **Verfahren zur Bestellung eines Betreuers** eingeleitet oder das Betreuungsverfahren anhängig ist (Abs. 1 Nr. 1). Anhängigkeit in diesem Sinne bedeutet, dass zumindest ein vorläufiger Betreuer mit dem Aufgabenkreis Unterbringung bestellt ist. Nach der Neuregelung genügt aber auch die Einleitung eines Betreuungsverfahrens, das den Aufgabenbereich der Unterbringung umfasst.

Liegen die Voraussetzungen der Nr. 1 nicht vor, 3
- ist grundsätzlich zuständig das Gericht des **gewöhnlichen Aufenthaltes** des Betroffenen (Abs. 1 Nr. 2; zum Begriff des gewöhnlichen Aufenthalts § 272 Rn. 5);
- bei Fehlen eines solchen im Inland oder fehlender Feststellbarkeit, das Gericht, in dessen Bezirk das **Fürsorgebedürfnis** hervortritt (Abs. 1 Nr. 3; hierzu § 272 Rn 5);
- hilfsweise bei Deutschen das Amtsgericht Schöneberg in Berlin-Schöneberg (Abs.1 Nr. 4).

3. Zuständigkeit bei Eilmaßnahmen (Abs. 2)

Neben der Zuständigkeit des Gerichts nach Abs. 1 wird eine weitere Zuständig- 4
keit für **Eilmaßnahmen** bei dem Gericht, in dem das Fürsorgebedürfnis hervortritt, begründet. Dabei handelt es sich um einstweilige Anordnungen nach §§ 331 ff. sowie einstweilige Maßregeln nach § 334 i. V. m. § 1846 BGB. Dem nach Abs. 1 Nr. 1 oder 2 zuständigen Gericht soll in diesem Fall eine Mitteilung

gemacht werden, damit dieses die ggf. erforderlichen Entscheidungen treffen kann (zur entsprechenden Vorschrift im Betreuungsverfahren § 272 Rn. 7 ff.).

4. Zuständigkeit bei öffentlich-rechtlicher Unterbringung (Abs. 3)

5   Für die öffentlich-rechtliche Unterbringung nach § 312 Nr. 3 ist ausschließlich zuständig das Gericht, in dessen Bezirk ein **Fürsorgebedürfnis** (d.h. die akute Gefahrensituation) hervortritt. Die Anknüpfung an den gewöhnlichen Aufenthalt könnte bei vorübergehendem Aufenthalt des Betroffenen zu einer Anwendung auswärtigen Landesrechts führen, was vermieden werden sollte (BT-Drucks. 11/4528 S. 218 und 233; BT-Drucks. 11/6949 S. 83). Befindet sich der Betroffene bereits in einer Einrichtung zur freiheitsentziehenden Unterbringung, ist das Gericht des Unterbringungsortes ausschließlich zuständig (Abs. 3 S. 2). Dies gilt auch für den Fall, dass die zuständige Behörde den Betroffenen im Wege der Sofortunterbringung in diese Einrichtung verbringt. Auch der Unterbringungsantrag ist dann bei dem Gericht am Einrichtungsort zu stellen (OLG Hamm FGPrax 2009, 35 = BtPrax 2009, 40).

5. Internationale Zuständigkeit

6   Die Internationale Zuständigkeit deutscher Gerichte für zivilrechtliche Unterbringungen ist nunmehr in § 104 i.V.mit § 99 Abs. 2 und 3 geregelt (siehe die Kommentierung zu § 104). Die öffentlich-rechtliche Unterbringung ist nach § 104 Abs. 3 bewusst nicht einbezogen worden (BT-Drucks. 11/4528 S. 183).

6. Funktionelle Zuständigkeit

7   Für Unterbringungssachen nach § 312 ist ausschließlich der **Richter** zuständig, da eine Zuweisung an den Rechtspfleger fehlt. Ein Richter auf Probe darf im ersten Jahr nach seiner Ernennung keine Geschäfte des Betreuungsrichters und damit auch keine Unterbringungssachen wahrnehmen (§ 23c Abs. 2 GVG).

7. Mitteilungspflichten (Abs. 4)

8   In Abs. 4 werden gegenseitige Mitteilungspflichten geregelt, wenn für das Betreuungsverfahren und das Unterbringungsverfahren verschiedenen Gerichte zuständig sind. Die Vorschrift gilt auch für öffentlich-rechtliche Unterbringungsverfahren. Durch die Mitteilungen sollen Veränderungen im Betreuungs- bzw. Unterbringungsverfahren durch das jeweils andere Gericht möglichst kurzfristig berücksichtigt werden können.

§ 314 Abgabe der Unterbringungssache

Das Gericht kann die Unterbringungssache abgeben, wenn der Betroffene sich im Bezirk des anderen Gerichts aufhält und die Unterbringungsmaßnahme dort vollzogen werden soll, sofern sich dieses zur Übernahme des Verfahrens bereit erklärt hat.

1. Anwendungsbereich

Die Vorschrift ersetzt § 70 Abs. 3 FGG und erstreckt die Möglichkeit der 1
Abgabe auch auf die öffentlich-rechtliche Unterbringung. Es handelt sich um
eine besondere Regel, die § 4 ergänzt. Voraussetzung für die Abgabe ist, dass sich
der Betroffene im Bezirk des anderen Gerichts aufhält und dort untergebracht
werden soll. Die erleichterte Abgabemöglichkeit dient dem Zweck, dass insbesondere die Anhörung des Betroffenen nach § 319 durch das Gericht erfolgt, in dessen
Bezirk der Betroffene untergebracht ist.

2. Abgabe bei der zivilrechtlichen Unterbringung

Soll ein zivilrechtliches Unterbringungsverfahren abgegeben werden, ist nach 2
der Neuregelung durch das 2. BtÄndG nicht mehr danach zu unterscheiden, ob
eine Betreuung, deren Aufgabenbereich die Unterbringung umfasst, anhängig ist
oder nicht. Vielmehr ist die Abgabe in beiden Fällen in das Ermessen des Gerichts
gestellt.

Es müssen jedoch folgende Voraussetzungen vorliegen: 3
a) Ein **wichtiger Grund** ist in Abweichung von § 4 für die Abgabe nicht
erforderlich. Der Gesetzgeber wollte dadurch die Abgabe des Unterbringungsverfahrens unabhängig von der eventuellen Anhängigkeit eines Betreuungsverfahrens
bzw. der Abgabe des Betreuungsverfahrens erleichtern und ermöglichen, dass eine
Abgabe an das Gericht, in dessen Bezirk die Unterbringungsmaßnahme vollzogen
wird, gerade in den Fällen erfolgt, in denen die Unterbringungseinrichtung weit
von dem bisherigen Wohnort des Betroffenen entfernt ist (OLG München
BeckRS 2008 02843 BT-Drucks. 15/2494 S. 43). Ob die Abgabe im Einzelfall
sinnvoll ist, liegt im Ermessen des abgebenden Gerichts. Dabei ist einerseits zu
beachten, dass das Gesetz grundsätzlich die Konzentration von Maßnahmen bei
einem zuständigen Richter befürwortet, andererseits mit Rücksicht auf seine Reisetätigkeit dem Richter eine Abgabemöglichkeit schafft. Eine Abgabe scheidet
daher von vornherein aus, wenn an ein benachbartes oder nicht weit entferntes
Gericht abgegeben werden soll (OLG Stuttgart FamRZ 1986, 821). Eine Abgabe
kann auch dann erst in Betracht kommen, wenn die Ermittlungen des Gerichts
eine ausreichende Wahrscheinlichkeit dafür bieten, dass die Unterbringung des
Betroffenen notwendig ist und von einer gewissen Dauer sein wird (vgl. dazu
SchlH OLG Rpfleger 1983, 352). Im Übrigen sind die Interessen des Betroffenen
und des Betreuers gerade auch im Hinblick auf den persönlichen Kontakt im
Rahmen der Ermessensentscheidung abzuwägen.

b) **Anhörung** der Beteiligten nach § 4 Satz 2. Es handelt sich um eine Soll- 4
Vorschrift. In der Regel muss rechtliches Gehör gewährt werden, ohne dass es
einer mündlichen Anhörung bedarf. Eine Ausnahme kommt nur in besonders
eiligen Fällen in Betracht. Die Zustimmung des gesetzlichen Vertreters ist entfallen
(zur Parallelvorschrift im Betreuungsverfahren § 273 Rn 7).

c) **Übernahmebereitschaft** des anderen Gerichts. Kommt es unter den beteiligten Gerichten zu einem Abgabestreit, so entscheidet das nächsthöhere gemeinsame Gericht (§ 5 Abs. 1 Nr. 5; hierzu § 273 Rn 12). 5

Für **einstweilige Anordnungen und Maßregeln** nach §§ 331 ff. ergibt sich 6
die Zuständigkeit des Übernahmegerichts aus § 313 Abs. 2 Satz 1, weil in der

FamFG § 315 Buch 3 Verf. in Betreuungs- u. Unterbringungssachen

Regel von einem akuten Unterbringungsbedürfnis auszugehen ist (siehe Keidel-Budde § 314 Rn. 4). Mit der Übernahme wird das Gericht auch für die Verlängerung einer Unterbringungsmaßnahme nach § 329 Abs.2 zuständig.

3. Abgabe bei öffentlich-rechtlicher Unterbringung

7 Auch bei der öffentlich-rechtlichen Unterbringung besteht nach der Neuregelung durch das FamFG entgegen der für das FGG vertretenen Auffassung (BayObLG FamRZ 2001, 778) eine Abgabemöglichkeit entsprechend den vorstehenden für die zivilrechtliche Unterbringung dargelegten Kriterien. Dies ermöglicht eine größere Flexibilität auch im Verfahren der öffentlich-rechtlichen Unterbringung (Keidel-Budde § 314 Rn 3).

§ 315 Beteiligte

(1) **Zu beteiligen sind**
1. **der Betroffene,**
2. **der Betreuer,**
3. **der Bevollmächtigte im Sinne des § 1896 Abs. 2 Satz 2 des Bürgerlichen Gesetzbuchs.**

(2) **Der Verfahrenspfleger wird durch seine Bestellung als Beteiligter zum Verfahren hinzugezogen.**

(3) **Die zuständige Behörde ist auf ihren Antrag als Beteiligte hinzuzuziehen.**

(4) **Beteiligt werden können im Interesse des Betroffenen**
1. **dessen Ehegatte oder Lebenspartner, wenn die Ehegatten oder Lebenspartner nicht dauernd getrennt leben, sowie dessen Eltern und Kinder, wenn der Betroffene bei diesen lebt oder bei Einleitung des Verfahrens gelebt hat, sowie die Pflegeeltern,**
2. **eine von ihm benannte Person seines Vertrauens,**
3. **der Leiter der Einrichtung, in der der Betroffene lebt.**
Das Landesrecht kann vorsehen, dass weitere Personen und Stellen beteiligt werden können.

1. Anwendungsbereich

1 Die Vorschrift knüpft an § 7 an und ist für die zivilrechtliche und öffentlich-rechtliche Unterbringung anwendbar. Sie hat keine Vorgängervorschrift im FGG (zur Neuregelung des Beteiligtenbegriffs § 274 Rn 1 ff.; Fröschle BtPrax 2009, 155). Allerdings regelte § 70d FGG bereits, welchen Personen und Behörden sowie Einrichtungen im Unterbringungsverfahren Gelegenheit zur Äußerung zu geben war.

2. Muss-Beteiligte (Abs. 1 – 3)

2 Zwingend zu beteiligen am Unterbringungsverfahren sind
- der **Betroffene** (so bereits § 7 Abs. 2 Nr. 1),

- der **Betreuer** ohne Rücksicht darauf, ob sein Aufgabenkreis betroffen ist (anders in § 274 Abs. 1 Nr. 2),
- der **Bevollmächtigte**, auch wenn es sich um eine öffentlich-rechtliche Unterbringung handelt (Keidel-Budde § 315 Rn 4; siehe OLG Hamm FamRZ 2007, 934),
- der **Verfahrenspfleger** mit seiner Bestellung, die im Unterbringungsverfahren in aller Regel zu erfolgen hat (hierzu § 317 Rn 2 ff.),
- die **zuständige Behörde**, wenn diese es beantragt (Abs. 3). Dies betrifft die Betreuungsbehörde in zivilrechtlichen Unterbringungsverfahren. In Verfahren der öffentlich-rechtlichen Unterbringung ist die nach Landesrecht zuständige Behörde bereits als Antragsteller nach § 7 Abs. 1 zu beteiligen.

3. Kann-Beteiligte (Abs. 4)

Der Kreis der Familienangehörigen, die nach Abs. 4 beteiligt werden können, ist enger gezogen als im Betreuungsverfahren nach § 274 Abs. 4 Nr. 1. Die Beteiligung erfolgt nach § 7 Abs. 3 von Amts wegen oder auf Antrag (zum Verfahren § 274 Rn 11).

Nach Abs. 4 können beteiligt werden
- der nicht dauernd getrennt lebende **Ehegatte oder Lebenspartner,**
- die **Eltern und Kinder** bei häuslicher Gemeinschaft im Zeitpunkt der Einleitung des Verfahrens. Elternteil ist auch der nichteheliche Vater. Ob der Elternteil sorgeberechtigt ist, ist unbeachtlich. Kinder im Sinne der Nr. 2 sind volljährige (auch Adoptiv- und nichteheliche) Kinder.
- die Pflegeeltern (hierzu § 303 Rn 5),
- eine **Vertrauensperson**, die allerdings anders als nach § 274 Abs. 4 Nr. 1 von dem Betroffenen benannt sein muss (Nr. 2). Hierbei kann es sich auch um einen nichtehelichen Lebensgefährten handeln;
- der **Leiter** der Einrichtung, in der der Betroffene lebt. Dieser kann seine Rechte und Pflichten in der üblichen Weise an andere Bedienstete der Einrichtung delegieren (BT-Drucks. 11/4528 S. 184).

Nach Landesrecht kann vorgesehen werden, dass weitere Personen und Stellen beteiligt werden können.

§ 316 Verfahrensfähigkeit

In Unterbringungssachen ist der Betroffene ohne Rücksicht auf seine Geschäftsfähigkeit verfahrensfähig.

1. Anwendungsbereich

Die Vorschrift entspricht § 70a FGG. Von § 316 werden alle Verfahren über Unterbringungsmaßnahmen nach den §§ 312 ff. erfasst.

2. Umfang der Verfahrensfähigkeit

Der Betroffene kann, um nicht zum bloßen Verfahrensobjekt zu werden, auch bei Vorliegen von Geschäftsunfähigkeit alle Verfahrenshandlungen vornehmen und einen Rechtsanwalt beauftragen (vgl. dazu und zum Verhältnis zum Verfahrenspfleger und dessen Handlungen § 275 Rn. 4 ff.).

§ 317 Verfahrenspfleger

(1) Das Gericht hat dem Betroffenen einen Verfahrenspfleger zu bestellen, wenn dies zur Wahrnehmung der Interessen des Betroffenen erforderlich ist. Die Bestellung ist insbesondere erforderlich, wenn von einer Anhörung des Betroffenen abgesehen werden soll.

(2) Bestellt das Gericht dem Betroffenen keinen Verfahrenspfleger, ist dies in der Entscheidung, durch die eine Unterbringungsmaßnahme genehmigt oder angeordnet wird, zu begründen.

(3) Wer Verfahrenspflegschaften im Rahmen seiner Berufsausübung führt, soll nur dann zum Verfahrenspfleger bestellt werden, wenn keine andere geeignete Person zur Verfügung steht, die zur ehrenamtlichen Führung der Verfahrenspflegschaft bereit ist.

(4) Die Bestellung eines Verfahrenspflegers soll unterbleiben oder aufgehoben werden, wenn die Interessen des Betroffenen von einem Rechtsanwalt oder einem anderen geeigneten Verfahrensbevollmächtigten vertreten werden.

(5) Die Bestellung endet, sofern sie nicht vorher aufgehoben wird, mit der Rechtskraft der Endentscheidung oder mit dem sonstigen Abschluss des Verfahrens.

(6) Die Bestellung eines Verfahrenspflegers oder deren Aufhebung sowie die Ablehnung einer derartigen Maßnahme sind nicht selbständig anfechtbar.

(7) Dem Verfahrenspfleger sind keine Kosten aufzuerlegen.

1. Anwendungsbereich

1   Die Vorschrift ersetzt §§ 70 b FGG und findet auf alle Verfahren nach den §§ 312 ff. Anwendung.

2. Voraussetzungen (Abs. 1)

2   Das Gesetz sieht in Abs. 1 S. 2 eine **zwingende** Verfahrenspflegerbestellung für den Fall vor, dass von der persönlichen Anhörung erhebliche Nachteile für die Gesundheit des Betroffenen zu besorgen sind oder der Betroffene offensichtlich nicht in der Lage ist, seinen Willen kundzutun, und deswegen die Anhörung unterbleibt (§ 34 Abs. 2).

Gleich zu behandeln ist der Fall, dass von der Bekanntmachung der Entscheidungsgründe nach § 325 Abs. 1 gegenüber dem Betroffenen abgesehen werden soll oder dem Betroffenen der Inhalt des Sachverständigengutachtens nicht oder nicht vollständig zur Kenntnis gegeben wird (Keidel-Budde § 317 Rn 3; OLG München BtPrax 2006, 35).

3   Im Übrigen ist eine Verfahrenspflegerbestellung vorzunehmen, soweit dies zur Wahrnehmung der Interessen des Betroffenen **erforderlich** ist. Ein Ermessen besteht insoweit nicht (Keidel-Budde § 317 Rn. 2). In dieser Regelung liegt eine

wesentliche Verschlechterung gegenüber der bis 1992 geltenden Rechtslage in mehreren PsychKGs der Länder, die eine zwingende Beiordnung eines Rechtsanwalts normierten. Die Gesetz gewordene Formulierung „soweit erforderlich" ist ein Kompromiss aus dem Gesetzgebungsverfahren, der Kostengründe zum Hintergrund hatte. Sofern aus dieser Gesetzesformulierung der Schluss gezogen werden sollte, dass die Verfahrenspflegerbestellung nicht mehr der Regelfall sein soll, so zeigen die Anwendungsfälle in der Praxis, dass im Falle der zivilrechtlichen und öffentlich-rechtlichen Unterbringung es in der Regel zu einer Verfahrenspflegerbestellung kommen muss (EGMR NJW 1992, 2945, 2946; OLG Schleswig BtPrax 1994, 62, 63; OLG Köln BtPrax 2008, 35; KG BtPrax 2008, 42; Marschner/Volckart/Lesting § 317 Rn 2; Klüsener FamRZ 1994, 487, 488).

Im Rahmen einer Gesamtabwägung ist festzustellen, ob der Betroffene in ausreichendem Maße sein Recht auf **rechtliches Gehör** wahrnehmen kann. Ist ihm das auf Grund seiner Krankheit, seiner geistigen Fähigkeiten oder der verabreichten Medikation nur eingeschränkt oder gar nicht mehr möglich, weil er zu Behauptungen von Zeugen, Sachverständigen und gesetzlichem Vertreter nicht Stellung nehmen kann, ist eine Verfahrenspflegerbestellung unerlässlich. **4**

Darüber hinaus kann im Rahmen einer zivilrechtlichen Unterbringungsmaßnahme die **Interessenkollision** des gesetzlichen Vertreters mit dem Betroffenen bei eigener Betroffenheit des gesetzlichen Vertreters vom Verhalten des Betroffenen oder Handeln gegen dessen natürlichen Willen eine Verfahrenspflegerbestellung erzwingen (Keidel-Budde § 317 Rn 2; Marschner/Volckart/Lesting § 317 Rn 2; BayObLG NJW 1990, 774 zu § 64 b FGG a.F.; Schumacher FamRZ 1991, 280, 283). Dies gilt grundsätzlich auch für unterbringungsähnliche Maßnahmen nach § 1906 Abs. 4 BGB. Zwar wird überwiegend vertreten, im Falle unterbringungsähnlicher Maßnahmen sei nach Art, Intensität und Dauer der Maßnahmen zu differenzieren. Das Verschließen des Heimeingangs zur Nachtzeit ist danach anders zu beurteilen als das längerfristige Anlegen eines Bauchgurtes (Damrau/Zimmermann § 70 b Rn 5; Keidel-Budde § 317 Rn 2). Gerade die typischen Sicherungsmaßnahmen in Einrichtungen (hierzu § 1906 BGB Rn. 37) stellen aber einen so gewichtigen Grundrechtseingriff dar, dass regelmäßig die Bestellung eines Verfahrenspflegers geboten ist. Wird der Betroffene von einem Verfahrensbevollmächtigten (sachkundigen Verwandten, Rechtsanwalt) vertreten, scheidet eine Verfahrenspflegerbestellung in der Regel aus (Abs. 4; siehe LG Bremen FamRZ 2005, 222). **5**

Sieht das Gericht von einer Verfahrenspflegerbestellung ab, so ist das nach § 317 Abs. 2 in der Entscheidung auf den konkreten Fall zugeschnitten zu begründen (LG Köln BtPrax 1992, 74, 75). Eine formularmäßige Begründung scheidet daher aus (Jürgens/Kröger/Marschner/Winterstein Rn 554; OLG Schleswig BtPrax 1994, 62). **6**

3. Bestellungsverfahren

Der Betreuungsrichter bestellt den Verfahrenspfleger so früh wie möglich. Der Beschluss über die Bestellung eines Verfahrenspflegers wird mit Bekanntgabe an diesen wirksam (§ 40 Abs. 1). Das Gericht wählt die **Person** des Verfahrenspflegers nach pflichtgemäßem Ermessen aus, wobei nicht nur Rechtsanwälte, sondern insbesondere auch Sozialarbeiter in Betracht kommen. Dabei ist auf eine kritische Distanz zum gesetzlichen Vertreter und psychiatrischen Sachverständigen einer- **7**

FamFG § 318   Buch 3 Verf. in Betreuungs- u. Unterbringungssachen

seits und die Fähigkeit, auf den Betroffenen eingehen zu können, andererseits zu achten. Nach Abs. 3 soll ein berufsmäßig tätiger Verfahrenspfleger nur bestellt werden, wenn eine **ehrenamtliche Person** nicht zur Verfügung steht. Dadurch werden Staatskasse bzw. der Betroffene nicht mit den Kosten eines berufsmäßig tätigen Verfahrenspflegers belastet. Allerdings ist gerade in Unterbringungsverfahren abzuwägen, ob nicht ein professioneller Verfahrenspfleger eher geeignet ist, die Grundrechte des Betroffenen zu schützen.

4. Rechtsstellung des Verfahrenspflegers

8   Die Verfahrenspflegschaft ist eine Pflegschaft besonderer Art (hierzu § 276 Rn 18). Der Verfahrenspfleger hat in erster Linie die Pflicht, den Verfahrensgarantien des Betroffenen, insbesondere dem Anspruch auf rechtliches Gehör, Geltung zu verschaffen und den tatsächlichen oder mutmaßlichen Willen des Betroffenen zu erkunden und in das Verfahren einzubringen (BGH NJW 2009, 2814 = FamRZ 2009, 1656). Er ist an allen Verfahrenshandlungen zu beteiligen und insbesondere zu der Anhörung des Betroffenen zu laden; das Sachverständigengutachten ist ihm zugänglich zu machen (BayObLG FamRZ 2002, 629; OLG Köln BtPrax 2008, 25).

5. Beendigung der Verfahrenspflegschaft, Anfechtbarkeit (Abs. 5, 6)

9   Die Verfahrenspflegschaft endet mit formeller Rechtskraft der verfahrensabschließenden Endentscheidung, mit dem sonstigem Verfahrensabschluss (z. B. Rücknahme des Antrages, Entlassung des Betroffenen) oder mit der Aufhebung. Entscheidungen über die Bestellung eines Verfahrenspflegers sind nach nunmehr ausdrücklicher gesetzlicher Regelung in Abs. 6 nicht anfechtbare Zwischenentscheidungen. Dies entspricht bisheriger Rechtsprechung (BGH BtPrax 2003,266). Die Verfahrenspflegerbestellung umfasst nicht automatisch die Verlängerung des Unterbringungsverfahrens.

6. Kostentragung (Abs. 7)

10   Der Verfahrenspfleger kann nicht mit Kosten insbesondere für ein erfolglos eingelegtes Rechtsmittel belastet werden. Zu den Vergütungs- und Aufwendungsersatzansprüchen des Verfahrenspflegers siehe § 318

7. Beschlussformel

11   Siehe hierzu § 276 Rn. 22

§ 318 Vergütung und Aufwendungsersatz des Verfahrenspflegers

Für die Vergütung und den Aufwendungsersatz des Verfahrenspflegers gilt § 277 entsprechend.

Zur Vergütung des Verfahrenspflegers vgl. § 277.

§ 319 Anhörung des Betroffenen

(1) Das Gericht hat den Betroffenen vor einer Unterbringungsmaßnahme persönlich anzuhören und sich einen persönlichen Eindruck von ihm zu verschaffen. Den persönlichen Eindruck verschafft sich das Gericht, soweit dies erforderlich ist, in der üblichen Umgebung des Betroffenen.

(2) Das Gericht unterrichtet den Betroffenen über den möglichen Verlauf des Verfahrens.

(3) Soll eine persönliche Anhörung nach § 34 Abs. 2 unterbleiben, weil hiervon erhebliche Nachteile für die Gesundheit des Betroffenen zu besorgen sind, darf diese Entscheidung nur auf Grundlage eines ärztlichen Gutachtens getroffen werden.

(4) Verfahrenshandlungen nach Absatz 1 sollen nicht im Wege der Rechtshilfe erfolgen.

(5) Das Gericht kann den Betroffenen durch die zuständige Behörde vorführen lassen, wenn er sich weigert, an Verfahrenshandlungen nach Absatz 1 mitzuwirken.

1. Anwendungsbereich

Die Vorschrift entspricht weitgehend § 70 c FGG und gilt für alle Unterbringungsmaßnahmen einschließlich der unterbringungsähnlichen Maßnahmen nach § 312 Nr. 2, soweit diese vom Gericht getroffen werden sollen, jedoch nicht notwendig dann, wenn das Gericht eine solche Maßnahme ablehnen will (dafür gilt § 34 Abs. 1). Über § 329 Abs. 2 findet sie bei Verlängerung von Unterbringungsmaßnahmen entsprechende Anwendung. Besondere Vorschriften gelten bei einstweiligen Anordnungen und Maßregeln nach §§ 331 ff. Im Übrigen gilt für Notwendigkeit und Form der Anhörung § 26. 1

Ein Verstoß gegen § 319 ist ein **Verfahrensfehler**, der in aller Regel zur Feststellung der Rechtswidrigkeit durch das Beschwerdegericht auch im Fall der Erledigung führt (§ 62; siehe BVerfG NJW 1990, 2309; BGH BtPrax 2009, 236 = FamRZ 2009, 1664; BayObLGZ 1999, 269 und 2000, 220; OLG Karlsruhe FamRZ 1999, 670). 2

2. Verfahrenshandlungen nach § 319

Das Gericht ist zur Vornahme folgender drei Verfahrenshandlungen verpflichtet: 3
- persönliche **Anhörung** des Betroffenen,
- Verschaffen des **persönlichen Eindrucks** von ihm,
- **Unterrichtung** des Betroffenen über den Verfahrensverlauf.

Das Gericht hat den Betroffenen **persönlich** (mündlich) **anzuhören** und verschafft sich einen unmittelbaren Eindruck in seiner Umgebung durch Augenscheinseinnahme. Dabei gestaltet sich der Inhalt der persönlichen Anhörung wie folgt (dazu Marschner/Volckart/Lesting 319 Rn 10; Zimmermann FamRZ 1990, 1308/1310 ff., Coeppicus FamRZ 1991, 892 ff.): 4
- Bekanntmachung mit dem Gegenstand des Verfahrens und Unterrichtung über den Verfahrensverlauf (Abs. 2);

- Augenschein am Betroffenen und seiner Umgebung;
- Klärung der Frage, ob eine Unterbringungsmaßnahme erforderlich ist (persönliches Bild von dem Betroffenen und seiner Erkrankung). Wie ist es zum Verfahren gekommen? Treffen die Äußerungen dritter Personen über Verhaltensweisen des Betroffenen in der Vergangenheit zu? Welche Hilfen stehen dem Betroffenen zur Verfügung? Wie ist das soziale Umfeld strukturiert; welche persönlichen Kontakte, auch zu Angehörigen, hat der Betroffene?
- Besprechung des Sachverständigengutachtens;
- Feststellung, welche Angehörigen in das Verfahren einzubeziehen sind (§ 320);
- Benennt der Betroffene eine (ggf. auch mehrere) Vertrauensperson(en) (§ 315 Abs. 4 Nr. 2);
- Ist ein Verfahrenspfleger zu bestellen – Vorschlag des Betroffenen? Vertretung durch Anwalt?
- Prüfung der Unterrichtungsfähigkeit des Betroffenen (§ 338).

5   Über die persönliche Anhörung hat das Gericht einen **Vermerk** zu fertigen (§ 28 Abs. 4). Darin sind die wesentlichen Vorgänge der Anhörung aufzunehmen. Inhalt und Umfang des Vermerks sind von den gegebenen Umständen abhängig, wobei es im Einzelfall angebracht sein kann, in Frage-Antwortform wörtlich zu protokollieren, während es je nach Krankheitsbild auch Fälle gibt, in denen das weder möglich noch sinnvoll sein wird.

6   Der Eindruck von dem Betroffenen als Ergebnis der Augenscheinseinnahme durch den Richter sollte immer protokolliert werden, wobei die Kenntlichmachung der Tatsache, ob der Betroffene unter Medikamenten steht, von großer Wichtigkeit ist (Damrau/Zimmermann Rn 11).

7   Die Anhörung des Betroffenen erfolgt nichtöffentlich, so dass außer dem Richter, dem Protokollführer, dem Verfahrenspfleger, dem Anwalt des Betroffenen, dem Sachverständigen weitere Personen kein Anwesenheitsrecht haben, soweit das Gericht diese nicht ausdrücklich zulässt und dem der Betroffene nicht widerspricht. Das Gericht muss umgekehrt der von dem Betroffenen benannten Vertrauensperson die Anwesenheit gestatten (§ 170 Abs. 1 S. 2 und 3 GVG). Ist diese jedoch nicht präsent, kann der Betroffene eine Wiederholung der Anhörung nicht verlangen.

8   Die persönliche Anhörung (nicht die Verschaffung des persönlichen Eindrucks) kann unter den Voraussetzungen des Abs. 2 i.V.mit § 34 Abs. 2 unterbleiben, wenn dem Betroffenen schwerwiegende, insbesondere irreversible oder lebensgefährliche **gesundheitliche Schäden** drohen oder dieser offensichtlich nicht in der Lage ist, seinen Willen kundzutun.; zur Klärung ist die Zuziehung eines nicht in der Unterbringungseinrichtung tätigen Sachverständigen geboten (Abs. 3; so bereits OLG Karlsruhe FamRZ 1999, 670).

9   Die Anhörung ist im Regelfall durch das Gericht selbst durchzuführen. Nur ausnahmsweise kann die Anhörung **im Wege der Rechtshilfe** erfolgen, wie das Wort „sollen", das für das Gericht den verbindlichen Charakter deutlich macht, zeigt (Abs. 4; Keidel-Budde § 319 Rn 5; Bassenge/Herbst § 70 c Rn 4; Bienwald Rn 3; a. A. Damrau/Zimmermann Rn 5 jedoch mit Einschränkung über § 26). Das fordert auch die Bedeutung von Unterbringungsmaßnahmen für die persönliche Freiheit des Betroffenen. Daher sind Ausnahmen in der Regel auch nicht bei unterbringungsähnlichen Maßnahmen denkbar, ebenso wenig bei der Verlängerung von Unterbringungsmaßnahmen nach § 329 Abs. 2 (Keidel-Budde § 319 Rn 5).

Den **persönlichen Eindruck** verschafft sich das Gericht in der üblichen 10
Umgebung des Betroffenen (Wohnung, Altenheim, Krankenhaus oder Einrichtung). Dies ist auch in Form von Begleitung durch Personal der zuständigen Behörde vor vorläufigen Unterbringungen möglich. Mit der einschränkenden Formulierung „soweit erforderlich" zwingt das Gesetz das Gericht nicht in jedem Falle, die Anhörung in der üblichen Umgebung vornehmen zu müssen. Vielmehr hat es eine Abwägung dahingehend zu treffen, inwieweit im Hinblick auf z. B. den Zustand der Wohnung oder der Einrichtung dies unabweisbar erscheint. Ein Ermessen besteht insoweit nicht (Marschner/Volckart/Lesting § 319 Rn 12; a. A. Keidel-Budde § 319 Rn 2). Aus der Vorführungsmöglichkeit nach Abs. 5 folgt, dass dem Betroffenen zunächst ein Widerspruchsrecht gegen ein Betreten seiner Wohnung zusteht, auch wenn § 278 Abs. 1 Satz 3 Halbsatz 2 nicht anwendbar ist (Marschner/Volckart/Lesting § 319 Rn 12; a. A. Damrau/Zimmermann Rn 13; Schulte-Bunert/Weinrich-Dodegge § 319 Rn 9).

3. Vorführung

Wie im Betreuungsverfahren besteht die Möglichkeit der Vorführung zur 11
Erzwingung von Verfahrenshandlungen nach Abs. 1, wenn der Betroffene die Anhörung in der Wohnung und im Gericht verweigert (Abs. 5; vgl. § 278 Rn 17 ff.).

§ 320 Anhörung der sonstigen Beteiligten und der zuständigen Behörde

Das Gericht hat die sonstigen Beteiligten anzuhören. Es soll die zuständige Behörde anhören.

1. Anwendungsbereich

Die Vorschrift ersetzt § 70 d FGG und knüpft hinsichtlich der Anhörungspflicht 1
nunmehr an die Beteiligtenstellung nach § 315 an.

2. Anzuhörende Personen und Stellen

Die Anhörung der Beteiligten im Sinn des § 315 vor einer Unterbringungsmaß- 2
nahme ist zwingend (OLG Düsseldorf FamRZ 1995, 118) und folgt bereits aus Art. 103 GG. Bei den Kann-Beteiligten nach § 315 Abs. 4 setzt dies ihre Hinzuziehung voraus. Unberührt bleibt eine weitergehende Anhörung auch nicht beteiligter Personen im Wege der Amtsermittlungspflicht als Auskunftsperson (§ 7 Abs. 6).

Die zuständige **Behörde** soll unabhängig von ihrer Beteiligtenstellung nach 3
§ 315 Abs. 3 angehört werden. Zuständige Behörde ist:
- für Unterbringungsmaßnahmen nach § 312 Nr. 1 und Nr. 2 die Betreuungsbehörde nach § 1 ff. BtBG,
- bei Unterbringungsmaßnahmen nach § 312 Nr. 3 die jeweilige Behörde nach den Landesgesetzen über die Unterbringung psychisch Kranker (BT-Drucks. 11/4528 S. 184). Diese ist allerdings als Antragstellerin bereits Muss-Beteiligte nach § 7 Abs. 1.

3. Wesen der Anhörung

4 Die Anhörung dient der **Sachverhaltsaufklärung**. Die Anhörungen sind grundsätzlich keine Beweisaufnahmen, sondern Auskunftsmittel, so dass die Angehörten Auskunftspersonen und keine Zeugen sind. Daher besteht für sie keine Pflicht, sich äußern zu müssen. Ihre Äußerungen verwertet das Gericht im Freibeweis, wenn es sich um unwesentliche unstreitige Tatsachen handelt (Damrau/Zimmermann Rn 2 und 3).

Die Anhörung geschieht in diesem Falle in der Weise, dass unter Setzung einer angemessenen Frist Gelegenheit zur Äußerung gegeben wird.

5 Haben die Angaben der Anzuhörenden jedoch wesentliche Bedeutung für die Entscheidung und sind diese bestritten, so ist die Form des Strengbeweises nach § 30 zu wählen, und die betroffenen Personen sind in diesem Fall Zeugen mit Zeugnispflicht, soweit dem nicht ein Zeugnisverweigerungsrecht entgegensteht.

6 Grundsätzlich ist der **Betroffene** über die Ergebnisse der Anhörung zu informieren. Die Auskunftspersonen können grundsätzlich keine Vertraulichkeit ihrer Äußerungen erwarten. Der Betroffene hat Anspruch darauf, den Inhalt der Information und den Informanten zu erfahren, soweit das Gericht die Angaben im Rahmen der Entscheidung verwerten will. Der Schutz der Auskunftspersonen tritt hinter dem Grundsatz des rechtlichen Gehörs zurück (Keidel-Kayser § 12 Rn 119 m. w. N.; Damrau/Zimmermann Rn 6). Zum Schutze des Betroffenen kann allerdings in analoger Anwendung des § 34 Abs. 2 von der Unterrichtung des Betroffenen abgesehen werden, wenn aus der Bekanntgabe nachteilige Folgen für den Gesundheitszustand des Betroffenen zu befürchten sind.

§ 321 Einholung eines Gutachtens

(1) **Vor einer Unterbringungsmaßnahme hat eine förmliche Beweisaufnahme durch Einholung eines Gutachtens über die Notwendigkeit der Maßnahme stattzufinden. Der Sachverständige hat den Betroffenen vor der Erstattung des Gutachtens persönlich zu untersuchen oder zu befragen. Das Gutachten soll sich auch auf die voraussichtliche Dauer der Unterbringung erstrecken. Der Sachverständige soll Arzt für Psychiatrie sein; er muss Arzt mit Erfahrung auf dem Gebiet der Psychiatrie sein.**

(2) **Für eine Maßnahme nach § 312 Nr. 2 genügt ein ärztliches Zeugnis.**

1. Anwendungsbereich

1 Die Vorschrift entspricht § 70e Abs.1 FGG und ist auf alle Unterbringungsmaßnahmen nach § 312 anwendbar.

2. Sachverständigengutachten

2 § 321 Abs. 1 verlangt die zwingende Einholung eines **Sachverständigengutachtens** durch das Gericht vor einer Unterbringungsmaßnahme nach § 312 im Wege der förmlichen Beweisaufnahme (§ 30) mit Ausnahme der unterbringungsähnlichen Maßnahmen (vgl. dazu unter 3.). Vor der Einholung eines Gutachtens

Einholung eines Gutachtens **§ 321 FamFG**

nach § 312 ist der Betroffene über die Begutachtung und die Person des Sachverständigen in Kenntnis zu setzen (KG FamRZ 2007, 1043 = R&P 2007, 84 mit Anm. Lesting). Dies dient der Gewährung des rechtlichen Gehörs und ermöglicht ggf. die Ablehnung des Sachverständigen (§ 30 Abs.1 iVm. § 406 ZPO). Ein Verstoß gegen § 321 ist ein wesentlicher **Verfahrensfehler,** der die Feststellung der Rechtswidrigkeit der Unterbringung nach § 62 ermöglicht (KG FamRZ 2007, 1042).

Die **Auswahl des Sachverständigen** steht in pflichtgemäßem Ermessen des 3 Gerichts. Auch im Fall von Kliniken und Institutionen ist eine bestimmte natürliche Person zu bestimmen (Damrau/Zimmermann Rn 6). Der Sachverständige soll in der Regel **Arzt für Psychiatrie** (abgeschlossene Facharztausbildung) sein. In jedem Fall muss er Arzt mit Erfahrung auf dem Gebiet der Psychiatrie sein. In diesem Fall kann es sich um Ärzte handeln, die sich in der Facharztausbildung befinden, die als Amtsärzte tätig sind oder Ärzte von Gesundheitsämtern, die als gerichtliche Sachverständige Erfahrungen gewonnen haben. Auch Assistenzärzte und andere Ärzte können in Betracht kommen. In diesem Fall bedarf die Sachkunde besonderer Feststellung in der Entscheidung. Die Feststellung der Qualifikation ist eine Einzelfallentscheidung, Standards gibt es dafür nicht. Jedoch hat der Arzt im Praktikum keine ausreichenden Erfahrungen (KG BeckRS 2007 02423; Jürgens/Kröger/Marschner/Winterstein Rn 548). Von einem Psychiater wird man jedoch nur absehen können, wenn er nicht greifbar ist oder in zumutbarer Zeit das Gutachten nicht erstellen kann (Damrau/Zimmermann Rn 3). Im Fall einer beabsichtigten Zwangsbehandlung ist angesichts der Schwere des Grundrechtseingriffs ein externer, nicht im behandelnden Krankenhaus tätiger Sachverständiger zu bestellen (OLG Celle BtPrax 2007, 263; a. A. Keidel-Budde § 312 Rn. 3).

Soweit im Rahmen der öffentlich-rechtlichen Unterbringung die antragstel- 4 lende Behörde nach Landesrecht dem Antrag ein ärztliches Gutachten beifügt, ist dies nicht automatisch ein gerichtlich eingeholtes Gutachten nach § 321 (siehe LG Tübingen FamRZ 1996, 1344). Der Aussteller kann zwar mit der Begutachtung beauftragt werden, davon sollte unter Objektivitätsgesichtspunkten jedoch regelmäßig Abstand genommen werden.

Hat der in Aussicht genommene sachverständige Arzt den Betroffenen bereits früher begutachtet, so ist er sowohl im Rahmen der öffentlich-rechtlichen als auch der zivilrechtlichen Unterbringung ohne Entbindung von einer Schweigepflicht ausgeschlossen. Für die öffentlich-rechtliche Unterbringung folgt das aus der Einheitlichkeit des Verfahrens (vgl. § 20 Abs. 1 Nr. 6 VwVfG für das vorgeschaltete Verwaltungsverfahren). Die zivilrechtliche Unterbringung kann dann nicht anders behandelt werden (Marschner/Volckart/Lesting § 321 Rn 26).

Der bestellte ärztliche Sachverständige hat in Unterbringungsverfahren keine 5 ärztliche **Schweigepflicht** i. S. d. § 203 StGB und kein darauf gestütztes Aussage- und Gutachtenverweigerungsrecht.

Dagegen unterliegt der Arzt des Unterbringungskrankenhauses, der im Verlauf der Unterbringung einen Gutachtenauftrag nach § 321 erhält und die Behandlung des Betroffenen bereits begonnen hat, hinsichtlich der im Rahmen der Behandlung anvertrauten Geheimnisse der ärztlichen Schweigepflicht, sofern keine Einwilligung des insoweit einwilligungsfähigen Betroffenen vorliegt (KG FamRZ 2007, 1043; FamRZ 2008, 813; Marschner/Volckart/Lesting § 321 Rn 21 ff.; Knittel § 70 e Rn 11; ähnlich Dodegge/Roth Teil G Rn 145; aA Damrau/

Zimmermann § 70 e Rn 7). Liegt keine Einwilligung vor, ist ein anderer Arzt mit dem Gutachten zu beauftragen. Die verbreitete Praxis, die dem zuwiderläuft, kann zu keiner anderen Beurteilung führen.

6   Gemäß Abs. 1 S. 2 hat der Sachverständige den Betroffenen selbst zu **untersuchen** und zu befragen. Dies setzt eine persönliche Kommunikation zwischen Sachverständigem und Betroffenen voraus (OLG Hamm BtPrax 2009, 77). Ergänzende Untersuchungen (z. B. EEG, Labor), die keinen persönlichen Eindruck voraussetzen, können Dritte vornehmen. Der Sachverständige kann sich Hilfskräften bedienen, die er im Gutachten namhaft zu machen hat und deren Tätigkeitsumfang er angeben muss. Die Untersuchung darf nur in einem zeitlich geringen Abstand vor der Erstattung des Gutachtens liegen (BayObLG BtPrax 2004, 114; OLG Köln FG Prax 2006, 232). Eine Begutachtung nach Aktenlage genügt auch dann nicht, wenn das Gericht von der Erforderlichkeit einer Unterbringung durch die persönliche Anhörung überzeugt ist. Um dem Gericht eine ausreichende Grundlage für die von ihm vorzunehmende Beweiswürdigung zu geben, sind von dem Gutachter auf Grund eigener Ermittlungen vorgenommene Tatsachenfeststellungen (Zeugenvernehmung) zu benennen.

7   Das Sachverständigengutachten hat sich auf Grund des konkret zu fassenden Beweisthemas inhaltlich mit folgenden Fragen zu befassen (§ 280 Abs. 3; OLG Düsseldorf FamRZ 1995, 118; OLG Hamm FamRZ 2007, 763; OLG Naumburg FamRZ 2008, 2060):
– **Krankheitsbild** und Krankheitsentwicklung, körperlicher und psychiatrischer Zustand des Betroffenen,
– materiell-rechtliche **Voraussetzungen einer Unterbringungsmaßnahme** nach § 1906 Abs. 1 Nr. 1 oder 2 BGB oder nach den Landesgesetzen, insbesondere Prognose des künftigen Verhaltens des Betroffenen (siehe § 1906 BGB Rn 10),
– Aufhebung der freien Willensbestimmung bezüglich der Unterbringung und Behandlung,
– im Fall der Unterbringung nach § 1906 Abs. 1 Nr. 2 BGB Darlegung der Einzelheiten der **beabsichtigten Behandlung** insbesondere wenn eine Zwangsbehandlung beabsichtigt ist (BGH NJW 2006, 1277 = BtPrax 2006, 145; zur Zwangsbehandlung § 1904 Rn. 12).
– Kann die Gefährdung durch andere Hilfen abgewendet werden, welche **Rehabilitationsmöglichkeiten** bestehen?
– Sind von der Anhörung oder der Bekanntmachung oder künftigen Unterrichtung Dritter gesundheitliche Nachteile für den Betroffenen zu befürchten.

8   Um dem Gericht die Grundlage des Gutachtens zu vermitteln und die innere Folgerichtigkeit aufzuzeigen, muss der Sachverständige die von ihm zugrunde gelegten Anknüpfungstatsachen, seine Befragungen, Untersuchungen, Tests und angewandten **Forschungsergebnisse** im Gutachten angeben (vgl. jetzt ausdrücklich § 280 Abs. 3 Nr. 2; Jürgens/Kröger/Marschner/Winterstein Rn 383 ff.). Das schriftliche Gutachten des Sachverständigen ist dem Betroffenen zur Wahrung des **rechtlichen Gehörs** vollständig und rechtzeitig vor der Anhörung zu übermitteln, damit er dazu Stellung nehmen kann (BayObLG FamRZ 2002, 629; 1995, 695; 1993, 1489; KG FamRZ 2007, 1042; 2008, 813; OLG Schleswig BtPrax 2008, 43).

3. Ärztliches Zeugnis

Abs. 2 lässt für **unterbringungsähnliche Maßnahmen** im Sinn des § 312   9
Nr. 2 ein ärztliches Zeugnis genügen. Damit wird nach allgemeiner Meinung
jedoch lediglich ein Mindesterfordernis festgelegt. Über § 26 wird wegen der
notwendigen Sachkunde sehr häufig vom Arzt die Qualifikation des § 321 Abs. 1
S. 4 zu fordern sein. Danach werden sich auch die Anforderungen an eine persönliche Untersuchung und Befragung im Hinblick auf die notwendige Überzeugungsbildung des Gerichtes orientieren müssen (Jürgens/Kröger/Marschner/
Winterstein Rn 551; Schumacher FamRZ 1991, 280, 284). Ein ärztliches Zeugnis
des den Untergebrachten behandelnden Arztes unterliegt nicht der Befangenheitsablehnung nach § 30 Abs.1 iVm. § 406 ZPO (KG FamRZ 2009, 1517). Die
vorgetragenen Befangenheitsgründe sind im Rahmen der Sachverhaltsaufklärung
nach § 26 zu würdigen.

Zur Unterscheidung zwischen Gutachten und ärztlichem Zeugnis vgl. § 281   10
Rn 6 f.

§ 322 Vorführung zur Untersuchung; Unterbringung zur Begutachtung

Für die Vorführung zur Untersuchung und die Unterbringung zur Begutachtung gelten die §§ 283 und 284 entsprechend.

1. Untersuchung und Vorführung

§ 283 findet entsprechende Anwendung..   1

2. Unterbringung zur Beobachtung

Auch insoweit ist § 284 entsprechend anwendbar.. Anordnungen nach §§ 322,   2
284 sind mit der sofortigen Beschwerde anfechtbar.

§ 323 Inhalt der Beschlussformel

Die Beschlussformel enthält im Fall der Genehmigung oder Anordnung einer Unterbringungsmaßnahme auch
1. die nähere Bezeichnung der Unterbringungsmaßnahme sowie
2. den Zeitpunkt, zu dem die Unterbringungsmaßnahme endet.

1. Anwendungsbereich

§ 323 ersetzt § 70f FGG und ergänzt die Vorschriften der § 38 und 39 im   1
Allgemeinen Teil für Unterbringungssachen. Die Vorschriften gelten für alle zu
treffenden Entscheidungen der §§ 312 ff. einschließlich der ablehnenden Entscheidungen.

FamFG § 323 Buch 3 Verf. in Betreuungs- u. Unterbringungssachen

2. Inhalt der Entscheidungsformel

2   Nach § 38 Abs. 2 Nr. 1 muss der durch das Betreuungsgericht zu fassende Beschluss zunächst den **Betroffenen** mit Aufenthaltsort und Wohnanschrift bezeichnen sowie den gesetzlichen **Vertreter** und Verfahrensbevollmächtigten bzw. **Verfahrenspfleger** angeben.

3   Die nähere **Bezeichnung der Unterbringungsmaßnahme** nach § 323 Nr. 1 hängt von der Art der zu treffenden Unterbringungsmaßnahme ab. Bei der Genehmigung der zivilrechtlichen Unterbringung ist die Art der Unterbringungseinrichtung (psychiatrische Klinik, Rehabilitationseinrichtung usw.) zu bezeichnen. Welche konkrete Anstalt oder Einrichtung gewählt wird, bestimmt der Betreuer (BayObLG FamRZ 1994, 320 ff.; OLG Düsseldorf FamRZ 1995, 118, 119). Im Falle unterbringungsähnlicher Maßnahmen ist jedoch die ganz konkrete Maßnahme nach Zeit und Ort, Art ihrer Verabreichung oder Vornahme zu bezeichnen (Fixierung am Bett, Uhrzeiten, Art der Medikation). Dies gilt entsprechend für die Genehmigung einer Behandlung und insbesondere Zwangsbehandlung im Rahmen einer Unterbringung nach § 1906 Abs. 1 Nr. 2 BGB (BGH NJW 2006, 1277 = BtPrax 2006, 145; OLG Brandenburg FamRZ 2007, 1127 LS; aA OLG Karlsruhe FGPrax 2007, 263; siehe hierzu § 1904 BGB Rn. 12). Bei der Anordnung der öffentlich-rechtlichen Unterbringung bedarf es keiner Konkretisierung der Unterbringungseinrichtung. Die Vollstreckung richtet sich nach Landesrecht.

4   Das Gericht muss weiter in seiner Entscheidung nach § 323 Nr. 2 den **Zeitpunkt** angeben, zu dem die Unterbringungsmaßnahme endet. Es ist ein bestimmtes oder bestimmbares (z. B. 6 Monate nach Bekanntgabe) Datum anzugeben. Jedoch sollte von letzterem abgesehen werden und lieber ein konkretes Datum bezeichnet werden, um Fristberechnungsprobleme auszuschließen. Die Frist beginnt mit der Bekanntgabe der Entscheidung (§ 16). Mit Fristablauf endet die Unterbringungsmaßnahme ohne weiteres. Auf der Basis der vom Gutachter abgegebenen Prognose bestimmt das Gericht die Frist nach der voraussichtlich notwendigen Dauer der Maßnahme (OLG München FGPrax 2007, 43). Die Höchstdauer ist in § 329 Abs. 1 geregelt.

5   Die Entscheidung muss nach § 39 schließlich eine **Rechtsmittelbelehrung** enthalten. Die Beschwerdefrist beträgt einen Monat (§ 63 Abs. 1), bei einstweiligen Anordnungen zwei Wochen (§ 63 Abs. 2 Nr. 1). Die Frist beginnt mit schriftlicher Bekanntgabe des Beschlusses (§ 63 Abs. 3). Fehlt eine Rechtsmittelbelehrung oder ist sie fehlerhaft, ist auf Antrag Wiedereinsetzung in den vorherigen Stand zu gewähren (§ 17 Abs. 2).

3. Begründung

6   Aus rechtsstaatlichen Gründen ist jede Entscheidung, und zwar auch die ablehnende Entscheidung, zu begründen (§ 38 Abs. 3). Zu begründen sind insbesondere die Entscheidungen über die
  - **Nichtbestellung** eines Verfahrenspflegers (so ausdrücklich § 317 Abs. 2),
  - **Nichtbekanntmachung** der Gründe an den Betroffenen (§ 325. 1 S. 2),
  - Anordnung der sofortigen **Wirksamkeit** (§ 324 Abs. 2),
  - Gestattung der **Gewaltanwendung** bei Zuführung zur Unterbringung (§ 326 Abs. 2 und 3),

Wirksamwerden von Beschlüssen § 324 FamFG

- Aussetzung des **Vollzugs** (§ 328),
- **Unterrichtung** über Mitteilung der Entscheidung (§ 338).

4. Beschlussformel

Im Fall des 7
- § 312 Nr. 1: „Die Unterbringung des ... in einem psychiatrischen Krankenhaus (Altenheim) wird bis längstens ... betreuungsgerichtlich genehmigt. Ggf.: Die Entscheidung ist sofort wirksam."
- § 312 Nr. 2: „Die Freiheitsentziehung des ... durch Anbringung von Bettgittern jeweils von 22 bis 6 Uhr wird betreuungsgerichtlich genehmigt. Ggf.: Die Entscheidung ist sofort wirksam."
- § 312 Nr. 3: „Die Unterbringung des ... in einem psychiatrischen Krankenhaus wird bis längstens ... angeordnet. Ggf.: Die Entscheidung ist sofort wirksam."

§ 324 Wirksamwerden von Beschlüssen

(1) **Beschlüsse über die Genehmigung oder die Anordnung einer Unterbringungsmaßnahme werden mit Rechtskraft wirksam.**

(2) **Das Gericht kann die sofortige Wirksamkeit des Beschlusses anordnen. In diesem Fall wird er wirksam, wenn der Beschluss und die Anordnung seiner sofortigen Wirksamkeit**
1. **dem Betroffenen, dem Verfahrenspfleger, dem Betreuer oder dem Bevollmächtigten im Sinne des § 1896 Abs. 2 Satz 2 des Bürgerlichen Gesetzbuchs bekannt gegeben werden,**
2. **einem Dritten zum Zweck des Vollzugs des Beschlusses mitgeteilt werden oder**
3. **der Geschäftsstelle des Gerichts zum Zweck der Bekanntgabe übergeben werden.**

Der Zeitpunkt der sofortigen Wirksamkeit ist auf dem Beschluss zu vermerken.

1. Anwendungsbereich

§ 324 entspricht weitgehend § 70g Abs. 3 FGG und ist eine Sondervorschrift, 1
die die Wirksamkeit von Beschlüssen in Unterbringungssachen abweichend von § 40 regelt.

Die Vorschrift gilt auch für einstweilige Anordnungen und Maßregeln nach § 331 ff. (Keidel-Budde Rn 2) und die Unterbringung zur Beobachtung nach § 322, da es sich insoweit um eine Unterbringungsmaßnahme i. S. d. § 324 handelt und der Gesetzgeber die bisherige Rechtslage nicht ändern wollte (BT-Drucks. 11/4528 S. 185; a. A. Damrau/Zimmermann § 70g Rn 10).

2. Wirksamwerden von Entscheidungen

Entscheidungen, durch die eine Unterbringungsmaßnahme getroffen oder 2
abgelehnt wird, werden erst mit **Rechtskraft,** d. h. mit Ablauf der Frist für die Beschwerde bzw. Rechtsbeschwerde für alle Beschwerdeberechtigten, wirksam.

FamFG § 325   Buch 3 Verf. in Betreuungs- u. Unterbringungssachen

3   Im Hinblick auf die **Eilbedürftigkeit** von Unterbringungsmaßnahmen sieht § 324 Abs. 2 die Möglichkeit vor, die **sofortige Wirksamkeit** der Entscheidung (gesondert oder in der Hauptentscheidung) anzuordnen. Abzulehnen ist die Annahme einer stillschweigenden Anordnung der sofortigen Wirksamkeit (so aber BayObLG BtPrax 2002, 39; OLG Hamm FGPrax 2009, 135). Die Anordnung der sofortigen Wirksamkeit bedarf einer besonderen Begründung. Sie kommt nur in Betracht, wenn ein Abwarten bis zur Rechtskraft der Entscheidung im Verhältnis zu den Nachteilen, die dem Betroffenen drohen, unverhältnismäßig ist. Ist der Betroffene bereits untergebracht oder ist der Entscheidung eine einstweilige Anordnung vorausgegangen, muss die sofortige Wirksamkeit angeordnet werden (vgl. Bienwald § 70g Rn 23 ff.). Da auch die einstweilige Anordnung erst mit Rechtskraft wirksam wird, bedarf es auch in diesem Fall der Anordnung der sofortigen Wirksamkeit (LG Hamburg BtPrax 1992, 111).

4   Wird die sofortige Wirksamkeit angeordnet, tritt die Wirksamkeit mit Übergabe der schriftlich abgefassten Entscheidung an die Geschäftsstelle des Gerichts zur Bekanntgabe ein. Die Entscheidung wird auch wirksam, wenn sie dem Betroffenen, dem Verfahrenspfleger oder dem Betreuer bekannt gegeben wird oder einem Dritten (z. B. dem Leiter der Unterbringungseinrichtung) zum Zweck des Vollzugs mitgeteilt wird. Der Zeitpunkt ist auf der Entscheidung zu vermerken (§ 324 Abs. 2 S. 3). Die Anordnung der sofortigen Wirksamkeit ist ebenso wie die Ablehnung nicht anfechtbar. Das Beschwerdegericht kann aber die Vollziehung der Entscheidung nach § 64 Abs. 3 aussetzen.

3. Ende der Wirksamkeit

5   Die Genehmigung bzw. Anordnung der Unterbringung endet mit **Fristablauf** nach § 329 oder mit **Aufhebung** der Unterbringungsmaßnahme nach § 330, auch mit dem **Entweichen** des Betroffenen (OLG München FGPrax 2008, 137; Keidel-Budde § 324 Rn 5; aA Damrau/Zimmermann Rn 11; Dodegge/Roth Teil G Rn 169; BT-Drucks. 11/4528 S.148). In diesem Fall ist aber die bisherige Unterbringungszeit bei einer weiteren Unterbringungsentscheidung in die Höchstfristberechnung einzubeziehen (OLG München FGPrax 2008, 137). Eine Aussetzung des Vollzugs ist nur im Fall der öffentlich-rechtlichen Unterbringung möglich (§ 328).

§ 325 Bekanntgabe

(1) **Von der Bekanntgabe der Gründe eines Beschlusses an den Betroffenen kann abgesehen werden, wenn dies nach ärztlichem Zeugnis erforderlich ist, um erhebliche Nachteile für seine Gesundheit zu vermeiden.**

(2) **Der Beschluss, durch den eine Unterbringungsmaßnahme genehmigt oder angeordnet wird, ist auch dem Leiter der Einrichtung, in der der Betroffene untergebracht werden soll, bekannt zu geben. Das Gericht hat der zuständigen Behörde die Entscheidung, durch die eine Unterbringungsmaßnahme genehmigt, angeordnet oder aufgehoben wird, bekannt zu geben.**

1. Anwendungsbereich

Die Vorschrift entspricht weitgehend § 70g Abs. 1 und 2 FGG und ergänzt die Vorschrift des § 41 im Allgemeinen Teil. 1

2. Bekanntgabe von Entscheidungen

Alle Entscheidungen, die in Unterbringungssachen ergehen, sind den am Verfahren **Beteiligten** und damit insbesondere dem **Betroffenen** selbst bekanntzumachen (§ 41 Abs. 1). Die Form der Bekanntgabe richtet sich nach 15 Abs. 2, 41 Abs. 1 S. 2 (hierzu § 288 Rn 9 ff.). In Unterbringungssachen wird regelmäßig davon auszugehen sein, dass die Entscheidung nicht dem Willen des Betroffenen entspricht. Es ist daher eine **förmliche Zustellung** nach der ZPO erforderlich. Dies kann nunmehr zwar auch durch Ersatzzustellung an den Leiter der Unterbringungseinrichtung oder seinen Vertreter erfolgen (§§ 15 Abs. 2 FamFG, 178 Abs. 1 Nr. 3 ZPO; siehe BayObLG FamRZ 2002, 848). Es ist aber zu gewährleisten, dass der Betroffene die Entscheidung unverzüglich ausgehändigt bekommt, damit es seine Rechtsmittel wahrnehmen kann. Ggf. ist ihm Wiedereinsetzung in den vorigen Stand (§ 17) zu gewähren, wobei geringere Anforderungen an den Grad der Glaubhaftmachung zu stellen sind (BayObLG FamRZ 2002, 848). 2

Abs. 1 ermöglicht ausnahmsweise das Absehen von der Bekanntmachung der Entscheidungsgründe (hierzu § 288 Rn 5 ff.).

Neben dem Betroffenen sollen Entscheidungen, durch die eine Unterbringungsmaßnahme getroffen wird, auch dem **Leiter** der Einrichtung, in der der Betroffene untergebracht werden soll, bekannt gemacht werden (Abs. 2 S. 1). Davon zu unterscheiden ist die Einrichtung i. S. v. § 315 Abs. 4 Nr. 3, in der der Betroffene sich bei Erlass der Entscheidung befindet. Jedoch ist zu beachten, dass der Leiter der Einrichtung, in der der Betroffene untergebracht werden soll, ein Unterrichtungsinteresse erst dann hat (dies ist im Sinn der gesetzlichen Regelung), wenn die Anordnung vollstreckbar ist. Dies gebietet eine verfassungskonforme Auslegung mit Rücksicht auf das allgemeine Persönlichkeitsrecht nach Art. 2 Abs. 1 i. V. m. Art. 1 Abs. 1 GG (Marschner/Volckart/Lesting § 325 Rn 3). 3

Alle Entscheidungen, durch die eine Unterbringungsmaßnahme genehmigt, angeordnet oder aufgehoben wird, sind auch der zuständigen **Behörde** bekannt zu geben, da diese bereits nach § 320 im Unterbringungsverfahren angehört wurde. Die Bekanntgabe dient insbesondere der Möglichkeit der Wahrnehmung des Beschwerderechts nach § 335 Abs. 4 durch die Behörde. 4

Alle Bekanntgaben in Unterbringungssachen haben mit Rücksicht auf Art. 104 Abs. 4 GG unverzüglich zu erfolgen (BT-Drucks. 11/4528 S. 185). Das bedeutet, dass z. B. Eilentscheidungen auch im Eildienst regelmäßig nicht nur geschrieben und unterschrieben, sondern auch zur Post gegeben werden müssen. 5

§ 326 Zuführung zur Unterbringung

(1) **Die zuständige Behörde hat den Betreuer oder den Bevollmächtigten im Sinne des § 1896 Abs. 2 Satz 2 des Bürgerlichen Gesetzbuchs auf deren Wunsch bei der Zuführung zur Unterbringung nach § 312 Nr. 1 zu unterstützen.**

FamFG § 326   Buch 3 Verf. in Betreuungs- u. Unterbringungssachen

(2) **Gewalt darf die zuständige Behörde nur anwenden, wenn das Gericht dies auf Grund einer ausdrücklichen Entscheidung angeordnet hat.** Die zuständige Behörde ist befugt, erforderlichenfalls die Unterstützung der polizeilichen Vollzugsorgane nachzusuchen.

(3) **Die Wohnung des Betroffenen darf ohne dessen Einwilligung nur betreten werden, wenn das Gericht dies auf Grund einer ausdrücklichen Entscheidung angeordnet hat.** Bei Gefahr im Verzug findet Satz 1 keine Anwendung.

1. Anwendungsbereich

1   Die Vorschrift ersetzt § 70g Abs.5 FGG und erweitert den Anwendungsbereich für die zivilrechtliche Unterbringung nunmehr ausdrücklich auf den Vorsorgebevollmächtigten. Dies war nach bisherigem Recht umstritten.
   Die Zuführung des Betroffenen im Rahmen der öffentlich-rechtlichen Unterbringung (§ 70 Abs. 1 S. 2 Nr. 3) wird durch das nach Landesrecht zuständige Behörde vorgenommen (zur Vollstreckung im einzelnen Marschner/Volckart/Lesting B 145 ff.). Nach Landesrecht richtet sich auch die Gewaltanwendung und polizeiliche Unterstützung im Rahmen der Zuführungsmaßnahme.

2. Zuführung zur Unterbringung (Abs.1)

2   Die Zuführung des Betroffenen im Rahmen der zivilrechtlichen Unterbringung (§ 312 Nr. 1) geschieht ausschließlich durch den Betreuer oder Bevollmächtigten. Das Gericht erteilt für die Unterbringung allein eine Genehmigung. Ob der gesetzliche Vertreter von der gerichtlichen Genehmigung Gebrauch macht, steht in seinem pflichtgemäßen Ermessen. Im Falle des Ermessensmissbrauchs muss das Gericht Maßnahmen nach den §§ 1837, 1908 i BGB treffen.

3   Verantwortet der Vertreter auch die Zuführung selbst, so sieht Absatz 1 vor, dass auf entsprechenden Wunsch die zuständige **Behörde** den Vertreter zu unterstützen hat (Widerstand des Betroffenen, Notwendigkeit von Fachpersonal und Spezialfahrzeug). Die Unterstützung bezieht sich allerdings nur auf die Zuführung, nicht etwa auf Vollzugsmaßnahmen im Rahmen der Unterbringung (BT-Drucks. 11/6949 S. 84). Die Unterstützung hat in diesem Fall durch die Einrichtung zu erfolgen. Ob allerdings die Übertragung von Eingriffsbefugnissen des Vertreters auf die Einrichtung eine Vollzugsregelung im Rahmen der zivilrechtlichen Unterbringung entbehrlich macht (BT-Drucks. 11/4528 S. 83), ist durch die Rechtsprechung bisher nicht geklärt (vgl. dazu Jürgens/Kröger/Marschner/Winterstein Rn 582; zur Zwangsbehandlung während der Unterbringung § 1904 BGB Rn 12).
   § 326 findet keine Anwendung auf unterbringungsähnliche Maßnahmen (§ 312 Nr. 2), da hier die Einrichtung tätig werden muss (Damrau/Zimmermann Rn 23; Marschner/Volckart/Lesting § 326 Rn 2).

3. Anwendung von Gewalt (Abs. 2 und 3)

4   Wehrt sich der Betroffene gegen eine Zuführung, bedarf die Anwendung von **Gewalt** zu ihrer Durchführung der besonderen gerichtlichen Genehmigung nach

Absatz 2. Hierbei handelt es sich um ein selbstständiges Verfahren, in dem die Voraussetzungen gesondert zu überprüfen sind. Die Unterbringungsanordnung, die Androhung des unmittelbaren Zwanges und die Verfügung über die Gewaltanwendung können in einem Beschluss ergehen (Keidel-Budde § 327 Rn 3). Im Rahmen der Gewaltanwendung durch die zuständige Behörde auf Grund entsprechender richterlicher Ermächtigung kann sie selbst um **polizeiliche Vollzugsorgane** nachsuchen. Liegt keine entsprechende Ermächtigung zur Gewaltanwendung vor, darf die zuständige Behörde weder im Rahmen der Zuführung ohne betreuungsgerichtliche Genehmigung (1906 Abs. 2 BGB) noch im Falle der betreuungsgerichtlichen Genehmigung der Unterbringung tätig werden. Im Hinblick auf Art. 13 Abs. 2 GG wird in Abs. 3 ausdrücklich klargestellt, dass auch das **Betreten der Wohnung** gegen den Willen des Betroffenen der ausdrücklichen gerichtlichen Entscheidung bedarf, soweit nicht Gefahr in Verzug ist (zum Erfordernis einer hinreichenden Rechtsgrundlage für das gewaltsame Betreten der Wohnung zum Zweck der Vorführung zur Begutachtung BVerfG FamRZ 2009, 1814; zu Vor- und Zuführungen im Betreuungs- und Unterbringungsverfahren Walther R&P 2007, 167). Sowohl bei der Entscheidung über die Anwendung von Gewalt als auch über die Wohnungsöffnung ist der Verhältnismäßigkeitsgrundsatz zu beachten.

4. Rechtsmittel

Die Entscheidungen über die Anwendung von Gewalt nach Abs. 2 und 3 sind mit der **Beschwerde** anfechtbar (§ 58 Abs.1). 5

5. Beschlussformel

„Die zuständige Behörde darf bei der Zuführung zur Unterbringung erforderlichenfalls mit Unterstützung der polizeilichen Vollzugsorgane Gewalt anwenden. Die Wohnung des Betroffenen darf auch ohne dessen Einwilligung betreten werden."

§ 327 Vollzugsangelegenheiten

(1) **Gegen eine Maßnahme zur Regelung einzelner Angelegenheiten im Vollzug der Unterbringung nach § 312 Nr. 3 kann der Betroffene eine Entscheidung des Gerichts beantragen. Mit dem Antrag kann auch die Verpflichtung zum Erlass einer abgelehnten oder unterlassenen Maßnahme begehrt werden.**

(2) **Der Antrag ist nur zulässig, wenn der Betroffene geltend macht, durch die Maßnahme, ihre Ablehnung oder Unterlassung in seinen Rechten verletzt zu sein.**

(3) **Der Antrag hat keine aufschiebende Wirkung. Das Gericht kann die aufschiebende Wirkung anordnen.**

(4) **Der Beschluss ist nicht anfechtbar.**

1. Anwendungsbereich

1 Die Vorschrift entspricht § 70 l FGG. Das in § 327 geregelte Verfahren betrifft nur Maßnahmen im Vollzug der öffentlich-rechtlichen Unterbringung nach den Unterbringungsgesetzen der Bundesländer (Überblick vor § 312 FamFG). Die Vorschrift ist den §§ 23 ff. EGGVG und 109 ff. StVollzG nachgebildet und konkretisiert die **Rechtsweggarantie** des Art. 19 Abs. 4 GG in sehr knapper Form. Für die zivilrechtliche Unterbringung fehlt eine entsprechende Vorschrift, weil die Maßnahmen im Vollzug der zivilrechtlichen Unterbringung (hierzu § 1906 Rn 51) ausschließlich vom Betreuer, in Ausnahmefällen vom Betreuungsgericht nach § 1846 verantwortet werden. Sollte während einer Unterbringung nach § 1846 das Krankenhaus Zwangsmaßnahmen ergreifen, ohne dass diese vom Betreuer oder Betreuungsgericht veranlasst sind, ist hiergegen der Rechtsweg nach den §§ 23 ff. EGGVG zu den Zivilsenaten der Oberlandesgerichte gegeben (OLG München R&P 1987, 112).

2. Maßnahmen im Vollzug der Unterbringung

2 Als mit dem Antrag auf gerichtliche Entscheidung angreifbare Maßnahmen zur **Regelung einzelner Angelegenheiten** im Vollzug der öffentlich-rechtlichen Unterbringung gelten nicht nur Verwaltungsakte, sondern alle rechtlichen und tatsächlichen Einflussnahmen der Einrichtung auf die Lebensverhältnisse der einzelnen Betroffenen. Die Maßnahmen haben in der Regel ihre rechtliche Grundlage in den Unterbringungsgesetzen der Bundesländer und betreffen vor allem Fragen der Behandlung einschließlich der **Zwangsbehandlung,** des Aufenthalts in der Einrichtung (Wohnen, Besitz von Sachen, Kleidung, Einkauf und Paketempfang), der Arbeit, der **Vollzugslockerungen** und des Urlaubs, des Besuchs, des Schrift- und Telefonverkehrs sowie besonderer Sicherungsmaßnahmen in der Einrichtung (siehe Marschner/Volckart/Lesting B 159 ff.). Nicht angreifbar ist die Hausordnung, sondern nur die auf die Hausordnung gestützte einzelne Vollzugsmaßnahme.

3. Zulässigkeit des Antrags

3 Das Verfahren ist antragsabhängig und wird nicht von Amts wegen durchgeführt. Zuständig ist das Betreuungsgericht des Unterbringungsortes im Sinn des § 313 Abs. 2 S. 2 (Keidel-Budde § 327 Rn 5; a. A. Bumiller/Harders § 327 Rn 1: Gericht, das Unterbringung angeordnet hat). Entgegen dem Gesetzeswortlaut des Abs. 1 sind nicht nur der **Anfechtungsantrag** (Anfechtung einer belastenden Maßnahme der Einrichtung, z. B. Besuchsverbot oder Briefkontrolle) und **Verpflichtungsantrag** (Verpflichtung der Einrichtung zum Erlass einer begünstigenden Maßnahme, z. B. Gewährung von Ausgang oder Urlaub) zulässig, sondern auch der **Feststellungsantrag** (Feststellung der Rechtswidrigkeit einer bereits vollzogenen Maßnahme, wenn ein rechtliches Interesse z. B. bei Wiederholungsgefahr besteht) sowie der **vorbeugende Unterlassungsantrag,** um vorab die Rechtmäßigkeit einer beabsichtigten Maßnahme, z. B. die Zulässigkeit einer beabsichtigten Zwangsbehandlung überprüfen zu lassen (Marschner/Volckart/Lesting § 327 Rn 23 ff.: Keidel-Budde § 327 Rn 3). Der Antrag ist an keine Form oder

Frist gebunden. Der Antrag kann von dem Betroffenen oder jedem Dritten (Besucher, Briefpartner) gestellt werden, der geltend macht, durch die Maßnahme bzw. ihre Ablehnung oder Unterlassung in seine Rechten verletzt zu sein.

4. Entscheidung des Gerichts

Das Betreuungsgericht entscheidet über die Zulässigkeit (siehe Rn 3) und die **Begründetheit des Antrags.** Bei der Begründetheitsprüfung sind die gesetzlichen Regelungen des Vollzugs der Unterbringung in den einzelnen Ländergesetzen zugrunde zulegen. Besteht keine **gesetzliche Grundlage** für einen über die Freiheitsentziehung hinausgehenden Eingriff in die Rechte des Betroffenen, ist die Maßnahme jedenfalls rechtswidrig und der Betroffene in seinen Rechten verletzt (BVerfGE 33, 1 ff.). In den anderen Fällen ist zu prüfen, ob die gesetzlichen Vorschriften durch die Einrichtung auf der Tatbestandsseite und auf der Rechtsfolgenseite richtig angewendet worden sind (zum ganzen Marschner/Volckart/Lesting § 327 Rn 44 ff.). Im Fall von unbestimmten Rechtsbegriffen (z. B. Gefährlichkeit, Erforderlichkeit einer Behandlung) sind diese durch das Betreuungsgericht wie im Fall der §§ 1904, 1906 Abs. 4 vollständig überprüfbar (teilweise anders für den Strafvollzug BGHSt 30, 320). Ist den Einrichtungen ein **Ermessen** eingeräumt, ist entsprechend § 114 VwGO zu prüfen, ob das Ermessen fehlerfrei ausgeübt worden ist. Auch bei der Ermessensausübung sind Fehler sowohl auf der Tatbestandsseite (es werden unzutreffende Tatsachen zugrunde gelegt) als auch auf der Rechtsfolgenseite möglich (Ermessensfehlgebrauch). Überprüfbar sind auch ärztliche Behandlungsmaßnahmen, wobei sich die rechtlichen Grundlagen und damit die Grenzen der **Zwangsbehandlung** aus den jeweiligen landesrechtlichen Bestimmungen ergeben (hierzu im Einzelnen Marschner/Volckart/Lesting B 183 ff.; zur Zwangsbehandlung im Maßregelvollzug KG R&P 1998, 109; OLG München BtPrax 2009, 243). Im Fall der Rechtswidrigkeit der Maßnahme hebt das Betreuungsgericht diese auf, verpflichtet die Einrichtung zur Durchführung der begehrten Maßnahme, stellt die Rechtswidrigkeit fest oder verbietet die Durchführung einer beabsichtigten Maßnahme. Die Entscheidung ist zu begründen (§ 38 Abs. 3). Das Betreuungsgericht kann keine eigenen Entscheidungen in Vollzugsangelegenheiten treffen, sondern ist auf deren Kontrolle beschränkt (OLG Hamm FamRZ 2008, 1885).

5. Verfahren

Das Verfahren wird durch einen Antrag bei dem zuständigen Betreuungsgericht eingeleitet (Rn 3) und richtet sich, obwohl es sich der Art nach um ein Verwaltungsgerichtsverfahren handelt, nach allgemeinen Grundsätzen des FamFG. Beteiligte sind der Antragsteller und die Einrichtung als Antragsgegner. Eine **persönliche Anhörung** des Betroffenen sowie eine Erörterung der Angelegenheiten wird in der Regel geboten sein (§ 26; siehe Keidel-Budde § 327 Rn 5). Da der Antrag keine aufschiebende Wirkung hat (Abs. 3), hat das Betreuungsgericht in dringenden Fällen, vor allem bei belastenden bzw. beabsichtigten belastenden Maßnahmen die **aufschiebende Wirkung** des Antrags anzuordnen (Abs. 3 S. 2), soweit keine akute Gefährdungslage besteht. In der Zwischenzeit können die erforderlichen Ermittlungen durchgeführt werden. Die Entscheidung des Betreuungsgerichts ist nicht anfechtbar (Abs. 4). Um den effektiven Rechtsschutz zu gewährleisten, ist daher besondere Sorgfalt bei den Ermittlungen und Entscheidungen in Verfahren nach § 327 geboten.

§ 328 Aussetzung des Vollzugs

(1) Das Gericht kann die Vollziehung einer Unterbringung nach § 312 Nr. 3 aussetzen. Die Aussetzung kann mit Auflagen versehen werden. Die Aussetzung soll sechs Monate nicht überschreiten; sie kann bis zu einem Jahr verlängert werden.

(2) Das Gericht kann die Aussetzung widerrufen, wenn der Betroffene eine Auflage nicht erfüllt oder sein Zustand dies erfordert.

1. Anwendungsbereich

1   Die Vorschrift entspricht § 70k Abs.1 und 2 FGG und betrifft ausschließlich die öffentlich-rechtliche Unterbringung nach den Unterbringungsgesetzen der Bundesländer (Überblick vor § 312 FamFG). Die zivilrechtliche Unterbringung kennt keine **probeweise Entlassung.** Vielmehr ist die Unterbringungsgenehmigung auch im Fall der Flucht oder des eigenmächtigen Verlassens der Einrichtung als verbraucht anzusehen mit der Folge, dass bei Notwendigkeit erneuter Unterbringung das Verfahren der §§ 312 ff. erneut durchzuführen ist (hierzu § 324 Rn 5). Dies gilt auch im Fall der Verlegung des Betroffenen von einer geschlossenen auf eine offene Station einer psychiatrischen Klinik (OLG Hamm FGPrax 1999, 22 = R&P 2000, 83). Die Vorschrift entspricht den früheren Regelungen in den Unterbringungsgesetzen der Bundesländer und findet ihre Parallele in den §§ 67 b und 67 d StGB. Sie erlaubt eine flexible Handhabung der Unterbringung und kann die endgültige Entlassung vorbereiten. Die Möglichkeit der Aussetzung der Vollziehung besteht auch im Fall der **vorläufigen Unterbringung** nach §§ 331 ff.. Eine Aussetzung der Vollziehung ist **gleichzeitig mit der Anordnung** der Unterbringung möglich (Marschner/Volckart/Lesting § 328 Rn 4; Dodegge/Roth Teil G Rn 255; so auch der Fall BayObLGZ 1993, 368; a. A. Keidel-Budde § 328 Rn 2; zum früheren Recht OLG Celle NJW 1988, 1529; zweifelnd OLG Frankfurt R&P 1992, 152). Die Aussetzung zugleich mit der Anordnung hat vor allem in den Bundesländern praktische Bedeutung, in denen keine besonderen Maßnahmen und kein Verfahren zur Vermeidung der Unterbringung vorgesehen sind (Marschner/Volckart/Lesting B 64 ff. und 92 f.). Die Dauer der Aussetzungszeit ist ausdrücklich einzelfallbezogen festzusetzen und darf in der Regel sechs Monate nicht überschreiten. Eine Verlängerung bis zu einem Jahr ist möglich.

2. Voraussetzungen der Aussetzung

2   Eine Aussetzung kommt in Betracht, solange die Unterbringungsvoraussetzungen als solche noch vorliegen, unter Berücksichtigung begleitender Maßnahmen aber eine Entlassung aus der Einrichtung verantwortet werden kann. Da es sich um eine Erprobung handelt, sind die Anforderungen an eine diesbezügliche **Prognosenentscheidung** geringer als im Fall einer endgültigen Entlassung. Es handelt sich um das Eingehen eines kalkulierten Risikos (zur entsprechenden Problematik im Strafrecht BVerfGE 70, 313). Liegen die Unterbringungsvoraussetzungen nicht oder nicht mehr vor, kommt eine Unterbringung von vornherein nicht in Betracht

bzw. ist sie aufzuheben (§ 330). Die Unterbringung ist ebenfalls aufzuheben, wenn die Erprobung positiv verlaufen ist.

3. Weisungen

Die Aussetzung kann mit Auflagen (entsprechend strafrechtlichem Sprachgebrauch besser: Weisungen) verbunden werden. Es handelt sich hierbei um Anordnungen während der Erprobungszeit, die die Lebensführung betreffen. In Betracht kommt insbesondere die Sicherstellung einer **Weiter- bzw. Nachbehandlung** z. B. durch einen sozialpsychiatrischen Dienst oder eine niedergelassenen Arzt. Die Weisung, sich in ärztliche Behandlung zu begeben, setzt das Einverständnis der Betroffenen voraus (siehe §§ 68 b Abs. 2 S. 2, 56 c Abs. 3 StGB).

4. Widerruf der Aussetzung

Die Aussetzung kann bei einem **Verstoß** gegen Auflagen (Weisungen) bzw. dann widerrufen werden, wenn der **Zustand des Betroffenen** es erfordert. Auch bei einem Weisungsverstoß ist zu prüfen, ob der Zustand des Betroffenen die Vollziehung der Unterbringung erfordert, weil sich die ursprüngliche Prognose nachträglich auf Grund neuer Tatsachenfeststellungen als falsch herausgestellt hat. Es handelt sich nicht um eine Strafvorschrift, sondern die Unterbringung ist an den zugrunde liegenden Zweck (Gefahrenabwehr) gebunden (siehe auch BayObLG R&P 1994, 143). Ein Weisungsverstoß kann daher nur Anlass für die Überprüfung der Prognoseentscheidung sein.

5. Verfahren

Für das Aussetzungs- und Widerrufsverfahren sieht das FamFG anders als noch § 70k Abs. 3 FGG keine besonderen Regelungen vor. Es gelten daher die allgemeinen Vorschriften des FamFG, insbesondere § 26. Dies bedeutet, dass dem Betroffenen im Widerrufsverfahren **rechtliches Gehör** zu gewähren und falls erforderlich ein Sachverständigengutachten zu der Frage einzuholen ist, ob der Zustand des Betroffenen die Vollziehung der Unterbringung erfordert. Aussetzungs- und Widerrufsverfahren sind vom Betreuungsgericht von Amts wegen durchzuführen und nicht antragsabhängig. Die Initiative wird in aller Regel aber von den Beteiligten bzw. der zuständigen Behörde ausgehen. Die Entscheidung des Gerichts ist mit der Beschwerde (§ 58) angreifbar, für die Beschwerdebefugnis gilt § 335 (Keidel-Budde § 328 Rn 5).

§ 329 Dauer und Verlängerung der Unterbringung

(1) **Die Unterbringung endet spätestens mit Ablauf eines Jahres, bei offensichtlich langer Unterbringungsbedürftigkeit spätestens mit Ablauf von zwei Jahren, wenn sie nicht vorher verlängert wird.**

(2) **Für die Verlängerung der Genehmigung oder Anordnung einer Unterbringungsmaßnahme gelten die Vorschriften für die erstmalige Anordnung oder Genehmigung entsprechend. Bei Unterbringungen mit einer Gesamtdauer von mehr als vier Jahren soll das Gericht keinen Sach-**

verständigen bestellen, der den Betroffenen bisher behandelt oder begutachtet hat oder in der Einrichtung tätig ist, in der der Betroffene untergebracht ist.

1. Anwendungsbereich

1 Die Vorschrift ist in Zusammenhang mit § 323 Nr. 2 zu sehen und regelt für alle Unterbringungsmaßnahmen die Höchstdauer der Unterbringung sowie die Möglichkeit der Verlängerung der Unterbringung. Die Regelung des Abs. 2 entspricht § 70i Abs. 2 FGG.

2. Dauer der Unterbringung (Abs. 1)

2 Nach § 323 Nr. 2 muss das Gericht in seiner Entscheidung den **Zeitpunkt** angeben, zu dem die Unterbringungsmaßnahme endet (hierzu § 323 Rn 4). Die Frist darf ein Jahr, in Ausnahmefällen bei offensichtlich langer Unterbringungsbedürftigkeit zwei Jahre nicht übersteigen. In der Regel ist eine am Einzelfall und am Grundsatz der Verhältnismäßigkeit orientierte kürzere Frist festzulegen. Die Unterbringung endet mit Ablauf der Frist, soweit sie nicht vorher verlängert wurde. Eine über die Regelfrist von einem Jahr hinausgehende Unterbringungsdauer ist besonders zu begründen (BayObLG BtPrax 2005, 113; OLG Schleswig FGPrax 2006, 138).

3. Verlängerung von Unterbringungsmaßnahmen (Abs. 2)

3 Soll eine Unterbringungsmaßnahme i. S. d. § 312 über dem **Endzeitpunkt** (§ 323 Nr. 2) fortdauern, so ist über die **Verlängerung** dieser Unterbringungsmaßnahme nach Abs. 2 zu entscheiden. Für das **Verlängerungsverfahren** gelten die §§ 312 ff. entsprechend (Anhörung des Betroffenen und der Beteiligten, Begutachtung, Bekanntmachung usw.). In Ausnahmefällen kann die Unterbringung auch durch einstweilige Anordnung nach §§ 331 ff. verlängert werden (OLG Brandenburg BtPrax 2009, 124). Örtlich zuständig ist das Gericht, das die erste Unterbringungsentscheidung getroffen hat (§ 2 Abs. 2), soweit keine Abgabe nach § 314 erfolgt ist (Keidel-Budde § 329 Rn 5).

4 Zur Stärkung der Rechtsposition des Betroffenen schreibt das Gesetz einen Gutachterwechsel nach Ablauf von 4 Jahren vor. Dieser darf den Betroffenen bisher weder behandelt noch begutachtet haben, noch der Einrichtung angehören, in der der Betroffene untergebracht ist. Mit dem Begriff „soll" wird klargestellt, dass nur in Ausnahmefällen von der Bestellung eines externen Sachverständigen abgesehen werden darf, die nur dann denkbar sein werden, wenn kurzfristig der ins Auge gefasste Sachverständige verhindert ist. Nach dem Wortlaut des Gesetzes sind frühere Sachverständige ausgeschlossen. Das wird jedoch auch für solche Ärzte zu gelten haben, die lediglich ein ärztliches Zeugnis erstellt haben (Bienwald § 70i Rn 21).

§ 330 Aufhebung der Unterbringung

Die Genehmigung oder Anordnung der Unterbringungsmaßnahme ist aufzuheben, wenn ihre Voraussetzungen wegfallen. Vor der Aufhebung

Einstweilige Anordnung § 331 FamFG

einer Unterbringungsmaßnahme nach § 312 Nr. 3 soll das Gericht die zuständige Behörde anhören, es sei denn, dass dies zu einer nicht nur geringen Verzögerung des Verfahrens führen würde.

1. Anwendungsbereich

Die Vorschrift entspricht weitgehend § 70i Abs. 1 FGG und gilt für alle Unter- 1
bringungsaßnahmen nach § 312. Auf Grund der Schwere der Grundrechtseingriffs darf keine Unterbringung oder freiheitsentziehende Maßnahme länger dauern als unbedingt erforderlich.

2. Aufhebung von Unterbringungsmaßnahmen

Sind die materiell-rechtlichen Voraussetzungen für eine Unterbringungsmaß- 2
nahme entfallen, ist diese nach S. 1 **aufzuheben.** Eine Pflicht zur Beendigung der Unterbringung trifft neben dem gesetzlichen Vertreter (§ 1906 Abs. 3 BGB für den Betreuer) und der Einrichtung (für die zivilrechtliche Unterbringung, BT-Drucks. 11/4528 S. 148) auch die zuständige Behörde, die die Maßnahme verantwortet (vgl. Jürgens/Kröger/Marschner/Winterstein Rn 578) sowie das Gericht nach § 330. Dieses prüft von Amts wegen auch bei einstweiligen Anordnungen und Maßregeln nach § 331 ff., ob die Voraussetzungen noch vorliegen, so dass es eine Verfahrensbeobachtungspflicht hat (Damrau/Zimmermann Rn 1).

Die Pflicht der **Einrichtung,** für die Beendigung der Unterbringung zu sorgen, 3
besteht ggf. auch gegen den Willen des Betreuers (Jürgens/Kröger/Marschner/ Winterstein Rn 576). Das Gericht muss die Genehmigung ggf. aufheben und ergänzende Maßnahmen nach § 1837 BGB ergreifen.

Das Gesetz hat abgesehen von den Sondervorschrift des Satzes 2 bewusst von 4
Verfahrensregelungen abgesehen, um unnötige Verfahrensverzögerungen zu vermeiden (BT-Drucks. 11/4528 S. 186). Die Zuständigkeit richtet sich nach § 313. Im Übrigen richtet sich die Notwendigkeit von Anhörungen, der Einholung von Sachverständigengutachten und der Beteiligung weiterer Personen und Stellen nach § 26.

Satz 2 sieht im Rahmen der Aufhebung einer öffentlich-rechtlichen Unterbrin- 5
gungsmaßnahme vor, dass der zuständigen Behörde Gelegenheit **angehört** werden soll, um eventuelle Bedenken vorbringen und notwendig werdende Maßnahmen treffen zu können, es sei denn, es träten größere Verfahrensverzögerungen ein, die im Hinblick auf die heutigen Kommunikationsmittel kaum vorstellbar sind. In jedem Fall ist ihr die Entscheidung nach § 325 Abs.2 S.2 bekannt zu geben, um ihr die Möglichkeit zu geben, ein Rechtsmittel prüfen zu können.

Die Aufhebung der Unterbringungsmaßnahme wird wirksam mit der **Bekanntgabe** an den Betroffenen (§ 40 Abs. 1; siehe Keidel-Budde § 330 Rn 4). Sie ist mit der Beschwerde nach § 58 anfechtbar. Die Beschwerdebefugnis richtet sich nach § 335 und ergibt sich für die zuständige Behörde aus § 335 Abs. 4.

§ 331 Einstweilige Anordnung

Das Gericht kann durch einstweilige Anordnung eine vorläufige Unterbringungsmaßnahme anordnen oder genehmigen, wenn

FamFG § 331 Buch 3 Verf. in Betreuungs- u. Unterbringungssachen

1. dringende Gründe für die Annahme bestehen, dass die Voraussetzungen für die Genehmigung oder Anordnung einer Unterbringungsmaßnahme gegeben sind und ein dringendes Bedürfnis für ein sofortiges Tätigwerden besteht,
2. ein ärztliches Zeugnis über den Zustand des Betroffenen vorliegt,
3. im Fall des § 317 ein Verfahrenspfleger bestellt und angehört worden ist und
4. der Betroffene persönlich angehört worden ist.

Eine Anhörung des Betroffenen im Wege der Rechtshilfe ist abweichend von § 319 Abs. 4 zulässig.

1. Anwendungsbereich

1 §§ 331 bis 334 ersetzen § 70h FGG und ergänzen die Vorschriften der §§ 49 ff. über die einstweilige Anordnung im Allgemeinen Teil (zur Selbständigkeit des Verfahrens der einstweiligen Anordnung § 300 Rn 1). § 331 ermöglicht nunmehr selbstständige Entscheidungen über vorläufige Unterbringungsmaßnahmen im Sinn des § 312 durch einstweilige Anordnungen. Erfasst werden vorläufige gerichtliche Regelungen, während im Rahmen der öffentlich-rechtlichen Unterbringung die verwaltungsrechtlichen Eingriffsbefugnisse nach den Psychisch-Krankengesetzen der Länder unberührt bleiben (vgl. dazu § 312 Rn 7; Marschner/Volckart/Lesting B 94 ff.).

2. Voraussetzungen einer einstweiligen Anordnung

2 Grundsätzlich müssen kumulativ folgende Voraussetzungen erfüllt sein, falls nicht ausnahmsweise nach § 331 von den Verfahrenserfordernissen teilweise abgesehen werden kann:

3 Es müssen dringende Gründe im Sinne einer **erheblichen Wahrscheinlichkeit** für die Annahme vorliegen, dass die Voraussetzungen einer Unterbringungsmaßnahme vorliegen (BayObLG FamRZ 2000, 560; BayObLG FamRZ 2001, 578; OLG München BtPrax 2006, 36; OLG Zweibrücken FGPrax 2006, 235). Bei der zivilrechtlichen Unterbringung muss damit der Betreuer bzw. der Bevollmächtigte, dessen Aufgabenkreis die „Unterbringung" umfasst, einen Genehmigungsantrag gestellt haben. Die materiell-rechtlichen Voraussetzungen richten sich dann nach § 1906 BGB. Im Falle der öffentlich-rechtlichen Unterbringung muss die Verwaltungsbehörde einen entsprechenden Antrag gestellt haben (§ 51 Abs.1 S.1, siehe § 312 Rn 8). Die materiell-rechtlichen Voraussetzungen sind dann den Landesgesetzen über die Unterbringung psychisch Kranker zu entnehmen.

4 Weiterhin muss ein **dringendes Bedürfnis für ein sofortiges Tätigwerden** bestehen. Dies entspricht der bisherigen Regelung im FGG, wonach mit dem Aufschub der Unterbringungsmaßnahme eine mit konkreten Tatsachen begründete **Gefahr** verbunden sein muss (BVerfG NJW 1998, 1774 = BtPrax 1998, 144; OLG Bremen BtPrax 2007, 87). Dabei reicht nach dem Grundsatz der Verhältnismäßigkeit nicht irgendeine Gefahr aus, sondern nur eine solche, die bei Abwägung der zu erwartenden Nachteile für den Betroffenen oder Dritte bei Unterbleiben der Unterbringungsmaßnahme und der mit der Unterbringungsmaßnahme verbundenen Einschränkungen des Betroffenen das sofortige Tätigwer-

den des Betreuungsgerichts rechtfertigt. Diese Voraussetzungen bedürfen keines vollen Beweises, sondern **Glaubhaftmachung** reicht aus.

Dem Gericht muss ein **ärztliches Zeugnis** über den Zustand des Betroffenen 5 vorliegen. Das ärztliche Zeugnis darf sich nach dem Sinn der Regelung jedoch nicht in einer Beschreibung des Zustandes des Betroffenen erschöpfen, sondern muss die Notwendigkeit der Unterbringung begründen und die maßgeblichen Anknüpfungstatsachen darlegen (OLG Frankfurt/Main FamRZ 2005, 303; OLG Köln FGPrax 2006, 232; Keidel-Budde § 331 Rn 4). Auch wenn das Gesetz als Aussteller lediglich einen Arzt vorsieht und eine Untersuchung durch den Arzt grundsätzlich nicht vorgeschrieben ist, so führt die Anwendung des § 26 im Hinblick auf die Schwere des Eingriffs in das Freiheitsrecht des Betroffenen dazu, dass grundsätzlich an die Qualifikation des Sachverständigen und die Einhaltung seines Verfahrens die Anforderungen des § 321 zu stellen sind (vgl. dazu § 321 Rn 2, 6), jedenfalls dann, wenn es um eine Unterbringung aus gesundheitlichen Gründen geht (Jürgens/Kröger/Marschner/Winterstein Rn 559). In seltenen Ausnahmefällen können die Ermittlungen und die Sachkunde des Gerichts auf Grund seiner Erfahrung und Eindeutigkeit des Sachverhalts dazu führen, dass für die einstweilige Anordnung geringere Anforderungen ausreichen.

Es muss bereits ein Verfahrenspfleger bestellt sein, soweit dies nach § 317 erfor- 6 derlich ist.

Vor Erlass der einstweiligen Anordnung müssen der Betroffene und der Verfah- 7 renspfleger **persönlich angehört** worden sein. Die persönliche Anhörung des Betroffenen gehört zu den wesentlichen Verfahrensgarantien gemäß Art. 103 Abs. 1 und 104 Abs. 1 GG (BVerfG NJW 1982, 691; NJW 1990, 2309; BGH BtPrax 2009, 236 = FamRZ 2009, 1664; BayObLG FamRZ 2000, 560; BayObLG FamRZ 2001, 578; OLG Hamm BtPrax 2008, 38). Weniger wichtige Dienstgeschäfte sind in der Regel zurückzustellen, der sofortigen Anhörung des Betroffenen vor Erlass einer einstweiligen Anordnung ist Vorrang einzuräumen (BVerfG NJW 1990, 2309), Die Anhörung des Betroffenen und des Verfahrenspflegers kann abweichend vom Hauptverfahren in diesem Fall auch im Wege der Rechtshilfe erfolgen (§ 331 S. 2; BayObLG FamRZ 1995, 304, 305). Soweit erhebliche Nachteile für die Gesundheit des Betroffenen zu befürchten sind oder er offensichtlich nicht in der Lage ist, seinen Willen kundzutun, kann von seiner persönlichen Anhörung abgesehen werden (§ 43 Abs. 2; hierzu § 319 Rn 8).

3. Anfechtbarkeit

Entscheidungen, durch die eine vorläufige Unterbringungsmaßnahme getroffen 8 oder abgelehnt wird, sind nach den allgemeinen Vorschriften mit der Beschwerde anfechtbar (§ 58 Abs. 1). Die Beschwerdefrist beträgt im Fall der einstweiligen Anordnung nach § 63 Abs.2 Nr.1 zwei Wochen, im Fall der Ablehnung einen Monat (siehe § 300 Rn 13).

4. Beschlussformel

„Die Unterbringung des ... in einem psychiatrischen Krankenhaus wird durch 9 einstweilige Anordnung bis längstens ... vorläufig genehmigt (bzw. angeordnet). Die Entscheidung ist sofort wirksam."

FamFG § 333 Buch 3 Verf. in Betreuungs- u. Unterbringungssachen

§ 332 Einstweilige Anordnung bei gesteigerter Dringlichkeit

Bei Gefahr im Verzug kann das Gericht eine einstweilige Anordnung nach § 331 bereits vor Anhörung des Betroffenen sowie vor Anhörung und Bestellung des Verfahrenspflegers erlassen. Diese Verfahrenshandlungen sind unverzüglich nachzuholen.

1. Anwendungsbereich

1   Eine entsprechende Regelung befand sich in § 70h Abs. 1 iVm § 69f Abs. 1 S. 3 FGG. Aus verfassungsrechtlichen Gründen muss der Anwendungsbereich auf seltene Ausnahmefälle beschränkt werden.

2. Voraussetzungen einer dringlichen einstweiligen Anordnung

2   Unter Einschränkung wesentlicher Verfahrensgarantien mit der Folge lediglich zeitlicher Verschiebung der Verfahrenshandlungen ist eine **dringliche einstweilige Anordnung** unter folgenden Voraussetzungen zulässig:
- **dringende Gründe** für das Vorliegen der Unterbringungsvoraussetzungen,
- **ärztliches Zeugnis**,
- **Gefahr im Verzuge**.

Es muss sich um eine gegenüber § 331 gesteigerte Gefahr handeln. Sie ist nur zu bejahen, wenn im Hinblick auf die drohenden Nachteile für den Betroffenen oder Dritte (KG FamRZ 2008, 813) von der Anhörung des Betroffenen oder der vorherigen Bestellung des Verfahrenspflegers sowie dessen Anhörung abgesehen werden muss. Nicht verzichtbar ist das Vorliegen eines ärztlichen Zeugnisses.

3   Soweit die Verfahrenshandlungen **nachzuholen** sind (für die nachträgliche Anhörung des Verfahrenspflegers LG Frankfurt NJW 1992, 986), meint unverzüglich im Hinblick auf den Eingriff in das Freiheitsrecht das unmittelbare Tätigwerden des Betreuungsgerichtes zum nächst möglichen Zeitpunkt, in der Regel **am nächsten Tag** (BVerfG NJW 1982, 691; FamRZ 2007, 1627; OLG Schleswig BtPrax 1994, 62, 63; BayObLG FamRZ 2000, 560; BayObLG FamRZ 2001, 578; OLG Hamm BtPrax 2008, 37; KG FamRZ 2008, 813; siehe auch § 300 Rn 4).

§ 333 Dauer der einstweiligen Anordnung

Die einstweilige Anordnung darf die Dauer von sechs Wochen nicht überschreiten. Reicht dieser Zeitraum nicht aus, kann sie nach Anhörung eines Sachverständigen durch eine weitere einstweilige Anordnung verlängert werden. Die mehrfache Verlängerung ist unter den Voraussetzungen der Sätze 1 und 2 zulässig. Sie darf die Gesamtdauer von drei Monaten nicht überschreiten. Eine Unterbringung zur Vorbereitung eines Gutachtens (§ 322) ist in diese Gesamtdauer einzubeziehen.

1. Anwendungsbereich

Die Vorschrift entspricht weitgehend § 70h Abs. 2 FGG und betrifft alle Unterbringungsmaßnahmen nach § 312. Sie regelt die gesetzlichen Höchstfristen für vorläufige Unterbringungsmaßnahmen. **1**

2. Dauer der einstweiligen Anordnung

Die zeitliche Höchstgrenze für einstweilige Anordnungen beträgt **6 Wochen**, gerechnet ab ihrem Wirksamwerden. Sie endet nach Ablauf der Frist von selbst, es sei denn, sie wird vorher aufgehoben (§ 330) oder eine anderweitige Regelung wird wirksam (§ 56 Abs. 1). **2**

Die auch mehrfache **Verlängerung** ist ausnahmsweise bis zu einer **Gesamtdauer von 3 Monaten** statthaft, wenn aus besonderen Gründen nicht vorher über die Unterbringung entschieden werden kann (OLG Karlsruhe FamRZ 2002, 1127). Im Fall des Entweichens des Betroffenen ist bei Verlängerungsentscheidungen die bereits abgelaufene Unterbringungszeit in die Höchstfrist einzubeziehen (OLG München FGPrax 2008, 137). Die Entscheidung über die Verlängerung erfolgt im Rahmen eines erneuten Verfahrens unter den Voraussetzungen der §§ 331, 332 mit der Maßgabe, dass statt des ärztlichen Zeugnisses nunmehr die Anhörung eines Sachverständigen erforderlich ist. Dieser hat die Voraussetzungen der Notwendigkeit des Fortbestehens einer einstweiligen Anordnung darzulegen. Der Sachverständige muss die Qualifikation des § 321 haben. Die Form der Anhörung ist nicht vorgeschrieben und richtet sich nach § 26. **3**

§ 334 Einstweilige Maßregeln

Die §§ 331, 332 und 333 gelten entsprechend, wenn nach § 1846 des Bürgerlichen Gesetzbuchs eine Unterbringungsmaßnahme getroffen werden soll.

1. Anwendungsbereich

Die Vorschrift entspricht § 70h Abs. 3 FGG und betrifft Unterbringungsmaßnahmen nach § 312 Nr. 1 und 2. Entsprechend der bisherigen Rechtslage ermöglicht das Gesetz über § 1908 i Abs. 1 S. 1 i. V. m. § 1846 BGB ausnahmsweise vorläufige Unterbringungsmaßnahmen durch das Betreuungsgericht im Wege der einstweiligen Maßregel unter den Voraussetzungen der §§ 331 ff.. **1**

2. Einstweilige Maßregeln nach § 1846 BGB

Die Anwendbarkeit des § 1846 BGB auf Unterbringungsmaßnahmen war im Gesetzgebungsverfahren umstritten. Daraus haben sich unterschiedliche Ansichten über den Umfang des Anwendungsbereiches der Vorschrift entwickelt. Weitgehend Einigkeit besteht darüber, dass das Betreuungsgericht tätig werden darf, wenn der gesetzliche Vertreter **verhindert** ist. Ist allerdings ein Betreuer bestellt und nicht verhindert, kommt eine Maßnahme nach § 1846 BGB nicht in Betracht **2**

FamFG § 334 Buch 3 Verf. in Betreuungs- u. Unterbringungssachen

(BayObLG FamRZ 2000, 560; OLG Frankfurt/Main FamRZ 2007, 673). Streit bestand jedoch darüber, inwieweit das Betreuungsgericht von sich aus, ohne dass nicht zumindest ein vorläufiger Betreuer bestellt worden ist, Unterbringungsmaßnahmen anordnen kann.

Der BGH hat klargestellt, dass es grundsätzlich zulässig ist, **in Eilfällen** eine **zivilrechtliche Unterbringung** anzuordnen, ohne dass zugleich schon ein Betreuer bestellt werden muss (BGH NJW 2002, 1801 = BtPrax 2002, 162).

3   Das Betreuungsgericht ist in diesen Fällen aber verpflichtet, gleichzeitig mit der Anordnung der Unterbringung durch geeignete Maßnahmen sicherzustellen, dass dem Betroffenen unverzüglich zumindest ein vorläufiger Betreuer zur Seite gestellt wird. Eine derartige Maßnahme kann z. B. in dem unverzüglichen Ersuchen an die Betreuungsstelle liegen, eine als Betreuer geeignete Person vorzuschlagen. Geht eine Entscheidung über eine vorläufige Unterbringung voraus, die außerhalb des Gerichtsgebäudes getroffen wird, ist das Verfahren zur Bestellung eines (vorläufigen) Betreuers spätestens am nächsten regulären Arbeitstag des Gerichts einzuleiten (BayObLG BtPrax 2003, 176). Anderenfalls ist die Anordnung der Unterbringung unzulässig (BGH NJW 2001, 1801 = BtPrax 2002, 162; BayObLG BtPrax 2003, 176; OLG München FamRZ 2008, 917).

4   § 1846 BGB bleibt eine **restriktiv zu handhabende Ausnahmevorschrift** (BayObLGZ 1987, 7; OLG Frankfurt/Main FamRZ 2007, 673; OLG München FamRZ 2008, 917). Eine alle Unterbringungsfälle eines psychiatrischen Krankenhauses oder eines Gerichtsbezirks umfassende Regel, wie es immer noch teilweise Praxis ist (Rink FamRZ 1993, 512), lässt sich auf § 1846 BGB nicht stützen. Vielmehr ist für Fälle der Krisenintervention mit Gefährdungen für das Leben oder die Gesundheit des Betroffenen oder Dritter vom Gesetzeszweck her das öffentlich-rechtliche Unterbringungsverfahren anzuwenden. Daher kommt auch eine Umwandlung einer öffentlich-rechtlichen Unterbringung in eine Maßregel nach § 1846 BGB durch das Beschwerdegericht nicht in Betracht (aA OLG München R&P 2006, 91; offen gelassen in OLG Frankfurt/Main FamRZ 2007, 673). Nur im Einzelfall, wenn es wegen des Krankheitsbildes langfristig auf die Bestellung eines Betreuers ankommt, kann § 1846 BGB in Eilfällen zur Anwendung kommen. Kommt eine Betreuerbestellung von vorneherein nicht in Betracht, ist die Anwendung des § 1846 BGB unzulässig (BayObLG FamRZ 2001, 191).

5   Die entsprechende Anwendung der § 331 ff. führt dazu, dass vorläufige Maßnahmen nach § 1846 BGB mindestens folgende **Voraussetzungen** haben:
  - **dringende Gründe** für die Annahme, dass künftig ein Betreuer bestellt wird, der die Genehmigung eine endgültigen Unterbringungsmaßnahme beantragen wird, und dass das Gericht die Maßnahme genehmigen wird,
  - **Gefahr** im Verzuge im Hinblick auf die Unterbringungsvoraussetzungen (siehe § 331 Rn 4),
  - **ärztliches Zeugnis** über den Zustand des Betroffenen im Sinne von § 331 Rn 5.
  - **Durchführung der erforderlichen Verfahrenshandlungen** (siehe § 331 Rn 5, 7).

6   Soweit von der Anhörung des Betroffenen und der Bestellung und Anhörung eines Verfahrenspflegers, abgesehen worden ist, sind die Anhörungen unverzüglich nachzuholen (siehe § 332 Rn 3).

7   Schließlich hat das Betreuungsgericht unverzüglich (innerhalb weniger Tage) sicherzustellen, dass ein zumindest **vorläufiger Betreuer** bestellt und aufgefordert wird, alsbald zu entscheiden, ob eine Unterbringungsmaßnahme beantragt wird.

Unterbleibt dies, ist die Unterbringung von vornherein rechtswidrig (BGH NJW 2002, 1801 = BtPrax 2002, 162; BayObLG BtPrax 2003, 176; OLG Brandenburg BeckRS 2008 00291).

§ 335 Ergänzende Vorschriften über die Beschwerde

(1) Das Recht der Beschwerde steht im Interesse des Betroffenen
1. dessen Ehegatten oder Lebenspartner, wenn die Ehegatten oder Lebenspartner nicht dauernd getrennt leben, sowie dessen Eltern und Kindern, wenn der Betroffene bei diesen lebt oder bei Einleitung des Verfahrens gelebt hat, den Pflegeeltern,
2. einer von dem Betroffenen benannten Person seines Vertrauens sowie
3. dem Leiter der Einrichtung, in der der Betroffene lebt,
zu, wenn sie im ersten Rechtszug beteiligt worden sind.

(2) Das Recht der Beschwerde steht dem Verfahrenspfleger zu.

(3) Der Betreuer oder der Vorsorgebevollmächtigte kann gegen eine Entscheidung, die seinen Aufgabenkreis betrifft, auch im Namen des Betroffenen Beschwerde einlegen.

(4) Das Recht der Beschwerde steht der zuständigen Behörde zu.

1. Anwendungsbereich

Die Vorschrifen über die Beschwerde auch in Unterbringungssachen befinden 1 sich im Allgemeinen Teil (§§ 58 ff.) und werden durch § 335 hinsichtlich der Beschwerdeberechtigung ergänzt. Sie gelten für alle Unterbringungsmaßnahmen des § 312.

2. Rechtsmittel in Unterbringungssachen

Nach § 58 Abs. 1 sind **Endentscheidungen** der Betreuungsgerichte in Unter- 2 bringungssachen mit der **Beschwerde** anfechtbar (siehe die Kommentierung zu § 58 ff.). Es handelt sich um folgende Entscheidungen:
- Entscheidungen, durch die eine Unterbringungsmaßnahme getroffen oder abgelehnt wird,
- Entscheidungen, durch die im Wege der einstweiligen Anordnung oder Maßregel eine vorläufige Unterbringungsmaßnahme getroffen oder abgelehnt wird (§§ 331 ff.),
- Entscheidungen, durch die eine Unterbringungsmaßnahme verlängert oder ihre Verlängerung abgelehnt wird (§ 329 Abs. 2),
- Entscheidungen über die Aufhebung der Unterbringung (§ 330),
- Entscheidungen über die Aussetzung des Vollzugs (§ 328),
- Entscheidungen über die Anwendung von Gewalt nach § 326 Abs. 2 und 3.

Demgegenüber sind **Zwischenentscheidungen** nur anfechtbar, wenn dies im 3 Gesetz ausdrücklich vorgesehen ist oder von der Rechtsprechung ausnahmsweise zugelassen wurde (hierzu § 58 Rn 8 ff.). Nicht anfechtbar sind Entscheidungen in Vollzugsangelegenheiten (§ 327 Abs. 4).

Die Frist zur Einlegung der Beschwerde beträgt einen Monat, bei einstweiligen Anordnungen zwei Wochen (§ 63). Für den Betroffenen und den Verfahrenspfle-

FamFG § 335 Buch 3 Verf. in Betreuungs- u. Unterbringungssachen

ger laufen eigene Beschwerdefristen beginnend mit der jeweiligen Bekanntgabe (§ 63 Abs. 3; zur Bekanntgabe § 325 Rn. 2; BayObLGZ 1999, 374).

4 In Unterbringungssachen ist die Rechtsbeschwerde ohne Zulassung gegeben (§ 70 Abs. 3 Nr. 2), soweit es sich nicht um Verfahren der einstweiligen Anordnung handelt (§ 70 Abs. 4; siehe die Kommentierung zu §§ 70 ff.).

3. Beschwerdeberechtigung

5 Das Beschwerderecht gegen Entscheidungen des Betreuungsgerichts in Unterbringungssachen richtet sich grundsätzlich nach § 58, der voraussetzt, dass der Beschwerdeführer in seinem eigenen subjektiven materiellen Recht oder in dem Verfahrensgrundrecht des Art. 103 Abs. 1 GG beeinträchtigt ist.

Insoweit ist der **Betroffene** immer in seinen Rechten verletzt. Daneben haben nach § 332 Abs. 2 und 3 ein Beschwerderecht im Interesse des Betroffenen der **Betreuer oder Vorsorgebevollmächtigte**, soweit deren Aufgabenkreis betroffen ist, und der **Verfahrenspfleger**, nicht aber gegen die Ablehnung der Genehmigung der Unterbringung (OLG Frankfurt/Main FamRZ 2000, 1446). Ist dem **Betreuer** eine Genehmigung erteilt worden, fehlt es an einer Beschwer. Ihm bleibt die Möglichkeit, von der Genehmigung keinen Gebrauch zu machen.

6 § 332 Abs. 1 erweitert das Beschwerderecht bestimmter privilegierter Personen, die im **eigenen Namen,** unabhängig von einer Beeinträchtigung eigener Rechte ein Beschwerderecht erhalten, soweit sie im ersten Rechtszug nach § 315 Abs. 4 beteiligt worden sind.

Dabei handelt es sich um folgende Personen:
- der zum Zeitpunkt der Beschwerdeeinlegung nicht dauernd getrennt lebende **Ehegatte oder Lebenspartner.** Bei dauerndem Getrenntleben, das erst kurze Zeit zurückliegt, kann ein Beschwerderecht aus Art. 6 Abs. 1 GG folgen (BT-Drucks. 11/4528 S. 187);
- jedes **Elternteil** und jedes **Kind,** bei häuslicher Gemeinschaft im Zeitpunkt der Einleitung des Verfahrens. Wohnt der Betroffene weder bei seinen Eltern noch bei seinen Kindern, kann sich eine Beschwerdeberechtigung aus Art. 6 Abs. 1, Art. 103 Abs. 1 GG ergeben (BT-Drucks. 11/4528 S. 187);
- die Pflegeeltern (hierzu § 303 Rn 5);
- die **Vertrauensperson;**
- der **Leiter der Einrichtung,** in der der Betroffene lebt (nicht untergebracht ist).

7 Die zuständige **Behörde** (hierzu § 315 Abs. 3) hat nunmehr ein unbeschränktes Beschwerderecht.

4. Beschwerdeverfahren

8 Auf das Beschwerdeverfahren finden nach § 68 Abs. 3 die Vorschriften über den ersten Rechtszug und damit die §§ 312 ff. Anwendung. Das Beschwerdegericht tritt vollständig an die Stelle der 1. Instanz und hat die gleichen Befugnisse wie diese. Über die Anwendung von § 68 Abs. 3 S. 2 finden lediglich Modifizierungen dieses Grundsatzes für das Beschwerdeverfahren in Unterbringungssachen statt, wenn die jeweiligen Verfahrenshandlungen bereits im ersten Rechtszug vorgenommen wurden und von einer erneuten Vornahme keine zusätzlichen Erkenntnisse zu erwarten sind. Besonders in Verfahren der Beschwerde gegen

vorläufige Unterbringungsentscheidungen im Wege der einstweiligen Anordnung kommt der Gestaltung des Beschwerdeverfahrens erhebliche Bedeutung zu, da das Beschwerdegericht in letzter Instanz entscheidet. Derwegen sollte von der Möglichkeit des § 68 Abs. 3 S. 2 nur ausnahmsweise Gebrauch gemacht werden.

Anhörung des Betroffenen: Die in einer Unterbringung liegende Schwere des Eingriffs für den Betroffenen macht in der Regel seine erneute Anhörung im Beschwerdeverfahren erforderlich (OLG Hamburg FamRZ 1989, 318; OLG Schleswig BtPrax 1994, 62; BayObLG R&P 1995, 146; OLG Karlsruhe FGPrax 2000, 165; BayObLG FamRZ 2004, 1854 LS; OLG Hamm FamRZ 2007, 763). 9

Gutachten: Auf durch das Amtsgericht eingeholte Gutachten und vorgelegte ärztliche Zeugnisse kann sich das Beschwerdegericht dann stützen, wenn sie unter den Beteiligten außer Streit stehen im Hinblick auf Erstellungszeitpunkt, Qualifikation des Ausstellers und im Hinblick auf ihre inhaltlichen Anforderungen als ausreichende Grundlage zur Feststellung der erforderlichen Tatsachen dienen. 10

Zeugenvernehmungen: Von einer erneuten Zeugenvernehmung kann abgesehen werden, wenn die Zeugenaussage ausreichend protokolliert ist und es auf den persönlichen Eindruck von Zeugen nicht ankommt, nichts Zusätzliches aufzuklären ist und gegen die Richtigkeit der Zeugenaussage weder etwas vorgebracht ist noch sich Bedenken aufdrängen. 11

Eine **erneute Anhörung** der in § 320 genannten Personen und Stellen ist nur dann erforderlich, wenn diese in der 1. Instanz unterblieben ist oder neue Tatsachen oder neue rechtliche Gesichtspunkte eine abweichende Äußerung erwarten lassen (Damrau/Zimmermann § 70 m Rn 35). 12

5. Entlassung des Betroffenen

Wird der Betroffene während des Beschwerdeverfahrens entlassen, so erledigt sich dadurch zwar die Hauptsache, eine Beschwerde wird damit aber nicht unzulässig (§ 62). Vielmehr besteht im Hinblick auf Art. 19 Abs. 4 GG im Unterbringungsverfahren wegen des tiefgreifenden Grundrechtseingriffs ein berechtigtes Interesse an der **Feststellung der Rechtswidrigkeit** der beanstandeten Maßnahme, selbst wenn die Beschwerde nach Ende der Unterbringung eingelegt worden ist (siehe die Kommentierung zu § 62; ebenso bereits vorher die Rechtsprechung: BVerfG NJW 1998, 2432 = BtPrax 1998, 184; EGMR NJW 2004, 2209 BayObLG FGPrax 1999, 120 und BayObLGZ 2000, 220 = FamRZ 2001, 578 für Unterbringung bis zu 6 Wochen; OLG Schleswig BtPrax 1998, 238; KG FamRZ 2000, 172; OLG Zweibrücken FamRZ 2000, 303; OLG Karlsruhe FGPrax 2000, 165). Eine konsequente Umsetzung der verfassungsrechtlichen Vorgaben gebietet eine Überprüfung der amtsgerichtlichen (und nicht nur der landgerichtlichen) Entscheidung im Verfahren der Rechtsbeschwerde auch dann, wenn das erledigende Ereignis erst nach der Beschwerdeentscheidung eingetreten ist (OLG München BtPrax 2005, 155; OLG Zweibrücken BtPrax 2005, 72; OLG Hamm FamRZ 2007, 763). Das Rechtsmittelbegehren des Betroffenen ist nach Beendigung der Unterbringung so auszulegen, dass die Feststellung der Rechtswidrigkeit der Unterbringung begehrt wird (OLG Karlsruhe FG Prax 2003, 145 m. Anm. Demharter S. 237). Der Antrag kann aber nicht von den nach Abs.1 beschwerdeberechtigten Personen gestellt werden, da der Grundrechtseingriff nach § 62 den Beschwerdeführer betreffen muss (so bereits OLG München FamRZ 2007, 59 LS). 13

FamFG § 337   Buch 3 Verf. in Betreuungs- u. Unterbringungssachen

§ 336 Einlegung der Beschwerde durch den Betroffenen

Der Betroffene kann die Beschwerde auch bei dem Amtsgericht einlegen, in dessen Bezirk er untergebracht ist.

In Abweichung von § 64 Abs.1 kann die Beschwerde auch bei dem Gericht des Unterbringungsorts eingelegt werden. Die Vorschrift entspricht § 305.

§ 337 Kosten in Unterbringungssachen

(1) In Unterbringungssachen kann das Gericht die Auslagen des Betroffenen, soweit sie zur zweckentsprechenden Rechtsverfolgung notwendig waren, ganz oder teilweise der Staatskasse auferlegen, wenn eine Unterbringungsmaßnahme nach § 312 Nr. 1 und 2 abgelehnt, als ungerechtfertigt aufgehoben, eingeschränkt oder das Verfahren ohne Entscheidung über eine Maßnahme beendet wird.

(2) Wird ein Antrag auf eine Unterbringungsmaßnahme nach den Landesgesetzen über die Unterbringung psychisch Kranker nach § 312 Nr. 3 abgelehnt oder zurückgenommen und hat das Verfahren ergeben, dass für die zuständige Verwaltungsbehörde ein begründeter Anlass, den Unterbringungsantrag zu stellen, nicht vorgelegen hat, hat das Gericht die Auslagen des Betroffenen der Körperschaft aufzuerlegen, der die Verwaltungsbehörde angehört.

1. Anwendungsbereich

1   Die Vorschrift ersetzt § 13a Abs. 2 FGG für Unterbringungssachen und ergänzt die Vorschriften der § 81 ff. im Allgemeinen Teil. Danach können die Kosten des Verfahrens den Beteiligten ganz oder teilweise auferlegt werden (hierzu § 81 Rn.5 ff.).Unter besonderen Voraussetzungen können die Kosten auch Dritten auferlegt werden (hierzu § 81 Rn 9). Für Betreuungs- und Unterbringungsverfahren gelten besondere Vorschriften. Abs. 1 entspricht der Regelung des § 307 für Betreuungssachen (hierzu § 307 Rn 1 ff.). Die Vorschrift gilt auch für vorläufige Unterbringungsmaßnahmen. Geregelt wird die Auferlegung der **Auslagen des Betroffenen** (hierzu § 307 Rn 6) auf die Staatskasse im Fall der zivilrechtlichen Unterbringung (Abs. 1) bzw. auf die antragstellende Behörde im Fall der öffentlich-rechtlichen Unterbringung (Abs. 2). **Gerichtsgebühren** werden in Unterbringungssachen nicht erhoben, gerichtliche Auslagen nur für die Kosten des Verfahrenspflegers und insoweit der Betroffene nicht mittellos im Sinn des § 1836c BGB ist (§ 128b KostO). Für Rechtsmittelverfahren gilt § 84.

2. Kostenentscheidung bei zivilrechtlicher Unterbringung (Abs. 1)

2   Voraussetzung für eine **Kostenerstattung durch die Staatskasse** ist, dass eine zivilrechtliche Unterbringungsmaßnahme nach § 312 Nr. 1 und 2
- abgelehnt,
- als ungerechtfertigt aufgehoben,
- eingeschränkt oder

- das Verfahren ohne Entscheidung beendet wird.
Die Vorschrift gilt auch im Fall der Rechtswidrigerklärung einer Unterbringungsmaßnahme nach § 62 (OLG München FamRZ 2006, 1617; FamRZ 2008, 917). Entgegen dem Wortlaut der Vorschrift besteht in den beiden erstgenannten Fällen kein Ermessen des Gerichts (§ 307 Rn.5).

3. Kostenentscheidung bei öffentlich-rechtlicher Unterbringung (Abs. 2)

Voraussetzung für die **Kostenerstattung durch die antragstellende Behörde** ist, dass ein Antrag auf Unterbringung gemäß § 312 Nr. 3 3
- abgelehnt oder
- zurückgenommen wird, oder dass
- kein begründeter Anlass für den Unterbringungsantrag bestand.

Kein begründeter Anlass zur Antragstellung bestand, wenn die Verwaltungsbehörde wegen unzureichender Ermittlungen, unzulänglichen Gutachtens bzw. ärztlichen Zeugnisses oder infolge rechtsfehlerhafter Gesetzesanwendung zur Antragstellung kam. Ein Ermessen besteht im Fall des Abs.1 nicht. Abs. 2 ist wie Abs. 1 auch im Fall der Feststellung der Rechtswidrigkeit der Unterbringung anwendbar (OLG München FamRZ 2006, 1617; OLG Hamm BtPrax 2004, 75; aA Keidel-Budde § 337 Rn 6).

§ 338 Mitteilung von Entscheidungen

Für Mitteilungen gelten die §§ 308 und 311 entsprechend. Die Aufhebung einer Unterbringungsmaßnahme nach § 330 Satz 1 und die Aussetzung der Unterbringung nach § 328 Abs. 1 Satz 1 sind dem Leiter der Einrichtung, in der der Betroffene lebt, mitzuteilen.

1. Anwendungsbereich

Die Vorschrift entspricht § 70n FGG und verweist für Mitteilungen in Unter- 1
bringungssachen in Satz 1 auf die entsprechend anwendbaren §§ 308 und 311. Dort ist geregelt, unter welchen Voraussetzungen personenbezogene Daten weitergegeben werden dürfen. Insoweit wird auf die Kommentierung dieser Vorschriften verwiesen.

2. Mitteilungen bei Beendigung der Unterbringung

S. 2 begründet in den dort genannten Fällen eine besondere Mitteilungspflicht 2
an den Leiter der Einrichtung. Dadurch soll der Schutz des Betroffenen vor einer durch gerichtliche Entscheidung nicht mehr gedeckten Unterbringung verstärkt werden. Diese Mitteilungen haben daher unverzüglich zu erfolgen.

§ 339 Benachrichtigung von Angehörigen

Von der Anordnung oder Genehmigung der Unterbringung und deren Verlängerung hat das Gericht einen Angehörigen des Betroffenen oder eine Person seines Vertrauens unverzüglich zu benachrichtigen.

FamFG § 340 Buch 3 Verf. in Betreuungs- u. Unterbringungssachen

1   Die Vorschrift wiederholt die bereits in Art. 104 Abs. 4 GG geregelte Pflicht zur Benachrichtigung von Angehörigen oder einer Person des Vertrauens. Die Benachrichtigungspflicht besteht insbesondere, wenn die Angehörigen oder die Person des Vertrauens nicht bereits nach § 315 beteiligt werden und ihnen daher die Entscheidung über die Unterbringung bekannt zu geben ist. Die Mitteilungspflicht obliegt dem Betreuungsgericht. Wer zu benachrichtigen ist, entscheidet soweit möglich der Betroffene.

Abschnitt 3. Verfahren in betreuungsgerichtlichen Zuweisungssachen

§ 340 Betreuungsgerichtliche Zuweisungssachen

Betreuungsgerichtliche Zuweisungssachen sind
1. **Verfahren, die die Pflegschaft mit Ausnahme der Pflegschaft für Minderjährige oder für eine Leibesfrucht betreffen,**
2. **Verfahren, die die gerichtliche Bestellung eines sonstigen Vertreters für einen Volljährigen betreffen, sowie**
3. **sonstige dem Betreuungsgericht zugewiesene Verfahren, soweit es sich nicht um Betreuungssachen oder Unterbringungssachen handelt.**

1. Anwendungsbereich

1   Die Vorschrift führt mit der Bezeichnung „betreuungsgerichtliche Zuweisungssachen" einen Sammelbegriff für weitere Zuständigkeiten des Betreuungsgerichts **außerhalb** der Betreuungs- und Unterbringungssachen ein. Nach § 23c Abs. 1 GVG sind für betreuungsgerichtliche Zuweisungssachen, ebenso wie für die Betreuungs- und Unterbringungssachen, die **Betreuungsgerichte** zuständig. Es handelt sich dabei überwiegend um Verfahren, für die bislang das Vormundschaftsgericht zuständig war, die aber nach dessen Auflösung nicht dem Familiengericht, sondern dem Betreuungsgericht übertragen werden sollen. Sofern ein Verfahren nach der jeweiligen Definitionsnorm bereits Betreuungssache oder Unterbringungssache ist, geht diese Zuordnung vor (BT-Drucksache 16/6308 S. 276). Nr. 1 und 2 betreffen Pflegschaften, soweit sie nicht Minderjährige betreffen; Nr. 3 schafft einen Auffangtatbestand.

2. Betreuungsrechtliche Zuweisungssachen

a) Pflegschaften (Nr. 1)

2   Damit sind insbesondere Pflegschaften nach den §§ 1911 (Abwesenheitspflegschaft), 1913 (Pflegschaft für unbekannte Beteiligte) und 1914 BGB (Pflegschaft für gesammeltes Vermögen) gemeint. Ebenso sind betreuungsrechtliche Zuweisungssachen solche nach § 17 des Gesetzes zur Sachenrechtsbereinigung im Beitrittsgebiet (SachenRBerG; Pflegschaft für Grundstückseigentümer und Inhaber dinglicher Rechte). Dies gilt jedoch nur, soweit nicht positiv feststeht, dass der

Beteiligte **minderjährig** oder noch **nicht geboren** ist. In diesen Fällen ist nach § 151 Nr. 5 das Familiengericht zuständig.

b) Gerichtliche Bestellung (Nr. 2)

Hiervon werden Verfahren umfasst, die die gerichtliche Bestellung eines Vertreters, der kein Pfleger ist, für einen Volljährigen betreffen. Hierunter fallen beispielsweise Vertreterbestellungen nach § 16 VwVfG, § 81 AO, § 207 BauGB, § 119 FlurbG oder § 15 SGB X. Auch die weiteren Entscheidungen, die das Vertreterverhältnis betreffen, sind – vorbehaltlich anderweitiger spezialgesetzlicher Regelungen – als **Verfahren kraft Sachzusammenhangs** von Nr. 2 mit erfasst. Durch die Formulierung „gerichtliche Bestellung" wird vorsorglich klargestellt, dass die **rechtsgeschäftliche** Erteilung von Vertretungsmacht durch den Vertretenen selbst oder durch dessen Organe **nicht** unter Nr. 2 fällt (BT-Drucksache 16/6308 S. 277). Wenn allerdings positiv feststeht, dass der Beteiligte **minderjährig** oder noch nicht geboren ist, ist nach § 151 Nr. 5 das Familiengericht zuständig. 3

c) Ausdrückliche Zuweisung (Nr. 3)

Ermöglicht die ausdrückliche Zuweisung einzelner weiterer Aufgaben an das **Betreuungsgericht**; z.B. nach §§ 1484 Abs. 2 S. 3, 1491 Abs. 3 S. 2, 2282 Abs. 2 letzte Alt. BGB, § 6 KastrG, § 2 NamÄndG, § 16 Abs. 3 letzte Alt. VerschG. Diese sind **keine Betreuungssachen** nach § 271 Nr. 3, sie sind nur dem Betreuungsgericht nach § 340 Nr. 3 zugewiesen (Keidel-Budde Rn 4). 4

Nicht ganz eindeutig ist die Zuordnung der Entscheidung nach § 3 Abs. 1 S. 2 Transsexuellengesetz (TSG). Nach § 15 Nr. 9 RPflG handelt es sich hierbei, zumindest was die Überschrift und die Gesetzesbegründung anbelangt, um eine **betreuungs**rechtliche Zuweisungssache (BT-Drucksache 16/6308 S. 322). In § 3 Abs. 1 S. 2 TSG werden diese Entscheidungen jedoch ausdrücklich dem **Familien-** und nicht dem Betreuungsgericht zugewiesen. Insgesamt ist wegen des eindeutigen Sachzusammenhangs trotz dieser Unsicherheit das Verfahren nach § 3 Abs. 1 S. 2 TSG als dem **Betreuungsgericht** (dort dem Richter nach § 15 Nr. 9 RPflG; vgl. § 15 RPflG Rn 28) zugewiesen anzusehen (Prütting/Helms-Fröschle § 271 FamFG Rn 13; Keidel-Budde Rn 4).

3. Verfahrensvorschriften

Nicht geregelt ist, welche Verfahrensvorschriften für betreuungsrechtliche Zuweisungssachen – also für die Pflegschaftsanordnungen (Nr. 1), Vertreterbestellungen (Nr. 2) und betreuungsgerichtliche Aufgaben (Nr. 3) – Anwendung finden. Nach der hier vertretenen Auffassung finden mangels einschlägiger Regelungen im Besonderen Teil zumindest in den Zuweisungssachen nach Nr. 1 und 3 die verfahrensrechtlichen Vorschriften des Allgemeinen Teils des FamFG Anwendung (a.A. zum Teil Keidel-Budde Rn 5). Etwas anderes muss bei den Vertreterbestellungen nach Nr. 2 gelten, die dem Betreuungsverfahren so ähneln, dass grundsätzlich das Verfahren für die Betreuerbestellung entsprechende Anwendung finden muss (im Ergebnis ebenso Keidel-Budde Rn 6), soweit es sich um die Vertreterbestellung selbst handelt. 5

FamFG § 341 Buch 3 Verf. in Betreuungs- u. Unterbringungssachen

4. Rechtsmittel

6 Die Entscheidungen in betreuungsrechtlichen Zuweisungssachen sind nach § 58 Abs. 1 anfechtbar, für denjenigen, der in seinen eigenen Rechten nach § 59 Abs. 1 verletzt wurde (Keidel-Budde Rn 7). Damit ist z.b. bei Abwesenheitspflegschaften derjenige beschwerdeberechtigt, der geltend macht, er sei der wahre Berechtigte. **Kein** Beschwerderecht haben die Behörde und derjenige, für den das Bestehen der Pflegschaft lediglich rechtlich vorteilhaft ist, z.b. wenn der Beschwerdeführer nur geltend machen kann, dass sich aus dem Bestehen der Pflegschaft für die Wahrnehmung seiner eigenen Rechte gegenüber dem Pflegling rechtliche Vorteile ergeben können (Keidel-Budde Rn 7).

§ 341 Örtliche Zuständigkeit

Die Zuständigkeit des Gerichts bestimmt sich in betreuungsgerichtlichen Zuweisungssachen nach § 272.

1. Anwendungsbereich

1 § 341 betrifft betreuungsrechtliche Zuweisungssachen (vgl. § 340 Rn 2 ff).

2. Betreuungsrechtliche Zuweisungssachen

2 Die **örtliche** Zuständigkeit in betreuungsgerichtlichen Zuweisungssachen bestimmt sich nach § 272 (vgl. die Kommentierung zu § 272). In vielen Fällen wird danach das Gericht des gewöhnlichen Aufenthalts gemäß § 272 Abs. 1 Nr. 2 (vgl. § 272 Rn 4) örtlich zuständig sein. Bei Pflegschaften nach § 340 Nr. 1: Abwesenheitspflegschaft (§ 1911 BGB), Pflegschaft für unbekannte Beteiligte (§ 1913 BGB) und für gesammeltes Vermögen (§ 1914 BGB) dürfte der Gerichtsstand des § 272 Abs. 1 Nr. 3 (Ort, an dem das Fürsorgebedürfnis hervortritt, vgl. § 272 Rn 5) hauptsächlich Anwendung finden (Bumiller/Harders Rn 2).

Die **sachliche** Zuständigkeit der Amtsgerichte folgt aus § 23a Abs. 2 Nr. 1 GVG.

Funktional ist der Rechtspfleger nach § 3 Nr. 2b RPflG zuständig, soweit sich nicht aus § 15 Abs. 1 Nr. 1-9 RPflG betreffend die betreuungsrechtlichen Zuweisungssachen die Richterzuständigkeit ergibt. Zu § 15 Abs. 1 Nr. 9 vgl. § 340 Rn 4.

Bei Verfahren mit Auslandsbezug ist § 104 für die **internationale** Zuständigkeit maßgeblich (vgl. die Kommentierung zu § 104).

Rechtspflegergesetz

Erster Abschnitt. Aufgaben und Stellung des Rechtspflegers

§ 1 Allgemeine Stellung des Rechtspflegers

Der Rechtspfleger nimmt die ihm durch dieses Gesetz übertragenen Aufgaben der Rechtspflege wahr.

§ 2 Voraussetzungen für die Tätigkeit als Rechtspfleger

(1) Mit den Aufgaben eines Rechtspflegers kann ein Beamter des Justizdienstes betraut werden, der einen Vorbereitungsdienst von drei Jahren abgeleistet und die Rechtspflegerprüfung bestanden hat. Der Vorbereitungsdienst vermittelt in einem Studiengang einer Fachhochschule oder in einem gleichstehenden Studiengang dem Beamten die wissenschaftlichen Erkenntnisse und Methoden sowie die berufspraktischen Fähigkeiten und Kenntnisse, die zur Erfüllung der Aufgaben eines Rechtspflegers erforderlich sind. Der Vorbereitungsdienst besteht aus Fachstudien von mindestens achtzehnmonatiger Dauer und berufspraktischen Studienzeiten. Die berufspraktischen Studienzeiten umfassen die Ausbildung in den Schwerpunktbereichen der Aufgaben eines Rechtspflegers; die praktische Ausbildung darf die Dauer von einem Jahr nicht unterschreiten.

(2)–(6) ...

§ 3 Übertragene Geschäfte

Dem Rechtspfleger werden folgende Geschäfte übertragen:
1. ...
2. vorbehaltlich der in den §§ 14 bis 19b dieses Gesetzes aufgeführten Ausnahmen die nach den gesetzlichen Vorschriften vom Richter wahrzunehmenden Geschäfte des Amtsgerichts in
    a) Kindschaftssachen und Adoptionssachen sowie entsprechenden Lebenspartnerschaftssachen nach den §§ 151, 186 und 269 des Gesetzes über das Verfahren in Familiensachen und in den Angelegenheiten der freiwilligen Gerichtsbarkeit,
    b) Betreuungssachen sowie betreuungsgerichtlichen Zuweisungssachen nach den §§ 271 und 340 des Gesetzes über das Verfahren in Familiensachen und in den Angelegenheiten der freiwilligen Gerichtsbarkeit,
    c)–h) ...
3. ...
4. ...

§ 4 Umfang der Übertragung

(1) Der Rechtspfleger trifft alle Maßnahmen, die zur Erledigung der ihm übertragenen Geschäfte erforderlich sind.

(2) Der Rechtspfleger ist nicht befugt,
1. eine Beeidigung anzuordnen oder einen Eid abzunehmen,
2. Freiheitsentziehungen anzudrohen oder anzuordnen, ...

(3) Hält der Rechtspfleger Maßnahmen für geboten, zu denen er nach Absatz 2 Nr. 1 und 2 nicht befugt ist, so legt er deswegen die Sache dem Richter zur Entscheidung vor.

§ 5 Vorlage an den Richter

(1) Der Rechtspfleger hat ihm übertragene Geschäfte dem Richter vorzulegen, wenn
1. sich bei der Bearbeitung der Sache ergibt, dass eine Entscheidung des Bundesverfassungsgerichtes oder eines für Verfassungsstreitigkeiten zuständigen Gerichts eines Landes nach Artikel 100 des Grundgesetzes einzuholen ist;
2. zwischen dem übertragenen Geschäft und einem vom Richter wahrzunehmenden Geschäft ein so enger Zusammenhang besteht, dass eine getrennte Behandlung nicht sachdienlich ist.

(2) Der Rechtspfleger kann ihm übertragene Geschäfte dem Richter vorlegen, wenn die Anwendung ausländischen Rechts in Betracht kommt.

(3) Die vorgelegten Sachen bearbeitet der Richter, solange er es für erforderlich hält. Er kann die Sachen dem Rechtspfleger zurückgeben. Gibt der Richter eine Sache an den Rechtspfleger zurück, so ist dieser an eine von dem Richter mitgeteilte Rechtsauffassung gebunden.

§ 6 Bearbeitung übertragener Sachen durch den Richter

Steht ein übertragenes Geschäft mit einem vom Richter wahrzunehmenden Geschäft in einem so engen Zusammenhang, dass eine getrennte Bearbeitung nicht sachdienlich wäre, so soll der Richter die gesamte Angelegenheit bearbeiten.

§ 7 Bestimmung des zuständigen Organs der Rechtspflege

Bei Streit oder Ungewissheit darüber, ob ein Geschäft von dem Richter oder dem Rechtspfleger zu bearbeiten ist, entscheidet der Richter über die Zuständigkeit durch Beschluss. Der Beschluss ist unanfechtbar.

§ 8 Gültigkeit von Geschäften

(1) Hat der Richter ein Geschäft wahrgenommen, das dem Rechtspfleger übertragen ist, so wird die Wirksamkeit des Geschäfts hierdurch nicht berührt.

(2) Hat der Rechtspfleger ein Geschäft wahrgenommen, das ihm der Richter nach diesem Gesetz übertragen kann, so ist das Geschäft nicht deshalb unwirksam, weil die Übertragung unterblieben ist oder die Voraussetzungen für die Übertragung im Einzelfalle nicht gegeben waren.

(3) Ein Geschäft ist nicht deshalb unwirksam, weil es der Rechtspfleger entgegen § 5 Abs. 1 dem Richter nicht vorgelegt hat.

(4) Hat der Rechtspfleger ein Geschäft des Richters wahrgenommen, das ihm nach diesem Gesetz weder übertragen ist noch übertragen werden kann, so ist das Geschäft unwirksam. Das gilt nicht, wenn das Geschäft dem Rechtspfleger durch eine Entscheidung nach § 7 zugewiesen worden war.

(5) Hat der Rechtspfleger ein Geschäft des Urkundsbeamten der Geschäftsstelle wahrgenommen, so wird die Wirksamkeit des Geschäfts hierdurch nicht berührt.

§ 9 Weisungsfreiheit des Rechtspflegers

Der Rechtspfleger ist sachlich unabhängig und nur an Recht und Gesetz gebunden.

§ 10 Ausschließung und Ablehnung des Rechtspflegers

Für die Ausschließung und Ablehnung des Rechtspflegers sind die für den Richter geltenden Vorschriften entsprechend anzuwenden. Über die Ablehnung des Rechtspflegers entscheidet der Richter.

§ 11 Rechtsbehelfe

(1) Gegen die Entscheidungen des Rechtspflegers ist das Rechtsmittel gegeben, das nach den allgemeinen verfahrensrechtlichen Vorschriften zulässig ist.

(2) Ist gegen die Entscheidung nach den allgemeinen verfahrensrechtlichen Vorschriften ein Rechtsmittel nicht gegeben, so findet die Erinnerung statt, die in Verfahren nach dem Gesetz über das Verfahren in Familiensachen und in den Angelegenheiten der freiwilligen Gerichtsbarkeit innerhalb der für die Beschwerde, im Übrigen innerhalb der für die sofortige Beschwerde geltenden Frist einzulegen ist. Der Rechtspfleger kann der Erinnerung abhelfen. Erinnerungen, denen er nicht abhilft, legt er dem Richter zur Entscheidung vor. Auf die Erinnerung sind im Übrigen die Vorschriften über die Beschwerde sinngemäß anzuwenden.

(3) Gerichtliche Verfügungen, Beschlüsse oder Zeugnisse, die nach den Vorschriften der Grundbuchordnung, der Schiffsregisterordnung oder des Gesetzes über das Verfahren in Familiensachen und in den Angelegenheiten der freiwilligen Gerichtsbarkeit wirksam geworden sind und nicht mehr geändert werden können, sind mit der Erinnerung nicht anfechtbar. Die Erinnerung ist ferner in den Fällen der §§ 694, 700 der Zivilprozessordnung und gegen Entscheidungen über die Gewährung eines Stimmrechts (§§ 77, 237 und 238 der Insolvenzordnung) ausgeschlossen.

(4) Das Erinnerungsverfahren ist gerichtsgebührenfrei.

§ 12–13 ....

Zweiter Abschnitt. Dem Richter vorbehaltene Geschäfte ...

§ 14 ....

§ 15 Betreuungssachen und betreuungsrechtliche Zuweisungssachen

(1) Von den Angelegenheiten, die Betreuungsgericht übertragen sind, bleiben dem Richter vorbehalten
1. Verrichtungen auf Grund der §§ 1896 bis 1900, 1908 a, 1908 b Abs. 1, 2 und 5 des Bürgerlichen Gesetzbuchs sowie die anschließende Bestellung eines neuen Betreuers;
2. die Bestellung eines neuen Betreuers im Falle des Todes des Betreuers nach § 1908 c des Bürgerlichen Gesetzbuchs;
3. Verrichtungen auf Grund des § 1908 d des Bürgerlichen Gesetzbuchs, des 291 des Gesetzes über das Verfahren in Familiensachen und in den Angelegenheiten der freiwilligen Gerichtsbarkeit;
4. Verrichtungen auf Grund der §§ 1903 bis 1905 des Bürgerlichen Gesetzbuchs;
5. die Anordnung einer Betreuung oder einer Pflegschaft über einen Angehörigen eines fremden Staates einschließlich der vorläufigen Maßregeln nach Artikel 24 des Einführungsgesetzes zum Bürgerlichen Gesetzbuche;
6. die Anordnung einer Betreuung oder Pflegschaft auf Grund dienstrechtlicher Vorschriften;
7. die Entscheidungen nach § 1908i Abs. 1 Satz 1 in Verbindung mit § 1632 Abs. 1 bis 3, § 1797 Abs. 1 Satz 2 und § 1798 des Bürgerlichen Gesetzbuchs;
8. die Genehmigung nach § 6 des Gesetzes über die freiwillige Kastration und andere Behandlungsmethoden;
9. die Genehmigung nach § 3 Abs. 1 Satz 2 sowie nach § 6 Abs. 2 Satz 1, § 7 Abs. 3 Satz 2 und § 9 Abs. 3 Satz 1, jeweils in Verbindung mit § 3 Abs. 1 Satz 2 des Gesetzes über die Änderung der Vornamen und die Feststellung der Geschlechtszugehörigkeit in besonderen Fällen.

Satz 1 Nummer 1 bis 3 findet keine Anwendung, wenn die genannten Verrichtungen nur eine Betreuung nach § 1896 Absatz 3 des Bürgerlichen Gesetzbuchs betreffen.

(2) Die Maßnahmen und Anordnungen nach den §§ 6 bis 12 des Erwachsenenschutzübereinkommens-Ausführungsgesetzes vom 17. März 2007 (BGBl. I S. 314) bleiben dem Richter vorbehalten.

Übersicht

	Rn.
1. Allgemeines	1
a) Überblick	1
b) Richtervorbehalt für Einheitsentscheidung	3

c) Unterbringungssachen (§§ 312 ff FamFG) 4
d) Arbeitsteilung 5
e) Abgrenzungsprobleme 6
f) Richtervorlage 7
g) Umfang der Übertragung 8
h) Verfahren vor dem Rechtspfleger 9
i) Rechtsmittel 10
2. Richtervorbehalte 13
   a) Nr. 1 13
   b) Nr. 2: Neubestellung des Betreuers nach dem Tod des bisherigen Betreuers 20
   c) Nr. 3: Verlängerung, Aufhebung und Änderung der Erstentscheidung 21
   d) Nr. 4: Verfahrenshandlungen nach §§ 1903 bis 1905 BGB 22
   e) Nr. 5: Auslandsberührung 24
   f) Nr. 6: Dienstrechtliche Vorschriften 25
   g) Nr. 7: Herausgabe und Umgang des Betreuten 26
   h) Nr. 8: Freiwillige Kastration 27
   i) Nr. 9: Entscheidungen nach TSG 28
   j) Die Durchführung des Verfahrens und die verfahrensrechtlichen Nebenentscheidungen in den vorbehaltenen Sachen 29
3. Rechtspflegeraufgaben 35
4. Neue Bundesländer 57
5. Vorbehalte für Baden-Württemberg 58

1. Allgemeines

a) Überblick

Die Aufgaben des **Betreuungsgerichts** in Betreuungssachen werden vom **1**
Richter und vom **Rechtspfleger** wahrgenommen. Die funktionelle Zuständigkeit regelt das Rechtspflegergesetz. Grundsätzlich ist für eine betreuungsrechtliche Angelegenheit der Rechtspfleger zuständig **(§ 3 Nr. 2 b)**, soweit sie nicht in § 15 ausdrücklich dem Richter vorbehalten ist. Der durch das 2. Betreuungsrechtsänderungsgesetz eingefügte § 19 Abs. 1 S. 1 Nr. 1 ermächtigt die Landesregierungen, diese Richtervorbehalte in bestimmtem Umfang ganz oder teilweise aufzuheben; vgl. **Erläuterungen zu § 19**. Solange hiervon kein Gebrauch gemacht wird, gelten für die Abgrenzung der Zuständigkeiten die nachfolgenden Erläuterungen.

Zu den Aufgaben des Rechtspflegers im Betreuungsverfahren s. a. Klüsener, Rpfleger 1991, 225.

Das **frühere Recht** der Vormundschaft und **Pflegschaft** für **Volljährige** unterschied zwischen dem Eingriff in die Rechte des Betroffenen durch Entmündigung, Anordnung der vorläufigen Vormundschaft (§ 1909 BGB a. F.) und Anordnung der **Gebrechlichkeitspflegschaft** (§ 1910 BGB a. F.), sowie der daran anknüpfenden Bestellung eines Vormunds bzw. Pflegers. Der Rechtseingriff zum Schutz des Betroffenen war aus verfassungsrechtlichen Gründen dem Richter vorbehalten; Bestellung und Entlassung des Vormunds oder Pflegers oblag dem Rechtspfleger.

Das **heutige** Recht der **rechtlichen Betreuung** verbindet hingegen den **2**
Rechtseingriff und die Bestimmung der Person des Betreuers in einer **einheitlichen Entscheidung:** der Bestellung des Betreuers (§ 286 FamFG). In dieser **Einheitsentscheidung** werden die Voraussetzungen der Betreuung festgestellt, der erforderliche Aufgabenkreis bezeichnet, die Person des Betreuers bezeichnet

und ggf. die Berufsmäßigkeit der Führung des Amtes bestimmt. Bei der **erstmaligen Bestellung** des Betreuers fallen also **Anordnung** der Betreuung und **Auswahl** des Betreuers zusammen.

b) Richtervorbehalt für Einheitsentscheidung

3   Diese **Einheitsentscheidung** ist dem **Richter** zugewiesen mit Ausnahme der Bestellung eines Vollmachts- oder Kontrollbetreuers nach § 1896 Abs. 3 BGB (§ 15 Abs. 1 S. 2). Hierfür werden in der Gesetzesbegründung (BT-Drucks. 11/4528 S. 97) systematische, rechtspolitische und praktische Gründe aufgezeigt. Insbesondere soll die Schwere des Eingriffs den Richtervorbehalt nicht erfordern (ebenso die Begründung des Bundesratsentwurfs BT-Drucks. 15/2494 S. 22). Diese Auffassung begegnet Bedenken. Maßgebend sind verfassungsrechtliche Gründe. Die Anordnung der Betreuung verleiht dem Betreuer gesetzliche Vertretungsmacht und ermöglicht die **Fremdbestimmung** des Betreuten. Dies darf, worauf Schwab (FamRZ 1990, 681, 683) hinweist, nicht verschleiert werden, zumal unter bestimmten Voraussetzungen die Betreuung auch gegen den (natürlichen) Willen des Betroffenen angeordnet werden kann (§ 1896 BGB Rn 13). Ein derartiger **Grundrechtseingriff** (BVerfG NJW 2002, 206; BT-Drucks. 15/2494 S. 14; BVerfG BtPrax 2009, 27) ist grundsätzlich dem „**Kernbereich**" der dem Richter vorbehaltenen Tätigkeiten zuzuordnen (BVerfG NJW 1967, 1219, 1220). Der Rechtspfleger ist aber kein Richter, weder im Sinne des Grundgesetzes noch des Gerichtsverfassungsgesetzes (BVerfG Rpfleger 2000, 205, 207; Bassenge/Roth vor §§ 1 ff Rn 8 m. w. N.). Zwingend ist unter diesem Gesichtspunkt auch die Zuweisung der Anordnung des **Einwilligungsvorbehalts** (§ 1903 BGB), desgleichen der **Erweiterung** des Aufgabenkreises und der **Genehmigungen** im Bereich der **Personensorge** (§§ 1904, 1905 BGB) dem Richter vorbehalten. Nicht erforderlich und auch nicht schlüssig durchgehalten sind die Vorbehalte für die **Folgeentscheidungen** bei **Kontrollbetreuungen,** wie z.B. Entlassung und Neubestellung des Betreuers oder Gegenbetreuers, denn bei der Kontrollbetreuung ist nach h.A. der Rechtspfleger zuständig (Staudinger-Bienwald § 1896 BGB Rn 134; vgl. auch Rn 16 und 36, 39). Vgl. allerdings zur Einheitsentscheidung die abweichende Regelung zur Zuständigkeit der beamteten Bezirksnotare nach Baden-Württembergischem Landesrecht (Rn 58 f).

c) Unterbringungssachen (§§ 312 ff FamFG)

4   Diese sind in § 3 Nr. 2 b nicht aufgenommen und daher dem Rechtspfleger grundsätzlich auch nicht zugewiesen, also ausschließlich vom Richter zu erledigen, was sich schon aus Art. 104 Abs. 2 GG ergibt. Die zuvor in § 14 Abs. 1 Nr. 4 FGG enthaltene Zuweisung der Unterbringungen als Richteraufgabe hat § 15 konsequenterweise nicht mehr aufgenommen (ebenso Bassenge/Roth § 15 Rn 14). Eine **Unterbringungsmaßnahme** ist auch die unmittelbare Unterbringung durch das Betreuungsgericht nach §§ 1908i Abs. 1 S. 1 i.V.m. 1846 BGB. Zwar wird die Maßregel nach § 1846 BGB nicht unmittelbar von der gesetzlichen Definition der Unterbringungsmaßnahmen nach § 312 FamFG erfasst, aber in § 334 FamFG dennoch folgerichtig als Unterbringungsmaßnahme bezeichnet (im Ergebnis ebenso Keidel-Budde § 312 FamFG Rn 2).

d) Arbeitsteilung

Von den aufgezeigten Erweiterungen der richterlichen Zuständigkeit abgesehen, hat das RPflG die **Grundstrukturen der betreuungsgerichtlichen Arbeitsteilung** zwischen Richter und Rechtspfleger unberührt gelassen. Die allgemeine Aufsicht über die gesamte Tätigkeit des Betreuers einschließlich der Personensorge obliegt dem Rechtspfleger (§§ 1908i Abs. 1 S. 1 i.V.m. 1837 BGB; Dallmayer/Eickmann § 14 (a.F.) Rn 78). Stellt der Rechtspfleger im Zuge seiner Aufsicht fest, dass dem Richter vorbehaltene Maßnahmen angezeigt sind, wie z. B. die Entlassung des Betreuers wegen mangelnder Eignung (§ 1908b Abs. 1 BGB), wird er den Richter „einschalten" (BT-Drucks. 11/4528 S. 165; vgl. unten Rn 18).

e) Abgrenzungsprobleme

Gesetzestechnisch erfolgt die Aufteilung der funktionellen Zuständigkeit durch die **Übertragung der Betreuungssachen auf den Rechtspfleger** in § 3 Nr. 2 b, **vorbehaltlich ausdrücklicher Richterzuweisungen** in § 15 Abs. 1. Die Zuständigkeiten stehen im Regel-Ausnahmeverhältnis zueinander (KG Rpfleger 1978, 321). Im Zweifel spricht die Vermutung für die Zuständigkeit des Rechtspflegers (BayObLG Rpfleger 1982, 423; Bassenge/Roth § 3 Rn 24; Dallmayer/Eickmann § 14 (a.F.) Rn 5). Die **Abgrenzung** kann bei der Betreuung problematisch sein, weil sie zwar weitgehend eigenständig ausgestaltet (§§ 1896–1908i BGB), zum Teil aber durch umfangreiche Verweisungen auf das Vormundschaftsrecht geregelt ist (§ 1908i BGB). Ist für die **entsprechende Vormundschaftssache** ein **Richtervorbehalt** vorgesehen, gilt dies auch für die Betreuungssache; betroffen sind die Vorbehalte nach § 15 Abs. 1 Nr. 7, vgl. Rn 26. Andererseits sind die **betreuungsrechtlichen Besonderheiten** bei der entsprechenden Anwendung des Vormundschaftsrechts zu berücksichtigen. So stellt sich der Entzug der Vertretungsmacht für einzelne Angelegenheiten (§§ 1908i Abs. 1 S. 1, 1796 BGB) als Einschränkung des Aufgabenkreises oder Teilentlassung des Betreuers dar, die im Betreuungsrecht nach § 1908b Abs. 1 BGB dem Richter vorbehalten ist, auch wenn das Vormundschaftsrecht für die Verrichtung nach § 1796 BGB einen solchen Vorbehalt nicht vorsieht (strittig, Rn 17).

f) Richtervorlage

Besteht zwischen einem dem Rechtspfleger übertragenen Geschäft und einem vom Richter wahrzunehmenden Geschäft ein so **enger Zusammenhang,** dass eine getrennte Bearbeitung nicht sachdienlich ist, hat der Rechtspfleger die Sache dem **Richter vorzulegen** (§ 5 Abs. 1 Nr. 2) und dieser die gesamte Angelegenheit zu bearbeiten (§ 6). Dies wird z.B. der Fall sein, wenn neben einer nach § 1896 Abs. 3 BGB einzurichtenden **Kontrollbetreuung** (§ 1836 Rn 36) weiterer Betreuungsbedarf besteht (Dallmayer/Eickmann § 14 (a.F.) Rn 80; s. u. Rn 36). Vorzulegen ist auch, wenn über eine **Vorfrage** der Richter zu entscheiden hätte, so beim Erlass einstweiliger Maßregeln nach §§ 1908i Abs. 1 S. 1, 1846 BGB, wenn für die vorrangige Bestellung eines vorläufigen Betreuers (§ 300 FamFG) der Richter zuständig ist. Der Richter kann aber keine Rechtspflegersache „an sich ziehen" (Bassenge/Roth § 6 Rn 1; vgl. aber § 8 Abs. 1). Halten sich Richter und Rechtspfleger in einer Angelegenheit beide für zuständig oder unzuständig, entscheidet der Richter durch Beschluss den **Kompetenzkonflikt.** Gleiches gilt,

RPflG § 15 Zweiter Abschnitt. Dem Richter vorbehaltene Geschäfte

wenn ungewiss ist, ob ein Geschäft vom Richter oder Rechtspfleger zu bearbeiten ist (§ 7). Eine innerdienstliche Verfügung genügt nicht, die Entscheidung nach § 7 hat durch formellen Beschluss zu erfolgen (§ 7 S. 1), der den Beteiligten bekannt zu machen ist (LG Koblenz Rpfleger 1997, 427). Im Übrigen kann der **Richter wirksam** Geschäfte des Rechtspflegers erledigen (§ 8 Abs. 1); umgekehrt sind vom **Rechtspfleger** wahrgenommene richterliche Geschäfte grundsätzlich **unwirksam** (§ 8 Abs. 4 S. 1). Dies gilt nicht für die nach § 7 zugewiesenen Geschäfte (§ 8 Abs. 4 S. 2).

g) Umfang der Übertragung

8   Der Rechtspfleger ist **sachlich unabhängig** und nur an Recht und Gesetz gebunden (§ 9), was ihn im Bereich der übertragenen Geschäfte vor Weisungen des Dienstherrn schützt und im Verhältnis zum Richter nur im Rahmen des Vorlageverfahrens bindet (§ 5 Abs. 3 S. 3; BGH Rpfleger 1986, 147, 148). Er trifft selbstständig **alle** Maßnahmen, die zur **Erledigung** der ihm übertragenen Geschäfte erforderlich sind (§ **4 Abs. 1;** s.u. Rn 51 ff); ausgenommen die in § 4 Abs. 2 aufgezählten. Zu den **Freiheitsentziehungen** nach § 4 Abs. 2 Nr. 2 gehört auch die Anordnung der **Vorführung** eines Beteiligten, z.B. die Vorführung des Betroffenen im Anhörungsverfahren nach §§ 278 Abs. 5, 319 Abs. 5 FamFG (Bassenge/Roth § 4 Rn 16; Dallmayer/Eickmann § 4 (a.F.) Rn 30; Rink in HK-BUR § 14 RPflG a.F. Rn 15). Wie die Fassung des § 19 Abs. 1 Nr. 1 zeigt, geht der Gesetzgeber davon aus, dass auch insoweit ein Richtervorbehalt besteht (Bundesratsentwurf BT-Drucks. 15/2494 S. 38, anders aber Begründung a.a.O. S. 23). Von der Einschränkung ist auch die Vorführung nach § 33 Abs. 3 S. 3 FamFG (Bassenge/Roth § 4 Rn 16) erfasst.

h) Verfahren vor dem Rechtspfleger

9   Für das **Verfahren vor dem Rechtspfleger** gelten die allgemeinen Vorschriften. Er hat den **Sachverhalt** umfassend **aufzuklären** (§ 26 FamFG) und den Beteiligten **rechtliches Gehör** zu gewähren. Das Gebot des rechtlichen Gehörs leitet sich im Rechtspflegerverfahren ab aus dem Verfahrensgrundrecht des Beteiligten auf ein **rechtsstaatliches faires Verfahren** (Art. 2 Abs. 1 i. V. m. Art. 20 Abs. 3 GG; BVerfG Rpfleger 2000, 205, 206). Der Rechtspfleger trifft auch die erforderlichen **Nebenentscheidungen**, wie z.B. die Bestellung eines Verfahrenspflegers (§ 276 FamFG). Seine Entscheidungen sind immer zu begründen (§ 38 Abs. 3, 5 FamFG); dies ist auch bei Verweigerung einer Genehmigung oder bei Aufsichtsmaßnahmen nach dem Rechtsstaatsprinzip geboten.

i) Rechtsmittel

10   Gegen die Entscheidungen des Rechtspflegers in **Betreuungssachen** ist das nach den **allgemeinen** verfahrensrechtlichen Vorschriften zulässige **Rechtsmittel** gegeben (§ 11 Abs. 1). Im Betreuungsverfahren ist dies die befristete **Beschwerde** (§§ 58, 63 FamFG; vgl. § 58 FamFG Rn 15), über die das Landgericht als Beschwerdegericht entscheidet. Zu den Entscheidungen zählen auch die Aufsichtsmaßnahmen (§§ 1908i Abs. 1 S. 1, 1837 Abs. 2 BGB), soweit es sich nicht um bloße Meinungsäußerungen handelt, wie z.B. Beanstandungen im Zusammenhang mit der Rechnungsprüfung (§ 1843 BGB Rn 5). Die Beschwerde ist grundsätzlich befristet (§ 63 FamFG; vgl. die dortige Kommentierung). Die

Betreuungssachen und betreuungsrechtliche Zuweisungssachen **§ 15 RPflG**

Beschwerde kann nur beim Amtsgericht eingelegt werden (§ 64 Abs. 1 FamFG). Wird sie eingelegt, so hat der Rechtspfleger zu prüfen, ob der Beschwerde **abgeholfen** werden kann (§ 68 Abs. 1 FamFG). Hierfür kommt es nicht auf die Zulässigkeit der Beschwerde an, etwa, ob der Beschwerdeführer beschwerdebefugt ist (vgl. § 68 FamFG Rn 2). Der Rechtspfleger ist, wenn er die befristete Beschwerde für begründet hält, zur Änderung seiner Entscheidung befugt und verpflichtet (§ 68 Abs. 2 FamFG); das gilt auch in den Festsetzungsverfahren nach §§ 168, 277, 292 FamFG (vgl. § 168 FamFG Rn 27). Hält der Rechtspfleger die angefochtene Entscheidung für richtig, trifft er eine zu begründende und mitzuteilende **Nichtabhilfeentscheidung** (Bassenge/Roth, § 11 Rn 37) und legt die Beschwerde **unmittelbar** dem Beschwerdegericht vor (§ 68 Abs. 1 2. Hs. FamFG). Beschwerdegegenstand ist die angefochtene Erstentscheidung.

Erinnerung: Ist gegen die Entscheidung des Rechtspflegers nach den allgemeinen verfahrensrechtlichen Vorschriften ein **Rechtsmittel nicht gegeben,** weil das Gesetz die Anfechtung ausschließt oder der Beschwerdewert nicht überschritten wird (vgl. z.B. § 61 Abs. 1 FamFG), so findet die **Erinnerung** statt. Sie ist binnen der für die sofortige Beschwerde geltenden Frist einzulegen (§ 11 Abs. 2 S. 1; zwei Wochen). Der Richter der **ersten Instanz**, also i. d. R. der Amtsrichter (§ 28), entscheidet abschließend, falls der Rechtspfleger der Erinnerung nicht abhilft (§ 11 Abs. 2 S. 2). Im Festsetzungsverfahren nach §§ 168, 277, 292 FamFG kann das erstinstanzliche Gericht die befristete Beschwerde zulassen, auch wenn der Beschwerdewert nicht überschritten wird (§ 61 Abs. 2 FamFG). Zuständig hierfür ist der Rechtspfleger (OLG Hamm Rpfleger 2000, 271; Arnold/Meyer-Stolte § 15 Rn 37), der auch nachträglich im Erinnerungsverfahren im Wege der Abhilfe das Rechtsmittel zulassen und dem Landgericht vorlegen kann (BayObLG Rpfleger 2004, 160; vgl. § 168 FamFG Rn 27; a. A. Zimmermann FamRZ 2004, 921, 928). Zuständig für die Zulassung des Rechtsmittels ist im Erinnerungsverfahren auch der Richter.

Erinnerung und befristete Beschwerde haben **keine aufschiebende Wirkung** (vgl. § 58 FamFG Rn 3; Bassenge/Roth, § 11 Rn 41). Die Vollziehung der angefochtenen Verfügung kann jedoch ausgesetzt werden (§ 64 Abs. 3 FamFG). Allerdings hat die sofortige Beschwerde (nach §§ 567 ff ZPO) gegen die Festsetzung von **Ordnungs- und Zwangsmittel** aufschiebende Wirkung (§ 35 Abs. 5 FamFG i.V.m. § 570 ZPO).

2. Richtervorbehalte

Dem Richter sind in Betreuungssachen vorbehalten (§ 15 Abs. 1):

a) Nr. 1

aa) Bestellung eines Betreuers (§ 1896 BGB).
- **Einheitsentscheidung** nach § 286 FamFG über die **Anordnung** der Betreuung durch Bestimmung des **Aufgabenkreises** und die **Auswahl** des Betreuers (§ 1897 BGB). **Ausgenommen** ist die Betreuung nach § 1896 Abs. 3 BGB (Vollmachts- oder Kontrollbetreuung), hierfür ist der Rechtspfleger zuständig (§ 3 Nr. 2 a) (Rn 36).
- Als Teil der Einheitsentscheidung die Feststellung der **berufsmäßigen Führung** der Betreuung **(§ 1836 Abs. 1 S. 2 BGB i. V. m. § 1 VBVG),** wenn er für die Bestellung des Betreuers zuständig ist; dies gilt auch für eine **nach-**

RPflG § 15 Zweiter Abschnitt. Dem Richter vorbehaltene Geschäfte

trägliche Feststellung (Bassenge/Roth, § 15 Rn 3). Die Feststellung ist Teil des Bestellungsverfahrens nicht des Vergütungsverfahrens (BayObLG FamRZ 2001, 1484; § 1 VBVG Rn 8). Die nachträgliche Feststellung durch den Rechtspfleger ist **unwirksam** (§ 8 Abs. 4; BayObLG a.a.O.). Nach a. A. erfasst der Richtervorbehalt für die Betreuerbestellung (§ 15 Abs. 1 Nr. 1) nicht die Feststellung der Berufsmäßigkeit, so dass diese grundsätzlich dem Rechtspfleger übertragen ist (§ 3 Nr. 2 b; Damrau/Zimmermann § 1836 BGB Rn 8). Dieser Auffassung ist jedoch aufgrund der in § 286 Abs. 1 Nr. 4 FamFG getroffenen Wertung des Gesetzgebers, dass die Berufsmäßigkeit im Bestellungsbeschluss festzustellen ist, nicht mehr haltbar. Vgl. bzgl. Zuständigkeit des Rechtspflegers bei der abweichenden **Bestimmung** über die **Nutzbarkeit** besonderer **Kenntnisse** des Berufsbetreuers Rn 45 (§ 3 Abs. 2 S. 2 VBVG).
- Dagegen gehört die Anordnung eines **Betreuungsplans** (§ 1901 Abs. 4 BGB) **nicht** zur Einheitsentscheidung, da der personale Bezug fehlt. Die Anordnung wird regelmäßig erst nach der Bestellung getroffen werden können. Zuständig mangels Richtervorbehalt ist der **Rechtspfleger;** trifft der Richter die Entscheidung gilt das oben Gesagte (vgl. Rn 7).

15 - **Vorsorgliche** Bestellung eines Betreuers und die Anordnung eines Einwilligungsvorbehalts für einen **Minderjährigen** (§ 1908a BGB).

bb) Mehrere Betreuer (§ 1899 BGB).

16 - Die Entscheidung über **Aufgabenkreis** und Auswahl mehrerer Betreuer (§ 1899 Abs. 1, 3 BGB).
- Bestellung des **besonderen Betreuers** für die Einwilligung in die Sterilisation (§ 1899 Abs. 2 BGB).
- Die gleichzeitige oder nachträgliche Bestellung eines **Ergänzungsbetreuers** (§ 1899 Abs. 4 BGB). Dies gilt auch, wenn der Ergänzungsbetreuer bestellt werden muss, weil der Erstbetreuer von der **Vertretung ausgeschlossen** ist (§§ 1908i Abs. 1 S. 1, 1795, 1796 BGB), denn die Bestellung eines weiteren Betreuers für den Fall der Verhinderung ist ausdrücklich in § 1899 Abs. 4 BGB geregelt, so dass für die analoge Anwendung des § 1909 Abs. 1 BGB (Ergänzungspfleger) kein Raum verbleibt (ebenso Dallmayer/Eickmann § 14 (a.F.) Rn 56; Bauer in HK-BUR § 1896 BGB Rn 7; Staudinger-Bienwald § 1908 i BGB Rn 50, 57, 58; Arnold/Meyer-Stolte § 15 Rn 8; a. A. Bassenge/Roth § 15 Rn 3). Zu wünschen wäre allerdings eine Ausnahme für den gesetzlichen Vertretungsausschluss nach § 1795 BGB, da sich hier die Notwendigkeit einer Ergänzungsbetreuung regelmäßig im Zusammenhang mit der betreuungsgerichtlichen Genehmigung von Rechtsgeschäften des Betreuers ergibt, die ausnahmslos dem Rechtspfleger zugewiesen ist.
- Die Bestellung eines **Gegenbetreuers** (§§ 1908i Abs. 1 S. 1, 1792 BGB; vgl. § 1899 BGB Rn 7), obliegt **nicht dem Richter** (vgl. Rn 39).

cc) Die Entziehung der Vertretungsmacht.

17 - Die **Entziehung der Vertretungsmacht** für einzelne Angelegenheiten (§§ 1908i Abs. 1 S. 1, **1796 BGB**). § 1796 BGB ist auf Vorschlag des Bundesrats in den Verweisungskatalog des § 1908i BGB einbezogen worden, um die **teilweise Entlassung** des Betreuers durch Einschränkung des Aufgabenkreises zu ermöglichen (BT-Drucks. 11/4528 S. 210, 211), was aber nicht geboten war, da sich dies schon aus § 1908b Abs. 1 BGB ableiten lässt (BT-Drucks. 11/4528 S. 153; wie hier: Damrau/Zimmermann § 1796 BGB Rn 1; a.A. Arnold/Meyer-Stolte § 15 Rn 37). Auch ein Interessenkonflikt kann zur mangelnden

Eignung i.S.d. § 1908b Abs. 1 führen (§ 1796 BGB Rn 4). Als **teilweise Entlassung** ist die Maßnahme somit dem **Richter vorbehalten** (wie hier: Dallmayer/Eickmann § 14 (a.F.) Rn 66; Bauer in HK-BUR § 1899 BGB Rn 2; Staudinger-Bienwald § 1908i BGB Rn 57; Jürgens/Kröger /Marschner/ Winterstein Rn 324; Dodegge/Roth Teil J Rn 2, 32; Schulte-Bunert/Weinreich-Rausch § 272 FamFG Rn 18). Nach anderer Ansicht ist auf die Entziehung der Vertretungsmacht § 1908d BGB entsprechend anzuwenden, was ebenfalls - über Nr. 3 - zum Richtervorbehalt führt (Erman/Holzhauer; § 1908i BGB Rn 15). Dem kann nicht gefolgt werden, da die Teilentlassung des Betreuers einer Teilaufhebung der Betreuung nicht gleich steht. Diese Ansicht führt auch zu Abgrenzungsproblemen bei der Aufhebung von Richtervorbehalten nach § 19 Abs. 1 Nr. 1, da § 1908d ausgenommen ist.

dd) Die Entlassung des Betreuers.
- Bei **mangelnder Eignung** oder aus anderem **wichtigen Grund** (§ 1908b Abs. 1 S. 1, 2 BGB). Dem Rechtspfleger, dem die Aufsicht über die gesamte Tätigkeit des Betreuers übertragen ist (§§ 1908i Abs. 1 S. 1 i.V.m. 1837 Abs. 2 BGB), ist damit die **Folgeentscheidung** über die Entlassung eines pflichtwidrig handelnden Betreuers versagt. Diese **Aufspaltung** der Zuständigkeit ist bewusst in Kauf genommen worden, führt aber zu praktischen Schwierigkeiten (vgl. Klüsener Rpfleger 1991, 225, 232; Bassenge/Roth, § 15 Rn 3). Der Rechtspfleger hat die Sache dem **Richter** vorzulegen, wenn Maßnahmen geboten erscheinen, die dem Richter vorbehalten sind (BT-Drucks. 11/4528 S. 164, 165); den Richter treffen aber aus der Zuweisung der Entlassungszuständigkeit keine Überwachungspflichten (vgl. Rn 5, 30, 36). 18
- Des **Berufsbetreuers** (§ 1897 Abs. 6 BGB), falls Betreuung durch geeignete ehrenamtlich tätige Personen durchgeführt werden kann (§ 1908b Abs. 1 S. 3 BGB).
- Auf **Verlangen des Betreuers,** wenn ihm die Betreuung nicht mehr zugemutet werden kann (§ 1908b Abs. 2 BGB).
- Die **Entlassung** des **Vereins** oder der **Behörde als Betreuer,** wenn eine natürliche Person die Betreuung übernehmen kann (§ 1908 b Abs. 5 BGB).

ee) Neubestellung eines Betreuers.
- **Nach Entlassung** des Betreuers in den Fällen des § 1908b Abs. 1, 2, 5 i. V. m. § 1908c BGB; 19

b) Nr. 2: Neubestellung des Betreuers nach dem Tod des bisherigen Betreuers
- **Nach** dem **Tod des Betreuers** (§ 1908 c BGB) 20

c) Nr. 3: Verlängerung, Aufhebung und Änderung der Erstentscheidung
- **Verlängerung** der **Bestellung** (§ 295 FamFG); **Aufhebung** der Betreuung (§ 1908d Abs. 1 S. 1 BGB; § 294 FamFG); teilweise Aufhebung durch **Einschränkung** des Aufgabenkreises (§ 1908d Abs. 1 S. 2 BGB; § 294 FamFG); **Erweiterung** des Aufgabenkreises des Betreuers (§ 1908d Abs. 3 BGB; § 293 FamFG). 21
- **Verlängerung** der Anordnung eines **Einwilligungsvorbehalts** (§ 295 FamFG), sowie dessen Aufhebung, Einschränkung und Erweiterung (§ 1908d Abs. 4 BGB; §§ 294 und 293 FamFG).

- Verrichtungen nach **§ 291 FamFG:** Auf Antrag des Betreuten die **Überprüfung** hinsichtlich der **Auswahl** der vom Verein oder der Behörde nach § 1900 Abs. 2, 4 BGB mit der Wahrnehmung der Betreuung **beauftragten Personen** (§ 1900 BGB Rn 3; vgl. § 291 FamFG Rn 1 ff.). Soweit eine Kontrollbetreuung betroffen ist (§ 1896 Abs. 3 BGB) ist die Verrichtung nach § 291 FamFG Rechtspflegeraufgabe.

d) Nr. 4: Verfahrenshandlungen nach §§ 1903 bis 1905 BGB

22 - Anordnung eines Einwilligungsvorbehalts (§ 1903 BGB)
23 - Genehmigung der **Einwilligung** des Betreuers in gefährliche **ärztliche Maßnahmen** (§ 1904 Abs. 1 BGB) und entsprechend die Genehmigung der Einwilligung des Bevollmächtigten (§ 1904 Abs. 2 BGB); ferner die Genehmigung der Einwilligung des besonderen Betreuers (§ 1899 Abs. 2 BGB) in die **Sterilisation** des Betreuten (§ 1905 BGB).
- Genehmigung der mit Freiheitsentziehung verbundenen Unterbringung des Betreuten (§ 1906 Abs. 2 BGB) sowie unterbringungsähnlicher Maßnahmen (§ 1906 Abs. 4 BGB) und die Genehmigung der entsprechenden Maßnahmen des Bevollmächtigten (§ 1906 Abs. 5 BGB) sind dem Rechtspfleger nach § 3 Nr. 2 b sowieso nicht übertragen; sie wurden daher konsequenterweise hier nicht benannt.

e) Nr. 5: Auslandsberührung

24 - Die Bestellung eines Betreuers für den Angehörigen eines **fremden Staates** einschließlich vorläufiger Maßregeln (Art. 24 Abs. 1 S. 2, Abs. 3 EGBGB). Dies gilt auch für die Bestellung eines Vollmachtbetreuers (Bassenge/Roth § 15 Rn 7). Verstoß führt zur Nichtigkeit der Anordnung (z.B. der Pflegschaft und der Pflegerbestellung) nach § 8 Abs. 4 (BGH FamRZ 2003, 828).

f) Nr. 6: Dienstrechtliche Vorschriften

25 - Die Bestellung eines Betreuers aufgrund **dienstrechtlicher Vorschriften** (in Disziplinarverfahren § 85 Abs. 2 Nr. 1 WDO; § 3 BDG i. V. m. VwVfG und entspr. landesrechtliche Vorschriften).
- Die Bestellung eines Vertreters im **Verwaltungsverfahren** für einen Beteiligten, der infolge einer psychischen Krankheit oder einer Behinderung nicht in der Lage ist, in dem Verwaltungsverfahren selbst tätig zu werden (§ 16 Abs. 1 Nr. 4 VwVfG; Bassenge/Roth, § 15 Rn 8), entsprechend den Vorschriften über die Betreuung (§ 16 Abs. 4 VwVfG). Parallelregelungen finden sich in § 81 AO; § 15 SGB X und den Verwaltungsverfahrensgesetzen der Länder.

g) Nr. 7: Herausgabe und Umgang des Betreuten

26 - Die Entscheidung über die **Herausgabe des Betreuten** (§§ 1908i Abs. 1 S. 1 i.V.m. 1632 Abs. 1, 3 BGB) und den **Umgang des Betreuten mit Dritten** (§§ 1908i Abs. 1 S. 1 i.V.m. 1632 Abs. 2, 3 BGB; Bassenge/Roth § 15 Rn 9; Dallmayer/Eickmann § 14 (a.F.) Rn 68; Jürgens/Kröger/Marschner/Winterstein Rn 323; Arnold/Meyer-Stolte § 15 Rn 26; s. auch o. Rn 6; a. A. Dodegge/Roth Teil D Rn 107 ohne Begründung).
- Die Entscheidung bei **Meinungsverschiedenheiten zwischen mehreren Betreuern** (§§ 1908i Abs. 1 S. 1 i.V.m. 1797 Abs. 1 S. 2, 1798 BGB); (Bassenge/Roth § 15 Rn 9; Dallmayer/Eickmann § 14 (a.F.) Rn 69; Jürgens/Kröger/

Marschner/Winterstein Rn 323; s. auch o. Rn 6; Arnold/Meyer-Stolte § 15 Rn 30); bei Meinungsverschiedenheiten zwischen Betreuer und Gegenbetreuer: ist der Rechtspfleger zuständig (Arnold/Meyer-Stolte § 15 Rn 31).

h) Nr. 8: Freiwillige Kastration

– Die gerichtliche Genehmigung nach § 6 des Gesetzes über die freiwillige Kastration und andere Behandlungsmethoden zur z.B. Einwilligung des Betreuers in eine Kastration.

27

i) Nr. 9: Entscheidungen nach TSG

– Nicht ganz eindeutig ist die Zuordnung der Entscheidung nach § 3 Abs. 1 S. 2 Transsexuellengesetz (TSG). Nach § 15 Nr. 9 RPflG handelt es sich hierbei, zumindest was die Überschrift und die Gesetzesbegründung anbelangt, um eine betreuungsrechtliche Zuweisungssache (BT-Drs. 16/6308, 322). In § 3 Abs. 1 S. 2 TSG werden diese Entscheidungen jedoch ausdrücklich dem Familien- und nicht dem Betreuungsgericht zugewiesen. Insgesamt ist wegen des eindeutigen Sachzusammenhangs trotz dieser Unsicherheit das Verfahren nach § 3 Abs. 1 S. 2 TSG als dem **Betreuungsgericht** (dort dem Richter nach § 15 Nr. 9 RPflG) zugewiesen anzusehen (vgl. § 340 Rn 4; Prütting/Helms-Fröschle § 271 FamFG Rn 13; Keidel-Budde Rn 4 und Bassenge/Roth § 15 Rn 11).

28

j) Die Durchführung des Verfahrens und die verfahrensrechtlichen Nebenentscheidungen in den vorbehaltenen Sachen

– Dem Richter ist nicht nur die Entscheidung vorbehalten, sondern selbstverständlich auch die Durchführung des Verfahrens und der Erlass der **verfahrensrechtlichen Nebenentscheidungen** (BT-Drucks. 11/4528 S. 165). Er hat in **vorbehaltenen** Sachen die notwendigen **Ermittlungen** und Beweiserhebungen selbst zu veranlassen, insbesondere die erforderlichen **Anhörungen** unmittelbar vorzunehmen (BayObLG BWNotZ 1994, 18; Bassenge/Roth § 3 Rn 28, § 15 Rn 13; Dallmayer/Eickmann § 14 (a.F.) Rn 7, 70).

29

– In den **vorbehaltenen** Sachen entscheidet der Richter über die **Abgabe** bzw. Übernahme des Verfahrens und ggf. die **Vorlage** bei einem diesbezüglichen Streit an das **gemeinschaftliche obere Gericht** (§§ 273, 4, 5 FamFG). Dem Richtervorbehalt unterliegt damit die Entscheidung über Abgabe einer Betreuungssache, wenn sie mit einem **Unterbringungsgenehmigungsverfahren** verbunden ist (BayObLG Rpfleger 1992, 285), wenn die Abgabe wegen eines Betreuerwechsels erfolgen soll, für den der Richter zuständig ist (OLG Frankfurt NJW 1993, 699), oder wenn die Abgabe sich auf ein bereits anhängiges Verfahren erstreckt, das dem Richtervorbehalt unterliegt (OLG Hamm Rpfleger 1994, 211); etwa, wenn über die anhängige Anordnung eines Einwilligungsvorbehalts noch nicht entschieden ist (BayObLG BtPrax 1993, 28). Im **Übrigen** ist der **Rechtspfleger** funktionell **zuständig** (vgl. auch § 273 FamFG Rn 11; Arnold/Meyer-Stolte § 15 Rn 37). Nach **anderer Ansicht** ist der Rechtspfleger in Betreuungsverfahren – mit Ausnahme eines Verfahrens nach § 1896 Abs. 3 BGB – nicht befugt, über Abgabe oder Übernahme eines Verfahrens und die Vorlage bei einem diesbezüglichen Streits zu entscheiden, vielmehr bestehe ein **genereller Richtervorbehalt**. In jeder Betreuungssache seien

30

laufend dem Richter vorbehaltene Angelegenheiten zu erledigen und es gehe nicht an, dass der Rechtspfleger dem Richter möglicherweise unmittelbar vor einer anstehenden richterlichen Entscheidung die Sache durch eine Abgabeverfügung entziehe (BayObLG Rpfleger 1993, 189 unter Aufgabe der bisherigen Ansicht mit Anm. Wesche Rpfleger 1993, 395 u. Klüsener FamRZ 1993, 986; ihm folgend KG Rpfleger 1996, 237; OLG Düsseldorf Rpfleger 1998, 103; 1997, 426 unter Aufgabe der bisherigen Rechtsprechung Rpfleger 1994, 244; OLG Frankfurt, FGPrax 2007, 119; Damrau/Zimmermann § 14 (a.F.) Rn 12; Bumiller/Harders § 272 FamFG Rn 15 und § 273 FamFG Rn 16; wohl auch Bassenge/Roth § 4 Rn 7 und § 15 Rn 13; Jürgens/Kröger/Marschner/Winterstein Rn 319). Dieser **Auffassung** kann **nicht gefolgt** werden, sie wird der gesetzlichen Aufgabenverteilung zwischen Richter und Rechtspfleger in Betreuungssachen nicht gerecht. Das BtG hat an der Grundstruktur der Arbeitsteilung zwischen Richter und Rechtspfleger nichts geändert. Dem Rechtspfleger obliegt die **allgemeine Aufsicht** über die gesamte Tätigkeit des Betreuers, den **Richter** treffen **keine laufenden Überwachungspflichten.** Dass der Rechtspfleger dem Richter durch eine Abgabe eine unmittelbar anstehende Entscheidung entzieht, ist bei korrekter Verfahrensweise ausgeschlossen. Ist ein Verfahren, das unter Richtervorbehalt steht, bereits anhängig oder stellt der Rechtspfleger im Zuge der laufenden Aufsicht fest, dass Anlass zu richterlichen Maßnahmen besteht, hat er vorzulegen. Die Bejahung der generellen Zuständigkeit des Richters lässt sich nicht damit begründen, dass sich der Rechtspfleger möglicherweise nicht gesetzmäßig verhält (so zutr. Dallmayer/Eickmann § 14 (a.F.) Rn 72 a. E). Wie hier: OLG Köln FamRZ 2001, 939; FGPrax 2006, 72; OLG Hamm Rpfleger 1994, 211; 1993, 388, 390; OLG Zweibrücken FGPrax 2005, 216 und FGPrax 2008, 210; Keidel-Sternal § 4 FamFG Rn 35; Dallmayer/Eickmann a. a. O.; Schmidt FGPrax 1999, 205, 206 a. E.; Bienwald § 65 FGG Rn 11). Das um die Übernahme einer Betreuungssache durch den Rechtspfleger ersuchte Gericht darf die Übernahme nicht mit der Begründung ablehnen, dass es nicht durch den Richter ersucht wurde, wenn im Zeitpunkt des Abgabeverlangens keine akuten dem Richter vorbehaltenen Geschäfte zu erledigen sind (OLG Köln a.a.O. unter Hinweis auf die durch das 3. RPflÄndG gestärkte Stellung des Rechtspflegers). Verfügt der Rechtspfleger abweichend hiervon die Abgabe einer dem Richtervorbehalt unterliegenden Sache, so ist die Verfügung unwirksam (§ 8 Abs. 4 S. 1). Das angegangene Gericht kann den Mangel jedoch durch eine richterliche Handlung heilen (BayObLG Rpfleger 1993, 189); im Übrigen sind die Handlungen des angegangenen – mangels wirksamer Abgabe örtlich unzuständigen – Gerichts wirksam (§ 2 Abs. 3 FamFG).

31 - Der **Richter** bestellt in den von ihm zu bearbeitenden Verfahren den **Verfahrenspfleger** (§ 276 FamFG). Dessen Vergütung wird jedoch in allen Fällen durch den **Rechtspfleger** festgesetzt, auch wenn die Bestellung in einem Unterbringungsverfahren erfolgt ist (vgl. Rn 50; a.A. LG Krefeld FamRZ 1996, 1347).

32 - Der Richter trifft die **einstweiligen Maßregeln** (§§ 1908i Abs. 1 S. 1 i.V.m. **1846 BGB**) und die **vorläufigen Anordnungen** nach § 300 FamFG in den vorbehaltenen Sachen (vgl. Rn 54; Bassenge/Roth § 15 Rn 12). Die einstweilige Unterbringung des Betroffenen nach § 1846 BGB i. V. m. §§ 331, 334 FamFG ist als Unterbringungsmaßnahme ausschließlich vom Richter zu erledigen (vgl. Rn 4).

Betreuungssachen und betreuungsrechtliche Zuweisungssachen **§ 15 RPflG**

- Der Richter erzwingt nach § 285 FamFG durch Festsetzung von Zwangsgeld 33
(a.A. Arnold/Meyer-Stolte § 15 Rn 37) oder Maßnahmen nach § 35 FamFG
die **Ablieferung** einer **Betreuungsverfügung** bzw. der Abschrift einer Vorsorgevollmacht (§ 1901c BGB), die er als Entscheidungsgrundlage benötigt (vgl. Rn 56).
- In den ihm **vorbehaltenen** Angelegenheiten trifft der **Richter** die **Anord-** 34
nungen nach §§ **308 bis 311 FamFG** über die **Mitteilung** der betreuungsgerichtlichen Entscheidung oder bestimmter Tatsachen an andere Gerichte, Behörden oder sonstige öffentliche Stellen als Pflichtaufgabe des Betreuungsgerichts (Bassenge/Roth, § 15 Rn 12; Jürgens/Kröger/Marschner/Winterstein Rn 463; s. zu den Mitteilungspflichten o. die Erläuterungen zu §§ 308 ff FamFG). Entsprechendes gilt für den **Rechtspfleger** in den ihm übertragenen Angelegenheiten (Keidel-Budde § 308 FamFG Rn 13). Soweit eine Mitteilungspflicht allein an den Inhalt der Entscheidung des Richters bzw. des Rechtspflegers anknüpft, z.B. den Betreuerwechsel (§ 310 FamFG), ist der Urkundsbeamte der Geschäftsstelle zuständig (Bassenge/Roth, § 15 Rn 12). Dies gilt wegen der rechtlichen Unklarheiten **nicht** für die Mitteilungen zum Wählerverzeichnis und zum Melderegister nach § 309 FamFG; hier ist der Richter zuständig (a. A. Bassenge/Roth a.a.O.: **Geschäftsstelle**; a.A. Damrau/Zimmermann § 14 (a.F.) Rn 8: **RPfl**). Vgl. zu den Mitteilungspflichten in Betreuungssachen auch Kapitel XV der Verwaltungsvorschriften (Anordnung über Mitteilung in Zivilsachen (MiZi) in der Neufassung vom 1. Juni 1998; 9. Änderung; Stand Oktober 2009).

3. Rechtspflegeraufgaben

Dem Rechtspfleger sind folgende Aufgaben übertragen:
a) Aufnahme von **Anträgen,** Ersuchen und Erklärungen im Zusammenhang 35
mit einem Betreuungsverfahren (§ 25 FamFG; §§ 3 Nr. 3e, 24 Abs. 2 Nr. 3 RPflG):
Die dem Gericht von Angehörigen, Freunden, Nachbarn vorgetragenen Anregungen zur Einleitung eines Betreuungsverfahrens sind vom Rechtspfleger zu protokollieren und sollten wegen ihrer Bedeutung **nicht der Geschäftsstelle** überlassen werden. Der Rechtspfleger wird im Gespräch für das Verfahren notwendige **Informationen** nach §§ 1896, 1897, 1903 BGB abfragen und im Einzelfall auch ersten **Rat** und **Unterstützung** leisten können (ebenso Dallmayer/Eickmann § 14 (a.F.) Rn 27; zu Einzelheiten s. Wenker BtPrax 1993, 161). Die Antragsaufnahme durch den Rechtspfleger ist auch geboten, wenn er den Betreuer nicht bestellt, da ihm jedenfalls das nachfolgende Verfahren übertragen ist, so dass der Vorbehalt für die Freie und Hansestadt Hamburg (§ 36 a) nicht entgegensteht.
b) Bestellung eines **Kontroll-** oder **Vollmachtbetreuers** (§ 1896 Abs. 3 BGB): 36
Die Übertragung wird damit begründet, dass mit der Kontrollbetreuung kein **Rechtseingriff** verbunden sei (BT-Drucks. 11/4528 S. 165; ebenso Dallmayer/Eickmann § 14 (a.F.) Rn 81). Dies überzeugt nicht. Es gibt keine Betreuung ohne **Fremdbestimmung;** auch der Kontrollbetreuer ist gesetzlicher Vertreter (§ 1902 BGB). Widerruft er z.B. eine Generalvollmacht, ist dies bei einem geschäftsunfähigen Betreuten unumkehrbare Fremdbestimmung. Im Rahmen der übertragenen Aufgabe trifft der Rechtspfleger auch alle Folgeentscheidungen, wie Entlassung und Neubestellung des Betreuers, Aufhebung und Verlängerung der Betreuung

RPflG § 15 Zweiter Abschnitt. Dem Richter vorbehaltene Geschäfte

(Staudinger-Bienwald § 1896 BGB Rn 134; Damrau/Zimmermann § 14 (a.F.) Rn 14; Arnold/Meyer-Stolte § 15 Rn 9; Bienwald Rpfleger 1998, 231, 235; a. A.: Dallmayer/Eickmann § 14 (a.F.) Rn 85: Richtervorbehalte auch für Entlassung des Kontrollbetreuers; dies widerspricht aber dem Wortlaut des § 15 Abs. 1 S. 2). Bei Prüfung der Voraussetzungen der Kontrollbetreuung kann sich herausstellen, dass ein über § 1896 Abs. 3 BGB **hinausgehender Betreuungsbedarf** besteht, z.B. wenn die Vollmacht nur einen **Teil** der fürsorgebedürftigen Angelegenheiten abdeckt, etwa sich als bloße Kontenvollmacht darstellt (OLG Köln FamRZ 2000, 188), oder konkret Angelegenheiten anstehen, die einer Bevollmächtigung nicht zugänglich sind, wie der **Erbverzicht** (§§ 2346, 2347 Abs. 2 S. 2 BGB; vgl. aber zur Prozessführung die Neufassung des § 51 ZPO durch das 2. BtÄndG); desgleichen, bei Anhaltspunkten für einen **Missbrauch** der Vollmacht bestehen (BayObLG FamRZ 2003, 1219); ferner bei Zweifel über den zulässigen **Umfang** einer Vollmacht in persönlichen Angelegenheiten (§ 1904 BGB Rn 1 ff.), oder wenn die Vollmacht inhaltlich **nicht nachvollziehbar** formuliert ist und nicht konkret erkennen lässt, auf welche Maßnahmen sie sich erstreckt (LG Hamburg BtPrax 1999, 234; LG Krefeld MittRhNotk 1998, 13). Der Rechtspfleger hat dann dem **Richter vorzulegen** (§ 5 Abs. 1 Nr. 2). Ist dieser der Auffassung, es bestehe kein weiterer Betreuungsbedarf oder die Vollmacht sei zulässig und eine entsprechende Kontrollbetreuung ausreichend, wird er die Sache dem Rechtspfleger zurückgeben (§ 5 Abs. 3 S. 2 u. 3) anderenfalls die gesamte Angelegenheit bearbeiten (§ 6).

37 c) **Entlassung** und **Neubestellung** des Betreuers (§§ 1908b Abs. 3, 4; 1908i Abs. 1 S. 1 i.V.m. 1888; 1908c BGB):
- Wenn der Betreute eine **übernahmebereite** Person als **neuen** Betreuer vorschlägt **(§ 1908b Abs. 3 BGB).**
- Wenn der Verein oder die Behörde die **Entlassung** des **Vereins-** oder **Behördenbetreuers** verlangt (§ 1908b Abs. 4 BGB); auch der **Weiterführungsbeschluss** (§ 1908b Abs. 4 S. 2 BGB) fällt in die Zuständigkeit des Rechtspflegers.
- Wenn ein **Beamter** als Betreuer zu entlassen ist wegen fehlender Genehmigung des Dienstherrn **(§§ 1908i Abs. 1 S. 1 i.V.m 1888 BGB).** Ein Richtervorbehalt besteht nicht; die Entlassung nach § 1888 BGB entspricht der nach § 1908b Abs. 4 BGB (Bassenge/Roth § 15 Rn 20; Jürgens/Kröger/Marschner/Winterstein Rn 327).

38 - Die Zuständigkeit zur **Neubestellung** eines Betreuers (§ 1908c BGB) ist ausdrücklich gekoppelt an die Zuständigkeit zur **Entlassung** (§ 15 Abs. 1 Nr. 1) und liegt somit in den genannten Fällen beim Rechtspfleger (BT-Drucks. 11/6949 S. 78; BayObLG FamRZ 1996, 250, 251; Dallmayer/Eickmann § 14 (a.F.) Rn 81). Dabei ist der Rechtspfleger in der **Auswahl** des neuen Betreuers **nicht gebunden**. Hat er z.B. auf Antrag des Vereins den Vereinsbetreuer entlassen (§ 1908b Abs. 4 BGB), kann er, auch wenn der Verein einen neuen Vereinsbetreuer vorschlägt, unter den Voraussetzungen der §§ 1897, 1900 BGB jeden beliebigen neuen Betreuer auswählen, z.B. einen privaten Berufsbetreuer oder die Behörde (kritisch hierzu Rink in HK-BUR § 14 RPflG a.F. Rn 11 f). Für die **Folgeentscheidungen**, wie z.B. die Entlassung des vom Rechtspfleger neu bestellten Betreuers wegen mangelnder Eignung nach § 1908b Abs. 1 BGB, ist aber wiederum der Richter zuständig. Die einander überschneidenden Zuständigkeiten für Bestellung, Entlassung, Neubestellung und Folgeentscheidungen erscheinen willkürlich und sind schwer praktikabel. **Nur** im Bereich

Betreuungssachen und betreuungsrechtliche Zuweisungssachen **§ 15 RPflG**

der **Kontrollbetreuung** (§ 1896 Abs. 3 BGB) besteht für das gesamte Verfahren (erstmalige Bestellung, Entlassung aus jedem Grund, Aufhebung der Betreuung usw.) mangels Richtervorbehalts die umfassende **Entscheidungskompetenz** des Rechtspflegers (Rn 16, 36).

d) Bestellung **mehrerer** Betreuer (§§ 1899; 1908i Abs. 1 S. 1 i.V.m. 1792 **39** BGB):
- Die Bestellung eines **Gegenbetreuers** (§§ 1908i Abs. 1 S. 1, 1792 BGB; vgl. § 1899 BGB Rn 7), obliegt **dem Rechtspfleger**, auch wenn der Richter den Betreuer bestellt, bzw. bestellt hat. Das Gesetz verweist in § 15 Abs. 1 Nr. 7 über § 1908i BGB lediglich auf §§ 1632, 1797 und 1798 BGB, nicht aber auf § 1792 BGB. Hieraus und aus der auf die Kontrolle des Betreuers beschränkten Funktion des Gegenbetreuers (§ 1799 BGB) wird gefolgert, dass für dessen Bestellung grundsätzlich der **Rechtspfleger** zuständig ist (LG Bonn Rpfleger 1993, 233; Spanl Rpfleger 1992, 142, 144; Dallmayer/Eickmann § 14 (a.F.) Rn 67, 82; Bauer in HK-BUR § 1899 BGB Rn 5, 80; Staudinger-Bienwald § 1908i BGB Rn 33; Bassenge/Roth, § 15 Rn 3; Arnold/Meyer-Stolte § 15 Rn 9; Schulte-Bunert/Weinreich-Rausch § 272 FamFG Rn 20). Bei Meinungsverschiedenheiten zwischen Betreuer und **Gegenbetreuer** (§ 15 Abs. 1 Nr. 7 ist nicht einschlägig) ist der Rechtspfleger zuständig (Arnold/Meyer-Stolte § 15 Rn 31). Mit dieser gesetzgeberischen Wertung des Nr. 7 dürfte der frühere Meinungsstreit zu diesem Punkt geklärt sein. Allerdings muss im Hinblick auf § 6 jedenfalls die mit der Betreuerbestellung verbundene **gleichzeitige** Bestellung des Gegenbetreuers in die richterliche Zuständigkeit fallen. Entsprechendes gilt umgekehrt, wenn der Rechtspfleger für die Bestellung (Neubestellung) des Betreuers zuständig ist.
- Im Rahmen der **Kontrollbetreuung** (§ 1896 Abs. 3 BGB) ist die Bestellung **mehrerer Betreuer** (auch die eines Gegenbetreuers) Rechtspflegersache.
- Soweit der Rechtspfleger für eine **Neubestellung** zuständig ist (§ 1908b Abs. 3, 4 BGB), kann er mehrere Betreuer bestellen, wenn damit keine Erweiterung der Betreuung verbunden ist; desgleichen einen Gegenbetreuer (Staudinger-Bienwald § 1896 BGB Rn 134).

e) Die **Einführung** des Betreuers in sein Amt und Beratung des Betreuers **40** (§§ 1908i Abs. 1 S. 1 i.V.m. 1837 Abs. 1 BGB):
- **Verpflichtung** des Betreuers und Unterrichtung über seine Aufgaben (§ 289 Abs. 1 S. 1 FamFG).
- **Einführungsgespräch** mit Betreuer und Betroffenem (§ 289 Abs. 2 FamFG).
- Mitwirkung an Einführungsveranstaltungen.
- **Beratung** und **Unterstützung** des Betreuers.

f) Die **Aufsicht** über die gesamte Tätigkeit des Betreuers (§§ 1908i Abs. 1 S. 1 **41** i.V.m 1837 Abs. 2, 3 BGB):
- Die Aufsicht umfasst Ausübung der **Vermögens-** wie der **Personensorge** (Bassenge/Roth § 15 Rn 19; Dallmayer/Eickmann § 14 (a.F.) Rn 78). Der Rechtspfleger hat auch einzuschreiten (§ 1837 Abs. 2 S. 1 BGB), wenn der Betreuer die **Personensorge** vernachlässigt (BT-Drucks. 11/4528 S. 165).
- **Anordnung** und **Prüfung** des **Betreuungsplans** nach § 1901 Abs. 4 BGB vgl. Rn 14 und Gesetzesbegründung BT-Drucks. 15/2494 S. 30 (Arnold/Meyer/Stolte § 15 Rn 37).
- Einschreiten bei **Pflichtwidrigkeiten** durch Gebote und Verbote (§§ 1908i Abs. 1 S. 1, 1837 Abs. 2 S. 1 BGB). Die Entlassung des Betreuers nach § 1908b Abs. 1 BGB ist aber dem Richter vorbehalten (vgl. Rn 18). Desgleichen sind

die Entziehung der Vertretungsmacht nach §§ 1908i Abs. 1 S. 1 i.V.m. 1796 BGB (vgl. Rn 17) sowie die Bestellung eines Ergänzungsbetreuers in den Fällen der §§ 1795, 1796 BGB Richtersache (vgl. Rn 16). Hingegen stehen bei der Kontrollbetreuung alle Folgeentscheidungen dem Rechtspfleger zu (vgl. Rn 16, 39).
- Aufforderung zum Abschluss einer **Versicherung** (§§ 1908i Abs. 1 S. 1 i.V.m. 1837 Abs. 2 S. 2 BGB).
- Festsetzung von **Zwangsgeld** zur Durchsetzung seiner Anordnungen (§§ 1908i Abs. 1 S. 1 i.V.m. 1837 Abs. 3 BGB). Der Richter setzt allerdings das Zwangsgeld nach § 285 FamFG fest (vgl. Rn 33).
- **Alle Einzelverrichtungen,** Anordnungen, Ermächtigungen und Genehmigungen im Bereich der **Vermögenssorge** (§ 1908i Abs. 1 i. V. m. §§ 1802 ff. BGB; vgl. Rn 42).
- Die **Entbindung** des Betreuers von bestimmten **Pflichten** gegenüber dem Betreuungsgericht (§§ 1908i Abs. 1 S. 1 i.V.m. 1817 BGB).
- Die **Aufhebung** und Einschränkung der gesetzlichen **Befreiungen** bestimmter Angehöriger, des Vereinsbetreuers und des Behördenbetreuers (§ 1908i Abs. 2 S. 2 BGB). Soll die Befreiung bei der Bestellung des Betreuers aufgehoben werden (§§ 1852–1857a BGB), ggf. Richterzuständigkeit kraft Sachzusammenhangs (§ 6; vgl. Rn 7).

42 g) Die betreuungsgerichtliche **Genehmigung**
- der „**Wohnungsauflösung**" durch Kündigung oder Aufhebung des Mietverhältnisses über Wohnraum, den der Betreute gemietet hat, oder Vermietung von Wohnraum des Betreuten (§ 1907 Abs. 1, Abs. 3 Fall 2 BGB).
- eines **Miet-** oder Pachtvertrags oder anderen Vertrags über wiederkehrende Leistungen (§ 1907 Abs. 3 Fall 1 BGB).
- der **Ausstattung** aus dem Vermögen des Betreuten (§ 1908 BGB).
- von **Rechtsgeschäften** nach § 1908i Abs. 1 S. 1 i. V. m. §§ 1812, 1819–1822 BGB; einschl. der allgemeinen Ermächtigung zu Rechtsgeschäften, die der Genehmigung nach §§ 1812, 1822 Nr. 8–10 BGB bedürfen (§ 1908i Abs. 1 S. 1, 1825 BGB).
- bei **Erbverträgen** (§§ 2275 Abs. 2, 2282 Abs. 2, 2290–2292 BGB) und **Erbverzichtsverträgen** (§§ 2347, 2351, 2352 BGB).
- der **Ermächtigung** des Betreuers zum **selbstständigen Betrieb** eines **Erwerbsgeschäfts** durch den unter Einwilligungsvorbehalt stehenden Betreuten oder zu dessen Eintritt in ein **Dienst-** oder **Arbeitsverhältnis** (§§ 1903 Abs. 1 S. 2, 112, 113 BGB).

43 h) Die **Verrichtungen** im Zusammenhang mit Vorschuss und Ersatz von **Aufwendungen,** Aufwandsentschädigung und **Vergütung** des Betreuers sowie des Verfahrenspflegers (§§ 1908i Abs. 1 S. 1 i.V.m. 1835, 1835a, 1836c–1836e BGB; §§ 292, 168, 277, 318 FamFG; i. V. m. §§ 1 ff VBVG):

44 - **Feststellung** der **berufsmäßigen** Führung der Betreuung (§ 1836 Abs. 1 S. 2 BGB), falls der Rechtspfleger den Betreuer bestellt. Im Übrigen Zuständigkeit des Richters, auch bei **nachträglicher** Feststellung; vgl. Rn 14.

45 - Entsprechendes gilt für die abweichende **Feststellung** über die **Nutzbarkeit** besonderer **Kenntnisse** des Berufsbetreuers nach § 3 Abs. 2 S. 2 VBVG (vgl. § 3 VBVG Rn 13 und oben Rn 14).

46 - **Festsetzung** von Vorschuss, Ersatz von **Aufwendungen** und Aufwandsentschädigung gegen den Betreuten, falls dem Betreuer die Vermögenssorge nicht zusteht, oder gegen die Staatskasse bei mittellosen Betreuten (§§ 1835, 1835a

Betreuungssachen und betreuungsrechtliche Zuweisungssachen **§ 15 RPflG**

BGB i. V. m. § 168 Abs. 1 S. 1 Nr. 1 FamFG; vgl. § 168 FamFG Rn 6ff). Im Übrigen ist Festsetzung gegen den Betreuten unzulässig (OLG Köln FamRZ 1998, 1451).
- **Festsetzung** der zu bewilligenden **Vergütung** oder Abschlagszahlung gegen 47 den Betreuten oder gegen die Staatskasse (§ 1836 BGB i. V. m. § 168 Abs. 1 Nr. 2 FamFG; vgl. § 168 FamFG Rn 6 ff).
- **Festsetzung** der **Regressforderung** der **Staatskasse** gegen den Betreuten 48 oder dessen Erben (§§ 1836c, 1836e BGB i. V. m. § 168 Abs. 1 S. 2, Abs. 2 und 3 FamFG; vgl. § 168 FamFG Rn 6 ff).
- Soweit **keine gerichtliche** Festsetzung der Ansprüche des Betreuers gegen die 49 Staatskasse erfolgt, ggf. **Festsetzung** im **Verwaltungswege** (§ 168 Abs. 1 S. 4 FamFG; vgl. § 168 FamFG Rn 5) durch den Rechtspfleger, soweit das Landesrecht dies vorsieht (§ 27). Ggf. nach Vorprüfung Übertragung durch den Rechtspfleger auf die Anweisungsstelle (**Urkundsbeamter** der Geschäftsstelle des mittleren Dienstes), soweit diese Übertragungsbefugnis in den Justizverwaltungsvorschriften vorgesehen ist (Bach S. 111 m. w. N. für Nordrhein-Westfalen).
- **Festsetzung** der stets gegen die Staatskasse gerichteten **Ansprüche** des **Ver-** 50 **fahrenspflegers** in Betreuungssachen auf Aufwendungsersatz und Vergütung (§ 277 i. V. m. 168 FamFG), **gleich** ob der **Richter** oder der **Rechtspfleger** den Verfahrenspfleger bestellt haben. Dies gilt **auch** für den in einem **Unterbringungsverfahren** bestellten Verfahrenspfleger (§§ 318, 277 i. V. m. 168 FamFG; eingehend dazu die 2. Auflage; a.A. Damrau/Zimmermann § 3 (a.F.) Rn 2 und LG Krefeld FamRZ 1996, 1347). In der Sache handelt es sich bei dem Entschädigungsverfahren um eine eigenständige Verrichtung nach §§ 1835 ff BGB, die generell dem Rechtspfleger übertragen ist. Hieran sollte auch die grundsätzliche Nichtübertragung der Unterbringungssachen nichts ändern (wie hier: Marschner/Volckart § 70 b FGG Rn 18; Keidel-Engelhardt § 168 FamFG Rn 6; Feuerabend FamRZ 1996, 896; vgl. auch § 168 FamFG Rn 6; a.A. Arnold/Meyer-Stolte § 15 Rn 55).

i) Die **Durchführung des Verfahrens** in den übertragenen Sachen einschließ- 51 lich der verfahrensrechtlichen Nebenentscheidungen (§ 4 Abs. 1). Zu den Beschränkungen nach § 4 Abs. 2 vgl. Rn 8:
- Die **Abgabe** des Verfahrens, die **Übernahme** und die **Vorlage** eines **Abgabe-** 52 **streits** an das gemeinschaftliche Obergericht (§§ 4, 273 FamFG), sofern die Betreuungssache nicht mit einer Unterbringungssache verbunden ist oder ein bereits anhängiges, dem Richter vorbehaltenes Verfahren betrifft oder konkret Anlass zu einer Maßnahme besteht, die dem Richter vorbehalten ist (vgl. Rn 30 und § 273 FamFG Rn 11).
- **Ermittlungen** (§ 26 FamFG): Anhörungen, Beiziehung von Sachverständigen.
- **Persönliche Anhörungen** (z.B. nach § 299 FamFG bei Betreuungen nach § 1896 Abs. 3 BGB).
- Bestellung eines **Verfahrenspflegers** (§ 276 FamFG).
- **Rechtshilfeersuchen:** Der Rechtspfleger ist befugt, **unmittelbar** ein anderes 53 Gericht um Rechtshilfe zu ersuchen (§§ 156 ff GVG), z.B. zwecks persönlicher Anhörung des Betroffenen im Genehmigungsverfahren nach §§ 1908i Abs. 1 S. 1 i.V.m. 1821 BGB i. V. m. § 299 FamFG (insoweit zulässiges Ersuchen: OLG Karlsruhe Rpfleger 1994, 203). Wird sein Ersuchen abgelehnt, kann er **unmittelbar** die Entscheidung des Oberlandesgerichts nach § 159 Abs. 1 S. 1, Abs. 2 GVG herbeiführen (OLG Karlsruhe a.a.O.; OLG Stuttgart Rpfleger

2002, 255). Die entgegenstehende Ansicht (BayObLG Rpfleger 1995, 451 m. w. N.) ist mit der Neuregelung des Rechtsmittelverfahrens (§ 11 Abs. 1) gegenstandslos geworden (Bassenge/Roth § 4 Rn 4; Keidel-Sternal FamFG § 4 Rn 34).

54 - Die **einstweiligen Maßregeln** nach §§ 1908i Abs. 1 S. 1 i.V.m. 1846 BGB in den übertragenen Sachen und die vorläufigen Anordnungen nach § 300 FamFG. Jedoch sind einstweilige Maßregeln vor **erstmaliger Bestellung** eines Betreuers (Anordnung einer Betreuung) **Richtersache,** mit Ausnahme der Kontrollbetreuung nach § 1896 Abs. 3 BGB (vgl. § 1846 BGB Rn 10). War bereits ein Betreuer bestellt und ist nach dessen Wegfall und Verhinderung die Bestellung eines neuen (weiteren) Betreuers nicht dem Rechtspfleger übertragen, wird wegen des Vorrangs der Bestellung eines vorläufigen Betreuers regelmäßig die Vorlage an den Richter erfolgen müssen (ebenso Dallmayer/Eickmann § 14 (a.F.) Rn 84; vgl. § 1846 BGB Rn 10).

55 - **Mitteilungen** nach §§ 308-311 FamFG, soweit eine dem Rechtspfleger übertragene Entscheidung betroffen ist (vgl. Rn 34).

56 j) Die Erzwingung der Ablieferung einer **Betreuungsverfügung** oder der Abschrift einer Vorsorgevollmacht (§ 1901a BGB; § 285 FamFG) außerhalb eines richterlichen Verfahrens (vgl. Rn 33). Das gilt nicht für die Festsetzung von Zwangsgeld (Arnold/Meyer-Stolte § 15 Rn 37). Daher hat der Rechtspfleger nach § 4 Abs. 2 Nr. 2 vorzulegen, wenn Zwangsgeld oder Haft zur Erzwingung der eidesstattlichen Versicherung (§§ 35 Abs. 3 FamFG i. V. m. § 901 ZPO) angeordnet werden soll.

4. Neue Bundesländer

57 In den neuen Bundesländern ist das RPflG mit der Maßgabe in Kraft getreten, dass Beschäftigte (der Landesjustizverwaltungen), die nicht über eine dem § 2 entsprechende Ausbildung verfügen, mit Rechtspflegeraufgaben betraut werden können, z.B. Gerichtssekretäre mit Betreuungssachen (**Bereichsrechtspfleger** § 34 Abs. 2).

Die Maßgaben des Einigungsvertrags sind mit Ablauf des 31. 12. 1996 nicht mehr anzuwenden (§ 34 Abs. 1). Die Bereichsrechtspfleger nehmen die übertragenen Aufgaben aber **weiterhin** wahr und können auch mit **zusätzlichen** Aufgaben betraut werden (§ 34 Abs. 2 u. 3); ihnen steht die Ausbildung zum (Voll)Rechtspfleger offen (§ 34a). Zu Einzelheiten s. Rellermeyer Rpfleger 1994, 447.

5. Vorbehalte für Baden-Württemberg

58 In Baden-Württemberg sind im **württembergischen** und hohenzollerischen **Rechtsgebiet** (OLG-Bezirk Stuttgart) für Aufgaben des Betreuungsgerichts die Amtsgerichte und die Bezirksnotare (**Notare im Landesdienst;** Beamte des gehobenen Dienstes) zuständig (Art. 147 EGBGB; §§ 1, 36, 50 Abs. 1 BaWüLFGG). Dem **Richter** des Amtsgerichts bleiben nach § 37 Abs. 1 Nr. 1-4 BaWüLFGG in Betreuungs- und Unterbringungssachen **vorbehalten:**
- Die Genehmigung nach § 1906 BGB und die Anordnung einer Freiheitsentziehung und Wohnungsbetretung aufgrund von § 1846 BGB, 1908i Abs. 1 S. 1 BGB oder §§ 283, 284 FamFG; die Anordnung einer Vorführung nach § 278

Abs. 5 FamFG sowie alle Entscheidungen in Unterbringungssachen; dies gilt jeweils auch bei Unterbringung durch einen Bevollmächtigten (Nr. 1).
- Die Anordnung, Erweiterung oder Aufhebung eines Einwilligungsvorbehalts (§ 1903 BGB) sowie die Bestellung eines Betreuers aufgrund dienstrechtlicher Vorschriften (Nr. 2).
- Die Genehmigung der Einwilligung des Betreuers in gefährliche ärztliche Maßnahmen (§ 1904 BGB), in den Abbruch lebenserhaltender Maßnahmen nach § 1904 Abs. 2 BGB und in eine Sterilisation des Betreuten (§ 1905 BGB) (Nr. 3).
- Der Erlass einer Maßregel in Bezug auf eine Untersuchung des Gesundheitszustands, eine Heilbehandlung oder einen ärztlichen Eingriff nach § 1846 BGB (Nr. 4).
- Das Verfahren über die Herausgabe des Betroffenen (Prütting/Helms-Fröschle § 272 FamFG Rn 24).

Dem **Amtsnotariat (Bezirksnotar) als Betreuungsgericht** sind also grundsätzlich alle vom Vorbehalt nicht erfassten Betreuungssachen übertragen, insbesondere auch die **Bestellung** eines Betreuers einschließlich der **Folgeentscheidungen**. Einzelheiten bei Bühler BWNotZ 1991, 153, 157 und Stolz BWNotZ 1991, 164. Zu den verfassungsrechtlichen Fragen s. Hezel Rpfleger 2001, 13 u. Arnold/Meyer § 35 Rn 10. Die Funktionsaufteilung entspricht derjenigen, die im Entwurf des Bundesrats zum 2. BtÄndG vorgesehen war (§ 19 E), wenn auch nur als Option (vgl. § 19 Rn 2). 59

§ 19 Aufhebung von Richtervorbehalten

(1) Die Landesregierungen werden ermächtigt, durch Rechtsverordnung die in den vorstehenden Vorschriften bestimmten Richtervorbehalte ganz oder teilweise aufzuheben, soweit sie folgende Angelegenheiten betreffen:
1. die Geschäfte nach § 14 Abs. 1 Nr. 8 und § 15, soweit sie nicht die Entscheidung über die Anordnung einer Betreuung und die Festlegung des Aufgabenkreises des Betreuers auf Grund der §§ 1896 und 1908a des Bürgerlichen Gesetzbuchs sowie die Verrichtungen auf Grund der §§ 1903 bis 1905 und 1908d des Bürgerlichen Gesetzbuchs und von § 278 Abs. 5 und § 283 des Gesetzes über das Verfahren in Familiensachen und in den Angelegenheiten der freiwilligen Gerichtsbarkeit betreffen;
2. .....
3. .....
4. .....
5. .....
6. .....

(2) ....

(3) **Soweit von der Ermächtigung nach Absatz 1 Nr. 1 hinsichtlich der Auswahl und Bestellung eines Betreuers Gebrauch gemacht wird, sind die Vorschriften des Gesetzes über das Verfahren in Familiensachen und in den Angelegenheiten der freiwilligen Gerichtsbarkeit über die Bestellung eines Betreuers auch für die Anordnung einer Betreuung und Festlegung des Aufgabenkreises des Betreuers nach § 1896 des Bürgerlichen Gesetzbuchs anzuwenden.**

1. Allgemeines

1 In Abs. 1 Nr. 1 werden die Landesregierungen ermächtigt, durch Rechtsverordnung bestimmte Richtervorbehalte ganz oder teilweise aufzuheben. Bundesrecht kann also durch Landesrecht ersetzt werden. Eine solche (Länder)**Öffnungsklausel** ist nach Art. 72 GG zulässig, wenn eine Erforderlichkeit für eine bundesgesetzliche Regelung nicht mehr gegeben ist. Jedenfalls besteht ein Bedürfnis nach landesrechtlicher Regelung, da die Ausbildungssituation in den Ländern nicht einheitlich ist, vgl. z.b. die eingeschränkte Einsetzbarkeit der Bereichsrechtspfleger (s. § 15 Rn 57), was einer umfassenden bundeseinheitlichen zeitgleichen Aufgabenübertragung entgegensteht (kritisch dazu Rellermeyer Rpfleger 2004, 593, 594).

Erst wenn ein Land von der Option des § 19 Gebrauch macht, wird das Bundesrecht dort durch Landesrecht ersetzt, bis dahin gelten die zur Disposition gestellten Vorschriften des **Bundesrechts** fort.

2. Umfang der Ermächtigung

2 Der Gesetzentwurf des Bundesrats zur Änderung des Betreuungsrechts wollte den Richtervorbehalt des § 15 Abs. 1 (früher § 14 Abs. 1 Nr. 4) auf Verrichtungen nach §§ 1903 bis 1905 BGB und §§ 278 Abs. 5, 283, 319 Abs. 5, 322 FamFG, also Eingriffe in die Person und die Freiheit des Betroffenen, reduzieren. Die Einrichtung einer Betreuung nebst allen Teilgeschäften und Folgegeschäften, wie Aufhebung der Betreuung und Entlassung des Betreuers sollte dem Rechtspfleger obliegen (BT-Drucks. 15/2949 § 19 E). Es war das erklärte Ziel des Entwurfs, die Betreuungssachen **umfassend** dem **Rechtspfleger** zuzuweisen (BT-Drucks. 15/2494 S. 22), um einen ökonomischen Einsatz der personellen Ressourcen zu erreichen (vgl. Begründung des Justizmodernisierungsgesetzes BT-Drucks. 15/1508 S. 1). Den hiergegen vorgetragenen **verfassungsrechtlichen** Bedenken (vgl. § 15 Rn 3) trug der Rechtsausschuss (BT-Drucks. 15/4874) teilweise Rechnung durch die jetzt geltende Fassung des § 19, die den **Richtervorbehalt** für die **Anordnung** der Betreuung und die **Festlegung** des **Aufgabenkreises** des Betreuers aufrecht erhält (Abs. 1 Nr. 1 1. HS). Dem Rechtspfleger verbleibt Auswahl und Bestellung des Betreuers. Damit wird die **Einheitsentscheidung** geopfert, die zu den Kernpunkten der Reform gehört (vgl. Jürgens/Kröger/Marschner/Winterstein Rn 403 u. o. § 15 Rn 2 f). Eine Begründung wird nicht gegeben, obwohl der Entwurf davon ausgeht, dass sich das Prinzip der Einheitsentscheidung bewährt hat (BT-Drucks. 15/2494 S. 22).

3 Bei der Zuständigkeit des Rechtspflegers für die **Anordnung** einer **Kontrollbetreuung** mit dem Aufgabenkreis des § 1896 Abs. 3 BGB verbleibt es, da insoweit kein Richtervorbehalt besteht.

Ferner verbleibt es nach § 19 Abs. 1 Nr. 1 2. HS bei dem **Richtervorbehalt** für die Verrichtungen aufgrund der §§ 1903-1905 und 1908d BGB; vgl. § 15 Rn 21-23 und §§ 278 Abs. 5, 283, 319 Abs. 5, 322 FamFG; vgl. § 15 Rn 8.

3. Neue Rechtspflegeraufgaben

Wird landesrechtlich von der **Ermächtigung** (umfassend) **Gebrauch** gemacht, werden damit dem Rechtspfleger insbesondere folgende (weitere) Aufgaben übertragen:
- **Auswahl** und Bestellung des Betreuers und die damit verbundenen Verrichtungen nach §§ 1897-1900 BGB als Teilgeschäft der Betreuerbestellung nach §§ 1896, 1908 a BGB.
- Bestellung **weiterer Betreuer** (Mitbetreuer, Ergänzungsbetreuer, Gegenbetreuer) (§ 1899 BGB), ohne (erneute) Vorschaltung des Richters.
- (Teil)**Entlassung** aus jedem Grund (§ 1908b BGB).
- Bestellung eines **neuen Betreuers** – aus jedem Grund (§ 1908 c BGB).
- Entzug der **Vertretungsmacht** (§§ 1908i Abs. 1. S. 1 i.V.m. 1796 BGB).

4

4. Ausblick

Bisher haben die Länder nur in geringem Umfang von der Ermächtigung Gebrauch gemacht (z.b. Bayern in der Verordnung zur Aufhebung des Richtervorbehalts im Betreuungsverfahren, GVBl. 2006, 170, bei Bestellung eines Ergänzungsbetreuers oder nach dem Tod des bisherigen Betreuers. Abgesehen von den strukturellen Problemen (s. o. Rn 2) überwiegen die Nachteile der Aufspaltung der Einheitsentscheidung – bspw. doppelte Anhörungen – den Vorteil, richterliche Arbeitskraft anderweitig einsetzen zu können. Hinzu treten verfahrensrechtliche Schwierigkeiten, die Verfahren sind auf die Einheitsentscheidung zugeschnitten, s. hierzu die vorsorgliche Regelung des § 19 Abs. 3 und den Hinweis auf die nach § 486 Abs. 2 FamFG zulässigen Ausführungsbestimmungen (Rechtsausschuss BT-Drucks. 15/4874 S. 61).

5

Nahe gelegen hätte, zunächst **bundeseinheitlich** die **Entlassungskompetenz** zur Stärkung der Aufsichtsfunktion auf den Rechtspfleger zu übertragen. Die dagegen erhobenen verfassungsrechtlichen Bedenken sind nicht überzeugend; der bloße Betreuerwechsel lässt die richterliche Grundentscheidung unberührt (vgl. hingegen Stellungnahme des Vormundschaftsgerichtstags BtPrax 2003, 187, 190).

Kostenordnung

Vorbemerkung

In der Kostenordnung sind die für gerichtliche Verfahren zu erhebenden **Kosten (Gebühren und Auslagen)** geregelt (vgl. den Überblick bei Zimmermann JurBüro 1999, 344). **Nicht** geregelt ist hier die Frage der **außergerichtlichen Auslagen** (vgl. hierzu § 307 FamFG Rn 3 f.). Nicht geregelt ist die Kostenträgerschaft für z. B. vom Gericht angeordnete Unterbringungen zur Begutachtung; diese folgt den allgemeinen Vorschriften, d. h. dass bei entsprechenden Leistungen ein Anspruch nach SGB V bei krankenversicherten bzw. SGB XII bei nicht versicherten Betroffenen in Betracht kommt.

Im Zweiten Teil der Kostenordnung sind die Kosten der Notare geregelt (§§ 140 ff.), die im Zusammenhang mit Betreuungen z. B. bei der Beurkundung einer Vorsorgevollmacht oder einer Betreuungsverfügung von Bedeutung sein können.

Erster Teil. Gerichtskosten

Erster Abschnitt. Allgemeine Vorschriften

1. Geltungsbereich

§ 1 Geltungsbereich

(1) **In den Angelegenheiten der freiwilligen Gerichtsbarkeit werden, soweit bundesrechtlich nichts anderes bestimmt ist, Kosten (Gebühren und Auslagen) nur nach diesem Gesetz erhoben. Dies gilt auch für Verfahren über eine Beschwerde, die mit diesen Angelegenheiten in Zusammenhang steht.**

(2) **Dieses Gesetz gilt nicht in Verfahren, in denen Kosten nach dem Gesetz über Gerichtskosten in Familiensachen zu erheben sind.**

1. Allgemeines

Da die Betreuungsverfahren einheitlich im Gesetz über das Verfahren in Familiensachen und in den Angelegenheiten der freiwilligen Gerichtsbarkeit (FamFG) geregelt sind, folgt aus der Kostenordnung, wer **Kostenschuldner** ist; eine Entscheidung ist dann überflüssig, wenn nicht eine besondere Rechtsfolge, wie die Erstattung der Auslagen des Betroffenen durch die Staatskasse nach § 307 FamFG, angemessen ist. Eine völlige Kostenfreiheit wie z. B. in sozialgerichtlichen Verfahren war in der Reformdiskussion gefordert, im Gesetzgebungsverfahren aber nicht durchsetzbar. Die Länder forderten im Gegenteil eine Aufrechterhaltung der Auslagenerstattung unabhängig vom Vermögensstand des Betroffenen (BT-Drucks. 11/4528 S. 221 f.). Dem ist durch § 92 KostO nicht entsprochen worden. 1

KostO § 2   Erster Teil. Gerichtskosten

2 Kostenschuldner ist grundsätzlich der Betroffene (§ 2 Nr. 2), allerdings nur bei Vorhandensein eines **Vermögens von mehr als 25 000** Euro (§ 92) und nur, wenn eine gerichtliche Maßnahme ergriffen, nicht aber wenn sie abgelehnt wird (§ 96).

3 Die Kosten des **Verfahrenspflegers** nach § 276 FamFG sind **von der Staatskasse** zu begleichen (§ 277 Abs. 5 FamFG). Nach §§ 93 a, 137 Nr. 16 KostO sind sie als **Auslagen** vom nicht mittellosen Betreuten zu erheben. Hier gilt nicht die Grenze des § 92 KostO von 25 000 Euro, sondern die Grenze des § 1836 c BGB.

2. Grundbegriffe

4 **Gerichtskosten** werden untergliedert in „**Gebühren**" und „**Auslagen**".
Gebühren sind pauschale Entgelte für die Tätigkeit des Gerichts (oder Notars); Auslagen sind die in §§ 136 ff. (auch § 154 Abs. 2) genannten Aufwendungen, also nicht nur „bare" Auslagen, sondern wie z. B. Schreibauslagen auch pauschale Entgelte (vgl. Korintenberg-Reimann Einf. vor § 1 Rn 41 ff.).

5 Das „**Geschäft**" ist die Einzelne, eine Gebühr auslösende Tätigkeit des Gerichts, der „**Geschäftswert**" (§§ 18 ff., insbes. §§ 30, 31) die Grundlage für die nach der Gebührentabelle zu erhebenden Wertgebühren. Grundsätzlich ist der wirtschaftliche Wert, bei nichtvermögensrechtlichen Gegenständen ein fiktiver Wert anzusetzen.

6 „**Angelegenheit**" meint wie im FamFG das gerichtliche Verfahren, „**Gegenstand**" ist sowohl der Verfahrensgegenstand als auch das Rechtsverhältnis (Korintenberg-Reimann a.a.O. Rn 46).

3. Verfahren

7 Der **Kostenansatz** erfolgt in Betreuungssachen anhand des nach §§ 92 ff. zu berücksichtigenden Vermögens des Betreuten. U. U. ist zur Vorbereitung der Geschäftswert festzusetzen. Gerichtskosten können im Verwaltungszwangswege eingezogen werden nach der Justizbeitreibungsordnung (Korintenberg-Reimann a.a.O. Rn 75).

2. Kostenschuldner

§ 2 Allgemeiner Grundsatz

Zur Zahlung der Kosten ist verpflichtet
1. bei Geschäften, die nur auf Antrag vorzunehmen sind mit Ausnahme der Verfahren zur Festsetzung eines Zwangs- oder Ordnungsgeldes, jeder, der die Tätigkeit des Gerichts veranlaßt, bei der Beurkundung von Rechtsgeschäften insbesondere jeder Teil, dessen Erklärung beurkundet ist;
1a. ...
2. bei einer Betreuung, einer Dauerpflegschaft oder einer Pflegschaft nach § 364 des Gesetzes über das Verfahren in Familiensachen und in den Angelegenheiten der freiwilligen Gerichtsbarkeit der von der

Maßnahme Betroffene; dies gilt nicht für Kosten, die das Gericht einem Anderen auferlegt hat;
3. in Unterbringungssachen der Betroffene, wenn die Unterbringung angeordnet wird;
4. ...
5. ...

§ 3 Weitere Kostenschuldner

Kostenschuldner ist ferner
1. derjenige, dem durch eine gerichtliche Entscheidung die Kosten auferlegt sind;
2. derjenige, der sie durch eine vor Gericht abgegebene oder dem Gericht mitgeteilte Erklärung übernommen hat;
3. derjenige, der nach den Vorschriften des bürgerlichen Rechts für die Kostenschuld eines anderen kraft Gesetzes haftet;
4. der Verpflichtete für die Kosten der Vollstreckung.

§ 5 Mehrere Kostenschuldner

(1) **Mehrere Kostenschuldner** haften als Gesamtschuldner. Sind an einer Beurkundung mehrere beteiligt und betreffen ihre Erklärungen verschiedene Gegenstände, so beschränkt sich die Haftung des einzelnen auf den Betrag, der entstanden wäre, wenn die übrigen Erklärungen nicht beurkundet worden wären.

(2) **Sind durch besondere Anträge eines Beteiligten Mehrkosten entstanden, so fallen diese ihm allein zur Last.**

Kostenschuldner in Betreuungsverfahren ist im Allgemeinen der **Betreute** 1 nach § 2 Nr. 2. Wird ein Verfahren auf Bestellung eines Betreuers eingeleitet, endet es aber ohne eine solche Bestellung (z. B. durch Weglegen der Akte oder ausdrücklich ablehnende Entscheidung), so ist das Verfahren gebührenfrei, da §§ 91 ff. keinen entsprechenden Gebührentatbestand aufweisen, und auslagenfrei, § 96. Der Betreuer oder Bevollmächtigte, der eine Unterbringungsgenehmigung nach §§ 1906 Abs. 1 und 5 BGB beantragt, die dann nach Einholung eines ärztlichen Gutachtens versagt wird, haftet nicht etwa als Antragsschuldner nach § 2 Nr. 1. Es handelt sich bei der Unterbringungsgenehmigung nämlich nicht um ein Antragsverfahren nach § 2 Nr. 1, da der „Antrag" nur eine Anregung ist, die dem Gericht zu Maßnahmen nach Amts wegen Veranlassung gibt (vgl. mit weiteren Überlegungen zur etwaigen Kostenhaftung OLG Frankfurt FamRZ 2009, 1435).

Bei Entscheidungen nach § 81 Abs. 2 FamFG kommt ein **Entscheidungs-** 2 **schuldner** nach § 3 Nr. 1 in Betracht. Wird ein gerichtliches Verfahren durch einen Dritten veranlasst und trifft diesen ein grobes Verschulden, hat z. B. der Dritte leichtfertig eine psychische Erkrankung des Betroffenen behauptet, ohne dass eine solche vorliegt, kann das Gericht ihm die Kosten auferlegen, § 81 Abs. 2 Nr. 1 FamFG.

Äußerst selten wird in Betreuungsverfahren der Fall eintreten, dass **mehrere** 3 **Kostenschuldner** vorhanden sind, wenn nämlich besondere Maßnahmen durch grobes Verschulden eines Dritten veranlasst werden, z. B. eine besondere Begutachtung für einen Einwilligungsvorbehalt, im Übrigen aber eine Maßnahme erforderlich ist. Dann ist eine gesamtschuldnerische Haftung des Betroffenen und des Dritten nach § 5 gegeben, wobei ausscheidbare Kosten analog § 5 Abs. 2 zu behandeln wären.

6. Der Kostenanspruch

§ 14 Kostenansatz, Erinnerung, Beschwerde

(1) Die Kosten werden bei dem Gericht angesetzt, bei dem die Angelegenheit anhängig ist oder zuletzt anhängig war, auch wenn die Kosten bei einem ersuchten Gericht entstanden sind oder die Angelegenheit bei einem anderen Gericht anhängig war. Die Kosten eines Rechtsmittelverfahrens werden bei dem mit dem Rechtsmittel befassten Gericht angesetzt.

(2) Über Erinnerungen des Kostenschuldners und der Staatskasse gegen den Kostenansatz entscheidet das Gericht, bei dem die Kosten angesetzt sind. War das Verfahren im ersten Rechtszug bei mehreren Gerichten anhängig, ist das Gericht, bei dem es zuletzt anhängig war, auch insoweit zuständig, als Kosten bei den anderen Gerichten angesetzt worden sind.

(3) Gegen die Entscheidung über die Erinnerung können der Kostenschuldner und die Staatskasse Beschwerde einlegen, wenn der Wert des Beschwerdegegenstands 200 Euro übersteigt. Die Beschwerde ist auch zulässig, wenn sie das Gericht, das die angefochtene Entscheidung erlassen hat, wegen der grundsätzlichen Bedeutung der zur Entscheidung stehenden Frage in dem Beschluss zulässt.

(4) Soweit das Gericht die Beschwerde für zulässig und begründet erachtet, hat es ihr abzuhelfen; im Übrigen ist die Beschwerde unverzüglich dem Beschwerdegericht vorzulegen. Beschwerdegericht ist das nächsthöhere Gericht; in Verfahren der in § 119 Abs. 1 Nr. 1 Buchstabe b des Gerichtsverfassungsgesetzes bezeichneten Art jedoch das Oberlandesgericht. Eine Beschwerde an einen obersten Gerichtshof des Bundes findet nicht statt. Das Beschwerdegericht ist an die Zulassung der Beschwerde gebunden; die Nichtzulassung ist unanfechtbar.

(5) Die weitere Beschwerde ist nur zulässig, wenn das Landgericht als Beschwerdegericht entschieden und sie wegen der grundsätzlichen Bedeutung der zur Entscheidung stehenden Frage in dem Beschluss zugelassen hat. Sie kann nur darauf gestützt werden, dass die Entscheidung auf einer Verletzung des Rechts beruht; die §§ 546 und 547 der Zivilprozessordnung gelten entsprechend. Beschwerdegericht ist das Oberlandesgericht. Absatz 4 Satz 1 und 4 gilt entsprechend.

(6) Anträge und Erklärungen können ohne Mitwirkung eines Rechtsanwalts schriftlich eingereicht oder zu Protokoll der Geschäftsstelle abgegeben werden; § 129 a der Zivilprozessordnung gilt entsprechend. Für die Bevollmächtigung gelten die Regelungen der für das zugrunde liegende Verfahren geltenden Verfahrensordnung entsprechend. Die Erinnerung ist bei dem Gericht einzulegen, das für die Entscheidung über die Erinnerung zuständig ist. Die Beschwerde ist bei dem Gericht einzulegen, dessen Entscheidung angefochten wird.

(7) Das Gericht entscheidet über die Erinnerung durch eines seiner Mitglieder als Einzelrichter; dies gilt auch für die Beschwerde, wenn die angefochtene Entscheidung von einem Einzelrichter oder einem Rechtspfleger erlassen wurde. Der Einzelrichter überträgt das Verfahren dem Gericht zur Entscheidung in der im Gerichtsverfassungsgesetz vorgeschriebenen Besetzung, wenn die Sache besondere Schwierigkeiten tatsächlicher oder rechtlicher Art aufweist oder die Rechtssache grundsätzliche Bedeutung hat. Das Gericht entscheidet jedoch immer ohne Mitwirkung ehrenamtlicher Richter. Auf eine erfolgte oder unterlassene Übertragung kann ein Rechtsmittel nicht gestützt werden.

(8) Erinnerung und Beschwerde haben keine aufschiebende Wirkung. Das Gericht oder das Beschwerdegericht kann auf Antrag oder von Amts wegen die aufschiebende Wirkung ganz oder teilweise anordnen; ist nicht der Einzelrichter zur Entscheidung berufen, entscheidet der Vorsitzende des Gerichts.

(9) Die Verfahren sind gebührenfrei. Kosten werden nicht erstattet.

(10) Der Kostenansatz kann im Verwaltungsweg berichtigt werden, solange nicht eine gerichtliche Entscheidung getroffen ist. Ergeht nach der gerichtlichen Entscheidung über den Kostenansatz eine Entscheidung, durch die der Geschäftswert anders festgesetzt wird, kann der Kostenansatz ebenfalls berichtigt werden.

§ 15 Nachforderung

(1) Wegen eines unrichtigen Ansatzes dürfen Kosten nur nachgefordert werden, wenn der berichtigte Ansatz dem Zahlungspflichtigen vor Ablauf des nächsten Kalenderjahres nach Absendung der abschließenden Kostenrechnung nach endgültiger Erledigung des Geschäfts (Schlusskostenrechnung), bei Dauerbetreuungen und Dauerpflegschaften der Jahresrechnung, mitgeteilt worden ist. Dies gilt nicht, wenn die Nachforderung auf vorsätzlich oder grob fahrlässig falschen Angaben des Kostenschuldners beruht oder wenn der ursprüngliche Kostenansatz unter einem bestimmten Vorbehalt erfolgt ist.

(2)...
(3)...

Kostenverfahren. § 14 regelt das **Kostenverfahren,** zu dessen Vorbereitung 1 eine Festsetzung des Geschäftswertes nach § 31 erfolgen kann. Der **Kostenansatz** erfolgt durch **Justizverwaltungsakt** (Abs. 1). Zuständig ist das Gericht, bei dem zum Zeitpunkt des Kostenverfahrens die Sache anhängig ist. In Betreuungsverfahren ist dies grundsätzlich das Gericht des gewöhnlichen Aufenthalts (§ 272 Abs. 1 FamFG), in Rechtsmittelverfahren das Rechtsmittelgericht. Funktional zuständig ist der Urkundsbeamte der Geschäftsstelle.

Der Kostenansatz kann mit der **Erinnerung** angegriffen werden (Abs. 2). Dann 2 entscheidet der Rechtspfleger des zuständigen Gerichts mit der Möglichkeit der Erinnerung nach § 11 RPflG hiergegen (LG Koblenz FamRZ 2000, 305 f.); über die Erinnerung entscheidet der Betreuungsrichter. Ist der Beschwerdewert von 200 Euro erreicht, ist gegen diese Entscheidung die **Beschwerde** zulässig (Abs. 3). Eine **weitere Beschwerde** ist gegen Entscheidungen der Landgerichte nur bei einer Zulassung wegen der grundsätzlichen Bedeutung möglich, Abs. 5. Ein Mindestbeschwerdewert ist nicht erforderlich, da er in Abs. 5 nicht erwähnt ist (Hartmann § 14 Rn 30).

3 Die Form und der Adressat – das Gericht, dessen Entscheidung beanstandet wird – von Erinnerung und Beschwerde sind in Abs. 6 geregelt. Eine Frist ist gesetzlich nicht vorgesehen, eine Verwirkung ist möglich (Hartmann a.a.O. Rn 8). Vor einer Entscheidung des Rechtspflegers bzw. Richters kann der Urkundsbeamte selbst eine Entscheidung verändern – also auch verschlechtern, Abs. 10, allerdings nur bis zum Ablauf des auf die letzte Jahresrechnung folgenden Kalenderjahres, § 15 Abs. 1. Das Verfahren ist in Abs. 7 und 8 geregelt. Nach Abs. 9 ist das Verfahren gebührenfrei, Auslagen können aber anfallen. Ihre Kosten haben die Beteiligten selbst zu tragen, Abs. 9 Satz 2.

4 **Nachforderungen**, die daraus entstehen, dass zunächst der Umfang des Vermögens des Betroffenen nicht voll bekannt war, sind nach § 15 nur in einem eingeschränkten zeitlichen Rahmen zulässig, nämlich bis zum Ende des auf die Abrechnung folgenden Jahres. Gibt der Betroffene keine Auskünfte zur Höhe seines Vermögens, was in der Praxis immer dann, wenn keine Vermögenssorge als Aufgabenkreis des Betreuers bestimmt ist, zu Schwierigkeiten in der (amtswegigen) Ermittlung führt, muss auf der Grundlage der vorhandenen Fakten u.U. geschätzt werden. Hat der Betroffene oder der Betreuer vorsätzlich oder grob fahrlässig zunächst unrichtige Angaben gemacht, gilt die Frist des § 15 Abs. 1 Satz 1 nicht.

§ 16 Nichterhebung von Kosten wegen unrichtiger Sachbehandlung

(1) **Kosten, die bei richtiger Behandlung der Sache nicht entstanden wären, werden nicht erhoben. Das gleiche gilt von Auslagen, die durch eine von Amts wegen veranlaßte Verlegung eines Termins oder Vertagung einer Verhandlung entstanden sind.**

(2) **Die Entscheidung trifft das Gericht. Solange nicht das Gericht entschieden hat, können Anordnungen nach Absatz 1 im Verwaltungsweg erlassen werden. Eine im Verwaltungsweg getroffene Anordnung kann nur im Verwaltungsweg geändert werden.**

§ 16 Abs. 1 und 2 entsprechen § 23 Abs. 1 und 2 GKG. In Betreuungsverfahren sollte von den Möglichkeiten des § 16 bei überflüssiger Einholung von Sachverständigengutachten und überflüssiger Bestellung von Verfahrenspflegern Gebrauch gemacht werden. Bei der Überprüfung einer bestehenden Betreuung sollten Betreuer darauf achten, dass vorhandene Gutachten des MDK (§ 282 FamFG) genutzt werden, um überflüssige zusätzliche Untersuchungen und Begutachtungen des Betreuten zu vermeiden; überflüssige Kostenerhebungen sollten über § 16 abgewehrt werden.

7. Geschäftswert

§ 18 Grundsatz

(1) **Die Gebühren werden nach dem Wert berechnet, den der Gegenstand des Geschäfts zur Zeit der Fälligkeit hat (Geschäftswert). Der**

Geschäftswert beträgt höchstens 60 Millionen Euro, soweit kein niedrigerer Höchstwert bestimmt ist.

(2) Maßgebend ist der Hauptgegenstand des Geschäfts. Früchte, Nutzungen, Zinsen, Vertragsstrafen und Kosten werden nur berücksichtigt, wenn sie Gegenstand eines besonderen Geschäfts sind.

(3) Verbindlichkeiten, die auf dem Gegenstand lasten, werden bei Ermittlung des Geschäftswerts nicht abgezogen; dies gilt auch dann, wenn Gegenstand des Geschäfts ein Nachlaß oder eine sonstige Vermögensmasse ist.

§ 30 Angelegenheiten ohne bestimmten Geschäftswert, nichtvermögensrechtliche Angelegenheiten

(1) Soweit in einer vermögensrechtlichen Angelegenheit der Wert sich aus den Vorschriften dieses Gesetzes nicht ergibt und auch sonst nicht feststeht, ist er nach freiem Ermessen zu bestimmen; insbesondere ist bei Änderungen bestehender Rechte, sofern die Änderung nicht einen bestimmten Geldwert hat, sowie bei Verfügungsbeschränkungen der Wert nach freiem Ermessen festzusetzen.

(2) In Ermangelung genügender tatsächlicher Anhaltspunkte für eine Schätzung ist der Wert regelmäßig auf 3000 Euro anzunehmen. Er kann nach Lage des Falles niedriger oder höher, jedoch nicht über 500 000 Euro angenommen werden.

(3) In nichtvermögensrechtlichen Angelegenheiten ist der Wert nach Absatz 2 zu bestimmen.

§ 31 Festsetzung des Geschäftswerts

(1) Das Gericht setzt den Geschäftswert durch Beschluß gebührenfrei fest, wenn ein Zahlungspflichtiger oder die Staatskasse dies beantragt oder es sonst angemessen erscheint. Die Festsetzung kann von dem Gericht, das sie getroffen hat, und, wenn das Verfahren wegen der Hauptsache oder wegen der Entscheidung über den Geschäftswert, den Kostenansatz oder die Kostenfestsetzung in der Rechtsmittelinstanz schwebt, von dem Rechtsmittelgericht von Amts wegen geändert werden. Die Änderung ist nur innerhalb von sechs Monaten zulässig, nachdem die Entscheidung in der Hauptsache Rechtskraft erlangt oder das Verfahren sich anderweitig erledigt hat.

(2) Das Gericht kann eine Beweisaufnahme, insbesondere die Begutachtung durch Sachverständige auf Antrag oder von Amts wegen anordnen. Die Kosten können ganz oder teilweise einem Beteiligten auferlegt werden, der durch Unterlassung der Wertangabe, durch unrichtige Angabe, unbegründetes Bestreiten oder unbegründete Beschwerde die Abschätzung veranlaßt hat.

(3) Gegen den Beschluss nach Absatz 1 findet die Beschwerde statt, wenn der Wert des Beschwerdegegenstands 200 Euro übersteigt. Die Beschwerde findet auch statt, wenn sie das Gericht, das die angefochtene Entscheidung erlassen hat, wegen der grundsätzlichen Bedeutung der zur Entscheidung stehenden Frage in dem Beschluss zulässt. Die Beschwerde

KostO § 31 Erster Teil. Gerichtskosten

ist nur zulässig, wenn sie innerhalb der in Absatz 1 Satz 3 bestimmten Frist eingelegt wird; ist der Geschäftswert später als einen Monat vor Ablauf dieser Frist festgesetzt worden, kann sie noch innerhalb eines Monats nach Zustellung oder nach Bekanntmachung durch formlose Mitteilung des Festsetzungsbeschlusses eingelegt werden. Im Falle der formlosen Mitteilung gilt der Beschluss mit dem dritten Tage nach der Aufgabe zur Post als bekannt gemacht. § 14 Abs. 4, 5, 6 Satz 1, 2 und 4 sowie Abs. 7 ist entsprechend anzuwenden. Die weitere Beschwerde ist innerhalb eines Monats nach Zustellung der Entscheidung des Beschwerdegerichts einzulegen.

(4) War der Beschwerdeführer ohne sein Verschulden verhindert, die Frist einzuhalten, ist ihm auf Antrag von dem Gericht, das über die Beschwerde zu entscheiden hat, Wiedereinsetzung in den vorigen Stand zu gewähren, wenn er die Beschwerde binnen zwei Wochen nach der Beseitigung des Hindernisses einlegt und die Tatsachen, welche die Wiedereinsetzung begründen, glaubhaft macht. Nach dem Ablauf eines Jahres, von dem Ende der versäumten Frist an gerechnet, kann die Wiedereinsetzung nicht mehr beantragt werden. Gegen die Entscheidung über den Antrag findet die Beschwerde statt. Sie ist nur zulässig, wenn sie innerhalb von zwei Wochen eingelegt wird. Die Frist beginnt mit der Zustellung der Entscheidung. § 14 Abs. 4 Satz 1 bis 3, Abs. 6 Satz 1, 2 und 4 sowie Abs. 7 ist entsprechend anzuwenden.

(5) **Die Verfahren sind gebührenfrei. Kosten werden nicht erstattet.**

1   Für die Berechnung der Kosten ist der **Geschäftswert** maßgeblich. Grundsatz ist hier § 18, der an den Geldwert eines Gegenstandes anknüpft. Bei Betreuungsverfahren handelt es sich jedoch in der Regel um nichtvermögensrechtliche Angelegenheiten, deren Geschäftswert nach § 30 Abs. 3 zu bestimmen ist. Der **Geschäftswert einer Vorsorgevollmacht** richtet sich nach dem erfassten Vermögen, soweit sie finanzielle Angelegenheiten einschließt. Dieser Wert ist nicht in Analogie zu § 92 KostO herabzusetzen (LG Osnabrück FamRZ 1997, 832).

2   Durch die Verweisung von § 30 Abs. 3 auf Abs. 2 ist klargestellt, dass der **Regelwert** nach Abs. 2 S. 1 zunächst **3000 Euro** ist. Es ist aber gem. Abs. 2 S. 2 zu prüfen, ob Abweichungen bis 500 000 Euro vorliegen. In der Praxis wird außer bei außergewöhnlichen Verfahren von einem Wert von 3000 Euro ausgegangen. Abweichungen sind bei weit überdurchschnittlichen wirtschaftlichen Verhältnissen des Betroffenen oder bei ungewöhnlich schwierigen persönlichen Verhältnissen (z. B. Mischung und Überlagerung von Behinderung, psychischer Erkrankung und Suchtproblematik) zu beobachten (vgl. zu Bewertungsfaktoren Hartmann § 30 Rn 62).

3   Das **Verfahren** zur Festsetzung des Geschäftswertes ist in § 31 geregelt. Ähnliche Regelungen befinden sich in §§ 63, 66, 68 GKG. Zuständig ist zunächst der Urkundsbeamte der Geschäftsstelle, der die erforderlichen Ermittlungen nach pflichtgemäßem Ermessen vorzunehmen hat (Hartmann § 31 Rn 9). Auf Antrag oder von Amts wegen (z. B. weil der Urkundsbeamte von einem offenbar unrichtigen Wert ausgeht) setzt das Gericht (Richter oder Rechtspfleger innerhalb ihrer jeweiligen funktionalen Zuständigkeit) förmlich den Geschäftswert fest. Zuständig ist das Gericht der Hauptsache (Hartmann § 31 Rn 8 ff. m. w. N.).

4   Der **Festsetzungsbeschluss** ist grundsätzlich zu begründen, es sei denn, die Erwägungen des Gerichts sind den Beteiligten bekannt, die Festsetzung folgt den

Anträgen oder der Wert ist z. B. durch Hinweis auf § 30 Abs. 3 und Abs. 2 S. 1 zu bestimmen (vgl. Hartmann § 31 Rn 15 ff.). Macht ein Betroffener und sein Betreuer, der beispielsweise nicht den Aufgabenkreis Vermögenssorge hat, keine Angaben zum Wert, ist er nach zumutbaren Ermittlungen zu schätzen. Werden dann selbst in einem Beschwerdeverfahren keine konkreten Angaben nachgeholt und ist kein Anhaltspunkt für fehlerhafte Schätzungen gegeben, kann dies für Betroffene zu erheblichen Gebühren führen (vgl. LG Koblenz BeckRS 2009 19777).

§ 31 Abs. 2 hat in Betreuungsverfahren keine praktische Bedeutung. Zu 5 Beschwerden nach § 31 Abs. 3 vgl. oben die Anmerkungen zu § 14. Zu unterscheiden ist auch die Festsetzung für das gerichtliche Verfahren und für eine etwaige **anwaltliche Gebührenfestsetzung nach § 33 RVG** (vgl. OLG Hamm FamRZ 1993, 1229 ff., S. 1230; BayObLG JurBüro 1993, 309 f.). Der Wert der Tätigkeit eines Rechtsanwalts als Verfahrenspfleger ist als nichtvermögensrechtliche Angelegenheit nach § 23 Abs. 2 S. 2 2. Halbsatz RVG, nicht nach § 30 Abs. 2 und 3 Kostenordnung festzusetzen (OLG Hamm a.a.O.). Wegen des Regelwertes von 4000 Euro in § 23 RVG anstelle der 3000 Euro in § 30 Abs. 2 Satz 1 Kostenordnung hat diese Unterscheidung praktische Folgen.

Zweiter Abschnitt. Gebühren in Angelegenheiten der freiwilligen Gerichtsbarkeit

4. Betreuungssachen und betreuungsgerichtliche Zuweisungssachen

§ 91 Gebührenfreie Tätigkeiten

Für die in den §§ 92 bis 93a und 97 genannten Tätigkeiten werden nur die in diesen Vorschriften bestimmten Gebühren erhoben; im Übrigen ist die Tätigkeit gebührenfrei. Für einstweilige Anordnungen werden keine Gebühren erhoben.

1. Grundsatz

Grundsätzlich ist die Tätigkeit des Betreuungsgerichts in betreuungsrechtlichen 1 Angelegenheiten gebührenfrei, es sei denn, eine der – eng auszulegenden – Ausnahmen nach §§ 92–97 liegt vor (Hartmann § 91 Rn 2). Richtet sich eine Beschwerde gegen eine Entscheidung des Betreuungsgerichts und ist sie von dem Betreuten oder im Interesse dieser Person eingelegt, so ist das Beschwerdeverfahren in jedem Fall gebührenfrei. Entsprechendes gilt für ein sich anschließendes Rechtsbeschwerdeverfahren, § 131 Abs. 5.

2. Ausnahme

Im Gegensatz dazu sind Auslagen, also z. B. Gutachterentschädigung, Reisekos- 2 ten des Gerichts und Verfahrenspflegervergütung, grundsätzlich zu erstatten, es sei denn, Ausnahmevorschriften wie z. B. § 92 Abs. 1 S. 1 greifen.

§ 92 Dauerbetreuung und Dauerpflegschaft

(1) Bei Betreuungen, die nicht auf einzelne Rechtshandlungen beschränkt sind, werden Kosten nur erhoben, wenn das Vermögen des Fürsorgebedürftigen nach Abzug der Verbindlichkeiten mehr als 25 000 Euro beträgt; der in § 90 Abs. 2 Nr. 8 des Zwölften Buches Sozialgesetzbuch genannte Vermögenswert wird nicht mitgerechnet. Für jedes angefangene Kalenderjahr wird eine Gebühr in Höhe von 5 Euro für jede angefangenen 5000 Euro erhoben, um die das reine Vermögen die in Satz 1 genannten Vermögenswerte übersteigt; die Gebühr beträgt mindestens 50 Euro. Ist Gegenstand der Maßnahme ein Teil des Vermögens, ist höchstens dieser Teil des Vermögens zu berücksichtigen. Ist vom Aufgabenkreis nicht unmittelbar das Vermögen erfasst, beträgt die Gebühr 200 Euro, jedoch nicht mehr als die sich nach Satz 2 ergebende Gebühr. Für das bei der Einleitung der Fürsorgemaßnahme laufende und das folgende Kalenderjahr wird nur eine Jahresgebühr erhoben. Die Gebühr wird erstmals bei Anordnung der Fürsorgemaßnahme und später jeweils zu Beginn eines Kalenderjahres fällig.

(2) Bei Dauerpflegschaften wird für jedes angefangene Kalenderjahr eine Gebühr in Höhe von 5 Euro für jede angefangenen 5000 Euro des reinen Vermögens erhoben. Absatz 1 Satz 3, 5 und 6 ist anzuwenden.

(3) Erstreckt sich eine Fürsorgemaßnahme nach den Absätzen 1 und 2 auf mehrere Fürsorgebedürftige, so werden die Gebühren für jeden von ihnen besonders erhoben.

(4) Geht eine vorläufige Betreuung in eine endgültige über oder wird eine Betreuung oder Pflegschaft von einem anderen Gericht übernommen, so bildet das Verfahren eine Einheit.

Übersicht

	Rn.
1. Entstehungsgeschichte, Anwendungsbereich	1
2. Freibetrag 25 000 Euro	6
3. Hausgrundstück	8
4. Gebührenhöhe	10

1. Entstehungsgeschichte, Anwendungsbereich

1 § 92 war 1992 durch das BtG völlig neu gefasst worden und übernahm aus dem früheren § 96 den Freibetrag von jetzt 25 000 Euro als Voraussetzung zur Erhebung von Kosten (Gebühren und Auslagen). Der Bundesrat versuchte vergeblich, gerichtliche Auslagen wie Sachverständigenkosten und Fahrtkosten für Richter von niedrigeren Vermögensgrenzen abhängig zu machen. Insbesondere die Sachverständigenkosten hatten zu Eingaben beim Petitionsausschuss des Bundestages geführt und sollten den Betroffenen nur noch im schließlich geregelten Umfang belasten.

2 **Betreuungsangelegenheiten als Maßnahmen der staatlichen Wohlfahrtspflege** sind mit den üblichen gerichtlichen Tätigkeiten weniger vergleichbar, eher mit Verfahren der Sozialgerichtsbarkeit oder speziellen Verfahren der Verwaltungsgerichtsbarkeit wie Jugendhilfe u. a. (vgl. BT-Drucks. 11/4528 S. 94).

Dauerbetreuung und Dauerpflegschaft **§ 92 KostO**

Diese Verfahren sind von Ausnahmen abgesehen grundsätzlich kostenfrei, §§ 183 SGG, 188 VwGO. Den nahe liegenden Weg, auch Betreuungsverfahren kostenfrei auszugestalten, ist der Gesetzgeber aus fiskalischen Gründen nicht gegangen (BT-Drucks. a.a.O.). Als Kompromiss sieht die KostO gerichtliche Gebühren und Auslagen grundsätzlich nur bei Betroffenen vor, die über ein reines Vermögen von über **25 000 Euro** verfügen, darunter also völlige Gerichtskostenfreiheit. Über dieser Grenze besteht Auslagenfreiheit, obwohl der Betroffene nach § 2 Nr. 2 eigentlich haftete, wenn das gerichtliche Verfahren ohne Entscheidung endet, die Maßnahme abgelehnt, aufgehoben oder eingeschränkt wird (§ 96; für außergerichtliche Auslagen vgl. § 307 FamFG).

Durch die Entscheidung des Bundesverfassungsgerichts vom 23. 5. 2006 (1 BvR 1484/99 BtPrax 2006, 152) ist neben den notwendigen redaktionellen Veränderungen wegen des FamFG eine Ergänzung des Absatzes 1 für Betreuungen ohne Vermögensbezug, also z.b. bei den Aufgabenkreisen der Gesundheitssorge und Aufenthaltsbestimmung, erforderlich geworden. Satz 3 und 4 sind ab 1. 1. 2007 eingefügt worden.

In **Unterbringungsverfahren** ist die völlige **Kostenfreiheit** durch das Betreu- 3
ungsrechtsänderungsgesetz abgeschafft worden. Es besteht nur noch Gebührenfreiheit. Verfahrenspflegerkosten können als Auslagen erhoben werden, § 128 b.

Die Freigrenze nach Abs. 1 gilt für für Betreuungen, sie gilt nicht für Pflegschaf- 4
ten für Volljährige, also z. B. Abwesenheitspflegschaften (§ 1911 BGB), Pflegschaften für unbekannt Beteiligte (§ 1913 BGB) oder für Sammelvermögen (§ 1914 BGB), da insoweit kein Grund für eine Schonung wie bei Kranken und Behinderten vorliegt, Abs. 2.

§ 92 erfasst **Dauer-Fürsorgemaßnahmen,** auch vorläufige (LG München 5
Rpfleger 2004, 124 f.), § 93 Maßnahmen für einzelne Rechtshandlungen. Eine Dauerbetreuung liegt z. B. bei der Bestellung für Aufgabenkreise wie Gesundheitsfürsorge oder Aufenthaltsbestimmung vor (BayObLG Rpfleger 1997, 86; vgl. OLG Köln BtPrax 2000, 223). Der Geschäftswert ist jedes Jahr neu anhand des Vermögensstands festzusetzen. Eine Bindung für Folgejahre tritt nicht ein (BayObLG FamRZ 2004, 1305).

2. Freibetrag 25 000 Euro

Die Anknüpfung allein an den **Vermögensfreibetrag** und das Fehlen eines 6
Einkommensbezugs wird kritisiert (vgl. Damrau/Zimmermann § 92 Rn 2). Dies könne zu Ungereimtheiten insbesondere bei Grundstücken führen.

Der Freibetrag von 25 000 Euro bezeichnet das **Reinvermögen** des Betroffe- 7
nen („nach Abzug der Verbindlichkeiten"). Wegen der besonderen Zweckbestimmung bleiben angesparte Rentenleistungen der Stiftung „Hilfswerk für behinderte Kinder" unberücksichtigt (LG Hamburg, Rpfleger 2003, 503). Eine Bewertung der Aktiva und Passiva hat nach den einschlägigen Vorschriften der Kostenordnung zu erfolgen (§§ 18 ff.): Sachen nach § 19, Rechte nach §§ 20 ff., wiederkehrende Nutzungen und Leistungen nach § 24, Miet- und Pachtrechte nach § 25, zweifelhafte Ansprüche nach § 30 (Damrau/Zimmermann § 92 Rn 6). Verbindlichkeiten, die auf dem anrechnungsfreien Hausgrundstück lasten, sind ebenfalls abzuziehen (Rohs/Wedewer-Waldner § 92 Rn 15).

3. Hausgrundstück

8 Anrechnungsfrei bleibt das Hausgrundstück nach § 90 Abs. 2 Nr. 8 SGB XII, also das „**angemessene**" **Hausgrundstück**, das vom Betroffenen allein oder mit Ehegatten und Angehörigen ganz oder teilweise bewohnt wird. Die Angemessenheit hängt in erster Linie von der Zahl und dem Wohnbedarf der Bewohner ab (vgl. Korintenberg-Lappe § 92 Rn 76 ff.). Maßstab sollte hier § 8 WoBauG sein, wobei im Zusammenhang mit Betreuungen wichtig ist, dass bei häuslicher Pflege die dort genannten Größen (Einfamilienhaus mit 4 Personen − 130 qm) um 20 % überschritten werden dürfen.

9 Überschreitet das Hausgrundstück die Grenze der Angemessenheit, ist es nicht insgesamt, sondern nur mit dem Teil des überschießenden Wertes in den Vermögensbetrag einzurechnen (Rohs/Wedewer-Waldner § 92 Rn 14).

4. Gebührenhöhe

10 Nach der Neuregelung zum 1. 1. 2007 wegen der Entscheidung des Bundesverfassungsgerichts (Rn 2) ist die Gebührenhöhe in mehreren Prüfungsschritten festzulegen: Zunächst ist festzustellen, ob **Gegenstand des Geschäfts** (§ 18), also des Aufgabenkreises des Betreuers oder des Umfangs der Vorsorgevollmacht, das **Vermögen** − entweder das gesamte oder ein Teil des Vermögens, ggfs. welcher − oder **nicht unmittelbar das Vermögen** ist. Der Gesetzgeber ist mit der Regelung in Abs. 1 S. 3 über das vom Bundesverfassungsgericht vorgegebene Maß an Neuregelungsbedarf hinausgegangen. Das Bundesverfassungsgericht hat nur eine Neuregelung für „Dauerpflegschaften mit alleinigem Bezug auf die Personensorge" für erforderlich gehalten, Ist Gegenstand die (gesamte) Vermögenssorge, ist die Berechnung wie bisher vorzunehmen: Die **Höhe der Gebühr** beträgt 5 Euro für jede angefangene 5000 Euro, die die Freigrenze übersteigen, mindestens jedoch 50 Euro, Abs. 1 S. 2 letzter Halbsatz. Bei einem Betreuten mit einer Rente von monatlich 1500,−, einem von ihm bewohnten kleinen Einfamilienhaus, 15 000,− Euro Schulden bei der Bank und einem Wertpapierdepot von 75 001,− Euro wäre also wie folgt zu rechnen: Rente und Haus bleiben unberücksichtigt (Abs. 1 S. 1 1. und 2. Halbsatz); 75 001 − 15 000 = 60 001. Mithin wären 50 Euro an Gebühren zu erheben (Abs. 1 S. 2, 60 001 − 25 000 = 35 001, also 8 × 5 Euro Gebühren, also eigentlich 40, wegen der Mindestgebühr aber nun 50).

11 Erfasst der Aufgabenkreis nur einen Teil des Vermögens, ist höchstens dieser Teil wertbestimmend, Abs. 1 S. 3. Die Rechtsprechung, die keinen Abschlag je nach Aufgabenkreis gemacht hat, sondern bei Dauerbetreuungen das gesamte Vermögen herangezogen hat unabhängig vom Aufgabenkreis (vgl. z.B. OLG Köln BtPrax 2000, 223,) ist nicht mehr anwendbar (anders schon vor der Änderung z.B. OLG Oldenburg Rpfleger 2006, 101). Nunmehr ist zu differenzieren, was konkret der Vertretung durch den Betreuer oder den Bevollmächtigten unterliegt (vgl. Hille Rpfleger 2008, 114, 116 f.): der Kontrollbetreuer nach § 1896 Abs. 3 BGB hat nicht das Vermögen des Betreuten insgesamt zu vertreten, sondern nur die Ansprüche auf Auskunft und Rechenschaft nach § 666 BGB, Herausgabe nach § 667 BGB oder evtl. Schadensersatz wegen Pflichtverletzung. Der Wert ist festzulegen und − wenn er den Freibetrag übersteigt − die Gebühr nach Abs. 1 S. 2 festzusetzen. Ist Aufgabenkreis der Kontrollbetreuung auch ausdrücklich der

Betreuung und Pflegschaft für einzelne Rechtshandlungen § 93 KostO

Widerruf der Vollmacht und umfasst diese das gesamte Vermögen, dürfte allerdings dieser Wert zugrunde zu legen sein.

Ist ein **Testamentsvollstrecker** bestellt, der wesentliche Teile des Vermögens 12 des Betroffenen verwaltet, und hat der Betreuer daher gar keine Vermögensgeschäfte oder nur solche in einem geringen Umfang zu erledigen, ist das der Testamentsvollstreckung unterliegende Vermögen nach der Neuregelung nicht mehr in die Wertberechnung einzubeziehen (Waldner a.a.O. Rn 21; a.A. Hartmann Rn 10). Dies ergibt sich aus dem klaren Wortlaut und entspricht auch der ursprünglichen Zielsetzung in der rechtspolitischen Diskussion beim Entstehen des Betreuungsgesetzes (vgl. o. Rn 2). So kann trotz eines entsprechenden Nachlasses Testamentsvollstreckung sogar zu Mittellosigkeit nach § 1836c BGB führen, weil der Betroffene keinen Zugriff auf diese Vermögensteile hat, die durch einen Testamentsvollstrecker verwaltet werden (OLG Köln FamRZ 2009, 1091).

Ist Aufgabenkreis der Betreuung die Personensorge, z.B. Aufenthaltsbestim- 13 mung und medizinische Heilbehandlung, so ist nach Abs. 1 S. 4 die Höchstgebühr 200 Euro. Überschreitet das reine Vermögen die Freigrenze nach Abs. 1 S. 1 nicht, weil nur geringe Ersparnisse vorhanden sind, werden keine Kosten erhoben; bei einem reinen Vermögen zwischen 25.000 Euro und 75.000 Euro sind die Mindestgebühren von 50 Euro anzusetzen, ab 75.000 Euro bis zu 220.000 Euro steigen die Gebühren auf 195 Euro und erreichen darüber den zulässigen Höchstbetrag von 200 Euro (a.A. Hille Rpfleger 2008, 114, 117).

Nach Abs. 1 S. 6 ist die **Gebühr bei Betreuerbestellung fällig** und gilt nach 14 S. 5 zugleich das Jahr, in dem die Bestellung erfolgt, und das darauf folgende Jahr ab. Später sind die Gebühren zum 1. 1. des Jahres zu den dann jeweils vorhandenen Vermögenswerten zu berechnen.

Nach Abs. 4 ist keine neue Gebühr fällig, wenn nach einer vorläufigen Betreu- 15 erbestellung eine „endgültige" erfolgt, d. h. wenn nach einer einstweiligen Anordnung eine Hauptsacheentscheidung getroffen wird, oder wenn die Zuständigkeit des Gerichts wechselt. Auch für eine nur kurzfristige Betreuung z.B. durch einstweilige Anordnung, die nicht in eine endgültige Betreuung übergeht, ist die Jahresgebühr nach Abs. 1 zu entrichten (LG Koblenz FamRZ 2006, 1482).

Bei mehreren Betroffenen in einem Verfahren, z. B. bei der Verbindung zweier 16 Betreuungsverfahren eines Ehepaares zu einem, ist jeweils eine gesonderte Berechnung der Gebühren erforderlich, Abs. 3.

§ 93 Betreuung und Pflegschaft für einzelne Rechtshandlungen

Bei Betreuungen oder Pflegschaften für einzelne Rechtshandlungen wird die volle Gebühr nach dem Wert des Gegenstands erhoben, auf den sich die Rechtshandlung bezieht. Ist der Fürsorgebedürftige an dem Gegenstand der Rechtshandlung nur mitberechtigt, so ist der Wert seines Anteils maßgebend; bei Gesamthandverhältnissen ist der Anteil entsprechend der Beteiligung an dem Gesamthandvermögen zu bemessen. Bei einer Pflegschaft für mehrere Fürsorgebedürftige wird die Gebühr nach dem zusammengerechneten Wert einheitlich erhoben. Die Gebühr wird mit der Anordnung fällig. Die Gebühr für eine Betreuung darf eine Gebühr nach § 92 Abs. 1 Satz 2, die Gebühr für eine Pflegschaft eine Gebühr nach § 92 Abs. 2 nicht übersteigen. Eine Gebühr wird nicht erhoben, wenn für den Fürsorgebedürftigen eine Dauerbetreuung oder -pflegschaft besteht oder gleichzeitig anzuordnen ist.

1. Allgemeines

1 Betreuerbestellungen für „einzelne Rechtshandlungen" nach § 93 im Gegensatz zur „Dauerbetreuung" nach § 92 sind solche für eine Angelegenheit, z. B. Vertretung in einem Prozess, bei einem bestimmten Rechtsgeschäft, bei einem Realakt (vgl. Damrau/Zimmermann § 92 Rn 2).

2 Erhoben wird eine volle Gebühr nach § 23 entsprechend dem Geschäftswert der einzelnen Angelegenheit. Verbindlichkeiten werden nicht abgezogen, § 18 Abs. 3.

2. Bedeutung bei Betreuung

3 Wegen der im Vergleich zu § 92 Abs. 1 S. 2 relativ höheren Gebühren im § 32 waren bis zur Neufassung des Satzes 5 ab 1. 1. 2007 Einzelmaßnahmen relativ teurer als Dauermaßnahmen. Nunmehr sind die Gebührenhöhen abzugleichen und die Grenzen des § 92 können zu einer Kappung führen. Auch bei Einzelmaßnahmen gilt die Freigrenze von 25 000 Euro (vgl. § 92 Rn 6 ff.) reinem Vermögen, Satz 5. Neben einer bestehenden oder anzuordnenden Dauerbetreuung werden Gebühren nach § 93 nicht erhoben, Satz 6.

4 Fällig ist die Gebühr mit der Bestellung des Betreuers, S. 4 (zur Höhe des maßgeblichen Geschäftswerts bei Alleinberechtigung, Mitberechtigung, Gesamthandsberechtigung und mehreren einzelnen Rechtshandlungen vgl. Hartmann § 93 Rn 4–7).

§ 93a Verfahrenspflegschaft

(1) **Die Bestellung eines Pflegers für das Verfahren und deren Aufhebung sind Teil des Verfahrens, für das der Pfleger bestellt worden ist.** Bestellung und Aufhebung sind gebührenfrei.

(2) **Die Auslagen nach § 137 Abs. 1 Nr. 16 können von dem Betroffenen nach Maßgabe des § 1836 c des Bürgerlichen Gesetzbuches erhoben werden.**

1 Die Vorschrift ist durch das BtÄndG eingefügt und durch das 2. BtÄndG geändert worden. Es wird klargestellt, dass die Bestellung und deren Aufhebung des Verfahrenspflegers nach § 276 FamFG (nicht eines Pflegers nach BGB) Teil des Verfahrens nach §§ 92 ff. KostO ist. Sodann wird die prinzipielle Gebührenfreiheit und die weitgehende Auslagenfreiheit betont.

2 Auslagen nach § 137 Abs. 1 Nr. 16 sind die an den beruflichen Verfahrenspfleger bezahlten Vergütungen, die sich in der Höhe nach §§ 1–3 Abs. 1 und 2 VBVG richten, sowie seine Aufwendungen. Sie werden nur vom nicht mittellosen Betroffenen erhoben nach dem Maßstab des § 1836 c BGB (vgl. dort). Fällig ist der Anspruch frühestens mit der Zahlung der Vergütung an den Verfahrenspfleger. Kostenschuldner ist ausschließlich der Betroffene (vgl. Hartmann § 93 a Rn 7; vgl. zur Höhe der Verfahrenspflegervergütung OLG Frankfurt EzFamR aktuell 2001, 396; OLG Stuttgart FamRZ 2004, 1305 ff.).

§ 96 Nichterhebung von Auslagen in besonderen Fällen

Wird
a) die Bestellung eines Betreuers oder ihre Verlängerung,
b) die Erweiterung des Aufgabenkreises des Betreuers,
c) die Anordnung oder Verlängerung eines Einwilligungsvorbehalts,
d) die Erweiterung des Kreises der einwilligungsbedürftigen Willenserklärungen oder
e) eine Genehmigung nach den §§ 1904 und 1905 des Bürgerlichen Gesetzbuchs

abgelehnt oder das Verfahren ohne Entscheidung über die Maßnahme beendet oder wird eine dieser Maßnahmen als ungerechtfertigt aufgehoben oder eingeschränkt, so werden Auslagen, die im Zusammenhang mit der Vorbereitung oder dem Erlaß der Entscheidung entstehen, von dem Betroffenen in keinem Fall erhoben.

1. Geltungsbereich

§ 96 ergänzt § 307 FamFG, indem er unabhängig vom Vermögen eines Betroffenen in bestimmten Fällen anordnet, dass gerichtliche Auslagen nicht zu erheben sind. Damit das hinter ihm stehende Ziel, nämlich bereits ein Stück vollständige Kostenfreiheit in den aufgezählten Fällen zu erreichen (vgl. BT-Drucks. 11/4528 S. 95), verwirklicht wird, ist es erforderlich, dass die Gerichte auch für die außergerichtlichen Auslagen, insbesondere die Kosten eines Verfahrensbevollmächtigten, Entscheidungen nach § 307 FamFG treffen. **1**

§ 96 stellt eine **Ergänzung des Grundsatzes der Kostenfreiheit** nach § 1 dar und ist daher entgegen seinem Wortlaut weit auszulegen (a. A. Hartmann § 96 Rn 2). Bei Ablehnung, Aufhebung oder Einschränkung einer vom Betreuer beantragten Genehmigung sollte stets geprüft werden, ob gerichtliche Auslagen auf Grund des Rechtsgedankens des § 96 vom Betroffenen nicht zu erheben sind, also auch z. B. bei Wohnungsauflösungen nach § 1907 BGB oder bei Grundstücksgeschäften nach § 1821 BGB. **2**

2. Auslagenfreiheit

Bei Ablehnung einer Maßnahme, bei Verfahrensbeendigung ohne Entscheidung, bei Aufhebung einer Maßnahme als unberechtigt oder bei Einschränkung werden Auslagen nicht erhoben, also insbesondere angefallene Gutachterkosten, Schreibauslagen, Rechnungsgebühren und Fahrtkosten. **3**

Jedenfalls bei den unter a) bis e) aufgeführten Fallgruppen ist bei einer Verfahrensbeendigung gem. Rn 3 Auslagenfreiheit für den Betroffenen gegeben, auch bei einstweiligen Maßnahmen nach §§ 300 f. FamFG. **4**

Von einem Dritten, der ein Verfahren durch grobes Verschulden veranlasst hat, können die Auslagen erhoben werden, wenn ihm durch gerichtliche Entscheidung die Kosten auferlegt worden sind, § 81 Abs. 2 FamFG, § 3 Nr. 1 KostO. **5**

6. Sonstige Angelegenheiten

§ 128b Unterbringungssachen

In Unterbringungssachen (§ 312 des Gesetzes über das Verfahren in Familiensachen und in den Angelegenheiten der freiwilligen Gerichtsbarkeit) werden keine Gebühren erhoben. Von dem Betroffenen werden, wenn die Gerichtskosten nicht einem Anderen auferlegt worden sind, Auslagen nur nach § 137 Abs. 1 Nr. 16 erhoben und wenn die Voraussetzungen des § 93a Abs. 2 gegeben sind. Im Übrigen werden Auslagen nur von demjenigen erhoben, dem sie durch gerichtliche Entscheidung auferlegt worden sind.

1 Durch das Betreuungsrechtsänderungsgesetz ist die **prinzipielle Kostenfreiheit** für Unterbringungsverfahren ab 1999 abgeschafft worden. § 128 b stellt lediglich **Gerichtsgebührenfreiheit und weitgehende Auslagenfreiheit** für die Unterbringungsverfahren her. Er knüpft damit nicht mehr an die **Kostenfreiheit** an, die in den meisten Landesgesetzen über die Unterbringung psychisch Kranker vorgesehen war (BT-Drucks. 11/4528 S. 95).

2 Erfasst werden **sämtliche Unterbringungsverfahren** nach § 312 FamFG einschließlich einstweiliger Anordnungen nach § 331 und 332 FamFG, also öffentlich-rechtliche Unterbringungen nach den Landesgesetzen über die Unterbringung psychisch Kranker, zivilrechtliche Unterbringungen von Volljährigen nach § 1906 Abs. 1 BGB, unterbringungsähnliche Maßnahmen nach § 1906 Abs. 4 BGB und Unterbringungen durch einen Bevollmächtigten nach § 1906 Abs. 5 BGB.

3 Erfasst von der Gebühren- und weiten Auslagenfreiheit wird die Tätigkeit des Richters, Rechtspflegers und der Serviceeinheit, nicht etwaige Tätigkeiten von Transportdiensten oder Gemeindebehörden. Erhoben werden an den Verfahrenspfleger gezahlte Beträge, soweit der Betroffene nicht mittellos ist, § 1836 c BGB. Es handelt sich um Vergütungen und Aufwendungsersatz für den Verfahrenspfleger.

4 Die Vorschrift wird rechtspolitisch kritisiert, weil sie „wieder einmal deutsche Gesetzes"kunst" von beängstigender Akrobatik" in einem Bereich, der wegen ihrer schwierigen Lage Großzügigkeit zugunsten der Betroffenen erforderte (vgl. Hartmann § 128 b Rn 8). Dem ist voll beizupflichten.

7. Ergänzende Gebührenvorschriften für Anträge, Beschwerden usw.

§ 131 Beschwerden, Anrufung des Gerichts gegen Entscheidungen anderer Behörden oder Dienststellen

(1) Für das Verfahren über die Beschwerde wird, soweit nichts anderes bestimmt ist,
1. in den Fällen der Verwerfung oder Zurückweisung die volle Gebühr, höchstens jedoch ein Betrag von 800 Euro,

Beschwerden, Anrufung des Gerichts **§ 131 KostO**

2. in den Fällen, in denen die Beschwerde zurückgenommen wird, bevor über sie eine Entscheidung ergeht, die Hälfte der vollen Gebühr, höchstens jedoch ein Betrag von 500 Euro

erhoben.

(2) Für das Verfahren über die Rechtsbeschwerde wird, soweit nichts anderes bestimmt ist,

1. in den Fällen der Verwerfung oder Zurückweisung das Eineinhalbfache der vollen Gebühr, höchstens jedoch ein Betrag von 1 200 Euro,
2. in den Fällen, in denen die Rechtsbeschwerde zurückgenommen wird, bevor über sie eine Entscheidung ergeht, drei Viertel der vollen Gebühr, höchstens jedoch ein Betrag von 750 Euro

erhoben.

(3) Im Übrigen ist das Beschwerde- und Rechtsbeschwerdeverfahren gebührenfrei.

(4) Der Wert ist in allen Fällen nach § 30 zu bestimmen.

(5) Richtet sich die Beschwerde gegen eine Entscheidung des Betreuungsgerichts und ist sie von dem Betreuten oder dem Pflegling oder im Interesse dieser Personen eingelegt, so ist das Beschwerdeverfahren in jedem Fall gebührenfrei. Entsprechendes gilt für ein sich anschließendes Rechtsbeschwerdeverfahren.

(6) Werden Angelegenheiten der in diesem Abschnitt bezeichneten Art von anderen Behörden oder Stellen, insbesondere von Notaren, erledigt und ist in diesen Fällen eine Anrufung des Gerichts vorgesehen, so steht diese hinsichtlich der Gebühren einer Beschwerde gleich. Dies gilt nicht bei Anträgen auf Änderung von Entscheidungen des ersuchten oder beauftragten Richters oder des Urkundsbeamten der Geschäftsstelle. Es gilt ferner nicht, wenn nach einem Verwaltungsverfahren der Antrag auf gerichtliche Entscheidung gestellt wird.

(7) Auslagen, die durch eine für begründet befundene Beschwerde entstanden sind, werden nicht erhoben, soweit das Beschwerdeverfahren gemäß Absatz 1 Satz 2 gebührenfrei ist.

Nach Abs. 5 sind Beschwerden, die vom Betroffenen oder in seinem Interesse 1 eingelegt werden, **gebührenfrei**. Vom Verfahrensbevollmächtigten oder Verfahrenspfleger des Betroffenen eingelegte Beschwerden sind mithin ebenfalls gebührenfrei. Ob eine Beschwerde im Interesse des Betroffenen eingelegt ist, ist unter Berücksichtigung der ganzen Einzelfallumstände nach objektiven Maßstäben zu beurteilen, wobei großzügig zu verfahren ist.

Auslagenfreiheit besteht nur, wenn und soweit die Beschwerde erfolgreich 2 ist, Abs. 5. Holt das Landgericht als Beschwerdeinstanz ein Gutachten ein und weist die Beschwerde zurück oder wird sie zurückgenommen, sind die Gutachterkosten Auslagen und vom Betroffenen grundsätzlich zu erstatten, wenn die Vermögensgrenze des § 92 Abs. 1 S. 1 KostO überschritten wird (vgl. BayObLG FamRZ 2002, 764; BayObLG FamRZ 2003, 1411; LG Koblenz FamRZ 2004, 1308).

Dritter Abschnitt. Auslagen

§ 136 Dokumentenpauschale

(1) Eine Dokumentenpauschale wird erhoben für
1. Ausfertigungen, Ablichtungen oder Ausdrucke, die auf Antrag erteilt, angefertigt oder per Telefax übermittelt werden;
2. Ausfertigungen und Ablichtungen, die angefertigt werden müssen, weil zu den Akten gegebene Urkunden, von denen eine Ablichtung zurückbehalten werden muss, zurückgefordert werden; in diesem Fall wird die bei den Akten zurückbehaltene Ablichtung gebührenfrei beglaubigt.

§ 191 a Abs. 1 Satz 2 des Gerichtsverfassungsgesetzes bleibt unberührt.

(2) Die Dokumentenpauschale beträgt unabhängig von der Art der Herstellung in derselben Angelegenheit, in gerichtlichen Verfahren in demselben Rechtszug und bei Dauerbetreuungen und -pflegschaften in jedem Kalenderjahr für die ersten 50 Seiten 0,50 Euro je Seite und für jede weitere Seite 0,15 Euro. Die Höhe der Dokumentenpauschale ist für jeden Kostenschuldner nach § 2 gesondert zu berechnen; Gesamtschuldner gelten als ein Schuldner.

(3) Für die Überlassung von elektronisch gespeicherten Dateien anstelle der in Absatz 1 Nr. 1 genannten Ausfertigungen, Ablichtungen und Ausdrucke beträgt die Dokumentenpauschale je Datei 2,50 Euro.

(4) Frei von der Dokumentenpauschale sind
1. bei Beurkundungen von Verträgen zwei Ausfertigungen, Ablichtungen oder Ausdrucke, bei sonstigen Beurkundungen eine Ausfertigung, eine Ablichtung oder ein Ausdruck;
2. für jeden Beteiligten und seinen bevollmächtigten Vertreter jeweils
   a) eine vollständige Ausfertigung oder Ablichtung oder ein vollständiger Ausdruck jeder gerichtlichen Entscheidung und jedes vor Gericht abgeschlossenen Vergleichs,
   b) eine Ausfertigung ohne Entscheidungsgründe und
   c) eine Ablichtung oder ein Ausdruck jeder Niederschrift über eine Sitzung.

§ 137 Sonstige Auslagen

(1) Als Auslagen werden ferner erhoben
1. Entgelte für Telegramme;
2. für jede Zustellung mit Zustellungsurkunde, Einschreiben gegen Rückschein oder durch Justizbedienstete nach § 168 Abs. 1 der Zivilprozessordnung pauschal ein Betrag von 3,50 Euro;
3. für die Versendung von Akten auf Antrag je Sendung einschließlich der Rücksendung durch Gerichte pauschal ein Betrag von 12 Euro;
4. ...
5. nach dem Justizvergütungs- und -entschädigungsgesetz zu zahlende Beträge mit Ausnahme der an ehrenamtliche Richter (§ 1 Abs. 1 Satz 1 Nr. 2 des Justizvergütungs- und -entschädigungsgesetzes), Gebärden-

Rechnungsgebühren § 139 KostO

sprachdolmetscher und an Übersetzer, die zur Erfüllung der Rechte blinder oder sehbehinderter Personen herangezogen werden (§ 191 a Abs. 1 des Gerichtsverfassungsgesetzes), zu zahlenden Beträge, und zwar auch dann, wenn aus Gründen der Gegenseitigkeit, der Verwaltungsvereinfachung oder aus vergleichbaren Gründen keine Zahlungen zu leisten sind; ist aufgrund des § 1 Abs. 2 Satz 2 des Justizvergütungs- und -entschädigungsgesetzes keine Vergütung zu zahlen, ist der Betrag zu erheben, der ohne diese Vorschrift zu zahlen wäre;

6. bei Geschäften außerhalb der Gerichtsstelle
   a) die den Gerichtspersonen aufgrund gesetzlicher Vorschriften gewährte Vergütung (Reisekosten, Auslagenersatz),
   b) die Auslagen für die Bereitstellung von Räumen,
   c) für den Einsatz von Dienstkraftfahrzeugen für jeden gefahrenen Kilometer 0,30 Euro;
7. an Rechtsanwälte zu zahlende Beträge mit Ausnahme der nach § 59 des Rechtsanwaltsvergütungsgesetzes auf die Staatskasse übergegangenen Ansprüche;
8. Rechnungsgebühren (§ 139);
9. Auslagen für die Beförderung von Personen;
10. Beträge, die mittellosen Personen für die Reise zum Ort einer Verhandlung, Vernehmung oder Untersuchung und für die Rückreise gezahlt werden, bis zur Höhe der nach dem Justizvergütungs- und -entschädigungsgesetz an Zeugen zu zahlenden Beträge;
11. an Dritte zu zahlende Beträge für
    a) die Beförderung von Tieren und Sachen mit Ausnahme der für Postdienstleistungen zu zahlenden Entgelte, die Verwahrung von Tieren und Sachen sowie die Fütterung von Tieren,
    b) die Durchsuchung oder Untersuchung von Räumen und Sachen einschließlich der die Durchsuchung oder Untersuchung vorbereitenden Maßnahmen;
12. ...
13. ...
14. ...
15. ...
16. an Verfahrenspfleger gezahlte Beträge.

(2) Sind Auslagen durch verschiedene Geschäfte veranlasst, werden sie auf die mehreren Geschäfte angemessen verteilt.

§ 139 Rechnungsgebühren

(1) Für Rechnungsarbeiten, die durch einen dafür besonders bestellten Bediensteten (Rechnungsbeamten) vorgenommen werden, sind als Auslagen Rechnungsgebühren zu erheben, die nach dem für die Arbeit erforderlichen Zeitaufwand bemessen werden. Sie betragen für jede Stunde 10 Euro. Die letzte bereits begonnene Stunde wird voll gerechnet, wenn sie zu mehr als 30 Minuten für die Erbringung der Arbeit erforderlich war; anderenfalls sind 5 Euro zu erheben.

(2) In Betreuungs- und Pflegschaftssachen werden unbeschadet der Vorschrift des § 92 Abs. 1 Satz 1 für die Prüfung eingereichter Rechnun-

KostO § 139 Erster Teil. Gerichtskosten

gen Rechnungsgebühren nur erhoben, wenn die nachgewiesenen Bruttoeinnahmen mehr als 1000 Euro für das Jahr betragen. Einnahmen aus dem Verkauf von Vermögensstücken rechnen nicht mit.
(3) **Die Rechnungsgebühren setzt das Gericht, das den Rechnungsbeamten beauftragt hat, von Amts wegen fest. Gegen die Festsetzung findet die Beschwerde statt, wenn der Wert des Beschwerdegegenstands 200 Euro übersteigt oder das Gericht, das die angefochtene Entscheidung erlassen hat, die Beschwerde wegen der grundsätzlichen Bedeutung der zur Entscheidung stehenden Frage in dem Beschluss zugelassen hat. § 14 Abs. 4 bis 9 gilt entsprechend. Beschwerdeberechtigt sind die Staatskasse und derjenige, der für die Rechnungsgebühren als Kostenschuldner in Anspruch genommen worden ist.**

1   Schreibauslagen sind nach § 136 Abs. 2 auch bei Dauerbetreuungen (vgl. § 92 und § 93) zu berechnen. Sonstige Auslagen sind in Betreuungsverfahren insbesondere Zeugen- und Sachverständigenentschädigungen, Reisekostenvergütungen und Kilometergelder.

2   Als Auslagen nach § 137 Nr. 5 kommen bei entsprechend vermögenden Betreuten auch die Kosten für die Unterbringung in einem psychiatrischen Krankenhaus zur Vorbereitung eines Gutachtens nach § 284 Abs. 1 FamFG in Betracht, wenn der Aufenthalt des Betroffenen ausschließlich der Begutachtung dient (OLG Frankfurt BtPrax 2008, 275). Nach § 137 Nr. 16 sind Aufwendungen, die einem ehrenamtlichen Verfahrenspfleger erstattet werden, oder Vergütungen, die an einem beruflichen Verfahrenspfleger nach § 277 Abs. 2 Satz 2 FamFG gezahlt werden, als Auslagen des Gerichts anzusehen. Seine jetzige Fassung stellt klar, dass nur tatsächlich bezahlt, nicht schon noch zu bezahlende Beträge die Fälligkeit der Auslagenforderung auslösen.

3   An Verfahrenspfleger bezahlte Beträge sind zum einen konkret nachgewiesene Aufwendungen nach § 1835 BGB und Vergütungen für berufliche Verfahrenspfleger, § 277 Abs. 2 Satz 2 FamFG. Die Höhe der Vergütung bestimmt sich je nach beruflicher Qualifikation nach § 3 VBVG. Die Aufwendungen und Vergütungen werden im Verfahren nach § 168 Abs. 1 FamFG festgestellt und angewiesen oder festgesetzt.

4   § 139 Abs. 2 schränkt die Erhebung von Rechnungsgebühren bei Betreuungssachen ein. Neben der Vermögensfreigrenze von § 92 Abs. 1 S. 1 gilt eine Einnahmegrenze von 1000 Euro jährlich. Nur wenn der Betreute, der über ein freies Vermögen von mehr als 25.000 Euro verfügt, mindestens Einnahmen von mehr als 1.000 Euro jährlich erzielt, ist er zur Entrichtung von Rechnungsgebühren, die durch die Prüfung seines Vermögens entstehen, verpflichtet. Dieser Fall kann bei der Überprüfung der Rechnungslegung bei größeren Vermögen eintreten. Bezieht sich der Aufgabenkreis des Betreuers nicht auf Vermögenssorge, haben hier auch keine entsprechenden Rechnungsprüfungen zu erfolgen; Auslagen dieser Art dürfen also nicht bei Personensorge erhoben werden.

Sachverzeichnis

Fette Zahlen = §§ oder Artikel; magere Zahlen = Randnummern
Angaben ohne Gesetzeskürzel beziehen sich auf das BGB

Abbruch lebenserhaltender Maßnahmen FamFG 298; FamFG 298 7 ff.
- Anhörung des Betroffenen **FamFG 298** 9
- Beschlussformel **FamFG 298** 14
- Beteiligung Dritter **FamFG 298** 10
- Beteiligung von Vertrauenspersonen **FamFG 298** 10
- gerichtliche Genehmigungspflicht **FamFG 298** 7
- Gutachten **FamFG 298** 12
- Rechtsmittel **FamFG 298** 13
- Richterzuständigkeit **RPflG 15** 23
- Todesgefahr **FamFG 298** 7
- Verfahrenspfleger **FamFG 276** 10; **FamFG 298** 11
- Wirksamwerden **FamFG 287** 9

Abfindungsvergleich 1822 31

Abgabe
- Abgabereife **FamFG 273** 9
- Abgabestreit **FamFG 273** 12
- durch Amtsgericht Schöneberg **FamFG 273** 13
- an ein anderes Gericht *s. eigenes Stichwort*
- Anhörung **FamFG 273** 7
- Aufgaben am neuen Aufenthaltsort **FamFG 273** 5
- Bindungswirkung **FamFG 273** 10
- funktionale Zuständigkeit **FamFG 273** 11
- Interessen des Betroffenen **FamFG 273** 3
- Lebensmittelpunkt **FamFG 273** 4
- nicht bindend **FamFG 273** 2
- Rechtsmittel **FamFG 273** 14
- Rechtspflegerzuständigkeit **RPflG 15** 52
- Regelfall: Änderung Aufenthalt **FamFG 273** 4
- Übernahmebereitschaft **FamFG 273** 8
- Vorlage an das übergeordnete Gericht **FamFG 273** 12
- wichtiger Grund **FamFG 273** 3

Abgabe an ein anderes Gericht FamFG 4; FamFG 273
- Rechtspflegerzuständigkeit **RPflG 15** 30
- Richterzuständigkeit **RPflG 15** 30
- Zuständigkeit Richter/Rechtspfl. **RPflG 14** 27

Abgabe an ein ausländisches Gericht FamFG 104 6

Abgabereife FamFG 273 9
Abgabestreit FamFG 5; FamFG 273 12
- funktionale Zuständigkeit **RPflG 15** 30

Abhilfe
- im Beschwerdeverfahren **FamFG 68** 2

Abhilfebefugnis FamFG 68 2
Abhilfeentscheidung FamFG 68 2
Ablehnung Betreuung
s. Pflicht zur Übernahme

Ablieferung
- der Betreuungsverfügung **FamFG 285** 3
- der Vorsorgevollmacht **FamFG 285** 3

Ablieferung der Betreuungsverfügung
- Rechtspflegerzuständigkeit **RPflG 15** 56

Abrechnung Berufsbetreuer
- vorsätzlich falsche **1908b** 4

Abrechnungszeitraum
- Vergütung des Berufsbetreuers **VBVG** 9

Abschlagszahlungen FamFG 168 21; *s. Vergütung d. Berufsbetreuers*

Absehen von der Betreuungsanordnung
- bei Auslandsbezug **FamFG 104** 5

Adressat
- der Bekanntgabe **FamFG 288** 2 ff.

Akteneinsicht FamFG 13
- der Behörde **FamFG 13** 1, 7, 10
- berechtigtes Interesse **FamFG 13** 5
- Beteiligte **FamFG 13** 2
- des Betreuers **FamFG 13** 2
- Durchführung **FamFG 13** 9
- Einsichtsrecht Gerichtsakten **FamFG 13** 1
- Elektronische Akte **FamFG 13** 11
- bei Gerichtsentscheidungen **FamFG 13** 8
- auf Geschäftsstelle **FamFG 13** 9
- Informationsinteresse **FamFG 13** 3
- Interessenabwägung **FamFG 13** 6
- als Justizverwaltungsakt **FamFG 13** 15
- nichtbeschwerdeberechtigte Dritte **FamFG 13** 4 ff.
- Notare **FamFG 13** 10
- Rechtsanwälte **FamFG 13** 10
- Rechtsmittel für Beteiligten **FamFG 13** 13
- Rechtsmittel für Dritten **FamFG 13** 14
- Umfang **FamFG 13** 1
- Versagung bei Beteiligten **FamFG 13** 3
- wirtschaftliche Interessen **FamFG 13** 5

721

Sachverzeichnis

- Zuständigkeit **FamFG 13** 12
Aktien 1811 2
Alkoholabhängigkeit
- Geschlossene Unterbringung **1906** 15
Alle Angelegenheiten FamFG 309 2
- Verfahrenspfleger **FamFG 276** 6
Allgemeine Ermächtigung 1825
Altenteilsverträge 1804 6
Amtsbeendigung Gegenbetreuer 1895
Amtsermittlung FamFG 26
- Beispiele **FamFG 26** 4
- in Betreuungsverfahren **FamFG 26** 4
- Hörensagen **FamFG 26** 3
- Umfang **FamFG 26** 3
- in Unterbringungsverfahren **FamFG 26** 4
Amtsermittlungsverfahren 1828 14
Amtsgericht Schöneberg EGBGB Art 24 8; **FamFG 272** 6
Amtsnotar FamFG 272 15
Amtsnotariat RPflG 14 56; **RPflG 15** 59
Amtsverfahren FamFG 26 1
Andere Entscheidungen FamFG 299 s. *Genehmigungen*
Anderkonto 1805 5
Änderung der Betreuung 1908d
- Erweiterung Aufgabenkreis **1908d** 4
- Mitteilungspflicht **1908d** 5
- Verfahren **1908d** 6
Änderung des Betreuungsumfangs
- Richterzuständigkeit **RPflG 15** 21
Änderung des Einwilligungsvorbehalts
- Richterzuständigkeit **RPflG 15** 21
Änderungen nach Rechtskraft
- Vergütungsfestsetzung **FamFG 168** 31
Anderweitige Anlage s. *Vermögensanlage – anderweitige Anlage*
Anfechtbarkeit
- der Kostenentscheidung **FamFG 81** 11
Angehörige
- als Beteiligter **FamFG 274** 13
Anhörung FamFG 278
- der Behörde **FamFG 279**
- des Betroffenen **FamFG 278**
s. *auch Betroffenenanhörung*
- von Familienangehörigen **FamFG 279** 5
- sonstiger Beteiligter **FamFG 279**
- im Unterbringungsverfahren **FamFG 320** 1
- von Vertrauenspersonen **FamFG 279** 5
Anhörung Gegenbetreuer 1826
- Beschwerdeberechtigung **1826** 2
Anhörung im Genehmigungsverfahren 1828 15 ff.
- persönliche Anhörung **1828** 16
Anhörung von Beteiligten FamFG 279 s. *Beteiligtenanhörung*

Anhörungsrüge
- bei Vergütungsfestsetzung **FamFG 168** 30
Anlage des Vermögens 1807;
s. *unter Vermögensanlage*
Anlasskrankheit
- Unterbringung **1906** 19
Anordnung
- einstweilige **FamFG 300** s. *einstweilige Anordnung*
- der sofortigen Wirksamkeit s. *sofortige Wirksamkeit*
Anordnung eines Einwilligungsvorbehalts
- Richterzuständigkeit **RPflG 15** 22
Anspruch auf angemessene Lebensgestaltung vor 1802 6
Antizipierte Entscheidung 1901a 2
Antrag
- des Betreuers im laufenden Betreuungsverfahren **FamFG 26** 1
Antragsverfahren FamFG 26 1
- Beschwerdeberechtigung **FamFG 59** 13 ff.
Anwaltliche Dienste
- als Aufwendung **1835** 15
Anwaltliche Gebührenfestsetzung KostO 18–31 5
Anwaltsgerichtliches Verfahren
- Vorführung **FamFG 278** 17
anwaltsspezifische Tätigkeit
- Verfahrenspflegervergütung **FamFG 277** 5
- Vergütung **FamFG 168** 19
Anwendung von Gewalt bei Unterbringungsbegutachtung
- Rechtsmittel **FamFG 284** 9
- bei Vorführung zur Unterbringungsbegutachtung **FamFG 284** 8
Anwendung von Gewalt bei Vorführung zur Untersuchung
- Rechtsmittel **FamFG 283** 5
- bei Vorführung zur Untersuchung **FamFG 283** 3
Anzeigerecht
- Betreuungsbehörde **BtBG 7** 2; **FamFG 22a** 4
Arbeitsvertrag 113; 1822 25
Arbeitsvertragsgenehmigung
- Rechtspflegerzuständigkeit **RPflG 15** 42
Art der Rechnungslegung 1841
Arzt s. *Sachverständiger, Sachverständigengutachten*
Ärztliche Heilbehandlung FamFG 298
- Anhörung des Betroffenen **FamFG 298** 3

Sachverzeichnis

- Beschlussformel **FamFG 298** 14
- Beteiligung Dritter **FamFG 298** 4
- Beteiligung von Vertrauenspersonen **FamFG 298** 4
- Betreuer **FamFG 298** 1
- Bevollmächtigter **FamFG 298** 1
- Einwilligung **FamFG 298** 1
- Gutachten **FamFG 298** 5
- Rechtsmittel **FamFG 298** 13
- Verfahren **FamFG 298** 2 ff.
- Verfahrenspfleger **FamFG 298** 6

Ärztliche Maßnahmen 1904
- Arzneimittelgesetz **1904** 14
- Aufgabenkreis Betreuer **1904** 1
- Durchführung ohne Genehmigung **1904** 13
- Einwilligung Betreuer **1904** 1
- Einwilligung Bevollmächtigter **1904** 1
- Einwilligungsfähigkeit **1904** 4
- Einwilligungsunfähigkeit Vertretung **1904** 2
- Genehmigungspflicht allgemein **1904** 2
- Genehmigungspflicht bei Gefahr **1904** 5
- Genehmigungspflicht bei Gesundheitsschädigung **1904** 5
- Genehmigungspflicht Psychopharmaka **1904** 8
- genehmigungspflicht. Langzeitbehandlung Psychopharmaka **1904** 9
- genehmigungspflichtige Untersuchungen **1904** 6
- Kastration **1904** 3
- nichtoperative Behandlungsmethoden **1904** 6
- operative Behandlungsmethoden **1904** 6
- psychiatrische Behandlungsmethoden **1904** 7
- Verfahren **1904** 6
- Verhältnis zu den PsychKG **1904** 15
- Verhältnis zum Maßregelvollzug **1904** 15
- Voraussetzung Genehmigung **1904** 10

Ärztliche Schweigepflicht FamFG 280 4, 20 ff.

Ärztlicher Eingriff 1904

Ärztliches Zeugnis/Attest FamFG 281 s. *Zeugnis ärztliches*
- Einstweilige Anordnung **FamFG 300** 7
- im Unterbringungsverfahren **FamFG 321** 9

Asylverfahren FamFG 275 19

Attest FamFG 281 s. *Zeugnis ärztliches*

Aufenthalt
- gewöhnlicher **8** 4

Aufenthaltsbestimmung 1903 8
- Aufenthaltsbestimmungsrecht **1632** 1
- Entscheidung des Betreuungsgerichts **1632** 2
- Entscheidung gegen den Willen des Betreuten **1632** 3
- Herausgabe des Betreuten **1632** 1
- Herausgabe persönliche Gegenstände **1632** 6
- Verfahrensfähigkeit Betreuer **1632** 4
- Vollstreckung gegen Betreute **1632** 5
- Vollstreckung gegen Dritte **1632** 5
- Wohl, Wünsche des Betreuten **1632** 3

Aufenthaltszuständigkeit
- Ausland **FamFG 104** 3

Aufgabe der Mietwohnung
- als Betreueraufgabe **1907** 2

Aufgabe zur Post FamFG 288 9

Aufgabenkreise 1896 3

Aufhebung s. a. *Betreuungsaufhebung*
- der Befreiung des Betreuers **1852–1857a** 10
- Einwilligungsvorbehalt **FamFG 294**
- des Einwilligungsvorbehalts **FamFG 306**

Aufhebung von Richtervorbehalten
- Landesrecht **RPflG 19**

Aufnahme von Anträgen
- Rechtspflegerzuständigkeit **RPflG 15** 35

Aufschiebende Wirkung
- der Beschwerde **FamFG 58** 3

Aufsicht des Gerichts 1837
- Behörden- und Vereinsbetreuer **1837** 5
- Beratung **1837** 8
- Betreuungsverfügung **vor 1802** 11; **1837** 13
- Einschreiten bei Pflichtwidrigkeiten **1837** 7
- Ermittlung von Amtswegen **1837** 14
- Gegenbetreuer **1837** 7
- Kontroll- oder Vollmachtsbetreuer **1837** 6; **1896** 36 ff.
- Maßnahmen Gericht **1837** 15 ff.
- Pflichtwidrigkeit Betreuer **1837** 11
- Prüfung des Einzelfalles **1837** 12
- Überwachung **1837** 3
- Verfahren **1837** 21 ff.
- Versicherung **1837** 19
- Weisungsrecht Gericht **1837** 16 ff.
- Wünsche Betreuter **1837** 13
- Zwangsgeld **1837** 17, 20

Aufsicht über Betreuertätigkeit
- Rechtspflegerzuständigkeit **RPflG 15** 41

Aufsichtsperson
- Betreuer als **832** 3

Aufsichtspflicht
- des Betreuers **832**

Auftragsverhältnis
- Vollmacht **168** 3

Aufwandsentschädigung 1835a
- ehrenamtlicher Betreuer **1835a** 4

Sachverzeichnis

- Erlöschen des Anspruchs **1835a** 5
- jährliche Zahlung **1835a** 5
- Mittellosigkeit des Betreuten **1835a** 3
- pauschal **FamFG 168** 4
- Umfang Aufwandspauschale **1835a** 2
- Voraussetzung **1835a** 1

Aufwandspauschale 1835a 2

Aufwendungen FamFG 168 4

Aufwendungsersatz 1835; FamFG 168 4
- Anspruch gegen Staatskasse **1835** 19
- Anwendung JVEG **1835** 2
- Ausschlussfrist **1835** 17 ff.
- Beratungs- und Fortbildungskosten **1835** 13
- Berufsbetreuer **VBVG 3** 1; **VBVG 4** 1
- Berufsdienste **1835** 15
- Berufsvormund **VBVG 3** 1
- Definition **1835** 2
- einzelne Aufwendungen **1835** 6 ff.
- erforderliche Aufwendungen **1835** 5
- Erforderlichkeit **1835** 5
- Ersatz der Aufwendungen **1835** 17
- ersatzfähige Aufwendungen **1835** 5
- Ersatzpflicht von Vermögensschäden **1835** 3
- Fahrtkosten **1835** 6
- Geltendmachung **1835** 17 ff.
- gerichtliche Festsetzung **FamFG 168**
- Kfz-Haftpflichtversicherung **1835** 8
- Mehrwertsteuer **1835** 14
- Mittellosigkeit **1835** 19
- Mobiltelefon **1835** 7
- Personalkosten für Hilfskräfte **1835** 11
- Porto **1835** 7
- Rechtspflegerzuständigkeit **RPflG 15** 43 ff.
- Rechtsverfolgungskosten **1835** 12
- RVG Anwendung **1835** 15
- Schreib- und Kopierkosten **1835** 9
- Telefax **1835** 7
- Telefon **1835** 7
- Überblick **1835** 1
- Verdienstausfall **1835** 10
- Vereine und Behörden **1835** 20
- Vergütung Verfahrenspfleger *s. Verfahrenspfleger*; *s. Verfahrenspflegervergütung*
- Versicherungskosten **1835** 8
- Vorschuss **1835** 17 ff.
- Wahlmöglichkeit des Rechtsanwalts **1835** 15

Aufwendungsersatz Betreuungsbehörde
- bei vermögenden Betreuten **VBVG 8** 4, 5
- Verwaltungskosten **VBVG 8** 5

Aufwendungsersatz Betreuungsverein VBVG 7 7
- kein gesonderter Ersatz **VBVG 7** 7
- Sonderfälle **VBVG 7** 8

Auskünfte *s. Akteneinsicht*

Auskunftspflicht des Betreuers
- Art und Umfang **1839** 3
- befreiter Betreuer **1839** 5
- Bericht **1839** 4
- Einsicht in Papiere **1839** 4
- persönliche Verhältnisse **1839** 3

Auskunftspflicht des Betreuten
- Einsicht in Papiere **vor 1802** 2

Auslagen
- sonstige **KostO 137**

Auslagenfreiheit KostO 96 3

Ausland FamFG 104

Ausländer
- Betreuer für **EGBGB Art. 24**

Ausländisches Gericht
- Abgabe **FamFG 104** 6

Auslandsberührung
- Richterzuständigkeit **RPflG 15** 24

Auslandsbezug
- Absehen von der Betreuungsanordnung **FamFG 104** 5

Ausschlussfrist
- bei Vergütungsfestsetzung **FamFG 168** 21

Außerordentliche Beschwerde FamFG 44 7; **FamFG 58** 18

Ausstattung 1804 8
- Abgrenzung zur Schenkung **1804** 8

Auswahl des Betreuers *s. Bestellung des Betreuers*; *Überprüfung der Betreuerauswahl*

Auswahl des Betreuungswahrnehmers
- bei Betreuungsverein als Betreuer **FamFG 291** 3

Baden-Württemberg RPflG 15 58
- Richtervorbehalt **RPflG 15** 58

Beamter als Betreuer 1784
- Erlaubnisvorbehalt des Dienstherrn **1784** 2
- kein Erlaubnisvorbehalt bei Betreuung Angehöriger **1784** 3
- Nebentätigkeitsbestimmungen der Beamtengesetze **1784** 3
- Richter und Soldaten **1784** 6, 7
- Versagen der Erlaubnis **1784** 9

Bearbeitung durch Richter RPflG 6; RPflG 14 7; **RPflG 15** 7

Beauftragter Richter
- Übertragung im Beschwerdeverfahren **FamFG 68** 12

Beendigung der Betreuung 1893; 1908d 1

Sachverzeichnis

Befreite Betreuung
- Überblick 1852–1857a 1 ff.

Befreiung des Betreuers 1817
- Angehörige 1852–1857a 1 ff.
- Aufhebung der Befreiung 1852–1857a 10 ff.
- Beschränkung von Befreiungen 1852–1857a 10 ff.
- bundesrechtliche Befreiungen 1852–1857a 15 ff.
- einzelne Befreiungen 1852–1857a 5 ff.
- durch gerichtliche Verfügung 1817 2 ff.
- Hinterlegung und Sperrvermerk 1852–1857a 6
- kraft Gesetzes 1852–1857a 1 ff.
- landesrechtliche Befreiungen 1852–1857a 13
- von laufender Rechnungslegungspflicht 1852–1857a 7
- periodische Vermögensübersicht 1852–1857a 8 ff.
- Prüfung der Vermögensübersicht 1852–1857a 9
- Rechnungslegungspflicht 1852–1857a 7

befristete Erinnerung FamFG 58 16

Beginn
- der Beschwerdefrist **FamFG 63** 6

Begründetheitsprüfung
- im Beschwerdeverfahren **FamFG 68** 6 ff.

Begründung
- des Beschlusses **FamFG 286** 11
- der Beschwerdeentscheidung **FamFG 69** 14

Begutachtung
- Unterbringung s. *Unterbringungsbegutachtung*

Behandlung Verweigerung s. *Verweigerung Behandlung*

Behandlungswünsche 1901a 16 ff.

Behörde
- Akteneinsicht **FamFG 13** 1, 7, 10
- Anhörung **FamFG 279** 3
- Anzeigerecht **BtBG 7** 3; **FamFG 22a** 4
- Bekanntgabe **FamFG 288** 6
- Beschwerdeberechtigung **FamFG 59** 16

Behörde als Betreuer
- Wahrnehmung der Aufgaben 1900 8

Behördenbetreuer 1897 5
- Beschlussinhalt **FamFG 286** 6

Behördenbetreuung 1900
- Aufwendungsersatz 1900 9
- Befreiungen 1852–1857a 1 ff.; 1900 9
- zuständige Behörde 1900 7

Behördenpfleger
- Verfahrenspflegervergütung **FamFG 277** 8

Bekanntgabe
- Absehen **FamFG 288** 5
- Adressat **FamFG 288** 2 ff.
- an Anwesenden **FamFG 288** 11
- durch Aufgabe zur Post **FamFG 288** 9
- an Behörde **FamFG 288** 6 f.
- des Beschlusses **FamFG 41**; **FamFG 288**
- an Beteiligten **FamFG 288** 3 ff.
- an Betroffenen **FamFG 288** 4
- Form **FamFG 288** 9 ff.
- durch förmliche Zustellung **FamFG 288** 9
- formlose **FamFG 288** 10
- Interessenabwägung **FamFG 288** 3
- an Kann-Beteiligten **FamFG 288** 3
- an Muss-Beteiligten **FamFG 288** 3
- an Rechtsinhaber **FamFG 288** 8
- des Sterilisationsbeschlusses **FamFG 297** 11
- an Verfahrensbevollmächtigten **FamFG 288** 4
- Vertraulichkeit **FamFG 288** 3

Benachrichtigung
- der Betreuungs- und Familiengerichte **FamFG 22a**

Benachrichtigung Angehöriger
- im Unterbringungsverfahren **FamFG 339** 1

Benachrichtigungspflicht FamFG 22a 2
- für Zivil- Strafgerichte **FamFG 22a** 2

Benachrichtigungsrecht FamFG 22a 3

Beratung 1837; s. *Aufsicht d. Gerichts*

Beratung und Unterstützung des Betreuers
- Rechtspflegerzuständigkeit **RPflG 15** 40

Bereichsrechtspfleger RPflG 14 54; **RPflG 15** 57

Berichtspflicht 1839; 1840 2
- Anfangsbericht 1840 2

Berufsbetreuer
- Beschlussinhalt **FamFG 286** 7
- bei Mehrfachbetreuung 1899 4
- Regelung 1836 2
- Unterstützung durch Behörde **BtBG 4** 1
- Vergütung **FamFG 168** 18, 19 ff.
- s. *im einzelnen: Vergütung des Berufsbetreuers*

Berufsmäßigkeit
- des Verfahrenspflegers **FamFG 276** 13

Berufsmäßigkeit der Betreuung
- Feststellung des Vormundschaftsgerichts **VBVG 1** 2

Berufsverfahrenspfleger
- Verfahrenspflegervergütung **FamFG 277** 6
- Vergütung **FamFG 168** 18

725

Sachverzeichnis

Berufsvormund
- Abgrenzung zur Vergütung des Berufsbetreuers **VBVG 3** 2
- Vergütung **FamFG 168** 18

Beschluss FamFG 38
Beschlussbestandteile FamFG 286 2
Beschlussformel
- Abbruch lebenserhaltender Maßnahmen **FamFG 298** 14
- Ärztliche Heilbehandlung **FamFG 298** 14
- der Beschwerdeentscheidung **FamFG 69** 15
- Bestellung eines weiteren Betreuers **FamFG 293** 11
- für Betreten der Wohnung bei Betroffenenanhörung **FamFG 278** 24
- für Betreten der Wohnung bei Unterbringungsbegutachtung **FamFG 284** 10
- für Betreten der Wohnung bei Untersuchung **FamFG 283** 7
- Betreuerbestellung **FamFG 286** 15
- Betreuerentlassung **FamFG 296** 9
- Betreuerneubestellung **FamFG 296** 9
- Betreuungsaufhebung **FamFG 294** 11
- Betreuungseinschränkung **FamFG 294** 11
- Betreuungserweiterung **FamFG 293** 11
- Betreuungsverlängerung **FamFG 295** 6
- für einstweilige Anordnung **FamFG 300** 15
- für einstweilige Betreuerentlassung **FamFG 300** 15
- für einstweilige Betreuerneubestellung **FamFG 300** 15
- für einstweilige Betreuungsanordnung **FamFG 300** 15
- für einstweilige Betreuungsaufhebung **FamFG 300** 15
- für einstweilige Betreuungseinschränkung **FamFG 300** 15
- für einstweilige Betreuungserweiterung **FamFG 300** 15
- für einstweilige Betreuungsverlängerung **FamFG 300** 15
- für Gewaltanwendung bei Betroffenenanhörung **FamFG 278** 24
- für Gewaltanwendung bei Unterbringungsbegutachtung **FamFG 284** 10
- für Gewaltanwendung bei Untersuchung **FamFG 283** 7
- bei Hauptsacheerledigung **FamFG 62** 9
- für Herausgabeverfügung der Betreuungsverfügung **FamFG 285** 6
- für Herausgabeverfügung der Vorsorgevollmacht **FamFG 285** 6
- Stattgeben der Beschwerde **FamFG 69** 15
- Sterilisation **FamFG 297** 13
- bei Verfahrenspflegerbestellung **FamFG 276** 22
- Verwerfung der Beschwerde **FamFG 69** 15
- für Vorführung zur Betroffenenanhörung **FamFG 278** 24
- für Vorführung zur Unterbringungsbegutachtung **FamFG 284** 10
- für Vorführung zur Untersuchung **FamFG 283** 7
- Zurückverweisung **FamFG 69** 15
- Zurückweisung der Beschwerde **FamFG 69** 15

Beschlussinhalt FamFG 286
- Begründung **FamFG 286** 11
- Behördenbetreuer **FamFG 286** 6
- Berufsbetreuer **FamFG 286** 7
- Beschlussformel **FamFG 286** 3
- Beschlussinhalt **FamFG 286** 5
- Betreuerbestellung **FamFG 286** 5
- Einwilligungsvorbehalt **FamFG 286** 8
- Kostenentscheidung **FamFG 286** 10
- Rechtsmittel **FamFG 286** 14
- Rechtsmittelbelehrung **FamFG 286** 12
- Überprüfungszeitpunkt **FamFG 286** 9
- Unterschrift **FamFG 286** 13
- Vereinsbetreuer **FamFG 286** 6

Beschränkt geschäftsfähiger Vertreter 165
- Unanwendbar auf Betreuerbestellung **165** 1

Beschränkte Geschäftsfähigkeit 106
Beschwerde FamFG 58; KostO 131
s. a. die nachfolgenden Stichwörter
- Aufschiebende Wirkung **FamFG 58** 3
- außerordentliche **FamFG 44** 7; **FamFG 58** 18
- befristete **FamFG 58** 3; **FamFG 63** 3
- Beschränkung **FamFG 64** 4
- Beschwerdeberechtigung in Unterbringungssachen **FamFG 335** 5
- Beschwerdeverfahren in Unterbringungssachen **FamFG 335** 8
- Beschwerdewert **FamFG 61**
- betroffene Rechte **FamFG 59** 2
- Einlegung **FamFG 64**
- Einlegung durch Betroffenen **FamFG 336**
- gegen einstweilige Anordnung **FamFG 58** 6
- gegen Einwilligungsvorbehalt **FamFG 58** 6
- Endentscheidung **FamFG 58** 5

726

Sachverzeichnis

- ergänzende Vorschriften in Unterbringungssachen **FamFG 335** 2
- gegen Genehmigung **FamFG 58** 6
- Hemmungswirkung **FamFG 58** 3
- gegen Nebenentscheidungen **FamFG 58** 8 ff.
- Neuerungen im FamFG **FamFG 58** 2
- Rechtspflegerentscheidung **RPflG 14** 10 ff.
- gegen Rechtspflegerentscheidungen **FamFG 58** 15; **RPflG 11**
- Rücknahme **FamFG 58** 24
- sofortige nach ZPO **FamFG 58** 13; **FamFG 63** 5
- Statthaftigkeit **FamFG 58** 5 ff.
- Übergangsvorschriften **Artikel 111** 5
- Untätigkeitsbeschwerde **FamFG 58** 20
- bei Vergütungsfestsetzung **FamFG 168** 28
- gegen Vergütungsfestsetzung **FamFG 58** 6
- Verwirkung **FamFG 58** 26
- Verzicht **FamFG 58** 25
- Wirkungen **FamFG 58** 3
- Zulässigkeit **FamFG 68** 4
- Zwangsmaßnahme Androhung/Anordnung **FamFG 58** 9
- gegen Zwischenentscheidungen **FamFG 58** 8 ff.

Beschwerde, befristete
- Rechtspflegerentscheidung **RPflG 15** 10 ff.

Beschwerdebefugnis
- bei Anordnung eines Einwilligungsvorbehalts **FamFG 303**
- der Behörde **FamFG 303** 2
- des Betreuers **FamFG 303** 11
- in Betreuungssachen **FamFG 303**
- des Bevollmächtigten **FamFG 303** 11
- von Dritten **FamFG 303** 9
- naher Angehöriger **FamFG 303** 4 ff.
- der Staatskasse **FamFG 304**
- von tatsächliche Hinzugezogenen **FamFG 303** 5
- des Verfahrenspflegers **FamFG 303** 10
- von Vertrauenspersonen **FamFG 303** 4 ff.

Beschwerdebefugnis der Staatskasse
- Fristen **FamFG 304** 4

Beschwerdeberechtigung FamFG 59
- Abgrenzung **FamFG 59** 1
- im Antragsverfahren **FamFG 59** 13 ff.
- im Antragsverfahren, Antragszurückweisung **FamFG 59** 15
- Behörde **FamFG 59** 16
- Betreuer **FamFG 59** 7
- Betroffener **FamFG 59** 5
- Dritter **FamFG 59** 12
- Geschäftspartner **FamFG 59** 12
- nahe Angehörige **FamFG 59** 8 ff.
- Rechtlich geschütztes Interesse **FamFG 59** 3
- Rechtsbeeinträchtigung **FamFG 59** 2
- Rechtsbeeinträchtigung, unmittelbare **FamFG 59** 4
- Staatskasse **FamFG 59** 17
- subjektive Rechte **FamFG 59** 2
- Verfahrenspfleger **FamFG 59** 6
- Verletzung von Verfahrensrechten **FamFG 59** 3
- Vertrauenspersonen **FamFG 59** 8 ff.
- Vorsorgebevollmächtigter **FamFG 59** 7

Beschwerdeeinlegung
- Form **FamFG 64** 3
- Frist **FamFG 63**
- fristwahrende **FamFG 305**
- Gericht, zuständiges **FamFG 64** 2
- Inhalt **FamFG 64** 4
- Protokoll der Geschäftsstelle **FamFG 64** 3
- bei untergebrachtem Betroffenen **FamFG 305**
- Unterschrift **FamFG 64** 5
- beim unzuständigen Gericht **FamFG 64** 1

Beschwerdeentscheidung FamFG 69
- Änderung der Ausgangsentscheidung **FamFG 69** 5
- Begründung **FamFG 69** 14
- Beschluss **FamFG 69** 13
- Beschlussformel **FamFG 69** 15
- Bindung des erstinstanzlichen Gerichts **FamFG 69** 12
- eigene Sachentscheidung des Beschwerdegerichts **FamFG 69** 4 ff.
- Entscheidungsgrundlage **FamFG 69** 2
- Entscheidungsmöglichkeiten **FamFG 69** 3
- Formalien **FamFG 69** 13
- Verschlechterungsverbot **FamFG 69** 6
- Zurückverweisung **FamFG 69** 7 ff.

Beschwerdefrist FamFG 63
- Beginn **FamFG 63** 6 f.
- Dauer **FamFG 63** 3 ff.

Beschwerdegericht
- Einstweilige Anordnung **FamFG 64** 6

Beschwerderücknahme FamFG 58 24

Beschwerdeverfahren FamFG 68
- Abhilfe **FamFG 68** 2
- Anhörung des Betroffenen **FamFG 68** 8
- Anhörung von Beteiligten **FamFG 68** 10

Sachverzeichnis

- Begründetheitsprüfung **FamFG 68** 6 ff.
- Einzelrichterübertragung **FamFG 68** 12
- Gutachten **FamFG 68** 9
- Verfahrenspfleger **FamFG 68** 11
- Vorlage an das Beschwerdegericht **FamFG 68** 3
- Wiederholung der Verfahrenshandlungen **FamFG 68** 7 ff.
- Zulässigkeitsprüfung **FamFG 68** 4

Beschwerdeverzicht FamFG 58 25

Beschwerdewert FamFG 61
- Kosten- und Auslagenentscheidungen **FamFG 61** 2
- vermögensrechtliche Angelegenheiten **FamFG 61** 2
- Zulassungsbeschwerde **FamFG 61** 3 ff.

Besondere Kenntnisse s. *Nutzbarkeit besonderer Kenntnisse* s. *Vergütung d. Berufsbetreuers*

Besonderer Betreuer 1899 4
- Sterilisation **1899** 4

Bestallungsurkunde s. *Bestellungsurkunde*; s. *Urkunde über Betreuerbestellung*

Bestandsverfahren in Betreuungssachen
- Übergangsvorschriften **Artikel 111** 4

Bestattung des Betreuten 1893 8 ff.

Bestellung des Betreuers s. *unter Betreuerbestellung*

Bestellungsurkunde FamFG 290
- Inhalt **FamFG 290** 2
- mehrere Betreuer **FamFG 290** 3
- Rechtsmittel **FamFG 290** 4
- keine Vollmachtsurkunde **167** 1

Bestimmung der Zuständigkeit FamFG 5

Beteiligte FamFG 7
- Akteneinsicht **FamFG 13** 2
- Genehmigungsverfahren **1828** 13
- Unterbringungsverfahren **FamFG 315** 2

Beteiligte im Betreuungsverfahren FamFG 274
- Angehörige **FamFG 274** 13
- Antragsteller **FamFG 274** 16
- Bekanntgabe **FamFG 288** 3 ff.
- Betreuer **FamFG 274** 6
- Betreuungsbehörde **FamFG 274** 8 ff.
- Betroffener **FamFG 274** 5
- Bevollmächtigter **FamFG 274** 6
- Folgen der Nichtbeteiligung **FamFG 274** 19
- Kann-Beteiligter **FamFG 274** 11 ff.
- Muss-Beteiligter **FamFG 274** 3 ff.
- schützenswertes Interesse **FamFG 274** 12
- Staatskasse **FamFG 274** 14
- subjektives Interesse **FamFG 274** 17
- unmittelbar Betroffener **FamFG 274** 17
- Verfahrenspfleger **FamFG 274** 7
- Verletzung von Verfahrensrechten **FamFG 274** 18
- Vertrauenspersonen **FamFG 274** 13

Beteiligtenanhörung FamFG 279
- Behörde **FamFG 279** 3
- Formalien **FamFG 279** 1
- gesetzlicher Vertreter **FamFG 279** 6
- Kann-Beteiligter **FamFG 279** 2
- Muss-Beteiligter **FamFG 279** 2
- Vertrauensperson **FamFG 279** 5

Betreten der Wohnung
- zur Vorführung des Betroffenen **FamFG 278** 18
- zur Vorführung zur Unterbringungsbegutachtung **FamFG 284** 8
- zur Vorführung zur Untersuchung **FamFG 283** 4

Betreten der Wohnung bei Unterbringungsbegutachtung
- Rechtsmittel **FamFG 284** 9

Betreten der Wohnung bei Vorführung zur Untersuchung
- Rechtsmittel **FamFG 283** 5

Betreuer
s.a. *Hoffnung des Betreuers sowie die nachfolgenden Stichwörter*
- Akteneinsicht **FamFG 13** 2
- für alle Angelegenheiten **1896** 29
- Beschwerdebefugnis **FamFG 303** 11
- Beschwerdeberechtigung **FamFG 59** 7
- als Beteiligter **FamFG 274** 6
- mehrere s. *Mehrere Betreuer*
- weitere s. *Weiterer Betreuer*

Betreueramt
- Beginn **FamFG 289** 1

Betreuerausweis s. *Bestellungsurkunde*

Betreuerbestellung
- Ausschluss einer Person **1897** 16
- Auswahlermessen des Gerichts **1897** 18
- Behördenbetreuer **1897** 5 ff.
- Berufsbetreuer **1897** 3, 21, 22
- Beschlussformel **FamFG 286** 15
- Beschlussinhalt **FamFG 286** 6
- Betreuervorschlag des Betroffenen **1897** 14
- Betreuerwechsel **1897** 20
- Betreuungsverfügung **1897** 17; **1901a**
- ehrenamtlicher Betreuer **1897** 2
- Eignung des Betreuers **1897** 6 ff.
- für einen Ausländer **EGBGB Art. 24**
- Interessenkonflikte zwischen Betreuer und Betreutem **1897** 15
- Kontakt zum Betroffenen **1897** 12

Sachverzeichnis

- natürliche Person **1897** 1 ff.
- neuer Betreuer **1908c**
- persönliche Eignung **1897** 11
- rechtliche Vertretung des Betreuten **1897** 6
- ungeeigneter Betreuer **1897** 7 ff.
- Vereinsbetreuer **1897** 4
- Voraussetzungen s. *Betreuung*
- eines weiteren Betreuers **FamFG 293** 7 ff.

Betreuereinführung
- Rechtspflegerzuständigkeit **RPflG 15** 40

Betreuerentlassung 1908b; FamFG 296 2 ff.
- Abwicklung nach Entlassung **1908b** 11
- Alternativvorschlag des Betreuten **1908b** 10
- Anhörung **FamFG 296** 2
- Beamter bei Erlaubnisvorbehalt **1888**
- Beschlussformel **FamFG 296** 9
- Einstweilige Anordnung **FamFG 296** 4
- Einstweilige Anordnung **FamFG 300** 11
- Entlassung Berufsbetreuer **1908b** 8
- erhebliche Gesundheitsnachteile **FamFG 296** 3
- Ermessensentlassung **1908b** 9
- mangelnde Eignung **1908b** 2
- Pflichtverletzung Betreuer **1908b** 4
- Rechtshilfe **FamFG 296** 2
- Rechtsmittel **FamFG 296** 8
- Rechtspflegerzuständigkeit **RPflG 15** 37
- Richterzuständigkeit **RPflG 15** 18
- Unzumutbarkeit **1908b** 9
- Verein o. Behörde Ersatz durch natürliche Person **1908b** 6
- Vereins-Behördenbetreuer Fortführung als Privatperson **1908b** 5
- Vereins-Behördenbetreuer auf Antrag **1908b** 5
- Verfahren **FamFG 296** 2; **1908b** 12 ff.
- Verfahrenspflegerbestellung **FamFG 296** 2
- Vorsätzlich falsche Abrechnung **1908b** 4
- wichtiger Grund **1908b** 3
- Widerspruch gegen **FamFG 296** 2
- Wunsch des Betreuten **1908b** 4
- zwingende Entlassungsgründe **1908b** 2

Betreuerneubestellung FamFG 296 5 ff.
- Anhörung **FamFG 296** 5
- Beschlussformel **FamFG 296** 9
- Beteiligung Dritter **FamFG 296** 7
- Einstweilige Anordnung **FamFG 296** 5
- Einverständnis mit **FamFG 296** 6
- Rechtsmittel **FamFG 296** 8
- Verfahren **FamFG 296** 5

Betreuerpflichten 1901
- Besondere gesetzliche Pflichten **1901** 19 ff.

- Besprechungspflicht **1901** 13
- Betreuungsplan **1901** 17
- eigene Wünsche **1901** 7, 10
- eigenständige Lebensführung **1901** 10
- Eigenständigkeit des Betreuerhandelns **1901** 6 ff.
- Einzelfallentscheidung **1901** 9
- Grundsatz **1901** 1
- Hilfe im Alltag **1901** 7
- Infektionsschutzgesetz **1901** 19
- keine Weisung des Gerichts **1901** 6
- Mitteilungspflicht des Betreuers **1901** 18
- Mitwirkung bei Rehabilitation **1901** 15
- persönlicher Kontakt **1901** 5
- rechtliche Besorgung der Angelegenheiten **1901** 2 ff.
- Tätigkeit des Betreuers **1901** 2
- Vertretung des Betroffenen **1901** 2; **1902**
- Waffengesetz **1901** 21
- Wirkung Wünsche nur im Innenverhältnis **1901** 14
- Wohl des Betreuten **1901** 5, 8
- Wunsch und Betreuungsverfügung **1901** 12; **1901a** 3
- Wünsche vor Betreuerbestellung **1901** 129

Betreuertätigkeit 1901 2

Betreuerunterrichtung FamFG 289 2
- Entbehrlichkeit **FamFG 289** 3
- Rechtsmittel **FamFG 289** 6

Betreuervergütung
s. *Vergütung des Berufsbetreuers*

Betreuerverpflichtung FamFG 289
- Einführungsgespräch **FamFG 289** 4
- Entbehrlichkeit **FamFG 289** 3
- Rechtsmittel **FamFG 289** 6
- Rechtspflegerzuständigkeit **FamFG 289** 1
- Vertretung **FamFG 289** 1
- Wirksamwerden der Bestellung **FamFG 289** 1
- Zuständigkeit **FamFG 289** 1

Betreuerwechsel 1897 20; **1908c**; **1908d**; s.a. *Betreuerentlassung, Betreuerneubestellung*
- Verfahren **1908c** 2
- Vergütung des Berufsbetreuers **VBVG 5** 14
- Wechselgründe **1908c** 1

Betreuung 1896–1908i; EGBGB Art. 24; FamFG 309 2
- Aufhebung s. *unter Betreuungsaufhebung*
- im Ausland **FamFG 104** 5
- Einschränkung s. *unter Betreuungseinschränkung*
- Erweiterung s. *unter Betreuungserweiterung*
- Gebührenhöhe **KostO 92** 10 ff.

729

Sachverzeichnis

- Heimatrecht des Betroffenen **EGBGB Art. 24** 3
- internationales Privatrecht **EGBGB Art. 24**
- Staatsvertrag **EGBGB Art. 24** 5
- Übernahmepflicht **1898**; *s. Pflicht zur Übernahme der Betreuung*
- Verlängerung *s. unter Betreuungsverlängerung*
- Voraussetzungen *s. nachfolgendes Stichwort*

Betreuung – Voraussetzungen 1896
- als alle Angelegenheiten **1896** 29
- andere Hilfen **1896** 21
- Antrag oder von Amts wegen **1896** 12
- Aufgaben im Familien- und Erbrecht **1896** 28
- Aufgabenkreis **1896** 23 ff.
- ausgeschlossene Aufgaben **1896** 27
- Auskunftsrecht des Vollmachtsbetreuers **1896** 37
- Behinderung **1896** 3
- Beispiele für Aufgabenkreise **1896** 30 ff.
- Beispiele zur Erforderlichkeit **1896** 22
- Besorgung d. Angelegenheiten **1896** 9 ff.
- Betreuer für Sterilisation **1896** 39
- Betreuerbestellung im Drittinteresse **1896** 17
- Betreuerbestellung in Sonderfällen **1896** 39 ff.
- Betreuung bei Verwahrlosung **1896** 16
- Betreuung gegen den Willen d. Betreuten **1896** 13
- Betreuungsgerichtshilfe **BtBG** 8
- Bevollmächtigter **1896** 19
- Eheschließung **1896** 27
- Erforderlichkeit der Betreuung **1896** 15 ff.
- Ergänzungsbetreuer **1896** 41; **1899** 5
- Fernmeldeverkehr **1896** 35
- Folgen der Betreuerbestellung **1896** 42 ff.
- Gegenbetreuer **1792** 5; **1799**; **1896** 37; **1899** 7
- geistige Behinderung **1896** 7
- Geschäftsfähigkeit **1896** 13
- gesetzliche Vertretung des Betreuten **1896** 42
- Höchstdauer **FamFG 294** 9
- körperliche Behinderung **1896** 8
- Kosten **KostO 92** ff.
- Personensorge **1896** 24 ff.
- Postverkehr **1896** 35
- psychische Krankheit **1896** 3, 4 ff.
- Rechenschaft gegenüber dem Vollmachtsbetreuer **1896** 37
- seelische Behinderung **1896** 6
- Ursächlichkeit der Krankheit/Behinder. **1896** 11
- Vermögenssorge **1896** 26 ff.
- Volljährigkeit **1896** 2
- Vollmachtsbetreuer **1896** 36
- vorrangigen Hilfen **1896** 18 ff.

Betreuungsaufhebung 1908d;
- Ablehnung **FamFG 294** 5
- Anhörung **FamFG 294** 4
- ärztliches Zeugnis **FamFG 294** 4
- Beschlussformel **FamFG 294** 11
- Entscheidung Gericht **1908d** 1
- Gutachten **FamFG 294** 4
- Mitteilungspflicht **1908d** 5
- Nachholung der Begutachtung **FamFG 294** 6 ff.
- Rechtsmittel **FamFG 294** 10
- Richterzuständigkeit **RPflG 15** 21
- Verfahren **1908d** 6; **FamFG 294** 3 ff.
- Wegfall Voraussetzungen **1908d** 2
- zwingende Verfahrenshandlungen **FamFG 294** 3

Betreuungsbehörde
- Anzeigerecht der Behörde **BtBG 7** 3
- Aufgaben **BtBG 4–9**
- Aufklärung Beratung über Vollmachten u. Betreuungsverfüg. **BtBG 6** 9
- Aufwendungsersatz *s. Aufwendungsersatz Betreuungsbehörde*
- Ausnahmezuständigkeit **BtBG 3** 5
- Beglaubigungskompetenz **BtBG 6** 10
- Behördenzuständigkeit **BtBG 1** 1
- Beratung der Betroffenen **BtBG 4** 2
- Beratung über Vorsorgevollmachten **BtBG 6** 10
- Beratung und Unterstützung **BtBG 4**
- Beratung Unterstützung der Betreuer **BtBG 4** 1
- Beratung Unterstützung der Bevollmächtigten **BtBG 4** 2 ff.
- als Beteiligte **FamFG 274** 8 ff.
- Durchsetzung von Ansprüchen **BtBG 4** 8
- Einführung der Betreuer **BtBG 5**
- Entwicklung Neuregelung **BtBG vor 1** 3 ff.
- Filterfunktion **BtBG 7** 4
- Förderung von Organisationen **BtBG 6** 3 ff.
- Form der Mitteilung **BtBG 7** 11
- Fortbildung der Betreuer **BtBG 5**
- Gewinnung von Betreuern **BtBG 4** 5
- gewöhnlicher Aufenthalt des Betroffenen **BtBG 3** 4
- Mitteilungen anderer Behörden **BtBG 7** 13

Sachverzeichnis

- Mitteilungspflicht **BtBG 7**
- Öffentlichkeitsarbeit der Behörde **BtBG 6** 2
- örtliche Zuständigkeit **BtBG 3** 4
- Rechtslage vor 1.1.1992 **BtBG vor 1** 1
- Rechtspolitische Diskussion **BtBG vor 1** 6
- sachliche Zuständigkeit **BtBG 1** 4
- sonstige Aufgaben **BtBG 9**
- Sozialbericht, Sozialgutachten **BtBG 8** 4
- Übermittlung von Sozialdaten **BtBG 7** 14 ff.
- überörtliche Aufgaben **BtBG 2** 1 ff.
- Umfang Unterstützung **BtBG 4** 7 ff.
- Unterbringungsmaßnahmen **BtBG 1** 4
- Unterstützung Betreuungsplan **BtBG 4** 13
- Unterstützung des Betreuungsgerichts **BtBG 8**
- veränderte Zuständigkeit **BtBG 3** 8 ff.
- Vergütung **FamFG 168** 2; s. *Vergütung Betreuungsbehörde*
- Voraussetzungen der Mitteilungen **BtBG 7** 6 ff.
- Wechsel gewöhnl. Aufenthalt **BtBG 3** 8
- Weitere Behörden **BtBG 2**

Betreuungsbehörde als Betreuer
- Überprüfung der Betreuerauswahl **FamFG 291**

Betreuungsbehördengesetz BtBG vor 1 1 ff.; **BtBG 1–9**

Betreuungseinschränkung
- Anhörung **FamFG 294** 4
- ärztliches Zeugnis **FamFG 294** 4
- Beschlussformel **FamFG 294** 11
- Gutachten **FamFG 294** 4
- Nachholung der Begutachtung **FamFG 294** 6 ff.
- Rechtsmittel **FamFG 294** 10
- Verfahren **FamFG 294** 3 ff.

Betreuungserweiterung FamFG 293
- Absehen von Verfahrenshandlungen **FamFG 293** 4
- Anhörung **FamFG 293** 3
- ärztliches Attest **FamFG 293** 3
- ärztliches Gutachten **FamFG 293** 3
- Beschlussformel **FamFG 293** 11
- Rechtsmittel **FamFG 293** 10
- unwesentliche **FamFG 293** 6
- Verfahren **FamFG 293** 2
- Verfahrenserleichterungen **FamFG 293** 3
- wesentliche **FamFG 293** 6

Betreuungsgericht
- Aufsicht **vor 1802** 9
- Kosten **KostO 91** ff.
- Mitwirkung **1810**
- Umfang des Richtervorbehalts **RPflG 14** 26

Betreuungsgerichtliche Genehmigung
s. *Genehmigung*

Betreuungsplan 1901 17; **BtBG 4** 13; **RPflG 15** 41
- Rechtspflegerzuständigkeit **RPflG 15** 14

Betreuungsrechtliche Zuweisungssachen FamFG 340
- ausdrückliche Zuweisung **FamFG 340** 4
- funktionale Zuständigkeit **FamFG 341** 2
- gerichtliche Bestellung **FamFG 340** 3
- internationale Zuständigkeit **FamFG 341** 2
- örtliche Zuständigkeit **FamFG 341** 2
- Pflegschaften **FamFG 340** 2
- Rechtsmittel **FamFG 340** 6
- sachliche Zuständigkeit **FamFG 341** 2
- Verfahren **FamFG 340** 5

Betreuungssachen FamFG 271

Betreuungsverein 1908f
- Anerkennung **1908f** 4
- Anerkennungsverfahren **1908f** 18 ff.
- Anerkennungsvoraussetzungen **1908f** 6
- Aufwendungsersatz **FamFG 168** 2; s. *Aufwendungsersatz Betreuungsverein*
- Beaufsichtigung der Mitarbeiter **1908f** 9
- Beratungspflicht **1908f** 15
- Bestellung **1908f** 2
- Betreuungsverfügungen **1908f** 16
- Einführungsveranstaltungen **1908f** 13
- Einzelfallberatung Vorsorgevollmacht **1908f** 26
- Entlassung s. *Betreuerentlassung*
- Erfahrungsaustausch Mitarbeiter **1908f** 17
- Fortbildung ehrenamtlicher Betreuer **1908f** 14
- Gewinnung ehrenamtlicher Betreuer **1908f** 2
- Landesrecht **1908f** 21
- Mindestvoraussetzungen **1908f** 1
- Öffentlichkeitsarbeit **1908f** 12
- Querschnittstätigkeit **1908f** 6
- Vereinsmitarbeiter **1908f** 2
- Vergütung **FamFG 168** 2; s. *Vergütung Betreuungsverein*
- Vorsorgevollmachten **1908f** 16
- Weiterbildung der Mitarbeiter **1908f** 10

Betreuungsverein als Betreuer
- Überprüfung der Betreuerauswahl **FamFG 291**

Betreuungsverfahren FamFG 271
- Antrag des Betreuers **FamFG 26** 1
- Ausland **FamFG 104**

Sachverzeichnis

- Beschwerdebefugnis **FamFG 303**
- Einstweilige Anordnung **FamFG 300** 2
- Verfahrensfähigkeit **FamFG 275** 1
- Wirksamwerden des Beschlusses **FamFG 287** 3

Betreuungsverfügung 1901a
- Ablieferung Verfahren **1901a** 20
- Ablieferungspflicht **1901a** 16
- Aufklärung und Beratung **BtBG 6** 9
- Beratung durch Betreuungsverein **1908f** 16
- Formfreiheit **1901a** 15
- Herausgabe **FamFG 285**
- Patientenverfügung **1901a** 5
- Verfahrenswünsche **1901a** 6
- Vorschläge Betreuer **1901a** 2
- Wirksamkeit **1901a** 7
- Wünsche des Betreuten **1901a** 4 ff.
- Zwang zur Herausgabe **FamFG 285** 3

Betreuungsverlängerung FamFG 295
- Anhörung **FamFG 295** 3
- ärztliches Zeugnis **FamFG 295** 3
- Beschlussformel **FamFG 295** 6
- besonderer Anlass **FamFG 295** 2
- Gutachten **FamFG 295** 3
- Höchstdauer **FamFG 295** 4
- Rechtsmittel **FamFG 295** 5
- Überprüfung **FamFG 295** 2
- Verfahren **FamFG 295** 3

Betreuungsvorsorge 1901a 1

Betroffenenanhörung
- Absehen von der **FamFG 278** 16
- Anwesenheit **FamFG 278** 19 ff.
- Ausland **FamFG 278** 14
- Beschlussformel **FamFG 278** 24
- Beteiligung Dritter **FamFG 278** 20
- Bevollmächtigter **FamFG 278** 22
- ersuchter Richter **FamFG 278** 2
- Formalien **FamFG 278** 1
- Fragestellungen **FamFG 278** 5
- gerichtliche Sachverhaltsaufklärung **FamFG 278** 3
- Gewalt **FamFG 278** 17
- Mitteilung des bisherigen Beweisergebnisses **FamFG 278** 9
- Mitteilung des Verlaufes **FamFG 278** 6
- Öffentlichkeit **FamFG 278** 19 ff.
- persönliche **FamFG 278** 2
- persönlicher Eindruck **FamFG 278** 2
- Rechtshilfe **FamFG 278** 2
- Rechtshilfe/ersuchter Richter **FamFG 278** 13
- Rechtsfolge bei Verstoß gegen persönliche Anhörung **FamFG 278** 4
- Rechtsmittel **FamFG 278** 23
- Sachverständiger **FamFG 278** 21
- Schlussgespräch **FamFG 278** 8
- übliche Umgebung **FamFG 278** 3 f.
- Umfang **FamFG 278** 10
- Unterbleiben **FamFG 278** 16
- Unterrichtung über weiteren Verlauf **FamFG 278** 6
- Verfahren **FamFG 278** 2 ff.
- Verfahrenspfleger **FamFG 278** 22
- Vertrauensperson **FamFG 278** 20
- Vorführung **FamFG 278** 17
- Wohnung **FamFG 278** 18
- Zeitpunkt **FamFG 278** 10

Betroffener
- Bekanntgabe **FamFG 288** 4
- Beschwerdeberechtigung **FamFG 59** 5
- als Beteiligter **FamFG 274** 5
- Einstweilige Anordnung **FamFG 300** 9

Bevollmächtigter
- Beschwerdebefugnis **FamFG 303** 11

Bevollmächtigung *s. Vollmacht*
- ärztliche Eingriffe **1901a** 5; **1903**
- des Betreuers **vor 1802** 7
- Gesetzliche Beschränkungen **vor 1802** 7
- Unterbringung **1901a** 5

Bewilligung der Vergütung *s. Vergütung d. Berufsbetreuers*

Bezirksnotar RPflG 14 55; **RPflG 15** 59

BGB-Gesellschaft
- laufende Geschäfte **1821** 8

Billigkeitshaftung 829
- Anwendbarkeit auf die Betreuung **829** 1

Bindung des erstinstanzlichen Gerichts
- durch Beschwerdeentscheidung **FamFG 69** 12

Bundesschatzbriefe 1807 5
Bundeswertpapiere 1807 5; **1816** 13
Bundeswertpapierverwaltung 1816 14

Darlehensvertrag 1822 26

Dauer
- der Beschwerdefrist **FamFG 63** 3 ff.
- der einstweiligen Anordnung **FamFG 302**

Dauerbetreuung KostO 92 5
Deliktsfähigkeit 1 3; **827** 1
Depot-Behandlung *s. Langzeitbehandlung*

Dienst- und Arbeitsverhältnis 113
- Ausbildungsvertrag **113** 2
- betreuungsgerichtliche Genehmigung **1822** 25
- vormundschaftsgerichtliche Genehmigung **113** 4
- Werkstatt für Behinderte **113** 2

Dienstaufsichtsbeschwerde FamFG 58 20, 21

Dienstrechtliche Vorschriften
- Richterzuständigkeit **RPflG 15** 25

Sachverzeichnis

Dispositionskredit 1822 26
Doppelvollmacht 1829 6
Dringlichkeit
- gesteigerte **FamFG 300** 3
Dritter
- Beschwerdeberechtigung **FamFG 59** 12
Durchsetzung
- der Unterbringungsbegutachtung **FamFG 284** 8

Eheschließung 1903
Ehrenamtlicher Betreuer
- Aufwandsentschädigung **1835a** 4
- Vergütung **FamFG 168** 4
Eidesstattliche Versicherung FamFG 275 11
Eigenbetreuungsantrag
- ärztliches Zeugnis **FamFG 281** 1 ff.
Einbeziehung des Betreuten
- in Vermögensverwaltung **vor 1802** 6; **1806** 4
Einführungsgespräch FamFG 289 4
- Rechtsmittel **FamFG 289** 6
- Rechtspflegerzuständigkeit **RPflG 15** 40
Eingriff
- unmittelbar **FamFG 59** 4
Einheitsentscheidung RPflG 15 2
Einkommen s. *einzusetzendes Einkommen*
- Einkommensgrenze **1836c** 8
- einzusetzende Mittel des Mündels **1836c** 2
Einlagensicherungsfond 1807 10
Einlegung
- der Beschwerde **FamFG 64**
Einreden
- bei Vergütungsfestsetzung **FamFG 168** 21
Einschränkung
- Einwilligungsvorbehalt **FamFG 294** s. *Betreuungseinschränkung*
Einseitige Rechtsgeschäfte 111; 180; 1831
- Anwendung **180** 1
- Einwilligungsvorbehalt **111** 1
- Nichtigkeit bei fehlendem Aufgabenkreis **180** 1 ff.
- Nichtigkeit dieser Erklärung **180** 1 ff.
- Schriftform **111** 2
Einspruch FamFG 58 27
Einstweilige Anordnung FamFG 300
- Änderung **FamFG 300** 12
- Anfechtbarkeit bei Unterbringungsmaßnahmen **FamFG 331** 8
- Anhörung des Betroffenen **FamFG 300** 9
- ärztliches Zeugnis **FamFG 300** 7

- Beschlussformel **FamFG 300** 15
- Beschlussformel in Unterbringungssachen **FamFG 331** 9
- Beschwerdegericht **FamFG 300** 12
- des Beschwerdegerichts **FamFG 64** 6
- Beteiligung Dritter **FamFG 300** 10
- bei Betreuerentlassung **FamFG 296** 4
- bei Betreuerneubestellung **FamFG 296** 5
- Betreuungsverfahren **FamFG 300** 2
- Dauer **FamFG 302**
- Dauer in Unterbringungssachen **FamFG 333** 2
- dringende Gründe **FamFG 300** 5
- eigene Maßnahmen des Gerichts **FamFG 300** 14
- Einwilligungsvorbehalt **FamFG 300** 2
- Entlassung des Betreuers **FamFG 300** 11
- Entscheidung **FamFG 300** 12
- Gefahr für den Betroffenen **FamFG 300** 6
- gesteigerte Dringlichkeit *s. eigenes Stichwort nachfolgend*
- bei gesteigerter Dringlichkeit in Unterbringungssachen **FamFG 332** 2
- Glaubhaftmachung **FamFG 300** 6
- hinreichende Wahrscheinlichkeit **FamFG 300** 6
- Höchstdauer **FamFG 302** 2
- nach § 1846 BGB **FamFG 300** 14
- Rechtshilfe **FamFG 300** 9
- Rechtsmittel **FamFG 300** 13
- selbständiges Verfahren **FamFG 300** 1
- sofortiges Tätigwerden **FamFG 300** 6
- Tätigkeiten nach Ende **FamFG 302** 4
- Übergangsvorschriften **Art. 111** 6
- Verfahrenspfleger **FamFG 300** 8
- Verlängerung **FamFG 302** 3
- Voraussetzungen **FamFG 300** 4 ff.
- Voraussetzungen in Unterbringungsverfahren **FamFG 331** 3
- Wirksamwerden **FamFG 300** 12
- Zuständigkeit **FamFG 272** 8
Einstweilige Anordnung bei gesteigerter Dringlichkeit FamFG 300 3; **FamFG 301**
- nachträgliche Anhörung **FamFG 301** 4
- Rechtsmittel **FamFG 301** 6
- unverzügliche Nachholung der Anhörung **FamFG 301** 4
- Verfahren **FamFG 301** 2 ff.
- Verfahrenserleichterungen **FamFG 301** 5
Einstweilige Maßnahmen
- funktionale Zuständigkeit **RPflG 15** 32
- Rechtspflegerzuständigkeit **RPflG 15** 54

733

Sachverzeichnis

Einstweilige Maßregeln 1846
- Ausnahmeregelung **1846** 4
- Beschwerderecht **1846** 14; **1902**
- fehlender Betreuer **1846** 3
- Maßregeln **1846** 6 ff.
- Unterbringungsverfahren **1846** 7
- Verfahren **1846** 9 ff.
- Verfahrensgarantien **1846** 13
- Verhinderung Betreuer **1846** 5
- Voraussetzungen **1846** 3 ff.
- vorläufige Unterbringung **1846** 7
- Vorrangige Betreuerbestellung **1846** 6
- Zuständigkeit für Einwilligung in ärztliche Maßnahmen **1846** 12 ff.

Einstweiliger Rechtsschutz
FamFG 300 s. *einstweilige Anordnung*
- Übergangsvorschriften **Artikel 111** 6

Einwendungen
- bei Vergütungsfestsetzung
FamFG 168 21

Einwilligung 182 1
- gesetzlicher Vertreter **107**
- Widerruf der Einwilligung **183** 1
- Willenserklärung **131** 2

Einwilligung in ärztliche Maßnahmen
- Richterzuständigkeit **RPflG 15** 23

Einwilligungsfähigkeit 1 3

Einwilligungsunfähigkeit
- und Einwilligung durch Betreuer **1904** 4

Einwilligungsvorbehalt 108 1; **109** 1; **1903**
- andere Rechtsgebiete **1903** 26
- Angelegenheiten täglichen Lebens **1903** 24
- Aufenthaltsbestimmung **1903** 8
- Aufgabenkreis **1903** 10
- Aufhebung **1903** 20; **FamFG 294; FamFG 306** s. *Betreuungsaufhebung*
- Aufhebung für die Zukunft
FamFG 306 4
- Beschlussinhalt **FamFG 286** 8
- Beschwerdebefugnis **FamFG 303**
- Betreuerhandeln **1903** 13
- Einschränkung **FamFG 294** s. *Betreuungseinschränkung*
- Einstweilige Anordnung **FamFG 300** 2
- Einwilligung Betreuer **1903** 13
- einwilligungsfreie Willenserklärung **1903** 22 ff.
- Erforderlichkeitsgrundsatz **1896** 15 ff.; **1903** 6
- erhebliche Gefahr für Person **1903** 2
- erhebliche Gefahr für Vermögen **1903** 2
- Erklärungen ggü. Betreuten **1903** 19
- Erweiterung **FamFG 293** s. *Betreuungserweiterung*
- Gefahrenlage **1903** 2 ff.
- Genehmigung d. Gerichts **1903** 18
- Generaleinwilligung **1903** 14
- Geschäftsfähigkeit **1903** 4
- Geschäftsunfähigkeit **1903** 15
- Grenzen **1903** 11 ff.
- Interessen Dritter **1903** 5
- Mitteilungspflichten **1903** 25
- partielle Geschäftsunfähigkeit **1903** 4
- Prozessunfähigkeit **FamFG 275** 9
- Richterzuständigkeit bei Aufhebung **RPflg 15** 21
- rückwirkende Aufhebung **FamFG 306** 2
- Sachverständigengutachten
FamFG 280 16
- Umdeutung Rechtsgeschäft **1903** 17
- Umfang **1903** 7
- Verlängerung **FamFG 295** s. *Betreuungsverlängerung*
- widersprechende Geschäfte
FamFG 306 4
- Willenserklärungen **1903** 7
- Wirksamwerden des Beschlusses
FamFG 287 3
- Wirkungen der Aufhebung
FamFG 306 4
- Wunsch d. Betreuten **1903** 3
- Zweck d. Regelung **1903** 1

Einzelfallberatung
- Betreuungsverein **1908f** 26

Einzelrichterübertragung
- im Beschwerdeverfahren **FamFG 68** 12

Einzelverrichtungen
- Rechtspflegerzuständigkeit **RPflG 15** 41

Einzusetzendes Einkommen 1836c
- abzusetzende Ausgaben **1836c** 2
- alle Einkünfte **1836c** 2
- ausgenommene Leistungen **1836c** 2
- Berechnung des Einkommens **1836c** 8 ff.
- Einkommensgrenze **1836c** 8 ff.
- Gewährung von Sozialhilfe **1836c** 10
- Kosten Unterkunft **1836c** 9
- Pflegeversicherung **1836c** 4
- Schmerzensgeld **1836c** 4
- Unterhalt u. Betreuervergütung **1836c** 6
- Unterhaltsansprüche **1836c** 5
- Unterhaltsverpflichtete **1836c** 5
- zweckgebundene und freiwillige Leistungen **1836c** 4

Einzusetzendes Vermögen
- angemessenes Hausgrundstück **1836c** 12
- anrechnungsfreier Geldbetrag **1836c** 12
- besondere Härte **1836c** 14
- Familien- und Erbstücke **1836c** 12
- Gegenstände der Erwerbstätigkeit **1836c** 12

Sachverzeichnis

- Grundvermögen **1836c** 13
- kleiner Barbetrag **1836c** 12
- Schmerzensgeld **1836c** 13
- Schonvermögen **1836c** 12
- verwertbares Vermögen **1836c** 12

Elektrokrampftherapie (EKT) 1904 7
Elektronische Akte
- Akteneinsicht **FamFG 13** 11

Entlassung des Betreuers
s. unter Betreuerentlassung

Entlassung des Betroffenen
- in Unterbringungssachen **FamFG 335** 13

Entlassung von Beamten 1888
Entlastung des Betreuers 1892 6
Entscheidung FamFG 286 s. Beschluss
- Beschwerde **FamFG 69**
- des Gerichts **FamFG 38**

Entscheidungen nach TSG
- Richterzuständigkeit **RPflG 15** 28

Entscheidungsinhalt FamFG 286 s. Beschlussinhalt

Entsprechend anwendbare Vorschriften
- Befreiungen **1908i** 13
- Schenkungsverbot **1908i** 12
- Verweisungskatalog **1908i** 8

Entziehung der Vertretungsmacht 1796
- Art der Interessenkonflikte **1796** 2
- und Bestellung eines Ergänzungsbetreuers **1796** 8
- Entscheidung des Betreuungsgerichts **1796** 5
- Interessenkonflikt Angehöriger **1796** 6
- Richterzuständigkeit **RPflG 15** 17
- Schutz des Betreuten **1796** 2
- Wirksamkeit d. Entscheidung **1796** 8

Erbauseinandersetzung 1795 7; **1822** 9
Erbausschlagung 1822 7; **1831** 5
Erbenhaftung 1836e 5
- für Betreuungskosten **VBVG 2** 11

Erbvertrag 1902 14
Erbvertragsgenehmigung
- Rechtspflegerzuständigkeit **RPflG 15** 42

Erbverzicht 1822 5
Erforderliche Aufwendungen 1835 5
Erforderlichkeit der Betreuung 1896 15
- bei Sozialhilfe **1896** 16

Ergänzungsbetreuer 1899 6; **FamFG 293** 9
- Richterzuständigkeit **RPflG 15** 16
- Verhinderungsbetreuer **1899** 5
- Zuständigkeit **RPflG 14** 14; **RPflG 15** 14

Erinnerung FamFG 58 4
- gegen Rechtspflegerentscheidung **RPflG 15** 11

- gegen Rechtspflegerentscheidungen **RPflG 11**
- bei Vergütungsfestsetzung **FamFG 168** 27

Erinnerung, befristete
- gegen Rechtspflegerentscheidungen **FamFG 58** 16

Erklärung der Genehmigung 1828
- Änderungsverbot **1828** 25
- Anwendbarkeit auf Außengenehmigungen **1828** 2
- aufschiebende Bedingung **1828** 22
- Beschwerdeberechtigung **1828** 24
- Beteiligte **1828** 13
- einseitige Rechtsgeschäfte **1828** 3; **1831**
- Entscheidung des Gerichts **1828** 21 ff.
- Gegenstand **1828** 4
- Genehmigungsvoraussetzungen **1828** 6 ff.
- geschäftsfähiger Betreuter **1828** 5
- Gewährung rechtlichen Gehörs **1828** 15
- Nachgenehmigung **1828** 3; **1829** 2
- Negativattest **1828** 23
- persönliche Interessen des Betreuten **1828** 10
- Verfahren **1828** 12
- Verfahrensfähigkeit Betreuter **1828** 17
- Verfahrenspfleger **1828** 18
- Vorgenehmigung **1828** 3
- Willensvorrang des Betreuten **1828** 8
- Wohl des Betreuten **1828** 9
- zusammenhängende Rechtsgeschäfte **1828** 4

Erledigung
- der Hauptsache **FamFG 62** 2 ff.

Erlöschen der Vergütungsansprüche VBVG 2 1
Ermächtigung allgemeine 1825
Ermittlungen
- Rechtspflegerzuständigkeit **RPflG 15** 52

Ersatz von Aufwendungen s. Aufwendungsersatz; s. Vergütung

ersuchter Richter
- Betroffenenanhörung **FamFG 278** 13

Erwachsenenschutzübereinkommen EGBGB Art. 24 6
- Ausführungsgesetz **EGBGB Art. 24** 6
- Inhalt **EGBGB Art. 24** 7
- Vollstreckung **EGBGB Art. 24** 8

Erweiterung des Aufgabenkreises 1908d 4
Erwerbsgeschäft 1822 11 ff.; **1823**
- selbständiger Betrieb **112** 1

Fahrtkosten 1835 6
Faires Verfahren FamFG 58 18
Fallpauschale FamFG 168 4

Sachverzeichnis

Familienangehörigen
– Anhörung **FamFG 279** 5
Familiengesellschaft s. *BGB-Gesellschaft*
Fernmeldeverkehr 1896 35
Festsetzung der Vergütung s. *Vergütung d. Berufsbetreuers; Vergütungsfestsetzung*
Festsetzung der Vergütung und Auslagen s. *Festsetzungsverfahren*
Festsetzung von Zwangsgeld
– Richterzuständigkeit **RPflG 15** 33
Festsetzungsverfahren
– gegen Betreuten u. Staatskasse **FamFG 168**
– der Verfahrenspflegervergütung **FamFG 277** 9
– Vergütung **FamFG 168** 6 ff.
Feststellung der Berufsmäßigkeit
– Anzahl der Betreuungen und Zeitaufwand **VBVG 1** 2 ff.
– Feststellungsbeschluss bei Bestellung **VBVG 1** 8
– Geeignetheit künftiger Betreuer **VBVG 1** 7
– künftige Betreuungen **VBVG 1** 7
– nachträgliche Feststellung **VBVG 1** 9
Feststellungsinteresse
– berechtigtes **FamFG 62** 4 ff.
Finanzgerichtsverfahren FamFG 275 15
Forderungsübergang 1836e; s. a. *Vergütung Forderungsübergang*
Form
– der Beschwerdeeinlegung **FamFG 64** 3
– der Rechtsbeschwerde **FamFG 70 ff.** 7
Förmliche Zustellung FamFG 288 9
Fortbildungskosten 1835 13
Fortführung der Geschäfte 1893
– nach Beendigung der Betreuung **1893**
– Bestattung des Betreuten **1893** 8 ff.
– Rückgabe der Urkunde **1893** 10
– Tod d. Betreuten **1893** 5
Fragenkatalog
– Sachverständigengutachten **FamFG 280** 10 ff.
Freiheitsentziehung
– Begriff nach § 415 FamFG **1906** 3
– Mittel **1906** 37
Freiwillige Kastration
– Richterzuständigkeit **RPflG 15** 27
Fremdgefährdung
– Unterbringung **1906** 48
Frist
– der Beschwerdeeinlegung **FamFG 63**
– der Rechtsbeschwerde **FamFG 70 ff.** 6
Fristberechnung 187–188
– Anwendung Festsetzungsverf. **VBVG 6** 2
– Fristbeginn **187**

– Fristende **188**
Funktionale Zuständigkeit
– Abgabestreit **RPflG 15** 30
– einstweilige Maßnahmen **RPflG 15** 32
Fürsorgebedürfniszuständigkeit
– Ausland **FamFG 104** 4
– in Betreuungssachen **FamFG 272** 5

Gang
– des Beschwerdeverfahrens **FamFG 68**
Gebührenfestsetzung
– Anwaltliche nach § 33 RVG **KostO 18–31** 5
gebührenfreie Tätigkeit
– des Gerichts Grundsatz **KostO 91** 1
Gebührenhöhe
– Aufgabenkreis **KostO 93** 11
– Betreuung **KostO 92** 10 ff.
– Personensorge **KostO 95** 13
– Testamentsvollstrecker **KostO 94** 12
Gegenbetreuer FamFG 293 9
s. a. *Mitwirkung des Gegenbetreuers*
– Anwendbarkeit **1792** 1
– Anzeige von Pflichtwidrigkeiten **1799** 3
– Aufgabe **1792** 2
– Aufwendungsersatz **1792** 11
– Auskunfts- und Einsichtsrecht **1799** 4
– Auskunftsanspruch **1799** 4; **1899** 7
– Beendigung der Gegenbetreuung **1792** 11
– Berichts- und Auskunftspflicht **1792** 10
– Bestellung **1792** 6; **1899** 7
– Bestellungsverfahren **1792** 8
– Informationspflicht des Betreuers **1799** 3
– Kontroll- und Mitwirkungsrechte **1792** 4
– Persönliche Betreuung **1792** 9
– Pflichten **1799**
– Rechtspflegerzuständigkeit **RPflG 15** 16, 39
– Tätigkeit bei mehreren Betreuern **1792** 6
– Überwachung des Betreuers **1799** 2
– Vergütung **1792** 10
Gegenvorstellung FamFG 58 4; **FamFG 58** 19
Gehörsrüge FamFG 44
– Entscheidung **FamFG 44** 6
– Form **FamFG 44** 2
– Frist **FamFG 44** 2
– und greifbare Gesetzeswidrigkeit **FamFG 44** 7
– Rechtsmittel **FamFG 44** 8
– Rügeberechtigung **FamFG 44** 3
– Unanfechtbarkeit der Entscheidung **FamFG 44** 4
– Verletzung rechtlichen Gehörs **FamFG 44** 5
– Voraussetzungen **FamFG 44** 4

Sachverzeichnis

- Zulässigkeit **FamFG 44** 2
Gehörsverletzungen s. *Gehörsrüge*
Geistige Behinderung 1896 7
Geldanlage s. *Vermögensanlage*
Gelegenheit zur Äußerung s. *Anhörung*; s. *Betroffenenanhörung*
Gelegenheitsgeschenk
- Schenkungsverbot **1804** 11; **1908i** 12
Genehmigung
s.a. die nachfolgenden Stichwörter
- Absehen von der Anhörung **FamFG 299** 6
- Anhörung des Betroffenen **FamFG 299** 2 ff.
- Betreuer **184** 1
- durch Betreuten vor **1802** 8
- Betreuungsgerichtliche s. *Genehmigung – betreuungsgerichtliche*
- nachträgliche Zustimmung **182** ff.
- Rechtskraft **FamFG 299** 8
- Rechtsmittel **FamFG 299** 8
- Rückwirkung **184**
- Spannungsverhältnis Rechtsbeschwerdefrist und Sprungrechtsbeschwerdefrist **FamFG 70** ff. 6
- Verfahren **FamFG 299** 2 ff.
- Zuständigkeit funktionale **FamFG 299** 7
Genehmigung bei Hinterlegung 1819
- Anwendung auf befreite Betreuer **1819** 5
- Umwandlung und Umschreibung **1820**
- Verfügungsgeschäfte **1820** 2
- Verpflichtungsgeschäfte **1820** 3
Genehmigung betreuungsgerichtliche 1829; s. *Erklärung der Genehmigung*; s. *Genehmigungen*
- Bindung des Vertragspartners an den Vertrag **1829** 7
- Doppelvollmacht **1829** 5
- Grundbuchverfahren **1829** 4 ff.
- Mitteilung an Geschäftsgegner **1829** 2
- Prüfpflicht des Betreuers **1829** 3
- schwebend unwirksamer Vertrag **1829** 2
- gegen den Willen des Betreuten **1828** 8
Genehmigung des Gegenbetreuers 1832
- Anwendbarkeit auf die Betreuung **1832** 1
Genehmigung einseitiger Rechtsgeschäfte 1831
- amtsempfangsbedürftige Erklärungen **1831** 7
- Annahme einer Leistung **1831** 4
- Ausschlagung einer Erbschaft **1831** 5
- grundstücksbezogene Rechtsgeschäfte **1831** 6
- vorherige Genehmigung Gericht **1831** 2
Genehmigung f. Grundstücksgeschäfte 1821
- Allgemeine Grundsätze **1821** 1 ff.

- Anteil an Grundstücksgemeinschaft **1821** 21
- Antrag auf Teilungsversteigerung **1822** 11
- Auflassungsvormerkung **1821** 17
- Auslegung und Schutzzweck d. Norm **1821** 4
- Außengenehmigung **1821** 2
- Befreiungsmöglichkeit **1821** 14
- Belastungsverfügung bei Erwerb eines Grundstücks **1821** 18
- BGB-Erwerbsgesellschaft **1821** 8
- Drittverwaltung **1821** 6
- einseitige Rechtsgeschäfte **1821** 2
- Familiengesellschaft **1821** 8
- Finanzierungsvollmacht **1821** 5
- Gesamthandsgemeinschaft **1821** 8
- Grundbuchverfahren **1821** 9
- Grundstück im Gesellschaftsvermögen **1821** 21
- grundstücksbezogene Erwerbsgeschäfte **1821** 26
- grundstücksbezogene Forderungen **1821** 22
- Nacherbschaft **1821** 7
- unentgeltlicher Erwerb **1821** 28
- Verfügung dingliche Rechte **1821** 20
- Verpflichtungsgeschäft **1821** 13, 23
- Verträge ohne erforderliche Genehmigung **1821** 2
- Zwangsvollstreckungsmaßnahmen **1821** 11
Genehmigung für sonstige Rechtsgeschäfte 1822
- Änderung des Gesellschaftsvertrages **1822** 21
- Arbeitsverträge **1822** 25
- Aufhebung einer Sicherheit **1822** 32
- Ausbildungsverträge **1822** 25
- Ausschlagung der Erbschaft **1822** 7
- Befreiungsmöglichkeit **1822** 33
- BGB-Gesellschaft Beteiligung **1822** 18
- Darlehensverträge **1822** 26
- Dispositionskredit **1822** 26
- entgeltlicher Erwerb eines Erwerbsgeschäftes **1822** 11 ff.
- Erb- und Pflichtteilsverzicht **1822** 5
- Erteilung einer Prokura **1822** 30
- Genehmigung eines Vergleichs **1822** 31
- Genehmigungsfreiheit bei gerichtlichem Vergleichsvorschlag **1822** 31
- Gesellschaftsverträge **1822** 17
- Gründungsvertrag einer GmbH **1822** 22
- Inhaberschecks **1822** 27
- Kommanditgesellschaft **1822** 19
- Nachfolgeklausel bei Gesellschaftsvertrag **1822** 20

Sachverzeichnis

- Pachtverträge **1822** 24
- Pflichtteilsverzicht **1822** 5
- Prozessvergleich **1822** 31
- Übernahme fremder Schulden **1822** 28 ff.
- Veräußerung eines Erwerbgeschäftes **1822** 16 ff.
- Verfügung über Erbteil **1822** 3, 6
- Verfügung über Vermögen im Ganzen **1822** 2
- Vergleich **1822** 31
- Verzicht auf entstandenen Pflichtteilsanspr. **1822** 8

Genehmigungsfähigkeit
- Beteiligung an Personengesellschaft **1822** 18
- Beteiligung BGB-Gesellschaft **1822** 20
- Erbausschlagung **1822** 7
- Kommanditbeteiligung **1822** 19
- Prozessfinanzierungsvertrag **1822** 31
- Ratenkreditvertrag **1822** 26
- Schuldanerkenntnis **1822** 31
- unternehmerische Risiken **1822** 11

Genehmigungsfreie Geschäfte 1813; s. *Vermögensanlage - genehmigungsfreie Geschäfte*

Gericht
- der Betreuerbestellung **FamFG 272**
- des Fürsorgebedürfnisses **FamFG 272** 5
- des gewöhnlichen Aufenthalts **FamFG 272** 4

Gerichtsentscheidung FamFG 38
- Akteneinsicht **FamFG 13** 8

Geschäftsfähigkeit 104
- Beweislast **104** 7

Geschäftspartner
- Beschwerdeberechtigung **FamFG 59** 12

Geschäftsunfähigkeit 104
- Betreuerbestellung **104** 6
- Geschäfte des täglichen Lebens **105a**
- natürliche Geschäftsunfähigkeit **104** 2
- partielle Geschäftsunfähigkeit **104** 5
- Prozessunfähigkeit **104** 5
- relative Geschäftsunfähigkeit **104** 5
- Störung der freien Willensbestimmung **104** 3
- Volljährigkeit **104** 1

Geschäftswert KostO 18–31
- Festsetzung **KostO 18–31** 3

Gesellschaftsvertrag 1822 17

Gesetzlicher Vertreter
- Anhörung **FamFG 279** 6; **1896** 42

Gewaltanwendung
- bei Betroffenenanhörung **FamFG 278** 17

Girokonto 1813 9-11; **1825**

Glaubhaftmachung
- Einstweilige Anordnung **FamFG 300** 6

Greifbare Gesetzeswidrigkeit FamFG 44 7
Grundbuchverfahren 1821 9
Grundrechtseingriff, schwerwiegender FamFG 62 5
Grundsätzliche Bedeutung FamFG 61 4
Grundstücke 1821; s. *Vermögensanlage - Grundstücke*
Grundstücksgeschäfte 1821; s. *Genehmigung f. Grundstücke*
Gutachter FamFG 280
Gutachten s. *Sachverständigengutachten*

Haager Übereinkommen EGBGB Art. 24 6
Haftung des Aufsichtspflichtigen 832 4 ff.
- Betreuer **832** 2
- Beweislast **832** 6
- Inhalt d. konkreten Aufsichtspflicht **832** 5
- ordnungsgemäße Beaufsichtigung **832** 5
- Träger von Einrichtungen **832** 3
- vom Betreuten verursachte Schäden **832** 1

Haftung des Betreuers 1833
- Behörde **1833** 13 ff.
- Betreuers gegenüber Dritten **1833** 16 ff.
- betreuungsgerichtliche Genehmigung **1833** 9
- Geltendmachung **1833** 21
- Haftpflichtversicherung **1833** 20
- Haftungsausschluss **1833** 3
- Haftungsumfang **1833** 21
- Haftungsvoraussetzungen **1833** 4 ff.
- Hilfspersonen **1833** 10
- mehrere Betreuer **1833** 15 ff.
- persönliche Aufgaben des Betreuers **1833** 10
- pflichtwidriges Handeln **1833** 4
- schuldhafte Pflichtwidrigkeit **1833** 8
- Verein **1833** 11 ff.
- Vergütungsvereinbarung **1833** 10
- Willensvorrang des Betreuten **1833** 7

Handlungsfähigkeit 1 3
Hauptsacheerledigung FamFG 62 s. *Erledigung der Hauptsache*
- Beschlussformel **FamFG 62** 9
- im Betreuungsverfahren **FamFG 62** 7
- Feststellungsinteresse **FamFG 62** 4 ff.
- Grundrechtseingriff, schwerwiegender **FamFG 62** 5
- Rechtsmittel **FamFG 62** 8
- im Unterbringungsverfahren **FamFG 62** 7
- Wiederholungsgefahr **FamFG 62** 6

Sachverzeichnis

Heilbehandlung
- ärztliche **FamFG 298** s. *ärztliche Heilbehandlung*

Heimatzuständigkeit
- Ausland **FamFG 104** 2

Heimaufenthalt VBVG 5 9 ff.
- Außenwohngruppe **VBVG 5** 11
- Betreutes Wohnen **VBVG 5** 11
- Einrichtung **VBVG 5** 9
- Justizvollzugsanstalt **VBVG 5** 12
- Maßregelvollzug **VBVG 5** 12
- Pflegefamilie **VBVG 5** 11
- psychiatrisches Krankenhaus **VBVG 5** 11
- Wohnpark **VBVG 5** 11
- Wohnstift **VBVG 5** 11

Heimvertrag 1907 5

Hemmungswirkung
- der Beschwerde **FamFG 58** 3

Herausgabe
- der Betreuungsverfügung **FamFG 285** 3
- Vermögen **1890**; s. *Vermögensherausgabe*
- der Vorsorgevollmacht **FamFG 285** 3

Herausgabe des Betreuten
- Richterzuständigkeit **RPflG 15** 26

Herausgabeverfügung
- Beschlussformel **FamFG 285** 6

Hilfskräfte 1835 11

Hinterlegung 1814; 1818; s.a. *Genehmigung bei Hinterlegung*; s.a. *Vermögensanlage*
- Hinterlegungsstelle **1816** 9
- Inhaberpapiere **1816** 3
- Sammelverwahrung **1816** 10

Höchstdauer
- der Betreuung **FamFG 294** 9
- der Betreuungsverlängerung **FamFG 295** 4
- der einstweiligen Betreuungsanordnung **FamFG 302** 2
- des Einwilligungsvorbehalts **FamFG 294** 9

Hörensagen FamFG 26 3

Immobilienfonds 1811 2

Informationsinteresse
- Akteneinsicht **FamFG 13** 3

Insichgeschäft
- Verbot **181**

Insolvenzverfahren
- Eigenantrag **FamFG 275** 12

Internationale Zuständigkeit FamFG 104
- Aufenthaltszuständigkeit **FamFG 104** 3
- Fürsorgebedürfniszuständigkeit **FamFG 104** 4
- Heimatzuständigkeit **FamFG 104** 2

Investmentfonds 1811 5

Isolierte Anfechtbarkeit
- der Kostenentscheidung **FamFG 81** 11

Jahresgebühr Betreuung KostO 92 10 ff.

Justizverwaltungsakt FamFG 13 15

Kann-Beteiligter
- Anhörung **FamFG 279** 2
- Bekanntgabe **FamFG 288** 3
- kraft Hinzuziehung **FamFG 274** 11 ff.

Kastration, freiwillige
- Richterzuständigkeit **RPflG 15** 27

Kfz-Haftpflicht 1835 8

Kompetenzkonflikt
- Richter/Rechtspfleger **RPflG 15** 7

Kontrollbetreuer
- Rechtspflegerzuständigkeit **RPflG 15** 36, 39

Kontrollbetreuung 1896 36
- ärztliches Zeugnis **FamFG 281** 5

Kopierkosten 1835 9

Körperliche Behinderung 1896 8

Kosten FamFG 81
- allgemeiner Grundsatz **KostO** 2
- Auferlegung auf Staatskasse **FamFG 307** 2 ff.
- Auslagenfreiheit **KostO 96** 3
- Beschwerde **KostO 14** 2
- Betreuungsangelegenheiten **KostO 92** 2
- in Betreuungssachen **KostO 307**
- bundesrechtliche Vorschriften **FamFG 81** 10
- Dauerbetreuung **KostO 92** 5
- einzelne Rechtshandlungen **KostO 93** 1
- Erinnerung **KostO 14** 2
- Festsetzung des Geschäftswertes **KostO 18–31** 3
- Freigrenze **KostO 92** 6
- gebührenfreie Tätigkeit Grundsatz **KostO 91** 1
- Gebührenhöhe **KostO 92** 10
- Geschäftswert Grundsatz **KostO 18–31** 2
- Geschäftswert Regelwert **KostO 18–31** 2
- Grundbegriffe **KostO 1** 4 ff.
- Hausgrundstück **KostO 92** 8
- Kostenansatz **KostO 14** 1
- Kostenentscheidung s. *eigenes Stichwort*
- Kostenerstattung, Umfang **FamFG 307** 6
- Kostenfreiheit Gebührenfreiheit **KostO 92** 1
- Kostenschuldner s. *eigenes Stichwort*
- Kostenverfahren **KostO 14** 1
- Nachforderung **KostO 14–15** 4
- Nichterhebung **KostO 16**
- Rechtsmittel **FamFG 307** 7

739

Sachverzeichnis

- Schreibauslagen **KostO** 136
- sonstige Auslagen **KostO** 137 3
- unrichtige Sachbehandlung **KostO** 16
- der Unterbringung bei Unterbringungsbegutachtung **FamFG** 284 4
- der Unterbringungsbegutachtung **FamFG** 284 4
- Unterbringungsverfahren **KostO** 92 3
- des Verfahrens **FamFG** 81 2
- Verfahrenspfleger **KostO** 92 3
- Verfahrenspflegschaft **KostO** 93a 1
- **Kostenentscheidung FamFG** 286 10
- Anfechtbarkeit **FamFG** 81 11
- in Betreuungsverfahren **FamFG** 81 1
- Entscheidung um Kostenpunkt **FamFG** 81 1

Kostenordnung
- Anwendungsbereich **KostO** vor 1

Kostenschuldner KostO 1
- in Betreuungsverfahren **KostO** 2–5 1
- Entscheidungsschuldner **KostO** 2–5 2

Kostentragung FamFG 81 5 ff.
- nach billigem Ermessen **FamFG** 81 7
- Dritter **FamFG** 81 9
- bei grobem Verschulden **FamFG** 81 8

Kostentragungspflicht FamFG 81

Kreditinstitute 1807 11
- Abhebung 1813 11
- Abhebung von Sparkonten 1813 3 ff.
- Anlagen 1807 9 ff.
- Einlagensicherung 1807 11
- Girokonten 1813 10
- Kündigung 1812 14; 1813 15

Kündigung von Wohnraum
- Aufgabenkreis des Betreuers 1907 2
- als Betreueraufgabe 1907 2
- Dauerschuldverhältnisse 1907 5
- Genehmigungspflicht 1907 3
- Genehmigungsverfahren 1907 8
- Heimverträge 1907 5
- Mitteilungspflicht 1907 4
- Schadensersatzpflicht 1907 7
- vermieteter Wohnraum 1907 5
- Voraussetzungen d. Genehmigung 1907 6

Künftige Betreuungen *s. Feststellung der Berufsmäßigkeit*

Langzeitbehandlung
- mit Psychopharmaka 1904 9

Lebensgestaltung
- Anspruch auf angemessene **vor** 1802 6

Maßnahmen 1906 30 ff.

Medikamente
- und Arzneimittelgesetz 1904 14
- Freiheitsentziehung 1906 39

Medizinischer Dienst
- Anforderungen an das Gutachten **FamFG** 282 3
- Eignung des Gutachtens **FamFG** 282 5
- Gutachten **FamFG** 282
- Verwertung des Gutachtens **FamFG** 282 7

Mehrere Betreuer 1899
- besondere Betreuer 1899 4
- Bestellung 1899 1 ff.
- Bestellungsurkunde **FamFG** 290 3
- Ergänzungsbetreuer 1899 5
- Gegenbetreuer 1899 7
- Mehrfachbetreuung 1899 1
- Meinungsverschiedenheiten 1797 2 ff.; 1798 2; **RPflG** 15 26
- Mitbetreuer 1899 2
- Mitbetreuer gemeinsame Aufgabenkreise 1899 3
- Mitbetreuer verschiedene Aufgabenkreise 1899 2
- Richterzuständigkeit **RPflG** 15 16
- Verhinderungsbetreuer 1899 5

Mehrwertsteuer *s. Umsatzsteuer*

Meinungsverschiedenheiten
- bei gemeinsamem Aufgabenkreis mehrerer Betreuer 1797 2
- Richterzuständigkeit **RPflG** 15 26; 1798

Meldebehörde
- Mitteilungen **FamFG** 309 5

Mietvertragsgenehmigung
- Rechtspflegerzuständigkeit **RPflG** 15 42

Mietwohnung
- als Betreueraufgabe 1907 2; *s. Kündigung von Wohnraum*

Minderjährige
- Haftung 828
- vorsorgliche Betreuerbestellung 1908a 1
- vorsorglicher Einwilligungsvorbehalt 1908a 2

Minderjährigenbetreuung
- Richterzuständigkeit **RPflG** 15 15

Mitbetreuer 1899 2

Mitteilung an Betreuungsbehörde
- für Betreuungen erhaltener Geldbetrag **VBVG** 10 8
- Durchführung der Mitteilung **VBVG** 10 9
- Übermittlung an das Betreuungsgericht **VBVG** 10 12
- Verwaltungszwang **VBVG** 10
- Zahl der Betreuungen **VBVG** 10 6
- Zahl der Heimbewohner **VBVG** 10 7

Mitteilung an Meldebehörde
- bei Einwilligungsvorbehalt für Aufenthaltsbestimmung **FamFG** 309 5

Sachverzeichnis

Mitteilungen
- Bekanntgabe an Betreuer **FamFG 308** 10 ff.
- Bekanntgabe an Betroffenen **FamFG 308** 10 ff.
- an Betreuungs- und Familiengerichte **FamFG 22a**
- durch Betreuungsgericht **FamFG 308**
- von Entscheidungen **FamFG 308**
- Erforderlichkeit **FamFG 308** 7
- funktionale Zuständigkeit **RPflG 15** 34
- Gefahr für den Betroffenen **FamFG 308** 4
- Gefahr für die Sicherheit **FamFG 308** 6
- Gefahr für Dritte **FamFG 308** 5
- an Leiter der Einrichtung bei Unterbringung **FamFG 310** 2
- an Meldebehörde **FamFG 309** 5
- von Ordnungswidrigkeiten **FamFG 311** 3
- nach Rechtskraft **FamFG 308** 8
- vor Rechtskraft **FamFG 308** 9
- Rechtsmittel **FamFG 308** 13
- Rechtspflegerzuständigkeit **RPflG 15** 55
- von Straftaten **FamFG 311** 3
- zur Strafverfolgung **FamFG 311**
- während Unterbringung **FamFG 310**
- an Wahlamt **FamFG 309** 1 ff.
- Zweck **FamFG 308** 3 ff.

Mitteilungspflicht FamFG 308 1
- Adressat **FamFG 308** 2

Mitteilungspflicht des Gerichts
- an Betreuungsgericht **FamFG 22a**
- Tätigwerden des Betreuungsgerichts ist erforderlich **FamFG 22a** 2

Mitteilungspflichten des Berufsbetreuers VBVG 10 2

Mitteilungspflichten des Betreuers 1903 25

Mittellosigkeit 1836d
- Aufwandsentschädigung **1835a** 3
- Aufwendungsersatz **1835** 19
- Staatskassenvergütung **1836** 1
- Tod des Betreuten **1836d** 6
- Verfahren nach **1836d** 4
- Vergleichsrechnung **1836d** 2
- Vergütung **1836d** 1
- Zeitpunkt der Mittellosigkeit **1836d** 5

Mittelpunkt der Lebensführung FamFG 272 4; **FamFG 273** 4

Mitwirkung des Gegenbetreuers 1810
- Rechnungslegung **1842**
- Schlussrechnung **1891**

Mobiltelefon 1835 7

Mündelgeldanlage s. *Vermögensanlage*

Muss-Beteiligter s.a. *Beteiligter*
- Anhörung **FamFG 279** 2

- Bekanntgabe **FamFG 288** 3
- kraft Gesetzes **FamFG 274** 3 ff.

Muster Vorsorgevollmacht
- Anhang **1901a**

Nachholung der Begutachtung
- bei Betreuungsaufhebung **FamFG 294** 6 ff.
- bei Betreuungseinschränkung **FamFG 294** 6 ff.

Nachträgliche Genehmigung 1829; s. *Erklärung der Genehmigung*

Nachtragsverzeichnis
- neues Vermögen **1802** 10

Nachwirkende Vergütung bei Betreuerwechsel s. *Vergütung des Berufsbetreuers*

Nahe Angehörige
- Beschwerdeberechtigung **FamFG 59** 8 ff.

Natürlicher Wille 1905 7

Nebenentscheidung FamFG 58 8
- Richterzuständigkeit **RPflG 15** 29

Negativattest 1828 23

Neubestellung des Betreuers FamFG 296 s. *Betreuerneubestellung*
- Rechtspflegerzuständigkeit **RPflG 15** 38
- Richterzuständigkeit **RPflG 15** 19

Neubestellung des Betreuers nach Tod
- Richterzuständigkeit **RPflG 15** 20

Neue Rechtspflegeraufgaben RPflG 19 4

Neue Bundesländer
- Rechtspflegerzuständigkeit **RPflG 15** 57

Nichterhebung von Auslagen KostO 96 3

Notare
- Akteneinsicht **FamFG 13** 10

Nutzbarkeit besonderer Kenntnisse
- Feststellung **RPflG 15** 45

Obergutachten FamFG 280 19

Öffentlich-rechtliche Unterbringung 1906 48

Öffentlichkeit
- bei Betroffenenanhörung **FamFG 278** 19

Öffnungsklausel
- Aufhebung von Richtervorbehalten **RPflG 19** 1
- Gebrauchmachen durch Länder **RPflG 19** 5

Ordnungsgeld KostO 119

Ordnungswidrigkeiten
- Mitteilungen **FamFG 311** 3

Pachtvertrag 1822 24

Partielle Geschäftsunfähigkeit 104 5

Patientenverfügung 1901a; **1901a** 5
- ärztliche Maßnahme **1901a** 7

Sachverzeichnis

- Betreuerpflichten **1901a** 13 ff.
- Bevollmächtigte **1901a** 19
- Freiwilligkeit **1901a** 21
- Herausgabe **FamFG** 285
- Schriftform **1901a** 6
- Volljährigkeit **1901a** 5
- Widerruf **1901a** 11

Patientenwillen
- Feststellung **1901b**
- Gespräch **1901b**

Pauschale Verfahrenspflegervergütung FamFG 277 7

Pauschaler Stundenansatz
- Vergütung Berufsbetreuer **VBVG** 5

Personalkosten 1835 11

Personenbezogene Daten
- Weiterleitung an Betreuungsgericht **FamFG 22a** 3

Personenortungsanlage 1906 38
Personensorge 1632; 1896 24

Persönliche Anhörung
- vor Vorführung zur Untersuchung **FamFG 283** 2

Persönliche Verhältnisse des Betreuten
- jährliche Berichtspflicht **1840** 2
- jederzeitige Auskunftspflicht **1839** 2

Persönlicher Kontakt 1901 5
Pfandbriefe 1807 7

Pflegeverpflichtung
- bei Heimunterbringung **1804** 6

Pflicht zur Übernahme der Betreuung 1898
- Ablehnungsgründe **1898** 2 ff.
- Ersatz des Verzögerungsschadens **1787** 2
- Folgen der Weigerung **1898** 5
- keine Zwangsmaßnahmen **1898** 5
- Schadensersatzanspruch **1787; 1898** 6
- Übernahmepflicht **1898** 1

Pflichten des Betreuers 1901 s. *Betreuerpflichten*

Pflichtteilsverzicht 1822 5
Postbank 1807 7
Proberichter FamFG 272 13
Prokura 1822 30
Prozessfähigkeit FamFG 275 10
- Eidesstattliche Versicherung **FamFG 275** 11
- Insolvenzverfahren **FamFG 275** 12

Prozesshandlungen
- Genehmigung **1821** 10

Prozessunfähigkeit 104 5; **FamFG 275** 8
- Einwilligungsvorbehalt **FamFG 275** 9
- und Vollmachtserteilung im Zivilprozess **FamFG 275** 8

Prozessvergleich 1822 31

Prüfbescheid Gericht
- Rechnungsprüfung **1843** 5

Prüfpflicht
- Betreuer **1829** 3

Psychische Krankheit 1896 3 ff.
Psychopharmaka 1904 9

Qualifikation
- Sachverständiger **FamFG 280** 4

Rechenschaftspflicht 1890
- Adressat Schlussrechnung **1890** 2
- befreite Betreuung **1890** 7
- Besonderheiten befreite Betreuung **1890** 8
- Entlastung des Betreuers **1890** 6
- Entwicklung Vermögens **1890** 5
- Führung des Amtes **1890** 4
- geordnete Zusammenstellung der Einnahmen und Ausgaben **1890** 5
- Verzicht auf Schlussrechnung **1890** 10; **1892** 8 ff.

Rechnungsgebühren KostO 139
Rechnungslegung 1840; 1841; 1842; 1843; 1854
- Ab- und Zugänge **1841** 4
- Anknüpfung Vermögensverzeichnis **1841** 2
- Ansprüche zwischen Betreutem und Betreuer **1843** 4
- Belege **1841** 5
- Befreiung **1840** 10
- Berichtspflicht **1840** 2
- Jahresabschluss Erwerbsgeschäft **1841** 6
- laufende Rechnungslegung **1840** 7 ff.
- Mitwirkung des Gegenbetreuers **1842**
- Prüfbescheid des Gerichts **1843** 5
- Prüfung durch das Gericht **1843**
- rechnerische Prüfung **1843** 2
- Rechnungsjahr **1840** 8
- Rechnungsprüfung **1843** 5
- sachliche Prüfung **1843** 2
- Schlussrechnung **1840** 7; **1890** 5

Rechnungsprüfung 1892
- Abnahme der Rechnung **1892** 5 ff.
- Anerkenntnis **1892** 5
- Anspruch auf Entlastung **1892** 7
- Einreichung bei Gericht **1892** 1 ff.
- Entlastung bei Betreuerwechsel **1892** 9

Recht
- subjektives **FamFG 59** 2

Rechtlich geschütztes Interesse FamFG 59 3

Rechtliche Besorgung der Angelegenheiten 1901 2 ff.

Rechtliches Gehör FamFG 26 2; **FamFG 58** 18

Rechtsanwälte
- Akteneinsicht **FamFG 13** 10

Sachverzeichnis

Rechtsbeeinträchtigung FamFG 59 2
Rechtsbehelf
- außerordentliche Beschwerde s. *außerordentliche Beschwerde*
- befristete Beschwerde s. *Beschwerde*
- Beschwerde s. *Beschwerde*
- Dienstaufsichtsbeschwerde s. *Dienstaufsichtsbeschwerde*
- Erinnerung s. *Erinnerung*
- Gegenvorstellung s. *Gegenvorstellung*
- Gehörsrüge s. *Gehörsrüge*
- Rechtsbeschwerde s. *Rechtsbeschwerde*
- Rechtsschutzverweigerung s. *Rechtsschutzverweigerung*
- Untätigkeitsbeschwerde s. *Untätigkeitsbeschwerde*
- Verfassungsbeschwerde s. *Verfassungsbeschwerde*
- weiterer **FamFG 58** 27
- Wiedereinsetzung in den vorigen Stand s. *Wiedereinsetzung in den vorigen Stand*

Rechtsbehelfsbelehrung FamFG 39
Rechtsbeschwerde FamFG 70 ff.
- Begründung **FamFG 70 ff.** 8
- Beschwerdeberechtigung **FamFG 70 ff.** 6
- Form **FamFG 70 ff.** 7
- Frist **FamFG 70 ff.** 6
- Gründe **FamFG 70 ff.** 9
- Rechtsbeschwerdeberechtigung **FamFG 70 ff.** 6
- Statthaftigkeit **FamFG 70 ff.** 2 ff.
- bei Vergütungsfestsetzung **FamFG 168** 29
- Zulässigkeit **FamFG 70 ff.** 6
- Zulassung **FamFG 70 ff.** 2 ff.
- zulassungsfreie **FamFG 70 ff.** 4
- Zulassungsgründe **FamFG 70 ff.** 3

Rechtsfähigkeit 1 1
Rechtsfortbildung FamFG 61 5
Rechtsgeschäfte 1822; s. *Genehmigung f. sonstige Rechtsgeschäfte*
Rechtshilfe
- im Beschwerdeverfahren **FamFG 278** 15
- bei Betroffenenanhörung **FamFG 278** 2, 13

Rechtshilfeersuchen
- Rechtspflegerzuständigkeit **RPflG 15** 53

Rechtsinhaber
- Bekanntgabe **FamFG 288** 8

Rechtsmittel FamFG 58
- gegen Abbruch lebenserhaltender Maßnahmen **FamFG 298** 13
- bei Abgabe an ein ausländisches Gericht **FamFG 104** 7
- gegen Abgabeentscheidung **FamFG 273** 14
- gegen Akteneinsicht für Beteiligte **FamFG 13** 13
- gegen Akteneinsicht für Dritte **FamFG 13** 14
- gegen Anordnung der Betreuerunterrichtung **FamFG 289** 6
- gegen Anordnung der Betreuerverpflichtung **FamFG 289** 6
- gegen Anordnung des Einführungsgespräches **FamFG 289** 6
- gegen Anwendung von Gewalt zur Vorführung zur Unterbringungsbegutachtung **FamFG 284** 9
- gegen Anwendung von Gewalt zur Vorführung zur Untersuchung **FamFG 283** 5
- gegen Ärztliche Heilbehandlung **FamFG 298** 13
- gegen Bestellung eines weiteren Betreuers **FamFG 293** 10
- gegen Betreten der Wohnung zur Vorführung zur Unterbringungsbegutachtung **FamFG 284** 9
- gegen Betreten der Wohnung zur Vorführung zur Untersuchung **FamFG 283** 5
- gegen Betreuerbestellung **FamFG 286** 14
- gegen Betreuerentlassung **FamFG 296** 8
- gegen Betreuerneubestellung **FamFG 296** 8
- gegen Betreuungsaufhebung **FamFG 294** 10
- gegen Betreuungseinschränkung **FamFG 294** 10
- gegen Betreuungserweiterung **FamFG 293** 10
- bei betreuungsrechtlichen Zuweisungssachen **FamFG 340** 6
- gegen Betreuungsverlängerung **FamFG 295** 5
- gegen Betroffenenanhörung **FamFG 278** 23
- gegen Einstweilige Anordnung **FamFG 300** 13
- gegen einstweilige Anordnung bei gesteigerter Dringlichkeit **FamFG 301** 6
- bei Entscheidung über Gehörsrüge **FamFG 44** 8
- gegen Entscheidung zur Hauptsacheerledigung **FamFG 62** 8
- gegen Genehmigungen **FamFG 299** 8
- gegen Gutachtenseinholung **FamFG 280** 23
- gegen Herausgabeverfügung der Betreuungsverfügung **FamFG 285** 5
- gegen Herausgabeverfügung der Vorsorgevollmacht **FamFG 285** 5

Sachverzeichnis

- gegen Kostenauferlegung **FamFG 307** 7
- gegen Kostenentscheidung **FamFG 81** 11
- gegen Mitteilungen an andere Stellen **FamFG 308** 13
- gegen Mitteilungen an Meldebehörde **FamFG 309** 6
- gegen Mitteilungen an Wahlamt **FamFG 309** 6
- gegen Rechtspflegerentscheidung **RPflG 11**; **RPflG 15** 10 ff.
- gegen Sterilisation **FamFG 297** 12
- gegen Überprüfung der Betreuerauswahl **FamFG 291** 4
- gegen Verfahrenspflegerbestellung **FamFG 276** 20
- gegen Verfahrenspflegervergütungsfestsetzung **FamFG 277** 10
- gegen Vergütungsfestsetzung **FamFG 168** 27 ff.
- gegen Vorführung zur Unterbringungsbegutachtung **FamFG 284** 9
- gegen Vorführung zur Untersuchung **FamFG 283** 5

Rechtsmittelbelehrung FamFG 39; FamFG 63 8; **FamFG 286** 12

Rechtspfleger
s.a. die nachfolgenden Stichwörter
- Ablehnung **RPflG 10**
- Allgemeines **RPflG 14** 1; **RPflG 15** 1
- Aufgaben **RPflG 1**
- Aufgaben des Rechtspflegers **RPflG 15** 1
- Ausschließung **RPflG 10**
- Einheitsentscheidung **RPflG 15** 2
- Gültigkeit von Geschäften **RPflG 8**; **RPflG 14** 7; **RPflG 15** 7
- Rechtsmittel Rechtsbehelfe **RPflG 11**; **RPflG 14** 10 ff.; **RPflG 15** 10 ff.
- Stellung **RPflG 1**
- Streit über Zuständigkeit **RPflG 7**
- übertragene Geschäfte **RPflG 3**; **RPflG 14** 32; **RPflG 15** 35
- Umfang der Übertragung **RPflG 4**
- Weisungsfreiheit **RPflG 9**
- Weisungsfreiheit **RPflG 14** 8
- Weisungsfreiheit **RPflG 15** 8

Rechtspfleger - Betreuungssachen RPflG 3 Nr. 2b
- Abgabe **RPflG 15** 52
- Abgabe an ein anderes Gericht **RPflG 15** 30
- Abgrenzung Zuständigkeit Rechtspfleger/Richter **RPflG 15** 6 ff.
- Abhilfe **RPflG 15** 10
- Ablieferung der Betreuungsverfügung **RPflG 15** 56
- Arbeitsvertragsgenehmigung **RPflG 15** 42
- Aufnahme von Anträgen **RPflG 15** 35
- aufschiebende Wirkung **RPflG 15** 12
- Aufsicht über Betreuertätigkeit **RPflG 15** 41
- Aufwendungsersatz **RPflG 15** 43 ff.
- Beratung und Unterstützung des Betreuers **RPflG 15** 40
- Beschwerde **RPflG 15** 10
- Bestellung mehrerer Betreuer **RPflG 15** 39
- Bestellung Vollmachtsbetreuer **RPflG 15** 36
- Betreuungsgerichtliche Genehmigungen **RPflG 15** 42
- Betreuungsplan **RPflG 15** 14
- Durchführung des Verfahrens **RPflG 15** 51 ff.
- Einführung des Betreuers **RPflG 15** 40
- Einführungsgespräch **RPflG 15** 40
- Einheitsentscheidung des Richters **RPflG 15** 3
- einstweilige Maßnahmen **RPflG 15** 32, 54
- Entlassung und Neubestellung des Betreuers **RPflG 15** 37 ff.
- Erbvertragsgenehmigung **RPflG 15** 42
- Erinnerung **RPflG 15** 11
- Ermittlungen **RPflG 15** 52
- Festsetzung von Vorschüssen **RPflG 15** 46
- Feststellung Berufsbetreuer **RPflG 15** 44
- Feststellung Nutzbarkeit besonderer Kenntnisse **RPflG 15** 45
- Gegenbetreuer **RPflG 15** 16, 39
- Grundstruktur der Arbeitsteilung **RPflG 15** 5
- Kompetenzkonflikt **RPflG 15** 7
- Kontrollbetreuer **RPflG 15** 36, 39
- Mietvertragsgenehmigung **RPflG 15** 42
- Mitteilungen **RPflG 15** 55
- Neubestellung des Betreuers **RPflG 15** 38
- Nichtabhilfe **RPflG 15** 10
- Rat und Unterstützung **RPflG 15** 35
- Rechtshilfeersuchen **RPflG 15** 53
- Rechtspflegeraufgaben **RPflG 15** 35 ff.
- Regressforderung der Staatskasse **RPflG 15** 48
- Richtervorbehalt **RPflG 15** 13 ff.
- Richterzuweisung **RPflG 15** 6
- sachliche Unabhängigkeit **RPflG 15** 8
- Übernahme **RPflG 15** 52
- Unterbringungssachen **RPflG 15** 4
- Verfahren **RPflG 15** 9

Sachverzeichnis

- Verfahrenspflegervergütung **RPflG 15** 50
- Vergütung **RPflG 15** 43 ff.
- Vergütungsfestsetzung **RPflG 15** 47
- Verpflichtung **RPflG 15** 40
- Vorbehalte Baden-Württemberg **RPflG 15** 58
- Vorlage bei Abgabestreit **RPflG 15** 52
- Wohnungsauflösung **RPflG 15** 42
- Zwangsmittel **RPflG 15** 12

Rechtspfleger – Vormundschaftssachen RPflG 3 Nr. 2a
- Abgrenzung Rechtspfleger – Richter **RPflG 14** 6 ff.
- Abhilfe **RPflG 14** 10
- allgemeine Aufsicht **RPflG 14** 27
- aufschiebende Wirkung **RPflG 14** 12
- Aufsicht über Betreuertätigkeit **RPflG 14** 38
- Aufwendungsersatz **RPflG 14** 40
- Bestellung mehrerer Betreuer **RPflG 14** 36
- Bestellung Vollmachtsbetreuer **RPflG 14** 33
- betreuungsgerichtliche Genehmigungen **RPflG 14** 39
- Durchführung des Verfahrens **RPflG 14** 48 ff.
- Einführung des Betreuers **RPflG 14** 37
- Einheitsentscheidung des Richters **RPflG 14** 3
- Entlassung und Neubestellung des Betreuers **RPflG 14** 34
- Erinnerung **RPflG 14** 10
- Festsetzung von Vorschüssen **RPflG 14** 41
- Feststellung Berufsbetreuer **RPflG 14** 44
- Grundstruktur der Arbeitsteilung **RPflG 14** 5
- kein genereller Richtervorbehalt **RPflG 14** 27
- (Keine Vorschläge) der Staatskasse **RPflG 14** 43
- Kompetenzkonflikt **RPflG 14** 7
- Rat und Unterstützung **RPflG 14** 32
- Rechtsmittel **RPflG 14** 10
- Rechtspflegeraufgaben **RPflG 14** 32 ff.
- Richtervorbehalt **RPflG 14** 13 ff.
- Richterzuweisung **RPflG 14** 6
- sachliche Unabhängigkeit **RPflG 14** 8
- Unterbringungssachen **RPflG 14** 4
- Verfahren **RPflG 14** 9
- Verfahrenspflegervergütung **RPflG 14** 47
- Vergütungsfestsetzung **RPflG 14** 42
- Vorbehalte Baden-Württemberg **RPflG 14** 55 ff.
- Vorbescheid **RPflG 14** 10

Rechtspflegerentscheidungen
- unanfechtbare **FamFG 58** 17

Rechtspflegererinnerung FamFG 58 16

Rechtsschutzinteresse
- fehlendes **FamFG 62** 1

Rechtsschutzverweigerung FamFG 58 20

reformatio in peius FamFG 69 6

Regress des Staates
- Vergütung **FamFG 168** 24 ff.

Relative Geschäftsunfähigkeit 104 5

Richter
- Bearbeitung übertragener Sachen **RPflG 6**
- Streit über Zuständigkeit **RPflG 7**
- vorbehaltene Zuständigkeit **RPflG 14** 13 ff.; **RPflG 15** 13 ff.

Richter – Betreuungssachen RPflG 15
- Abbruch lebenserhaltender Maßnahmen **RPflG 15** 23
- Abgabe an ein anderes Gericht **RPflG 15** 30
- Änderung des Betreuungsumfangs **RPflG 15** 21
- Änderung des Einwilligungsvorbehalts **RPflG 15** 21
- Anordnung eines Einwilligungsvorbehalts **RPflG 15** 22
- Aufhebung der Betreuung **RPflG 15** 21
- Aufhebung des Einwilligungsvorbehalts **RPflG 15** 21
- Auslandsberührung **RPflG 15** 24
- Betreuungsanordnung **RPflG 15** 14
- Dienstrechtliche Vorschriften **RPflG 15** 25
- Einheitsentscheidung **RPflG 15** 14
- einstweilige Maßnahmen **RPflG 15** 32
- Einwilligung in ärztliche Maßnahmen **RPflG 15** 23
- Entlassung des Betreuers **RPflG 15** 18
- Entziehung der Vertretungsmacht **RPflG 15** 17
- Ergänzungsbetreuer **RPflG 15** 16
- Festsetzung von Zwangsgeld **RPflG 15** 33
- Feststellung der Berufsmäßigkeit **RPflG 15** 14
- Freiwillige Kastration **RPflG 15** 27
- Herausgabe des Betreuten **RPflG 15** 26
- mehrere Betreuer **RPflG 15** 16
- Meinungsverschiedenheiten **RPflG 15** 26
- Minderjährigenbetreuung **RPflG 15** 15
- Nebenentscheidungen **RPflG 15** 29
- Neubestellung des Betreuers **RPflG 15** 19
- Neubestellung des Betreuers nach Tod **RPflG 15** 20

Sachverzeichnis

- Sterilisation **RPflG 15** 23
- Transsexuelle **RPflG 15** 28
- Umgang des Betreuten **RPflG 15** 26
- Verlängerung der Betreuung **RPflG 15** 21
- Verlängerung des Einwilligungsvorbehalts **RPflG 15** 21
- vorsorgliche Betreuungsbestellung **RPflG 15** 15

Richtervorbehalt RPflG 14 13 ff.; **RPflG 14 I Nr. 4; RPflG 15** 13 ff.
- für Einheitsentscheidungen **RPflG 15** 3

Richtervorlage RPflG 15 7
Richterzuweisung RPflG 15 6
Rückgriff des Staates
- Vergütung **FamFG 168** 24 ff.
- Zumutbarkeitsabwägungen **FamFG 168** 25

Rücknahme
- der Beschwerde **FamFG 58** 24

Sachentscheidung
- des Beschwerdegerichts **FamFG 69** 4 ff.

Sachliche Unabhängigkeit
- des Rechtspflegers **RPflG 15** 8

Sachverständige
- Auswahl **FamFG 280** 4
- Auswahl im Unterbringungsverfahren **FamFG 321** 3
- behandelnder Arzt **FamFG 280** 4
- Facharzt für Psychiatrie **FamFG 280** 4
- Qualifikation **FamFG 280** 4

Sachverständigengutachten FamFG 280
- Abgrenzung zum ärztlichen Zeugnis **FamFG 281** 6
- Absehen von der Einholung **FamFG 282** 2
- nach Aktenlage **FamFG 280** 6
- Anwendungsbereich **FamFG 280** 1
- ärztliche Schweigepflicht **FamFG 280** 4, 20 ff.
- ärztliche Untersuchung **FamFG 280** 6
- Einholung im Unterbringungsverfahren **FamFG 321** 2
- Einwilligungsvorbehalt **FamFG 280** 16
- Ermittlungen des Gutachters **FamFG 280** 7
- förmliche Beweisaufnahme **FamFG 280** 3
- Fragenkatalog **FamFG 280** 10 ff.
- gerichtliche Entscheidung **FamFG 280** 5
- Inhalt **FamFG 280** 9
- körperliche Eingriffe **FamFG 280** 8
- des medizinischen Dienstes **FamFG 282** 2
- Notwendigkeit **FamFG 280** 2 ff.
- Obergutachten **FamFG 280** 19
- Privatgutachten **FamFG 280** 4
- Rechtsmittel **FamFG 280** 23
- schriftlich **FamFG 280** 6
- Umfang **FamFG 280** 9
- Verwertungsverbot **FamFG 280** 20 ff.

Sammelversicherung 1835 8
Schadensersatzpflicht 823; s. *Haftung d. Betreuers*
- Anwendbarkeit auf Betreuten **827** 1
- Ausschluss und Minderung der Verantwortlichkeit **827**
- Beweislast **827** 2
- Deliktsfähigkeit **827** 1

Schenkung
- Abgrenzung zur Ausstattung **1908** 1
- Begriff **1908** 1
- sittlich gebotene Schenkung **1804** 9

Schenkungsverbot 1804
- Ausnahme Gelegenheitsgeschenke **1804** 2; **1908i** 12
- Ausnahme Pflicht- und Anstandsschenkungen **1804** 2
- Ausstattung **1804** 8
- Betreuungsgerichts **1804** 14
- Bevollmächtigter **1804** 3
- Definition Schenkung **1804** 4
- Einwilligungsvorbehalt **1804** 3
- Gegenleistung und Schenkung **1804** 5, 6
- Gelegenheitsgeschenke **1804** 11
- gemischte Schenkung **1804** 7
- Geschäftsfähiger Betreuter **1804** 4
- Grundstücksübertragung gegen Wohnrecht und Pflege **1804** 6
- Schenkungen an Angehörige **1804** 13
- sittlich gebotene Schenkung **1804** 9
- Spenden **1804** 12
- Vertretungsmacht bei zulässiger Schenkung **1804** 13
- Vollmacht **vor 1802** 7; **1804** 3
- vorweggenommene Erbfolge **1804** 9
- Wirkung des Schenkungsverbots **1804** 2

Schlechtleistung
- bei Vergütungsfestsetzung **FamFG 168** 22

Schlussgespräch FamFG 278 8
Schlussrechnung 1890; 1892
Schonvermögen
- einzusetzende Mittel des Mündels **1836c** 12

Schreibauslagen KostO 136
Schuldübernahme 1822 28 ff.
Seelische Behinderung 1896 4
Selbstgefährdung 1906 10
- öffentlich-rechtliche Unterbringung **1906** 48

Sachverzeichnis

Selbstkontrahieren
- Verbot 181

Selbsttötungsgefahr
- geschlossene Unterbringung 1906 11

Sofortige Beschwerde
- nach ZPO **FamFG 58** 13

Sofortige Wirksamkeit FamFG 286 13
- Anordnung **FamFG 287** 5
- Bekanntgabe an Betroffenen **FamFG 287** 6
- Bekanntgabe an Verfahrenspfleger **FamFG 287** 6
- Eintritt **FamFG 287** 6 ff.
- Übergabe an Geschäftsstelle **FamFG 287** 7

Sozialgerichtsverfahren FamFG 275 18

Sozialverwaltungsverfahren FamFG 275 15

Sparkasse 1807 9

Sparpflicht
- Vermögenssorge vor **1802** 6

Sperrung von Buchforderungen 1816
- Bundeswertpapiere **1816**
- Bundeswertpapierverwaltung **1816** 14
- Globalurkunden **1816** 12
- Wertpapierdepot **1816** 10 ff.

Sperrung Wertpapierdepot 1816 10

Staatsanleihe
- Geldanlage in ausländischer **1811** 7

Staatskasse
- Beschwerdebefugnis **FamFG 304**
- Beschwerdeberechtigung **FamFG 59** 17
- besonderes Beschwerderecht **FamFG 304** 3
- als Beteiligter **FamFG 274** 14
- Interessen **FamFG 304** 2
- Kostenauferlegung **FamFG 307** 2 ff.
- Verfahrenspflegervergütung **FamFG 277** 2

Statthaftigkeit
- der Beschwerde **FamFG 61** 2
- der Beschwerde bei Endentscheidungen **FamFG 58**
- der Rechtsbeschwerde **FamFG 70** ff. 2 ff.

Sterilisation 1905; FamFG 297
- Anhörung des Betroffenen **FamFG 297** 3
- Bekanntgabe **FamFG 297** 11
- Beschlussformel **FamFG 297** 13
- besonderer Betreuer **1905** 3
- Beteiligung der Behörde **FamFG 297** 4
- Beteiligung Dritter **FamFG 297** 5
- Beteiligung von Vertrauenspersonen **FamFG 297** 5
- dauerhafte Einwilligungsunfähigkeit **1905** 6
- Eigeninteresse der Betroffenen **1905** 10
- Einwilligungsunfähigkeit **1905** 4
- entgegenstehender der natürlicher Wille des **1905** 7
- freie Entscheidung des besonderen Betreuers **1905** 15
- Gefahrensituation **1905** 9
- Gesundheitsgefahren **1905** 11 ff.
- Gutachten **FamFG 297** 9
- konkrete Schwangerschaftserwartung **1905** 8
- Rechtshilfe **FamFG 297** 6
- Rechtsmittel **FamFG 297** 12
- Richterzuständigkeit **RPflG 15** 23
- Verfahren **1905** 16 ff.; **FamFG 297** 2
- Verfahrensbevollmächtigter **FamFG 297** 8
- Verfahrensgarantien **FamFG 297** 2 ff.
- Verfahrenskostenhilfe **FamFG 297** 8
- Verfahrenspfleger **FamFG 297** 7
- Vorrang anderer Mittel **1905** 14
- Wirksamwerden **FamFG 297** 10

Sterilisationsbetreuer FamFG 297 1

Strafrechtliche Unterbringung 1906 50

Straftaten
- Mitteilungen **FamFG 311** 3

Stundensatz
- des Berufsbetreuers **FamFG 168** 4; s. Vergütung d. Berufsbetreuers

Subjektive Rechte
- Verletzung **FamFG 59** 2

Subjektives Interesse FamFG 274 17

Subsidiarbetreuer 1899 6

Taschengeldparagraph 110
- Anwendung bei Einwilligungsvorbehalt **110** 1

Testament 1902 14

Testament des Betreuten
- zu Gunsten des Betreuers **1804** 3

Testamentsvollstecker
- Ernennung d. Betreuers Interessenkonflikt **1796** 6

Testierfähigkeit 2 1; **1903** 11

Tod des Betreuers 1894; **RPfleg 15** 20

Tod des Betreuten 1893 3 ff.

Transsexuelle
- Richterzuständigkeit **RPflG 15** 28

Trennungsgebot 1805 1 ff.

Übergangsvorschriften Artikel 111 3
- Altverfahren **Artikel 111** 3
- Bestandsverfahren in Betreuungssachen **Artikel 111** 4
- Betreuungsänderungsverfahren **Artikel 111** 3

Sachverzeichnis

- Betreuungsverfahren **Artikel 111** 3
- Einstweiliger Rechtsschutz **Artikel 111** 6
- Instanzenzug **Artikel 111** 5

Überlassung von Gegenständen
- an Betreuten **1824**

Übernahme
- Rechtspflegerzuständigkeit **RPflG 15** 52

Übernahmebereitschaft FamFG 273 8

Übernahmepflicht 1898 2 ff. *s. Pflicht zur Übernahme*
- Ablehnungsgründe **1898** 3

Überprüfung der Betreuerauswahl
- Auswahl des Betreuungswahrnehmers **FamFG 291** 3
- bei Betreuungsbehörde als Betreuer **FamFG 291**
- bei Betreuungsverein als Betreuer **FamFG 291**
- gerichtliche Entscheidung **FamFG 291** 2
- Rechtsmittel **FamFG 291** 4

Überprüfungszeitpunkt FamFG 286 9

Übertragene Geschäfte
- Rechtspfleger **RPflG 3**
- Richter **RPflG 15**

Übertragung
- auf beauftragten Richter **FamFG 68** 12 f.
- auf Einzelrichter im Beschwerdeverfahren **FamFG 68** 12 f.

Übliche Umgebung
- bei Betroffenenanhörung **FamFG 278** 3 f.

Umfang der Ermächtigung
- zur Übertragung auf Rechtspfleger **RPflG 19** 2

Umgang des Betreuten
- Richterzuständigkeit **RPflG 15** 26

Umgangsbestimmung 1632 7 ff.
- Aufsicht des Betreuungsgerichts **1632** 10
- gerichtliche Durchsetzung der Umgangsregelung gegen Dritte **1632** 10
- Telefon- und Postverkehr eigener Aufgabenkreis **1632** 9
- Umgangsbestimmungsrecht **1632** 7

Umsatzsteuer
- Berufsbetreuer **1835** 14; **VBVG 4** 1

Umschreibung von Inhaberpapieren 1815

Unmittelbarer Eingriff FamFG 59 4

Untätigkeitsbeschwerde FamFG 58 20

Unterbringung 1906
- alkoholabhängiger Betreuer **1906** 15
- Alkoholentwöhnungsbehandlung **1906** 21
- Anlasskrankheit **1906** 19
- Aufhebung **FamFG 330** 2
- Aussetzung des Vollzugs **FamFG 328** 1
- Beendigung **1906** 43
- Beendigung der Unterbringung **1906** 28 ff.
- zur Begutachtung **FamFG 284** *s. Unterbringungsbegutachtung*
- Benachrichtigung von Angehörigen **FamFG 339** 1
- Beschwerde *siehe Beschwerde*
- Betreuer **1906** 2
- Bevollmächtigter **1906** 2
- Dauer **1906** 40; **FamFG 329** 2
- durch das Gericht **1846** 7
- Durchführung ärztlicher Maßnahmen **1906** 16
- einstweilige Anordnung **FamFG 331** 1, 2
- einstweilige Maßregeln **FamFG 334** 2
- Erforderlichkeit **1906** 24
- erhebliche gesundheitliche Schäden **1906** 13
- Freiheitsbeschränkung **1906** 30 ff.
- freiheitsentziehende Maßnahmen **1906** 30 ff.
- Freiheitsentziehung Begriff **1906** 3
- Freiheitsentziehung durch Medikamente **1906** 39
- funktionelle Zuständigkeit **FamFG 313** 7
- Genehmigung des Gerichts **1906** 27
- Genehmigungsvoraussetzungen **1906** 44
- geschlossene **1906**
- geschlossene Anstalt **1906** 4
- halboffene, offene **1906** 4
- internationale Zuständigkeit **FamFG 313** 6
- Maßnahmen im Vollzug **FamFG 327** 2
- Mittel der Freiheitsentziehung **1906** 37
- örtliche Zuständigkeit bei zivilrechtlicher U. **FamFG 313** 2
- Personenortungsanlage **1906** 38
- Prognoseentscheidung **1906** 13
- psychiatrische Behandlungsmethoden **1906** 20
- Selbstgefährdung **1906** 10
- stationäre Einrichtungen **1906** 36
- Unterbringung durch Betreuer **1906** 27
- Unterbringung durch Bevollmächtigten **1906** 27
- Verhältnis zu öffentlich rechtlicher Unterbringung **1906** 48
- Verhältnis zu strafrechtlicher Unterbringung **1906** 50
- Verlängerung von Unterbringungsmaßnahmen **FamFG 329** 3
- Vermögensschäden **1906** 14
- Verwahrlosung **1906** 14
- Vollzug der Unterbringung **1906** 51
- vorherige Genehmigung **1906** 42
- vorrangige Behandlungsmöglichkeiten **1906** 25

Sachverzeichnis

- gegen den Willen des Betroffenen **1906** 6
- zum Wohl des Betreuten **1906** 9
- Zuständigkeit bei Eilmaßnahmen **FamFG 313** 4
- Zuständigkeit bei öffentlich-rechtlicher Unterbringung **FamFG 313** 5
- zwangsweise in offener Pflegeeinrichtung **1906** 4

Unterbringungsbegutachtung
- Anhaltspunkte für eine Erkrankung **FamFG 284** 2
- Anhörung des Betroffenen **FamFG 284** 3
- Anhörung des Sachverständigen **FamFG 284** 2
- Dauer **FamFG 284** 5
- gerichtliche Entscheidung **FamFG 284** 6
- Höchstdauer **FamFG 284** 5
- Kosten **FamFG 284** 4
- ultima ratio **FamFG 284** 7
- Verhältnismäßigkeit **FamFG 284** 7
- Verlängerung **FamFG 284** 5
- zwangsweise Zuführung **FamFG 284** 8

Unterbringungssachen
- Abgabe bei öffentlich-rechtlicher Unterbringung **FamFG 314** 7
- Abgabe bei zivilrechtlicher Unterbringung **FamFG 314** 2
- Anwendungsbereich der gesetzlichen Vorschriften **FamFG 312** 1
- Beteiligte **FamFG 315** 1
- Einleitung des verwaltungsrechtlichen Unterbringungsverfahrens **FamFG 312** 7
- Kann-Beteiligte **FamFG 315** 3
- Kosten *s. nachfolgendes Stichwort*
- Kostenentscheidung bei öffentlich-rechtlicher Unterbringung **FamFG 337** 3
- Kostenentscheidung bei zivilrechtlicher Unterbringung **FamFG 337** 2
- Mitteilung von Entscheidungen **FamFG 338** 1
- Muss-Beteiligte **FamFG 315** 2
- öffentlich-rechtliche Unterbringungsmaßnahmen **FamFG 312** 4
- örtliche Zuständigkeit **FamFG 313** 2
- Richtervorbehalt **RPflG 15** 4
- sachliche Zuständigkeit **FamFG 312** 12
- Verfahrensfähigkeit **FamFG 316** 1
- Verfahrenspfleger **FamFG 317** 2
- zivilrechtliche Unterbringungsmaßnahmen **FamFG 312** 1

Unterbringungssachen Kosten FamFG 337 1
- Gerichtsgebührenfreiheit **KostO 128b** 1
- weitgehende Auslagenfreiheit **KostO 128b** 1

Unterbringungsverfahren
- Anhörung des Betroffenen **FamFG 319** 1
- Anhörung sonstiger Beteiligter **FamFG 320** 1
- Bekanntgabe von Beschlüssen **FamFG 325** 1
- Beschlussformel **FamFG 322** 7
- Einholung eines Gutachtens **FamFG 321** 1
- Entscheidungsbegründung **FamFG 322** 6
- Entscheidungsformel **FamFG 322** 2
- gerichtlicher Beschluss **FamFG 322** 1
- Kosten **KostO 92** 3; **KostO 128b**
- Vollzugsangelegenheiten **FamFG 327** 2
- Wirksamwerden von Beschlüssen **FamFG 324** 1
- Zuführung zur Unterbringung **FamFG 326** 1

Untergebrachter
- Beschwerdeeinlegung **FamFG 305**

Unterhaltsansprüche
- einzusetzende Mittel des Mündels **1836c** 5

Unterrichtung
- des Betreuers **FamFG 289** 2
- funktionale Zuständigkeit **RPflG 15** 34

Unterrichtungspflicht
- bei Mitteilungen von Entscheidungen an andere Stellen **FamFG 308** 10 ff.

Unterschrift FamFG 286 13

Unterschriftsbeglaubigung
- Betreuungsbehörde Gebühren **BtBG 6** 13

Unterschriftsbeglaubigung Betreuungsverfügung
- Betreuungsbehörde **BtBG 6** 10

Unterschriftsbeglaubigung Vorsorgevollmacht
- Betreuungsbehörde **BtBG 6** 10

Unterstützung des Gerichts BtBG 8
- bei Ausübung der Vermögenssorge **vor 1802** 5
- Beteiligung am Verfahren **BtBG 8** 12
- Gewinnung von Betreuern **BtBG 8** 8
- Information ü. Zahl d. Betreuungen d. Vorgeschlagenen **BtBG 9** 13
- Sachverhaltsermittlung **BtBG 8** 3
- Vorschlag Verfahrenspfleger **BtBG 8** 9
- Vorschlag von Betreuern **BtBG 8** 8 ff.

Untervollmacht 1902 22; *s. Vollmacht*

Urkunde über Betreuerbestellung
- Rückgabe **1893** 10

Verdienstausfall 1835 10
Verein
- Befreiung **1852–1857a** 1

Sachverzeichnis

Verein als Betreuer 1791a; 1900
- Aufwendungsersatz **1900** 6
- Befreiung des Vereins **1900** 6
- Haftung des Vereins für Betreuungsperson **1791a** 6
- Mitteilungspflicht **1900** 4
- Vergütung **1836** 10; **1900** 6
- Vorrang der persönlichen Betreuung **1900** 3
- Wahrnehmung der Aufgaben **1900** 3

Vereinheitlichung des Rechts FamFG 61 6

Vereinsbetreuer 1897 4
- Beschlussinhalt **FamFG 286** 6

Vereinspfleger
- Verfahrenspflegervergütung **FamFG 277** 8

Verfahrensfehler
- wesentlicher **FamFG 69** 9

Verfahrensbevollmächtigter
- Bekanntgabe **FamFG 288** 4
- Verfahrenspfleger **FamFG 276** 17

Verfahrensfähigkeit FamFG 9; FamFG 275 1
- nach § 9 FamFG **FamFG 275** 2
- Anträge des Betroffenen **FamFG 275** 4
- im Asylverfahren **FamFG 275** 19
- Erklärung zu Rechtsmitteln **FamFG 275** 5
- im Finanzgerichtsverfahren **FamFG 275** 15
- Geschäftsfähigkeit **FamFG 275** 4
- nachteilige Verfahrenshandlungen **FamFG 275** 5
- neben Verfahrenspfleger **FamFG 275** 6
- im öffentlichen Recht **FamFG 275** 15 ff.
- im Sozialgerichtsverfahren **FamFG 275** 18
- im Sozialverwaltungsverfahren **FamFG 275** 15
- in anderen Verfahren **FamFG 275** 7 ff.
- im Verwaltungsgerichtsverfahren **FamFG 275** 15
- im Verwaltungsverfahren **FamFG 275** 15
- Vollmachtserteilung im Betreuungsverfahren **FamFG 275** 4
- in der ZPO **FamFG 275** 7 ff.

Verfahrensgrundrechte FamFG 58 18

Verfahrenskostenhilfe
- Sterilisation **FamFG 297** 8

Verfahrenspfleger FamFG 276
- für Abbruch lebenserhaltender Maßnahmen **FamFG 298** 11
- für Ärztliche Heilbehandlung **FamFG 298** 6
- ausreichende Vertretung **FamFG 276** 17

- Auswahl **FamFG 276** 15
- Beendigung der Tätigkeit **FamFG 317** 9
- Berufsmäßigkeit **FamFG 276** 13
- Beschwerdebefugnis **FamFG 303** 10
- Beschwerdeberechtigung **FamFG 59** 6
- im Beschwerdeverfahren **FamFG 68** 11
- Bestellung s. nachfolgendes Stichwort
- als Beteiligter **FamFG 274** 7; **FamFG 276** 14
- bei Betreuerentlassung **FamFG 296** 2
- ehrenamtlicher **FamFG 276** 16
- bei einstweiliger Anordnung **FamFG 300** 8
- Feststellung der Berufsmäßigkeit **FamFG 276** 13
- im Genehmigungsverfahren **1828** 18
- Interessenkonflikt **FamFG 276** 3
- Kosten s. nachfolgendes Stichwort
- Kostentragung **FamFG 276** 21
- Rechtsstellung **FamFG 317** 8
- Stellung **FamFG 276** 18
- bei Sterilisation **FamFG 297** 7
- Verfahrensbevollmächtigter **FamFG 276** 17
- Vergütung s. eigenes Stichwort Verfahrenspflegervergütung
- Vergütung und Aufwendungsersatz **FamFG 318**
- für Vergütungsfestsetzung **FamFG 168** 10
- Voraussetzungen **FamFG 317** 2
- Wahrnehmung der Interessen **FamFG 276** 2

Verfahrenspflegerbestellung
- bei Abbruch lebenserhaltender Maßnahmen **FamFG 276** 10
- Absehen **FamFG 276** 7
- bei Absehen von der persönlichen Anhörung **FamFG 276** 5
- Anhörung des Betroffenen **FamFG 276** 12
- bei Anordnung aller Angelegenheiten **FamFG 276** 6
- Bekanntgabe **FamFG 276** 19
- Beschlussformel **FamFG 276** 22
- Ende/Beendigung **FamFG 276** 19
- Entscheidung **FamFG 276** 13
- funktionale Zuständigkeit **RPflG 15** 31
- Rechtsmittel **FamFG 276** 20
- Rechtspflegerzuständigkeit **RPflG 15** 31
- Regelfall **FamFG 276** 4 ff.
- Richterzuständigkeit **RPflG 15** 31
- bei Sterilisation **FamFG 276** 9
- Verfahren **FamFG 276** 11 ff.; **FamFG 317** 7
- Voraussetzungen **FamFG 276** 2 ff.

Sachverzeichnis

- Wirksamwerden **FamFG 276** 19
- Zuständigkeit **FamFG 276** 11
- **Verfahrenspflegerkosten FamFG 317** 10; **KostO 92** 3; **KostO 93a** 1; **KostO 136–139** 3
- **Verfahrenspflegervergütung FamFG 168**
- anwaltsspezifische Tätigkeit **FamFG 277** 5
- Aufwendungen/Vergütung **FamFG 277** 3
- Aufwendungsersatz **FamFG 277** 4
- Behördenpfleger **FamFG 277** 8
- Berufsverfahrenspfleger **FamFG 277** 6
- fester Geldbetrag/Pauschale **FamFG 277** 7
- Festsetzung **FamFG 277** 9
- Rechtsanwalt/RVG **FamFG 277** 5
- Rechtsmittel **FamFG 277** 10
- Rechtspflegerzuständigkeit **RPflG 15** 50
- Staatskasse, Zahlungspflicht **FamFG 277** 2
- Unterbringungssachen **RPflG 15** 50
- Vereinspfleger **FamFG 277** 8
- Verfahren **FamFG 277** 9
- vertiefte spezifische Rechtskenntnisse **FamFG 277** 5
- **Verfahrensrechte**
- Verletzung **FamFG 59** 3
- **Verfassungsbeschwerde FamFG 58** 22
- **Verfügung über Forderungen**
- Annahme einer geschuldeter Leistung **1812** 9
- Berichtigungsbewilligung **1812** 7
- Definition **1812** 3
- Genehmigungspflicht **1812** 7
- Genehmigungsverfahren **1812** 11 ff.
- grundstücksbezogene Verfügungen **1812** 6
- Kündigung von Wohnraum **1812** 8
- Schutzzweck der Norm **1812** 3
- Veräußerung beweglicher Sachen **1812** 5
- Verpflichtungsgeschäfte **1812** 10
- **Verfügungsgelder 1806** 3
- **Vergleich** 1822 31
- **Vergütung**
s.a. die nachfolgenden, speziellen Stichwörter
- Anwaltsspezifische Tätigkeit **FamFG 168** 19
- Aufwandsentschädigung, pauschal **FamFG 168** 4
- Aufwendungen **FamFG 168** 4
- Aufwendungsersatz **FamFG 168** 4
- Berufsbetreuer **1836** 1
- des Berufsbetreuers s. *unter Vergütung des Berufsbetreuers*
- bei berufsmäßiger Führung der Betreuung **1836** 2
- des Berufsverfahrenspflegers **FamFG 168** 18
- des Berufsvormunds **FamFG 168** 18
- betroffene Ansprüche **FamFG 168** 3
- bisher vergütungsfähige Tätigkeiten **1836** 3 ff.
- ehrenamtlicher Betreuer **FamFG 168** 4
- nach Ermessen **1836** 7
- im förmlichen Festsetzungsverfahren **FamFG 168** 6 ff.
- Forderungsübergang s. *Vergütung Forderungsübergang*
- Geltendmachung **1836** 11
- gerichtliche Festsetzung **FamFG 168**
- landesrechtliche Vordrucke **FamFG 292** 2
- nach Maßgabe des VBVG **1836** 1
- bei nichtberufsmäßiger Führung der Betreuung **1836** 1, 7
- Rechtsanwalt **FamFG 168** 19
- Rechtspflegerzuständigkeit **RPflG 15** 43 ff.
- Rückgriff beim Erben **FamFG 168** 26
- Rückgriff des Staates **FamFG 168** 24 ff.
- Unentgeltlichkeit **1836** 1
- Vereins- und Behördenbetreuer **1836** 10
- des Verfahrenspflegers **FamFG 277**
- Verhältnisse des Betroffenen **FamFG 168** 13 ff.
- im Verwaltungsverfahren **FamFG 168** 5
- Voraussetzung **1836** 1
- Zeitraum **FamFG 168** 12
- Zuständigkeit **FamFG 168** 6
- **Vergütung Berufsbetreuer** s. *Vergütung des Berufsbetreuers*
- **Vergütung Betreuungsbehörde VBVG 8**
- Bewilligung nach Ermessen **VBVG 8** 3
- kein eigener Anspruch Behördenbetreuer **VBVG 8** 6
- für Mitarbeiter als Behördenbetreuer **VBVG 8** 1
- nur gegen vermögende Betreute **VBVG 8** 2
- **Vergütung Betreuungsverein**
- anerkannter Betreuungsverein **VBVG 7** 1
- Anspruchsberechtigt nur Verein nicht Vereinsbetreuer **VBVG 7** 10
- Sonderfälle **VBVG 7** 8
- Stundensatz Vereinsbetreuer **VBVG 7** 5
- für Tätigkeit hauptamtlicher Vereinsbetreuer **VBVG 7** 4
- Vereinsbetreuer stets Berufsbetreuer **VBVG 7** 5
- **Vergütung des Berufsbetreuers 1836; FamFG 168** 19 ff.
- Abgeltung Aufwendungsersatz **VBVG 4** 1

Sachverzeichnis

- Abgeltung der Umsatzsteuer **VBVG 4** 1
- abgeschlossene Ausbildung an einer Hochschule **VBVG 3** 9
- Abgeschlossene Lehre **VBVG 3** 5
- Abgrenzung zur Vergütung des Berufsvormunds **VBVG 3** 2
- Abrechnungszeitraum **VBVG 9** 1
- Abschlagszahlungen **VBVG 3** 15
- Anspruch auf Ersatz für Berufsdienste **VBVG 4** 1
- Anspruch gegen Staatskasse **VBVG 1** 10
- Anwendung des VBVG auf Betreuer **VBVG 1** 1
- Berechnung der maßgeblichen Monate **VBVG 5** 7
- Besondere Kenntnisse **VBVG 3** 3 ff.
- Betreuer für Einwilligung in Sterilisation **VBVG 6** 1
- Betreuerwechsel **VBVG 5** 14
- Betreuter Anspruchsgegner **VBVG 1** 10
- Betreuungsgericht **VBVG 1** 1
- Bewilligung der Vergütung **VBVG 1** 10
- Dauer der Betreuung **VBVG 5** 5
- Erbenhaftung **VBVG 2** 11
- erhöhte Stundensätze **VBVG 4** 1
- Erlöschen der Ansprüche **VBVG 2** 1
- Erstbestellung **VBVG 5** 6
- Festsetzung der Vergütung **FamFG 168**
- Feststellung Berufsmäßigkeit **VBVG 1** 2
- Gesetz über die Vergütung von Vormündern und Betreuern **VBVG 1–11**
- Heim i. S. d. § 5 VBVG **VBVG 5** 9
- Heimaufenthalt **VBVG 5** 9 ff.
- Heimbewohner/nicht im Heim **VBVG 5** 3
- Mitteilungspflichten des Berufsbetreuers **VBVG 10** 4 s. *Mitteilung an die Betreuungsbehörde*
- mittellose/nicht mittellose Betreute **VBVG 5** 3
- Mittellosigkeit d. Betreuten **1836d**
- Nachqualifizierung durch Prüfung **VBVG 11** 1
- Nachqualifizierung Fortbildung **VBVG 11** 1
- Nachqualifizierung Kenntnisse Fähigkeiten **VBVG 11** 6
- Nachqualifizierung Umschulung **VBVG 11** 1
- Nachqualifizierung Vertrauensschutz **VBVG 11** 5
- Nutzbarkeit für die einzelne Betreuung **VBVG 3** 13
- Pauschaler Stundenansatz **VBVG 5**
- Sonderfälle der Betreuung **VBVG 6** 1
- Sonderregelung für Stundensatz des Betreuers **VBVG 4**
- Staffelung der Stundenansätze **VBVG 5** 1
- Stundenvergütung nach Zeitaufwand **VBVG 3** ff.
- Übergang d. Anspruchs auf Staatskasse **1836e; VBVG 1** 10
- Verhinderungsbetreuer **VBVG 6** 1
- Vermittlung nutzbarer Kenntnisse in der Ausbildung **VBVG 3** 10

Vergütung Forderungsübergang 1836e
- Dauer der Kostenhaftung **1836e** 2
- Erbenhaftung **1836e** 5
- Forderungsübergang **1836e** 2
- künftige Unterhaltsansprüche **1836e** 7
- Rückzahlungspflicht **1836e** 2
- Staatskasse **1836e** 2
- Unterhaltsansprüche **1836e** 7
- Zahlung der Staatskasse **1836e** 3

Vergütung u. Aufwendungsersatz s. *Aufwendungsersatz u. Vergütung*

Vergütungsanspruch
- Antragsgegner **FamFG 168** 2
- Antragsteller **FamFG 168** 2

Vergütungsfestsetzung
- Abrechnung nach Stunden **FamFG 168** 4, 23
- Änderungen nach Rechtskraft **FamFG 168** 31 f.
- Anhörung **FamFG 168** 10
- Anhörungsrüge **FamFG 168** 30
- Antrag/von Amts wegen **FamFG 168** 7 ff.
- ausnahmsweise nach Stunden **FamFG 168** 16
- Ausschlussfrist **FamFG 168** 21
- Bekanntgabe **FamFG 168** 10
- Beschwerde **FamFG 168** 28
- Einreden **FamFG 168** 21
- Einwendungen **FamFG 168** 21 ff.
- Erinnerung **FamFG 168** 27
- Gegenstand **FamFG 168** 3
- gerichtliche Entscheidung **FamFG 168** 17
- Plausibilitätsprüfung **FamFG 168** 16
- Rechtsbeschwerde **FamFG 168** 29
- Rechtsmittel **FamFG 168** 27 ff.
- Schlechtleistung **FamFG 168** 22
- Straftaten **FamFG 168** 22
- Überblick **FamFG 168** 1
- Verfahren **FamFG 168** 7 ff.
- Verfahrenspfleger **FamFG 168** 10
- Verjährungseinrede **FamFG 168** 22
- Zwangsvollstreckung **FamFG 168** 33

Vergütungsrisiken FamFG 168 20
Vergütungszeit FamFG 168 12
Verhinderungsbetreuer 1899 6; **FamFG 293** 8

Sachverzeichnis

Verjährungseinrede
- bei Vergütungsfestsetzung **FamFG 168** 22
Verlängerung
- der Betreuung **FamFG 295** s. *Betreuungsverlängerung*
- der einstweiligen Betreuungsanordnung **FamFG 302** 3
- des Einwilligungsvorbehalts **FamFG 295** s. *Betreuungsverlängerung*
- Richterzuständigkeit **RPflG 15** 21
Verletzung
- rechtlichen Gehörs **FamFG 44; FamFG 59** 3; s. *Gehörsrüge*
- von Verfahrensrechten **FamFG 59** 3
Vermietung 1907 5
Vermögen s. *auch einzusetzendes Vermögen*
- einzusetzende Mittel des Mündels **1836c** 12
- im Ganzen **1822** 2
- Grundvermögen **1836c** 13
- Schonvermögen **1836c** 12
Vermögen – Herausgabe 1890
- Anspruchsberechtigung **1890** 2
- Bestandsverzeichnis **1890** 4
- Herausgabe an Betreuten **1890** 4
- Herausgabeanspruch **1890** 4
Vermögensanlage
- anderweitige Anlage s. *nachfolgendes Stichwort*
- Anlage bei Kreditinstituten **1807** 10
- Anlage bei Postbank **1807** 9
- Anlagen bei Sparkassen **1807** 9
- Anleihen des Bundes und der Länder **1807** 5
- Auflösung eines Erwerbsgeschäfts **1823** 4
- Bausparkasse **1807** 12
- Befreiung kraft Gesetzes **1817** 3; **1852–1857a** 1 ff.
- Befreiung von Hinterlegung **1817** 8 ff.
- Forderungen **1812** 2
- Führung risikoreicher Anlagen **1807** 3
- Gefährdung des Vermögens **1817** 7
- Genehmigung der Geldanlage **1811** 4
- genehmigungsfreier Geschäfte s. *eigenes Stichwort*
- Hinterlegung **1818**
- Hinterlegung von Kostbarkeiten **1818** 4
- Hinterlegungspflicht **1818** 2
- Kreditinstitute und Einlagensicherungsfonds **1807** 11
- Mitwirkung des Gegenbetreuers **1810**
- Neubeginn eines Erwerbsgeschäfts **1823** 3
- Pfandbriefe **1807** 7
- Pflicht zur wirtschaftlichen Vermögensverwaltung **1807** 2
- Umfang des Vermögens **1817** 6
- Verfahren **1817** 12 ff.
- Verfügung über Betreutenvermögen **1812**
- Verfügungsgelder **1806** 3
- Verpflichtungen **1806–1816**
- verzinsliche Anlage **1806** 2
- vorgefundene Geldanlagen **1807** 3
- Wertrechtsanleihen **1807** 5
- wirtschaftliche Vermögensverwaltung **1810** 5; **1811** 4, 5
- wirtschaftliche Vermögensverwaltung **1811** 12
- Zustimmung des Betreuungsgerichts **1812** 2; **1819–1822**
- Zustimmung des Gegenbetreuers **1812** 2
Vermögensanlage, anderweitige Anlage 1811
- Anlage aus besonderen Gründen **1811** 9
- Anlage in Sachwerten **1811** 8
- ausländische Staatsanleihen **1811** 7
- Befreiung d. Betreuers **1811** 14; **1852–1857a** 1 ff.
- durch externe Vermögensverwalter **1811** 13
- Entscheidung d. Gerichts **1811** 10 ff.
- Haftung **1811** 13
- Immobilienfonds **1811** 9 ff.
- Investmentfonds **1811** 5
- Investmentpapiere **1811** 2
- keine Mündelsicherheit **1811** 2
- Prüfung der Anlage **1811** 10
- Prüfung des Einzelfalles **1811** 4
- Prüfung durch Sachverständigen **1811** 12
- Sicherheit der Anlage **1811** 5
- Wirksamkeit ohne Genehmigung **1811** 13
- wirtschaftliche Vermögensverwaltung **1811** 4
Vermögensanlage genehmigungsfreier Geschäfte 1813
- Allgemeine Kontoermächtigungen **1813** 11; **1825**
- Annahme einer geschuldeten Leistung **1813** 2
- Ausnahmen von der Genehmigungsfreiheit **1813** 3 ff.
- Überziehungskredit genehmigungspflichtig **1813** 12
- Verfügungsrecht des Betreuers über Girokonten **1813** 11
Vermögensrechtliche Angelegenheiten FamFG 61 2
Vermögenssorge vor 1802; 1802–1832; 1896 26 ff.
- Verpflichtungen nach **1806–1816**
Vermögensverfügung 1812 s. *Verfügung über Forderungen*

753

Sachverzeichnis

Vermögensverwaltung 1802 ff.
Vermögensverwaltung bei Erbschaft oder Schenkung
– Anordnung des Erblassers oder Schenkers 1803 2
– Anordnung des Erblassers oder Schenkers 1803 3
– Vertretungsmacht des Betreuers 1803 2, 3
Vermögensverzeichnis 1802
– Anwendbarkeit bei Vermögenssorge 1802 2
– Aufsichtspflicht des Betreuungsgerichts 1802 12
– Betreuerwechsel 1802 2
– Einkommen 1802 5
– bei Erbengemeinschaft 1802 6
– Gegenbetreuer 1802 9
– bei Gesellschaftsanteil 1802 8
– Gesellschaftsrechte 1802 8
– Haushaltsgegenstände 1802 4
– keine Befreiung 1802 2
– Nachtragsverzeichnis 1802 10
– neues Vermögen 1802 10
– bei Pflichtteilsanspruch 1802 7
– Sachverständige Hinzuziehung 1802 11
– Schuldenstand 1802 5
– Stichtag 1802 3
– bei Testamentsvollstreckung 1802 6
– Verstöße des Betreuers 1802 13
– Vollständigkeit 1802 4
– Vorgänge vor Betreuerbestellung 1802 3
– Wertangabe des Inventars 1802 4
Verpflichtung
– Rechtspflegerzuständigkeit **RPflG** 15 40
Verpflichtung des Betreuers *siehe Betreuerverpflichtung*
Verschlechterungsverbot
– im Beschwerdeverfahren **FamFG** 69 6
Versicherung
– Weisung zur Eingehung 1837 19
Versicherungskosten 1835 8
Versperrte Anlage v. Geld 1809
– Anwendungsbereich 1809 6
– Bindung des Betreuers 1809 3
– geschäftsfähiger Betreuter 1809 3
– konkurrierendes Handeln 1809 4
– Vereinbarung d. Sperrvermerks 1809 5
– vorgefundene Anlagen 1810 6
Vertrag 1812; 1821; 1822
Vertragsschluss ohne Einwilligung 108
– Einwilligungsvorbehalt 108 1
– nachträgliche Zustimmung 108 2
– vormundschaftsgerichtlicher Genehmigungsvorbehalt 108 4
Vertrauenspersonen
– Anhörung **FamFG** 279 5

– Beschwerdeberechtigung **FamFG** 59 8
– als Beteiligter **FamFG** 274 13
Vertreter ohne Vertretungsmacht 177
Vertretung des Betreuten 1902
– Aufgabenkreis 1902 2
– in besonderen gesetzlich geregelten Fällen 1902 23 ff.
– Einschränkung der Vertretungsmacht 1902 17
– Genehmigungsvorbehalte des Gerichts 1902 20
– Geschäftsfähigkeit des Betreuten 1902 4
– gesetzlicher Vertreter 1902 1
– Grenzen der Vertretungsmacht 1902 7 ff.
– bei höchstpersönlichen Rechtsgeschäften 1902 7 ff.
– Innenverhältnis 1902 5
– im Prozess 1902 6
– Umfang der Vertretungsmacht 1902 5
– Untervollmacht 1902 22
– Versicherungsvertragsgesetz 1902 18
– Vorschriften der Stellvertretung 1902 3
Vertretungsverbot 1795
– Betreuer als Mitgesellschafter 1795 12
– einseitige Insichgeschäfte 1795 5
– Einwilligungsvorbehalt 1795 15
– bei Forderungen des Betreuten gegen den Betreuer 1795 25
– Gestattung 1795 19
– Grundbuchverfahren 1795 6
– bei Insichgeschäften 1795 4
– bei Interessenkonflikt 1795 2
– Vertretungsverbot für die Prozessführung 1795 26
– Vertretungsverbot gegenüber nahen Angehörigen 1795 22
– Zulässigkeit bei geschäftsfähigen Betreuten 1795 19
– Zulässigkeit der Passivvertretung 1795 5, 23
– Zulässigkeit von Erfüllungsgeschäften 1795 18
– Zulässigkeit von Insichgeschäften 1795 17
Verwahrlosung
– geschlossene Unterbringung 1906 14
– Recht auf 1901 10
– Zwangsbetreuung 1896 16
Verwaltungsgerichtsverfahren FamFG 275 15
Verwaltungsverfahren FamFG 275 15
– Vergütungsfestsetzung **FamFG** 168 5
Verweigerung Behandlung
– Psychose 1906 13
Verwendungsverbot 1805
– Anderkonto 1805 5
– Arbeitskraft des Betreuten 1805 8

Sachverzeichnis

- eigennützige Verwendung **1805** 2
- Entnahmen für Aufwendungsersatz und Vergütung **1805** 4
- Geldanlage **1805** 5
- Sammelanlagekonten **1805** 6
- Treuhandkonten **1805** 5
- Vertretungsmacht d. Betreuers **1805** 9

Verwendungsverbot des Betreuers
- Trennungsgebot **1805** 1 ff.

Verwertungsverbot
- Sachverständigengutachten **FamFG 280** 20

Verwirkung
- der Beschwerde **FamFG 58** 26

Verzicht
- auf Beschwerdeeinlegung **FamFG 58** 25

verzinsliche Anlage 1806 *s. Vermögensanlage*

Verzinsungspflicht 1834

Volljährigkeit 2

Vollmacht
- Anwendbarkeit auf Betreuer **164** 1; **177** 1; **181** 1, 3; **182** 1
- Auftragsverhältnis **168** 1
- Ausschluss der Haftung **179** 2
- Ausschluss der Stellvertretung **164** 1
- Ausschluss des Widerrufs **178** 2
- Außenvollmacht **167** 2
- Befreiung durch das Betreuungsgericht **181** 3
- Einwilligung **182** 1; **183**
- Einwilligungsvorbehalt **181** 3
- Erfüllungsgeschäfte zwischen Betreuer und Betreutem **181** 4
- Ergänzungsbetreuer **181** 5
- Erlöschen **168**
- fehlender Aufgabenkreis **177** 1
- Fortwirken nach Auftragsende **169** 1
- Gattungsvollmacht **167** 5
- Gegenstand des Vertreterhandelns **164** 1
- Genehmigung **184**
- Genehmigung des Vertreterhandelns **177** 2
- Genehmigungsmöglichkeit durch Gericht **181** 3
- Generalvollmacht **167** 5
- Geschäfte für „den, den es angeht" **164** 3
- Gesetzliche Beschränkungen **vor 1802** 7
- Haftung des Vertreters **179**
- Innenvollmacht **167** 2
- Interessenkollision **181** 2
- Kenntnis des Erlöschens **173**
- Kontrollbetreuer **168** 2
- Kraftloserklärung der Vollmachtsurkunde **176**
- lediglich vorteilhaften Rechtsgeschäften **181** 2
- Offenheitsprinzip **164** 2
- Rückgabe der Vollmachtsurkunde **175**
- Schadensersatzanspruch **179** 3
- Schenkungsverbot **vor 1802** 7
- Schwebend unwirksame Rechtsgeschäfte **177** 2
- Selbstkontrahieren **181**
- Spezialvollmacht **167** 5
- Tod des Vollmachtgebers **168** 3
- Unterbevollmächtigung bei Betreuerbestellung **181** 2
- Vertreter ohne Vertretungsmacht **177**; **179** 1
- Vertretung im Aufgabenkreises **164** 4
- Vollmachtsurkunde **172**
- Vorlage der Vollmachtsurkunde **173** 4; **174**
- Widerruf schwebend unwirksamer Verträge **178**
- Widerrufsrecht des anderen Teils **178** 1
- Wirkung der Genehmigung **177** 3
- Wirkungsdauer **170**; **171**
- Zustimmung für Rechtsgeschäft **182**

Vollmachtsbetreuer 1896 19; **1896** 36
- Rechtspflegerzuständigkeit **RPflG 15** 36

Vollmachtserteilung 167
- Bestallungsurkunde **167** 1
- Duldungsvollmacht **167** 2
- Form **167** 4
- schlüssiges Verhalten **167** 1

Vollmachtsurkunde 172 *s. Vollmacht*

Vollzug der Unterbringung 1906 51
- Betreuungsbehörde **BtBG 1** 4

Vollzugsangelegenheiten
- Aussetzung des Vollzugs einer Unterbringung **FamFG 328** 1
- im Unterbringungsverfahren **FamFG 327** 2

Voraussetzung d. Betreuung 1896 *s. Betreuungs-Voraussetzung*

Vorbescheid 1828 26
- Beschwerde **FamFG 58** 14

Vorführung
- zum anwaltgerichtlichen Verfahren **FamFG 278** 17
- Betreten der Wohnung **FamFG 278** 18
- zur Betroffenenanhörung **FamFG 278** 17 f.
- durch Fachbehörde **FamFG 283** 1
- zur Untersuchung durch Sachverständigen **FamFG 283**

Vorführung zur Unterbringungsbegutachtung
- Anwendung von Gewalt **FamFG 284** 8
- Beschlussformel **FamFG 284** 10
- Betreten der Wohnung **FamFG 284** 8

755

Sachverzeichnis

- Rechtsmittel **FamFG 284** 9
Vorführung zur Untersuchung
- Anwendung von Gewalt **FamFG 283** 3
- Beschlussformel **FamFG 283** 7
- Betreten der Wohnung **FamFG 283** 4
- persönliche Anhörung **FamFG 283** 2
- Rechtsmittel **FamFG 283** 5 f.
Vorlage an das Beschwerdegericht FamFG 68 3
Vorlage
- an das obere Gericht **RPflG 15** 30
- an das übergeordnete Gericht **FamFG 273** 12
- an den Richter **RPflG** 5
Vorlage bei Abgabestreit
- Rechtspflegerzuständigkeit **RPflG 15** 52
Vorläufige Unterbringung 1846
- Anordnung nach **1846**
- Ausnahmevorschrift des **1846** 4
- Voraussetzungen **1846** 7
Vorläufiger Betreuer FamFG 300; *s. auch einstweilige Anordnung*
Vorläufiger Einwilligungsvorbehalt FamFG 300
Vorrang des Willens
- des Betreuten **vor 1802** 6
Vorrangige Hilfen 1896 18 ff.
Vorschriften entsprechend anwendbar 1908i
- sonstige Befreiungen **1908i** 12
Vorschuss 1835 17 ff.
Vorsorgebevollmächtigter
- Beschwerdeberechtigung **FamFG 59** 7
Vorsorgeregister 1901a 12
Vorsorgevollmacht 1896; 1901a
- Abreden zwischen Vollmachtgeber und Bevollmächtigten **1901a** 11
- ärztliche Maßnahmen **1901a** 10
- Aufklärung Beratung über Vollmachten u. Betreuungsverfüg. **BtBG 6** 9
- Begriffsbestimmung **1901a** 9
- Beratung durch Betreuungsverein **1908f** 15
- Beratung Unterstützung durch Behörde **BtBG 4** 4 ff.
- Einzelfallberatung Betreuungsverein **1908f** 26
- Form **1901a** 15
- Geschäftsunfähigkeit **1901a** 10
- Handeln des Bevollmächtigten **1901a** 11
- Herausgabe **FamFG 285**
- Informationspflicht **1901a** 16 ff.
- Muster Anhang **1901a**
- Registrierung **1901a** 12
- Tod des Vollmachtgebers **168** 3
- Unterbringung **1901a** 10

- Verfahren Vorsorgeregister **1901a** 21
- zentrales Vorsorgeregister **1901a** 12
Vorsorgliche Maßnahmen
- für Minderjährige **1908a**
Vorweggenommene Erbfolge 1804 9

Wahlamt FamFG 309 1 ff.
Wählerverzeichnis FamFG 309 1
Wahlrecht
- Ausschluss **FamFG 309** 1
- Wiederaufleben **FamFG 309** 3
Wechsel
- des Betreuers *s. Betreuerentlassung, Betreuerneubestellung*
Wechsel d. Betreuers 1908c *s. Betreuerwechsel*
Weisungsfreiheit
- des Rechtspflegers **RPflG 15** 8
Weisungsrecht 1837 16 ff.
Weitere Betreuer FamFG 293 7 ff.; **FamFG 293** 8
- Ergänzungsbetreuer **FamFG 293** 9
- mit Erweiterung des Aufgabenkreises **FamFG 293** 7
- ohne Erweiterung des Aufgabenkreises **FamFG 293** 8
- Gegenbetreuer **FamFG 293** 9
- Verhinderungsbetreuer **FamFG 293** 8
Weiterleitung personenbezogener Daten
- an Betreuungsgericht **FamFG 22a** 3
Werkstatt für Behinderte 113 2
Werkstattvertrag 113 2
Wertpapierdepot 1816 10 ff.
Wertpapiere
- Mündelsicherheit **1807** 4 ff.
- Verfügung **1812** 3
- Verwahrung **1814** ff.
Widerruf des Geschäftsgegners 1830
Widerrufsrecht 109
- Beendigung des Schwebezustandes **109** 1
Widersprechende Geschäfte
- bei Aufhebung des Einwilligungsvorbehalts **FamFG 306** 4
- bei rückwirkender Aufhebung des Einwilligungsvorbehalts **FamFG 306** 4
Widerspruch FamFG 58 27
Wiedereinsetzung in den vorigen Stand FamFG 58 4
Wiederholung der Verfahrenshandlungen
- im Beschwerdeverfahren **FamFG 68** 7 ff.
Wiederholungsgefahr FamFG 62 6
Wille natürlicher 1905 7
Wille rechtsgeschäftlicher 104 3

Sachverzeichnis

Willenserklärung
- Anwendbarkeit auf Einwilligungsvorbehalt **131** 1
- Betreuer **105** 2
- Bewusstlosigkeit **105** 4
- bei Geschäften des täglichen Lebens **105a**
- Geschäftsunfähiger **105** 1
- bei lediglich rechtlichem Vorteil **131** 2
- nichtige **105**
- Störung der Geistestätigkeit **105** 4
- Wirksamkeit bei beschränkt Geschäftsfähigen **131** 1 f.
- Wirksamkeit gegenüber Geschäftsunfähigen **131** 1

Willensmängel; Wissenszurechnung
- bei Stellvertretung **166**

Willkürverbot FamFG 58 18

Wirksamkeit
- sofortige s. *sofortige Wirksamkeit*

Wirksamwerden
- bei Abbruch lebenserhaltender Maßnahmen **FamFG 287** 9
- mit Bekanntgabe des Beschlusses **FamFG 287** 2
- Einstweilige Anordnung **FamFG 300** 12

Wirksamwerden des Beschlusses FamFG 287
- andere Beschlüsse **FamFG 287** 4
- Bekanntgabe an Betreuer **FamFG 287** 2
- Betreuungsverfahren **FamFG 287** 3
- Einwilligungsvorbehalt **FamFG 287** 3
- sofortige Wirksamkeit **FamFG 287** 5
- des Sterilisationsbeschlusses **FamFG 297** 10

Wirkung
- Betreuerbestellung **1896** 42 ff.
- Einwilligungsvorbehalt **1903**

Wirtschaftliche Vermögensverwaltung 1807 2; **1810** 3; **1811** 5; **1811** 12
- Fonds **1811** 13
- Inhalt **1811** 13

Wohl des Betreuten 1901 5

Wohnsitz 7; 8
- Aufenthaltsbestimmungsrecht **8** 3
- Aufgabenkreis des Betreuers **8** 3
- Begründung durch gesetzlichen Vertreter/Betreuer **8** 3
- Geschäftsunfähiger **8** 2
- gewöhnlicher Aufenthalt **8** 4
- psychiatrische Anstalt **8** 2
- Wirksame Begründung **8** 2

Wohnung FamFG 283 4; **FamFG 284** 8
- Betreten **FamFG 278** 18

Wohnungsauflösung s.a. *Kündigung von Wohnraum*
- Rechtspflegerzuständigkeit **RPflG 15** 42

Wohnungsrecht
- bei Heimunterbringung **1804** 6

Wunsch des Betreuten 1837 13; **1901a** 4; **1902** 5; **1902** 7; **1903** 3; **1908b** 4; vor **1802** 6

Zahlungen an Betreuer FamFG 292

Zeugnis, ärztliches
- Abgrenzung zum Gutachten **FamFG 281** 6
- Anforderungen **FamFG 281** 6
- Eigenbetreuungsantrag **FamFG 281** 1 ff.
- Kontrollbetreuung **FamFG 281** 5
- Verwertungsverbot **FamFG 280** 22; **FamFG 281** 8

Zulässigkeit
- der Beschwerde **FamFG 68** 4

Zulässigkeitsprüfung
- im Beschwerdeverfahren **FamFG 68** 4

Zulassung
- der Rechtsbeschwerde **FamFG 70** ff. 2 ff.

Zulassungsbeschwerde FamFG 61 3 ff.
- Bindung der Gerichte **FamFG 61** 7
- Grundsätzliche Bedeutung **FamFG 61** 4
- Rechtsfortbildung **FamFG 61** 5
- Vereinheitlichung des Rechts **FamFG 61** 6

Zulassungsfreie Rechtsbeschwerde
- **FamFG 70** ff. 4

Zumutbarkeitsabwägungen
- bei Rückgriff des Staates **FamFG 168** 25

Zurückverweisung FamFG 69 7 ff.

Zuständigkeit
- bei betreuungsrechtlichen Zuweisungssachen **FamFG 341**
- internationale **FamFG 104**

Zuständigkeit deutscher Gerichte
- bei Auslandsbezug **FamFG 104** 2 ff.

Zuständigkeit in Betreuungssachen FamFG 272
- Amtsgericht Schöneberg **FamFG 272** 6
- Auffangzuständigkeit **FamFG 272** 6
- ausschließliche **FamFG 272**
- Baden-Württemberg **FamFG 272** 15
- bei Eilmaßnahmen **FamFG 272** 7 ff.
- Einstweilige Anordnung **FamFG 272** 7 ff.; 8
- Fortdauer der Zuständigkeit **FamFG 272** 3
- funktionale **FamFG 272** 12
- Gericht der Betreuerbestellung **FamFG 272** 3
- Gericht des Fürsorgebedürfnisses **FamFG 272** 5
- Gericht des gewöhnlichen Aufenthalts **FamFG 272** 4

Sachverzeichnis

- internationale **FamFG 272** 12
- Internationale Zuständigkeit **FamFG 104**
- örtliche **FamFG 272**
- sachliche **FamFG 272** 12
- Zeitpunkt **FamFG 272** 11

Zuständigkeit, funktionelle
- für Akteneinsichtsgesuche **FamFG 13** 12

Zuständigkeitsbestimmung FamFG 5

Zuweisungssachen
- betreuungsrechtliche **FamFG 340** s. *betreuungsrechtliche Zuweisungssachen*

Zwangsbefugnisse
- des Vermögensbetreuers **vor 1802** 4; **vor 1802** 5 ff.

Zwangsbehandlung 1904 12
- mit Psychopharmaka **1904** 12
- Rechtsgüterabwägung **1904** 11

Zwangsbetreuung 1896 13; **1896** 15; **1896** 16
- bei Verwahrlosung **1896** 16

Zwangsgeld 1837 20
- Behörde **1908g** 2

Zwangsgeldfestsetzung KostO 119
- Richterzuständigkeit **RPflG 15** 33

Zwangsmaßnahmen
- Androhung/Anordnung Anfechtbarkeit **FamFG 58** 9

Zwangsvollstreckung 1821 11
- nach Vergütungsfestsetzung **FamFG 168** 33

Zwangsweise Aufenthaltsbestimmung
- und Freiheitsentziehung **1906** 4

Zwangsweise Unterbringung
- in geschlossener Anstalt **1906** 4
- in offener Pflegeeinrichtung **1906** 4

Zwangsweise Zuführung
- zur Unterbringungsbegutachtung **FamFG 284** 8

Zweckmäßigkeitsentscheidung 1837 11

Zwischenentscheidung FamFG 58 8
- anfechtbare **FamFG 58** 9
- unanfechtbare **FamFG 58** 10 ff.
- zugelassene sofortige Beschwerde **FamFG 58** 9